U0636112

國家社科基金
GUOJIA SHEKE JIJIN HOUQI ZIZHU XIANGMU
後期資助項目

《玉篇》疑難字考釋與研究

The Interpretation and Research of Difficult Characters in Yu Pian

上 册

熊加全 著

中華書局
ZHONGHUA BOOK COMPANY

圖書在版編目(CIP)數據

《玉篇》疑難字考釋與研究/熊加全著. —北京:中華書局,
2020.7
(國家社科基金後期資助項目)
ISBN 978-7-101-14091-0

Ⅰ.玉… Ⅱ.熊… Ⅲ.①漢字-字典-中國-南朝時代②《玉
篇》-研究 Ⅳ.H162

中國版本圖書館 CIP 數據核字(2020)第 087263 號

書　　　名	《玉篇》疑難字考釋與研究(全二冊)
著　　　者	熊加全
叢　書　名	國家社科基金後期資助項目
責任編輯	陳　喬
出版發行	中華書局
	(北京市豐臺區太平橋西里 38 號　100073)
	http://www.zhbc.com.cn
	E-mail:zhbc@zhbc.com.cn
印　　　刷	北京瑞古冠中印刷廠
版　　　次	2020 年 7 月北京第 1 版
	2020 年 7 月北京第 1 次印刷
規　　　格	開本/710×1000 毫米　1/16
	印張 48¼　插頁 4　字數 730 千字
國際書號	ISBN 978-7-101-14091-0
定　　　價	180.00 元

國家社科基金後期資助項目出版説明

後期資助項目是國家社科基金設立的一類重要項目,旨在鼓勵廣大社科研究者潛心治學,支持基礎研究多出優秀成果。它是經過嚴格評審,從接近完成的科研成果中遴選立項的。爲擴大後期資助項目的影響,更好地推動學術發展,促進成果轉化,全國哲學社會科學工作辦公室按照"統一設計、統一標識、統一版式、形成系列"的總體要求,組織出版國家社科基金後期資助項目成果。

全國哲學社會科學工作辦公室

總　目

上篇　《玉篇疑難字研究》

下篇　《玉篇》疑難字考釋

凡　例

一、《大廣益會玉篇》(簡稱《玉篇》)每頁分爲上下兩欄,上下欄各自又分爲左右兩欄,本文在徵引《玉篇》時以括號標明出處,標注方式如下:"21下左"即指《玉篇》第 21 頁下欄之左欄。

二、《漢語大字典》(簡稱《大字典》)每頁分爲左右兩欄,本文在徵引《大字典》時亦以括號標明出處,標注方式如下:"《大字典》2039A"即指《大字典》第 2039 頁左欄。

三、《中華字海》(簡稱《字海》)分爲左中右三欄,本文在徵引《字海》時亦以括號標明出處,標注方式如下:"《字海》895B"即指《字海》第 895 頁中欄。

四、其他如《説文解字》(簡稱《説文》)、《篆隸萬象名義》(簡稱《名義》)、《改併五音類聚四聲篇》(簡稱《篇海》)、《直音篇》、《詳校篇海》、《字彙》、《正字通》等字書每頁分爲上下兩欄,本文在徵引上述字書時亦以括號標明出處,標注方式如下:"《名義》196 上"即指《名義》第 196 頁上欄。

五、所引《玉篇》主要包括以下三種版本:《續修四庫全書》第 228 册影印日本昭和八年(1934)京都東方文化學院編東方文化叢書本《玉篇(殘卷)》,簡稱"原本《玉篇》";中華書局 1987 年影印張氏澤存堂本《大廣益會玉篇》,簡稱"《玉篇》";《四部叢刊初編》影印建德周氏藏元刊本《大廣益會玉篇》,簡稱"元刊本《玉篇》"。

六、所引《集韻》主要包括以下三種版本:上海古籍出版社 1985 年影印上海圖書館藏述古堂影宋鈔本《集韻》,簡稱"《集韻》"或"述古堂影宋鈔本《集韻》";中國書店 1983 年影印清揚州使院重刻本《集韻》,簡稱"揚州使院重刻本《集韻》";中華書局 2005 年影印國家圖書館藏宋刻本《集韻》,簡稱"宋刻本《集韻》"。

七、爲求簡潔,文中稱引前修時賢之説,皆直書其名,不贅"先生"字樣,敬請諒解。

八、下列論著徵引較多,爲求行文簡潔,文中采用簡稱,對應關係如下:

1.《大廣益會玉篇》　　　　　　　　　　　　　《玉篇》

2.《説文解字》《説文》

3.《篆隸萬象名義》《名義》

4. 玄應《一切經音義》玄應《音義》

5. 慧琳《一切經音義》慧琳《音義》

6. 希麟《一切經音義》希麟《音義》

7.《龍龕手鏡》《龍龕》

8. 朝鮮咸化八年(1472)刊刻《龍龕手鑑》朝鮮本《龍龕》

9.《新集藏經音義隨函録》《可洪音義》

10.《新修累音引證群籍玉篇》《新修玉篇》

12.《改併五音類聚四聲篇》《篇海》

12.《漢語大字典》(第二版)《大字典》

13.《中華字海》《字海》

14.《新校互注宋本廣韻》(定稿本)《校注》

15.《漢語俗字叢考》《叢考》

16.《疑難字考釋與研究》《疑難字》

17.《疑難字續考》《續考》

18.《字典考正》《考正》

部首表

（爲便於查檢,本表依《大字典》《字海》部首排序,而非依《玉篇》部首排序,部首右邊的數碼指部首在檢字表中的頁碼）

一畫

、 5
乙 5

二畫

厂 5
匚 5
人 5
匕 5
亠 5
冫 5
冂 5
刀 5
力 6
又 6

三畫

土 6
寸 6
廾 6
大 6
尢 6
口 6
口 6
山 6
巾 7
彳 7
夕 7
广 7
宀 7
彐 7
弓 7
子 7
女 7

四畫

王 8
木 8
支 8
犬 8
歹 8
戈 8
瓦 8
攴 8
日 9
水 9
手 9
牛 10
毛 10
片 10
斤 10
爪 10
月 10
欠 10
殳 10
火 10
户 11
心 11

五畫

示 11
石 11
目 12
田 12
皿 12
生 12
矢 12
禾 12
白 12
瓜 12
疒 12
立 12
穴 12
皮 12
矛 13
耒 13

六畫

耳 13
臣 13
至 13
虍 13
虫 13
网 13
肉 13
缶 13
竹 13
臼 13
自 13
血 14
舟 14
色 14
衣 14
羊 14
米 14
艸 14
羽 14
糸 15

檢字表

（爲便於查檢，本表依《大字典》《字海》部首排序，而非依《玉篇》部首排序，部首右邊的數碼指部首在檢字表中的頁碼）

罏	257	衛	584	豖	162	峩	448
巎	629	徹	513	曾	522	妹	420
巏	630	徸	514	寓	522	姘	448
		徿	24	攘	375	姝	453

巾 部

		僑	42			姁	21
聿	718	徿	74	**彐 部**		娳	450
帆	711	籠	513	彖	134	娍	452
帙	709	籬	512			娡	454
帖	710			**弓 部**		娊	244
恀	711	**夕 部**		弙	567	娷	358
帠	708	夠	620	弛	569	婄	220
幃	710			張	370	娑	116
帣	355	**广 部**		鸟	716	婡	269
幠	708	庐	152	㢩	568	婒	451
幀	710	庆	323	彌	570	燦	357
幬	148	启	633	彄	569	婖	451
幢	708	庌	273	纕	568	媰	338
幟	709	康	633			婕	447
艦	175	庸	634	**子 部**		媽	447
		庹	632	子	127	嫠	350

彳 部

		庋	58	孢	66	嫛	268
彴	236	廂	198	孚	716	媛	169
彺	236	廠	30	弄	723	媚	453
徂	75	廔	632	孖	215	媼	450
徛	513	廣	344	孺	722	嬰	243
徆	42	鹰	166	孿	127	嫘	258
御	512					嬋	452
徯	513	**宀 部**		**女 部**		嬇	420
奄	75	㝎	522	妧	449	嫛	449
徖	43	寒	312	晏	447	嬙	368
衕	155	寅	254	妠	269	嬲	450

炬………… 622
烶………… 623
烊………… 292
原………… 300
烪………… 120
嶌………… 126
煤………… 238
焯………… 621
烗………… 271
煄………… 624
颹………… 624
熼………… 623
熨………… 56
熡………… 622
熪………… 621
戾………… 120
燚………… 125
燉………… 623
爚………… 273
爩………… 622

戶 部

床………… 529
廬………… 162

心 部

忩………… 501
忇………… 176
忓………… 496
忕………… 73
忤………… 498
忺………… 500
怷………… 73
怈………… 500
怓………… 71
怐………… 234
怢………… 270
怰………… 22
烈………… 502
恄………… 499
恗………… 496
恧………… 94
悂………… 235
恈………… 208
恍………… 72
悇………… 498
悉………… 720
恒………… 104
悃………… 499
悊………… 41
悰………… 495
悜………… 369
惎………… 503
惎………… 296
悘………… 497
惸………… 189
愬………… 501
蕙………… 314
憝………… 503
慯………… 498
慖………… 40
慫………… 155
懩………… 499
憼………… 295
懵………… 421
憱………… 40
憘………… 103
懇………… 502
憨………… 502
憁………… 500
懈………… 202
懟………… 270
懥………… 497
憪………… 173
懫………… 39
懮………… 496
懲………… 392
懰………… 203
懽………… 183
懾………… 190

示 部

礽………… 427
祔………… 240
祇………… 427
祪………… 34
裯………… 19
禈………… 136
禕………… 218
禡………… 135
禵………… 168
禚………… 101
禲………… 266
禰………… 150
禳………… 428

石 部

砌………… 635
砳………… 638
砄………… 638
砮………… 212
硝………… 132
硊………… 403
硡………… 133
硜………… 638
碮………… 389
碤………… 639
硷………… 637
碀………… 639
碚………… 184
碏………… 324
磈………… 121
碣………… 355
磗………… 239
磃………… 636
磂………… 274
碶………… 146
磼………… 637
磤………… 637
礓………… 636
磭………… 147
礒………… 193
礪………… 639

上　篇

《玉篇》疑難字研究

第一章　緒論

一、解題

《玉篇》爲南朝梁顧野王所撰,是繼《説文解字》《字林》之後的又一部重要字書,也是中國辭書史上第一部以楷書爲主體的歷史性語文字典。由於卷帙浩繁,《玉篇》在歷史上曾屢經删改修訂。在《玉篇》成書不久,梁簡文帝蕭綱因嫌其詳略未當,即命蕭愷等人對其進行删改。至唐上元元年(公元 674 年),孫强復爲《玉篇》增字减注。孫强本《玉篇》流行於世,顧氏原本《玉篇》漸亡。至宋真宗大中祥符六年(1013 年),陳彭年、邱雍等人又奉敕修訂廣益孫强本《玉篇》。廣益本《玉篇》(即《大廣益會玉篇》)流行於世,孫强本《玉篇》亦亡。至此,廣益本《玉篇》收字達到 22,620 個[①],較顧氏《玉篇》收字 16,917 個[②],字數已大爲增加,而且分部、列字、編次、注文也都有所改易,已遠非顧書原貌。所幸日本尚存原本《玉篇》部分抄本殘卷,雖僅抵原書八分之一,却能使今人得窺顧本《玉篇》原貌之一斑。自清末民初,黎庶昌、羅振玉先後將其翻印出版,國内始得見之,由此也引起人們對顧氏《玉篇》殘卷的關注與研究。廣益本《玉篇》作爲顧氏《玉篇》的增字减注本,已遠非顧書原貌,但作爲我國字書史上的一部重要字書,在中國辭書史上同樣具有重要的地位。自宋至今,研究廣益本《玉篇》者衆,論者多從版本、體例、音韻、文獻校勘與整理等方面進行研究,而對其所收疑難字進行全面研究的人則相對較少。實際上對廣益本《玉篇》所收疑難字進行全面系統的研究也具有極其重要的價值,而且從疑難字角度研究廣益本《玉篇》是可行的,亦是必要的。此外,元刊本《玉篇》是流行於元明兩代的一種《玉篇》版本,它與廣益本《玉篇》相比,無論在體例方面還是在釋義方面,都存在著一些差異。尤其在釋義方面,元刊本《玉篇》多對廣益本《玉篇》的一些義闕

[①]楊寶忠《疑難字考釋與研究》第 680 頁,中華書局,2005 年。
[②]唐・封演《封氏聞見記》卷二《文字》(四庫本)。

字增補義訓，這些增補的義訓既無書證亦無例證，大多屬於望形生義，可是這些妄補之義却往往被後世一些大型字書所傳承。因此，元刊本《玉篇》對於《玉篇》及其他字書的研究也具有一定的價值，然而目前學界對於元刊本《玉篇》的關注甚少。最後，金・邢準《新修絫音引證群籍玉篇》（以下簡稱《新修玉篇》）與金・韓道昭《改併五音類聚四聲篇海》（以下簡稱《篇海》）兩書都是先引《玉篇》，其中兩書所引《玉篇》部分，雖然目前學者基本認爲即廣益本《玉篇》，但由於編纂目的不同，也存在一些差異，這些差異對於《玉篇》疑難字的考釋與研究同樣具有重要的價值。然而，目前學術界對這方面進行研究的人也很少。

二、相關概念説明

在漢字史上，很早即有人對疑難字現象進行過分析與研究，但首次對疑難字概念進行明確界定與説明的是楊寶忠師。楊寶忠師在其《疑難字考釋與研究》中説："本書所説的疑難字，是指音義不詳或形音義可疑的字。疑難字又可分爲疑字和難字，難字是指音未詳、義未詳或音義未詳的字，疑字是指音義雖全，但形音義可疑或字形與字用之間有矛盾的字。"①我們認爲楊寶忠師在研究《漢語大字典》（以下簡稱《大字典》）及《中華字海》（以下簡稱《字海》）所收疑難字的過程中提出的對疑難字概念內涵的界定是非常切合與實用的，他全面地概括了《大字典》及《字海》所收疑難字的各種類型，比較符合《大字典》及《字海》所收疑難字的客觀實際情況，有利於人們在疑難字研究過程中擇定所要研究的疑難字。

通過對《玉篇》所收疑難字進行全面的測查與研究，可以發現《玉篇》所收疑難字的類型與楊寶忠在研究《大字典》及《字海》所收疑難字過程中提出的疑難字類型既有聯繫，又有區別。《玉篇》疑難字可以分爲形音義可疑、義闕、字形與字用之間有矛盾的字，以及字際關係未作認同或誤作認同等幾種情況，但不存在音未詳或音義未詳的類型。因此，《玉篇》疑難字是指形音義可疑、義闕以及字際關係未作認同或誤作認同的字。

三、研究現狀綜述

在介紹《玉篇》疑難字的研究現狀時，必然要對目前學術界疑難字的整

①楊寶忠《疑難字考釋與研究》第 633 頁，中華書局，2005 年。

個研究情況有一個大致的瞭解,因爲他們雖然不是以《玉篇》所收疑難字爲專門的研究對象,但在他們研究疑難字的過程中,對《玉篇》所收疑難字也時有涉及,並且在他們研究疑難字的過程中所總結出來的理論原則和考釋方法,對於《玉篇》疑難字的研究也能夠提供一些很好的理論參考和方法指導。因此,爲了便於説明,以下分爲"疑難字的研究概况"與"《玉篇》疑難字的研究現狀"兩個部分來分別加以説明:

(一)疑難字的研究概况

在疑難字考釋方面的專著主要有:明·張自烈、清·廖文英的《正字通》①一書,它是一部旨在補正《字彙》的大型字書,其在編排體例、注釋、舉證、叶音等方面較《字彙》均有所改進,尤其在判定《字彙》俗訛、考辨疑難俗字方面,《正字通》用力最甚,也取得了很大的成就,對後世字書的編纂產生了深遠的影響。其在疑難字考釋方面廣泛地運用各種文獻材料與文字學知識對大量的疑難字進行了考辨,其中儘管有盲目武斷者,但也不乏可取者。然而,儘管前人已經認識到《正字通》的重要價值,但到目前爲止對該書的開發與利用却仍不夠充分與深入。而且,如果要總結疑難字的歷史研究成果時,張自烈、廖文英的《正字通》應該是研究疑難字的第一部專著,然而令人遺憾的是,前人在分析疑難字的研究成果時却往往忽略這一著作。周志鋒的《大字典論稿》②主要利用明清小説資料對《大字典》中的一些疑難字進行了考辨,取得了不少成就。余迺永的《新校互注宋本廣韻(定稿本)》校勘記部分,廣泛運用唐五代韻書資料、其他字書資料以及傳世文獻材料等,對《廣韻》中的疑難字也多有揭發。張涌泉的《漢語俗字叢考》③全面利用其在文字學、敦煌學等方面的深厚知識,根據豐富的字書、韻書、碑刻、敦煌寫卷資料以及其他的文獻材料等,對《大字典》和《字海》中貯存的大量疑難俗字進行了全面深入的考辨,糾正了《大字典》和《字海》兩部字典在俗字的楷定、辨識和注音、釋義等方面的錯誤,堪稱疑難俗字考釋方面的典範之作。楊寶忠師的《疑難字考釋與研究》④是繼《漢語俗字叢考》之後考釋疑難字的又一力作,在疑難字考釋的廣度和深度上都有很大突破。其

---

①張自烈、廖文英《正字通》,中國工人出版社影印清康熙九年序弘文書院本,1996年。
②周志鋒《大字典論稿》,浙江教育出版社,1998年。
③張涌泉《漢語俗字叢考》,中華書局,2000年。
④楊寶忠《疑難字考釋與研究》,中華書局,2005年。

在疑難字概念的界説與疑難字的擇定、考辨疑難俗字、揭示漢字訛變規律、總結疑難字考釋方法等方面做出了突出的貢獻。其考釋過程縝密，證據確鑿，結論大都可信，可以爲後世大型字書的編纂與修訂提供重要的參考。他提出的以形考字、以音考字、以義考字、以序考字、以用考字五種考釋疑難字的方法，更是爲我們在考釋疑難字的過程中提供直接的方法指導。鄭賢章的《〈龍龕手鏡〉研究》①主要利用佛經文獻对《龍龕手鏡》所收疑難俗字進行了大量的考釋，取得了相當大的成績，對大型字書的修訂與完善具有重要的參考意義。其提出據異文考釋俗字、據《龍龕》所給俗字的讀音考釋俗字、據《一切經音義》與漢文佛經考釋《龍龕》俗字，以及根據敦煌寫本文獻考釋《龍龕》俗字等四種考釋《龍龕》俗字的方法，也爲我們考釋疑難俗字提供了很好的方法參考。鄧福禄、韓小荆的《字典考正》②主要利用佛經文獻及其他字書、韻書資料等，並結合文字構形與漢字書寫變易規律，考辨了大型字書中所收的大量疑難俗字，並爲許多疑難俗字提供具體的文獻用例，收穫頗多，具有重要的參考價值。鄭賢章的《〈新集藏經音義隨函錄〉研究》③以及韓小荆的《〈可洪音義〉研究》④也主要是利用佛經文獻對《可洪音義》所收的疑難俗字進行考釋，也取得了很大的成績，對後世大型字書的編纂與修訂具有重要的參考意義與利用價值。楊寶忠師的《疑難字續考》⑤是其花費五年心血的又一傑作，考釋了《大字典》《字海》收錄的 1062 個疑難字。其在考釋方法上更加嫻熟，在考釋過程上更趨縝密，在材料運用上更加翔實，在結論上也更加確鑿，是代表疑難字考釋最高水平的又一典範之作。柳建鈺的《〈類篇〉新收字考辨與研究》⑥對《類篇》的一些新收字進行了考辨與研究，對《類篇》新收字的類型、產生原因及其特點進行了深入的分析與研究，對《類篇》的整理與研究及後世字書的修訂與完善具有重要的參考價值。張磊的《〈新撰字鏡〉研究》⑦對《新撰字鏡》所收的疑難字和生僻字進行了大量的考辨，對《新撰字鏡》的整理與研究及後世字書的修訂

---

① 鄭賢章《〈龍龕手鏡〉研究》，湖南師範大學出版社，2004 年。
② 鄧福禄、韓小荆《字典考正》，湖北人民出版社，2007 年。
③ 鄭賢章《〈新集藏經音義隨函錄〉研究》，湖南師範大學出版社，2007 年。
④ 韓小荆《〈可洪音義〉研究》，巴蜀書社，2009 年。
⑤ 楊寶忠《疑難字續考》，中華書局，2010 年。
⑥ 柳建鈺《〈類篇〉新收字考辨與研究》，遼寧大學出版社，2011 年。
⑦ 張磊《〈新撰字鏡〉研究》，中國社會科學出版社，2012 年。

與完善都具有重要的借鑒意義。張青松的《〈正字通〉異體字研究》以《正字通》異體字爲研究對象，對異體字的概念、異體字訓釋術語、《正字通》異體字訓釋的價值及缺失等問題進行了全面的研究，對《正字通》中的疑難俗字進行了大量的考釋，這些成果對於《大字典》和《字海》的修訂與完善具有重要的參考價值。[①] 鄭賢章的《漢文佛典疑難俗字彙釋與研究》[②]對漢文佛典疑難俗字產生的原因與途徑進行了深入的分析與研究，並在考釋了大量漢文佛典疑難俗字的基礎上，總結了漢文佛典疑難俗字的考釋方法，這對漢文佛典的整理與研究以及疑難俗字的考釋與研究都具有極其重要的參考價值。楊寶忠師的《疑難字三考》[③]對第二版《漢語大字典》存在的問題進行了全面深入的分析，并對第二版《漢語大字典》貯存的 1032 個疑難字進行了精確的考釋，該成果無論是對以後《漢語大字典》的修訂與完善，還是對於近代漢字研究、文獻典籍校勘以及漢字規範化與標準化等都具有重要的參考價值。關於疑難字考釋方面的論文數量很多，散見於各種學術期刊，楊寶忠師在《疑難字考釋與研究》[④]以及《疑難字續考》之後的附錄“近 20 年來大型字書疑難俗字考釋論著目錄”[⑤]中已做了詳細說明，此不贅述。

(二)《玉篇》疑難字的研究現狀

上文已經指出，廣益本《玉篇》是在孫强本《玉篇》的基礎上修訂而成的，而孫强本《玉篇》又是在顧野王《玉篇》的基礎上經過增字減注編撰而成的，因此，在考察《玉篇》疑難字的研究現狀時應該首先考察原本《玉篇》疑難字的研究情況。此外，日本沙門大僧空海編撰的《篆隸萬象名義》（以下簡稱《名義》）也是在顧野王《玉篇》的基礎上經過添篆減注編撰而成的一部漢文字書，分部及列字之次一依顧氏《玉篇》，在很大程度上保存了顧氏《玉篇》原貌，對於研究顧氏《玉篇》及廣益本《玉篇》都具有極其重要的價值。周祖謨說：“今空海之書，完備無闕，分部及列字之次第均與上述之殘卷相合。惟每字之注文僅采取顧氏原書之義訓，而不錄其中所引之經傳原文及顧氏之案語爲異耳。全書收字一萬六千有餘，與唐封演所記《玉篇》之字數

①張青松《〈正字通〉異體字研究》，語文出版社，2016 年。
②鄭賢章《漢文佛典疑難俗字彙釋與研究》，巴蜀書社，2016 年。
③楊寶忠《疑難字三考》，中華書局，2018 年。
④楊寶忠《疑難字考釋與研究》第 647 頁，中華書局，2005 年。
⑤楊寶忠《疑難字續考》第 541～547 頁，中華書局，2011 年。

相若,亦足證此書即出於顧氏原本《玉篇》,未嘗別有新裁。惟正文上所録篆書,非顧氏原本所有,蓋本之《説文》耳。清末楊守敬訪書日本,曾一再推重此書,以爲其可寶當出於《玉篇零卷》及宋修廣益本之上。蓋此書不僅可以訂正《玉篇零卷》及廣益本之訛誤,抑且可以據是以校訂《説文》,考證古音,則其有關於文字、聲音、訓詁者匪淺。雖爲原著之略出本,然全部完整無闕,即不啻爲一部顧氏原書矣。"①因此,作爲《玉篇》系列的一部重要字書,在論述廣益本《玉篇》疑難字的研究現狀時,《名義》也不容忽略。以下即從顧氏原本《玉篇》、《名義》、廣益本《玉篇》等三個方面的疑難字研究現狀來分別敘述。此外,要作説明的是,本節主要是介紹《玉篇》疑難字的研究現狀,在此只介紹與《玉篇》疑難字研究相關的論著,其他略而不述。有些論著雖然不是專門以研究《玉篇》疑難字爲主要任務的,但也對《玉篇》系列字書所收字的形音義等方面存在的問題作了考釋與研究,那麽,在介紹《玉篇》疑難字的研究現狀時,對這些研究成果也理應作出相應的介紹。

1.顧氏原本《玉篇》疑難字的研究現狀

本文所説的顧氏原本《玉篇》即指 19 世紀末 20 世紀初黎庶昌、楊守敬、羅振玉等在日本先後發現的原本《玉篇》部分抄本殘卷,後於日本昭和七年到十年(即 1931—1934 年),日本東方文化學院將原本《玉篇》以卷子原裝形式用珂羅版影印,作爲東方文化叢書第六輯陸續出版。《續修四庫全書》據日本東方文化學院本影印,是目前國内最可信賴也最爲全面的《玉篇》殘卷。此殘卷雖然只抵原書八分之一,但對於《玉篇》系列字書的研究却具有極其重要的價值。關於顧氏原本《玉篇》疑難字的研究成果主要有:朱葆華《原本玉篇文字研究》②首先對顧野王的生平、顧氏《玉篇》的寫作及成書年代與"野王案"進行了介紹,繼而分析了原本《玉篇》殘卷的合併字、新增字、異體字、常用字,最後又認爲顧野王在《玉篇》中提出了"字類"的概念,開宋人"右文説"之先河。朱葆華在《原本玉篇文字研究》中提出的"《玉篇》的編寫始於梁大同四年""'野王案,今上以爲爭字',這是顧野王引用梁武帝的看法,從而可見當時對異體字的重視"及"顧野王在《玉篇》中提出了'字類'的概念,開宋人'右文説'之先河"等説皆不可信,主要是由於其誤解

---

①周祖謨《萬象名義中之原本玉篇音系》,文載《問學集》上册第 271～272 頁,中華書局,2004 年。
②朱葆華《原本玉篇文字研究》,齊魯書社,2004 年。

詞義、不明俗字及誤爲斷句所致。對此，周録在其《〈原本玉篇文字研究〉若干問題商兌》①一文中對上述幾個問題及其他相關問題都進行了詳盡的論述，所言當是。

　　此外，胡吉宣《唐寫原本〈玉篇〉之研究》②主要分析了黎本《玉篇》殘卷誤據今本《玉篇》校原本《玉篇》殘卷、原本《玉篇》殘卷在文獻校勘整理方面的重要價值以及宋本《玉篇》相較於原本《玉篇》的諸多闕失。徐在國《〈原本玉篇殘卷〉中的籀文初探》③用傳抄古文資料及出土的古文字資料對原本《玉篇》殘卷所著録的 27 個籀文進行疏證，找出了籀文的來源，并發現了一處錯簡。楊秀恩《〈玉篇殘卷〉等五種材料引〈説文〉研究》④一文通過原本《玉篇》殘卷等五種材料引用《説文》與二徐本《説文》的對照，考察了它們之間的異同，進而通過分析認爲利用原本《玉篇》殘卷等五種材料可校二徐本《説文》之失以及解決前人懸而未決的問題，同時利用二徐本《説文》也可校原本《玉篇》殘卷等五種材料引用《説文》之誤。馮方《〈原本玉篇殘卷〉徵引〈説文・言部〉訓釋輯校（一）》⑤通過對《原本玉篇殘卷・言部》所引《説文》與二徐本《説文》的比勘，校正了它們各自的一些闕失。宋兆祥《〈玉篇殘卷〉所引〈説文解字〉字義多釋考釋及探析》⑥主要通過對《玉篇殘卷》所引《説文》字義多釋部分的考釋來對《説文》進行補正，並在此基礎上探討了部分字下各個義項之間的關係，總結了字義多釋的特點及其規律。趙青《原本〈玉篇〉與宋本〈玉篇〉釋義比較研究》⑦主要通過原本《玉篇》與宋本《玉篇》釋義體例特點的比較，分析了宋本《玉篇》删改原本《玉篇》義訓的方式，並進而指出宋本《玉篇》在删改原本《玉篇》義訓過程中存在誤合、誤删、誤截等問題。蘭天峨、賀知章《〈原本玉篇殘卷〉糸部引〈説文〉考異》⑧通過對《原本玉篇殘卷・糸部》中徵引《説文》的訓釋材料進行輯校整理，補正了大徐本《説文》之不足，訂正了《説文》研究中的一些失誤，説明了《原本玉篇

①《重慶教育學院學報》2006 年第 2 期。
②《文獻》1982 年第 1 期。
③《山東師大學報》1999 年第 1 期。
④河北師範大學碩士學位論文，2002 年 4 月。
⑤《古籍整理研究學刊》2002 年第 6 期。
⑥湘潭大學碩士學位論文，2005 年 6 月。
⑦南京師範大學碩士學位論文，2006 年 3 月。
⑧《寧夏大學學報》2008 年第 5 期。

殘卷》和今本《説文》都存在訛、脱、倒、衍的錯誤，同時也説明了《原本玉篇殘卷》對校勘《説文》的價值。徐前師《唐寫本玉篇校段注本説文》①主要利用原本《玉篇》殘卷比勘段注本《説文》，不僅訂正了段注本《説文》及今本《玉篇》之誤，同時也説明了段氏校注《説文》的得失。張磊《〈新撰字鏡〉研究》②通過對選取《新撰字鏡》、原本《玉篇》、今本《玉篇》、《萬象名義》中 11 部的 67 個字的比較，分析了《新撰字鏡》抄自原本《玉篇》字的特點，總結了《新撰字鏡》引原本《玉篇》的七種體例，並對部分存疑條目作了分析與考證。趙家棟《原本〈玉篇〉殘卷考校一例》③利用字形、字音及相關材料指出了原本《玉篇》殘卷"訏"字反切"柯載反"，其反切下字"載"，黎本校作"截"不誤，又指出原本《玉篇》殘卷"訏"字訓釋中的"槖"字，胡吉宣《玉篇校釋》"今正爲罄，罄訴謂盡情訴告也"之説不當，認爲"槖"爲"穀"字俗寫，而"穀"爲"告"之通假字，其本字當作"籞"，又俗作"鞠"，通作"鞠"。李遠《〈原本玉篇殘卷〉引〈説文〉輯考》④在對《原本玉篇殘卷》所引《説文》材料輯録的基礎上，利用相關材料，對這些內容進行了校勘，並以此爲基礎，去試圖推求古本《説文》的原貌。韓小荆《試論〈可洪音義〉所引〈玉篇〉的文獻學語言學價值》⑤對《可洪音義》所引《玉篇》的條目作了輯録，並對它們的文獻學與語言學價值作了深入的分析與研究。楊明明《原本〈玉篇〉殘卷隸定古文考釋四則》⑥利用出土古文字及傳世文獻的相關資料，從形、音、義等方面對唐寫原本《玉篇》殘卷中保存的四則隸定古文的早期疑難字形進行了考證。鄭張尚芳《〈字鏡〉附抄原本〈玉篇〉佚字校録》⑦對《新撰字鏡》摘自原本《玉篇》的字作了輯録，並對其作了相應的勘校。

　　2.《名義》疑難字的研究現狀

　　《名義》作爲《玉篇》系列的一部重要字書，爲域外僧人空海所撰。其收字與原本《玉篇》相當，分部及列字之次亦全依顧氏《玉篇》，惟每字注文僅采取顧氏原書之義訓，删去書證、例證、傳注及顧氏案語。因此，《名義》對

---

① 徐前師《唐寫本玉篇校段注本説文》，上海古籍出版社，2008 年。
② 張磊《〈新撰字鏡〉研究》，中國社會科學出版社，2012 年。
③《賀州學院學報》2014 年第 3 期。
④ 華東師範大學碩士學位論文，2014 年 5 月。
⑤《中國典籍與文化》2015 年第 3 期。
⑥《中國文字研究》第二十五輯。
⑦《歷史語言研究》2016 年第十輯。

於校訂原本《玉篇》殘卷、廣益本《玉篇》及《説文》都具有極其重要的價值。關於《名義》疑難字的研究成果主要有：吕浩的《〈篆隸萬象名義〉研究》①對《名義》的編者、版本、體例以及形音義等方面存在的問題作了説明與研究，最後又通過舉例的方式對《名義》對於現代辭書編纂的價值作了分析與研究。其《〈篆隸萬象名義〉校釋》②是在《〈篆隸萬象名義〉研究》的基礎上對《名義》所作的全面校勘。誠然，著者對《名義》形、音、義方面存在的問題做了大量的校勘，解決了不少問題，給人們研究與使用《名義》提供了很大方便。但是，通過對《〈篆隸萬象名義〉校釋》的查閱，發現它也存在很多問題。鄧福祿《〈篆隸萬象名義校釋〉匡補若干例》③一文通過舉例的方式説明了《〈篆隸萬象名義〉校釋》音切上失校、誤校的地方，並指出其失誤的原因主要有二：其一，不辨俗訛；其二，不通聲韻。誠如鄧氏所説《〈篆隸萬象名義〉校釋》在音切方面失校、誤校的地方的確很多。此外，《〈篆隸萬象名義〉校釋》在釋義方面失校、誤校的地方也爲數不少。

此外，周祖謨《論〈篆隸萬象名義〉》④通過《名義》與原本《玉篇》、今本《玉篇》及《説文》的對比研究，説明了《名義》在校勘原本《玉篇》、今本《玉篇》以及《説文》方面的重要價值。潘玉坤《〈篆隸萬象名義〉篆文雜識》⑤、《〈篆隸萬象名義〉篆文例釋》⑥以及《〈篆隸萬象名義〉篆文二題》⑦利用相關材料對《篆隸萬象名義》中的篆文作了相應的研究。商豔濤《〈篆隸萬象名義〉釋義上存在的問題研究（部分）》⑧、《〈篆隸萬象名義〉釋義上存在的幾個問題》、《〈篆隸萬象名義〉詞義訓釋中的幾種失誤》⑨、《〈篆隸萬象名義〉雙音詞釋義體例初探》⑩等文主要是對《名義》釋義上存在的諸多問題進行了較爲詳細的分析與研究。冀小軍《讀〈篆隸萬象名義校釋〉札記》⑪對吕

①吕浩《〈篆隸萬象名義〉研究》，上海古籍出版社，2006 年。

②吕浩《〈篆隸萬象名義〉校釋》，學林出版社，2007 年。

③《長江學術》2009 年第 4 期。

④周祖謨《問學集》第 894～918 頁，中華書局，2004 年。

⑤《中文自學指導》2002 年第 4 期。

⑥《語言研究》2003 年第 4 期。

⑦《中國文字研究》第六輯。

⑧河北大學碩士學位論文，2003 年 6 月。

⑨《古籍整理研究學刊》2004 年第 3 期。

⑩《語言研究》2005 年第 1 期。

⑪《語言論集》第六輯。

浩《〈篆隸萬象名義〉校釋》中一些失校、誤校的現象作了考辨。鄧福禄《〈篆隸萬象名義校釋〉匡補 40 例》[①]、《〈篆隸萬象名義校釋〉匡補 53 例》[②]對吕浩《〈篆隸萬象名義〉校釋》中一些失校、誤校的地方作了匡補。郭萍《〈篆隸萬象名義〉吕校訛誤舉例》[③]、《〈篆隸萬象名義・水部〉吕校補正》(上)[④]、《〈篆隸萬象名義・水部〉吕校補正》(下)[⑤]也對吕浩《〈篆隸萬象名義〉校釋》中一些失校、誤校的現象作了補正。范文傑《〈篆隸萬象名義〉疑難詞義校證》[⑥]、《〈篆隸萬象名義〉疑難詞義校證札記》[⑦]對《名義》中很多前人未釋或釋而未安的疑難詞義作了校勘辨正。袁金平、李偉偉《〈篆隸萬象名義〉"昷,昌字"條補證》[⑧]對《名義》中"昷,昌字"條的"昷"應該理解爲"昌"字異體作了補證。朱會會《〈篆隸萬象名義〉與〈玉篇〉殘卷釋義對比研究》[⑨]通過《名義》與《玉篇》殘卷釋義内容的對比,指出了兩書在釋義内容方面存在的差異,並對形成差異的原因進行了分析,進而對兩書釋義對比研究的價值與意義作了分析與探討。馬小川《〈篆隸萬象名義校釋〉補正》[⑩]根據相關文獻,主要對吕浩《〈篆隸萬象名義〉校釋》中誤校、失校、誤録之處進行了比勘與考校。

3. 廣益本《玉篇》疑難字的研究現狀

《大廣益會玉篇》又稱廣益本《玉篇》、宋本《玉篇》、今本《玉篇》等,爲稱述方便,本文以下簡稱《玉篇》。《玉篇》爲陳彭年、邱雍等人於宋真宗大中祥符六年(1013)奉敕在孫强本《玉篇》基礎上修訂而成。關於《玉篇》疑難字的研究成果主要有:胡吉宣《玉篇校釋》[⑪]於 1989 年由上海古籍出版社出版,對《玉篇》進行了全面的校勘與整理,於《玉篇》中的疑難俗字也多有考釋。陳建裕在《〈玉篇校釋〉簡評》[⑫]一文中對《玉篇校釋》作了如下評價:

①《漢語史研究集刊》第十三輯。
②《中國文字研究》第十五輯。
③《漢語史研究集刊》第十六輯。
④《漢語史研究集刊》第十七輯。
⑤《漢語史研究集刊》第十八輯。
⑥《新鄉學院學報》2014 年第 1 期。
⑦《寧夏大學學報》(人文社會科學版)2014 年第 6 期。
⑧《辭書研究》2016 年第 1 期。
⑨河北大學碩士學位論文,2016 年 6 月。
⑩武漢大學碩士學位論文,2017 年 5 月。
⑪胡吉宣《玉篇校釋》,上海古籍出版社,1989 年。
⑫《平頂山師專學報》1998 年第 5 期。

"復原原本《玉篇》字頭排序、引證豐富、校勘精當。"誠如陳氏所說，胡吉宣
在《玉篇校釋》中儘量恢復原本《玉篇》字頭排序，並引用大量的文獻例證來
盡可能復原原本《玉篇》引書之貌，在此基礎上對二徐本《說文》、原本《玉
篇》殘卷、《玉篇》進行了精當的校勘，結論大都可信。此外，胡吉宣在《玉篇
校釋》中還對《玉篇》收錄的大量疑難字進行了考釋。他廣泛運用各種文獻
材料，並利用漢字形、音、義之間的相互關係、漢字俗寫變易規律以及傳統
字書的歷史傳承演變關係等對這些疑難字進行了考釋，其結論很多是可信
的，這也是胡氏在《玉篇校釋》中用力最深的。《玉篇校釋》對《玉篇》的研究
最爲全面、也最爲深入，代表目前所見《玉篇》研究的最高水平。然而，令人
遺憾的是，對於胡吉宣《玉篇校釋》這樣一部傾注了其畢生精力的學術著
作，學界至今還未有人對其進行全面研究並加以充分利用。當然，《玉篇校
釋》也並非盡善盡美，它還存在一些明顯的不足之處：一、對於與《玉篇》存
在密切傳承關係的《名義》這部字書利用甚少[1]，對於《新修玉篇》《篇海》這
兩部與《玉篇》也存在傳承關係的字書卻完全未予利用，對於與《玉篇》亦存
在密切關係的《新撰字鏡》幾乎也未予利用，其實這些字書對於《玉篇》的校
勘與整理都具有極其重要的價值；二、對於《玉篇》一些疑難字的考釋還存
在可商榷之處，對某些疑難字的考釋存在結論有誤以及求之過甚的問題；
三、對於《玉篇》中很多可以考釋的疑難字未作考釋。

　　此外，孔仲溫《〈玉篇〉俗字研究》[2]一書分別從《玉篇》俗字的名義與體
例、《玉篇》俗字衍變的探析、《玉篇》與唐宋字書的俗字比較等幾個主要方
面對《玉篇》俗字進行了分析，進而總結了《玉篇》俗字的一些現象以及宋重
修《玉篇》的俗字觀念。何瑞《宋本〈玉篇〉歷史漢字傳承與定形》[3]通過對
《玉篇》歷史漢字的研究，分析了《玉篇》內部文獻系統的結構關係問題，調
查了《玉篇》貯存的歷史漢字不同時間層次的新增情況，並對《玉篇》所呈現
共時層面與歷時關係的異體字也進行了類聚與分類描述。此外，對《玉篇》

---

①按：《玉篇校釋》"出版說明"中說："除原本殘卷外，又從中土文獻慧琳《一切經音義》等及日本古
　文獻《篆隸萬象名義》、《倭名類聚抄》、《新撰字鏡》、《香藥鈔》、《香字鈔》等書中爬梳抉剔，輯出這
　些書所引用的大量原本《玉篇》文字，將這些片斷材料一一歸入原字頭下的《校釋》中。"然通過筆
　者對《玉篇校釋》材料的全面測查，發現《玉篇校釋》對《名義》、《新撰字鏡》這兩部字書卻利用
　甚少。
②孔仲溫《〈玉篇〉俗字研究》，台灣學生書局，2000 年。
③華東師範大學博士學位論文，2006 年 5 月。

所收的一些疑難字也進行了相應的研究。總體來説,何瑞在對《玉篇》收字材料的測查與整理方面作了大量的工作,使人們對《玉篇》歷史漢字的傳承與演變情況有了一個比較清晰的瞭解。然而不足的是,全文主要還是集中在對《玉篇》收字材料進行考察與研究,還未對《玉篇》貯存的大量疑難字進行全面深入的考釋,因而在一定程度上也影響了它的研究價值與利用價值。孫緒武《宋本〈玉篇〉校勘八題》①通過對《玉篇》全書的考校,發現《玉篇》存在釋義錯誤、引文與注文相混、引文錯誤等八個方面的疏漏。劉亮《〈四聲篇海〉引〈玉篇〉研究(部分)》②主要從字形、注音、釋義等方面對《篇海》引《玉篇》與宋本《玉篇》進行比較,來説明《篇海》在引《玉篇》的過程中存在的問題,並進而探討了這些問題對後世字書的影響。鄧福禄《從〈玉篇〉看新版〈漢語大字典〉疑難義項的成因》③通過宋本《玉篇》與《原本玉篇殘卷》《篆隸萬象名義》的比勘,從誤把文意訓釋當詞義訓釋、訓釋語删節不當、拆駢爲單、形近訛誤等四個方面分析了宋本《玉篇》釋義錯誤對新版《大字典》的消極影響。蕭旭《〈玉篇〉"洌,清洌"疏證》④通過考察"清洌"一詞的同源詞,認爲"清洌"爲"淒洌"之方言音轉,胡吉宣《玉篇校釋》改爲"倩洌"是没有必要的。又其《〈玉篇〉"黵"字音義考》⑤通過考證認爲"黵"字當訓"賤劣"、"不肖",《廣韻》讀"他合切"、《玉篇》作"丑合切",蓋方音之音變。鄭賢章《〈玉篇〉疑難字例釋》⑥利用佛典文獻爲《玉篇》所收的一些疑難字提供了具體的文獻用例,並對其中的一些字作了確切的考釋。林源《〈宋本玉篇〉"轄輆"考》⑦主要利用《通俗文》及其他相關文獻考證了《宋本玉篇·車部》所載"轄輆,載喪車"當爲"輲轄,載喪車"之倒訛。常方圓《宋本〈玉篇〉釋義研究》⑧對宋本《玉篇》釋義的體例和特點作了介紹,並對宋本《玉篇》釋義的來源及其存在的闕失進行了分析與研究。最後,對宋本《玉篇》的一些疑難釋義作了考釋。陸康勇《宋本〈玉篇〉釋義失誤舉隅》⑨通過與

①《暨南學報》2009 年第 6 期。

②河北大學碩士學位論文,2004 年 5 月。

③《長江學術》2013 年第 4 期。

④《傳統中國研究集刊》第九、十合輯。

⑤《中國文字研究》第十八輯。

⑥《語言研究》2014 年第 3 期。

⑦《賀州學院學報》2015 年第 4 期。

⑧湖南師範大學碩士學位論文,2015 年 5 月。

⑨《勵耘語言學刊》2016 年第 2 輯,總第二十四輯。

原本《玉篇》的比較,對宋本《玉篇》釋義錯誤的類型及致誤的原因作了分析;又其《〈説文解字〉、宋本〈玉篇〉釋義互讀札記》①通過《説文解字》與宋本《玉篇》的互校,發現了宋本《玉篇》不僅對《説文解字》釋義有所繼承,而且對《説文解字》釋義作了補充與調整。此外,通過兩書的對校,對二書釋義上存在的一些錯誤作了分析與考訂。拙文《宋本〈玉篇〉疑難字考辨》②在對傳世字書進行梳理的基礎上,利用文字學、訓詁學、音韻學、辭書學等知識,依據漢字形體演變規律並結合具體文獻用例,從形誤、音誤、義誤、義闕等四個方面對宋本《玉篇》所收的十餘個疑難字作了考辨;又《〈玉篇〉釋義失誤辨正》③考辨了宋本《玉篇》誤釋義項的來源,並將其歸納爲七種主要成因,即:因訛文而誤、因衍文而誤、因脱文而誤、因誤植而誤、因誤截而誤、因拆駢爲單而誤、因妄補或妄改而誤;又《〈玉篇〉疑難字考》④在對廣益本《玉篇》進行全面梳理的基礎上,利用文字學、訓詁學、音韻學、校勘學及辭書學知識,根據漢字俗寫變易規律,結合具體文獻用例,以形、音、義爲線索,對廣益本《玉篇》中的 13 個疑難字作了考辨。

綜上所述,可以看出,目前學界對《玉篇》疑難字的研究作出了不少貢獻,但也存在不足之處。具體體現爲以下四點:(一)研究程度不够深入,從疑難字角度研究《玉篇》的著作相對很少,而且大部分著作只是流於表面現象的描述,却没有進行深入的分析與研究。(二)研究方法不够完善,未能從文字學、漢字構形學角度對《玉篇》所收疑難字進行系統的研究與總結,未能結合漢字俗寫規律及具體用例爲一些疑難字的考釋提出直接證據,故有些考釋不能令人信服。(三)研究材料有限,對可利用的材料没有作到充分利用,而且隨著時代的發展,新材料也在不斷涌現,然而,由於時代的局限性,前人却未能利用這些新材料。(四)研究得出的某些觀點和結論尚存在可商榷之處。

四、研究目的和意義

現存廣益本《玉篇》收字 22,620 個,分屬 542 部,共分三十卷。其與顧

①《古漢語研究》2016 年第 2 期。
②《漢語史學報》第十四輯。
③《古漢語研究》2016 年第 4 期。
④《語言科學》2016 年第 6 期。

氏《玉篇》相比，區別主要表現在以下幾個方面：一、收字增加；二、注文大量刪減，不僅刪去書證及顧氏案語，有些釋義也被刪減；三、分部儘管相同，但部目及部次却略有不同；四、部内列字次第大體一致，但也略有不同。本書以廣益本《玉篇》所收疑難字爲主要研究對象，輔之以原本《玉篇》殘卷、《名義》、元刊本《玉篇》、《新修玉篇》、《篇海》等字書，從以下幾個方面展開研究：一是疑難字研究，考察廣益本《玉篇》所收疑難字在形、音、義方面存在的問題，新增俗字的源流演變，在此基礎上總結漢字發展演變的一般規律。二是通過對《玉篇》疑難字的研究進行一定的文獻整理工作，同時溝通《玉篇》與其他字書的傳承關係，説明其在校理其他傳統字書、韻書方面的價值。三是總結《玉篇》疑難字的類型及《玉篇》疑難字研究對於《玉篇》文本的校理及大型字書編纂的重要價值。通過本文的研究，一、有助於明確《玉篇》在整個中國辭書史上的地位及其對後世字書發展的影響；二、有助於揭示《玉篇》在文字學研究上的重要價值；三、有助於深入了解漢字發展演變的一般規律；四、有助於傳世文獻的整理與研究工作；五、有助於大型字典的修訂與完善；六、有助於疑難字的考釋；七、有助於近代漢字研究和構建完整的漢語文字學體系。

五、研究具體方法和基本思路

本文研究的具體方法是：以文字學、訓詁學、音韻學、辭書學以及文獻學等相關理論爲指導，以廣益本《玉篇》所收疑難字爲研究對象，在對廣益本《玉篇》所收疑難字進行全面測查的基礎上，全面地利用現有的研究成果與文獻材料對其所收疑難字進行系統深入的考釋與研究，力求對學界已有關於廣益本《玉篇》疑難字考釋成果的成就與不足、廣益本《玉篇》所收疑難字的類型、形成原因及其對於傳世字韻書的校理、對於後世大型字書編纂的影響等有一個比較全面客觀的認識。

本書研究的基本思路是：以廣益本《玉篇》所收疑難字爲研究對象，以文字學、音韻學、訓詁學、校勘學、辭書學等理論爲指導，綜合運用以形考字、以音考字、以義考字、以序考字、以用考字等考釋方法，在對廣益本《玉篇》所收疑難字的材料進行封閉性、窮盡性測查的基礎上，對廣益本《玉篇》所收疑難字進行系統的考釋與研究。具體分爲以下幾個步驟：首先，在對廣益本《玉篇》所收疑難字的材料進行全面測查的基礎上，並對前人已有關於廣益本《玉篇》疑難字的考釋成果進行全面搜集；其次，以相關理論和方法爲指導，利用原本《玉篇》殘卷、《名義》、《新撰字鏡》、元刊本《玉篇》以及《新修玉篇》《篇海》所引《玉篇》等與廣益本《玉篇》存在密切關係的字書，通過它們與廣益本《玉篇》的相互比勘，對學界已有關於廣益本《玉篇》疑難字考釋成果進行全面的甄別，並對廣益本《玉篇》中前人未作考釋的疑難字作出全面的考釋；第三，在上述研究的基礎上，對廣益本《玉篇》疑難字的類型進行系統的分析與研究；第四，將以上解決的問題與《大字典》和《字海》相比勘，對《大字典》和《字海》所收疑難字的相關問題也進行考釋與研究；第五，通過原本《玉篇》、廣益本《玉篇》的引書材料與傳世文獻進行比勘，對傳世文獻典籍的一些相關問題也進行考釋與研究。

第二章 《玉篇》疑難字考釋成果評析

關於《玉篇》疑難字的考釋成果,正如前文所述,胡吉宣的《玉篇校釋》是代表目前《玉篇》疑難字考釋方面的最高成就的。此外,張自烈、廖文英的《正字通》、張涌泉的《漢語俗字叢考》、楊寶忠的《疑難字考釋與研究》、《疑難字續考》及《疑难字三考》、鄧福禄、韓小荆的《字典考正》、鄭賢章的《〈龍龕手鏡〉研究》《〈新集藏經音義隨函録〉研究》及《漢文佛典疑難俗字彙釋與研究》、韓小荆的《〈可洪音義〉研究》、柳建鈺的《〈類篇〉新收字考辨與研究》、张磊的《〈新撰字镜〉研究》、張青松的《〈正字通〉異體字研究》,等等,對《玉篇》所收的一些疑難字也進行了相應的考釋。縱觀前人《玉篇》疑難字的考釋成果,儘管不同的考釋結論還存在分歧,需要我們審慎地加以擇定,也有些考釋成果尚不可信,還需重新考證,但總體上來说,取得了可喜的成就,這些考釋成果有很大一部分是可信的,可以爲後世大型字書的修訂與完善提供參考價值。第二版《大字典》相較於第一版《大字典》在糾正錯誤、增加收字、統一字形、更新内容等方面做了大量的工作,取得了很大的成績。同時,對近年來學界已有關於《大字典》第一版研究的成果也予以了采納吸收。然而令人遺憾的是,通過我們的測查發現,第二版《大字典》對這些考釋成果中大量可以確信的結論卻未予充分吸收,而對這些考釋成果中一些尚存争議的結論卻加以采用,在一定程度上降低了第二版《大字典》的修訂水平,因此也影響了人們對這些字的解讀與使用。以下從三個方面,通過舉例的方式,對學界已有關於《玉篇》疑難字的考釋成果進行全面的甄別與評價。

一、結論確當的考釋及例析

前人憑藉堅實的小學功底與深厚的文獻知識,對《玉篇》所收疑難字作出了許多可信的考釋成果,不同的考釋成果往往不謀而合,而且通過我們新發現的直接材料或間接材料也印證了其考釋結論的確鑿性,這些考釋成果爲後世大型字書的修訂與完善提供了許多可資借鑒的資料,也爲傳世漢字的整理與研究工作提供了參考。

1. 祻

《玉篇·示部》:"祻,音固。祭也。"(4上左)

按:《疑難字》"祻"字下曰:"'祻'即'禍'字俗書。唐《張琮碑》'禍'字作**'祸'**,唐《昭仁寺碑》'禍'字作**祸**,《龍龕》卷一示部'禍'作**祸**,並與'祻'字形近。陳彭年等不知'祻'即'禍'字之變,見其從示,因訓爲祭;見其從固,因音固。此既望形生義又生音也。《漢語大詞典·示部》亦收'祻'字,注云:'[gù《玉篇》音固]❶祭祀。明高啓《贈銅臺李壯士》詩:初飲五斗盡,再飲一石空。與君且樂祻,西方見妖紅。❷用同禍。'高啓詩'樂祻'亦即'樂禍',無取於祭祀之義也。字書'祻'字音 gù、訓祭皆虛假,並宜删汰。"(531)《疑難字》所言是也。佛經有"祻"字用例,提供如下:《大正藏》本清劉道開纂述《楞嚴説通》卷四:"三五百年,人之享福者,福終祻起。"《大正藏》本明真鑒述《大佛頂首楞嚴經正脉疏》卷四、清通理述《楞嚴經指掌疏》卷四皆作:"三五百年,人之享福者,福終禍起。"故此"祻"即"禍"字之俗。又《大正藏》本明莊廣還輯《净土資糧全集》卷之二《蓮池禪師净土疑辯》:"今但諦信,速宜謹言,毋恣口業,自祻祻人,貽苦報於無窮也。"《大正藏》本清周克復纂《净土晨鐘》卷第八《辯禪净同歸勿空談理性而廢事相》作:"但當諦信,速宜謹言,毋自禍禍人,貽苦報於無窮也。"故此"祻"亦即"禍"字之俗。又《大正藏》本明莊廣還輯《净土資糧全集》卷之四《附弭盗篇》:"有形之盗,其罪有限。無形之盗,其祻無窮。況有形之盗,易於禁止,無形之盗,難於遏絶,今人縱能禁止其有形之罪,孰能遏絶乎無窮之罪哉!"又《大正藏》本宋善清編《慈受深和尚廣録》卷第二《補遺·擬寒山詩》:"世間聰明人,必欲聞其過。寧知業所使,大抵貪成祻。因果鏡中容,容豈非是我。陰報最分明,詎論官職大。"從文意上來看,以上之"祻"亦皆爲"禍"字之俗。上述例證皆爲《疑難字》之説之確證也。故"祻"當即"禍"字之俗。

2. 瑔

《玉篇·玉部》:"瑔,亡凡切。玉也。"(6上右)

按：《疑難字》“琭”字下注：“《玉篇·玉部》：‘瑻，亡凡切。玉也。’《篇海》卷三玉部引作：‘瑻，亡汎切。玉名。’又引同書：‘琭，亡汎切。玉也。’‘琭’‘瑻’‘琭’形音義俱相近，當是一字之變……‘琭’‘瑻’‘琭’諸形，當亦是‘叐’字之變，以其用指馬首飾，故從玉作；字書釋作玉名，殆望形生義。”（352）其言是也。《玉篇校釋》已改《玉篇》“瑻”字爲“琭”，並注曰：“字原訛作瑻，从夋不成字。《集韻》凡韻‘琭，玉名’，《類篇》同，筆迹亦微誤，今正从叐。《夊部》：‘叐，亡范切。《説文》云：腦蓋也。’因之以金飾馬首爲錣，以玉飾爲琭。《金部》：‘錣，馬首飾。’‘錣’與‘琭’同。《東京賦》‘金錣鏤錫’，《西京賦》‘璿弁玉纓’，璿弁即玉琭也。”（155～156）胡氏之説印證了《疑難字》的考釋成果。故“琭”當即“叐”字之俗。

3. 垟

《玉篇·土部》：“垟，余章切。土精也。”（8 下左）

按：《玉篇校釋》已於“垟”字下增“羵垟”，並注曰：“‘羵垟，土精也’者，‘羵垟’二字今補。《集韻》下平陽韻：‘垟，墳垟，土怪。’《廣雅·釋天》：‘土神謂之羵羊。’《魯語》：‘土之怪墳羊。’唐固注：‘墳羊，雌雄未成者。’《淮南·氾論》：‘井生墳羊。’高注：‘墳羊，土之精也。’本書《羊部》：‘羵，雌雄未成也。’案《國語》謂季桓子穿井穫土缶，其中有羊焉，使問仲尼，曰：土之怪墳羊。故前人以爲土精形如羊者謂之羵羊，羵爲專名，羊者類象。既錫名爲羵，不應於羊安土。既涉羵而作垟，則羵垟成爲耦名，故土、羊二部説解並當補‘羵垟’二字。”（268）胡氏所言是也。故“羵垟”“墳垟”“羵羊”“墳羊”同，“垟”當即“羊”因涉義增加義符“土”旁而形成的異體字。

4. 軃

《玉篇·身部》：“軃，五拜切。人名。”（16 上左）

按：《續考》“軃”字下云：“胡吉宣云：‘《廣韻》《集韻》並無。《集韻》聵音切下有顡字，云：人名，漢有北平康侯顡。《切韻》：嬟，女字。本書女部：嬟，女字，陸終妻女嬟。《大戴記》作隤。疑軃與聵、嬟同，猶踔與聘、娉同也。’《五音集韻》去聲《怪韻》五怪切：‘顡，闋。人名。漢有北平康侯顡。’明陳士元《名疑》卷三：'漢功臣侯芭，或作巴；北平康侯顤，或作䫏；煇渠侯僕朋，或作多。'檢《史記》《漢書》，北平侯無名顤或䫏者；復檢《漢書·高惠高后文功臣表》，漢高祖封功臣張蒼爲北平侯，五十年薨，子康侯奉嗣，時在孝景帝六年；八年薨，侯類嗣，時在景帝后元元年；武帝建元五年，坐臨諸侯喪後，免。《集韻》《五音集韻》所言'北平康侯顤'與《漢書》所言'北平侯類'當是同人，《漢書》'類'疑爲'頖'字之訛，'頖'字俗書作'頖'，與'頟'字形近，而'顤'字則與'頟'字音同（草書亦形近），《玉篇》《名疑》作'䫏'，宋以前字書所無，蓋'䫏'字俗訛，'䫏'、'頟'二字讀音亦同。"（259）《續考》謂"䫏"當即"䫏"字俗訛，所言是也。《周易·占夢》："作六辭以通上下、親疏、遠近：一曰祠；二曰命；三曰誥；四曰會；五曰禱；六曰誄。"鄭玄注："禱謂禱於天地、社稷、宗廟，主爲其辭也。《春秋傳》曰：'鐵之戰，衛太子禱曰：曾孫蒯聵，敢昭告皇祖文王、列祖康叔、文祖襄公，鄭勝亂從，晉午在難，不能治亂，使鞅討之。蒯聵不敢自佚，備持矛焉。敢告無絕筋，無破骨，無面夷，無作三祖羞。大命不敢請，佩玉不敢愛。若此之屬。"（809）"䫏"字，《廣韻》音"五怪切"，故"䫏"與"䫏"音近義同，故"䫏"當即"䫏"字俗訛。又《〈可洪音義〉研究》"䫏"字條（544）"䫏"字俗作"䫏"，此亦其證也。

5. 姮

《玉篇·女部》："姮，胡登切。姮娥也。"（18 上右）

按：《玉篇校釋》已改"姮"作"姮"，並注曰："'姮娥也'者，字原作姮，今正從亙。亙古恆字……字本作恆，俗涉娥而變易女旁，漢避文帝諱，改恆爲常，故恆山改爲常山，恆娥改爲常娥，俗又增女旁爲嫦娥。謂之恆娥者，古傳説謂月中有仙女，長生不死，故曰恆。恆本作亙，從月常懸天地間，故曰如月之恆也。娥者尊大之稱，亦爲美女之字，因號月中仙女曰恆娥。"（649～650）胡氏所言是也。佛經中亦有"恒娥"用例，今列舉數條以示説明。《大正藏》本唐湛然述《止觀輔行傳弘決》第三之四："月者亦名恒娥，亦名常娥。"又《大正藏》本唐神清撰《北山錄》卷五："又羿請不死之藥於西王母，羿妻恒娥竊之以奔月中也。"又《大正藏》本《索法號義辯諷誦文》："念恒娥奔月宮之長往嗟。""恒娥"即"恆娥"，故"姮娥"本作"恆娥"，"恆"字因受下文"娥"字類化影響而變易偏旁作"姮"。

6. 瞁

《玉篇·目部》:"瞁,女栗切。小目也。"(22下左)

按:《叢考》"眤"字下曰:"《玉篇·目部》:'瞁,女栗切。小目也。'《集韻》入聲質韻尼質切:'瞁,小目。''眤''瞁'音義皆同,'眤'可以説是'瞁'的改易聲旁俗字。'瞁'字或作'眤'可以比勘。不過從語源上看,《正字通》以'眤'爲'眣'字之訛,也許是正確的。'眣'字形近訛作'眤',俚俗讀從'尼',遂衍生出尼乙反一音;'尼''匿'同音,故'眤'又改易聲旁作'瞁'。《集韻》平聲脂韻延知切:'眱,小視也。……古作眣。''眤''眣'義近。"(746)《叢考》"後説"當是。《玉篇校釋》"眱"字下曰:"本書古文眣疑亦出《説文》,二徐漏敓,字從古文夷,㠯與尼通。《孝經》仲尼居,《釋文》:尼又作㠯,音夷,古夷字也。下'瞁,小目也'當爲'小目視也'。瞁或亦爲眣(即眤),猶眤亦爲瞁,瞁者匿也。《釋詁》:'匿,微也。'故瞁爲小視。"(807)胡氏之説印證了《叢考》後説。《玉篇·目部》:"眱,與脂、大奚二切。《説文》云:'目小視也。'南楚謂眴曰眱。眣,古眱字。"(21下右)《名義·目部》:"眱,與之反。竊視也。眣,古文。"(34下)故"瞁"當即"眤"通過改換聲符而形成的俗字,"眤"又即"眣"之形誤,"瞁""眤"二字本當作"眱"。

7. 蹕

《玉篇·足部》:"蹕,巨皎切。行。"(34下右)

按:《玉篇校釋》"蹕"字下注:"疑即蹺字。"(1432)胡氏所言是也。《疑難字》"蹕"字下注:"'蹕'字構形理據不可説解,亦俗訛字,《萬象名義》《廣韻》俱不收録,以音求之,並參考字形、字義,'蹕'當是'蹺'字之變,而'蹺'又'趫'之易旁字。"(598)《疑難字》所言印證了胡氏之説。故"蹕"當即"蹺"之異體字。

8. 忥

《玉篇·心部》:"忥,户絹切。賣也。"(40上左)

按:《玉篇校釋》"怰"字下曰:"《廣韻》《集韻》並無怰,怰即衒字。《行部》:'衙,賣也。《説文》曰:行且賣也。重文衒。'《貝部》:'眩,今作衒。'"(1694)胡氏所言是也。《疑難字》"怰"字下曰:"以音求之,'悁''怰'當即'衒'字俗書,字又作'衒'。《説文》二篇下行部:'衒,行且賣也。从行、言。衒,衙或从玄。'又作'眩',《集韻》去聲霰韻熒絹切:'衒、衙、眩,《説文》:行且賣也。或從玄,亦作眩。''怰'則'衒''眩'之易旁字也。"(267)《疑難字》所言印證了胡氏之説。故"怰"當即"衒"之換旁俗字。

9. 訷

《玉篇·言部》:"訷,他前切。訶也。"(43下左)

按:《玉篇校釋》"訷"字下曰:"案:訷即訮之訛字。《集韻·先韻》:'訷,訶也。'音天。其次適當《廣韻》之訮(《廣韻》訮亦有他前一音)。本書:'訮,訶也。'隸作訮,形訛爲訷。"(1855)胡氏所言是也。《叢考》"訷"字曰:"此字實爲'訮(訮)'的俗字。《廣韻·先韻》他前切小韻:'訮,訮訶皃。'字正作'訮'。又伯2014號《五代本切韻·先韻》可連反:'訷,訶~。又作訮。'《龍龕》卷一言部:'訷,(朝鮮本《龍龕》作訷),或作;訮,正,許延反,訶也,怒也;又五閑反,亦静訟也;又音天,亦訶皃也。'(其中的訶字朝鮮本《龍龕》均作訶,當據正)更其顯證。"(1027)《叢考》所言印證了胡氏之説。故"訷"當即"訮"字之俗。

10. 頢

《玉篇·言部》:"頢,宜巾切。頑也。"(43下左)

按:《叢考》"頢"字下曰:"此字疑爲'齧'的後起俗字。"(1037)《叢考》所言是也。《玉篇校釋》"頢"字下注:"頢即齧之後出俗字。《㖣部》:'齧,《字書》頑也。'頢由頑義變从頁,依例可入頁部,从頁,言聲。"(1858)胡氏之説印證了《叢考》的考釋成果。故"頢"當即"齧"字之俗。

11. 誧

《玉篇・言部》："誧，陟由切。多言也。"(43 下左)

按：《玉篇校釋》"誧"字下注："案即上誧之訛字。誧，多言也。形誤爲誧，聲隨形變也。"(1858)胡氏所言是也。《考正》："'誧'爲'誧'的異寫字……字又寫作'誧'……'誧''誧'義同，'誧'即'誧'字異寫。二字讀音不同者，因'甶'旁寫成'舟'後，人們遂按'舟'音讀之，此即音隨形變所致。"(4)此説印證了胡氏之説。故"誧"當即"誧"字之訛。

12. 徺

《玉篇・彳部》："徺，相然切。行皃。"(47 下左)

按：《玉篇校釋》"徺"字下注："二韻並無。《足部》：'躚，蹁躚，猶蹣跚也。'蹣跚，旋行也。《切韻》云：'蹁躚，旋行也。'躚與徺同。《詩・賓之初筵》：'屢舞僊僊。'毛傳：'僊僊然舞皃。'舞皃亦旋行也。"(2025)胡氏所言是也。《正字通・彳部》："徺，躚字之訛。舊注汎訓行貌，非。"(352 下)《疑難字》"徺"字下注："'徺'字亦《説文》《萬象名義》所無，以音義求之，殆即'僊'之俗書也。'僊'字疊言狀舞貌，引申爲輕舉之貌，復引申之則狀行貌……俗書彳、亻不分，而字義又與行相涉，故字變作'徺'也。'徺'字相然切，'僊'亦相然切，二字讀音相同。"(204～205)以上二説皆印證了胡氏之説。故"徺"與"僊""躚"音義並同，當爲異體字。

13. 蓮

《玉篇・辵部》："蓮，爲委切。姓也。"(50 上左)

按：《玉篇校釋》"蓮"字下注："案：此爲蒍之訛字，應刪。《艸部》：'蒍，楚大夫姓。'"(2113)胡氏所言是也。《正字通・辵部》："蓮，舊注：于鬼切，音偉。姓也。按《説文》本作蒍，引《春秋傳》楚大夫蒍子馮。"(1162 下)《叢考》"蓮"字下曰："此字當是'蒍'的俗字。《廣韻》上聲紙韻韋委切：'蒍，草；又姓，《左傳》楚有蒍氏，代爲大夫。'字本作'蔿'。《五經文字》卷中艸部：'蔦，於彼反。《春秋傳》及《釋文》或作薳，與蔦同。''蔦''薳''蘧'音義皆同。字作'蘧'者，蓋俚俗以'薳'字於聲不諧，遂改'遠'爲形近而又與'薳'音近的'遠'。"（484）以上二説皆印證了胡氏之説。故"蘧"當即"薳"字之俗。

14. 痲

《玉篇·疒部》："痲，古和切。"（57 上左）

按：《玉篇校釋》"痲"字下注："義闕。元刊云：'瘑病也。'《五音集韻》云：'禾苗蟲傷有病。'依字从禾爲説，然釆不成字，蓋即下痲、痯之俗訛字。痲，瘑也。痯，疽瘑也。同古禾切。"（2255）胡氏所言是也。《考正》"痲"字下注："今考'痲'即'痲（疒）'之異寫字。《萬象名義·疒部》：'痲，古和反。秃、痕。''痲''痲'二字音切相同。《萬象名義》是原本《玉篇》的删節本，兩書的字序大體一致，《萬象名義》中的'痲'字處於'痲''疫'二字之間，《玉篇》中的'痲'字亦處於'痲''疫'二字之間，故'痲'即'痲（疒）'字。"（296～297）此説印證了胡氏之説。故"痲"當即"痲"字之俗。

15. 荪

《玉篇·艸部》："荪，呼歷切。草盛。"（69 上右）

按：《疑難字》"荪"字下注："以形求之，'荪'當爲'赫'字之變。'赫'字筆二赤，二赤起首兩筆重組爲草頭，二赤下部重複部分省略其一，故'赫'變作'荓'。'赫'本從赤，變作'荓'，從赤之意不顯，流俗因改'荓'字下部爲赤，即成'荪'字。'赫'訓盛、訓盛貌，常訓也；變作'荪'，《玉篇》改訓草盛皃，望形生義也。'赫'或訓怒，見《方言》卷十二、《廣雅·釋詁二》等，與'嚇'字字用相同，非同字也，'嚇'無由變作'荪'字。《集韻》《類篇》'荪荪'又訓懼，此或出於假借，或出於訛誤，要之，'荪'即'赫'字。"（94）《疑難字》所言是也。《玉篇校釋》"荪"字下注："元刊作'草盛皃'，《集韻》與嚇、奭同，通作赫。赫，盛也。隸變省作荓，六朝別字如此，俗誤認爲从艸而作荪，云草盛，字訛應删。"（2742）胡氏之説印證了《疑難字》的考釋成果。慧琳《音義》卷二三《新譯大方廣佛華嚴經音義》卷六十二："威光赫弈，赫，許格反。

弈,移益反。《廣雅》曰:'赫赫,盛也。弈弈,明也。'赫字,文作𧹒。"(57,頁863a6)慧琳《音義》卷三七《金剛祕密善門陀羅尼經》:"赫弈,上呀格反。《廣雅》:'赫赫,明也。'《詩》傳云:'顯盛皃。'《說文》:'大赤也。从二赤。'《說文》赤字,南方火色也,从大从火。今隸書作赤,變體字也。經文从草、从赤作𧹒,不成字也。"(58,頁136b6)慧琳《音義》卷九九《廣弘明集》卷二十七:"歆赫,上希驕反。顧野王云:'歆謂熱氣也。'《說文》:'𤎅𤏺,氣出皃也。'下虛厄反。《說文》從二赤,《集》作𧹒,非也。"(59,頁317a10)此亦其證也。故"𧹒"當即"赫"字之訛。

16. 𥰡

《玉篇·竹部》:"𥰡,都總切。竹器也。"(71上右)

按:《廣韻》上聲董韻多動切:"𥰡,亦姓。又竹器也。"(158)《續考》"𥰡"字下注:"《萬象名義·艸部》:'董,東捻反。似蒲細也。督也,正,固也。'該書亦無'董'字,蓋原本《玉篇》以'董'爲'蕫'之俗字,見於'蕫'字正文而未立爲字頭。後世區以別之,'蕫'用作草名,'董'用爲督正;亦用作姓氏。隸變之後,竹頭、草頭不分,故'董'或變作'𥰡'。《萬象名義·竹部》:'𥰡,都捻反。正也,督也,銅(固?)也。''𥰡'字音義與同書艸部'董'字、《廣韻》'董'字相同。今本《玉篇》'𥰡'訓竹器,蓋唐宋人爲與'董'字强爲區分而妄改。《集韻》謂'𥰡'或從重作'𥰡',所言是也;《廣韻》'𥰡'訓竹器,《集韻》'𥰡'、'𥰡'訓竹器又訓竹名,其誤與今本《玉篇》同。《廣韻》之'𥰡'、《集韻》之'𥰡(𥰡)'又爲姓氏用字,此正同'董'之證也。"(112~113)《續考》所言是也。《玉篇校釋》"蕫"字下注:"董爲蕫之隸變,原本當以蕫爲正文,董爲重文。今本(654):'董,音童。草名。又多動[切]。'下無注,《廣韻》亦分董、蕫爲二字,皆宋人所竄改,非《篇》、《韻》之舊也。藕根者,《說文》:'蕫,鼎蕫也。杜林曰:藕根。'《釋草》:'蘱,薡蕫。'《釋文》:'蕫。本或作董。'"(2575)胡氏之說印證了《疑難字》的考釋成果。又《新撰字鏡·艸部》:"董,多動反。正也;督也;固也。蕫,同上,本作。蒲細也。"(403~404)《新撰字鏡·竹部》:"𥰡,都捻反。董字。正也;督也;銅(固)也。"(453)此亦其證也。故"𥰡"與"董""𥰡""蕫"諸字音義並同,即爲異體字。

17. 笚

《玉篇·竹部》:"笚,去玉切。養蠶具也。"(71 上右)

按:《叢考》"笚"字下注曰:"《説文·曲部》:'曲,象器曲受物之形。或説:曲,蠶薄也。'(268)又同書艸部:'苗,蠶薄也。从艸,曲聲。'(25)就'蠶薄'一義而言,'曲'蓋其初文,後起本字作'苗','笚'則爲'苗'的換旁俗字。《集韻》入聲燭韻區玉切:曲,亦从竹作'笚'。應據以溝通'笚'與'苗'的同字異體關係。"(891~892)《叢考》所言是也。《新撰字鏡·竹部》:"笚,去玉反。苗字。[蠶]薄也。"(453)此是其證也。《玉篇校釋》"笚"字下注曰:"笚亦作苗,簿亦作薄,並艸、竹偏旁相通之例。笚古止爲曲。"(2822)此説亦印證了《叢考》的考釋成果。故"笚""苗"即爲異體字。

18. 稇

《玉篇·耒部》:"稐,力尹切。稐稇,束禾也。"下字曰:"稇,臥尹切。稐稇。"(75 上右)

按:《叢考》"稇"字下注:"'稐稇'疊韻,同義而非同字,《玉篇》言之分明,《字海》據《玉篇》云'稇'同'稐',可謂胡言妄語。又'稐'爲'稌'的訛俗字,訓'束'的'稐'和訓'禾束'的'稌'並非二字,《漢》把'稇'字同'稐'與同'稌'分列,亦非切當。事實上,'稇'字既不同'稐',亦非同'稌',而是'稌'的俗字,猶如'稐'爲'稌'的俗字。"(844)《叢考》所言是也。《玉篇校釋》亦曰:"元刊本'稐,束禾也。稇,積禾也',非是。《廣韻》上聲十七準:'稐,力準切。束也。'重文作稇。《集韻》:'稌,禾束曰稌。或作稐、稇。'並以爲一字,亦非也。稐、稇疊韻,義同而非一字。字本作稇。《説文》:'稇,絭束也。'"(2970~2971)《正字通·耒部》:"稇,俗稌字。"(862 下)以上二説皆印證了《叢考》的考釋成果。故"稇"當即"稌"之異體字。

19. 戙

《玉篇·戈部》:"戙,徒弄切。船板木。"(81 下右)

按:《叢考》“䑱”字下曰:“此字乃‘𦨴’字俗訛。《廣雅·釋宫》:‘𦨴,杙也。’《玉篇·弋部》:‘𦨴,船左右大木。’”(571)《叢考》所言是也。《正字通·戈部》:“䑱,𦨴字之訛。”(390 下)《玉篇校釋》“䑱”字下曰:“䑱即𦨴之僞字。”(3238)以上二説皆印證了《叢考》的考釋成果。《新修玉篇》卷十七《戈部》引《玉篇》:“䑱,徒弄切。船板木。《韻》曰:‘舩纜所繫。’𦨴,《省韻》字正。”(150 下左)此亦其證也。故“䑱”當即“𦨴”字之訛。

20.氿

《玉篇·水部》:“氿,資悉切,又音節。水出也。”(92 上左)

按:《疑難字》“氿”字下注:“《廣韻》入聲質韻資悉切:‘氿,水灒。’余迺永《校注》:‘灒字楝亭本同,段改作灒,合鉅宋本。巾箱本訛作潛,黎本訛作濱,南宋祖本及景宋本訛作資,元本訛作潛。《切三》《王韻》各本、《唐韻》作灒水。按《玉篇》氿字云:水出也。灒字云:相汙灑也。唐玄應《一切經音義》卷四引《通俗文》:迮而吐之曰氿。《集韻》氿字云:灑也。可見《唐韻》釋氿爲氿水,灒水,仍不若《廣韻》之釋水灒,可免誤以爲水名。《周校》不考《唐韻》何以於《切三》《王韻》各本水灒注義之上另出氿水注文,反以《廣韻》爲誤,非也。’段氏、余氏校改‘灒’字作‘灒’,是也,‘灒(潛)’即‘灒’字殘誤。箋注本《切韻》(斯 2071)、故宫本《王韻》《裴韻》‘氿’訓‘灒水’,唐寫本《唐韻》‘氿’訓‘氿水,灒水’,余氏以爲‘《唐韻》釋氿爲氿水,灒水,仍不若《廣韻》之釋水灒,可免誤以爲水名’,其説則非。玄應《一切經音義》卷四:‘唾氿,將逸反。《通俗文》:迮而吐之曰氿。經文或從口作嗺,音子旦反。’又卷十五:‘澆灒,又作嗺、濺二形,同,子旦反。《説文》:水汙灑也。’‘氿’‘嗺’同義,本謂含水噴人也,‘氿’訓灒水,義猶噴水,謂噴水污人。《大字典》《字海》‘氿’字既訓爲噴,又依誤本《廣韻》訓水灒,此不知‘水灒’乃‘灒水’之誤倒而誤設義項也。”(244)《疑難字》所言是也。《玉篇校釋》“氿”字下注:“《切韻》:‘氿,灒水。’《廣韻》作‘水灒’,誤。《集韻》:‘氿,灑也。’慧琳卅一·廿一:‘《通俗文》:迮而吐之曰氿。’此别義。氿與瀸同。瀸,水出也。《切韻》云:‘小灑。’慧琳卷卅九引《字書》:‘音節。灑也。’即此‘氿,音節。水出也’。”(3833)胡氏所言印證了《疑難字》的考釋成果。《新撰字鏡·水部》亦云:“氿,資悉反。灒水。”(338)《名義·水部》:“瀸,子刺反。小水出。"(195 下)《玉篇·水部》:"濈,子昔、子結、子末三切。[小]水出也。"（91 上右）《廣韻》入聲屑韻子結切:"濈,小灑。"(399)"氿""濈"音義並同,二者即爲異體字。

21. 霊

《玉篇·雨部》:"霊,許鬼切。雷震。"（93 下左）

按:《疑難字》"霊"字下曰:"此字部首外九畫,從雨,虺聲,《字海》虺聲所從之兀誤刻爲元,因歸之於十畫字内,非是。《萬象名義·雨部》:'霊,虚鬼反。震雷皃。'蓋顧野王《玉篇》始收'霊'字。敦煌本《王韻》上聲尾韻:'霊,震雷。'故宫本《王韻·尾韻》許偉反:'霊,震雷。'故宫本《裴韻》'霊'字同。《説文》無'霊'字,蓋'虺'之加旁字也。《詩·邶風·終風》:'曀曀其陰,虺虺其雷。'毛傳:'暴若震雷之聲,虺虺然。'釋文:'虺,虚鬼反。''霊''虺'讀音相同。狀震雷之聲初無本字,但借虺蛇字爲之,以用指震雷之聲,'震''雷'二字皆從雨,故'虺'字亦綴加雨頭。"(602)《疑難字》所言是也。《正字通·雨部》:"霊,呼委切,音毁。通作虺。《詩·邶風》:'虺虺其雷。'朱傳:'虺虺,雷將發未震之聲。'舊注雷震,誤。"(1263 上)《玉篇校釋》"霊"字下注:"'雷震'者,《切韻》:'霊,震雷。'案:《詩·終風》'虺虺其雷',《廣雅·釋訓》:'虺虺,聲也。'疑本書亦有舉《廣倉》引齊魯《詩》作'霊霊其雷',又引《埤倉》'霊霊,雷震也'。"(3892)以上二説印證了《疑難字》的考釋成果。《新撰字鏡·雨部》:"霊,虚鬼反。虺子(字)也。"(43)此亦其證也。故"霊"當即"虺"之異體字。

22. 魑

《玉篇·鬼部》:"魑,皮彼切。鬼衣服。"（94 下左）

按:《疑難字》"魑"字下注:"此字《萬象名義》《廣韻》並未收録,以義考之,並參考字形,殆'魑'字俗訛。"(620)《疑難字》所言是也。《正字通·鬼部》:"魑,魑字之訛。《説文》《六書統》有'魑'無'魑',舊本'魑'注與《説文》同,復出'魑'字,改音避,注云'鬼服',割《説文》'魑'訓分載,益見'魑'訛爲'魑',非'魑'外别有'魑',誤與《篇海》同。"(1337 上)《玉篇校釋》"魑"字下亦云："疑爲'魃'之訛字。魃,鬼服。形相近。又因被服義而變作魃。"
(3933)以上二説皆印證了《疑難字》的考釋成果。故"魃"當即"魃"字之訛。

23. 廢

《玉篇·广部》:"廢,於其切。急也。"(103下右)

按:《疑難字》"廢"字下曰:"此字《萬象名義》《廣韻》《集韻》俱不收録,
'廢'訓急,形義亦不合,以形求之,並參考音義,'廢'蓋'瘱'字俗訛。《説
文》七篇下广部:'瘱,劇聲也。从广,殹聲。'"(239)《疑難字》所言當是。
《玉篇校釋》"廢"字下亦云:"應爲'瘱'之訛字。《説文》:'瘱,劇聲也。'急、
劇義近。"(4261)胡氏之説印證了《疑難字》的考釋成果。故"廢"當即"瘱"
字之訛。

24. 馼

《玉篇·馬部》:"馼,音父。牡馬也。"(108下左)

按:《考正》"馼"字下注曰:"'馼'當是'父'的增旁字。《龍龕·馬部》:
'馼,馼馬也。'(293)佛經有'馼'字用例。東晉佛陀跋陀羅共法顯譯《摩訶
僧祇律》卷二八:'若得者,不得載牸牛車、乘草馬等,當載特牛車、乘馼馬。'
(T22,頁 0456a)《可洪音義》卷十五《摩訶僧祇律》第二十八卷音義:'馼馬:
上扶武反。'(59,頁 1111a)又元魏瞿曇般若流支譯《正法念處經》卷三四:
'見中陰身,猶如馬形。自見其父,猶如父(元、明本作馼)馬,母如草馬,父
母交會,愛染和合。'……'父'增旁作'馼','馼'只在雄性馬的意義上與
'父'同義,故'馼'是'父'的增旁分化字。"(467)其言是也。《玉篇校釋》
"馼"字下亦曰:"'音父'者,牡馬亦曰父馬,字本止作父。父馬爲馼,與草馬
爲騍,同例。《釋畜》:'牡曰騭。'郭注:'今江東呼父馬曰騭。'釋文:'父,本
或作馼,俗字。'"(4482)此説印證了《考正》的考釋成果。故"馼"當即"父"
通過增加義符"馬"旁而形成的後起分化字。

25. ⿰牛孚

《玉篇・牛部》:“⿰牛孚,音浮。牛黑唇。”(109 下右)

按:《疑難字》“⿰牛孚”字下曰:“今依義考之,並參考字形,‘⿰牛孚’當是‘犉’字訛變。《説文》二篇上牛部:‘犉,黄牛黑唇也。’《萬象名義・牛部》:‘犉,而純反。黄牛唇黑。’”(446)《疑難字》所言是也。《正字通・牛部》:“⿰牛孚,犉字之訛。舊注牛玄唇,與犉義同,改作⿰牛孚,增孚、浮二音,並非。”(652 下)《玉篇校釋》“⿰牛孚”字下注:“《集韻》收虞韻,云:‘牛玄唇謂之⿰牛孚。’‘⿰牛孚’應即《爾雅》‘黑唇,犉’之訛變,聲隨形誤耳。”(4522)以上二説皆印證了《疑難字》的考釋成果。故“⿰牛孚”當即“犉”字之訛。

26. ⿰犭惢

《玉篇・犬部》:“⿰犭惢,才癸切。雌狢也。”(110 下左)

按:《名義・犬部》:“⿰犭惢,牛瘵反。雌貉。”(235 下)《疑難字》“⿰犭惢”字下注:“《爾雅・釋獸》:‘貆子,貈。’郭璞注:‘其雌者名⿰豸⿱𡿺止。’郝懿行疏:‘郭云雌名⿰豸⿱𡿺止者,釋文:⿰犭⿱𡿺止又作⿰豸⿱𡿺止,同,乃老反。引《字林》云:雌貉。是郭所本。’‘貈’‘貉’同字異形。《廣韻》‘⿰犭惢’訓雌貉,與‘⿰豸⿱𡿺止’‘⿰犭⿱𡿺止’義同,殆與‘⿰豸⿱𡿺止’‘⿰犭⿱𡿺止’爲一字之變。‘⿰豸⿱𡿺止’‘⿰犭⿱𡿺止’乃老反,聲亦不諧,以音、義求之,‘⿰豸⿱𡿺止’‘⿰犭⿱𡿺止’殆即‘⿰豸𡿺’‘⿰犭𡿺’俗書。《集韻》上聲晧韻乃老切:‘⿰犭𡿺、⿰豸𡿺、⿰豸翌、⿰犭翌,獸名。雌貉也。或作⿰豸𡿺、⿰豸翌、⿰犭翌。’”(220)《疑難字》所言是也。《玉篇校釋》“⿰犭惢”字下注:“案:此僞字,形聲俱誤。《廣韻》旨韻不録,去聲十六怪:‘⿰犭惢,雌狢。胡介切。’上聲卅二晧:‘⿰犭𡿺,雌狢。’重文作⿰豸𡿺,奴晧切。《切韻》小韻:‘⿰豸⿱山圭,⿰豸⿱山圭⿰豸尞。平表反。’《廣韻》云:‘似狐善睡。’《釋獸》:‘貈子貆。’郭注:‘其雌者名⿰豸⿱𡿺止。’⿰豸⿱𡿺止,釋文作⿰犭翌,云:字亦作⿰豸⿱𡿺止,同乃老反。《字林》云:‘雌貈。’貈即狢字。⿰犭翌俗又變作⿰犭⿱山圭、作⿰犭惢,誤諧惢聲而音才癸切。乃老反當从𡿺聲,从⿱𡿺止及變从翌,與惢音近。《豸部》(58):‘⿰豸甾,平表切。似羊善睡。’甾爲俗𡿺字,平表之音不合。(46):‘⿰豸⿱山圭,平表切。似狐善睡。’《説文》:‘貈,似狐,善睡獸也。’是貈、⿰豸⿱𡿺止雌雄名别,其善睡之性當同。⿰犭惢、⿰豸⿱𡿺止、⿰豸⿱山圭、⿰豸甾、⿰犭𡿺一字訛分也。”(4584~4585)此説印證了《疑難字》的考釋成果。故“⿰犭惢 ”與“⿰豸⿱𡿺止”“⿰豸⿱山圭”“⿰豸甾”“⿰犭𡿺”諸字並爲異體關係。

27. 獚

《玉篇·犬部》：“獚，胡光切。犬也。”(110 下左)

按：《疑難字》“獚”字下注：“《廣雅·釋獸》犬屬有‘殷虞’‘晉獒’‘楚黃’‘韓獹’‘宋㹸’，王氏疏證釋‘楚黃’云：‘《呂氏春秋·直諫篇》：荆文王得茹黃之狗，宛路之矰，以畋於雲夢。’‘獚’當是‘楚黃’之‘黃’的加旁字，以其用指楚國良犬，故從犬作，猶‘韓盧’之作‘韓獹’。”(218)《玉篇校釋》“獚”字下亦云：“案即《廣雅》說犬之‘楚黃’。《呂覽·直諫篇》云：‘荆文王得茹黃之狗。’是也。”(4587)此說印證了《疑難字》的考釋成果。故“獚”當即“黃”之增旁俗字。

28. 猘

《玉篇·犬部》：“猘，音制。”(111 上右)

按：《考正》“猘”字下注：“今考‘猘’爲‘狾’的更換聲旁字。《說文·犬部》：‘狾，狂犬也。從犬，折聲。’徐鉉引《唐韻》音征例切(205)。《萬象名義·犬部》：‘狾，居世反，狂犬。’(235)‘猘’‘狾’音義皆同。《龍龕·犬部》：‘狾、猘：居例、尺制、征例三反，狂犬別名。二同。’(319)此其確證。”(126)其言是也。《正字通·犬部》：“猘，舊注：吉器切，音季。狂犬。訓同《說文》，不誤。按：《說文》本作‘狾’，篆作‘’，引《春秋傳》‘狾犬入華臣氏之門’，孫愐‘征例切’，舊本改音‘季’，非。《九經字樣》‘狾’作‘猘’，制、罽二音並存，亦非，從制音爲正。”(661 下)《玉篇校釋》“猘”字下亦曰：“元刊云：‘犬惡名。’《切韻》：‘猘，江南呼狂犬也。’本書(68)：‘狾，狂犬也。’下(217)：‘獬，狂犬也。’並同。”(4604)以上二說皆印證了《考正》之說。《九經字樣·犬部》：“狾猘，音罽，又音制。狂犬也。見《春秋》。上《說文》，下經典相承。”(9/10)《新撰字鏡·犬部》：“狾狛猘，三同字。昌制、居世二反，去。狂犬也。”(470)此亦其證也。故“猘”與“狾”“狛”“獬”並爲異體字。

29. 財

《玉篇·貝部》：“財，而晉切。牢也。”(121 上右)

按：《叢考》“財”字下注曰：“此字當是‘朒’的訛俗字。‘月’旁‘貝’旁俗書形近相亂……裴務齊正字本《刊謬補缺切韻》去聲震韻而進反(與‘而晉切’同音)：‘朒，牢。’(《集韻》593)‘財’‘朒’音義相同。”(986～987)《叢考》所言是也。《玉篇校釋》“財”字下亦曰：“案：‘財’爲僞字，當删。《切韻》震韻：‘朒，牢也。’本書《肉部》：‘朒，堅肉也。’”(5112)此説印證了《叢考》的考釋成果。故“財”當即“朒”字俗訛。

30. 襵

《玉篇·衣部》：“襵，於琰切。”(129 上右)

按：《叢考》“襵”字下注：“此字當是‘禰’的訛俗字。《玉篇·示部》：‘禰，於琰切。禰禳也。’(14)‘襵’‘禰’音切正同。”(830)《叢考》所言是也。《玉篇校釋》“襵”字下注曰：“此爲‘禰’之訛字，應删。”(5610)此説印證了《叢考》之説。故“襵”當即“禰”字之訛。

31. 牘

《玉篇·片部》：“牘，仕革切。”(131 下左)

按：《疑難字》“牘”字下注：“《五音集韻》入聲陌韻鋤陌切：‘牘，板也。’‘牘’訓板始見於此，蓋韓道昭見其從片而妄補，其後字書多從之……《萬象名義·片部》無此字而《牀部》又‘牘’字，注云：‘牘，側革反。笫(第?)也。簀字。’今本《玉篇·牀部》無屬字，原本《玉篇·牀部》五字併入片部而皆失其義，‘牘’乃五字之一。然則‘牘’乃‘牘’字之變，‘牘’同‘簀’，‘簀’恒與‘牀’字連言，‘牀’從爿，故‘簀’亦易從爿作。《集韻》入聲麥韻側革切：‘簀、牘，《説文》：牀(牀)棧也。或從爿。’張自烈不明《字彙》‘牘’字之來歷，遂與同‘牏’字之‘牘’字混而爲一，非是。”(468)其言是也。《玉篇校釋》“牘”字下注：“《切韻》入聲麥韻：‘簀，亦作牘。’慧琳八三·十：‘簀，或作牘。’本書

《竹部》：'簀，牀簀，又棧也。'《集韻》作'牘'，牀棧也，云'本作簀'。牘从牀省，牘變从片義。"（5726）此説印證了《疑難字》的考釋成果。故《玉篇》之"牘"當即"牘（簀）"字之俗。

32. 受

《玉篇·丈部》："受，丁報切。姓也。"（133 下左）

按：《玉篇校釋》"受"字下注："'姓也'者，《切韻》同，云'从丈'，韻書防人誤爲'受'也。《廣韻》云：'出河內。'案：字形聲俱乖，後魏時僞造爲氏姓。"（5791）胡氏所言當是。余迺永《校注》"受"字下注："按《王二》字作'受'，注：'姓，從文。'鉅宋本、元建刊本及覆元泰定本同。然《集韻》刀號切但作'受'，注文同本書；其後到、大到二切之受字亦解'姓也'，則從丈或從文俱非。又《説文》'受，相付也'，大徐音殖酉切，本書有韻殖酉切正收'受'字。考有、号二韻上古俱屬酉部，則所以訛從文或丈者顯因後人惑於'受'字亦可讀都導切以妄改。"（881）此説印證了胡氏之説。《姓觿·號韻》亦云："受，《姓苑》云：'河內族。'《千家姓》云：'歷陽族。'"此亦其證也。故"受""受"疑並爲"受"字之訛。

二、有待擇定的考釋及例析

由於所見材料的差異及研究方法的不同，前人對《玉篇》同一疑難字的考釋結論也不盡相同，這些不同結論存在是非之別，這就需要我們利用漢字構形理據，結合漢字俗寫規律，並儘可能地根據新的材料，對這些不同結論作出審慎的擇定。否則，如果對這些考釋成果未加考辨地加以采用，即會因承訛襲謬而貽誤讀者。

1. 祳

《玉篇·示部》："祳，市救切。久年也。"（4 上左）

按：《玉篇校釋》"祳"字下曰："《集韻》去聲宥韻：'祳，祈久年也。'《類篇·示部》同。又云：'久祭。'本書'久年'上蓋奪'祈'字，謂祈求常豐年也。或疑字从气爲久訛，从社，久聲，故又爲久祭。"（54～55）胡氏所言不確。

《疑難字》"祗"字下注:"《萬象名義・示部》:'䄺,時柳反。久也。壽字(也)。□,古文。堅,古文。□,古文。'《玉篇・示部》:'祗,市救切。久年也。'《玉篇》'祗'字與《萬象名義》'䄺''堅'字位置相當,一字之變也。《萬象名義》謂'䄺'同'壽',《説文》'壽'字正訓久,其説可信;《玉篇》'祗'訓久年,謂壽命久也,亦正'壽'字之義。《廣韻》'壽'字殖酉切,又承咒切,'祗''壽'讀音亦相吻合。丁度等不知'祗'爲'壽'字之變,見其從示,因訓爲久祭,望形生義,不足從也。"(529)其言是也。《新撰字鏡・示部》:"堅,市柳反。壽[字]也。久也。"(616)此是其又一佐證。故"祗"當即"壽"之異體"堅"字俗寫之訛。

2. 瑿

《玉篇・玉部》:"瑿,古衛切。玉也。"(6 上左)

按:《正字通・玉部》:"瑿,堅字之訛。舊注:音緘。玉名。非。八画訛作堅。"(683 下)"瑿"與"堅"儘管音同,然形義俱別,二字不可混同,故《正字通》之説非是。《玉篇校釋》"瑿"字下注:"'瑿'與上(208)'瑠'字同。"(156)胡氏之説疑是。《玉篇・玉部》:"瑠,盧談切。玉名。"(6 上右)"瑿""瑠"形近義同,"瑿"當即"瑠"通過偏旁易位而形成的異體字。《廣韻》去聲鑑韻格懺切:"鑑,鏡也;誡也;昭也。亦作監。鑒,上同。"(361)"鑑"又作"鑒",此是其佐證也。"瑠"變作"瑿",後人又改其讀爲"古衛切",遂致二者相隔甚遠。又"瑠"本當作"藍"。《宋史文苑傳・李公麟》:"公麟曰:'秦璽用藍田玉,今玉色正青,以龍蚓鳥魚爲文,著'帝王受命之符',玉質堅甚,非昆吾刀、蟾肪不可制,珥法中絶,此真秦李斯所爲不疑。'議由是定。"(13126)故"瑠"當即因"藍田"產玉而改換義符所形成的異體字。

3. 俏

《玉篇・人部》:"俏,思主切。姓也。"(15 下右)

按:《字彙・人部》:"俏,思呂切,音諝。姓也。"(43 上)《正字通・人部》:"俏,偦字之訛。舊注:音諝。姓也。考姓譜無俏姓。"(52 上)《集韻》上聲語韻寫與切:"胥、偦,什長也,有才知者。或從人。"(329)《周禮・秋

官·士師》："以比追胥之事。"鄭玄注："胥讀如宿偦之偦。偦謂司搏盜賊
也。"賈公彥疏："時有夜宿逐賊謂之偦。""偵"與"偦"形義俱別,二字不應混
同,故《正字通》之説非是。《大字典》以《正字通》之説作爲"一説",亦非。
《玉篇校釋》"偵"字下注："疑即須字變易偏旁。《風俗通》:'須,太暭之裔,
須句國之後。'《左傳》:'遂人四族有須遂氏。'"(540)胡氏所言當是。《元和
姓纂·虞韻》:"《風俗通》,太昊風姓之後有須句國。又殷有密須國爲氏。
魏有須賈。平陸侯須無,紹封四代。"岑仲勉校記:"國爲氏,《備要》(《合璧
事類備要》)及《類稿》(《賢氏族言行類稿》)均作'並以國爲氏'。平陸侯須
無,平字上《備要》《類稿》均多'漢有'二字。""偵""須"音近義同,又《〈可洪
音義〉研究》"須"字條(756)"須"俗作"須""湏"等,"偵"與"須""湏"形近,
故"偵"疑即"須"字之俗。

4. 顮

《玉篇·頁部》:"顮,裨仁切。憤懣也。"(19下左)

按:《方言》卷十二:"顮,懣也。"(74)《正字通·頁部》:"顮,俗鬢字。舊
注:音賓,頭憤懣。非。"(1290下)《説文·彡部》:"鬢,頰髮也。从彡,賓
聲。"(185下)"鬢",《廣韻》音"必刃切"。"顮""鬢"音近義別,二者不可混
同,故《正字通》之説非是。《玉篇校釋》"顮"字下注:"本書《目部》:'瞋,恨
張目。'瞋與顮同,憤懣則怒張目也。"(727)胡氏所言是也。《説文·目部》:
"瞋,恨張目也。从目,賓聲。"(72上)"瞋",《廣韻》音"必鄰切"。"顮"與
"瞋"音同義通,當爲異體字。

5. 睚

《玉篇·目部》:"睚,苦改切。明也。"(22下左)

按:此字最早見録於《玉篇·目部》之末,當即陳彭年等據俗書所增。
《詳校篇海》卷三《目部》:"睚,苦改切。明也。又音開。照也。"(171下)
《字彙·目部》:"睚,可海切,音凱。明也。"(315上)《正字通·目部》:"睚,
瞶字之訛。舊注音凱,非。"(739上)《説文·目部》:"瞶,目童子精也。从
目,喜聲。讀若禧。"(71上)"睚""瞶"形音義俱别,不可誤作認同,故《正字

通》之説非是。《玉篇校釋》"瞠"字下注："《廣韻》《集韻》並無，疑爲暳之訛字。《日部》：'暳，照也。'《切韻》：'[暳]，明也。'"（852）胡氏所言是也。《廣雅·釋詁三》："暳，照也。"（226 上）箋注本《切韻》（斯 2071）上聲海韻苦亥反："暳，美也；明。"（133）《集韻》平聲咍韻丘哀切："暳，照也。"（111）又上聲海韻可亥切："暳，《方言》：'明也。'"（350）今本《方言》卷十三作："暳，昭也；美也。"周祖謨注："昭，戴本作照。"（87）此外，"暳"別無訓"明也"之義，《集韻》"暳"引《方言》訓"明也"疑即"昭也"之誤。故"瞠""暳"音義並同，又"目"旁、"日"旁形體相近，俗書常可訛混，故"瞠"當即"暳"字之訛。

6. 覿

《玉篇·見部》："覿，七亦切。觀也。"（23 下右）

按：《玉篇校釋》"覿"字下注："《集韻·昔韻》義同。本書《目部》：'瞔，張目也。'疑與瞔同。"（881）《玉篇·目部》："瞔，爭革切。張目也。"（22 下右）"覿""瞔"音義俱別，二字不可混同，故胡吉宣之説非是。《續考》"覿"字下注："《廣雅·釋詁一》：'覿，視也。'曹憲《博雅音》：'覿，[音]狄。'王氏疏證：'覿音七亦反，字從賣，與私覿之覿從賣者異，曹憲音狄，非也。《集韻》《類篇》覿七跡切，又音狄，見也，與覿同，並踦曹憲之誤。考《玉篇》覿達寂切，見也；覿，七亦切，觀也。今據以辨正。'王氏謂'覿'與'覿'異是也。'覿'訓視，與'覲'字同。《萬象名義·見部》：'覲，秦狄反，目赤也。覿，同上，駕(?)觀也。'敦煌本《切韻》入聲《錫韻》昨曆反：'覲，目赤。'又同韻他曆反：'覿，覘視。亦作覿。'故宮本《王韻》同。龍宇純校箋：'覿字《王一》同，《集韻》作覿，《集韻》亭曆切覿亦爲覿或體。'龍説爲《集韻》所誤，不可信。《切韻》系韻書謂'覿'同'覲'，説與《萬象名義》合，蓋本原本《玉篇》。"（217）其言是也。《新撰字鏡·見部》："覲，泰(秦)秋(狄)反。目赤也；覘視也；見[也]。覿，上字。賣(觀)也。"（284）此亦其證也。故"覿"當即"覲"之異體字。

7. 掇

《玉篇·手部》："掇，丁亂切。打掇。"（32 上左）

按：《字彙·手部》："掇，都完切，音鍛。打也。"（179 上）《正字通·手部》："掇，舊注：音鍛。打也。按《六書統》從手、叚（段）聲，與掔同。手臂節也。篆作𢮦，掇即掔之變體，汎訓打，非。《書統》有掔、擘、捥、挐四文，復以掔爲大篆，改從叚（段），亦非。"（414 上）《六書統·手部》："𢶳，烏貫切。手臂𠔿也，從手，段聲，與掔同，大篆。"（408 下）《説文·手部》："掔，手掔也。揚雄曰：'掔，握也。'從手，取聲。"（251 下）勋瑛《羣經正字》："今經典或作捥……或爲腕。""掔"，《説文》篆文作"𤓯"。"掔"，《廣韻》音"烏貫切"。"𢶳"與"掔"音義並同，"𢶳"當即"掔"之篆文"𤓯"字俗訛，而非其大篆，而"擘"又當即"𢶳"之楷化字。"掇"與"掔"儘管構字部件相同，然形音義俱別，二字不可混同，故《正字通》謂"掇"即"掔"之變體，此説不足據。《大字典》《字海》却據《正字通》之謬增加一個義項而謂"掇"同"掔（腕）"，俱失考證。《玉篇校釋》"掇"字下注："元刊作：'打也。'《集韻》去聲换韻：'掇，捶衣也。'《類篇》云：'捶也。'又：'腶，腶脩，捶脯施薑桂也。'《切韻》：'鍛，打鐵。'本書《金部》：'鍛，椎也。'《肉部》：'腶，腶籤脯也。'其初文即爲段。《殳部》：'段，椎物也。'後分别捶衣爲掇，捶脯爲腶，打鐵爲鍛，磨刀之石謂之碫。"（1314）胡氏所言當是。《説文·殳部》："段，椎物也。從殳，耑省聲。"（66 下）"段"，《廣韻》音"徒玩切"。"掇""段"音義並同，"掇"當即"段"之增旁俗字。

8. 胒

《玉篇·肉部》："胒，許梨切。臀之别名；或呻也。"（37 上右）

按：《玉篇校釋》改"胒"爲"胒"，並注曰："胒原作胒，今依欠部引正。臀之别名爲胒字，《廣韻》同，《集韻》云'脽也'，在本書爲後增字，增益者誤與原本胒字溷合，字應别出，此處當爲胒。'或呻也'者，原本當云：《字書》或欤字也。欤，呻吟也。在《欠部》。'見《欠部》第八十二文，彼文云：'《廣倉》：欤，呻吟也。《字書》或屄字，在《尸部》。或爲胒字，在《肉部》。'今本《尸部》亦涉形近之屄而奪屄字。胒從屄，屄，糞也，與矢同，屄由後竅排洩，因而即以後竅名胒，猶尻州豚亦訓爲臀也。"（1560）胡氏所言非是。《疑難字》"胒"字下注："以音求之，並參考《玉篇》釋義，此字當是'屄'字之變，'屄'合'殿'

字訓呻、訓呻吟……然則‘脲（屎）’字當合‘殿’字訓呻也，《玉篇》‘脲’字訓臀之別名，又訓呻，‘臀之別名’當作‘殿～’，‘～’號字書釋文代替標目字，或代替‘也’字，‘殿～’當讀作‘殿脲’，‘呻也’即‘殿脲’之義；誤讀作‘殿也’，‘殿’又涉上下文諸從肉之字誤贅肉旁，因變作‘臀’字，‘脲’字因有‘臀之別名’與‘呻也’二訓也。《廣韻》‘脲’字僅存‘臀之別名’一訓，致使‘脲’‘屎’由異形字變爲同音字，大誤。”(483～484)其言是也。《新撰字鏡·肉部》：“脲，許梨反。屎字。呻吟。”(37)此即其又一切證也。胡吉宣謂訓“呻也”當作“脲”，訓“臀之別名”當作“脲”，殊不知原本《玉篇》《名義》《新撰字鏡》皆作“脲”，且“臀之別名”之訓當爲誤訓，其言非也。故“脲”當即“屎”字之變。

9. 儐

《玉篇·心部》：“儐，畢民切。伏也。匹人切。敬也。”(40 上右)

按：《廣韻》平聲真韻匹賓切：“儐，敬也。”(61)余迺永《校注》“儐”字下注：“《集韻》云：‘心伏也。’同紐另有幘字訓‘衣敝皃’。《全王》儐字注：‘蔽皃。’同紐無幘字。《萬象名義》：‘幘，敝皃。’《玉篇》：‘幘，亂皃。’此幘字義與繽紛之‘繽’通，繽則亂，亂則蔽也。《廣韻》以前諸本字書、韻書無‘儐’字，是《全王》之‘儐’乃‘幘’字之誤。至《廣韻》然後有見儐字從心，遂改‘蔽’爲‘敬’，《集韻》又另補幘字耳。”(612)余迺永謂《全王》之“儐”即“幘”字之誤，是也；然謂《廣韻》之“儐”亦爲“幘”字之誤，非是。《玉篇校釋》“儐”字下注：“‘伏也’者，《史記·司馬相如傳》：‘將往儐之。’《索隱》引賈逵曰：‘儐，伏也。’疑本書原引《楚語》‘其不儐也久矣’，賈注：‘今作賓。’《書·僞旅獒》：‘四夷咸賓。’《僞傳》訓服，用《釋詁》文。《貝部》：‘賓，服也。’賓與儐通，服與伏通。又‘敬也’者，《周禮·鄉大夫》：‘以禮禮賓之。’鄭衆曰：‘賓，敬也。’《廣雅一》同。本書：‘賓，敬也；客也。’又：‘客，賓也。’”(1684～1685)胡氏所言是也。又《廣韻》平聲真韻必鄰切：“儐，敬也。又音殯。”(60)《禮記·禮運》：“山川，所以儐鬼神也。”陸德明《釋文》曰：“儐，皇音賓，敬也。”故“儐”同“賓”，本作“賓”。

10. 憞

《玉篇・心部》："憞,古對切。心亂也。"(40 上左)

　　按:《玉篇校釋》"憞"字下注:"'心亂也'者,憞與憒同。(78):'憒,亂也。'《切韻》:'憒,古對反。心亂也。'《廣韻》憞音憒。又入聲云:'悖也。'悖亦亂也。悖與憞亦音近義同。籀文悖从二或倒順見誼,或即古國字,《唐韻》引《埤倉》:'憞,恨也。'"(1693～1694)胡氏所言非是。《疑難字》"憞"字下注:"孫愐所見《埤倉》'憞,悗(或恨)也',即'憞,悗也'之俗寫,孫氏《唐韻》'憞'字之外復加'憞'字,訓'恨'者,爲俗書所魅也。《玉篇・心部》收'憞'字,不訓'恨'而訓'心亂',音古對切,與《切韻》系韻書'憒'字音義相同,《切韻》系韻書'憞(憞)'字之上緊接'憒'字,明代以前字書未見有言'憒'或作'憞'者,《玉篇》'憞'字列從忄之字末,訓心亂,當是陳彭年等見'憞(憞)'字從忄,誤以爲從心,而從心則與婦人喪冠之義不合,故妄改訓'心亂',也不排除陳彭年等誤抄'憒'字之義於'憞'下之可能。明代章黼《直音篇・心部》始云'憞'同'憒',非探本之論也。然則本無從心之'憞'也,由俗書相亂,《唐韻》始有從心之'憞',訓恨,《玉篇》始有從心之'憞',訓'心亂',《廣韻》則有從心之'憞'既訓悖又訓恨。後代字書,競相襲之,不知此二義皆屬虛假也。無獨有偶,'憞'字既涉俗書生出一從心之'憞',而'悗'字亦涉俗書生出一從心之'悗'。"(273～275)其言甚是。《新撰字鏡・心部》:"憞,口(古)對反。在《巾部》。"此亦其證也。故"憞"當即"憞"字俗訛。

11. 憱

《玉篇・心部》："憱。初又切。"(40 上左)

　　按:《玉篇校釋》"憱"字下注:"義闕,元刊云'慼也',二韻無。《楚策》:'汗明憱也。'注憱與慼同,案猶蹙、慼一字也。"(1695)《廣雅・釋詁一》:"慼,憂也。"(44 下)"慼",《廣韻》音"倉歷切"。"憱""慼"義近音別,二字不可混同,故胡氏之說非是。《正字通・心部》:"憱,舊注慼也,與'蹵然不悅'之'蹵'義近,改音摵去聲,非。"(383 下)《正字通》所言當是。《説文・足

部》："蹴,躡也。从足,就聲。"(46 下)"蹴"本義爲"踐踏",引申爲"不安
皃"、"變色"等義。《孟子·公孫丑上》:"曾西蹵然曰。"《晏子春秋·内篇諫
上》:"晏子蹴然改容曰。"《莊子·大宗師》:"仲尼蹴然曰。""蹴然""蹵然"
同,皆指"不安"之義。"懃"與"蹴(蹵)"義同,"懃"當即"蹴(蹵)"因涉義改
換義符而形成的異體字,當音 cù。

12. 悊

《玉篇·心部》:"悊,先歷切。憼也;憂也。"(41 上右)

按:《玉篇校釋》"悊"字下注:"'憼也'者,《切韻》:'悊,敬也。'本書:
'憼,敬也。'《説文》:'悊,敬也。'桂馥曰:'《口部》有哲,此當爲悊字之誤也,
《玉篇》《廣韻》皆作悊。'今案:當依《説文》作悊,非誤,與《口部》之哲之古文
悊爲同形異文。"(1723~1724)胡氏所言疑可商榷。《續考》"悊""慹""悊"
三字下注:"《説文》十篇下《心部》:'悊,敬也。从心,折聲。'大徐等引《唐
韻》陟列切。唐寫本《唐韻》入聲《薛韻》:'哲,智。或作悊。陟列反。'是'陟
列反'之'悊'乃'哲'字或體,訓智不訓敬,大徐讀訓敬之'悊'爲訓智之'悊
(哲)',欠妥。《萬象名義·心部》:'悊,先歷反。敬也;憂也。''悊'與《説
文·心部》'悊'字列字次第大致相當,'悊'、'悊'當是一字之變。'悊'字先
歷反,當是從析得聲。故宮本《王韻》入聲《錫韻》先擊反:'悊,敬也。'故宮
本《裴韻》同一小韻:'悊,敬。''悊'、'悊'形近,音義相同。'悊'同'悊',則
《説文·心部》之'悊'亦當同'悊'。"(2~3)其言是也。《名義·心部》:"悊,
智烈反。智也。"(79 上)《新撰字鏡·心部》:"悊,智(當爲義訓而誤入反
切)陟列(列字據《廣韻》補)反,入。悊(當爲哲)字。"下文又曰:"悊,先歷
反。敬也。"(129)此亦其證也。故《説文·心部》訓"敬也"之"悊"當即"悊"
字之訛。

13. 欯

《玉篇·欠部》:"欯,輕歷切。吹聲也。"(46 上右)

按:此字《説文》、原本《玉篇》、《名義》皆未收,《玉篇》收於部末,當即唐
宋人據俗書所增。《正字通·欠部》:"欯,缺字之訛。舊注:音喫。吹聲。

誤。”(548 下)《説文・缶部》：“缺，器破也。从缶，決省聲。”(109 下)《玉篇・缶部》：“缺，袪決切。虧也；破也。”(79 上左)“㱆”“缺”儘管字形相近，然音義俱別，二字不可混同，故《正字通》之説非是。《大字典》以《正字通》之説作爲“一説”，亦失考證。《玉篇校釋》“㱆”字下注：“《切韻》入聲錫韻：‘鉸，吹也。去激反。’《廣韻》云‘吹器’，《集韻》同，皆無㱆字，㱆即由鉸訛變。交、欠形近，又傅合吹義所致也。《缶部》：‘鉸，吹器也。’鉸即《爾雅》大塤謂之㟙。”(1950)胡氏所言當是。敦煌本《王韻》入聲錫韻去激反：“鉸，吹也。”(430)故宫本《王韻》亦同。“㱆”“鉸”音義并近，“㱆”疑即“鉸”字俗訛。

14. 徱

《玉篇・彳部》：“徱，相焦切。行兒。”(47 下左)

按：《玉篇校釋》“徱”字下注：“元刊本作‘徱徱，行兒’，細步輕引兒也，二韻皆無，徱當與趙同。”(2026)《説文・走部》：“趙，趒趙也。从走，肖聲。”(37 上)《玉篇・走部》：“趙，除小切。《説文》曰：‘趒趙也。’”(48 下右)“徱”“趙”儘管義近，然讀音區别甚明，二字不可混同，故胡氏之説非是。《疑難字》“徱”字下注：“以形音義求之，此字殆即‘逍’字之異。《玉篇・辵部》：‘逍，思遥切。逍遥。’……‘逍遥’爲疊韻聯綿詞，本但作‘消摇’，以狀行貌，故易從辵旁作‘逍遥’；‘辵’旁、‘彳’旁表意作用相同，漢字從辵者又多從彳作，故‘逍’又作‘徱’。‘逍’‘徱’讀音相同。‘逍遥’連用以狀形貌，《文選・司馬相如〈長門賦〉》：‘夫何一佳人兮，步逍遥以自虞。’劉良注：‘逍遥，行貌。’字書釋義，凡聯綿詞往往拆駢爲單，單字訓釋即取聯綿詞之義，此字書通病。‘逍遥’訓行貌，故《玉篇》‘徱’字亦訓行也。”(202)《疑難字》所言是也。“徱”當即“逍”字之俗。

15. 僑

《玉篇・彳部》：“僑，巨夭切。行兒。”(47 下左)

按：《正字通・彳部》：“僑，僑字之訛。”(353 上)《説文・人部》：“僑，高也。从人，喬聲。”(162 下)《玉篇・人部》：“僑，渠消切。高也。”(14 上左)“僑”“僑”音近義别，二字不可混同，《正字通》僅據二字形近即謂“僑”即

"僑"之訛，非是。《玉篇校釋》"僑"字下注："元刊作'僑僑，行皃'，二韻俱不錄，僑與趫同。《走部》：'趫，善走也。'《廣雅·釋訓》：'趫趫，行也。'"（2026）胡氏所言當是。"僑""趫"音義並近，又"彳"旁、"走"旁表意作用相同，俗書常可換用，故"僑"當即"趫"字之俗。

16. 倧

《玉篇·彳部》："倧，祚紅切。安也。"（48 上右）

按：此字《説文》《名義》皆未收，《玉篇》收於部末，當即宋人據俗書所增。《正字通·彳部》："倧，倧字之訛。舊注音叢，訓安，泥。"（350 上）《玉篇·人部》："倧，祖冬切。仙人也。"（15 上左）《廣韻》平聲冬韻作冬切："倧，上古神人。"（9）"倧""倧"儘管形音俱近，然意義區別甚明，二字不可混同，故《正字通》之説非是。《玉篇校釋》"倧"字下注："二韻無，倧疑同悰。《心部》：'悰，樂也。'安、樂義近。"（2027）胡氏所言當是。《説文·心部》："悰，樂也。從心，宗聲。"（218 上）"悰"，《廣韻》音"藏宗切"。"倧""悰"音同義近，又"彳"旁、"忄"旁形近，俗書常可混同，故"倧"當即"悰"字俗訛。

17. 趃

《玉篇·走部》："趃，徒結切。大走也。又夷質切。"（49 上左）

按：《正字通·走部》："趃，俗跌字。"（1111 上）《説文·足部》："跌，踢也。從足，失聲。一曰越也。"（47 下）《玉篇·足部》："跌，徒結切。仆也。"（33 下右）"趃""跌"音同義別，故二字不可混同，《正字通》之説非是。《大字典》沿襲《正字通》之誤妄增一個義項而謂"趃"同"跌"，亦非。《玉篇校釋》"趃"字下注："案此即《説文》之趚字。走也，許讀若《詩》'威儀秩秩'。《詩巧言》：'秩秩大猷。'《説文》引作戫戫。並可證失、戫相通。"（2067）胡氏所言疑是。《説文·走部》："趚，走也。從走，戫聲。讀若《詩》：'威儀秩秩。'"（36 下）"趃""趚"義同，"趃"疑即"趚"因許書所引之《詩》讀若之音而更換聲符所形成的異體字。

18. 迡

《玉篇·辵部》:"迡,陟栗切。近也。"(50 下右)

　　按:《玉篇校釋》"迡"字下注:"二韻無,案迡與迡同。上(50):'迡,近也。'(2117)胡氏所言非是。《玉篇·辵部》:"迡,奴計切。近也。"(49 下右)"迡""迡"義同音別,二字不可混同,故胡氏之説非是。《疑難字》"迡"字下注:"以音求之,此字當即'遟'字之變……《玉篇·辵部》:'遟,知栗切。近也;重也;至也。'《廣韻》入聲質韻陟栗切:'遟,近也。'《集韻》入聲質韻入質切:'遟,《説文》:近也。'又陟栗切:'遟,近也。'《玉篇》'迡'與《廣韻》'遟'字音義全同。朝鮮本《龍龕》謂'迡'同'遟',其説可信。"(291)其言是也。故"迡"即"遟"之異體字。

19. 竰

《玉篇·立部》:"竰,七雀切。恐懼。"(51 上右)

　　按:此字最早見録於《玉篇·立部》之末,當即宋人所增。《字彙·立部》:"竰,七雀切,音雀。恐懼也。"(338 下)《正字通·立部》:"竰,俗趡字。古借且,音苴。舊注:音鵲。恐懼。誤。"(787 上)《説文·走部》:"趡,趞趡也。从走,且聲。"(37 下)"趡",《廣韻》音"七余切"。"趡"義爲"行不進皃"。"竰""趡"音義俱別,二字不可混同,故《正字通》之説非是。《玉篇校釋》"竰"字下注:"竰與踖同。上(16):'踖,踈(竦)也;驚也。'驚、恐義近。"(2137)胡氏所言是也。"踈"即"竦"之訛,胡吉宣校作"竦",是也。《名義·立部》:"踖,且略反。竦也;驚兒也。"(102 下)"竰""踖"音義並同,"竰"當即"踖"之異體字。

20. 睸

《玉篇·目部》:"睸,莫六切。病也。"(57 下左)

　　按:《廣韻》入聲屋韻莫六切:"睸,睸病。"(374)《集韻》入聲屋韻莫六切:"睸,病也。"(641)《龍龕》卷四《疒部》:"睸,音目。～病也。又俗七余

反。"(477)《正字通・疒部》:"痏,舊注:音目。目病。按:目病非一,本作
目。信如舊注,則耳病作疛,手病作痒,足病作疤,口病作疴,非古制字本
義,繆舛宜删。"(707 上)《正字通》所言疑不確。《玉篇校釋》"痏"字下注:
"《廣韻》入聲一屋莫六切:'痏病。'疑當爲目病,與上癘一聲之轉。《説文》:
'瘤,目病。'"(2277)胡氏所言當是。"痏"字,《玉篇》《集韻》訓"病也",當皆
爲"痏病也"之省,"痏病"當同"目病"。"痏"音"莫六切",訓"目病",當因
"目病"連用,"目"字受下文"病"字類化影響,故而在"目"字的基礎上增加
義符"疒"旁所形成的後起俗字。"痏"字,《龍龕》又音"七余反",此"痏"又
當即"疽"字之俗。《大正藏》本慧琳《音義》卷四三《觀佛三昧海經》第五卷:
"癰疽,必遥反,下千余反。《廣雅》:癰成爲癀疽,瘡名也。經文作蜱,與蜱
同。輔支、昆遥二反。螳螂子也。蜱非此用也。"(T54,頁 595b18)此注文
中的"痏"字,《中華大藏經》本慧琳《音義》作"疽",作"疽"是也。此即其
證也。

21. 殈

《玉篇・歹部》:"殈,詞由切。殘也。"(58 上左)

按:《玉篇校釋》"殈"字下注:"《集韻・尤韻》同,疑殈與殠同。"(2296)
《玉篇・歹部》:"殠,子牢、祀牛二切。終也。亦作僧。"(58 上左)《説文・
人部》:"僧,終也。从人,曹聲。"(167 下)"殈"與"殠""僧"音義俱別,不可
混同,胡氏所言非是。《疑難字》"殈"字下注:"此字《萬象名義》未收,《廣
韻》亦未見,以義求之,蓋'殙'字俗訛……'殙(殙)'字從肉,'肉'字俗書與
'囚'形近,故'殙'訛變做'殈','殙'訓殘,與'殙'字義同。'殙'字昨安切、
音殘,'殈'字徐由切、音囚者,望形生音。"(401)其言是也。《龍龕》卷四《歹
部》:"殙殙,昨千、俎旦二反。禽獸食餘也。二同。"(513)"殙"即"殙(殙)"
字之俗,"殈"與"殙"形近,亦當即"殙(殙)"字之俗。

22. 苣

《玉篇・艸部》:"苣,胡故切。草名。"(67 下左)

按:《玉篇校釋》"苣"字下注:"'草名'者,《廣韻・模韻》同,胡故切。

《本草》:'常山一名互草。'《吴普本草》作'恆山',則互草當爲亙草。苣亦爲苉,形近而誤。《集韻》:'苣,艸名,可爲繩。'本書《竹部》:'笘,可以收繩也。'《説文》云:'从竹,象形,中象人手所推握也。'或體作互,互象收繩器,疑苣爲草索。"(2697)胡氏所言非是。《疑難字》"苣"字下注:"《萬象名義·艸部》:'苣,胡故反。可爲繩也。'據此,'苣'當即'笘'字之變……王仁昫等不知'苣'即'笘'字,但見其從艸,因改訓草名,《玉篇》《廣韻》襲之;丁度等亦不知'苣'爲'笘'字之俗,既從《切韻》系韻書訓'苣'爲草名,又據顧氏《玉篇》系字書補訓可爲繩,於是遂有《集韻》'苣,艸名,可爲繩'之説解。"(91~92)其言是也。故"苣"當即"笘"字之俗。

23. 蕛

《玉篇·艸部》:"蕛,音提。草也。葕,同上。"(68上右)

按:此字《説文》《名義》皆未收,《玉篇》收於部末,當即宋人據俗書所增。《正字通·艸部》:"蕛,稊字之訛。《爾雅》:'侯莎,其實蕛。'舊注:音提。艸名。訛作蕛,非。"(955 上)"蕛",《爾雅》本作"媞"。《正字通》謂"蕛"即"媞"字之訛,於文獻無徵,其説疑非是。《玉篇校釋》"蕛"字下注:"《龍龕手鑑》引本書蕛、葕皆音提,草名也,所據爲上元本,《廣韻》無。《集韻》:'草名。'又收皆:'除艸也。'音提者,蕛蓋即提母,以艸名而作蕛。郭注《釋草》'藱,芫藩'云:'一曰提母。'本書芫下云:'一名知母。''莐,莐母草。即知母也。'(277):'芪,芪母也。'芪、莐並與蕛同,知母、提母、莐母、芪母亦並同。"(2706)胡氏所言當是。《廣雅·釋草》:"芪母,兒踵,東根也。"王念孫疏證:"《玉篇》云:'莐母草,即知母也。'……《神農本草》云:'知母,一名蚔母,一名蝭母。'……《御覽》引《范子·計然》云:'提母出三輔,黄白者善。'芪、莐、知、蝭、蚔、提,古聲竝相近也。"故"蕛"當即"提"增加義符而形成的後起分化字。又《集韻》平聲皆韻度皆切:"葕,艸木葉垂。"同韻下文又曰:"蕛,除艸也。"(106)"葕"訓"艸木葉垂","蕛"訓"除艸也",疑爲《龍龕》所誤也。《龍龕》卷二《艸部》:"葕,俗;蕛葕稊荑,四。《玉篇》皆音提,草名也。下又音夷,莐荑,香草也。五。"(257)《龍龕》同條所歸併的數字之間關係非常複雜,並非都是異體關係,有的還是通假關係、同音關係等。此條《龍龕》僅謂"蕛""葕""稊""荑"四字《玉篇》皆音提,草名也,並非謂此四字即爲異體字。《集韻》却誤認其爲異體關係，因而把"黃"字之訓又誤植到"蔲""薲"之下，遂致此誤。《集韻》平聲齊韻田黎切："黃，卉木葉初生皃。"（95）"蔲"訓"艸木葉垂"，疑即由此變來。《周禮·地官·稻人》："凡稼澤，夏以水殄草而芟夷之。"阮元校勘記："唐石經、余本、嘉靖本、閩監毛本'夷'作'黃'。音夷。""薲"訓"除艸也"，疑即源於"黃"字此義。

24. 耗

《玉篇·耒部》："耗，祛乙切。平量也。"（75 上右）

按：《正字通·耒部》："耗，耙字之譌。舊注：音乞。《玉篇》耜屬。按：耜無耗名。"（861 上）《廣韻》上聲止韻詳里切："耜，耒耜。《世本》曰：'倕作耜。'《古史考》曰：'神農作耜。'耙，上同。"（169）《新修玉篇》卷十五《耒部》引《玉篇》："耗，祛乙切。"（138 下右）《篇海》卷十五《耒部》引《玉篇》："耗，祛乙切。耜屬。"（823 下）"耗"字，《玉篇》本訓爲"平量也"，《篇海》却訓爲"耜屬"，非是。元刊本《玉篇》"耗"字亦訓爲"耜屬"，亦當爲《篇海》所誤也。故"耗""耙"形音義俱別，二字不可混同，《正字通》之說非是。《玉篇校釋》"耗"字下注："元刊本作'耜屬'，非是。與枂同，故義爲平量。《木部》：'櫝，平斗斛也。枂，同上。'《説文》：'平也。'……從耒於義無取，亦從禾之形誤，猶上文耗亦俗耗之譌也。"（2972）胡吉宣謂"耗"同"枂"，所言當是；然又謂"耗"亦從禾之形誤，求之過甚，於文獻無徵，其言非是。"耗"即"枂"之換旁俗字。"枂"《玉篇》音"柯愛切"，而"耗"《玉篇》音"祛乙切"，當爲望形生音也。

25. 羉

《玉篇·网部》："羉，奴旦切。緼。"（77 上右）

按：《玉篇校釋》"羉"字下注："本書元刊作'罹也'，似以从難爲説，非也。《糸部》'緼'下引《禮記》：'纊爲繭，緼爲袍。'鄭玄曰：'緼謂今纊及舊絮也。'纊，今綿也。是羉从网取覆蓋温暖意。《日部》：'曧，温也。'《廣雅》三：'温、曧，煗也。'温謂之曧，猶緼謂之羉也。然疑羉字爲曧之譌變。《集韻》不收羉。"（3050）胡吉宣前後兼采兩説，其説不確。今案："羉"即"曧"字之訛。《正字通·网部》：“羅，羼字之訛。舊注温也，與《日部》羼義近，復引《玉篇》訓羅，音義矛盾。按：《説文》有羼無羅，從日訛從皿，附入《网部》，非。”（848 上）《正字通》謂“羅”即“羼”字之訛，是也；然謂“舊注”訓“温也”，非是。《字彙·网部》：“羅，乃旦切，難去聲。緼也。《玉篇》：‘罹也。’”（367 下）《正字通》録作“温也”，當爲轉録失真所致。《廣韻》去聲翰韻奴案切：“羅，緼也。”（307）余迺永《校注》“羅”字下注：“按此字乃本紐‘羼’之誤衍，當删。《龍校》：‘此字不詳所出，《全王》《王一》本紐五字，依次爲攤、灘、難、羼、懦，羼下注云：温。《王二》本紐四字，序次同《全王》，無懦字；《唐韻》但有攤、灘、難三字；羼、懦二字當出《王韻》所增，《柏林》則本紐六字，羼上有羅字，注云緼也。案羼字見《説文》，云安羼，温也。依諸書本紐諸書次第觀之，疑《柏刊》羅即羼誤，羼誤作羅，遂臆改注文之温爲緼；蓋自《柏刊》據如《王二》者之誤本收羅字，而本書沿之。”（866～867）龍氏、余氏所言皆其證也。《新修玉篇》卷十五《网部》引《玉篇》：“羅，奴案切。《説文》曰：‘緼也。’”（141 下左）“羅”字，《新修玉篇》謂引《説文》，然《説文》只收“羼”字而未收“羅”字，此亦爲“羅”即“羼”字俗訛之證。“羼”俗作“羅”，正如《〈可洪音義〉研究》（581）“冒”俗作“冐”、“帽”俗作“㡌”、“憎”俗作“憎”等。“羼”變作“羅”，《玉篇》《廣韻》訓爲“緼”，當爲見其從“皿”而妄改，元刊本訓爲“罹”，當如胡氏所説以其從“難”爲説也。《大字典》以《正字通》之説作爲“一説”，非是。

26. 剽

《玉篇·刀部》：“剽，七鳩切。剋也。”（82 下右）

按：《玉篇校釋》“剽”字下注：“《集韻·沁韻》義同，剽即侵伐字。”（3284）胡氏所言疑可商榷。《説文·人部》：“侵（侵），漸進也。”（165 上）“侵”，《廣韻》音“七林切”。“剽”“侵”音義俱别，二字不可混同，故胡氏之説非是。《正字通·刀部》：“剽，與鋟通。舊注：音沁。剋也。誤。”（94 下）《正字通》所言當是。《玉篇·金部》：“鋟，七林、子廉二切。以爪刻板也。”（84 下右）“剽”訓“剋也”，“剋”當即“刻”之通假字，“剽”與“鋟”音近義同，“剽”當即“鋟”因涉義改換義符而形成的異體字。

27. 劉

《玉篇·刀部》:"劉,先活切。削也。"(82下右)

按:《正字通·刀部》:"劉,俗刷字。"(97下)《説文·刀部》:"刷,刮也。從刀,𠚒省聲。"(92上)《玉篇·刀部》:"刷,所刮切。翦剃,又刷拭也。"(82上右)"劉"與"刷"音義俱別,二字不可混同,故《正字通》之説非是。《玉篇校釋》"劉"字下注:"義闕,元刊云'削也',《集韻》同,謂削除也,字本止爲雪。《廣雅·釋詁三》:'雪,除也。'疏證云:'《吕覽·不苟》:雪穀之恥。高注:雪,除也。'"(3286)今本《玉篇》義未闕,胡吉宣謂義闕,不知所據何本;然胡吉宣謂"劉"本止爲"雪",是也。《戰國策·燕策一》:"然得賢士與共國,以雪先王之耻,孤之願也。"此"雪"即義指"除"。"劉"與"雪"義同,"劉"即"雪"通過增加義符而形成的後起分化字。

28. 剺

《玉篇·刀部》:"剺,符碑切。剥也。"(82下右)

按:《玉篇校釋》"剺"字下注:"《廣雅·釋言》:'皮,剥也。'慧琳五九·十七、七一·八並引《廣雅》:'剺,剥也。'音皮。六二·八:'剺是剥去皮之義,俗字也。'又七五·九:'《考聲》:皮,剥也。'案剺之言披開分離也。《廣雅·釋詁三》:'剥、皮,離也。'字本止爲皮。"(3287)《續考》"剺"字下亦云:"'剺'蓋六朝之後'皮'之加旁俗字。"(63)以上二説並是也。"剺""皮"音義並同,"剺"即"皮"之增旁俗字。又《正字通·刀部》:"剺,俗披字。舊注:音批。刀析也。誤分爲二。"(91上)《説文·手部》:"披,從旁持曰披。從手,皮聲。"(254下)《廣韻》平聲支韻敷羈切:"披,開也;分也;散也。"(16)"剺"與"披"義近音別,"剺"非"披"字之俗,《正字通》之説非是。

29. 鋺

《玉篇·金部》:"鋺,於遠切。秤鋺也。"(84下左)

按:《字彙·金部》:"鋺,雨犬切,音遠。秤鋺也。"(506下)《正字通·

金部》：“鋺，俗剜字。”（1202 上）《説文新附·刀部》：“剜，削也。从刀，宛聲。”（92 下）《玉篇·刀部》：“剜，於丸切。剜（當衍）削也。”（82 上右）“鋺”與“剜”音義俱別，二字不可混同，故《正字通》之説非是。《大字典》以《正字通》之説作爲一個義項，此即因承訛襲謬而貽誤讀者。《玉篇校釋》“鋺”字下注：“‘秤鋺也’者，秤俗稱字，鋺與鞍同。《革部》：‘鞍，量物之鞍也。’重文作鞍。”（3377）胡氏所言疑是。“鋺”與“鞍”音同義近，“鋺”疑即“鞍”通過改換聲符而形成的異體字。

30. 㩉

《玉篇·攴部》：“㩉，口餓切。擊也。”（85 下右）

按：《名義·攴部》：“歌（㩉），口餓反。擊。”（180 上）《新撰字鏡·攴部》：“㩉，口餓反。擊。”（612）《正字通·攴部》：“㩉，敂字之訛。”（436 下）“敂”即“敂”之異寫字。《説文·攴部》：“敂，擊也。从攴，句聲。讀若扣。”（69 上）“敂”，《廣韻》音“古厚切”。“㩉”與“敂（敂）”義同音別，二字不可混同，《正字通》之説非是。《玉篇校釋》“㩉”字下注：“‘擊也’者，《廣雅·釋詁三》：‘㩉、毃，擊也。’又二：‘毃，椎也。’毃與㩉同。椎亦擊也。《切韻》：‘㩉，擊也。’云：‘亦作毃。’《廣韻》《集韻》‘㩉’之重文並作‘毃’，‘毃’即‘毃’之形誤。”（3424）胡氏所言是也。敦煌本《王韻》上聲哿韻呼我反：“㩉，擊。亦作毃。”（396）故宮本《王韻》上聲哿韻呼我反：“㩉，擊。亦作毃。”（482）此“毃”即“毃”字之误。《廣韻》《集韻》“㩉”字或體“毃”字皆因沿襲故宮本《王韻》而误。故“㩉”“毃”音義並同，即爲異體字。《大字典》《字海》皆應於“㩉”字下溝通其與“毃”字的異體關係，並於“毃”字下删去同“㩉”這一義項。

31. 軛

《玉篇·車部》：“軛，百家切。兵車也。”（87 上右）

按：此字最早見收於《玉篇》，當即宋人所增。《字彙·車部》：“軛，百家切，音巴。兵車。”（480 上）《正字通·車部》：“軛，軘字之訛。舊注：音巴。兵車。误。”（1131 下）《説文·車部》：“軘，兵車也。从車，屯聲。”（301 上）“軘”，《廣韻》音“徒渾切”。“軛”“軘”義同音別，二字不可混同，《正字通》之説非是。"鈀"當即"鈀"之異體字。《説文·金部》:"鈀,兵車也。从金,巴聲。"(296 下)"鈀",《廣韻》音"伯加切"。故"鈀"與"鈀"音義並同,"鈀"當即"鈀"之異體字。《玉篇校釋》"鈀"字下注:"《集韻》平聲麻韻義同。案:鈀與鈀同。《説文》:'鈀,兵車也。'引《司馬法》:'晨夜内鈀車。'本書《金部》:'鈀,候車也。'"(3517)胡氏所言是也。

32. 溏

《玉篇·水部》:"溏,徒郎切。溪也。"(91 下左)

按:"溪也"疑應連同字頭訓爲"溏溪也"。《正字通·水部》:"溏,俗溏字。"(607 下)《玉篇·水部》:"溏,達郎切。池也。"(91 上右)"溏"與"溏"音同義别,二字不可混同,《正字通》之説非是。《玉篇校釋》"溏"字下注:"《集韻·唐韻》:'溏,溪也。'疑即古棠谿。"(3804)胡吉宣所言當是。《吴越春秋·闔閭内傳》:"闔閭聞之,乃釋楚師,欲殺夫槩,奔楚,昭王封夫槩於棠溪,闔閭遂歸。"徐天佑注:"《左傳》《史記》棠俱作堂。"《别雅》卷二:"棠谿,堂谿也。"今查《四庫全書》作"棠谿""堂谿"者,文獻用例甚多,於此不再列舉。"溏溪"與"堂谿""棠谿""棠溪""堂溪"並同,"溏"疑即"堂"通過增加義符而形成的後起分化字。

33. 潘

《玉篇·水部》:"潘,蒲樠切。迴也。"(91 下右)

按:《正字通·水部》:"潘,俗潘字。水迴旋。亦借盤。"(619 下)《正字通》謂"潘"爲"潘"字之俗,非是。《説文·水部》:"潘,淅米汁也。一曰水名,在河南滎陽。从水,番聲。"(236 上)"潘",《廣韻》音"普官切"。"潘""潘"音同義别,二者並非一字,故《正字通》之説非是。然《正字通》此誤可能源於《字彙》,《字彙·水部》:"潘,又蒲官切,音盤。水之盤旋曰潘。"(257 上)《字彙》又本於《列子》傳寫之誤本。《列子·黄帝》:"鯢旋之潘爲淵,止水之潘爲淵。"殷敬順釋文:"(潘),音盤,本作蟠。水之盤迴之盤,今作潘,恐寫之誤也。"此説即其證也。然《正字通》謂"潘"亦借"盤",是也。《玉篇校釋》"潘"字下注曰:"案即《海賦》'盤涵'字,涉'涵'而變从水,盤者般(盤)

旋,迴者運轉。"(3791)胡氏之説即其證也。故"濙"當即"盤"之增旁俗字。

34. 霖

《玉篇·雨部》:"霖,碧倫切。玉光色。"(93 下左)

按:《玉篇校釋》"霖"字下注:"《廣韻》上平十七真府巾切:'璘霖,玉光色。'重文瑸。本書《玉部》:'璘瑸,文皃;又玉色光彩。'霖之言彬彬有文采也,從雨狀其潤澤也。《埤倉》作'璘瑸'、《廣雅》作'璘矗'、《西京賦》作'璘彬'、《景福殿賦》作'璘班',並字異而義同。"(3895)胡吉宣謂"霖之言彬彬有文采也,從雨狀其潤澤也",當即望文爲説,其言非是。《疑難字》"霖"字下注:"《萬象名義·雨部》無'霖'字,'霖'字從雨而訓玉光色,形義不切。以音求之,並參考字形,'霖'當是'彪'字異寫。《廣韻》平聲真韻府巾切:'霖,璘霖,玉光色。瑸,上同。'同一小韻又云:'彪,虎文。''霖''彪'讀音相同。《説文》五篇上虍部:'彪,虎文彪也。從虍,彬聲。'隸變虍頭作 (字形), 又作 (字形),並與雨頭形近,故從虍之字多變從雨,漢《孫叔敖碑》《曹全碑》《靈臺碑》'處'字並從雨作。《隸變》卷六:'從虍之字……訛從雨,從雨之字亦或訛虍。'……《切韻》系韻書並有'彪'無'霖',《廣韻》'霖''彪'並收,不予認同,而謂'瑸'同'霖',亦不確。"(603~604)其言是也。"彪"作"霖",正如《〈可洪音義〉研究》(361)"彪"俗作"(字形)""(字形)"、"滹(滤)"字俗作"(字形)"等。

35. 颰

《玉篇·風部》:"颰,蒲没切。"(94 下右)

按:此字《説文》《名義》皆未收,《玉篇》收於部末,當即宋人所增。《正字通·風部》:"颰,同颷。《沂原》:'颮颰、颲颰與渾泼同。舊注:蒲没切,音孛,訓風驟,分颮、颰爲二,非。"(1292 下)《名義·風部》:"颰,甫越反。疾也。"(201 下)《玉篇·風部》:"颮,蒲活切,又甫月切。疾風。"(94 上左)《廣韻》入聲末韻蒲撥切:"颰,風皃。"(396)"颰"與"颮"義近音别,且"孛""犮"一般並不换用,故《正字通》之説疑可商榷。《玉篇校釋》"颰"字下注:"義闕,元刊云:'風驟也。'《集韻》入聲没韻云:'風皃。'颰之言勃也,勃然興起皃也。《文選·風賦》:'勃鬱煩冤,衝孔入門。'李注:'風迴旋之皃。'本書

《火部》：‘烯，煙起皃。’義與颮亦近也。”（3919）“颮”與“勃”音義並同，“颮”當即“勃”因涉義更換義符而形成的後起分化字。

36. 映

《玉篇·日部》：“映，附夫切。日也。”（95下左）

按：《玉篇校釋》“映”字下注：“疑由扶桑日出而从日作映。”（3986）胡吉宣望文爲説，其言非是。《大字典》《字海》此字皆無用例，佛經有此字用例，提供如下：《嘉興藏》本清興林等編《方融璽禪師語録》卷第三《十二時歌》：“時映未，青天白日著鬼魅，十字街前占卦靈，説我今年多好睡，義不通，禪二會，開口便把人得罪，只因當面不容情，過後惹得人指背。”又《嘉興藏》本清羅機徹編《調時居士證源録·十二時歌》：“日映未，家無四壁少筭計，或搬柴，或運水，任意逍遥無拘繫。”古代以十二時辰來計時，十二時辰即指：子時、丑時、寅時、卯時、辰時、巳時、午時、未時、申時、酉時、戌時、亥時，又名夜半、雞鳴、平旦、日出、食時、隅中、日中、日昳、哺時、日入、黄昏。故上文中“時映”“日映”並指“未時”，即“日昳”也，故文中之“映”皆爲“昳”之形誤。“夫”“失”形近，俗寫常可訛混，正如韓小荆《〈可洪音義〉研究》“趺”俗作“跌”、“跌”俗作“趺”、“鈇”俗作“鈌”、“扶”俗作“抶”等，《玉篇》之“映”亦當爲“昳”字之訛。《正字通·日部》：“映，昳字之訛。舊注：音扶。日也。誤。日無映名。”（462上）《正字通》所言亦其證也。《玉篇》收録“映”字，不識其爲“昳”字俗訛，見其從“日”而訓爲“日也”，此當即望形生訓；又見其從“夫”而音“附夫切”，此又當爲望形生音。

37. 瞍

《玉篇·日部》：“瞍，七恭切。電光。”（96上右）

按：《玉篇校釋》“瞍”字下注：“‘電光’者，《文選·張協〈七命〉》：‘怒目電瞍。’李注：‘瞍，光也。’《廣韻》引《七命》作‘瞍’。《切韻》云：‘光瞍，怒目電瞍。’本書《目部》：‘瞍，目光也。’《火部》：‘熜，火行。’案：字本止爲從，今作縱。《糸部》‘縱’引杜注《左傳》：‘縱，放也。’《爾雅》：‘亂也。’顧氏案：‘縱，恣也。’因而言怒目而變字作瞍，喻若電縱而作瞍，言火行而作熜。”

(3991)胡氏所言不確。《廣韻》平聲鍾韻七恭切:"瞪,光也。張景陽《七命》云'怒目電瞪'是也。"(13)余迺永《校注》"瞪"字下注:"按五代刊本《頁二〇一四》、《頁二〇一五》及《集韻》瞪字俱從日,《文選》此句'瞪'字從目作'瞪',李善注:'光也。'《玉篇》瞪字釋'目光也',義始完整。從日者因附會'光也'釋義而衍生。元本、明本從目不誤。"(566)余氏所言是也。"瞪"即"瞪"字之俗,《玉篇》訓爲"電光",當因涉《文選》上文"電"字而妄改,非是。《大字典》據《玉篇》訓爲"電光",《字海》又轉訓爲"閃電的光芒",且皆未溝通其與"瞪"字的正俗關係,俱失考證。

38. 奓

《玉篇·大部》:"奓,口才切。大皃。"(99 上左)

按:《名義·大部》:"奓,口才反。大也。"(208 下)《正字通·大部》:"奓,奓字之訛。舊注音開,引《玉篇》'大貌',非。"(223 下)《説文·奢部》:"奢,張也。從大,者聲。奓,籀文。"(215 上)"奓"即"奢"字籀文。"奢",《廣韻》音"式車切"。"奓""奓"音義俱別,二字不可混同,《正字通》之説非是。《玉篇校釋》"奓"字下注:"'大皃'者,當云:'亦姟字。'《切韻》:'姟,亦作奓。'本書《多部》:'姟,多也;大也。亦作奓。"(4036)胡氏所言是也。《新撰字鏡·大部》:"奓,口才反。大也。姟字。"(589)此亦其證也。故"奓"當即"姟"之異體字。

39. 辈

《玉篇·大部》:"辈,蒲罪切。大也。"(99 下右)

按:《正字通·非部》:"辈,俗字。舊注蒲罪切,音被,引《玉篇》'大也',誤。一説:辈訛省作辈。"(1268 上)《正字通》謂"舊注"誤,是也;然所引"一説"之説非是。《名義·非部》:"辈,存闔反。惡也。"(264 上)《玉篇·非部》:"辈,在獵切。惡也。"(121 下左)"辈"與"辈"儘管形近,然音義俱別,二字不可混同,故《正字通》所引"一説"之説非是。《大字典》却以《正字通》之"一説"作爲"一説",失考證。《玉篇校釋》"辈"字下注:"'辈'與'奜'同,當列'奜'下爲重文。"(4040)胡吉宣謂"辈"與"奜"同,是也。《玉篇·大部》：“羡，孚鬼切。大也。”（99 上左）“靠”“羡”音近義同，“靠”當即“羡”通過偏旁易位而形成的異體字。然“靠”“羡”二字又並爲俗訛字。《續考》“羡”字下注曰：“《萬象名義·大部》：‘羡，扶界（鬼）反。隼[字]，塵。’又《土部》：‘隼，甫鬼反。塵也。’‘羡’、‘隼’音義相同。俗書大、火二旁相亂，故字又作‘燹’。《集韻》去聲《未韻》父沸切：‘隼、燹，《説文》：塵也。或從火。’據《萬象名義》，‘羡’乃‘隼’字異體，訓塵，《玉篇》訓大，且又不與‘隼’字認同，恐有未當。”（289）《續考》所言是也。《名義》此部之“羡”與《玉篇》之“羡”位置相同，當即一字。《新撰字鏡·大部》：“羡，扶畏、浦鬼二反。隼字。塵也。”（589）此亦其證也。故“靠”“羡”當並即“隼”字之訛。

40. 风

《玉篇·風部》：“风，呼果切，又徒泰切。”（94 下右）又《玉篇·火部》：“风，呼果切。”（100 下右）

按：此字《説文》《名義》皆未收，《廣韻》《集韻》亦不録，《玉篇》於《風部》《火部》之部末重出，皆義闕，當即宋人據俗書所增。《玉篇校釋》於《風部》“风”字之下曰：“元刊亦闕義，《火部》亦收‘风’，云‘火發聲’，字應列此。從風省，火聲，火得風發聲如是。《火部》字當删。”（3918）胡吉宣望文爲説，所言非是。《新修玉篇》卷二十《風部》引《玉篇》：“风，呼果切，又徒泰切。”（176 下左）《新修玉篇》亦闕義。《篇海》卷十三《火部》引《玉篇》：“风，呼果切。火發色。”（788 上）《篇海》補訓“风”爲“火發色”，形義不諧，且於文獻無徵，其説不足據。《正字通·火部》：“风，舊注：音火，火發聲。又音大，火發色。按：《韻會》：‘火古作焱，篆作风。’《六書統》：‘风，古文火。’陽精之气寄于金木土而爲形，以持成毀之化，象其體中虛光燄。冂者，光燄宛轉之勢也。舊本訛作風，分火、大二音，聲、色二義，不知即古文火也，肰火加冂無謂，雖古不必從。朱謀㙔：风從風省，古語風不動火不出會意。此説尤迂。”（626 下）《正字通》所言是也。《集韻》上聲果韻虎果切：“火焱，《説文》：‘燬也。南方之行，炎而上，象形。’古作焱。”（405）徐在國《傳抄古文字編》（1000）“火”字古作“焱”。以上二書皆其證也。故“风”當即“火”之異體字。“风”又音“徒泰切”，當爲後人誤認“风”字所從之火爲“大”，“大”《廣韻》音“徒蓋切”，“徒泰切”與“徒蓋切”音同，遂致此誤。又《篇海》卷十三《火部》

“凤”字下文引《類篇》：“凤，呼果、徒太二切。”（788 上）《叢考》（88～89）謂
“凤”“凤”當是一字之變，是也。據上文可知，“凤”爲“火”字之俗，則“凤”亦
當爲“火”字之俗。

41. 奜

《玉篇·火部》：“奜，署與切。”（100 下左）

按：此字《説文》《名義》皆未收，《廣韻》《集韻》亦不録，《玉篇》收於部
末，且義闕，當即宋人據俗書所增。《篇海》卷十三《火部》引《玉篇》：“奜，署
與切。野火也。”（789 下）《篇海》訓“奜”爲“野火也”，於文獻無徵，當爲望
形生訓。元刊本亦訓“野火也”，此又當爲《篇海》所誤。《玉篇校釋》“奜”字
下注：“元刊云：‘野火也。’案即‘爇’之俗字。爇，野火也。”（4095）《説文·
火部》：“爇，火也。从火，矞聲。”（206 上）《玉篇·火部》：“爇，先踐切。野
火也。”（99 下右）“奜”與“爇”形音俱別，二字不可混同，胡吉宣據元刊本
《玉篇》妄補之義訓與“爇”義同，遂謂“奜”同“爇”，非是。《疑難字》“奜”字
下注：“以音求之，並參考字形，此字殆即‘墅’之俗訛。故宮本《王韻》上聲
語韻：‘墅，署與反。田。又與者反。’故宮本《裴韻·語韻》作‘墅’，音義同。
‘墅’下所從之‘土’脱去底橫，因變作‘奜’字（俗書大、火二旁不分）。‘奜’
字署與切，與‘墅’字讀音相同，流俗不識其字爲‘墅’字之訛，見其字從野、
火，因訓作野火，望形生義也。”（511）《疑難字》所言是也。故“奜”當即“墅”
字之訛。

42. 峘

《玉篇·山部》：“峘，户官切。大山也。”（103 上右）

按：原本《玉篇·山部》：“峘，胡端反。《爾雅》：大山曰峘也。”（470）《玉
篇校釋》“峘”字下注：“案：《釋山》云：‘小山岌大山峘。’《釋文》：‘峘，胡官
反。’又引《埤倉》云：‘峘，大山。’又音恆。《切韻》止收登韻，字應爲峘。《廣
韻》桓、登皆有峘，同引《爾雅》，隸書峘、峘相溷也。本書胡端反字當作峘，
音桓。桓，大也。故《埤倉》訓大山，非本《爾雅》，應《爾雅》此文有誤。以文
義推之，峘似與‘大山宮小山霍’句互易。岌者高也，故小山高出大山者名

應爲霍，霍然高起也。宮者圍繞也，故大山圍小山名爲峘，峘猶垣牆也，則名實相稱矣。霍以聲求之，或爲嶂之假借。峘音胡登則作亙，通作恆。錢坫謂峘之俗，即恆山。考《切韻》：‘峘，峘山。北岳名。’可爲錢説確證。”（4183）胡吉宣前後兼采兩説，其言不確。葛信益《廣韻叢考》曰：“案《爾雅》釋山釋文峘，音胡官反，又引《埤倉》云又音恒。以此言之，一則依回爲音，一則依亙爲音，山非二而音則分歧矣。究其實胡官切乃所謂後起訛音耳。錢坫《爾雅》釋地四篇注引《晉書》地志，證峘爲恒山字之訛。又《切韻》三及敦煌本《王仁昫刊謬補缺切韻》寒韻均不收此字，而登韻有峘字，注云峘山，北岳山名，可證《埤倉》音是；而胡官一切，乃誤認爲從回聲之訛音也。”（11）葛氏所言是也。潘衍桐《爾雅正郭》、嚴元照《爾雅匡名》亦皆據錢氏之説謂“峘”即“恆”字之訛，皆其證也。又俞樾謂《爾雅》此文之“峐”當作“駁”，亦是。潘衍桐《爾雅正郭》、嚴元照《爾雅匡名》亦皆據《説文》謂“峐”當作“駁”，亦皆其證也。故“峘”當作“峘”，即“恆”之換旁俗字。此外，《爾雅》此文之“峐”亦當據《説文》所引校作“駁”。

43. 岪

《玉篇·山部》：“岪，口骨切。山。”（103 下左）

按：此字《説文》、原本《玉篇》、《名義》皆未收，《玉篇》收於部末，當即宋人所增。《玉篇校釋》“岪”字下注：“《集韻·没韻》爲‘崛’之或體，云：‘崛岉，山兒。亦作崫。’本書（123）《字指》：‘崛岉，禿山也。’”（4212）胡氏所言是也。《集韻》入聲没韻苦骨切：“崛，崛岉，山兒。一曰童山。或作岪、崫。亦从石。”（684）“岪”與“崛”音同，“岪”即“崛”字俗省。《玉篇》訓“岪”爲“山”，當爲不識其爲“崛”字之俗而妄補。《字彙·山部》：“岪，同崛。”（126上）《正字通·山部》：“岪，同崛，俗省。”（293 下）《字彙》《正字通》之説皆非是。《説文·山部》：“崛，山短高也。从山，屈聲。”（190 下）原本《玉篇·山部》：“崛，魚屈反。《説文》：‘[山]短高兒也。’《埤倉》：‘特起也。’野王案：《史記》‘崛然獨立，塊然獨起[處]’是也。”（461）“岪”與“崛”形近而音別，二字不可混同，故《字彙》《正字通》之説皆謬。《字海》第二義項謂“岪”同“崛”，見《集韻》，此即因轉録失真而誤。故《大字典》《字海》“岪”字下第一義項皆據《玉篇》之誤而訓“山”，應删。《大字典》《字海》直謂“岪”同“崛”，即可。

44. 㢊

《玉篇·广部》:"㢊,力當切。高也。"(104 下右)

按:《正字通·广部》:"㢊,俗廊字。舊注音廊,引《玉篇》'高也',誤。"(329 上)《説文新附·广部》:"廊,東西序也。从广,郎聲。"(193 上)《玉篇·广部》:"廊,力唐切。廡下也。"(104 上左)"㢊"與"廊"音同義别,二字不可混同,故《正字通》之説非是。《玉篇校釋》"㢊"字下注:"'㢊'从广謂屋高朗也,字與'寁''寁'相同。"(4264)胡氏所言當是。《説文·宀部》:"寁,康也。从宀,良聲。"(150 下)《集韻》平聲唐韻盧當切:"寁,《説文》:'康也。'或从穴。"(220)"康寁""寁寁"同,皆指"屋宇空闊"之義。"㢊"指"屋高朗",故"㢊"與"寁""寁"音義並同,並爲異體字。又《類篇·广部》:"㢊,盧當切。器也。"(334 上)《類篇》"㢊"訓"器也",於前代字韻書皆無徵,且《集韻》"㢊"亦訓爲"高也",故其訓非是。《集韻》"㢊"下一字是"甋"字,訓"器名",《類篇》"㢊"當是誤抄"甋"字之義於"㢊"字之上所致的訓釋失誤。《大字典》《字海》據《類篇》之誤而收録"器"這一義項,皆應删。

45. 厒

《玉篇·厂部》:"厒,口合切。閉口聲也。"(105 上右)

按:《正字通·厂部》:"厒,舊注:音磕。《玉篇》:'閉口聲。'又音口。義同。《篇海》云:'音磕者,或是金石器若音口而曰閉口聲。'吾未聞閉口而有聲。按:厒即厱字之訛。《玉篇》訛,《篇海》疑爲金石器,亦誤。"(122 下)《説文·厂部》:"厱,石地也。从厂,金聲。"(194 上)"厱",《廣韻》音"巨金切"。"厒"與"厱"音義俱别,二字不可混同,故《正字通》之説非是。《玉篇校釋》"厒"字下注:"《切韻》入聲合韻作'厒',閉户聲,口荅反。《廣韻》作'戹'。《説文》:'戹,閉也。'本書《户部》:'戹,羌據、公荅二切。閉户聲。'户變作厂,以爲从口而云閉口聲,从今或金即禁止義,要皆由'戹'而訛變者。"(4283)胡氏所言是也。《龍龕》卷二《厂部》:"戹厒,口合反。閉户聲也。二同。"(303)《叢考》"厒"字下注:"'戹'、'厒'當爲'戹'的俗字。"(28)

又朝鮮本《龍龕》卷五《厂部》："厏,口合切。閉户聲也。厴,同。厴,同上。"
(32)故"厴"即"厏"字之俗。《玉篇》"厴"訓"閉口聲也",當爲"閉户聲也"之
誤,而《篇海類編》謂"音礚者,或是金石器閉口之聲,如納鎖然",亦望文爲
説,非是。

46. 驫

《玉篇·馬部》："驫,烏高切。馬行皃。"(108 下右)

按:此字《説文》《名義》皆未收,《玉篇》收於部末,當即宋人據俗書所
增。《玉篇校釋》"驫"字下注："'驫'即'儦'之俗字。《説文》:'儦,行皃。'
《詩·清人》:'駟介麃麃。'《吉日》:'儦儦俟俟。'毛傳:'趨則儦儦,行則俟
俟。'《韓詩》作'駓駓俟俟'。本重言形況,無專字也。本書《彳部》:'儦,行
也。'"(4478)"儦",《廣韻》音"甫嬌切"。"驫"與"儦"儘管義近,然形音俱
别,"儦"無緣變作"驫",胡氏謂"驫"即"儦"字之俗,非是。《正字通·馬
部》:"驫,驕字之訛。《説文》有'驕'無'驫'。"又下字注曰:"驕,驍,驫並訛。
舊注:驫,音燆。馬行貌。驕,音交。馬高六尺。按:《説文》馬高六尺爲驕,
非作驍,分驫、驍、驕爲三,因《篇海》分注而誤。"(1318 上)《正字通》所言當
是。《説文·馬部》:"驕,馬高六尺爲驕。从馬,喬聲。"(200 上)《龍龕》卷
二《馬部》:"驍,俗;驕,正。居喬反。馬高六尺也。"(290)"驍"即"驕"字之
俗。"驫"與"驕"構字部件相同,"驫"疑即"驕"通過偏旁易位而形成的異體
字,亦即"驕"字之俗。又"驕"本義指"六尺高的馬",引申爲"馬行皃"。《集
韻》去聲笑韻嬌廟切:"驕,驕騖,馬行皃。"(581)"驫"與"驕"義同,故"驫"疑
即"驕"字之俗。《玉篇》"驫"音"烏高切",疑爲後人不識其爲"驕"字之俗而
妄改。

47. 羏

《玉篇·羊部》："羏,音洋。又音翔。"(110 上右)

按:《玉篇校釋》"羏"字下注："'音洋'者,通作'洋'。《書·伊訓》:'聖
謨洋洋。'孔傳:'洋洋,美善。'《集韻·陽韻》:'羏,美善也。''又音翔'者,通
作'翔'。《禮記·玉藻》:'濟濟翔翔。'鄭注:'翔翔,莊敬皃。'釋文:'翔,本

又作洋.’並重言形況,羏或即从羽省.”(4544)胡吉宣謂“音洋者,通作洋”,所言當是.《史記·禮書》:“洋洋美德乎! 宰制萬物,役使羣衆,豈人力也哉!”司馬貞索隱:“洋洋,美盛兒.”“洋”,《廣韻》音“與章切”.“羏”“洋”音義並同,“羏”即“洋”之異體字.《集韻》平聲陽韻余章切:“羏,美善也. 通作洋.”(211)此即其證也.《古文四聲韻·陽韻》:“洋𦍡,古《尚書》.”(26下)此亦其證也.“羏”當即“𦍡”通過隸定而形成的異體字. 又胡吉宣謂“又音翔者,通作翔”,於文獻無徵,此説疑可商榷.《説文·羽部》:“翔,回飛也. 从羽,羊聲.”(75下)“翔”本義指“鳥展翅迴旋而飛”,引申指“飛”、“悠閒自在地行走”等義.“羏”與“翔”音同義別,當非一字.《字彙補·羊部》:“羏,又即祥字. 見古文《老子》.”(168上)《正字通·彡部》:“羏,古文祥.”(345下)以上二説當是.《説文·示部》:“祥,福也. 从示,羊聲.”(7下)《爾雅·釋詁上》:“祥,善也.”(5)“祥”,《廣韻》音“似羊切”.“羏”與“祥”音義並同,“羏”當即“祥”之異體字.《古文四聲韻·陽韻》:“祥𦎕,古《老子》. 𦎕,同上.”(26下)此是其證也.“羏”當即“祥”之古文“𦎕”“𦎕”通過隸定而形成的異體字.《大字典》《字海》引《字彙補》“又即祥字”之“祥”皆誤録作“翔”,並謂“羏”同“翔”,此皆因轉録失真而誤作認同.

48. 㹴

《玉篇·犬部》:“㹴,音弗. 犬兒.”(111上右)

按:《正字通·犬部》:“㹴,俗狒字. 舊注:音弗,犬貌. 非.”(658下)《爾雅·釋獸》:“狒狒,如人,被髮,迅走,食人.”郭璞注:“梟羊也.《山海經》曰:‘其狀如人,面長唇黑,身有毛及踵,見人則笑. 交廣及南康郡山中亦有此物,大者長丈許,俗呼之曰山都.”(157)《玉篇·犬部》:“狒,父沸切. 似人形,被髮,迅走.”(110下左)“㹴”與“狒”儘管構字部件相同,然音義俱別,二者並非一字,故《正字通》之説非是.《玉篇校釋》“㹴”字下注曰:“‘音弗’者,弗有乖戾義,聲旁與友通. 上(50):‘㹀,又犬過.’㹀與㹴同,其本字爲友. 友者,犬走乖戾兒也.”(4608)《玉篇·犬部》:“㹀,牛吉切. 犬怒兒. 又步内切. 犬過.”(110上左)“㹴”與“㹀”形音俱別,二者亦非一字,胡吉宣之説亦不確.《疑難字》“㹴”字下注:“《正字通》《玉篇》兩説對立,《大字典》《字海》兼而取之，似有不妥。今實考之，兩説並非。《萬象名義・犬部》無'獻'字，《玉篇》'獻'字列於犬部之末，殆陳彭年等人所增，非原本《玉篇》中字也。俗書從犬、從大相亂，《龍龕》卷二犬部：'犾，或作犇（奎），正。苦圭反。星名。'是其例，故'獻'當是'奔'之俗訛。《説文》十篇下大部：'奔，大也。從大，弗聲。讀若予違汝弼。'字或作'奥'，《萬象名義・大部》：'奥，凡勿反。大。'又作'獻'，故宮本《王韻》入聲物韻分勿反：'獻，大。'因變爲'獻'，《龍龕》卷四弗部：'犾、獻、奔、奥、獻，五或作犾，今。音弗。大也。'此'獻'即'奔'字俗訛之明證。陳彭年等不知'獻'即'奔'字之變，見其從犬，因訓爲犬兒，望形生義也；張自烈亦不知'獻'字之來歷，但據漢字部件位置或可互換，因謂'獻'即'狒'字，其説證據不足，且與'音弗'之讀不合，不可從也。"(396)其説是也。故"獻"當即"奔"字之俗。

49. 獼

《玉篇・豕部》："獼，音閔。豬名。"(111 下右)

按：《玉篇校釋》"獼"字下注："《集韻》上準云：'豕名。'應與'貔'同。"(4627)《廣雅・釋獸》："貔，豚也。"(1002 上)"貔"，《廣韻》音"莫經切"。"獼"與"貔"音近義别，且從字形上來説，"閔""冥"音别，俗書一般亦不可換用，故"獼""貔"二字不可混同，胡氏所言非是。《疑難字》"獼"字下注："以形求之，此字殆即'毀'字之變。《説文》九篇下豕部：'毀，上谷名豬曰毀。從豕，役省聲。'俗或作'豰'，《龍龕》卷二豕部：'豰，籀文；毀，今。音没(役?)。'又作'獼'，《篇海》卷十二豕部引《川篇》：'獼，音役。豬名。'《叢考・豕部》謂'獼'當是'毀'之俗字(984)，所言甚是。'獼'即'獼'字訛變。陳彭年等不知'獼'字來歷，見其從閔，因讀同'閔'音，望形生音，不足信從。"(592)其言是也。"獼"當即由"毀"之俗字"獼"字進一步訛變而產生的俗字。

50. 麤

《玉篇・鹿部》："麤，音瓢。鹿屬也。"(111 下左)

按：《正字通・鹿部》："麤，麤字之訛。舊注：音瓢。鹿屬。誤。"(1389

上)《考正》亦云:"'麞'疑即'麃'字俗寫。構件'票''栗'形近易混……'麞'寫作'麞'後,人們望形生音讀作'瓢'。"(481)《正字通》《考正》謂"麞"即"麃"字之俗,疑皆可商榷。《玉篇校釋》"麞"字下注:"'麞'蓋即'麃'。麃從票省聲,此不省聲耳。"(4646)胡氏所言當是。《説文・鹿部》:"麃,麠屬。從鹿,票省聲。"(203 上)《玉篇・鹿部》:"麃,白交、普表二切。獸似鹿。"(111 下左)"麞"與"麃"音義並近,"麞"疑即"麃"之異體字。

51. 䴰

《玉篇・能部》:"䴰,乃何切。獸,似鼠。食之明目。"(112 上左)

按:《名義・能部》:"䴰,乃何反。似鼠,班。"(239 上)《玉篇校釋》"䴰"字下注:"'獸,似鼠'者,《中山經》:'甘棗之山有獸焉,其狀如猷鼠而文題,其名曰䴰。食之已癭。'郭注'音那',云:'或作熊也。'《切韻》:'䴰,獸名。'《廣韻》云:'似鼠班頭,食之明目。'班頭即文題,而亦曰明目,似《篇》《韻》所據《山[海]經》文異也。郭謂或作熊,應䴰即本書熊之古文䕺。"(4658~4659)胡氏所言疑可商榷。《廣韻》平聲歌韻乃何切:"䴰,獸名,似鼠。班題。食之明目。"(103)余迺永《校注》曰:"注文'班頭'二字棟亭本、元本及明本同;鉅宋本、南宋祖本、巾箱本、黎本、景宋本俱作'班題'。案《山海經・中山經》:'(甘棗之山)有獸焉,其狀如猷鼠而文題,其名曰䴰。食之已癭。''文題'即'班題','題'猶'額'也。'癭'乃頸瘤,此物可治頸瘤而非明目,疑因'癭'字漫漶,故訛録爲'明目'。《玉篇》云:'獸似鼠,食之明目。'同誤。"(654~655)余氏所言是也。郝懿行箋疏:"懿行案:䴰或云'即古熊字',非也。古文熊字作䕺(䕺),見《玉篇》。又《玉篇》云:'䴰,乃何切。獸似鼠,食之明目。'《廣韻》亦云:'獸名,似鼠。班頭,食之明目。'蓋皆本此經而誤記也。"郝氏之説是其證也。故"䴰"與"熊"本非一字,又《玉篇》《廣韻》訓"食之明目"者,皆爲"食之已癭"之誤。《大字典》《字海》"䴰"字義訓俱因承前而誤,皆應校正。

52. 鱛

《玉篇・魚部》:"鱛,都郎切,又都浪切。魚。"(116 下左)

按:《字彙·魚部》:"鱨,都郎切,音當。魚名。又去聲,丁浪切。義同。"(569 上)《正字通·魚部》:"鱨,鱨字之訛。魚類無名鱨者,《爾雅》'當魺'本作當,非作鱨。"(1355 下)《説文·魚部》:"鱨,揚也。从魚,嘗聲。"(243 下)"鱨"即指一種黄鱨魚,又名黄頰魚。"鱨",《廣韻》音"市羊切"。"鱨""鱨"儘管同指魚類,但形音俱别,《正字通》直謂"鱨"即"鱨"字之訛,既無書證亦無例證,其説不足爲據。《玉篇校釋》"鱨"字下注:"'鱨'即'當互'之俗作。《釋魚》:'鮥,當魺。'《説文》作'當互'。"(4893)胡氏所言是也。"鱨"應連"魺"字爲訓,"鱨魺"本作"當互",即指一種海魚,似鯿而大鱗,肥美多鯁。"魺"當即"當"因受"魺"字類化影響而增加"魚"旁所形成的異體字。又《龍龕》卷一《魚部》:"鉗鱨,二俗。火甘反。"(167)"鱨"字從"當",不可能音"火甘反",《龍龕》誤把"鱨"與"鉗"並列在一起,非是。《大字典》據《龍龕》之誤而謂"鱨"同"鉗(蚶)",承訛襲謬,疑亦非是。

53. 𧎝

《玉篇·虫部》:"𧎝,音禄。似蜥蜴。"(119 下右)

按:《正字通·虫部》:"𧎝,力竹切,音禄。𧎝聹蟲。或作睩。《通雅》曰:'睩聹,千歲蝮、木僕、苟印一類也。'《字林》云:'睩聹如蜥蜴,居樹上,齧人,與《本草》蘇頌所言千歲蝮相似。'段成式云:'木僕似龜,尾長數寸,居樹上,食人。'陳藏器云:'苟印一名苟斗,出潮州,如蛇,四足。'"(996 上)查《通雅》卷四十七曰:"睩聹,千歲蝮、木僕、苟印當一類也。吕忱云:'睩聹如蜥蜴,居樹上,齧人。與蘇頌所言千歲蝮相似。'"然"睩聹"未見於《玉篇》之前字書、韻書及其他文獻,"睩聹"皆爲"聅聹"之誤。《廣韻》入聲屋韻盧谷切:"聅,聅聹,似蜥蜴,居樹上,輒下齧人,上樹垂頭聹,聞哭聲乃去。出《字林》。"(367)余迺永《校注》"𧎝"字下亦云:"'𧎝'字棟亭本同,《王一》《全王》《唐韻》及《廣韻》餘本並从耳作'聅'……蓋'𧎝'之作'聅',乃因連詞'𧎝聹'其上字受下字類化而从耳者。《王一》及《全王》訓'聅'爲'私聹'。《集韻》於是分成'聅''𧎝'二字。任大椿《字林考逸》謂:'私聹與上樹垂頭聹之意相合。'"(910)余氏謂"聅"乃"𧎝"之類化俗字,正俗顛倒,其言非是。《名義·耳部》亦作:"聅,力木反。"(41 上)可見原本《玉篇》亦收"聅"字,當訓"聅聹"。"聅"字,原本《玉篇》《切韻》皆已收録,"𧎝"字始見於《玉篇》,故

"蟍"當即"聎"字因涉義改換義符而産生的俗字。《玉篇校釋》"蟍"字下注：
"'音禄'者，'禄'當爲'聎'，闛字與之同也。《唐韻》引《字林》作'聎聽，似蜥
蜴'云云，《廣韻》《集韻》引並作'蟍聽'。字从耳者表其所聞聲也。"(5039)
胡氏所言是也。故"蟍聽"同"聎聽"，"蟍"當即"聎"之換旁俗字。

54. 觓

《玉篇·角部》："觓，似秋切。角。"(122 下左)

按：《正字通·角部》："觓，觓字之訛。舊注音囚，訓角，非。"(1047 上)
《玉篇·角部》："觓，音四。角。"(122 下左)"觓"即"柶"字之俗，"觓"與
"觓"儘管形近，然音義俱別，二字不可混同，故《正字通》之説非是。《玉篇
校釋》"觓"字下注："《切韻》：'觓，亦作觓。'觓字，《廣韻》《集韻》並失收，觓
或作觓，猶《集韻》'泅，或作酒'。"(5204)敦煌本《王韻》平聲尤韻字秋反：
"觓，鵃射收繁角(具)。亦作觓(觓)。"(378)故宫本《王韻》平聲尤韻字秋
反："觓，雒射收繁角(具)。亦作□。"(466)《切韻》未見有云"觓，亦作觓"
者，胡吉宣所謂"亦作觓"，"觓"即"觓"轉録之誤；然胡吉宣謂"觓"即"觓"之
異體字，所言疑是。《説文·角部》："觓，雒射收繳具。从角，酋聲。讀若
觓。"(94 下)"觓"與"觓"音同，正如《集韻》"泅，或作酒"，"觓"當即"觓"通
過改換聲符而形成的異體字。《玉篇》"觓"訓"角"者，當爲後人不識而
妄補。

55. 觶

《玉篇·角部》："觶，音喧。揮角。"(122 下左)

按：《正字通·角部》："觶，觶字之訛。《説文》：'觶，角匕也。'徐鉉曰：
叵，音宣，俗作古鄧切，篆文有異。孫愐况袁切，篆作觶。舊本移《説文》
'觶'訓入'觶'，後'觶'注音義與《説文》同，'觶'改呼淵切，音喧，七畫闕觶，
五畫訛作觶，角上貌，與《説文》'觶'本訓矛盾，並非。"(1048 下)《正字通》
謂"觶"即"觶(觶)"，其説主要是從形音上來進行解説的；然其謂"觶"訓"揮
角"爲《説文》"觶"字之訓誤移於此，於文獻亦無徵，其説不足爲據。《玉篇
校釋》"觶"字下注："'觶'與'觶'同。觶，揮角皃。許元切。"(5204)胡氏所

言當是。《説文·角部》：“觼，揮角皃。从角，蔉聲。”（93下）“觼”，《廣韻》音“況袁切”。“觼”與“觼”音義並同，“觼”當即“觼”通過改換聲符而形成的異體字。

56. 鞠

《玉篇·革部》：“鞠，其俱切。兵器也。”（123下右）

按：《正字通·革部》：“鞠，與鞠通。車軹也。舊注：音渠。兵器。非。”（1271下右）“鞠”儘管與“鞠”音同，然“鞠”並無“車軹也”之訓，故《正字通》謂“鞠”與“鞠”通，非是。《玉篇校釋》“鞠”字下注：“案：當爲‘鐻’之或體。《金部》：‘鐻，軍器也。’《切韻》云：‘兵器。’引《尚書》‘執鐻於西垂’，今《顧命》作‘瞿’。瞿與句聲旁通，如斮亦作斫，兵、革義亦相通，如兵車謂之革車，故‘鐻’或爲‘鞠’。”（5256～5257）胡氏所言是也。《説文新附·金部》：“鐻，兵器也。从金，瞿聲。”（299上）“鐻”，《廣韻》音“其俱切”。“鞠”與“鐻”音義並同，“鞠”疑即“鐻”之異體字。

57. 繁

《玉篇·糸部》：“繁，方結切。編繩也；劍帶也。”（125上左）

按：《玉篇校釋》“繁”字下注：“原本依《説文》从折之籀文斳。廣益本訛爲繁，形聲俱誤，後人復依《説文》增縶字於部末，今移併于此，應删繁字而以其注入縶字下。二徐《説文》作‘扁緒也’，‘緒’字誤，《説文》‘扁緒’作‘扁諸’。本書廣益本及《集韻》並云‘編繩’，可證原本引《説文》非寫訛也。”（5372）胡吉宣謂“繁”爲“縶”訛，“繁”字形聲俱誤，又謂“二徐《説文》作‘扁緒也’，‘緒’字誤，《説文》‘扁緒’作‘扁諸’”，其言非是。《考正》“繁”字下注曰：“‘繁’當是‘縶’的更換聲旁字。《説文·糸部》：‘縶，扁緒也。一曰弩臂鈎帶。從糸，折聲。’（275）‘扁緒’，朱駿聲《説文通訓定聲》作‘編緒’（674），是也。‘編緒’與‘編繩’同義，‘弩臂鈎帶’即‘劍帶’。《集韻·屑韻》：‘縶，編繩。’《原本玉篇殘卷·糸部》：‘縶’音方結反（158）。‘繁’‘縶’音義皆合。蓋‘縶’字從‘折’得聲，聲旁與字音不切合，故‘縶’換聲旁作‘繁’。”（356）其言是也。原本《玉篇·糸部》：“縶，方結反。《説文》：‘編繩也。一曰弩要鈎帶也。'《倉頡篇》:'躾幕也。'"(624)此即其證也。故"繁"當即"綮"之換聲俗字,而"綮"字二徐本《説文》訓爲"扁緒","扁緒"即"編緒"之誤。

58.縫

《玉篇·糸部》:"縫,徐醉切。凶具。"(126 上左)

按:《爾雅·釋器》:"縫,綏也。"郭璞注:"即佩玉之組,所引連繫瑞玉者。"(72)《正字通·糸部》:"縫,徐醉切,音遂。佩玉之組。《爾雅》:'縫,綏也。'通作璲。"(840 上)《爾雅·釋器》:"璲,瑞也。"郭璞注:"《詩》曰:'鞙鞙佩璲。'璲者,玉瑞。"(69)"縫""璲",《廣韻》並音"徐醉切"。"縫""璲"音同義別,二字不可混同,《正字通》之説非是。《玉篇·衣部》:"襚,綏也;死人衣也。"(128 上左)《玉篇校釋》"襚"字下注:"'綏也'者,今字作'縫'。《爾雅·釋器》:'縫,綏也。'郭注:'即佩玉之組,所引連繫瑞玉者。'因通謂之縫。又云:'璲,瑞也。'郭注:'璲者玉瑞。'本書《糸部》原本不收'縫'字,顧氏《爾雅》音義本作此'襚'。"(5576)《玉篇校釋》"縫"字下注:"縫與襚通。一義爲綏。《爾雅·釋器》:'縫,綏也。'釋文:'音遂。'本書《衣部》:'襚,綏也;死人衣也。'"(5451)胡氏所言是也。《左傳·昭公九年》:"王有姻喪,使趙成如周弔,且致閻田與襚。"《穀梁傳·隱公元年》:"賵者,何也? 乘馬曰賵,衣衾曰襚。"此"襚"即指"殮死者的衣被"。《大字典》"縫""襚"二字並引《爾雅》,《大字典》"襚"字所引《爾雅》不知所據何本? 然"縫"與"襚"音義並同,二者即爲異體字。《大字典》《字海》皆應溝通"縫""襚"二字的異體關係。

59.孢

《玉篇·子部》:"孢,平巧切。"(134 下左)

按:此字義闕。《正字通·子部》:"孢,俗字。《説文》:'嫐,婦人妊身。'《集韻》:或作孢。舊注孕也,與孢義近,省作孢,改部巧切,庖上聲,誤分爲二,非。"(260 上)《集韻》去聲遇韻仄遇切:"嫐孢,婦人妊也。或从子。"(497)"孢"與"孢"形音俱別,二字不可混同,故《正字通》之説疑非是。《玉篇校釋》"孢"字下注:"義闕,蓋爲'胞'之俗字,本作'包'。《包部》曰:'婦人懷妊,元氣起於子,子,人所生也。'《肉部》:'胞,胞胎也。'胞變爲孢,猶胎變

爲孲也。"(5823)胡氏所言當是。《字彙·子部》："孲,部巧切,庖上聲。孕
也。"(112 下)《玉篇·肉部》："胞,補交、匹交二切。胞胎也。"(36 下右)
"孲"與"胞"音近義通,"孲"疑即"胞"通過改換義符而形成的異體字。

60. 醯

《玉篇·酉部》："醯,莫公切。濁酒也。"(135 上右)

按:《正字通·酉部》："醯,醆字之訛。舊注:音蒙。濁酒。誤。"(1186
上)《説文·酉部》："醆,歙酒俱盡也。从酉,盍聲。"(312 下)《廣雅·釋
器》："醆,醬也。"(629 上)"醆",《廣韻》音"彌畢切"。"醯"與"醆"儘管形
近,然音義俱別,《正字通》謂"醯"即"醆"字之訛,於文獻無徵,其説非是。
《玉篇校釋》"醯"字下注:"'濁酒也'者,《切韻》同,《廣韻》以爲'醼'之重文。
《集韻》:'醯,醿醯,濁酒也。或作醯。'案:《説文》'酎'下'釀'上爲'醯'字,
云:'濁酒也。'篆書'醯'與'醯'形近,應此即'醯'之訛變。校者復依《説文》
補'醯'字,見下第七十八文。《皿部》:'盈,豐滿也。或作盜。'《韓詩》以
'盈'爲有餽簋飱之'饁',故《廣韻》'釀'亦作'醯'。"(5845)胡吉宣謂"醯"即
"醯"字之訛,所言當是。《説文·酉部》:"醯,濁酒也。从酉,盈聲。"(312
上)《説文》"醯"字置於"酎""釀"二字之間,與《玉篇》之"醯"位置相同,又
"醯"之篆文作"**醯**","醯"與"醯"義同,"醯"當即據"醯"之篆文"**醯**"誤爲隸
定而形成的俗訛字。"醯"訛變爲"醯",改其讀爲"莫公切",此即望形生音。
《名義·酉部》:"**醯**,莫公反。濁酒也。"(295 上)"**醯**""醯"即同字異寫,
《名義》此字亦置於"酎""釀"二字之間,"**醯**(醯)"即"醯"字之訛,《名義》於
此處訛作"**醯**(醯)",又於下文增補"醯"字,可見此誤由來已久。又《廣韻》
平聲東韻莫紅切:"醆,麴生衣兒。蘮,上同。醯,亦上同。"(6)《切韻》平聲
東韻莫紅反:"醯,酒濁。"(437)故宮本《裴韻》平聲東韻莫紅反:"**醯**,洄
(濁)酒。"(538)五代本《切韻》平聲東韻(莫)紅反:"**醯**,濁酒。"(741)"**醯**"
"**醯**"與"醯"即同字異寫。"醯"與"醆(釀)",《名義》《玉篇》及《切韻》系韻
書皆未作認同,二字音義俱別,陳彭年等僅據"醯"字前人妄改之音與"醆"
音同而謂"醯"同"醆",非是。胡吉宣謂"《皿部》:'盈,豐滿也。或作盜。'
《韓詩》以'盈'爲有餽簋飱之'饁',故《廣韻》釀亦作醯",胡氏此説亦不足
據。故"醯"當即"醯"字之俗。

三、有待商榷的考釋及例析

此外,由於考釋方法的不同、研究材料的局限等主客觀因素的影響,前人對《玉篇》所收一些疑難字的考釋結論尚不可信,還有待商榷。因此,我們應從不同的角度,結合漢字構形理據及俗寫變易規律,充分地利用現有的材料,並儘可能地利用新發現的材料,對前人的這些考釋結論作出更正,以便爲後世大型字書的修訂與完善提供更加確鑿的可資借鑒的資料。

1. 伿

《玉篇·人部》:"伿,夷世切。亦作筬。所以合板際也。"(15 上右)

按:《廣韻》去聲祭韻餘制切:"伿,合板伿縫。"(277)余迺永《校注》"伿"字下注:"本注應正作'刻也'。《龍校》:'《全王》《王一》無伿字,筬下云:合板際(合誤作各)。下次褹字,注云:長。《集韻》伿下云:刻。本書丑例切下亦云:伿,佽。《周校》佽爲刻字之誤。案:《方言》十三:伿刻也。《萬象名義》《玉篇》筬下並云:合板際。本書此誤以筬字注文入伿下,又以褹字注文入筬下,當據《王韻》改。褹與褋同,當收褋或體。'"(843)龍氏謂"筬"訓"長"乃"褹"字注文誤植於"筬"字之下,其説是也;然謂"伿"訓"合板伿縫",當即"筬"字注文誤入"伿"下,疑可商榷。《名義·人部》:"伿,尹世反。合板際也。或筬。"(21 下)《名義》訓"伿"爲"合板際也",並謂或作"筬",可見原本《玉篇》亦然,"伿"訓"合板際也"並非因"筬"字注文誤入"伿"下而成。《名義·竹部》:"筬,尹世反。合板際。伿字。"(144 上)《新撰字鏡·人部》亦云:"伿,尸(尹)世反。筬字。"(81)《新撰字鏡·竹部》:"筬,君(尹)世反。所以合板際也。伿字。"(452)以上諸書亦皆其證也。又《方言》卷十三:"伿,刻也。"(81)故"伿"字本有兩個義項:第一義項音 yì,訓"合板際也',即"筬"之異體;第二義項音 chì,訓"刻"。

2. 㿊

《玉篇·色部》:"㿊䵬,二同。許奚切。黄病色。"(21 上右)

按:《廣韻》平聲齊韻呼雞切:"㿊,痛聲。䵬,黄病色也。"(50)葛信益

《廣韻叢考》云：“‘䊆’訓‘痛聲’，與色旁義不合。考《玉篇》《集韻》均‘䊆’‘䐸’同字，訓‘黄病色’。（《玉篇》許奚切、《集韻》馨奚切，音同。）是《廣韻》䊆原注‘黄病色’三字脱落耳。而《集韻》馨奚切又有‘欨’字，注云：‘痛聲。’《玉篇》欠部‘欨’同‘屎’。‘屎’下云：‘呻吟也，許脂切。’《廣韻》脂韻‘屎’注云：‘呻吟聲。’《集韻》脂韻：‘呀，或作屎、欨。’由是知痛聲字應作‘欨’。《廣韻》蓋誤以‘䊆’爲‘欨’而脱‘欨’字耳。”（19）余迺永《校注》“䊆”字下云：“按痛聲不依色旁取義，其字應作‘欨’，‘䊆’則爲‘䐸’字或體。”（602）葛氏、余氏所言疑可商榷。“䊆”從色、分聲，訓“痛聲”疑亦可通，兼指人發出疼痛聲時的痛楚表情。箋注本《切韻》（斯2071）平聲齊韻呼雞反：“䊆，痛聲。䐸，黄病色。”（112）故宫本《王韻》平聲齊韻呼雞反：“䊆，痛聲。䐸，病色。”（446）五代本《切韻》平聲齊韻呼分反：“䊆，痛聲。”同一小韻相隔一字曰：“䐸，黄色病也。”（748）《新撰字鏡·色部》：“䐸，口（呼）分反。”（144）又下文曰：“䊆，呼雞反，平。痛聲。”（144）《龍龕》卷四《色部》：“䊆，呼雞反。痛聲也。”（523）又下文曰：“䐸，呼奚反。黄病色也。《香嚴》又户雞反。”（523）以上諸韻書、字書皆未認同䊆、䐸二字爲異體字。《玉篇》謂“䊆”“䐸”二字同，於前代諸韻書、字書皆無徵，當因二字音同而誤作認同。《集韻》平聲齊韻馨奚切：“䐸，黄病色。或從分。”（97）《集韻》謂“䐸”或作“䊆”，亦當沿襲《玉篇》之誤也。原本《玉篇·欠部》：“欨，許脂反。《廣蒼》：‘欨，呻吟也。’《字書》：‘或屎字也，在《尸部》。或爲呀字，在《口部》。或爲脄字，在《肉部》。’”（343）《集韻》平聲齊韻馨奚切：“欨，痛聲。”（97）“䊆”與“欨”音義並同，“䊆”當即“欨”通過改换義符而形成的異體字。《大字典》《字海》“䊆”字第一義項皆因沿襲《玉篇》而誤，當删。《大字典》《字海》“䐸”字沿襲《玉篇》之謬謂同“䊆”，亦並非。

3. 䁞

《玉篇·見部》：“䁞，鶪淚切。”（23下右）

按：《玉篇校釋》校“䁞”爲“䁲”，並注曰：“字原訛作‘䁞’，今正從夬。義闕，元刊云：‘定見也。’知本從夬聲，䁲之言決也，故爲定見。《王孫賦》：‘際矖睫以䁲睰。’章樵注：‘顧盼不定兒。’䁲與䁥同，䁲睰連語爲不定。”（890）胡吉宣之説非是。《名義·目部》：“䁞，己志反。視兒。”（36上）《玉篇·目部》:"瞡,葵季切。視也。又居悸切。"(22 上左)"瞡"字,《玉篇·目部》已收,《名義》亦僅見於《目部》,可見原本《玉篇》亦僅收入《目部》,《玉篇》又收入《見部》,當因誤認"瞡"字從"見"而誤重於此。"瞡"字,《新修玉篇》《篇海》亦僅收入《目部》,而於《見部》不收,此皆其證也。元刊本《玉篇·見部》:"覛,鷄淚切。定見。""覛"字,元刊本訓"定見",從"規"爲説,非是。胡吉宣沿襲元刊本《玉篇》之謬而校"瞡"爲"覛",並謂"覛"同"眣",此即因承訛襲謬而誤。

4. 吥

《玉篇·口部》:"吥,匹侯切。吸吥也。"(27 上右)

按:《正字通·口部》:"吥,同否。《長箋》:'否、吥同。'舊注:普溝切,剖平聲。吸也。誤。從不訓吸非本義,誤與《篇海》同。"(138 上)《玉篇校釋》"吥"字下注:"《集韻》侯韻:'吥,吸也。'趙宧光曰:'吥與否同,訓吸非。'按:吥當爲是否之專字,猶嘫爲然諾之專字,吥象鼓唇出聲,故爲否定之詞。"(1045)前人皆謂"吥"爲"否"字,然皆無例證,其説疑可商榷。"吥"疑即"呸"字之俗。《新撰字鏡·口部》:"吥,撫牛、扶牛二反。吹也;呼也。"(109)《名義·口部》:"呸,匹尤反。吹聲也。"(45 上)《玉篇·口部》:"呸,匹尤切。吹聲也。"(26 上左)玄應《音義》卷二十引《埤倉》:"呸,吹氣聲也。"箋注本《切韻》(斯 2071)平聲尤韻拂謀反:"呸,吹氣。"(126)敦煌本《王韻》、故宫本《王韻》、故宫本《裴韻》、《廣韻》俱同。"吸"疑即"吹"之形誤,"吥"與"呸"音義並同,"吥"即"呸"通過改換聲符而形成的異體字。《玉篇》訓"吥"爲"吸吥也",注文之"吥"當即字頭重出。

5. 躔

《玉篇·足部》:"躔,他殄切。行兒。"(34 上左)

按:《廣韻》上聲銑韻他典切:"躔,行兒。"(195)《玉篇校釋》"躔"字下注:"《切韻》:'躔,行處。'《廣韻》作'行兒'。又:'踥,行迹。'《集韻》《類篇》並以躔爲踥之或體,竊謂躔當與趂、遭同。趂、遭皆訓移,移者行遲緩兒也。《辵部》云:'迍遭也。'即《易》之'屯如遭如'。迍遭雙聲,本部跈躔爲疊韻。

在走部爲趁趬，在馬部爲駗驙，在人部爲伅㑏，皆難行不進皃也。"(1426)胡氏謂"躦"同"趬""遵"，非是。《名義·足部》："躦，他殄反。鹿迹也。"(63下)敦煌本《王韻》上聲銑韻他典反："躦，行處。"(392)故宮本《王韻》同。"躦"字，《玉篇》《廣韻》之前的諸字書、韻書皆未見有訓"行皃"者，《玉篇》《廣韻》訓"行皃"，當爲宋人所妄改。《廣韻》上聲銑韻他典切："跿，行迹。"(195)"鹿迹"、"行處"、"行迹"訓異義同，故"跿"與"躦"音義並同，當爲異體字。《龍龕》卷四《足部》："跿躦，他典反。迹也。亦行皃。二同。"(461)《龍龕》謂"跿""躦"同，是也；然又訓爲"亦行皃"，亦當爲《玉篇》所誤。《集韻》上聲銑韻他典切："跿，行皃。或从亶。"(379)《集韻》謂"跿""躦"同，是也；然訓爲"行皃"，亦當爲《玉篇》《廣韻》所誤。"跿""躦"亦同"町""畽"。《新撰字鏡·足部》："躦，他殄反。行足處也。亦𪘂字。鹿迹也。"(135)"𪘂"當即"町"字之俗。箋注本《切韻》(斯2071)上聲銑韻他典反："畽，畽疃，鹿迹。"(134)故宮本《王韻》同。《廣韻》上聲銑韻他典切："町，町疃，鹿迹。畽，上同。"(195)《詩·豳風·東山》："町疃鹿場，熠燿宵行。"毛傳："町疃，鹿迹也。""跿""躦"與"町""畽"音義並同，即爲異體字。《集韻》上聲獮韻丈善切："趨，移行也。一曰循也。或作遭、躪。"(387)"躦"與"趬""遵"音義俱別，不可混同。《大字典》"躦"字據《玉篇》《集韻》之誤妄增"行貌"這一義項，"跿"字亦據《集韻》之誤妄增"行貌"這一義項，並失考證。《字海》於"躦"字下謂同"跿"，然於"跿"字下亦據《集韻》之誤妄增"行貌"這一義項，亦失考證。

6. 恖

《玉篇·心部》："恖，寺周切。慮也。"(40上右)

按：此字《名義》《廣韻》俱不收錄，《玉篇》收於《心部》之末，當即陳彭年等據俗書所增。《正字通·心部》："恖，悃字之譌。舊注音囚，訓慮也，誤。《篇海》恖同慒；《正韻》十九尤收慒：音酋，慮也。並非。"(360)《説文·心部》："悃，愊也。从心，困聲。"(217)"悃"，《廣韻》音"苦本切"。"恖""悃"音義俱別，不可誤作認同，《正字通》之説非是。《疑難字》："此字《萬象名義》《廣韻》俱不收錄，今本《玉篇》收之，當是宋人所補。以義求之，并參考字形，此字當是'思'字俗譌。'思'訓慮，常訓也。'思'字《説文》作'恖'，從心,囟聲。隸變作'思'。俗或作'㥜''恖',《龍龕》卷一心部:'㥜,通;恖,正。古文思字。'俗書又、乂、人三旁不分,故'㥜'變作'㤘'。及其字訛變從囚,音讀同'囚'音,俗讀也。"(266)《疑難字》謂"㤘"當是"思"字俗訛,疑亦可商榷。"㤘"疑即"慒"字之俗。敦煌本《王韻》平聲尤韻似由反:"慒,慮。又似冬反。"(378)故宮本《王韻》、故宮本《裴韻》亦同。《廣韻》平聲尤韻似由切:"慒,慮。又在冬切。"(139)《玉篇·心部》:"慒,昨遭切。亂也。又殂冬切。謀也。又慮也。又音囚。"(39上右)"㤘""慒"音義並同,"㤘"當即"慒"通過改换聲符而形成的異體字。《集韻》平聲尤韻徐由切:"慒,《爾雅》:'慮也。'或作㤘。"(262)此是其證也。故"㤘"當即"慒"字之俗。

7. 㤤

《玉篇·心部》:"㤤,齒終切。心動也。"(39上左)

按:《字彙·心部》:"㤤,昌中切,音充。心動。"(157下)《正字通·心部》:"㤤,忧字之訛。舊注'心動',與《説文》'忧'義同,改音充,非。"(364上)《名義·心部》:"㤤,齒終反。心動也。"(79上)《名義》收入"㤤"字,可見原本《玉篇》亦收此字,《名義》、今本《玉篇》删去了書證、例證及相關字際關係説解,遂使其來歷不明。《新撰字鏡·心部》亦云:"㤤,齒終反。心動也。"(546)故宮本《王韻》平聲東韻處隆反:"㤤,心動。"(437)故宮本《裴韻》、《廣韻》同。《説文·心部》:"忧,不動也。从心,尤聲。讀若祐。"(222下)段玉裁本作"心動也",並注云:"各本作'不動也',今正。《玉篇》曰:'心動也。'《廣韻》曰:'動也。'與《頁部》之頄義近。"(513上)段注之説疑非是。《名義·心部》:"忧,胡救反。不動也。"(76上)可見原本《玉篇》引《説文》亦作"不動也",而今本《玉篇》却誤作"心動也"。《新撰字鏡·心部》亦云:"忧,胡救反。不動也。"(547)此亦爲其證也。故"㤤""忧"音義俱别,二字不可混同,《正字通》之説非是。"㤤"疑爲"忡"字異體。《説文·心部》:"忡,憂也。从心,中聲。《詩》曰:'憂心忡忡。'"(223上)"忡",《廣韻》音"敕中切"。"㤤"訓"心動也",據唐元結《招太靈》"久懰兮㤤㤤,招捃擩兮呼風"這一文獻用例,亦指"憂愁而心動不安貌"。故"㤤"與"忡"音義並同,"㤤"當即"忡"通過改换成與字音更爲接近的聲符而形成的異體字。

8. 忕

《玉篇·心部》:"忕,與力切。心動也。"(40 上左)

按:《正字通·心部》:"忕,忕、忒、忕並同。舊注音弋,訓心動,非。"(357 下)"忕"字,《正字通》之前傳世字書、韻書皆未載,此爲《正字通》所增,當即"忒"俗寫之誤,應刪。《説文·心部》:"忒,更也。从心,弋聲。"(220 上)《玉篇·心部》:"忒,他得切。疑也。《説文》云:'更也。'"(40 下左)"忕""忒"儘管構字部件相同,然二者音義俱別,二字並非一字,故《正字通》之説非是。"忕"疑即"悒"之異體字。《説文·心部》:"悒,不安也。从心,邑聲。"(220 上)徐鍇繫傳曰:"憂悒也。"《玉篇·心部》:"悒,於急切。憂也。"(38 下右)《楚辭·天問》:"武發殺殷何所悒? 載尸集戰何所急?"洪興祖補注:"悒,音邑。憂也,不安也。""心動"即指"憂慮"、"不安"。例如:《戰國策·趙策一》:"襄子如廁,心動,執問塗者,則豫讓也。"《史記·高祖本紀》:"趙相貫高等謀弒高祖,高祖心動,因不留。"南朝宋劉義慶《世説新語·假譎》:"魏武嘗言:人欲危己,己輒心動。"故"忕"與"悒"音義並同,"忕"當即"悒"通過改換聲符而形成的異體字。

9. 恕

《玉篇·心部》:"恕,古俄切。楷也;知也;法也。"(40 下左)

按:《新撰字鏡·心部》:"恕,法也。"(128)《字彙·心部》:"恕,居何切,音哥。楷也;知也;法也。"(159 上)《正字通·心部》:"恕,恕字之訛。舊注音哥,訓楷、法,非。"(360 上)《説文·心部》:"恕,仁也。从心,如聲。"(218 上)"恕",《廣韻》音"商署切"。"恕""恕"音義俱別,二字不可混同,《正字通》之説非是。"恕"當即"柯"之異體字。《名義·心部》:"恕,古多反。法也;範也。柯字。"(79 上)《爾雅·釋詁上》:"柯,法也。"(6)《名義·木部》:"柯,割多反。法也。"(122 上)"恕"字,《名義》訓爲"法也"、"範也",《玉篇》又增補"知也"這一義項,"知也"與"法也;範也"義亦可通,亦當由其而衍生。故"恕"與"柯"音義並同,二者即爲異體字。

10. 欨

《玉篇・欠部》："欨，息均切。信也；又逆氣也。"（45 下左）

按：《正字通・欠部》："欨，欨字之訛。舊注：音荀。信也；又氣逆。
誤。"（549 上）《説文・欠部》："欨，吹也。一曰笑意。从欠，句聲。"（179 上）
《玉篇・欠部》："欨，況娛、吁禹二切。吹欨；又笑意也。"（45 上左）"欨"儘
管"欨"形近，然音義俱別，二字不可混同，故《正字通》之説非是。《新撰字
鏡・欠部》："欨，思均反。恂字。信也；許（也）；大也。"（648）原本《玉篇・
欠部》："欨，思均反。《廣倉》：'《詩》云：欨欸且（樂）。'野王案：《毛詩》傳：
欨，信也；許也；大也。亦爲恂字，在《心部》。"（344）故"欨""恂"在"信也"這
一意義上音義並同，當即通過義符換用而形成的異體字。《玉篇》"欨"訓
"逆氣也"，於前代字書無徵，俟考。

11. 彶

《玉篇・彳部》："彶，先荅、且立二切。行皃。與馺同。或跋字。"（47
下右）

按：《名義・彳部》："彶，先荅反。行皃。馺字也。跋作。"（97 下）《廣
韻》入聲緝韻色立切："彶，不及。"（431）《玉篇校釋》"彶"字下注："《文選・
琴賦》：'紛彶嘉以流漫。'李注：'彶嘉，聲多也。'《吳都賦》：'傝嘉泉猭。'注
云：'傝嘉，衆言語喧雜也。'希麟引《字林》：'傝嘉，語不止也。'《唐韻》：'傝
嘉，言不止皃。''傝'即'彶'。"（2012）又於"傝"字下注曰："《文選・琴賦》：
'紛彶嘉以流漫。'李注：'彶嘉，聲多也。'是'傝'與'彶'同，謂行不及也。
《集韻》：'傝，行不進也。'傝之言澀，澀从四足相違逆，故爲衆多而難進不及
義。"（551）胡氏之説疑可商榷。查今本《文選・嵇康〈琴賦〉》："飛纖指以馳
騖，紛傝嘉以流漫。"李善注："傝嘉，聲多也。傝，不及也。"（257 下）《唐韻》
入聲緝韻色立反："傝，傝嘉。"（721）《廣韻》入聲緝韻直立切："嘉，傝嘉，言
不止也。"（430）故"傝嘉"之"傝"，作"傝"是；而作"彶"者，當即"傝"之形誤。
《大字典》於"傝"字下引《琴賦》作"傝"，而於"彶"字下引《琴賦》又作"彶"，
失當。《玉篇校釋》兩引《琴賦》亦皆誤作"彶"，並進而謂"傝"與"彶"同，非

是。《説文·彳部》：“徲，行皃。从彳，遟聲。一曰此與駛同。”（43 上）《玉篇·人部》：“僷，師立切。不及也。”（15 下左）“徲”字，《説文》《名義》《玉篇》並未見有訓“不及也”者，且《文選》及《玉篇》訓“不及也”字皆作“僷”，故《廣韻》訓“不及也”之“徲”亦當爲“僷”之形誤。“僷”字，應連“矗”字爲訓，當指説話快而多却詞不達意之義，並非指與行走有關。胡吉宣謂“‘僷’與‘徲’同，謂行不及也”，並引《集韻》爲證。然《集韻》入聲緝韻色入切作：“徲，行不進也。”（768）故訓“行不進也”之義字本作“徲”，而非作“僷”，此亦爲胡氏之説不確之證。故《大字典》“徲”字下“不及”這一義項當删。

12. 佌

《玉篇·彳部》：“佌，七尒切。行皃。”（47 下左）

按：《正字通·彳部》：“佌，佌字之訛。舊注：音此。行貌。非。”（347 上）《爾雅·釋訓》：“佌佌，小也。”（39）《玉篇·人部》：“佌，七紙切。小舞皃。”（15 下右）“佌”“佌”音同形近，但意義區别甚明，二字不可混同，《正字通》之説非是。“佌”當即“跐”之異體字。《釋名·釋姿容》：“跐，弭也，足踐之使弭服也。”（87）《廣雅·釋詁一》：“跐，履也。”（68 下）《廣雅·釋詁二》：“跐，蹋也。”（187 上）《玉篇·足部》：“跐，祖解、子爾二切。蹋也。”（34 上右）“跐”引申爲“行皃”。《廣韻》上聲紙韻將此切：“跐，行皃。”（165）“佌”“跐”音近義同，又彳旁、足旁義通，俗書常可换用，故“佌”當即“跐”通過改换義符而形成的異體字。

13. 俺

《玉篇·彳部》：“俺，於劒切。匿也。”（48 上右）

按：《正字通·彳部》：“俺，俺字之訛。舊注訓匿，義與掩、揜近，改去聲，音厭。非。”（350 上）《説文·人部》：“俺，大也。从人，奄聲。”（163 上）“俺”，《廣韻》音“於驗切”。“俺”“俺”儘管形近音同，然意義區别甚明，二字不可混同，故《正字通》之説非是。“俺”疑即“諳”字之俗。《名義·言部》：“諳，於劍反。匿。”（85 上）《玉篇·言部》：“諳，於劒切。匿也。”（43 上左）“俺”與“諳”音義並同，“俺”當即“諳”通過改换義符而形成的異體字。

14. 赿

《玉篇·走部》：“赿，直知切。走也。”(49 上右)

按：《玉篇校釋》“赿”字下注曰：“‘赿’蓋同‘馳’。《馬部》：‘馳，走也。’直知切。‘赿’‘馳’同聲義而別人馬也。”(2065)胡吉宣謂“赿”同“馳”，疑不確。“赿”“馳”二字儘管音同，但人馬有別，故不可混同。《説文·走部》：“趍，趍趙，久也。从走，多聲。”(37 上)段玉裁注本據《玉篇》《廣韻》改“久”作“夂”。“趍”本義指“行走遲緩”，引申爲“馳，奔跑”。王筠《説文句讀·走部》：“趍，馬之奔曰馳，人之奔曰趍，二字同音而義別耳。”《淮南子·脩務》：“夫墨子跌蹏而趍千里以存楚宋。”“趍”字，《廣韻》音“直離切”。故“赿”“趍”音義並同，“赿”即“趍”通過改換聲符而形成的異體字。

15. 遱

《玉篇·辵部》：“遱，力奚切。徐也；遲也；小兒也。”(49 下右)

按：《玉篇校釋》“遱”字下注：“又‘小兒’者，《書·禹貢》：‘厥土青黎。’馬注：‘黎，小疏也。’是遱爲小行兒也。”(2083)胡氏所言非是。《名義·辵部》：“遱，力奚反。徐也；遲也；小息也。”(95 上)《新撰字鏡·辵部》：“遱，落嵇反，平。徐行也；遲也；小息。”(534)故《玉篇》訓“遱”爲“小兒也”，當爲“小息也”之形誤。《大字典》此義因《玉篇》而誤，應據改。

16. 逴

《玉篇·辵部》：“逴，口黠切，又竹季切。前頓也。”(49 下左)

按：《玉篇校釋》“逴”字下注：“‘前頓也’者，《説文》：‘迏，前頓也。賈侍中説，一讀若枸，又若郅。’列字適當本書之逴，段注即援《玉篇》改爲逴。案迏从弔，弔，止也，與頓義洽。本書無迏，今姑補部末，或原列此爲重文……又竹季切蓋與疐同。卷二十一《叀部》：‘疐，礙不行也。或作躓。’躓下云：‘跲也；頓也。’”(2096)胡氏所言不確。《説文·辵部》：“迏，前頓也。从辵，弔聲。賈侍中説，一讀若枸，又若郅。”(42 上)段注本《説文》據《玉篇》改作

"逡",疑當是。《名義・辵部》:"逡,口點反。致。前頓也。"(96 上)"致"當
即原本《玉篇》所引《説文》讀若之音用字。"逡""迶"音義並同,且《名義》之
"逡"與《説文》之"迶"位置相同,《名義》亦未收"迶"字,可見原本《玉篇》引
《説文》訓"前頓也"字本作"逡",二徐本改作"迶",遂又誤脱"逡"字耳。《新
撰字鏡・辵部》亦但收"逡"字,注曰:"逡,竹冀反。前頓也。"(535)此亦其
證也。故"逡"字,《玉篇》又音"竹季切",即爲"逡"字《説文》讀若之音所作
的反切,與"疐"字不同。

17. 迠

《玉篇・辵部》:"迠,之句切,又竹句切。"(50 下右)

按:《新修玉篇》卷十《辵部》引《玉篇》同,亦義闕。《篇海》卷五《辵部》
引《玉篇》:"迠,之句、竹句切。行止也。"(647 下)《篇海》訓"迠"爲"行止
也",於前代字書無徵,疑非是。元刊本《玉篇・辵部》:"迠,之句、竹句二
切。行止也。"元刊本《玉篇》亦訓"行止也",此當爲《篇海》所誤也。《字
彙・辵部》:"迠,古文往字。"(487 上)《正字通・辵部》:"迠,舊注古文往。
按:'往'本作'遉'。《説文》從辵作'遉',通作迬。"(1149 上)《説文・彳
部》:"往,之也。从彳,㞢聲。遉,古文从辵。"(37 上)又《説文・辵部》:
"迬,往也。从辵,王聲。《春秋傳》曰:'子無我迬。'"(33 下)《玉篇・辵
部》:"迬,尤放切。《説文》曰:'往也。'《春秋傳》曰:'子無我迬。'又具往切。
《詩》云:'人實迬女。'迬,誑也。"(49 上左)《廣雅・釋詁二》:"迬,歸也。"王
念孫疏證:"迬,即往字也。顔師古注《漢書・揚雄傳》云:'迬,古往字。'"
"迬"同"往(遉)","迠"與"迬""遉"形近,"迠"疑即"迬"或"遉"字俗訛。南
宋楊萬里《誠齋集》卷一百七《賀吉水秦宰交割》:"某伏自牙檣西上,紫氣東
來,日偵先驅,令兒輩駿奔迠迌,久之寂然,竟辱斾旌屈臨環堵,如之何其
感,又如之何其愧也。"(《四庫》本)"迠"字,《全宋文》卷五三一〇引校作
"往",《四庫家藏》本《楊萬里書啟集》卷第二十三《賀吉水秦宰交割》作
"迬"。從文意來看,當以作"迬"或"往(遉)"爲是,此"迠"當即"迬"或"遉"
字俗訛。此是其證也。又宋王銍撰《雪溪集》卷三《溪上觀雪》:"天涯歲月
行將盡,人世窮愁孰與論? 憶與鄒枚同賦詠,人非事迠但心存。"(《四庫》
本)從文意來看,此"迠"亦當本作"迬"或"往(遉)","迠"亦當即"迬"或"遉"

字俗訛。此亦其證也。故"迬"當即"迕"或"迬"字俗訛,《字彙》謂"迬"爲
"往"字古文,不確。佛經也有"迬"字用例,提供如下:《卍新纂續藏》本唐法
勵撰述《四分律疏》卷第八《拘睒彌揵度》第九:"若置而不治,非迬衆之德。"
下文:"未審能斷理成就幾法,堪行迬救,故須設問。"《卍新纂續藏》本唐懷
素撰《四分律開宗記》卷第六:"若不料理,豈成迬護?"《卍新纂續藏》本後唐
景霄纂《四分律鈔簡正記》卷第六《次釋秉法處結界篇》:"迬救佛法者,迬,
正也,救,助。"從文意來看,以上"迬"字皆爲"匡"字俗訛。故"迬"字有兩個
來源:一、"迬"當即"迕"或"迬"字俗訛;二、"迬"當即"匡"字俗訛。《玉篇》
"迬"字音"之句切",又音"竹句切",疑爲望形生音,不足據。《大字典》《字
海》"迬"字皆據元刊本《玉篇》之誤而收錄音 zhù、行止這一音義,疑並
非是。

18. 枺

《玉篇·木部》:"枺,武賴切。木名。"(61 下右)

按:《廣雅·釋木》:"枺,楛也。"曹憲音"武蓋反"。(915 上)《正字通·
木部》:"枺枺,訛字。舊注:枺音末,枺音未,泛云'木名',並誤。"(492 上)
《正字通》所言疑可商榷。《名義·木部》:"枺,武賴反。格也。"(125 下)
"格"當爲"楛"之訛。《集韻》去聲泰韻莫貝切:"枺,木名,楛也。"(520)以上
諸書,"枺"字皆爲去聲泰韻字,故《廣雅》之"枺"即爲"枺"字之訛。又《集
韻》入聲末韻莫葛切:"枺,木名。"(690)此"枺"亦爲"枺"之訛。未、末形近,
俗書常可訛混,故"枺"訛作"枺"。"枺"音"莫葛切",當爲望形生音。又《大
字典》《字海》所引《淮南子·本經》之"枺"亦當爲"枺"字之訛。《正字通》謂
"枺"爲訛字,是;然謂"枺"亦爲訛字,非。

19. 槅

《玉篇·木部》:"槅,尼革切。木名。"(63 下右)

按:此字《説文》《名義》皆未收,《玉篇》收於部末,當即宋人據俗書所
增。《玉篇校釋》"槅"字下注:"《集韻·陌韻》同,疑與'楉'同。猶'箐'之重
文作'箦'也。"(2514)胡氏所言疑可商榷。"槅"疑即"搦"字之訛。《説文·

手部》："搦，按也。从手，弱聲。"(255 下)《玉篇·手部》："搦，女卓、女革二切。正也；持也。"(30 上左)"㩧""搦"音同。又《大正藏》本慧琳《音義》卷四八《瑜伽師地論》第三卷："㩧觸，又作㩧，同。女革、女卓二反。㩧，執捉也。《說文》：'㩧，按也。'"(T54，頁 625c12)"㩧"字，《中華大藏經》本慧琳《音義》皆作"搦"，是也。又《卍新纂續藏》本宋法應集、元普會續集《禪宗頌古聯珠通集》卷第三十："動絃別曲聞一知十，手㩧手㩧以膠投漆。庵內不見菴外，無孔鉎鎚不會。人生相識貴知音，水入水兮金博金。""手㩧手㩧以膠投漆"，《卍新纂續藏》本宋紹隆等編《圓悟佛果禪師語錄》卷第十九《頌古下》、清集雲堂編《宗鑑法林》卷六十三《越州乾峰禪師》、清净符彙集《宗門拈古彙集》卷第三十一《越州乾峰和尚》等皆作"手搦手搦以膠投漆"，此亦其證也。《〈可洪音義〉研究》"搦"字條(612)"搦"俗亦作"㩧"，此亦爲其證。故《玉篇》之"㩧"疑即"搦"字俗訛，"搦"訛作"㩧"，後人不識，又改其訓爲"木名"，遂致二字相隔不通。《集韻》訓"木名"，疑亦當爲《玉篇》所誤。

20. 栿

《玉篇·木部》："栿，符目切。梁栿也。"(63 下右)

按：《玉篇校釋》"栿"字下注："'梁栿也'者，《切韻》同，栿之言伏也。狀若俛伏也。疑此即'榑'字。枅謂之榑，亦謂之栿，猶俛謂之伏，亦謂之匍，匍雙聲爲匍匐，榑疊韻爲榑櫨。"(2514)《玉篇·木部》："榑，補各、弼戟二切。榑櫨，枅也。榑，弼戟切。《說文》曰：'壁柱也。'"(61 上右)"栿""榑"音義俱别，二字不可混同，胡吉宣之説非是。"栿"疑即"桴"字之俗。《爾雅·釋宫》："棟謂之桴。"郭璞注："屋檼。"(61)《說文·木部》："桴，棟名。从木，孚聲。"(116 下)《玉篇·木部》："桴，芳無、扶留二切。屋檼也。"(60 下左)"桴"指房屋的二梁，也泛稱房棟。故"栿""桴"音義並同，"栿"當即"桴"通過改換聲符而形成的異體字。慧琳《音義》卷五八《僧祇律》第二十卷："榱棟，所龜反。《爾雅》：'桷謂之榱。'郭璞曰：'即椽也。'亦名椽，亦名橑。音力道反。棟，都弄反。《說文》：'屋栿也。'一名極，亦名桴，亦名栿(此三字爲衍文)。檼，於靳反。"(58，頁 607a12)"棟"，慧琳《音義》謂《說文》訓"屋栿也"，又謂"亦名桴"，此即爲"栿"爲"桴"字之俗提供一佐證。故"栿"當即"桴"之换旁俗字。

21. 籅

《玉篇·竹部》:"籅,翼諸切。竹名。"(70下左)

按:《正字通·竹部》:"籅,籅字之訛。《方言》:'筐,江、沔之間謂之籅。'俗作籅,因聲近而誤。或曰篋名筍輿,俗加竹作籅。"(810上)《玉篇校釋》"籅"字下注:"案:此字經删改而訛。《方言》《廣雅》《切韻》《集韻》皆作籅,義徑訓簾。以列字次第推之,本書自籔以下至簡、籬間,多出自《方言》《廣雅》二書,不應有竹名之籅廁列其中。《廣韻》籅、籅皆無,它書亦無有竹名爲籅者。原本於此當爲籅,引《方言》或《廣雅》文,今姑補於部末。"(2806)"籅"當即"籅"字之訛,《正字通》及《玉篇校釋》皆謂"籅"爲"籅"字之訛,皆正俗顛倒。《方言》卷十三:"籅,簾(簾)也。江、沔之間謂之籅,趙、代之間謂之筥,淇、衛之間謂之牛筐。"(87)《廣雅·釋器》:"籅,簾也。"(648下)《名義·竹部》:"籅,翼諸反。簾也。"(142下)《新撰字鏡·竹部》:"籅籜,二同。翼(諸)反。簾也。"(451)"籜"即"籅"之俗字。敦煌本《王韻》平聲魚韻與魚反:"籅,簾(簾)也。"(361)故宮本《王韻》平聲魚韻與魚反:"籅,簾籅。"(443)《名義》《新撰字鏡》《切韻》皆作"籅",故疑今本《方言》、《廣雅》作"籅"者,皆當本作"籅"。《集韻》作"籅",亦因沿襲今本《廣雅》而誤也。今本《玉篇》"籅"訓"竹名"者,於諸字書、韻書皆無徵,當爲望形生訓。又《正字通》謂"或曰篋名筍輿,俗加竹作籅",此亦可備一説。

22. 篸

《玉篇·竹部》:"篸,子公切。木枝細。"(71上右)

按:《玉篇校釋》"篸"字下注:"'木細枝'者,字本爲'菱'。《艸部》:'菱,木細枝。'本《方言》《説文》文,依字'篸'當爲竹細枝。"(2821)胡氏之説不確。《名義·竹部》:"篸,子公反。木細支(枝)也。"(144下)可見原本《玉篇》亦訓爲"木細支(枝)也",並未訓爲"竹細枝",故胡吉宣謂"依字'篸'當爲竹細枝",不確。《新撰字鏡·竹部》:"篸,子公反。菱字。木細支(枝)。"(453)故"篸"訓"木細枝",即"菱"之異體字,因"艸"頭、"竹"頭俗寫形近不分所致。

23. 𥝧

《玉篇·禾部》:"𥝧,渠元切。禾黄也。"(74下左)

按:此字《説文》《名義》皆未收,《廣韻》《集韻》亦不録,《玉篇》收於部末,當即宋人據俗書所增。《玉篇校釋》"𥝧"字下注:"'𥝧'猶'虇'也。《木部》:'虇,黄英木也。'《釋木》:'虇,黄英。'《釋草》:'虇,黄華。'《釋蟲》:'蠸,守瓜。'郭注:'今瓜中黄甲小蟲。'義並與禾黄曰𥝧相近。"(2951)胡吉宣所言疑可商榷。今案:"𥝧"疑即"虇"字之訛。《説文·木部》:"虇,黄華木。從木,雚聲。一曰反常。"(117上)王筠《句讀》注曰:"《釋草》曰:'虇,黄華',郭注以牛芸草當之。《釋木》:'虇,黄英',郭云未詳。許君合二條爲一,而以'木也'定之,謂即是一物,兩篇重出耳。"箋注本《切韻》(斯2071)平聲仙韻巨員反:"虇,反常合道。"(118)敦煌本《王韻》、故宫本《王韻》同。五代本《切韻》平聲仙韻巨巻反:"虇,反常合道。"下字曰:"𤷃,黄色。"(753)"𤷃"與"虇"音同義近,此"𤷃"即"虇"字之俗。又《〈可洪音義〉研究》"虇"字條(649)"虇"俗作"𤷃"。"𥝧"與"𤷃""𤷃"形近音同,亦當爲"虇"字之俗。"虇"俗寫作"𥝧",後人不識其即"虇"字之變,見其從"禾"而改其訓爲"禾黄",此當即望文爲説。故"𥝧"當即"虇"字之訛。

24. 糆

《玉篇·米部》:"粖,山人切。粥凝也;又粉渎也。"下字曰:"糆,亡原切。糆(此字當爲字頭誤重,應删)粉澤。"(75下右)

按:《玉篇校釋》"糆"字下注:"'粉澤'者,元刊本作'塗粉澤也',《廣韻》《集韻》並云'粥凝',《集韻》:'粖,粉澤也。'又《桓韻》:'糪,糪糪,飯澤。''糪'與'糆'同。糪之言漫沔然也,糆之言蠚胡然也。粉澤與粥凝厥狀相似,故粥凝謂之粖,亦謂之糆。粉澤謂之糆,亦謂之粖。"(2991)胡氏所言非是。《名義·米部》:"粖,所臻反。粉渎。"下字曰:"糆,亡原反。粥凝。"(153下)可見原本《玉篇》亦然。故宫本《王韻》平聲臻韻所臻反:"粖,粉渎。"(449)又平聲魂韻亡姦反:"糆,粥凝。亦蠚。"(451)《廣韻》平聲臻韻所臻切:"粖,粉渎。"(64)下文魂韻莫奔切:"糆,粥凝。"(71)《名義》《切韻》《廣韻》諸書，"粞"皆訓"粉滓"，"糒"皆訓"粥凝"，二字義訓區別甚明。今本《玉篇》"粞"字訓爲"粥凝也"，又訓爲"粉滓也"，"粥凝"之訓當爲"糒"字之訓誤植於此所致的訓釋失誤。"糒"又訓爲"粉澤"，"粉澤""粉滓"義同，當又因"糒"字之訓誤植於"粞"字之上，進而又誤植"粞"字之訓於此所致的訓釋失誤。"糒"又訓爲"粉澤"，"澤"即"滓"字之誤。《可洪音義》卷二三："惲，羊益反。悦也；樂也；改也。正作懌。"（60，頁265c2）"惲"即"懌"字之俗。《名義‧土部》："埿，吾靳反。澱埠也。"（8下）"埠"即"滓"字之俗。"懌"字右旁所從之"睪"與"滓"字右旁所從之"宰"俗寫形近，故"滓"亦可訛作"澤"。《集韻》平聲臻韻疏臻切："粞，粉滓也；粥凝也。或从先。"（128）《集韻》"粞"字亦訓爲"粉滓也；粥凝也"，亦爲《玉篇》所誤。胡吉宣據《玉篇》之誤而謂"糒"與"糤"同，又謂"粉澤與粥凝厥狀相似，故粥凝謂之粞，亦謂之糒。粉澤謂之糒，亦謂之粞"，皆非是。《大字典》《字海》"粞"字下"粥凝"之訓與"糒"字下"粉澤"之訓皆因沿襲《玉篇》之謬而誤爲增設，皆應刪。

25.盇

《玉篇‧皿部》："盇，五田切。椀也。"（77下左）

按："盇"字，《大字典》《字海》錄作"盇"，改從新字形。《玉篇校釋》"盇"字下注："此訓'椀'爲後人所改。原本當爲：'《字書》古文研字也。研，礦也。在《石部》'云云。《石部》：'研，《説文》：礦也。或爲揅字，在《手部》。或爲粊字，在《米部》。或爲盇字，在《皿部》。'慧琳八六‧二：'研，或爲揅、盇，並古文。'是唐時字韻書皆以爲研字，至宋人重修《廣韻》訓'醆'，《集韻》訓'椀'，廣益《玉篇》亦隨改爲'椀'矣。"（3078～3079）胡吉宣謂"原本當爲：'《字書》古文研字也。研，礦也。在《石部》'云云"者，所言是也。《名義‧皿部》："盇，五田反。研字。"（160下）《新撰字鏡‧皿部》："盇盇，五曰（田）反。二字同。研字。"（656）以上二書亦皆爲其證也。《大字典》《字海》應溝通"盇"與"研"的異體關係。然謂"盇"字訓"椀"爲後人所改，又謂"唐時字韻書皆以爲研字，至宋人重修《廣韻》訓'醆'，《集韻》訓'椀'，廣益《玉篇》亦隨改爲'椀'矣"，疑不確。今查敦煌本《王韻》已收"盇"字，然義訓殘蝕。故宮本《王韻》平聲先韻五賢反："盇，盌也。"（453）五代本《切韻》平聲先韻（749）亦同。"盌""椀"字同，可見"盇"字訓"椀"自唐時已

然。《玉篇》"**盉**"訓"椀",前有所承,故疑"**盉**"字本有兩個義訓,一義爲
"研"字或體,今本《玉篇》却誤爲删節耳,一義訓"椀"。又《廣韻》平聲先韻
五堅切:"**盉**,酸也。"(84)"**盉**"字,《廣韻》訓爲"酸也",《集韻》平聲先韻倪
堅切亦云:"**盉**,椀也。"(163)"酸""盌(椀)"訓異而義同。故《大字典》《字
海》"盉"字第一、二義項應合並爲一個義項,並應增補同"研"這一義項。

26. 盠

《玉篇・皿部》:"盠,空紺切。器也。"(77 下左)

按:此字《説文》《名義》皆未收,《廣韻》《集韻》亦不録,當即宋人據俗書
所增。《玉篇校釋》"盠"字下注:"《廣韻》《集韻》並不録,蓋亦《血部》'衉'之
重文'衉'之訛字。既訛從皿而渾言爲器者應删,惟此又應與'櫝''匵'同,
姑存之待攷。"(3083)胡吉宣謂"盠"蓋"衉"之訛字,應删,是也;然又謂"惟
此又應與'櫝''匵'同,姑存之待攷",前後模棱兩可,其言不確。《正字通・
皿部》:"盠,櫝、匵並通。小栖也。舊注泛訓器,非。《韻會》以爲箱類,《增
韻》箱蓋,並非。"(728 上)《正字通》謂"《韻會》以爲箱類,《增韻》箱蓋,並
非",是也;然謂"盠"與"櫝""匵"並通,訓"小栖也",於文獻無徵,其言亦非
是。今案:"盠"當即"衉"字之訛。《説文・血部》:"衉,羊凝血也。從血,刉
聲。盠,衉或從贛。"(105 上)《玉篇・血部》:"衉,空紺切。羊凝血也。盠,
同上。"(35 上左)"盠"與"衉"形近音同,"盠"當即"衉"字之俗。《新修玉
篇》卷十五《皿部》引《玉篇》:"盠,空紺切。羊凝血。從血。"(143 上右)此
即其證也。故"盠"當即"衉"字之俗。《玉篇》訓"盠"爲"器也",當即見其從
"皿"而妄改。《韻會》訓爲"箱類",《增韻》訓爲"器蓋",亦皆爲後人因不識
"盠"與"衉"的字際關係而妄補,俱不足信,皆應删。故"盠"與"櫝""匵"音
義俱別,不可誤作認同。《康熙字典・皿部》:"盠,《玉篇》:'空紺切,音勘。'
《韻會》:'箱類。'《增韻》:'器蓋。'《字彙》:'器也。'與從血者別。又《正字
通》:'小杯也。與匵、櫝並同。'"(798)《康熙字典》謂"盠"與從血者別,亦爲
前代字韻書所誤也。故"盠"當即"衉"字之俗。

27. 銛

《玉篇·缶部》：“銛，畢裴切。缶也。”（79 上左）

按：此字《説文》《名義》皆未收，《廣韻》亦不録，《玉篇》收於部末，當即宋人據俗書所增。《玉篇校釋》“銛”字下注：“‘缶也’當爲‘錢也’。《集韻》以‘銛’‘鈈’爲‘梧’之或體，猶‘錢’與‘琖’‘盞’同也。”（3142）胡吉宣謂“缶也”當爲“錢也”，疑非是。《説文·缶部》：“鎊，小缶也。从缶，音聲。”（109下）《玉篇·缶部》：“鎊，步侯切。小缶也。亦作瓿。又步後切。”（79 上右）“銛”與“鎊”義同，又“鎊”字篆文作“**鎊**”，其左旁所從之“音”，隸定或作“杏”，俗寫省去上面一點，“鎊”即變作“銛”，正如下文所言“趒”即“趣”字之訛也。“鎊”變作“銛”，後人不識，改其讀爲“畢裴切”，此即音隨形變也。《集韻》又據《玉篇》之音誤而謂“銛”同“梧”，疑亦非是。

28. 齾

《玉篇·缶部》：“齾，五鍇切。缺也。”（79 上左）

按：此字《説文》《名義》皆未收，《廣韻》《集韻》亦不録，當即宋人據俗書而增。《玉篇校釋》“齾”字下注：“‘缺也’者，當爲‘器缺也’。《切韻》：‘齾，器缺。’《廣韻》同，字應从缶。《集韻》：‘齬，器缺也。’則失聲符。本書《齒部》：‘齾，齒缺也。’字从齒，故爲齒缺。”（3141）胡吉宣謂“缺也”當爲“器缺也”，是；然謂“器缺”即爲“齾”，“齒缺”即爲“齾”，將“齾”“齾”分爲二字，不確。《直音篇》卷四《缶部》：“齾，牙八切。缺也。齾齬，並同上。”（180 下）《詳校篇海》卷三《缶部》：“齾，牙八切，音顏，入聲。缺也。亦同齾。”（192下）《説文·齒部》：“齾，缺齒也。从齒，獻聲。”（45 上）段玉裁注：“齾，齒缺也。引申凡缺者皆曰齾。”（79 下）故“齾”本義表示齒缺，後又用來表示器缺，遂涉義造了一個專門的分化字“齾”字。又《集韻》入聲鍇韻牛轄切：“齬，器缺也。”（698）“齬”又爲“齾”“齾”二字交互影響而產生的、由兩字形符共同組合而構成的異體字。又《字彙補·缶部》：“齾，五轄切，音赧。缶屬。”（166 上）《字彙補》訓“齾”爲“缶屬”，於文獻無徵，亦爲吳任臣見其從“缶”而妄補，應删。故《大字典》《字海》“齾”字下應删去第二義項，直謂同

“𪇆”“𨯵”二字，並補“缺也”爲“器缺也”，方妥。

29. 矨

《玉篇·矢部》：“矨，牙冷切。小皃。”（80下右）

按：《玉篇校釋》“矨”字下注曰：“《廣韻》上聲四一迥五到切義同，《集韻》作‘𥏳’，云：‘㹙𥏳，小皃。’因疑‘矨’爲‘𥎿’之訛。从夭則形聲不諧，壬、夭形近，後人止知夭有小義，不知壬爲古挺字。凡艸木初生挺出，自具幼小義，故字从壬而爲小皃，與下‘𥏭’爲短義同例。”（3197）胡吉宣謂“矨”當作“𥎿”，同“𥏳”，於文獻無徵，其說非是。《正字通·矢部》：“矨，同矮，俗省。舊注：五到切，迎上聲。短小貌。誤分爲二。”（745下）《説文新附·矢部》：“矮，短人也。从矢，委聲。”（110下）“矮”，《廣韻》音“烏蟹切”。“矨”“矮”儘管義近，但形音俱别，二者並非一字，《正字通》之説亦非。今案：“矨”疑即“㹙”字之俗。《名義·矢部》：“矨，小狠、手給反。”（166上）“手”當校作“乎”，而“給”應即“冷”字之俗。《新撰字鏡·矢部》：“矨，乎洽反。小皃。”（524）“洽”亦當爲“冷”字之俗，此即其證也。故《玉篇》“牙冷切”之“牙”當即“互”字之俗，因“牙”“互”俗寫形近常可互混而誤也。《龍龕》卷二《矢部》：“㹙𥏵，刑頂反。小皃也。二。”（331）“矨”與“𥏵（㹙）”音義並同，“矨”當即“𥏵”之俗省，應讀 xìng。“𥏵”右旁所從之“幸”本爲從夭、從屰，訛變做從夭、從羊，隸變作幸。“夭”即“幸”字之省，正與本文“踁”字所從之“頊”省作“頁”作“踁”同例。

30. 敹

《玉篇·攴部》：“敹，力小切。小長皃。”（85下右）

按：《玉篇校釋》“敹”字下注云：“《切韻》上聲小韻力小反，字从支作𢿣，云‘長貌’。以‘小’義推之，从支爲合。支，古枝字，枝條細小也。尞聲字有長義，如墽爲長垣，𨄅爲長皃，故𢿣爲小而長。‘小’與‘好’義近，从尞之嫽、璙並爲美好。𢿣从支从尞，蓋喻如柳枝之嫋嫋然細長美好也。此‘敹’僞字，應收《支部》作𢿣。”（3422）胡氏所言非也。《名義·攴部》：“敹，力小反。敲也；長皃。”（179下）《龍龕》卷四《攴部》：“敹，力小反。長皃。”

(530)故"敤"本訓"敲也",又引申爲"長皃",後代字書諸如《玉篇》《龍龕》等在傳抄過程中,遺漏了"敲也"這一義項。敦煌本《王韻》上聲小韻力小反:"敤,長皃。"(394)故宮本《王韻》、《廣韻》亦同。以上諸字書、韻書皆作"敤",並未見作"敥"者,故胡氏之説不確。《叢考》(562)謂"敥"爲"敤"之訛,所言當是。《説文‧手部》:"撩,理也。从手,尞聲。"(252)"撩"本義表示"料理",又引申爲"紛亂""取""挑弄;撥弄""揣度,估計""挖掘""開掘"等義。"撩"《廣韻》音"落蕭切",又"盧鳥切",故"敤""撩"音同義别,可相假借,而不可作爲異體字加以認同。《大字典》《字海》引《正字通》之説謂"敥"同"撩",非是。《正字通‧支部》:"敥,與撩通。舊注音了,訓'小長貌',非。"(444下)根據對《正字通》使用"通"這一術語材料的測查與研究,可以發現其所説的"通"包括異體關係、通假關係、古今字關係等三種關係,並非都是異體關係。《正字通》謂"敥與撩通",當即通假關係而非異體關係。《大字典》《字海》誤解《正字通》,直謂"敥"同"撩",俱失考證。又《大字典》《字海》皆失載"敲也"這一義項,亦欠妥當。

31. 軗

《玉篇‧車部》:"軗,上邨切。"(87上左)

按:此字有音無義。《玉篇校釋》"軗"字下注:"元刊本云'車竿也',《説文》:'殳,建於兵車。'"(3527)《正字通‧車部》:"軗,舊注:音殳。車竿。按:六書本作殳,俗加車旁,非。"(1131下)以上二説皆可商榷。《新修玉篇》卷十八《車部》引《玉篇》:"軗,市朱切,又上邨切。"(161上右)《篇海》卷十一《車部》引《玉篇》:"軗,市朱切。車竿也。"(742上)"軗"字,《新修玉篇》亦義闕,《篇海》補訓爲"車竿也",《篇海》之訓於文獻無徵,當爲望形生訓也。元刊本《玉篇》亦訓爲"車竿也",此當爲《篇海》所誤。今案:"軗"疑即"轂"字之俗。《名義‧車部》:"𮜴,公木反。車也。"(182上)《説文‧車部》:"轂,輻所湊也。从車,㝬聲。"(302上)"轂"本義指"車輪中心穿軸承輻的部分",引申爲"車"。《史記‧平準書》:"而富商大賈或蹛財役貧,轉轂百數。"裴駰集解引李奇曰:"轂,車也。""轂",《廣韻》音"古禄切"。《名義》之"𮜴"與"轂"音義並同,且與《説文》之"轂"位置相同,故"𮜴"即"轂"字之俗。吕浩《〈篆隸萬象名義〉校釋》(294A)校作"轂",是也。又韓小荆《〈可洪音義〉研究》(460)"觳"字俗作"**軗**""**轂**"等,亦其證也。《玉篇》之"觳"與"**軗**""**轂**""**軐**"形近,當即"**軗**""**轂**""**軐**"諸字的楷定字,亦當即"觳"字俗訛。《玉篇》於此處誤作"觳",遂於《車部》之末又增補"觳"字。"觳"俗寫作"觳",後人不識,改其讀爲"上邽切",此當即望形生音。

32. 㳧

《玉篇·水部》:"㳧,丘月切。國名。"(91 上右)

按:《玉篇校釋》"㳧"字下注曰:"'丘月切,國名'者,當爲'音闕,水名'之誤。'丘月'即'音'字分離致訛,遂加'切'字。'闕'艸書訛爲'國',因去'水'字。"(3778)胡氏所言非是。《名義·水部》:"㳧,丘月反。南夷國。"(196 上)可見原本《玉篇》"㳧"字亦有"國名"之訓,義指"南夷國"。《大字典》之按語云"㳧西爲故唐國地,或指此",不知何據?

33. 汀

《玉篇·冫部》:"汀,他丁切,又盧打切。"(93 上左)

按:此字《説文》《名義》皆未收,《廣韻》《集韻》亦不録,《玉篇》收之,且有音無義,當即宋人據俗書而增。《玉篇校釋》"汀"字下注:"下(22):'淜,他領切。'與此並闕義,疑爲一字。"(3865)胡氏所言疑非是。《新修玉篇》卷二十《冫部》引《玉篇》:"汀,他丁切,又盧打切。"(174 下右)《篇海》(663 上)同。《直音篇》卷五《冫部》:"汀,他丁、盧打二切。"(212 下)《詳校篇海》卷二《冫部》:"汀,他丁切,音廳。又力鼎切,音領。氷皃。"(132 上)《字彙·冫部》:"汀,他經切,音廳。冰貌。又力鼎切,音領。義同。"(50 上)"汀"字,《詳校篇海》以前諸字書皆闕義,《詳校篇海》却訓爲"氷皃",當爲望形生訓也。《字彙》承之亦訓爲"冰貌",非是。《大字典》《字海》又據《字彙》訓爲"冰貌",皆失考證。今案:"汀"當即"汀"字之俗。《説文·水部》:"汀,平也。從水,丁聲。"(235 上)"汀",《廣韻》音"他丁切"。"汀""汀"形近音同,正如"況"俗作"况"、"決"俗作"决"、"洞"俗作"泂"、"減"俗作"减"、"酒"俗作"酒"等,"汀"當爲"汀"字之俗。"汀"音"盧打切",形音不諧,疑亦非是。

34. 凕

《玉篇·冫部》:"凕,他領切。"(93 上左)

按:此字《説文》《名義》亦皆未收,《廣韻》《集韻》亦不録,《玉篇》收之,且有音無義,亦當爲宋人據俗書而增。《玉篇校釋》"凕"字下注:"義闕,元刊本云'冰皃',與(18)'汀'字當同。"(3866)胡氏所言疑非是。《新修玉篇》卷二十《冫部》引《玉篇》:"凕,他領切。冷也。"(174 下左)《篇海》卷六《冫部》引《玉篇》:"凕,他領切。水皃。"(663 上)萬曆本《篇海》、正德本《篇海》並同。《篇海》訓"水皃",疑是;《新修玉篇》訓"冷也",疑非。《新修玉篇》"凕"訓"冷也",當爲見其從"冫"而妄補,此當即望文爲説也。《直音篇》卷五《冫部》:"凕,音頂。冰貌。"(212 上)《直音篇》訓"凕"爲"冰貌",亦當爲望形生訓也。《字彙·水部》:"凕,他頂切,音挺。冰貌。"(51 上)此亦因承襲《直音篇》而謬也。《大字典》《字海》"凕"字皆據《字彙》訓爲"冰貌",俱失考證。今案:"凕"當即"瀅"字之俗。《廣韻》上聲迥韻都挺切:"瀅,瀅濴,水皃。"(217)南梁朝蕭子雲《玄圃園講賦》:"中有蘭渚華池,渌流瀅濘。""凕"與"瀅"音近義同,且形體相近,正如上文所説"況"俗作"况"、"決"俗作"决"、"洞"俗作"泂"、"減"俗作"减"、"酒"俗作"洏"等,"凕"當爲"瀅"字之俗。故"汀"即"汀"字之俗,"凕"即"瀅"字之俗,"汀""凕"二字本不相同,胡吉宣謂"汀"與"凕"同,非是。

35. 皅

《玉篇·白部》:"皅,力各切。白。"(95 上左)

按:《玉篇校釋》"皅"字下注:"《唐韻》入聲鐸韻:'皅,大白。盧各反。'《廣韻》又:'皉,大白。'《集韻》以'皅'爲'皅'之或體。"(3946)胡氏所言未確。故宫本《王韻》入聲鐸韻盧各反:"皅,大皃。"(524)故宫本《裴韻》入聲鐸韻盧各反:"皅,大白。"《唐韻》入聲鐸韻盧各反:"□,大皃。"(724)此殘缺之字左旁從白,右旁殘蝕,其位置與故宫本《王韻》、故宫本《裴韻》之"皅"相同,當即"皅"字。胡吉宣校作"皅",不確。又"大皃"之訓,當皆爲"大白"之訛。《廣韻》入聲鐸韻盧各切:"皅,大皃。"(409)此"大皃"之訓,宋本《廣韻》

作“大白”，是也。《廣韻》之“䧹”與《切韻》之“䧹”音義並同，且位置相當，“䧹”即“䧹”字之俗。《集韻》入聲鐸韻歷各切：“䧹䧹，鳥之白也。或从佳。”（725）《集韻》所言是其證也。又《廣韻》入聲鐸韻盧各切：“䍀，大皃。”（409）胡吉宣録作“大白”，不知所據何本，然此“大皃”即爲“大白”之訛。《集韻》入聲鐸韻歷各切：“䍀䍀，白色。或从各。”（725）《集韻》所言亦其證也。“䍀”“䍀”“䧹”“䧹”音義並同，當並爲異體字。《龍龕》卷四《白部》：“䍀䧹，音洛。大皃也。二同。”（432）《龍龕》謂“䍀”“䧹”二同，此是其證也；然其訓“大皃”亦爲“大白”之訛也。故“䧹”即“䧹”字之俗，《大字典》《字海》“䧹”字下直謂同“䧹”，即可。此外，《大字典》《字海》“䍀”字下“大皃”這一義訓亦皆應删。

36. 晗

《玉篇·日部》：“晗，丘錦切。明也。”（96 上右）

　　按：此字《説文》《名義》皆未收，《龍龕》《玉篇》始收之，當即唐人據俗書所增。《龍龕》卷四《日部》：“晗，《玉篇》：丘錦反。明也。”（427）《玉篇校釋》“晗”字下注：“《集韻》上聲寑韻：‘晗，明也。’本書下：‘晗，欲明也。’‘晗’與‘晗’同。”（3988）“晗”“晗”並爲俗字，二字本不相同，胡吉宣所言非是。今案：“晗”即“吟”字之俗。佛經有此字用例，提供如下：《大正藏》本宋智愚撰《虛堂和尚語録》卷之八《臨安府浄慈報恩光孝禪寺後録》：“師云：‘酒逢知己飲，詩向會人晗。’”《卍新纂續藏》本宋法寶編《月林觀和尚語録·住平江府承天能仁禪寺語録》：“年去年來年年事，日來日往日日新。木人撫掌呵呵笑，一段風光盡不成。見便見莫沉晗，樓上已吹新歲角，堂前猶點舊年燈。”《卍新纂續藏》本宋慧洪撰《禪林僧寶傳》卷第二十《華嚴隆禪師》：“解答諸方語，能晗五字詩。”《卍新纂續藏》本明朱時恩編《佛祖綱目》卷第三十二《曇晟禪師傳法良价》：“晟良久曰：‘祇這是。’价乃沉晗。”從文意來看，以上諸文之“晗”皆爲“吟”字之俗，此即“晗”爲“吟”字之俗之切證也。《玉篇》“晗”音“丘錦切”，當爲宋人妄改；訓“明也”，當爲不識其爲“吟”字，見其從“日”而妄補。《集韻》“晗”音“丘甚切”，訓“明也”，亦爲沿襲《玉篇》之誤。

37. 晗

《玉篇·日部》：“晗，胡南切。欲明也。”（96 上右）

按：此字《説文》《名義》亦皆未收，《玉篇》收於部末，亦當即宋人據俗書所增。《玉篇校釋》“晗”字下注：“《集韻》平聲覃韻同，晗之言含也，含而未全露，故爲欲明。上：‘昑，明也。’‘昑’‘晗’一字。”（3991）胡氏之説非是。今案：“晗”即“朁”字之俗。慧琳《音義》卷一七《大方等大集經》第二十二卷：“至朁，胡就反。經文作晗，非也。”（57，頁 741a4）又《卍新纂續藏》本唐宗密述《圓覺道場禪觀法事禮懺文》卷第五：“晗腮肩膊誠爲異，兩頰雙肩現不同。”此“晗”亦爲“朁”字之俗，此亦其證也。從字形演變來説，“朁”俗作“脟”，“晗”當即“脟”字俗寫之訛。故“晗”即“朁”字之俗，《玉篇》訓“晗”爲“欲明也”，此亦望文爲説也。昑爲“吟”字之俗，而“晗”爲“朁”字之俗，二字音義俱別，胡吉宣謂“昑”同“晗”，失考證。

38. 嶦

《玉篇·山部》：“嶦，丁安切。嶦孤，山。”（103 上右）

按：《玉篇校釋》“嶦”字下注：“原本：‘丁安反。《山海經》有嶦孤之山。’引《山海經》爲《北山經》文，今本作‘單狐’。《切韻》：‘嶦，山名。’”（4177～4178）胡氏所言不確。今案：“嶦孤”之“孤”當爲“狐”之形誤。原本《玉篇·山部》：“嶦，丁安反。《山海經》有嶦𤜶之山。”（468～469）“𤜶”左旁所從爲“犭”，而非“子”，故此字即“狐”字之俗。又《山海經·北山經》亦云：“《北山經》之首，曰單狐之山，多机木，其上多華草。”（80）下文亦曰：“凡《北山經》之首，自單狐之山至于隄山，凡二十五山，五千四百九十里，其神皆人面蛇身。”（95）故《玉篇》“嶦孤”之“孤”即“狐”字之訛。《廣韻》平聲寒韻都寒切：“嶦，嶦孤，山名。”（73）《廣韻》“嶦孤”之“孤”亦即“狐”之形誤。《集韻》平聲寒韻多寒切：“嶦，山孤者曰嶦。”《集韻》承訛襲謬又訓爲“山孤者曰嶦”，謬之甚也。故“嶦孤”“單狐”音義並同，“嶦”即“單”之增旁俗字。《大字典》第一義項沿襲《玉篇》《廣韻》之謬而未加校正，第二義項又因《集韻》之謬而妄增，皆失考證。《字海》據《集韻》之謬而訓爲“孤山”，亦誤也。

39. 駭

《玉篇·馬部》:"駭,胡涓切。馬一歲。"(108下右)

按:《玉篇校釋》"駭"字下注:"'馬一歲'者,《切韻》同。案:'駭'即'騽'之或體。(4):'騽,馬一歲也。'《説文》:'騽,讀若弦。'弦、駭同从玄聲。《釋畜》:'玄駒。'郭注:'玄駒,小馬。'《釋文》:'駭(玄),《字林》作駭,音同。'謂《説文》之'騽',《字林》作'駭'也。《周禮·庾人》鄭注引《爾雅》作'駥牝驪、牡玄'。'玄'與'驪'對言,皆黑義也,故《集韻》:'駭,一曰馬黑色。'鄭讀《爾雅》'駥'(句)、'牝驪'(句)、'牡玄'(句)。郭注'玄'屬下'玄駒'句,疑'玄駒'或本爲'幺駒',故郭云小馬。"(4477)胡氏之説疑不確。《名義·馬部》:"駭,胡蠲反。小馬也。"(228下)《名義》"駭"訓"小馬也",可見原本《玉篇》亦作此訓也。《切韻》及今本《玉篇》"駭"訓"馬一歲","馬一歲"與"小馬"義別,此疑爲後人妄改也。故"駭"與"騽(騽)"義別,二者本非一字。《爾雅·釋畜》:"玄駒。"郭璞注:"玄駒,小馬別名。"(162)陸德明釋文:"玄駒,《字林》作'駭',音同。"(950上)故"駭"當本作"玄","駭"即"玄"因涉"駒"字類化影響而增加義符所形成的後起分化字。又《集韻》平聲脂韻胡涓切:"駭,馬一歲名。一曰馬黑色。"(163)"駭"字,《集韻》謂"一曰馬黑色",於前代字書、韻書皆無徵,當爲見其從"玄"而妄補,亦不可據。

40. 㸊

《玉篇·牛部》:"㸊,奇員、居辨二切。牛耳黑。"(109上左)

按:《玉篇校釋》"㸊"字下注:"《釋畜》云:'黑耳犚,黑腳㸊。'《篇》《韻》皆以黑耳爲㸊,蓋顧氏《爾雅》音本與郭本别異也。"(4510)胡氏所言非是。《爾雅·釋畜》:"黑耳,犚;黑腹,牧;黑腳,㸊。"(164)《名義·牛部》:"犚,於貴反。牛黑耳。"下字曰:"㸊,奇員反。牛黑腳。"(232上)可見原本《玉篇》"犚"亦訓爲"牛黑耳",而"㸊"亦訓爲"牛黑腳",由此可見顧野王所見《爾雅》與今本《爾雅》同,而今本《玉篇》"㸊"訓"牛耳黑"者,非是。然而,此誤由來已久。箋注本《切韻》平聲仙韻巨員反:"㸊,牛黑耳。又居万反。"(119)敦煌本《王韻》、故宮本《王韻》並同。可見自《切韻》"㸊"字已誤訓爲

"牛黑耳"矣。《廣韻》訓爲"牛黑耳",亦爲沿襲《切韻》之誤也。《大字典》《字海》"搀"字皆沿謬而增設此義,並非。

41. 輝

《玉篇·牛部》:"輝,音暉。犁牛頭。"(109 上左)

按:此字《名義》《廣韻》皆未收,《玉篇》收於《牛部》之末,當即宋人據俗書所增。《正字通·牛部》:"輝,訛字。舊注:音揮,犁牛頭。誤。"(654)《正字通》所言是也。"輝"疑即"楎"之換旁俗字。《説文·木部》:"楎,六叉犁。一曰犁上曲木,犁轅。从木,軍聲。讀若渾天之渾。"(122)《玉篇·木部》:"楎,呼歸切。杙也。在墙曰楎。又犁轅頭也。"(61)"輝"與"楎"音同,又"木"旁、"牛"旁俗書或訛混,如 S.2053《禮記音》"植"作"𣎴"(《英藏》3/219),《可洪音義》卷三十"椁"或作"㯫"(60,頁 596a12),故"輝"當即"楎"字之訛。"楎"本訓"犁轅頭",而"輝"訓"犁牛頭",此訓費解,當是後人見其從"牛"而妄改。又《集韻》平聲微韻吁韋切:"輝,牛名。"(61)《集韻》訓"輝"爲"牛名",於文獻無徵,疑亦望形生訓。《玉篇校釋》"輝"字下注:"輝,音暉。似當作楎。《木部》:'楎,呼歸切。犁轅頭也。'輝與楎同。此云'犁牛頭'者,當作:'犁頭也,牛也。'《切韻》:'楎,犁頭。'《集韻》:'輝,牛名。'"(4518)胡氏謂"輝"當同"楎",是也;然謂"犁牛頭"當作"犁頭也,牛也",則爲《集韻》所誤,不可從。《大字典》《字海》俱收"輝"字,第一義項引《玉篇》訓"犁牛頭",第二義項引《集韻》訓"牛名",未溝通其與"楎"字之間的字際關係,俱失考證。

42. 㸕

《玉篇·牛部》:"㸕,音橛。"(109 下右)

按:此字《説文》《名義》皆未收,《廣韻》《集韻》亦不録,《玉篇》收於部末,當即宋人據俗書所增。此字《玉篇》義闕。《新修玉篇》(191 上右)引《玉篇》同,亦義闕。《篇海》卷三《牛部》引《玉篇》:"㸕,音厥。牛也。"(617上)"㸕"字,《篇海》訓"牛也",於文獻無徵,當爲韓道昭見其從"牛"而妄補,不足據。元刊本《玉篇·牛部》:"㸕,音厥。牛也。"元刊本《玉篇》訓"牛

也”，當爲《篇海》所誤。《玉篇校釋》“㸔”字下注曰：“元刊云‘牛也’，應與
‘觖’同。”（4525）《説文·角部》：“觖，角有所觸發也。从角，厥聲。”（93 下）
“觖”，《廣韻》音“其月切”。“㸔”與“觖”儘管音同，但從構形理據來看，不太
可能爲一字，胡氏之説疑可商榷。《正字通·牛部》：“㸔，訛字。”（655 上）
《正字通》謂“㸔”爲訛字，當是。“㸔”疑即“㯕”字之訛。《説文·木部》：
“㯕，弋也。从木，厥聲。”（123 上）《廣雅·釋宮》：“㯕，杙也。”（539）《集韻》
入聲月韻，其月切：“㯕，《説文》：‘弋也。’一曰門梱。或書作㯕。”（697）“㸔”
與“㯕”音同，又“牛”旁、“木”旁俗寫形近，或可訛混，正如韓小荆《〈可洪音
義〉研究》“牧”俗作“𤚥”，又如上文“輝”即“楎”字之訛，“㸔”亦當爲“㯕”
字俗訛。《玉篇》直音用字“㯕”，當既用於注音，又兼於用來表明字際關係。
《篇海》、元刊本《玉篇》“音㯕”之“㯕”皆改爲“厥”，疑並非是。

43. 獩

《玉篇·犬部》：“獩，音余。歟聲。又豬兒聲。”（110 下左）

按：《玉篇校釋》“獩”字下注：“‘歟聲’者，《切韻》：‘語辭。与與同。’《廣
韻》云：‘獸名。’《集韻》同，一曰猗獩，犬子。當云：猗獩，歟詞。又犬子聲。
本書：‘猗，歟辭也。’‘猗與’爲歟美之辭，獩（與）涉猗而亦增犬旁，俗字也。
豬兒聲獩獩然，摹聲之詞。獸名，應與狳同，故此直音余。”（4593）胡吉宣謂
“獩”訓“歟聲”，同“與”，是也；然又謂“豬兒聲獩獩然，摹聲之詞。獸名，應
與狳同，故此直音余”，疑不確。慧琳《音義》卷八八《集沙門不拜俗議》卷第
二：“猗歟，倚知反。毛詩傳云：‘猗嗟，歟辭也。’《説文》從彳，奇聲。下與諸
反。孔注《論語》：‘歟，語辭也。’《韻略》作獩。”（59，頁 143b10）箋注本《切
韻》（斯 2055）平聲魚韻与魚反：“獩，語助。与與同。”（167）敦煌本《王韻》
平聲魚韻与魚反：“歟，詞末。獩，亦同與。”①（361）故宫本《王韻》同。《廣
韻》平聲魚韻以諸切：“獩，獸名。”（34）“獩”字，《廣韻》訓“獸名”，於前代諸
書皆無徵，當爲後人妄補。《集韻》平聲虞韻羊諸切：“獩，獸名。一曰猗獩，
犬子。”（69）《集韻》訓“獸名”，亦當爲《廣韻》所誤。又胡吉宣謂“一曰猗獩，
犬子”當作“猗獩，歟詞。又犬子聲”，《玉篇》訓“獩”爲“豬兒聲”，《集韻》又

---

① 按：此“獩”字左旁原闕，據故宫本《王韻》補。

訓爲“犬子(聲)”，於前代諸書亦皆無徵，亦皆爲後人妄補。《説文·欠部》：
“㰦，安气也。从欠，與聲。”(179 上)段玉裁注：“今用爲語末之辭，亦取安
舒之意。通作與。”《詩·周頌·潛》：“猗與漆、沮，潛有多魚。”鄭玄箋：“猗
與，㰦美之言也。”故“㺄”同“㰦”，二字本作“與”。

44. 慮

《玉篇·虍部》：“慮，房七切。愁皃。”(112 下右)①

按：此字《説文》《名義》皆未收，《玉篇》始收之《虍部》之末，當即宋人據
俗書所增。《正字通·虍部》：“慮，慮字之訛。舊注：音弼。愁皃。誤。”
(979 上)《玉篇校釋》“慮”字下亦云：“‘慮’即‘慮’之訛變。義又爲慮，形聲
俱乖，僞字應删。”(4666)《説文·虍部》：“慮，虎皃。从虍，必聲。”(103 上)
“慮”，《廣韻》音“房六切”。“慮”與“慮”儘管形近，然音義俱别，疑非一字。
今案：“慮”疑即“慮”字之俗。《説文·心部》：“慮，謀思也。”(217 上)“慮”
本義指“計議”“謀劃”，引申爲“憂慮”“擔心”。《增韻·御韻》：“慮，憂也。”
《漢書·溝洫志》：“浩浩洋洋，慮殫爲河。”顔師古注：“慮，猶恐也。”《晉書·
謝安傳》：“寧可臥居重任，以招患慮。”“慮”與“慮”義同，又“慮”草書作
“𢁉”“𢁉”“𢁉”等(見《草書大字典》480)，據之回改即可寫作“慮”，故“慮”
即“慮”字之俗。“慮”俗作“慮”，後人不識，見其從“虍”遂誤入《虍部》，又因
其從“心”與“必”形近而改其讀爲“房七切”，並誤。

45. 猇

《玉篇·虎部》：“猇，音姣。虎聲。”(112 下右)

按：此字《説文》《名義》皆未收，《龍龕》《玉篇》始收之，當即唐人據俗書
所增。《龍龕》卷二《虎部》：“猇，胡交反。”(322)《字彙·虍部》：“猇，何交
切，音爻。虎聲。”(420)《正字通·虍部》：“猇，俗號字。”(980 下)《説文·
虎部》：“號，呼也。”(101 下)“姣”，《廣韻》音“古巧切”，又音“胡茅切”。据

---

① 見拙文《〈正字通〉溝通字際關係材料的測查與研究》第 177 頁，河北大學碩士學位論文，2010 年
　6 月。按：此字在彼文中認同張、胡二氏之説，然今根據“慮”字字義及“慮”字草書認爲“慮”當即
　“慮”之俗，今特於此加以訂正。

《龍龕》"虓"音"胡交反",《玉篇》此處"音姣"之"姣"當音"胡茅切",而非音"古巧切",應讀 xiáo,而不應讀 jiāo。"虓"與"號"音義俱别,二字不應混同,《正字通》之説非是。《大字典》《字海》皆以《正字通》之説作爲一個義項,並非。"虓"疑即"唬"字之俗。《説文・虎部》:"唬,虎鳴也。"(103 下)"唬"《廣韻》音"許交切",而"虓"《龍龕》音"胡交切",故"虓"與"唬"音義並同,"虓"當即"唬"通過改换聲符而形成的異體字。

46. 鮇

《玉篇・魚部》:"鮇,莫括、莫結二切。海中魚,似鮑也。鱦,上同。"(116 下右)

按:《玉篇校釋》"鮇"字下校"鮑"爲"鮠",並注曰:"'海中魚,似鮠也'者,'鮠'原作'鮑',形之誤也,今正。'鮇'亦當从未作'鮇'。下(280):'鮇,音未。魚名。'與此形近相亂。此从末、从蔑者,當爲小魚。《倭名類聚鈔》十九:'《玉篇》云:鮇音末,一音蔑。小魚名也。'……《切韻》:'鱦,魚名。亦作鮇。'本書(172):'鮠,魚名。'鮠亦海魚。"(4882)胡氏謂"鮑"當作"鮠"是也;然謂"'鮇'亦當从未作'鮇'",非是。《名義・魚部》:"鮇,莫括反。鮠也。鱦,同上。"(251 上)"鮇"即"鮇"字之俗,"鮠"即"鮠"字之俗。故"鮇"與"鱦"音義並同,即爲異體字。《山海經・東山經》:"諸鈎之山,無草木,多沙石。是山也,廣員百里,多鮇魚。"郭璞云:"即鮇魚,音味。"(133)《集韻》去聲未韻無沸切:"鮇,魚名。《山海經》:'諸鈎之山,多鮇魚。'或作鮇。"(486)"鮇"與"鮇"儘管形近,但音義俱别,二字不可混同,故胡氏之説非是。《大字典》《字海》"鮇"字義訓皆沿《玉篇》而誤,且未溝通其與"鱦"字的異體關係,俱失當。

47. 蚼

《玉篇・虫部》:"蚼,九勿切。又音的。鼠也。"(119 上左)

按:此字《説文》《名義》皆未收,《廣韻》《集韻》亦不録,且未見《爾雅》《山海經》有名"鼠"爲"蚼"者,此字《玉篇》收於部末,當即宋人據俗書所增。《玉篇校釋》"蚼"字下注:"《廣韻》《集韻》並無,'九勿'之音與'蜖'同(蜖即蛣蟩之或體，本書無）。'又音的'者，應即'鼢'字。《鼠部》：'鼢，鼠屬。'《切韻》：'鼢，都歷反，音的。'"（5038）胡吉宣謂"蚴"又音"的"，應即"鼢"字，所言是也；然謂"蚴"音"九勿切"，同"蜮"，其言不確。《爾雅·釋蟲》："蝎，蛣蜮。"郭璞注："木中蠧蟲。"（135）《廣韻》入聲物韻區勿切："蜮，蛣蜮，蟲。"（387）"蚴"音"九勿切"，訓"鼠也"，與"蜮"音義俱別，二字不可混同，故胡氏謂"蚴"音"九勿切"同"蜮"，非是。今案："蚴"音"九勿切"、"又音的"者，並爲"鼢"字之俗。《爾雅·釋獸》："鼶鼠。"郭璞注："形大如鼠，頭如兔，尾有毛，青黃色，好在田中食粟豆。關西呼爲鼢鼠。"（158）《廣雅·釋獸》："鼢鼠，鼶鼠。"（1008 下）《廣韻》入聲藥韻即略切："鼢，鼠似兔而小也。"（407）故"蚴"音"九勿切"，訓"鼠也"，與"鼢"音近義同，此"蚴"當即"鼢"之換旁俗字。《説文·鼠部》："鼢，胡地風鼠。从鼠，勺聲。"（206 下）《廣韻》去聲效韻北教切："鼢，鼠屬，能飛食虎豹，出胡地。又音酌。"（325）"鼢"，《廣韻》又有"都歷切"一音。故"蚴"又音"的"，訓"鼠也"，與《説文》之"鼢"亦音義並同，此"蚴"亦即"鼢"之換旁俗字。《正字通·虫部》："蚴，鼢字之訛。舊本《鼠部》鼢音豹，今蚴訓鼠，改音的，非。"（982 上）其實，《説文》之"鼢"訓"胡地風鼠"，本有"都歷切"一音。故"蚴"即"鼢"字之俗，當分爲兩個義項：一個義項音 dí（或音 zhuó）同"鼢"，訓"風鼠"；一個義項音 jué，亦同"鼢"，訓"鼶鼠"。

48.臺

《玉篇·至部》："臺，烏解切。舍也。"（121 下左）

按：此字《説文》《名義》皆未收，《廣韻》《集韻》亦不録，《玉篇》始收之，當即宋人據俗書所增。《玉篇校釋》"臺"字下注："'臺'即'廨'字。字从臺省，圭聲。《广部》：'廨，公廨也。'《集韻》：'公舍也。'古止作'解'。《商君書》：'高其解舍。'《吳都賦》：'解署棊布。'並是也。"（5160）《玉篇·角部》："解，古隘切。署也。《吳都賦》：'解署棊布。'"（122 下右）《玉篇·广部》："廨，居賣切。公廨也。"（104 下左）"臺"與"廨"儘管音近義同，但從字形上來看，"廨"無緣變作"臺"，故胡氏之説疑非是。"臺"疑即"屋"字之俗。《説文·尸部》："屋，居也。从尸，尸，所主也。一曰尸象屋形；从至，至，所至止。室、屋皆从至。屋，籀文屋从厂。臺，古文屋。"（175 上）"臺"與"屋"之古文"臺"形近義同，"臺"即"臺"字之訛。"臺（屋）"，《廣韻》音"烏谷切"。"臺"俗作"臺"後，改其讀爲"烏解切"，此當爲後人妄改，不足據。

49. 觠

《玉篇・角部》："觠，音鰥。角兒。"（122 下左）

按：《玉篇校釋》"觠"字下注："'觠'蓋即'卝'之後出或體。'觠'之言環也，羊角環曲之兒也，與上（50）'觟'亦相近。"（5203）胡氏之説疑非是。今案："觠"即"鰥（鰥）"字之俗。慧琳《音義》卷九六《音弘明集》第十一卷："鰥絶：上慣還反。顧野王云：'老而無妻曰鰥。'賈逵注《國語》：'嫁娶不時曰鰥。'《釋名》言：'愁悁不能寐，目常鰥鰥然，故其字從魚，魚恆不閉者。'《説文》從魚，環省聲。集本作觠，誤之矣。"（59，頁 267a6）《龍龕》卷四《角部》："鰥觠觠，三俗。古還反。正作鰥字。"（511）《新撰字鏡・角部》："觠觠，同作。古頑反，平。老而無妻曰觠。"（259）此"觠""觠"皆即"鰥"字之俗。又《〈可洪音義〉研究》（463）"鰥"字俗作"鰥"，此亦其證也。"觠"與"鰥"形近音同，"觠"即"鰥（鰥）"字之訛。《玉篇》"觠"訓"角兒"，當爲後人不識其爲"鰥（鰥）"字之俗而妄補。《正字通・角部》："觠，沽歡切，音鰥。角彎貌。"（1049 下）《正字通》訓"觠"爲"角彎貌"，亦因承襲《玉篇》之謬而誤。故"觠"即"鰥（鰥）"字之俗，《大字典》"觠"字下第一義項、《字海》"觠"字下第二義項皆應删。

50. 鞁

《玉篇・革部》："鞁，音步。軪也。"（123 下左）

按：《玉篇校釋》"鞁"字下注："'音步。軪也'者，應爲'音步。靫也'之誤。即上（76）：'靫，韔靫，箭室也。'"（5264）胡氏所言疑可商榷。從字形俗寫變易規律來看，正如《〈可洪音義〉研究》（354）"糒"俗作"糒"、"麹"等，"鞁"的確可俗寫作"鞁"，然"少"、"叉"字形區別甚明，二者不太可能訛混，"軪"疑非"靫"字之誤。"鞁""鞁"音同義別，疑非一字。胡吉宣謂"鞁"即"鞁"字，於文獻亦無徵，其説疑可商榷。今案："鞁"疑即"韢"之異體字。徐在國《傳抄古文字編》（1354）"土"俗作"圡"，與"少"俗寫形近，故《玉篇》訓

"轉"爲"軪也","軪"疑爲"軖"字之俗,注文"軖"字之後又誤脱"轉"字。《釋
名·釋車》:"軖,軖轉,車中重薦也。"(255)《廣雅·釋器》:"軖轉謂之鞘。"
(607)"轉""轉"形近義同,"轉"當即"轉"字之俗。《集韻》上聲姥韻伴姥切:
"轉轉輔,軖轉,車茵。或从韋,亦作轉。"(337)此即其證也。故"轉"當即
"轉"之異體字。

51. 韒

《玉篇·韋部》:"韒,巨竹切。裹也。"(124 上右)

按:《玉篇校釋》"韒"字下注:"'裹'當爲'裹',字从匊得聲義。上(9):
'韜,韜也。''韒'蓋同'韜'。韜,束也。裹、束義同。"(5280)《玉篇·韋部》:
"韜,徒木切。弓衣也;韜也。又尺欲切。"(124 上右)胡吉宣謂"裹也"當作
"裹也",疑是;然謂"韒"蓋同"韜",疑非。"韒"與"韜"義近音别,且未見有
"匊""蜀"作爲聲符換用者,故二字疑非一字。《字彙·韋部》:"韒,渠玉切,
音局。裹也。"(534 下)《正字通·韋部》:"韒,同韜。"(1277 上)"韒"與"韜"
儘管音同,然未見"韜"有"裹也"或"裹也"之訓,"韒"與"韜"亦非一字,《正
字通》直謂"韒"同"韜",亦非。《大字典》以《正字通》之説作爲一個義項,
《字海》據《正字通》之説直謂"韒"同"韜",並非。

52. 韛

《玉篇·韋部》:"韛,都盍切。熱韛韛。"(124 上右)

按:《廣韻》入聲盍韻都榼切:"韛,熱韛韛。"(434)"熱韛韛"當爲方言用
語,用來指悶熱。《集韻》入聲盍韻德盍切:"韛,皮服。"(774)"韛"字,《玉
篇》《廣韻》皆訓爲"熱韛韛",《集韻》却改訓"皮服",於文獻無徵,疑爲見其
從"韋"而妄改,不足爲據。《字彙·韋部》:"韛,都合切,音荅。熱韛韛也。"
(535 上)《正字通·韋部》:"韛,同鞳。舊注音荅,熱韛韛也,沿《篇海》誤。"
(1278 上)《玉篇·革部》:"鞳,音榻。兵器。"(123 下左)"韛"與"鞳"音義俱
别,《正字通》直謂"韛"同"鞳",並謂"舊注"誤,然於文獻無徵,其説非是。
《大字典》《字海》皆以《正字通》之説作爲一個義項,並非。

53. 韢

《玉篇·韋部》:"韢,下瞎切。"(124 上右)

按:此字義闕。《新修玉篇》《篇海》引《玉篇》亦義闕,《直音篇》亦義闕。《玉篇校釋》"韢"字下注:"《糸部》後增字(392):'緒,音轄。束物也。'應'韢'與'緒'同,从韋、从糸同義,皆所以束縛之也。"(5281)胡吉宣僅據"韢""緒"音同,又從"韋"、從"糸"同義,即謂"韢"同"緒",其言疑可商榷。今案:"韢"疑即"轄"之異體字。《説文·舛部》:"舝,車軸耑鍵也。"(113 上)慧琳《音義》卷十七《大方等大集經》第十五卷:"輨轄,古緩反。下又作舝、鎋二形,同,胡瞎反。《方言》:'關之東西曰輨,亦曰轄。'謂車軸頭鐵也。鎋,鍵也。經文從竹作管,非體也。"(57,頁 740a2)"韢"與"轄"音同,"韢"字所从之韋當是"舝"之形誤,增"害"以爲聲旁,當同"轄""鎋"。《詳校篇海》卷五《韋部》:"韢,下瞎切,音轄。同鎋。車軸頭鐵也。"(353 下)《字彙·韋部》:"韢,與轄同,車軸頭鐵也。"(535 上)《正字通·韋部》:"韢,俗轄字。"(1278 上)以上諸書皆其證也。故"韢"疑即"轄"字之俗。《大字典》《字海》據《字彙》之説而謂"韢"同"轄",是也。

54. 衷

《玉篇·衣部》:"衷,似又切。袂也。又余久切。色美皃也;進也。袖,同上。"(127 下左)

按:《玉篇校釋》校"衷"爲"褎",是也。《玉篇校釋》又曰:"又'色美皃;進也'者,'褎'與'褏'形近相亂。《詩·旄丘》:'褏如充耳。'傳云:'褏,盛服也。'《漢書·董仲舒傳》:'今子大夫褎然而舉首。'張晏曰:'褎,進也。'師古曰:'褎然盛服皃也。'字並當爲'褏'。"(5545)胡吉宣此説非是。今本《詩經》、《漢書》俱作"褎",又《名義·衣部》:"褎,辭救反。袪也;進也;褕也。袖,上字。"(281 上)"褕"義指"衣服華美"。《史記·淮陰侯列傳》:"農夫莫不輟耕釋耒,褕衣甘食,側耳以待命者。"司馬貞索隱:"褕,鄒氏音踰。美也。"可見原本《玉篇》亦引《漢書》《詩經》,字亦並作"褎"。故"衷"訓"色美皃也;進也",亦即"褎"字之俗。

55.襖

《玉篇·衣部》：“襖，仁全切。褐也。”(128下右)

按：《玉篇校釋》“襖”字下注：“‘褐也’者，褐爲短衣，是‘襖’與‘襦’同。《説文》：‘襦，短衣。一曰嬰衣。’嬰者煗也。需、耎聲符相通，故‘襦’或作‘襖’。《切韻》‘襖’爲‘襦衣縫’，《廣韻》作‘促衣縫’，則與《糸部》‘緛’字同。緛，《説文》：‘衣蹙也。’《聲類》：‘減衣縫也。’《集韻》《類篇》‘襖’又乃管切，短襦也。”(5589～5590)胡氏所言不確。今案：“襖”即“緛”字之俗，《玉篇》訓“褐也”，當即“襂也”之誤。《名義·衣部》：“襽，人命(全)反。𥜒。”(283下)“𥜒”即“襽”字之俗，呂浩《〈篆隸萬象名義〉校釋》(451B)、楊師《續考》(67)校作“襽”，是也。宋刻《集韻》去聲宥韻側救切：“襂，衣不伸也。或作愀。”(176下)《續考》(67)“襽”字下謂“襽”即“襖”之訛變，是也。又箋注本《切韻》(斯2071)平聲仙韻人全反：“襽，襦衣縫。”(118)敦煌本《王韻》平聲仙韻人全反：“襖，衣縫。”(369)故宮本《王韻》平聲仙韻而緣反：“襽，促衣縫。”(454)《廣韻》平聲仙韻而緣切：“襖，促衣縫也。”(87)《集韻》平聲僊韻而宣切：“襖襽，衣縫襂也；緣也。或省。”(171)《新撰字鏡·衣部》：“襽，忍全反，平。衣縫。”(222)“促衣縫”與“衣不伸也”訓異義同；“緣也”當指衣縫也，而非指衣邊飾也。“襖(襽)”字，以上諸字書、韻書皆訓爲“衣縫也”、“衣服褶紋”，而未見有訓“褐也”者，“褐也”當即“襂也”之誤。《説文·糸部》：“緛，衣戚也。”(275下)《廣韻》上聲獮韻而兗切：“緛，衣縫也。”(199)“襖”與“緛”音近義同，“襖”當即“緛”通過義近義符換用而形成的異體字。《集韻》上聲獮韻乳兗切：“緛襖，《説文》：‘衣縅也。’或从衣。”(385)此即其證也。又《集韻》上聲緩韻乃管切：“襖，短襦也。”(372)此當爲《玉篇》所誤也。《廣韻》入聲曷韻胡割切：“褐，衣褐。《説文》云：‘編枲襪也。一曰短衣。’”(392)《孟子·公孫丑上》：“視刺萬乘之君，若刺褐夫。”孫奭疏引《説文》云：“褐，短衣也。”故《集韻》訓“襖”爲“短襦也”，當因《玉篇》“襖”字下釋義誤作“褐也”而誤。故“襖”當即“緛”字之俗。

第三章 《玉篇》疑難字的類型

通過對《玉篇》疑難字的形成與字形、字音、字義以及字際關係的探討，可以發現，《玉篇》疑難字主要有因字形致誤、因字音致誤、因字義致誤以及來源於字際關係不明（字際關係未作認同或誤作認同）等四種主要類型。以下即從這四個方面通過舉例的方式來分別加以分析與説明：

一、因字形致誤形成的疑難字

從字形方面來看（此處是指字頭而言），《玉篇》收録了許多因書寫變易而產生的形誤字，也收録了一些因楷定失誤、轉録失真等原因影響而產生的形誤字，這些形誤字大都被後世字書未加考辨地加以轉録，致使這些字形方面的錯誤信息被長期地貯存下來，由此也給讀者的辨識造成了諸多疑誤與困難。因此，我們有必要對這些形誤字加以考辨與研究。

（一）因書寫變易而產生的形誤字

張涌泉説：“漢字由甲骨文發展到楷書，字形處在不斷的變化之中。在漢字形體演變的過程中，由於人們對筆勢和字形結構的不同理解和安排，同一結構的字却會產生不同的書寫形式。俗諺云：‘書三寫，魚成魯，帝成虎。’更何況五寫、十寫乎！可以説，書寫變易也是導致俗字紛繁的重要原因。”[①]《玉篇》收録了大量因書寫變易而產生的形誤字，這些形誤字的存在完全是一種不必要的負擔。因此，我們應加强對這些形誤字進行考釋與研究。

1. 禚

《玉篇·示部》：“禚，之若切。齊地名。”（4 上左）

按：《廣韻》入聲藥韻之若切：“禚，齊地名。”（407）“禚”訓“齊地名”，疑

---

① 見張涌泉《漢語俗字研究》（增訂本）第 111 頁，商務印書館，2010 年。

即“穛”字之訛。《正字通·禾部》：“穛，職略切，音灼。《説文》：‘禾皮。’《吕氏春秋》：‘得時之麥，薄穛而赤色。’又齊地名。《春秋·莊二年》：‘夫人姜氏會齊侯於穛。’左氏曰：‘書姦也。’《公羊傳》訛作郜。又姓。《春秋》本作穛，石經改作禚。《正韻》《韻會》禚在藥部，舊本穛、禚二注皆引《春秋》，禚音酌，穛又音穀，彼此矛盾。同爲齊地名，音切各異，失考正。”（777 上）《正字通》所言是也。《説文·禾部》：“穛，禾皮也。从禾，羔聲。”（145 下）《玉篇·禾部》：“穛，之弱、枯督二切。禾皮也。又齊地名。”（74 上左）增字加注本《切韻》（伯 3799）入聲藥韻之藥反：“穛，五穀皮。又公酷反。又齊地名。”（221）又箋注本《切韻》（斯 2071）入聲沃韻古沃反：“穛，地名。”（141）敦煌本《王韻》入聲沃韻古沃反：“穛，地名。又之藥反。”（422）故宫本《王韻》（511）、故宫本《裴韻》（605）、《廣韻》（375）同。故“禚”與“穛”音義並同，“禚”當即“穛”字之訛。《龍龕》卷一《示部》：“禚，之若反。地名；又五穀皮也。又音穀。與穛亦同。”（114）此是其證也。《春秋左傳·莊公二年》：“冬，十有二月，夫人姜氏會齊侯於禚。”（1763）《春秋穀梁傳·莊公二年》（2380）同。《春秋公羊傳·莊公二年》：“冬，十有二月，夫人姜氏會齊侯於郜。”何休注：“郜，古報反。二傳作禚。”（2225）“郜”即“禚”字之通假字；而《左傳》作“禚”，則當即“穛”字之訛，因“示”旁、“禾”旁形近，俗寫常可訛混而誤。又“禚”訓“姓”，亦即“穛”字之訛，因“穛”訓“齊地名”，又用來表示姓氏。

2. 膞

《玉篇·肉部》：“膞，似金切。古姓。”（36 下左）

按：《名義·肉部》：“膞，似金反。古姓也。”（69 下）箋注本《切韻》（斯 2071）平聲侵韻徐林反：“郡，古姓。”（91）敦煌本《切韻》、故宫本《切韻》、故宫本《裴韻》皆同。《正字通·肉部》：“膞，舊注：音尋。姓也。按姓譜有尋、瞷二姓，闕膞，從肉、從目皆訛，今不可考。”（886 上）《正字通》所言是也。《玉篇校釋》“膞”字下注：“《切韻》：‘郡，古姓。’《廣韻》云：‘地名；又姓。《左傳》有周大夫郡肸’又：‘尋，又姓。晉有尋曾，字子貢。’本書《邑部》：‘郡，河南鞏縣西南有郡中。’爲原本引《左傳》杜注文。《説文》：‘郡，周邑也。’字本止爲尋，因封邑而作郡，氏姓又因于封邑之名。古文邑或在左旁，形訛變爲從肉之膞、從月之膞,《月部》:‘膞,姓也。’並偽字應删。”(1558)胡吉宣所言印證了《正字通》之説。故“膞”與“鄢”音義並同,“膞”當即“鄢”之訛字,而“鄢”本當作“尋”。

3. 胈

《玉篇·肉部》:“胈,蒲京切。胈胐,牛羊脂。胐,土(止)列切。胈胐。”(36下左)

按:《玉篇校釋》云:“‘胈胐,牛羊脂’者,《切韻》同,蓋並出《埤倉》。《廣雅·釋器》:‘胈胐,脂也。’《疏證》止引本書。錢大昭曰:‘《廣雅》胈爲膞之訛。曹憲音平,《玉篇》沿誤。’案錢説是。上‘膞’下引《説文》‘腸間肥也’,腸間肥即脂。許又云:‘一云膫也。’膫,牛羊脂也。《廣韻》:‘胐,膞皮也。’即脂皮也,並可爲錢説佐證。胐音同靼。《切韻》:‘靼,柔皮也。旨熱反。’《廣韻》重文作靳。本書:‘靼,之列切。柔革也。’靳爲柔革,故胐爲膞皮。膞之皮亦脂也,故《廣雅》以脂統釋之,《埤倉》以牛羊脂别釋之。疑曹憲本音斈,斈、平形近,故正文隨誤爲胈矣。”(1550)胡氏所言是也。《名義·肉部》亦云:“胈,蒲京反。牛羊脂也。胐,上(止)列反。舌(直音?)胈胐。”(69上)可見《名義》亦誤。余迺永《校注》“胈”字下注:“此蓋‘膞’之訛字。葛氏《舉正》云:‘按《説文》:膞,脅肉也。從肉,斈聲。一曰膞,脂間肥也。一曰膫也。力輟切。《廣雅·釋器》:胈胐,脂也。又《玉篇》:胈,胈胐,牛羊脂。音蒲京切。此蓋爲《廣韻》所本。惟錢大昭《廣雅疏義》謂胈是膞之訛。案錢説是。蓋膞、胐二字疊韻。又《廣韻》薛韻胐下云:膞皮也。均可證作膞爲長,胈乃後出訛字。本書獮、薛二韻並有膞,一訓割也,音力兗切;一訓脅肉,音力輟切。’可從。”(669)葛氏、余氏之説皆印證了胡氏之説。《龍龕》卷四:“胐,旨熱反。膞也。”下字曰:“膞,音劣。胐宍也。”(415)此亦其證也。故“胈”當即“膞”字之訛。

4. 愊

《玉篇·心部》:“愊,孚救切。怒也。”(40上左)

按:此字《説文》《名義》未收,《玉篇》收之,當即宋人所增。《正字通·

心部》：“愊,愊字之訛。舊注：音覆,訓‘怒’,誤。六書無愊。”(381下)《正字通》所言是也。《方言》卷十三：“臆,滿也。”郭璞注：“愊臆,氣滿之也。”(121)《廣雅·釋詁一》：“愊,滿也。”《疏證》云：“腹滿曰愊。”(21)《漢書·陳湯傳》：“策慮愊億。”顏師古注：“愊億,憤怒之貌也。愊,音皮逼反。”(3021～3022)“愊”與“愊”義同,又“富”“畐”形近,俗寫或可訛混。如：《可洪音義》卷二十：“畐,音富,豐於財也。又伏、堛二音,道滿也。惧。”(60,頁160b8)故“愊”當即“愊”之訛。《集韻》去聲宥韻敷救切：“愊愊,怒也。或作愊。”(612)然宋刻本《集韻》去聲宥韻敷救切作：“愊愊,怒也,或作愊。”(176上)揚州使院本《集韻》(267)同。“愊”當是“愊”之誤。“愊”字,《廣韻》音“芳逼切”,訛作“愊”後,改其音爲“孚救切”,當即望形生音。

5. 悘

《玉篇·心部》：“悘,徒候切。候也,訑也。”(39上左)

按：《名義·心部》：“悘,充兮反。小怒也。”(75上)“悘”字《名義》已見,《説文》有“悘”無“悘”,《名義》之“悘”與《説文》之“悘”位置相當,“悘”當即“悘”之訛。《説文·心部》：“悘,小怒也。从心,壴聲。”(221下)《正字通·心部》：“悘,舊注：音豆,怪也；訑也。又方九切,音缶,小怒。按：《説文》‘悘’,從心,壴聲。小怒也。孫氏充世切。舊本作悘,附七畫,誤。”(367上)段玉裁於“悘”字下注：“悘,充世切,按《廣韻》悘在十三祭,引《説文》‘小怒也’,尺制切。悘在四十四有、四十九宥,小怒也,芳否、敷救二切。《集韻》則祭韻有悘,有韻悘悘二同,匹九切。《類篇》從之,而無悘字。蓋悘悘悘三字同。以《説文》音或作欼及《説文》㤪字《廣韻》作偮求之,定爲一字異體。”(512上)《玉篇校釋》“悘”字下注：“候”即“悈”之訛,“悘”即“悘”之重文。(1660)以上諸説皆爲“悘”即“悘”之俗訛之證。“悘”《廣韻》音“充世切”,“悘”《廣韻》音“敷救反”,“悘”又作“悘”,“敷救反”一音可能是從“悘”形而來。又敦煌本《王韻》去聲宥韻敷救反：“悘,小怒也。又充缶反。”(418)此“悘”亦即“悘”之訛,“缶”當爲“世”之訛。“悘”字,《名義》《切韻》《廣韻》皆訓“小怒”,《玉篇》又增訓爲“訑也”,於文獻無徵,疑爲妄補。《大字典》《字海》“悘”字第(一)義項引《集韻》謂同“愊”,然《集韻》此條之中的“悘”字皆爲“愊”字之訛(詳見上條“愊”字注),故《大字典》《字海》第(一)義項謂同“愞”,非是。綜上所述,“悁”即“愊”字之訛,《大字典》《字海》直謂“悁”同“愊”,即可。

6. 欯

《玉篇·欠部》:“欯,於糾切。愁皃。”(45 下右)

按:原本《玉篇·欠部》:“歒,於糾反。《説文》:‘愁皃也。’《聲類》:‘亦呦字也。呦,鹿鳴也。在《口部》。’”(337)《玉篇校釋》注曰:“今本‘欯’原訛作‘欯’,原本亦誤作‘歒’。”(1937)胡氏所言是也。《名義·欠部》:“欨,於糾反。呦字。幽(直音?)鹿鳴也。”(90 上)《説文·欠部》:“欨,愁皃。從欠,幼聲。”(180 下)故原本《玉篇》之“歒”及今本《玉篇》之“欯”並即“欨”字之訛。

7. 蓁

《玉篇·艸部》:“蓁,之仁切。茚也。”(68 上右)

按:《玉篇校釋》“蓁”字下注:“《廣韻》上平十七真側鄰切:‘茚也。’按‘蓁’爲‘蒖’之訛字。茚、茚、茚三字亦形近相亂。《集韻·真韻》:‘蒖,艸名,鳧葵也。一曰蒖茮實也。’即因形似相混合。《廣雅·釋草》:‘茚,菖蒲也。’又:‘茚,蒖也。’又:‘茚,鳧葵也。’即本書:‘茚,菖蒲也。’‘茚,蒖茮實也。’‘茚,鳧葵也。’此‘蓁,茚也’,即‘蒖,茚也’之訛,應删。”(2705)胡氏所言當是。余迺永《校注》“蓁”字下注:“疑‘蒖’字訛變爲‘蓁’,《王韻》未加深究,乃從真聲讀之。又茚從邛聲,本書鍾韻渠容切字正作‘茚’,王氏《疏證》及龍氏《全王校箋》誤作‘茚’,即《全王》之茚又爲茚之誤字也。”(610~611)此説即其證也。《名義·艸部》:“蓁,之仁反。蓁(當衍)茚也。”(139 下)可見此誤由來已久。“蓁”“蒖”義同,又《〈可洪音義〉研究》“冥”字條(592)“冥”俗作“㝠”、“寊”、“真”字條(820)“真”俗作“寊”,“冥”“真”俗寫形近,故“蒖”亦可誤作“蓁”。“蒖”訛作“蓁”後,改其讀爲“之仁切”,此即望形生音也。

8. 秖

《玉篇·禾部》:"秖,竹尸切。穀始熟也。"(74 下右)

按:《玉篇校釋》校字頭"秖"爲"秖",並注曰:"'穀始熟也'者,《切韻》同,一云:'再種禾。'《集韻》曰:'禾始熟曰秖,一曰再種。'"(2943)胡氏所言是也。《名義·禾部》:"秖,竹尸反。再種。"(150 下)"秖"與"秖"位置相同,即爲一字。吕浩《〈篆隸萬象名義〉校釋》(246A)校作"秖",是也。《廣韻》平聲脂韻丁尼切亦作:"秖,穀始熟也。"(27)故《玉篇》之"秖"當即"秖"字之訛。

9. 軶

《玉篇·車部》:"軶,章移切。車器也。"(87 上右)

按:《玉篇校釋》校"軶"爲"軶",並注曰:"《集韻·支韻》義同,'軶'本書原訛作'軶',今正。"(3524)胡吉宣校"軶"爲"軶",然非探本之論。《正字通·車部》:"軶,軶字之訛。舊注:音戹。車器。非。"(1135 下)《正字通》所言當是。《説文·車部》:"軶,轅前也。"《玉篇·車部》:"軶,於革切。牛領軶也。亦作軶。"(86 下右)"軶(軶)"指"牲口拉東西時駕在頸上的器具"。"軶""軶"與"軶(軶)"義同,又《〈可洪音義〉研究》(432)"戹"俗作"厄",故"軶(軶)"亦可俗寫作"軶""軶"。"軶(軶)"俗作"軶""軶"後,後人不識,改其读为"章移切",遂致"軶""軶"與"軶(軶)"的字际关系变得更加隐晦。故"軶"當即"軶(軶)"字俗訛。

10. 臍

《玉篇·舟部》:"臍,音濟。舟也。"(87 下右)

按:原本《玉篇·舟部》:"臍,子悌反。《字書》:'古文濟字也。'濟,渡也。在《水部》。"(420)《玉篇校釋》校字頭爲"臍",並注曰:"原本寫作臍,今本訛作臍,偏旁不成字,今正从𠂤。𠂤古作𠂤,寫誤爲阝、臣,陸當爲隋之別體,齊、妻聲符相通。隋,登也。濟渡者,由此渡登彼岸也,故字作臍,此

字書所録後出古文,《廣韻》《集韻》俱無。"(3541)胡氏所言當是。又今本
《玉篇》訓"舟也",亦非。《名義·舟部》:"𣲵,子悌反。古濟。"(185 上)《新
撰字鏡·舟部》:"𣲵,子弟反。濟也。"(267)以上諸字書皆未有訓"舟"者,
今本《玉篇》訓"舟",當爲宋人所妄改。《大字典》《字海》據今本《玉篇》之謬
而妄增此義,應删。

11. 㴝

《玉篇·水部》:"㴝,女狎切。影動。"(92 上右)

按:《玉篇校釋》校"㴝"爲"㵾",並注曰:"《廣韻》入聲卅四乏:'㵾,女法
切。澑㵾,水皃。'從㞋,㞋静也,《集韻》同,《廣韻》'澑'爲'澁'訛,本書'㵾'
原訛'㴝',形聲不諧,今正。云'影動',亦未詳。《集韻》洽韻亦有'㴝',云:
'水皃',昵洽切,亦訛字。"(3836)胡吉宣謂"㴝"爲"㵾"字之訛,是也。此誤
由來已久,五代本《切韻》入聲女法反亦作:"㵾,澑㵾,水(皃)。""㴝"從"最"
而音"女狎切",形音不諧,"㞋"音"女法切","㴝"即"㵾"之形誤。《玉篇》訓
"㴝"爲"影動",疑即"水動"之誤。

12. 牰

《玉篇·牛部》:"牰,赤唯切。牛。"(109 上左)

按:《玉篇校釋》"牰"字下注:"《集韻·脂韻》:'牰,牛名。'《灰韻》:'㹊,
牛白色。''㹊'爲'牰'之訛分,'牰'疑'犆(犆)'之變易。"(4518)胡氏所言當
是。《正字通·牛部》:"牰,犆字之訛。"(653 下)下文又曰:"㹊,犆字之訛。
舊注牛白色,與犆注同,改音摧,分二字,誤。"(654 下)此即印證了胡氏之
説。又《〈可洪音義〉研究》(650)"摧"俗作"摧"、"確"俗作"碓",此亦其佐
證也。故"牰""㹊"當即"犆"字之俗。

13. 翂

《玉篇·羽部》:"翂,織牛切。急也。"(121 下右)

按:《玉篇校釋》"翂"字下注:"《集韻·尤韻》:'翂,弱羽。'爲'翂'之訛

分。本書(34)：‘翻，翳也。’重文作‘翿’。此‘翻’與‘翿’同。若以急義推之，則當从丩得聲，丩與糾同，急也。”(5145)胡吉宣前後兼采衆説，其言不確。《玉篇·羽部》：“翻，徒到切。翳也。翿翿，並同上。”“翻”與“翿”儘管構字部件相同，但音義俱別，二字不可混同，胡吉宣謂《玉篇》之“翻”同“翿”，非是。“翻”即“翀”字之訛。《正字通·羽部》：“翻，翀字之訛。弱羽與前‘翻’注同，改音舟，引《玉篇》‘急也’，誤。”(854 上)《正字通》所言是也。《廣雅·釋器》：“翀，羽也。”《玉篇·羽部》：“翀，奴坎切。翻下弱羽。”(121 上左)《集韻》平聲尤韻之由切：“翻，弱羽。”(264)“翻”與“翀”義同，“冉”俗書可作“冄”、“舟”等，《〈可洪音義〉研究》“冉”俗作“舟”“冊”等，此是其證也。故“翻”當即“翀”字之俗。“翀”俗作“翻”，後人改其讀爲“織牛切”，此當爲望形生音；又訓“急也”，形義不諧，此亦當爲後人妄補。

(二)因楷定失誤而産生的形誤字

楊寶忠師説：“漢字書寫，有古、篆、隸、草、楷之別，楷書字典在收録非楷書字形時，需要對字形加以楷定，所謂楷定，是指用楷書筆法把非楷書字體的字轉寫下來。由於古文、篆書、草書字體相對難識，楷定標準不一，楷定字形與其通用字形失去聯繫，因此産生疑難字。”[1]《玉篇》也收録了一些因楷定失誤而産生的形誤字，這些形誤字的存在也給後世字書編纂及讀者辨識帶來了困難。

1. 趌

《玉篇·走部》：“趌，孚句切。到也。”(49 上右)

按：《玉篇校釋》“趌”字下注：“‘到也’者，今字當爲倒。‘趌’即‘趌’之訛分字。《集韻》亦爲仆之重文，與趌、踣、掊並同。本書：‘趌，僵趌也。或作踣。’音依篆書之爲否，故趌訛作趌。偽字應删。”(2065)胡氏所言是也。《正字通·走部》：“趌，趌字之訛。舊注僵也，與《説文》趌同，改音赴，非。”(1112 下)《正字通》所言印證了其説。《龍龕》卷二《走部》：“趌，俗；趌，或作；趌，今。 芳遇、疋侯、蒲北三反。～僵也。”(325)《新修玉篇》卷十《走部》引《玉篇》：“趌，芳遇切。倒也。《韻》曰：‘僵也。’”(92 上右)此亦其證也。

---

①見楊寶忠《疑難字考釋與研究》第 820 頁，中華書局，2005 年。

故"趑"當即"趉"字篆文誤爲楷定而形成的俗訛字。又《集韻》去聲遇韻芳遇切："仆,《説文》:'頓也。'一曰:'僵也。'或作趑、趉、踣、踣。"(495)"趉""趑"與"仆",《玉篇》《廣韻》皆未加溝通,《集韻》却對其加以溝通,然古人往往字詞不分,《集韻》所溝通的字,往往是通用字,而非異體字。《大字典》第一義項引《玉篇》訓"到也";第二義項引《集韻》謂同"仆",並以《類篇》之説作爲"一説"。《類篇·走部》:"趑,芳遇切。《説文》:'頓也。'一曰僵也。或作趉。"(57)《類篇》謂"趑"《説文》訓"頓也",當誤。《説文·走部》:"趑,僵也。从走,音聲。讀若䝅。"(37下)《類篇》源於《集韻》,此誤當即據《集韻》把"趑"與"仆"溝通在一起,進而把對"仆"字的訓釋誤植到"趑"字上。然而《類篇》謂"趑"爲"趉"的異體字,是也。此"一説"應歸並到第一義項中,直謂"趑"同"趉",即可。《字海》第一義項引《玉篇》訓"到",未溝通其與"趉"字的正俗關係,亦失考證。此外,"趑"並不同"仆",《大字典》《字海》的"同"皆應改作"通"。

2. 檳

《玉篇·木部》:"檳,式志切。木名。"(63下右)

按:《字彙·木部》:"檳,式志切,音試。木名。"(224上)《正字通·木部》:"檳,舊注:音試。木名。按《説文》'户檳也',引《爾雅》檐謂之檳,讀若滴,篆作𣝈,檳、檳同。舊本誤分爲二,不知檳非木名也。"(535下)《正字通》所言是也。《玉篇校釋》"檳"字下注:"《集韻》去聲寘韻同,疑木名之'檳'爲'檳'之訛分,聲隨形變也。檳,梓屬。隷作檍。檍,木名。檍、檳當合併。"(2513)"檳""檳"形義並近,"檳"之篆文作"𣝈","檳"即"檳"之篆文誤爲楷定而産生的俗訛字。《新修玉篇》卷十二《木部》引《玉篇》:"檳,於力切。梓屬。"(114下左)又同部下文引《玉篇》:"檳,式志切。木名。"(115上右)"檳"皆誤作"檳",此是其證也。《新撰字鏡·木部》:"檳檍,二同。於力反。糅輪也。"(382)此"檳"亦爲"檳"字之訛,此亦其證也。"檳"訛作"檳"後,改其讀爲"式志切",此即望形生音。"啻",《廣韻》音"施智切"。故"檳"訓"木名"即"檳"字之訛。《大字典》《字海》"檳"字下皆據《玉篇》之謬而收錄"木名"這一義項,應刪。

(三)因轉録失真而産生的形誤字

楊寶忠師説:"大型字書所收之字,一是采自傳世文獻和出土文獻,一是轉録原有字書。在轉録原有字書所收之字時,往往不能契合原形,在字書編纂史上,字形轉録失真的現象普遍存在,《大字典》《字海》亦在所不免。字形一旦轉録失真,便會多出一個字形,此亦漢字增多的一個原因。"[1]《玉篇》在轉録的過程中,也存在一些因轉録失真而産生的形誤字。這些形誤字的存在,亦屬多餘,因此,亦應加强對這部分形誤字進行考釋與研究。

1. 扐

《玉篇·力部》:"扐,疾來切。《聲類》云:古材字。"(37 下左)

按:《玉篇校釋》校"扐"作"劝",並注曰:"原本云:'《聲類》古文材。材,木梃也。在《木部》。'案:古文爲才。此劝从力,蓋謂才力也。是李登所録魏晉時僞古文也。《集韻·哈韻》:'劝,壯也。'不與材爲一字。"(1597)胡吉宣校"扐"爲"劝",是也。《名義·力部》:"劝,似來反。杖(材)字。力也;藝也。"(71 下)《新撰字鏡·力部》:"劝,材字古文。似來反。力也;藝也。"(195)以上二書亦其證也。故此"扐"當即"劝"之形誤。"劝""才"音義並同,"劝"當即"才"之增旁俗字,而非古文。"才""材"古今字,故"劝""材"亦相通。《大字典》此字據《玉篇》之謬於《手部》"扐"字之下單列一個義項作爲同形字,失考證。

2. 勽

《玉篇·力部》:"勽,莫角切。勤也。"(38 上右)

按:《玉篇校釋》"勽"字下注:"字从兒聲,訛从白。《集韻·覺韻》:'勄,勤也。莫角切。'"(1601)胡氏所言是也。《新修玉篇》卷七《力部》引《玉篇》:"勄,莫角切。勤也。"(71 下右)"勽"字正作"勄",此即其證也,故《玉篇》此字應原作"勄",轉録誤作"勽"。《篇海》卷十五《力部》引《玉篇》:"勽,莫角切。勤也。"(824 下)同部下文引《餘文》:"勄,莫角切。勤也。"(825

---

[1]見楊寶忠《疑難字考釋與研究》第 707 頁,中華書局,2005 年。

上)《篇海》"勛""勛"二字兼收而未加揀擇,亦因沿襲誤本《玉篇》而誤。《廣韻》二字皆未收,《集韻》已作出揀擇,只收"勛"字。《集韻》入聲覺韻墨角切:"勛,勤也。"(659)"勛""勛"音義並同,"勛"即"勛"之殘誤。《大字典》未加溝通,失考證。《字海》同"勛"之"勛"又當即"勛"字誤録,亦失當。

二、因字音致誤形成的疑難字

由於各種原因,《玉篇》的注音也存在許多問題,有些是因俗寫形近而誤,有些是因後人不識其字而妄補或妄改而誤,也有的是因倒文而誤,還有的是因彼義之音誤作此義之音而誤,等等。然而,這些錯誤的讀音信息卻往往被後世字書所承襲,從而給讀者的辨識造成疑誤,也給此字的考釋工作帶來困難。因此,我們應根據漢字構形理據及俗寫變易規律,加強對這類音誤字進行考辨與研究。

(一)因俗寫形近而造成反切用字訛誤

《玉篇》存在許多因俗寫形近而造成反切用字訛誤的情況,因而產生了大量的音誤字。

1. 畾

《玉篇·田部》:"畾,二典切。高也。"(9下左)

按:《新修玉篇》卷二《田部》引《玉篇》:"畾,古典切。高也。"(20上右)《篇海》卷四《田部》引《玉篇》:"畾,而典切。高也。"(638下)"畾"字,《新修玉篇》與《篇海》《玉篇》讀音不同,當以《新修玉篇》爲是。"畾"從"臤"而音"二典切"、"而典切",形音不諧,當以《新修玉篇》音"古典切"爲是。《玉篇》"二典切"之"二"當爲"工"字之訛。朝鮮本《龍龕》卷三《田部》:"畾,工典切。高也。"(22)此是其證也。"工"、"古"同爲見母字,《篇海》"而典切"之"而"當爲"古"字之訛,而《玉篇》音"二典切"之"二"當爲"工"字之訛。《大字典》《字海》"畾"字皆據《玉篇》而音 rǎn,疑並非是。

2. 瞙

《玉篇·目部》:"瞙,無昭切。張目也。"(22下右)

按:《玉篇校釋》"瞙"字下改"昭"爲"旰",並注曰:"無旰切,旰原訛昭,依元刊本正。"(848)胡氏所言是也。"瞙"音"無昭切",形音不諧。元刊本"瞙"音"無旰切",當是,《大字典》《字海》引《玉篇》應據改。

3. 摭

《玉篇·手部》:"摭,口滅切。不安。"(32 上右)

按:《玉篇校釋》謂"滅"爲"減"字之訛,是也。《新修玉篇》卷六《手部》引《玉篇》:"摭,口減切。不安。"(56 上右)《篇海》同。《大字典》《字海》皆據《篇海》所引《玉篇》改《玉篇》音注之誤,是也。《叢考》"摭"字下注:"《廣韻·嗛韻》苦減切小韻'椷''摭'並收,皆訓'不安'。從木從手俗書每多相亂,故'椷''摭'當是一字之變。"(268)"摭""椷"音義並同,"椷"疑即"摭"之形誤。《玉篇校釋》云:"《廣韻》上聲五十三嗛:'椷,不安。'又:'憾,意不安。'同苦減切。椷(憾)從木(忄)。本書《心部》:'憾,不安皃。'本部:'撖,口檻切。危也。'危即不安。"(1303)"撖",《廣韻》又音"苦減切"。"摭"與"椷""憾""撖"諸字音義並同,當爲異體字。

4. 蹜

《玉篇·足部》:"蹜,子采切。走皃。"(34 上左)

按:"子采切"之"采"當即"米"字之訛。《名義·足部》:"蹜,子米反。走也。"(63 上)《新撰字鏡·足部》:"蹜,子米反。走也。"(136)《新修玉篇》卷七《足部》引《玉篇》:"蹜,子米切。走皃。"(65 上右)以上諸書皆其證也。《正字通·足部》:"蹜,趾字之訛。"(1124 下)《正字通》所言是也。《玉篇校釋》"蹜"字下注:"《集韻》上聲薺韻同,疑與趾同。趾,子爾切。蹄也。蹄者著地行走也。"(1422)《廣韻》上聲紙韻將此切:"趾,行皃。"(165)下文側氏切又曰:"趾,蹈也。又音紫。"(165)"蹜""趾"音義並同,"蹜"即"趾"通過改換聲符而形成的異體字。

5. 趬

《玉篇·走部》:"趬,詐交切。起也。"(49 上左)

按:元刊本《玉篇·走部》:"趬,許交切。起也。"然《新修玉篇》卷十《走部》引《玉篇》亦云:"趬,詐交切。起也。"(92 下右)故元刊本"趬"字音"許交切","許"字當即"詐"字之誤。《大字典》《字海》"趬"字據元刊本之誤而音 xiāo,亦誤,應據改。

6. 甋

《玉篇·瓦部》:"甋,五合切。"(79 上右)

按:此字《説文》《名義》皆未收,《廣韻》《集韻》亦不録,當即宋人據俗書而增。《新修玉篇》卷三《瓦部》引《玉篇》:"甋,五合切。"(145 上右)《篇海》(620 上)同。《玉篇校釋》"甋"字下注:"義闕,元刊本云:'瓷器。'案:五合切,五當爲土,形之誤也。甋當爲瓵之或體。《缶部》:'瓵,他盍切。下平缶也;瓶也。'《説文》瓵讀若晹,故字變爲甋。"(3130)胡氏所言當是。"甋"從"晹"而音"五合切",形音不諧,胡吉宣謂"五"當爲"土"之形誤,是也。《直音篇》卷四《瓦部》:"甋,五合切。瓷器。"(180 上)《詳校篇海》卷一《瓦部》:"甋,五合切,音遏。瓦器,又瓷器。"(72 下)此即《篇海類編》所本。"甋"當指"瓦器",而非"瓷器","瓷器"之訓疑爲後人妄補,不足據。"甋""瓵"音義並同,又從瓦、從缶義通,俗書可換用,"甋"疑即"瓵"字之俗。

7. 鳸

《玉篇·鳥部》:"鳸,烏而切。烏鳴也。"(114 下右)

按:《玉篇校释》已於"鳸"字下改"烏而切"爲"烏高切",並注云:"'烏高切'之'高'原譌作'而',今正。字从高省聲,象烏鳴聲也。《字典》不知'而'字爲'高'之形誤而讀入之韻,失之矣。"(4785~4786)胡氏所言是也。"鳸"從"高"省聲而讀"烏而切",形聲不諧,故胡氏改讀"烏高切",當是。《大字典》《字海》皆沿襲《玉篇》之謬音而讀 yī,非是,當讀 āo。《字海》又改"烏鳴"爲"鳥叫",亦誤。

(二)因後人不識其字而妄補或妄改所産生的音誤字

《玉篇》也存在一些因後人不識其字而妄補或妄改音切的現象。

1. 㓜

《玉篇·刀部》:"㓜,魚乙切。切斷也。"(82 下右)

按:《正字通·刀部》:"㓜,俗刉字。舊注:音逆。斷也。誤分爲二。"(89 下)《正字通》所言是也。《玉篇校釋》"㓜"字下注:"'㓜'即'刉'字。上(20):'刉,切刺也。'《説文》:'刉,一曰斷也。'"(3285)胡氏所言印證了其説。"刉"即"刉"字之俗,"㓜"與"刉"義同,"㓜"即"刉"之偏旁易位俗字。"刉(刉)"字《廣韻》音"居依切",而"㓜"字《玉篇》音"魚乙切",非是,當改音"居依切"。《大字典》既然引《正字通》之説,讀音却仍沿襲《玉篇》之誤,失當;《字海》未加溝通,亦失考證。

2. 獂

《玉篇·犬部》:"獂,音攜。獸名。"(111 上右)

按:此字《説文》《名義》皆未收,《廣韻》《集韻》亦不録,當即陳彭年等據俗書所增。《玉篇校釋》"獂"字下注:"'音攜,獸名'者,'攜'當爲'觹'。寫者不識'觹'字改爲'攜','獂'即《馬部》之'驨',字本止作'觹'。《釋獸》:'驨如馬一角。'釋文云:'本又作觹。'張揖注《子虛賦》引《爾雅》作'觹'。《切韻》:'觹,似馬一角。'陸法言所據《爾雅》亦爲'觹',《廣韻》已改作'驨',以其狀如馬而从馬,本爲野獸故从犬。"(4599)胡氏所言當是。"獂"與"驨"義同,又从馬、从犬俗書或可换用,正如《集韻》"駏驉"俗作"狟猣","獂"當爲"驨"字之俗,本作"觹",故"獂"當音 xī,而非音 xié。

3. 翆

《玉篇·羽部》:"翆,五板切。飛兒。"(121 下右)

按:"翆"音"五板切",形音不諧。《玉篇校釋》"翆"字下注:"'五板切'

不諧,當爲'虛言',音軒。《楚辭·遠遊》:'鸞鳥軒鶱而翔飛。'《文選·五君詠》:'交呂既鴻軒。'李注:'軒,飛皃。''犴'蓋由'軒'變易偏旁以符飛義。"(5146)胡氏所言疑是。《後漢書·班固傳》:"甘露宵零於豐草,三足軒鶱於茂樹。"李賢注:"軒鶱,謂飛翔上下。""犴"與"軒"義同,"犴"當即"軒"因涉義改換義符而形成的異體字。"軒"變作"犴",後人不識,誤改其音爲"五板切"。《字海》謂"犴"同"翃",亦當爲《玉篇》所誤。

(三)因倒文而產生的音誤字

《玉篇》還存在因反切上下字位置誤爲顛倒而造成的音誤字。

醨:《玉篇·酉部》:"醨,位錐切。肉酒。"(135 下左)

按:《玉篇校釋》"醨"字下改音切爲"錐位切",並注曰:"'錐位'原作'位錐',依元刊乙轉。"(5880)胡氏所言是也。《新修玉篇》卷三十《酉部》引《玉篇》:"醨,錐位切。肉酒。"(239 下右)此是其證也。《大字典》《字海》讀音皆沿《玉篇》而誤,應據改。

(四)因彼義之音誤作此義之音而產生的音誤字

《玉篇》還存在因彼義之音誤作此義之音而產生的音誤字的情況。

輅:《玉篇·車部》:"輅,户格切。車。"(87 上左)

按:《玉篇校釋》"輅"字下注:"案:此後增字注文不全,音'户格切'爲'車軨前橫木',即上'輅'之或體。若爲'車名',當音'洛故切',即同今本:'輅,洛故切。大車。通作路。'《廣韻》入聲廿陌:'輅,胡格切。輓車當胸橫木。'《唐韻》作'輅'。《切韻·暮韻》'輅'音洛故、胡格二反,車也。胡格音亦與車義不合。《集韻》:'輅,或作輅。'當云:'本作輅。'"(3526)胡氏所言當是。故"輅"與"輅"即異體字,"輅"訓"車"當音"洛故切",而"輅"訓"輓車當胸橫木"當音"胡格切"。

三、因字義致誤形成的疑難字

《玉篇》因字義問題而產生的疑難字大致可以分爲兩個方面:(一)義誤字;(二)義闕字。以下即從這兩個方面來分別加以分析與研究:

(一)義誤

《玉篇》在傳抄與編纂的過程中,產生了許多義誤字,這些義誤字往往被後世字書所承襲,不但影響了人們對這些字的正確識讀,而且影響了後世字書的編纂質量。因此,我們應加強對這些義誤字進行分析與考辨。以

下分別從傳抄失誤與編纂失誤兩個方面來對這種現象加以分析與説明:

A. 傳抄失誤

字書一經問世,往往經過歷次輾轉傳抄,在傳抄過程中,難免會出現文字訛誤的現象。而且,後世字書大都是在前代字書的基礎上編纂而成的,由於歷代字書重編纂而輕考校,一方面,後世字書承襲了前代字書的諸種失誤,另一方面,後世字書在編纂與流傳的過程中也會不斷産生一些新的失誤。《玉篇》在歷次輾轉傳抄過程中,由於種種原因,也産生了許多義誤字。《玉篇》因傳抄失誤而産生的義誤字主要分爲以下幾種情況:

第一、訛誤

訛誤是指古書在流傳過程中産生的文字訛誤。《玉篇》在流傳過程中,因形近而誤、聲同或聲近而誤、一字誤分爲二等原因産生了許多義誤字。

1. 俀

《玉篇·人部》:“俀,於阮切。勸也。”(14下右)

按:《玉篇校釋》“俀”字下已改“勸也”爲“歡也”,並注云:“‘歡也’者,‘歡’原訛‘勸’,今正。《方言》十三:‘俀,歡也。’郭注:‘歡樂也。’《切韻》:‘俀,歡也。’”(506～507)胡氏所言是也。《名義·人部》:“俀,於阮反。懽也。”(20上)《新撰字鏡·人部》:“俀,於阮反。懽也;勸樂也。”(79)“懽”“歡”即異體字,“勸樂”詞義費解,當即“歡樂”之誤。根據原本《玉篇》的訓釋體例,顧氏當並引《方言》及郭注,故“勸”當即“歡”之誤。《大字典》“俀”字承襲《玉篇》之謬而收録“勸”這一義項,當删。

2. 婜

《玉篇·女部》:“婜,丑廉切。婜妗也。”下字曰:“妗,許兼切。婜妗,美笑皃也。”(16下左)

按:《玉篇校釋》改“美笑皃也”爲“善笑皃也”,並移於“婜”字下,注曰:“‘婜妗,善笑皃也’者,‘善’原作‘美’,今依《説文》正。義原在‘妗’字下,依全書通例改移‘婜’下。《説文》云:‘婜妗也。一曰善笑皃。’《切韻》云:‘婜妗,美善。’又:‘妗,善皃。又婜妗也。一曰善美。出《説文》。’‘美’亦爲

‘善’之形訛，《廣韻》作‘善笑皃’，是也。《集韻》：‘喜笑皃。’‘喜’亦‘善’之形誤。‘嫯’與上(26)‘姑’字同。‘姑’下云‘輕薄’，善笑亦近輕薄，故《集韻》云：‘嫯妗，女輕薄皃。’是也。”(591)胡吉宣謂“喜”“美”皆爲“善”字之訛，是也。《説文・女部》：“嫯，嫯妗也。”下字曰：“妗，嫯妗也。一曰善笑皃。”(261下)故“喜”“美”皆爲“善”字之訛。《大字典》“嫯”字據《廣韻》《集韻》之誤而增“喜笑貌”一義，非是。《説文・女部》：“姑，小弱也。一曰女輕薄而善走也。一曰多技藝也。”(261下)此“女輕薄而善走也”義指女子輕捷而善走，與善笑之輕薄義別，胡吉宣謂“嫯”同“姑”，非是。又《廣韻》平聲添韻許兼切：“妗，美也。”(153)“美也”當爲“善笑皃”之殘誤，此爲沿襲《切韻》之誤也。《大字典》“妗”字此義亦沿《廣韻》而誤，失考證。又《廣韻》平聲咸韻許咸切：“妗，喜皃。又香兼切。”(154)“喜皃”亦當爲“善笑皃”之殘誤，《大字典》“妗”字此義亦沿《廣韻》而誤，亦失考證。《集韻》平聲沾韻馨兼切：“妗，《説文》：‘嫯妗也。一曰喜笑皃。’”(293)“喜笑皃”即“善笑皃”之誤，《字海》“妗”此義沿《集韻》而誤，亦失考證。

3. 噌

《玉篇・口部》：“噌，楚耕切。噌吰，市人聲。”(26下左)

按：《玉篇校釋》“噌”“吰”二字下注：“‘噌吰，市人聲’者，‘市人’二字爲‘夷’之誤離。下‘喑，市人’，‘市人’亦當爲‘夷’字，‘夷’即‘闉’字。”(1040)胡氏所言是也。“闉”字俗作“夷”，古書上下排列，“夷”字上下偏旁因俗寫遂誤分爲二。《大字典》引《玉篇》應據改。

4. 窊

《玉篇・穴部》：“窊，胡霸切。橫木不入也又寬也。或作瓠。”(59上右)

按：《玉篇校釋》“窊”字下注：“‘橫木不入也’者，《左氏・昭二十一年傳》：‘大者不摦。’杜注：‘摦，橫大不入也。’此引‘大’訛‘木’。原引傳作窊，或作摦，摦原訛瓠。”(2318)胡氏所言是也。《名義・穴部》：“窊，胡罵反。寬也；橫大不入也。”(114下)《新撰字鏡・穴部》：“窊，古(胡)罵反。摦也

（字）。”（634）此是其證也。《篇海》“𡎰”字或體改作“𢭃”，是也；然注文“木”字亦爲沿襲今本《玉篇》之誤，應據改。《大字典》“𡎰”字引《篇海》而未加校正，失考證。

5. 䓾

《玉篇·艸部》：“䓾，奴低切。草根露。”（67下左）

按：《玉篇》“䓾”字訓“草根露”，不辭。《玉篇校釋》“䓾”字下注：“《廣韻》上聲十一薺奴禮切：‘䓾䓾，濃露也。’《集韻》：‘露濃謂之䓾。’又並云：‘亦作泥。’本書元刊作‘草露根’，非。露爲霜露而非顯露。宋刊‘草根露’亦當爲‘草上露’。字本作泥。《詩·蓼蕭》：‘零露泥泥。’毛傳：‘泥泥，沾濡也。’《廣雅·釋訓》：‘泥泥，露也。’《切韻》：‘泥，濃露。’本書《水部》：‘泥，又奴禮切。濃露兒。’露潤草上，故變字爲䓾。”（2727）胡吉宣謂“䓾”本作“泥”，是也；然謂“草根露”當作“草上露”，疑亦不確。“䓾”當指“濃露”，本作“泥”，“草根露”、“草上露”皆不辭。

6. 鍗

《玉篇·金部》：“鍗，徒奚切。金名。”（84上左）

按：《玉篇校釋》“鍗”字下注：“‘金名’者，未詳。‘金’應‘釜’之殘蝕。《集韻》‘鍗’爲‘鏂’之重文，引《説文》‘器也’，一曰釜屬。本書：‘鏂，器也。’”（3365）胡氏謂注文之“金”應“釜”之殘蝕，疑是。《新修玉篇》卷十七《金部》引《玉篇》：“鍗，徒分切。器也。”（156上左）“鍗”字訓“器也”，此亦“鍗”即“鏂”字之俗之證也。《玉篇》訓“鍗”爲“金名”，於文獻無徵，應如胡氏所説“‘金’應‘釜’之殘蝕”。《大字典》《字海》“鍗”字下皆承襲《玉篇》之謬而收録“金名”這一義項，應删。

7. 鋻

《玉篇·金部》：“鋻，於塞切。兩刃戟。”（84下右）

按：《玉篇校釋》“鋻”字下注：“《廣韻》無，《集韻》上聲阮韻爲‘㰆’之或

體,本書不收㩧,《方言》《廣雅》並作㪍。曹憲音於㪍反。‘兩刃戟’者,‘兩’
當爲‘三’。《集韻》云:‘戟三刃者謂之㩧。或从金作鏕。’《方言》九:‘戟三
刃枝,南楚宛郢謂之㪍戟。’郭注:‘今戟中有小子刺者,所謂雄戟也。’《廣
雅・釋器》:‘㪍謂之雄戟。’字並止作㪍。”(3374)胡氏所言是也。“鏕”同
“㩧”,二字本作“㪍”。“㪍”字,《方言》謂“三刃枝”,《集韻》亦謂“㩧”“鏕”爲
“戟三刃”者,《玉篇》作“兩刃戟”者,當爲“三刃戟”之誤。故《大字典》“鏕”
字下“兩刃戟”之訓爲《玉篇》所誤,應删。

8. 漷

《玉篇・水部》:“漷,音軌。水兒。”(91下左)

按:《玉篇校釋》“漷”字下注:“‘音軌。水兒’者,‘兒’當爲‘泉’之形誤。
(元刊作‘名’,亦非。)《爾雅・釋水》:‘氿泉穴出。穴出,仄出也。’又云:‘水
醮曰厬。’《釋文》:‘厬,字又作漷。’”(3807)胡氏所言是也。《廣韻》上聲旨
韻居洧切:“厬,厬泉。或作漷。《爾雅》云:‘水醮曰厬。’謂水醮盡也。漷,
上同。”(167)“漷”即“厬”“氿”之異體,《玉篇》訓“水兒”、元刊本《玉篇》訓
“水名”,皆誤。《篇海類編》訓“水名”,當爲元刊本《玉篇》所誤。

9. 泬

《玉篇・水部》:“泬,音忽。汲也。”(92上左)

按:《玉篇校釋》“泬”字下注曰:“‘汲也’者,‘汲’當爲‘決’。若音烏没
切,則當爲没。没、決、汲並形近。《廣韻》:‘泬,水出聲。’《集韻》云:‘決水
流疾兒。’慧琳八二・四:‘《考聲》:泬,決水兒。’又八七・二引作:‘泬滑,大
水混流兒也,音忽。’”(3833)胡氏所言當是。《文選・郭璞〈江賦〉》:“渨湟
泬漷,㴸泅瀾瀹。”李善注:“皆水流漂疾之兒。”“泬”訓“決也”,當指水流急
速之兒,而“汲也”義指取水也,於文獻無徵,當即“決也”之誤。

10. 州

《玉篇・巛部》:“州,止由切。九州也;時也;宮也;居也。”(92下左)

按:《玉篇校釋》"州"字下改注文"時也;宮也"爲"淔也;官也",並注曰:"'淔也'者,'淔'原訛'時',今正。《水部》:'泜,小渚也。'重文作'淔'。(275):'渚,小洲也。'《楚辭》:'淹低徊兮京泜。'王注:'京泜,即高洲也。''官也'者,'官'原訛'宮',今正。《廣雅·釋宮》:'州,官也。'"(3847~3848)胡氏所言是也。《説文·川部》:"州,水中可居曰州。"(239下)"淔""州"義同,故"時"、"宮"分別爲"淔"、"官"之形誤。《大字典》"州"字據《玉篇》之謬而收録"時也"之訓,應删。

11. 碁

《玉篇·日部》:"碁,居其切。後也。"(95下左)

按:《玉篇校釋》"碁"字下注:"'後也'者,'後'當爲'復',形之誤也。《説文》:'稘,復其時也。'本書《禾部》:'稘,周年。今作碁。'《月部》:'期,時也。'本部:'㫍,古文期。'又古文作朞,朞與碁同。金文期皆作碁或朞,凡云期年期月,皆謂周復也。"(3986)胡氏所言是也。《正字通·日部》:"碁,㫍期並同。舊注訓後也,分碁、㫍爲二,誤。"(468下)《正字通》所言印證胡氏之説。《大字典》第二義項既引《正字通》之説謂"碁"同"期",第一義項却仍沿襲《玉篇》之謬而訓"後",前後矛盾,失當。

12. 腰

《玉篇·火部》:"腰,五旦切。火也。"(99下右)

按:《玉篇校釋》"腰"字下注:"'火也'者,'也'當爲'色',形之誤也。《説文》:'腰,火色。'《切韻》同,《篇》《韻》並本許書也。"(4048)胡氏所言是也。"火也"即"火色"之訛,元刊本訓"火也"亦非。《大字典》"腰"字據元刊本《玉篇》之謬而收録"火"這一義項,非是。

13. 焌

《玉篇·火部》:"焌,烏來切。炫也;熱也。"(100下右)

按:《玉篇校釋》"焌"字下改注文"炫也"爲"烷也",並注曰:"'烷也'者,

'炗'原訛'炫',今正。《廣雅·釋言》:'焌,炗也。''熱也'者,《釋詁》二:'焌,爇也。'又三:'熾也。'《切韻》:'焌,熱也。'亦本《廣雅》。又之韻云:'火盛皃。'即'熾'義。"(4038)胡氏所言當是。《名義·火部》:"焌,於來反。熾[也];熱[也]。"(212上)《名義》亦無"炫"義,可見"炫"當爲"炗"之形誤。《大字典》《字海》"焌"字下沿襲《玉篇》之謬而收錄"炫"這一義項,皆應刪。

14. 峢

《玉篇·山部》:"峢,方爾切。峽峢,山足也。"(103上右)

按:原本《玉篇·山部》:"峽,於仰反。峽峢,山足也。"下字曰:"峢,方尔反。《埤倉》:'峽峢也。'"(469)《玉篇校釋》"峽""峢"二字下注:"引《埤倉》'峽峢','峢'字黎本訛作'嶵',《篇》《韻》《集韻》又並誤爲'峽峢'。《太玄經》:'崔嵬不崩,賴彼峽峢。'范望注:'崔嵬當崩不崩,以有彊足之峽峢。'字亦誤作'峽'。峽、峽形近,諸書罕見,傳寫遂誤爲'峽'。"(4178)胡氏所言是也。《大字典》引《玉篇》《太玄經》應據正。《字海》引《太玄經》作"峽",是也。

15. 碗

《玉篇·石部》:"碗,牛委切。魂碗,足曲也。"(105下左)

按:《玉篇校釋》(4328)"碗"字下校注文"足曲也"爲"迟曲也",是也。原本《玉篇·石部》:"碗,牛委反。《埤倉》:'碨碗,迟曲也'"(528)"碨碗""魂碗"同,故《玉篇》訓"足曲也",當爲"迟曲也"之誤。

16. 羷

《玉篇·羊部》:"羷,胡關切,又胡慢切。句山有獸,名之曰羷,其狀如羊,稟氣自然也,不可殺之。"(109下左)

按:《玉篇校釋》"羷"字下注:"句山有獸云云者,'旬'字誤'句',今正。《南山經》:'洵山有獸焉,其狀如羊而無口,不可殺也,其名曰羷。'郭注:'稟氣自然。洵,一作旬。'其下文即云洵水出焉,是水因山名,知山名爲旬也,

‘稟氣自然’句爲經文，今本誤入注文中。”（4538）胡氏所言是也。故今本
《玉篇》“句山”之“句”當即“旬”字之訛，今本《山海經》之注文“稟氣自然”又
當爲經文誤入注文。

17. 蒦

《玉篇·萑部》：“蒦，紆縛、於白、居莫三切。高視也；遽視兒也；度也。”
（115 下右）

按：《玉篇校釋》“蒦”字下注：“‘高視’云云者，‘高視’疑誤，疑爲‘規蒦’
之形誤，誤後復乙轉爲高視，又中多‘蒦’字。《説文》云：‘規蒦，商也。從又
持萑。一曰視遽兒。一曰蒦，度也。𫎭，蒦或從尋。尋亦度也。’”（3481）胡
氏所言當是。《名義·萑部》：“萑（蒦），居薄（縛）反。視遽兒。”（247 下）
《名義》“蒦”字亦未訓“高視”，原本《玉篇》當引《説文》之訓，今本《玉篇》却
將《説文》“規蒦，商也”之訓誤録爲“高視也”，非是。《大字典》“蒦”字下據
《玉篇》之誤而收録“高視”這一義項，亦非。

18. 矍

《玉篇·瞿部》：“矍，九縛切。矍矍，視而無所依之也。鷹隼得逸志
也。”（115 下右）

按：《玉篇校釋》“矍”字下校“之”爲“止”，又校“志”爲“走”，並注曰：
“‘矍矍無所依止也’，‘止’原作‘之’，今改正。此蓋顧氏申釋所引《書》語。
《易·震上六》：‘視矍矍。’馬注：‘矍矍，中未得之兒。’鄭云：‘目不正也。’希
馮隲栝二家説而曰：‘視而無所依止也。’‘鷹隼得逸走也’者，‘走’原作
‘志’，今正。《説文》：‘矍，隹欲逸走也。一曰視遽兒。’”（4827）胡氏所言是
也。《大字典》“矍”引《玉篇》沿誤且前後顛倒，應據改。此外，據《玉篇》作
“鷹隼”，也進一步佐證了段氏改“隹”爲“隼”是也。

19. 蜹

《玉篇·虫部》：“蜹，汝鋭切。含毒蛇。又蚊蜹。又音蓺。”（118 上右）

按:《玉篇校釋》"蛴"字下校"蛇"爲"蟲",並注曰:"'含毒蟲'者,'蟲'原作'蛇',今依慧琳引正。《廣韻》亦云:'毒蟲。'即本《玉篇》。此爲蟆子蟲,含毒齧人,亦謂之蛴。蟆字本書別作蠊,蠊與蚊蛴同名,故下文別舉'蚊蛴'義。慧琳:《國語》:'蛴蛾蜂蠆,皆能害人。'顧野王云:'今有蟲似蛴,善齧人,俗謂之含毒,即此蟲也。'又引顧云:'小飛蟲好入酒中。'"(4965)胡氏所言當是。《名義·虫部》:"蛴,汝説反。蜂蠆,小蟲,入酒中。"(255 上)可見原本《玉篇》亦引《國語》爲書證,顧野王後加案語訓"蛴"爲"蟲",而非爲"蛇"也。《大字典》"蛴"字據《玉篇》之誤而收錄"毒蛇名"這一義項,非是。

20. 賁

《玉篇·貝部》:"賁,彼寄切。飾也;徵也。"(120 上左)

按:《玉篇校釋》"賁"字下校注文"徵也"爲"微也",並注曰:"又'微也'者,'微'原形誤爲'徵',今正。諸書無此訓。希麟卷五及七引《韻英》《韻集》並云:'賁,微也。《易》云:賁,亨,小利,利有攸往。'本書原本當亦引逸書文。"(5082)胡氏所言當是。故"徵也"當即"微也"之形誤,《大字典》"賁"字下此義引《玉篇》應據改。

21. 毱

《玉篇·毛部》:"毱,莫昆切。以毳爲罽也;數也。"(121 下左)

按:《玉篇校釋》"毱"字下校注文"數也"爲"毻也",並注曰:"'毻也'者,'毻'原誤'數',今正。《廣雅·釋器》:'毻,罽也。'本書(14):'毻,毛布也。'此'毱,毻也',應出《埤倉》,皆罽之別名也。"(5163)胡氏所言是也。《名義·毛部》:"毱,莫昆反。以毳爲罽也。"(264 下)可見原本《玉篇》"毱"亦未訓"數也"。《大字典》"毱"字下承襲《玉篇》之謬而收錄"數"這一義項,應删。

22. 觙

《玉篇·角部》:"觙,阻立切。牛多角。又角堅皃。或作戢。"(122 下

右）

　　按：《玉篇校釋》"觾"字下改注文"牛多角"爲"羊多角"，又改"角堅兒"爲"角豎兒"，並注曰："'羊多角'者，原作'牛多角'，相涉而誤。'又角豎兒'者，'豎'原作'堅'，形近而誤，今並改正。'或作戢'者，似當云：'或作觛，亦作戢'。《切韻》：'觾，角多。'《唐韻》作'角多兒'。《廣韻》作'觛'，以'觾'爲重文，《集韻》同。《詩·無羊》：'爾羊來思，其角濈濈。爾牛來思，其耳濕濕。'毛傳：'聚其角而息濈濈然，呞而動其耳濕濕然。釋文：濈，本作戢，又作觛。案：濈濈、濕濕本爲重言形況之詞，俗因《詩》言羊角而變字作觾，言牛耳而从耳作聰。"（5202）胡氏所言當是。《名義·角部》："觛（觾），楚立反。牛角兒。"（266下）故疑原本《玉篇》"觛（觾）"或已誤訓爲"牛角兒"。《正字通·角部》："觾，同觛。《詩》作濈。觾、濈義同。"（1049下）此説印證了胡氏的考釋成果。《大字典》"觾"字第一、第二義項並沿《玉篇》而誤，應據正。

23. 觷

　　《玉篇·角部》："觷，乎的切。以角飾筞本末也，伏崇角也。"（122下右）

　　按：《玉篇校釋》"觷"字下改"筞"爲"策"，改"伏"爲"杖"，並注曰："'以角飾策本末也'者，蓋爲顧氏申所引《説文》'杖崇角也'文。'策'字原作'筞'，'杖'字原作'伏'，並形誤，今正。《切韻》：'觷，飾杖頭骨。'《廣韻》作'以角飾杖策頭'，徐鍇謂'杖崇拄地處'，皆爲偏舉一端，許通釋之，希馮則以本末兩端申釋之也。"（5194～5195）胡氏所言是也。《玉篇》之"筞"當即"策"之形誤，《大字典》引《玉篇》沿誤。又"杖崇角也"與"以角飾策本末也"、"以角飾杖策頭"釋義相同，僅渾言與析言之別，《大字典》誤分爲兩個義項，非是。

24. 鞣

　　《玉篇·革部》："鞣，如周切。乾革也。"（123上右）

　　按：《玉篇校釋》"鞣"字下改注文"乾革也"爲"柔革也"，並注曰："'柔革也'者,'柔'原訛'乾',今改。《切韻》平聲云:'柔皮。'去聲云:'頓皮。'《廣韻》作'熟皮'。《說文》:'鞣,奜也。從革,從柔,柔亦聲。'又戻,柔皮也。本書:'戻,弱也。或爲奜。''奜'下云:'柔也。'又:'韇,柔皮也。亦作奜、戻。'是鞣與奜、戻、韇並同。字固從柔,絶非乾革,乾則堅而不柔軟矣。"(5222)胡氏所言是也。《名義·革部》:"鞣,如周反。乾革。"(267上)此"乾革"亦當爲"柔革"之誤,吕浩《〈篆隸萬象名義〉校釋》(426A)失校。

25.韛

《玉篇·韋部》:"韛,芳袁切。羣韛也。"(124上右)

按:《玉篇校釋》"韛"字下改注文爲"帬韛也",並注曰:"'帬韛也'者,'帬'原訛'羣',今正。《集韻·元韻》兩收,一云'羣也',亦誤。一云'韋裏曰韛',可證作'羣'之訛。'帬'者裏下體之裳也,帬謂之韛,猶帳謂之褊,裶謂之韛,幅、胡謂之旛,同爲藩蔽義。"(5279)胡氏所言是也。《正字通·韋部》:"韛,舊注音翻,引《集韻》訓'羣也',誤與《篇海》同。諸韻書寒韻'播'或訓輩、或訓黨皆無義,'韛'訓'羣',尤非。"(1278下)此說印證了胡氏的考釋成果。《類篇》"韛"訓"羣也",亦爲沿襲《集韻》之誤。

26.觖

《玉篇·帛部》:"觖,他敢切。青黑繒。亦作帙。"(127下左)

按:《玉篇校釋》校"觖"爲"緂",並注曰:"'青黑繒。亦作緂'者,'緂'原作'帙',今正。《糸部》(114)'緂'下引《說文》:'帛雛色也。'《詩》曰:'毳衣如緂。'是也。《韓詩》爲觖字,在《帛部》。是原本於此有引《韓詩》作'毳衣如觖',云:'《說文》爲緂字,在《糸部》。'亦通作綊。《切韻》:'綊,青黄色。'云:'亦作觖。'觖者,繒如炎色也。"(5528~5529)胡氏所言是也。《名義·帛部》:"觖,他敢反。白(帛)黄也。"(280上)《新撰字鏡·巾部》:"觖,他敢反。緂也;炎也;毳衣如觖。"(238)《廣韻》上聲敢韻吐敢切:"綊,青黄色。《說文》:充彡切。白鮮衣皃。觖,上同。"(226)故"觖"同"緂""綊",當訓"帛雛色也"或"青黄色也",《玉篇》訓"青黑繒",非是。《大字典》《字海》"觖"字第一義項皆承襲《玉篇》之謬而訓爲"青黑色的絲織品",俱失考證。

27. 衸

《玉篇·衣部》:"衸,戶界、古拜二切。衣裾也;刺膝也;又衣長皃。"(128 上右)

按:《玉篇校釋》"衸"字下注:"'衣裾也'者,《切韻》:'衸,裾也。''裾'並爲'袥'之形誤。《説文》:'衸,袥也。'又:'袥,衣衸也。'本書(35):'袥,衸也。'《説文》衸、袥互訓,《廣雅》衸、袥同釋,可證《篇》《韻》作'裾'者誤也。"(5548)胡氏所言是也。《廣韻》去聲怪韻胡介切:"衸,補膝裙也。"(286)段玉裁《説文解字注》"衸"字下注:"《廣韻》十六怪云:'補膝裙也。'乃'裓膝,裙衸也'五字之誤。"(392 下)此亦其證也。《大字典》《字海》"衸"字皆承襲《玉篇》之謬而收録"衣裾"這一義項,俱應删。

28. 卬

《玉篇·匕部》:"卬,魚兩切。望也;欲有所庶及也;爲也;待也;向也;俯卬。今爲仰。又五郎切。卬卬,君之德也。"(130 上左)

按:《玉篇校釋》删去"望"之下"也"字,校"待"爲"恃",其説是也。《名義·匕部》:"卬,魚兩反。望也;爲也;恃也;向[也]。"(286 上)此即其證也。《大字典》"卬"字下引《玉篇》沿謬而未校,失當。

29. 歂

《玉篇·出部》:"歂,仕角切。遠也。"(131 上右)

按:"歂"字,《玉篇》收入《出部》,《大字典》引《玉篇》作《火部》,非是。《玉篇校釋》"歂"字下校注文"遠也"爲"速也",並注曰:"'速也'者,'速'原訛'遠',今正。《切韻》:'歂,速也。'《廣韻》或作'遄',《集韻》'歂'或作'遄'。本書《鳶部》:'鷻,速也。''歂'由'鷻'訛省,下體不成字。字又涉速義而加辵。"(5682)胡氏所言是也。《玉篇》"歂"訓"遠也",即"速也"之誤。《大字典》沿襲《玉篇》之謬而收録"遠"這一義項,應删。

30. 孿

《玉篇·子部》:"孿,齧患切,又力員切。變也;又雙産也。"(134 上左)

按:《玉篇校釋》"孿"字下注:"'變也'未詳,應爲'蠻'之形誤。《言部》'戀'下引《説文》'不絶也',古文作'蠻'(或爲戀訛作變)。"(5814)胡吉宣謂"變"應爲"蠻(戀)"字之訛,然"蠻(戀)"字罕覯,"變"或即"雙"字形誤闌入注文。《大字典》"孿"字下承襲《玉篇》之謬而收録"變"這一義項,應删。

31. 孑

《玉篇·了部》:"孑,居折切。遺也;餘也;後也;短也;無右臂也。"(134 下右)

按:《玉篇校釋》"孑"字下校注文"後也"爲"俊也",並注曰:"又'俊也'者,'俊'原形誤爲'後',今正。《方言》二:'孑,俊也。'俊與雋通。《左氏·宣十五年傳》:'有三雋才。'杜注:'雋才,絶異也。'本書:'俊,才過千人也。'重文作傑。又:'寯,才寯也。'是孑之爲俊,以獨特異衆爲義也。"(5825)胡氏所言是也。《名義·了部》:"孑,居折反。失也;餘也;後也;短也。"(294 上)此"後也"之"後"亦爲"俊"之形誤,吕浩《〈篆隸萬象名義〉校釋》(468A)失校。《大字典》"孑"字下承襲《玉篇》之謬而收録"後"這一義項,應删。

32. 醨

《玉篇·酉部》:"醨,巨氣切。术酒名。"(135 下左)

按:《新修玉篇》卷三十《酉部》引《玉篇》:"醨,巨氣切。秫酒名。"(240 上右)《篇海》卷十四《酉部》引《玉篇》:"醨,巨氣切。好酒名。"(818 上)"醨"字,《新修玉篇》《篇海》分別訓爲"秫酒名""好酒名",並誤。元刊本《玉篇·酉部》:"醨,巨氣切。米酒色。"《廣韻》去聲未韻其既切:"醨,秫酒名。"(257)《玉篇校釋》"醨"字下改注文"术酒名"爲"沐酒名",並注曰:"'沐酒名'者,'沐'原訛'术',元刊又訛爲'米酒色',《廣韻》作'秫酒名',並形近致誤。《集韻》:'醨,沐酒也。謂既沐飲酒。《禮》有進醨。通作禨。'《禮記·

玉藻》：‘進機進羞。’《少儀》：‘機者、醮者。’鄭注：‘已沐飲酒曰機。’並以機為之。”（5870）胡氏所言當是。《名義・酉部》：“醾，渠氣反。”（296）《名義》此字義闕。《新撰字鏡・酉部》：“醾，巨氣反。飲酒名。”（241）“飲酒名”與“沐酒名”訓異義同，皆指沐後飲酒之名。此是其佐證也。故“醾”字，《玉篇》、元刊本《玉篇》、《廣韻》、《篇海》等字韻書分別訓為“术酒名”“米酒色”“秫酒名”“好酒名”，皆為“沐酒名”之誤。《直音篇》卷七《酉部》：“醾，音忌。米酒色。”（320 下）《詳校篇海》卷五《酉部》：“醾，奇寄切，音芰。好酒名；又酒色也。”（361 上）《篇海類編》同。《詳校篇海》《篇海類編》訓“醾”為“好酒名”，此當因承襲《篇海》之謬而誤；又其訓“醾”為“酒色”，當為“米酒色”之脫文，亦非。《大字典》“醾”字下分別承襲《玉篇》、《廣韻》、元刊本《玉篇》、《篇海類編》諸辭書之謬而收錄“秫酒名”“酒色，米酒色”“好酒名”這三個義項，非是。《字海》“醾”字下承襲《廣韻》之謬而收錄“秫酒名”這一義項，亦非。

　　第二、脫文

　　脫文，即指古書在流傳過程中產生的文字脫落的現象。《玉篇》在流傳過程中，也產生了許多因文字脫落而造成的義誤現象。

1. 睳

　　《玉篇・目部》：“睳，呼圭切。瘦皃；又目瞢。”（22 上左）

　　按：《玉篇校釋》“睳”字下注：“‘瘦皃；又目瞢’者，‘瘦皃’當作‘瘦人視皃’。《集韻》引《埤倉》云：‘瘠人視皃。’”（835）胡氏所言是也。《名義・目部》：“睳，呼圭反。［瘦］盻（眄）皃也。”（36 上）《新撰字鏡・目部》：“睳，呼圭反。瘦盻（眄）皃；目莨（瞢）睳（當為字頭誤重）。”（99）故《玉篇》之“瘦皃”當即“瘦盻皃”之誤，“瘦盻皃”“瘦人視皃”義同。《大字典》“睳”字據《玉篇》之謬而收錄“瘦貌”這一義項，當刪。

2. 膿

　　《玉篇・肉部》：“膿，乃公切。癰疽潰也。”（37 上右）

　　按：《玉篇校釋》於“膿”字注文“潰”下補“血”字，並注曰：“‘癰疽潰血也'者,原引《聲類》文,見慧琳引,'血'字今補。"(1558)胡氏所言是也。《名義·肉部》:"膿,乃公反。癰疽潰血也。"(70上)此是其證。《大字典》"膿"字引《玉篇》應據補。

3. 迒

《玉篇·辵部》:"迒,胡郎切。迹也;長道也。"(50上右)

按:《方言》卷十三:"迒,長也。"郭璞注:"迒,謂長短也。"《玉篇校釋》"迒"字下注文於"長""道"二字之間增一"也"字,並注曰:"又'長也;道也'者,原作'長道也',今補一'也'字。《方言》十三:'迒,長也。'《廣雅》二同。又《釋宮》:'迒,道也。'"(2100)胡氏所言是也。《名義·辵部》:"迒,胡郎反。迹也;長也;短也;道也。"(96下)此是其證。又《名義》訓"迒"爲"短也",當爲誤截郭璞注所致的訓釋失誤。

4. 柰

《玉篇·木部》:"柰,所加切。柰棠,華赤實,味如李,無核,食之使人不弱,可衛水。"(59下左)

按:《玉篇校釋》"柰"字下校補注文爲"柰棠,華黃赤實,味如李,無核,食之使人不溺,可御水",並注曰:"'柰棠'云云者,原引《山海經》文,傳寫奪'黃'字,'溺'字誤'弱','御'誤'衛',今補正。《西山經》:'昆侖之丘有木焉,其狀如棠,華黃赤實,其味如李而無核,名曰沙棠,可以御水,食之使人不溺。'郭注:'言體浮輕也;沙棠爲木,不可得沉。'"(2338)胡氏所言是也。《文選·司馬相如〈上林賦〉》:"沙棠櫟櫧,華楓枰櫨。"張揖曰:"沙棠,狀如棠,黃華赤實,其味如李,無核。"(126上)《名義·木部》:"柰,所加反。[柰]棠,木也。"下字注:"棠,達即(郎)反。黃華赤實,味如李無核也,梨也。"(116上)"梨也"蓋"棠梨"之誤截。可見原本《玉篇》亦引《山海經》之文,其所見《山海經》亦作"柰"。以上諸書皆可證今本《玉篇》義訓之誤。《大字典》《字海》"柰"字沿襲今本《玉篇》之謬而又誤爲斷讀,遂致其義支離不通。

5. 稇

《玉篇·禾部》：“稇，戶袞切。草。”（74 下左）

按：《玉篇校釋》“稇”字下注：“《集韻·混韻》：‘稇，束草也。’又：‘梱，束木也。’本書：‘緄，《埤倉》：大束也。’此‘草’下當補一‘束’字，猶下文‘秅’爲禾束。”（2954）胡氏所言當是。《新修玉篇》卷十五《禾部》引《玉篇》：“稇，胡本切。束草也。”（136 上右）故《玉篇》“草”之訓當爲“束草”或“草束”之誤爲脱文。《大字典》《字海》“稇”字沿襲《玉篇》之誤而收録“草”這一義項，非是。

6. 舀

《玉篇·臼部》：“舀，羊少切。臼也。”（76 上右）

按：《玉篇校釋》“舀”字下補注文爲“抒臼也”，並注曰：“‘抒臼也’者，原云‘臼也’，今補‘抒’字。《切韻》：‘舀，抒臼。或作舀。’《集韻》‘舀’爲‘舀’重文。本書依例亦當列舀下爲重文。”（3007）胡氏所言是也。《新修玉篇》卷十五《臼部》引《玉篇》：“舀，以沼切。《説文》：‘抒臼也。’”（139 上右）“舀”即“舀”字之俗，此即其證也。《大字典》《字海》皆已溝通“舀”與“舀”的異體關係，却因《玉篇》訓釋脱文而未加溝通“舀”與“舀”的異體關係，《字海》讀音又誤爲音 yǎn，俱失考證。

7. 鑑

《玉篇·金部》：“鑒，古銜、古懺二切。察也；形也；式也；盆也。鑑，上同。”（83 上右）

按：《玉篇校釋》“鑒”字下改注文爲：“察也；所以察形也；戒也；大盆也”，並注曰：“‘所以察形也’者，《詩·柏舟》：‘我心匪鑒。’《毛傳》：‘鑒，所以察形也。’本書原引誤作‘形也’，今補‘所以察’三字。‘戒也；大盆也’者，原亦訛奪爲‘式也；盆也’，今並依慧琳《音義》訂正。慧琳：《毛詩》：‘我心匪鑒。’傳云：‘鑒，所以察形也。’杜注《左傳》：‘戒也。’賈注《國語》：‘鑒，察

也。’《説文》：‘大盆也。一曰鑒諸也，可以取明水於月也。’”（3302～3303）
胡氏所言是也。《篇海》“鑑”字下“形也”之訓即爲《玉篇》所誤。《大字典》
“鑑”字據《篇海》之謬而收録“形”這一義項，應删。

8. 鏋

《玉篇·金部》：“鏋，莫短切。金也。”（84 下右）

按：《玉篇校釋》“鏋”字下注：“‘金也’者，當如《切韻》云：‘金精也。’《集
韻》：‘金精謂之鏋。’《煉丹藥秘訣》：‘金礦有物，形似蛇，黄紫色，有刺，燒煉
成精，其名曰鏋。’”（3373）胡氏所言是也。《新修玉篇》卷十八《金部》引《玉
篇》：“鏋，莫短切。金精。”（157 上右）此是其證也。《大字典》“鏋”字據《玉
篇》之謬而收録“金”這一義項，應删。

9. 轆

《玉篇·車部》：“轆，息移切。車。”（87 上右）

按：《玉篇校釋》“轆”字下注：“元刊云‘車也’，當作‘車輪也’。轆爲輪
而非車名。《集韻·支韻》：‘轆，輪之類。’字通作傂。”（3519）胡氏所言是
也。《新修玉篇》卷十八《車部》引《玉篇》：“轆，息移切。輪之類也。”（162
下右）此是其證。《大字典》《字海》“轆”字承襲《玉篇》之謬而收録“車”這一
義項，皆應删。

10. 戫

《玉篇·戈部》：“戫，如欲切。戟也。”（81 下右）

按：《玉篇校釋》“戫”字下注：“‘戟也’者，《廣雅·釋器》：‘戟，其子謂之
戫。’又云：‘子，戟也。’疏證云：‘子者取名于鉤子。《考工記》謂之胡。’《方
言》九：‘戟，楚謂之釪。’郭注：‘取名于鉤釪也。’《切韻》：‘戫，戟子。’《唐韻》
云：‘矛戟枝也。出坤倉。’應本書原本引《廣雅》《坤倉》文。”（3234）胡氏
所言不確。《名義·戈部》：“戫，如欲反。戟子（子）。”（168 下）《新撰字鏡》
（601）亦同。故《玉篇》“戫”訓“戟”，當即“戟子”之誤脱。《廣韻》入聲燭韻

而蜀切:"戤,矛戤(戟)枝也。"(376)余迺永《校注》"戤"字下注:"《王一》《全王》解'矛',《王二》謂'戟子';《集韻》儒欲切云:'《博雅》:戟,其子謂之戤。或作戤。'按《廣雅疏證》:'子者,取名于鉤子,《考工記》謂之胡。'故《王二》'子'乃'孑'字之誤;本書'矛'字則承《王一》《全王》之訛,當正爲:'孑,戟枝也。'"(915)余氏所言是也。"戤"字,《大字典》第一義項與第三義項、《字海》第一義項皆沿謬而增設,皆應删。

11. 皪

《玉篇·白部》:"皪,他朗切。明也。或作曭。"(95 上左)

按:《玉篇校釋》"皪"字下注曰:"《廣韻》上聲蕩韻:'皪,白皪。'不與'曭'一字。《集韻》:'暢,白色。或作皪。'本書以'皪''曭'爲一字,則'明也'當作'不明也'。《日部》(81):'曭,不明也。'"(3946)胡氏所言當是。《楚辭·遠遊》:"皆曖曃其曭莽兮,召玄武而奔屬。"洪興祖補注:"曭,日不明也。"故"皪"字,《玉篇》訓"明也",當爲"不明也"之誤脱。

12. 昨

《玉篇·日部》:"昨,才各切。一宵也。"(95 下右)

按:《玉篇校釋》"昨"字下校補注文爲"隔一宵也",並注曰:"'隔一宵也'者,原無'隔'字,不成義,今補。《文選·悼亡詩》注引《倉頡篇》:'昨,隔日也。'《説文》:'昨,纍日也。'《唐韻》:'昨,昨日。'《廣韻》云:'昨日,隔一宵也。'蓋本《玉篇》。"(3991)胡氏所言是也。《玉篇》訓"昨"爲"一宵也",於義不通,即爲"隔一宵也"之誤脱,《大字典》"昨"字引《玉篇》應據正。

13. 硐

《玉篇·石部》:"硐,音坸。石也。"(105 下左)

按:《玉篇校釋》"硐"字下注:"'音坸'即與'坸'同。'石也'當爲'石落也'。《集韻·灰韻》:'硐,以石投下。或作磓。'慧琳七九·十二:'《考聲》:硐,落也;投下也。'本書:'磓,《埤倉》:磧也。'《切韻》:'磓,落也。'《土部》:

'堆',重文作'塠',落也。又重文作'坏'。"(4333)胡氏所言是也。《新修玉篇》卷二二《石部》引《玉篇》亦云:"硆,都回切。以石投下。"(183下右)"硆"字,諸字書、韻書皆未見有訓"石"者,《玉篇》訓"石也",非是。《大字典》《字海》"硆"字據《玉篇》之謬而收錄"石"這一義項,亦非。

14. 硡

《玉篇·石部》:"硡,音宏。石也。"(105下左)

按:《玉篇校釋》"硡"字下校注文爲"石聲也",並注曰:"'音宏'者,硡爲石大聲也,'石聲'原作'石也',今補'聲'字。原本應有'硡'字,引《廣雅》'聲也',《埤倉》'石聲也',而以'硡'爲重文。傳寫多'硡'字,後人僅補'硡'於此。《廣韻·耕韻》'硡'下引本書云'石聲也',所據爲孫强上元本文也。《廣雅·釋詁四》:'硡,聲也。'疏證云:'《玉篇》:硡,石聲也。'即據《廣韻》所引。"(4334)胡吉宣謂"石也"當作"石聲也",是也;然謂原本《玉篇》應有"硡""硡"二字,疑不確。"硡""硡"原本《玉篇》未見,《名義》亦不錄,可見原本《玉篇》本未收此二字。《大字典》"硡"字據《玉篇》之誤而收錄"石"這一義項,非是。

15. 㹊

《玉篇·羊部》:"㹊,都弄切。泰山有獸,狀如牛,一角。"(109下左)

按:《玉篇校釋》(4538)據《山海經》之文於"泰"下補"戲"字,並校"牛"爲"羊",是也。《名義·羊部》:"㹊,都弄反。如羊,一角一目,[目]在耳後。"(232上)可見原本《玉篇》亦引《山海經》之文,今本《玉篇》引《山海經》之文有脱誤。《大字典》"㹊"字引《玉篇》沿誤,應據改。

16. 獚

《玉篇·犬部》:"獚,許苗切。犬黄色也。"(110下左)

按:《玉篇校釋》"獚"字下校補爲"犬黄白色也",並注曰:"'犬黄白色也'者,'白'字今補。《切韻》:'獚,犬黄白色。'《集韻》同。"(4585)胡氏所言是也。《名義·犬部》：“玁，呼苗反。犬黄白[色]。”(235下)《新撰字鏡·犬部》：“玁，許嬌反。犬黄白色。”(471)以上二書並其證也。《大字典》“玁”字引《玉篇》應據此校補。

17. 犲

《玉篇·豕部》：“犲，呼恢切。豕。”(111上左)

按：元刊本《玉篇·豕部》：“犲，呼恢切。豕也。”《玉篇校釋》“犲”字下注：“‘豕’下文未竟，元刊云‘豕也’，非是。《集韻》以爲‘豗’之或體，以豕掘地發土而變字从土。”(4624)胡氏所言是也。《玉篇·豕部》：“豗，呼回切。豕豗地。”(111上左)慧琳《音義》卷五五《佛説五苦章句經》：“豗地，上音灰。《埤倉》云：‘豗，豕以鼻墾地取蟲謂之豗也。’”(58，頁532b1)《集韻》平聲灰韻呼回切：“豗，豕發土也。或作犲、豗。”(106)“犲”即“豗”之異體字，應訓爲“豕發土也”或“豕犲土也”。《大字典》《字海》“犲”字皆據《玉篇》之誤而收録“豬”這一義項，並非。

18. 彖

《玉篇·彑部》：“彖，他亂切。才也；豕走悦也。”(111下右)

按：《玉篇校釋》“彖”字下注：“又‘豕走也；挩也’者，原作‘豕走悦也’，經删之誤。《説文》：‘彖，豕走也。’《廣雅·釋言》：‘彖，挩也。’原本即引此二書，今補正。”(4631～4632)胡氏所言是也。《名義·彑部》：“彖，他焕反。才也；豕走也。”(237上)此亦其證也。段玉裁反據《玉篇》之誤而謂許書古本當作“豕走挩也”，非是。《大字典》“彖”字下引段氏之説，亦非。

19. 觓

《玉篇·角部》：“觓，音四。角。”(122下左)

按：《玉篇校釋》增補注文“角”爲“角匕”，並注曰：“原止云‘角’，元刊云‘器名’，今增補一‘匕’字。‘觓’與‘柶’同也。匕亦名柶也。《木部》：‘柶，角匕也。’字因變从角爲‘觓’。唐《説文》及《切韻》‘柶’並音四。‘柶’爲木匕,‘觚’爲角匕,物同而質異耳。”(5206)胡氏所言是也。《正字通·角部》：
“觚,與栖通。”(1047 上)此即其證也。《説文·木部》：“栖,《禮》有栖。栖,
匕也。从木,四聲。”(122 上)“觚”當即“栖”通過改換義符而形成的異體
字。《大字典》《字海》“觚”字第一義項皆據《玉篇》之誤而訓“角”,應删。
《大字典》《字海》直謂“觚”同“栖”,即可。

20. 寽

《玉篇·㝵部》：“寽,力括切。五指也。亦作将。取也；摩也。”(130 下
右)

按：《玉篇校釋》“寽”字下校補注文“五指也”爲“五指将也”,並注曰：
“‘五指将也’者,《説文》文,原作‘五指也’,今依《説文》補‘将’字。二徐本
‘将’或訛‘持’。”(5666)胡氏所言當是。《説文·㝵部》：“寽,五指持也。”
(84 下)《大字典》謂引《説文·寸部》,非是。段玉裁依《集韻》改“持”爲
“寽”,注云：“凡今俗用五指持物引取之曰寽。”《玉篇》“寽”訓“五指也”,即
爲“五指寽(将)也”之誤。《大字典》“寽”字據《玉篇》之誤而收録“五指”這
一義項,非是。

第三、衍文

衍文,即指古書在流傳過程中出現的多出文字的現象。《玉篇》在流傳
過程中,也存在一些因衍文而造成的義誤的現象。

1. 禡

《玉篇·示部》：“禡,莫駕切。師祭也；又馬上祭也。”(4 上右)

按：《玉篇校釋》“禡”字下注：“‘又馬上祭也’者,‘上’字疑衍。《正字
通》引《埤倉》：‘禡,馬[上]祭也。’《詩·吉日》：‘既伯既禱。’毛傳：‘伯,馬祖
也。重物慎微,將用馬力,必先爲之禱其祖。’《風俗通》引《詩》作：‘既禡既
禱。’《説文》引作：‘既禡既禂。’《釋天》：‘既伯既禱,馬祭也。’郭注：‘祭馬祖
也。’《爾雅》即釋《吉日》之詩文。《漢書·敘傳》：‘類禡厥宗。’應劭曰：‘禡,
馬祖也。馬者兵之首,故祭其先神也。’”(40～41)胡吉宣謂“馬上祭也”當
爲“馬祭也”之衍誤,所言是也。《大字典》“禡”字第二義項承襲《玉篇》之誤

而訓爲"馬上祭",非是。

2.禔

《玉篇·示部》:"禔,息兹切。不安也;欲去意也。"(4 上左)

按:《玉篇校釋》"禔"字下注:"'不安也;欲去意也'者,上一'也'字衍。《切韻》:'禔,不安欲去意。'《漢書·禮樂志·郊祀歌》:'靈禔禔,象輿轙。'孟康曰:'禔音近枲,不安欲去也。'"(55)胡氏所言是也。《名義·示部》:"禔,息慈反。不安欲去之意也。"(3 上)《新撰字鏡·示部》:"禔,息兹反。不安欲去。"(616)《龍龕》卷一《示部》:"禔,音思。不安欲去也。"(110)以上諸書皆其證也。故《玉篇》訓"禔"爲"不安也;欲去意也",當爲"不安欲去意也"之衍誤。《大字典》"禔"字下引《玉篇》而未作校正,有失考證。

3.踃

《玉篇·足部》:"踃,先聊切。跳踃。"(34 上左)

按:《玉篇校釋》"踃"字下注:"'跳踃'者,當作'跳也'。《切韻》:'踃,跳也。'蓋並本《埤倉》。"(1422)胡氏所言是也。《名義·足部》:"踃,先聊反。跳也。"(63 上)此是其證也。故《玉篇》"跳踃"之"踃"當爲字頭重出之誤。《集韻》又沿襲《玉篇》之謬轉訓爲"動也",亦非。《大字典》《字海》"踃"字沿謬而收録"跳踃"這一義項,當删。

4.般

《玉篇·舟部》:"般,步干切。大船也;又樂也。又北潘切。"(87 下右)

按:《玉篇》"般"訓"大船也",非是。《名義·舟部》:"般,菩安反。樂也;旋也;大也。般(舨),同上。"(184 下)原本《玉篇·舟部》:"般,蒲安反。《尚書》:'乃般遊無度。'孔安國曰:'般,樂也。'《周易》:'般桓利居貞。'王弼曰:'動則難生不可以進,故般桓也。'《爾雅》:'般,旋也。'《説文》:般,辟也。象舟之旋,從舟從殳。殳,般旋也。《廣雅》:'般,大也。'般桓,不進也。舨,《説文》古文般字也。"(417)"般"字,皆未見有訓"大船也",且"大船也"之訓於文獻亦無徵,原本《玉篇》引《廣雅》訓"大也",而今本《玉篇》作"大船也"者,當爲"大也"之誤衍。《大字典》"般"字承襲《玉篇》之謬而收録"大船"這一義項,應删。

5. 猦

《玉篇·犬部》:"猦,音喜。楚人呼豬聲。"(111 上右)

按:《玉篇校釋》"猦"字下注:"'楚人呼豬聲'者,'聲'字衍,今删。《切韻》亦云:'楚人呼豬。'《方言》八:'豬,南楚謂之猦。'猦與豨同。"(4602)胡氏所言是也。《龍龕》卷二《犬部》亦曰:"猦,虛豈反。楚人呼豬也。又音希。"(318~319)此亦其證也。《大字典》《字海》"猦"字據《玉篇》之謬而收録"呼豬聲"這一義項,皆應删。

第四、倒文

倒文,即指古書在流傳過程中產生的文字位置前後顛倒的現象。《玉篇》在流傳過程中,也存在因倒文而造成義訓失誤的現象。

1. 髻

《玉篇·髟部》:"髻,居濟切。髮結也。髻,同上。《説文》古拜切。簪結也。"(28 下右)

按:《説文·髟部》:"髻,簪結也。从髟,介聲。"(183 下)《説文新附·髟部》:"髻,總髮也。从髟,吉聲。"(184 下)《玉篇校釋》"髻"字下注:"'髮結也'者,當爲'結髮也'。原本引《儀禮》及注文,二徐本無'髻'字(《新附》云:'總髮也')。《御覽》引《説文》:'髻,結髮也。'《廣雅·釋詁四》:'髻,髻也。'曹憲云:'按《説文》髻即籀文髻字也。'王氏疏證云:'《説文》原有髻字,而髻即髻之重文。《士冠禮》:將冠者采衣紒。鄭注:紒,結髮也。古文紒爲結,紒之或作結,猶髻之或作髻。今本《説文》髻字訓爲簪結,乃後人所改,《玉篇》髻字注云結髮也,髻字注云同上,此皆本於《説文》,其下文云《説文》古拜切。簪結也,則陳彭年等以誤本《説文》竄入者耳。'"(1124)以上諸説所言皆是也。《名義·髟部》:"髻,古濟反。結髮也。髻,髻字也。"(49 上)此亦其證也。可見原本《玉篇》所見《説文》亦訓"結髮也",其所見《説文》亦收録"髻"字,且以"鬚"爲"髻"之重文。今本《玉篇》訓"髮結也",當爲"結髮也"之誤倒;而今本《説文》誤脱"髻"字,遂致"鬚"與"髻"誤爲分離。

2. 楄

《玉篇·木部》:"楄,步本切。即耷車也。又拘(枸)簟,車弓也。"(62上左)

按:《玉篇校釋》"楄"字下改注文"耷車"爲"車耷",並注曰:"'即車耷也'者,原作'耷車也',今乙正。《車部》:'耷,車耷。'此與下句本爲引《方言》及郭注文,經删而顛倒錯亂如此。"(2467)胡氏所言是也。《名義·木部》:"楄,蒲本反。車弓也;車屋曲木也。"(123上)"枸簟""車耷""車弓"訓異義同,皆謂車篷也。今《玉篇》"車耷"誤作"耷車",《大字典》《字海》"楄"字承襲《玉篇》之謬而轉訓爲"篷車",皆誤。

第五、反切誤爲釋義

《玉篇》在傳抄的過程中,也存在誤將反切作爲義訓的義誤現象。

緊:《玉篇·糸部》:"緊,方孔切。小兒履也。又布茫。"(126上左)

按:《玉篇校釋》"緊"字下於"茫"字下補"切"字,並注曰:"'又布茫切','切'字原奪,今補。"(5457)胡氏所言是也。《新修玉篇》卷二七《糸部》引《玉篇》:"緊,方孔切。小兒履也。又布茫切。"(220下左)此即其證也。傳抄脱落"切"字,後人遂誤認爲釋義,一誤再誤,謬甚。《大字典》"緊"字下沿襲《玉篇》之謬而收録"布茫"這一義項,非是。

第六、義訓誤植

義訓誤植是指字書在傳抄過程中把甲字義訓誤植於乙字之下的現象。《玉篇》在流傳過程中,也存在許多因義訓誤植而產生的虛假字義的現象。

1. 腳

《玉篇·肉部》:"腳,虛羊切。今肉中生息肉。"(36上右)

按:《玉篇校釋》"腳"字下改注文中"今"爲"令",並注曰:"'令肉中生息肉也'者,上'腥'字注引《説文》文,傳寫誤入,應删。"(1519)胡氏所言是也。《名義·肉部》:"腳,虛姜反。牛羹。"(66下)《新撰字鏡·肉部》:"腳,虛良反。羮之類也。”(35)“臄”字,《名義》《新撰字鏡》皆未見訓“令肉中生息肉”者,故《玉篇》之訓非是。《説文‧肉部》:“腥,星見食豕,令肉中生小息肉也。从肉,从星,星亦聲。”(89下)故“臄”訓“令肉中生息肉也”,當爲“腥”字之訓誤置於此所致的訓釋失誤。《大字典》“臄”字下據《玉篇》之謬而收録“肉中生息肉”這一義項,非是。

2. 歳

《玉篇‧欠部》:“歳,思萃切。問。”(45下左)

按:《正字通‧欠部》:“歳,舊注:音歲。問也。按:《説文》楚人謂卜問吉凶曰叡,從又持祟,之芮切。歳,意有所欲也。從欠,歳省聲。苦管切。或從奈作款。據此説歳與款、歳同。舊本誤以歳爲叡,分歳、款爲二,並非。”(551下)《正字通》所言是也。《玉篇校釋》“歳”字下注:“案:此字由‘叡’‘歳’二字涸合而誤。隸變‘歳’作‘款’。上(19)‘款’下引《説文》:‘意有所欲也。’許解字从欠、歳省聲。《又部》:‘叡,卜問吉凶曰叡。’此處蓋後人以《説文》校之誤認爲漏奪而補之,又與‘叡’形相亂,復以‘叡’問義嫁之也。應删。”(1948)胡氏所言印證了《正字通》之説。《説文‧欠部》:“歳,意有所欲也。从欠、歳省。款,或从奈。”(179上)《説文‧又部》:“叡,楚人謂卜問吉凶曰叡,从又持祟,祟亦聲。”(64下)故“歳”即“款”字,《玉篇》“歳”之音義即因誤認漏奪而補之,却又誤植“叡”之音義於此。故《大字典》《字海》“歳”字下承襲《玉篇》之謬而收録“問”這一義項,俱應删。

3. 秜

《玉篇‧禾部》:“秜,力尸切。小麥也。”(74上右)

按:《玉篇校釋》“秜”字下注:“‘秜’下云‘小麥也’誤,今改移‘秾’下。元刊:‘秾,小麥。’”(2921)胡氏所言是也。《名義‧禾部》:“秜,力尸反。今落來年自生稻。”下字曰:“秾,力該反。小麥也。”(149上)故“秜”字,今本《玉篇》訓“小麥也”,當即“秾”字之訓誤植於此所致的訓釋失誤。《大字典》《字海》“秾”字下沿襲《玉篇》之誤而收録“小麥”這一義項,皆應删。

4. 鬻

《玉篇·鬲部》："鬻,古行切。䰞也。𩱧,同上。"(79 下右)

按:《玉篇校釋》"鬻"字下注:"'古行切。䰞也'者,音爲'羹'字,'䰞'爲'鬻'義,經删誤合也。《説文》:'鬻,䰞也。'又:'鬻,五味和羹也。'或省作鬻,或从美作䰞,小篆作羹。本書《鬲部》:'鬻,柯行切。亦作羹。'又:'鬻,式羊切。䰞也。'即於此誤合爲'古行切。䰞也'之音義。"(3154)胡氏所言是也。《説文·鬲部》:"鬻,䰞也。从鬲,羊聲。"(57 上)下文《鬻部》:"鬻,五味盉羹也。从鬻,从羔。《詩》曰:'亦有和鬻。'鬻,或省。䰞,或从美,鬻省。羹,小篆从羔,从美。"(57 上)《名義·鬲部》:"鬻,式羊反。䰞。"(163 上)下文《鬻部》:"鬻,柯衡反。五味和也。䰞,上文。"(163 下)可見原本《玉篇》"鬻"字義訓亦同《説文》。《新撰字鏡·鬲部》:"鬻,式羊反。䰞之也。鬻,上字。"(664)下文:"鬻,柯衡反。羹也。𩱧,上字。"(665)《新撰字鏡》"鬻"字亦未訓"䰞也",此亦其證也。敦煌本《王韻》平聲庚韻古行反:"羹,和味。亦作鬻、鬻、䰞。"(376)故宮本《王韻》平聲庚韻古行反:"羹,和味。亦作鬻。"(463)《切韻》系韻書"鬻"字義訓亦同《説文》,此亦其證也。故今本《玉篇》訓"鬻"爲"䰞也",即因誤植"鬻"字之義於"鬻"字之上所致的訓釋失誤。《大字典》"鬻"字下承襲《玉篇》之誤而收録"煮"這一義項,亦失考證。

5. 舠

原本《玉篇·舟部》:"舠,五骨反。《説文》:船行不安也。從舟(省)聲也。《字書》:一曰船也。"(416)

按:《玉篇校釋》"舠"字下注:"《字書》一義爲船者,亦與舠字相溷也。"(3551～3552)胡氏所言是也。《玉篇·舟部》:"舠,丁勞切。小船。"(87 下左)《文心雕龍·夸飾》:"言峻則嵩高極天,論狹則河不容舠。"南朝梁吳均《贈王桂陽别詩三首》之二:"行衣侵曉露,征舠犯夜湍。"宋陸遊《齋中夜坐有感》:"浣花江色緑如黛,春波灧灧浮輕舠。"以上書證、例證皆爲其證也。故原本《玉篇》"舠"訓"小船",當因與"舠"形近相混而誤也。《大字典》引宋柳開《時鑑》作：“蜀難通輻，吴莫容削。”然《四庫》本《河東集》卷四作：“蜀難通輻，吴莫容舠。”《四庫》本《宋文鑑》卷一百二十五亦作：“蜀難通輻，具（吴）莫容舠。”可見《大字典》所引宋柳開《時鑑》之“削”當即“舠”字之訛。《大字典》“削”字下沿襲原本《玉篇》之誤而收録“船”這一義項，應删。

6. 涷

《玉篇・水部》：“涷，都聾切。露皃。又水名。又都弄切。”（92 上左）

按：《玉篇校釋》“漙”字下注：“疑上‘涷’下‘露皃’二字本在此，傳寫誤也。”（3837）胡氏所言疑是。《新修玉篇》卷十九《水部》引《玉篇》：“涷，德紅切。《説文》：‘水出發鳩山，入於河。’《爾雅》：‘暴雨謂之涷。’郭璞注：‘今江東人呼夏月暴雨爲涷雨。’引《楚辭》：‘使涷雨兮灑塵。’一曰瀧涷，沾漬。”（167 上左）《新修玉篇》亦未見有訓“涷”爲“露皃”者。又《説文新附・水部》：“漙，露皃。从水，專聲。”（238 上）《玉篇・水部》：“漙，徒桓切。《詩》云：‘零露漙兮。’”（92 下右）《玉篇》訓“涷”爲“露皃”者，當因“涷”“漙”二字並列，遂誤植“漙”字之義於“涷”字之上而誤。《大字典》“涷”字下據《玉篇》之謬而收録“露皃”這一義項，應删。

7. 騽

《玉篇・馬部》：“騽，之喻切。馬縣足也；馬後左足白。”（107 下左）

按：《玉篇校釋》“騽”字下注：“‘馬縣足’者，未審所出，應與‘驠’淈。驠、騽形近，《説文》‘驠’作‘𩢷’，‘騽’作‘𩢲’，形尤相似。”（4430）胡氏所言當是。《名義・馬部》：“騽，之喻反。左後足白也。”（228 上）《名義》“騽”字亦未訓“馬縣足”，可見原本《玉篇》“騽”字亦未有“馬縣足”之訓。“騽”訓“馬縣足”者，當爲後人因“騽”“驠”形近而又誤植“驠”字之訓於此所致的訓釋失誤。《大字典》“騽”字下據《玉篇》之謬而收録“馬懸足”這一義項，非是。

8. 猥

《玉篇·犬部》:"猥,於隈切。犬聲。又犬生三子也。"(110 上左)

按:《玉篇校釋》"猥"字下注:"'又犬生三子'爲下'㺒'字義傳寫誤入,今删。"(4554)胡氏所言是也。《名義·犬部》:"猥,於隈反。能也;衆也。"(234 上)《新撰字鏡·犬部》:"猥,烏罪反。衆也;頓也;惡也;亂也。"(469)"猥"字,以上諸書皆未見有訓"犬生三子"者。《名義·犬部》:"㺒,子公反。犬生三子。"(236 上)《玉篇》同。故"猥"訓"犬生三子"者,當即"㺒"字之訓又誤植於此也。《大字典》"猥"字下據《玉篇》之謬而收録"犬生三子"這一義項,非是。

9. 綸

《玉篇·糸部》:"綸,力旬切,又公頑切。綬也;緩也;又寬也。"(125 上右)

按:《玉篇校釋》"綸"字下注:"廣益本'緩也;又寬也'五字爲上'緷'字注誤入,删之。"(5354～5355)胡氏所言當是。"綸"字,原本《玉篇》、《名義》皆未有"緩也;又寬也"之訓,且"綸"訓"緩也;又寬也"於文獻亦無徵,"緷"字訓"緩也""寬也"乃其常訓,故"綸"字下"緩也;又寬也"之訓乃"緷"字之訓又誤植於此。《大字典》"綸"字據《玉篇》之誤而收録"寬也"這一義項,非是。

10. 袺

《玉篇·衣部》:"袺,方結切。袂也;敝衣也。"(128 下左)

按:《玉篇校釋》"袺"字下注:"又云'敝衣'未詳,應爲下文'袊'字誤入,或即从肖衣爲説。"(5599)《名義·衣部》:"袺,方結反。袂也;襟也。"下字曰:"袊,竹與反。敝衣。"(284 上)"袺",《玉篇》訓"敝衣也",於文獻皆無徵,當即"袊"字之訓又誤植於此所致的訓釋失誤。《大字典》"袺"字下據《玉篇》之誤而收録"破衣"這一義項,非是。

11. 奭

《玉篇·皕部》:"奭,式亦切。盛也;驚視皃也。"(133 下左)

按:《玉篇校釋》"奭"字下注:"'驚視皃也'四字當删,後人誤認爲'奭''界'字也。"(5792～5793)胡氏所言是也。《名義·皕部》:"奭,式亦反。盛也;驚皃。"(292 下)《名義》"驚皃"之義,亦爲誤植"奭""界"字之義所致也。呂浩《〈篆隸萬象名義〉校釋》(465B)失校。《大字典》"奭"字下據《玉篇》之誤而收録"驚視的樣子"這一義項,應删。

12. 辥

《玉篇·辛部》:"辥,婢亦切。死刑也;罪也。《説文》私列切。"(134 上右)

按:《玉篇校釋》"辥"字下注:"'婢亦切。死刑也'者,此音義即典籍'辟'字。《書·吕刑》:'大辟疑赦。'孔傳:'辟,死刑也。'釋文:'婢亦反。'《釋詁》:'辟,法也。辟,皐也。'本書部首:'辟,婢亦切。法也。'"(5804)胡氏所言是也。《名義·辛部》:"辥,裨亦反。犯(死)形(刑)也;罪也。"(293 上)此亦爲誤植"辟"字之義所致也,呂浩《〈篆隸萬象名義〉校釋》(466B)失校。"辥""辟"二字音別,然因形近俗書或可訛混,故誤植"辟"字音義於"辥"字之上,遂致此誤。《龍龕》卷一《辛部》:"辥,俗;辥,正;辟,今。婢亦反。法也;除也;又□亦反。又必亦反。君也。三。"(183)此即其證也。《大字典》《字海》"辥"字下皆據《玉篇》之誤而收録"死刑"這一義項,並非。

13. 隹

《玉篇·隹部》:"隹,户工切。傭也;鳥肥大也。"(115 上左)

按:元刊本《玉篇·隹部》作:"隹,户工切。庸也;鳥肥大也。"(115 上左)"庸"當即"傭"字之訛。《玉篇校釋》"隹"字下注:"'傭也'爲上(28)'雇'下義誤入於此,當移於彼文下。"(4812)胡氏所言當是。《名義·隹部》:"隹,後公切。肥大鳥。"(246 下)可見原本《玉篇》"隹"字亦未訓"傭也"。

《玉篇·隹部》:"雇,今以爲雇僦字。古護切。"(115 上左)《後漢書·虞詡傳》:"以人僦直,雇借傭者。""雇""傭"義同,故"隹"字下"傭也"之訓當即"雇"字之義誤植於此,《大字典》《字海》"隹"字下皆沿襲《玉篇》之謬而收錄"傭"這一義項,非是。

B.編纂失誤

《玉篇》在編纂過程中,也存在一些因妄補、妄改、誤截等原因影響而產生的虛假字義。

第一、妄補

漢字在數千年的歷史發展演變中,字數總是在不斷增加,許多正字不斷產生新的變體,有許多變體與正字失去聯繫,遂致後人不識。後人編纂字書,盲目求全求大,却往往不去考校這些變體由何字所變而來,而是僅憑字形妄補訓釋,這些訓釋也多不可信。此外,後人編纂字書,也大都疏於對文獻例證進行收集,對許多其不識的疑難字,不去援引具體的文獻例證來加以考證,却僅憑字形而妄補義訓。宋本《玉篇》的編纂也存在上述這些缺陷,此外,在流傳過程中,元刊本《玉篇》也妄補了一些義訓。

1. 篍

《玉篇·竹部》:"篍,之升切。竹。"(71 上左)

按:《玉篇校釋》"篍"字下注:"'竹也'者,'也'字依《廣韻》引補,惟皆非二書原文。《切韻》:'篍,竹炬。'《集韻》同。本書《艸部》:'蒸,炬也。'篍、蒸同而別質。"(2833)胡氏所言近是。《廣雅·釋器》:"蒸,炬也。"王念孫疏證:"凡析麻榦及竹木爲炬,皆謂之蒸。"故"篍"當即"蒸"通過改換義符而形成的後起分化字。《大字典》《字海》"篍"字皆訓"竹名",疑並非是。

2. 鐱

《玉篇·金部》:"鐱,渠驗切。金也。"(84 下左)

按:《玉篇校釋》"鐱"字下注:"案:古青銅器銘以此爲劍字,見吳季子之劍銘,知文字偏旁隨事物而變易,三代時已然,物以其所鑄而从金,猶事涉征伐而从戈。"(3382)胡氏所言是也。《馬王堆漢墓帛書·老子甲本卷後古逸書·明君》：“夫故當壯奮於鬮，老弱奮於守，三軍之士握鏄（劍）者（屠）敵若報父母之㤪（仇）者，盡得其君而利其利也。”(35)《〈可洪音義〉研究》“劍”字條(506)：“劍”作“鏄”，此亦其證也。故“鏄”當即“劍（劍）”之異體字。《玉篇》訓“鏄”爲“金”者，當爲不明其爲“劍（劍）”字異體而妄補。《大字典》“鏄”字下據《玉篇》之謬而收録“金”這一義項，應刪。

3. 軡

《玉篇·車部》：“軡，古紅切。亦釭（字）。”(86 下左)

　按：《名義·車部》：“軡，古紅反。古文釭字。”(183 上)《新撰字鏡·車部》：“軡，古紅反。釭也。古文作釭也。”(272)元刊本《玉篇·車部》：“軡，古紅切。車軸。亦作釭。”“軡”即“釭”字異體字，義爲“車轂中穿軸用的金屬圈”。元刊本《玉篇》訓爲“車軸”，於前代字書皆無徵，其訓非是。《大字典》“軡”字下據元刊本之謬而收録“車軸”這一義項，非是。

4. 艪

《玉篇·舟部》：“艪，力丁切。舻，同上。小船屋也。”(87 下右)

　按：元刊本《玉篇·舟部》：“艪，力丁切。舟行也。舻，同上。小船屋也。”《名義·舟部》：“艪，力丁反。舩有窻。”(185 上)原本《玉篇·舟部》：“艪，力庭反。《楚辭》：‘乘艪舩余上沅。’王逸曰：‘舩有窗牖者也。’《字書》：‘舩上有屋也。’”(420)以上字書“艪”字皆未有訓“舟行也”者，元刊本《玉篇》訓爲“舟行”，非是。《大字典》《字海》“艪”字下據元刊本《玉篇》之謬而收録“船行”這一義項，應刪。

5. 岠

《玉篇·山部》：“岠，其呂切。大山也。”(103 上左)

　按：《正字通·山部》：“岠，俗字。舊注：其呂切，音巨。引《篇海》‘大山也’，泥。一曰：岠字之訛。”(292 下)《正字通》所言是也。《玉篇校釋》“岠”字下注：“‘岠’爲‘岠’之訛字。亦作距。此云‘大山’者，以字變从巨而臆説之。"(4198)胡氏所言印證了其説。《大字典》"岠"字下承襲《玉篇》之謬而收録"大山"這一義項,非是。

6. 崷

《玉篇·山部》:"崷,子于切。山。"(103下右)

按:此字原本《玉篇》、《名義》皆未收,《玉篇》收於部末,當即宋人據俗書所增。《玉篇校釋》"崷"字下注:"即上(113)'峻峿'之'峻',見《集韻》,增此當列彼爲重文。"(4211)胡氏所言是也。原本《玉篇·山部》:"峻,壯于反。《埤倉》:'峻峿,高厓也。'《字指》:'峻峿,不(山)石相向也。'"(472)《玉篇·山部》:"峻,子于切。峻峿,高崖也;山石相向。"(103上右)《集韻》平聲虞韻遵須切:"峻,峻峿,高厓也。一曰山石相向兒。或書作崷。"(79)故"崷"當即"峻"通過偏旁易位而形成的異體字。《玉篇》訓"崷"爲"山",當爲不識其爲"峻"字之俗而妄補。《大字典》"崷"字下據《玉篇》之謬而收録"山"這一義項,應删。

7. 嵿

《玉篇·山部》:"嵿,丁冷切。山名。"(103上左)

按:《玉篇校釋》"嵿"字下注:"《集韻·迥韻》同,應或爲山頂,猶嶺爲山領,巔爲山顛也。"(4198)胡氏所言當是。《新撰字鏡·山部》:"嵿,丁頂反。山上也;山極也;出(山)顛也;山終也;峯也。"(304～305)此即其證也。又《大字典》所引鄭道昭詩亦其證也。故《玉篇》訓"山名",當爲後人因不識而妄補。《大字典》"嵿"字第一義項、《字海》"嵿"字義訓皆誤,應據改。

8. 碤

《玉篇·石部》:"碤,測兩切。石。"(106上右)

按:《玉篇校釋》"碤"字下注:"《切韻》上聲養韻:'碤,瓦石洗物。測兩反。'《廣韻》重文'甋',《説文》《廣雅》並作'甋'。本書《瓦部》:'甋,半瓦也。'《水部》:'渼,净也。'以瓦石瑳磨,故字或從瓦、或從石。洗之以水,故又作潒。"(4340)胡氏所言是也。《集韻》上聲養韻楚兩切:"㩆,磨滌也。或作㼱。"(414)《文選·木華〈海賦〉》:"飛潦相㼱,激勢相沏。"李善注引郭璞《方言》注曰:"潒,錯也。潒與㼱同。"《説文·瓦部》:"甋,瑳垢瓦石。从瓦,爽聲。"(269 上)"㼱""潒""㩆""甋"音義並同,"㼱""潒""㩆"並即"甋"通過改換義符而形成的異體字。《玉篇》"㼱"訓"石",於諸韻書、文獻皆無徵,當爲望形生訓。《大字典》"㼱"字下據《玉篇》之謬而收録"石"這一義項,疑亦非是。

9. 磏

《玉篇·石部》:"磏,都歷切。石。"(106 上右)

按:《正字通·石部》:"磏,俗磩字。舊注音滴,石也。誤。"(757 下)《正字通》所言是也。《新撰字鏡·石部》:"磏,丁狄反。爵(當即'伐'之聲誤)也;搯也。"(303)《集韻》入聲錫韻丁歷切:"磩,《博雅》:'砶也。'或从適。"(750)以上二書並其證也。故"磏"即"磩"之異體字。《玉篇》訓"石",當爲陳彭年等不識其爲"磩"字之俗,又見其從"石"而妄補。《大字典》"磏"字下據《玉篇》之謬而收録"石"這一義項,非是。

10. 紬

《玉篇·虫部》:"紬,羽弓切。赤蟲名。"(119 上左)

按:《玉篇校釋》"紬"字下注:"'赤蟲名'者,俗望文説之,妄增入於此也。《切韻》:'紬,赤色。'是也。《廣韻》亦云:'赤蟲。'而以'絑'爲赤色,不知'絑'即'紬'之或體。本書《赤部》:'絑,赤色。'字从赤,蟲省聲。俗以从虫而認爲蟲名,則以《丹部》'肜'之或體亦从虫作'蚒','蚒'豈蟲名邪? 此處'紬'字應删。"(5028)胡氏所言是也。《廣韻》平聲冬韻徒冬切:"紬,赤蟲。"(9)余迺永《校注》"紬"字下注:"按《説文》:'絑,赤色。从赤、蟲省聲。'《全王》'絑'注:'又作蚒。'是也。《玉篇》《集韻》並以蚒、紬或體。《五代刊本》蚒字注云:'赤盛。'無紬字。《廣韻》蓋誤'紬'爲會意字,故附會有'赤蟲'訓而別出者,應併歸本紐蚒字下。"(563)余氏所言是其證也。《大字典》"紬"字下據《玉篇》之謬而收録"赤蟲"這一義項,應删。

11. 鞝

《玉篇·革部》："鞝，如用切。毳飾也，革也。或作緝。"(123 上左)

按：《玉篇校釋》校注文爲"鞶毳飾也，屬也"，並注曰："'鞶毳飾也，屬也'者，原作'毳飾也，革也'，今據慧琳《音義》補正。慧琳《説文》：'鞶毳飾也。'《廣雅》：'屬也。'《字書》作緝。即本書原文。《切韻》亦云：'鞶毳飾也。又作耗。'《集韻·用韻》：'鞝，鞶毳飾。一曰屬也。'或體耗、耗、緝。"(5235)胡氏所言是也。《名義·革部》："鞝，如用反。毳飾。"(268 上)《新撰字鏡·革部》："鞝，緝同。如用反。鞶之毳飾也，緝也。"(262)以上二書"鞝"字皆未有"革也"之訓，故"鞝"訓"革也"，非是。《大字典》《字海》"鞝"字下據《玉篇》之誤而收録"皮革"這一義項，並非。

12. 幎

《玉篇·巾部》："幎，居永切。帛也。"(127 下右)

按：《玉篇校釋》"幎"字下注："'帛也'非字義。《儀禮·士昏禮》：'姆加景。'鄭注：'景之制蓋如明衣，加之以爲行道禦塵，令衣鮮明也，景亦明也，今文作憬。'《隋書·禮儀志》：'皇后服大嚴繡衣，帶綬佩，加幎。入昭陽殿，前至席位，姆去幎。''幎'即由《儀禮》今文'憬'訛變从巾。"(5521)胡吉宣謂"幎"訓"帛也"非字義，所言是也；然謂"幎"即"憬"字之訛，疑非是。今本《儀禮》鄭注作"憬"，然"憬"與衣無涉，"憬"當爲"幎"字之誤刻，《大字典》引《儀禮》鄭注校作"幎"，是也。《大字典》"幎"字下據《玉篇》之謬而收録"帛"這一義項，應删。

13. 湴

《玉篇·水部》："湴，託藍切。水名。汕，同上。"(91 下右)

按：《玉篇校釋》"湴"字下注："'水名'當爲'水波'。《廣韻·談韻》作'沊'，云：'濎沊，峻波也。''沊'爲'湴'訛。《海賦》：'濎湴溁而爲魁。'李善注：'濎湴，峻波也。'《集韻》：'濎湴，峻波兒。'本書'濎'作'湼'。"(772)：

‘漘,陖波也。’‘灖’似从坍爲合。《土部》:‘坍,水衝岸壞也。’”(3795)胡氏所言當是。“灖”與“沺”“湖”諸字同,“沺”“湖”皆訓“峻波也”,“灖”却訓“水名”,“水名”當爲“水波”之誤。《玉篇》訓“水名”,當爲後人不識而妄補。《大字典》轉訓爲“古水名”、《字海》訓爲“水名”,俱失考證,應據改。又胡吉宣謂“沺”爲“湖”訛,當是。“沺”右旁從“坍”不成字,“坍”即“坍”之訛。

14. 豃

《玉篇·谷部》:“豃,呼檻切。谷名。”(93上右)

按:《玉篇校釋》“豃”字下注:“‘谷名’者,‘名’當爲‘皃’。此从谷取開張義也。《廣韻》:‘豃,開險皃。’《集韻》云:‘開皃。’又收敢韻云:‘溪谷皃。或作嵌。’郭璞《江賦》:‘豃如地裂,豁若天開。’李善注:‘豃,開皃。’”(3859)胡氏所言當是。《龍龕》卷四《谷部》:“豃,呼檻反。開險皃。”(526)“豃”字,諸字書、韻書等皆未見有訓“谷名”者,《玉篇》訓“谷名”,當爲後人不識而妄補。《大字典》“豃”字下據《玉篇》之謬而收録“谷名”這一義項,應删。

15. 豬

《玉篇·豕部》:“豬,音孝。豕。”(111下右)

按:元刊本《玉篇·豕部》:“豬,音孝。豕也。”《玉篇校釋》“豬”字下注:“‘豕’下奪文,元刊云‘豕也’,亦非。《集韻·肴韻》爲‘哮’之或體,豕驚聲也。又去效以‘豬’‘猪’爲一字,豕走皃。”(4627)胡氏所言當是。“豬”訓“豕”,疑爲望形生訓所致的訓釋失誤。《大字典》《字海》“豬”字下皆據《玉篇》之謬而收録“豬”這一義項,應删。

第二、妄改

楊寶忠師説:“漢字屬於表意體系的文字,漢字的意符具有表義功能,因此,漢字‘凡某之屬皆從某’,字從某者多與某義相關,此就原初字形而言也。字經變易,或導致形義關係不相切合,字書編纂者不去恢復該字原初的構形理據,考察該字爲何字所變,而是妄改字義以比附經過變易的字形,此亦'虛假字義'產生之一途。"①《玉篇》在編纂過程中,也存在許多因脱文、誤解、不識等原因影響而產生妄改義訓的現象。此外,在流傳過程中,元刊本《玉篇》又妄改了宋本《玉篇》的一些義訓。

1. 禰

《玉篇·示部》:"禰,古典切。祇也。"(4 上右)

按:《玉篇校釋》"禰"字下注:"《廣韻》《集韻》並無,案即'禰'之訛分字。《爾雅·釋天》:'秋獵為獮。'釋文:'獮,《説文》從繭,或作禰,從示。'是唐《説文》'獮'有作'禰'者,繭俗作璽,與璽形近。本書《犬部》(57):'獮,秋曰獮,亦作禰。'字即從璽。本部前'禰'字今本止云'父廟也',此'禰'當云'秋田祭也'。"(40)胡氏所言是也。《爾雅·釋天》:"秋獵為獮。"唐陸德明釋文:"獮,《説文》從繭,或作禰,從示。"(882)徐鍇《説文繫傳·示部》:"禰,秋畋也。"鈕樹玉《説文新附考》:"'禰'訓'秋畋',則同《犬部》'獮'。"故"禰"同"獮(禰)",當音 xiǎn,義指"秋獵"。《玉篇》音"古典切",訓"祇也",此音義當皆為後人妄改,不足據。

2. 唵

《玉篇·口部》:"唵,一感切。含也。"(26 上左)

按:《玉篇校釋》"唵"字下已改注文"含也"為"唅也",並注曰:"'唅也'者,'唅'原作'含',今正。本書傳寫奪'唅'字,校者因去口旁為含。《廣雅·釋言》:'唅,唵也。'慧琳五六·二'掩'字下注引《埤倉》云:'唵,唅也。謂掌進食也。'即本書原引《埤倉》及顧申釋語。又引《字林》:'唵,啗也。'《切韻》:'唵,手進食。'蓋本顧説。"(1020~1021)胡氏所言是也。《名義·口部》:"唵,一感反。唅也;哈也。"(45 下)《名義》訓"唵"為"哈也",於文獻無徵,"哈也"即"唅也"之形誤。《新撰字鏡·口部》:"唵,焉感反。手進食。"(115)"手進食"即"唅也"。以上二書皆其證也。《大字典》"唵"字下沿襲《玉篇》之誤而收錄"含"這一義項,當删。

<hr>

①見楊寶忠《疑難字考釋與研究》第 751 頁,中華書局,2005 年。

3. 䜱

《玉篇·豆部》:"䜱,七林切。野生豆。"(78 下右)

按:《玉篇校釋》"䜱"字下注:"'野生豆'者,《廣韻》同,案皆爲宋人所竄改者。《切韻》:'䜱,幽豆也。'本書當同,應並本《埤倉》文。《廣雅·釋器》:'䜱謂之䜴。'疏證云:'此謂豆豉也。'豉,《說文》作䜴,配鹽幽尗也。徐鍇曰:'幽謂造之幽暗也。'䜱猶寑也。寑,幽也。案幽豆即幽尗,幽暗即幽䜴,下文䜴,䜱豆也。"(3103)胡氏所言是也。《名義·豆部》:"䜱,且林反。幽豆。"(159 下)是原本《玉篇》亦訓爲"幽豆",今本《玉篇》及《廣韻》改作"野生豆"者,當爲宋人不明"幽豆"之義而妄改。《大字典》《字海》"䜱"字下承襲《玉篇》之謬而收錄"野生豆"這一義項,應删。

4. 瓵

《玉篇·瓦部》:"瓵,丁感切。瓦屬。"(79 上右)

按:《廣韻》上聲感韻都感切:"瓵,瓦屬。"(226)《集韻》上聲感韻都感切:"瓵,《博雅》:'瓶也。'一曰瓦屬。"(447)《玉篇校釋》"瓵"字下注:"'瓦屬'者,《廣韻》同,並經宋人竄改,非《篇》《韻》原文。《方言》五:'瓵,甖也。靈桂之郊謂之瓶,其小者謂之瓵。'《廣雅·釋器》:'瓵,瓶也。'《切韻》:'罋也。'"(3133)胡氏所言是也。《名義·瓦部》:"瓵,都感反。甖。"(161 上)吕浩《〈篆隸萬象名義〉校釋》(261B)校"甖"爲"罋",是也。此亦其證也。《大字典》"瓵"字下據《集韻》之謬而收錄"瓦屬"這一義項,應删。

5. 霤

《玉篇·雨部》:"霤,力谷切。大雨。"(94 上右)

按:元刊本《玉篇·雨部》:"霤,力谷切。大風也。"然《新修玉篇》卷二十《雨部》引《玉篇》亦云:"霤,盧谷切。大雨也。"(176 上右)《廣韻》入聲屋韻盧谷切亦云:"霤,大雨。"(368)故元刊本《玉篇》訓"霤"爲"大風也",非是,"大風也"當爲"大雨也"之誤。《大字典》"霤"字下以元刊本之說作爲

"一説",非是。

6. 嶕

《玉篇·山部》:"嶕,户刀切。山名。"(103下左)

按:《玉篇校釋》"嶕"字下注:"《切韻》:'嶕,嶕山。'又:'崤,山名。在弘農。'《廣韻》止收'崤'。《集韻》:'嶕,或作崤。山名。在弘農。'本書'崤'下引《尚書》孔傳:'要塞也。'杜注《左傳》云:'在弘農黽池縣西。'蓋要塞必憑山險而設,崤函本山名也。此依後增字例,當附'崤'下爲重文。"(4214)胡氏所言是也。《可洪音義》卷二七:"崤,音豪。山名。在弘農。又户交反。"(60,頁445c8)"嶕"當即"崤"因音"豪"而改換聲符所形成的異體字。元刊本《玉篇·山部》:"嶕,户刀切。山户。"元刊本《玉篇》訓"嶕"爲"山户",於文獻無徵,"山户"當爲"山名"之誤也。《大字典》"嶕"字下據元刊本《玉篇》之誤而收録"山口"這一義項,非是。

7. 庌

《玉篇·广部》:"庌,所訝切。旁屋也。"(104下右)

按:《集韻》去聲禡韻所嫁切:"厦(廈),房(旁)屋也。或作庌。"(593)故"庌"訓"旁屋也",即"廈"之異體字。又元刊本《玉篇·广部》:"庌,所訝切。賤也。"元刊本《玉篇》訓"庌"爲"賤也",於諸字書、韻書皆無徵,其言非是。《玉篇校釋》"庌"字下注:"元刊本云'賤也',則以下賤爲説,非也。"(4265)胡氏所言是也。《大字典》《字海》"庌"字下據元刊本《玉篇》之誤而收録"賤"這一義項,應刪。

8. 駋

《玉篇·馬部》:"駋,力薛切。馬名。"(108下左)

按:《玉篇校釋》"駋"字下注:"'馬名'當作'馬奔'。《廣雅》:'駋,奔也。'本書引作'駤',駤、駋一字。"(4489)胡氏所言是也。《玉篇·馬部》:"駤,力世切。次第馳也;奔走也。"(108上左)《名義·馬部》:"駤,理裂反。

奔也。"（229下）可見原本《玉篇》引《説文》"駌"字亦寫作"駎"，"駎""駌"字同，義指"奔走"。今本《玉篇》於部末增補"駌"字，訓"馬名"。當爲不識其爲"駎"之異體而妄改。《大字典》《字海》"駌"字下皆據《玉篇》之謬而收錄"馬名"這一義項，並非。

9. 蜡

《玉篇·虫部》："蜡，子亦切。蟲名。又與䄍同。祭名也。"（119上左）

按：《玉篇校釋》"蜡"字下注："'蟲名'者，《禮部韻略》引同，所據即此廣益本也。《説文》：'蜡，蠅胆也。'引《周禮》'蜡氏掌除骴'，李燾本作'蜡'，蟲名也。一曰年終祭名。並爲宋人竄改，非許、顧二書原文也。鈕樹鈺曰："《玉篇》子亦切，蟲名，又與䄍同，蓋本闕，爲後人所補，《廣韻》收去御，爲最古音也。'慧琳九八·三：'《禮記》云：天子大蜡八，伊耆氏始爲蜡。蜡也者，索也，歲十二月合聚萬物而索饗之也。《廣雅》：蜡，祭也。夏曰清祀，殷曰嘉平，周曰蜡，秦曰臘。'即本書原文。"（5035）胡氏所言當是。《名義·虫部》："蜡，月鹿（且庶）反。腐臭，蠅所胆。"（255上）可見原本《玉篇》亦引《周禮·秋官·序官》文及鄭玄注爲例也。今本《玉篇》"蜡"音"子亦切"，訓"蟲名"，非是。《大字典》"蜡"字下據《玉篇》之誤而收錄"蟲名"這一義項，亦非。

10. 皷

《玉篇·皮部》："皷，匕吉切。皮也。"（123上右）

按：《玉篇校釋》注曰："此字亦宋人妄增，應删。《革部》：'皷，鞍上被。'字从革，皮聲。"（5217）胡氏所言是也。《新撰字鏡·皮部》："皷，皮義反。駕車[具]。"（140）此亦其證也。《名義·皮部》未收此字，此字當即宋人誤認爲其從"皮"而又增收於此部，故因誤認從"皮"而改訓"皮也"。又《大戴禮記·少間》："凡草木根皷傷，則枝葉必偏枯，偏枯是爲不實，穀亦如之。"盧辯注："'敗'當字誤爲'皷'。"故此"皷"當即"敗"字之誤，亦不足作爲例證。《大字典》"皷"字下據《玉篇》之謬而收錄"皮"這一義項，應删。

第三、誤截

《玉篇》在增字減注過程中，也存在許多因誤截書證、注文等原因影響而造成的義訓失誤的現象。

1. 撤

《玉篇·手部》："撤，直列切。剥也；治也；警也。"(31上右)

按：《玉篇校釋》"撤"字下注："'警也'者，諸書無訓徹、撤爲警者，此宋人妄删之失。原書本引《左氏傳》：'軍衛不撤警也。'杜預注：'撤，去也。'依删節例當作'去也'。而删者魯莽威裂，竟至截取'警也'二字以當義訓，後世編纂字韻書者亦復盲目不察，即引《玉篇》此義於'撤'下。沿訛襲謬，貽誤匪淺。今據慧琳六一·九、七八·十一並引《毛詩》傳云：'剥也。'杜注《左傳》云：'去也。'鄭注《儀禮》：'除也。'王逸注《楚辭》云：'壞也。'《廣雅》：'减也，取也。'皆逐録本書原文。可確證廣益《玉篇》之荒唐誤人也。"(1241)胡氏所言甚是。《名義·手部》："撤，儲列反。剥也；治也；去也；除也；道也；明也；咸(减)也；懷(壞)也。"(55上)《新撰字鏡·手部》："撤，直列反。發之也；剥也；咸(减)也；去也。"(563)《名義》及《新撰字鏡》皆無"警也"之訓，《玉篇》"警也"之訓當爲妄截引文所致的訓釋失誤，《大字典》"撤"字下據《玉篇》之謬而收録"警"這一義項，非是。

2. 衈

《玉篇·血部》："衈，如志切。耳血也。"(35上左)

按：《玉篇校釋》"衈"字下注："'耳血也'者，文經删誤。當云：'以牲耳血塗祭也。'《切韻》引《開刑書》云：'殺雞血祭名。'"(1473)胡氏所言是也。《禮記·雜記下》："成廟則釁之……門、夾室皆用雞，先門而後夾室。其衈皆於屋下。"鄭玄注："衈，謂將刲割牲以釁，先滅耳旁毛薦之。耳聽聲者，告神欲其聽之。"《廣韻》去聲志韻仍吏切："衈，《開刑書》：'殺雞血祭名。'《周禮》注云：'割牲耳血及毛祭以爲刉衈。"(252)故"衈"字，《玉篇》訓"耳血也"，當爲誤截注文所致的訓釋失誤。《大字典》"衈"字下引《玉篇》應據正。

3. 膰

《玉篇·肉部》:"膰,扶袁切。膰肝也。"(35 下右)

按:《玉篇校釋》"膰"字下注:"'膰肝也'者,文經刪誤,不成義訓。字本由燔、膰衍變,膰爲肉而非爲肝,故亦不得以膰肝釋膰。《詩·楚茨》:'或燔或炙。'鄭箋:'燔,燔肉也;炙,肝炙也。皆從獻之俎,其爲之於爨必取肉也、肝也。'原本蓋引此,刪節者妄取句末'肝也'二字以釋膰。"(1485)胡氏所言是也。《名義·肉部》:"膰,扶園反。祭肉。膰字。"(67 上)《新撰字鏡·肉部》:"膰,附袁反。祭餘完(肉)也。"(31)"膰"字,以上諸字書皆未見有訓"肝"者,"肝也"之訓當爲誤截注文所致的訓釋失誤。《大字典》"膰"字下據《玉篇》之謬而收錄"肝"這一義項,非是。

4. 憽

《玉篇·心部》:"憽,息勇切。悚也;動也;敬也;惡也;怨也。"(40 下右)

按:《玉篇校釋》"憽"字下注:"'惡也'者,諸書無訓憽、悚、竦等字爲惡義,原本當爲引楚語'憽善而抑惡也',妄刪剩句末二字,全書類此者多。"(1703)胡氏所言當是。《名義·心部》:"憽,先拱反。悚也;敬也;勸也。"(74 下)《新撰字鏡·心部》:"憽,息拱反。敬也;亦驚也;悚也。"(130)以上諸書皆無"惡也"之訓。故"惡也"之訓當如胡氏所言爲誤截引文所致的訓釋失誤,《大字典》"憽"字下承襲《玉篇》之誤而收錄"厭惡"這一義項,應刪。

5. 衕

《玉篇·行部》:"衕,徒東切。下也;亦通街也。又徒弄切。"(48 上右)

按:《玉篇校釋》"衕"字下注:"'下也'者,文經刪失。《山海經·北山經》:'𩽾,其音如鵲,食之可以止衕。'郭注:'治洞下也。'即本書原文。"(2030~2031)胡氏所言是也。故"下也"之訓當即誤截注文所致的訓釋失誤,《大字典》"衕"字下引《玉篇》應據正。

6. 闚

《玉篇·門部》:"闚,丘視切。相視也。"(55 上左)

按:《玉篇校釋》"闚"字下注:"'相視也'者,文經刪誤。原引《方言》:'闚,視也。凡相竊視,南楚謂之闚。'慧琳七六·八:'王弼注《周易》云:所見者狹,故曰闚觀也。《方言》:闚,視也。窺字。'即節錄本書原文。"(2189)胡氏所言是也。《名義·門部》:"闚,視也;入也;閃也。窺字。"(106 上)此是其證也。故《玉篇》訓"闚"爲"相視也",當爲誤截引文所致的訓釋失誤。《大字典》"闚"字下引《玉篇》應據正。

7. 戟

《玉篇·戈部》:"戟,居逆切。三刃戟也,雄也。《説文》作:'戟,有枝兵也。'"(81 上左)

按:《玉篇校釋》"戟"字下注:"'三刃戟也,雄也'者,文經刪誤。慧琳:《方言》:'三刃枝,南楚宛郢謂之偃戟。'郭注:'今戟中有小子刺者,名爲雄戟。《廣雅》:偃戟,雄戟也。'"(3228)胡氏所言是也。《名義·戈部》:"戟,居逆反。戈也。"(168 上)《新撰字鏡·戈部》:"戟,己劇反。雄戈。"(601)"戟"字,以上字書皆未見有訓"雄"者。《大字典》"戟"字下沿襲《玉篇》之謬而收録"雄"這一義項,非是。

8. 皠

《玉篇·白部》:"皠,且罪切。高峻皃。"(95 上右)

按:《玉篇校釋》"皠"字下注:"'高峻皃'者,字從白於義無涉,疑原本當云:'高峻皃爲崔字在《山部》。''崔'下引《毛詩》傳:'崔崔,高大也。'《切韻》:'霜雪白狀。'"(3942)胡氏所言當是。"皠"從白、崔聲,訓"高峻皃",形義不諧,當爲誤截原文所致的訓釋失誤。《新撰字鏡·白部》:"皠,七罪反。霜雪白皃。"(654)《龍龕》卷四《白部》:"皠,七每反。霜雪白狀也。"(431)以上二書並其證也。《名義·白部》:"皠,且罪反。高峻皃。"(203 上)《名義》

訓"高峻皃",亦當爲空海誤截原文所致的訓釋失誤。《大字典》"皠"字下據《玉篇》之誤而收録"高峻貌"這一義項,非是。

9. 驨

《玉篇·馬部》:"驨,胡圭切。騏驥也。"(108下左)

按:《玉篇校釋》"驨"字下注:"'騏驥'者,文經删誤。《釋獸》:'驨,如馬,一角,不角者騏。'郭注:'元康八年,九真郡獵得一獸,大如馬,一角,角如鹿茸。即此驨也。'《釋文》:'驨,本又作巂。'《子虚賦》云:'射游騏。'張揖引《爾雅》亦作'巂'。《説文》説解'巂'字云:'中象其冠。'故一角之獸取象以爲名,其無角者别名騏,騏非騏驥也。相如賦云'游騏',謂山野之獸也。"(4468)胡氏所言是也。《名義·馬部》:"驨,胡珪反。[如]馬,一角。"(230)可見原本《玉篇》亦引《爾雅》之文以爲訓。《廣韻》平聲齊韻户圭切:"驨,似馬,一角。巂,上同。"(52)《集韻》平聲齊韻玄圭切:"驨,獸名。《爾雅》:'驨,如馬,一角。'通作巂。"(99)此亦皆其證也。故"驨"義指獸名,像馬,有一角,角如鹿茸,本作"巂"。《玉篇》訓"騏驥也",當爲誤删引文所致的訓釋失誤。《新撰字鏡·馬部》:"驨,胡珪反。騏驥也。"(255)《新撰字鏡》訓"驨"爲"騏驥也",亦誤。《大字典》《字海》"驨"字下皆據《玉篇》之誤而收録"騏驥,良馬名"這一義項,並非。

10. 鷏

《玉篇·鳥部》:"鷏,之刃、之鄰二切。鷺鳥。"(115上右)

按:《玉篇校釋》"鷏"字下注:"'鷺鳥'者,《切韻》同,並經删失。《集韻》云'鷺群飛',是也。《周頌》:'振鷺於飛。'毛傳:'振,群飛皃。'是'鷏'非鷺名,因《詩》云'振鷺於飛'而變从鳥。"(4796)胡氏所言是也。《正字通·鳥部》:"鷏,舊注:音真。鷺别名。按:《詩·周頌》:'振鷺於飛,于彼西雝。'注:'振,羣飛貌。'《魯頌》:'振振鷺,鷺于飛。'注:'舞者,振作鷺羽如飛也。'後人因振加鳥作鷏。左思《蜀都賦》:'鴻儔鶴侶,鷏鷺鵜鶘。'本借《詩》'振鷺',《文選》譌作'鷏',非鷺一名鷏也。"(1373下)《正字通》所言印證了胡氏之説。故"鷏"當即"振"因涉下文"鷺"字而增加義符"鳥"旁所形成的類化俗字。《玉篇》訓"鷺鳥",非是。又元刊本《玉篇·鳥部》:"鷥,之刃、之鄰二切。白鷺也。"元刊本《玉篇》訓"白鷺",亦非。《大字典》"鷥"字下雖引《正字通》之説,却仍據元刊本《玉篇》之誤而增收"鳥名"這一義項,失當。《字海》"鷥"字下亦載"鳥名"這一義項,亦非。

11. 鼊

《玉篇·龜部》:"鼊,臨海水吐氣,觜似鵝指爪。"(120 上右)

按:《玉篇校釋》"鼊"字下注:"'臨海水吐氣'者,文經删失。字或從'黽'。郭璞《江賦》:'鯪鼈鼊䗇。'李善注引《臨海水土物志》云:'初寧縣多鼊龜,形薄,頭喙似鵝指爪。'《切韻》:'鼊,水蟲。'《集韻·唐韻》:'鼊,龜屬。頭喙似鷗。'又《陽韻》作'鼊',云:'或從黽。'"(5071)胡氏所言是也。"鼊"當即"鼊"通過改換義符而形成的異體字。"鼊"字,《玉篇》訓"臨海水吐氣"者,當因誤將書名作爲釋義而誤也。《大字典》"鼊"字下引《玉篇》"觜似鵝指爪"又誤斷爲"觜似鵝,指爪",遂致義不可解,亦非。

12. 鞝

《玉篇·革部》:"鞝,午唐切。絲履也,鞜屬。"(123 上右)

按:《玉篇校釋》"鞝"字下注:"'絲履也,鞜屬'者,文經删誤。以絲履革履溷合。原本乃引《方言》及《説文》文也。《方言》四:'絲作之者謂之履,麻作之者謂之不借,粗者謂之屨,東北朝鮮洌水之間謂之鞝角,徐土邳圻之間,大麤謂之鞝角。'郭注:'今漆履有齒者。'《説文》:'鞝,鞝角,鞜屬。'即本書原引文。引《方言》文或有節略,今本乃删二書文而糅合之,不成字義矣。"(5225)胡氏所言是也。"鞝"訓"絲履"者,未見於其他字書、韻書,當即誤截《方言》引文所致的訓釋失誤。《大字典》"鞝"字下却以《玉篇》訓釋之誤作爲"一説",非是。

(二)義闕

《玉篇》收録了大量的義闕字,這些義闕字不能提供明確的釋義信息,給人們對這些字的識讀帶來了不便。但是,這些義闕字的存在,也體現了編纂者謹慎的態度,對其不識的字采取義闕的方式,而不是妄補,這也是後世編纂者應予學習與采納的。《玉篇》所收義闕字大都是疑難字,然而,後世字書如《篇海》、元刊本《玉篇》等,對《玉篇》所收的義闕字却往往未加考辨地加以妄補,所補義訓大多屬於望形生訓,由此給這些字的考釋增加了新的困難,也對現代大型字書如《大字典》《字海》等的編纂與修訂造成了不良影響。此外,這些義闕字大都缺乏文獻例證,因此,對它們進行考釋具有很大的難度。近年來,隨著一些與《玉篇》關係密切的字書如《名義》《新撰字鏡》《新修玉篇》)等的發現,使我們也可以對其中的一些義闕字作出考釋。以下即通過舉例的方式來對這些義闕字進行考釋與研究。

1. 璟

《玉篇·玉部》:"璟,絕緣切。"(6上左)

按:此字《說文》《名義》未收,《廣韻》《集韻》亦不錄,《玉篇》收之,且有音無義,當即宋人據俗書所增。《新修玉篇》卷一《玉部》引《玉篇》:"璟,疾緣切。玉名。"(9下右)《篇海》卷三《玉部》引《玉篇》:"璟,絕緣切。玉名也。"(622)以上諸字書訓"璟"爲"玉名",於文獻無徵,疑爲望形生訓所致。元刊本《玉篇·玉部》:"璟,絕緣切。貝名。"元刊本訓"璟"爲"貝名",疑當是。《字彙·玉部》:"璟,疾緣切,音泉。玉名;又貝名。"(288)《正字通·玉部》:"璟,訛字。玉無璟名,《爾雅》貝屬有餘泉。舊注:璟,貝名。非。"(679上)《正字通》謂"璟"爲訛字,非是。今案:"璟"即"泉"字之俗。《玉篇校釋》"璟"字下注:"義闕,元刊本云'貝名',是即《爾雅·釋魚》'餘泉白黃文'之泉。郭注:'以白爲質,黃爲文點。'本書《虫部》:'蜈,音泉。貝也。'字又从虫。璟从玉者,以有文采故,與蠕㺧蠂蚍同例。《廣韻》《集韻》並無璟。"(150~151)胡氏所言是也。《爾雅·釋魚》:"餘泉白黃文。"郭璞注:"以白爲質,黃爲文點,今之紫貝以紫爲質,黑爲文點。"(143)故"璟"當即"泉"通過增加義符"玉"旁而形成的分化字,應訓"貝名"。

2. 佲俁

《玉篇·人部》:"佲俁,二同。彌頂切。"(15下右)

按:"佲""俁"二字,有音無義。元刊本《玉篇·人部》:"佲,彌頂切。

佲,好也。俽,同上。"《正字通·人部》:"佲,米允切,名上聲。好也。亦作
姳。"(38 上)《正字通》所言是也。《玉篇校釋》"佲俽"二字下注:"義闕,元
刊本云:'好也。'佲俽與姳嫇同。《廣韻》:'姳,好也。'又'嫇,好兒。'"(538)
此説印證了其説。故"佲""俽""姳""嫇"即爲異體字。

3. 奜

《玉篇·犬部》:"奜,匪肥切。"(111 上右)

按:此字《説文》《名義》皆未收,《玉篇》收之,且有音無義,當即宋人據
俗書所增。元刊本《玉篇·犬部》:"奜,匪肥切。獸名。"元刊本《玉篇》訓
"奜"爲"獸名",於文獻無徵,當即望形生訓。《篇海類編·鳥獸類·犬部》:
"奜,匪肥切,音非。姓也。晉有奜豹。又獸名。"(138 下)《篇海類編》訓
"奜"爲"姓也",當是;然又訓"獸名",非也。《玉篇校釋》:"元刊云:'獸名。'
《切韻》云:'奜豹,見《左傳》。'《廣韻》云:'姓也。《左傳》:晉有奜豹。'《集
韻》作'斐,姓也。晉有斐豹,或書作奜。'今《傳》作斐豹,見《襄廿三年、廿七
年》,蓋本从犬,後人或以《易》'君子豹變,其文斐也'而改从文。"(4609～
4610)胡氏謂"'奜'蓋本从犬,後人或以《易》'君子豹變,其文斐也'而改从
文",疑非也。"奜"的産生較"斐"爲晚,"斐"字《説文》已收,且今本《左傳》
俱作"斐",故"奜"當即"斐"之俗。

4. 箷

《玉篇·竹部》:"箷,音屐。"(72 上右)

按:此字《説文》《名義》皆未收,《玉篇》始收之,且有音無義,當爲宋人
所增。元刊本《玉篇·竹部》:"箷,音屐。竹履也。"《篇海類編·花木類·
竹部》:"箷,奇逆切,音極。竹箷。"(81)《正字通·竹部》:"箷,舊注:音極,
竹箷。一説通用屐。雖竹木皮革差殊,其爲屐一也。俗作箷,非。"(804 上
右)《正字通》"一説"當是。《玉篇校釋》"箷"字下注:"義闕,即音即義也。
元刊云:'竹履也。'《履部》:'屐,履屐也。'"(2857)胡氏所言印證了其説。
"箷""屐"音義並同,"箷"當即"屐"通過增加義符"竹"旁而形成的異體字。

5. 簻

《玉篇・竹部》:"簻,其句切。"(72 上右)

按:此字《名義》《廣韻》皆未收錄,《玉篇》收於《竹部》之末,且有音無義,當即宋人據俗書所增。元刊本《玉篇・竹部》:"簻,其句切。竹器。"《直音篇》卷四《竹部》:"簻,音具。竹器。"(150)《篇海類編・花木類・竹部》:"簻,其據切,音具。竹器。"(82)"簻"疑即"簴"字之俗。《玉篇・竹部》:"簴,竹瓜切。筆也。亦作樝、築。"(82)"過""遇"形近,俗寫可相混,故"簴"可訛作"簻"。《〈可洪音義〉研究》:"蕑,竹花反。捶也。正作樝簴。"(836)"簴"既然可寫作"蕑",更容易寫作"簻",前者混同了两处(⺮→艹,咼→禺),后者只混同一处。《正字通・竹部》:"簻,簴字之訛。"(808)《正字通》之説當是。"簻"字,《玉篇》有音無義,元刊本《玉篇》及其他字書補訓爲"竹器",皆爲望形生訓,不可信。"簴"訛作"簻"後,後人見其從"遇"讀"竹瓜切"形聲不諧,又改其讀爲"其句切",訛以傳訛,遂使後人不知"簻"與"簴"之間的字際關係。

6. 髶

《玉篇・髟部》:"髶,都爾切。"(29 上右)

按:《新修玉篇》卷五《髟部》引《玉篇》:"髶,都爾切。"(52 上右)《篇海》(662 上)亦同,皆義闕。元刊本《玉篇・髟部》:"髶,都爾切。髮美也。"元刊本《玉篇》訓"髶"爲"髮美",當爲望形生訓。《正字通・髟部》:"髶,訛字。舊注:音旨。美髮。誤。又《説文》鬐訓馬鬣。舊注又鬣也,又音岐,馬項上髶,與鬐義同,改從旨亦誤。"(1328 下左)《正字通》謂"髶"爲"鬐"字之訛,是也。《玉篇校釋》"髶"字下注:"義闕,元刊本云'髮美也',依字从旨爲説。《五音集韻》云'鬣也',則爲鬐之省作。"(1139)胡氏之説是其證也。《〈可洪音義〉研究》"鬐"字條(631)"鬐"俗作"髶",與"髶"形近,亦當即"鬐"字之訛。《大字典》《字海》應直謂"髶"即"鬐"字之訛。

7. 豖

《玉篇·宀部》：“豖，丑院切。”（54 下右）

按：元刊本《玉篇·宀部》：“豖，丑院切。與篆同。”《玉篇校釋》“豖”字下注：“義闕。元刊云‘與篆同’，非。篆從宀絕無意義，此即家之古文𡔉譌字，應删。”（2163）胡氏所言是也。《新修玉篇》卷十一《宀部》引《玉篇》亦云：“豖，丑院切。”（99 上左）《新修玉篇》亦未曰“豖”與“篆”同。“家”之古文作“𡩗”，“豖”即“家”之古文隸定之異，隸定作“豖”後，又改其讀爲“丑院切”，當即望形生音。元刊本又根據誤音謂“豖”同“篆”，失考證。《篇海類編》謂“與篆同”，當爲沿襲元刊本之誤。《大字典》《字海》“豖”字下皆據《篇海類編》之誤而收録“同‘篆’”這一義項，應删。

8. 盧

《玉篇·戶部》：“盧，苦合切。”（55 下左）

按：“盧”字，《玉篇》收於部末，有音無義。《新修玉篇》卷十一《戶部》引《玉篇》：“盧，苦合切。閉門也。”（101 下左）元刊本《玉篇·戶部》：“盧，苦合切。閉盧也”《正字通·戶部》：“盧，屄、闔同，俗作㝔。”（395 上）《正字通》所言是也。《玉篇校釋》“盧”字下注：“義闕，元刊云：‘閉盧也。’《唐韻》引《纂文》：‘人姓。古盍字。’《廣韻》引作屄，《禮記》釋文引亦作屄，云：‘古闔字。’《字林》：‘屄，戶臘反。閉也。’”（2205）《龍龕》卷二《戶部》：“㝔，或作；屄，正。口合、古沓、丘據三反。皆閉戶聲也。又音盍。人姓也。”（303）以上諸説皆其證也。故“盧”與“㝔”“屄”“闔”並爲異體字。

9. 芜

《玉篇·艸部》：“芜，亡夫切。”（68 下右）

按：《玉篇》義闕，《大字典》“芜”字引《玉篇》妄補義訓“草名”，非是。《正字通·艸部》：“芜，同蕪，俗省。舊注：音无。草名。誤。”（908 上）《正字通》所言當是。《玉篇校釋》“芜”字下注：“義闕，《集韻》《類篇》並云‘草名’,‘名’字當爲‘也’。‘芫草’即《小爾雅·廣言》:‘蕪,草也。’草自有蕪薉義。本書元刊本無芫字,而蕪字重出,第一蕪下云:‘芫薉也。’即蕪薉。第二蕪字列字次第與宋本芫字同,云:‘荒地草。’芫、蕪一字也。”(2718)胡氏所言是其證也。故“芫”當即“蕪”字之俗,《大字典》直謂“芫”同“蕪”即可。

10. 苩

《玉篇·艸部》:“苩,渠救切。”(68 下左)

按:此字義闕。《玉篇校釋》“苩”字下注:“義闕,元刊云:‘草藥名。’《集韻》收有韻云:‘草名。’疑即《本草》之鬼臼。”(2727)胡氏所言是也。《正字通·艸部》:“苩,本作臼,俗作苩。”(920 下)此即其證也。故“苩”當即“臼”通過增加義符而形成的後起分化字。

11. 糔

《玉篇·米部》:“糔,息酉切,又音脩。”(75 下左)

按:《玉篇校釋》“糔”字下注:“義闕。元刊云‘糕屬’,非是。《廣韻》上聲四四有息有切:‘糔溲。’《集韻·尤韻》‘糔’下引《説文》:‘久泔也。一曰溲也。或作滫。’謂‘糔’即《説文》之‘滫’也。本書又直音脩,亦闕‘糔’即爲‘滫’。《禮記·内則》:‘糔溲之以爲酏。’鄭注:‘糔溲,亦博異語也。糔讀與滫瀡之滫同。’謂此句與上文‘滫瀡以滑之’同,但變文以廣名耳。”(3000)胡氏所言是也。《新修玉篇》卷十五《米部》引《玉篇》:“糔,息酉切。糔溲。”(138 上右)桂馥《義證》“糔”字下注:“滫,或作糔。”(989 下)朱駿聲《定聲》“滫”字下注:“滫,字亦作糔。”(239 上)以上二説皆其證也。故“糔”與“滫”音義並同,即爲異體字。

12. 鎴

《玉篇·金部》:“鎴,司龍切。又烏咢切。”(84 下右)

按:元刊本《玉篇·金部》:“鎴,司龍切。鐵器。又烏咢切。”“鎴”字,音“烏咢切”,形音不諧。此字《玉篇》義闕,元刊本補訓爲“鐵器”,當因涉上文

"鐛"而妄補。《玉篇校釋》"鎺"字下注:"義闕,元刊云:'鐵器。'《廣韻》云:'鈂,鐵鈂。'無'鎺'字,《集韻》亦然,應此'鎺'爲'鐭'之訛字。烏咢切尤不合。"(3367)胡氏所言當是。《説文·金部》:"鐭,鎗鐭也。一曰大鑿平木者。从金,悤聲。"(297 上)"鎺"與"鐭"形音皆近,俗書"恩"旁常可寫作"思",梁春勝《楷書異體俗體部件例字表》"聰"俗作"聰"、"總"俗作"緫""想"、"窻"俗作"悤"等,此是其證也,故"鎺"疑即"鐭"字之訛。

13. 娘

《玉篇·攴部》:"娘,魯當切。"(85 下左)

按:此字義闕。《玉篇校釋》"娘"字下注:"義闕,元刊云'甚也',从良爲説。《孟子》:'其良能也。'趙注:'良,甚也。'應娘亦爲擊聲。《子虛賦》:'礧石相擊,硠硠礚礚,若雷霆之聲。'"(3429)胡氏所言當是。《新修玉篇》卷十八《攴部》引《玉篇》:"娘,魯當切。《韻》無。"(159 上右)《篇海》卷六《攴部》引《玉篇》:"娘,魯當切。"(668 上)《新修玉篇》《篇海》亦有音無義,元刊本《玉篇》訓爲"甚也",於文獻無徵,當爲望形生訓也。《大字典》《字海》"娘"字下據元刊本《玉篇》之謬而訓爲"甚也",疑並非是。

14. 軧

《玉篇·車部》:"軧,丁禮切。"(87 上右)

按:此字義闕。《玉篇校釋》"軧"字下注:"元刊云'輪也',非是。《集韻》以爲軧之或體。本書:'軧,大車後也。'"(3520)《新修玉篇》卷十八《車部》引《玉篇》:"軧,丁禮切。大車後也。"(162 上右)《篇海》同。此二書亦其證也。《大字典》《字海》"軧"字下據元刊本《玉篇》之誤而收録"輪"這一義項,皆應删。

15. 艢

《玉篇·舟部》:"艢,疾良切。"(87 下右)

按:此字義闕。元刊本《玉篇·舟部》:"艢,疾良切。船傍板也。"《玉篇

校釋》"艢"字下注:"義闕,元刊云'船旁(傍)板也',非是,船旁(傍)板爲舵
而非艢也。'艢'與'檣'同。《切韻》:'檣,船柱。亦作艢。'《集韻》引《埤
倉》:'檣,颿柱也。或作艢。'"(3543)胡氏所言當是。"艢"即"檣"之或體,
元刊本訓爲"船傍板也",非是。《大字典》"艢"字下據元刊本《玉篇》之謬而
收錄"船傍板"這一義項,應刪。

16. 舙

《玉篇·舟部》:"舙,吐盍切。"(87 下左)

按:此字義闕。《新修玉篇》卷十九《舟部》引《玉篇》亦曰:"舙,吐盍
切。"(163 上右)《篇海》卷十一《舟部》引《玉篇》亦曰:"舙,吐盍切。就舟。"
(737 下)"舙"字,《篇海》訓"就舟",於文獻無徵,非是。元刊本《玉篇·舟
部》:"舙,吐盍切。就舟也。"元刊本《玉篇》及其後世字書訓"就舟",皆爲
《篇海》所誤也。《正字通·舟部》:"舙,舊注:音塔。就舟也。按:就舟不必
別作舙。"(898 下)《正字通》所言是也。《玉篇校釋》"舙"字下注曰:"元刊
云'就舟也',從託憶説之也,應與下文'艐'同。"(3555)胡氏所言當是。《五
音集韻》入聲合韻吐盍切:"舙,舟名。"(229 下)《玉篇·舟部》:"艐,音榻。
大船。"(87 下左)"舙""艐"音義並同,當即聲符換用而產生的異體字。

17. 嵞

《玉篇·山部》:"嵞,徒紅切。"(103 下右)

按:此字《玉篇》義闕。《玉篇校釋》"嵞"字下注:"義闕,元刊云'山無草
木'。《集韻》云:'嵞嵷,山兒。'左思《吳都賦》:'岡岾童。'劉逵曰:'童,無草
木也。'荀子《王制》:'山不童而百姓有餘材也。'《釋名》:'山無草木曰童。'
字並不從山。"(4207)胡氏所言是也。《正字通·山部》:"嵞,舊注:音同。
嵞嵷,山貌。又山無草木。按:古即借用童,加山贅。"(302 下)《正字通》所
言印證了其説。《漢書·公孫弘傳》:"山不童,澤不涸。"顏師古注:"童,無
草木也。"故"嵞"當即"童"之增旁俗字。《類篇》"嵞"字據《集韻》訓"嵞嵷,
山兒","嵞嵷"亦本止作"童蒙",即指"山無草木之貌"。

18. 廄

《玉篇·广部》：“廄，王委切。”（104下右）

按：此字《説文》、原本《玉篇》皆未收，《廣韻》《集韻》亦不録，《玉篇》收於部末，且義闕，當即宋人據俗書所增。《篇海》卷三《广部》引《玉篇》亦同，亦義闕。元刊本《玉篇·广部》：“廄，王委切。美也。”元刊本《玉篇》“廄”訓“美也”，於文獻無徵，當爲見其從“爲”而妄補，因從“爲”之字具有美好義也。《大字典》《字海》“廄”字皆據元刊本《玉篇》訓爲“美”，並非。《玉篇校釋》“廄”字下注：“義闕，元刊本云‘美也’，應與‘寪’同。《宀部》：‘寪，屋皃。’”（4252）《説文·宀部》：“寪，屋皃。從宀，爲聲。”（150下）“寪”，《廣韻》音“韋委切”。“廄”“寪”音同，又從广、從宀義近，俗書可換用，正如“宅”俗作“庀”、“宇”俗作“庌”、“寓”俗作“庽”等，故“廄”疑即“寪”通過改換義符而形成的異體字。

19. 陔

《玉篇·阜部》：“陔，火哀切。”（107上右）

按：此字《玉篇》義闕。元刊本《玉篇·阜部》：“陔，火哀切。地名。”元刊本《玉篇》訓“地名”，當爲見其從“阜”而妄補。《玉篇校釋》“陔”字下注：“元刊本云：‘地名。’《切韻》平聲咍韻呼來反：‘�陔，笑聲。’《集韻》不收。笑聲爲‘咳咳’而非‘豥陔’，‘陔’蓋‘陔’之形誤。《説文》：‘豥陔，大剛卯。’《類篇》訛作‘豥陔’。”（4408）胡吉宣謂“陔”即“陔”字之訛，是也。《廣韻》平聲咍韻呼來切：“陔，豥陔，笑聲也。”（57）余迺永《校注》“陔”字下注：“按本字訛作‘陔’，《周校》：‘陔當是字之誤。《原本玉篇殘卷》云：改，呼來反。《説文》：笑不壞顔也。《廣雅》：改，咲也。此注豥陔二字亦當從欠作欬改（作豥於義不合）。《切三》及《敦煌王韻》亦誤。’《龍校》：‘《全王》亦云：陔，豥陔，笑聲。唯《全王》咍下云：笑，亦作改。則此不得改陔爲改甚明，且欬之義爲逆，與改字義不相屬，是又不得改豥爲欬。《集韻》陔下云：豥陔，剛卯也。《説文》豥、改二篆下並云：豥改，大剛卯。改字俗書作陔，此文陔當是陔字之誤。云笑聲者，又誤認陔爲改，而易改之耳。’可從。本注陔字當從《説文》从攴、巳聲作‘改’或‘改’。”(607～608)龍氏、余氏之説並其證也。故“改”當即“改(改)字之俗。

20. 獽

《玉篇·犬部》：“獽，許器切。”(111上右)

按：此字義闕。《玉篇校釋》“獽”字下注：“元刊云‘獸也’，非是。《集韻》與‘豨’同，是也。《豕部》：‘豨，豕息也。’”(4604)胡氏所言是也。《龍龕》卷二《犬部》：“獽，虛器反。夏后氏有澆獽，寒浞子名。”(319)《新修玉篇》卷二三《犬部》引《玉篇》：“獽，許器切。夏后氏有澆獽，寒浞子名。”(194上右)《篇海》同。《直音篇》卷六《犬部》：“獽，音戲。獸也。”(251下)“獽”字，《直音篇》訓“獸也”，於前代字書、韻書皆無徵，其言非是。《篇海類編》“獽”字訓爲“獸名”，此又爲《直音篇》所誤。《大字典》“獽”字下據《篇海類編》之誤而收録“獸名”這一義項，非是。

21. 裪

《玉篇·衣部》：“裪，音旬。”(129上右)

按：此字義闕。《新修玉篇》《篇海》引《玉篇》亦闕義。《直音篇》卷七《衣部》：“裪，音旬。衣也。”(301下)《直音篇》“裪”訓“衣也”，於文獻無徵，即爲望形生訓。《詳校篇海》《篇海類編》《字彙》皆沿襲《直音篇》訓“衣也”，並非。《正字通·衣部》：“裪，須倫切，音旬。衣裂脊也。《方言》作‘緈’，音義同。”(1032上)《正字通》所言是也。《玉篇校釋》“裪”字下亦曰：“應同‘緈’，緈之言循。《糸部》(303)‘緈’下引《方言》：‘繞緈謂之襦襜。’或因而从衣。”(5608)此説即其證也。故《大字典》《字海》“裪”字下第一義項皆據《篇海類編》之誤而訓“衣”，應删。

四、因字際關係不明形成的疑難字

楊寶忠師説：“漢字在使用或貯存過程中產生了眾多變體，大型字書爲了追求收字數量，同時也是爲了閲讀文獻查字的需要，把大量變體字收進了字書，自《説文》以下，字書在編纂過程中，在溝通變體與正體字方面都或多或少做了一些工作。溝通變體與正體字的關係,是閱讀文獻的需要,也是規範社會用字的需要,因此,溝通工作做得好壞、徹底不徹底,是衡量大型字書編寫質量的標準之一。"①《玉篇》於字際關係認同方面,做了大量的工作,然而由於各種原因,對其所增收的許多疑難字卻仍未與正字加以認同,且就其已有的認同成果來説,也存在一些誤作認同的現象。因此,以下即從未作認同和誤作認同兩個方面來對《玉篇》處理字際關係方面存在的問題分別加以分析與説明。

(一)未作認同

《玉篇》儘管在字際關係認同方面作了大量的工作,但這大都集中在每部之前轉録自《説文》、原本《玉篇》的字形,而於每部之後所增收的大量疑難字却缺乏必要的系統整理工作。後世大型字書,如《大字典》《字海》等,在轉録《玉篇》所收的疑難字時,對其中的大量疑難字仍未加考辨與溝通,從而在一定程度上降低了其編纂質量與利用價值。因此,我們應該儘可能地利用各種材料對這些疑難字的源流演變進行深入地考辨與研究。

第一、增加義符

張涌泉説:"增加義符是漢字分化的常見方法,也是俗字産生的最有效的途徑。"②同樣,《玉篇》所收的許多疑難字也是通過增加義符的方式産生的。具體來説,《玉篇》疑難字增加義符方式可以分爲以下幾種情況:

a. 因涉義而增加義符

這種情況是指某義本有專字,後因涉義於是又在其字之上增加義符所形成的疑難字。

1. 襚

《玉篇·示部》:"襚,符容切。神名。"(4 上左)

按:《玉篇校釋》"襚"字下注:"《廣韻·鍾韻》:'大黄負山神,能動天地氣。昔孔甲遇之。'《集韻》《類篇》並云:'襚,賁山神名,通作逢。'皆本《山海經》文。《中山經》:'和山五曲,吉神泰逢司之,其狀如人而虎尾,是好居於

---

① 見楊寶忠《疑難字考釋與研究》第 761 頁,中華書局,2005 年。
② 見張涌泉《漢語俗字研究》第 44 頁,商務印書館,2010 年。

蓂山之陽,出入有光。'又云:'泰逢神動天地氣也。'郭注:'言其有靈爽能興雲雨也,夏后孔甲田於蓂山之下,天大風晦冥,孔甲迷惑,入於民室。見《吕氏春秋》也。'本書'神名'上當補'泰襚'二字。"(60)胡氏所言是也。"襚"當即"逢"因涉義增加義符"礻"旁而形成的異體字。

2. 娞

《玉篇·女部》:"娞,音奚。《説文》云:'女隸也。'"(18下右)

按:《説文·女部》:"娞,女隸也。从女,奚聲。"(260上)《玉篇校釋》"娞"字下注:"'音奚'者,《周禮·春官·序官》:'奚四人。'鄭注:'奚,女奴也。'又禁暴氏'奚隸'注:奚隸,女奴男奴也。《切韻》:'奚,官奴少才智。'又:'娞,女奴。'《集韻》:'娞,通作奚。'本書《大部》:'奚,大腹也。'原引《説文》文,依字當爲'胲'。'奚''娞'本一字。前人止據《説文》以'奚'爲'娞'之省假,不知'娞'實'奚'之累增也。奚从大即人,从爪从𢆶,示縲絏而牽引之也。"(676)胡氏所言是也。《周禮·天官·冢宰》:"酒人奄十人,女酒三十人,奚三百人。"鄭玄注:"古者從坐男女,没入縣官爲奴,其少才知以爲奚,今之侍史,官婢;或曰:奚宦女。"孫詒讓正義:"《春官·叙官》注云:'奚,女奴也。'……凡此經云'奚',皆爲女奴,對《秋官》五隸爲男奴也。賈疏云:'奴者,男女同名。以其曉解作酒,有才智,則曰女酒;其少有才智給使者,則曰奚。'"羅振玉《增訂殷虚書契考釋》:"《説文解字》'奚,大腹也',予意罪隸爲奚之本誼,故从手持索以拘罪人。其从女者與从大同,《周官》有女奚,猶奴之从女矣。"故"娞"當即"奚"因涉義增加義符而形成的異體字。

3. 抹

《玉篇·手部》:"抹,莫葛切。抹摋,滅也。"(31上左)

按:《名義·手部》:"抹,莫葛反。(抹)摋,掃滅也。"(56上)《正字通·手部》"摋"字下注:"抹摋",古通用"末殺"。(420上)《玉篇校釋》"抹"字下注:"'抹摋,滅也'者,《集韻》引《字林》同。《切韻》:'抹摋,手摩。'本書:'摋,摩也。''摋,手擊曰摋。'原本顧案:'猛用力打物也。'按:'抹摋'疊韻連語,古止爲'末殺'。《漢書·谷永傳》:'欲末殺災異。'《集注》:'末殺,掃滅

也。'《説文》'幦'下云：'讀若末殺之殺'，並是也。"(262)此説即其證也。故
"抹摋"與"末殺"音義並同，"抹摋"當即"末殺"因涉義增加義符而形成的異
體字。

4. 瘩

《玉篇·疒部》："瘩，巨右切。病也。"(57 下右)

按：《正字通·疒部》："瘩，俗字。"(710 下)《正字通》謂"瘩"爲俗字，是
也。《玉篇校釋》"瘩"字下注："本止爲'咎'。《釋詁》：'咎，病也。'俗因增益
偏旁爲'瘩'也，病非名詞，無有病名爲瘩也。"(2272)胡氏所言是也。故
"瘩"當即"咎"因涉義增加義符而形成的異體字。

5. 岹

《玉篇·山部》："岹，音父。山名。"(103 上左)

按：《玉篇校釋》"岹"字下注："《集韻》上聲麌韻同，本書直音父，應即
《南山經》瞿父之山字，猶《釋畜》父馬字《釋文》作駁。"(4199)胡氏所言當
是。"岹"當即"父"因涉義增加義符而形成的異體字，《玉篇》之直音用字
"父"字又兼於用來説明字際關係。

6. 獡

《玉篇·犬部》："獡，音開。獸也。"(111 上右)

按：《玉篇校釋》"獡"字下注："'音開。獸也'者，《集韻·咍韻》：'獡，獸
名。''獡'即《山[海]經》之'開明獸'也。《海内西經》：'開明獸身大類虎而
九首，皆人面，東嚮立昆侖上。'郭注：'天獸也。銘曰：開明爲獸，稟資乾精，
瞪視昆侖，威振百靈。'案經上文云'開明門有獸守之'，是獸以門名。"
(4597～4598)胡氏所言是也。"獡"當即"開"因涉義增加義符而形成的
俗字。

7. 貗

《玉篇·豸部》：“貗，音邑。似猨。”(112 下左)

按：《玉篇校釋》“貗”字下注：“《中山經》：‘豐山有獸焉，其狀如猨，赤目、赤喙、黃身，名曰雍和。’即此‘貗’。”(4686)胡氏所言當是。《山海經·中山經》：“由東南山百里，曰豐山。有獸焉，其狀如㺢，赤目、赤喙、黃身，名曰雍和，見則國有大恐。”(201)“猨”“㺢”字同，故“貗”與“雍和”義同，“貗”當即“雍”因涉義增加義符而形成的後起分化字。

8. 樞

《玉篇·木部》：“樞，户孤切。今江東呼棗大而銳上者曰樞，亦作壺。”(62 下右)

按：《名義·木部》：“樞，户孤反。瓠也；大棗銳也。”(123 下)《爾雅·釋木》：“壺，棗棗。”郭璞注：“今江東呼棗大而銳上者爲壺。壺，猶瓠也。”(131)故“樞”當即“壺”因涉義增加義符而形成的異體字。

9. 齌

《玉篇·酉部》：“齌，在計切。酒有五齌之名，見《周禮》。或作齊。”(135 上左)

按：《周禮·天官·酒正》：“辨五齊之名，一曰泛齊，二曰醴齊，三曰盎齊，四曰緹齊，五曰沈齊。”孫詒讓正義：“五齊，有滓未泲之酒也……吕飛鵬云：五齊皆酒之濁者。”“齊”，《廣韻》音“在脂切”。故“齌”“齊”音義並同，“齌”即“齊”因涉義增加義符而形成的異體字。

b. 因受上下文語境類化影響而增加義符

這種情況亦指某義本有專字，但後因受上下文語境類化影響而於其字上增加義符所形成的疑難字。

10. 齫

《玉篇·齒病》：“齫，音歷。齒病。”(28 上右)

按：《玉篇校釋》“齫”字下注：“《廣韻》入聲二十三錫韻郎擊切，義同。本書‘音歷’者，字本作歷。‘齨’下引宋玉賦云：‘齨脣歷齒’，即此。‘歷’古作厤、秝。《秝部》云：‘稀疏秝秝然’，齒貴絜白整齊，《詩》云‘齒如瓠犀’，《莊子》‘齒如齊貝’，是也。‘歷齒’謂齒行列稀疏適歷，故爲齒病。齒其不美醜陋，非蠱蝕痛楚之病也。”(1099)胡氏所言甚是。《文選·宋玉〈登徒子好色賦〉》：“齊齊碰頭亂而，齨脣歷齒，旁行踽僂。”李善注：“歷，疎也。”劉良注：“歷齒，謂齒稀疏。”故“齫”即“歷”因類化影響增加義符而形成的後起分化字。《玉篇》“音歷”之“歷”除注音之外，還兼於用來表明字際關係。

11. 攉

《玉篇·手部》：“攉，火郭切。揮攉。”(32 上左)

按：《玉篇校釋》“攉”字下注：“‘揮攉’者，《切韻》同，《唐韻》作揮霍。《文選·西京賦》：‘跳丸劍之揮霍。’薛注：‘揮霍，謂丸劍之形也。’案謂丸劍疾跳之狀。《文賦》：‘紛紜揮霍。’李注：‘揮霍，疾皃。’是也。揮霍雙聲連語，言動作之倏忽也。今謂浪費錢財曰揮霍，亦爲輕易耗散意。霍本有急疾義，字涉揮而變从手。《隹部》：‘霍，鳥飛急疾皃也。又揮霍也。’知原本不錄攉字。”(1320)胡氏所言甚是。“攉”即“霍”之類化增旁俗字，《集韻》《字彙》訓爲“手反覆也”，當爲望形生訓也。《大字典》爲《集韻》《字彙》所誤，且未溝通其與“霍”字的字際關係，失考證。

12. 迍

《玉篇·辵部》：“迍，張倫切。迍邅也。”(50 上左)

按：《玉篇校釋》“迍”字下注：“‘迍邅也’者，《切韻》同。《廣韻》云：本亦作屯。引《易》‘屯如邅如。’《集韻》：‘迍邅，難行不進皃。’《晉書·慕容垂載記》：‘迍邅棲伏。’”(2110)《集韻》平聲仙韻張連切亦曰：“邅，屯邅，難行不進兒。"(167)故"迍邅"本作"屯邅","迍"即"屯"之類化增旁俗字。

c.因假借而於假借字上增加義符

這種情況是指某義本有甲字來專門表示,後因音同或音近而假借乙字來表示此義,後遂在乙字上增加義符而形成的疑難字。

13. 慮

《玉篇·心部》:"慮,力魚切。憂也。"(40上左)

按:此字《説文》《名義》未收,《玉篇》收於《心部》之末,當即唐宋人據俗書所增。《玉篇校釋》"慮"字下注:"《廣韻》上平九魚力居切,憂也。案:'慮'即'慮'也。《釋名》:'慮,慮也。'取自覆慮也。《爾雅·釋地》'藪無慮',《漢書·地理志》作'慮'。慮、慮聲近通假。其始假慮爲慮,後因加心爲'慮',此形聲字孳衍之通例也。"(1687)胡氏所言是也。《説文·思部》:"慮,謀思也。從思,虍聲。"(217上)"慮"又因聲近關係而假借"慮"字爲之。如《史記·河渠書》:"瓠子決兮將奈何? 晧晧旰旰兮慮殫爲河!"按:《漢書·溝洫志》作"慮"。王念孫《讀書雜誌》:"慮,猶大氐也。言河水所漫之地,浩浩洋洋,大氐盡爲河矣……慮與慮,古同聲而通用。"故"慮"本當作"慮",因"慮"假借"慮",後來人們便因涉義在假借字"慮"字的基礎上增加一個義符"忄"旁造了一個"慮"字。

第二、改換義符

改換義符也是漢字分化的常見方法,《玉篇》有許多疑難字是通過改換義符的方式產生的。《玉篇》改換義符問題比較複雜,主要有以下幾種情況:

a.因義符義近或義通而換用

漢字有許多義符的意義是相近或相通的,因而可以相互換用,《玉篇》所收錄的一些疑難字是通過義近或義通義符的換用而形成的。

1. 覒

《玉篇·見部》:"覒,呼光切。視也。"(23下右)

按:此字《名義》未收,《玉篇》始收之,當即宋人據俗書所增。《玉篇校釋》"覒"字下注:"《集韻》唐韻同,本書《目部》:'眏,目不明。'是'覒'爲視不明也。"(889)胡氏所言是也。《正字通·見部》:"覒,與眏同。舊注:音荒。視也。誤。"(1041 下)《正字通》之説印證了胡氏之説。故"覒"即"眏"通過義通義符換用而形成的異體字。

2. 哃

《玉篇·口部》:"哃,徒工切。妄語也。"(26 下左)

按:《玉篇校釋》"哃"字下注:"《説文》'詷'訓爲'㵦','㵦'訓爲'誔','誔'重文爲'諗','諗'當爲'詃',合妄言爲誔也。'哃'與'詷'同。"(1041)胡氏所言是也。《説文·言部》:"詷,一曰㵦也。从言,同聲。"(53 上)"哃"與"詷"音義並同,"哃"當即"詷"通過義通義符換用而形成的異體字。

3. 齟

《玉篇·齒部》:"齟,才與切。齧也。"(28 上右)

按:《玉篇校釋》"齟"字下注:"'齧也'者,與'咀'同。《口部》:'咀,才與切。《上林賦》:咀嚼菱藕。'《切韻》:'齟,嚼也。'希麟引《切韻》:'咀,嚼也。'《字林》:'咀,齧也。'亦作齟。慧琳引《字林》作齟,齟齧曰嚼。《聲類》:齟,嚼也。《説文》作咀。"(1088~1089)胡氏所言是也。"齟""咀"音義並同,即通過義近義符換用而形成的異體字。

4. 欪

《玉篇·欠部》:"欪,丘庶切。欠欪,張口也。"(45 下左)

按:《名義·欠部》:"欪,丘庶反。欠呿,張口也。"(90 下)原本《玉篇·欠部》:"欪,丘庶反。《埤倉》:'欪欠也。'野王案:此亦與呿字同。呿,張[口]也。在《口部》。"(342)故"欪""呿"即通過義通義符換用而形成的異體字。

5. 跙

《玉篇·足部》：“跙，才與切。行不進也。《太玄經》云：‘四馬跙跙。’”（34 上右）

按：《名義·足部》：“跙，才與反。行不進也。”（62 上）《玉篇校釋》“跙”字下注：“‘行不進也’者，《切韻》同。本書《走部》：‘趄趄，行不進皃。’《集韻》《類篇》並以‘趄’‘跙’爲一字。《易》：‘其行次且。’《釋文》：‘本亦作趑趄，或作趑跙。’”（1411）胡氏所言是也。《可洪音義》卷三十：“趑跙，上七咨反，下七余反。正作趑趄。”（60，頁 597a11）故“跙”即“趄”通過義近義符換用而形成的異體字。

6. 踄

《玉篇·足部》：“踄，多則切。行皃。”（34 下右）

按：元刊本《玉篇·足部》：“踄，多則切。行踄踄也。”《正字通·足部》：“踄，俗字。”（1121 上）《正字通》謂“踄”爲俗字，是也。《玉篇校釋》“踄”字下注：“《切韻》云：‘行踄踄。’《集韻》《類篇》云：‘踄踄，行皃。’本止作‘得’。貫休詩：‘萬水千山得得來。’東坡詩：‘何妨得得來。’”（1439）故“踄”當即“得”通過義通義符換用而形成的異體字。

7. 繿

《玉篇·糸部》：“繿，力甘切。無緣衣也。亦作襤。”（126 下左）

按：《説文·衣部》：“襤，裯謂之襤。褸，襤，無緣也。从衣，監聲。”（171 上）鈕樹鈺校錄：“《韻會》引‘緣’下有‘衣’字。”段玉裁注：“《説文》‘褸’字疑衍。”“繿”與“襤”音義並同，即通過義通義符換用而形成的異部重文。

b. 因義符形近而訛混

有的義符，相互之間在意義上並無相近或相通之處，僅在形體上相近，俗書也往往換用，《玉篇》有些疑難字即是通過形近義符訛混而形成的。

8. 忇

《玉篇·心部》:"忇,盧得切。功大也。"(40下右)

按:此字《説文》《名義》皆未收,《玉篇》收於《心部》之末,當即宋人據俗書所增。元刊本《玉篇·心部》:"忇,盧得切。思也。"元刊本《玉篇》訓"忇"爲"思也",當爲後人見其從"心"而妄補,當删。《玉篇校釋》"忇"字下注:"此僞字當删,本作劧。見十部。"(1698)胡氏所言是也。《廣韻》入聲德韻盧則切:"劧,功大。"(428)"忇""劧"音義並同,"忇"即"劧"之形誤。

9. 秸

《玉篇·禾部》:"秸,古攜切。田器也。"(74下右)

按:《玉篇校釋》"秸"字下注:"'秸'本作'耒'。《耒部》:'耒,田器也。'《集韻》:'耒,或作秸。'"(2951)胡氏所言是也。《玉篇·耒部》:"耒,古攜切。田器也。"(75上右)《集韻》平聲佳韻烏蝸切:"耒,耕也。或作秸。"(102)《正字通·禾部》:"秸,與耒同。"(773上)"秸""耒"音義並同,"秸"即"耒"形近義通義符換用而形成的異體字。

10. 敼

《玉篇·攴部》:"敼,於己切。"(85下左)

按:《玉篇校釋》"敼"字下注:"元刊云'戲也',應爲'歖'之訛字。"(3430)胡氏所言當是。《正字通·攴部》:"敼,歖字之訛。"(444下)《正字通》之説印證了胡吉宣的考釋成果。此字《廣韻》《集韻》皆未收,《新修玉篇》《篇海》收入此字,引《玉篇》亦有音無義。《直音篇》卷三《攴部》:"敼,音倚。戲也。"(101上)《詳校篇海》亦同。《篇海類編·人事類·攴部》:"敼,於己切,音倚。戲也。又喜也。"(295上)《説文·喜部》:"喜,樂也。從壴,從口。歖,古文喜從欠,與歡同。"(101下)"歖",《廣韻》音"虛里切"。"敼""歖"音義並近,又"攴"旁、"欠"旁形體相近,俗書常可訛混,故"敼"當即"歖"字因形近義符互混而形成的俗訛字。《大字典》以《正字通》的辨析作爲"一説",《字海》未加溝通,皆有未當。

　c. 不同義符換用

　　這裏所謂的"不同義符換用"是指相互換用的義符之間,既没有意義上的聯繫,形體上亦不相近,完全是用不同義符換用的情況。

11. 攢

　　《玉篇·手部》:"攢,子幹切。解也。"(31 下右)

　　按:《玉篇校釋》"攢"字下注:"'解也'者,原本當云'《字書》亦讚字。讚,解也。在《言部》'云云。《言部》讚下引《方言》:'解也。'郭璞曰:'讚訟所以解釋物理也。'《字書》:'或爲攢字,在《手部》。'"(1283)故"攢""讚"音義並同,當即不同義符換用而形成的異體字。

12. 攏

　　《玉篇·手部》:"攏,力同切。馬攏頭。"(31 下左)

　　按:《玉篇校釋》"攏"字下注:"'馬攏頭'者,《有部》:'龓,馬龓頭。'徐鍇引《字書》作'馬襱頭。'《切韻》'龓'下注作:'馬攏頭。'本書《革部》:'鞶,鞶頭也。''龓''鞶'並與'攏'同。"(1291)胡氏所言是也。"攏"訓"馬攏頭",與"龓""鞶"音義並同,並爲異體字。"攏""龓"即不同義符換用而形成的異體字。

13. 漱

　　《玉篇·水部》:"漱,所救切。漱鐵。"(92 上右)

　　按:《玉篇校釋》云:"此云'漱鐵'者,字本爲'鏉'。《唐韻》云:'鐵鉎鏉。'本書《金部》:'鏉,鐵鉎也。'(234):'鉎,鏉也。''鏉'即今俗銹字。"(3821)胡氏所言是也。"鏉",《廣韻》音"所祐切"。"漱"與"鏉"音義並同,"漱"當即"鏉"通過換用不同義符而形成的異體字。

　d. 因造字角度不同而改換義符

　　《玉篇》還有些疑難字是因造字角度不同而換用不同義符所形成的,而相互換用的義符之間亦無義近或形近的關係。

14. 腵

《玉篇·肉部》："腵,古鴉切。腸病也。"(37 上左)

按:《玉篇校釋》"腵"字下注:"《集韻》麻韻同。本書《疒部》:'瘕,久病也;腹中病也。''瘕'與'腵'同,癥結病也。"(1570)胡氏所言當是。《説文·疒部》:"瘕,女病也。從疒,叚聲。"(155 上)"女病也"即指"婦女腹中的結塊病"。"腵"與"瘕"音同義近,"腵"當即"瘕"因造字角度不同而改換義符所形成的異體字。

15. 鉘

《玉篇·金部》："鉘,浮勿切。飾也。"(84 下左)

按:《正字通·金部》:"鉘,俗字。"(1195 下)《正字通》謂"鉘"爲俗字,是也。《玉篇校釋》"鉘"字下注:"《廣韻》《集韻》並不收'鉘'字,字本作'髴''髯'。《髟部》:'髴,婦人首飾也。'《集韻》:'髴,或作髯。'《唐韻》引《埤倉》:'髯,婦人首飾也。'《廣韻》:'髴,額前飾也。'"(3383)胡氏所言是也。"鉘"即"髯"因造字角度不同而改換義符所形成的異體字。

16. 舼

《玉篇·舟部》："舼,音敗。軭船。"(87 下右)

按:《玉篇校釋》"舼"字下注:"《廣韻》去聲怪韻蒲拜切:'船後舼木。'《集韻》云:'船後木。通作桮。'本書《木部》:'桮,船後桮木也。'"(3550)《廣韻》去聲怪韻蒲拜切:"舼,船後舼木。"同一小韻下字曰:"桮,木名。"(287)余迺永《校注》:"桮,蒲拜切。注:'木名。'按:此義應依《玉篇》正爲'船後桮木'。"(850)余氏所言當是。敦煌本《王韻》去聲怪韻蒲界反:"桮,船後頭。"(409)故宫本《王韻》同。此"船後頭"當爲"船後頭桮木"之誤脱,此爲余氏之説提供又一佐證。故"舼"與"桮"音義並同,"舼"當即"桮"因造字角度不同而改換義符所形成的異體字。

17. 艦

《玉篇・舟部》："艦，音檻。版屋舟。"(87 下左)

按：《玉篇校釋》"艦"字下注："'音檻'者，《釋名・釋船》：'上下重牀曰檻，四方施板以禦矢石，其內如牢檻也。'左思《吳都賦》：'巨檻接艫。'劉逵曰：'上下四方施板者爲檻也。'並以檻爲之。"(3556)《廣雅・釋水》："艦，舟也。"王念孫疏證："檻與艦通。"(779 上)王念孫疏證引《釋名》作"艦"，《大字典》引《釋名》亦作"艦"。《釋名疏證補》："上下重版曰檻，四方施板以禦矢石，其內如牢檻也。"(266)《釋名疏證補》作"檻"，"牀"字據《初學記》改作"版"，是也，《大字典》引《釋名》"牀"字亦應據改。"艦"與"檻"音義並同，"艦"當即"檻"因造字角度不同而改換義符所形成的異體字。

18. 嶨

《玉篇・山部》："嶨，苦卓切。山多大磐石也。亦作礐。又音學。"(102 下右)

按：原本《玉篇・山部》："嶨，苦學、胡角二反。《爾雅》：'山多大石曰嶨。'郭璞曰：'山多磐石也。'或爲礐字，在《石部》也。"(459)"嶨""礐"音義並同，即因造字角度不同而換用不同義符所形成的異體字。

19. 嶅

《玉篇・山部》："嶅，午刀切。山多小石。亦作磝。"(102 下右)

按：原本《玉篇・山部》："嶅，牛交反。《爾雅》：'山多小石曰嶅。'郭璞曰：'多礓礫也。'或爲磝字，在《石部》也。"(459)原本《玉篇・石部》："磝，午交反。《字書》：亦嶅字也。嶅，山多小石也。在《山部》。"(525)"嶅""磝"音義並同，亦因造字角度不同而換用不同義符所形成的異體字。

20. 蝛

《玉篇·虫部》："蝛，房中切。蟲窟也。"（119 上左）

按：《玉篇校釋》"蝛"字下注："《切韻》从土作'堖'，云：'蟲室。'《廣韻》《集韻》同，並無'蝛'字。本書無'堖'，'堖''蝛'同，以蟲室而作'蝛'，謂窟穴而从土。"（5027～5028）胡氏所言是也。"蝛""堖"音義並同，即因造字角度不同而换用不同義符所形成的異體字。

e. 改義符爲聲符而形成的雙聲字

《玉篇》也存在某字本爲形聲字，却又改其義符爲聲符，從而産生雙聲俗字的現象。

21. 䃅

《玉篇·磬部》："䃅，口丁切。不可近也。"（106 上左）

按：原本《玉篇·磬部》："䃅，口庭反。《字書》：'不可近也。'"（531）《玉篇校釋》"䃅"字下注："'䃅'蓋'硜'之別構……硜硜然小人兒，引申爲不可近義，古訓所謂遠佞者屏小人也。"（4350）胡氏所言當是。《玉篇·石部》："硜，口耕切。小人兒。又口定切。"（105 下左）原本《玉篇·石部》："硜，苦耕反。《論語》：'硜硜然小人也。'鄭玄曰：'硜硜，小人之兒也。'"（529）《論語·子路》："硜硜然，小人哉！"故"䃅"與"硜"音同義通，"䃅"當即"硜"之異體字。"硜"從石，巠聲，變作"䃅"後，殸旁、巠旁皆爲聲符，即爲雙聲字。

第三、改换聲符

改换聲符也是字形分化的重要途徑之一，《玉篇》通過改换聲符的方式産生疑難字的情况相對來説也比較複雜，主要分爲以下幾種情况：

a. 改成與字音更爲接近的聲符

張涌泉説："隨着語音的變化，有的形聲字的聲符和它所代表的整個字的字音發生了脱節的情况，即聲符不能反映實際語音，這時俗書往往用更换聲符的方式另造新字，以求與字音相一致。"①《玉篇》有許多疑難字即是

①見張涌泉《漢語俗字研究》第 58 頁，商務印書館，2010 年。

通過改換成與字音更爲接近的聲符而産生的。

1. 坿

《玉篇·土部》："坿，力哲切。塍也。"(8 上右)

按：《玉篇校釋》"坿"字下注："'塍也'者，《廣韻》同。坿之言列也，行之列次也，字當同'埒'，'埒''坿'一聲之轉。"(231)胡氏所言是也。《名義·土部》："坿，力析（折）反。塍也。"(9 上)《説文·土部》："埒，卑垣也。從土，寽聲。"(287 上)《急就篇》："頃町界畝畦埒封。"顏師古注："埒者田間埵道也。"《爾雅·釋丘》："水潦所還，埒丘。"郭璞注："謂丘邊有界埒，水環繞之。"郝懿行義疏："形似稻田塍埒，因名埒丘矣。"明楊慎《藝林伐山·水埒》："田塍曰土埒。""埒"，《廣韻》音"力輟切"。故"坿"與"埒"音義並同，"坿"當即"埒"通過改換成與字音更爲接近的聲符而形成的異體字。

2. 儛

《玉篇·人部》："儛，亡甫切。慢也。"(15 下右)

按：《玉篇校釋》"儛"字下注："此訓'慢'者，蓋與'侮'通。上（180）：'侮，亡甫切。慢也。'"(539)"儛"與"侮"當即"同"而非"通"。《廣雅·釋詁三》："侮，輕也。"(198 上)《玉篇·人部》："侮，亡甫切。侮慢也。"(14 上右)故"儛"與"侮"音義並同，"儛"當即"侮"通過改換成與字音更爲接近的聲符而形成的異體字。

3. 睭

《玉篇·目部》："睭，之曳切。目明也。"(22 下左)

按：《玉篇校釋》"睭"字下注："《集韻·祭韻》義同。又：'晣，目明也。''晣''睭'一字。"(851)胡氏所言是也。"睭"同"晣"，正如"睭"同"晢"，"睭"當即"晢"通過改換成與字音更爲接近的聲符而形成的異體字。

4. 㪊

《玉篇·手部》：“㪊，烏果切。”(32 上左)

按：《玉篇校釋》“㪊”字下注：“義闕。元刊本云：‘摘也。’《集韻》上聲果韻：‘㪊，㪊挬，摘也。’又‘挬’下云：‘趙魏之間謂摘曰㪊挬。’本書：‘挬，乃果切。摘挬。趙魏云也。’‘㪊’與‘挬’同，累言之‘㪊挬’。”(1310)胡氏所言是也。《廣雅·釋言》：“挬，摘也。”“挬”，《廣韻》音“奴果切”，又《集韻》音“五果切”。“㪊”“挬”音義並同，“㪊”當即“挬”通過改換成與字音更爲接近的聲符而形成的異體字。

5. 瘆

《玉篇·疒部》：“瘆，山錦切。寒病。痒，同上。”(57 上左)

按：《廣韻》上聲寢韻踈錦切：“痒，寒病。瘆，同上字。”(224)《説文·疒部》：“痒，寒病也。从疒，辛聲。”(154 下)“痒”，《廣韻》音“踈錦切”。“瘆”訓“寒病”，《集韻》又訓爲“駭恐皃”，疑不可據。故“瘆”當即“痒”通過改換成與字音更爲接近的聲符而形成的異體字。

6. 箐

《玉篇·竹部》：“箐，莫庚切。竹也。”(71 上左)

按：《玉篇校釋》“箐”字下注：“‘箐’即‘箚’字。(150)：‘箚，竹名。’《集韻》：‘箚，或作箐。’”(2830)“箐”當即“箚”通過改換成與字音更爲接近的聲符而形成的異體字。

7. 濿

《玉篇·水部》：“濿，音鐓。淀也。”(91 下左)

按：《玉篇校釋》“濿”字下注：“‘淀也’者，當作‘濿淀也’。‘淀’即下(693)‘淀’，‘濿’即上(538)‘澧’。澧，水流皃。《廣韻·賄韻》：‘澧，澧沱，水汛沙動兒。'音鐵。《江賦》：'碧沙瀢沱而往來。''瀢沱'即'瀤沱'。"
(3806)"瀤"與"瀢"音義並同，"瀤"當即"瀢"通過改換成與字音更爲接近的
聲符而形成的異體字。

　　b.同音或近音聲符替換

　　《玉篇》所收錄的有些疑難字是通過同音或音近聲符的替換而產生的。

8. 䶩

　　《玉篇·齒部》："䶩，丘之切。齾也。"(28 上右)

　　按：《玉篇校釋》"䶩"字下注："'齾也'者，《廣雅·釋詁三》：'䶩，齾也。'
《切韻》同。本書'齮'下引《說文》'齾也'。《集韻》：'䶩，或作齮。'"(1090)
《說文·齒部》："齮，齾也。從齒，奇聲。"(45 上)"齮"，《廣韻》音"魚倚切"，
慧琳《韻集》音"丘依、丘倚二反"。"䶩""齮"音義並同，即音同聲符換用而
形成的異體字。

9. 膖

　　《玉篇·肉部》："膖，徒郎切。肥也。"下字云："膛，他郎切。肥兒。"(37
上左)

　　按：《玉篇校釋》"膖"字下注："《集韻》唐韻：'膖，肥也。'又：'膛，肥兒。'
'膖''膛'二同。"(1571～572)胡氏所言是也。"膖""膛"音義並同，二字即
音同聲符換用而形成的異體字。

10. 懽

　　《玉篇·心部》："懽，公玩切。《爾雅》曰：'懽懽、愮愮，憂無告也。'"(38
下右)

　　按：《玉篇·心部》："悹，古桓切，又公玩、公緩二切。悹悹，憂無告也。
悺，同上。"(41 上左)《玉篇校釋》"悹"字下注："'悹悹，憂無告也'者，《切
韻》同。又去聲云：'悺悺瘝瘝，憂無極也。'《爾雅·釋訓》：'灌灌愮愮，憂無
告也。'本書'懽'下引作'懽懽愮愮'，《說文》：'悹，憂也。'《廣雅·一》：'悺，

憂也。'《時・板》:'靡聖管管。'毛傳:'管管,無所依也。'《廣韻》上聲緩韻引作'悹悹'。《釋訓》又云:'痯痯,病也。'郭注:'賢人失志患憂病也。'本書《疒部》:'痯,病也。''瘽,病也。'痯、瘽一字,悹、懽一字。憂病義相因而生,作灌、管者同聲通假。"(1725)胡氏所言是也。《名義・心部》:"悹,公緩反。憂也;灌也。管字。"(73 上)故"悹""懽"音義並同,當即音近聲符換用而形成的異體字。

11. 硿

《玉篇・石部》:"硿,苦東、户宋二切。石聲。"(105 下左)

按:《玉篇校釋》"硿"字下注:"'石聲'者,'硿'與'硡'同。《切韻》:'硿礲,石落聲。'本書(115):'硡,《字書》:礲硡,石聲也。''硿礲'與'礲硡'同,倒言之也。"(4333)胡氏所言是也。《玉篇・石部》:"硡,丘中切。礲硡,又户東切。"(105 下右)原本《玉篇・石部》:"礲,力冬反。《字書》:礲硡,石聲也。硡,口冬反。《字書》:礲硡也。"(526)"硿"與"硡"音義並同,"硿"即"硡"音近聲符换用而形成的異體字。

12. 陷

《玉篇・阜部》:"陷,徒罪切。高也。"(107 上左)

按:此字《説文》、原本《玉篇》、《名義》皆未收,《廣韻》《集韻》亦不録,《玉篇》收於部末,當即宋人據俗書所增。《玉篇校釋》"陷"字下注:"'陷'即'陮'字。陮,《説文》:陮隗,不安也。二徐本作'高也'。又《屵部》:'嵟,《説文》:高也。《聲類》亦陮字。'《土部》:'堆,聚土也。'重文塠、垍二形,聚土則高起。𠂤、堆古今字,又分别作雁、嵟、陮,陷則俗字。"(4411)胡氏所言是也。"陮",《廣韻》音"徒猥切"。"陷""陮"音義並同,"陷"即"陮"音近聲符换用而形成的異體字。

13. 鞨

《玉篇・革部》:"鞨,音榻。兵器。"(123 下左)

按:《玉篇校釋》"鞈"字下注:"(168):'鞈,兵器也。'《龍龕手鑑》引作'鞈'。上(45):'鞈,以防捍也。'是亦兵器。鞈、鞈、鞈並同。"(5265)胡氏所言是也。"鞈"《廣韻》音"吐盍切","鞈"亦有"託合切"一音,故"鞈"與"鞈""鞈"音義並同,即音近聲符換用而形成的異體字。

c.因讀若用字、又音用字、直音用字等影響而改換聲符

《玉篇》還有些疑難字是通過正字的讀若用字、又音用字、直音用字等方面的影響而改換聲符所產生的。

14. 評

《玉篇·言部》:"評,呼甲切。多言也。或作嗑。"(43 上左)

按:原本《玉篇·言部》:"評,胡臘反。《字書》:'或嗑字也。嗑,多言也。在《口部》。'"(288)《說文·口部》:"嗑,多言也。从口,盍聲。讀若甲。"(33 下)故"評"即"嗑"因《說文》讀若之音而更換聲符所形成的異體字。

15. 餀

《玉篇·食部》:"餀,郎外切。門祭名。"(46 下左)

按:《玉篇校釋》"餀"字下注:"此'餀'爲門祭者,與'餲'同。《切韻》去聲泰韻:'餲,郎外反。門祭。'本書'餲'下引《倉頡篇》:'門祭名也。'"(1990)胡氏所言是也。《新撰字鏡·食部》:"餲,郎外反,去。門祭也。"(228)《龍龕》卷四《食部》:"餲,音稅。小餟也。又郎外反。門祭也。"(503)"餲",《廣韻》音"舒芮切",又音"郎外切"。"餀"即"餲"因又音改換聲符而形成的異體字,因從"孚"者多具"郎外切"一音也。

16. 疻

《玉篇·疒部》:"疻,之移切。病也。"(57 上左)

按:《玉篇校釋》"疻"字下注:"'病也'者,《切韻》同。《爾雅·釋詁》:'疧,病也。'釋文:'又音支。'《集韻》:'疻,或作疧。'本書:'疧,病也。'"

（2257）《名義·疒部》：“疷，之移反。病也。痕[字]。又[音]岐。”（111 上）
呂浩《〈篆隸萬象名義〉校釋》：“疷同痕。‘又岐’蓋注音字。”（181A）此説是
也。《新撰字鏡·疒部》：“疷，章移反。病也。亦痕[字]也。”（146）此亦其
證。故“疷”即“痕”字因又音改换聲符而形成的異體字。

17. 騭

《玉篇·馬部》：“騭，音質。馬名。”（108 下左）

按：《玉篇校釋》“騭”字下注：“《集韻·質韻》亦云：‘馬名。’案：本書直
音‘質’者，‘騭’即‘騭’之後出或體，牡馬也。《釋畜》：‘牡曰騭。’郭璞音質。
俗因加馬爲‘騭’。”（4486～4487）胡氏所言是也。《説文·馬部》：“騭，牡馬
也。从馬，陟聲。讀若郅。”（199 上）《爾雅·釋畜》：“牡曰騭。”郭璞注：“今
江東呼駁馬爲騭。音質。”（162）“騭”即因“騭”之直音用字“質”改换聲符而
形成的異體字。

18. 玁

《玉篇·犬部》：“玁，音檻。虎聲。”（111 上右）

按：《玉篇校釋》“玁”字下注：“‘音檻’者，‘玁’即《説文》之‘獫’字。《説
文》：‘獫，犬吠不止。讀若檻。’《廣韻》：‘玁，惡犬吠不止也。’即《切韻》：
‘獫，惡也。又犬吠不止。’《集韻》云：‘犬猥謂之玁。’本書上（16）：‘獫，犬吠
不止也。一曰兩犬争也。’並本《説文》。”（4601）胡氏所言是也。《正字通·
犬部》：“玁，俗字。本作獫。舊注犬吠不止，與十畫獫義同，增虎聲、犬齧物
聲，誤分爲二，《説文》有‘獫’無‘玁’。”（667 上）《正字通》所言印證了胡氏
之説。故“玁”當即“獫”因《説文》讀若之音而改换聲符所形成的異體字。

19. 鮁

《玉篇·魚部》：“鮁，音步。魚名。”（116 下左）

按：《玉篇校釋》“鮁”字下注：“‘音步’者，‘鮁’即‘鯆魚’。《釋魚》：‘鱝
鯆，鱳鰝。’郭注：‘鯆，音步。’俗因爲‘鮁’。上（120）：‘鯆，蒲故切。鱳鰝

也。'"(4902)胡氏所言是也。"鮬",《廣韻》音"苦胡切",又音"薄故切"。"鮬"從"夸",從字形上來看當音"苦胡切",又音"薄故切",或直音"步",當爲其俗讀也。"鯵"疑即因"鮬"之俗讀直音用字而改换聲符所形成的俗字。

20. 袙

《玉篇·衣部》:"袙,當口切。衫袖也。"(129上右)

按:《玉篇校釋》"袙"字下注:"《廣韻》《集韻》並無,應即'襡'字。(61):'襡,衣袖也。'《切韻》當口反,音斗,俗或變作'袙'。"(5610)胡氏所言是也。《説文·衣部》:"襡,短衣也。从衣,蜀聲。讀若蜀。"(172上)《廣雅·釋器》:"襡,袖也。"曹憲《博雅音》:"襡,大口反。"(586下)"襡",《説文》本音"蜀",《切韻》《廣韻》又音"當口反"。"袙"疑即因"襡"字又音而改换聲符所形成的異體字。

第四、結構變易

結構變易是通過結構關係的變换而形成的,例如由象形字變爲會意字、由會意字變爲形聲字等,《玉篇》有些疑難字即是通過結構變易而產生的。

1. 郌

《玉篇·邑部》:"郌,胡灰切。睢陽鄉名。"(11下左)

按:《玉篇校釋》"郌"字下注:"《切韻》:'郌,鄉名,在睢陽。'《集韻》《類篇》及《龍龕手鑑》並作'郊'。本書《隹部》:'雈,水名。'五隹切。《説文》云:'睢陽有雈水。'段注:'《玉篇·邑部》:郌,睢陽鄉名。郌即雈字,有雈水而後有郌鄉也。'朱駿聲云:'《玉篇》有郌字,睢陽鄉名,雈水當在此鄉也。'"(373)段、朱之説並是也,"郌"即"雈"通過結構變易而形成的異體字。

2. 輷

《玉篇·車部》:"輷,呼萌切。車聲。軥,同上。轟,同上。"(87上右)

按:《名義·車部》:"輷,呼旬(萌)反。軥,同上。"下字曰:"轟,呼萌反。

群車聲。”(184 上)原本《玉篇·車部》:“輷,呼萌反。《史記》:‘輷輷殷殷,若有三軍之衆。’《倉頡篇》:‘輷輷,聲也。’《聲類》:‘亦轟字也。’軯,《字書》亦輷字也。轟,呼萌反。《説文》:‘羣車聲也。’”(413)“輷輷”,今本《史記》作“輷輷”。“輷”與“轟”“輷”“軯”音義並同,並爲異體字,“輷”“輷”“軯”並即“轟”通過結構變易而形成的異體字。

3. 翀

《玉篇·羽部》:“翀,丑俱切。飛皃。”(121 下右)

按:《玉篇校釋》“翀”字下注:“字亦作‘翀’。下(91):‘翀,飛皃。’當改列此爲重文。《説文》:‘几,鳥之短羽飛几几也。讀若殊。’‘翀’即由之變易形聲。‘几’‘翀’古今字也。”(5145)胡氏所言是也。“翀”“翀”即通過偏旁易位而形成的異體字,《玉篇》讀音各異,誤分爲二,非是。《字海》對此二字已作認同,是也;《大字典》却未加溝通,失當。“几”,《廣韻》音“市朱切”。“翀”“翀”與“几”音義並同,“翀”“翀”並即“几”通過結構變易而形成的異體字。

第五、全體創造

張涌泉説:“這裏所講的‘全體創造’,則是完全抛開正字,另起爐竈,用全新的構件創制新字。”[1]《玉篇》有些疑難字與其正字構件完全不同,即通過全體創造的方式而產生的。

1. 瑅

《玉篇·玉部》:“瑅,大兮切。玉名。”(4 下左)

按:《名義·玉部》:“瑅,徒奚反。玉名。”(3 下)《玉篇校釋》“瑅”字下注:“‘玉名’者,《切韻》同,《集韻》《類篇》並云:‘瑅瑭,玉名。或作瑅。’疑‘瑅’與‘庠’同。”(83)胡氏所疑當是。《説文·厂部》:“庠,唐庠,石也。”(193 下)《廣雅·釋地》:“瑭,玉。”王念孫疏證:“《淮南子·脩務》:‘唐碧堅忍之類,猶可刻鏤,以成器用。’高誘注云:‘唐碧,石似玉。’唐與瑭通。”“瑅

---

① 見張涌泉《漢語俗字研究》第 113 頁,商務印書館,2010 年。

瑭”當同“唐庢”，“瑭”即“唐”因涉義增加義符而形成的異體字，而“瑅”即“庢”通過全體創造而形成的異體字。

2. 瓔

《玉篇·玉部》：“瓔，胡古切。玉也。”（6 上左）

按：《玉篇校釋》“瓔”字下注曰：“《集韻》《類篇》義同，疑‘瓔’爲‘庢’之後出或體。《厂部》‘庢’下引《說文》：‘美石也。’”（158）胡氏所言疑是。“庢”，《廣韻》音“侯古切”。“瓔”“庢”音義並同，“瓔”當即“庢”通過全體創造而形成的異體字。

3. 傃

《玉篇·人部》：“傃，桑故切。向也。孔子曰：‘傃隱行怪。’”（14 下右）

按：《名義·人部》：“傃，桑故反。向也；經也。”（20 上）《玉篇校釋》“傃”字下注：“‘向也’者，‘傃’通作‘遡’，‘向’通作‘鄉’。引孔子曰爲《禮記·中庸》文。鄭注：‘傃猶鄉也。’《切韻》；‘傃，向也。通作遡。’慧琳九三·一：鄭注《禮記》云：‘傃猶向也。’《廣雅》：‘經也。’或作遡。‘遡’下亦引《禮記》鄭注：‘遡猶向也。’古今正字義同，或从人作傃。”（503）胡氏所言是也。《洪武正韻·暮韻》：“遡，向也。”《名義·辵部》：“遡，蘇故反。行也；向也。”（96 下）“傃”“遡”音義並同，“傃”即“遡”通過全體創造而形成的異體字。

4. 惸

《玉篇·心部》：“惸，葵營切。獨也；單也。或作煢。”（39 下左）

按：原本《玉篇·心部》：“煢，仇營反。《尚書》：‘無害惸獨。’孔安國曰：‘惸，單也，無兄弟曰惸，無子曰獨。’《周禮》：‘凡遠近惸獨，老幼之欲有復於上者。’鄭玄曰：‘無兄弟曰惸。’《字書》：‘亦煢字，煢煢無所依也，在《冇部》。’或爲嬛字。”（242～243）《新撰字鏡·心部》：“惸，煢同。渠營反。無兄弟。”（549）“惸”“嬛”與“煢”音義並同，“惸”“嬛”並即“煢”通過全體創造而形成的異體字。

5. 憔

《玉篇·心部》：“憔，子妙切。急性也。”(40 上左)

按：《正字通·心部》：“憔，訛字。”(387 下)《正字通》直謂“憔”爲訛字，非是。《玉篇校釋》“憔”字下注：“案：即‘焦’急字，心憂急也，‘焦’‘爵’聲符相通，以避憔悴字而變易从爵。”(1696)胡氏所言當是。《說文·火部》：“爨，火所傷也。从火，雥聲。隽，或省。”(209 上)“焦”本義爲“燒傷”，引申爲“煩躁”“焦急”。《史記·夏本紀》：“(禹)乃勞身焦思，居外十三年，過家門不敢入。”三國魏阮籍《詠懷》之六十三：“終身履薄冰，誰知我心焦。”“焦”，《廣韻》音“即消切”。“憔”“焦”音義並近，“憔”當即“焦”通過全體創造而形成的異體字。

6. 鮫

《玉篇·缶部》：“鮫，公的切。吹器也。”(79 上左)

按：《玉篇校釋》“鮫”字下注：“‘吹器也’者，《切韻》入聲同，平聲云：‘樂器。’《廣韻》云：‘以土爲之，雙相黏爲鮫也。’《集韻》云：‘塤類。’是‘鮫’即《爾雅·釋樂》‘大塤謂之嘂’之‘嘂’。今俗呼叫麑。郭注《爾雅》云：‘塤燒土爲之，大如鵝子，銳上平底，形如秤錘，六孔，小者如雞子。’釋文：‘嘂，本或作叫。’”(3140)胡氏所言是也。“嘂”，《廣韻》音“古弔切”。“鮫”與“嘂”音近義同，“鮫”即“嘂”通過全體創造而形成的異體字。

7. 磄

《玉篇·山部》：“磄，徒郎切。山名。”(103 上左)

按：《玉篇校釋》“磄”字下注：“‘山名’當作‘屹磄，山名’。字本作‘芒碭’。《廣韻·唐韻》云：‘芒碭，山名。’又‘蕩’‘宕’二韻皆作‘磄岋，山名。’《集韻·唐韻》作‘屹磄，山名’。”(4195)胡氏所言是也。《漢書·高帝紀上》：“高祖隱於芒碭山澤間，吕后與人俱求，常得之。”“屹磄”“磄岋”與“芒碭”並同,“磄”即“碭”通過全體創造而形成的異體字。

第六、偏旁易位

偏旁易位即指通過相同構字部件位置的移動而形成的,《玉篇》有些疑難字即通過偏旁易位而產生。

1. 㲆

《玉篇·次部》:“㲆,弋之切。歔也。”(47 上右)

按:《正字通·欠部》:“㲆,同㲉。”(548 下)《正字通》所言是也。《玉篇校釋》“㲆”字下注:“《廣韻》上平五支弋支切引《説文》作‘㲉’。本書原本殘蝕,僅存‘翼’字上半體及‘文’‘㲆’二字左旁,《説文》从次,厂聲,讀若移。”(2002)胡氏所言是其證。《名義·次部》:“㲆,翼之反。歔也。”(93 下)《説文·次部》:“㲉,歔也。从次,厂聲。讀若移。”(180 下)“㲆”“㲉”音義並同,“㲆”即“㲉”通過偏旁易位而形成的異體字。

2. 縠

《玉篇·水部》:“縠,胡谷切。水聲也。”(92 上左)

按:《玉篇校釋》“縠”字下注:“《廣韻》一入屋胡谷切:‘水聲。’《集韻》:‘瀔,水聲。或作縠。’”(3827)“瀔”“縠”音義並同,“瀔”即“縠”通過偏旁易位而形成的異體字。

3. 沰

《玉篇·氵部》:“沰,沰湆,上彼孕切,下匹孕切。飛聲。”(93 上左)

按:此字《説文》《名義》皆未收,《廣韻》《集韻》亦不録,《玉篇》收於部末,當即宋人所增。《正字通·氵部》:“沰,舊注:音柄。沰湆,飛聲。按:沰無飛義,音訓並非。”(83 上)《正字通》所言是也。《玉篇校釋》“沰”字下注:“‘沰’疑與‘砯’同。《石部》後增字(160):‘砯,水擊石聲。’字从石氷聲,與‘沰’同體。……‘沰’非飛聲,應删。”(3868)胡氏所言是也。《文選·郭璞〈江賦〉》:“砯巖鼓作。”李善注:“砯,水擊巖之聲也。”故“沰”即“砯”通過偏旁易位而形成的異體字。

4. 鱴

《玉篇·魚部》：“鱴，無非切。魚名。”（116 下右）

按：《正字通·魚部》：“鱴，俗字。”（1355 上右）《正字通》謂“鱴”爲俗字，是也。《玉篇校釋》“鱴”字下注：“‘鱴’與‘鰴’同。下（271）：‘鰴，魚絶有力。’本《釋魚》文。釋文云：‘字或作鱴。’鰴从徽省，徽从微省，鱴亦从微省也。”（4890～4891）胡氏所言是也。故“鱴”即“鰴”通過偏旁易位而形成的異體字。

（二）誤作認同

由於俗寫相亂、音同或音近等原因的影響，《玉篇》在字際關係處理方面也存在一些誤作認同的現象。然而令人遺憾的是，這些失誤往往被後世大型字書如《大字典》《字海》等所承襲，從而在一定程度上降低了它們的編纂質量，也給讀者對這些字的辨識造成誤解。因此，我們也應對這些失誤進行考辨與研究。

第一、因俗寫相亂而誤作認同

《玉篇》在字際關係處理方面存在一些因俗寫相亂而誤作認同的現象。例如：

1. 琲

《玉篇·玉部》：“琲，蒲溉、蒲愷二切。珠五百枚也。亦作琲。”（5 下左～6 上右）

按：《玉篇校釋》“琲”字下已改“琲”爲“琲”，並注曰：“‘珠五百枚，亦作琲’者，‘琲’原訛‘琲’，今正。《切韻》：‘琲，亦作琲。’《唐韻》：‘琲，又作琲。’”（144）胡氏所言是也。《名義·玉部》：“琲，蒲愷反。”（6 上）《新撰字鏡·玉部》：“琲，甫（蒲）既（溉）反。百玉（珠）一貫名。”（318）《廣韻》去聲隊韻蒲昧切：“琲，《埤倉》云：‘珠百枚曰琲。’孫權貢珠百琲。琲，貫也。又云：‘珠五百枚也。’亦作琲。”（289）《新修玉篇》卷一《玉部》引《玉篇》：“琲琲，蒲溉、蒲愷二切。珠五百枚也。”（9 上左）“琲”與“琲”音義並同，“琲”即“琲”

之異體;而"蜚"與"蚌"音義俱別,《玉篇》謂"蚌"亦作"蜚",此當因俗寫形近相亂而誤。

2. 栖

《玉篇·木部》:"橚,余宙切。積木燎以祭天也。與栖同。"(63 下右)

按:《玉篇》謂"橚"與"栖"同,非也。《説文·木部》:"橚,積火燎之也。从木,从火,酉聲。《詩》曰:'薪之橚之。'《周禮》:'以橚燎祠司中司命。'禍,柴祭天神,或从示。"(125 上)《廣韻》上聲有韻與九切:"橚,積木燎以祭天也。禍,上同。"(220)"禍""橚"爲異體字,而"栖""橚"義別,"栖""禍"又形近,故"栖"當即"禍"之形誤。《玉篇校釋》已校"栖"爲"禍",並謂:"此處原訛作栖,今正。"(2512)其言是也。《集韻》上聲有韻以九切:"橚楢禍,積木燎之也。或作楢、楢,通作蘸。"(432)案:正文、注文"楢"皆爲"禍"字之訛,注文"栖"爲"禍"字之訛。"禍""禍"即異體字。《龍龕》卷一《示部》:"禍,俗;禍,正。由、西二音。—燎祭天柴也。二。"(111)此是其證也。《字海》沿襲《集韻》之謬,謂"栖"同"橚",非也。"栖"當即"楢"之異體。《廣韻》上聲有韻與久切:"栖,柞栖木。"(220)余迺永《校注》:"按小韻尺沼切字作'楢',注:'赤木名。又音猶、音酉。''酉'即本音,二字或體。"(793)余氏所言是也。《説文·木部》:"楢,柔木也。工官以爲耎輪。从木,酉聲,讀若糗。"(115 上)"栖"即"楢"之異體,正如"禍"又作"禍"。《大字典》未加認同,《字海》謂同"橚",俱失考證。

3. 礷

《玉篇·木部》:"櫼,子廉切。楔也。或殱字。"(61 上右)

按:《玉篇校釋》"櫼"字下改注文"殱"爲"礷",並注曰:"'或礷字'者,'礷'原訛'殱'。《切韻》:'櫼,楔也。亦作礷。'本書《石部》:'礷,《字書》亦櫼字也。櫼,楔也。在《木部》。'是此處原本當云:'《字書》或爲礷字,在《石部》也。'"(2408~2409)胡氏所言是也。《名義·木部》:"櫼,子林反。楔[也]。礷字。"(120 下)此亦其證也。故《玉篇》"櫼"字或體作"殱",當即形誤也。

4. 犌

《玉篇·羊部》:"犌,布莫切。犌狏,獸也。似羊,九尾,四耳,目在背上。或作犌。"(109下左)

按:《玉篇校釋》注曰:"'犌狏,獸'云云者,《南山經》:'基山有獸焉,其狀如羊,九尾四耳,其目在背,其名曰猼訑,佩之不畏。'郭注音博施,訑一作陀。畢沅校依本書改'猼'爲'犌'……或作猼,'猼'原訛'犌',今依經改。犌狏似羊故从羊,本爲怪獸故从犬,从牛不合。"(4540)胡氏所言是也。查今所見《山海經》即作"猼","犌"字未見其他文獻記載,故"犌"當即"猼"之形誤。

第二、因音同或音近而誤作認同

《玉篇》在字際關係處理方面也存在一些因音同或音近而誤作認同的情況。例如:

1. 伫

《玉篇·人部》:"伫,鼓唐切。古岡字。"(14下左)

按:《玉篇校釋》"伫"字下已改"岡"爲"剛",並注云:"'古剛字'者,'剛'原訛'岡',今正。《説文》剛,古文作𠜂,依隸寫之訛爲伫,當作佀。"(515)胡氏所言是也。《名義·人部》:"伫,古朗反。强也;斷也。佰凸也。"(21上)"伫""伫"同字異寫。吕浩《〈篆隸萬象名義〉校釋》謂"佰凸也"疑當作"佀,正也"。吕浩謂"佰"當作"佀",是也;然謂"凸"當作"正",疑非,"凸"疑爲"古"字之訛,是用來表明字際關係的用語,而非釋義,且"剛"並無"正也"這一義項。《新撰字鏡·人部》:"伫,古唐反。𠛬字古文。"(80)"𠛬"即剛字古文"𠛟""𠛞""𠛨"等之變,張磊《〈新撰字鏡〉研究》(235)謂"伫"乃《説文·刀部》"剛"字古文之變,亦是。《大字典》《字海》沿襲《玉篇》之謬而謂"伫"同"岡",非是。

2. 靠

《玉篇·攰部》：“靠，公到切。古文告。”（32下左）

按：《玉篇校釋》“靠”字下注：“《集韻》以爲‘誥’之古文，又作‘𡥀’。《類篇》：‘靠，告也。’《切韻》：‘誥，告也。’本書：‘誥，告也。’‘告’下原本不云‘古文爲靠字’，是此當云：‘古文誥。’”（1327）胡氏所言是也。《名義·攰部》：“靠，公到反。語也；謹也。”（58下）《名義》“靠”字並未言爲“告”之古文，是原本《玉篇》亦未言“靠”爲“告”之古文。“誥”之古文，《何尊》作“𠬝”，《三體石經·多方》作“𡥀”，“靠”與“𡥀”形同，故“靠”即爲“誥”之古文。《玉篇》因音同而誤認“靠”爲“告”之古文，非是。《大字典》《字海》“靠”字沿襲《玉篇》之謬而誤作認同，俱失考證。

3. 蘆

《玉篇·林部》：“蘆，甫弓切。古文風。”（63下左）

按：《玉篇校釋》注曰：“‘蘆’下云‘古文風’者，此後人所竄改，非顧氏原文。‘蘆’當與‘梵’同，非古文風也。《廣韻》：‘蘆，梵聲也。’即：《切韻》：‘梵，梵聲也。’梵聲者，諷誦梵唄之聲也。《集韻》云：‘風行木上曰蘆。或作梵。’又收則爲‘楓’之或體。又去聲：‘梵，西域穜號，出浮圖書。’皆不以‘蘆’爲古文‘風’。”（2530～2531）胡氏所言是也。《名義·林部》：“蘆，甫弓反。楓也。”（126上）慧琳《音義》卷九九《廣弘明集》卷第二十四：“楓，福逢反。《説文》：‘厚葉，弱枝，善摇。’或從林作蘆。郭注《山海經》云：‘即今楓香木也。’”（59，頁312a7）以上二書皆其證也。故《玉篇》“蘆”字下注文“古文風”之“風”，疑即“楓”之聲誤。

第三、因形音皆近而誤作認同

漢字中也存在大量的形音皆近的字，這些字在書寫時也極易訛混。《玉篇》在異體字認同方面也存在因形音皆近而誤作認同的情況。例如：

1. 綞

《玉篇·系部》:"綞,必奚切。縷并也。亦佳。"(125 下左)

按:《玉篇校釋》(5433)校"佳"爲"惟",是也。原本《玉篇·系部》:"綞,補奚反。《廣雅》:'綞,并也。'《埤倉》:'縷并也。'《字書》:'或爲惟字。惟亦誤也,在《心部》。或爲諀字,在《言部》。'"(656)此即其證也。《廣韻》上聲薺韻傍禮切:"佳,佳俵,開腳行也。"(182)"綞"與"佳"音義俱別,二字不可混同,《玉篇》謂"綞"亦作"佳",當因"佳""惟"形音皆近而誤也。原本《玉篇》"綞"亦作"惟",即指"謬也"這一義項而言。《大字典》引《玉篇》沿謬,應據正。

2. 㠯矣

《玉篇·匕部》:"㠯矣,魚其切。未定也。亦作疑。嫌也;恐擬也。又古文矣。"(130 上右)

按:《玉篇校釋》校"㠯矣"爲"𢉖",於"恐"下增"也"字,又校"又古文矣"爲"又古文作矣",並注曰:"'𢉖'原詭作'㠯矣',今正。《説文》:'未定也。从匕,矣聲。''矣,古文矢字。'此句非許語。'疑'下云:'从子、止、匕,矢聲。'可證。本書《子部》(17):'疑,嫌也;恐也;不定也。亦作𢉖。'此處原作'恐擬也',今於'恐'下補'也'字。"下又曰:"'又古文作矣'者,原作'又古文矣',依二徐又改誤也。《集韻》:'𢉖,或作𢀜,亦書作矣。'據以訂正。矣非从矢……此當爲疑惑之本字。"(5646)胡氏所言是也。《名義·匕部》:"㠯矣,魚其反。疑字也。或(惑)也;恐也;擬也;嫌也。"(285 下)此是證也。又"𢉖"字古文作"𣆪""𣆴""𣆭"等,故"矣"非"矢"或"矣"之古文,當爲"𢉖"字古文也。此亦其證也。《大字典》《字海》此字皆誤作"㠯矣",且誤認爲"矣"之古文,皆爲沿襲《玉篇》之誤也。

第四、因誤植而誤作認同

字書在歷代傳抄過程中,存在很多因誤植而致音義有誤及字際關係誤作認同的現象。《玉篇》在傳抄過程中也存在因誤植而致誤認異體字的現象。例如:

1. 萮

《玉篇·艸部》：“苃，來桀切。藿苢也。《禮記》注云：‘桃苃可以爲埽，除不祥也。萮，同上。”(66下右)

按：《玉篇校釋》移“萮”於“芀”字下，並於“芀”字下注曰：“重文‘萮’原列‘苃’字下，傳寫之誤，今移正。《切韻》：‘苢，葦華。亦作萮。’苢、芀同音義，芀亦作萮。一名爲苃，苃、萮字別。萮與芀、苢同，不與苃同也。《詩·鴟鴞》毛傳：‘荼，藿苢也。’《韓詩》作‘葦萮’。《文選·檄吳將校部曲》：‘巢於葦苢。’李注：‘苢與萮同。’”(2641)胡氏所言是也。《新撰字鏡·艸部》：“芀萮，二同。徒聊反。葦華。”(411)此亦爲其證也。“芀”“苃”二字，《説文》《名義》互爲上下字，今本《玉篇》將二字分開，却將本作爲“芀”之或體“萮”字誤置於“苃”字之下，遂致此誤。《大字典》《字海》“苃”字下皆沿襲《玉篇》之謬而收録一個義項謂同“萮”，並非。

2. 緈

《玉篇·糸部》：“綾，子葉切。綾續也。緈，同上。”(126上左)

按：“緈”與“綾”字形相去甚遠，“綾”無緣變作“緈”，“緈”本當置於“緈”字之下，而非置於“綾”字之下。《新修玉篇》卷二十七《糸部》引《玉篇》：“緈，胡頂切。絓緈。”(220下左)《篇海》卷七《糸部》引《玉篇》：“緈，音緈。義同。”(687上)《新修玉篇》卷二十七《糸部》“緈”字上文引《玉篇》曰：“緈，乎冷切。直也。”(220下右)《篇海》同。《玉篇·糸部》：“緈，胡冷切。直也。緈，同上。”(124下右)又《廣韻》上聲迥韻胡頂切：“緈，絓緈。”(218)“緈”與“緈”音義並同，正如韓小荆《〈可洪音義〉研究》(752)“幸”俗作“夅”“夅”等，“緈”當即“緈”字之俗。又原本《玉篇》(590)“緈”俗作“**緈**”、《名義》(271上)“緈”俗作“**夅**”，“緈”與“**緈**”“**夅**”形近，此亦其證也。《大字典》《字海》收録“緈”字，皆承襲《玉篇》之誤而謂同“綾”，俱失考證。又《字彙補·糸部》：“緈，魚葉切，驗入聲。續也。”(161上)從字形來看，“緈”當同“緈”，亦當即“緈”字之俗。“緈”字，《字彙補》音“魚葉切”，訓“續也”，此亦當爲《玉篇》所誤也。《大字典》“緈”字音義承襲《字彙補》之誤，《字海》

“緈”字下謂同“綏”,並非。

第五、因直音用字誤作異體字而誤作認同

字書在歷代傳抄過程中也存在一些因將直音用字當作異體字而致誤作認同的現象。《玉篇》在傳抄過程中即存在因將直音用字當作異體字而致誤認異體字的現象。例如:

畷:《玉篇・田部》:“畷,亦溪字。”(9 下左)

按:《新修玉篇》卷二《田部》引《玉篇》:“畷,胡雞切。徑也。或從足。《玉篇》音溪。”(20 上左)《篇海》卷四《田部》引《玉篇》:“畷,音溪。字同。”(639 上)“畷”字,《新修玉篇》引《玉篇》“音溪”,可見其所見本《玉篇》當作“音溪”,今本作“亦溪字”,當爲傳抄之誤。《篇海》引《玉篇》“音溪”,却又於後增加“字同”二字,亦誤。“畷”當即“蹊”字異體。《廣韻》平聲齊韻胡雞切:“蹊,徑路。”(49)《集韻》平聲齊韻弦雞切:“蹊,徑也。或從田。”(97)故“畷”即“蹊”之異體字。胡吉宣《玉篇校釋》“畷”字下注:“‘亦溪字’者,‘溪’當爲‘蹊’。《集韻》:‘蹊,徑也。或從田作畷。’本書《足部》:‘蹊,徑也。’”(299)胡吉宣已經認識到《玉篇》“畷,亦溪字”是錯誤的,是應予肯定的;但其直接改爲“亦蹊字”,亦不確。因爲據《新修玉篇》《篇海》可知,“溪”字應是“畷”之直音用字。又《龍龕》卷一《田部》:“畷,苦奚反。小畚也。”(153)此“畷”即“嵠”字之俗。《廣雅・釋器》:“嵠峡,籨也。”《玉篇・部》:“嵠,口奚切。嵠峡,大籨也。”(80 上右)“畚”“籨”義同,皆指一種盛物器具。故“畷”“嵠”音義並同,此“畷”即“嵠”字之俗。

第六、因承訛襲謬而誤作認同

字書的編纂,往往是在前代字書的基礎上編纂而成的。由於各種原因的影響,前代字書存在大量的編纂失誤與傳抄失誤。中國字書編纂史存在重貯存而輕考校的傾向,前代字書的失誤往往被後世字書所承襲。《玉篇》在異體字認同方面也存在一些因承訛襲謬而誤作認同的現象。例如:

1. 逾

《玉篇・广部》:“逾,古文逾。”(104 上右)

按:《説文・辵部》:“逾,迻進也。從辵,俞聲。《周書》曰:‘無敢昏逾。’”(40 上)《名義・辵部》:“逾,庾俱反。越也;進也;遠也。踰字。”(94

上)《玉篇·辵部》:"逾,與朱切。越也。遠也;進也。"(49下右)原本《玉篇·廣部》:"庮,《聲類》:'古文庾字也。'"(485)《名義·廣部》:"庾,食乳反。小倉也。庮,古庾字。"(219下)"庮""逾"音近義別,且從漢字構形理據來看,"逾"也不可能爲"庮"字古文,故《玉篇》之説非是。今案:《玉篇》"庮,古文逾"之"逾"當爲"匬"之形誤。《説文·匸部》:"匬,甌,器也。从匸,俞聲。"(268上)《名義·匸部》:"匬,餘主反。受十六斗。"(164下)《玉篇·匸部》:"匬,餘主切。器受十六斗。"(79下左)《論語·雍也》:"請益。曰:'與之庾。'"何晏注:"包曰:十六斗曰庾。"《左傳·昭公二十六年》:"粟五千庾。"杜預曰:"庾,十六斗曰庾。""庾""匬"音義並同,即爲異體字。又上文"庮"即"庾"之異體字,故"庮"與"匬"亦爲異體字。因"匸"旁、"辶"旁俗寫形近,常可訛混,故《玉篇》"庮"之或體"逾"字即爲"匬"之形誤。《玉篇校釋》"庮"字下注:"此處今本'庮,古文逾','逾'爲'匬'之訛。"(4235)此説是也。然《玉篇》此誤由來已久,當爲承前而誤。《儀禮·聘禮》:"門外米三十車,車秉有五籔。"鄭玄注:"今文籔或爲逾。"又"十斗曰斛,十六斗曰籔。"鄭玄注:"今江淮之間量名有名籔者。今文籔爲逾。"原本《玉篇·廣部》:"庾,餘乳反。《毛詩》:'我庾惟憶。'傳曰:'露積曰庾。'……《説文》以十六斗庾爲逾字,在辵部。"(484~485)以上諸文之"逾"亦皆爲"匬"字俗寫之訛,胡吉宣於原本《玉篇》"庾"字下校注文爲"《説文》以十六斗庾爲匬字,在匸部",是也。《玉篇》承訛襲謬而謂"庮"爲古文"逾"字,失考證。《大字典》《字海》"庮"字第三義項皆承襲《玉篇》之謬而謂同"逾",亦失考證。

2. 綯

《玉篇·糸部》:"綯,大刀切。糾絞,繩索也。絝,古文。"(125下右)

按:原本《玉篇·糸部》:"綯,徒高反。《毛詩》:'宵爾索綯。'傳云:'綯,絞也。'《爾雅》亦云,郭璞曰:'糾絞繩索也。'《方言》:'自關而東周洛韓鄭汝穎而東,或謂車紂爲曲綯。'郭璞曰:'亦繩名也。'謝承《後漢書》有敗布綯。野王案:綯亦幬也。絝,《字書》古文綯字也。"(647)《玉篇校釋》"綯"字下校"絝"爲"絟",並注曰:"《字書》古文原寫訛作'絝',故廣益本又訛成'絝',今訂正爲'絟',從夲聲。"(5411~5412)胡氏所言是也。"絝"、"絝"音 tāo,形音不諧,其左旁所從當皆爲"夲"字之俗,因"夸"俗寫可作"夲",如《〈可洪音義〉研究》(540)"夸"字俗作"夸"、"跨"俗作"𨀁"等,故"絝"又因"夸"俗作"夲"而誤爲回改作"絝""絝",並誤。《大字典》《字海》皆沿《玉篇》而誤,應據正。

第四章　《玉篇》疑難字研究的價值

　　《玉篇》是繼《説文》《字林》之後的一部重要字書,在字書史上具有重要的地位。《玉篇》收録了大量形音義可疑、義闕及字際關係未作認同或誤作認同的疑難字,這些疑難字多被後代大型字書未加考辨地加以轉録,從而嚴重地影響了其編纂質量與利用價值。《玉篇》上承《説文》,是以《説文》爲基礎編纂而成的,又與《廣韻》同經陳彭年等人之手編纂而成,《廣韻》在辭書史上的不良影響與《玉篇》大致相同,因而,《玉篇》與《説文》《廣韻》存在著密切的關係。此外,《玉篇》釋義部分也引用了大量的古代文獻例證,其中有些文獻例證與傳世文獻存在差異。因此,通過對《玉篇》疑難字進行研究,不但可以加强對《玉篇》文本的校理,而且可以提高後世大型字書的編纂質量與利用價值。此外,還有利於傳統字韻書及古代文獻典籍的校理。

一、對於《玉篇》文本校理的價值

　　從原本《玉篇》到《玉篇》,幾經增字減注,收録了大量形音義可疑、義闕及字際關係未作認同或誤作認同的疑難字,其中有些問題是《玉篇》在編纂過程中產生的,有些問題是該書在傳抄過程中產生的。通過對《玉篇》疑難字進行研究,能够對《玉篇》存在的這些問題作出考證,爲以後對《玉篇》文本的校理提供可資借鑒的資料。

(一)可以考辨《玉篇》疑難字

　　相對於原本《玉篇》,《玉篇》增收了大量的疑難字,這些疑難字大都没有文獻例證,而且,其提供的有些形、音、義的信息也不盡可靠,由此給這些字的考釋帶來很大困難。因此,我們應結合漢字的俗寫變易規律,並以現有的形、音、義爲線索,儘量去除其所提供的那些形、音、義方面的虚假信息,加强對這些疑難字進行考辨。

1. 酄

《玉篇·邑部》:"酄,去虐切。地名。"(12 上右)

按:此字《説文》《名義》未收,《玉篇》收於《邑部》之末,當即宋人據俗書所增。《玉篇校釋》"酄"字下注:"此爲上'酄'之僞字。酄,地名。《切韻·藥韻》:'酄,去約反。地名。在河東。'《康熙字典》引本書:'酄,地名。在江東。'不知何據。"(383)胡氏謂"酄"爲"酄"之僞字,所言是也。元刊本《玉篇·邑部》:"酄,去虐切。地名。"《新修玉篇》《篇海》所引《玉篇》亦同。《直音篇》卷六《邑部》:"酄,音却。地名。在江東。"(241 下)《篇海類編》卷四《邑部》:"酄,去虐切,音却。地名。在江東。"(643 上)《直音篇》訓"酄"爲"地名,在江東",於前代諸字書、文獻皆無徵,疑"江東"爲"河東"之誤。"酄""酄"音義並同,"酄"當即"酄"字之訛。如:《〈可洪音義〉研究》(647)"戵"俗作"𧤑"、"矔"俗作"𥊆"等,"酄"當即"酄"字俗訛。

2. 扒

《玉篇·手部》:"扒,許誇切。扒(當衍)撝也。"(31 下左)

按:《玉篇校釋》"扒"字下注:"'撝也'者,《切韻》同。本書:'抲,撝也。'火何切。'抲撝'與'扒撝'同。"(1295～1296)胡氏所言是也。《説文·手部》:"抲,抲撝也。从手,可聲。《周書》云:'盡執抲。'"(255 下)王筠《説文解字句讀》:"《玉篇》但云'撝也'。""抲",《廣韻》音"虎何切"。《名義·手部》:"扒,火戈反。撝也。"(57 下)"扒""抲"音義並同,故"扒"當即"抲"通過改換聲符而形成的異體字。

3. 㦸

《玉篇·心部》:"㦸,子結切。心貞皃。"(40 上左)

按:此字《説文》《名義》皆未收,《玉篇》收於《心部》之末,當即宋人據俗書所增。《玉篇校釋》"㦸"字下注:"本止作'節'。《禮記·樂記》:'好惡無節于內。'鄭注:'節,法度也。'《文選·盧子諒詩》:'屈節邯鄲中。'李注:

‘節,操也。’本書‘貞’下引謚法:‘清白守節曰貞。’”(1698)胡氏所言是也。
《楚辭·離騷》:“依前聖而節中兮,喟憑心而歷茲。”王逸注:“節,度也。”《左
傳·成公十五年》:“聖達節,次守節,下失節。”此“節”即指“節操”之義。故
“懰”與“節”音義並同,“懰”當即“節”之增旁俗字。

4. 憸

《玉篇·心部》:“憸,士咸切。恬也。”(40 上右)

　　按:《玉篇校釋》“憸”字下注:“《切韻》:‘儳,貪也。’‘貪’‘恬’義近,‘儳’
‘憸’字同。”(1686)胡氏所言當是。柳宗元《與崔連州論石鍾乳書》:“山西
之冒没輕儳,沓貪而忍者,皆可以鑿凶門,制閫外。”蔣之翹《輯注》:“儳,貪
也。”“儳”,《廣韻》亦音“士咸切”。“憸”“儳”音同義近,二者當爲異體字。

5. 欨

《玉篇·欠部》:“欨,余耳切。欵。”(45 下左)

　　按:《正字通·欠部》:“欨,訛字。舊注:音以。欵也。泥。”(548 上)
《正字通》謂“欨”爲訛字,是也。《玉篇校釋》“欨”字下注:“未詳,疑爲‘攺’
字之訛變。”(1948)胡吉宣疑“欨”即“攺”字之訛變,是也。《説文·欠部》:
“欨,笑不壞顔曰欨。从欠,引省聲。”(179 上)段注本《説文》作“攺”,並注
曰:“攺,笑不壞顔曰攺,各本篆作欨,今正。”(411 上)“攺”字,《名義》作
“欨”。《名義·欠部》:“欨,呼來反。笑不壞顔。”(89 下)原本《玉篇》作
“欨”。原本《玉篇·欠部》:“欨,呼來反。《説文》:‘笑不壞顔也。’《廣雅》:
‘欨,笑也。’野王案:‘亦與哊字同,在《口部》。’”(330)“欨”“欨”“攺”音義
並同,“欨”“欨”並即“攺”字之俗。《新修玉篇》卷九《欠部》:“欨,余耳切。
欵也。又呼來切。笑不壞顔色。”(85 下左)《新修玉篇》又音之訓是也,此
又爲“欨”即“攺”字之俗提供一佐證。“欨”字,《玉篇》音“余耳切”,當爲望
形生音;訓“欵也”,當爲見其從“欠”而妄補。

6. 饇

《玉篇·食部》：“饇，蒲突切。饇䭇。”(46 下右)

按：《玉篇校釋》“饇”字下注“廣益本字訛‘饇’，‘字’與行艸‘壽’形近，既誤之後，校者復補‘餑’。”(1978)胡氏所言是也。原本《玉篇·食部》：“餑，蒲突反。《廣雅》：‘餑，長也。’《埤倉》：‘䭓也。’”(363)“饇”“餑”音同，且位置相同，又《草書大字典》“壽”作**壽**，與“字”形近，故“饇”即據“餑”字草書誤爲回改而誤也。《玉篇》訓“饇”爲“饇䭇”，當爲宋人妄補。

7. 遚

《玉篇·辵部》：“遚，丑六切。行兒。”(50 下右)

按：《玉篇校釋》“遚”字下注：“《走部》：‘趢，丑足切。小兒行。’‘遚’與‘趢’相近。”(2117)胡氏所言是也。“遚”“趢”音同義近，又辵、走義同，畜、豕音同，故“遚”疑即“趢”字之俗。又《篇海類編》訓“遚”爲“馳也”，於其他文獻無徵，當爲妄補，應删。

8. 瘺

《玉篇·疒部》：“瘺，眉隕切。癎病也。”(57 下右)

按：《玉篇》訓“瘺”爲“癎病也”，非是。《新修玉篇》卷十一《疒部》引《玉篇》：“瘺，眉隕切。瘺病也。”(105 下右)故“癎病也”當即“瘺病也”之誤。《大字典》《字海》“瘺”字下皆沿襲廣益本《玉篇》之謬而訓爲“癎病”，俱失考證。《玉篇校釋》“瘺”字下改“癎”爲“瘺”，並注曰：“《集韻》上聲準韻同，字本止爲‘閔’。《詩·柏舟》：‘覯閔既多。’毛傳：‘閔，病也。’本《釋詁》文。本書《門部》：‘閔，病也。’”(2271)胡氏所言是也。《爾雅·釋詁下》：“閔，病也。”(12)“瘺”“閔”音義並同，“瘺”當即“閔”因涉義增加義符而形成的後起分化字。

9. 穾

《玉篇·穴部》："穾，烏敢切，於檢切。穾閉也。"（59 上右）

按：此字《説文》《名義》皆未收，《玉篇》收於部末，當即宋人據俗書而增。《字彙·穴部》："烏感切，音黯。閉也。又於檢切，音掩。義同。"（336上）《字彙》謂"又於檢切，音掩。義同"，是指此音之義與上"烏感切，音黯"之義相同，皆訓"閉也"。《字海》不明《字彙》説解體例而徑謂"穾"同"掩"，非是。《正字通·穴部》："穾，俗弇字。弇、揜通。舊注音訓與揜、弇近，訛作穾，非。一説穾字之訛，穾亦有黯、掩二音也。"（782下）《正字通》謂"穾"爲"弇"字之訛，當是。《説文·収部》："弇，蓋也。從廾，從合。𢍶，古文弇。"（59 上）朱駿聲《定聲》"弇"字下注："古文從廾，從日在穴中。"（131 上）又《〈可洪音義〉研究》"弇"字條（767）"弇"俗作"奄"。"弇"，《廣韻》音"衣檢切"。"穾""弇"音義並同，又"穾"與"𢍶""奄"形近，"穾"亦當爲"弇"字之俗。《説文·𨸏部》："阱，陷也。從𨸏，從井，井亦聲。穽，阱或從穴。"（106上）"穽"字，《廣韻》音"疾郢切"，又音"疾政切"，而無"黯""掩"二音。"穾"與"穽"儘管形近，但音義俱別，二字不可混同，故《正字通》"一説"之説非是。

10. 茧

《玉篇·艸部》："茧，遲隆切。草。"（68 下右）

按：《龍龕》卷二《草部》："茧，丑中反。草名。"（256）《玉篇校釋》"茧"字下注："元刊作'草衰'，《集韻》云：'艸名。或作苪。'本書：'苪，草名。'"（2722）《新修玉篇》卷十三《艸部》引《玉篇》："茧，直弓切。草名。"（119 上左）元刊本《玉篇·艸部》："茧，遲隆切。草衰。""茧"字，《龍龕》《玉篇》《新修玉篇》皆訓"草名"，元刊本《玉篇》却訓爲"草衰"，非是，此當爲望形生訓也。《大字典》據元刊本《玉篇》之誤而收錄"草衰"這一義項，亦非。《説文·艸部》："苪，艸也。從艸，中聲。"（18 上）"苪"，《廣韻》音"陟弓切"，又音"直弓切"。"茧"與"苪"音義並同，"茧"疑即"苪"之換旁俗字。

11.盉

《玉篇・皿部》：“盉，火牙切。盂也。”（77 下左）

按：《正字通・皿部》：“盉，俗字。”（724 上）《正字通》謂“盉”爲俗字，是也。《玉篇校釋》“盉”字下注：“應與上（29）‘盉’同。”（3082）胡氏所言當是。《方言》卷五：“盉，栖也。秦晉之郊謂之盉。”《玉篇・皿部》：“盉，魚下切。杯也。”（77 下左）《新撰字鏡・皿部》：“盉，五賈反，上。酒器。”（657）下文又曰：“盉，五下反，上。酒器。”（657）“盉”“盉”音近義同，疑爲異體字。

12.牶

《玉篇・牛部》：“牶，苦希切。牛鼻桊。”（109 下右）

按：《玉篇校釋》“牶”字下注：“本書《木部》（456）：‘桊，拘牛鼻。亦作牶。’（331）：‘桊，牛鼻環也。一曰牛拘。’‘桊’‘桊’並與‘牶’同。”（4523）胡氏所言是也。《正字通・牛部》：“牶，區願切，音勸。穿牛鼻繩木。別作桊，《呂氏春秋》作桊，又作桊，義同。”（652 上）道光二十五年海山仙館叢書本慧琳《音義》卷十三《婦人遇辜經》：“離桊，居院反。《説文》云：‘謂牛鼻環也。’《字書》：‘桊，牛拘也。’坫曰：‘《説文》：桊，攘臂繩也；桊，牛鼻環也。二字不同，此當從木作桊。’”（149 上）《説文・木部》：“桊，牛鼻中環也。从木，关聲。”（123 上）“桊”，《廣韻》音“居倦切”。故“桊”訓“牛鼻環也”“牛拘也”，當即“桊”字之訛，而“牶”與“桊”“桊”音近義同，並爲異體字。

（二）可以校正《玉篇》義訓之誤

《玉篇》的義訓存在許多失誤，其中有些是在編纂過程中出現的，有些是在傳抄過程中產生的。通過對《玉篇》疑難字進行研究，可對《玉篇》這些義誤字作出相應的校理。

1.膝

《玉篇・肉部》：“膝，倉奏切。膚膝也。”（36 上右）

按：元刊本《玉篇・肉部》：“膝，倉奏切。膚奏也。”《玉篇校釋》“膝”字下注:"'膚腠也'者,《切韻》同,並當云:'膚理也。'慧琳四二·十二:鄭注《儀禮》云:'腠,膚理也(《鄉射禮》:進腠)。'即本書原文。《史記·司馬相如傳》:'躬腠胝無胈。'徐廣曰:'腠,膚理也。'《釋畜》釋文引《埤倉》同。《素問·刺妄論》:'病有在毫毛腠理者。'王冰注:'皮之文理曰腠理。'慧琳引《字統》亦膚理也。《考聲》:'皮膚內也。'"(1531)胡氏所言是也。《名義·肉部》:"腠,措豆反。膚理也。"(68上)《新撰字鏡·肉部》:"腠,措豆反。膚理也。"(36)以上二書皆其證也。故《玉篇》訓"膚腠也",當爲"膚理也"之誤;而元刊本《玉篇》轉録作"膚奏也",又爲《玉篇》"膚腠也"之殘誤。《大字典》"腠"字下承襲元刊本《玉篇》義訓之誤而却未作校正,亦失考證。

2. 䐉

《玉篇·肉部》:"䐉,相力切。䐉肉。"(36下右)

按:《玉篇校釋》"䐉"字下注:"'䐉肉'者,當作'息肉'。《方言》十三:'膜,䐉也。'郭注:'謂息肉也。'即此原引文。"(1535)胡氏所言是也。《名義·肉部》:"䐉,相力反。息肉也。"(68上)此亦其證也。故《玉篇》訓"䐉肉",當爲"息肉"之誤。《大字典》"䐉"字下承襲《玉篇》義訓之誤而却未作校正,亦失考證。

3. 臎

《玉篇·肉部》"臎,大各切。肫臎,無檢限。"(37上右)

按:《玉篇校釋》"臎"字下改注文中"肫"爲"肔",並注曰:"'肔臎'之'肔'原訛'肫',《廣韻》入聲鐸韻義同,'肔'亦訛'肫',又'肔胍'亦誤'肫胍'。《集韻》:'肔臎,無檢也。'肔臎疊韻連語,猶廓落。《莊子》所謂'瓠落無所容',大而無當也。《晉書·姚萇載記》'廓落任率,不修行業'是也。或作'托落''跅落'。《文選·魏都賦》:'或儴朗而托落。'李注:'托落,廣大之皃。'《漢書·武帝紀》:'跅弛之士。'《集注》:'跅者跅落無檢局也。'無檢局即無檢限,蕩檢踰閑也。"(1563)胡氏所言是也。故宮本《王韻》入聲鐸韻徒各反:"臎,肔~,無檢限。"(524)"肫"即"肔"字俗寫,"乇""屯"字俗寫皆可作"乇",《廣韻》因"乇""屯"俗寫相亂又誤爲回改作"肫",遂致此誤。故

“𦜝”訓“肫𦜝”,當爲“肚𦜝”之形誤,《大字典》《字海》“𦜝”字引《玉篇》應據改。

4. 恔

《玉篇·心部》:“恔,下代切。恨苦也。”(39 上右)

按:《玉篇校釋》“恔”字下注:“‘恨苦也’者,當爲‘恨也;苦也’。”(1641)胡氏所言是也。《名義·心部》:“恔,下代反。恨也;苦也。”(76 下)此是其證也。《玉篇》訓“恨苦也”,當因誤脱“也”字而致二義誤合爲一。《大字典》“恔”字轉録《玉篇》而却未作校正,亦失考證。

5. 誨

《玉篇·言部》:“誨,呼績切。教示也。”(41 下左)

按:《玉篇校釋》“誨”字下注:“‘教示也’者,《三部經音義集》二引同,據上元本文也,原本當爲:‘教也;示也。’《說文》:‘誨,曉教也。’《廣雅》四:‘誨,教也。’慧琳廿四·七引劉讞注《易》曰:‘誨,示也。’即本書原文。”(1751)胡氏所言是也。《名義·言部》:“誨,呼潰反。諫也;示也;教也。”(80 下)此是其證也。《玉篇》訓“教示也”,當因誤脱“也”字而致二義誤合爲一。《大字典》“誨”字下承襲《玉篇》義訓之誤而却未作校正,亦失考證。

6. 該

《玉篇·言部》:“該,古來切。盛也;皆也。《說文》曰:‘軍中約也。’”(43 上左)

按:原本《玉篇·言部》:“該,古來反。《國語》:‘以該姓於王宫。’賈逵曰:‘該,備也。’《方言》:‘該,咸也。’郭璞曰:‘咸猶皆也。’《說文》:‘軍中約也。’《廣雅》:‘該,譖也;該,評也。’該,包也。《說文》以兼備之咳字在《日部》。”(282)《玉篇校釋》校“盛也”爲“咸也”,並注曰:“引《方言》爲卷十三文,本書今本‘咸’原訛‘盛’。”(1827)胡氏所言是也。《名義·言部》:“該,古來反。備也;咸也;皆也;譖也;包也。”(84 下)此亦其證也。故今本《玉篇》訓"盛也",當爲"咸也"之誤。《大字典》"該"字下承襲《玉篇》義訓之誤而却未作校正,亦失考證。

7. 殮

《玉篇·歹部》:"殮,孚彼切。殮折也。"(58 上右)

按:《玉篇校釋》"殮"字下改注文爲"披析也",並注曰:"'披析也'者,《切韻》同。本書與《廣韻》皆訛作'殮折',今依《切韻》正。"(2291)胡氏所言不確。余迺永《校注》"殮"字下注:"殮,匹靡切。注:'枝折。'《全王》同。《王一》《王二》作'披折',《切三》作'被折'。段改'折'爲'析'。玄應《一切經音義》卷二十二第八十四卷'殮折'條云:'普彼反。《纂文》云:殮,折也。殮猶分也。慧琳《一切經音義》卷二十二第八十四卷'殮折'條同。可見本條'枝折'二字原爲'殮折'。'折'依段校改'析',然'殮析'不詞,應作'殮,析也'。"(718)余氏所言甚是。《名義·歹部》:"殮,孚彼反。𣂪('析'字之誤闌入注文);析也。"(113 上)此是其證。故《玉篇》"殮折也"之訓,"殮"字當即字頭重出,應删,而"折"即"析"之形誤。故《大字典》《字海》"殮"字引《玉篇》應據改。

8. 蘭

《玉篇·艸部》:"蘭,力盍切。蘭蕩,藥。"(67 下右)

按:《玉篇校釋》"蘭"字下改注文爲"蘭蕩,毒草也",並注曰:"'蘭蕩,毒草也'者,《切韻》同,本書原作'蘭蕩藥',慧琳卅一·三:'《埤倉》:蘭蕩,毒草也。'即本書原文,今據以訂正。"(1684)胡氏所言是也。《名義·艸部》:"蘭,[蘭]蕩,毒[草]也。"(137 下)此亦爲其證。故《大字典》"蘭"字下引《玉篇》應據改。

9. 或

《玉篇·戈部》:"或,胡國切。有疑也。"(81 下右)

按:《玉篇校釋》"或"字下校注文爲"有也;疑也",並注曰:"'有也;疑也’者，原作‘有疑也’，誤併二義，今補一‘也’字。‘有也’者，《書・僞禹謨》：‘罔或於予正。’僞傳：‘或，有也。’《詩・天保》：‘無不爾或承。’鄭箋：‘或之言有也。’《廣雅》一：‘或，有也。’《書・無逸》：‘亦罔或克壽。’《漢書・鄭崇傳》作：‘亦罔有克壽。’‘疑也’者，《易・文言》傳：‘或之者，疑之也。’”(3230)胡氏所言是也。《名義・戈部》：“或，胡國反。不也；有也；定也。”(168上)“不也；有也；定也”當作“不定也；有也”。《廣韻》入聲德韻胡國切：“或，不定也；疑也。”(429)以上二書亦其證也。故《玉篇》訓“有疑也”，當因誤脱“也”字而致二義誤合爲一。《大字典》“或”字下轉録《玉篇》却承襲其謬而未作校正，亦失考證。

10. 刹

《玉篇・刀部》：“刹，楚乙切。傷割也；又割聲也。”(82上右)

按：《玉篇校釋》“刹”字下校注文“傷割也”爲“傷也；割也”，並注曰：“‘傷也；割也’者，原作‘傷割也’，今增補一‘也’字。《説文》：‘刹，傷也。’《廣雅・釋詁二》：‘刹，割也。’”(3261～3262)胡氏所言是也。《名義・刀部》：“刹，楚乙反。割也。”(170上)此亦其證也。故《玉篇》訓“傷割也”，當爲“傷也”與“割也”二義之誤合。《大字典》“刹”字下第一義項據《玉篇》之誤而訓“傷割”，疑亦非是。

11. 軥

《玉篇・車部》：“軥，烏古切。頭中骨。”(86下左)

按：《廣韻》上聲姥韻安古切：“軥，車頭中也。”“軥”訓“車頭中”，不辭。余迺永《校注》“軥”字下注：“軥，安古切。注：‘車頭中骨。’《王二》《全王》云：‘頭中。’《王二》正文‘軥’字脱鈔，故‘頭中’二字次‘趨’字之注文‘走輕’之下，視之如‘趨’字解‘走頭輕中’。《廣雅・釋器》：‘軥轆、軥頭、鸞、軥、柳，車也。’‘軥頭’乃車名，《王二》《全王》之‘中’乃‘車’字之誤，‘頭’上應著‘軥’字。《玉篇》釋‘軥’爲‘頭中骨’，乃不得‘頭中’二字之解，故訛增‘骨’字。此必孫强所增而非顧野王之舊者。楝亭本、元各本、明永樂本同本書。南宋祖本、鉅宋本、巾箱本、黎氏所據本作‘車頭中也’，應即‘軥頭，車也’之誤。《集韻》注：'《博雅》：輨頭，柳車也，一曰車首。'柳爲喪事載柩之車，後泛指車。《史記·季布欒布列傳》：'酒髡鉗季布，衣褐衣，置廣柳車中。'司馬貞《索隱》：'喪車稱柳，後人通謂車爲柳也。'《集韻》誤讀《廣雅》此句，復以'頭'字費解，於是又附會爲'車首'，誤甚。"(738)余氏所言甚是。《名義·車部》："輨，烏户反。帅頭中。"(183上)呂浩《篆隸萬象名義校釋》校"帅"作"軋"，並注曰："《玉篇》作'頭中骨'。《廣雅·釋器》：'輨頭，柳車也。'《字貫》作'車頭中骨'。《名義》'軋頭中'疑脱'車'字，又疑'軋'當作'軏'。《字彙》：'車軾前曰軏，蓋車頭也。'"(296B)呂氏所言非是。今案："帅"疑即"輨"字之俗，"中"當即"車"字之訛，《名義》此字訓釋應校作："輨，輨頭，車。"《新撰字鏡·車部》："輨，烏户反。(輨)頭，中(車)也。"(272)以上二書皆其證也。故《大字典》《字海》"輨"字沿謬而收録"車頭中骨"這一義項，應删。

12. 霏

《玉篇·雨部》："霏，柯麩、匹各二切。雨也。"(93下右)

按：《玉篇校釋》"霏"字下注："'雨也'者，經删訛奪。《切韻》云'雨皃'，亦未諦。《説文》：'霏，雨濡革也。'《繫傳》云：'皮革得雨霏然起也。'案今江浙俗謂物霑濡而虛起曰霏。"(3882)胡氏所言是也。《名義·雨部》："霏，柯麩反。霑濡。"(199下)《新撰字鏡》："霏，柯麩、匹各二反。雨霑濡革。"(42)"霏"字，《名義》訓爲"霑濡"，《新撰字鏡》訓爲"雨霑濡革"，由此可證二徐本《説文》作"雨濡革也"當爲"雨霑濡革也"之脱。《玉篇》訓"雨也"，亦爲"雨霑濡革也"之誤脱。《大字典》"霏"字下皆據《玉篇》之謬而收録"雨"這一義項，應删。

13. 崒

《玉篇·山部》："崒，丘貧切。山名。"(103上左)

按：《玉篇》訓"崒"爲"山名"，非是。《集韻》平聲文韻衢云切："崒，嶙崒，山皃。或書作峮。"(131)《文選·張衡〈南都賦〉》："或崒嶙而纚連，或豁爾而中絶。"李善注："崒嶙，相連之貌。"故《玉篇》訓"山名"，當因後人不識而妄補。《大字典》“峉”字下據《玉篇》之誤而收録“山名”這一義項，非是。

14. 䂞

《玉篇·石部》：“䂞，音略。石。”（106 上右）

按：《玉篇校釋》“䂞”字下注：“‘音略’者，通作‘略’，字本爲‘劧’，注‘石’字當作‘利’也。《爾雅·釋詁》：‘劧，利也。’釋文云：‘《詩》本作略。’慧琳引《爾雅》作‘䂞’，利也。《韻音》同。《考聲》云：‘磨刀也。’《廣韻》以‘䂞’爲‘劧’之重文。《集韻》亦云：‘劧，磨刀（刃）。’磨刀即使利也。《田部》：‘略，利也。’《刧部》：‘劧，今作略。’”（4346）胡氏所言是也。“䂞”即“劧”字之俗。《玉篇》“䂞”訓“石”，於文獻無徵，即爲望形生訓。《大字典》第一義項“石”即據《玉篇》之謬而增設，應删。《集韻》“劧”訓“磨刃”，當即由“利也”之訓引申而來，亦應删。又《大字典》第四義項訓象聲詞，並以周去非《嶺外代答》“人聲一發，山水皆應，大聲叱咤，洞虚䂞裂”及陶宗儀《輟耕録》“䂞然一聲震雷撥，一十四弦暗一抹”作爲例證。今案：以上二文之中的“䂞”字皆爲“砉”字之訛。今查《四庫》本陶宗儀《輟耕録》作：“砉然一聲震雷撥，一十四弦暗一抹。”此即其證也。

15. 騰

《玉篇·馬部》：“騰，大登切。上躍也；奔也。”（108 上左）

按：《玉篇校釋》校“上躍也”爲“上也；跳躍也”，並注曰：“‘上也；跳躍也’者，原作‘上躍也’，經删誤併，今據慧琳引補證。慧琳五·十四、又六一·八、六八·二、又六九·八各卷：‘《莊子》云：騰躍而上也。顧野王云：騰猶跳躍也。王逸注《楚辭》云：騰，馳也。《説文》：騰，傳也。《廣雅》：奔也；上也；度也。《韓詩》：騰，乘也，無不乘陵也。’皆本書原文。希麟十·八引本書：‘騰，躍也。’所據上元本文也。”（4461）胡氏所言近似。《名義·馬部》：“騰，杜登反。乘也；躍也；傳也；上也；奔也；度也。”（230 上）此亦其證也。故《玉篇》訓“上躍也”，當爲“上也”“躍也”二義之誤合。

16. 犅

《玉篇・牛部》：“犅，居良切。白牛也。”(109 上右)

按：《玉篇校釋》“犅”字下改注文爲“白脊牛也”，並注曰：“‘白脊牛也’者，原作‘白牛也’，今依《切韻》補‘脊’字。《説文》：‘犅，牛長脊也。’《切韻》同，一曰白脊牛。案：長脊爲字之本義，白脊爲其別義。”(4498)胡氏之説不確。《名義・牛部》：“犅，居羊反。白斑牛也。”(231 上)可見原本《玉篇》“犅”亦訓爲“白斑牛也”。《新撰字鏡・牛部》：“犅，居良反。白斑牛也；牛長脊也。”(258)此亦其證也。《切韻》“一曰白脊牛”者，當爲“白斑牛”之誤，疑因涉上文“牛長脊也”而誤。《廣韻》亦曰“白脊牛”，此爲《切韻》所誤。

17. 獮

《玉篇・犬部》：“獮，思淺切。秋曰獮。殺也。亦作禰。獮，同上。”(110 上左)

按：《玉篇校釋》校補注文“秋曰獮。殺也”爲“秋獵曰獮。獮，殺也”，並注曰：“‘秋獵曰獮。獮，殺也’者，‘獵’‘獮’二字增補。《釋天》：‘秋獵爲獮。’《釋詁》：‘獮，殺也。’郭注：‘秋獵曰獮，應殺氣也。’”(4567)胡氏所言是也。《廣韻》上聲獮韻息淺切：“獮，秋獵曰獮。獮，殺也。”(196)“獮”“獮”即異體字，此亦其證也。故《玉篇》訓“秋曰獮。殺也”，當爲“秋獵曰獮。獮，殺也”之脱誤。《大字典》轉録《玉篇》承襲其誤而未作校正，失考證。

18. 虦

《玉篇・虎部》：“虦，士板、昨閑二切。貓也。”(112 下右)

按：《玉篇校釋》“虦”字下注：“‘貓也’者，文經删誤。《釋獸》：‘虎竊毛謂之虥貓。’《説文》用《爾雅》作‘虥苗’，云：‘竊，淺也。’郭注本之，許以淺訓竊，亦即明虥从淺得聲義也。《詩・韓奕》：‘有貓有虎。’毛傳：‘貓似虎而淺貓者也。’淺毛及虥貓。貓从苗，苗亦淺小義。”(4668～4669)胡氏所言是也。《名義・虎部》：“虦，仕諫反。虎竊毛。”(239 下)可見原本《玉篇》亦引

《爾雅》之説以爲訓也,今本《玉篇》却誤删作"貓也"。《大字典》"戲"字據《玉篇》之謬而收録"貓"這一義項,應删。

19. 鷑

《玉篇·鳥部》:"鷑,子列切。小鷄也。"(113 下左)

按:《廣韻》入聲薛韻姊列切:"鷑,小雞。"(405)余迺永《校注》"鷑"字下注:"《廣韻》各本同,《切三》《全王》《唐韻》作'小鷯';《王二》正文作'鷯',注文'鷯'字詑書成'雞'。《周校》以'雞'字爲合,故《廣韻校本》不改作'鷯',非也。考《爾雅·釋鳥》:'(雉)江淮而南,青質五采皆備成章曰鷯。'郭璞注:'即鷯雉也。'鷯雉與鷹鷑異類,《文選·宋玉〈高唐賦〉》:'鵰鶚鷹鷑,飛揚伏竄。''鷑'乃猛禽之細者,捕殺小鳥爲食,故此字从'戳'亦聲,'戳'即今截斷字也。"(953)余氏所言是也。《名義·鳥部》:"鷑,子列反。小鷄。"(243 上)此"鷄"亦爲"鷯"字之訛。吕浩《〈篆隸萬象名義〉校釋》(389B)失校。《新撰字鏡·鳥部》:"鷑,子列反。小鷯。"(464)《新撰字鏡》所言是也。《大字典》《字海》"鷑"字皆沿《玉篇》之謬而收録"小雞"這一義項,應删。

20. 緣

《玉篇·糸部》:"緣,如延切。絲縈也。"(124 下右)

按:《玉篇校釋》"緣"字下校注文爲"絲勞也",並注曰:"本書今本'勞'訛爲'縈',猶下文'紆'訓爲'縈'而《廣韻》訛作'勞'也。"(5307)胡氏所言是也。《説文·糸部》:"緣,絲勞也。从糸,然聲。"(272 上)段玉裁注:"勞,《玉篇》作縈。蓋《玉篇》爲是,與下文紆義近也。"原本《玉篇·糸部》:"緣,如緣反。《説文》:'緣,絲勞也。'"(590)《名義·糸部》:"緣,如緣反。絲勞。"(271 上)《新撰字鏡·糸部》:"緣,如緣反。絲勞也。"(210)以上諸書皆其證也。故《玉篇》訓"絲縈也",即爲"絲勞也"之誤,段玉裁反以《玉篇》爲是,非也。《大字典》"緣"字下引段氏之説,亦失考證。

21. 㝹

《玉篇·子部》:"㝹,子列切。皇也。"(134 下右)

按:《玉篇校釋》"㝹"字下校注文"皇也"爲"蝗子也",並注曰:"'蝗子也'者,原作'皇也',今依《切韻》正。《切韻》:'㝹,蝗子。'《集韻》同。又薛韻云:'螟蟲子也。'螟亦蝗類也。應㝹爲蝗子作醬,蝗子醬謂之㝹,猶魚子醬謂之䏪,制、折聲符相通。以蝗子爲醬,亦猶《周官·醢人》以蟻子爲醬謂之蚳醢也。"(5822)胡吉宣謂"皇子"即"蝗子"之訛,是也;然謂"㝹爲蝗子醬",於文獻無徵,其説非是。《廣韻》去聲祭韻征利切:"㝹,蝗子。"(276)《龍龕》卷二《子部》:"㝹,音制。蝗子也。"(336)此二書亦皆其證也。故《玉篇》"皇子也"即"蝗子也"之訛,《大字典》《字海》"㝹"字皆沿《玉篇》之誤而增收"蝗蟲"之義,並非。又《集韻》之"蟲螟(螟蟲)之子"與"蝗子"義同,《大字典》《字海》分爲兩個義項,失當。

(三)可以糾正《玉篇》音切之誤

由於編者不識而妄補,或因在後代傳抄、翻刻過程中而産生的失誤等原因的影響,《玉篇》的音切也存在一些問題。通過對《玉篇》疑難字進行研究,也可對《玉篇》音切之誤作出相應的考校。

1. 瞉

《玉篇·目部》:"瞉,古例切。"(23 上右)

按:《玉篇校釋》已於"瞉"字下改"古例切"爲"古候切",並注云:"義闕,元刊云:'久視。'亦非。古候切原作古例(切),今依《廣韻》正。《廣韻》去聲候韻云:'瞉瞀。'《切韻》:'婺瞀,無暇。'本書:'瞀,目不明皃。''瞉''瞀'疊韻,異文孔多。"(859)胡氏所言是也。《廣韻》去聲候韻苦候切:"瞉,瞉瞀。"(352)《集韻》去聲候韻丘候切:"瞉,瞉霿,鄙吝,心不明也。"(616)《新修玉篇》卷四《目部》引《玉篇》:"瞉,古候切。瞉瞀,愚皃。出《玉篇》。"(39 上右)《篇海》卷七《目部》引《玉篇》:"瞉,古候切。～愁,愚皃。"(692 上)故《玉篇》"古例切"當即"古候切"之誤。又元刊本《玉篇》訓"瞉"爲"久視",於文獻無徵,疑亦非是。《大字典》《字海》"瞉"字據《玉篇》之誤音及元刊本之誤訓讀 jì, 訓"久視", 非也。

2. 朋

《玉篇·肉部》: "朋, 户恩切。足後也。"(37 上右)

按:《玉篇校釋》"朋"字下注: "'足後也'者, 當音'古恩切'。《切韻》: '跟, 足後。'《集韻》: '跟, 或作朋。'本書《足部》: '跟, 足踵也。'《止部》: '詪, 足踵也。'此音'户恩切', 疑爲'痕'之或體, 肉、疒偏旁多相通。"(1565) 胡氏謂"足後也"當音"古恩切", 是也; 然又謂此音"户恩切"疑爲"痕"之或體, 於文獻無徵, 其言非是。元刊本《玉篇·肉部》: "朋, 户恩切。肉朋也。"元刊本《玉篇》訓"朋"爲"肉朋也", 於文獻亦無徵, 當爲望形生訓, 其説亦非。《大字典》第一義項謂同"跟"是, 然注音 hén 非是; 第二義項引元刊本《玉篇》訓"肉朋", 非是。《字海》第一義項音 gēn, 同"跟", 是; 然第二義項引元刊本《玉篇》音 hén, 訓"肉朋", 亦非是。

3. 頦

《玉篇·缶部》: "頦, 羌吕切。器名。"(79 上左)

按:元刊本《玉篇·缶部》: "頦, 羌吕切。戴器。""頦"字從"亥"而音"羌吕切", 形音不諧。《新修玉篇》卷十六《缶部》引《玉篇》: "頦, 羌台切。器名。"(145 下左)《新修玉篇》音"羌台切", 是也, "吕"即"台"之形誤。"頦"字, 《新修玉篇》亦訓爲"器名", 元刊本《玉篇》却訓爲"戴器", 恐誤。《篇海》卷八《缶部》: "頦, 羌吕切。"(704 上)《直音篇》卷四《缶部》: "頦, 羌吕切。藏器。又音開。"(180 上)《篇海》《直音篇》"羌吕切"皆爲《玉篇》所誤也。《直音篇》"藏器"又當爲"戴器"之誤也。《詳校篇海》卷三《缶部》: "頦, 丘舉切, 音區上聲。藏也。又音開。器名。"(191 下)《詳校篇海》"丘舉切"之音亦誤, "藏也"之訓又爲"藏器"之誤脱。《字彙·缶部》: "頦, 丘舉切, 區上聲。藏也。又丘哀切, 音開。器名。"(365 上)此亦因沿襲《詳校篇海》而誤也。《大字典》"頦"字第二音義據《字彙》之謬而妄增, 應删。

4. 䯴

《玉篇·髙部》："䯴,蒲悶切。起也。"(79 上左)

按:《玉篇校釋》改音切"蒲悶切"爲"菏開切",並改釋義"起也"爲"麷也",注曰:"原訛作'蒲悶切。起也',今依《集韻》訂正。《集韻·咍韻》兩收䯴,一魚開切,麷也。又何開切,一曰:麋中塊。麋中塊與麥頭麷同爲堅覈之物。"(3147～3148)胡氏所言當是。《名義·髙部》:"䯴,牙寸反。麷也。"(163 上)《新撰字鏡·髙部》:"䯴,牙寸反。麷也。"(664)"䯴"字,音"牙(互?)寸反",形音不諧,"寸"當爲"才"之形誤。宋人改作"蒲悶切",亦誤。"䯴"字,《名義》《新撰字鏡》皆訓爲"麷也",而今本《玉篇》訓爲"起也",當爲"麷也"之誤。故《玉篇》"䯴"字音義皆誤,《大字典》據《玉篇》之謬而收錄音bèn、"起"這一音義,應删。

5. 觗

《玉篇·角部》："觗,所巾切。二十枚也。"(122 下右)

按:《名義·角部》:"觗,居銀反。廿枚。"(266 下)《新撰字鏡·角部》:"觗,居銀反。"(259)"觗"字,《名義》《新撰字鏡》皆音"居銀反",故當以此音爲是,《玉篇》改音"所巾切",非是。《龍龕》卷四《角部》:"觗,音巾。"(511)此亦其證也。《大字典》《字海》"觗"字下皆據《玉篇》之誤而收錄 shēn 這一讀音,疑並非是。

6. 醔

《玉篇·酉部》："醔,與久切。酒名。"(135 下右)

按:"醔"從酉、酋聲,音"與久切",非是。《玉篇校釋》謂"醔"即"酋"字之俗,是也。《説文·酋部》:"酋,繹酒也。"(313)"酋",《廣韻》音"自秋切"。"醔"與"酋"義同,"醔"當即"酋"因涉義增加義符而形成的異體字,亦當音"酋"。

二、對於大型字書編纂整理的價值

大型字書是以收字龐大爲其顯著特徵的歷史性語文工具書,這就造成了歷代許多大型字書的一個明顯缺陷,即盲目求全求大却缺乏必要的系統整理工作,這必然會儲存大量的疑難字。如果不對這些疑難字進行系統的整理工作,勢必會影響其編纂質量與利用價值。具體來説,加强對《玉篇》疑難字進行研究,對大型字書編纂的作用(以《大字典》與《字海》爲例),主要表現在以下幾個方面:(一)考釋疑難俗字;(二)溝通正俗異體;(三)訂正已有訓釋之誤;(四)提供適當例證;(五)增補未收義項;(六)糾正溝通失當之處;(七)訂正誤作認同之誤;(八)校正轉録失真之處。

(一) 考釋疑難俗字

《玉篇》作爲中國辭書史上繼《説文》《字林》之後的一部重要字書,從《集韻》《類篇》到《大字典》都程度不同地引用或參考了《玉篇》,其在辭書史上地位極其重要,影響極其深遠。宋以後字書不但吸收了《玉篇》形、音、義的正確信息,同時由於各種原因,《玉篇》形、音、義的錯誤信息也被吸收進來。通過對《玉篇》疑難字的研究,不僅有利於對《玉篇》原書進行校勘與整理,同時對後代乃至當代字書都有重要的參考與利用價值。

1. 禕

yī《廣韻》於離切,平支影。微部。美好;珍貴。《爾雅·釋詁下》:"禕,美皃。"《廣韻·支韻》:"禕,美也,珍也。"《〈文選〉李善注》於離切。美好。《文選·張衡〈東京賦〉》:"漢帝之德,侯其禕而。"李善注引薛綜曰:"禕,美也。"(《大字典》2575A,參《字海》988B)

按:如《大字典》《字海》之説,此字既然見於《爾雅》,説明其來源較早,然此字《説文》却未收,故其來歷可疑。《玉篇·示部》:"禕,於宜切。美皃;又嘆辭。"(4上右)《玉篇校釋》"禕"字下注:"竊疑从'示'爲从'衣'之形訛。'褘'爲王后文服,畫翬雉其上,文采爛然,故引申爲美盛之義。"(38~39)胡氏所言當是。查《天禄琳琅叢書》宋刻本《爾雅·釋詁上》正作:"褘,美也。"四部丛刊本亦同。故"禕"即"褘"字之訛。又《文選·張衡〈東京賦〉》:"漢帝之德,侯其褘而。"李善注引薛綜曰:"褘,於離切。美也。"(65)《大字典》

《字海》引《文選》"裶"字作"裶",不知所據何本,疑亦當即"裶"字之訛。慧琳《音義》卷九一《續高僧傳》卷第三:"本名裶,倚宜反。《韻英》云:'形之美也。從衣。"(59,頁189a10)此亦其證也。"裶""裶"形近,又"示"旁、"衣"旁形近,俗寫常可訛混,故"裶"訛作"裶"。然此誤由來已久。《名義·示部》:"裶,於宜反。美也;美盛也。"(2上)故"裶"訛作"裶",疑自顧野王原本《玉篇》已然。因"裶"訛作"裶",遂又單獨分化出一個"裶"字,後人習非成是,竟不識二者之間的俗訛關係。又箋注本《切韻》(斯2071)平聲微韻許歸反:"裶,后祭服。"(109)箋注本《切韻》(斯2055)平聲微韻許歸反:"裶,重衣。"(155)此"裶"亦即"裶"字之訛。《説文·邑部》:"裶,蔽厀也。從衣,韋聲。《周禮》曰:'王后之服裶衣。'謂畫袍。"(170下)敦煌本《王韻》平聲微韻許歸反:"裶,后祭服。"(360)故宮本《王韻》(442)同。此亦"裶"即"裶"字俗訛之證也。又箋注本《切韻》(斯2071)平聲支韻於離反:"裶,美。"(108)故宮本《王韻》(440)同。然故宮本《裴韻》平聲支韻於離反作:"裶,美。又王非反。"(547)此"裶"即"裶"字俗訛之又一佐證也。

2. 瓁

(一)suì《玉篇》似睡切。玉名。《玉篇·玉部》:"瓁,玉名。"(二)xuán《集韻》旬宣切,平仙邪。同"璿"。《集韻·僊韻》:"璿,或作瓁。"(《大字典》1218A,參《字海》730C)

按:此字《説文》《名義》未收,《玉篇》始收之,當即宋人所增。《玉篇·玉部》:"瓁,似睡切。玉名。"(4)《玉篇校釋》"瓁"字下注:"此即上'瓊'下重文'璚'之訛字。《切韻》:'璚,似睡反。玉名。'俗書'巂'與'隽'相亂,致誤作'瓁'。'瓁'爲陳彭年輩所妄增,應刪。"(84)胡氏所言是也。《説文·玉部》:"瓊,赤玉也。從玉,敻聲。璚,瓊或从矞。璊,或从巂。琁,瓊或从旋省。"(10)《名義·玉部》:"璚,以(似)睡反。玉名。"(3下)敦煌本《王韻》去聲寘韻以(似)睡反:"璊,玉名。"(402)故宮本《王韻》(490)同。"瓁""璊"音義並同,"瓁"即"璊"字之訛。《正字通·玉部》:"瓁,舊注音遂,玉名,又與琁同。按《説文》瓊或作璚、璊、琁,舊本'璊'注'俗璚字',本注同琁,不知璚、瓁皆瓊字訛省,同一俗字,去取各異,前後自相矛盾。又徐鉉曰:'琁,今與璿同。'據鉉説,琁、璿聲義近,《説文》琁同瓊,《集韻》璊同璿,並非。"

(682)《正字通》所言印證了胡氏的考釋成果。段玉裁已删去《説文》“瓊”字下注文“琁,瓊或从旋省”,而於“璿”字下增注:“琁,璿或从旋省。”並注曰:“各本廁瓊、瓗、瓗三字之下,解云:‘瓊或从旋省。’考《文選·陶徵士誄》:‘璿玉致美。’李善注曰:‘《山海經》云:升山,黄山之水出焉,其中多琁玉。《説文》云:琁亦璿字。’李氏以琁注璿,引《説文》爲證,然則李所據《説文》不同今本,今據以訂正。《中山經·海内西經》言琁者,皆美玉也。郭云:‘琁,石次玉者也。’又云:‘琁,玉類。’又云:‘璿瑰亦玉名。’是未知璿、琁同字矣。”(11)段氏謂“琁”乃“璿”之異體,而非“瓊”之異體,是也。然此誤由來已久,自原本《玉篇》已然。《名義·玉部》:“瓊,求營反。玉樹也。瓗,同上。瓗,同上。[illegible](璇,同琁),同上。”(3下)《名義》源於原本《玉篇》,可見原本《玉篇》已誤。《集韻》平聲僊韻旬宣切:“璿,《説文》:‘美玉也。’引《春秋傳》‘璿弁玉纓’。或作琁、瓊。”(169～170)《集韻》謂“琁”爲“璿”之異體,是也;然又謂“瓊”爲“璿”之或體,當即因承襲誤本《説文》而誤也。《大字典》《字海》“瓗”字第一義項即“瓊”字之俗;第二義項皆沿襲《集韻》之謬,當删。《大字典》又於“瓊”字下據《集韻》增加一個義項:音 xuán,同“璿”。此亦沿襲《集韻》之謬,當删。

3. 僕

hàn《集韻》虚旰切,去翰曉。姓。《玉篇·人部》:“僕,姓也。”《姓觿·翰韻》:“僕,《千家姓》:‘東莞族。’”(《大字典》247A,參《字海》87B)

按:《玉篇·人部》:“僕,呼旰切。姓也。”(15下右)《玉篇校釋》“僕”字下注:“疑本爲‘漢’。《廣韻》:‘漢,姓也。《姓苑》云東莞人。’”(547)胡氏所言當是。《通志·氏族略二》:“漢氏,《姓苑》云:東莞有此姓,云漢高帝之後……漢亡,子孫或以國爲氏。”“僕”“漢”音義並同,又《〈可洪音义〉研究》“漢”字條(471)“漢”俗作“僕”,故“僕”當即“漢”字之俗。

4. 婄

(一)pǒu《廣韻》普後切,上厚滂。又薄回切,蒲口切。❶女貌。《廣韻·厚韻》:“婄,婦人皃。”《集韻·矦韻》:“婄,女皃。”❷不才。《集韻·厚

韻》:"媎,不才。"(二)péi《集韻》鋪枚切,平灰並。丒。《廣雅·釋詁二》:
"媎,醜也。"(三)bù《集韻》薄口切,上厚並。女子人名用字。《集韻·厚
韻》:"媎,女字。"(《大字典》1135B,參《字海》692C)

　　按:《玉篇·女部》:"媎,防走、蒲回二切。婦人皃。"(17 上左)《正字
通·女部》:"媎,姰字之訛。舊注改音否,訓醜,非。"(242 上)《正字通》謂
"媎"即"姰"字之訛,所言是也。《玉篇校釋》"媎"字下注:"'婦人皃'者,《切
韻》同。《廣雅·釋詁二》:'媎,醜也。'然則媎謂婦人醜惡之皃也。'媎'與
下'姰'爲一字誤分。《説文》'嫮'下'嬛'上爲'姰'字,云:不肖也。讀若竹
笓。笓从音聲,篆作 𠕞,與否形近,隸變'姰'爲'媎'耳。原本當以'姰'爲正
文,'媎'爲重文。《廣雅》'媎''儣'並列,與《説文》'不肖'之訓相合。《疏
證》蓋不知《廣雅》'媎'即許書'姰'字,故未有説。"(623)胡吉宣謂"媎""姰"
爲一字誤分,是也。《名義·女部》:"媎,防走、剖咳(?)二反。醜。"(27 上)
下文:"姰,方止反。古姓也。"(28 下)可見原本《玉篇》已誤分"媎""姰"爲
二。《説文·女部》:"姰,不肖也。讀若竹皮笓。"(264 上)原本《玉篇》之
"媎"與《説文》之"姰"位置相同,故"媎"即"姰"因篆文隸定不同而形成的異
體字。此處俗作"媎",又於後補"姰"字,遂令二者誤分。朱駿聲《説文通訓
定聲》"姰"字下注:"字亦作媎。《廣雅·釋詁二》:'媎,醜也。'"(210 上)此
説亦其證也。《新撰字鏡·女部》:"姰,方止反。古姓。"(182)下文:"媎,普
厚反。婦人皃醜也,屑也。"(186)"屑"當爲"不肖"二字之誤合。《集韻》上
聲厚韻普后切:"媎,媎娽婦人肥皃。一曰不才。"(437)"媎"字,《新撰字鏡》
《集韻》分別訓爲"不肖也""不才",亦爲"媎""姰"本爲一字之證。

5. 𥉉

mián《廣韻》莫賢切,平先明。❶視。《玉篇·目部》:"𥉉,視也。"❷同
"瞑"。密。《集韻·先韻》:"瞑,或作𥉉。"《字彙·目部》:"𥉉,密也。與瞑
同。"(《大字典》2697B)

mián 音棉。❶視。見《玉篇》❷同"瞑"。見《類篇》。(《字海》948B)

　　按:此字《名義》《切韻》皆未收,《玉篇》《廣韻》始收之,當即宋人據俗書
所增。《玉篇·䀠部》:"𥉉,彌連切。視也。"(23 上右)《玉篇校釋》"𥉉"字
下注:"此亦訛字,應刪。《目部》:'瞑,《説文》:目旁也。《爾雅》:密也。'《集

韻》：'瞁，或作鷐，通作鷐。'《類篇》：'鷐，密也。'即《爾雅》之'瞁，密也。'即
'瞁'之俗訛字。"(867)胡氏所言是也。《説文・目部》："瞁，目旁薄緻宀宀
也。从目，鼻聲。"(71 上)《爾雅・釋言》："瞁，密也。"(34)"瞁""瞁""瞁"即
同字異體。《名義・目部》："瞁（瞁），莫緣反。點也；密也。"(33 下)《新撰
字鏡・目部》："瞁，莫緣反。密也；緻密也；目旁薄察。"(97)"瞁""瞁""瞁"
並即"瞁"字之俗，"鷐"與"瞁""瞁""瞁"形近，亦當即"瞁"字之俗。《廣韻》
平聲先韻莫賢切："瞁，《爾雅》曰：'密也。'鷐，同上字。"(84)此亦其證也。
故"鷐"即"瞁"字之訛，"瞁"訛作"鷐"後，《玉篇》又訓爲"視也"，當爲望形生
訓。《大字典》《字海》第一義項應删，直謂"鷐"即"瞁（瞁）"字之訛即可。

6. 吕

jǐ《廣韻》居理切，上止見。❶説。《玉篇・口部》："吕，説也。"《集韻・
止韻》："吕，言也。"❷平。《集韻・止韻》："吕，平也。"(《大字典》632B，《字
海》670A～B)

按：《玉篇・口部》："吕，居矣切。説也。"(25 上左)《玉篇校釋》"吕"字
下注："'説也'者，《切韻》同，案：'説'即今'悦'字，'吕'蓋'台'之訛變。
'台'篆作吕，形訛爲'吕'。《説文》：'台，説也。'本書：'怡，悦也。'台怡、説
悦，並古今字。又疑同'記'。記，疏説也。从言，己聲。此'吕'从口、己聲，
口言同意，説爲言説，惟字不見典籍，無可引證也，就其形義解釋之耳。"
(959～960)胡氏謂"吕"爲"台"字之訛，是也；然謂"吕"同"記"，非也。《名
義・口部》："吕，居矣反。説也。"(43 下)"吕""吕"音義並同，且位置相當，
當爲一字之變。"吕"之篆文作"吕"，與《説文》"台"之篆文相同，且"吕"
"台"二字位置亦相同，故"吕""吕"並即"台"字之俗。《正字通・口部》：
"吕，台字之訛。《説文》台篆文作吕，説也。與怡通。舊注訓同台，改從己，
居矣切，音几，誤。"(134 下)《正字通》所言印證了胡氏的考釋成果。余迺
永《校注》"吕"字下注："按《説文》此字作吕，从口，目聲，大徐音與之切。即
後又讀咍韻土來切之'台'字，不从己聲。此字《切三》居似反無，《王一》《王
二》《全王》諸書居以反始有之，乃《廣韻》承誤之由。《集韻》苟起切亦收此
字，義爲'言也；平也'。不明所據。《玉篇》：'居矣切，説也。'同本書。"

（723）余氏謂"吕"訓"說也"即"台"字之訛，亦其證也。又《集韻》訓"吕"爲"言也"，當即因不明"說"即今"悦"字，遂同義變換爲"言"。而"吕"訓"平也"，於文獻無徵，俟考。

7. 攠

mí《廣韻》武移切，平支明。〔攠拘〕山名。《廣韻·支韻》："攠，攠拘，山名。"（《大字典》2092A，參《字海》367C）

按：《名義·手部》："攠，莫規反。拘攠，山名。"（56 下）《玉篇·手部》："攠，莫規切。攠拘，山名。"（31 上左）《正字通·手部》："攠，舊注：音迷。攠拘，山名。按：《杜陽雜編》：'拘弭國有大凝山'，弭亦作彌，攠拘即拘弭之訛。舊注不詳所出，汎云山名，非。"（429 上右）《正字通》之説非是。箋注本《切韻》平聲支韻武移反："攠，攠拘，山名。"（108）故宮本《裴韻》、《廣韻》同。余迺永《校注》："攠，武移切。注：'攠拘，山名。'本字《王二》《全王》及《集韻》並从木。又《山海經·中山經》云：'句欄之山。'當據正。"（577）余氏謂"攠"即"欄"之訛，所言是也。故宮本《王韻》平聲支韻武移反："欄，欄枸，山名。"（440）《集韻》平聲支韻民卑切："欄，欄（柯）枸，山名。"（34）《山海經·中山經》："又東三百里，曰句欄之山，其下多黃金，其木多櫟、柘，其草多芍藥。"故"攠拘"當即"欄枸"之訛，因"扌"旁、"木"旁形近，俗書常可相混。"欄枸"又當即"枸欄"之倒，"枸"字又當即"句"因涉"欄"字類化影響增加義符"木"旁所形成的俗字。《大字典》《字海》俱收"攠"字，皆引《廣韻》訓"山名"，却未溝通其與"欄"的正俗關係，俱失考證。

8. 撺

chǎn《集韻》丑展切，上獼徹。擊。《集韻·獼韻》："撺，擊也。"（《大字典》2053B，參《字海》357A）

按：《玉篇·手部》："撺，丑善切。擊撺也。"（32 上右）《玉篇校釋》"撺"字下注："元刊本作'擊也'，《集韻》上聲廿八獼韻：'撺，擊也。'《類篇》同，惟字並誤从蛅。"（1305）胡氏所言是也。"蛅"，《廣韻》音"丑善切"；"蛅"，《廣韻》音"赤之切"。"撺"音"丑善切"，當從"蛅"，《集韻》《類篇》從

"蛊"，誤。故"擂"即"擂"字之訛，《大字典》於"擂"字下謂同"擂"，失當；《字海》於"擂"字下謂"擂"爲"擂"的訛字，正俗顛倒，謬之甚也。

9. 遖

lèi《玉篇》力罪切。行急。《玉篇·辵部》："遖，行急也。"（《大字典》4145B，參《字海》652B）

按：《玉篇·辵部》："遖，力罪切。行急也。"（50 上左）《玉篇校釋》"遖"字下注："案：此爲'霳'之訛字，應删。《雨部》：'霳，徒的切。霳霳，雨也。'从雨，迪聲。《廣韻》《集韻》並誤从雷，因聲隨形變而爲力罪切，又附會雷義而云急行。"（2114）胡氏所言是也。《新撰字鏡·雨部》："霳，徒曆反。雨也。"（43）《龍龕》卷四《辵部》："遖，音笛。雷（雨）也。"（493）故宮本《王韻》入聲錫韻徒歷反："霳，雨。"（518）《廣韻》同。《廣雅·釋訓》："霳霳，雨也。"（455 下）"霳"，曹憲音"狄"。故上述諸書中的"遖"與"霳"音義並同，皆爲"霳"字之俗。《玉篇·辵部》之"遖"亦當爲"霳"字之俗。"霳"訛作"遖"，改其讀爲"力罪切"，此即望形生音也，又訓爲"行急也"，此爲望形生訓也。

10. 盔

kuī《廣韻》苦回切，平灰溪。盂一類容器。《玉篇·皿部》："盔，鉢也。"《龍龕手鑑·皿部》："盔，盔器，盂屬也。"（《大字典》2743B，參《字海》1068A）

按：《玉篇·皿部》："盔，苦回切。鉢也。"（77 下左）《玉篇校釋》"盔"字下注："《廣韻》灰韻苦回切云：'盔器，盂盛者也。'不成語。《集韻》云：'器名。'案：此亦僞字，字應正作'盋'。音博末切，云：與鉢同。《説文新附》：'盋，盋器，盂屬。或作鉢。'《韻會》引《説文》作'食器也'。慧琳卅七·十引《説文》：盋，盂也。俗作鉢。又六六·十：《玉篇》云：《交州雜事記》云：晉太康四年，臨邑國王獻鉢及白水晶鉢。服子慎《通俗文》作盋，古字也。又八十·五：《字書》正作盋。《通俗文》：僧應器也。俗作鉢……此處盔即由盋形訛。俗謂首鎧爲盔，苦回切，與盋形近誤合。"（3081～3082）胡氏所言當是。故宮本《裴韻》入聲末韻博末反："鉢，器。亦盋。"（610）此亦其證也。

"盉""鉢"即爲異體字,指盂一類容器。"盉"訓"鉢也"、"盉器,盂屬也",與"盉"形近義同,即爲"盉"字之訛。

11. 矜

hào《集韻》下老切,上晧匣。矛一類的兵器。《玉篇·矛部》:"矜,矛屬。"(《大字典》2957A,參《字海》1163B)

按:《玉篇·矛部》:"矜,許进切。矛屬。"(81 上左)《玉篇校釋》"矜"字下注:"許进切,形聲不諧。《集韻·晧韻》:'矜,下老切。矛屬。'應'矜'即'矜'形訛分化。"(3226)胡氏所言是也。《正字通·矛部》:"矜,矜字之訛。"(744 下)《正字通》所言印證了胡氏的考釋成果。《名義·矛部》:"矜,呼敵反。矛。"(167)《龍龕》卷一《矛部》:"矜,許擊反。矛也。"(142)《玉篇·矛部》:"矜,呼狄切。長矛也。"(81 上左)"矜""矜"義同,又從号、從分形近,俗寫可訛混,《〈可洪音義〉研究》(729)"分"字俗作"号",此亦其證也。又故宮本《裴韻》入聲覓韻許狄反:"矜,兵也;矛也。"(616)蔣本《唐韻》入聲錫韻許狄反:"矜,矛也。左思《吳都賦》云:'長矜短兵。'"(710)"矜""矜"並即"矜"字之俗,"矜"與"矜""矜"形近,"矜"亦當即"矜"字之訛。"矜"字,《玉篇》音"許进切",形音不諧,疑即"許狄切"之誤。《集韻》音"下老切",此又望形生音也。

12. 殸

(一)zhēn《廣韻》職鄰切,平真章。又植鄰切。擊。《廣韻·真韻》:"殸,擊也。"(二)chén《廣韻》士臻切,平臻崇。喜而動貌。《集韻·真韻》:"殸,喜而動兒。"按:《廣韻·臻韻》:"殸,《呂氏春秋》注云,殸殸,動而喜貌。"一說"欨"的訛字。《正字通·殳部》:"殸,欨字之訛。"(《大字典》2315A)

(一)zhēn 音真。擊。見《集韻》。(二)chēn 音沉陰平。〔~~〕動而高興的樣子。見《廣韻》。(《字海》1383B)

按:《玉篇·殳部》:"殸,市真切。喜而動兒。"(81 下右)《正字通·殳部》:"殸,欨字之訛。《説文》有欨無殸。"(561 上)又《正字通·支部》:

"𣪘,欨字之訛。舊注引《篇海》'喜而動皃',與《欠部》欨義近,改從攴,又音辰,擊聲,並非。《攴部》訛作𣪘。"(439 上)《正字通》所言是也。《玉篇校釋》"𣪘"字下注:"'喜而動皃'者,當依《廣韻·臻韻》引《吕氏春秋》注云:'𣪘𣪘,動而喜皃。'《文選·王元長〈曲水詩〉》序注引作:'輶輶𣪘𣪘,莫不戴悦。'高注:'振振𣪘𣪘,衆友之盛。'與選注及篇韻所引並異。字從攴、從支與喜悦義無涉,實皆從欠之訛。《欠部》:'欨,《説文》:指而笑也。'重言之爲欨欨,喜笑動顏色也。凡辰聲字有動義。"(3241)胡氏所言印證了《正字通》之説。《名義·攴部》:"𣪘,仕仁反。動(而)喜皃。"(169 上)《新撰字鏡·攴部》:"𣪘,仕人反。動而喜皃。"(672)故《玉篇》"喜而動皃"之訓應如胡氏所説改作"動而喜皃",然《名義》已誤作"𣪘",可見此誤由來已久。"𣪘""𣪘"即同字異寫,故"動而喜皃"之"𣪘""𣪘(𣪘)"皆爲"欨"字之訛。又故宫本《王韻》平聲真韻植鄰反:"𣪘,擊聲。"(449)《廣韻》平聲真韻側鄰切:"𣪘,繫(擊)也。又音辰。"(59)《玉篇·支部》:"𣪘,石鄰切。擊聲。"(85 下右)《集韻》平聲真韻丞真切:"𣪘𣪘,喜而動皃。一曰擊也。或從支。"(117)《集韻》謂"擊也"之"𣪘"或作"𣪘",是也;然"喜而動皃(即'動而喜皃'之誤)"之"𣪘""𣪘"當皆爲"欨"字之訛。

13. 𣪑

jì《廣韻》古詣切,去霽見。❶繫。《廣韻·霽韻》:"𣪑,係也。"❷盡。《廣韻·霽韻》:"𣪑,盡也。"❸戕。《篇海類編·器用類·攴部》:"𣪑,戕也。"(《大字典》2320A)

jì音計。❶繫。❷盡。二義均見《廣韻》。(《字海》938C)

按:《玉篇·攴部》:"𣪑,居藝切。"(81 下左)此字《玉篇》義闕。敦煌本《王韻》去聲霽韻古詣反:"𣪑,係也。"(407)《名義·攴部》:"𣪑,公梯反。係。"(168 下)"𣪑""𣪑"音義並同,且字形相近,"𣪑"當即"𣪑"之俗訛字。又《廣韻》去聲霽韻古詣切:"𣪑,係也;盡也。"(271)"𣪑"字,敦煌本《王韻》訓"係",《廣韻》"盡也"之訓無稽,當涉"𣪑"又訛作"割"而妄補。故宫本《王韻》去聲霽韻古詣反:"割,係。"(495)此"割"即"𣪑"之俗訛字。《後漢書·劉玄傳》:"惟割既往謬妄之失,思隆周文濟濟之美。"李賢注:"割,絶也。"(472)"絶""盡"義近。余迺永《校注》"𣪑"字下注:"𣪑,古詣切。注:'係也;

盡也。'按本字應作'觳',注文'盡也'二字亦當删。"(838)余氏所言是也。《集韻》去聲泰韻丘蓋切:"**敤**(敤)、觳,《博雅》:'辱也。'一曰:擊也。或從殳。"(521)"觳""**敤**"音義並同,此"觳"即"**敤**"義符換用而形成的異體字。《大字典》《字海》第一義項即"觳"之俗訛字;《大字典》《字海》第二義項因據訛字而誤設,當删;《大字典》第三義項即"**敤**(敤)"之異體字。

14. 㳋

(一)chòu《玉篇》尺又切。水氣。《改併四聲篇海·水部》引《對韻音訓》:"㳋,水氣。"(《大字典》1823B)

按:《玉篇·水部》:"㳋,初又切。"(92上右)此字義闕。《玉篇校釋》"㳋"字下注:"元刊本云:'水氣也',以'臭'爲説,疑爲'溴'之訛分。"(3821)胡氏所言當是。《篇海》卷十二《水部》引《玉篇》:"㳋,尺又切。水氣。"(768下)《大字典》引《篇海》謂引《對韻音訓》,轉録失真,非是。《新修玉篇》卷十九《水部》引《玉篇》:"㳋,尺又切。水名。"(169上左)《新修玉篇》與《篇海》義訓不同,《新修玉篇》所言當是。《篇海》訓"㳋"爲"水氣",當爲望文生訓。《玉篇·水部》:"溴,古壁切。水名。"(92上左)《廣韻》入聲錫韻古闃切:"溴,水名。在温縣。"(423)"溴"與"㳋"形近義同,正如"闃"俗作"閴","溴"疑即"㳋"字之俗。"溴"俗作"㳋",後人又改其讀爲"尺又切",此疑爲望形生音。

15. 洊

zhú《玉篇》池六切。水名。《玉篇·水部》:"洊,水名。"(《大字典》1770B,參《字海》549A)

按:《玉篇·水部》:"洊,池六切。水名。"(92上左)《玉篇校釋》校"洊"爲"澬",並注曰:"《廣韻》入聲一屋直六切,字作筑,水名,出房陵,漢有筑陽縣,蕭何妻封邑。《集韻》:'筑,水名,在南陽。或從水作澬。''澬'字本書原訛作'洊',今正。《漢·志》:'南陽郡筑陽。'應劭曰:'筑水出漢中房陵,東入沔。'"(3827~3828)胡氏所言是也。《正字通·水部》:"洊,澬字之訛。"(593上)《正字通》所言印證了其説。《廣韻》入聲屋韻直六切:"筑,水名,

出房陵。漢有筑陽縣,蕭何妻封邑。"(370)《集韻》入聲屋韻佇六切:"筑漵,
水名。漢有筑陽縣,在南陽。或從水。"(645)故"漵"即"筑"通過增加義符
而形成的異體字。又"沶""漵"音義並同,且形體相近,"沶"字右旁不成字,
"沶"當即"漵"字俗訛。

16. 鼞

líng《集韻》離貞切,平清來。多聲。《玉篇·磬部》:"鼞,多聲也。"《集
韻·清韻》:"鼞,多聲也。"(《大字典》2322A,參《字海》939C)

按:此字原本《玉篇》、《廣韻》皆未收,《玉篇》收之,當即宋人據俗書所
增。《玉篇·磬部》:"鼞,力京切。多聲也。"(106 上左)《正字通·攴部》:
"鼞,俗字。舊注:音零。多聲。誤。"(563 上)《正字通》所言是也。原本
《玉篇·磬部》:"鼞,除隆反。《字書》:'鼞,皷聲。'"(531)《玉篇》有"鼞"無
"鼞",而原本《玉篇》有"鼞"無"鼞",宋本《玉篇》收字多源於原本《玉篇》,原
本《玉篇》所收之字,《玉篇》一概收錄並排列在前,其新增之字排列在後,故
二書部內所收相同之字排列次第大致相當。"鼞"與"鼞"位置相當,又令
旁、冬旁形近,俗寫或訛混,故"鼞"當即"鼞"之訛俗字。《玉篇》音"力京
切",當爲望形生音也。《玉篇校釋》"鼞"字下注:"廣益本訛作'鼞',聲隨形
變而音力京。《集韻》庚韻亦收'鼞',多聲也(蓋皆誤爲鈴)。僞字應刪。"
(4349)胡氏所言是也。"鼞"亦爲魏晉六朝時產生的俗別字,即爲"鼞"字之
俗。《正字通·鼓部》:"鼞,俗鼞字。舊注鼓聲,音龍。誤。"(563 上)此説
是也。對此二字,《大字典》《字海》已作認同。然"鼞"字,《大字典》《字海》
却皆未溝通其與"鼞(鼞)"的異體關係,俱失考證。

17. 騑

(一)pí《玉篇》平悲切。馬名。《玉篇·馬部》:"騑,馬名。"(《大字典》
4838A)

按:此字《説文》《名義》皆未收,《玉篇》收於部末,當即宋人據俗書所
增。《玉篇·馬部》:"騑,平悲切。馬名。"(108 下右)《玉篇校釋》"騑"字下
注:"案:'平悲切。馬名。'爲'駓'之形誤。從平聲則爲'軯'之或體,車、馬

偏旁相通也。《詩·駉》：'有驔有駓。'釋文：'駓，字又作駓。'《集韻》：'駓，或作駓。''駓'從'丕'非'平'。"（4475）胡氏所言是也。"駓"當即"駓"字篆文楷定之誤。

18. 牞

jiè《集韻》居拜切，去怪見。四歲或五歲的牛。《玉篇·牛部》："牞，牛四歲也。"《本草綱目·獸部·牛》："（牛）二歲曰牭，三歲曰犙，四歲曰牭，五歲曰牞。"（例略）（《大字典》2117A）

jiè 四歲的牛。見《字彙》。（《字海》849C）

按：此字《説文》《名義》皆未收，《廣韻》亦不録，《玉篇》收於部末，當即宋人所增。《玉篇·牛部》："牞，音介。牛四歲也。"（109 下右）《集韻》去聲怪韻居拜切："牞，四歲牛。"（526）"牞"字，以上字書、韻書皆訓爲"四歲牛"，《本草綱目》後出，却訓爲"五歲牛"，其説不足據。《疑難字》"牞"字下注："又'牞'訓四歲牛，亦有可疑。《説文》二篇上牛部：'牭，四歲牛。從牛、四，四亦聲。'大徐等引《唐韻》息利切。是四歲牛本名牭，不名牞。"（443～444）其言是也。《玉篇校釋》"牞"字下注："案：此僞字，應删。'牞'即上'牭，四歲牛'字。四篆作𦥑，形與介近而誤分。"（4524）胡氏所言是也。"四"古文作"𦥑""𦥑""𦥑"等，篆文作"𦥑"，與"介"形近，故"牭"俗寫即可訛作"牞"。

19. 鶬

qiāng《玉篇》去良切。鳥名。《玉篇·鳥部》："鶬，鳥名。"（《大字典》4942B，參《字海》1685C）

按：此字《説文》《名義》皆未收，《廣韻》《集韻》亦不録，《玉篇》收於部末，當即宋人據俗書所增。《玉篇·鳥部》："鶬，去良切。鳥名。"（114 下左）《正字通·鳥部》："鶬，鴺字之訛。《説文》'鴺'作'鴺'，篆作'鴺'，俗因篆形訛爲'鶬'。舊注音羌，汎云鳥名，誤。"（1369 上）《正字通》所言是也。《説文·鳥部》："鴺，鋪豉也。从鳥，失聲。"（80 上）又韓小荆《〈可洪音義〉研究》（672）"失"俗作"夫"，梁春勝《楷書異體俗體部件例字表》"羌"俗作"夫"，"羌""失"二字俗寫亦形近或可訛混，故"鶬"當即"鴺"字之訛。"鴺"，

《廣韻》音"徒結切"，訛作"躲"後，改其讀爲"去良切"，此爲望形生音；又訓
"躲"爲"鳥名"，此又爲後人不識其爲何字而妄補。

(二)溝通正俗異體

漢字在數千年的歷史發展演變過程中，不斷出現了大量音義相同的異
體字。從漢字應用角度而言，異體字的存在是一種不必要的負擔，因此，我
們應加強對異體字的整理與溝通工作。在查閱《大字典》《字海》的過程中，
可以發現它們對《玉篇》所收錄的許多異體字卻未加以溝通而分列於不同
的位置。這就使得許多音義相同的字失去聯繫，從而影響了《大字典》《字
海》的編纂質量與使用價值。因此，我們應該充分利用各種文獻材料，加強
對這些正俗異體字的溝通認同工作。

1. 堉

jí《廣韻》秦昔切，入昔從。錫部。瘠薄的土地。《玉篇·土部》："堉，薄
土也。"(例略)(《大字典》508B，參《字海》237C)

按：《玉篇·土部》："堉，情迪切。薄土也。"(8下左)《正字通·土部》：
"堉，子昔切，音寂。薄土。本借瘠。"(199下右)《正字通》所言是也。《玉
篇校釋》"堉"字下注："'薄土也'者，《切韻》同，《唐韻》亦同。慧琳八四·十
六：'《國語》云：擇堉土而處之。'賈逵注；堉，薄也。或作膌。今《魯語》作
瘠。"(272)胡氏所言印證了其說。漢張衡《西京賦》："處沃土則逸，處瘠土
則勞。"此"瘠"即指"土地貧瘠""土地不肥沃"。故"堉"與"瘠"音義並同，
"堉"當即"瘠"通過改換義符而形成的後起分化字。

2. 坎

xuè(一)《廣韻》胡決切，入屑匣。空深貌。《廣韻·屑韻》："空深兒。"
(二)《廣韻》呼決切，入屑曉。❶深。《集韻·屑韻》："坎，《博雅》：深也。"❷
同"穴"。《廣韻·屑韻》："坎，穴也。"(《大字典》467A～B，參《字海》223C)

按：《玉篇·土部》："坎，呼決切。深也；空也。亦作窥。"(8上左)《名
義·土部》："坎(此字頭原漏奪)，呼玦反。深也；空也。"(9上)《新撰字
鏡·土部》："坎，呼玦反。深也，空也。窥字。"(294)"坎""窥"音義並同，當

即異體字。《廣韻》入聲屑韻呼決切:"坎,穴也。"(399)《廣韻》訓"坎"爲"穴也",疑非是。敦煌本《王韻》入聲屑韻(呼決反):"坎,空皃。"(428)故宮本《王韻》(516)同。故《廣韻》訓"坎"爲"穴也",當即"空皃"之誤。《大字典》《字海》沿襲《廣韻》義訓之謬而謂"坎"同"穴",非也。又《廣韻》入聲屑韻胡決切:"坎,空深皃。"(400)《廣韻》訓"坎"爲"空深皃",當爲"空也"與"深也"二義之誤合。《大字典》《字海》"坎"字沿襲《廣韻》之謬,且未溝通其與"窬"字之間的異體關係,並失考證。

3. 覗

sì《廣韻》相吏切,去志心。又息茲切。❶看。《廣雅·釋詁一》:"覗,視也。"(例略)❷偷看。《方言》卷十:"凡相竊視,自江而北謂之貼,或謂之覗。"(《大字典》3909B,參《字海》1401B)

按:《廣雅·釋詁一》:"覗,視也。"(80)《方言》卷十:"凡相竊視,自江而北謂之貼,或謂之覗。"(67)《玉篇·司部》:"伺,胥咨、司志二切。候也;察也。《廣雅》《埤倉》並作覗。"(12上右)故"覗""伺"當即異體字。

4. 偏

biān《集韻》卑眠切,平先幫。足不正。《玉篇·人部》:"偏,足不正也。"一説身不正。《集韻·先韻》:"儇,身不正。或省。"《正字通·人部》:"偏,身不正。與偏義近。"(《大字典》275B)

同"儇"。見《集韻》。(《字海》95B)

按:《玉篇·人部》:"偏,博堅、步堅二切。或蹁字。足不正也。"(15上右)《玉篇校釋》"偏"字下注:"《足部》:'蹁,足不正也。'又'躘,躘躙,行不正。'本部:'偏,不平也。'《切韻》:'偏,身不正。'又'偏,不正也。'《廣韻》'偏'作'儇'。'儇''偏''蹁''躘'並同,疊韻爲'蹁躍'、爲'躘躙',義亦同也。甹即邊之本字,邊旁亦非正也。"(527)胡氏所言是也。《名義·人部》:"偏,博堅反。脛外曲也。或蹁。"(22上)《新撰字鏡·人部》:"偏,博堅反。蹁字。足不正也。"(81)《廣韻》平聲先韻布玄切:"蹁,行不正。又薄邊切。"(84)故此"偏(儇)"與"蹁""躘"並爲異體字。

5. 㑮

hùn《集韻》呼困切,去㤷曉。年老健忘。《玉篇·人部》:"㑮,老忘也。"(《大字典》219A,參《字海》80A)

按:《玉篇·人部》:"㑮,火困切。老忘也。"(15 下右)"㑮"訓"老忘也",當即"惛"之異體。《説文·心部》:"惛,不憭也。从心,昏聲。"(221下)蔣本《唐韻》去聲㤷韻呼困反:"惛,迷忘。又呼昆反。"(658)五代本《切韻》去聲㤷韻呼悶反:"惛,迷忘也。又呼昆反。"(779)慧琳《音義》卷五七:"迷惛,音昏。《考聲》云:'老而多忘。'孔注《尚書》云:'惛,亂也。'《毛詩》箋云:'惛無所知也。'《説文》從心、昏聲而成之。"(57,頁 584b06)故"㑮"訓"老忘也",與"惛"音義並同,此"㑮"當即"惛"通過改換義符而形成的異體字。

6. 覒

yì《集韻》壹計切,去霽影。看物象不明晰。《玉篇·見部》:"覒,視皃。"《正字通·見部》:"覒,視不明貌。目病曰殹,故從殹。舊注汎訓視,誤。"(《大字典》3917A,參《字海》1404C)

按:此字《名義》未收,《玉篇》收於《見部》之末,當即宋人據俗書所增。《玉篇·見部》:"覒,烏計切。視皃。"(23 下右)《正字通·見部》:"覒,余祭切,音意。視不明貌。目病曰殹,故從殹。舊注汎訓視,誤。"(1043 上)《正字通》謂訓"覒"爲"視"誤,並改訓爲"視不明貌",當是。《玉篇·目部》:"殹,於計切。眼疾也。"(23 上右)《廣韻》去聲霽韻於計切:"殹,目殹。"(271)"覒""殹"音義並同,當爲異體字。《玉篇校釋》"覒"字下注:"《集韻》霽韻同,疑與'殹'同,'覒'之言翳也,蓋爲視不明皃。"(891)胡氏所言印證了其説。故"覒"當即"殹"之異體字。

7. 唹

yǔ《集韻》五矩切,上麌疑。想笑貌。《玉篇·口部》:"唹,欲笑也。"

《集韻·嘘韻》：“唉，欲笑皃。”(《大字典》679A，參《字海》394C)

按：《玉篇·口部》：“唉，魚矩切。欲笑也。”(27 下右)《正字通·口部》：“唉，與嘘通。”(146 上)《正字通》所言是也。《玉篇校釋》“唉”字下注：“《集韻》上聲嘘韻云：‘欲笑皃。’《切韻》：‘嘘，欲笑也。’‘嘘’與‘唉’同。”(1066)此即印證了其説。“唉”“嘘”音義並同，“唉”當即“嘘”之俗省字。

8. 揭

jí《集韻》秦昔切，入昔從。擊。《玉篇·手部》：“揭，擊也。”《集韻·昔韻》：“揭，擊也。”(《大字典》2050B，參《字海》356B)

按：《玉篇·手部》：“揭，慈昔切。擊也。”(32 上左)《正字通·手部》：“揭，俗字。”(418 上)《正字通》謂“揭”爲俗字，是也。《玉篇校釋》“揭”字下注：“‘擊也’者，《集韻》《類篇》並同。《切韻》：‘籍，擊也。秦昔反。’本書‘籍’亦又音疾奕切。‘揭’蓋即‘籍’，‘擊’‘刺’義同。”(1316)胡氏所言是也。《廣韻》入聲昔韻秦昔切：“籍，打也。”(420)“揭”“籍”音義並同，“揭”當即“籍”通過改換聲符而形成的異體字。

9. 跊

yù《集韻》虞欲切，入燭疑。行不正。《玉篇·足部》：“跊，行不正。”(《大字典》3936B，參《字海》1411A)

按：《玉篇·足部》：“跊，魚曲切。行不正。”(34 下右)《玉篇校釋》“跊”字下注：“《集韻》《類篇》並同。本書《走部》：‘趀，魚曲切。跛也。’跛，行不正。‘趀’‘跊’字同。”(1440)胡氏所言是也。《説文·足部》：“跛，行不正也。从足，皮聲。”(47 下)“跊”“趀”音義並同，二者即爲義近義符換用而形成的異體字。

10. 朥

yíng《廣韻》以成切，平清以。❶人名用字。《玉篇·肉部》：“朥，魯大夫名。”❷肥。《集韻·清韻》：“朥，肥也。”(《大字典》2252A) yíng 音迎。肥。見《集韻》。(《字海》914B)

按:《玉篇·肉部》:"膡,餘聲切。魯大夫名。"(36 下左)《玉篇校釋》"膡"字下注:"'魯大夫名'者,《切韻》作'瀅',《廣韻》作'膡'。本書《水部》:'瀅,音盈。魯大夫名。'"(1548)《名義·肉部》:"膡,餘聲反。"(69 上)《新撰字鏡·肉部》:"膡,餘聲反。魯大夫戲伯名也。"(37)"瀅""膡"音義並同,"瀅"當即"膡"通過增加義符而形成的異體字。又《集韻》平聲清韻怡成切:"膡,肥也。"(240)"膡"字,《集韻》以前諸字書、韻書皆訓魯大夫名,《集韻》却訓爲肥,於文獻無徵,疑即望文爲説,不足爲據。《大字典》"膡"字下據《集韻》之誤而收録"肥"這一義項;《字海》"膡"字據《集韻》之誤而訓"肥",疑並非是。

11. 臋

jué《玉篇》渠月切。尻。《玉篇·肉部》:"臋,尻也。亦作臎。"(《大字典》2264A,參《字海》41B)

按:《名義·肉部》:"臋,渠月反。尻也。"(70 上)《玉篇·肉部》:"臋,渠月切。尻也。亦作臎。"(37 上右)《玉篇校釋》"臋"字下注:"'尻也'疑出《埤倉》。《廣雅·釋親》:'脾、髁,臋也。'《切韻》:'臋,尾本。亦作臎。'……此處亦作'臎','臎'當爲'臋','臋''臎'異部重文也。"(1560)胡氏所言是也。《説文·骨部》:"髖,臋骨也。從骨,厥聲。"(86 下)"臎""臋"與"髖"音義並同,"臎""臋"當即"髖"因涉義改換義符而形成的異體字。

12. 怐

kòu《廣韻》苦候切,去候溪。又古候切,呼漏切。侯部。〔怐愁〕愚昧。《玉篇·心部》:"怐,怐愁,愚兒。"《楚辭·九辯》:"然潢洋而不遇兮,直怐愁而自苦。"唐韓愈《南山詩》:"茫如試矯首,堛塞生怐愁。"(《大字典》2448B,參《字海》591C)

按:《玉篇·心部》:"怐,居遇切。恐也。又苦候切。怐愁,愚兒。"(39 下左)《名義·心部》:"怐,苦遘切。愚也。"(78 上)"怐"即"佝"之異體字。《説文·人部》:"佝,務也。從人,句聲。"(166 下)段玉裁改爲"佝,佝瞀

也。"注云:"各本作'務也'二字。小徐本作'覆也',皆誤,今正。"(379 下)
《玉篇·人部》:"佝,公豆切。《楚辭》云:'直佝愁以自苦。'亦作恂。"(14 上
右)《名義·人部》:"佝,公豆反。慫也;俳也;優也。恂字。"(18 上)吕浩
《〈篆隸萬象名義〉校釋》謂"慫"當作"愁",是也;然"俳也;優也"當爲下字
"倡"字之義誤植於此,《〈篆隸萬象名義〉校釋》失校。《新撰字鏡·人部》:
"佝,公豆反。愁也;戀也。恂字。"(78)此即其證也。故"恂"當即"佝"通過
改换義符而形成的異體字。

13. 恌

xiàn《集韻》私箭切,去綫心。憐念。《玉篇·心部》:"恌,憐念也。"《集
韻·綫韻》:"恌,憐也。"(《大字典》2458B,參《字海》593B)

按:《玉篇·心部》:"恌,私箭切。憐念也。"(40 上左)《玉篇校釋》"恌"
字下注:"《集韻·綫韻》:'恌,憐也。'《廣韻》:'恌,私箭切。思恌。'本書:
'惓,愛也。又音綫。'即此'恌'。"(1696)胡氏所言是也。"惓",《廣韻》音
"奴協切",又音"私箭切","恌"即"惓"通過"又音"改換聲符而形成的異
體字。

14. 歑

yàn《廣韻》於建切,去願影。❶大呼用力。《玉篇·欠部》:"歑,大呼用
力也。"《集韻·願韻》:"歑,大呼用力也。"❷怒腹。《玉篇·欠部》:"歑,怒
腹也。"(《大字典》2299A,參《字海》931B)

按:《玉篇·欠部》:"歑,於建切。大呼用力也;怒腹也。或作軀。"(45
下左)《新撰字鏡·欠部》:"歑,於建反。怒腹也。軀字。"(648)原本《玉
篇·欠部》:"歑,於建反。《廣倉》:大呼用力也。《聲類》:怒腹也。或爲軀
字,在《身部》。"(343)故"軀""歑"即因造字角度不同而换用義符所形成的
異體字。

15. 餜

guǒ《集韻》古火切，上果見。糕點類食品。如：蕎麥餜。《玉篇・食部》："餜，餅子也。"(例略)(《大字典》4750A，參《字海》1616A)

按：《玉篇・食部》："餜，古火切。餅子也。"(46下左)《玉篇校釋》"餜"字下注："《廣韻》：'粿，餅粿食。'粿與餜同。"(1990)"餜""粿"音義並同，即義通義符換用而形成的異體字。

16. 餂

kǎn《集韻》口敢切，上敢溪。飢。《玉篇・食部》："餂，飢也。"(《大字典》4754A，參《字海》1617B)

按：《玉篇・食部》："餂，口敢切。飢也。"(46下左)《玉篇校釋》"餂"字下注："案：與'歁'同。《欠部》：'歁，食不滿也。'(《說文》語)"(1990)胡氏所言是也。"歁"，《廣韻》音"苦感切"。"餂""歁"音同義近，即不同義符換用而形成的異體字。

17. 彳丩

jiào《玉篇》巨小切。行貌。《玉篇・彳部》："彳丩，行皃。"(《大字典》871B，參《字海》475A)

按：《玉篇・彳部》："彳丩，巨小切。行皃。"(47下左)《正字通・彳部》："彳丩，趴字之訛。舊注：音叫。行也。誤。"(346下)"彳丩"當即"趴"之換旁俗字，《正字通》謂"彳丩"即"趴"字之訛，非是。《玉篇校釋》"彳丩"字下注："二韻無。本書《足部》：'趴，趴蹺，蹌行皃。''彳丩'與'趴'同。"(2027)胡氏所言是也。"彳丩"當即"趴"義通義符換用而形成的異體字。

18. 彳立

sà《玉篇》蘇合切。行貌。《玉篇・彳部》："彳立，行皃。"(《大字典》

878B,參《字海》476B)

　　按:《玉篇・彳部》:"位,蘇合切。行皃。"(48 上右)《正字通・彳部》:"位,俗字。舊注:音撒。行貌。泥。"(347 上)《正字通》謂"位"爲俗字,是也。"位"即"彶"字之俗。《説文・彳部》:"彶,行皃。从彳,㳂聲。"(43 上)"彶"字,《廣韻》音"蘇合切"。"位""彶"音義並同,"位"即"彶"通過改換聲符而形成的異體字。《玉篇校釋》"位"字下注:"二韻無。上(12):'彶,行皃。'《切韻》蘇合反。'位'與'彶'同。"(2028)胡氏所言是也。故"位"即"彶"之異體字。

19. 趐

　　jiǎo《玉篇》子小切。走貌。《玉篇・辵部》:"趐,走皃。"(《大字典》4141B,參《字海》651A)

　　按:此字《説文》《名義》皆未收,《玉篇》收於部末,當即宋人據俗書所增。《玉篇・辵部》:"趐,子小切。走皃。"(50 上左)《玉篇校釋》"趐"字下注:"二韻無。案:'趐'與'趭'同。《走部》:'趭,走皃。'"(2114)胡氏所言是也。《玉篇・走部》:"趭,子妙切。走皃。"(49 上右)"趐""趭"音近義同,即義近義符換用而形成的異體字。"趭"又"趡"字之俗。《廣雅・釋宮》:"趡,奔也。"王念孫疏證:"趭,即趡之異文。"此是其證也。

20. 痎

　　bēi《玉篇》補回切。癥結痛。《玉篇・疒部》:"痎,癥結痛也。"《類篇・疒部》:"痎,結病。"(《大字典》2852A,參《字海》1105A)

　　按:《玉篇・疒部》:"痎,補回切。癥結痛也。"(57 下右)《玉篇校釋》"痎"字下注:"案:'痎'與'痞'同。痞,腹内結病。《集韻》:'痞,或作痎。'"(2269)正如"秠"同"稓","痎"當即"痞"通過改換聲符而形成的異體字。

21. 殔

　　sì《廣韻》斯義切,去寘心。❶死。《玉篇・歹部》:"殔,死也。"❷盡。

《玉篇·歹部》：“殢，盡也。”（例略）（《大字典》1494B，參《字海》805B）

　　按：《玉篇·歹部》：“殢，息次切。死也；盡也。亦作澌。”（58 上左）《廣韻》去聲真韻斯義切：“澌，盡也。《禮》注云：‘死之言澌也。’殢，上同。”（239）《説文·水部》：“澌，水索也。从水，斯聲。”（234 下）徐鍇《繫傳》曰：“索，盡也。”《論衡·四諱》：“出見負豕於塗，腐澌於溝，不以爲凶者，洿辱自在彼人，不著己之身也。”黄暉注：“澌，死人也。”故“殢”“澌”音義並同，“殢”當即“澌”因涉義改換義符而形成的異體字。

22. 簋

ài《廣韻》烏代切，去代影，微部。隱蔽；遮掩。《説文·竹部》：“簋，蔽不見也。”（《大字典》3223B，參《字海》1255A）

　　按：《説文·竹部》：“簋，蔽不見也。从竹，愛聲。”（99 上）《玉篇·竹部》：“簋，於載切。隱也；蔽也。亦作蔓。”（70 下右）《爾雅·釋言》：“蔓，隱也。”郭璞注：“謂隱蔽。”（27）《方言》卷六：“掩、翳，蔓也。”郭璞注：“謂蔽蔓也。”（46）“蔓”，《廣韻》音“烏代切”。“簋”“蔓”音義並同，即爲異體字。

23. 刔

jué《集韻》古穴切，入屑見。剔。《玉篇·刀部》：“刔，剔也。”《女仙外史》第二十一回：“（燕王）令衛士以利刃刔公之口吻，直至兩耳根盡處。”（《大字典》358A，參《字海》50C）

　　按：《玉篇·刀部》：“刔，古穴切。剔也。”（82 下右）《玉篇校釋》“刔”字下注：“《集韻·屑韻》義同，云：‘或作抉。’本書《手部》：‘抉，《説文》：挑也。’慧琳引作謂挑出物也，刔剔即挑剔，有所取捨也，刔本爲抉，涉剔而變从刀。”（3286）胡氏所言是也。《類篇·手部》：“抉，古穴切。剔也。”（45 上）“刔”“抉”音義並同，“刔”即“抉”通過改換義符而形成的異體字。

24. 煤

huǐ《廣韻》呼罪切，上賄曉。又古玩切。火。《方言》卷十：“煤，火也。

楚轉語也，猶齊言焜火也。"《廣韻·賄韻》："焜，南人呼火也。"（《大字典》
2367B，參《字海》956B）

　　按：《名義·火部》："焜，呼隗反。《方言》：'火。'"（211 上）《玉篇·火
部》："焜，呼隗切。楚人呼火爲焜也。"（100 上左）《玉篇校釋》"焜"字下注：
"案：'焜''烓''燬'皆隨方音爲字，即'火'之異文，方語輕重轉變耳。"
（4075）胡氏所言當是。《説文·火部》："燬，火也。从火，毁聲。"（207 上）
段玉裁注："燬、烓實一字。《方言》'齊曰烓'，即《爾雅》郭注之'齊曰燬'也。
俗乃强分爲二字二音矣。"《正字通·火部》："焜，呼委切，音賄。《方言》：
'焜，火也。'郭注：'楚語轉也，楚人呼火爲焜。'與燬音義同。"（632 下）以上
諸説皆印證了胡氏的考釋成果。故"焜""烓""燬"即爲異體字，當並爲"火"
字因方音不同而造的異文。

25. 碟

　　qián《集韻》渠焉切，平仙羣。磩。《玉篇·石部》："碟，磩也。"（《大字
典》2619B，參《字海》1031B）

　　按：此字原本《玉篇》、《名義》皆未收，《廣韻》亦不録，《玉篇》收於部末，
當即宋人據俗書所增。《玉篇·石部》："碟，巨焉切。磩也。"（105 下左）
《玉篇校釋》"碟"字下注："本書上（88）：'磩，礩也。'《木部》'椻'下引《爾雅》
曰：'椹謂之椻。''椻'與'碟'同，猶'磑'與'椳'同，'礩'與'櫃'同，製別木、
石耳。"（4335）胡氏所言是也。"椻"，《廣韻》亦音"渠焉切"。"碟"與"椻"音
義並同，"碟"當即"椻"通過改换義符而形成的異體字。

26. 鰓

　　sāi《廣韻》蘇來切，平咍心。魚類的呼吸器官。魚鰓一般由鰓弓和鰓
瓣、鰓絲構成。其外有鰓蓋保護。氣體交换在鰓絲上進行。古人言鰓多指
鰓蓋。《玉篇·魚部》："鰓，魚頰。"（例略）（《大字典》5016A，參《字海》
1711C～1712A）

　　按：《玉篇·魚部》："鰓，相來切。魚頰也。"（116 下右）《玉篇校釋》
"鰓"字下注："'魚頰也'者，《切韻》同，案即'顋'之或體，因言魚而變易偏

旁。慧琳四十卷引《考聲》：‘鰓，魚頰中骨也。《說文》作䚡，云：角中骨也。’”（4891～4892）胡氏所言是也。慧琳《音義》卷四十《觀自在多羅菩薩念誦法》：“其鰓，塞來反。《考聲》：‘魚頰中肉也。’《說文》作‘䚡’，云：‘角中骨也。從角，思聲。’法本作‘腮’，檢字書並無，恐誤也。”（58，頁 193b9）“肉”當如胡氏所言即“骨”字之誤。故“鰓”當即“䚡”通過改換義符而形成的異體字。

（三）訂正已有訓釋之誤

　　《玉篇》義訓中存在許多由於俗寫形近而誤、誤截書證、誤植義訓、誤解義訓等原因而致義訓失誤的情況。此外，《篇海》在轉引《玉篇》的過程中也存在許多妄改或妄補義訓的情況，元刊本《玉篇》在編纂過程中亦存在許多這種失誤，但令人遺憾的是，這些誤訓却往往被《大字典》《字海》未加考辨地加以轉錄，從而嚴重地誤導了讀者，降低了其編纂質量與利用價值。因此，我們應加强對這部分義誤字的考辨與研究工作，以免因承訛襲謬而貽誤讀者。

1. 袝

　　fù《廣韻》符遇切，去遇奉。侯部。視。《玉篇·示部》：“袝，視也。”（《大字典》2562A～B）

　　按：《玉篇·示部》：“袝，扶付切。視也；合葬也。”（4 上右）《玉篇校釋》已於“袝”字下改“視”爲“祖”，並注云：“‘祖也’者，‘祖’原訛‘視’，今正。《爾雅·釋詁》：‘袝，祖也。’郭云：‘袝，付也。付新死者於祖廟。”（35）胡氏所言是也。《名義·示部》：“袝，扶賦反。屬也；祖也。”（2 上）《新撰字鏡·示部》：“袝，孚具反。祖也，死也，厝（廟）也，屬也，合也。”（615）以上二書皆其證也。《大字典》沿襲《玉篇》之謬而收録此條義項，非是。

2. 坿

　　chǐ《廣韻》尺氏切，上紙昌。歌部。❷治土。《玉篇·土部》：“坿，治土。”❸地名。《玉篇·土部》：“坿，地名。”（《大字典》473B，參《字海》225C）

　　按：《玉篇·土部》：“坿，充是切。治土地名。”（7 下左）《玉篇校釋》

"垎"字下注:"'治土地名'者,'治'當爲'恃'。《説文》:'垎,恃也。'小徐《韻譜》作'恃土地也'。當亦本許書。《爾雅·釋言》:'恀,恃也。'舊注:'恀,恃事自恃也。''自恃'當爲'自恀'。本書《心部》:'恀,怙恃也。'段玉裁曰:'恃土地者,自多其土地,故字从多土。《玉篇》云'治土地名',恐有錯誤。'"(217)胡氏所言當是。《説文·土部》:"垎,恃也。从土,多聲。"(288下)《名義·土部》:"垎,充是反。恃也。"(8下)《新撰字鏡·土部》:"垎。充是反。恃土地也。"(293)《龍龕》卷二《土部》:"垎,尺氏反。恃土地也。"(248)敦煌本《王韻》上聲紙韻尺氏反:"垎,恃土地。"(385)故宫本《王韻》、故宫本《裴韻》、《廣韻》同。以上諸書皆其證也。故《玉篇》訓"治土地名",當即"恃土地也"之訛。《大字典》《字海》承《玉篇》義訓之謬,又分"治土地名"爲"治土"與"地名"兩個義項,皆誤。

3. 垺

(一)fū《集韻》芳無切,平虞敷。❶土。《龍龕手鑑·土部》:"垺,土也。"❷同"郛"。外城。《玉篇·土部》:"垺,郭也。正作郛。"(《大字典》479A)

按:《龍龕》卷二《土部》:"垺,芳無反。土也。"(247)《龍龕》訓"垺"爲"土也",疑誤。《名義·土部》:"垺,撫俱反。郭也。"(10上)《玉篇·土部》:"垺,撫俱切。郭也。正作郛。"(8下右)故"垺"即"郛"之異體字,當訓"郭也"。《龍龕》訓"土也",疑爲望形生訓。

4. 畱

liú《廣韻》力求切,平尤來。任。《龍龕手鑑·田部》:"畱,任也。"(《大字典》2716B~2717A)

按:《龍龕》卷一《田部》:"畱(留),今;畱,正。音留。滯也;止也;久也;田也;任也;徐也。又姓。二。"(152)《龍龕》訓"留(畱)"爲"任也",於文獻無徵,疑非是。敦煌本《王韻》平聲尤韻力求反:"留,住。"(377)《廣韻》平聲尤韻力求切:"留,住也;止也。《説文》作畱。"(134)故《龍龕》訓"留(畱)"爲"任也",當爲"住也"之誤。《大字典》"留"字下據《龍龕》之誤而收録"任"這一義項,疑應删。

5. 覃阝

tán《廣韻》徒含切,平覃定。侵部。古縣名。《廣韻·覃韻》:"覃阝,覃阝城,縣名。"(《大字典》4047A～B,參《字海》183A)

按:《廣韻》平聲覃韻徒含切:"覃阝,覃阝城,縣名。"(147)《廣韻》訓"覃阝"爲"縣名",疑非是。《説文·邑部》:"覃阝,國也。齊桓公之所滅。从邑,覃聲。"(132 上)朱駿聲通訓定聲:"覃阝,在今山東濟南府歷城縣東南。"朱氏所言是也。箋注本《切韻》(斯 2071)平聲覃韻徒含反:"覃阝,覃阝城,在濟南。"(122)敦煌本《王韻》、故宮本《王韻》、故宮本《裴韻》皆同。此是其證也。故"覃阝"即指古國名,在今山東省章丘縣南,公元前 684 年被齊所滅。《廣韻》訓"覃阝"爲"縣名",於文獻無徵,非是。《大字典》《字海》"覃阝"字下皆據《廣韻》之誤而收録"古縣名"這一義項,並非。

6. 他

tā《廣韻》託何切,平歌透。《正字通》讀若塔平聲。歌部。誰。《玉篇·人部》:"他,誰也。"(《大字典》147B)

按:《玉篇·人部》:"他,吐何切。誰也。本亦作佗。"(14 上左)《玉篇校釋》"他"字下注:"'他'下云'誰也'者,他無'誰'義,疑爲上文'何'下注,傳寫誤入者。《説文》:'何,誰也。'《史記·始皇記》:'陳利兵而誰何。'本書《言部》:'誰,何也。'顧氏案:誰,不知其名無適稱也。"(494)胡氏所言是也。"他"訓"誰也",於前代字書韻書、文獻皆無徵,當如胡氏所言爲上文"何"字之訓誤植於此。五代徐鍇《説文繫傳·人部》:"何,誰也。"《孟子·萬章下》:"何事非君,何使非民。"《大字典》"他"字下據《玉篇》之誤而增設此義,當删。

7. 俋

yùn《玉篇》于藴切。優。《玉篇·人部》:"俋,優也。"(《大字典》241B)

同“愪”。見朝鮮本《龍龕》。(《字海》85C)

按:《玉篇·人部》:“傊,于藴切。優也。”(15下右)《玉篇校釋》“傊”字下注:“‘優也’者,‘優’當爲‘憂’。”(538)胡氏所言是也。《龍龕》卷一《人部》:“傊,于敏反。憂也。與愪同。”(31)朝鮮本《龍龕》卷一《人部》:“傊,於敏切。憂也。與愪同。”(25)《説文·心部》:“愪,憂皃。从心,員聲。”(222下)“傊”“愪”音義並同,“傊”即“愪”通過改换義符而形成的異體字。《玉篇》訓“傊”爲“優”,當因“優”“憂”音同而誤。《大字典》沿襲《玉篇》之謬訓“傊”爲“優也”,失考證;《字海》據朝鮮本《龍龕》謂“傊”同“愪”,是。

8. 軆

hái《廣韻》户來切,平咍匣。❶〔躴軆〕體長貌。《玉篇·身部》:“軆,躴軆,躰長皃。”《集韻·咍韻》:“軆,躴軆,身長也。”❷長身。《廣韻·咍韻》:“軆,長身。”《龍龕手鑑·身部》:“軆,身長也。”(《大字典》4065A)

按:《名義·身部》:“軆,下哀反。躴軆也。”(23上)《玉篇·身部》:“軆,下哀切。《字書》云:‘躴軆,體長皃。’”(16上左)故“軆”當訓“躴軆,體長皃”。故宫本《王韻》平聲咍韻胡來反:“軆,長皃。”(448)《廣韻》平聲咍韻户來切:“軆,長身。”(58)故宫本《王韻》、《廣韻》分别訓“軆”爲“長皃”“長身”,“長皃”“長身”之前皆誤脱被訓連綿詞“躴軆”。《集韻》平聲咍韻何開切:“軆,躴軆,體長皃。”下文於開切又曰:“軆,躴軆,身長皃。”(112)此是其證也。《龍龕》卷一《身部》:“軆,户來反。身長也。”(161)據《名義》《玉篇》可知,《龍龕》訓“軆”爲“身長也”,“身長也”之前亦誤脱被訓連綿詞“躴軆”。《大字典》“軆”字下據《廣韻》《龍龕》之誤而收録“長身”這一義項,應删。

9. 嫢

guī《廣韻》求癸切,上旨羣。又胡典切,聚惟切。支部。腰細而美。《方言》卷二:“自關而西秦、晉之間,凡細而有容謂之嫢。”《廣雅·釋詁二》:“嫢,小也。”《玉篇·女部》:“嫢,秦、晉謂細腎曰嫢。”《廣韻·旨韻》:“嫢,細也。”(《大字典》1150B,《字海》698A)

按:《玉篇·女部》:“嫢,衢癸、娶惟二切。盛皃。《説文》云:‘媞也。’

秦、晉謂細膁曰嫋。"(16 下左)《玉篇校釋》"嫋"字下注:"大徐本作'秦晉謂細爲嫋',無'膁'字,疑'膁'即'而有'二字之誤合。既誤之後,因删'容'字,細膁爲楚俗,非秦晉之所尚,故知'膁'爲誤字也。"(594)胡氏所言是也。《名義·女部》:"嫋,瞿祭(癸)、聚惟二反。細也。"(25 下)敦煌本《王韻》上聲旨韻葵癸反:"嫋,細。又聚惟反。"(386)故宫本《王韻》、故宫本《裴韻》同。"嫋"即"嫋"字之俗。"嫋"在以上諸字書、韻書中皆未有訓"細膁"者。《方言》卷二:"自關而西秦、晉之間,凡細而有容謂之嫋。"(11)故"膁"當即"而有"二字之誤合。"嫋"當指"身材纖細而美",並非專指"腰細而美"。《大字典》《字海》沿襲《玉篇》之謬,俱失當。

10. 娵

jū《廣韻》子于切,平虞精。侯部。少。《玉篇·女部》:"娵,少也。"(《大字典》1130B)

按:《玉篇校釋》"娵"字下注:"'少也'者,未詳所出,疑爲'少女也'。《集韻》:'娵,美女也。'慧琳八六·四:'《考聲》:娵,美女也。'又引《世本》云:'娵訾,帝嚳次妃,生帝摯。'王逸注《楚辭》云:'娵閭亦古之美女也。'似即本書原本引《世本》及《楚辭·七諫》文,删誤爲'少也'二字。"(639)胡氏所言當是。《名義·女部》:"娵,子喻反。美女也;醜惡也。"(28 上)《名義》訓"醜惡也",於文獻無徵,俟考;然《名義》訓"美女也",此是其證也。故《玉篇》訓"少也",疑非是。《大字典》"娵"字下據《玉篇》之誤而收録"少"這一義項,疑亦非是。

11. 𩕳

同"𩕳"。《玉篇·頁部》:"𩕳,睇盼皃,美容皃。"《字彙補·頁部》:"𩕳,𩕳字省文。"(《大字典》4681A,參《字海》948C)

按:《玉篇·頁部》:"𩕳,乙敬切。睇盼皃,又美容皃。"(20 上右)《玉篇校釋》已改"𩕳"爲"𩕳","盼"爲"盼",並注曰:"'𩕳'原訛'𩕳',今依《廣雅》《切韻》正。'睇盼'原訛'睇盼','盼''盼'形近,俗書相亂。《目部》:'睇,傾視也。'又'盼'下引《詩》'美目盼兮',是'睇盼'爲視態之美,故又爲美容皃。

若'盼'則訓恨視，與美義相違矣。《切韻》：'䫡，美容皃。'《廣韻》作'笑容皃。'《廣雅・釋詁一》：'䫡，好也。"（734～735）胡氏所言當是。《名義・頁部》："䫡，乙岐反。好也。"（31 上）《新撰字鏡・頁部》："䫡，乙岐反。睇𫭏皃；好也；美容也。"（90）"𫭏"疑亦即"盼"字之俗。《大字典》"䫡""䫡"皆沿襲《玉篇》之誤而訓"睇盼"，失考證。《字海》"䫡"字引《玉篇》改作"睇盼貌"，當是。

12. 䩈

mǒ《集韻》母果切，上果明。〔䩈䩕〕面青貌。也單用作"䩈"。《玉篇・面部》："䩈，面青皃。"《字彙・面部》："䩈，䩈䩕，面青貌。"五代和凝《宮詞百首》之二十八："貢橘香勻䩈䩕容，星光初滿小金籠。"（《大字典》4691A，參《字海》1594C）

按：《玉篇・面部》："䩈，眉可切。面青皃。"（20 下左）《玉篇校釋》於"䩈"字下注文中增"䩈䩕"二字，並改"面青皃"爲"面赤皃"，注曰："'䩈䩕，面赤皃'者，原云'面青皃'，今依疊韻字通例補'䩈䩕'二字，改'青'爲'赤'……義既爲憨，因改面青爲面赤。人怒則面青，憨則面赤。"（765）胡氏所言是也。《龍龕》卷三《面部》："䩕䩈䩕，上二莫可反，下一勒可反。面憨皃。"（347）"䩈䩕"疊韻連語，《玉篇》誤脱"䩈䩕"二字，並非如《大字典》所說"也單用作'䩈'"。"面憨皃""面赤皃"訓異義同，而訓"䩈䩕"爲"面青皃"則於文獻無徵，且從《大字典》所引五代和凝《宮詞百首》的例證來看，此"䩈䩕"亦當訓"面憨皃"，而非訓"面青皃"。《大字典》《字海》"䩈"字下沿襲《玉篇》之謬而增設此條義訓，並非。

13. 覕

miè《廣韻》莫結切，入屑明。又必刃切。質部。尋找。《玉篇・見部》："覕，覓也。"（《大字典》3909B，參《字海》1401B）

按：《玉篇・見部》："覕，莫結、補日二切。覓也。"（23 下右）《玉篇》訓"覕"爲"覓也"，疑非是。《説文・見部》："覕，蔽不相見也。从見，必聲。"（176 上）《名義・見部》："覕，亡結反。不相見也。"（39 上）《新撰字鏡・見部》：“覭，亡結、補刃二反。蔽不相見。”(284)故《玉篇》訓“覓也”，於前代字書皆無徵，當爲“不見”之誤。《大字典》《字海》“覭”字下皆據《玉篇》之誤而收錄“尋找”這一義項，疑並非是。

14. 攂

tái《廣韻》徒哀切，平咍定。 動；振動。《廣雅·釋詁一》：“攂，動也。”《玉篇·手部》：“攂，動振也。”(《大字典》2091A)

按：《玉篇·手部》：“攂，大才切。動振也。”(31 上左)《玉篇校釋》校作“動也；振也”，並注曰：“‘動也；振也’者，原作‘動振也’，今補一‘也’字。慧琳六一·二：‘《廣雅》：攂，動也。《埤倉》：振也。’即迻錄本書僞引之文。”(1261)胡氏所言是也。《名義·手部》：“攂，大才反。動也；振也。”(56 上)此是其證也。故《玉篇》訓“動振也”，當即“動也；振也”之脱誤。“動”“振”義同。《廣雅·釋詁一》：“振，動也。”《大字典》據《玉篇》之誤而收錄“振動”之義，非是。

15. 踳

cún《集韻》徂昆切，平魂從。 跡。《玉篇·足部》：“踳，跡也。”(《大字典》3944B，參《字海》1413A)

按：《玉篇·足部》：“踳，在魂切。踞。”(34 下右)《龍龕》卷四《足部》：“踳，俗；蹲，正。音存。踞坐也。二。”(458)《集韻》平聲魂韻徂尊切：“蹲，《説文》：‘踞也。’或作踳。”(141)《新修玉篇》卷七《足部》：“踳，徂尊切。《説文》：‘踞也。’古作俊。”(63 上左)《篇海》(712 下)引《玉篇》同。“踳”與“蹲”音義並同，“踳”即“蹲”通過改換聲符而形成的異體字。元刊本《玉篇·足部》：“踳，在魂切。跡也。”元刊本《玉篇》訓“踳”爲“跡也”，於諸字書、韻書、文獻皆無徵，其言非是。《大字典》《字海》沿襲元刊本《玉篇》之誤而增設此條義訓，並非。

16. 跿

dōu《集韻》當侯切,平侯端。跦,跦跿。《玉篇·足部》:"跿,跦跿也。"《集韻·矦韻》:"跿,跦也。"(《大字典》3952B)

按:《玉篇·足部》:"跿,都婁切。跦也。"(34 下右)《集韻》平聲矦韻當侯切:"跿,跦也。"(271)故"跿"當訓"跦也"。又元刊本《玉篇·足部》:"跿,都婁切。跦跿也。"元刊本訓"跦跿也","跦跿也"之"跿"當爲字頭誤重。《大字典》"跿"字下據元刊本《玉篇》之誤而收錄"跦跿"之義,非是。

17. 跲

cén《集韻》鋤簪切,平侵崇。足履峻。《玉篇·足部》:"跲,足履峻也。"(《大字典》3953B,參《字海》1415B)

按:《玉篇·足部》:"跲,士今切。踫踖停水。"(34 下右)《新修玉篇》卷七《足部》引《玉篇》:"跲,鉏針切。踧(踫)踖停水也。通作涔、泠。"(63 下左)故"跲"即"涔"之異體。元刊本《玉篇·足部》:"跲,上(士)今切。足履唆(峻)也。"元刊本《玉篇》訓"跲"爲"足履峻",於諸字書、韻書、文獻皆無徵,當爲望形生訓。《大字典》《字海》據元刊本《玉篇》之誤增設此條義訓,並非。

18. 𦜖

bó《廣韻》北角切,入覺幫。祭祀用的肉。《玉篇·肉部》:"𦜖,祀肉。"(《大字典》2276B,參《字海》924A)

按:元刊本《玉篇·肉部》:"𦜖,祀肉。"《玉篇·肉部》:"𦜖,北角切。𦜖犖,亂雜。"(37 下右)《廣韻》入聲覺韻北角切:"𦜖,𦜖犖,亂雜。"(379)元刊本《玉篇》訓"𦜖"爲"祀肉",於文獻無徵,當爲望形生訓。《大字典》《字海》據元刊本《玉篇》訓"祭祀用的肉",非是。《玉篇校釋》"𦜖"字下注:"𦜖犖疊韻,本作駁犖。《上林賦》:'赤瑕駁犖。'郭璞注:'駁犖,采點也。'慧琳引《通俗文》:'黃白襍謂之駁犖。'本書:'犖,駁牛也。''駁,馬色不純也。今作駮。’”(1579)故《大字典》《字海》之義訓應據廣益本《玉篇》校正。《玉篇校釋》“𣝔”字下注又曰:“𣝔單字與癥同。慧琳六五·二引《廣雅》:𣝔、略强取也。今本《釋詁三》云:‘略,療治也。’療即𣝔,與癥同。《疒部》:‘療,治也。’慧琳引云‘强取也’者,蓋本曹憲注文,此義與剥通。”(1579)胡氏所言當是。慧琳《音義》卷六五《大愛道比丘尼經》卷下:“𩭜𣝔,又作剃,同。他計反。《説文》:‘𩭜,剔也。盡及身毛曰𩭜。’文中作𢯸。他第反。《廣雅》:‘𢯸渷也。’下力酌反。《廣雅》:‘𣝔、略,治也。’亦强取也。文中作𣝔。”(58,頁765a3)對應經文:《中華大藏經》本《大愛道比丘尼經》卷下:“女人憙梳頭剃𣝔,是爲二態。”(41,頁887a12)“𣝔”,資、磧、普、南、徑、清本作“掠”。《新撰字鏡·肉部》:“𣝔,力酌切。略而强取也。”(30)今本《廣雅·釋詁一》:“癥,病也。”(32 上)《廣雅·釋詁三》:“略、療,治也。”(247 下)《説文·疒部》:“癥,治也。從疒,樂聲。療,或從尞。”(156 上)“癥”,《廣韻》音“力照切”,曹憲音始藥反,又音以灼反。今本《廣雅》“治也”之條收録“療”字,而未見收“𣝔”字,“療”當爲“癥”之或體,“𣝔”當即“癥”通過改換義符而形成的異體字,從肉、從疒當因造字角度不同而換用義符而産生的異體字。此“𣝔”與“掠”當爲異文,因“𣝔”用作“掠”之異文,遂又生“强取也”之義。

19. 叡

dào《廣韻》徒到切,去号定。老。七十歲稱叡,又説九十歲。《廣雅·釋詁一》:“叡,老也。”《集韻·号韻》:“叡,七十曰叡。”《廣韻·号韻》:“叡,年九十。”(《大字典》434B,參《字海》208C)

按:《玉篇·老部》:“叡,徒到切。七年曰叡。今爲悼。”(56 上左)《玉篇校釋》“叡”字下改注文爲“九十曰叡,今爲𥀬”,並注曰:“原誤作:‘七年曰叡。今爲悼。’兹訂正。《切韻》:‘叡,年九十。’《廣韻》:‘或作𥀬。’《集韻》:‘一曰:七十曰叡,或作𥀬。’《廣雅·釋詁一》:‘叡,老也。’本書《磬部》後增字:‘𥀬,年九十曰𥀬。’”(2222)胡氏所言是也。《名義·老部》:“叡,徒到反。九十也。七十(‘十’當爲‘年’字之誤。)曰悼也。”(108 下)《禮記·曲禮》:“八十、九十曰耄,七年曰悼。”《新修玉篇》卷十一《老部》引《玉篇》:“叡,徒到切。九十曰叡。或作叡(𥀬)。”(103 下右)以上諸書皆其證也。故《玉篇》注文及或體之誤皆因誤爲删節原本《玉篇》所致。又《集韻》去聲号韻大到切：“叡馨，《博雅》：‘老也。’一曰：七年曰叡，或作馨。”（588）“七年”，宋刻《集韻》及揚州使院重刻本《集韻》俱作“七十”，皆誤。“七年”、“七十”皆爲“九十”之誤。《大字典》《字海》“叡”字皆沿《集韻》之誤而分別訓爲“七十歲稱叡，又説九十歲”、“九十歲，又説七十歲”，並誤。《大字典》《字海》應删去《集韻》之訓，訓“叡”爲“九十歲”，即可。

20. 稇

yīn《集韻》伊真切，平真影。稻花。《玉篇·禾部》：“稇，花。”《集韻·諄韻》：“稇，禾華也。”一説禾葉。《改併四聲篇海·禾部》引《玉篇》：“稇，禾葉也。”（《大字典》2786B～2787A）

按：《玉篇·禾部》：“稇，於鄰切。花。”（74 下左）《玉篇校釋》“稇”字下注：“《集韻·諄韻》云‘禾華也’，本書亦應補一‘禾’字。”（2952）胡氏所言是也。《新修玉篇》卷十五《禾部》引《玉篇》：“稇，於真切。禾華也。”（135 下右）此即其證也。又《篇海》卷十三《禾部》引《玉篇》：“稇，於隣切。禾葉也。”（795 下）《篇海》“禾葉”之訓當即“禾華”之誤。《大字典》又以《篇海》之訓作爲“一説”，非是。

21. 頪

lèi《玉篇》力外切。鮮貌。《玉篇·未部》：“頪，鮮皃。”（《大字典》4654B）

按：《玉篇·未部》：“頪，力外切。鮮皃。”（75 上右）《玉篇校釋》“頪”字下注：“案：此爲宋人不識字者所妄增，應删。字從頁、未聲，故音力外切。《頁部》‘頪’下引《説文》‘頭不正也。’此云‘鮮皃’者，又誤以‘頪’字義嫁之。《頁部》‘頪’下引《説文》：‘難曉也，一曰鮮白皃。’宋人又增收於《米部》，亦應删除。”（2971）胡氏所言是也。“頪”訓“鮮皃”，當因“頪”“頪”俗寫形近而誤植“頪”字之義於“頪”字之上所致的訓釋失誤。《大字典》沿謬而增設此條義訓，非是。

22. 毇

chéng《集韻》除耕切,平耕澄。推。《玉篇·殳部》:"毇,推也。"(《大字典》2316A,參《字海》937B)

按:《玉篇·殳部》:"毇,丈耕切。推也。"(81下左)《玉篇校釋》"毇"字下注:"'推也'者,'推'當爲'撞'。慧琳卅九·七、九·五:《字書》:'毇,撞也。'《通俗文》:'撞出曰打。'《古今正字》作毇,亦作振。又六二·七:《考聲》:'毇,撞也。'《玉篇》作:'捊,刺也。或作敦。'"(3245)胡氏所言是也。《名義·殳部》:"毇,才(丈)耕反。撞也。"(169上)《新撰字鏡·殳部》:"毇,丈耕反。橦(撞)也。"(672)以上二書皆其證也。《大字典》《字海》沿襲《玉篇》之謬而增設此條義訓,應刪。

23. 皺

xué《集韻》似絕切,入薛邪。❶同"撽"。拈。《集韻·薛韻》:"撽,拈也。或作皺。"❷同"皺"。枯。《玉篇·支部》:"皺,枯。"《字彙·支部》:"皺,與皺同。"❸括。《篇海類編·人事類·支部》:"皺,括也。"(《大字典》1562B)

xué音靴陽平。❶同"撽",拈。見《集韻》。❷同"皺",乾枯。見《玉篇》。(《字海》874C)

按:《玉篇·支部》:"皺,自雪切。枯。"(85下左)《玉篇校釋》"皺"字下注:"《唐韻》入聲薛韻:'皺,拈也。專(寺)絕反。'《廣韻》寺絕切:'枯也。'字並从皮。《集韻》:'皺,拈也。'又:'皺,撮取皮也。'又以'皺'爲'撽'之或體,拈也。本書《手部》:'撽,寺劣切。拈也。'《皮部》無皺字,皺、皺形近,枯、拈形亦相近。以撽从敫推之,拈義爲合。以皺从支推之,訓拈正合摧枯拉朽之誼。"(3433)又《玉篇·手部》:"撽,寺劣切。拈也。"(31下右)《玉篇校釋》"撽"字下注:"'拈也'者,《切韻》同,一作皺。《唐韻》作皺,拈也,專絕反。《廣韻》:'皺,枯也。'《集韻》:'撽,或作皺、皺。'又:'皺,拈也。'又:'皺,撮出皮也。'撽又收屑韻,云:'斷絕也。'本書:'撽,斷絕也。''撽'即'撽'之訛分,本止爲敫。《攴部》:'敫,撮也。'拈、撮義同。《支部》:'皺,枯也。'枯、

㧒形近,折斷義同。"(1276)又《玉篇·手部》:"㨤,子結切。斷絕也。"(32
下右)《玉篇校釋》"㨤"字下注:"此即'㨤'之訛分字。《集韻》分收屑、薛二
韻,《屑》云:'斷絕也。'《薛》云:'㧒也。'字並作㨤。《切韻》又作'哲',《唐
韻》作'㧟',本書《攴部》作'敼',字變从折聲,故爲斷絕義。此則變从冂
聲。"(1322)胡氏所言皆是也。《名義·手部》:"㨤曰(囚)劣反。枯也。"
(57 上)"㨤"與《玉篇》之"㨤"音義相同,且位置相同,當即一字,"枯"當爲
"㧒"之形誤。《名義》未收"㨤"字。《篇海》卷十二《手部》九畫引《玉篇》
"摁"字之下"捐"字之上云:"㨤,寺劣切。與㧟同。"(759 上)《篇海》卷七
《皮部》引《餘文》:"㧟,寺絕切。枯也。"(671 上)《新修玉篇》卷二十六《皮
部》引《玉篇》(當爲"《餘文》"之誤)亦曰:"㧟,寺絕切。㧟(當爲字頭誤重)
㧒也。"(216 上左)《新修玉篇》卷六《手部》又引《廣集韻》:"㧟,寺絕切。㧒
也。"(57 上左)又《篇海》卷六《攴部》引《玉篇》:"敼,似雪切。枯也。"(668
上)《新修玉篇》卷十八《攴部》引《玉篇》:"敼,似雪切。㧒也。"(159 上右)
《新修玉篇》卷六《手部》又引《廣集韻》:"敼,子悦切。㧒也。又寺絕切。
同。"(56 下右)可見《篇海》卷十二《手部》九畫内的"㨤"即同"㧟""敼","枯
也"即爲"㧒也"之訛。《篇海》卷十二《手部》十畫引《玉篇》:"㨤,子結切。
斷絕也。"(760 上)《新修玉篇》卷六《手部》同部十畫内無與《篇海》相對應
的字。《新修玉篇》卷六《手部》九畫引《玉篇》"摁"字之下"捐"字之上云:
"㨤,子結切。斷絕也。"(56 下左)由此可以看出,《篇海》"子結切"之"㨤"
和《新修玉篇》"子結切"之"㨤"位置是重合的,二者當爲同字異寫。《新修
玉篇》卷六《手部》九畫内引《玉篇》又云:"㨤,子結切。斷絕也。又寺絕切。
㧒也。"(56 下左)也就是説,《新修玉篇》有意無意之間把"㨤""㨤"等同起
來了。由此可見,邢準是把"㨤""㨤"兩字認同爲一字的。《集韻》"㨤"字,
分收屑、薛二韻,《集韻》入聲屑韻子結切:"㨤,斷絕也。"(700)《集韻》入聲
薛韻似絕切:"㨤,㧒也。或作敼、哲。"(708)字並作"㨤"。故"㨤"即"㨤"字
之俗,《大字典》《字海》皆應於"㨤"字下增收"子結切"、"斷絕也"這一音義,
並於"㨤"字下謂"㨤"即"㨤"字之俗。又《説文·夂部》:"曼,撮也。从夂,
从己。"(84 下)"曼",《廣韻》音"龍輟切"。"㨤""曼"音義並近,"㨤"當本作
"曼"。敦煌本《王韻》入聲薛韻寺絕反:"哲,㧒戾。"(429)同韻下文寺絕反
又云:"敼,枯。"(429)故宫本《王韻》入聲薛韻寺絕反亦云:"哲,㧒戾。"
(518)故宫本《裴韻》入聲薛韻峙絕反:"㨤,㧒。"(614)蔣本《唐韻》入聲薛

韻專(寺)絶反:"揻,拈也。"(708)鉅宋本《廣韻》入聲薛韻寺絶切亦作:"揻,拈也。"(406)由此説明以上注文中的"枯"字皆爲"拈"字之訛,"揻""揻"並即"揻"之俗寫字。"揻"與"揻""揻""揻""揻"諸字音義並同,並爲異體字。"揻"字,《大字典》《字海》第一義項謂同"揻",訓"拈",是;《大字典》《字海》第二義項謂同"揻",訓"枯","枯"即"拈"之形誤,此義當删;《大字典》第三義項引《篇海類編》訓"括","括""拈"形近,"括"亦當爲"拈"之形誤,此義亦當删。又"揻"字,《大字典》(2947A)、《字海》(1158A)第一義項皆訓"枯","枯"亦爲"拈"字之訛;《大字典》《字海》第二義項訓"撮取皮"、"剥刮",此義與"拈"義近,當爲"拈"義之引申;《大字典》第三義項引《字彙補》訓"亂",因《字彙補》多本於前世字書,尤多出於《篇海》。《字彙補·皮部》補音義:"揻,又徐靴切,音斜。亂也,亂揻。"(140上)然此音義於前代字書、韻書皆無徵,疑不可據,當删。《字海》未載此義,疑是。又"揻"字,《大字典》第一義項引《篇海類編》訓"持",非。"揻"字,《切韻》訓"拈戻",《集韻》訓"拈"。《新修玉篇》卷六《手部》引《餘文》亦云:"揻,寺絶切。拈也。"(54下右)此字《篇海》收入《乙部》,與《新修玉篇》義訓不同。《篇海》卷十三《乙部》引《餘文》云:"揻,寺絶切。持也。"(811下)"揻"字,《新修玉篇》與《篇海》義訓不同,《新修玉篇》所言是也,"持也"即"拈也"之誤。《篇海類編》訓"持也",亦爲《篇海》所誤。《大字典》據《篇海類編》之謬增設此義,非是;《字海》未收此義,是。

24. 瀁

nǎng《集韻》乃朗切,上蕩泥。同"瀁"。水流貌。《集韻·蕩韻》:"瀁,水流皃。或从曩。"(《大字典》1926A)

按:《玉篇·水部》:"瀁,奴朗切。不流皃。"(91下左)《玉篇校釋》"瀁"字下注:"《集韻》上聲蕩韻爲'瀁'之或體,水流皃,'水'即'不'之形誤。《海賦》:'涓流泱瀁。'李善注:'泱瀁,淳淤也。'引《漢書·杜欽》曰:'屯氏河羨溢,有填淤反瀁之害。瀁,音乃朗切。'《廣韻》引《海賦》作'泱瀁',云:'水不净。'"(3814)《玉篇校釋》又於"瀁"字下注曰:"《廣韻》去聲四十二宕云:'泱瀁,濁。奴浪切。'《集韻》同。本書:'瀁,奴朗切。不流皃。'不流則淤濁,瀁、瀁一字。《廣韻》上聲蕩韻引《海賦》'涓流泱瀁',今作'瀁',瀁、瀁、瀁並

同。"(3826)胡氏所言是也。元刊本《玉篇·水部》亦云:"瀼,奴郎切。不流
皃。""不流皃"、"濁"、"水不净"訓異義通,"瀼""瀼""瀼"並爲異體字。《玉
篇》"瀼"訓"不流皃",是也;《集韻》"瀼""瀼"訓"水流皃"即"不流皃"之誤,
應據《玉篇》加以訂正。《大字典》"瀼""瀼"二字此訓亦沿《集韻》而謬,應
據改。

25. 䀶

dōu《廣韻》當侯切,平侯端。豆小裂貌。《玉篇·豆部》:"䀶,豆小裂。"
《廣韻·侯韻》:"䀶,小裂皃。"(《大字典》3803A,參《字海》1369B)

按:《名義·句部》:"䀶,丁侯反。裂也。刲字。"(290 上)《玉篇·句
部》:"䀶,丁候切。裂也。刲字。"(132 上左)又《玉篇·豆部》:"䀶,音兜。
小裂。"(78 下右)據《名義》可知,原本《玉篇》"䀶"字僅收録於《句部》之内,
今本《玉篇》却於豆、句二部重收,當因不明其本爲從句、豆聲而誤。元刊本
《玉篇·豆部》:"䀶,音兜。豆小裂。"元刊本《玉篇》又訓"豆小裂",當因誤
認"䀶"從豆、句聲而誤,此當即望形生訓。《大字典》《字海》此義俱因承襲
元刊本《玉篇》之謬而誤,皆應删。

26. 殔

yì《廣韻》營隻切,入昔以。錫部。齧豕。《玉篇·豕部》:"殔,齧豕
也。"(《大字典》3851A)

按:《玉篇·豕部》:"殔,營隻切。齧豕。"(111 上左)《玉篇校釋》"殔"
字下注云:"'齧豕'者,'齧'字衍。蓋涉下文'狠'爲'豕齧地'之'齧'而誤。
《説文》:'殔,上谷名豬曰殔。役省聲。'《切韻》:'殔,上谷名豬。'《篇》《韻》
當同本許書。"(4616)胡氏所言是也。《名義·豕部》:"殔,禹亦反。豬字
(名)。"(236 下)《新撰字鏡·豕部》:"殔,禹赤反。豬名。"(475)《玉篇》以
前諸字書、韻書皆未訓"殔"爲"齧豕",故"齧豕"當衍"齧"字。《大字典》《字
海》並據《玉篇》之誤而誤增此條義項,非是。

27. 寅

yín《廣韻》翼真切,平真以。又以脂切。真部。《玉篇·寅部》:"寅,强也。"(《大字典》1004B~1005A)

　　按:《玉篇·寅部》:"寅,弋咨、以真二切。演也;矊也;敬也;强也。"(134下左)《玉篇校釋》校"矊也"爲"膔也",並注曰:"'膔也'者,'膔'原訛'矊',今正。'寅'與从夕之'夤'通,'夤'又與从肉之'膔'相溷,'膔'亦作'膔','演'亦作'演',故'寅'亦作'膔'。"下文又曰:"'强也'者,諸書無訓'寅'爲强者,此蓋又經魯莽妄删之失誤。《説文》:'寅,髕也。正月陽氣動,去黄泉欲上出,陰尚强也。'删者即以句末'强也'二字爲訓義。全書多此類。"(5830~5831)胡氏所言是也。《名義·寅部》:"寅,以真反。演也;敬也;膔也。"(294上)故《玉篇》訓"矊也",當即"膔也"之形誤。又"强也"之義,當因誤截《説文》義訓所致的訓釋失誤。《大字典》據《玉篇》之誤而增設此義,非是。

28. 醶

gǎn《廣韻》古禫切,上感見。談部。酒味苦。《玉篇·酉部》:"醶,酒味苦。"(《大字典》3843A~B,參《字海》1381B)

　　按:《玉篇·酉部》:"醶,古禫、余瞻二切。酒味苦也。"(135上右)《玉篇校釋》"醶"字下改"苦"爲"淫",並注曰:"'酒味淫也'者,《説文》文,本書原作'酒味苦',寫者不識淫義輒以下文'酓'字訓嫁之,今正。"(5847)胡氏所言是也。《名義·酉部》:"醶,餘瞻反。酒味淫。"(295)可見原本《玉篇》亦引《説文》訓爲"酒味淫",此亦其證也。《大字典》《字海》皆據《玉篇》之謬而增設此義,並非。

29. 醳

yì《廣韻》羊溢切,入昔以。茜酒。《玉篇·酉部》:"醳,茜酒。"《篇海類編·食貨類·酉部》:"醳,茜酒也。"(《大字典》3839B)

按：《玉篇·酉部》：“醳，夷石、尸石二切。茜酒也。”(135 上左)《玉篇校釋》“醳”字下改注文“茜酒也”爲“昔酒也”，並注曰：“‘昔酒也’者，‘昔’原訛‘茜’，今正。《禮記·郊特牲》：‘舊澤之酒也。’鄭注：‘澤讀爲醳，舊澤之酒，謂昔酒也。’顧依鄭改字，引《禮記》作‘醳’。《周禮·酒正》：‘辨三酒之物，一曰事酒，二曰昔酒。’鄭衆曰：‘事酒，有事而飲；昔酒，無事而飲。’玄謂：‘事酒，酌有事者之酒，其酒則今之醳酒也。昔酒，今之酉久白酒，所謂舊醳酒者也。’《釋名·釋飲食》：‘醳酒，久釀酉澤也。’《切韻》：‘醳，苦酒。’是醳酒亦名昔酒，亦曰事酒，亦爲苦酒。”(5864)胡氏所言是也。《大字典》據《玉篇》之誤而增設此義，應刪。

30. 戌

xū《廣韻》辛聿切，入術心。術部。誠。《玉篇·戌部》：“戌，誠也。”（《大字典》1501A～B)

按：《玉篇·戌部》：“戌，思律切。誠也。”(135 下左)《玉篇校釋》“戌”字下校注文“誠也”爲“滅也”，並注曰：“‘滅也’者，《説文》文，原訛‘誠’，今正。《淮南·天文》：‘戌者滅也。’《白虎通》五引《篇》同。”(5883～5884)胡氏所言是也。《名義·戌部》：“戌，思律反。滅也。”(296 下)可見原本《玉篇》“戌”字亦引《説文》訓“滅也”。《大字典》據《玉篇》之謬而增設此義，非是。

31. 亥

hài《廣韻》胡改切，上海匣。之部。依。《玉篇·亥部》：“亥，依也。”（《大字典》312A)

按：《玉篇·亥部》：“亥，何改切。荄也；依也。”(135 下左)《玉篇校釋》“亥”字下校注文“依也”爲“佟也”，並注曰：“‘佟也’者，原訛‘依’，今正。《白虎通》五引：‘亥者，佟也。’”(5884)胡氏所言當是。《名義·亥部》：“亥，河改反。核也；荄也。”(296 下)“核也”之訓，當爲引《釋名》文。《釋名·釋天》：“亥，核也，收藏百物，核取其好惡，真僞也。”(13)呂浩《〈篆隸萬象名義〉校釋》却據《玉篇》之誤謂“核也”當作“依也”，非是。《大字典》據《玉篇》

之誤而增設此義,亦非。

(四)提供適當例證

　　例證是字典辭書中的重要内容,理想的字典,是字典編纂者爲每一個字的每一個義項找到適當的例證,最好是最早的例證。但由於各種主客觀條件的制約,傳統字書大都不太注意爲所收的字提供例證。現代大型字書,如《大字典》,有一個顯著的進步就是儘量爲每一個字的每一個義項提供例證。然而,其所收録的大量疑難字仍缺乏例證。《玉篇》相對於原本《玉篇》的一個重要特點是删去了大量例證,由此造成了例證的匱乏。此外,其增收的大量疑難字大都也未提供例證。《大字典》在轉録《玉篇》疑難字時,也沿襲了《玉篇》的這一缺陷而未提供適當例證。没有文獻用例的字稱爲死字,有文獻用例的字稱爲活字,因此,在研究《玉篇》疑難字的過程中,應儘可能地爲一些疑難字找到適當的例證。通過這些研究,可以使《玉篇》所收的一些疑難字與文獻用字激活,從而也可爲大型字書的編纂與修訂提供適當的例證。

1. 墡

　　shàn《廣韻》常演切,上獮禪。白土。《玉篇・土部》:"墡,白堊名,白墡也。"《廣韻・獮韻》:"墡,白土。"(《大字典》525B,參《字海》243B)

　　按:《玉篇・土部》:"墡,時闡切。白堊名,白墡也。"(8下左)此字《大字典》無例證,佛經有此字用例,提供如下:《大正藏》本《法苑珠林》卷第七《六道篇》第四之三:"此地獄一一縱廣萬踰繕那,次上餘有一千踰繕那。五百踰繕那是白墡,五百踰繕那是泥。"(T54,頁0166b)《大正藏》本唐道世撰《諸經要集》卷第十八《受報緣》第三:"此七地獄,一一縱廣萬踰繕那,次上餘有一千踰繕那,五百踰繕那是白墡,五百踰繕那是泥。"(T49,頁0316b)"墡"當即"善"之增旁俗字。玄應《音義》卷一四:"白墠,《字林》音善,即白土也,亦名堊。案吴普《本草》云'白堊一名白善'是也。"(56,頁1036b11)慧琳《音義》卷五八《十誦律》第十六卷:"白墠,音善。即白土也,亦名堊,亦名白墠,律文作墡,非體也。"(58,頁615b2)慧琳《音義》卷五九《四分律》第五十二卷:"白墠,《字林》音善。墠,土名也,即白土也,亦名堊。案:吴譜《本草》云:'白堊,一名白墡。'是也。"(58,頁651b8)慧琳《音義》"吴普"誤作“吳譜”。慧琳《音義》卷六七《阿毗曇毗婆沙論》第七卷亦作：“白墡，字體作墡。《字林》：‘音善，土名也。’即白土也，亦名堊。案：吳普《本草》云：‘白堊，一名曰墡。’是也。”（58，頁 812a6）此條亦見《太平御覽》卷九八八引《本草經》曰：“白堊即白善土也，生邯鄲。”（4373 下）吳普爲三國魏人，曾從華佗學醫，附見《三國志·魏書·華佗傳》。玄應《音義》和《太平御覽》引吳普《本草經》皆作“白善”，可見其字本當作“善”，作“墡”乃後起增旁字，作“堊”則又是假借字。《玉篇校釋》“墡”字下注：“墡之言善也，泥土黑污，惟堊色白，土之善者也，故名白善土，字因增益偏旁爲墡，墡同實異名。”（266～267）胡氏所言是也。《龍龕》卷二《土部》：“墡，音善。白善土也。”（249）此説亦其證也。

2. 哩

li 譯音用字。《玉篇·口部》：“哩，出《陀羅尼》。”（《大字典》679A）

按：《篇海》同。《玉篇·口部》：“哩，力忌切。出《陀羅尼》。”（27 上左）“哩”爲佛經咒語譯音字，無實義。《大字典》收録“哩”字此義，然未提供例證，佛經有“哩”字此義用例，提供如下：《大正藏》本唐阿地瞿多譯《佛説陀羅尼集經》卷第二《又佛心印呪》第三：“跢姪他（一）阿彌哩瓬　阿濕波湯計摩末羅摩末羅　奢摩波羅奢摩　烏波奢摩　都奴毗都奴　都例都謨例莎訶”下文卷第三《大般若波羅密多陀羅尼》第十四：“伽孫怛唎　婆枳底伐蹉哩　婆囉娑哩跢訶悉瓬　三摩莎婆羯哩　勃地勃地”；又下文卷第四《十一面觀世音神咒經》：“跢姪他　唵馱囉馱囉　地哩地哩　杜嚕杜嚕”；其他例多，不再贅舉。

3. 巄

lú《廣韻》力居切，平魚來。山名。《玉篇·山部》：“巄，山名。”（《大字典》833B）

lú 音爐。〔～山〕即廬山，在江西省北部。（《字海》461A）

按：《玉篇·山部》：“巄，力魚切。山名。”（103 上左）佛經有此字用例，提供如下：《大正藏》本［原］大英博物館藏燉煌本《慧遠外傳》：“我憶昔在巄山之日，初講此經題日便敢得。"（T85，頁 1315c）下文曰："道安答曰：'從廬山遠大師處得來。'"（T85，頁 1318c）下文又曰："皇帝，臣僧於大内蒙陛下供養數年，今擬却歸廬山，伏乞陛下進旨。"下文又曰："望廬山而路遠，覿江河以逍遥。"（T85，頁 1319c）下文又曰："須臾之間（間）便生（至）廬山，遠公亦也不歸。"（T85，頁 1319c）《大正藏》本［原］大英博物館藏敦煌本《進旨》亦云："望廬山而路遠，覿江河以逍遥。是日遠公能涉長路而行，遂即密現神通。遠公既出，長安足下雲生如壯士展臂須臾之間便至廬山，遠公亦也不歸。"（T85，頁 1324b）《大正藏》作"廬山"者僅此數例，而作"廬山"者衆多，故"廬山"當即"廬山"。《玉篇校釋》"廬"字下注："'山名'者，《廣韻》引同，據上元本文也，應即'廬'山字。"（4205）胡氏所言當是。故"廬"當即"廬"之換旁俗字。

4. 嫘

léi《集韻》倫追切，平脂來。姓。《集韻·脂韻》："嫘，姓也。黄帝娶於西陵氏之女，是爲嫘祖。嫘祖好遠遊，死於道，後人祀以爲行神。"（《大字典》1153A，參《字海》698C）

按：《玉篇·女部》："嫘，力追切。嫘祖也。"（17 下右）《名義·女部》："嫘，力追反。"（27 下）可見原本《玉篇》已收此字。《大字典》無例證，今提供兩條例證：《大戴禮記》卷七《帝繫》第六十三："黄帝居軒轅之丘，娶於西陵氏之女，謂之嫘祖氏，産青陽及昌意。"《史記·五帝本紀》："黄帝居軒轅之丘，而娶於西陵氏之女，是爲嫘祖。"《正義》曰："一作傫。"（10）

5. 瞔

lì《集韻》力制切，去祭來。日光盛。《玉篇·日部》："瞔，日甚也。"《集韻·祭韻》："瞔，日光盛。"（《大字典》1651A）

按：《玉篇·日部》："瞔，力制切，又力達切。日甚也。"（96 上右）"瞔"字，《大字典》没有提供例證，佛經有之，提供如下：《嘉興藏》本清豁説、發育等編《寂光豁禪師語録》卷六《苦雨喜晴》："禾菽將登惡籟過，顛連困質偃泥多。愁雲靉靆垂空界，怨雨彌流泛碧波。地轉陰霾澄漫嶂，天回瞔日照婆娑。蒼生不古感昭應,好把晨昏著意磨。"

6. 扴

jiá《廣韻》古黠切,入黠見。月部。刮。《説文·手部》:"扴,刮也。"《廣韻·黠韻》:"扴,揩扴物也。"(《大字典》1945B)

按:《玉篇·手部》:"扴,公八切。刮也。"(31下右)《大字典》"扴"字此義下没有提供用例,佛經有之,提供如下:《大正藏》本姚秦佛陀耶舍共竺佛念等譯《四分律》卷第六《三十舍墮法》之一:"偷蘭難陀比丘尼得此衣已,即於屏處以爪扴取不净著口中,復以少許著小便道中,後遂有娠。"又《大正藏》本唐道宣撰《四分律删繁補闕行事鈔》卷中:"律中地者若已掘地,經四月被雨漬還如本,若用鉏钁斫,或椎打刀刺,指掐扴傷,地上然火。"

7. 摒

bìng《廣韻》卑政切,去勁幫。除。《廣雅·釋詁三》:"摒,除也。"王念孫疏證:"摒,字通作屏。"《集韻·勁韻》:"摒,除也。或从并。"(《大字典》2039A)

按:《玉篇·手部》:"摒,必政切。摒除。"(32上左)此字《大字典》缺乏例證,佛經有之,提供如下:《大正藏》本姚秦鳩摩羅什譯《佛垂般涅槃略説教戒經》:"諸煩惱賊常伺殺人,甚於怨家,安可睡眠不自驚寤?煩惱毒蛇睡在汝心,譬如黑蚖在汝室睡,當以持戒之鈎早摒除之。睡蛇既出乃可安眠,不出而眠是無慚人也。""摒",宫、宋、明本皆作"屏"。又《大正藏》本唐義净譯《根本説一切有部尼陀那》卷第四:"有婆羅門居士,咸來詣髮爪窣覩波處,各持花鬘奉獻供養,所有乾花而不摒除,不能净潔。""摒",聖、宫、宋、元、明本亦皆作"屏"。又《大正藏》本唐道世撰《法苑珠林》卷第九十九《鳴鍾部》第六:"時有國王名羂膩吒,貪虐無道數出征伐,勞役人民不知厭足,欲王四海戍備邊境,親戚分離。若斯之苦,何時寧息?宜可同心共摒除之,然後我等乃當快樂。""摒",宫、宋、元、明本亦皆作"屏"。

8. 搪

táng《廣韻》徒郎切，平唐定。冲；突。《廣雅·釋詁四》：“搪，挨也。”《廣韻·唐韻》：“搪，搪挨。”唐韓愈《送鄭尚書序》：“機毒矢以待將吏，撞搪呼號以相和應。”（《大字典》2050B）

按：《玉篇·手部》：“搪，達郎切。搪挨也。”（31下右）《大字典》“搪”字此義下沒有提供“搪挨”一詞的用例，佛經有之，提供如下：《大正藏》本晉世法炬共法立譯《法句譬喻經》卷第三：“明日食時，佛與五百羅漢共入城門，五百醉象鳴鼻而前，搪挨牆壁樹木摧折，行人驚怖一城戰慄。”“搪挨”，聖、宋本作“唐突”。又《大正藏》本東晉佛陀跋陀羅共法顯譯《摩訶僧祇律》卷第三十五《明威儀法》之二：“佛住舍衛城，爾時優波難陀入聚落中，曳衣行泥土污色，值鉤處挽裂，值刺處，便穿。狹，连巷中，搪挨而過。”“搪挨”，宮、宋本亦作“唐突”。

9. 臙

xiàn《廣韻》胡典切，上銑匣。〔臙臙〕《廣雅·釋訓》：“臙臙，肥也。”《玉篇·肉部》：“臙，肥也。”（《大字典》2276A）

按：《玉篇·肉部》：“臙，胡典切。肥也。”（36下左）《卍新纂續藏》本宋善卿編正《祖庭事苑》：“酗臙，上彌兖切，下胡典切。肥也。”（X6，頁0413c02）此字《大字典》缺乏例證，佛經有之，提供如下：《卍新纂續藏》本宋祖慶重編《佛鑑佛果正覺佛海拈八方珠玉集》：“舉僧問普濟：‘此个法門，如何繼紹？’濟云：‘冬寒夏熱，人自委知。’僧云：‘恁麼則蒙師分付去也？’濟云：‘頑嚚少智，酗臙多癡。’’問十二時中，如何合道？’濟云：‘汝還識十二時麼？’僧云：‘如何是十二時？’濟云：‘子丑寅卯。’僧禮拜，濟乃有頌：‘十二時中那是別，子丑寅卯吾今説。若會唯心萬法空，釋迦彌勒從茲決。’”（X67，頁0652a12）《卍新纂續藏》本明如巹集《禪宗正脉》卷第三《大同濟禪師》：“僧問：‘此箇法門，如何繼紹？’師曰：‘冬寒夏熱，人自委知。’曰：‘恁麼則蒙分付去也？’師曰：‘頑嚚少智，酗臙多痴。’”（X85，頁0418a10）

10. 癨

huò《廣韻》虛郭切，入鐸曉。霍亂。《玉篇·疒部》："癨，癨亂也。"《字彙·疒部》："癨，癨亂，吐瀉病。"(《大字典》2892B)

按：《玉篇·疒部》："癨，呼郭切。癨亂也。"(57 下左)此字《大字典》沒有提供例證，佛經有之，提供如下：《大正藏》本姚秦鳩摩羅什譯《孔雀王呪經》："若有熱病一日二日，三日四日五日六日七日半月一月一時日發。若有鬼神熱病風病，火病水病作癨亂煩熱。若半身外痛，氣逆胸咳痛咽喉痛。頭耳痛齒痛，心痛脇痛背痛腹痛。腰痛臗痛，陰痛胃痛。肝痛手腳痛，一切支節皆痛。今悉除愈擁護之身即説呪曰。"《大正藏》本唐義净譯《曼殊室利菩薩咒藏中一字咒王經》："若人被射，箭鏃入身不能出者，可取陳酥呪一百八遍，令彼飲之其鏃便出。若患宿食不消，腹中結痛上變下瀉癨亂畏死者，可取烏鹽或先陀婆鹽或諸雜鹽類，呪之七遍，研碎煖水令服便差。或復苦痢不能斷者，取橘柚根及檳榔根，磨擣呪之七遍，和水服之即差。"《大正藏》本唐不空譯《除一切疾病陀羅尼經》："此陀羅尼若誦持者，宿食不消癨亂風黃痰癊，患痔瘻淋上氣，嗽虐寒熱頭痛半痛，著鬼魅者悉得除差。"《玉篇校釋》"癨"字下注："癨之言霍也，病霍忽而至也。方書作'霍亂'。"(2275)胡氏所言是也。《正字通·疒部》："癨，按：方書作霍亂，皆涇熱寒氣七情內傷，六氣外感所致。"(717 上)此説是其證也。故"癨"當即"霍"因涉義增加義符"疒"旁所形成的增旁俗字。

11. 綩

wǎn《集韻》委遠切，上阮影。冠綖，古時冠冕上的紐帶。《玉篇·糸部》："綩，紞也。"《集韻·阮韻》："綩，冠綖也。"(《大字典》3647A)

按：《玉篇·糸部》："綩，於遠切。紞也。"(125 下左)"綩"字此義《大字典》沒有提供例證，佛經有之，提供如下：《大正藏》本後秦佛陀耶舍共竺佛念譯《佛説長阿含經》卷第三《遊行經》第二中："金樓銀牀，銀樓金牀，綩綖細輭，金縷織成，布其座上，水精、琉璃樓牀亦然。其殿光明，眩曜人目，猶日盛明，無能視者。"又《佛説長阿含經》下文卷第十三《第三分阿摩晝經》第一："如餘沙門婆羅門食他信施,更作方便,求諸利養,象牙、雜寶、高廣大牀、種種文繡、緂綖被褥;入我法者,無如是事。"又《大正藏》本東晉瞿曇僧伽提婆譯《中阿含王相應品》第一："我因施彼一鉢食福,常爲人所請求,令受飲食、衣被、氍氀、毾㲪、床褥、緂綖、病瘦湯藥、諸生活具,非不請求。"又《中阿含經》卷第十四又曰："月八日、十四日、十五日修行布施,施諸窮乏沙門、梵志、貧窮、孤獨、遠來乞者,以飲食、衣被、車乘、華鬘、散華、塗香、屋舍、床褥、氍氀、緂綖、給使、明燈。"

12. 縴

qiàn《廣韻》苦堅切,平先溪。惡絮。《玉篇》:"縴,惡絮也。"《集韻·先韻》:"縴,縴纊,惡絮。"(《大字典》3677A)

按:《玉篇》:"縴,音牽。惡絮也。"(126 上右)《集韻》平聲先韻輕煙切:"縴,縴纊,惡絮。"(161)《大字典》"縴"字此義下無例證,佛經有之,提供如下:《大正藏》本宋妙源編《虛堂和尚語録》卷之十《徑山荆叟入净慈祖堂》:"餓狗縴纊古調新,年來奏入胡笳曲。韻出凌霄最上層,聽者和者俱不足。"

13. 繓

zuǒ《廣韻》子括切,入末精。結。《玉篇·糸部》:"繓,結繓也。"《集韻·末韻》:"繓,結也。"(《大字典》3681A)

按:《玉篇·糸部》:"繓,子括切。結繓也。"(126 上左)《大字典》"繓"字此義没有提供例證,佛經有之,提供如下:《大正藏》本元魏瞿曇般若流支譯《正法念處經》卷第二十六《觀天品》第六之五:"青黄赤白紫緑諸光,於其身上,自然而有。珠寶瓔珞,七寶光明,其光普照一百由旬。身服瓔珞,七寶所成,其光能照一百由旬。以金剛綖以爲帶繓,垂於胸前,所著腰帶,如天虹色。脚著種種雜色履屣,其光明曜,猶如電光。"

14. 繣

huà 違背。《玉篇·糸部》:"繣,乖戾也。"(《大字典》3685A,參《字海》

1336B)

按:《玉篇·糸部》:"繣,呼麥切。乖戾也。"(126 上左)《大字典》"繣"字此義下没有提供例證,《楚辭》有之,可補充。《楚辭·離騷》:"紛總總其離合兮,忽緯繣其難遷。"王逸注:"緯繣,乖戾也。言蹇脩既持其佩帶通言,而饞人復相聚毁敗,令其意一合一離,遂以乖戾而見拒絕。"洪興祖補注:"緯,音徽。繣,呼麥切,又音畫。《博雅》作'載憒',《廣韻》作'徽繣'。"此説是也。《玉篇校釋》"繣"字下注:"《切韻》云:'徽繣,乖違。'《離騷》:'忽緯繣其難遷。'王注:'緯繣,乖戾也。'《廣雅·釋訓》:'載憒,乖戾也。'馬融《廣成頌》:'徽嬹,霍奕。'本書《心部》:'憒,乖戾也。'並字異而義同。"(5456)《後漢書·馬融傳》:"徽嬹霍奕,別鶩分奔。"李賢注:"徽嬹,奔馳貌。""嬹",《廣韻》音"胡麥切"。"徽嬹"與"緯繣"音同義別,二者不可混同,故胡吉宣謂"徽嬹""緯繣""載憒"並字異而義同,此説不確。故"緯繣"當同"載憒"。

15. 諉

同"詑(毁)"。《集韻·紙韻》:"詑,謗也。或作諉,通作毁。"《正字通·言部》:"諉,俗毁字。"(《大字典》4289B)

按:《玉篇·言部》:"諉,許委切。謗也;怒言也。"(43 下左)《大字典》此字没有提供例證,佛經有之,提供如下:《卍新纂續藏》本宋善卿編正《祖庭事苑》卷第八《雜志》:"禪家所服黲衣,按《寶林傳》,達摩所傳屈眴衣,此云第一布,正青黑色,盖祖其先制也。律本無文,或多譏諉,然梵語迦沙。此云不正色,且佛制毁形壞色,固欲異俗而有慚媿。今之黲色,俗所不用,又非正色,道人服之正得其宜,且林下禪人既遠城市,染衣猶難,黲淡之色不繁不費,又從其簡也。"

16. 釙

(一)pò《集韻》匹角切,入覺滂。金礦。《集韻·覺韻》:"釙,金鈸。"(《大字典》4488A,參《字海》1513B)

按:《玉篇·金部》:"釙,普剥切。金針(鈸)。"(84 下左)《集韻》入聲覺韻匹角切:"釙,金鈸。"(658)"鈸"即"礦"之異體字。唐顏元孫《幹禄字書·

上聲》:“礦鉮,上通下正。”(37 上)“金鉮”即指一種礦物質。《大字典》此字無例證,佛經有此字用例,提供如下:《大正藏》本(敦煌莫高窟藏本今歸京師圖書館,佚籍叢殘十五)《波斯教殘經》:“將欲鍊金,必先藉火。若不得火,鍊即不成。其惠明使,喻若金師。其嶷嚁而云暱,猶如金鉲。其彼飢魔,即是猛火。鍊五分身,令使清净。惠明大使。於善身中。使用飢火,爲大利益。”從上下文意來看,“金鉲”當指未經冶煉的金屬礦石,“金鉲”當同“金朴”,“鉲”當是“朴”的换旁俗字。佛經有“金朴”用例:如《大正藏》本隋章安頂法師撰《大般涅槃經疏》卷十二:“次譬云金朴者,玉未理者名璞,金未理者亦名朴,此有木邊玉邊之異。金未理者亦名礦,礦者異金名也。”

17. 鍎

tú《廣韻》陀骨切,入没定。❶覆鍎。《玉篇・金部》:“鍎,覆鍎也。”❷槍。《集韻・没韻》:“鍎,槍也。”(《大字典》4559B,參《字海》1535B)

按:《玉篇・金部》:“鍎,徒骨切。覆鍎也。”(84 下左)《正字通・金部》:“鍎,俗字。舊注:音突。覆鍎。《玉篇》金肥。並泥。”(1206 上)《正字通》謂“鍎”爲俗字,所言是也。《玉篇校釋》“鍎”字下注:“《廣韻》入聲十一没陀骨切義同,‘鍎’應即‘盾’,以兵器而增益偏旁,覆者謂能掩覆軀體也。鍎之言突也,盾以覆蔽而向敵衝突爲功用,故《集韻》‘鍎’或作‘鋵’。本書元刊本作‘金肥也’,依‘腯’字爲説,不成義。”(3384)胡氏所言是也。佛經有“鍎”字用例,提供如下:《卍新纂續藏》本北凉天竺三藏、曇無讖譯《南本大般涅槃經會疏》卷第二:“汝自鉾鍎,故遮言不應意,正在此。”《大正藏》本梁法雲撰《妙法蓮華經義記》卷第六《藥草喻品》第五:“此則前後自相鉾鍎,難可取信。”從文意來看,以上諸文之“鍎”皆爲“盾”字之俗,此爲胡氏之説之證也。故“鍎”當即“盾”字之俗。

18. 鐇

fán《廣韻》附袁切,平元奉。又甫煩切。寬刃斧。《玉篇・金部》:“鐇,廣刃斧也。”(《大字典》4586A)

按:《玉篇・金部》:“鐇,甫園切。廣刃斧也。”(84 上右)《大字典》收録

"鐇"字,此義没有提供例證,佛經有之,今提供如下:《大正藏》本陳真諦譯《佛説立世阿毘曇論》卷第八《地獄品》第二十三:"有一地獄名曰更生,一切皆鐵晝夜燒然恒有光炎,長多由旬廣亦如是,是中罪人獄卒捉持脚上頭下,依黑繩分斫以鐇斧,時被斫已唯有餘骨,筋所接連悶絶暫死,極大重苦獄卒擲去,是時冷風吹之還活,由此風故皮肉復常。"又《大正藏》本梁慧覺撰《高僧傳》卷第八:"鐇斧曲戾,彈沐斜埃。素絲既染,承變方來。"

19. �

héng《集韻》胡盲切,平庚匣。鐘聲。《玉篇·金部》:"鏗,鍾(鐘)聲。"《集韻·庚韻》:"鏗,鐘聲。"(《大字典》4597B,參《字海》1549B)

按:《玉篇·金部》:"鏗,乎觥切。鐘聲。"(84下右)《大字典》無例證,佛經有此字用例,提供如下:《大正藏》本唐道宣撰《續高僧傳》卷第十九:"智者反路台峯令造大鍾,天台供養,江陵道俗競爲經營。當欲鑄時,盲人來看,明懸鑒機知相不吉,果爾開模鍾破缺,仍即倍工修造。約語衆中,支不具者勿來看鑄,遂得了亮錚鏗聲七十里。鍾今見在佛隴上寺,後還國清所住之房。"《玉篇校釋》"鏗"字下注:"《集韻·庚韻》同,云:'或作鍠。'上(107):'鍠,鐘聲。'(300):'鑝,鐘聲。'並同。"(3371)胡氏所言是也。"鏗"與"鍠""鑝"音義並同,並爲異體字。

20. 鮄

fú《玉篇》音佛。《玉篇·魚部》:"鮄,海魚。"(《大字典》4995A)

按:《玉篇·魚部》:"鮄,音佛。海魚。"(116下左)"鮄"字,《大字典》没有提供例證,佛經有之,提供如下:《嘉興藏》本清如鵬等編《青城山鳳林寺竹浪生禪師語録》卷第七《船居》:"摇曳逝江濱,汪洋水脈淳。煙波騰浩渺,遠岸峙連岷。鮄鮋依篷動,鴻音落澗潏。長年垂直釣,未見上鯖鱗。"

(五)增補未收義項

《大字典》在《前言》中説:"在字義方面,不僅注重收列常用字的常用義,而且注意考釋常用字的生僻義和生僻字的義項,還適當地收録了複音詞中的詞素義。"但由於我國古今文獻典籍的浩繁,要想窮盡地爲所有字找到所有義項是不易的。通過對《玉篇》疑難字的研究，我們可以爲《大字典》收錄的一些字增補義項。

1. 禲

lì《廣韻》力制切，去祭來。厲鬼，指死無後人葬祭之鬼。《玉篇·示部》："禲，無後鬼也。鬼有所歸，乃不爲禲。"《集韻·祭韻》："禲，鬼災曰禲。"《海篇·示部》："禲，死無後人葬祭之鬼也。"（《大字典》2580B）

按：《玉篇·示部》："禲，音厲。無後鬼也。鬼有所歸，乃不爲禲。"（4上右）《名義·示部》："禲，力滯反。鬼也，疫也。[或]作痢。"（2下）《名義》"禲"收"疫也"之義，可見原本《玉篇》"禲"字亦收此義。《集韻》去聲祭韻力制切："痢，疾疫也。或作癘。"（514）"禲"有"疫也"之義，與"癘""痢"並爲異體字，《大字典》此義未收，可據補。

2. 堶

tuó《廣韻》徒和切，平戈定。古時用作拋擲遊戲的磚塊。《玉篇·土部》："堶，飛塼戲也。"《集韻·戈韻》："堶，飛甎戲也。"（例略）（《大字典》495B）

按：《玉篇·土部》："堶，徒禾切。飛塼也。"（8下左）故宮本《裴韻》平聲歌韻徒禾反："堶，飛塼。亦磚碾也。"（556）《玉篇·石部》："碢，徒禾切。碾輪石。硧，同上。又飛甎戲也。砣，同上。石也。"（105下左）"堶"訓"磚碾也"，與"碢""砣""硧"諸字音義並同，當即異體字。這一義項《大字典》未收，可據補。

3. 倞

（一）jìng《廣韻》渠敬切，去映羣。陽部。強勁。（二）liàng《集韻》力讓切，去漾來。❶同"亮"。明亮。❷索求。❸遠。（爲稱述簡明，本條只引義項，書證、例證皆略）（《大字典》219B）

按：《龍龕》卷一《人部》："倞，音競。強也。《玉篇》又音亮，信也。"（35）

《玉篇·人部》：“俍,渠向、渠命二切。强也。”（13 上右）《龍龕》“俍”字引《玉篇》“又音亮,信也”,今本《玉篇》未收。《玉篇校釋》“俍”字下注：“《龍龕手鑑》引本書‘俍,音亮。信也’,則以爲諒字。《言部》：‘諒,信也。’”（415）胡氏所言是也。《大字典》此義未收,可據補。

4. 偓

《説文》：“偓,佺也。从人,屋聲。”段玉裁注：“偓,偓佺,古仙人名也。”wò《廣韻》於角切,入覺影。屋部。❶〔偓佺〕古代傳説中的仙人。《説文·人部》：“偓,佺也。”徐鍇繫傳：“偓,偓佺,古仙人名也。”（例略）❷姓。《廣韻·覺韻》：“偓,姓。”（《大字典》236A）

按：《玉篇·人部》：“偓,於岳切。偓促,拘之見。”（13 上右）《玉篇校釋》“偓”字下已改注文爲“拘禹之皃”,並注云：“‘偓促,拘禹之皃’者,原誤作‘偓促,拘之見’（元刊見作皃）,今補正。《楚辭·九歎》：‘偓促談於廊廟兮。’王注：‘偓促,拘禹之皃。’即本書原引文。慧琳八八·四《考聲》云：‘偓促,褊小之皃。’案偓促疊韻連語,義猶侷促。《史記·司馬相如傳》：‘握齪委瑣。’慧琳九二·十引《漢書》應劭注：‘偓齪,急促之皃也。《埤倉》《聲類》並云：迫促皃也。’本書《齒部》：‘齪,齷齪也。’《足部》：‘踖,謹慎皃。’蓋謂拘謹也。”（426～427）胡氏所言是也。《大字典》“偓”字下應據《玉篇》收録“偓促,拘禹之皃”這一義項。

5. 侏

mò《廣韻》莫撥切,入末明。❶肥胖貌。《廣韻·末韻》：“侏,侏儢,肥皃。”《集韻·末韻》：“侏,肥皃。”❷我國古代西部少數民族的樂名。《廣韻·末韻》：“侏,西夷樂名。”（《大字典》162A）

按：《名義·人部》：“侏,摩葛反。〔侏儢〕,事濟也。”（20 上）《玉篇·人部》：“侏,摩葛切。侏儢,事濟。”（15 上右）此義《大字典》未收,當據補。

6. 俸

（一）fèng《廣韻》扶用切，去用奉。東部。❶俸禄，舊時官吏的薪水。《玉篇·人部》：“俸，俸禄也。”（例略）❷姓。（例略）（二）běng《類篇》補孔切，上董幫。密不見。《類篇·人部》：“俸，密不見。”（《大字典》205B）

按：《玉篇·人部》：“俸，補孔切。屏俸，小皃。”（15 上右）《玉篇校釋》“俸”字下注：“《切韻》：‘俸，屏俸。’《集韻》：‘併俸。小皃。一曰：密不見。’《詩·周頌》：‘莫予荓蜂。’毛傳：‘荓蜂，摩曳也。’鄭箋：‘羣臣小人，無敢我摩曳。’謂爲譎詐誑欺不可信也。《爾雅·釋訓》：‘甹夆，掣曳也。’孫炎曰：‘謂相掣曳入於惡也。’屏俸、併俸、荓蜂、甹夆並同，疊韻連語，謂小人朋比相牽引也。”（521）胡氏所言是也。《名義·人部》：“俸，補孔反。屏棒（俸）。”（21 上）又下文：“俸，補孔反。屏俸也。上。小皃也。”（21 下）可見原本《玉篇》已收録此義，《大字典》應據補。

7. 偅

duān《廣韻》多官切，平桓端。〔彶偅〕《廣韻·桓韻》：“偅，彶偅。”《字彙·人部》：“偅，彶偅，小也。”（《大字典》229B）

按：《玉篇·人部》：“偅，都官、他官二切。人名。”（15 上左）《玉篇校釋》“偅”字下注：“《廣韻》上平廿六桓多官、他端二切：‘一云人名；一云彶偅。’《集韻》云：‘彶偅，少也。’《切韻》：‘煓，他端反。漢太上皇名。’”（534）“偅”“煓”表示人名，蓋爲異體字，《大字典》二字皆未收“人名”這一義項，可據補。

8. 媻

（一）pán《廣韻》薄官切，平桓並。又薄波切。元部。❶長大。《説文·女部》：“媻，奢也。”（段注及例證並略）❷妾。《廣韻·桓韻》：“媻，小妻。”（二）pó《集韻》蒲波切，平戈並。年老的婦女。《集韻·戈韻》：“媻，女老稱。”（《大字典》1147B～1148A）

按:《玉篇·女部》:"嫛,蒲寒切。嫛嫛,往來也。"(17 上右)《廣雅·釋訓》:"嫛嫛,往來也。"(468)《廣韻》平聲桓韻薄官切:"嫛,來往皃。"(77)《大字典》此條義項未收,可據補。

9. 娽

lù《廣韻》盧谷切,入屋來。又力玉切。屋部。隨從。《説文》:"娽,隨從也。"(段注略)(《大字典》1137A)

按:《玉篇·女部》:"娽,力谷切。顓頊妻[名]。"(17 上右)《玉篇校釋》"娽"字下注:"'顓頊妻'者,'妻'下當補'名'字。原引《埤倉》文,見《唐韻》引。"(606)胡氏所言是也。蔣本《唐韻》入聲屋韻盧谷反:"娽,《埤倉》云:'顓頊妻名。'"(685)《廣韻》同。《大字典》此條義項未收,可據補。

10. 妠

(一)nà❶納;娶。❷〔婠妠〕小兒肥貌。(二)nàn 女子人名用字。(書證、例證皆略)(《大字典》1104B)

按:《玉篇·女部》:"妠,奴荅切。姶妠,聚物也。"(17 下左)《廣韻》入聲合韻奴荅切:"妠,姶妠,聚物。"(433)《大字典》此條義項未收,可據補。

11. 抰

yāng《集韻》倚兩切,上養影。又於郎切。陽部。用車軮擊打。《説文·手部》:"抰,以車軮擊也。"段玉裁注:"軮者,馬頸靼也。"(《大字典》1959AB)

按:《説文·手部》:"抰,以車軮擊也。从手,央聲。"(256 下)《玉篇·手部》:"抰,於掌切。以車軮擊也。"(30 下左)《名義·手部》:"抰,於掌反。擊也;中央也。"(54 上)"中央也"之義原本《玉篇》當收,今本《玉篇》脱落,《大字典》亦未收,可據補。吕浩《〈篆隷萬象名義〉校釋》謂:"'中央'義未詳。"(89A)今查《文選·左思〈魏都賦〉》:"旅楹閑列,暉鑒抰振。"李善注:"抰,中央也。振,屋宇櫋也。"(99 上)"抰振"當即"枊栚"之俗。《文選·揚

雄〈甘泉賦〉》："列宿遒施於上榮兮,日月纚經於㭽桭。"李善注引服虔曰:
"㭽,中央也。桭,屋梠也。"(113 上)《漢書·揚雄傳》亦曰:"列宿乃施於上
榮兮,日月纚經於㭽桭。"顏師古引服虔注亦曰:"桭,屋梠也。"王念孫《讀書
雜誌》云:"桭與宸同。《說文》:'宸,屋宇也。'即今人所謂屋檐。"《集韻》上
聲養韻倚兩切:"㭽,屋中央。"(413)《廣韻》平聲真韻職鄰切:"桭,屋梠。"
(58)"㧢振""㭽桭"同,從扌、從木俗寫形近常可訛混,故"㧢振"當即"㭽桭"
之俗。

12. 忪

tóng《廣韻》徒冬切,平冬定。憂愁。《玉篇·心部》:"忪,憂也。"(例
略)(《大字典》2448B)

按:《名義·心部》:"怔,徒結反。惶遽也;惡性也。"下字曰:"忪,達冬
反。惶遽也。"(78 下)《玉篇·心部》:"忪,徒冬切。憂也。怔忪,惶遽也。"
(39 下左)《玉篇校釋》"忪"字下注:"'怔忪,惶遽也'者,蓋引《埤倉》文。
《廣雅二》:'怔忪、恐遽,懼也。''怔忪'雙聲,惶急恐懼也。"(1673)《大字典》
"怔"字"怔忪,惶遽也"這一義項未收,應據補。

13. 懟

duì《廣韻》直類切,去至澄。又《集韻》徒對切。微部。❶怨恨。❷狠
戾;凶狠。(書證、例證皆略)(《大字典》2530B)

按:《玉篇·心部》:"懟,又徒對切。愚也。"(40 下右)《玉篇校釋》"懟"
字下注:"'又徒對切。愚也'者,《骨部》:'骴,徒對切。觬骴,愚兒。''骴'與
'懟'聲義同。"(1704)胡氏所言是也。《大字典》此義未收,可據補。

14. 欹

同"攲"。清鈕樹玉《說文解字校録·危部》:"攲,《一切經音義》卷十一
引作:'攲隁,傾側不安也。'卷十六引亦同,而攲作欹。《玉篇》注:'傾低不
正',亦作攲。"(例略)(《大字典》2296B)

按:《玉篇·欠部》:"欹,於宜切。欹歟,歎辭。"(45下左)《名義·欠部》:"欹,於宜反。猗字。歎美辭也。"(90下)原本《玉篇·欠部》:"欹,於宜反。《廣雅》:'欹欹歟歟,詞也。'《字書》:'或猗字也。在《犬部》。'"(343)《玉篇校釋》校作:"欹,於宜反。《廣倉》:'欹歟,歎辭也。'《字書》:'或猗字也。在《犬部》。'"並注曰:"原本寫作'《廣雅》欹欹歟歟詞也',《廣雅》無此文例,亦非《釋訓》篇之逸文,當爲引《廣倉》之誤,並參以今本删去'欹歟'下二重文,增補一'歎'字。"(1944)胡氏所言是也。《大字典》此條義項未收,可據補。

15. 焲

yì《廣韻》羊益切,入昔以。火光。《玉篇·火部》:"焲,火光也。"《集韻·昔韻》:"焲,《字林》:'火光也。'"(《大字典》2369A)

按:《嘉興藏》本《廬山天然禪師語録》卷第二《小參》:"大衆,香嚴到此時方纔洞見潙山相爲處。及乎仰山一勘再勘,總要摇動不得,祇爲他灼然知得著落,所以千差萬别。一爐焲盡,祇麽田地,大不容易。大衆,還會麽。良久,豎拂子云:'譚。'"從文意來看,此"焲"當是"液"的類化换旁字,《大字典》"焲"字此義未收,可據補。

16. 遃

(一)yǎn 行貌。《方言》卷十二:"遃,行也。"《玉篇·辵部》:"遃,行皃。"(二)àn《集韻》魚旰切,去翰疑。遨。《集韻·翰韻》:"遃,遨也。"(《大字典》4117A)

按:慧琳《音義》卷六五《犯戒報應輕重經》:"遃請,上音彦。《倉頡篇》:'遃,迎也。'《廣雅》:'行也。'《古今正字》:'從辵,從彦。或從言作這,亦通。'"(58,頁766a5)"遃"音 yàn,訓"迎也",並同"這",《大字典》這一義項未收,可據補。

17. 昄

dǐ《廣韻》都禮切，上薺端。隱。《廣韻·薺韻》："昄，隱也。"（《大字典》1558B）

按：《玉篇·攴部》："昄，丁禮切。隱也。"（85 下右）《名義·攴部》："昄，丁禮反。隱也；讕也。"（179 下）《新撰字鏡·攴部》："昄，丁禮反。隱也；讕也。"（615）"讕也"之訓，《大字典》未收，可據補。

18. 溾

wēi《廣韻》乙乖切，平皆影。又胡罪切。❶〔溾湀〕污穢。《廣雅·釋訓》："溾湀，污穢也。"❷回淵。《集韻·灰韻》："溾，回淵。"❸水名。在今湖北省京山縣境內。（引《山海經》文略）（《大字典》1802A）

按：《玉篇·水部》："溾，於回切。溾（當爲字頭重出，應刪）没也。"（90 下左）此義《大字典》未收，可據補。《玉篇校釋》"溾"字下注："'溾没也'者，上（163）'渨'下引《説文》：'渨，没也。''溾'與'渨'當同。"（3757）胡氏所言是也。《玉篇·水部》："渨，於回切。水澳曲也；没也。或作隈。"（88 下左）原本《玉篇·水部》："渨，於回反。《説文》：'渨，没也。'水澳曲名渨爲隈字，在《阜部》。"（427）《集韻》平聲灰韻烏回切："溾，《博雅》：'溾湀，濁也。'一曰回淵。"（107）"回淵""水澳曲"義同，故"溾"訓"没也""污穢""回淵"，與"渨"音義並同，即爲異體字。《大字典》僅於"渨"字下"污穢"一義謂"溾湀"也作"渨湀"，《字海》皆未溝通，且並失載"没也"之義，俱失當。

19. 魒

同"蟈"。《類篇·鬼部》："蟈，或書作魒。"（《大字典》4722B）

按：《玉篇·鬼部》："魒，乎北切。短狐，狀如龜（鼈），含沙噀人。"（94 下左）《玉篇校釋》"魒"字下注："'短狐，狀如鼈，含沙噀人'者，'鼈'原訛'龜'，今正。字本作'蜮'，此或出《字書》，猶蜎蟈，《字書》亦作魌魒也。《虫部》：'蜮，似鼈，含沙射人，爲害如狐也。'"（3929）胡氏所言是也。《名義·

鬼部》："魊，胡國反。短狐也。"(202下)《新撰字鏡·鬼部》："魊，古(胡)國反。蜮也(字)。短狐，如龜(鼈)，含沙著人也。"(525)《正字通·鬼部》："魊，同蜮。"(1338上)以上諸書皆其證也。故此"魊"當即"蜮"之異體字。《大字典》此義未收，可據補。

20. 暆

《説文》："暆，日行暆暆也。从日，施聲。"yí《廣韻》弋支切，平支以。歌部。❶日徐行貌。❷太陽西斜。(書證、例證皆略)(《大字典》1636B)

按：《玉篇·日部》："暆，余支切，暆暆，日行也。又縣名。"(95上左)《玉篇校釋》"暆"字下注："'縣名'上當補'東暆'二字，《漢書·地理志》：'樂浪郡東暆。'應劭音移。《切韻》：'東暆，縣名，在樂浪。'"(3957)胡氏所言是也。慧琳《音義》卷九八《音廣弘明集音》卷第二十："東暆，音移。《韻英》云：'日行皃也。'東暆，縣名也。"(59，頁307b7)此亦爲其證也。《大字典》未收"東暆，縣名"這一義項，可據補。

21. 爚

yuè《廣韻》以灼切，入藥以。又書藥切。藥部。❶火光。❷用火加熱，用沸水煮。❸同"耀"。照。❹消散。(書證、例證皆略)(《大字典》2410B)

按：《玉篇·火部》："爚，弋灼、式灼二切。火也；電光也。"(99下左)《玉篇校釋》"爚"字下注："'電光也'者，《文選·西京賦》注引《字指》：'爒爚，電光也。'慧琳：《説文》：'爚，火光也。'《字指》：'電光也。'《廣雅》：'煜爚，火光熾也。'《埤倉》：'盛皃也。'即本書原文。"(4049)《名義·火部》："爚，戈(弋)灼反。大火；電光也。"(209上)可見原本《玉篇》亦已收録"電光也"之訓。《大字典》未收"電光"之義，可據補。

22. 㖤

(一)kē《集韻》渴合切，入合溪。❶〔㖤匝〕也作"匼匝""匌帀"。環繞。❷用手指按壓。(二)wā《集韻》乙洽切，入洽影。同"凹"。低下。(書證、

例證皆略)(《大字典》947A)

按:原本《玉篇·广部》:"㾕,居邑反。《字書》:'古文給字也。'給,相足也。在《糸部》。"(500)此"㾕"爲"給"字異體。《大字典》此義未收,可據補。

23. 磂

(一)liú《集韻》力求切,平尤來。同"硫"。《集韻·尤韻》:"硫,硫黄,藥石。或作磂。"《别雅》卷三:"磂黄,硫黄也。"(例略)(二)liù《集韻》力救切,去宥來。同"鎦"。鐵鍋。《集韻·宥韻》:"鎦,梁州謂釜曰鎦。或从石。"(《大字典》2621A~B)

按:《玉篇·石部》:"磂,力牛切。亦鎦字。"(105下右)原本《玉篇·石部》:"磂,力牛反。《字書》:'亦鎦字。鎦,殺也。在《金部》。或爲劉字。在《刀部》。'"(527)"磂"義爲"殺也",與"鎦""劉"音義並同,並爲異體字。《大字典》此義未收,可據補。

24. 陒

guǐ《廣韻》過委切,上紙見。歌部。同"垝"。《説文·土部》:"垝,毁垣也。陒,垝或从阜。"(例略)(《大字典》4439B)

按:原本《玉篇·阜部》:"陒,居毁反。《埤倉》:'陸陒,山名也。'"(560)《玉篇·阜部》:"陒,巾毁切。山名。"(107上右)《玉篇校釋》"陒"字下注:"《埤倉》:'陸陒,山名。'字亦作'郈'。《邑部》'郈'下引《山海經》云:'綸山東陸郈山。'見《中山經》。"(4401)胡氏所言是也。《大字典》"陒"字下未收"山名"、同"郈"這一義項,可據補。

25. 騑

fēi《廣韻》甫微切,平微非。又芳非切。微部。❶駕在車轅兩旁的馬。又叫驂。❷馬。❸疲勞。❹三歲的馬。(書證、例證皆略)(《大字典》4855A~B)

按:《玉篇·馬部》:"騑,孚微切。騑騑,行不正也。"(108 上右)《玉篇校釋》"騑"字下校"正"爲"止",並注曰:"又'騑騑,行不止也'者,'止'原訛'正'。《詩·四牡》:'四牡騑騑。'毛傳:'行不止之皃。'"(4443～4444)胡氏所言是也。《集韻》平聲微韻芳微切:"騑,騑騑,馬行不止皃。"(58)此亦其證也。《大字典》此義未收,可據補。

26. 鸝

ᛁ《廣韻》呂支切,平支來。又《集韻》鄰知切。〔黃鸝〕也作"黃鸝"。《廣韻·支韻》:"鸝,黃鸝。鸝,同鸝。"(《大字典》4960B)

按:《名義·鳥部》:"鵁,餘贍反。怪鳥。"下字曰:"鸝,力支反。同上。"(245 下)《玉篇·鳥部》:"鵁,弋占切。鵁離,鳥自爲牝牡。"下字曰:"鸝,力支切。鵁鸝。"(114 下左)《廣雅·釋鳥》:"鵁離,怪鳥屬也。"(996 上)"鵁鸝"同"鵁離","鸝"本作"離"。《大字典》未收"鵁鸝"這一義項,可據補。

27. 隹

(一)zhuī《廣韻》職追切,平脂章。❶短尾鳥的總名。❷柘實,桑果。(二)cuī《集韻》遵綏切,平脂精。〔畏隹〕也作"隹隹"。高大。(三)wéi《六書正訛》夷追切。同"惟"。助詞。用於句首,表示發端。(書證、例證皆略)(《大字典》4400B,參《字海》1506A)

按:《玉篇·隹部》:"隹,之惟切。鵻鵖也。"(115 上右)《玉篇校釋》於"鵻鵖"上補"隹其"二字,並注曰:"'隹其,鵻鵖也'者,原引《爾雅》文,刪失'隹其'二字,今補正。此必當補'隹其'二字者,以'隹'單字爲飛禽總名,非鵻鵖。"(4801)胡氏所言是也。《爾雅·釋鳥》:"隹其,鵻鵖。"郭璞注:"今鵼鳩。"(145)《名義·隹部》:"隹,諸惟切。鵼鳩。"(246 上)可見原本《玉篇》亦引《爾雅》及郭注文,《名義》及今本《玉篇》誤刪耳。《大字典》"隹"字下未收"隹其,鵻鵖也"這一義項,可據補。

28. 奮

fèn《廣韻》方問切，去問非。諄部。❶高飛；疾飛；鳥類振羽展翅。❷健壯有力的鳥獸。也指鳥獸健壯有力。❸振作；奮發。❹震動。❺憤激。❻舉起，搖動。❼勇。❽施展。❾姓。（書證、例證皆略）（《大字典》594B～595A）

按：《玉篇·奞部》：“奮，方愠切。翼也；飛也；動也；朋也；奮奞也；振也；舒也。”（115下右）《玉篇校釋》“奮”字下改注文“朋”爲“明”，並注曰：“又‘明也’者，‘明’原訛‘朋’，今正。《書·堯典》：‘有能奮庸，熙帝之載。’馬注：‘奮，明也。’”（4822～4823）胡氏所言是也。《名義·奞部》：“奮，甫愠反。明也；動也；振[也]；舒[也]。”（247下）《新修玉篇》卷二四《奞部》引《玉篇》亦作：“奮，方愠切。翼也；飛也；動也；明也；奮奞也；振也；舒也。”（197下左）以上諸書並其證也。《大字典》可據補“明也”一義。

29. 魪

jiè《廣韻》古拜切，去怪見。比目魚。《玉篇·魚部》：“魪，兩魪，即比目魚也。”《集韻·怪韻》：“魪，魚名，比目也。”《文選·左思〈吳都賦〉》：“罩兩魪，罿鰋鰕。”李善注引劉逵曰：“魪，左右魪，一目，所謂比目魚也。云須兩魚並合乃能游，若單行，落魄著物，爲人所得，故曰兩魪。丹陽、吳、會有之。”《雍熙樂府·鬥鵪鶉·風情》：“收管忒嚴，如魪如鶼。”（《大字典》4988B）

按：《玉篇·魚部》：“魪，假邁切。兩魪，即比目魚也。”（116下右）《玉篇校釋》“魪”字下注：“案：‘魪’之言‘介’也。介，左右也（《詩·生民》鄭箋），助也（本書：‘介，紹也，又助也），左右互助之義也。”（4887）胡氏所言是也。《玉篇》之“魪”當即“介”之增旁俗字。又慧琳《音義》卷九九《廣弘明集》卷第二十八：“介品，皆械反。鄭注：《周禮》云：介，龜鼈之屬，水居者也。《説文》從八從人，《集》從魚作魪，魚名也，非介品之義。”（59，頁318b10）故“魪”又指龜鼈之屬，亦即“介”之增旁俗字。《大字典》此義未收，可據補。

30. 褂

同“禍”。元王實甫《西廂記》第二本第一折：“（鶯鶯）聽説罷魂離了殼，見放着褂滅身，將袖稍兒搵不住啼痕。”王季思校注：“褂，元俗體字。”清莊炘《南宋論》：“舉兵而攻遼，遼滅而有靖康之褂。”（《大字典》3302B）

按：《玉篇·衣部》：“褂，音故。”（129 上右）此“褂”疑即“褍”字之俗。《玉篇·示部》：“褍，音固。祭也。”（4 上左）“褂”與“褍”音同，又“衤”旁、“礻”旁形近，俗寫常可訛混，正如“袿”訛作“袿”、“袍”訛作“袍”等，“褂”亦當爲“褍”字俗訛。《大字典》“褂”字此義未收，可據補。

（六）糾正溝通失當之處

現代大型字書如《大字典》《字海》等在溝通字際關係時，存在許多溝通失當的現象。通過對《玉篇》疑難字的研究，我們也可以對現代大型字書如《大字典》《字海》等所收《玉篇》疑難字溝通失當的現象作出相應的更正。具體來説，現代大型字書如《大字典》《字海》等所收《玉篇》疑難字溝通失當的問題主要可以分爲以下幾種情況：

第一，兩個或兩個以上的義項本來意義相同，應合爲一個義項，現代大型字書却誤分爲兩個或兩個以上義項，遂致一義溝通，而於他義却未加溝通。例如：

1. 鄻

（一）què《廣韻》去約切，入藥溪。又丘圓切。古鄉名。在山西省聞喜縣。《廣韻·仙韻》：“鄻，鄉名。在聞喜。”《集韻·藥韻》：“鄻，鄉名。在河東聞喜縣。或省。”（二）jué《集韻》厥縛切，入藥見。古地名。《玉篇·邑部》：“鄻，地名。”（《大字典》4057B）

按：《玉篇·邑部》：“鄻，九縛切。地名。”（11 下左）《玉篇校釋》“鄻”字下注：“《切韻》入聲藥韻止收鄻：地名，在河東，去約反。《廣韻》又收鄻：鄉名，具籦切。《地理志》：河東郡聞喜縣，故曲沃，武帝元鼎六年更名。《集韻》《類篇》鄻下並云‘鄉名’，是鄻、鄻同。”（373）胡氏所言是也。《玉篇·邑部》：“鄻，苦縛、具縛二切。聞喜縣鄉名。”（11 下左）《名義·邑部》：“鄻，空縛反。"(15 上)"酈"與"酈"位置相當,"酈"當即"酈"之異體字。《玉篇》於此處收"酈"字,訓"聞喜縣鄉名";又於後補"酈"字,訓"地名",二者本爲異體,訓"地名"與"聞喜縣鄉名"僅爲渾言與析言之别,二者本無不同。《大字典》據《玉篇》誤分爲兩個義項,非也,第二個義項應以又音的形式併入到第一個義項中去,並直謂"酈"同"酈"。

2. 眮

qì《廣韻》七計切,去霽清。❶視。《玉篇·目部》:"眮,視也。"❷同"瞭"。《集韻·祭韻》:"瞭,《説文》:'察也。'一曰衺視。或从切。"又"瞭,聰也。或从切。"(《大字典》2646B)

同"瞭"。見《集韻》。(《字海》1047B)

按:《玉篇·目部》:"眮,七例切。視也。"(23 上右)《説文·目部》:"瞭,察也。从目,祭聲。"(72 上)《廣雅·釋詁一》:"瞭,視也。"(80 上)"瞭",《廣韻》"七計切"。"視也""察也"義同,《大字典》誤分爲兩個義項,一義溝通,一義未加溝通,失當。《大字典》應如《字海》直謂"眮"同"瞭"即可。

3. 唷

yù《集韻》余六切,入屋以。❶出聲。《玉篇·口部》:"唷,出聲也。"❷同"嗌"。《集韻·屋韻》:"嗌,《説文》:'音聲嗌嗌然。'或作唷。"(《大字典》696B)

yù 音育。同"嗌"。見《集韻》。(《字海》401A)

按:《玉篇·口部》:"唷,俞六切。出聲也。"(27 上左)《集韻》上聲屋韻余六切:"嗌,《説文》:'音聲嗌嗌然。'或作唷。"(646)"出聲也"與"音聲嗌嗌然"訓異義同,"唷""嗌"即異體字。《大字典》誤分爲兩個義項,致使一義未加溝通,一義溝通,失當;《字海》直謂同"嗌",是也。

4. 㗊

cù《集韻》子六切,入屋精。❶口㗊。《玉篇·口部》:"㗊,口㗊也。"❷

同“啠”《集韻·屋韻》：“啠，啠咨，忸怩也。或从蹙作蹵。”（《大字典》760B，參《字海》1426C）

按：《玉篇·口部》：“蹵，子六切。口蹵也。”（27 上左）《方言》卷十：“忸怩，慙歰也。楚郢江湘之間謂之忸怩，或謂之啠咨。”（64）《集韻》入聲屋韻子六切：“啠，啠咨，忸怩也。或作蹵。”（642）（宋本、揚州使院本均作“或从蹙〔作蹵〕”）“口蹵”與“啠咨”“忸怩”訓異義同，皆表示“慙愧”“局促不安的樣子”，二義本來相同。《大字典》《字海》誤分爲兩個義項，致使一義未加溝通，一義溝通，俱失當。《大字典》《字海》直謂“蹵”同“啠”即可。

5. 嚤

páo（一）《集韻》蒲襃切，平豪並。鳴。《玉篇·口部》：“嚤，鳴也。”（二）《集韻》蒲交切，平肴並。同“咆”。《集韻·爻韻》：“咆，或从麃。”（《大字典》755A，參《字海》425B）

按：《玉篇·口部》：“嚤，蒲毛切。鳴也。”（27 上右）《玉篇校釋》“嚤”字下注：“《集韻·豪韻》義同，又肴韻爲‘咆’之或體，‘咆’亦鳴也。”（1044）胡氏所言是也。《說文·口部》：“咆，嗥也。从口，包聲。”（34 下）玄應《音義》卷二三：“咆吼，蒲交反。《說文》：‘咆，嗥也。’《廣雅》：‘咆，鳴也。’”（57，頁96a12）今本《廣雅》脫“咆”字，王念孫疏證據《音義》補“咆”字，是也。“嗥”“鳴”義同，故“嚤”與“咆”音義並同，“嚤”當即“咆”通過改換聲符而形成的異體字。《大字典》《字海》誤分爲兩個義項在，致使一義未加溝通，一義溝通，並失當。《大字典》《字海》應直謂“嚤”同“咆”，即可。

6. 眃

dòu《廣韻》當侯切，平侯端。❶〔眃眵〕眼中分泌物，俗稱眼屎。《玉篇·目部》：“眃，眃眵，目汁凝。”❷同“覩”。目蔽垢。《集韻·疾韻》：“覩，《說文》：‘目蔽垢也。’或作眃。”（《大字典》2665A，參《字海》1052B）

按：《玉篇·目部》：“眃，都侯切。眃眵，目汁凝。”（22 下左）《玉篇校釋》“眃”字下注：“‘眃’即上‘瞗’之或體，亦與《見部》‘覩’爲異部重文。《切韻》侯韻云：‘瞗眵，目汁凝。’云：‘瞗，俗作眃。’《廣韻》作‘眃’，無‘瞗’字，

'亞''豆'形聲俱近。"(852)胡吉宣所言是也。《説文・見部》:"覾,目蔽垢也。從目,亞聲。"(176 上)徐鍇《説文繫傳》:"覾眵,目汁凝也。"朱駿聲《説文通訓定聲》:"覾,蘇俗謂之眼眵。"故"目汁凝""目蔽垢"訓異義同,皆指"眼屎","眍眵"之"眍"亦同"覾""矋"。《大字典》《字海》誤分爲兩個義項,致使一義未加溝通,一義溝通,失當。《大字典》《字海》直謂"眍"同"覾""矋",即可。

7. 覴

dēng《廣韻》丑證切,去證徹。又《集韻》都騰切。❶久視;直視。《玉篇・見部》:"覴,久視也。"《廣韻・證韻》:"覴,直視也。"❷同"瞪"。《正字通・見部》:"覴,與瞪通。"(《大字典》3918A)

同"瞪"。見《正字通》。(《字海》1405B)

按:《玉篇・見部》:"覴,都稜切,又丑證切。久視也。"(23 下右)《正字通・見部》:"覴,與瞪通。"(1043 下)《正字通》所言當是。《埤倉》:"瞪,直視也。"《廣韻》去聲證韻丈證切:"瞪,直視皃。"(346)"覴""瞪"音義並同,"覴""瞪"即通過義通義符換用而形成的異體字。《大字典》誤分爲兩個義項,致使一義未加溝通,一義溝通,失當。《大字典》應如《字海》直謂"覴"同"瞪",即可。

8. 咭

(一)xī❶笑貌。《玉篇・口部》:"咭,笑皃。"《廣韻・質韻》:"咭,笑。"❷同"欯"。欯欯,喜。《集韻・質韻》:"欯,《博雅》:'欯欯,喜也。'或作咭。"(《大字典》660B)

(二)xī音西。笑。見《玉篇》。(《字海》389A)

按:《玉篇・口部》:"咭,巨吉、許吉二切。笑皃。"(27 下右)《集韻》入聲質韻欠一切:"欯,《博雅》:'欯欯,喜也。'或作咭。"(669)《集韻》謂"欯"或作"咭",是也。《説文・欠部》:"欯,喜也。從欠,喜聲。"(179 上)箋注本《切韻》(斯 2071)入聲質韻許吉反:"欯,笑。"(142)敦煌本《王韻》、故宮本《王韻》、故宮本《裴韻》、蔣本《唐韻》義同。"喜""笑"義同,不應分作兩個義

項。“咶”即“欪”通過改換義符而形成的異體字。《大字典》誤分爲兩個義
項，訓“喜”謂同“欪”，而訓“笑兒”這一義項却未溝通其與“欪”字的異體關
係，失當。《字海》訓“笑”亦未溝通其與“欪”字的異體關係，亦失當。

9. 抙

zhǒu《集韻》止酉切，上有章。❶執持。《集韻·有韻》：“抙，執也。”《字
彙·手部》：“抙，執持也。”❷同“搊”。《集韻·有韻》：“搊，持也。或从州。”
（《大字典》1984A）

同“搊”，執持。見《集韻》。（《字海》338C）

按：《玉篇·手部》：“抙，側九切。執抙（‘抙’字當衍）也。”（32 上右）
《集韻》上聲有韻側九切：“搊，持也。或从州。”（434）“執”“持”義同。《廣
韻》入聲緝韻之入切：“執，持也。”（429）此是其證也。故“抙”“搊”即異體
字。《大字典》誤分爲兩個義項，致使一義未加溝通，一義溝通，失當；《字
海》直謂“抙”同“搊”，是也。

10. 摑

guó《廣韻》古獲切，入麥見。❶同“摑”。《玉篇·手部》：“摑”，同“摑”。
❷《集韻·麥韻》：“摑，挺也。”（《大字典》2104B）

同“摑”，字見《玉篇》。（《字海》372A）

按：《玉篇·手部》：“摑摑，二同。古獲切。掌耳。”（32 下右）《龍龕》卷
二《手部》：“摑摑，古麥反。挺～，打也。或作攻。二。”（217）“挺”與“掌耳”
訓異義同，“摑”“摑”音義並同，即爲異體字。《大字典》誤分爲兩個義項，致
使一義溝通，一義未加溝通，失當。《字海》直謂同“摑”，是也。

11. 跈

niǎn《廣韻》乃殄切，上銑泥。又徒典切。❶蹈。《玉篇·足部》：“跈，
蹈也。”❷同“趁”。踐。《集韻·獮韻》：“趁，踐也。或作跈。”（《大字典》
3941A）

按:《玉篇·足部》:"跈,乃殄切。蹈也。"(34 上左)《玉篇校釋》"跈"字下注:"'蹈也'者,疑出《埤倉》。《廣雅·釋詁一》:'跈,履也。'曹憲曰:'跈,今之踐字。'故一音才殄。《切韻》:'跈,履也。''蹍,蹈也。'同尼展反。本書:'蹍,足蹈皃。''踍,蹀迹也。'《手部》:'撚,蹂也。'《走部》:'趁,履也。''蹍''踍''撚''趁'並與'跈'同。"(1415)胡氏所言是也。《集韻》上聲銑韻乃殄切:"踍,蹈也;逐也。或作跈、趁。"(380)下文上聲獮韻尼展切又曰:"趁,踐也。或作跈、蹍。"(387)"蹈""踐"義同,"跈"與"蹍""踍""趁""撚"皆爲異體字。《大字典》《字海》皆誤分爲兩個義項,致使一義未加溝通,一義溝通,俱失當。

12. 趺

fú《集韻》房六切,入屋奉。❶行貌。《玉篇·足部》:"趺,行皃。"❷屈縮手腳伏地。《集韻·屋韻》:"趺,屈手足伏地。"❸同"匐"。伏地。《集韻·德韻》:"匐,《説文》:'伏地也。'或作趺。"(《大字典》3946B)

fú音扶。❶行貌。見《玉篇》。❷彎曲手腳伏地。見《集韻》。(《字海》1413C)

按:《玉篇·足部》:"趺,房六切。行皃。"(34 下左)《集韻》入聲屋韻房六切:"趺,屈手足伏地。一曰行皃。"(640)《集韻》入聲德韻鼻墨切:"匐,《説文》:'伏地也。'或作趺。"(762)《玉篇·勹部》:"匍匐,手行。"(129 上左)《玉篇》之"行皃"即"手行",此僅渾言、析言之別耳,其義一也。"屈手足伏地"與"伏地"亦同,亦僅爲渾言、析言之別。故《大字典》第❶❷義項、《字海》皆未加溝通,失當。《大字典》《字海》直謂"趺"同"匐",即妥。

13. 膹

wěi《集韻》尹捶切,上紙以。❶瘡。《玉篇·肉部》:"膹,瘡也。"❷同"癑"。《集韻·紙韻》:"癑,《説文》:'創裂也。一曰疾癑。'或作膹。"(《大字典》2282A,參《字海》925C)

按:《玉篇·肉部》:"膹,羊水切。瘡也。"(37 上左)《玉篇校釋》"膹"字下注:"'膹'與'癑'同。《説文》:'癑,創裂也。'《集韻》或从肉作'膹',本書

《疒部》：'癤，創裂也。一曰疾也。'"(1576)《玉篇校釋》"膲"字注文之中
"癤"字，皆爲"癤"之形誤。《説文·疒部》："癤，創裂也。一曰疾癤。从疒，
巂聲。"(155 下)《集韻》上聲紙韻尹捶切："癤，《説文》：'創裂也。一曰疾
癤。'或作膲。"(312)桂馥義證"癤"字下注："'創裂也'者，《廣雅》：'癤，裂
也。'俗作膲。《玉篇》：'膲，瘡也。'"(658 下)以上諸説皆其證也。故"膲"
與"癤"音義並同，"膲"即"癤"通過改換義符而形成的異體字。《玉篇》"膲"
訓"瘡也"之"瘡"，當即"傷口""外傷"之"瘡"，而非"潰瘍""瘡癰"之"瘡"。
《大字典》《字海》皆誤分爲兩個義項，一義訓爲"瘡"；一義謂同"癤"，俱失妥
當。《大字典》《字海》直謂"膲"同"癤"，即妥。

14. 瘂

qiè《廣韻》去涉切，入葉溪。又《集韻》詰叶切。❶呼吸淺短。《廣韻·
葉韻》："瘂，少氣也。"《集韻·葉韻》："瘂，病少氣也。"❷同"瘚"。病息。
《集韻·帖韻》："瘚，《説文》：'病息也。'或作瘂。"按："病息也"，《説文》小徐
本作"病小息"。(《大字典》2871A)

同"瘚"。見《集韻》。(《字海》1111B)

按：《玉篇·疒部》："瘂，祛叶切。病少氣。"(57 下左)《集韻》入聲帖韻
詰叶切："瘚，《説文》：'病息也。'或作瘂。"(783)《龍龕》卷四《疒部》："瘚，或
作；瘂，今。去涉反。少氣也。上《香嚴》又苦叶、吁牒二反。病息也。二。
(478)王筠《句讀》"瘚"字下注："然則小息即少氣之謂也。""少氣也""病息
也"訓異義同，"瘂"即"瘚"字之俗。《大字典》誤分爲兩個義項：一義訓爲
"呼吸淺短"，一義謂同"瘚"，失當。《大字典》應如《字海》直謂"瘂"同"瘚"，
即妥。

15. 繂

yāo《集韻》伊消切，平宵影。❶同"褄"。系衣服的帶子。《集韻·宵
韻》："褄，衣襻也。或从糸。"❷繩子。《玉篇·糸部》："繂，繂繩。"(《大字
典》3650B)

同"褄"。見《集韻》。(《字海》1326B)

按:《玉篇·系部》:"緈,音要。緈繩。"(126 上左)《玉篇校釋》"緈"字下注:"《集韻》:'緈'同'裖'。本書《衣部》:'裖,裖襻也。'襻者系帶也,緈蓋束腰帶。"(5453)胡氏所言是也。"緈繩""衣襻"訓異義同,皆指"系衣服的腰帶","緈""裖"即爲異體字。《大字典》誤分爲兩個義項,致使一義溝通,一義未加溝通,失當;《字海》直謂同"裖",是也。

16. 㡻

wéi《廣韻》雨非切,平微云。❶同"褘"。《類篇·衣部》:"褘,《説文》:'重衣貌。'或書作㡻。"❷裹。《玉篇·衣部》:"㡻,裹也。"(《大字典》3318A,參《字海》142A)

按:《玉篇·衣部》:"㡻,于歸切。裹也。"(128 下左)《玉篇校釋》"㡻"字下校注文"裹也"爲"裹也",並注曰:"'裹也'者,《切韻》同,原並寫訛作'裹',今依《廣韻》正。《説文》:'褘,重衣兒。'《爾雅》釋文引《字林》同,《廣韻》別出'褘',重衣,分爲二字,非也。"(5594~5595)胡氏所言是也。《廣韻》平聲微韻雨非切:"㡻,裹也。"(31)余迺永《校注》:"按:此與同紐'褘'字或體,《切三》《全王》並云:'裹。''褘'字《切三》但作'禕';《集韻》于非切褘字注:'《説文》重衣兒,引《爾雅》褘褘、禕禕。或書作㡻。'可從。"(587)此説是其證也。故"裹也"與"重衣貌"訓異義同,應合並爲一個義項,直謂同"褘"即可。

第二、兩個或兩個以上的字在幾個義項上都互爲異體字,現代大型字書僅對其中某一義項加以溝通,而於其他義項却未加溝通。例如:

1. 睼

tí《廣韻》杜奚切,平齊定。又《集韻》大計切。❶視。《玉篇·目部》:"睼,視也。"❷同"題"。1.顯。《集韻·齊韻》:"題,《説文》:'顯也。'或作睼。"2.視貌。《集韻·霽韻》:"題,視兒。或作睼。"(《大字典》2684A)

tí音提。❶視。見《玉篇》。❷同"題",明顯。見《集韻》。(《字海》1058C)

按:《玉篇·目部》:"睼,達雞切。視也。或作題。"(22 下右)《玉篇校釋》"睼"字下注："原本當云：'《字書》（或《聲類》）或覷字也。覷，視也。在《見部》。"（841）胡吉宣據原本體例復原原本《玉篇》之貌，當是。《名義·目部》："睼，達雞反。識也。"（36 下）明趙宧光《説文長箋·見部》："覷，凡覷名、覷詩、覷柱、覷額，當並用覷。"故"睼"訓"視也""識也"，與"覷"音義並同，當即異體字，《大字典》《字海》"睼"字下於"視也"一義未加溝通，又失收"識也"這一義項，俱失當。

2. 傎

diān《廣韻》都年切，平先端。❶同"顛"。仆倒。《廣雅·釋言》："傎，倒也。"王念孫疏證："傎，通作顛。"《玉篇·人部》："仆也。"❷隕落。《玉篇·人部》："傎，殞也。"《廣韻·先韻》："傎，殞也。"（《大字典》279B）

同"顛"。字見《廣雅疏證·釋言》。（《字海》97B）

按：《玉篇·人部》："傎，都田切。殞也；仆也；倒也。"（14 下左）《玉篇校釋》"傎"字下注："'殞也'者，《書·盤庚中》：'顛越不恭。'孔傳：'顛，隕也。'《易·雜卦傳》：'大過顛也。'虞注：'顛，殞也。'顛傎、殞隕並通。"（513）胡氏所言是也。《小爾雅·廣言》："顛，殞也。"慧琳《音義》卷十五引《字書》："顛，墜也。"又卷五十一引《考聲》："顛，殞也。"《左傳·隱公十一年》："子都自下射之，顛。"杜預注："顛，顛隊而死。""傎"訓"殞"，與"顛"亦同。《大字典》此義未與"顛"字溝通，失當。《字海》直謂同"顛"，是也。

3. 俈

kù《集韻》枯沃切，入沃溪。沃部。❶同"嚳"。古帝王名。《玉篇·人部》："俈，或嚳字。"《集韻·沃韻》："俈，嚳，帝高辛之號。亦通作嚳。"（例略）❷暴。《玉篇·人部》："俈，俈焉，暴也。"《篇海類編·人物類·人部》："俈，暴也。"（《大字典》197B）

kù音庫。同"嚳"。字見《管子·侈靡》。（《字海》75C）

按：《玉篇·人部》："俈，苦蔿（篤）切。或嚳字。俈（當為衍文）焉暴也。"（15 上右）《玉篇校釋》"俈"字下改"焉暴也"為"虐暴也"，並注曰："此處'虐暴也'，'虐'字原訛'焉'，今正。"（526）胡氏謂"焉暴也"當作"虐暴也”，不確。《名義·人部》：“佶，口蠆（蠆）反。急暴也。或礜。”（22 上）《新撰字鏡·人部》：“佶，口蠆（蠆）反。礜（礜）字。急暴也。”（81）故《玉篇》“佶”字訓“焉暴也”，當爲“急暴也”之誤。《大字典》引《玉篇》訓爲“佶焉，暴也”，沿襲《玉篇》之謬，且斷讀失誤，皆有未當。《大字典》可分爲兩個義項：第一義項引《集韻》謂“佶”同“礜”；第二義項引《玉篇》謂“佶”同“礜”，並校“焉暴也”爲“急暴也”。或如《字海》直謂“佶”同“礜”，即可。

4. 俍

lì《廣韻》郎計切，去霽來。❶怒。《廣雅·釋詁二》：“俍，怒也。”❷同“戾”。狠戾。《廣韻·霽韻》：“俍，很戾。”《正字通·人部》：“戾，俗作俍。”（例略）（《大字典》222A，參《字海》80C）

按：《玉篇·人部》：“俍，力計切。怒也。”（15 上左）《名義·人部》：“俍，力計反。怒也。”（22 下）《廣雅·釋詁二》：“俍，怒也。”（126）《玉篇校釋》“俍”字下注：“《切韻》：‘俍，很戾。’慧琳四八·十六：‘戾，《三倉》作俍，很戾也。’”（532）《正字通·人部》：“俍，力地切，音利。怒也。又很俍。本作戾，俗作俍。”（47 下）《正字通》所言是也。《玉篇·犬部》：“戾，力計切。虐也。”（110 上左）《莊子·天道》：“鰲萬物而不爲戾。”成玄英疏：“戾，暴也。”《論語·陽貨》：“古之矜也廉，今之矜也忿戾。”何晏集解引孔安國曰：“惡理多怒。”故“俍”與“戾”音義並同，“俍”字本作“戾”。《正字通》謂“俍，本作戾，俗作俍”，是指“俍”訓“怒”與“狠戾”二義而言，《大字典》《字海》僅於“狠戾”一義加以溝通，而於“怒也”一義却未加認同，失當。

5. 齴

yàn《集韻》魚窆切，去豔疑。❶好齒貌。《玉篇·齒部》：“齴，好兒。”《龍龕手鑑·齒部》：“齴，好齒兒。”❷同“齥”。牙齒參差不齊。《集韻·驗韻》：“齥，齒差也。或從嚴。”（《大字典》5119B，參《字海》1754C）

按：《玉篇·齒部》：“齴，魚欠切。好兒。”（28 上右）《玉篇校釋》“齴”字下注：“本書：‘齴，魚欠切。好兒’，當爲‘齒好兒’，與‘齥’同。”（1077）胡氏所言是也。敦煌本《王韻》去聲嚴韻魚淹反：“齥，齒美。”（420）《龍龕》卷二

《齒部》："齹齱，魚欠反。好齒皃。下又五咸反。亦齒差皃。二同。"（312）
此是其證也。故"齹"訓"好齒皃"，亦同"齱"。《大字典》《字海》"齹"字此條
義項皆未與"齱"字加以溝通，失當。

6. 㧜

（一）guǐ《集韻》舉綺切，上紙見。同"庋"。《集韻·紙韻》："庋，閣藏食
物也。或作㧜。"（二）jì《玉篇》居儀切，去寘見。戴。《玉篇·手部》："㧜，戴
也。"（《大字典》2065A，參《字海》360AB）

按：《玉篇·手部》："㧜，俱爲切。戴也。"（31下左）《玉篇校釋》"㧜"字
下注："'㧜'即'庋'之或體，《字書》亦以爲古文。《广部》：'庋，閣也。重文
作庪。'"（1288）胡氏所言是也。《名義·手部》："㧜，俱爲反。戴也；閔（閣）
也。"（58上）《新撰字鏡·手部》："㧜，俱爲反。庋字古文。戴也；閣也。"
（568）《廣韻》去聲寘韻詭僞切："庋，庋戴物。又居委切。"（239）《集韻》上聲
紙韻舉綺切："庋，閣藏食物也。或作庪、㧜、庋。"（313）又下文古委切："庪，
閣藏食物。或作庋、庋。"（315）故"㧜"與"庋""庪""庋"諸字音義並同，並爲
異體字。《大字典》《字海》却於一義溝通，而於一義未加溝通，失當。《大字
典》《字海》應直謂"㧜"同"庋"，《集韻》"居儀切"之音可以"又音"的形式置
於"舉綺切"之後。

7. 踅

chì《廣韻》丑例切，去祭徹。❶渡。《玉篇·足部》："踅，渡也。"❷同
"趀"。超特。《集韻·祭韻》："趀，《說文》：'超特也。'或從足。"《篇海類
編·身體類·足部》："踅，或作趀。"（《大字典》3966A）

同"趀"。見《集韻》。（《字海》1419A）

按：《名義·足部》："踅，丑世反。渡也；超也。"（63上）《玉篇·足部》：
"踅，丑世切。渡也。"（34上右）《玉篇校釋》"踅"字下注："'渡也'者，《廣
雅·釋詁二》：'踅，渡也。'《切韻》同。本書《走部》：'趀，渡也；超特也。'又：
'趌，踰也。'《辵部》：'迣，超踰也。'本部：'跚，超踰也。''跰，踰也。'諸字並
同。"（1425）胡氏所言是也。《新撰字鏡·足部》："踅，丑世反。跚字，又趀

字。渡也。”(136)《廣韻》去聲祭韻丑例切:“跐,跳也;踰也。趡,上同。”
(279)《集韻》去聲祭韻丑例切:“跐,《說文》:‘述(依段注當作逑)也。’一曰
踰也。或从辵、从走。”(512)以上二書皆其證也。《大字典》第一義項未溝
通其與“趡”字的異體關係,失當。《字海》直謂同“跜”同“趡”,是。

8. 秷

　　zhì《廣韻》陟栗切,入質知。❶收割。《玉篇·禾部》:“秷,穫也。”❷同
“挃”。象聲詞。割禾聲。《廣韻·質韻》:“秷,刈禾聲。”《集韻·質韻》:
“挃,《說文》:‘穫禾聲也。’或从禾。”(例略)(《大字典》2786B)

　　zhì 音治。收割。見《玉篇》。(《字海》1081A)

　　按:《玉篇·禾部》:“秷,竹栗切。秷(當爲字頭重出,應刪)穫也。”(74
下右)《玉篇校釋》“秷”字下注:“‘秷秷,穫也’者,重文‘秷秷’今補。通作
‘挃’。《爾雅·釋訓》:‘秷秷,穫也。’郭注:‘刈禾聲。’”(2948~2945)胡氏
所言是也。《名義·禾部》:“秷,竹慄反。挃字。”(151 上)此是其證也。故
“秷”訓“穫也”亦同“挃”。《大字典》第一義項、《字海》皆未溝通,俱失當。

9. 穩

　　yūn《廣韻》於云切,平文影。❶香。《玉篇·禾部》:“穩,香也。”《集
韻·文韻》:“穩,菇穩,香也。”❷同“菇”。《廣韻·文韻》:“菇,菇菇,盛皃。
穩,同菇。”(《大字典》2802A,參《字海》1085C)

　　按:《玉篇·禾部》:“穩,紆云切。香也。”(74 下右)《玉篇校釋》“穩”字
下注:“原本當云:《字書》亦菇字也。菇,香也。在艸部。或爲氲字,在《香
部》。”(2950)胡氏所言是也。《名義·艸部》:“菇,於云反。氲[字]。亦香
也,菇菇也。”(136 下)玄應《音義》卷七:“菇菇,香氣,亦盛皃。”故“穩”訓
“香也”,與“菇”“氲”亦爲異體字。《大字典》《字海》第一義項皆未溝通其與
“菇”字的異體關係,俱失當。

10. 穓

（二）màn《集韻》莫半切，去換明。❶同"穦"。種。《集韻·換韻》："穓，《博雅》：'種也。'或从禾。"❷不能栽種的田。《玉篇·禾部》："穓，不蒔田。"（《大字典》2814A）

按：《玉篇·禾部》："穓，莫半切。不蒔田。"（74下左）《玉篇校釋》"穓"字下注："'穓'爲'穦'之異部重文。《耒部》：'穦，不蒔田也。'義蓋出《埤倉》。"（2956～2957）胡氏所言是也。故"穓"訓"不蒔田也"，亦爲"穦"之異體字，《大字典》於此義未加溝通，失當。

11. 耔

zī《廣韻》側持切，平之莊。❶耕。《玉篇·耒部》："耔，耕也。"❷同"菑"。第一年耕種的荒地。《廣雅·釋地》："耔，耕也。"王念孫疏證："耔，本作菑。《説文》：'菑，才耕田也。'《爾雅》：'田一歲曰菑。'"《玉篇·耒部》："耔，田一歲也。"《集韻·之韻》："耔，通作菑。"（《大字典》2965B，參《字海》1167B）

按：《名義·耒部》："耔，側飢反。耕也；田一歲也。"（147上）《玉篇·耒部》："耔，側飢切。耕也；亦田一歲也。"（75上右）《廣雅·釋地》："耔，耕也。"王念孫疏證："耔，本作菑。《説文》：'菑，才耕田也。'《爾雅》：'田一歲曰菑。'孫炎注云：'菑，始災殺其草木也。'《大雅·皇矣》釋文引《韓詩》云：'反草曰菑。'元妄六二云：'不耕穫，不菑畬。'《大誥》云：'厥父菑，厥子乃弗肯播。'"（773）"菑"本義爲"一歲田"，引申爲"耕種"。"耔""菑"音義並同，故王念孫謂"耔"本作"菑"。《大字典》《字海》"耔"字第一義項皆未溝通其與"菑"字的異體關係，俱失當。《大字典》《字海》直謂"耔"同"菑"，即可。

12. 磋

cuó（一）《廣韻》昨何切，平歌從。舂擣。《玉篇·臼部》："磋，舂擣也。"（二）《集韻》阻氏切，上紙莊。磨麥。也作"麶"。《集韻·紙韻》："麶，磨麥

也。或作臼（瘥）。”（《大字典》3245B）

cuó 音搓陽平。❶舂擣。見《玉篇》。❷磨麥。見《集韻》。（《字海》1264C）

按：《玉篇·臼部》：“瘥，才何切。舂擣也。”（76 上右）《玉篇校釋》“瘥”字下注：“‘舂擣也’者，當作‘舂也；擣也’。《廣雅·釋詁四》：‘瘥，舂也。’《切韻》：‘瘥，擣也。亦作䵃。’本書蓋原引《廣雅》及《埤倉》二書文。《麥部》：‘䵃，《說文》：礳麥也。一曰擣也。’”（3007）胡氏所言是也。《名義·臼部》：“瘥，祚何反。舂也；檮（擣）也。”（154 下）此是其證也。“瘥”“䵃”音義並同，即爲異體字。《大字典》分爲兩個義項：一義未加溝通，一義溝通，失考證；《字海》未加溝通，亦失考證。《大字典》《字海》直謂“瘥”同“䵃”，即可。

13. 㘩

yì《廣韻》與職切，入職以。❶大鼎。《廣韻·職韻》：“㘩，大鼎。”❷同“匵”。《集韻·職韻》：“㘩，《說文》：‘田器也。’或从翼。”（《大字典》104B）

同“匵”。見《集韻》。（《字海》47B）

按：《玉篇·匚部》：“匵，羊式切。大鼎也；又田器。”（79 下左）《玉篇校釋》“匵”字下注：“‘大鼎也’者，《廣韻》同，字作‘㘩’。《集韻》：‘匵，或作㘩。’”（3169）胡氏所言是也。《龍龕》卷一《匚部》：“㘩，俗；匵，正。音弋。大鼎也。二。”（193）《龍龕》溝通“㘩”“匵”二字異體關係，是也；然謂“㘩”俗而“匵”正，正俗顛倒。故“匵”訓“大鼎”，亦同“㘩”。《大字典》應如《字海》直謂“匵”同“㘩”，即可。

14. 矯

yǐ《集韻》隱綺切，上紙影。❶短貌。《玉篇·矢部》：“矯，短皃。”❷同“痏”。疾病。《集韻·紙韻》：“痏，《博雅》：‘疒也。’或作矯。”（《大字典》2767B）

yǐ 音以。短貌。見《玉篇》。（《字海》1075B）

按：《玉篇·矢部》：“矯，於已切。短皃。”（80 下右）《玉篇校釋》“矯”字下注:"'短皃'者,應出《埤倉》。《集韻》以爲'痛'之或體。《廣雅·釋詁二》:'痛,短也。'又《釋言》:'痛,痤也。''痛痤'與'矯矬'同。"(3199)胡氏所言是也。《廣雅·釋詁二》:"痛,短也。"曹憲注:"痛,於綺反。""矯"訓"短皃",與"痛"音義並同,亦爲異體字。《大字典》"矯"字第一義項未溝通其與"痛"字的異體關係,失當;《字海》未溝通其與"痛"字的異體關係,亦失當。

15. 鑸

(一)léi《廣韻》魯回切,平灰來。❶劍首飾。《玉篇·金部》:"鑸,劍首飾也。"❷同"樏(罍)"。古代盛酒的容器。《集韻·灰韻》:"樏,《説文》:'龜目酒尊,刻木作雲雷象,象施不窮也。'或从金。"《正字通·金部》:"鑸,同罍。《説文》:'樏或從缶。'作罍……並訓酒尊。"(《大字典》4598B,參《字海》1550A)

按:《玉篇·金部》:"鑸,力回切。劍首飾也。"(84 上左)《玉篇校釋》"鑸"字下注:"'劍首飾也'者,《廣韻》同,云:'亦作樏。'《切韻》'鑸'爲'罍'或體,酒器也。本書《木部》:'樏,刻木爲雲雷象謂之樏。又作罍。'《缶部》:'罍,樽也。'此鑸爲劍首飾者,亦刻作雲雷象也。"(3361)胡氏所言是也。《名義·金部》:"鑸,力迴反。古樏。"(177 下)此亦其證也。《大字典》《字海》第一義項皆未溝通其與"樏"字的異體關係,俱失當。

16. 灯

hōng《集韻》胡公切,平東匣。❶火盛。《玉篇·火部》:"灯,火盛。"❷同"烘"。燒;烤。《集韻·東韻》:"烘,《字林》:'燎也。'或从工。"(《大字典》2346A,參《字海》949B)

按:《玉篇·火部》:"灯,户公切。火盛。"(100 下右)《集韻》平聲東韻胡公切:"烘灯,《字林》:'燎也。'或从工。"(9)"灯"與"烘"在"燎也"之義上爲異體字。"灯"訓"火盛",與"烘"亦當爲異體字。《廣韻》平聲東韻呼東切:"烘,火皃。"(8)"火盛"與"火皃"義通,又"灯""烘"音同,故"灯"與"烘"在"火盛"這一意義上亦爲異體字。《大字典》《字海》第一義項皆未溝通其與"烘"字的異體關係,失當。

17. 烊

（一）yáng《廣韻》與章切，平陽以。❶炙。《玉篇·火部》：“烊，炙也。”
❷同“煬”。熔化（金屬）。《廣韻·陽韻》：“烊，焇烊，出《陸善經》、《字林》
（陸善經《字林》）①。”《集韻·陽韻》：“煬，爍金也。或作烊。”（例略）（《大字
典》2358B）

（一）yáng 音羊。❶同“煬”。字見《集韻》。❷溶化。糖～了。（《字
海》954A）

按：《玉篇·火部》：“烊，亦章切。炙也。”（100 下左）《玉篇校釋》“烊”
字下注：“《集韻》與‘煬’爲一字，爍金也。慧琳引《字晷》：‘煬，釋金也。’本
書：‘煬，炙也。’”（4090）《説文·火部》：“煬，炙燥也。从火，易聲。”（208
下）“煬”，《廣韻》音“餘亮切”，又有“與章切”一音。故“烊”訓“炙也”，與
“煬”亦當爲異體字，《大字典》於此義未溝通其與“煬”字的異體關係，失當。
“烊”字，《集韻》又訓爲“溶化”，此與“煬”亦爲異體字，《字海》於此義未溝通
其與“煬”字的異體關係，亦失當。

18. 阽

（一）yán《玉篇》音沿。地名。《玉篇·阜部》：“阽，地名。”（二）yǔn 同
“阭”。高。唐王仁昫《刊謬補缺切韻·仙韻》：“阽”，同“阭”。（《大字典》
4435B）

yán 音言。地名。見《玉篇》。（《字海》159C）

按：《玉篇·阜部》：“阽，音沿。”（107 上左）此字《玉篇》義闕。《玉篇校
釋》“阽”字下注：“元刊云：‘地名。’上‘阭’下引《説文》：‘高也。一曰地名
也。’阽、阭一字，猶沿、沇一字也。”（4410）胡氏所言是也。《玉篇·阜部》：
“阭，余剷切。高也；地名。”（106 下右）原本《玉篇·阜部》：“阭，瑜剷反。
《説文》：‘阭，高也。一曰地名也。’”（539）又五代本《切韻》平聲仙韻以專

---

① 按：“陸善經”爲人名，而非書名，他是唐時的一位學者，曾爲《文選》作注。此外，他還著有《新字
林》一書，此書今已亡佚。

反:"阽,高也。阮,同上。"(753)故"阽"訓"地名",與"阮"亦音義並同,亦爲異體字。《大字典》第一義項、《字海》皆應溝通其與"阮"字的異體關係。

19. 阮

yǎn《集韻》以轉切,上獼以。❶高貌。《玉篇·阜部》:"阮,高皃。"❷地名。《集韻·獼韻》:"阮,地名。或作阮。"(《大字典》4463B,參《字海》166B)

按:《玉篇·阜部》:"阮,音兖。高皃。"(107 上左)"阮""阮"即同字異寫。《玉篇校釋》"阮"字下注:"'阮'即'阮'之俗字。上(19):'阽,《説文》:高也。一曰地名。'原本寫作'阮',《集韻》:'阽,地名。'《集韻》:'阮,或作阮。'"(4411)胡氏所言是也。《龍龕》卷二《阜部》:"阮,俗;阮,正。音兖。高皃。"(296)"阮"即"阮"字之俗。《集韻》上聲獼韻以轉切:"阮,高也。一曰地名。或作阮。"(388)以上諸書並其證也。故"阮(阮)"即"阮"字之俗。《大字典》《字海》於"阮"字下第一義項"高皃"之義皆未溝通其與"阮"字的異體關係,俱失當。

20. 牘

(一)fèn《玉篇》扶忿切。床板。《改倂四聲篇海·片部》引《玉篇》:"牘,床板也。"(二)fén《類篇》符分切,平文奉。〔牘牀〕器足。也作"牘牀""橨牀"。《類篇·片部》:"牘,牘牀,枚也。"按:《集韻·文韻》作"牘牀"。《廣雅·釋器》作"橨牀"。王念孫疏證:"凡器足謂之枚。"(《大字典》2165B)同"牘"。字見《類篇》。(《字海》887B)

按:《玉篇·片部》:"牘,扶忿切。"(131 下左)《玉篇校釋》"牘"字下注:"'牘'亦'牘'之訛變。《集韻》《類篇》:'牘,牀枚也。'从牀省,通作橨。《廣雅·釋器》:'橨牀,枚也。'曹憲音墳。蓋以高起得名。"(5725~5726)又《新修玉篇》卷二九《片部》引《玉篇》:"牘,扶吻切。牀版。"(233 上右)《篇海》卷六《片部》引《玉篇》:"牘,扶忿切。床板也。"(233 上左)此"牘"亦即"牘"字之俗。《集韻》上聲吻韻父吻切:"牘,牀版。"(358)"牘"與"牘"音義並同,"牘"即"牘"通過形近義符換用而形成的異體字。《大字典》"牘"字第一義項未溝通其與"牘"字的異體關係,失當;《字海》直謂同"牘",亦可。

第三、兩字本爲異體字,前人已作認同,現代大型字書却將前人之説作爲一個單獨義項,遂致一義溝通,一義未作溝通。例如:

1. 傄

xiāo《玉篇》許驕切。❶傲。《玉篇·人部》:"傄,傲也。"❷同"嚣"。《正字通·人部》:"傄,俗嚣字。"(《大字典》281B)

同"嚣"。字見《正字通》。(《字海》97C)

按:《玉篇·人部》:"傄,許驕切。傲也。"(15 上左)《正字通·人部》:"傄,俗嚣字。"(65 下)《正字通》謂"傄"即"嚣"字之俗,所言是也。《玉篇校釋》"傄"字下注:"《廣韻》《集韻》並無'傄'字,'傄'蓋即'嚣'字。《䚫部》'嚣'下引《詩》'聽我嚣嚣',《傳》曰:'嚣嚣猶嗷嗷也。'《孟子》劉熙注:'嚣嚣,氣充自得之貌。'《切韻》'嚣'音敖,《左傳》楚莫敖,《漢書·五行志》作莫嚣。《詩》:'十月之交,讒口嚣嚣。'《韓詩》作嗸嗸。'嚣''敖'相通,故'傄'爲傲也。"(533～534)此説印證了《正字通》之説。《孟子·盡心上》:"人知之,亦嚣嚣;人不知,亦嚣嚣。"趙岐注:"嚣嚣,自得無欲之貌也。"《三國志·蜀志·彭羕傳》:"形色嚣然,自矜得遇滋甚。""傄""嚣"音義並同,"傄"即"嚣"字之俗。《大字典》以《正字通》之説作爲一個單獨的一項,失當。《大字典》應如《字海》直謂"傄"同"嚣",即妥。

2. 俙

xì《集韻》許既切,去未曉。❶怒。《玉篇·人部》:"俙,怒俙也。"《集韻·未韻》:"俙,怒也。"(例略)❷同"憸"。歎息。《正字通·人部》:"俙,俗憸字。"清徐校《顧虞東先生舊宅記》:"而子若孫行庭入室,優乎俙乎。"(《大字典》242A)

xì音細。怒。(例略)(《字海》86A)

按:《玉篇·人部》:"俙,許氣切。怒俙(當爲字頭誤重)也。"(15 下右)《字彙·人部》:"俙,許意切,音戲。怒俙(當爲字頭誤重)也。"(41 上)《正字通·人部》:"俙,俗憸字。"(54 上)《正字通》所言是也。敦煌本《王韻》去

聲未韻許既反:"鎎,怒。"(405)故宮本《王韻》、故宮本《裴韻》同。《集韻》去
聲未韻許既切:"鎎,《説文》:'怒戰也。'引《春秋傳》'諸侯敵王所鎎'。通作
愾。"(488)《説文·金部》:"鎎,怒戰也。从金,氣聲。《春秋傳》曰:'諸侯敵
王所鎎。'"(298下)今本《左傳》作"愾"。《左傳·文公四年》:"諸侯敵王所
愾,而獻其功。"杜預注:"愾,恨怒也。"故"僾"訓"怒",與"鎎""愾"音義並
同,當爲異體字。《大字典》分爲兩個義項:第一義項訓"怒";第二義項引
《正字通》謂同"愾"。其實,《正字通》謂"僾"同"愾",即就"怒也"這一義項
而言,而且從《大字典》所引清徐校《顧虞東先生舊宅記》的例證來看,文中
的"僾"亦應訓"怒"。故《大字典》第二義項應併入第一義項中去,直謂"僾"
同"愾"即可。《字海》未作溝通,亦失考證。

3. 肸

(一)piàn《廣韻》普麵切,去霰滂。軀體的一半。《玉篇·肉部》:"肸,
半體也。"(二)pàn 同"胖"。《正字通·肉部》:"肸,俗胖字。"(《大字典》
2197B)

piàn 音騙。軀體的一半。見《廣韻》。(899A)

按:《名義·肉部》:"肸,匹見反。半體也。"(69下)《玉篇·肉部》:
"肸,匹見切。半體。"(36下左)《正字通·肉部》:"肸,俗胖字。舊注:音
片。半體。非。"(871下)《正字通》謂"肸"即"胖"字之俗,是也。《玉篇校
釋》"肸"字下注:"案:字本作'胖'。胖,牲之半體也。《周禮·腊人》鄭注:
'胖之言片也。'後因假'胖'爲'𦜕',故以'肸'爲'胖'。"(1557)胡氏所言印
證了《正字通》之説。故"肸"當即"胖"字之俗,《大字典》誤分爲兩個義項,
《字海》未加溝通,俱失當。

4. 劵

láo《廣韻》魯刀切,平豪來。❶心力困乏。《玉篇·心部》:"劵,心力乏
也;疾也。"《集韻·豪韻》:"劵,苦心也。"❷同"勞"。《正字通·心部》:"劵,
俗勞字。"(《大字典》2518A)

同"勞"。見《正字通》。(《字海》1002C)

按:《玉篇·心部》:"㦬,力高切。心力乏也;疾也。"(40 下左)《正字通·心部》:"㦬,俗勞字。舊注:音勞。心力乏;又苦心貌。與勞義同,分二字,非。古文作懣。"(383 上)《正字通》所言是也。《玉篇校釋》"㦬"字下注:"原本殘存:'力高反。《説文》古文勞字也。'《廣韻·豪韻》:'㦬,苦心兒。'案:即《説文》'懣'。《説文》:'勞,用力者勞。古文作懣。'"(1712~1713)胡氏之説印證了《正字通》之説。《名義·心部》:"懣,力高反。功也;度也;病也;對也。"(79 下)《新撰字鏡·心部》:"懣,力高反。勞字古文。功[也];疲也;病也。"(127)以上二書並爲其證。故"㦬"即"勞"字古文"懣"字之俗。《大字典》却以《正字通》之説作爲一個單獨義項,失當。《字海》直謂同"勞",是。

5. 㥾

(一)xiè《集韻》私列切,入薛心。不安貌。《玉篇·心部》:"㥾,不安兒。"(二)dié 同"愵"。恐懼。《正字通·心部》:"㥾,同愵。"(《大字典》2484B,參《字海》998B)

按:《玉篇·心部》:"㥾,私列切。不安兒。"(41 上左)《正字通·心部》:"㥾,同愵。舊注:先結切,音泄。不安貌。同字異切異訓,誤。"(372 下)《正字通》所言是也。《玉篇校釋》"㥾"字下注:"'㥾'爲'愵'重文。(120):'愵,恐懼也。'恐懼則不安。"(1735)"不安兒""恐懼"義同,故"㥾"即"愵"之偏旁易位俗字。《大字典》《字海》皆以《正字通》之説作爲一個義項,俱失當。

6. 譩

yī《廣韻》烏奚切,平齊影。❶應聲。《方言》卷十:"譩,然也。南楚凡言然者曰欸,或曰譩。"《廣韻·齊韻》:"譩,相言應辭。"❷是。卷子本《玉篇·言部》:"譩,《毛詩》曰:'自詒譩祖。'箋云:'譩猶是也。'"❸發聲。卷子本《玉篇·言部》"譩"字下引杜預曰:"譩,發聲也。"❹同"繄"。卷子本《玉篇·言部》:"譩,今或爲繄字,在《糸部》。"(《大字典》4275A)

同"繄"。見原本殘卷《玉篇》。(《字海》1473C)

按:《玉篇·言部》:"譬,於題切。是也;發聲也。"(43 上左)原本《玉篇·言部》:"譬,於題反。《毛詩》曰:'自詒譬祖。'箋云:'譬猶是也。'《左氏傳》:'譬伯朗是賴。'杜預曰:'譬,發聲也。'又曰:'爾有母遺,譬我獨無。'杜預曰:'語助也。'《方言》:'譬,然也。南楚凡言然或曰譬。'今或爲緊字,在《糸部》。"(285~286)"譬""緊"即爲異體字,《大字典》單列一個義項謂"譬"同"緊",非是。《大字典》應直謂"譬"同"緊",而後再列前三義項於下。《字海》直謂"譬"同"緊",亦可。

7. 譺

xiě《集韻》洗野切,上馬心。❶言以寫志。《玉篇·言部》:"譺,話譺。"《集韻·馬韻》:"譺,言以寫志。"❷同"寫"。《正字通·言部》:"譺,俗寫字。"(《大字典》4295B)

xiě 音寫。言以寫志。見《集韻》(《字海》1480C)

按:《玉篇·言部》:"譺,司夜切。話譺。"(44 上右)《正字通·言部》:"譺,俗寫字。舊注:音卸。話譺。又音寫。言以寫志。按:本作寫,俗加言,非。"(1082 下)《正字通》所言是也。《玉篇校釋》"譺"字下亦云:"'瀉''譺'本止爲'寫'。"(1864)《詩·小雅·蓼蕭》:"我心寫兮。"朱熹曰:"寫,輸寫也,我心寫而無留恨矣。"此"寫"即指"傾吐;傾述"。故"譺"即"寫"字之俗。《大字典》未明《正字通》之意而以其説作爲一個義項,失當。《字海》未加溝通,亦失考證。

8. 諮

jiù《廣韻》其九切,上有羣。❶毀。《玉篇·言部》:"諮,毀也。"❷同"咎"。《正字通·言部》:"諮,俗咎字。"(《大字典》4252A,參《字海》1466A)

按:《玉篇·言部》:"諮,巨久切。毀也。"(44 上左)《正字通·言部》:"諮,俗咎字。"(1067 上)《正字通》謂"諮"即"咎"字之俗,是也。《玉篇校釋》"諮"字下注:"《方言》十三:'咎,謗也。'謗亦毀也。本書《人部》:'倃,毀也。'又:'咎,《説文》云:災也。'《爾雅·釋詁》:'咎,病也。'……'咎''諮'一字,猶'毀''毇'一字。'咎'從己從口,'諮'又從言爲贅。"(1873)胡氏所言印證了《正字通》之説。故"謟"即"咎"字之俗,《大字典》《字海》以《正字通》之説作爲一個義項,俱失當。

9. 週

zhōu《玉篇》職由切。❶迴。《玉篇·辵部》:"週,迴也。"❷同"周"。《正字通·辵部》:"週,俗周字。"1.周圍;環繞。2.指週期。如:週刊;週年。今作"周"。3.全。(例略)(《大字典》4108A)

zhōu音周。同"周"。❶周圍。❷繞圈子。❸全;普遍。❹完備;周到。❺量詞,相當於"圈兒"。(《字海》642A)

按:《玉篇·辵部》:"週,職由切。迴也。"(50下右)《正字通·辵部》:"週,俗周字。"(1154下)《正字通》所言是也。《玉篇校釋》"週"字下注:"《集韻》:'匊,俗作遇。'案:'週'即由'周'增益偏旁。'周''週'與'回''迴'同例。"(2118)又《新修玉篇》卷十《辵部》引《玉篇》:"週,職由切。《説文》:帀遍也。通作周、匊,俗作遇。"(94上右)以上二説皆其證也。"迴也"即指環繞。故"週"即"周"字之俗。《大字典》誤分爲兩個義項,以《正字通》之説作爲一個義項,失當。《字海》直謂同"周",是也。

10. 壣

lǔ《玉篇》音魯。❶沙。《玉篇·鹵部》:"壣,沙也。"❷同"鹵"。《正字通·鹵部》:"壣,俗鹵字。"(《大字典》4911B,參《字海》1676A)

按:《玉篇·鹵部》:"壣,音魯。沙也。"(77上左)《正字通·鹵部》:"壣、滷、塷、壣並俗鹵字。舊注沙也,與《土部》塷字義不同,分鹵、塷爲二,誤,從鹵爲正。"(1383下)《正字通》謂"滷""塷""壣"並俗"鹵"字,是也。《玉篇校釋》"壣"字下注:"'音魯'者,《土部》:'塷,音魯。亦作滷。'《水部》:'滷,音魯。'魯、鹵古通。《集韻》:'鹵,或作滷、塷、滷。''沙也'者,《集韻》:'磠,砂也。''磠''壣'、'砂''沙'並同,鹽地斥鹵多沙石也。"(3064)胡氏所言印證了《正字通》之説。《可洪音義》卷四:"沙壣,郎古反。確薄之地也;城土也。正作滷也。"(59,頁679c8)此亦其證也。故"壣"與"滷""塷""磠""滷""鹵"諸字並爲異體字。《大字典》《字海》皆以《正字通》之説作爲一個義項,俱失當。

11. 鐕

jī《集韻》牋西切。❶切。《玉篇·金部》:"鐕,切也。"❷同"劑"。《正字通·金部》:"鐕,俗劑字。"❸齊整。《龍龕手鑑·金部》:"鐕,《經音義》云:'謂齊整也。'"(《大字典》4597A)

(一)jī 音機。切。見《集韻》。(二)jì 音計。同"劑"。見《正字通》。(《字海》1549B)

按:《玉篇·金部》:"鐕,茲犁切。切也。"(84 下右)《正字通·金部》:"鐕,俗劑字。"(1216 下)《正字通》所言是也。《玉篇校釋》"鐕"字下注:"《集韻·齊韻》同,鐕之言齊也,切之使齊平也。《刀部》:'劑,剪齊也。''鐕'與'劑'同。"(3371)胡氏所言印證了《正字通》之説。《爾雅·釋言》:"劑,剪齊也。"(25)《説文·刀部》:"劑,齊也。从刀,从齊,齊亦聲。"(92上)"鐕""劑"音義並近,當即通過義符換用而形成的異體字。《龍龕》卷一《金部》:"鐕,《經音義》云:'茨奚反。謂齊整也。郭氏音子奚反。～持也。在《中阿含經》第五十五卷。'"(11)玄應《音義》卷十一《中阿含經》第六十卷:"爲齊,茨奚反。謂齊整也。經文從金作鐕,誤也。"(56,頁 982c22)慧琳《音義》同。《龍龕》引作"在《中阿含經》第五十五卷",非是。鄭賢章《龍龕手鏡研究》曰:"另《龍龕》云:'鐕……郭氏音子奚反,持也。我們以爲'鐕'在《中阿含經》中本應爲'齊'字之俗,而郭氏誤將'齊'字當作了'賷'字(兩字形體近似),從而釋義爲'持也'。其實《中阿含經》的'鐕'只應爲'齊'字之俗,而不應爲'賷'字之俗。"(141~142)鄭氏所言是也。故"鐕"本當作"齊"。《大字典》《字海》"鐕"字,直謂同"劑",本作"齊",即可。

12. 飇

xuàn《集韻》旬宣切,平仙邪。又《字彙》旬願切。❶風旋轉。《玉篇·風部》:"飇,風轉也。"《集韻·僊韻》:"飇,風回也。"❷旋風。也作"旋"。《正字通·風部》:"飇,回風。本借用旋。"(《大字典》4778B)

xuàn 音宣去聲。旋風。見《正字通》。(《字海》1626B)

按：《玉篇·風部》：“颸，似緣切。風轉。”（94 上左）《正字通·風部》：“颸，舊注旬願切，旋去聲。風轉也。按回風，本借用旋。”（1293 上）《正字通》所言是也。《玉篇校釋》“颸”字下亦云：“案：即‘旋’之俗字。‘飄’下云：‘旋風也。’”（3914）胡氏所言印證了《正字通》之説。《大字典》引《正字通》却未明其意而以其説作爲一個義項，失當；《字海》未加溝通，亦失考證。

13. 烾

（一）yí《集韻》居之切，平之見。又《玉篇》弋之切。然。《玉篇·火部》：“烾，然也。”（二）xī同“熙”。《六書故·天文下》：“熙，別作烾。”（《大字典》2365B，參《字海》974A）

按：此字《説文》《名義》皆未收，《玉篇》收於部末，當即宋人據俗書所增。《玉篇·火部》：“烾，弋之切。然也。”（100 下右）《六書故·火部》：“熙，虛其切。明也。明則廣被，故有廣義焉；明則熙樂，故有樂義焉。別作熹、烾、㷄。”（56 下）戴氏所言是也。《正字通·火部》：“烾，同熙。《六書故》：‘熙，別作烾、㷄。’舊注：音移，然也。又音飢，義同。誤分爲二。”（630 上）《玉篇校釋》“烾”字下亦云：“應爲‘熙’之省作。熙、然同爲光明之義，《淮南·覽冥》：‘非能然也。’高注：‘然，明也。’”（4089）以上二説皆印證了戴氏之説。故“烾”即“熙”字俗省。《大字典》《字海》“烾”字皆誤分爲兩個義項：一義據《玉篇》訓“然”，一義據《六書故》謂同“熙”，俱失當。

14. 嶭

（一）jué《玉篇》巨角切。山名。《玉篇·山部》：“嶭，山名。”（二）huò同“霍”。山名，即南嶽衡山。在今湖南省。《正字通·山部》：“嶭，《爾雅》本作霍。”按：《爾雅·釋山》：“霍山爲南嶽。”陸德明釋文：“霍山，一名衡山，在荆州界。漢在長沙湘南縣。”（《大字典》833B）

jué音決。山名。見《玉篇》。按：《正字通》認爲即《爾雅·釋山》所載的“霍山”。（《字海》461A）

按：《玉篇·山部》：“嶭，巨角切。山名。”（103 上左）《正字通·山部》：“嶭，舊注音腳，引《玉篇》‘山名’。《爾雅》本作霍。”（305 上）《正字通》所言是也。《玉篇校釋》"崲"字下注："案：即南嶽霍山。'巨'當爲'虛'。"（4201）胡氏所言印證了《正字通》之説。故"崲"即"霍"字之俗，《玉篇》音"巨角切"，當因不明其爲"霍"字之俗，又見其左旁所從與"崔"形近而妄改。《大字典》誤分爲兩個義項，非是。《字海》雖引《正字通》之説，然仍音 jué，亦不確。

15. 䯩

dào《集韻》大到切，去号定。❶九十歲。《玉篇・䯿部》："䯩，年九十曰䯩。"❷同"耊"。《集韻・号韻》："耊，或作䯩。"（《大字典》758A）

同"耊"。見《集韻》。（《字海》427A）

按：《玉篇・䯿部》："䯩，徒到切。年九十曰䯩。"（106 上左）《玉篇校釋》"䯩"字下注："《廣韻》《集韻》並以爲'耊'之或體。字從殸無取，古文老字象形作𠤎，與𠤏形相似。"（4350）胡吉宣謂"《廣韻》《集韻》並以爲'耊'之或體"，不確。"䯩"字，《廣韻》未見收録。《集韻》去聲号韻大到切："耊䯩，《博雅》：'老也。'一曰：七年曰耊，或作䯩。"（588）"七年"，宋刻《集韻》及揚州使院重刻本《集韻》俱作"七十"，皆誤。"七年""七十"皆爲"九十"之誤（見本文"耊"字注）。故"䯩"即"耊"字之俗。《大字典》誤分爲兩個義項，失當；《字海》直謂同"耊"，是也。

16. 貅

（一）qiū《玉篇》音丘。獸名。《玉篇・豸部》："貅，獸名。"（二）chū 同"貙"。《正字通・豸部》："貅，俗貙字。"（《大字典》4165B，參《字海》1438C）

按：《玉篇・豸部》："貅，音丘。獸名。"（112 下左）《正字通・豸部》："貅，俗貙字。舊注音丘，汎訓獸名。誤。"（1094 下）《正字通》所言是也。《玉篇校釋》"貅"字下注："應俗簡書'貙'字。"（4686）胡氏所言印證了《正字通》之説。《爾雅・釋獸》："貙，似貍。"（156）《説文・豸部》："貙，貙獌似貍者。從豸，區聲。"（198 上）"貙"，《廣韻》音"敕俱切"。正如《〈可洪音義〉研究》（646）"嶇"俗作"𡾱"、"貙"俗作"貅"等，"貅"亦即"貙"字之俗。"貙"俗作"貅"，後人改其讀爲"音丘"，此當爲望形生音；又改其訓爲"獸名"，此又當爲望形生訓,《玉篇》"貀"字音義皆不可信從。《大字典》《字海》既沿襲《玉篇》之誤,却又以《正字通》之說作爲一個義項,失當。《大字典》《字海》皆應直謂"貀"即"貗"字之俗,即可。

17. 綑

kǔn《集韻》苦本切,上混溪。諄部。❶織。《集韻·混韻》:"綑,織也。"《墨子·非樂上》:"多治麻絲葛緒綑布緣。"王念孫雜志:"緣當爲繰。《集韻》:'綑,織也。'綑布繰,猶言綑布帛。"❷同"捆"。《正字通·糸部》:"綑,同捆。"《古今小説楊八老越國奇逢》:"不期老將軍不行細審,一概綑弔。"❸同"稇(稛)"。《字彙·糸部》:"綑,與稛同。"(《大字典》3629B)

同"捆"。見《正字通》。(《字海》1320B)

按:《玉篇·糸部》:"綑,口本切。亦作裍。"(125 下左)"裍"當即"捆"字之訛。原本《玉篇·糸部》:"綑,口繩反。《字書》:'亦捆字也。捆,緻也;織也;就也;齊等也。在《手部》。'"(652)《玉篇·手部》:"捆,口袞切。取也;齊等也;織也;抒也;纂組也。"(31 上左)故"綑"訓"織也",與"捆"亦爲異體字。《字彙·糸部》:"綑,與稛同。又織也。"(357 下)《正字通·糸部》:"綑,同捆。又織也。"(827 下)《説文·禾部》:"稛,絭束也。"(145 下)"稛",《廣韻》音"苦本切"。"稛""稇"即同字異寫。《吕氏春秋·士節》:"齊有北郭騷者,結罘罔,捆蒲葦,織菲屨,以養其母。"陳奇猷校釋引楊樹達曰:"捆,《説文》作'稛',云:'絭束也。'""綑"訓用繩捆,與"捆""稛(稇)"亦並爲異體字,故《大字典》第三義項應併入第二義項。《大字典》第一義項未加溝通,第三義項誤分,俱失當;《字海》直謂"綑"同"捆",即可。

第四、兩個字音義相同,本爲異體字,現代大型字書却以"一説"形式存在。例如:

1. 矊

同"瞒"。《集韻·銑韻》:"矊,目童子黑。"《正字通·目部》:"矊,本作矊。"明宋濂《思媺人辭》:"脩蛾規而凝黛兮,曼目轉以成矊。"一説"矊"的訛字。清段玉裁《説文解字注·目部》:"矊,按:《方言》矊字當是矊之字誤。"

（《大字典》2699B，參《字海》1065A）

同"矎"。宋濂《思媺人辭》："脩蛾規而凝黛兮，曼目轉以成～。"（《字海》1065A）

按：《方言》卷二："黸瞳之子謂之瞯。"郭璞注："言瞯邈也。"周祖謨校箋云："'瞯'當作'瞯'。"（11）段玉裁於"瞯"字下注："按《方言》瞯字當是瞯之字誤。郭釋爲縣邈，云與上文顯同，非也。縣邈可言目而不可言子。盧童子者，《方言》所謂黸瞳之子也。"（130 上）段氏、周氏所言皆是。《玉篇·目部》："瞯，户犬、户蠲二切。目瞳子也。瞯，同上。"（21 上左）故"瞯"即"瞯"字之俗。《名義·目部》："瞯，下犬反。邈也。"（33 下）"邈也"之訓當爲誤截郭璞注文所致的訓釋失誤，而《玉篇》訓"目瞳子也"，當爲"盧（黸）瞳子也"之誤。箋注本《切韻》（斯 2071）平聲仙韻武連反："矎，瞳子黑。"（118）敦煌本《王韻》平聲仙韻武連反："瞯，瞳子黑。"（368）故宮本《王韻》同。《新撰字鏡·目部》："矎，武延反，平。瞳子黑。瞯，上字。"（99）故"矎"與"瞯"音義並同，當即同字異體。"瞳子黑"與"目童子"義同。楊樹達《積微居小學金石論叢·釋瞯瞤》："愚謂縣之爲言玄也。古者縣、玄音近，故互相訓釋……玄者，黑也。盧童子色黑，故既名曰盧，又名曰瞯矣。"故"矎""瞯"並即"瞯"字之俗，"瞯"變作"矎""瞯"之後，又改其讀爲"武連（延）反"，此即望形生音也。《大字典》《字海》應直謂"瞯""矎"即"瞯"字之俗。

2. 眲

jǔ《集韻》果羽切，上麌見。❶視。《玉篇·目部》："眲，視也。"一説爲"眲"的訛字。《正字通·目部》："眲，眲字之訛。"❷同"矊"。驚視貌。《集韻·嘑韻》："矊，驚視兒。或作眲。"（《大字典》2646B。參《字海》1047B）

按：《玉篇·目部》："眲，九羽切。視也。"（22 下左）《玉篇校釋》"眲"字下注："《類篇》云：'驚視也。與矊同。'本書無'矊'，'矊''眲''眗'並即'眲'之後出或體。"（853）胡氏所言是也。《集韻》上聲嘑韻果羽切："矊，驚視兒。或作眲。"（333）《廣韻》平聲虞韻舉朱切："眲，左右視也。眗，上同。"（43）《集韻》同。《正字通·目部》："眲，眲字之訛。"（733 上）以上諸説皆其證也。"眲""矊"與"眲""眗"音義並近，當爲異體字。《大字典》《字海》直謂"眲"同"矊""眲""眗"，即可。

3. 摼

同"牽"。《集韻·先韻》："牽,《説文》：'引前也。'亦姓。古作摼。"又《霰韻》："摼,挽也。"一説同"掔"。《正字通·手部》："摼,俗掔字。臤,從手,旁加手,贅。"(《大字典》2070B)

同"牽"。字見《集韻》。(《字海》362A)

按：《玉篇·手部》："摼,去賢、去見二切。摼,挽也。"(32 上右)《正字通·手部》："摼,俗掔字。《集韻》作掔,加手,贅。"(423 下)《正字通》所言是也。《玉篇校釋》"摼"字下注："'挽也'者,'摼'與'牽'同。《牛部》：'牽,挽也。'《集韻》《類篇》並以'摼'爲'牽'之重文,惟以爲古文則誤。'摼'从三手,俗字也。"(1300)胡氏所言印證了《正字通》之説。玄應《音義》卷十三："掔,《三倉》云：亦牽字。苦田反。引前也。《廣雅》：牽,挽也；挻也。"(56,頁 1009a17)故"摼"與"牽""掔"音義並同,即爲異體字。《大字典》以《正字通》之説作爲"一説",失當；且引《正字通》引文有誤。《大字典》《字海》直謂"摼"同"牽""掔"即可。

4. 擶

wěi《集韻》愈水切,上旨以。同"捛"。《玉篇·手部》："擶,擶棄。"《集韻·旨韻》："捛,《博雅》：棄也。或作擶。"一説同"遺"。《正字通·手部》："擶,俗遺字。"(《大字典》2098AB)

同"捛",棄。見《集韻》。(《大字典》369C)

按：《玉篇·手部》："擶,羊水切。擶(當爲字頭誤重)棄。"(32 上右)《正字通·手部》："擶,俗遺字。舊注擶訓棄,改音韋,非。"(431 上)《正字通》謂"擶"爲"遺"字之俗,所言是也。《集韻》上聲旨韻愈水切："捛,《博雅》：棄也。或作擶。"(319)《玉篇校釋》於"擶"字下注："《切韻》：'捛,棄也。'即本書之擶棄。擶之言遺也。《詩》'棄予(余)如遺'是也。"(1304)故《大字典》以《正字通》之説作爲"一説",失當。《大字典》《字海》應直謂"擶"本作"遺",同"捛",即可。

5. 馦

piē《集韻》匹蔑切，入屑滂。《玉篇·香部》：“馦，小香也。”一説同
“馣”。《集韻·屑韻》：“馣，馣馣，香也。或作馦。”方成珪考正：“案：馣訛
稛，據《廣雅·釋訓》正。”（《大字典》4712A）

同“馣”。見《集韻》。（《字海》1603A）

按：《玉篇·香部》：“馦，匹結切。小香。”（75 上左）下文又曰：“馣，匹
結切。小香。”（75 上左）故“馦”“馣”音義並同，即爲異體字。《集韻》謂
“馣”或作“馦”，是也。《大字典》以《集韻》之説作爲“一説”，失當。《大字
典》應如《字海》之説直謂“馦”同“馣”，即可。

6. 瀰

mǐ《集韻》母被切，上紙明。水流貌。《玉篇·水部》：“瀰，流也。”《集
韻·紙韻》：“瀰，水流兒。”一説同“灖（瀰）”。《正字通·水部》：“瀰，俗灖
字。舊注音美，水流貌。與灖、瀰義同。”（《大字典》1924A）

mǐ 音米。水流動的樣子。見《集韻》。（《字海》585C）

按：《玉篇·水部》：“瀰，文彼切。流也。”（92 上右）《正字通·水部》：
“瀰，俗灖字。舊注：音美。水流貌。與灖、瀰義同，誤分爲二。”（623 下）
《正字通》所言是也。《玉篇·水部》：“瀹，莫比切。水流兒。”（91 下左）
“瀹”即“瀰”字之俗。《廣韻》上聲薺韻奴禮切：“瀰，水流也。”（181）“瀰”字，
《廣韻》又有“綿婢切”一音。“瀰”與“瀰”“瀰”音義並同，並爲異體字。《大
字典》以《正字通》之説作爲“一説”，《字海》未加溝通，皆有未當。

7. 旰

gàn《玉篇》各汗切。半乾。《玉篇·日部》：“旰，半乾也。”一説“冴”的
訛字。《正字通·日部》：“旰，冴字之訛。《上林賦》‘澔旰’，冴音汗。舊注
音幹，半乾，非。”（《大字典》1618A）

gàn 音甘去聲。半乾。見《玉篇》。（《字海》833B）

按:《玉篇·日部》:"盰,各汗切。半乾也。"(96上右)《正字通·日部》:"盰,泴字之訛。《上林賦》'澔盰',泴音汗。舊注音幹,半乾,非。"(467上)《正字通》所言是也。《玉篇·水部》:"泴,古旦切。乾也。又胡盰切。"(92上)"盰""泴"音同義近,"盰"當即"泴"字之俗。《玉篇校釋》"盰"字下注:"'盰'音同'乾'。乾,燥也。《水部》:'泴,乾也。''盰''泴'一字。"(3994)此亦其證也。《大字典》以《正字通》之説作爲"一説",《字海》未加溝通,皆有未當。又《龍龕》卷四《日部》:"盰,或作;旰,今。古案反。日晚也;晏也。二。"(429)此"盰"又爲"旰"之異體字。《大字典》《字海》此義皆未收,可據補。

8. 陜

chéng《集韻》時征切,平清禪。山地名。《玉篇·阜部》:"陜,山地名。"《集韻·清韻》:"陜,地名。"一説同"郕"。古邑名。《正字通·阜部》:"陜,本作郕。"(《大字典》4438B)

chéng 音成。古地名。見《集韻》。(《字海》160A)

按:此字《説文》、原本《玉篇》、《名義》皆未收,《玉篇》收於部末,當即宋人據俗書所增。《玉篇·阜部》:"陜,市征切。山地名。"(107上右)《正字通·阜部》:"陜,舊注:音成。山地名。按:本作郕,訛作陜,非。"(1237上)《正字通》所言當是。《玉篇校釋》"陜"字下亦曰:"《説文》:'郕,魯孟氏邑。'《切韻》云:'地名。在東平。'本書《邑部》:'郕,東平亢父縣有郕鄉。'又(244)重出'郕',縣名。此'陜'亦或與'郕'同。"(4408)胡氏所言印證了《正字通》之説。"郕",《廣韻》音"是征切"。"陜"與"郕"音同義近,"陜"當即"郕"之異體字。《大字典》《字海》直謂"陜"同"郕",即可。

9. 鷝

bǎo《玉篇》布老切。鳥名。《玉篇·鳥部》:"鷝,鳥也。"《篇海類編·鳥獸類·鳥部》:"鷝,鳥名。"一説同"鴇"。《正字通·鳥部》:"鷝,俗字。鴇作鴼,又作鷝,因聲近而訛。"(《大字典》4983A)

同"鴇"。見《正字通》。(《字海》1699C)

按：此字《説文》《名義》皆未收，《廣韻》《集韻》亦不録，《玉篇》收於部末，當即宋人據俗書所增。《玉篇·鳥部》："鸙，布老切。鳥也。"（114 下左）《正字通·鳥部》："鸙，俗字。鴇作鴇，又作鸙，因聲近而訛。"（1383 上）《正字通》所言是也。《玉篇校釋》"鸙"字下注："疑即（57）'鴇'字。《廣韻》：'鴇，或从保作鴇。'保與寶通，俗或因从寶爲'鴇'。"（4794）胡氏所言印證了《正字通》之説。《説文·鳥部》："鴇，鳥也，肉出尺裁。从鳥，早聲。"（81 上）"鴇"，《廣韻》音"博抱切"。"鸙"與"鴇（鴇）"音義並同，"鸙"當即"鴇（鴇）"通過改換聲符而形成的異體字。《大字典》以《正字通》之説作爲"一説"，不確；《字海》直謂"鸙"同"鴇"，是也。

10. 鰖

wěi《玉篇》以水切。魚名。《字彙·魚部》："鰖，魚名。"一説"鰖（tuǒ）"的俗字。《正字通·魚部》："鰖，俗鰖字。"（《大字典》5029A）

同"鰖"。見《正字通》。（《字海》1717A）

按：《玉篇·魚部》："鰖，以水切。又音唯。"（116 下左）《正字通·魚部》："鰖，俗鰖字。舊注音唯，汎訓魚名，誤。"（1355 上）《正字通》所言是也。《玉篇校釋》"鰖"字下注："字當从隨作'鱅'，'鰖'與上（2）'鰖'及下（240）'鰖'並同。'鰖'下云'魚子已生'，是鰖之言隨也，魚子隨从母魚也。作'鰖''鰖'皆俗省，割裂違于字例。"（4897）胡氏所言印證了《正字通》之説。故"鰖"當即"鰖"字之俗。《大字典》據《字彙》之誤而訓"魚名"，並以《正字通》之俗作爲"一説"，失當。《字海》據《正字通》之説直謂"鰖"同"鰖"，是也。

11. 韢

yù《玉篇》音域。毛皮服飾。《玉篇·韋部》："韢，裘也。"一説同"緎"。《正字通·韋部》："韢，俗緎字……訓裘非。"（《大字典》4800B）

yù 音遇。皮衣。見《玉篇》。（《字海》1635C）

按：《玉篇·韋部》："韢，音域。裘也。"（124 上右）《正字通·韋部》："韢，俗緎字，亦作韢。又縫界曰緎，見《毛詩》傳。舊注音域，訓裘非。"

（1277 上）《正字通》所言是也。《玉篇校釋》“䩓”字下校補注文爲“裘縫
也”，並注曰：“‘裘縫也’原作‘裘也’，今補‘縫’字。《革部》：‘䩓，羔裘之縫。
亦作緎、㲋。’此‘䩓’亦同。縫猶界域然，故‘䩓’直音‘域’。”（5281）胡氏所
言印證了《正字通》之説。《大字典》“䩓”字沿襲《玉篇》義訓之誤，又以《正
字通》之説作爲“一説”；《字海》沿襲《玉篇》義訓之誤，並失妥當。

　　第五、現代大型字書沿謬而虛設義項，遂令一義溝通，一義未加溝通。
例如：

1. 劉

　　liú《廣韻》力求切，平尤來。❶斬刺。《廣韻·尤韻》：“劉，斬刺。”❷同
“摎”。纏繞；糾結。《集韻·尤韻》：“摎，束也；捋也。或从劉。”（《大字典》
2099B）

　　liú 音劉。斬刺。見《廣韻》。（《字海》370A）

　　按：《説文·手部》：“摎，縛殺也。从手，翏聲。”（256 下）《玉篇·手
部》：“摎，力周、居由二切。絞也。《喪服傳》曰：殤之絰，不摎垂。不絞其帶
之垂者。劉，同上。”（30 下左）《玉篇校釋》“摎”字下注：“慧琳四二·十八：
‘摎，亦作劉同。《倉頡篇》：摎，束也。《説文》：縛殺之也。’亦爲本書原文。
《廣雅》三：‘摎，束也。’《釋言》：‘摎，捋也。’《切韻》：‘摎，亦作劉。’”（1223）
胡氏所言是也。敦煌本《王韻》平聲尤韻力求反：“摎，縛殺。秦有摎毒字哀
亥反。亦有（作）劉。”（377）故宮本《裴韻》平聲尤韻力求反：“摎，縛殺。亦
［作］劉。”（560）《廣韻》平聲尤韻力求切：“摎，絞縛殺也。又姓。魏有河内
太守摎尚。”（134）同一小韻下文云：“劉，斬刺。”（134）“劉”字，慧琳《音義》、
《切韻》皆謂同“摎”，義指“縛殺”，《廣韻》卻未對二字加以加溝通，又改“劉”
義爲“斬刺”，於前代字書、韻書皆無徵，其説非是。故《大字典》“劉”字第一
義項、《字海》皆應據慧琳《音義》、《切韻》校爲“縛殺”，並謂同“摎”，方妥。

2. 踘

　　jū《廣韻》居六切，入屋見。又渠竹切。❶蹋。《玉篇·足部》：“踘，踘
蹋也。”《集韻·屋韻》：“踘，踏也。”❷毬，古代一種運動用具，以皮革做成圓

形,中塞柔軟之物。也作"鞠"。(書證、例證皆略)(《大字典》3963A)

　　同"鞠",古代遊戲用的一種皮球。(例略)(《字海》1418A)

　　按:《玉篇·足部》:"踘,九六、其六二切。踘蹋也。"(34下右)"踘蹋"當爲"蹋踘"之倒,《集韻》又訓爲"踏也",亦誤。《玉篇校釋》"踘"字下注文已改爲"蹋踘也",並注曰:"'蹋踘也'者,字本作'鞠',涉'蹋'而爲'踘'。《説文》:'鞠,蹋鞠也。'《切韻》同。"(1439~1440)胡氏所言是也。"蹋踘"即"蹋鞠","踘"當即"鞠"之類化換旁俗字。《大字典》誤分爲兩個義項,失當;《字海》直謂同"鞠",是。

3. 髗

　　yì《集韻》乙力切,入職影。❶同"臆"。胸骨。《集韻·職韻》:"肔,《説文》:'䯏骨也。'或作臆、髗。"方成珪考正:"案,肔訛肔。"❷骨。《玉篇·骨部》:"髗,骨。"(《大字典》4710A)

　　yì音意。胸骨。見《集韻》。(《字海》1601C)

　　按:《玉篇·骨部》:"髗,於力切。骨。"(35上左)《玉篇校釋》"髗"字下注:"《集韻》:'肔,或作臆、髂、髗。'本書:'髂,䯏髂。'字應合併,云:'䯏骨也。'《説文》:'肔,䯏骨也。'"(1468)胡氏所言是也。《新撰字鏡·骨部》:"髗,於力反。匈[骨]也;臆也。髗,上字。"(170)《龍龕》卷四《骨部》:"髗髂,二俗。音意。正作臆。"(482)以上二書皆其證也。故《玉篇》訓"骨",當爲"䯏骨"之省,與"髂""肔""臆"音義並同,即爲異體字。《大字典》誤分爲兩個義項,一義溝通,一義未加溝通,失當。《字海》未加溝通,亦失考證。

4. 穋

　　cè《廣韻》初力切,入職初。❶犁上的鏵。《玉篇·耒部》:"穋,耡也。"❷同"夏"。耡利。《玉篇·耒部》:"穋,亦與夏同。"《集韻·職韻》:"穋,耡利也。或从耒。"(《大字典》2967A~B,參《字海》1168A)

　　按:《玉篇·耒部》:"穋,楚棘切。耡也。亦與夏同。"(75上右)《玉篇校釋》"穋"字下注:"'耡也。亦與夏同'者,《爾雅·釋訓》:'夏夏,耡也。'舍人注:'耡入地之兒。'《釋文》:'夏,字或作穋。''穋'即'穋'之形誤。《爾雅》

釋《詩》'畟畟良耜'義,故字从耒。"(2969)胡氏所言是也。《玉篇》謂"耝也。
亦與畟同",此"耝"當指"耝利也",而非指"犁上的鏵"。《名義·耒部》:
"耰,楚(棘)反。耝嚴利也。"(147 上)此即其證也。故《大字典》《字海》第
一義項皆因誤解引文而誤,直謂"耰"同"畟",即可。

5. �輎

táng《集韻》徒郎切,平唐定。❶大車。《玉篇·車部》:"輎,大車也。"
《正字通·車部》:"輎,輎輨,大車也。"❷同"輎"。兵車。《集韻·唐韻》:
"輎,兵車也。或从堂。"(《大字典》3790B,參《字海》1364C)

按:《玉篇·車部》:"輎,徒郎切。"(86 下左)此字義闕。《玉篇校釋》
"輎"字下注:"原本:'徒郎反。《埤倉》:輎輨,軝軨也。'《切韻》平聲徒郎反:
'輎輨,軝軨也。'亦本《埤倉》。《廣韻》作'輎輨','輎''輎'一字,原本寫奪
'輨'字。宋本部末有'輎輨,軝軨。''輨'字依例應列'輎'次,云:'《埤倉》輎
輨也。''輎'據後增字例應當爲'輎'之重文。"(3510)胡氏所言是也。《名
義·車部》:"輎,輎輨,軝軨。"(184 上)故"輎"本訓"輎輨",義同"軝軨",即
指"兵車"。元刊本《玉篇·車部》:"輎,徒郎切。大車也。"元刊本《玉篇》訓
爲"大車也",於文獻無徵,非是。《大字典》《字海》沿謬而妄增此義,亦非。
《大字典》《字海》第一義項皆應删。

6. 颭

lì《集韻》力質切,入質來。❶風。《玉篇·風部》:"颭,風也。"❷同
"颲"。風雨暴疾。《集韻·質韻》:"颲,《說文》:'風雨暴疾也。'或从栗。"
(《大字典》4783B)

同"颲"。見《集韻》。(《字海》1628C)

按:《玉篇·風部》:"颭,力質切。風。"(94 下右)《玉篇校釋》"颭"字下
注:"《切韻》:'颲,亦作颭。'《集韻》以爲'颲'或體。《說文》:'颲,讀若栗。'
闓《七月》詩作'栗'也。"(3918)胡氏所言是也。《新修玉篇》卷二十《風部》
引《玉篇》:"颭,力質切。暴風。同作颲。"(177 上右)此亦其證也。故《玉
篇》訓"颭"爲"風",當爲"暴風"之脱誤。《大字典》沿謬誤分二義,非也;《字

海》直謂同"颮",是也。

7. 曤

（一）piǎo《玉篇》匹表切。日暖貌。《玉篇·日部》："曤,日暖皃。"（二）bào 同"曝（暴）"。《字彙·日部》："曤",同"曝"。（《大字典》1653A,參《字海》846B）

按:《玉篇·日部》："曤,匹表切。"（96 上右）元刊本《玉篇·日部》："曤,匹表切。日暖皃。"元刊本訓爲"日暖皃",亦爲後人不識而妄補,不足據。《玉篇校釋》"曤"字下注:"案:即上（57）'暴'之重文'曝'。與下'曤'亦同。"（3992）胡吉宣謂"曤"即"曝"字,是也;然謂"曤"與"曤"亦同,非是。"曤",《廣韻》音"匹妙切"。"曤"與"曤"義同音别,二字不可混同。"曤"當即"曝"通過偏旁易位而形成的異體字。《字彙·日部》："曝,古文暴字。曤,同上。"（203 上）《正字通·日部》："曤,同曝。"（473 上）以上諸説皆其證也。《大字典》《字海》既據《字彙》之説謂同"曝（暴）",却又以元刊本《玉篇》之訓作爲一個義項,前後矛盾,俱失妥當。

8. 骾

（一）xíng《集韻》乎經切,平青匣。骨。《玉篇·骨部》："骾,骨也。"（二）jìng 同"脛"。《正字通·骨部》："骾,同脛。"（例略）（《大字典》4701B）

同"脛"。見《正字通》。（《字海》1599A）

按:《玉篇·足部》："骾,户經切。骨也。"（35 上右）《玉篇校釋》"骾"字下注:"《集韻》下平青韻同,當爲脛骨也。《肉部》:'脛,腓腸前骨也。'《足部》:'踁,腳踁。與脛同。''骾''脛''踁'三字同。"（1465）胡氏所言是也。《新撰字鏡·骨部》："骾,脛字同。□甯反,去。膝下也。"（171）"脛",《廣韻》音"胡定切",又音"胡頂切"。故《玉篇》訓"骨也",當即"脛骨也"之誤省。"骾"即"脛"因涉義改換義符而形成的異體字。《大字典》誤分爲兩個義項,一義溝通,一義未加溝通,失當;《字海》直謂同"脛",是也。

9. 鰖

tuǒ《龍龕手鑑》他果反。❶魚名。《玉篇·魚部》：“鰖，魚名。”❷同“鱦”。剛孵化出來的魚苗。《龍龕手鑑·魚部》：“鱦，正；鰖，今。魚子已生也。”（《大字典》5015A）

同“鱦”。見《正字通》。（《字海》1711B）

按：《玉篇·魚部》：“鰖，音妥。魚名。”（116下左）《玉篇校釋》“鰖”字下注：“‘鰖’即‘鱦’省。”（4897）胡氏所言是也。《龍龕》卷一《魚部》：“鱦，正；鰖，今。他果反。魚子已生也。”（169）《正字通·魚部》亦云：“鰖，同鱦，俗省。”（1350下）以上諸書皆其證也。故“鰖”當即“鱦”字之俗。《玉篇》訓“魚名”，非是。故《大字典》據《玉篇》之誤所增“魚名”之訓應刪，應如《字海》直謂“鰖”同“鱦”，方妥。

第六、現代大型字書援引前説却失於揀擇，亦令讀者不知所從。例如：

1. 寔

（一）xià《集韻》虛訝切，去禡曉。同“塒”。縫隙；裂縫。《玉篇·宀部》：“寔，隙也。”《集韻·禡韻》：“塒，《説文》：‘墽也。’亦作寔。”（二）sāi 同“塞”。堵塞。《正字通·宀部》：“寔，六書‘寔’同‘塞’。……窒也。今作‘塞’，與‘罅’音義別。”（《大字典》997A，參《字海》618B）

按：《玉篇·宀部》：“寔，火訝切。寔隙也。”（54下右）《正字通·宀部》：“寔，舊注：呼嫁切，音罅。寔隙。按：六書‘寔’同‘塞’。從宀、從珡。珡音展。從廾，象兩手捧塞形，窒也。篆作𡪡，今作‘塞’，與‘罅’音義別。”（269上）《正字通》所言是也。《玉篇校釋》“寔”字下注亦云：“‘寔’誤合‘塒’‘塞’爲一字，應刪。《土部》：‘塒，呼嫁切。坼也。’又：‘塞，隔也；蔽也。’《珡部》：‘窦，先例切。窒也。今作塞。’‘寔’即‘窦’之隸變，增此亦當列‘窦’下爲重文。《集韻·禡韻》‘塒’亦作‘寔’，亦誤。”（2164）胡氏所言印證了《正字通》之説。故“寔”當同“窦”“塞”。《大字典》《字海》既引《正字通》之説，又據《集韻》溝通“寔”與“塒”，失當。“寔”即“窦”之隸定字。《大字典》《字海》直謂“寔”同“窦”“塞”，即可。

2. 魤

（一）é《廣韻》五禾切，平戈疑。魚名。《廣韻·戈韻》：“魤，魚名。”（二）huà《集韻》火跨切。魚名。《集韻·禡韻》：“魤，《說文》：‘魚名。’”按：《說文·魚部》作“魮”。《正字通·魚部》：“魤，同魮。”（《大字典》4988B）

（一）é音俄。一種魚。見《玉篇》。（二）huà音化。一種魚。見《集韻》。（《字海》1701C）

按：《玉篇·魚部》：“魤，五何切。”（116下右）此字義闕。《正字通·魚部》：“魤，同魮。”（1341上）《正字通》所言是也。《玉篇校釋》“魤”字下注：“《廣韻》戈韻五禾切：‘魚名。’本書缺義，元刊云：‘魚屬。’案：《說文》作‘魮’，云‘魚名’，本書下（257）：‘魮，音化。魚也。’明‘魮’‘魤’一字，《篇》《韻》皆分化爲二字。”（4890）胡氏所言印證了《正字通》之說。《集韻》去聲禡韻火跨切：“魤，《說文》：‘魚名。’”（596）《集韻》引《說文》俗作“魤”，此亦其證也。故“魤”當即“魮”通過改換成與字音更爲接近的聲符而形成的異體字。《玉篇》改音“五何切”，非是。《廣韻》音“五禾切”，此當爲《玉篇》所誤。《大字典》《字海》直謂“魤”即“魮”字之俗，即可。

（七）訂正誤作認同之誤

《大字典》《字海》也存在一些因承訛襲謬而將本不是異體關係的字誤認爲異體字的現象。通過對《玉篇》疑難字的研究，我們也能對這些失誤作出更正，從而爲以後大型字書的修訂與完善提供參考。

1. 埥

（一）qīng《玉篇》七盈切。青精土。《玉篇·土部》：“埥，青精土也。”（二）zhēng 同“埩”。《正字通·土部》：“埥，同埩。埩之爲埥，猶崝之爲峥，音義通。”（《大字典》（481A），參《字海》（229A）

按：《玉篇·土部》：“埥，七盈切。青精土也。”（8下左）《正字通·土部》：“埥，同埩。埩之爲埥，猶崝之爲峥，音義通。舊注音清，引《玉篇》‘精土’，非。”（194上）《說文·土部》：“埩，治也。从土，爭聲。”（290上）《玉篇·土部》：“埩，仕耕切。耕治也。”（8上右）“埥”“埩”音義俱別，二字不應混同,《正字通》據"峥"同"崝"即謂"埥"同"埩",然"峥""崝"音義並同,而"埥""埩"音義俱別,其説非是。《大字典》《字海》"埥"字下皆據《正字通》之謬而增加一個義項謂"埥"同"埩"("埩""埩"即新舊字形之異),俱失考證。

2. 伹

jù《集韻》遵遇切,去遇精。伹促。《玉篇・人部》:"伹,伹促也。"《集韻・遇韻》:"伹,促也。"(《大字典》207A)

同"伹"。字見《玉篇》。(《字海》77C)

按:《玉篇・人部》:"伹,子句切。伹促也。"(15下右)《玉篇》注文之"伹"當即字頭之誤重於此。《集韻》去聲遇韻遵遇切:"伹,促也。"(496)此即其證也。此"促"當指"緊迫""急速"之義。《廣韻》入聲燭韻渠玉切:"伹,伹促,短小。"(376)"伹"與"伹"音近義別,二字不可混同,《字海》謂"伹"同"伹",非是。《玉篇校釋》"伹"字下注曰:"《集韻》同。《切韻》:'趣,向也。'云:'亦作伹。'(遇韻七句反)本書《走部》:'趣,遽也,疾也。'本部:'促,速也,迫也。'促、趣、伹聲相轉。"(548)胡吉宣謂"《切韻》:'趣,向也。'云:'亦作伹'",非是。敦煌本《王韻》去聲遇韻七句反:"趣,向。又七俱反。亦作取。"(405)故宮本《王韻》(493)同。《正字通・人部》:"伹,舊注:音聚。促也。按:經史訓促者借用趣,亦作趨,故《正韻》去聲四御收趨、趣,闕伹,《篇海》伹音左平聲,亦非。"(46下)《正字通》所言當是。《説文・走部》:"趣,疾也。从走,取聲。"(35下)"趣",《廣韻》音"七句切"。"疾""促"義同,故"伹""趣"音近義同,"伹"當即"趣"之異體字。

3. 懣

同"懣"。《字彙・心部》:"懣",同"懣"。(《大字典》2506B)

同"懣"。見《正字通》。(《字海》1001A)

按:《玉篇・心部》:"懣,莫本、亡困、亡旱三切。煩也。懣,同上。"(40下右)《新撰字鏡・心部》:"懣,莫本反。煩也;悶也;憤也。懣,上字古文。"(125)慧琳《音義》卷八七《破邪論》卷上:"懣,門本反。王逸注《楚辭》云:

‘懣亦憒也。’《倉頡篇》云：‘悶也。’《説文》云：‘煩也。從心，滿聲。’古文作
㒼，義亦同。”（59，頁117b8）希麟《音義》卷十《琳法師别傳》卷上亦云：“懣，
門本反。王逸注《楚辭》云：‘懣亦憒也。’《倉頡篇》云：‘悶也。’《説文》云：
‘煩也。從心，滿聲。’古文亦作㒼字。”（59，頁419a7）《廣韻》上聲緩韻莫旱
切：“懣，煩悶。㒼，古文。”（193）《集韻》上聲緩韻母伴切：“懣㒼，煩也。或
省。”（369）“㒼”“懣”音義並同，“㒼”當即“懣”之異體字，而非其古文。《字
彙·心部》：“懑，謨官切，音瞞。忘也。㒼，同上。”（164下）《説文·心部》：
“懑，忘也，懑兜也。从心，㒼聲。”（220下）“懑”，《廣韻》音“母官切”。“㒼”
“懑”儘管構字部件相同，然音義俱别，二字不可混同，故《字彙》之説非是。
《正字通·心部》：“㒼，同懣省。六書滿、瞞並從㒼，非。㒼與懑别，舊注改
音瞞，訓忘，分二字，誤。”（380上）《正字通》此説是也。《正字通·心部》下
字注曰：“懑，懑懣並同。”（380上）“懑”“懣”音義俱别，《正字通》此謂“懑”
“懣”同，前後矛盾，其言非是。故“㒼”即“懣”字之俗。《大字典》《字海》應
據正。

4. 詢

　　（一）jùn《廣韻》九峻切，去震見。又下珍切。欺騙。《廣雅·釋詁二》：
“詢，欺也。”《廣韻·真韻》：“詢，誑也。”《廣韻·震韻》：“詢，欺言。”（二）yùn
《正字通》于訓切。同“韵”。《正字通·言部》：“詢，韵、韻並同。”（《大字典》
4207B，《字海》1453A）

　　按：原本《玉篇·言部》：“詢，居儶反。《倉頡篇》：‘詢，言誰也。’《廣
雅》：‘詢，欺也。’”（296）《玉篇·言部》：“詢，居俊切。欺也。”（43下右）《廣
雅·釋詁二》：“詢，欺也。”《廣韻》平聲真韻下珍切：“詢，誑也。”（60）下文去
聲震韻九峻切又曰：“詢，欺言。”（298）《集韻》去聲稕韻九峻切：“詢，《博
雅》：‘欺也。’或作訇。”（543）同一小韻下文均俊切又曰：“詢，欺誑也。”
（544）《字彙·言部》：“詢，居運切，音郡。欺言。”（449下）《正字通·言
部》：“詢，韵、韻並同。舊注音郡，訓欺言，誤。又《六書統》‘訇’大篆作
‘詢’。詢，于訓切。和也。與韵同。訇與韵溷，非是。”（1055下）《六書統》
謂“訇”大篆作“詢”，於前代字書、韻書皆無徵，《集韻》雖謂“詢”或作“訇”，
但此“訇”音“九峻切”，訓“欺也”，與《説文》所收音“呼宏切”、訓“駭言聲”之

“旬”當爲同形字，故此説疑不可信；又《六書統》謂“韵”音“于訓切”，訓“和
也”，於前代字書、韻書亦無徵，此説亦不可信。原本《玉篇·音部》：“韻，爲
鎮反。《聲類》：‘音和[曰]韻也。’”（312）《廣韻》去聲問韻王問切：“韻，和
也。”（300）《集韻》去聲㤗韻王問切：“韻，《説文》：‘和也。’或作韵。”（546）故
“韵”與“韵（韻）”音義俱别，二字不可混同，《正字通》謂“韵”同“韵”“韻”，非
是。《大字典》《字海》收録“韵”字，皆據《正字通》之説而收録一個義項謂同
“韵”，疑並非是。

5. 楢

（二）yǒu《集韻》以九切，上有以。同“櫙”。聚集（木柴以備燃燒）。《集
韻·有韻》：“櫙，積木燎之也。或作栖。”方成珪考正：“注文楢訛作栖。”
（《大字典》1345B）

　　按：《集韻》上聲有韻以九切：“櫙楢栖，積木燎之也。或作楢、栖，通作
藋。”（432）方成珪《集韻考正》卷六：“案：正文禉、注文楢並訛作栖，據宋本
及《類篇》正。”方成珪之説非是。宋刻《集韻》上聲有韻以九切：“櫙楢栖，積
木燎之也。或作楢、禉，通作藋。”（124）通過與宋刻本《集韻》的互校，可以
發現注文“栖”即“禉”字之誤。“楢”與“禉”“櫙”音同義别，而“禉”與“禉”
“櫙”爲異體字，“楢”“禉”形近，故“楢”當即“禉”之形誤。《大字典》謂“楢”
同“櫙”，非是，此條義項當删。然此誤來源已久，並非始於《集韻》，自《切
韻》《廣韻》已然。《廣韻》平聲尤韻以周切：“楢，積也。又音酉。”（135）余迺
永《校注》云：“按本字應作‘禉’，而‘楢’乃有韻與久切訓‘柞栖木’之‘栖’
字或體，按《説文》：‘楢，柔木也。工官以爲軟輪。’無‘積’之義；蓋訓‘積’之
字當作‘禉’或‘櫙’，段注本《説文》：‘櫙，積木燎之也。从木、火，酉聲。
《詩》曰：薪之櫙之。《周禮》：以櫙祠司中司命。禉，櫙或從示，柴祭天神
也。’與本書有韻與久切下之‘櫙’字注：‘積木燎以祭天也。楢，上同（禉，此
訛从禾，當正）。’正足互證。又此紐之末另見‘楢’字，訓‘柞栖木’。尤證本
切之字不得作楢，固‘禉’之誤字。《王一》《王二》及《全王》以周反俱有‘禉’
字，訓‘燎’，又以尋反。’‘禉’爲‘禉’字或體，則訓‘積’之‘楢’爲‘禉’之誤甚
明。然本書小韻尺沼切‘栖’字注：‘赤木名，又音猶、音酉。’《玉篇》：‘楢，以
周、赤沼二切，柔木也。’即本切之下，亦應互見一‘楢’字。特《廣韻》以‘栖、

禉'二字形近,故訛刻訓'積木燎'之'禉'字从木旁而混同於'楢','楢'字遂爾失落。"(679～680)余氏所言是也。箋注本《切韻》(斯 2071)上聲有韻(與九反):"楢,積木燎。"(138)故宫本《王韻》(486)亦同。故《廣韻》訓"楢"爲"積也",當即"積木燎也"之省。《説文・木部》:"槱,積火燎之也。从木,从火,酉聲。《詩》曰:'薪之槱之。'《周禮》:'以槱燎祠司中司命。'禉,柴祭天神,或从示。"(125 上)《玉篇・示部》:"禉,以久、以州二切。燎也,柴祭天也。"(4 上左)此"楢"與"禉"音義並同,又"木"旁、"示"旁俗寫常可訛混,故"禉"訛作"楢"。《集韻》沿襲《廣韻》之謬,誤認"楢"爲"槱"之異體,《大字典》又承《集韻》之謬而未加辨析,非是。

6. 樜

《説文》:"樜,木。出發鳩山。从木,庶聲。"zhè《廣韻》子夜切,去禡章。又商署切。魚部。同"柘"。木名。《説文・木部》:"樜,木。出發鳩山。"《廣韻・御韻》:"樜,木名。"又《禡韻》:"樜",同"柘"。(《大字典》1376A,参《字海》775A)

按:《玉篇・木部》:"樜,之夜、舒預二切。大木,出發鳩山。"(60 上右)《玉篇校釋》"樜"字下注:"'大木,出發鳩山'者,《説文》:'樜,大木,出發鳩山。'《北山經》:'發鳩之山,其上多柘木。'假柘爲之。本書:'柘,木名。亦作樜。'《廣韻》直以'樜'爲重文,非也。'柘'爲柘桑,所在皆有,非如'樜'爲大木,止出發鳩山者,第聲近通假耳。"(2357)胡氏所言是也。《名義・木部》:"樜,詩踞反。庶(應爲直音用字)。大木也。"(117 下)《名義・木部》下文又曰:"柘,之夜反。蚕所食也。"(118 上)敦煌本《王韻》去聲御韻式據反:"樜,木名。"(405)又去聲禡韻之夜反:"柘,木名。"(415)故宫本《王韻》同。故宫本《裴韻》去聲御韻未見"樜"字,而於去聲禡韻之夜反下云:"柘,木名。"(600)"樜""柘"二字,《説文》《名義》《切韻》皆未加認同,可見二字本非一字。今本《玉篇》"柘"字下謂:"亦作樜",此"亦作"當指通假關係,而非異體關係。《廣韻》"柘"字下直謂"樜"同"柘",非是,當因不明通假而誤作認同。《大字典》《字海》沿襲《廣韻》之謬而謂"樜"同"柘",亦失考證。

7. 蕍

同“萸”。《玉篇·艸部》：“蕍，草名。”《康熙字典·艸部》：“蕍，《唐韻》作萸。”（《大字典》3500A，參《字海》288C）

按：《玉篇·艸部》：“蕍，俞主切。草名。”（67 下左）《玉篇校釋》“蕍”字下注：“‘草名’者，《切韻》同，《廣韻》云‘百蕍草’，《集韻》作‘薜蕍草’，本《釋草》文，字亦不从艸，郭云‘未詳’，釋文：‘庾字或作蕍，羊朱反，孫炎音臾。’《廣韻》‘百蕍’即‘薜蕍’之聲轉。”（2691）胡氏所言是也。《名義·艸部》：“蕍，瑜縷反。薜蕍草。”（138 上）可見原本《玉篇》亦引《爾雅》爲訓。《集韻》平聲虞韻容朱切：“蕍庾，薜蕍，艸名，或省。”（83）此即其證也。故“蕍”義爲“薜蕍”，本作“庾”。《康熙字典·艸部》：“蕍，《唐韻》作萸。”（1058）《説文·艸部》：“萸，茱萸也。从艸，臾聲。”（21 下）“萸”，《廣韻》音“羊朱切”。“蕍”“萸”儘管音同，但並未見有言“薜蕍”同“茱萸”者，故《康熙字典》謂“蕍”同“萸”，非是。《大字典》《字海》並據《康熙字典》之謬而謂“蕍”同“萸”，俱失考證。

8. 篧

同“箙”。《集韻·屋韻》：“箙，或作篧。”（《大字典》3228B，參《字海》1256C）

按：《玉篇·竹部》：“篧，符木切。”（72 上右）此字《玉篇》義闕。《玉篇校釋》“篧”字下注：“義闕，元刊云‘竹器名’，非也。《集韻》以爲‘箙’之或體。案與‘箙’同，竹實也。《竹譜》云：‘根幹將枯，花篧乃縣。’《切韻》作篧，《廣韻》作‘箙’，可證本爲一字。”（2855）胡氏所言是也。《名義·竹部》：“篧，方目反。竹實中（‘中’字當衍）。”（143 下）《新撰字鏡·竹部》：“篧，方六切，入。竹實。”（457）箋注本《切韻》（斯 2071）入聲屋韻方六反：“篧，竹實。”（140）故宮本《王韻》入聲屋韻方六反：“篧，竹實。”（510）故宮本《裴韻》入聲屋韻方六反：“箙，竹實中（‘中’字亦當衍）。”（604）蔣本《唐韻》入聲屋韻方六反：“篧，竹實。”（686）《廣韻》入聲屋韻方六切：“箙，竹實。”（369）晉戴凱之《竹譜》：“竹生花實，其年便枯死。箙，竹實也。”“箙”“篧”“篧”與

"複"音義並同,並即"複"之異體字。《説文・竹部》:"箙,弩矢箙也。从竹,服聲。"(98 上)《集韻》入聲屋韻房六切:"箙,《説文》:'弩矢箙也。'或作複。"(640)"複""箙"音同,但形義俱別,《集韻》謂"箙"或作"複",於以上諸字書、韻書皆無徵,其言非是。《大字典》《字海》據《集韻》之謬而謂"複"同"箙",俱失考證。

9. 麷

同"䊠"。《漢書・地理志下》:"(交趾郡)縣十:麷泠,都尉治。"吳承仕《經籍舊音辨證》卷五:"麷即䊠之變體。"唐司空圖《復安南碑》:"營開懇石,陣壓麷冷〔泠〕。"(《大字典》5046B,參《字海》1298B)

按:《漢書・地理志下》:"交趾郡,戶九萬二千四百四十,口七十四萬六千二百三〔十〕七。縣十:羸陋,安定,苟屚,麷泠,曲易,北帶,稽徐,西于,龍編,朱䣋。"應劭曰:"麷音彌。"孟康曰:"音螟蛉。"師古曰:"音䊠零。"(1629)"麷泠",《後漢書》亦同。故"䊠"當即"麷"之直音用字,而非"麷"之異體。吳承仕謂"麷"即"䊠"之變體,非是。《大字典》《字海》沿襲謬説而謂"麷"同"䊠",俱失考證。《説文・米部》:"𥽪,潰米也。从米,尼聲。交阯有𥽪泠縣。"(147 下)《玉篇・米部》:"𥽪,亡丁切。潰米也。交阯有𥽪泠縣。又音彌。亦作麷。麷,莫卑切。見上注。"(75 下右)故"麷"與"𥽪"音義並同,即爲異體字。

10. 㙨

同"垔"。《玉篇・臼部》:"㙨,古文垔。"(《大字典》3246B,參《字海》1264C)

按:《玉篇・臼部》:"㙨,移鄰切。古文也。"(76 上右)《玉篇校釋》"㙨"字下注:"元刊本云'古文垔',皆非也。《土部》'垔'之古文作'𡎸',此當云:'古文寅。'寅'下古文作'𡩟','𡩟'傳寫訛變爲'㙨',遂以爲从臼而增入於此,僞字應删。"(3007)胡氏所言是也。《新修玉篇》卷十五《臼部》引《玉篇》:"㙨,移鄰切。辰名。"(139 上右)此即其證也。《説文・寅部》:"寅,髕也,正月陽氣動,去黄泉欲上出,陰尚强,象宀不達,髕寅於下也。凡寅之屬皆从寅。鑘，古文寅。"（310 下）《廣韻》平聲脂韻以脂切："寅，辰名。《爾雅》云：'太歲在寅曰攝提格。'又引人切。"（22）《集韻》平聲諄韻夷真切："寅，《説文》：'髕也，正月陽氣動，去黄泉欲上出，陰尚强，象宀不達，臏寅於下也。'古作鑘、宷、㝅、皀。"（125）《五音集韻》平聲真韻翼真切："寅，辰名。《説文》作寅。鑘、鑫、宷、鑘、寅、皀，並古文。"（37 上）"鑘""鑫""鑫"並即"寅"字古文，"曡"與"鑘""鑫""鑫"諸字音義並同，且形體相近，"曡"當即"寅"之古文"曡"字俗訛。"鑘"到"曡"的演變軌迹應當如下：《説文》"寅"字古文"鑘"俗寫作"鑫"，"鑫"又俗寫作"鑫"，"鑫"經俗寫進一步訛變作"曡"。元刊本《玉篇·曰部》："曡，移鄰切。古文亜。"《説文·土部》："亜，塞也。《尚書》曰：'鯀亜洪水。'从土，西聲。壺，古文亜。"（288 下）"亜"，《廣韻》"於真切"。"曡"與"壺（亜）"儘管音近，但形義俱別，二字不可誤作認同，元刊本《玉篇》謂"曡"爲古文"亜"，或因"壺（亜）""鑘（寅）"音近而誤混。明楊慎《奇字韻》卷二平聲先韻："曡，《玉篇》古文亜字，從曰。鐘鼎文多借爲寅字，古寅、亜通。"（381 下）楊慎謂"曡"爲古文"亜"字，此亦因承襲元刊本《玉篇》之謬而誤也。楊慎謂"曡，鐘鼎文多借爲寅字，古寅、亜通"，此説亦不可信。"曡"本"寅"之《説文》古文"鑘"字俗訛，二者之間並非借用關係，儘管"寅""亜"音近，然文獻中未見"寅""亜"二字相通的例證，故其説亦不足據。《大字典》《字海》皆據元刊本《玉篇》謬説而謂"曡"同"亜"，非是。

11. 刮

guā《集韻》姑華切，平麻見。割。《玉篇·刀部》："刮，割也。"按：《正字通·刀部》以爲"刳"的俗字。（《大字典》362A）

同"刳"。見《正字通》。（《字海》1101A）

按：此字《説文》《名義》皆未收，當即宋人據俗書所增。《玉篇·刀部》："刮，古花切。割也。"（82 上左）《正字通·刀部》："刮，俗刳字。"（91 上）《説文·刀部》："刳，判也。从刀，夸聲。"（91 下）《玉篇·刀部》："刳，苦孤切。空物腸也；判也；屠也。《易》曰：'刳木爲舟。'"（82 上右）"刮"與"刳"音義俱別，二字不可混同，《正字通》之説非是。《大字典》以《正字通》之説作爲按語，《字海》據《正字通》之説直謂"刮"同"刳"，俱失考證。《玉篇校釋》

"刜"字下注:"《集韻·麻韻》同,應與'剐'同。"(3281)胡氏所言疑是。《玉篇·刀部》:"剐,古瓦切。剔肉值(置)骨也。《説文》作冎。"(82下右)"刜"與"剐"音義皆近,疑即異體字。

12. 鎙

(一)shuò《集韻》色角切,入覺生。鎙鎙。《玉篇·金部》:"鎙,鎙鎙也。"《集韻·覺韻》:"鎙,鎙也。"(二)xuē 同"削"。《正字通·金部》:"鎙,俗削字。"(《大字典》4555A,參《字海》1534A)

按:《玉篇·金部》:"鎙,音朔。鎙鎙。"(84下左)《集韻》入聲覺韻色角切:"鎙,鎙也。"(660)《字彙·金部》:"鎙,色角切,音朔。鎙鎙。"(508下)《正字通·金部》:"鎙,俗削字。"(1208上)《方言》卷九:"劍削,自河而北燕趙之間謂之室,自關而東或謂之廓,或謂之削,自關而西謂之鞞。"《説文·刀部》:"削,鞞也。一曰析也。从刀,肖聲。"(91上)《玉篇·刀部》:"削,思妙切。所以貯刀劍刃。"(81下左)"削"本義指"裝刀劍的套子"。故"鎙"與"削"音義俱別,二者本非一字,《正字通》之説非是。《大字典》《字海》皆沿襲《正字通》之謬而誤作認同,妄增一個義項,並非。

13. 潧

zhēn《廣韻》側詵切,平臻莊。諄部。同"溱"。古水名。在今河南省新密市東北,東南流會洧水。《説文·水部》:"潧,水。出鄭國。《詩》曰:'潧與洧,方渙渙兮。'"《集韻·臻韻》:"潧,通作溱。"《水經注·潧水》:"潧水出鄭縣西北平地,東過其縣北,又東南過其縣東,又南入於洧水。"(《大字典》1873B,參《字海》572A)

按:《説文·水部》:"潧,水。出鄭國。从水,曾聲。《詩》曰:'潧與洧,方渙渙兮。'"(227上)《玉篇·水部》:"潧,側銀切。水。出鄭國。亦作溱。"(89上左)《玉篇校釋》"潧"字下注:"《説文》:'潧,水。出鄭國。'亦作溱'者,《毛詩》假'溱'爲之。《説文》引《詩》曰:'潧與洧,方渙渙兮。'今《鄭風·潧洧》篇作'溱'。《水經》:'潧水出鄭縣西北平地。'酈注:'潧水出鄶城西北雞絡塢下,南注於洧,《詩》所謂溱與洧者也。'《廣韻》:'潧,水名,在鄭國,出《説文》,此水南入洧,《詩》作'溱洧',誤。'"(3660)胡氏所言是也。段玉裁《説文解字注》"潧"字下注:"《説文》《水經》皆云:'潧水在鄭,溱水出桂陽。'蓋二字古分別如是,後來因《鄭風》異部合韻,遂形聲俱變之耳。"(535)段氏之説是其證也。故"潧""溱"音同義別,本非一字,《説文》引《詩》作"潧",今本作"溱"者,即"潧"之假借,因二字音同可相假借。《大字典》《字海》"潧"字下直謂同"溱",皆因不明二字的字際關係而誤。《大字典》《字海》"溱"字下却又增收此義,亦非。

14. 浕

jǐng《廣韻》徂醒切,上迥從。❶〔浕潃〕小水貌。《廣韻·迥韻》:"浕,浕潃,小水皃。"❷同"阱"。《正字通·水部》:"浕,籀文阱从水。"(《大字典》1669B,參《字海》530C)

按:《玉篇·水部》:"浕,口冷切。浕涏,小水皃也;漂流也。"(91上右)《新修玉篇》卷十九《水部》引《玉篇》:"浕,去挺切。浕涏,小水皃也;漂流也。《韻》又徂醒切。浕潃,小水皃。"(164下右)《篇海》卷十二《水部》引《玉篇》:"浕,口冷切。～涏,小水皃;又漂流也。"(764下)《名義·水部》:"浕,口冷反。[浕]涏,小水名(皃)也;漂流也。"(195下)《廣韻》上聲迥韻徂醒切:"浕,浕潃,小水皃。"(217)《字彙·水部》:"浕,棄挺切,音罄。浕涏,小水貌;又漂流也。又疾郢切,音近静。浕潃,小水。"(241)《正字通·水部》:"浕,籀文阱从水,篆作𨙹。"(576上)《説文·井部》:"阱,陷也。从𠬝,从井,井亦聲。穽,阱或从穴。𣲒,古文阱从水。"(101上)"阱",《説文》篆文作"𨸁"。"阱",《廣韻》音"疾郢切"。"阱"字《説文》古文作"𣲒",未見"阱"字有籀文作"浕"者;"浕"字《説文》篆文作"𨸁",而非作"𨙹"。"浕"與"阱(𣲒)"雖然音同,然意義區別其明,二字不可混同,故《正字通》之説非是。《可洪音義》卷二二《法句經》:"霁,徂頂反。小水也。正作浕也。《法句喻經》云:'如壞穽水。'是也。"(60,頁243a13)《可洪音義》卷二二《法句喻經》第一卷又曰:"穽,自井反。小水也。正作浕。"(60,頁244c14)此"霁""穽"訓"小水也",並即"浕"字之俗,而非"阱"之異體字。韓小荊《〈可洪音義〉研究》(519)"阱"字下將《可洪音義》上文"霁""穽"二字作爲"阱"之異體字,字際關係溝通有誤。《大字典》《字海》"浕"字下皆據《正字通》之誤而增加一個義項謂同"阱",俱失考證。

15. 奊

（二）kuā 同"夸"。《正字通‧大部》："奊，俗字。自大。通作夸。"（《大字典》579A）

按：《名義‧大部》："奊，仕下反。自大。"（208 下）《玉篇‧大部》："奊，仕下切。夸奊，自大。"（99 上左）《正字通‧大部》："奊，俗字。舊注：荼上聲。自大也。《篇海》音詐。並非。自大，通作夸。"（221 上）"奊"與"夸"義同音別，二字不可混同，故《正字通》之説非是。《大字典》據《正字通》之誤而徑謂"奊"同"夸"，失考證，《大字典》此條義項應删。《玉篇校釋》"奊"字下注："'夸奊，自大'者，《切韻》同，《廣韻》無'奊'字，《爾雅‧釋詁》：'奢，勝也。'郭注：'誇奢，得勝也。''誇奢'與'夸奊'同，疊韻連語，憍奢自誇大也。"（4037）胡吉宣謂"誇奢""夸奊"同，所言當是。

16. 庂

同"灸"。《玉篇‧广部》："庂，音灸。灸也。"《字彙‧广部》："庂，同灸。"（《大字典》937A）

同"灸"。見《直音篇》。（《字海》514B）

按：此字《説文》、原本《玉篇》皆未收，《廣韻》《集韻》亦不録，《玉篇》收於部末，且有音無義，當即宋人據俗書所增。《玉篇‧广部》："庂，音灸。"（104 下右）《篇海》卷三《广部》引《玉篇》："庂，音灸。"（617 下）亦闕義。元刊本《玉篇‧广部》亦云："庂，音灸。灸也。""庂"訓"灸也"，形義不諧，此當爲後人所妄補。《直音篇》卷六《广部》："庂，音救。灸也。"（235 上）《字彙‧广部》："庂，同灸。"（141 上）《字彙》直謂"庂"同"灸"，亦爲沿襲前代字書之誤。《大字典》《字海》皆沿謬而謂"庂"同"灸"，俱失考證。《玉篇校釋》"庂"字下注："元刊作：'居又切。灸也。'形義不合，應與'宎'同。"（4260）胡吉宣謂元刊本作"居又切"，不知所據何本。然其謂"應與'宎'同"，疑是。《説文‧宀部》："宎，病也。从宀，久聲。"（151 下）邵瑛羣經正字："宎，今經典作疚。"《詩‧大雅‧雲漢》："疚哉冢宰。"陸德明釋文："疚，本或作宎。"

“宄”“疚”即爲異體字。“宄”,《廣韻》音“居祐切”。故“庉”與“宄”“疚”音同,又從广、從宀義近,從广、從疒形近,故“庉”疑即“宄”義近或形近義符換用而形成的異體字。

17. 庉

yín《集韻》魚音切,平侵疑。同“吟”。《玉篇·厂部》:“庉,古文吟。”(《大字典》79B,參《字海》35C)

按:《玉篇·厂部》:“庉,宜今切。古文吟。”(104 下左)《玉篇校釋》校“吟”爲“岑”,並注曰:“原作‘古文吟’,誤。《集韻》:‘岑,或作庉。’又‘厜’,亦或作‘庉’,今據正。‘岑’即‘岑’。”(4282)胡氏所言當是。《集韻》平聲侵韻魚音切:“崟碒巖嵒崟岑,《説文》:‘山之岑崟也。或从石,亦作巖、嵒、岑、崟,或書作嶔、岑。”(279)故“庉”與“岑”當爲異體字,而“庉”與“吟”字形相去甚遠,無緣混同。《大字典》《字海》皆據《玉篇》之謬而謂“庉”同“吟”,俱失考證。

18. 碪

jiē《集韻》居諧切,平皆見。❶同“階”。《玉篇·石部》:“碪,山石。”《廣弘明集》卷三十《詠懷十五首》:“尚想天台峻,彷彿巖碪仰。”《可洪音義》卷三十《廣弘明集》第三十卷音義:“巖碪,宜作階、堦,二同,音皆。”按:鄧福祿、韓小荆《考正》:“‘碪’即‘階’的換旁俗字。”❷同“瑎”。像玉的黑石。《正字通·石部》:“碪,同瑎,黑石似玉。”(《大字典》2614B)

(一)jiē 音皆。山石。見《玉篇》。(二)xié 音協。同“瑎”。像墨玉的黑石。見《正字通》。(《字海》1029A〜B)

按:此字原本《玉篇》、《名義》皆未收,《廣韻》亦不録,《玉篇》收於部末,當即宋人據俗書所增。《玉篇·石部》:“碪,音皆。山石。”(105 上右)《正字通·石部》:“碪,舊注音皆。按山名無證據,訛誤與草木諸部汎言草名、木名同。一説:碪同瑎,黑石似玉。瑎作碪猶珉作碈,義通。”(752 下)《玉篇校釋》“碪”字下注:“《集韻·皆韻》云‘石名’,案:當爲黑石。此直音皆,皆聲字有黑義。《玉部》:‘瑎,黑玉也。’《説文》:‘瑎,黑石似玉者。’《金部》:

'錯,九江謂鐵爲錯,黑金也。'黑金謂之錯,黑玉謂之瑎,黑石謂之磕,其義一也。"(4338)今案:"磕"訓"山石""黑石",於文獻皆無徵。《玉篇》訓"山石",當爲望形生訓。《集韻》訓"石名",亦爲沿襲《玉篇》之誤。故《正字通》之"一説"及胡氏之説皆非是。《考正》"磕"字下據《廣弘明集》及《可洪音義》曰:"據此,'磕'即'階'的换旁俗字。"(260~261)其言是也。《卍新纂續藏》本宋小師、了見編《雲居率菴和尚語録》:"上堂。今朝四月初十,衲僧獨行特立,等閑瞥轉玄關,捏碎虚空出汁。電光裡踔跳,微塵裡出没。巉峻崖前百步磕,一級自然高一級。脚頭脚尾不争多,千里烏騅追不及。"又《卍新纂續藏》本宋曇照《智者大師別傳注》:"餘人莫解其言,仍於光所住之北峯創立伽藍,樹植松果,引流遶磕。瞻望寺所,全如昔夢無毫差。"從文意來看,以上諸文中之"磕"皆爲"階"字之俗,此亦其證也。故《大字典》《字海》皆應以《可洪音義》《廣弘明集》作爲書證、例證,直謂"磕"即"階"字之俗,方妥。

19. 雕

diāo《改併四聲篇海》引《奚韻》丁澆切。❶鷹類大型猛禽。《改併四聲篇海·佳部》引《奚韻》:"雕,鶻屬。"按:《廣韻·蕭韻》:"雕,鶻屬。""雕"當爲"雕"的異體。一説同"鶻"。《正字通·佳部》:"雕,俗鶻字。"❷姓。《改併四聲篇海·佳部》引《奚韻》:"雕,姓。《漢武帝功臣表》有雕延年。"按:《漢書·景武昭宣元成功臣表》作"雕延年"。(《大字典》4415A)

diāo音刁。❶同"雕",鷹一類猛禽。字見《奚韻》。一説同"鶻"。見《正字通》。❷姓。(《字海》1599C)

按:《字彙·佳部》:"雕,丁聊切,音雕。鶻屬,又姓。《漢武帝功臣表》有雕延年。"(524上)《新修玉篇》卷二四《佳部》引《奚韻》:"雕,丁澆切。鶻屬。又姓。《漢武帝功臣表》有雕延年。"(202下右)《篇海》同。《正字通·佳部》:"雕,俗鶻字。舊注丁聊切,音雕,訓鶻屬,又姓,雕延年,並非。《漢功臣表》延年本姓雕。"(1253下)《説文·鳥部》:"鶻,鶻鵃也。从鳥,骨聲。"(79下)《玉篇·鳥部》:"鶻,乎忽切。鷹屬。又音骨。班鳩也。"(113上左)"雕"與"鶻"儘管義近,但形音俱別,二者不可混同,故《正字通》之説非是。《大字典》《字海》第一義項皆以《正字通》之説作爲"一説",非是。

《説文·隹部》：“雕，鷻也。从隹，周聲。”(76 下)《玉篇·隹部》：“雕，丁幺切。鷙也，能食草。”(115 上左)“雕”指“一種大型鷹類猛禽”。又《萬姓統譜·蕭韻》：“雕，見《姓苑》，漢雕延年，功臣，封藏馬侯。”今本《漢書·景武昭宣元成功臣表》亦作“雕延年”。故“雕”與“雕”音義並同，且字形相近，“雕”當即“雕”字俗訛。《大字典》《字海》第一、第二義項皆應直謂“雕”即“雕”字之訛。

20. 蠊

　　lián《廣韻》力鹽切，平鹽來。同“蠊”。蚌類。《廣韻·鹽韻》：“蠊，《説文》作蠊。海蟲也。長寸而白，可食。”(《大字典》3094B)

　　按：《玉篇·虫部》：“蠊，力占切。飛蠊也。”(119 上右)《玉篇校釋》“蠊”字下注：“‘飛蠊也’者，《切韻》同，《廣韻》誤以爲即《説文》之‘蠊’。《廣雅·釋蟲》：‘飛蟩，飛蠊也。’”(5020)胡氏所言是也。《集韻》平聲鹽韻離鹽切亦止云：“蠊，蜚蠊，蟲名，輕小能飛。”(290)《説文·虫部》：“蠊，海蟲也。長寸而白，可食。”(281 下)“蠊”，《集韻》音“離鹽切”。“蠊”與“蠊”音同義別，二字不可混同，《廣韻》之説非是。《大字典》據《廣韻》之謬而誤作認同，亦非。

21. 觹

　　(一)jiū《廣韻》渠幽切，平幽羣。同“觓”。《正字通·角部》：“觹，俗觓字。”(二)chù 同“觸”。《古俗字略·沃韻補》：“觹”，同“觸”。(《大字典》4188A)

　　同“觓”。見《正字通》。(《字海》1446C)

　　按：《龍龕》卷四《角部》：“觹，俗；觕觓，二或作；觕觸，二正。尺玉反。突(揬)也。五。”(512)《新修玉篇》卷二六《角部》引《龍龕》：“觹，尺玉切。突也。”(215 下左)《篇海》卷二《角部》引《龍龕》：“觹，尺玉切。突也。正作觸。”(590 上左)《字彙·角部》：“觹，同觓。”(447 上)《古俗字略·沃韻補》：“觷觹，並同觸。”(153 下)故“觹”即“觸”之異體字。《正字通·角部》：“觹，俗觓字。舊注同觓，非。”(1049 上)《説文·角部》：“觓，角皃。从角，丩聲。"(93 下)《玉篇·角部》:"觓,奇幽、居幽二切。角皃。"(122 上左)"觟"
與"觓"音義俱別,二字不可混同,故《正字通》之"觓"即爲"觟"之誤刻。第
一版《大字典》、《字海》皆據《正字通》之誤而謂"觟"同"觓",並非。第二版
《大字典》雖據《古俗字略》之説謂"觟"同"觕",却仍沿襲《正字通》之誤又謂
"觟"同"觓",亦失考證。

22. 柀

pī《廣韻》敷羈切(《集韻》攀糜切),平支滂。又匹支切。❶同"岐"。器
物出現裂紋,破損。《集韻·支韻》:"岐,《方言》:'南楚之間,器破而未離謂
之岐。'或从皮。"❷同"披"。《字彙補·皮部》:"柀,又音披,義同。"(《大字
典》2945B)

pī 音披。❶器物出現裂紋。見《集韻》。❷同"披",張開。見《龍龕》。
(《字海》813C)

23. 岐

同"柀"。《集韻·支韻》:"岐,《方言》:'南楚之間器破而未離謂之岐。'
或从皮。"(《大字典》1425A,參《字海》813B)

按:《玉篇·皮部》:"柀,音披。器破。"(122 下左)《玉篇校釋》"柀"字
下注:"'音披。器破'者,通作'披'。《方言》六:'披,散也,東齊器破曰披,
破而未離,南楚之間謂之岐。'《切韻》支、旨二韻字並作岐。本書《支部》:
'岐,器破也。'"(5215)胡氏所言是也。《廣韻》平聲支韻敷羈切:"柀,器破
而未離。又皮美切。"(16)余迺永《校注》"柀"字下注:"按旨韻符鄙切作
'岐',二字或體。《集韻》支韻攀糜切訛'岐'爲'岐',而'岐'於《廣韻》另見
脂韻匹夷切,乃'紕'之或體,謂'繒欲壞也'。然實爲'岐'之訛字而本書誤
列爲'紕'字或體者。訓'器破而未離'之字當从攴。攴,小擊也。'岐'出自
《方言》卷六,字又作'攽',攴、攵固同。《太平御覽》卷七五六引作'柀',俱
可見二字或體。"(569)余氏所言是其證也。今本《方言》即作'攽',《切韻》
皆作"岐",且《切韻》系書未見有"紕"之或體作"岐"者,故"岐"即"岐"字之
訛,"柀"與"披""攽(岐)"並爲異體字。《大字典》"柀"字,誤分爲兩個義項,

第一義項又沿襲《集韻》之謬而謂同"攲";《字海》亦誤分爲兩個義項,並非。《大字典》《字海》"䰒"字下直謂同"妝(妝)""披"即可。又"攲"字,《大字典》《字海》亦皆因《集韻》而誤,應校正爲"妝"。

(八)校正轉録失真之處

　　楊寶忠師説:"大型字書所收之字,一是采自傳世文獻和出土文獻,一是轉録原有字書。在轉録原有字書所收之字時,往往不能契合原形,在字書編纂史上,字形轉録失真的現象普遍存在,《大字典》《字海》亦在所不免。"[1]其言誠是,《大字典》《字海》在轉録《玉篇》字形時,也存在一些轉録失真的現象。同樣,通過對《玉篇》疑難字的研究,我們也可以對《大字典》《字海》的這種失誤現象作出相應的校正。

1. 餳

　　chǎn《集韻》丑展切,上獮徹。長味。《玉篇・食部》:"餳,長味。"(《大字典》4761A)

　　chǎn音産。長味。見《集韻》。(《字海》1620A)

　　按:《玉篇・食部》:"**餳**,丑善切。長味。"(46下左)《玉篇校釋》"**餳**"字下注:"《切韻》上聲獮韻義同,惟字訛从虫。本書《虫部》:'蚰,蟲伸行。'故从蚰字有伸長義。"(1990)胡氏所言是也。"**餳**"音"丑善切",訓"長味",形音義俱諧。"**餳**"訛作"餳",形音不諧。《集韻》上聲獮韻丑展切:"餳,長味。"(387)《集韻》之"餳"即"**餳**"字之訛。《大字典》"餳"字引《玉篇》,轉録失真,當正作"**餳**"。《字海》"餳"字引《集韻》,亦失校;而於"**餳**"字下却謂"**餳**"即"餳"之訛字,正俗顛倒,謬之甚也。

2. 趈

　　jú《玉篇》計聿切。❶走。《玉篇・走部》:"趈,走也。"《字彙・走部》:"趈,走也。與越字不同。"❷逾。《玉篇・走部》:"趈,踰也。"清李調元《六書分毫・字有形似同而音義各别者》:"趈、越:上音月,超越,隕越;下薫入

---

①見楊寶忠《疑難字考釋與研究》第707頁,中華書局,2005年。

聲，走也，踰也。"(《大字典》3716B，參《字海》1344B)

jù音巨。❶走。❷踰。二義均見《玉篇》。(《字海》1344B)

按：此字《説文》《名義》皆未收，《玉篇》收於部末，當即宋人據俗書所增。《玉篇·走部》："越，許聿切。走也。"(49上右)元刊本《玉篇·走部》："越，許聿切。走也，踰也。"《新修玉篇》卷十《走部》引《玉篇》亦云："越，許聿切。走也。"(91下左)"越"字，《玉篇》音"許聿切"，《大字典》引作"計聿切"，音jú，轉録失真，非是。《字海》沿襲《大字典》之謬又音jù，亦失考證。《玉篇校釋》"越"字下注："《廣韻》《集韻》並無。本書(86)：'趏，走也。'(47)：'趫，狂走也。'《辵部》：'建，行兒。'音義並同，皆疾行兒也。"(2067)胡吉宣謂"越"與"趏""趫""建"音義並同，非是。"越"與"趏""趫""建"諸字義近音別，不可混同。《正字通·走部》："越，舊注沿《篇海》休筆切，薰入聲。走也；踰也。與越字不同。按五畫越注：走也；踰也。本注義與越相近，妄分爲二。不知六書有越無越，越訛作越，非。"(1112上)《正字通》所言是也。《説文·走部》："越，度也。从走，戉聲。"(36上)《六書故·走部》："越，王伐切。踰越險阻也。"(381上)《廣韻》入聲月韻五伐切："越，逾也；走也。"(388)"越""越"義同，又《〈可洪音義〉研究》(802)"越"字俗作"越""越""越"等，"越"與上述"越"字諸俗體亦形近，故"越"疑即"越"字之俗。"越"字俗寫作"越"後，又改其讀爲"許聿切"，此爲當望形生音。

3. 邅

chǎn《集韻》丑展切，上獮徹。行。《玉篇·辵部》："邅，行也。"(《大字典》4126A)

同"邅"。字見清刊本《集韻》。(《字海》645C)

邅：同"延"。《集韻·獮韻》："延，安步也。或作邅。"(《大字典》4131B)

(一)chǎn音産。行。見《玉篇》。(二)chǎn音攪。同"延"，慢步走。見《集韻》。(《字海》647C)

按：《玉篇·辵部》："邅，丑善切。行。"(50上左)《玉篇》本作"邅"，《字海》謂引《玉篇》録作"邅"，轉録失真。"邅"音"丑善切"，形音不諧，當即"邅"字之訛。《集韻》上聲獮韻丑展切："延，安步也。或作邅。"(387)"延"，宋刻《集韻》作"延"，是也。"邅"當即"邅"字誤刻。《説文·夊部》："延，安步延延也。从彳,从止。"(44 上)"延",《廣韻》音"丑延切",又音"丑善切"。
"遅""延"音義並同,"遅"即"延"之異體字。《大字典》《字海》"遅"字下皆應
謂"遅"同"延",而"遅"字下皆應謂"遅"即"遅"之訛字,即可。《大字典》
"遅"字未溝通其與"延"的異體關係,却於"遅"字下謂同"延";《字海》"遅"
字謂同"遅",而"遅"字却分爲兩個義項,一義訓爲"行",一義謂同"延",皆
失妥當。

4. 輾

jì《廣韻》奇逆切,入陌羣。❶車軸中央的鉤心木(使與軸相鉤連而不脱
離)。《廣韻·陌韻》:"輾,車輾。"《集韻·陌韻》:"輾,車軸伏兔。"❷轉。
《玉篇·車部》:"輾,轉。"(《大字典》3788A)

同"輾"。字見《字彙》。(《字海》1364B)

按:《玉篇·車部》:"輾,渠逆切。轉。"(87 上左)《廣韻》《集韻》亦作
"輾",《大字典》録作"輾",轉録失真。"輾""輾"皆爲"輾"字俗寫。《玉篇校
釋》校作"輾",並注曰:"'轉也'未詳,恐誤。《切韻》:'輾,車輾。'《集韻》云:
'車軸伏兔也。'《釋名·釋車》:'輾(據《御覽》引,今本作屐),似人屐也。'又
曰:'伏兔,在軸上似之也。'《左氏·僖十五年傳》:'車脱其輹。'《正義》云:
'輹,車下伏兔也,今人謂之車屐,形如伏兔。'按屐有齒如足,形似伏兔,故
車伏兔亦謂之屐,字因變从車。"(3526)胡氏所言是也。《新修玉篇》卷十八
《車部》引《玉篇》:"輾,渠逆切。車輾。"(162 上左)故《玉篇》訓"轉"當誤。
"輾"當即"屐"因涉義增加義符而形成的後起分化字。

5. 澯

jìn《玉篇》慈忍切。水名。《玉篇·水部》:"澯,水名。"(《大字典》
1924B)

同"瀘"。字見《玉篇》。(《字海》585C)

按:《玉篇·水部》:"澯,慈忍切。水名。"(92 上右)《玉篇校釋》"澯"字
下注曰:"此即'瀘'字,从壺即'爐','盡''爐'古今字。"(3826)胡氏所言當
是。《玉篇·水部》:"瀘,助謹切。瀘湏,水勢。又慈忍切。"(91 上左)"瀘"

字,《玉篇》又音"慈忍切"之下義闕,所闕之義當爲"水名"。故"瀍""濜"音義並同,"瀍"當即"濜"之異體字,而"瀍"又當即"瀍"之誤録。

6. 豨

同"豚"。《玉篇·豨部》:"豨,豕子也。或謂之豯。豨,籀文。"(《大字典》2254A)

同"豚"。見《玉篇》。(《字海》915A)

按:《玉篇·豨部》:"豨,豕子也。或謂之豯。豚,籀文。"(111 下右)"豚"字,《大字典》轉録作"豨",非是。

三、對於傳統字書韻書校理的價值

廣益本《玉篇》是在顧氏《玉篇》的基礎上經過增字減注編纂而成的,而顧氏《玉篇》則是以《説文》爲基礎編纂而成的,《説文》所收之字,一般排在每部之前,其新增之字,則列於每部之後。故《玉篇》與《説文》存在著密切的關係,通過對《玉篇》疑難字的研究,可以對二徐本《説文》的一些失誤作出校正。此外,《玉篇》與《廣韻》同經宋代陳彭年等人編纂而成,二書亦存在著密切的關係,同樣,通過對《玉篇》疑難字的研究,也可以對《廣韻》的一些失誤之處作出校理。因此,以下分爲兩個方面來分别加以説明。

(一)有助於校理二徐本《説文》之誤

許慎《説文》流傳至今,幾經改易,已遠非許書原貌。五代、宋初,徐鉉、徐鍇對《説文》進行了較爲全面、系統的校勘與整理工作,從而在一定程度上恢復了許書原貌。但囿於當時其所見材料的匱乏,對誤本《説文》的許多失誤仍未作出更正。以下通過對《玉篇》疑難字的研究,力求對二徐本《説文》的一些失誤作出相應的校正。

第一、可校二徐本《说文》之衍文

衍文即指古籍因傳抄、刻印等誤加的文字。《説文》在流傳過程中,其注文也存在一些衍文現象,由此造成了義訓的繁複或費解。通過對《玉篇》疑難字的研究,可以對這種現象作出相應的校正。

1. 聶

《説文·耳部》：“聶，附耳私小語也。从三耳。”（250 下）

按：《玉篇·耳部》：“聶，如獵、女涉二切。《説文》云：‘附耳小語也。’”（24 上左）《玉篇校釋》“聶”字下注：“二徐《説文》作‘附耳私小語也’，《切韻》同。《史記·魏其武安傳》引亦無私字，附耳小語即私意也。”（917）《名義·耳部》：“聶，女獵反。附耳小語也。”（41 上）故二徐本《説文》“聶”字注文當衍“私”字。

2. 膜

《説文·肉部》：“膜，肉間胲膜也。从肉，莫聲。”（90 上）

按：《玉篇·肉部》：“膜，密各切。肉間膜也。”（36 上左）《玉篇校釋》“膜”字下注：“‘肉間膜也’者，引《説文》文。慧琳五一、六九、七二各卷引並同。二徐本作‘肉間胲膜也’，胲字衍，胲與膜無關。”（1520）胡氏所言是也。《名義·肉部》：“膜，亡各反。肉間膜也。”（66 上）可見原本《玉篇》引《説文》亦當訓“肉間膜也”，今本《説文》誤衍“胲”字耳。

3. 葠

《説文·艸部》：“葠，蒲葠之類也。从艸，深聲。”（17 下）

按：《玉篇·艸部》：“葠，始音切。蒲葠也，生水中。”（64 上左）《玉篇校釋》“葠”字下注：“‘蒲葠也’者，《切韻》同。《説文》：‘葠，蒲葠之類也。’桂、王並謂‘之類’二字爲衍文，以許説解無此文例也。‘生水中’者，《周禮·醢人》：‘深蒲醓醢。’鄭衆曰：‘蒲葠入水深，故曰深蒲。’鄭玄曰：‘深蒲，蒲始生水中子。’《詩·韓奕》毛傳：‘蒲，葠也。’鄭箋：‘深蒲也。’是葠蒲以入水深乃名，猶葠蒲以質柔弱爲稱。本止爲深蒲，弱蒲也。”（2551～2552）胡氏所言是也。《名義·艸部》：“葠，始惛反。蒲葠也。”（127 下）可見原本《玉篇》引《説文》亦作“蒲葠也”。故“葠”字，本當作“深”，《説文》本訓爲“蒲葠也”。

4. 鷕

《説文·鳥部》:"鷕,雌雉鳴也。从鳥,唯聲。《詩》曰:'有鷕雉鳴。'"（82 上）

按:《玉篇·鳥部》:"鷕,以沼切。雉鳴也。"（114 上右）《玉篇校釋》"鷕"字下注:"'雉鳴也'者,蓋原引《説文》文,今二徐本作'雌雉鳴也',爲後人依《邶風·匏有苦葉》毛傳改,不知説字與解經不同。《詩》云:'有鷕雉鳴。'下文云:'雉鳴求其牡。'故傳云:'鷕,雌雉聲。'詩人以衛夫人有淫泆之行,授人以色,猶雉鳴而求其牡也。《禽經》:'雉鳴鷕鷕。'《射雉賦》:'雉鷕鷕而朝雊。''雊'與'鷕'本止言雉鳴耳。二徐《説文》:'雊,雄雌鳴也。'它書引作'雄雉鳴',亦因《小弁》詩云'雉之朝雊,尚求其雌'之文而改。鄭箋止云:'雊,雉鳴也。'《切韻》'鷕''雊'二字並云'雉聲',不別雌雄。於文,'鷕'从唯,本爲鳥雌雄求應和。"（4748）胡氏所言是也。《名義·鳥部》:"鷕,与狡反。雉鳴也。"（244 上）可見原本《玉篇》所見《説文》亦當作"雉鳴也"。《大字典》引《説文》應據改。

5. 謷

《説文·言部》:"謷,不肖人也。从言,敖聲。一曰哭不止,悲聲謷謷。"（54 上）

按:《玉篇·言部》:"謷,五勞、五交二切。不肖人也;一曰哭不止,悲聲謷謷也。"（42 下右）原本《玉篇·言部》:"謷,五勞反、五交反。《尚書·大傳》:'出教不得民心則民謹謷。'野王案:謷亦謹也。《説文》:'不肖人也。一曰:哭不悲也。'"（257）段玉裁於"謷"字下改注文"不肖人也"爲"不省人言也",並注曰:"'省'各本作'肖',今正。'言'字依《韻會》補。"（96 上）段氏之説非是,原本《玉篇》引《説文》亦作"不肖人也","謷"訓"不肖人也",義亦可通。故《大字典》以段氏之説作爲"按語",亦非。《玉篇校釋》"謷"字下注:"二徐《説文》一曰義作'哭不止,悲聲謷謷',本書今本即宋人依二徐本改,於義失也。《切韻》肴云'不肖',豪云'不省語也,一曰哭不止也',《廣韻》作'哭不止悲',並誤。謷謷爲哭不悲而徒有號謹聲,今俗謂乾號是也。"

(1781)胡氏所言是也。原本《玉篇》引《説文》"一曰"義爲"哭不悲也",可見顧野王所見《説文》亦如此,今所見《説文》不同者,當爲二徐所誤改,今本《玉篇》反據二徐本而改,此即因承訛襲謬而誤。

6. 紻

《説文・糸部》:"紻,纓卷也。从糸,央聲。"(274 下)

按:原本《玉篇・糸部》:"紻,於兩反。《説文》:'紻,纓也。'《倉頡篇》:'亦題勒也。'"(610)《名義・糸部》:"紻,於兩反。纓也。"(272 下)《玉篇・糸部》:"紻,於兩切。纓也。"(124 下左)《玉篇校釋》"紻"字下注:"二徐《説文》作'纓卷也','卷'字後人所加。《切韻》:'紻,纓也。'亦本《説文》。"(5347)胡氏所言是也。張舜徽《約注》亦云:"紻、纓雙聲,實一語耳。纓乃冠系,不當言卷。唐寫本《玉篇》殘卷紻字下引《説文》,無卷字。"(3205)此説亦其證也。段玉裁却據二徐本之誤曲作説解,非是。《大字典》沿襲二徐本《説文》之誤,又以段氏之誤説作證,失考證;《字海》亦沿襲二徐本《説文》之誤,亦失考證。

7. 絮

《説文・糸部》:"絮,絜縕也。一曰敝絮。从糸,奴聲。《易》曰:'需有衣絮。'"(276 下)

按:《玉篇・糸部》:"絮,女於切。縕也;塞也。或作袽。"(125 上左)原本《玉篇・糸部》:"絮,女於反。《説文》:'絮,縕也。一曰敝絮也。《易》曰:濡有衣絮。'是也。《廣雅》:'絮(絮),塞也。'或爲袽字,在《衣部》。"(636)《玉篇校釋》"絮"字下注:"二徐《説文》作'絜縕也。一曰敝絮'(小徐本作'敝絮'),引《易》曰'需有衣絮',今《易・既濟》作'繻有衣袽'。釋文引《説文》:'絮,縕也。'京房作'絮',子夏作'袽'。王弼曰:'衣袽,所以塞舟漏也。'《御覽》引《説文》亦云:'絮,縕也。'並無'絜'字。《公羊》釋文引《説文》:'一曰敝絮',與小徐本同。《切韻》:'絮,縕也。或作袽。'引《廣雅》爲《釋詁三》文,原訛作'絮',疏證據《易》釋文引正作'絮'。"(5392~5393)胡氏所言是也。張舜徽《約注》"絮"字下亦云:"唐寫本《玉篇》殘卷絮字下引

《説文》：'緼也。一曰敝絮也。'與《經典釋文》《太平御覽》諸書所引正同，蓋許書原文如此。今二徐作'絜緼也'，絜乃衍文，當删。大徐本'敝絮'訛爲'敝絮'，宜據改正。許所引《易》，乃既濟六四爻辭。今《易》作'濡有衣袽'。"（3236～3237）此説亦其證也。段玉裁據二徐本之誤曰"絜緼，謂束緼也"，非是。《大字典》引《説文》應據改。

第二、可校二徐本《説文》之脱文

脱文與衍文相反，是指古籍因傳抄、刻印等誤脱文字的現象。《説文》在流傳過程中，其字頭和注文均存在脱落的現象。以下從字頭之脱、注文之脱等兩個方面來分別加以説明。

A. 字頭之脱

《説文》在流傳過程中，也誤脱了一些字頭。通過對《玉篇》疑難字的研究，我們可以增補《説文》所闕的一些字頭。

1. 顔

《説文·頁部》："顔，眉目之閒也。从頁，彥聲。𩖅，籀文。"（181下）

按：《玉篇·頁部》："顔，吾姦切。《國語》云：'天威不違顔咫尺。'顔謂眉目之閒也。"（19上左）段玉裁注："各本作眉目之閒，淺人妄增字耳，今正。眉與目之間不名顔。《釋言》曰：'猗嗟名兮，目上爲名。'郭注云：'眉眼之閒。'《西京賦》名作睄。薛注曰：'眉睫之間。'是不謂之顔也。若云兩眉間、兩目間，則兩眉間已是鼻莖，謂之頞，又非顔也。面下曰顔前也，色下曰顔气也。是可證顔爲眉間，醫經所謂闕，道書所謂上丹田，相書所謂中正印堂也。"（415下）段氏謂"顔"爲"眉間"，即"醫經所謂闕，道書所謂上丹田，相書所謂中正印堂也"，然於文獻無徵，其説疑可商榷。桂馥義證曰："'眉目之閒也'者，本顙字訓，今脱顙字誤屬顔下，又失顔字訓也。《集韻》：'顙，眉目閒也。'引《詩》'猗嗟顙兮'，《廣韻》：'顙，眉目閒也。'《玉篇》：'顙，《詩》云：猗嗟顙兮。顙，眉目閒也。'字或作𩔖。眉闊謂之𩔖，又或作睄。《西京賦》：'睄藐流眄。'注云：'睄，眉睫之閒。'是也。顔字義見於諸書者如《廣雅》'顔，額也。'《小爾雅·廣服》'顔，額也。'《方言》：'顔，顙也。東齊謂之顙，汝潁淮泗之間謂之顔。'《詩》：'君子偕老，揚且之顔也。'《傳》云：'廣揚而顔角豐滿。'馥謂顔角即額角也。"（760上）《玉篇校釋》"顔"字下注："案桂說精審，足訂《說文》之脫誤。若經傳注解，則古人辭多混成，云'眉目之間'者，蓋通言顏面，非必謂眉與目之中間也，此傳注與字書體例之不同也。於文顏即領也，顏、領一聲之轉，似'眉目之間'間字易作上即得，眉目之間謂之顝，眉目之上謂之顏，二義僅一字之差，故《說文》傳寫致訛也。"（698）桂、胡二氏之說當並是。《名義·頁部》："顏，語班反。顝也。"（29上）又下文："顝，亡丁反。眉目間也。"（30下）此亦其證也。故疑《說文》當逸"顝"字，又因二字義近而互易義訓遂致此誤也，應據改。

2.䚻

《說文·言部》："䚻，徒歌。从言、肉。"（52下）

按：《玉篇·言部》："䚻，與周切。從也。"（42上右）《玉篇校釋》"䚻"字下注："'從也'者，《六書故》引唐本《說文》：'䚻，從也。'又'謠，徒歌。'二徐本奪謠字，而於䚻下云'徒歌'，小徐所改也。《切韻》：'䚻，從也。'《篇》《韻》並本許書也。下'謠'下引《毛詩傳》：'徒歌曰謠，《說文》：獨歌也。'可補正二徐本之脫誤。"（1762）胡氏所言是也。張舜徽《約注》"䚻"字下注："徐鍇曰：'今《說文》本皆言徒也。當言徒歌，必脫誤也。下云从言肉，亦誤。'桂馥曰：'徐所謂徒也者，本是從也。戴侗云：徐本《說文》無謠字。䚻，徒歌也，从言肉。唐本曰：䚻，從也。从言从肉，肉亦聲。謠，徒歌也。馥據此知本書別有謠，爲徒歌；䚻訓從，《玉篇》《廣韻》並同。本書繇，隨從也，从言肉者，當爲肉聲。䚻，古讀若由，與肉聲近，當有聲字。唐本云：内亦聲，不應有亦字。'舜徽按：桂說甚辨，足訂小徐之失。錢坫、嚴可均、王筠、沈濤、鄭珍諸家，所見皆同，茲不具引。許書原本舊有謠篆，而二徐刪之；䚻本訓從，而二徐改之……鈕樹玉謂謠即䚻之或體，段玉裁以䚻謠爲古今字，固皆失之矣。"（552～553）徐前師《唐校》"䚻"字下注："據唐寫本及嚴可均說，知今本《說文》奪'謠'篆，且以'謠'篆說解系於'䚻'篆。"（39）以上諸說皆其證也。《名義·言部》："䚻，與周反。從也。"（81下）同部下文曰："謠，與照反。獨歌。"（82上）此亦其證也。故《大字典》《字海》引《說文》應據改。

3. 騿

《説文·馬部》:"騿,馬行徐而疾也。从馬,學省聲。"(200 下)

按:《玉篇·馬部》:"騿,弋魚、弋庶二切。馬行徐而疾。"(108 上右)下文又曰:"騿,於角切。馬腹下聲也。"(108 下右)《玉篇校釋》"騿"字下注:"'馬行徐而疾'者,《説文》文,二徐本篆作'騿',从學省聲,段注據本書改爲'騿',別補'騿'篆,云:'馬腹下鳴。'《切韻·魚韻》:'騿,馬行皃。'《御韻》作'馬行疾'。'騿'收入覺韻,云:'馬腹下聲。'本書(149):'騿,馬腹下聲也。''騿'之言舒也,凡從與之字有舒徐義。"(4445～4446)段氏之説是也。《名義·馬部》:"騿,以於反。馬行疾也。"(229 上)下文又曰:"騿,於角反。"(230 下)可見原本《玉篇》所見《説文》亦收"騿""騿"二字,"騿"字《説文》本訓爲"馬行疾也","騿"字《説文》本訓爲"馬腹下聲也"。《新撰字鏡·馬部》:"騿,右嶽反,入。馬腹下聲也。"(252)下文又曰:"騿,余據反,去。馬行疾也。"(252)此亦其證也。桂馥《義證》亦曰:"馥案:本書有'騿''騿'兩字,傳寫脱'騿'字,今以'騿'之注闌入'騿'下而闕'騿'字注也。"(839 下)桂氏之説亦其證也。故《大字典》《字海》"騿"字下引二徐本《説文》應據正,並校補正文"騿"字。

4. 諰

原本《玉篇·言部》:"諰,息移反。《説文》:'數諒也。'"(276)

按:《玉篇·言部》:"諰,息移切。諒也;數諫也。"(43 上右)《名義·言部》:"諰,息移反。數諒也。"(84 下)故宫本《王韻》平聲支韻息移反:"諰,諒。"(439)故宫本《裴韻》同。"諰"字,原本《玉篇》謂引《説文》,今本《説文》逸收,可據補。原本《玉篇》、《名義》"諰"字皆訓"數諒也",《玉篇》又訓"諰"爲"數諫也","數諫也"即"數諒也"之誤。《廣韻》平聲支韻息移切:"諰,數諫;諒也。"(20)《廣韻》"諰"亦訓"數諫也",亦爲沿襲今本《玉篇》之誤。故"諰"字原本《説文》應收,訓爲"數諒也",今本《説文》誤脱。《大字典》《字海》第二義項爲《玉篇》所誤,當删。

B. 注文之脱

二徐本《説文》的注文也存在許多脱文現象，由此造成了義訓的不足或費解。通過對《玉篇》疑難字的研究，亦可對《説文》在流傳過程中産生的注文之脱文進行校補。

1. 坺

《説文・土部》："坺，治也。一曰臿土謂之坺。《詩》曰：'武王載坺。'一曰塵皃。从土，友聲。"（286 下）

按：《玉篇・土部》："坺，扶厥切。《説文》曰：'治也。一曰臿土謂之坺。《詩》曰：武王載坺。一曰塵皃。'又音跋。"（7 下右）《玉篇校釋》"坺"字注："'臿土'句當依慧琳引作'一臿土謂之坺'。《切韻》'坺，一臿土。'亦本《説文》。《周語》：'王耕一墢。'韋注：'一墢，一耜之墢也。''一耜之墢'即'一臿土之墢也。'二徐《説文》漏奪'一'字，本書廣益者又據誤本《説文》删改原引也。"（210）胡氏所言是也。《大字典》沿襲二徐本《説文》之謬而未加更正，非是。

2. 壹

《説文・土部》："壹，天陰塵也。《詩》曰：'壹壹其陰。'从土，壹聲。"（289 上）

按：《玉篇・土部》："壹，《説文》曰：'天陰塵起也。'"（7 下左）"壹"訓爲"天陰塵也"，此當即二徐本《説文》之脱誤。段玉裁《説文解字注》亦依《玉篇》於注文補"起"字，並注曰："依《玉篇》補'起'字較完。"（692 上）此説是也。《名義・土部》："壹，於計反。[天陰]塵起也。"（8 下）可見原本《玉篇》所見《説文》亦當訓"天陰塵起也"，此是其證也。《大字典》沿襲二徐本《説文》之謬而未加訂正，有失妥當。

3. 嫋

《説文・女部》："嫋，有所恨也。从女，函聲。今汝南人有所恨曰嫋。"

（265 上）

按：《玉篇·女部》：“媼，奴道切。《説文》云：‘有所恨痛也。’亦作媼。”（17 下左）《玉篇校釋》“媼”字下注：“《説文》大徐本作‘有所恨也’，奪‘痛’字（小徐本不誤）慧琳四五·十八引《説文》：‘有所恨痛也。今汝南人有所恨言大媼也。’全同小徐本。”（644）胡氏所言是也。《名義·女部》：“媼，奴道反。[有所]恨痛也。”（28 下）可見原本《玉篇》引《説文》亦當有“痛”字，然大徐本誤脱耳。

4. 喤

《説文·口部》：“喤，小兒聲也。从口，皇聲。”（30 下）

按：《玉篇·口部》：“喤，胡彭、胡光二切。小兒啼聲。”（24 下左）《玉篇校釋》“喤”字下注：“‘小兒啼聲’者，疑原引《説文》文。二徐本《説文》作‘小兒聲’，蓋原有‘啼’字。”（929）胡氏所言當是。《名義·口部》：“喤，胡彭反。小兒啼聲[也]。”（41 上）可見原本《玉篇》引《説文》亦當有“啼”字，二徐本《説文》誤脱耳。

5. 欯

《説文·欠部》：“欯，咽中息不利也。从欠，骨聲。”（180 上）

按：《玉篇·欠部》：“欯，於骨切。咽中氣甚（息）不利也。”（45 下右）原本《玉篇·欠部》：“欯，於滑反。《説文》：‘咽中氣息不利也。’”（335）《玉篇校釋》“欯”字下注：“慧琳五六·五、五八·六並引《説文》同，二徐本作‘咽中息不利也’，奪一‘氣’字，《玉篇》今本則誤‘息’爲‘甚’。《切韻》云：‘氣息不利。’亦本《説文》而經刪節也。”（1933）胡氏所言是也。《名義·欠部》：“欯，於滑反。咽中氣息不利也。”（90 上）此亦其證也。故《大字典》引《説文》應據補。

6. 闟

《説文·門部》：“闟，開閉門利也。从門，繇聲。”（248 下）

按:《玉篇·門部》:"闟,之羨、止兗二切。開閉户利也。"(55 上左)《名義·門部》:"闟,之兗反。[之]專反。開閉門户利也。"(106 上)可見原本《玉篇》"闟"字引《説文》亦訓爲"開閉門户利也",今本《説文》誤脱"户"字,而廣益本《玉篇》誤脱"門"字耳。

7. 蓛

《説文·艸部》:"蓛,艸也。从艸,楸聲。"(26 下)

按:《玉篇·艸部》:"蓛,亡候切。草也。"(66 上右)《玉篇校釋》"蓛"字下注:"'草也'者,《説文》文,大篆从茻,《切韻》同,疑與'茂'同。草之楸盛也,故大篆从茻。"(2628)胡氏所言近是。《名義·艸部》:"蓛,安候反。茂草。"(136 上)故疑原本《玉篇》所見《説文》"蓛"字訓"茂草",二徐本誤脱作"艸也",今本《玉篇》又據二徐本而誤改。《説文·艸部》:"茂,艸豐盛。从艸,戊聲。"(22 下)"茂",《廣韻》音"莫候切"。"蓛""茂"音義並同,當即同部異文。

8. 臬

《説文·米部》:"臬,舂糗也。从臼、米。"(147 下)

按:《玉篇·米部》:"臬,渠九切。舂糗米。"(75 下右)《玉篇校釋》"臬"字下注:"舂糗米,蓋引《説文》文,二徐本作'舂糗也',《切韻》云'糗米',殆並有奪文。"(2985)胡氏所言當是。《名義·米部》:"臬,訓糜反。舂糗米。"(153 下)"訓糜反",讀音有誤。《名義》訓"舂糗米",可見原本《玉篇》所見《説文》亦作此訓。故《大字典》引《説文》可據補。

9. 彀

《説文·弓部》:"彀,張弩也。从弓,㲃聲。"(270 上)

按:《玉篇·弓部》:"彀,古豆切。張弓弩也。"(80 下左)《玉篇校釋》"彀"字下注:"'張弓弩也'者,慧琳:'《孟子》:羿之教人射,必志於彀。《説文》:彀,張弓弩也。'即本書原文。《文選·射雉賦》注引《説文》同。二徐本作‘張弩也’。”(3205)《名義·弓部》:“彀,故豆反。張弓弩也;善也。”(166下)可見原本《玉篇》引《説文》亦作“張弓弩也”,二徐本誤脱耳。

10. 鈙

《説文·支部》:“鈙,持也。从支,金聲。讀若琴。”(69上)

按:《玉篇·支部》:“鈙,巨林切。持止也。”(85上左)《玉篇校釋》“鈙”字下注:“‘持止也’者,《切韻》同。《説文》:‘鈙,持也。’《唐韻》引作‘持止也’,云:‘亦作擒。’是二徐本奪一‘止’字,《篇》《韻》俱引許書也。”(3414)胡氏所言是也。《名義·支部》:“鈙,渠今反。持止[也]。”(179上)可見原本《玉篇》所見《説文》當訓爲“持止也”。《新撰字鏡·支部》亦云:“鈙,渠林反。持止也。”(613)此亦其證也。《大字典》引《説文》應據補。

11. 滰

《説文·水部》:“滰,浚乾漬米也。从水,竟聲。《孟子》曰:‘夫子去齊,滰淅而行。’”(235下)

按:《玉篇·水部》:“滰,巨仰切。乾漬米也;濿也。”(90上左)原本《玉篇·水部》:“滰,渠仰反。《説文》:‘乾漬米也。’《孟子》曰:‘孔子去齊,滰淅而行。’是也。又曰:‘滰,浚也。’《廣雅》:‘滰,濿也。’”(443)《玉篇校釋》“滰”字下注:“二徐《説文》作‘浚乾漬米也’,‘浚’下敚‘也’字,誤合二義爲一。《切韻》:‘滰,乾漬米。’亦本《説文》。”(3715)胡氏所言是也。《大字典》引《説文》應據改。

12. 浞

《説文·水部》:“浞,濡也。从水,足聲。”(234下)

按:原本《玉篇·水部》:“浞,仕角反。《説文》:‘水濡兒也。’”(431)《玉篇校釋》“浞”字下注:“《説文》大徐本作‘濡也’,奪‘水’‘兒’二字。小徐本作‘小濡兒也’,‘小’爲‘水’之形訛。”(3638)胡氏所言是也。《大字典》引大徐本《説文》應據補。

13. 䝢

《説文·貝部》：“䝢，貨也。从貝，萬聲。”（130 上）

按：《玉篇·貝部》：“䝢，亡怨切，又力制切。貨也。”（120 上左）《廣韻》去聲願韻無販切：“䝢，贈貨。”（302）余迺永《校注》“䝢”字下注：“《王一》《全王》同。《説文》云‘貨也’，音無販切；《玉篇》亡怨、力制二切，又《集韻》無販、力制二切，注並如《説文》。《集韻》力制切且以‘䝢、賳’或體。本書祭韻力制切單有‘賳’字，注：‘䝢貨。’是處《王韻》各本及《唐韻》無‘賳’或‘䝢’字，後加。按‘賳’訓‘䝢貨’，則‘䝢’字當訓‘䝢貨’；《王一》《全王》於無販切之注文‘䝢’字訛作‘贈’，《廣韻》遂承此誤耳。然‘賳’‘䝢’非貨名，疑但依《説文》釋‘貨也’即可，《玉篇》無‘賳’字。”（862）余氏所言不確。《名義·貝部》：“䝢，武怨反。贈貨也。”（260 下）可見顧氏《玉篇》所見《説文》亦作“贈貨也”，今本《玉篇》作“貨也”，當爲宋人據二徐本《説文》誤改也。《切韻》《廣韻》亦訓爲“贈貨也”，此即《説文》古本如此也，余氏反據二徐本《説文》校作“貨也”，非。《集韻》訓“貨也”，亦爲二徐本《説文》所誤也。故《大字典》《字海》“䝢”字下“貨也”之義皆應删。

14. 絑

《説文·糸部》：“絑，純赤也。《虞書》‘丹朱’如此。从糸，朱聲。”（273 下）

按：《玉篇·糸部》：“絑，之俞切。純赤也。”（124 下左）《玉篇校釋》“絑”字下注：“二徐《説文》作‘純赤也’，奪‘繒’字。許於類列‘絹’‘綠’‘綃’‘縹’諸文皆言繒帛之色，‘絑’自不當例外。《廣韻》：‘絑，繒純赤色。’亦本《説文》。本書今本爲後人依二徐誤本删改也。”（5334～5335）胡氏所言是也。原本《玉篇·糸部》：“絑，之瑜反。《尚書大傳》：‘大琴練弦達越，大瑟絑弦達越。’鄭玄曰：‘朱赤文也。’《説文》：‘純赤繒也。《虞書》丹朱字如此。’”（604）《名義·糸部》：“絑，之瑜反。［純］赤繒。”（272 上）以上二書並其證也。徐前師《唐校》云：“張舜徽認爲有‘繒’者是，二徐奪之，宜補。按：張説可商。據‘絹’下段君説，此數篆皆言繒帛之色，則‘絑’字説解‘赤’下不當有'繒'字。"(187)其言非是。"絑"與"絹""綠""縹""縜"等類列,上述注文皆言繒帛之色,"絑"亦當言繒之色澤也,故亦當有"繒"字。《大字典》《字海》引《説文》應據改,其第二義項皆應併入第一義項。

15.絳

《説文·糸部》:"絳,大赤也。从糸,夅聲。"(273下)

按:《玉篇·糸部》:"絳,古巷切。赤色也。"(124下左)原本《玉篇·糸部》:"絳,古贛反。《説文》:'大赤繒也。'《倉頡篇》:'絳縣在河東。'野王案:晉所都也。《左氏傳》'自雍及絳'是也。"(604)徐前師《唐校》"絳"字下注:"唐寫本《玉篇》引《説文》:'大赤繒也。'按:'繒'字當衍。"(187)其説非是。《玉篇校釋》"絳"字下注:"二徐《説文》云'大赤也',奪'繒'字,猶'絑'爲'純赤繒',二徐本亦失落'繒'字。許於諸色名皆言繒帛之色,所以釋字之从糸也。"(5336)胡氏所言是也。《名義·糸部》:"絳,古贛反。[大]赤繒。"(272上)張舜徽《約注》亦曰:"唐寫本《玉篇》殘卷絳字下引《説文》:'大赤繒也。'今二徐本奪繒字。此與絑篆下説解一例,均宜據補。"(3196)以上諸説並其證也。故《大字典》引《説文》應據補。

16.裨

《説文·衣部》:"裨,接益也。从衣,卑聲。"(172上)

按:《玉篇·衣部》:"裨,補移切。接也;益也。又婢移切。副將也;亦姓。或作綼。"(128上左)《玉篇校釋》"裨"字下注:"'接也;益也'者,《説文》文,二徐本作'接益也',奪落一'也'字。段注依本書補正。慧琳卅二·十二、四二·十四:'鄭注《儀禮》云:裨之言埤也。《説文》:裨,接也;益也。'即本書原文。"(5563~5564)胡氏所言是也。王筠據二徐本《説文》之誤曲作説辭,非是。故《大字典》引《説文》應據《玉篇》加以校正,並應删去所引王氏之説。

17. 庚

《説文·广部》:"廙,行屋也。从广,異聲。"(193 上)

按:《玉篇·广部》:"廙,余力切。行屋下聲。又謹敬也。亦作翼。"(104 上右)《玉篇校釋》"廙"字下注:"二徐《説文》作'行屋也',漏奪'下聲'二字,則與《巾部》之'帟'同。行屋謂行旅所張之幄也,非'廙'字義。'行屋下聲'者,在屋内緩步輕聲,小心翼翼,《禮》云'堂上不趨'是也,故接引《倉頡篇》'謹敬兒'以申許義。"(4223)胡氏所言近是。原本《玉篇·广部》:"廙,餘力反。《説文》:'行屋下聲也。'《倉頡篇》:'謹敬兒也。'野王案:今亦爲翼字,在《羽部》也。"(488～489)《名義·广部》亦作:"廙,餘力反。謹敬兒。"(220 上)《新撰字鏡·广部》亦作:"廙,餘力反。行屋下聲;謹敬白(兒);翼也(字)。"(578)故二徐本《説文》"廙"訓"行屋也",當爲"行屋下聲也"之誤。段玉裁、王筠皆據二徐本《説文》之謬而誤作説解,俱失考證。"廙"字,原本《玉篇》、《名義》、《新撰字鏡》皆作"廙",故疑《説文》本亦作"廙",而今本作"廙"者,亦當爲二徐本之誤也。

第三、可校二徐本《説文》之倒文

倒文是指顛倒文字的錯誤,又稱"乙文"或"倒乙"。二徐本《説文》的注文也存在一些倒文,這些倒文常可引起義訓費解。因此,我們應對這種現象作出校正。

1. 堅

《説文·土部》:"堅,土積也。从土,从聚省。"(288 下)

按:"堅"訓"土積也",當爲二徐本之誤。《玉篇·土部》:"堅,秦喻切。土積也。"(7 下左)《玉篇》訓"堅"爲"土積也",亦爲據二徐本而誤改。《玉篇校釋》"堅"字下注:"《蓮華經釋文》卷中引本書云:'積土之聚爲堅。'蓋爲堅下顧氏案語。"(216)段玉裁《説文解字注》(690 上)"堅"字下注文已改爲"積土也"。以上諸説皆是。《名義·土部》:"堅,秦喻反。積土也。"(8 下)可見原本《玉篇》所見《説文》亦訓"積土也"。此即其證也。《大字典》沿襲二徐本《説文》之誤而未加改正,亦爲不妥。

2. 𦔻

《説文・耳部》:"𦔻,小垂耳也。从耳,占聲。"(249 下)

按:《玉篇・耳部》:"𦔻,丁兼切。《説文》云:'小耳垂。'《埤蒼》曰:亦同。"(23 下左)《玉篇校釋》"𦔻"字下注:"二徐《説文》作'小耳垂也','耳垂'二字誤倒。《切韻》:'𦔻,耳小垂。'又:'𦔻,目垂。'與'耽'爲'耳大垂'相對。"(897)胡氏所言是也。《名義・耳部》:"𦔻,丁兼反。耳小垂也。"(39 下)可見原本《玉篇》引《説文》亦當作"耳小垂也",今本《玉篇》據二徐本《説文》誤改,非是。然沈濤却據今本《玉篇》謂古本《説文》蓋作"小耳垂",非是。

3. 魅

《説文・鬼部》:"魅,老精物也。从鬼、彡。彡,鬼毛。鬽,或从未聲。"(188 下)

按:《玉篇・鬼部》:"魅,莫覭切。老精物也。"(94 下左)《玉篇校釋》校"老精物也"爲"老物精也",並注曰:"'老物精也'者,原引《説文》文,廣益本依二徐誤本作'老精物也',今據《選》注及慧琳各卷引乙正,謂物老成精也。"(3926)胡氏所言是也。《名義・鬼部》:"魅,莫凱(覭)反。老物精[也]。"(202 上)可見原本《玉篇》所見《説文》亦作"老物精也"。《大字典》引《説文》應據改。

第四、可校二徐本《説文》之訛文

訛文是指古籍在流傳過程中產生的文字訛誤現象。二徐本《説文》在流傳過程中也產生許多訛誤的現象,以下從正文之訛、注文之訛、或體之訛等三個方面來分別加以説明。

A. 可校二徐本《説文》正文之誤

二徐本《説文》正文存在一些訛誤的現象,通過對《玉篇》疑難字的研究,可對《説文》正文的一些訛誤作出校正。

1. 瀝

《説文·水部》:“瀝,浚也。从水,歷聲。一曰水下滴瀝。”(236 上)

按:《玉篇·水部》:“灑,力的切。漉也;滴灑水下。瀝,同上。”(90 上左)原本《玉篇·水部》:“灑,理激反。《楚辭》:‘吳醴白蘖和楚灑。’王逸曰:‘灑,清酒也。’《倉頡篇》:‘灑,盝也。’《説文》:‘灑,浚也。一曰水下滴灑也。’野王案:《史記》:‘時賜餘灑。’是也。瀝,《聲類》今灑字也。”(444)《玉篇校釋》“灑”字下注:“二徐《説文》作‘瀝’,誤以《聲類》或體爲正篆。”(3715)胡氏所言是也。故據《玉篇》可校今本《説文》正篆之誤。

2. 洇

《説文·水部》:“洇,水也。从水,因聲。”(228 下)

按:《玉篇·水部》:“洇,於鄰切。水名。”(91 上左)《玉篇校釋》“洇”字下注:“《廣韻》上平十七真於真切:‘水名。’《説文》大徐本:‘洇,水也。’小徐本作‘涃’。《切韻》去慁:‘涃,水名。’不收‘洇’。本書:‘洇,水名。’《集韻》引《説文》作‘洇’,疑作‘洇’者誤。”(3792)胡氏所言當是。桂馥《義證》改“洇”爲“涃”,並注曰:“涃,水也。從水,困聲。‘困聲’者,初印本作‘因’,音於真切。宋本、小字本、李濤本並同。《集韻》:‘涃,伊真切。《説文》:水名。’”(961 上)余迺永《校注》“洇”字下注:“‘洇’疑‘涃’字之誤。葛氏《舉正》云:‘案《説文》:涃,水也。从水,因聲。於真切。宋本同。小徐本作涃,困聲,苦悶切。《玉篇》洇、涃並收,且沇、涃相連,與《説文》列次同。王筠《説文句讀》即據之謂小徐本是。今案《萬象名義》有涃無洇,沇與涃亦相連。《切韻》真韻無洇字。《敦王》及《唐韻》慁韻均收涃字,是亦可證大徐洇字爲譌字。《集韻》《類篇》洇下均引《説文》,涃下不引,或據誤本《説文》耶?要之,洇、涃二字,必有一誤。”(611)以上諸説並其證也。《名義》只收“涃”字,而未見收録“洇”字,可見原本《玉篇》引《説文》亦作“涃”。“涃”與大徐本《説文》之“洇”位置相同,且二字形近義同,故“洇”當即“涃”之形誤。今本《玉篇》增收“洇”字,當據大徐本所補也。《集韻》《類篇》“洇”字下均引《説文》,亦爲誤本《説文》所誤也。故“洇”即“涃”字之譌,《大字典》引《説文》應據改。

3. 㳢

《説文·水部》：“㳢，水。出蜀汶江徼外，東南入江。从水，我聲。”（224下）

按：《玉篇·水部》：“㳅，子來切。㳅水，出蜀都。”（87下左）下文又曰：“㳢，吾哥切。水名。”（91下右）《玉篇校釋》“㳅”字下注：“本書下（619）：‘㳢，水名。’《切韻》云：‘水。出蜀汶江徼外。’本書‘涪’‘潼’以下十五字聯屬，皆崏江類，與《説文》列字次序相合，而‘㳢’字廁近部末，疑爲後增。哉、我形近相溷者，如《書·洛誥》：‘公無困哉。’《漢書·元后傳》及《杜欽傳》引並作‘公無困我’，是其證也。”（3563）胡氏所言是也。段玉裁已改“㳢”爲“㳅”，並注曰：“各本篆作𣲷，解作我聲，音五何切，字之誤也，今更正。按作㳢則與《漢志》不合，遂有欲改《志》作㳢者。考《漢志》師古注曰：‘㳅音哉。’蓋沿音義舊文。《玉篇》涪、潼、㳅、江、沱、湔、浙、沫、溫、灊、滇、淹、沮、涂、沇共十五字聯屬，皆崏江之類，與《説文》正合，而㳢字則廁於部末，孫强、陳彭年裒收字中。此與《木部》栀字可正梔字之誤正同。《水經注》云：‘吕忱曰：㳅水出蜀，許慎以爲㳢水也。从水，戈聲。’分別許、吕古今異體。俗改㳅爲㳢，非是。《廣韻》十六咍曰：‘㳅，水名，出蜀。’此用《字林》。《集韻》十六咍、《類篇·水部》皆云：‘㳅，或作㳢。’此許字之佚見於古籍者。”（518）朱駿聲《定聲》亦校“㳢”爲“㳅”，並注曰：“段氏玉裁訂從戈聲，是也。今從之，字亦作㳅。按《水經·江水一》注引吕忱曰：‘㳅水出蜀，許慎以爲㳢水也。從水，我聲。’今本《水經注》‘㳅水出蜀’誤作‘㳢水出蜀’，與文理不可通矣。蓋酈氏兩存其字，不能定也。考《漢書·地理志》‘蜀郡青衣’下云：‘禹貢蒙山谿大渡水，東南至南安入㳅。’師古注：‘㳅，音哉。’‘汶江’下云：‘㳢水出徼外南，至南安東入江。’”（195）余迺永《校注》“㳢”字下亦云：“余按《王二》《全王》同，《王二》云‘水出蜀’。所謂本於《説文》，‘㳢’實咍韻祖才切‘水名出蜀’之‘㳅’字或體‘㳅’之訛寫。《集韻》祖才切‘㳅’‘㳅’二字注：‘水名。《禹貢》蒙山谿大渡水東南至南安入㳅，或作㳅。’可證。‘㳅’隸定當作‘㳅’，即‘哉’字所從，故或體可作‘㳅’也。《説文》：‘㳢，水出蜀汶江徼外東南入江。’段注改‘㳢’作‘㳅’，與《漢書·地理志》云‘㳅，水出蜀郡汶縣徼外'義同,而另無'浽'字,《說文》段注已辨之甚詳。《玉篇》:'減,子來切。減水出蜀郡。'同《說文》及《廣韻》之祖才切;又有:'浽,吾哥切,水名。'則與《王韻》注本俱誤。《集韻》牛河切亦沿此訛,當删。"(654)以上諸説皆其證也。《名義·水部》:"減,子來反。出水(當作:水出)蜀。"(185下)《名義》只收"減"字,而未見收録"浽"字,"減"與《說文》之"浽"義同,且位置相當,可見顧野王所見《說文》亦作"減",今本《說文》作"浽"者,則應爲"減"字之誤也。今本《玉篇》於部末又增收"浽"字者,當爲孫强所增也。王筠《句讀》"浽"字下注曰:"据《水經注》,知許作浽,吕忱乃作減。《廣韻》七歌曰:'浽,水名。在汶江。'此用《說文》也。十六哈又曰:'減,水名。出蜀。'此用《字林》也。"(415上)清趙一清《水經注校釋·江水》:"《漢志》作'減','減'乃'浽'字之誤,即《禹貢》之'和夷'也。'和''浽'同音,故(酈)道元引《說文》以證之。"以上二説並非。《大字典》"減"字下謂"減"也作"浽",並引以上二説作爲例證,非是。

4. 紈

《說文·糸部》:"紈,素也。从糸,丸聲。"(273上)

按:段玉裁注:"'紈'篆舊在'終'篆前,非也。今依《玉篇》次此,與'繒'爲伍,《玉篇》必仍許也。"(648上)錢坫《說文解字斠詮》注曰:"《玉篇》以此爲'紈',巨周切,引急也,當是。'紈'素字應與'縹''緑'等爲類,不當在此處,應傳本之誤,俗人多見'紈'而少聞'紨'而删一字耳。既與《玉篇》不合,又非許書之次,謬誤顯然矣。"(794上)以上二説並非。《玉篇校釋》"紨"字下注曰:"案:《玉篇》收字先《說文》,即次《說文》之次第。《說文》所無者,亦依次録詁訓、字書繼其後。原本'紨'字列近部末,與'繐''綜''縺''繧'等類列,皆出《廣雅》《埤倉》等書。不引《說文》,可證《說文》原無'紨'字,後人習見'紈'素字而不識'紨',竟擅改'紈'爲'紨'耳。"(5322)胡氏所言當是。原本《玉篇·糸部》:"紨,渠周反。《說文》:'紨,引也。'"(598)《名義·糸部》:"紨,渠周反。引也。"(271下)《玉篇·糸部》:"紨,巨周切。引急也。"(124下右)原本《玉篇》、《名義》、《玉篇》之"紨"與《說文》之"紈"皆位置相同,且原本《玉篇》明謂"紨"字引《說文》,可見《說文》此處之"紈"應即"紨"字之誤。又"紈"字,原本《玉篇》、《名義》皆收於部末,與"繐""繗""縺""綜"

"繘"等並列,以上諸字皆出《廣雅》《埤倉》二書,"紲"亦當出《廣雅》而非《説文》。《廣雅·釋器》正云:"紲,素也。"(571下)此亦其證也。今本《説文》作"紖"者,當爲後人因"紖"字罕用,且"紲""紖"形近而誤混也。又《玉篇·系部》:"紲,胡端切。累也;結也。"(124下右)《玉篇校釋》"紲"字下注:"'累也;結也'二義當爲'素也;絹也'之譌。《廣雅·釋器》:'紲,素也。'《切韻》:'紲,生絹也。'"(5323～5324)胡氏所言是也。原本《玉篇·系部》:"紲,胡端反。《淮南》:'弱緆羅紲。'許叔重曰:'紲,素也。'"(653～654)《名義·系部》:"紲,胡端反。素[也]。"(276上)以上二書亦並其證也。故《大字典》"紲"字下又據《玉篇》之譌而收録"累""結"這兩個義項,皆應删。

B.可校二徐本《説文》注文之譌

二徐本《説文》的注文也存在許多文字譌誤的現象,究其原因,可以分爲以下四種情況:

a.因俗寫形近而誤

二徐本《説文》的注文存在許多因俗寫形近而譌誤的現象,然而,令人遺憾的是,後世字書却大都承襲其謬而未加考辨。通過對《玉篇》疑難字的研究,可以對這類譌誤現象作出一定程度的更正。

1. 儝

《説文·人部》:"儝,精謹也。从人,幾聲。《明堂月令》:'數將儝終。'"(163下)

按:《名義·人部》:"儝,居希反。精詳也。"(16上)《玉篇·人部》:"儝,居希切。精詳也。《月令》云:'數將儝終也。'"(13上右)周祖謨《問學集》(下册)《論篆隸萬象名義》"儝"字下注:"《説文》:'精謹也。'按:謹字誤。《繫傳》:'臣鍇云:幾,近詞也,切也,故爲精詳。'可證。"(911)《玉篇校釋》"儝"字下亦云:"'精詳也'者,《説文》:'儝,精謹也。'《繫傳》曰:'幾,近詞也,切也,故爲精詳。'是楚金所據本《説文》本作'精詳也',作'精謹'者後人所改。王筠曰:'謹,《玉篇》作詳,精詳謂稽察嚴密也。'"(424)故"精謹也"當爲"精詳也"之誤。

2. 嫫

《説文·女部》:"嫫,嫫母,都醜也。从女,莫聲。"(264 下)

按:"嫫"訓"都醜也",義訓費解。段玉裁謂"都猶冣也",亦爲强作説辭也。《玉篇·女部》:"嫫,莫胡切。《説文》云:'嫫母,鄙醜也。'亦作嬤。"(17 下右)"鄙醜"指"鄙俗醜陋",當爲同義聯用,故疑"都醜"當爲"鄙醜"之誤。鈕樹玉《説文解字校録》"嫫"字下注:"《玉篇》引'都'作'鄙',當不誤。"(634 下~635 上)其言是也。《大字典》引《説文》沿襲誤本《説文》之謬,當據正。

3. 項

《説文·頁部》:"項,頭後也。从頁,工聲。"(182 上)

按:段玉裁注:"頭後者,在頭之後。"(417 上)段氏之説亦當因沿襲二徐本《説文》之謬而誤也。《玉篇·頁部》:"項,胡講切。頸後也。"(19 上左)《玉篇校釋》"項"字下注:"'頸後也'者,原引《説文》文,二徐本作'頭後也'。桂馥曰:'頭當爲頸。'王筠《句讀》即據本書改爲'頸後也'。《切韻》:'項,頸後。'亦本《説文》。慧琳卅九·十六:《説文》:'項,頸後也。'《倉頡篇》云:'頸在前,項在後。'即移録本書文。頸从巠,項从工,二者俱有直而長義。別言則前爲頸,後爲項,通言則頸、項一也。"(706)胡氏所言是也。《名義·頁部》:"項,胡講反。頸後[也]。"(29 上)可見顧氏所見《説文》"項"亦訓"頸後也",今二徐本誤作"頭後也",應據改。

4. 顲

《説文·頁部》:"顲,面色顲顲皃。从頁,員聲。讀若隕。"(182 上)

按:段注本《説文》改"顲"爲"顲",並注云:"'皃'當依《玉篇》作'也'。"(417 下)其言是也。《玉篇·頁部》:"顲,有袞切。《説文》云:'面色顲顲也。'"(19 上左)《新撰字鏡·頁部》:"顲,有誢反。面急顲顲[也]。"(91)"急"當爲"色"字之誤。故"顲"當即"顲"字之誤,應據改。

5. 嗙

《説文·口部》:"嗙,謌聲,嗙喻也。从口,旁聲。司馬相如説'淮南宋蔡舞嗙'也。"(33 下)

按:《玉篇·口部》:"嗙,補庚切。訶聲也。"(25 下右)《玉篇校釋》"嗙"字下注:"鈕樹玉《校録》引顧千里云:'謌當作訶。《玉篇》:嗙,訶聲也。蓋本《説文》,今本謌字涉下文而誤,以次序求之,訶是謌非,司馬相如説别爲一義,不當用舞字而改訶爲謌也,嗙喻二字《玉篇》無,此非誤必衍。'段注改'謌'爲'訶',仍存'嗙''喻'二字。桂馥曰:'謌當爲訶,嗙、喻二字後人所加。'王筠《句讀》删去'嗙''喻'二字,亦謂:'謌當爲訶,自呧至吒十一篆皆訶叱類,校者以相如説改此爲謌,因增嗙喻。《玉篇》:訶聲也。《廣韻》:喝聲。此嗙之正義也。'諸家並據本書以訂正《説文》之誤,蓋是。"(976)以上諸説皆是。《名義·口部》:"嗙,補庚反。[嗙]喻也;訶聲也。"(43 下)《新撰字鏡·口部》:"嗙,補庚反。訶聲也;[嗙]喻也。"(107)以上二書亦皆其證也。故前人謂"謌"即"訶"字之誤,所言是也。至於"嗙喻",當别爲一義。

6. 詢

《説文·言部》:"詢,祝也。从言,匋聲。"(55 上)

按:原本《玉篇·言部》:"詢,道刀反。《説文》:'往來言也;一曰視也;一曰小兒未能正語也。'《字書》:'設詢也。'訉,《説文》或詢字也。"(265)徐前師《唐校》"詢"字下注:"'詢'从言,當與言語義相關,唐寫本蓋因祝、視形近而誤。"(50)徐氏所言非是。《玉篇校釋》"詢"字下注:"二徐《説文》'視也'作'祝也',黎刊本據之剜改'視'爲'祝',今案:二徐誤'視'爲'祝',非本書誤'祝'爲'視'也,黎校此一字而失二書之真矣。下文:'設,《埤倉》:亦詢字。《字書》:設詢,往來言,一曰視也。設達,往來見皃。爲夲字。'部首夲,往來見皃。《見部》:'覲,見也。'从皋,皋从夲。設與詢同,設一義爲視,故詢一義亦爲視。又與夲音近義同,夲爲往來見,故詢爲往來言而又爲視也。"(1795)胡氏所言是也。故二徐本《説文》訓"詢"爲"祝也",當即"視也"之形誤。

7. 講

《說文·言部》:"講,言壯皃。一曰數相怒也。从言,冓聲。讀若畫。"
(55下)

　　按:《玉篇·言部》:"講,胡麥切。疾言皃。"(42下左)原本《玉篇·言
部》:"講,胡圭反。《說文》:'言疾皃也。一曰相數講也。'《字書》:'或爲嘖
字,在《口部》也。'"(265)《玉篇校釋》"講"字下注:"二徐《說文》作'言壯皃。
一曰數相怒也','壯'即'疾'之形誤。校者不明'相數講'之義而臆改爲'數
相怒'。《切韻》:'講,疾言。'《廣韻·齊韻》引《說文》云:'自是也。'本書《口
部》:'嘖,自是皃。或作講。言疾皃。'自是義蓋出《字書》,《廣韻》誤引也。
許一義'相數講'者,數者,責讓義。"(1797～1798)胡氏所言是也。《大字
典》《字海》引《說文》應據改。

8. 顰

《說文·言部》:"顰,匹也。从言,頻聲。"(55下)

　　按:原本《玉篇·言部》:"顰,裨身反。《說文》:'顰,比也。'野王案:《毛
詩》:'國步斯顰。'是也。今爲頻字,在《頻部》。"(265)《玉篇校釋》"顰"字下
注:"二徐《說文》作'匹也',即'比'之形誤。引《詩》爲《大雅·桑柔》文。鄭
箋:'頻,猶比也。'《廣雅》二:'頻,比也。'又《釋訓》:'頻頻,比也。'字並作
頻,義皆爲比,顧引《詩》以申證許義,所見《詩》亦爲頻,故云:'今爲頻字。'"
(1805)胡氏所言是也。《名義·言部》:"顰,裨身反。比也。"(83下)此亦
其證也。故今本《玉篇》"顰"訓"匹也",當爲二徐本所誤,《大字典》又引王
筠之說以申釋之,亦非。《大字典》《字海》應據原本《玉篇》引《說文》加以
訂正。

9. 暜

《說文·言部》:"暜,大呼自勉也。从言,暴省聲。"(56上)

　　按:《玉篇·言部》:"暜,蒲剝切。《說文》曰:'大呼自勉也。'"(42下

左)原本《玉篇・言部》："嚳,蒲卓反。《説文》:'大呼也;自冤也。'野王案:《漢書》:'郭舍人不勝痛呼嚳。'是也。"(270)《玉篇校釋》"嚳"字下注:"二徐《説文》作'大呼自勉也','冤'形訛爲'勉',《廣韻》引作'大呼自冤也',尚奪一'也'字。《爾雅・釋訓》釋文引同本書,是唐寫本《説文》猶未誤。"(1806)胡氏所言是也。徐前師《唐校》(56)亦同。《大字典》引《説文》應據原本《玉篇》引《説文》加以訂正。

10. 歠

《説文・欠部》:"歠,且唾聲。一曰小笑。从欠,毄聲。"(180 上)

按:《玉篇・欠部》:"歠,呼狄切。《説文》:'且唾聲。一曰小笑也。'"(45 下右)原本《玉篇・欠部》:"歠,呼狄反。《説文》:'且逆聲。一曰小笑也。'"(336)《玉篇校釋》"歠"字下注:"二徐《説文》云:'且唾聲。'以上文'欨'爲'逆氣'推之,似作'且逆'是,許以義類列也。"(1936)胡氏所言當是。《大字典》《字海》應據改。

11. 赾

《説文・走部》:"赾,疑之,等赾而去也。从走,才聲。"(36 下)

按:《玉篇・走部》:"赾,千才、楚皆二切。疑之,等赾而去。"(48 下左)"疑之,等赾而去"者,當爲沿襲二徐本之誤。《説文・走部》:"赾,疑之,等赾而去也。从走,才聲。"(36 下)《名義・走部》:"越(赾),千(才)反。疑之,起而去也。"(100 上)"赾"字,《名義》訓爲"疑之,起而去也",文從字順。敦煌本《王韻》平聲皆韻楚皆反:"赾,起去。"(364)故宫本《王韻》同。"起去"當爲"疑之,起而去也"之省。可見原本《玉篇》引《説文》亦當作:"疑之,起而去也。"今本《説文》誤作"疑之,等赾而去也",文不可解,諸家皆沿誤而曲説,俱非是。廣益本《玉篇》反據今本《説文》而妄改,亦非。元刊本《玉篇・走部》:"赾,千才、楚皆二切。僕也;走也。"元刊本"赾"字訓爲"僕也;走也",於文獻無徵,亦非是,當删。故《大字典》《字海》"赾"字據《名義》改作"疑之,起而去也"即可,《大字典》其他義項皆應删去。

12. 𤑶

《説文·火部》:"𤑶,炊𩛛疾也。从火,齊聲。"(208下)

按:《玉篇·火部》:"𤑶,子奚、才悌二切。炊釜。"(99下左)《玉篇校釋》"𤑶"字下注:"'炊釜'者,《説文》:'𤑶,炊𩛛疾也。'《切韻》:'𤑶,炊疾。'應《説文》'𩛛'當爲'𩜐'。本書'炊釜'當爲'炊釜疾'。《篇》《韻》並本《説文》而經删失也。"(4054)胡氏所言是也。《名義·火部》:"𤑶,子奚反。[炊]𩜐疾。"(209)此即其證也。周祖謨《問學集》(下册)之《論〈篆隸萬象名義〉》曰:"按:《名義》脱'炊'字,《説文》'𩜐'訛作'𩛛'。段注云:'𩛛日加申時食也。晚飯恐遲,炊之疾速,故字从火',殊可笑也。"(914)周氏所言是也。《大字典》引二徐本《説文》而未加校正,却又引段氏之曲説,俱失考證。《廣韻》訓爲"炊𩛛疾也",亦爲二徐本《説文》所誤也。

13. 㠜

《説文·山部》:"㠜,尤高也。从山,棧聲。"(190下)

按:《玉篇·山部》:"㠜,士眼切。危高皃。"(102下右)原本《玉篇·山部》:"仕板、仕眼二反。《説文》:'危高也。'"(461)《玉篇校釋》"㠜"字下注:"二徐《説文》作'尤高也','尤'即'危'之形誤。桂、王並云當依《玉篇》作危高。"(4158)胡氏所言是也。二徐本作"尤高也",即"危高也"之誤。段玉裁注:"尤者,異也。《京部》曰:尤者異於凡也。"段氏之説非是。《大字典》未據《玉篇》校正二徐本《説文》之誤,反而又引段氏之曲説,失考證。

14. 峼

《説文·山部》:"峼,山皃。一曰山名。从山,告聲。"(191上)

按:《玉篇·山部》:"峼,口沃切。山皃。"(102下左)《名義·山部》:"峼,口污反。山谷也。"(217上)原本《玉篇·山部》:"峼,口污反。《説文》:'山皃也。一曰:山谷也。'"(463)《玉篇校釋》"峼"字下注:"二徐《説文》作'一曰山名','名'即'谷'之形誤。"(4162)胡氏所言是也。王筠釋例:

“《玉篇》《廣韻》皆曰山兒,則是《説文》一本訛爲山名,而校者掇拾之也。”王筠未見原本《玉篇》,故其説亦不確。《大字典》引《説文》應據正。

15. 碬

《説文·石部》:“碬,石也,惡也。从石,叚聲。”(195 下)

按:《玉篇·石部》:“碬,下革切。石也;堁也。”(105 上左)原本《玉篇·石部》:“碬,下革反。《説文》:‘石地也。’《埤倉》:‘确也。’”(520)《玉篇校釋》“碬”字下注:“二徐《説文》作‘石地惡也’,宋刊本又誤爲‘石也,惡也’,故本書今本亦誤改作‘石也’。”(4306)胡氏所言是也。段玉裁注本作“石地惡也”,亦非。故《大字典》引《説文》應據改,後所引段玉裁之説亦應刪。

16. 阭

《説文·𨸏部》:“阭,高也。一曰石也。从𨸏,允聲。”(305 上)

按:《玉篇·阜部》:“阭,余剗切。高也;地名。”(106 下右)原本《玉篇·阜部》:“阭,瑜剗反。《説文》:‘阭,高也。一曰地名也。’”(539)《玉篇校釋》“阭”字下注:“二徐《説文》‘一曰石也’,‘石’爲‘名’訛,校者因去‘地’字。本書今本二義與原引《説文》同,以未舉所出,故不曾爲宋人依二徐本竄改。”(4361)胡氏所言是也。《大字典》《字海》皆因二徐本之誤而妄增“石也”之訓,非是。

17. 帗

《説文·巾部》:“帗,鬌布也。一曰車上衡衣。从巾,妭聲。”(160 上)

按:《廣韻》去聲遇韻亡遇切:“帗,髮巾。”(262)余迺永《校注》“帗”字下注:“《王一》《王二》《唐韻》同,《全王》云:‘髠巾。’按《説文》:‘帗,鬌布也,一曰車上衡衣。’(段注本改爲‘車衡上衣’)《玉篇》:‘亡遇切,又莫乎切,鬌布也,覆車衡衣也。’‘鬌’字本書見尤韻許尤切,或體作‘髳’;是《全王》訛‘鬌布’爲‘髠巾’,《王一》等復誤作‘髮巾’者,《集韻》同。”(833)余迺永謂“髮巾”爲“繫布”之誤,疑非是。《玉篇·巾部》:“帑,亡遇切,又莫乎切。繫布也,覆車衡衣也。”(127 上右)《玉篇校釋》“帑”字下注:“‘繫布也’者,《説文》:‘帑,繫布也。’蓋涉下文‘幬’義而寫誤。《切韻》:‘帑,髮巾。’《廣韻》《集韻》並同,當本《説文》。本書今本依二徐誤本改也。《荀子》:‘古之王者有務而拘領者。’《淮南子》:‘古者有鍪而綣領。’務、鍪並與帑通,謂以巾覆髮也。帑之言冒也,冒覆於首也,故頭衣謂之帽,首鎧謂之兜鍪,亦謂之鞻鍪,製異則字變而義同爲蒙覆也。”(5499~5500)胡氏所言當是。《新撰字鏡·巾部》:“帑,武遇反。髮巾也;車衡上衣。”(235)此亦其證也。故“帑”訓“繫布也”,當即“髮巾也”之誤。此爲二徐本之誤也。又《名義·巾部》:“帑,莫胡反。車衡上衣也。”(279 上)可見“帑”訓“車上衡衣”,當即“車衡上衣”之誤倒。此亦爲二徐本之誤也。段注改爲“車衡上衣”,其説是也。故《説文》“帑”字之義應校正爲:“帑,髮巾也。一曰車衡上衣。”

18. 袪

《説文·衣部》:“袪,衣袂也。从衣,去聲。一曰袪,褱也。褱者,袞也。袪尺二寸。《春秋傳》曰:‘披斬其袪。’”(171 上)

按:《玉篇·衣部》:“袪,丘於切。袂也;衣裏也;舉也。”(127 下左)《玉篇校釋》“袪”字下注:“《説文》:‘袪,衣袂也。一曰:袪,褱也。褱者,袞也。’小徐本二‘褱’字作‘裏’,今刻本又剜改爲‘夷’。夷即袖,不知徐鍇云‘袂’即今衣之袖口。是‘夷’明爲‘裏’之剜改。大徐本‘褱者,袞也’句亦後人所增。又以之加入小徐本,則不通矣。本書云‘衣裏也’,當本《説文》。”(5544)胡氏所言當是。《新撰字鏡·衣部》:“袪,丘魚反,平。袂也。去,舉也;裏也;袂口也。”(220)此亦其證也。故《説文》“袪”字之義應校爲:“袪,衣袂也。从衣,去聲。一曰袪,裏也。袪尺二寸。《春秋傳》曰:‘披斬其袪。’”

b. 因俗寫渹蝕而誤

二徐本《説文》也存在因俗寫渹蝕而造成義訓訛誤的現象。

19. 塋

《説文·土部》："塋，墓也。从土，熒省聲。"(289下)

按："塋"訓"墓也"，當即二徐本《説文》之殘誤。《玉篇·土部》："塋，余瓊切。《説文》云：'墓地。'《廣雅》云：'塋域，葬地也。'"(8上左)《玉篇校釋》"塋"字下注："二徐本《説文》云'墓也'，《文選·齊敬皇后哀策(文)》注引亦作'墓地'，是今本作'也'爲'地'字之泐蝕。段王並據《選》注及本書引正。"(238)胡氏所言是也。《大字典》引《説文》亦應據以訂正。

c. 因聲同或聲近而誤

二徐本《説文》的注文也存在一些因聲同或聲近而訛誤的現象，如果不對這種失誤作出更正，同樣會因承訛襲謬而貽誤讀者。

20. 媣

《説文·女部》："媣，諟也。从女，染聲。"(262上)

按：《玉篇·女部》："姌，而閃切。媞也。媣，同上。見《説文》。"(17上右)《玉篇校釋》"姌"字下注："'媞也'者，《説文》：'媣，諟也。'《廣韻》：'姌，諟也。'疑作'媞'是，《説文》：'媞，一曰妍黠。'此取其義。"(598)胡氏謂疑以作"媞"爲是，其言當是；然謂"媣"取"媞"之《説文》"一曰妍黠"義，疑可商榷。《説文·女部》："媣，諟也。从女，染聲。"(262上)《名義·女部》："姌，辱紺反。媞也。"(25下)周祖謨《問學集》(下册)《論篆隸萬象名義》謂："《説文》：諟也。諟字誤。"(911)其言是也。敦煌本《王韻》平聲談韻古三反："姌，媞。"(374)故宫本《王韻》同。故宫本《裴韻》平聲談韻古三反："姌，嫚。"(564)《廣韻》平聲談韻古三切："媣，嫣(當衍)媞也。"(149)又上聲琰韻而琰切："姌，諟也。"(228)此"諟"亦即"媞"字之訛。胡吉宣謂此"媞"當即"妍黠"義，然"媣"字位於"婷""嫥"二字之間，上字"婷"訓"眉目傳情貌"，下字"嫥"訓"嫥嫥可愛之皃"，是用來説明人的表情形容的，"媣"訓"妍黠"與上下字義不相諧，故疑此"媞"當爲"安詳"義。《爾雅·釋訓》："媞媞，安也。"郭璞注："皆好人安詳之容。"故宫本《裴韻》之"嫚"亦當是指"柔美貌"，"柔美""安詳"義通。《文選·司馬相如〈上林賦〉》："柔橈嫚嫚，嫵媚纖弱。"

李善注引郭璞曰：“皆骨體奝弱長艷皃也。”《大字典》第一義項、《字海》沿襲誤本《説文》之謬訓“嬔”爲“整理”，俱失考證。

21. 娷

《説文·女部》：“娷，諉也。从女，垂聲。”（265 上）

按：《玉篇·女部》：“娷，竹恚、女恚二切。飢聲。”（17 下左）《玉篇校釋》“娷”字下注：“‘飢聲’者，《切韻》同。《説文》：‘娷，諉也。’鈕樹玉《校録》云：據《玉篇》《廣韻》‘娷’並訓‘飢聲’，則《説文》‘諉也’當是‘餒也’。王筠《釋例》云：《玉篇》娷音竹恚、女恚二切，飢聲。竹恚切則與諈同音，女恚切則與諉同音，是娷之一字而兼諈、諉二字之音也。《爾雅》：諈諉，累也。《玉篇》《廣韻》並同，娷訓飢聲，未必不本之《説文》。”（641）鈕氏、王氏之説當並是也。《名義·女部》：“娷，竹恚、女恚二反。餒飢也。”（28 下）周祖謨《問學集》（下册）《論篆隸萬象名義》“娷”字下謂《説文》訓“諉也”誤，是也。《新撰字鏡·女部》：“娷，竹恚、女恚二反。餓也；飢也；人性（姓）。”（183）“娷”字，《切韻》系韻書、《玉篇》系列字書及《新撰字鏡》皆未見有訓“諉”者，故疑“諉”當即“餒”字之聲誤，此爲後人妄改，並非《説文》原本如此。《集韻》、段玉裁、朱駿聲皆謂“娷”同“諈”，此俱爲沿襲誤本《説文》之謬，疑皆非是。

22. 顩

《説文·頁部》：“顩，齤皃。从頁，僉聲。”（182 上）

按：《玉篇·頁部》：“顩，五檢切。《説文》云：‘齤皃。’《倉頡[篇]》：‘狹面鋭頤之皃。’。”（19 上左）《玉篇校釋》“顩”字下注：“《説文》云‘齤皃’者，《齒部》：‘齤，齒差也。’義似不符，故鈕、桂、錢、王諸家皆謂當作‘顅皃’。顅，頭頰（狹）長也。引本書所引《倉頡篇》義以相印證。”（708）鈕、桂、錢、王諸家所言皆是。《名義·頁部》：“顩，五檢反。顅也。”（29 下）可見原本《玉篇》所見《説文》“顩”亦當訓“顅”，今本《玉篇》改作“齤”，當即據誤本《説文》所改。《新撰字鏡·頁部》：“顩，魚儉反。預也。顅也；狹鋭頤皃。”（89）此亦其證也。故“齤”即“顅”之聲誤，今本《説文》應據改。

23. 詐

《説文・言部》:"詐,憼語也。从言,作聲。"(54 上)

按:《玉篇・言部》:"詐,仕亞切。憼語也。"(42 下右)原本《玉篇・言部》:"詐,仕亞反。《説文》:'憼語也。'野王案:今並爲乍字,在《亾部》。"(258)《玉篇校釋》"詐"字下注:"憼,艸書足與心形近,傳寫訛憼……顧云'今並爲乍字',乍,暫也,可證所引《説文》'憼'字不誤,足證二徐之訛。今《左氏》作'咋'爲假借,字本應从乍,以避詐訛字而變从作。"(1784)胡氏所言是也。故今本《説文》"詐"字訓"憼語也",當爲二徐本之誤。《大字典》引《説文》應據原本《玉篇》引《説文》改正。

24. 瘜

《説文・疒部》:"瘜,寄肉也。从疒,息聲。"(155 上)

按:《玉篇・疒部》:"瘜,思力切。寄肉也。膔字。"(56 下左)《玉篇校釋》"瘜"字下注:"'寄肉也'者,原引《説文》作'奇肉'。肉必裹在皮内,而此肉生於皮表,異於常肉,故曰奇。後人不解其意,改《説文》爲'寄肉',本書又依二徐本改也。慧琳兩引《説文》:'瘜,奇肉也。'《三倉》:'惡肉也。'《方言》作膔同。即本書原文。"(2234)胡氏所言是也。《名義・疒部》:"瘜,思力反。奇肉也。膔字。"(109 上)可見原本《玉篇》引《説文》亦作"奇肉也",《大字典》引《説文》應據改。

25. 洝

《説文・水部》:"洝,渜水也。从水,安聲。"(235 下)

按:原本《玉篇・水部》:"洝,於旦反。《説文》:'煗水也。'"(441)《玉篇・水部》:"洝,於旦切。渜水也。"(90 上右)《玉篇校釋》"洝"字下注:"黎刊本依二徐《説文》改作'渜水也',影印卷子本'渜'作'煗',是也(廣益本亦從二徐改)。《説文》:'渜,湯也。''煗,温也。'又:'安嬹,温也。'本書《日部》:'嬹,温也;安也。'《廣雅・釋詁三》:'喝曬,煗也。'安嬹、喝曬,並與此洝煥同。"(3708～3708)胡氏所言當是。《名義·水部》:"洝,於旦反。煥水也。"(192 下)此亦其證也。原本《玉篇》"洝"字下引《説文》訓爲"煥水也",二徐本作"澳水也",當因"澳""煥"音同而誤。《大字典》《字海》引《説文》應據改。

d.因誤解而妄改

二徐本《説文》的注文還存在一些由於後人誤解許書而妄改的現象,從而造成了義訓失誤的現象。

26.唪

《説文·口部》:"唪,大笑也。从口,奉聲。"(32 下)

按:《玉篇·口部》:"唪,薄孔切。大聲也。又方孔切。"(25 上左)《玉篇校釋》"唪"字下注:"'大聲也'者,《説文》:'唪,大笑也。'鈕樹玉云:'《玉篇》:唪,大聲也。疑本《説文》。'案:《切韻》亦云'大聲',當本《説文》。《説文》訓笑之字皆前列,與此不類,以聲驗之,唪亦不似笑聲,而正如大聲唪然也。"(959)胡氏所言當是。《名義·口部》:"唪,薄孔反。大聲也。"(42 下)周祖謨《問學集》(下册)《論篆隸萬象名義》"唪"字下注:"按:笑字誤。"(912)可見原本《玉篇》"唪"字亦訓"大聲也"。

27.肍

《説文·肉部》:"肍,孰肉醬也。从肉,九聲。"(89 下)

按:《玉篇·肉部》:"肍,渠留切。熟肉醬也。"(36 上右)《玉篇校釋》"肍"字下注:"'熟肉醬也'者,引《説文》文,《切韻》同,《廣韻》云'乾肉醬',段注《説文》云:'疑乾是。'"(1515)案:段説當是。《名義·肉部》:"肍,渠流反。干肉醬也。"(66 上)原本《玉篇》亦當如此。今本《玉篇》作"熟肉醬也",當即據二徐本《説文》所改。《新撰字鏡·肉部》亦云:"肍,渠留反。干肉醬。"(34)此亦其證也。故"肍"字《説文》原本當訓"乾肉醬也",二徐本《説文》誤改作"孰肉醬也"耳。

28. 訆

《説文·言部》："訆，大呼也。从言，叫聲。《春秋傳》曰：'或訆于宋大廟。'"(56 上)

按：《玉篇·言部》："訆，公弔切。妄言也。"(42 下左)《名義·言部》："訆，公弔反。妄言也；叫也。"(83 下)原本《玉篇·言部》："訆，公弔反。《説文》：'訆，妄言也。'《春秋傳》曰：'或訆于宋大廟。'是。《字書》：'或叫字也。在《口部》。'"(269)《玉篇校釋》"訆"字下注："二徐《説文》作'大呼也'，蓋後人依所引傳文憶改《春秋傳》爲許原引，今《襄二十三年》傳作'叫'，杜注：叫，呼也。妄言猶大言，謂其高聲若叫呼也。"(1805)胡氏所言是也。故《大字典》引《説文》應據原本《玉篇》引《説文》而改。

29. 漀

《説文·水部》："漀，側出泉也。从水，殸聲。"(236 上)

按：《玉篇·水部》："漀，口冷切。出酒也。"(90 上左)原本《玉篇·水部》："漀，口冷反。《説文》：'側酒出也。'"(446)《玉篇校釋》"漀"字下注："二徐《説文》作'側出泉也'，鈕樹玉《校録》云：'《玉篇》云：出酒也。疑本《説文》。上文灑訓釃酒，下文湑訓茜酒，與出酒義相類，'桂氏《義證》云：'《玉篇》：漀，出酒也。馥案上下文皆言酒，疑此亦言側出酒，《玉篇》必有所受，後人以《爾雅》有側出泉改許書也。'王氏《句讀》亦謂：'泉當作酒，《玉篇》云：出酒也，然側字當有，漀之爲言罄也，側出之所以罄之也。'案諸家並據廣益本《玉篇》以訂《説文》'泉'字爲'酒'之誤，是矣。今據原本顧引，則相去尚有一閒。漀爲側酒出，乃動詞，與上下文灑爲釃酒、湑爲茜酒同例，彼以兩字説解，則灑、湑爲動詞甚明，此以三字説爲'側酒出'者，若作爲'側出酒'則有成爲酒名之嫌矣。《釋名》云：'漀猶傾也，側器傾水漿也。'説甚顯著。字从水指酒之傾寫，从殸，古磬字。磬虛縣而狀傾側，寫酒必傾側其器以出之也，故字从殸、从水而爲側酒出也。《切韻》：'漀，出酒。'亦本《説文》而漏去'側'字，則从殸之誼不明，失與廣益《玉篇》同。二徐《説文》傳寫脱'酒'字，後人又不知从殸之義，因字从水而逕依《爾雅》改作'側出泉也'，今獲見六朝《說文》原本,使千載疑義渙然冰釋,誠快事也。"(3723)胡氏所言甚是也。《名義·水部》:"滎,口冷反。側出酒。"(193 上)《名義》引原本《玉篇》作"側出酒"者,亦當因空海不明原本《玉篇》"側酒出"之義而妄改也。《大字典》《字海》據二徐本《說文》之誤而妄增此義,皆應刪。

30. 綯

《說文·糸部》:"綯,絺之細也。《詩》曰:'蒙彼綯絺。'一曰蹴也。从糸,芻聲。"(277 上)

按:《玉篇·糸部》:"綯,仄又切。綯布也;纖也。"(125 下右)原本《玉篇·糸部》:"綯,側救反。《毛詩》:'蒙彼綯絺。'傳曰:'絺之靡者爲絺綯。'箋云:'絺之蹙者也。'《說文》:'絺之細也。一曰纖也。'"(638~639)《玉篇校釋》"綯"字下注:"二徐《說文》'一曰蹴也',段注改作'戚'字,顧所見本爲'纖',謂綯亦爲凡物纖者之偁。"(5398)胡氏所言是也。張舜徽《約注》"綯"字下注:"苗夔曰:'細也,也當爲者。蹴當作蹙,見《偕老詩》箋。'舜徽案:唐寫本《玉篇》殘卷'綯'字下引《說文》:'絺之細也。一曰纖也。'則說解'也'字不誤,'蹴'字又當作'纖'矣。纖、細義同,絺之細者爲綯,故引申之又爲纖之通名耳。許所引《詩》,乃《鄘風·君子偕老》文。《毛傳》云:'絺之靡者爲綯。'毛訓爲靡,靡即纖也,當爲許義所本。鄭在許後,與毛立異,訓綯爲蹙,非許義也。今二徐本作'一曰蹴也',蓋後人據鄭義改。"(3240)此說是其證也。故二徐本《說文》"一曰蹴也"當爲"一曰纖也"之誤也,《大字典》引《說文》應據改。

（五）因受語境影響而誤

同樣,由於受上下文、注文、字頭等方面的影響,《說文》的注文在流傳過程中也會產生一些訛誤現象。

31. 諱

《說文·言部》:"諱,誋也。从言,韋聲。"(52 下)

按:《玉篇·言部》:"諱,許貴切。隱也;避也;忌也。"(43 上左)原本《玉篇·言部》:"諱,許貴反。《周禮》:'小史掌訟王忌諱。'鄭衆曰:'諱,先王之名也。'《左氏傳》:'諱國惡禮也。'野王案:諱猶隱也。《禮記》:'卒哭而諱。'鄭玄曰:'諱,避也。'《説文》:'諱,忌也。'"(282)《玉篇校釋》"諱"字下注:"《説文》:'諱,誋也。'因與'誋'字並列而誤,段注正作'忌也',又依小徐本改列與'謐''誄'爲類,與本書同。顧原循許書列次也。"(1825)段氏、胡氏之説並是也。故《大字典》引《説文》應據改。

32. 甹

《説文·丂部》:"甹,亟詞也。从丂,从由。或曰:甹,俠也。(三輔)謂輕財者爲甹。"(101 上)

按:《玉篇·丂部》:"甹,普經切。《説文》曰:'亟詞也。或曰:甹,俠也。三輔謂輕財者爲甹。'《爾雅》曰:'甹、奪,掣曳也。'謂牽拕也。"(44 上左～44 下右)原本《玉篇·丂部》:"甹,普經反。《毛詩》:'莫與甹蜂,自求辛螫。'《傳》曰:'甹蜂,制曳也。'《爾雅》亦云。郭璞曰:'謂牽拕也。'《説文》:'亟詞也。或曰:使也。'訓使爲俜字,在《人部》。"(301)《玉篇校釋》"甹"字下注:"引《説文》'或曰:使也',今二徐本'使'作'俠',黎刊據改'使'爲'俠',並改顧案之'使'亦爲'俠',其失與廣益本同。《人部》:俜,使也。《彳部》:傋,使也。重文作徰。又(20):徎,使也。即徟徎,使也。故顧云'訓使爲俜字',《彳部》字爲後增者,《説文》原訓甹爲使,後人以下句'三輔謂輕財者爲甹'而改'使'爲'俠',誤認爲以方俗語釋前義也。今案:甹之本義爲使,許以字从丂而訓爲亟詞,此與下《只部》之'馰'相近,凡語詞多出假借,非字之本義也。"(1881～1882)胡氏所言是也。故《説文》"甹"訓"俠也",當即"使也"之誤,《大字典》引《説文》應據改。

33. 杵

《説文·木部》:"杵,舂杵也。从木,午聲。"(122 上)

按:《玉篇·木部》:"杵,齒與切。舂杵也。"(61 上左)《玉篇校釋》"杵"字下注:"'舂杵也'者,後人依二徐《説文》改,唐本作'舂柄也',是。"(2422)胡氏所言是也。《名義·木部》:"杵,齒與反。舂柄也。"(121 下)可見原本《玉篇》所見《説文》亦作"舂柄也",二徐本誤作"舂杵也",當爲受字頭影響而誤也。《大字典》引《説文》應據改。

　　C. 可校二徐本《説文》或體之誤

　　二徐本《説文》的或體由於俗寫、誤植等原因也會産生一些訛誤的現象，在研究《玉篇》疑難字的過程中，我們對這種訛誤也應作出更正。

1. 飪

　　《説文·食部》：“飪，大熟也。从食，壬聲。肵，古文飪。恁，亦古文飪。”（107 上）

　　按：《玉篇·食部》：“飪，如甚切。大熟也。餁，同上。”（46 上右）原本《玉篇·食部》：“飪，如甚反。《周易》：‘鼎象也，以木巽火，烹飪也。’王弼曰：‘飪，孰也。’《方〔言〕》：‘徐揚之間謂孰曰飪。’《説文》：‘大熟也。’《字書》：‘或爲脤字，在《肉部》；或爲烎字，在《火部》。’”（346）《玉篇校釋》“飪”字下注：“引《方言》爲卷七文，《説文》有肵、恁二古文，肵即本書之脤，恁則烎之形誤。《廣雅·釋詁三》：‘飪，孰也。’《切韻》：‘餁，熟食。’又：‘脤，熟也。’本書《肉部》：‘脤，熟也。’《火部》：‘烎，亦飪字。’”（1953～1954）胡氏所言是也。箋注本《切韻》（斯 2071）上聲寑韻如甚反：“餁，熟食。”（139）同一小韻下文曰：“恁，信。”（139）箋注本《切韻》（伯 3693 背面）、敦煌本《王韻》、故宫本《王韻》、《廣韻》同，皆未溝通“飪”“恁”二字。故二徐本《説文》“飪”之古文“恁”當即“烎”之俗訛。

2. 道

　　《説文·辵部》：“道，所行道也。从辵，从𩠐。一達謂之道。𧗟，古文道从𩠐、寸。”（42 上）

　　按：《玉篇·行部》：“衜，徒老切。古文道。”（48 上右）《玉篇校釋》“衜”字下注：“《説文》‘道’之古文作‘𧗟’，疑古本作‘衜’。《切韻》：‘道，亦作衜。’蓋並本許書，《廣韻》古文‘衜’‘𧗟’二形，𧗟亦後人增入者，金文作𧗟、𧗟、𧗟，本書《辵部》：‘道，理也，路也。’不收‘𧗟’字。”（2032）胡氏所言當是。《名義·行部》：“衜，徒老反。路也；術也。”（99 上）可見原本《玉篇》亦以“衜”爲“道”字古文，今本却删去了説明字際關係的部分。《新撰字鏡·

彳部》：“徇（衢），道字古文。”（539）此亦爲其證也。《大字典》因二徐本《説文》而誤，應據改。

3. 牭

《説文·牛部》：“牭，四歲牛。从牛，从四，四亦聲。𤙺，籀文牭，从貳。”（29 上）

按：《玉篇·牛部》：“牭，思二切。四歲牛；又牛很也。𤙺，籀文。”（109上右）段玉裁注：“按鍇本此下有‘仁至反’三字，與十三篇‘二’字反語同，是朱翱不謂‘𤙺’即‘牭’字，而謂‘𤙺’乃二歲牛之正字也。疑鍇本本不誤，後人用鉉本改之，未删朱氏切音耳。《龍龕手鑑》引《玉篇》‘直利反’，顧野王亦不云‘籀文牭’。”（51上）《玉篇校釋》“牭”字下注：“籀文本二徐《説文》，本爲‘牸’之籀文，二歲牛也，故从貳。傳寫扁失，誤入‘牭’下。”（4494）段玉裁、胡吉宣並謂“𤙺”即“牸”之籀文，而非“牭”之籀文，是也。然此誤由來已久，疑自顧野王《玉篇》已然。《名義·牛部》：“牭，思貳反。很也；四歲牛。𤙺，同上。”（231上）故疑原本《玉篇》已把“𤙺”誤認作“牭”之籀文矣。

第五、可校二徐本《説文》同字異體誤分爲二之失

二徐本《説文》也存在本爲同字異體，但在流傳過程中却誤分爲兩個字頭的情況。

1. 噤

《説文·口閉》：“噤，口閉也。从口，禁聲。”（31下）

按：《玉篇·口部》：“噤，巨錦、巨禁二切。《説文》云：‘口閉也。’”（25上右）《玉篇校釋》“噤”字下注：“慧琳卅一·廿引《説文》：‘噤，口急也。或作唫。’其上引《楚辭》云：‘口噤閉而不言。’王逸注：‘閉口爲噤也。’即轉録本書稱引文。上‘唫’下引《説文》云‘口急也’，蓋後人依二徐本改。《説文》古本以噤、唫爲一字。《切韻》：‘噤，口急。亦作唫。’當本許書。慧琳十八·十七：‘《韻英》：噤，口閉也。《韻詮》云：口急不開也。或从金作唫，古字也。《通俗文》：口不開曰噤。’”（946）胡氏所言當是。《名義·口部》：“唫，渠飲反。閉口也。噤，渠飲反。唫字也。”（42上）《新撰字鏡·口部》：“噤，渠錦

反,上。閉也;塞也;咋(吟)也。唵,上字古文。口急也。"(103)以上二書亦其
證也。故古本《説文》"嗒""唵"當爲一字,今二徐本《説文》却誤分爲二。

第六、可校二徐本《説文》本義與别義互易之失

二徐本《説文》還存在本義與别義互易的情況,我們可以憑藉原本《玉
篇》糾正這種失誤。

1. 訏

《説文·言部》:"訏,詭訛也。从言,于聲。一曰訏謩。齊楚謂信曰
訏。"(56 上)

按:原本《玉篇·言部》:"訏,况俱反。《毛詩》:'實覃實訏。'(箋云):
'謂張口鳴訏(呼)也。'又曰:'洵訏且樂。'傳曰:'訏,大也。'《方言》:'訏,謩
也,中齊西楚之郊曰訏。'《説文》:'一曰詭訛也。'"(271)《玉篇校釋》"訏"字
下注:"引《方言》原作'若言也',當爲'謩'字之誤離。然尚有奪文。原本當
爲引《説文》'謩也',引《方言》'大也'云云。二徐《説文》作'詭訛也,一曰訏
謩,齊楚謂信曰訏',本義與别義互易。"(1809)胡氏所言是也。《大字典》引
《説文》應據以訂正。

第七、可以校二徐本《説文》"一曰"義之誤增

二徐本《説文》還存在誤植它書或它字説解作爲《説文》"一曰"之義的
現象,我們也應對這種失誤作出校正。

1. 奇

《説文·可部》:"奇,異也。一曰不耦。从大,从可。"(101 上)

按:《玉篇·可部》:"奇,竭羈切。異也。又居儀切。不偶也。"(44 下
右)原本《玉篇·可部》:"奇,竭知反。《尚書》:'珍禽奇獸,弗育于國。'野王
案:《説文》:'奇,異也。'謂傀異也。《楚辭》'余幼好此奇服'是也。《老子》:
'若使民常畏死而爲奇者,吾得執而殺之,夫孰敢。'王弼曰:'詭異亂羣謂之
奇。'……《字書》:'一曰不耦也。'"(302)故《説文》"一曰"之義當爲《字書》
之義誤爲屠入。

2. 楁

《説文·木部》：“楁，角械也。从木，咠聲。一曰木下白也。”（120 上）

按：《玉篇·木部》：“楁，何格切。角械也。一曰木也。”（60 下左）《玉篇校釋》“楁”字下注：“‘一曰木也’者，《説文》：‘楁，一曰木下白也。’桂馥疑‘白’字爲‘句’譌，嚴可均曰：‘《玉篇》作一曰木也，則白下二字或衍文。’舒藝寶隨筆謂‘一曰木下白也’六字疑當在上文‘杳’字下，誤迻於此……案：《廣韻》《集韻》並云：‘木名。’本書今本亦恒言糸（?）。此云‘木也’，必爲引《説文》文。《説文》‘下白’二字蓋原在杳下，謂日猶未升，天色微露白光也。”（2391）胡氏所言疑可商榷。《名義·木部》：“楁，何格反。角械也。”（119 下）《新撰字鏡·木部》亦云：“楁，何格反。角械也。”（386）“楁”字皆未見有訓“木也”者，可見“木也”之訓當爲陳彭年等見二徐本“楁”訓“一曰木下白也”不諧，又妄改爲“木也”，《廣韻》《集韻》“楁”訓“木也”，亦爲今本《玉篇》所誤。舒藝寶所言當是，“一曰木下白也”疑即許氏對“杳”字構形理據所作的説解，二徐本誤置於此“楁”字下，遂致此誤。故“一曰木下白也”六字應置於“杳”字之下，《大字典》《字海》“楁”字第二義項“木下白”、第三義項“木名”皆應删。

（二）有助於校理《廣韻》之誤

《玉篇》與《廣韻》同經陳彭年等人編纂而成，《玉篇》形、音、義的一些錯誤信息也往往被《廣韻》所承襲。同時，《廣韻》在編纂與傳抄的過程中，自身也產生了許多失誤。因此，在研究《玉篇》疑難字的過程中，通過《玉篇》與《廣韻》的對比與研究，不但可以考辨《廣韻》所收的疑難字，而且可以對其釋義、注音之誤等作出相應的校正。

第一、可以考辨《廣韻》疑難字

《廣韻》收錄了大量的疑難字，這些疑難字大都被後世大型字書未加考辨地加以轉錄，因此降低了其編纂質量與利用價值。在研究《玉篇》疑難字的過程中，通過《玉篇》與《廣韻》的對比研究，我們可以對《廣韻》所收的一些疑難字作出考釋，考察其源流演變軌跡，探明其正字爲何，從而爲以後大型字書的修訂與完善提供可資借鑒的資料。

1. 嬐

《廣韻》上聲感韻胡感切:"嬐,嬐害,惡姓也。"(226)

按:宋本《廣韻》"嬐"作"嬐","嬐""嬐"當即一字之變。《字彙·女部》:"嬐,胡感切,音汗。惡性也。"(110下)《正字通·女部》:"嬐(嬐),嬐字之訛。舊注:音罕,惡性。誤。"(254)《正字通》謂"嬐(嬐)"即"嬐"字之訛,所言是也。箋注本《切韻》(斯2071)上聲感韻胡感反:"嬐,嬐害,惡性。"(136)敦煌本《王韻》上聲感韻胡感反:"嬐,嬐害,性惡。"(397)故宮本《王韻》上聲感韻胡感反:"嬐,嬐害,惡性。"(483)故宮本《裴韻》同。"惡性""性惡"義同,而《廣韻》之"惡姓"當即"惡性"之誤。《説文·女部》:"嬐,含怒也。一曰難知也。从女,僉聲。《詩》曰:'碩大且嬐。'"(263下)《玉篇·女部》:"嬐,烏廉、五感二切。含怒也。又魚檢切。"(17上左)"嬐",《廣韻》音"五感切",又音"胡感切"。"惡性""含怒"義近,"嬐(嬐)""嬐"又音同形近,故"嬐(嬐)"當即"嬐"字之俗。葛信益《廣韻叢考》:"又考感韻嬐亦訛字,《集韻》《類篇》均作嬐,是。"(81)此亦印證了《正字通》之説。《大字典》《字彙》俱收"嬐(嬐)",理應溝通其與"嬐"字之間的正俗關係。

2. 顓

《廣韻》平聲仙韻須緣切:"團,面圓也。"同一小韻下字:"顓,頭圓也。"(87)

按:《廣韻》"顓"訓"頭圓也",與"團"分爲二字,疑有誤。《玉篇·頁部》:"顓,先全切。圓面也。亦作團。"(20上右)《名義·頁部》:"顓,先全反。謀也。"(31下)《名義》訓"顓"爲"謀也",於文獻無徵,其訓非是。《新撰字鏡·頁部》:"顓,先全反。圓面。圑(團)字。"(90)敦煌本《王韻》平聲仙韻須緣反:"顓,圓面。或作團。"(368)故宮本《王韻》亦同。《集韻》平聲仙韻荀緣切:"顓,圓面也。或作䡵、團。"(169)故《廣韻》訓"顓"爲"頭圓也",當即"圓面也"之誤。因誤作"頭圓也",而又與"團"字誤分爲二。明楊慎《丹鉛雜録》謂"頭圓曰顓",亦當爲《廣韻》所誤。《大字典》《字海》"顓"字皆沿襲《廣韻》之誤而妄增此條義訓,當删。

3. 憛

《廣韻》去聲勘韻他紺切:"憛,憛憛,懷憂。"(357)

按:余迺永《校注》"憛"字下注:"憛,他紺切。注:'憛憛,懷憂。'鉅宋本同。《王一》《全王》及《廣韻》餘本'憛'字作'惏',合《玉篇》。《龍校》:'《廣雅·釋訓》:惏憛,懷憂也。是此所本。《疏證》引《楚辭·七諫》心惏憛而煩冤兮及馮衍《顯志賦》終惏憛而洞疑爲證,本書憛憛當作惏憛。'"(900)余氏謂鉅宋本作"憛憛",非是;鉅宋本本作"憛惏"。《廣韻》去聲勘韻蘇紺切:"憛,憛憛,失志。"(357)余迺永《校注》"憛"字下注:"按正文及注文'憛'均即'惏'字之誤,且應乙倒爲'惏憛'。《周校》:'《集韻》作憛。'《龍校》:'憛字、憛字並不詳所出,《全王》《王一》《王二》無此字,《集韻》收憛爲憛字或體。本書憛下云:憛憛,懷憂。憛憛爲惏憛之誤,出《廣雅》,詳見前條。疑此憛即惏之誤字,失志與懷憂義通;《集韻》作憛者,蓋又依禪、惏諸字改之。其注云:憛惏,憂惑也,正是本書憛下訓義。'"(900)余氏、龍氏所言皆是也。《玉篇·心部》:"惏,丑慮切。憂也。又他姑、余庶二切。憛,他紺切。憛惏,懷憂也。"(39下右)此是其證也。故"憛"當即"惏"字之訛。

4. 詇

《廣韻》去聲至韻失利切:"詇,詇忘。"(251)

按:葛信益《叢考》:"至韻'詇',《王二》作'詇',《玉篇》《集韻》作'詇',與《說文》合,也與屑韻詇字同。考《說文》:'詇,忘也。'澤存堂本誤注'志'字,北宋本、宋小字本、鉅宋本、古逸叢書本均作'忘',是。"(84)葛氏所言是也。《玉篇·言部》:"詇,徒結切。忘也。"(42下左)"詇"即"詇"之形誤,注文"志"又爲"忘"字之誤。"詇"訛作"詇",又改其讀爲"失利切",望形生音也。《正字通·言部》:"詇,與誓通。"(1056下)《正字通》又根據誤字之誤音誤訓謂與"誓"同,失考證。故《大字典》《字海》直謂"詇"即"詇"字之訛,即可。

5. 痗

《廣韻》上聲厚韻莫厚切：“痗，病痗。”(221)

按：《正字通・疒部》：“痗，痗字之訛。舊注：音母。病痗；癖也。誤。”(706下)《正字通》所言是也。葛信益《廣韻叢考》“痗”字下注：“案：痗字，唐各家《切韻》及《玉篇》等書均不收，亦不見於其他典籍。考《詩・衛風・柏兮》《小雅・十月》及《爾雅・釋詁》病痗字均從每。《釋文》於二書痗字並云每、悔二音。疑即痗之誤，因訛從母，《廣韻》遂據入厚韻。《集韻》《類篇》又沿其誤。”(55)葛氏所言印證了《正字通》之説。《玉篇・疒部》亦作：“痗，莫隊切。病也。《詩》云：‘使我心痗。’又音悔。”(57上右)故“痗”即“痗”字之訛。

6. 弡

《廣韻》平聲魂韻都昆切：“弴，畫弓也；天子弴弓。又丁僚切。弡，同上。”(71)

按：余迺永《校注》“弡”字下注：“按《全王》弴字或體作‘弡’。《孟子・萬章上》：‘弡，朕。’趙岐注：‘弡，彤弓也。天子曰彤弓，堯禪舜天下，故賜之彤弓也。’孫奭疏：‘彤弓，漆赤弓也。’唐人民字避諱省作‘氏’，《廣韻》誤以弡字爲避諱所省乃作‘弡’也。”(620)余氏所言是也。《新撰字鏡・弓部》：“弴，丁條、丁昆二反。[畫]弓也；天子弴弓。弡，上字。”(597)《玉篇・弓部》：“弴，丁幺、丁昆二切。天子弓也。弡，同上。畫弓也。又丁禮切。舜弓名。”(80下左)以上二書皆其證也。故《廣韻》之“弡”即“弡”字之訛。《玉篇・弓部》下文又曰：“弡，彌賓切。施也。”(81上右)《玉篇校釋》“穎”字下注：“元刊本作：‘旗也。’《集韻・真韻》：‘弡，旗弧。’又收魂爲弴之重文，《廣韻》弴或作弡，並爲弡之形誤僞字，應删。”(3211)胡氏所言是也。《正字通・弓部》：“弡，弡字之訛。舊注：音民。旗也。誤。旗屬無弡名。”(341)《正字通》之説亦印證了余氏的考釋成果。“弡”從“弓”而訓“施也”“旗也”“旗弧”，皆爲後人不識其爲“弡”字之訛而妄補。“弡”訛作“弡”，又改其讀爲“彌賓切”，此即望形生音也。故《大字典》《字海》直謂“弡”即“弡”

字之訛,即可。

7. 鑂

《廣韻》平聲文韻符分切:"鑂,飾也。《説文》曰:'鐵類。讀若熏。'又音訓。"(66)

按:余迺永《校注》"鑂"字下注:"《全王》訓:'鑂,鐵類。'又:'幨,飾也。'《龍校》:'《全王》幨下云飾,義見《詩·碩人》朱幨鑣鑣,《毛傳》無鑂字。《集韻》幨下云:《説文》馬纏鑣扇汗也。引《詩》朱幨鑣鑣。鑂下云:鐵也。案鑂義爲飾不詳,本書云:《説文》讀若熏,又音訓。即大小徐鑂字讀若,是此音亦不詳。疑本書鑂字即幨字,涉《詩》云朱幨鑣鑣而誤書金旁,後遂增《説文》以下諸字。《集韻》以幨、鑂二字别出,蓋幨字無鐵義之證。'"(615)龍氏所言是也。《玉篇·金部》:"鑂,符分切。鐵也。又音訓。"(83上右)《玉篇》"鑂"字亦無"飾也"之訓。《玉篇校釋》"鑂"字下注:"《廣韻》引《説文》曰:'鐵類。'又云:'飾也。'案:'飾'義即《詩·碩人》篇'朱幨鑣鑣'之'幨'。《巾部》:'幨,飾也。'"(3300)胡氏所言是其證也。故"鑂"訓"飾也",本當作"幨"。

8. 鈆

《廣韻》平聲鍾韻職容切:"鈆,鐵鈆。"(10)

按:葛信益《廣韻叢考》:"鈆當是鉛之俗體,漢以來率如此作。本書平聲仙韻與專切自有鉛,重文正作鈆。其後韻書家誤認其從公,遂别出職容切一音耳。"(49)余迺永《校注》亦云:"《五代刊本》及《集韻》諸容切有此字,蓋鉛字俗寫。仙韻與專切'鈆'爲'鉛'之或體,可證;然遂以之從公聲入職容切,則大謬。"(563)葛氏、余氏所言皆是也。《玉篇·金部》:"鉛,役川切。黑錫也。《説文》曰:'青金也。'亦作鈆。"(84下右)此即其證也。《大字典》"鈆"字下據《廣韻》之謬而妄增"鐵"這一義訓,應删。

9. 輘

《廣韻》入聲質韻力質切："輘,車聲。"(470)

按:《玉篇·車部》:"輘,鄰吉切。車。"(87 上左)《正字通·車部》:"輘,俗字。舊注:音栗。車聲。誤。"(1138 下)《正字通》所言是也。余迺永《校注》"輘"字下注:"正文'輘'字棟亭本同,鉅宋本、南宋祖本、景宋本、巾箱本並作'軔',《玉篇》字作'剴',或體作'剳',即本紐'剴'字或體,解云:'斷也,削也。'鉅宋本釋'軔'云:'剕也。''剕'見《廣韻》末韻郎括切,云:'削剕也。'《玉篇》'剕,力活切,削也'同。巾箱本注文'剕'字訛作'刊'。南宋祖本、景宋本訛作'利'。黎本作'輘'同,而注云:'利也。'元本、明本'輘'字云:'車也。'《集韻》云:'車名。'依《廣韻》諸宋本宜正'輘'字爲'軔',注云:'剕也。'然'軔'實'剴'字訛體。小篆'栗'字作'槀',鈔胥遂誤寫'𩅞'字爲'軔'耳。《集韻》力質切正以'剴、剴'或體。元明諸本《廣韻》刻者見'軔'字無所取義,而見《集韻》另有'輘'字云'車名',遂改'軔'爲'輘',注云:'車也。''輘車'未之前聞,'也'字又與'聲'字之省寫作'声'者形近,於是又改作'車聲'也。"(921~922)余氏所言當是。故宮本《裴韻》入聲質韻力質反:"𩅞,剕也。"(609)"𩅞"當即"𩅞(剴)"字之俗。此亦其證也。故"輘"當爲"剴"字之訛,應訓"斷也,削也",訓"車""車聲"皆誤。

10. 汀

《廣韻》去聲徑韻他定切:"汀,汀瀅,不遂志。又音廳。"(345)

按:周祖謨《廣韻校本》(下册)注:"正文及注故宮本、敦煌本《王韻》、《唐韻》並同。按《集韻》'汀'訓'汀瀅,小水',別有'忊'字,訓'忊憕,不得志皃'。案本韻烏定切下有'憕'字,注云'志恨也。'此蓋脱'汀'字注文及正文'忊'字。(注'又音廳'當屬汀下)當據《集韻》訂正。"(469)《説文·水部》:"汀,平也。从水,丁聲。玎,汀或从平。"(235 上)原本《玉篇·水部》:"汀,勑丁反。《楚辭》:'搴汀洲兮杜若。'王逸曰:'汀,平也。'或爲玎字,在《丁部》。"(437)《玉篇·水部》:"汀,他丁切。水際平沙也。"(90 上右)以上諸書皆未見"汀"有訓"汀瀅,不遂志"者。葛信益《廣韻叢考》:"汀字又見青韻他丁切,注云:水際平沙也。此注不遂志,與字形不相侔。考《集韻》他丁切汀下云:汀瀅,小水。別有忊字訓忊憕,不得志皃。本韻烏定切憕注云:志恨也。亦可證不遂志當即忊字之訓。《廣韻》不宜無忊字,蓋奪之耳。"(20)此説印證了其説。又箋注本《切韻》(伯3694)去聲徑韻烏定反:"憕,憕丁(當爲忊憕之誤),心(志)恨也。"(211)此亦其證也。《大字典》"汀"字下據《廣韻》之謬而妄增此義,應删。

11. 鶢

《廣韻》平聲桓韻呼官切:"鶢,鳥名,人面鳥喙。"(76)

按:《玉篇·鳥部》:"鶢,呼丸切。人面鳥喙。"(114下左)《玉篇校釋》"鶢"字下注:"'人面鳥喙'者,當如《切韻》云:'鳥名,人面鳥喙。'"(4787)胡氏所言非是。余迺永《校注》:"《龍校》:'此字《切三》《全王》《集韻》並作鶢,注文《切三》《全王》《集韻》並同。《山海經·大荒南經》云:大荒之中有人名曰驩頭,人面鳥啄(喙),有翼,食海中魚,杖翼而行。則鶢即《山海經》驩字而云鳥名,實誤。'可從。"(625)龍氏、余氏所言是也。《廣韻》平聲桓韻呼官切:"膒,膒兜,四凶名。古文《尚書》作鶢。"(77)《集韻》平聲桓韻呼官切:"膒,膒呅,四凶之一。通作鶢,今通作驩。"(147)故"鶢"同"鶢""膒",並即"驩"字之俗,本指人名而非鳥名,是傳説中堯舜時四凶之一。《大字典》據《廣韻》訓爲"鳥名",《字海》又轉訓爲"一種人面鳥喙的怪鳥",並非。

12. 紕

《廣韻》上聲止韻昌里切:"紕,績苧一紕。出《新字林》。"(171)

按:葛信益《廣韻叢考》:"案紕字從比,不得音昌里切。《集韻》此字作紙。(注:績苧一紕謂之紙。)《類篇》亦作紙。從止聲,與昌里切之音正諧。且本韻多從止得聲之字,而無一從比聲者,均可證作紙是也。紕乃緣注中紙字而誤也。"(24~25)葛氏所言是也。余迺永《校注》:"本字《切韻》系書無,又字從比聲,不宜入止韻;《集韻》醜止切字作'紙',注'績苧一紕謂之紙。'《類篇》云:'績苧一端謂之紙。'《玉篇》'紕'字亦無此音,從止故諧昌里切是也。《廣韻》'紙'涉注文'紕'字而訛。"(725)此説印證了其説。"紕"

字,《玉篇》音"必二、扶規二切",未見"昌里切"一音。故此"紕"即"䊾"字
之訛。

13. 緊

《廣韻》上聲準韻丘尹切:"緊,束縛。"(188)

按:余迺永《校注》"緊"字下注:"《王韻》各本作'縻'。《周校》謂:'緊、
縻均縻字之誤。蓋《原本玉篇》殘卷云:縻,丘隕反。《左氏傳》:羅無勇縻
之。杜預曰:縻,束縛也。是其證。'龍氏《全王校箋》:'案《左傳》字作麋,麋
是麋字俗作。周氏不檢原書,遂無以知字當作麋。'"(751)今案:周氏所言
是也,龍氏所言非是。敦煌本《王韻》上聲軫韻丘隕反:"縻,束縛。"(390)故
宮《王韻》(478)、故宮本《裴韻》(578)同。《玉篇·糸部》:"縻,丘隕切。
束縛也。"(126上右)《廣韻》上聲吻韻丘粉切:"縻,《左傳》云:'無勇縻之。'
束縛也。"(188)原本《玉篇·糸部》:"縻,丘隕反。《左氏傳》:'羅無勇縻
之。'杜預曰:'縻,束縛也。'又曰:'求諸侯而至。'杜預曰:'縻,羣也。'"
(658)"縻""緊"與"縻"音義並同,"縻""緊"並即"縻"字之訛。又今本《左
傳》作"麋"者,原本《玉篇》所引《左傳》作"縻",可見顧野王所見《左傳》即作
"縻",今本作"麋"者當即"縻"字之誤,而非"縻"即"麋"字之誤。《大字典》
"麋"字下引《左傳》亦沿誤,應據原本《玉篇》所引加以校正。

14. 莐

《廣韻》上聲獮韻渠篆切:"莐,㚟也。"(199)

按:余迺永《校注》:"按字又見本韻以轉切,義爲草名。《全王》以轉反
云:'雀弁草。'《集韻》作'以轉切。草名,雀弁也。'《玉篇》:'惟䜌切。雀弁
也。'俱無是音是訓……'髬'字《説文》从北、从皮省、从夋省,訛隸從瓦不得
其解;於是聲化从夋省聲作'莐',而'莐'字猶訛'北'爲草頭。'夋'訓爲柔
革,且所从夋聲於段注本《説文》云:'夋,柔皮也。从尸、又,又申尸之後
也。'大徐音人善切。是'夋'引申可有懦弱義;而'懦'又爲㚟字所孳乳,故
㚟、懦、夋可相通叚,《全王》於是出此注耳。《廣韻》遂因之以'莐'字訓
'㚟',復誤置'莐'字於'而兖切'之前紐'渠篆切',其形音義乃幾誣罔千

古。"(766~767)余氏所言是也。《爾雅·釋草》:"菤,雀弁。"(115)《名義·
艸部》:"菤,惟臠反。雀弁。"(136 下)"菤"字,諸字書皆無"奐也"之訓。
"菤"訓"奐也",當即"蔻"之形誤,而音 juàn 又當爲誤置所致。

15. 觠觺

《廣韻》入聲燭韻居玉切:"觺,曲角。"(376)

按:《集韻》入聲燭韻枸玉切:"觠,曲角。"(654)葛信益《廣韻叢考》"觺"
字下注:"案:觺,諸家《切韻》及《玉篇》角部均無。《集韻》《類篇》均作觠,從
具。考居玉切下多從具得聲者,初疑作觠是,其作觺,蓋涉上文曰字而誤。
惟從具聲與曲角義不近,因又疑觠爲觠字之訛。(居玉切下有觠字,從关
聲。)《說文》:'觠,曲角也。'本書觠收仙、綫二韻,一注云:曲角;一注引《爾
雅》云:羊屬,角三觠,羷。郭注云:觠角三帀。義與此字注全同。"(28~29)
葛氏所言是也。《玉篇·角部》:"觠,居轉切。曲角也。又音權。"(122 上
左)"觺(觠)"與"觠"義同,"觺(觠)"即"觠"字之俗。《正字通·角部》:
"觠,觠字之訛。舊注曲角,與《說文》觠義同,改音菊,非。"(1048 下)余廼
永《校注》"觺"字下亦云:"《切韻》系書無,《集韻》此作'觠';《說文》曲角字
作'觠',大徐音巨員切。《爾雅·釋畜》之《釋文》音'觠'字,云:'吕、郭音
權,謝居轉反。'巨員切即權音,《玉篇》與本書並收此二讀;居玉切疑俗寫
'觠'字如'觺'若'觠'而來,當删。"(915)以上二說並其證。故"觺""觠"並
即"觠"字之俗。

16. 瀰

《廣韻》上聲紙韻文彼切:"瀰,熟寐也。又莫禮切。"(162)

按《廣雅·釋詁一》:"瀰,安也。"(24 下)余廼永《校注》曰:"按薺韻莫
禮切解'寐不覺',與《說文》合;而《說文》釋'熟寐也'之字作'瀰',其聲符從
水讀若悸,音求葵切。本書至韻其季切(即悸音)正有'瀰'字,云:'熟寐
也。'求葵切乃其季切之上聲,此處'瀰'字既訛從米聲,於是改讀微母,且誤
置於紙韻而非與至韻上、去相承之旨韻。《王一》《王二》及《全王》同,蓋其
相承如此。《集韻》紙韻母被切仍沿此誤。"(712)余氏所言是也。《玉篇校

釋》"瘰"字下注:"字又與下文'瀡'形近相亂。《廣雅·釋詁一》:'瘰,安也。'《切韻》紙韻:'瘰,熟寐。'並當爲'瀡'。瀡,熟寐也。"(1605～1606)《玉篇校釋》又於下字"瀡"字下注:"又紙韻:'瀡,熟寐也。'《廣雅》一:'瘰,安也。'瘰與瀡形近相涸,熟寐即安睡也。"(1606)此説即其證也。《説文·瘳部》:"瀡,熟寐也。从瘳省,水聲,讀若悸。"(150下)《名義·瘳部》:"瘰,明几反。不覺也。眯字。"下字:"瀡,渠秀(季)反。熟寐也。"(71下)《玉篇·瘳部》:"瘰,明彼、莫禮二切。寐不覺曰瘰。"下字:"瀡,渠季切。熟寐也。"(38上左)"瀡"字,《説文》《名義《玉篇》皆訓"熟寐也",而未見訓"瘰"爲"熟寐也",此亦其證也。故《廣韻》訓"熟寐也"之"瘰"及《廣雅》訓"安也"之"瀡",皆爲"瘰"字形誤。

第二、可以校正《廣韻》義訓之誤

《廣韻》的義訓也存在許多因俗寫形近、脱文、誤解原意而妄改,誤將反切作爲釋義等原因影響而造成義訓失誤的現象。在研究《玉篇》疑難字的過程中,通過二書的互校,也能對這種失誤現象作出相應的校理。

A.因俗寫形近而訛

《廣韻》的義訓存在很多因俗寫形近而誤的情況,這些訛誤却大都被後世字書所承襲,因此,應對這種訛誤現象加以訂正。

1. 璀

《廣韻》上聲賄韻七罪切:"璀,玉名。"(184)

按:余迺永《校注》:"璀,七罪切。注:'玉名。'《切三》《王二》同,《全王》作'玉色';《集韻》云:'《説文》:璀璨,玉光。'則'名'當即'色'之誤。"(745)余氏所言是也。《説文·玉部》:"璀,璀璨,玉光也。从玉,崔聲。"(14上)《玉篇·玉部》:"璀,七罪切。璀璨,玉光。"(6上左)"璀"字,《説文》《玉篇》皆訓"璀璨,玉光","玉光""玉色"訓異義同,故《廣韻》"玉名"之訓,當即"玉色"之誤。《大字典》《字海》"璀"字下沿襲《廣韻》之謬而誤增"玉名"這一義項,當删。

2. 酤

《廣韻》平聲咸韻竹咸切：“酤，酤酚，出頭兒。”(154)

按：余迺永《校注》：“按‘出頭’無所取義，《王韻》各本及《集韻》並訓‘小頭’，合占聲之音義，當據正。”(702)余氏所言是也。《名義・面部》：“酤，竹函反。〔酤酚〕，小頭也。”(32 上)《玉篇・面部》：“酤，竹咸切。酤酚，小頭也。”(20 下左)故《廣韻》“出頭”之訓，當即“小頭”之訛。《大字典》《字海》“酤”字下據《廣韻》之謬而妄增“〔酤酚，〕出頭貌”這一義項，當刪。

3. 搚

《廣韻》入聲鎋韻古鎋切：“搚，刮聲也；又撻也；架也；折也。”(398)

按：余迺永《校注》：“按‘又撻也’無義。《說文》：‘搚，刮也。从手，葛聲。一曰撻也。’‘撻’當是‘撻’之誤字。《玉篇》：‘公八、口八二切。刮也；撻也。’是又訛‘撻’爲‘撻’，蓋三字形近，疑爲手民之誤。《切韻》系書獨訓‘刮聲’。此義後加。”(946)余氏謂“撻”爲“撻”字之訛，所言是也；然引《玉篇》作“刮也；撻也”，當爲元刊本所誤。元刊本《玉篇・手部》：“搚，公八、口八二切。刮也；撻也。”然廣益本《玉篇・手部》作：“搚，公八、口八二切。刮也；撻也。”(30 上右)此即爲“撻”“撻”二字皆爲“撻”字之訛之證也。《大字典》《字海》“搚”字下沿襲《廣韻》之謬而妄增“撻”這一義項，當刪。

4. 掋

《廣韻》平聲齊韻都奚切：“掋，指也。”(48)

按：《廣韻》訓“掋”爲“指也”，於文獻無徵，其訓可疑。余迺永《校注》“掋”字下注：“《全王》作‘捐’，《頁二○一一》‘捐’作‘損’。按注文之‘指’應作‘摘’。《詩・鄘風・君子偕老》：‘玉之瑱也，象之掋也。’鄭玄注：‘掋，所以摘髮也。’又《釋名・釋首飾》：‘掋，摘也。’引申有捐棄義。《文選・文賦》：‘意徘徊而不能掋。’李善注：‘掋猶去也。’《全王》用引申義，不若直用摘字爲釋。”(600)《玉篇・手部》：“掋，救細切。《詩》云：‘象之掋也。’所以摘髮。又都悌切。”(31 上右)《玉篇》又音之訓被删,其訓當爲“捐也”。《名義・手部》:“揥,勅細反。詩也(當爲誤截所致);嬈也;損(捐)也;語也。”(55 上)《新撰字鏡・手部》:“揥,勅細反,去。都□反,上。語也;嬈也;損(捐)也。”(557)《集韻》平聲齊韻都黎切:“揥,捐也。”(93)又《集韻》去聲霽韻丁計切:“揥,捐也。”(503)從字形來看,《廣韻》“指也”之訓,當即“捐也”之誤。《大字典》“揥”字下沿襲《廣韻》之謬而妄增“指”這一義訓,當删。

5. 瓘

《廣韻》去聲換韻古玩切:“瓘,玉升。《左傳》曰:‘瓘斝玉瓚。’杜預云:‘瓘,珪也。’”(308)

按:《廣韻》訓“瓘”爲“玉升”,非是。敦煌本《王韻》去聲翰韻古段反:“瓘,玉。”(412)故宫本《王韻》去聲翰韻古段反:“瓘,玉〻(該書“〻”號既可以用來代替字頭,也可以用來代替“也”字,此處當是用於代替“也”字)。”(500)故宫本《裴韻》去聲翰韻古段反:“瓘,玉斗。”(594)《唐韻》同。據敦煌本《王韻》、故宫本《王韻》可知,故宫本《裴韻》、《唐韻》訓“瓘”爲“玉斗”,當爲“玉也”之誤。《廣韻》訓“瓘”爲“玉升”,又當爲“玉斗”進一步訛變所致的訓釋失誤。《説文・玉部》:“瓘,玉也。从玉,雚聲。《春秋傳》:‘瓘斝。’”(10 上)《名義・玉部》:“瓘,古换切。玉名也。”(3 下)以上諸書亦其證也。又《集韻》去聲換韻古玩切:“瓘,《説文》:‘玉也。’引《春秋傳》:‘瓘斝。’”(555)此亦其證也。故《廣韻》訓“瓘”爲“玉升”,當爲“玉也”之誤。《大字典》“瓘”字下據《廣韻》之謬而收録“玉升”這一義項,亦非。

6. 歉

《廣韻》去聲陷韻口陷切:“歉,歉喉。又公陷切。”(361)

按:敦煌本《王韻》去聲陷韻口陷反:“歉,喉。或作鵮。又口咸反。”(420)又箋注本《切韻》去聲陷韻:“歉,喉。口陷反。又歉。”(188)故宫本《王韻》去聲陷韻:“歉,口陷反,又口咸反。(508)故宫本《裴韻》去聲陷韻口陷反:“歉,喉也。又口咸反。亦歉。”(603)“歉”與“歉”“鵮”音義並同,當即異體字。然“歉”“歉”“鵮”訓“喉”,形義不諧,以上諸義訓之中的“喉”字皆爲"啄"字之訛。《玉篇·鳥部》:"鴣,知咸、口咸二切。鳥啄食。"(114下左)《廣韻》平聲咸韻竹咸切:"鴣,鳥啄物。又苦咸切。"(154)《集韻》平聲咸韻丘咸切:"鴣,鳥啄物也。或作䳎、䴅。"(295)《類篇·鳥部》:"鶼,兼嫌切。鳥名,比翼也。又丘咸切。鳥啄物。"(135上)下文:"鴣,丘咸切。鳥啄物也。又知咸切。"(135下)"啄""喙"俗寫形近常可訛混,《〈可洪音義〉研究》"喙"字條(489)"喙"俗作"啄","啄"字条(839~840)"啄"俗作"喙""喙""喙"等,此是其證,故"啄"訛作"喙"。《大字典》"歠"字下沿襲《廣韻》《字彙》之謬,訓"䴅"爲"喙",且未溝通其與"歠""鴣""鶼""䳎"之間的異體關係,俱失考證。

7. 諅

《廣韻》去聲志韻渠記切:"諅,志也。《説文》:'忌也。《周書》曰:上不諅于凶德。'"(253)

按:《廣韻》訓"諅"爲"志也",疑非是。敦煌本《王韻》去聲志韻渠記反:"諅,忌。"(404)故宫本《王韻》同。《集韻》去聲志韻渠記切亦曰:"諅,《説文》:'忌也。'引《周書》:'上不諅于凶德。'"(485)故《廣韻》訓"諅"爲"志也",於其前後韻書皆無徵,當爲"忌也"之誤。又《説文·言部》:"諅,忌也。从言,其聲。《周書》曰:'上不諅于凶德。'"(50上)此亦其證也。故《大字典》"諅"字下承襲《廣韻》之謬而收録"志"這一義項,疑亦非是。

8. 膒

《廣韻》去聲遇韻芻注切:"膒,膳也。"(263)

按:余迺永《校注》"膒"字下注:"注'膳也。'《王一》同,《全王》及《集韻》芻數切並云:'膡也。'按宥韻側救切'膒'字解'脯也',《玉篇》同。又'膡'字本書佳韻楚佳切云:'膡腵,脯腊。'麻韻初牙切云:'腵膡,脯也。'《集韻》支韻又宜切'膡'字且但訓'膒'也。俱足證是注'膳'字應正作'膡'。"余氏所言是也。《玉篇·肉部》亦云:"膡,楚佳切。膡腵,脯腊也。"(37下右)此是其佐證。故《廣韻》"膒"訓"膳也","膳"即"膡"之形誤。《大字典》"膒"字下據《廣韻》《集韻》之誤而收録"美食"這一義項,失當。《字海》"膒"字下又分爲兩個義項,且引《集韻》失真,亦誤。其實,此條義項可校正爲"眭也",並以又音的形式併入到第(二)義項中去。

9. 諹

《廣韻》平聲陽韻與章切:"諹,謹也。又音恙。"(110~111)《廣韻》去聲漾韻餘亮切又曰:"諹,謹也;謹也。"(335)

按:余迺永《校注》"諹"字下注:"按注文'謹也'二字當删。《龍校》:'《全王》《王一》諹下云:謹。《集韻》云:《字林》謹也。本書此字又見陽韻與章切,但有謹也一訓。謹、謹形近,《王韻》謹當是謹之誤字;本書不能諟正,誃入而增謹也之訓。'"(887)龍氏、余氏所言是也。《玉篇·言部》:"諹,與章切。譽也;謹也。又余亮切。"(44上右)原本《玉篇·言部》:"諹,餘亮反。《埤倉》:'諹,誰也。'"(296)《玉篇校釋》"諹"字下校注文"誰"爲"謹",並注曰:"引《埤倉》原訛'誰也',今正。《切韻》云:'謹也。'謹亦謹之形誤。"(1870)胡氏所言是也。《名義·言部》:"諹,餘障反。謹也。"(86下)此是其證也。故《大字典》"諹"字下據《廣韻》之誤而收錄"謹慎"這一義項,當删。

10. 竵

《廣韻》上聲紙韻過委切:"竵,枕也。"(163)

按:《玉篇·立部》:"竵,居委切。枕也。"(51上右)"竵"即"竵"之殘誤。《玉篇校釋》校作"竵",是也。《玉篇校釋》"竵"字下注:"又'枕也'者,《切韻》同,疑出《埤倉》。'枕'亦有支閣義。慧琳引《考聲》云:'枕,支也。'顧注《急就篇》云:'枕,所以支頭也。'《釋名》:'几,庪也,所以庪物也。'又云:'庪,榰也。'本書:'榰,拄也。'字亦通作'支',枕以薦首,几以閣物,榰以載軀,並與'竵'義同也。"(2135~2136)胡氏所言非是。余迺永《校注》:"《龍校》:'枕字《玉篇》同,當從《王二》作抗……《爾雅·釋天》:祭山曰庪縣。《釋文》本又作竵。又案本與庪同字。《方言》七:佻、抗,縣也。自山之東西曰抗,燕趙之郊縣物於臺之上謂之佻。《廣雅·釋言》:縣,抗也。故此竵下云抗。《切三》有竵無庪,蓋自《王韻》而增之。《集韻》庪、竵同字。'可從。"(713)龍氏所言是也。《新撰字鏡・立部》:"竞,居委反,上。抗也;載也。"(624)此是其證也。

11. 殨

《廣韻》去聲霽韻古惠切:"殨,殨殨,殟殀也;死兒也。"(272)

按:余迺永《校注》"殨"字下注:"殨,古惠切。注:'殨殨,殟殀也,死兒也。'按注文'殟殀'二字,《周校》:'北宋本、巾箱本、黎氏所據本、景宋本作極妖,張改妖作殀,是也。'《龍校》:'張氏於此字義有未達,周氏則妄爲然否。《廣雅・釋詁一》:殨、殀,極也。義爲疲極,本書他計切殟下云殟殟,即本之《廣雅》。此云殨殨,殟殀也,死兒也者,殨殨當作殟殟;殟字當從周氏所引諸本作極,極訛作殟,遂增殀字,又增死兒也三字,舛誤殊甚。'"(838)龍氏所言近是,惟"殀"字皆爲"殨"字之誤。《廣雅・釋詁一》:"殨、殟,極也。"(43 上)《名義・歹部》:"殟,他計反。殟殟。"(113 上)《玉篇・歹部》:"殟,他計切。喘也。殟殟,困極也。殨,公惠切。殨殨。"(58 上左)"殨殨""殟殟"同,以上諸書並爲其證也。《大字典》《字海》"殨"字下沿襲《廣韻》之謬妄增"〔殨殨,〕殟殀。死貌"這一義訓,當删。

12. 薨

《廣韻》平聲耕韻莫耕切:"薨,竹筒。"(123)

按:余迺永《校注》"薨"字下注:"按《龍校》:'《切三》《全王》《王二》注文止一竹字。《集韻》云:一曰竹筍。案《周禮・薙氏》:春始生而萌之。故書萌作薨。《爾雅・釋草》:筍,竹萌。薨之爲言薨也。本書筒爲筍誤。'可從。"(669)龍氏、余氏所言是也。《玉篇・竹部》:"薨,莫耕切。竹也。"(71 上左)《玉篇》亦未訓"竹筒"。故"竹筒"當即"竹筍"之誤。

13. 罞

《廣韻》入聲錫韻都歷切:"罞,魚擊網也。"(422)

按:《玉篇校釋》"罞"字下注:"《廣韻》入聲廿三錫都歷切云:'罞,魚擊網也。'‘擊'爲‘繫'訛。《集韻》‘罦'爲‘魡'或體，繫魚也。"(3050)胡氏所言當是。《玉篇·网部》："罦，丁歷切。繫也。"(77上右)《文選·潘岳〈西征賦〉》："貫鰓罦尾，掣三牽兩。"李善注："罦，猶繫也。"故《廣韻》"魚擊網"之"擊"，當即"繫"字之訛，"魚繫網"與"繫魚"義同。《大字典》《字海》"罦"字下沿襲《廣韻》之謬而妄增"魚觸網"這一義訓，當删。

14. 轑

《廣韻》上聲晧韻魯晧切："轑，車軸。"(204)

按：《玉篇校釋》"轑"字下注："《切韻》：‘轑，車軸。'‘軸'爲‘輻'訛。《廣韻》沿誤。"(3483)胡氏所言是也。《説文·車部》："轑，蓋弓也。一曰輻也。从車，尞聲。"(302上)《玉篇·車部》："轑，力道切。車輻也。"(86下右)以上二書皆其證也。《大字典》"轑"字下據《廣韻》之謬而妄增"車軸"這一義項，應删。

15. 渻

《廣韻》上聲梗韻所景切："渻，水名。亦丘名。郤，上同。"(215)

按：余迺永《校注》"渻"字下注："《全王》云：‘水門。'按本書静韻息井切注：‘《説文》曰：少減也。一曰水門，又水出丘前謂之渻丘。'《説文》及《説文繫傳》同。又《玉篇》：‘所景切，減也。一曰水門名。'《集韻》所景、息井二切並作‘水名'，非也。‘渻'即今減省字。水門者，水出丘前，謂此丘乃水之門也，故又稱渻丘，非有二義也。本注應云：‘水門，渻丘也。'"(787～788)余氏所言是也。《廣韻》"水名"之訓，當即"水門"之誤。《大字典》沿謬而妄增此義，非是。又"郤"字，《大字典》《字海》第一義項皆沿襲《廣韻》之謬誤訓爲"水名"，應據以改正。

16. 鶨

《廣韻》上聲敢韻都敢切："鶨，應福鳥名。"(226)

按：余迺永《校注》"鶨"字下："《王二》云：‘應福鳥。'《全王》云：‘應鳥'，段改‘福’字作‘禍’。按《玉篇》：‘鶋，鳥青黃。’《山海經·海外西經》：‘鴛鳥、鶋鳥，其色青黃，所經國亡。’郭璞注：‘此應禍之鳥，即今梟、鵂鶹之類。’”(803)段氏所説是也。《玉篇校釋》“鶋”字下注：“《切韻》：‘鶋，應福鳥。’‘禍’字訛爲‘福’，《廣韻》沿誤。”(4756)此説印證了其説。《大字典》“鶋”字下引《廣韻》亦沿謬，應據改。

17. 㩻

《廣韻》去聲梵韻於劒切：“㩻，劒羽。”(363)

按：《玉篇·羽部》：“㩻，於劒切。”(121 下右)《玉篇校釋》“㩻”字下注：“《廣韻》去聲六十梵於劒切云：‘劒羽。’‘劒’爲‘斂’訛。本書元刊云‘羽也’，亦非。《集韻·艷韻》云‘斂羽’，是也。‘㩻’之言掩也。掩，斂也，㩻、醫聲相轉。”(5147)胡氏所言是也。《新修玉篇》卷二六《羽部》引《玉篇》亦云：“㩻，於劒切。斂羽。”(213 上右)此亦其證也。《大字典》“㩻”字下據《廣韻》之謬而妄增“劒羽”這一義項，非是。

18. 觳

《廣韻》入聲覺韻苦角切：“觳，盛脂器也。”(379)

按：余迺永《校注》“觳”字下注：“按‘脂’乃‘觲’字之誤。《王一》《全王》同；《切三》《唐韻》云：‘成觲器。’《切三》‘成’且訛成‘咸’；《全王》云：‘盛錢器。一曰盛觲器。’《集韻》云：‘盛觲器。’龍氏《王韻校箋》謂：‘《説文》：觳，盛觲巵也。觶與巵同誤。’余案《説文》‘觳’字下有‘一曰射具’一解，此義無可考，疑因‘觲’誤爲‘觶’，後人遂增此訓。《説文》：‘觲，惟射收繳具。’《集韻》於辖覺切‘觳’字下云：‘射具，所以盛惟。’《説文》‘觳’字大徐音胡谷切，《唐韻》《廣韻》《集韻》屋韻胡谷切並收，《段注》以‘盛’字衍文；蓋觲巵猶大巵，觲者酒器之大者也，不必有‘盛’字。”(918～919)余氏所言當是。《説文·角部》：“觳，盛觲巵也。一曰射具。”(94 下)故《廣韻》訓“盛脂器也”，當爲“盛觲器也”之誤。《大字典》據《廣韻》之誤而妄增此義，非是。段玉裁謂“盛”字當是衍文，所言當是。余氏謂《説文》“觳”字下“一曰射具”，疑因“觲”誤爲“觶”，後人遂誤增此訓，其言亦當是也。《名義·角部》：“觳，故族反。盡也;厄也。"(266 上)《玉篇·角部》:"觳,胡族切。盡也;盛酒厄也;族也。"(122 下右)《名義》《切韻》《玉篇》"觳"字皆未見有訓"一曰射具"者,故疑顧野王《玉篇》所見《説文》"觳"字亦未見有訓"一曰射具"者,此"一曰"之義當如余氏所言"疑因'觵'誤爲'觥',後人遂增此訓"。又《玉篇》"觳"訓"族也",《玉篇校釋》"觳"字下注:"又'族也'未詳,應爲'射具'之訛脱。《説文》'一曰射具也',亦應取族聚,觳爲大器,能聚多物也。《考工記·陶人》:'鬲實五觳。'鄭注:'豆實三而成觳,則觳受斗二升。'"(5196)胡吉宣所言疑不確。《説文》"觳"字"一曰射具"之義,當爲後人因誤而妄增。"觳"字,《玉篇》訓"族也",未見於其他文獻,當爲反切用字"族"字又誤入釋義之文而産生的虚假釋義。

19. 紆

《廣韻》平聲虞韻憶俱切:"紆,縈也;曲也;詘也;勞也。"(42)

按:《玉篇校釋》"縗"字下注:"本書今本'勞'訛爲'縈',猶下文'紆'訓爲'縈'而《廣韻》訛作'勞'也。"(5307)胡氏所言是也。原本《玉篇·糸部》:"紆,於于反。《左氏傳》:'盡而不紆。'杜預曰:'不紆曲也。'《説文》:'紆,詘也。一曰縈也。'"(590)《名義·糸部》:"紆,引于反。詘也;縈也。"(271 上)箋注本《切韻》(斯 2071)平聲虞韻憶俱反:"紆,縈。"(111)故宫本《王韻》同。"紆"字,以上諸字書、韻書皆未見有訓"勞也"者,故《廣韻》訓"勞也",當即"縈也"之形誤。《大字典》"紆"字下據《廣韻》之誤而妄增"勞累"這一義項,非是。

20. 繐

《廣韻》去聲寘韻以睡切:"繐,絃中絶也。"(242)

按:余迺永《校注》"繐"字下注:"又卦韻胡卦切作'弦中絶也'。按《王一》《全王》注同,並有'又胡卦反',與卦韻胡卦反之'絃中絶也,又尤恚反'互注。'尤''以'乃喻云、喻以類隔。絃、弦同字,然'絃'若'弦'及'絶'字爲'紘''繩'二字之誤。《説文》:'繐,維綱中繩也。'又:'綱,維紘繩也。'《玉篇》:'繐,允恚、胡卦二切,維紘中繩也。'俱足證。蓋'紘'與'絃'近,'繩'字俗書或作'繩'而與'絶'字形近,《王韻》故誤作'絃中絶也',《廣韻》承之,卦韻'絃'字且轉寫成'弦'耳。"(817)余氏所言是也。原本《玉篇·糸部》:"繩,尤恚、胡卦二反。《説文》:'維紘中繩也。'"(619)《名義·糸部》:"繩,胡卦反。維紘中繩。"(273 下)以上二書亦皆爲其證也。《集韻》去聲實韻弋睡切:"繩,《博雅》:'繩、紳、鞔(鞔),帶也。一曰維綱中繩;一曰弦中絶。'"(470)《集韻》"繩"字"一曰弦中絶",此亦爲沿襲《廣韻》之誤。《大字典》《字海》"繩"字下皆據《集韻》之誤而妄增"弦中絶"這一義項,並非。

21. 緌

《廣韻》平聲尤韻於求切:"緌,笄巾。"(134)

按:余迺永《校注》"緌"字下注:"《王韻》各本並云:'笄中。'南宋祖本、巾箱本及黎本同。鉅宋本、棟亭本、元本及明本同本書。案《儀禮·士喪禮》曰:'鬠笄用桑,長四寸,緌巾。'鄭注:'緌,笄之中央以安髮。''緌'乃動詞,本注文義過簡,遂有誤認作名詞解者,故改'笄中'爲'笄巾',非也。"(678)余氏所言是也。原本《玉篇·糸部》:"緌,阿侯反。《儀禮》:'鬠笄用桑,長四寸,緌中。'鄭玄曰:'桑之言喪也,用以爲笄,長四寸,不冠也。緌,笄之中央以安髮也。'注又曰:'今文襍爲緌也,襍謂削約,屈之中央以安髮也。在《衣部》。'"(657)《玉篇·糸部》:"緌,一尤切。笄之中央[以安]髮也。"(125 下左)以上二書皆其證也。故《大字典》"緌"字下據《廣韻》之謬而妄增"笄巾"這一義項,非是。

B. 因脱文而誤

《廣韻》義訓也存在一些因誤脱正文而造成義訓誤植,因它字注文誤脱而造成義訓誤植,注文誤脱等情况,我們也應對這種失誤作出相應的校理。

22. 畸

《廣韻》平聲支韻去奇切:"畸,一隻。"(17)

按:葛信益《廣韻叢考》"畸"字下注:"案:畸字《玉篇》《集韻》《類篇》均訓爲'側耳也',而無'一隻'之義。'一隻'蓋'躬'字之注釋。本韻居宜切有'躬'字,注云:'躬,身單皃。'《集韻》'躬'字二見,居宜切注:'一身也;'丘奇切注：'《字林》隻也。謂一身。'（《類篇》同）是《廣韻》去奇切下應有'踦'字，因奪落'踦'字及'踦'字原注，遂以'一隻'二字系於'䗁'字下，張冠李戴了。考宋小字本、鉅宋本、棟亭本'䗁'字均誤作從目之'䁊'，非是。《十韻彙編》支韻校勘記四十三行'䗁'字條反認爲從目旁是，從耳旁非。此以不誤爲誤也，又棟亭本於'一隻'上增一'目'字，更是錯誤。今應於'䗁'字下補其原注'側耳也'三字，於'一隻'上補正文'踦'字，這個去奇切的'踦'與居宜切的'踦'爲又音字。"（196）葛氏所言甚是，《大字典》"䗁"字下引《廣韻》應據正。

23. 繁

《廣韻》平聲桓韻薄官切："繁，番和，縣名，在涼州。"（77）

按：葛信益《廣韻叢考》："元韻附袁切番下均注'又盤音'，惟盤音所屬之桓韻薄官切下無番字。而有番字原注'番和，縣名，在涼州'。七字誤系于繁字下。考《內則》'施繁褰'，鄭注云：'繁，小囊也。'《集韻》桓韻蒲官切繁注：'小囊。'番注：'番和，縣名，在張掖郡。'據此，知《廣韻》桓韻薄官切繁字之原注及正文番字均脫落，遂誤以番之原注'番和，縣名，在涼州'，七字系于繁字之下。是繁下應據《內則》鄭注補'小囊也'三字，'番和縣名'上應據元韻二番字之又音補一正文番字，則《廣韻》張冠李戴之訛誤則可以糾正矣。由此可知並非《廣韻》桓韻不重出番字。"（169～170）葛氏所言是也。《玉篇·采部》："番，扶元切。獸足也。或作蹯。又普丹切。番禺，縣名。又步丹切。番和，縣名。"（5772）此亦其證也。故《大字典》"繁"字下據《廣韻》之謬而收錄"古番和縣名，在今甘肅省永昌縣境"這一義項，應删。

24. 狨

《廣韻》平聲東韻如融切："狨，細布。絨，上同。"（4）

按：余迺永《校注》："按從犬不得訓'細布'。《集韻》東韻而融切狨注：'獸名，禺屬。'下絨字注：'布細者曰絨。'《類篇》同。明內府本、元泰定本《廣韻》作'狨，猛也。絨，細布也'。當據正。《玉篇》狨字訓'猛也'同。"（558）余迺永謂"狨"與"絨"異，是也。《玉篇·犬部》："狨，如充切。"（110

下左)此字義闕。元刊本《玉篇》補訓爲"猛也",於文獻無徵,疑非是。《新修玉篇》卷二三《犬部》引《玉篇》:"狨,如充切。獸名,禺屬。其毛柔長可藉。"(192 下左)《新修玉篇》所言是也。故"狨"與"絨"音同義別,二者不可混同,《廣韻》因脫文而又誤植義訓而誤也。《大字典》"狨"字下據《廣韻》之謬而收録"同'絨'。細布"這一義項,非是。

25. 舀

《廣韻》平聲虞韻羊朱切:"舀,臼也。又音由,又弋兆切。"(40)

按:《説文·臼部》:"舀,抒臼也。从爪、臼。《詩》曰:'或簸或舀。'"(145 上)《名義·臼部》:"舀,弋周反。抒臼也。"(154 上)《玉篇·臼部》:"舀,翼珠、弋周二切。抒臼也。亦作揄。又以沼切。"(76 上右)"舀""舀"即同字異寫。據以上諸字書可知,"舀(舀)"即指用瓢、勺等挹取東西。又故宮本《王韻》平聲虞韻羊朱反:"舀,臼。又翼州反。"(444)故宮本《王韻》、《廣韻》訓"舀"爲"臼也",然於以上諸辭書皆無徵,當爲"抒臼也"之脫誤。《大字典》"舀"字下據《廣韻》之謬而收録"臼"這一義項,應删。

26. 鬴

《廣韻》入聲覺韻古岳切:"鬴,樂器。"(378)

按:余迺永《校注》"鬴"字下注:"《全王》同,《王一》云:'樂器聲。'《集韻》:'東方之音,一曰樂器。通作角。'考《玉篇》:'盧谷切,東方之音也,樂器之聲,今作角。'《切韻》系書屋韻盧谷切有'鬴'字,此注'器'下宜加'聲'字,《集韻》同誤。"(917)余氏所言是也。原本《玉篇·龠部》:"鬴,古學反。《禮記》:孟春其音鬴。鄭玄曰:'謂樂器之聲也。'……《倉頡篇》:'東方音也。'今並爲角字,在《角部》。"(321)《名義·龠部》:"鬴,古學反。樂器聲。"(88 下)以上諸書皆其證也。《集韻》入聲覺韻古岳切:"鬴,東方之音,一曰樂器。通作角。"(655~656)《集韻》"鬴"字又訓"樂器",當爲沿襲《廣韻》之謬。《大字典》《字海》"鬴"字下第二義項皆沿襲《集韻》之謬而訓"樂器",非是。

27. 棑

《廣韻》去聲怪韻蒲拜切:"棑,木名。"(287)

　　按:《集韻》同。余迺永《校注》"棑"字下注:"按此義應依《玉篇》正爲'船後棑木'。"(850)余氏所言是也。敦煌本《王韻》去聲怪韻蒲界反:"棑,舩後頭。"(409)故宮本《王韻》同。《玉篇·木部》:"棑,皮拜切。船後棑木也。"(62下左)故《切韻》"舩後頭"之訓,當即"船後棑木也"之省,而《廣韻》《集韻》"木名"之訓,又當即"船後棑木也"之誤脱。《大字典》"棑"字下據《集韻》之謬而收録"木名"這一義項,當刪。

　　C. 因妄改而誤

　　《廣韻》義訓還存在一些因妄改而誤的現象,如果不對這種現象作出更正,同樣會因承訛襲謬而貽誤讀者。

28. 蝰

《廣韻》平聲齊韻苦圭切:"蝰,蛹也。"(52)

　　按:《名義·虫部》:"蝰,口主(圭)反。䖥。"(258下)《玉篇·虫部》:"蝰,蝰(當衍)䖥也。"(119上右)《玉篇校釋》"蝰"字下注:"'䖥也'者,《切韻》同,《廣韻》改作'蛹也',誤依《爾雅》'䖥,蛹'爲説,不知此'䖥'爲'䖥'之假借,而非蠶蛹,不得以'蛹'釋'蝰'也。'蝰,䖥'義蓋出《埤倉》,即《廣雅》之'䖥,蝰也',二書訓互相足成之例也。《顔氏家訓》引《古今字詁》云:'䖥亦古䖥字也。'"(5016)胡氏所言是也。《顔氏家訓·勉學篇》:"吾初讀《莊子》'䖥二首'。《韓非子》曰:'蟲有䖥者,一身兩口,爭食相齕,逐相殺也。'茫然不識此字何音,逢人輒問,了無解者。案:《爾雅》諸書,蠶蛹名䖥,又非二首兩口貪害之物。後見《古今字詁》,此亦古之䖥字,積年凝滯,豁然霧解。"(226)慧琳《音義》卷四六《音大智度論》第四十二卷引《莊子》作"䖥二首",此即其證也。故《廣韻》"蝰"訓"蛹也",非是。《集韻》《類篇》又訓爲"蟲名,蠶蛹也",此又爲《廣韻》所誤也。《大字典》"蝰"字下據《廣韻》《類篇》之誤而收録"蛹名"這一義項,非是。

29. 莚

《廣韻》平聲仙韻以然切:"莚,草名。"(85)

按:《廣韻》下文去聲線韻予線切:"莚,蔓莚不斷。"(319)《集韻》平聲僊韻夷然切:"莚,艸名。一曰蔓莚,相連屬皃。"(167)《玉篇·艸部》:"莚,以扇切。蔓莚。"(69上右)《大正藏》本元魏魏覺等譯《賢愚經》卷第三:"夫婬欲者,譬如盛火燒于山澤,蔓莚滋甚,所傷彌廣,人坐婬欲,更相賊害,日月滋長,致墮三塗,無有出期。""莚",明本作"延"。此例衆多,此不贅。"蔓莚"同"蔓延","莚"當即"延"受"蔓"字類化影響增加"艸"旁而形成的俗字。《廣韻》訓"莚"爲"草名",於文獻無徵,當爲望形生訓。《集韻》承襲《廣韻》之誤而訓"莚"爲"艸名",亦非。《大字典》"莚"字下據《廣韻》之謬而收録"草名"這一義項,應删。

30. 硍

《廣韻》上聲混韻古本切:"硍,石聲。"(191)

按:《廣韻》訓"硍"爲"石聲",疑因見其從"石"而妄改。《玉篇·石部》:"硍,故本切。《周禮》曰:'凡聲,高聲硍。'"(105下右)敦煌本《王韻》上聲混韻古本反:"硍,高聲。"(391)故宫本《王韻》同。"硍"字,《切韻》系韻書皆引《周禮》爲訓,故《廣韻》亦當以《周禮》爲訓。《周禮·春官·典同》:"凡聲,高聲硍,正聲緩。"鄭玄注:"高則聲上藏,袞然旋如裹。"賈公彦疏:"此十二種並是鍾之病。"《集韻》上聲混韻古本切:"硍,鍾病聲,謂鍾高則聲上藏,袞然旋如裹。"據此可知,《周禮》訓"硍"爲"高聲",即指一種不響亮的鍾病聲。故《廣韻》訓"硍"爲"石聲",當爲"高聲"之誤。《大字典》"硍"字下承襲《廣韻》之誤而收録"石聲"這一義項,疑亦非是。

31. 狘

《廣韻》入聲月韻許月切:"狘,獸名;又走皃。"(389)

按:《説文·犬部》:"狘,獸走皃。从犬,戉聲。"(205上)《玉篇·犬

部》："狘，許月切。獸走皃。"（111 上右）故"狘"即指"獸走皃"。《廣韻》訓
"狘"爲"獸名"，於《説文》《玉篇》皆無徵，此訓非是。此誤並非始自《廣韻》，
當因承襲前代韻書而誤。故宫本《裴韻》入聲月韻許月反："狘，獸名；又
走。"（614）然箋注本《切韻》（斯 2071）入聲月韻許月反曰："狘，獸走。"
（143）敦煌本《王韻》、故宫本《王韻》同。《唐韻》入聲月韻許月反亦曰："狘，
獸走皃。"（698）故據《説文》《玉篇》《切韻》諸書可知，故宫本《裴韻》訓"狘"
爲"獸名；又走"，當爲"獸走"之誤分。《廣韻》訓"狘"爲"獸名"，又當因承襲
前代韻書之謬而誤。《大字典》《字海》"狘"字下皆據《廣韻》之謬而增加一
個義項，分別訓"獸名"、"一種獸"，並非。

32. 朒

《廣韻》入聲薛韻陟劣切："朒，骨間髓也。"（404）

　　按：余迺永《校注》"朒"字下注："《全王》云：'骨間肉。'按《説文》：'挑取
骨間肉也。'《廣韻》誤解骨間爲骨甲，改肉字作'髓'；《集韻》株劣切遂於引
《説文》外，贅云：'一曰髓謂之朒。'《玉篇》朒音知劣切，注義同《説文》，可
證。"（951～952）余氏所言是也。《名義·肉部》："朒，知劣反。肉殘也。"
（67 下）《玉篇·肉部》："朒，知劣切。挑取骨間肉也。"（36 上左）以上二書
並其證也。《大字典》"朒"字下據《廣韻》《集韻》之誤妄增"骨髓"這一義訓，
非是。

　　D. 誤將反切用字作爲釋義

　　《廣韻》還存在誤將反切用字作爲釋義的情況，由此産生了虚假釋義。
例如：

33. 窒

《廣韻》之韻止而切："窒，到也。又如一也。"（27）

　　按：葛信益《廣韻叢考》注曰："案：又如一也，《王二》及《王三》均作又如
一反。本書質韻人質切有窒字，可證也爲切之誤。切既誤爲也，遂使如一
爲窒字之別一義，不知其爲又音也。"（48）葛氏所言是也。《玉篇·至部》：
"窒，而力、而吉二切。到也。"（121 下左）《玉篇》"窒"字未見有訓"如一也"

者,《玉篇》"而吉切"與"如一切"切音相同,故"如一也"即爲"如一切"之誤。
《大字典》"䤩"字下據《廣韻》之誤而妄增"如一"這一義項,非是。

E.因聲同聲近而誤

《廣韻》還存在因讀音相同或相近而致釋義失誤的現象。例如:

34. 䭀

《廣韻》平聲耕韻女耕切:"䭀,充食。"(124)

按:原本《玉篇·食部》:"䭀,奴耕反。《埤倉》:'内充實也。'"(362~
363)《玉篇·食部》:"䭀,奴耕切。内充實。"(46下右)《廣韻》訓"䭀"爲"充
食",於前代字書無徵,當爲"充實"之誤。故宫本《王韻》平聲耕韻女耕反:
"䭀,充實。"(464)故宫本《裴韻》平聲耕韻女耕反:"䭀,充寧(實)也。"(553)
此亦其證也。故《廣韻》訓"䭀"爲"充食",當爲"充實"之聲誤。又《集韻》平
聲耕韻女耕切:"䭀,食也。"(236)《集韻》訓"䭀"爲"食也",又當爲"充食也"
之脱誤,亦非。《大字典》"䭀"字下分別據《廣韻》《集韻》之謬而收録"充食"
"食"這兩個義項,非是。《字海》"䭀"字下分別據《廣韻》《集韻》之謬而訓爲
"充食""食",亦非。

第三、可以糾正《廣韻》讀音之誤

《廣韻》的反切用字也存在一些訛誤的現象,這種訛誤又被後世大型字
書所承襲。因此,我們通過與《玉篇》的互校,對這種訛誤現象也應作出相
應的訂正。

1. 揱

《廣韻》去聲祭韻子芮切:"揱,裂也。"(279)

按:余迺永《校注》"揱"字下注:"本字應依曹憲音衛,'衛'字見本韻于
歲切。葛氏《舉正》云:'案揱从彗聲,不得音子芮切。考《廣雅·釋詁二》:
揱,裂也。曹憲音衛。《集韻》祭韻揱,又音于歲切。疑《廣韻》此字當音于
歲切,蓋因于訛爲子,寫者遂收子芮切下。《内王》及《唐韻》子芮反尚無此
字,亦其證也。'"(845~846)葛氏、余氏所言當是。《玉篇·手部》:"揱,俞桂
切。裂也;挂也。"(31上左)此亦其證也。《名義·手部》:"揱,子桂反。裂

也；挂也。"（56 上）此"子"亦當即"于"之形訛，此亦爲其證也。

2. 懬

《廣韻》去聲祭韻子例切："懬，寐言。"（273）

按：余迺永《校注》："切語'子'乃'于'之誤字，于歲反已收，此當删。葛氏《舉證》云：'案懬音子例切，與衛聲絕不諧。考《哀公·二十四年傳》：是懬言也。《釋文》懬下云：《字林》作懬，夢言意不慧也，于例反。《玉篇》懬亦音于例切，均可證子字即于字之誤。《廣韻》本韻于歲切已收懬字，繼又據訛體子字於子例切收懬字耳。《敦王》及故宮影印本《王韻》子例反已有懬字，知其誤久矣。'（840）余氏、葛氏所言是也。《玉篇·心部》："懬，于例切。寐言也。"（41 上左）"懬""懬"即同字異寫，此即其證也。《大字典》"懬"字"子例切"之音沿襲《廣韻》而誤，應據改。

3. 殏

《廣韻》入聲德韻愛黑切："殏，殨殏。"（429）

按：余迺永《校注》"殏"字下注："此字葛氏《舉證》謂當音蒲北切，其言云：'案殏絕無愛黑切之理。考《内王》此字音傍北反。注：殨。《集韻》亦鼻墨切，爲踣字重文。《玉篇》殏，方九切，又步北切。均可證此字當音菔，收蒲北切下，鈔胥誤收此耳……'余按《爾雅·釋詁三》：'殏，敗也。'亦無愛黑切之音。"（973）葛氏、余氏所言並是。《玉篇·歹部》："殏，方九切。敗也；腐也。又步北切。斃也。""殨""斃"義同，故《廣韻》此義亦當音"步北切"。《大字典》"殏"字下據《廣韻》"愛黑切"這一誤讀而收錄 yè 這一讀音，非是。

四、對於古代文獻典籍釋讀的價值

古代文獻典籍在歷代的流傳過程中，産生了諸如脱文、訛文、倒文、異文等現象，致使後人難以窺見其原貌，甚至造成誤解。通過與清代末年黎庶昌、羅振玉在日本先後發現的原本《玉篇》殘卷的對比，可以發現廣益本已遠非顧書原貌，尤其是其中保留的大量書證，廣益本《玉篇》幾至删除殆盡。但通過對原本《玉篇》殘卷的引書材料、宋本《玉篇》保留的書證材料及

《名義》等與傳世文獻的對比與研究,仍能對傳世文獻的一些脱文、詑文、倒文等現象作出校補與糾正,也能訂正前人的文獻注疏之誤。此外,還能提供一些有價值的文獻異文材料。

(一)有助於校補古代文獻之脱文

脱文是指誤脱文字的現象。古籍在長期的流傳過程中,會産生許多脱文,其中有些甚至會影響讀者對傳世古籍的正確解讀。通過原本《玉篇》殘卷、廣益本《玉篇》所引文獻材料與傳世文獻的對勘,可以校補傳世文獻的一些脱漏。

1. 臤

《廣雅·釋詁一》:“頓、贇、佺、固、攻、礭、賢、艮、磝、鍇、鑢、鞕、臤、牢,堅也。”(105 下～106 上)

按:《玉篇·臤部》:“臤,時人切。《易》曰:‘有父子然後有君臣。’《白虎通》曰:‘臣者,繢也,[堅也],屬志自堅固也。’《説文》云:‘臤,牽也,事君也。象屈服之形。’《廣雅》云:‘臤,堅也。’孔子曰:‘仕於公曰臣,仕於家曰僕。’”(16 上右)《玉篇校釋》“臤”字下注:“引《易》爲《序卦》文,引《白虎通》爲《三綱六紀》文,‘堅也’二字原漏,今補。引《廣雅》爲《釋詁一》文,今本逸,王氏《疏證》即據本書此引補入。”(563～564)王念孫疏證:“各本臤下俱脱堅字,《集韻》《類篇》頓、贇、佺、磝、鑢、鞕六字注並引《廣雅》‘堅也’,又臤字注引《廣雅》‘固、礭,堅也’,則宋時《廣雅》本已脱去堅字。今考《玉篇》引《廣雅》‘臤,堅也’,《衆經音義》卷二十四引《廣雅》‘礭,堅也’,又頓、贇以下十五字,諸書並訓爲堅,今據以補正。”(106 上)故據《玉篇》“臤”字引文可補今本《廣雅》此條之脱文。

2. 讎

《漢書·高帝紀》:“高祖每酤留飲,酒讎數倍。”(2)

按:原本《玉篇·言部》:“讎,市周反。《毛詩》:‘無言不讎。’傳曰:‘讎,用也。’《左氏傳》:‘憂必讎焉。’杜預曰:‘讎,對也。’《爾雅》:‘匹也。’郭璞曰:‘讎猶疇也。’《漢書》:‘酒輒讎數倍。’《音義》曰:‘讎亦售也。’”(254)《玉篇校釋》"𪚬"字下注："引《漢書》爲《高帝紀》文,今《史》《漢》皆無輒字,可據此引補。《宣帝紀》:'所以買家輒大𪚬。'是其例也。"(1777)胡氏所言當是。故今本《漢書》可據原本《玉篇》引文補正。

3.詤

《廣雅·釋詁二》:"逞、苦、憭、曉、恔,快也。"(176 上)

按:原本《玉篇·言部》:"詤,之敄反。《孟子》:'詤而不知。'劉熙曰:'詤,何爲也,言何爲不知。'《廣雅》:'詤,快也。'"(295)《玉篇校釋》"詤"字下注:"引《廣雅》亦逸文,可據補於《釋詁二》'快也'條。"(1850)胡氏所言是也。故據原本《玉篇》"詤"字引書可補今本《廣雅》"快也"條脫文。

4.紽

《方言》卷六:"紽、繹、督、雉,理也。秦、晉之間曰紽。"(44)

按:原本《玉篇·系部》:"紽,補寐、扶規二反。《方言》:'紽,理也。秦、晉之間曰雉,宋、鄭曰紽。'"(643～644)《玉篇校釋》"紽"字下注:"引《方言》爲卷六文,今本作'秦、晉之間曰紽',脫落'雉宋鄭曰'四字,遂誤合二句爲一句而亡失一名矣。"(5406～5407)胡氏所言是也。周祖謨《方言校箋》亦曰:"原本《玉篇》'紽'下云:'《方言》:'紽,理也。秦、晉之間曰雉,宋、鄭曰紽。'今本'秦晉之間'下脫'曰雉宋鄭'四字,當據補。"(44)此說亦其證也。故今本《方言》應據原本《玉篇》所引《方言》加以補正。

5.緵

《釋名·釋采帛》:"緵,猶湎湎,柔而無文也。"(153)

按:王先謙注曰:"《禮·玉藻》疏:'好者爲緵,惡者爲絮。'湎本訓爲沈於酒,此假以爲狀。《詩·蕩》疏:'湎者,顏色湎然其一之辭。'《漢書·敘傳》:'湎湎紛紛。'借義亦同。"(153)王氏之說非是。原本《玉篇·系部》:"緵,弭旐反。《毛詩》:'緵緵葛虆。'傳曰:'長不絕皃也。'……《方言》:'緵,施也。趙曰緵,吳越之間脫衣相被謂之緥緵也。'郭璞曰:'相覆及之名也。'

《漢書》：'越人緜力薄材。'音義曰：'緜，力薄也。'《説文》：'緜，聯微也。'《釋名》：'緜絮者，緜猶緬緬，柔而無文也。'《字書》：'新絮也。'"（662～663）《玉篇校釋》"緜"字下注："引《釋名》爲《釋采帛》文，今本作'緜，猶洒洒，柔而無文也'，無'緜絮者'三字，'洒'即'緬'之形誤。《説文》：'緬，微絲也。'劉兆注《穀梁傳》曰：'緬謂輕而薄也。'故成國以狀柔絮。洒者沈洒字也。《切韻》：'緜，遠也。''緜遠'亦即'緬遠'。"（5459～5460）胡氏所言是也。《釋名》此條句首脱"緜絮者"三字，應據補；而"洒洒"當爲"緬緬"之訛，應據改。

（二）有助於校正古代文獻之訛文

訛文即指文字訛誤的現象。傳世文獻在傳抄過程中，難免會產生許多訛誤現象。通過原本《玉篇》殘卷、廣益本《玉篇》的引書材料及《名義》等與傳世文獻的對比，也可對其中的一些訛誤作出校正，爲以後傳世古籍的整理與校勘提供可資借鑒的參考資料。

1. 頎

《詩·衛風·碩人》："碩人其頎，衣錦褧衣。"鄭玄箋："言莊姜儀表長麗俊好，頎頎然。"（164）

按：《玉篇·頁部》："頎，渠衣切。《詩》云：'碩人頎頎。'《傳》具（云）：'長兒。'又頎頎然佳也。"（19下右）《玉篇校釋》"頎"字下注："引《詩》爲《衛風·碩人》文，今《詩》作'碩人其頎'，字之訛也。'頎頎'重言形況，猶下章云'碩人敖敖'，文正相對，鄭箋云：'敖敖猶頎頎'，足證《詩》本爲'頎頎'。上'頎'字半蝕爲'頁'，又形誤爲'其'耳。顧所見六朝《詩》善本未誤足以訂正千年來傳本之失。"（712）臧琳《經義雜記》亦云："《玉篇·頁部》引作'碩人頎頎'，據鄭箋知《詩》'頎'字本重文，六朝時猶未誤。"胡氏謂"其"爲"頎"之訛，所言當是；然謂"其"爲"頎"之蝕訛，疑可商榷。"其""頎"音同，"其"疑即"頎"之聲誤。

2. 諫

《方言》卷十："諫，不知也。沅澧之間，凡相問而不知，答曰諫。"（61）

按：《玉篇·言部》："諫，丑脂、丑利二切。不知也。諫，同上。又力代切。誤也。"（42下左）原本《玉篇·言部》："詠，猪飢、丑利二反。《方言》：
'詠，不知也。沅澧之間，凡相問而不知，答曰詠。'郭璞曰：'亦癡聲之轉
也。'"（292）下文曰："詠，力代反。《廣雅》：'詠，誤也。'與謬同爲僻誤之誤
也。"（294）《玉篇校釋》"諫"字下注："原本二字同形皆寫作詠。上一字爲
六朝至隋唐時俗書諫字，下一字行草諫字。"（1796）又曰："引《方言》爲卷十
文，今本作詠，亦由詠誤。郭音義云：'詠音癡眩，江東曰咨，此亦癡聲之轉
也。'戴震校本據《玉篇》今本正詠爲諫，是也。今人周祖謨《方言校箋》謂原
本《玉篇》引《方言》作詠，宋本《玉篇》作諫，不審偏旁訛變也。《方言》盧文
弨校、錢繹箋疏並不從戴校而仍舊作詠。錢又引《廣雅·釋言》'嬌，詠也'，
以證之，不知《廣雅》之詠亦爲諫誤。曹憲音力代反，其所據本已誤。本書
《口部》：'嬌，丘遥切。《埤倉》云：不知是誰也。'嬌、諫聲近義同，《廣雅》
'嬌，諫'即本《方言》之'諫，不知也'。故於《埤倉》釋'嬌'爲'不知'，此爲張
揖著書例也。郭璞諫音癡、音咨，亦明非從來。"（1796）胡氏所言甚是。
《〈可洪音義〉研究》"漆"字條（629）"漆"俗作"涞"，又"睬"字條（546）"睬"俗
作"睞"，故"諫""詠"並可俗寫作"詠"，因二字俗寫同形而又訛混。故今本
《方言》之"詠"當即"諫"字之訛，應據正。

3. 噎

《吕氏春秋·本味》："故久而不弊，熟而不爛，甘而不噎，酸而不酷，鹹
而不減，辛而不烈，澹而不薄，肥而不脄。"

按：畢沅曰："'噎'乃'喰'字之訛。後《審時篇》'得時之黍，食之不喰而
香'，《玉篇》'於懸切'。又《酉陽雜俎》亦云：'酒食甘而不喰。'"俞樾曰："噎
者，味之厚也。言甘而不失之過厚也。古或叚'膿'爲之，《文選·七發》：
'甘脆肥膿'，注曰：'膿厚之味也。'是矣。《説文》無'噎'字。'膿'亦'盥'之
俗體，其訓爲'腫血'，非肥厚之義。然《衣部》：'襛，衣厚貌。'《酉部》：'醲，
厚酒也。'衣厚謂之襛，酒厚謂之醲，然則味厚謂之噎，正合六書之例，未可
因《説文》所無而轉疑見於吕氏書者爲訛字。畢氏疑爲'喰'字之誤，非是。"
許維通案："畢説是。'喰'爲'餂'借，《説文》'餂，厭也'，《集韻》引伊尹曰
'甘而不餂'可證。"（314～315）許氏之説是也。《名義·口部》："喰，於縣
反。猒食，飫也。"（46下）《玉篇·口部》："喰，於縣切。《吕氏春秋》云：'伊

尹曰：甘而不嚘。'謂食甘。"（26 下右）《玉篇校釋》"嚘"字下注："引《吕氏春秋》爲《本味》篇文，今本作'甘而不噮'，'噮'即'嚘'之形訛。《審時篇》云：'得時之黍，食之不嚘而香。'字亦作'餇'。《食部》：'餇，《説文》：猒也。《大戴禮》：飲酒而醉，食肉而餇。或爲嚘，在《口部》。'又'饋'下引《吕氏春秋》作'甘而不餇'。兼采別本異文也。《逸周書》：'食而不嚘'，《齊民要術》：'食飽不餇'，並同。"（1029）胡氏之説是其證也。故今本《吕氏春秋》"甘而不噮"之"噮"，當即"嚘"字之訛，《大字典》引文亦應據改。

4. 謐

《爾雅·釋詁》："忥、謐、墊、慎、貉、謐、顗、頠、密、寧，静也。"郭璞注："忥、顗、頠，未聞其義，餘皆見《詩傳》。"（7）

按："謐"訓"静"，僅見于傳世本《爾雅》，其他傳世字書、韻書皆未見有訓"謐"爲"静"者，故《爾雅》此字可疑；郭璞謂"謐"訓"静"見於《詩傳》，此説却於文獻無徵，故疑不足據。

對《爾雅》"静也"條之"謐"字，學界亦有許多學者爲之作過注解，他們或從字形、或從古音通假、或從詞義、或兼從詞義及古音通假等方面爲《爾雅》"謐"訓"静"尋找理據説明，然皆爲承訛襲謬而强作説辭，俱不足信。今案：《爾雅·釋詁》"静也"條之"謐"即"謐"字之訛。試辨析如下：

（1）從字義來看：原本《玉篇·言部》："謐，胡臘反。《爾雅》：'謐，静也。'"（284）《名義·言部》："謐，胡臘反。静也。"（85 上）《玉篇·言部》："謐，胡臘切。静也。"（43 上）"謐""謐"並即"謐"字之俗。《玉篇校釋》"謐"字下注："引《爾雅》爲逸文。《釋詁上》：'忥、謐、溢、墊、慎、貉、謐、顗、頠、密、寧，静也。'又下：'密、康，静也。'漏奪'謐'字，蓋與'謐''謐'形近相涉而寫失，亦疑訛爲'謐'。"（1829）胡吉宣前謂"謐"爲逸文，蓋因與"謐""謐"形近相涉而寫失；後又疑"謐"訛爲"謐"，前後所説不一，説明儘管其對《爾雅》"静也"條存有疑問，然仍未能給出確切的解釋。原本《玉篇·言部》："謐，莫橘反。《爾雅》：'謐，静也；眘也。'野王案：《韓詩》'賀以謐我'是。"（248）原本《玉篇·言部》下文："謚，時志反。謚法：'謚者，行之迹也。'劉熙曰：'謚，申也，申理述見於後也。'《禮記》：'古者生無爵，死無謚。'鄭玄曰：'古謂殷以前也。'《白虎通》：'謚之言烈，所以臨葬而謚之何？'"（281）

《名義·言部》：“謐，莫橘反。静也；寮（㝫）也。”(81 下)《名義·言部》下文：“謐，時至反。申也。”(84 下)《玉篇·言部》：“謐，莫橘切。静也。”(42 上)《玉篇·言部》下文：“謐，時志切。謐之言烈也。《説文》曰：‘行之迹也。’謐，同上。謐，伊昔切。笑皃。又呼狄切。”(43 上)“謐”即“謐”字之訛。《説文·言部》：“謐，行之迹也。从言、分、皿，闕。”(57 下)段玉裁校“謐”爲“謐”，並注曰：“按各本作‘从言、分、皿，闕’，此後人妄改也。考玄應書引《説文》：‘謐，行之迹也。从言，益聲。’《五經文字》曰：‘謐，《説文》也。謐，《字林》也。《字林》以謐爲笑聲，音呼益反。’《廣韻》曰：‘謐，《説文》作謐。’《六書故》曰：‘唐本《説文》無謐，但有謐。行之迹也。’據此四者，《説文》從言、益聲無疑矣。自吕忱改爲‘謐’，唐宋之間又或改爲‘謐’，遂有改《説文》而依《字林》屬入‘謐，笑皃’於部末者。然唐開成石經、宋一代書版皆作‘謐’不作‘謐’，知徐鉉之書不能易天下是非之公也。近宗《説文》者，不能考知《説文》之舊，如汲古閣刊經典依宋作‘謐’矣，而覆改爲‘謐’，可歎也。今正‘謐’爲‘謐’，而删部末之‘謐，笑皃’，學者可以撥雲霧而睹青天矣。”(101 下)徐鉉本《説文》“行之迹也”之“謐”字，原本《玉篇》亦作“謐”，可見顧野王所見《説文》亦作“謐”，故徐鉉本《説文》、《玉篇》之“謐”即爲“謐”字之訛。“謐”字，原本《玉篇》並未見有引《爾雅》訓“静”者，且《説文》《名義》《玉篇》諸傳世字書亦皆未見有訓“静”者，“謐”訓“静”僅見於今本《爾雅》，此爲一疑也；而“謐”“謐”二字，原本《玉篇》却明謂引《爾雅》訓“静也”，且“謐”訓“静”亦見證于《名義》《玉篇》諸傳世字書，因此胡吉宣謂“謐”字爲逸文，蓋與“謐”“謐”形近相涉而寫失，此説非是。從字義來看，原本《玉篇》“謐”字直謂引《爾雅》訓“静也”，且正如上文所説《爾雅》“謐，静也”却未見引于原本《玉篇》，“謐”訓“静”於諸傳世字書亦無徵，故今本《爾雅》“静也”條之“謐”當爲“謐”字之訛。故宫本《王韻》入聲盍韻胡臘反：“謐，静。”(521)蔣本《唐韻》入聲盍韻胡臘反：“謐，静。出《爾雅》。”(716)“謐”即“謐”字之俗。“謐”字，《切韻》系韻書亦訓爲“静”，且蔣本《唐韻》亦明謂“出《爾雅》”，而“謐”字《切韻》系韻書未見有訓“静”者，此爲今本《爾雅》“謐，静也”條之“謐”當即“謐”字俗訛之又一確證也。

（2）從字音來看：《廣韻》入聲術韻辛律切：“謐，静也。又音盍。”(454)余迺永《校注》：“按《爾雅·釋詁》訓‘静也’條無‘謐’字，然有‘謐’字，《釋文》音彌畢反，通作‘恤’字。《周校·補遺》云：‘《書·舜典》：惟刑之恤哉。

《史記·五帝紀》作：惟刑之静哉。《集解》：徐廣曰今文云惟刑之謐哉。是謐、恤音義相通。《索隱》曰：恤、謐聲相近。此謐訓静音恤，其爲謐字之誤無疑。謐從鎰聲，已見質韻彌畢切矣；此又音辛律切者，以恤、謐通用故爾。注云又音盍亦誤，當删。'《切韻》系書此不録'謐'字，後加。"（973）《廣韻》入聲盍韻胡臘切："謐，静也。"（516）余迺永《校注》亦曰："考《爾雅》無謐字，其《釋詁篇》解'静也'條從言旁者有謐、謐二字；《釋文》謐字作謐，音時至反，謐字音彌畢反。本書三五五·十至韻神至切收謐字訓：'《易》名，又申也。《説文》作謐。'下並列或體謐字，云：'上同，又音益。'四七〇·八質韻彌畢切收謐字，訓：'静也；慎也；安也。'今查《易》卦無以'謐'爲名者，疑此音謐字蓋就《爾雅》誤本所增，復循鎰聲遂讀胡臘切，當删。"（977）周氏、余氏所言非是。敦煌本《王韻》去聲至韻神至反："謐，《易》名。從盍省，從益非。"（404）故宮本《王韻》去聲至韻神至反："謐，《易》名。從盍。"（491）故宮本《裴韻》去聲至韻神至反："謐，行之迹，亦死號。從言、益。"（586）"謐""謐"並即"謐"字之俗，敦煌本《王韻》謂"從盍省，從益非"，所言非是，故宮本《王韻》亦謂"從盍"，然從"盍"皆爲從"益"之俗。《廣韻》去聲至韻神至切："謐，《易》名。又申也。《説文》作謐。謐，上同。又音益。"（335）如上文所言，"謐"即"謐"字之訛。今本《爾雅》"静也"條有"謐""謐"二字，而原本《玉篇·言部》引《爾雅》訓"静也"有"謐""謐"二字，未見"謐"字有引《爾雅》訓"静也"者，且《切韻》系韻書"謐"字亦訓爲"静"，蔣本《唐韻》更是明謂"謐"字出《爾雅》，而未見"謐"字有訓"静"者，又《廣韻》"謐"字亦訓"静"，而"謐"字亦未訓"静"，"謐""謐"二字俗寫形體相近或相同，故正如上文所言今本《爾雅》"静也"條之"謐"即"謐"字之訛。"謐"字，《切韻》系韻書俱收入入聲盍韻，而《廣韻》又收入入聲術韻者，當因"謐"與"謐"、"謐"與"謐"俗寫皆可訛混，而"謐"與"恤"又相通故也。《詩經·周頌·維天之命》："假以溢我，我其收之。"（936）《説文·言部》："誐，嘉善也。從言，我聲。《詩》曰：'誐以溢我。'"（53上）徐鍇《説文解字系傳》引《詩》作"誐以謐我"（46上），《廣韻》"誐"字下亦引作"誐以謐我"（140），《左傳·襄公二十七年》引作"何以恤我，我其收之"（1997）。段玉裁注："《詩》曰：'誐以謐我。'《周頌》文。'謐'鉉本作'溢'，此用毛詩改竄也，《廣韻》引《説文》作'謐'。按《毛詩》'假以溢我'，傳曰：'假，嘉；溢，慎'與'誐''謐'字異義同。許所稱皆三家詩。'誐''謐'皆本義，'假''溢'皆假借也。然'謐''溢'並見

《釋詁》,可知周時已有此二本之殊矣。若《左氏》作'何以恤我','何'者,'誐'之聲誤,'恤'與'謐'同部。《堯典》'惟刑之謐哉',古文亦作'恤'。"(94下)故在傳世文獻中,"謐""溢""恤"可相假借。"謐"俗書亦可寫作"謐"。慧琳《音義》卷十一:"謐,彌必反。《爾雅》:'謐,静也;盈也。'音慎。《考聲》云:'無聲也。'《集訓》云:'謐,安也。'從言、必,音密聲也。"(57,頁603b3)此《爾雅》"謐,静也"之"謐"即"謐"字之訛。"謐"與"恤"可通用,故俗或音"謐"爲"恤"。因"謐"俗寫或可訛作"謐",故"謐"俗讀或亦可音"恤";而"謐""謐"因俗寫形同或形近亦可訛混,故"謐"亦誤音"恤",此即《廣韻》"謐"字又收入術韻而音"辛律切"致誤之由也。"謐"字,已見於原本《玉篇》,且有明確的書證材料,所以並非訛字。周祖謨、余迺永二位先生却據"謐"字誤入術韻而音"辛律切",並謂今本《爾雅》"静也"條之"謐"爲"謐"字之訛,所言非是。

（3）從字形來看:"盍"旁、"益"旁俗寫形體相同,常可訛混,例如:《可洪音義》卷九:"閤,户臘反。閉也。正作闔。"(59,頁889a2)《隸辨·盍韻》:"闔,《張納功德敘》:'縣是辭疾一閤。'按:《廣韻》:'闔,俗闔字。'訛盍從盖。"(193下～194上)"閤""闔"並即"闔"字之俗,其所從之"盍"俗書皆寫作"盖"。《可洪音義》卷九:"碚,苦盍、苦盖二反。碚,石聲也。"(59,頁862b7)"碚"即"磕"字之俗,"磕"字所從之"盍"俗書亦寫作"盖"。《可洪音義》卷九又曰:"縊,一計反。正作縊。"(59,頁873a2)"縊"即"縊"字之俗,"縊"字所從之"益"俗書亦寫作"盖"。故"盍"旁、"益"旁俗書皆可寫作"盖",正如上文所言,"謐"字俗體或可作"謐""謐"等形,"謐"字俗體或可作"謐""謐"等形,"謐"字俗體與"謐"字俗體形體相近或相同,二字或可訛混,此亦爲"謐"可訛作"謐"提供一字形方面的佐證材料。

對於《爾雅》"静也"條之"謐"字,藝學軒嘉慶六年影宋繪圖本《爾雅音圖》、京都大學藏影宋本《爾雅》、宋刻宋元遞修本《爾雅音義》、《續古逸叢書》影刻宋覆蜀大字本《宋本爾雅疏》、《四部叢刊》覆刻鐵琴銅劍樓瞿氏藏宋本《爾雅》、宋刻元明初遞修公文紙印本《爾雅疏》、元刻本《爾雅》、清嘉慶刊本《十三經注疏》本《爾雅》等傳世本皆同,可見此誤由來已久,大有承訛襲謬、習非成是之勢。

5. 盻

《孟子·滕文公上》:"爲民父母,使民盻盻然,將歲終勤動,不得以養其父母,又稱貸而益之,使老稚轉乎溝壑,惡在其爲民父母也?"(107)

按:楊伯峻注:"盻盻然,趙岐注云:'盻盻,勤苦不得休息之兒。'盻音系(xì)。"(111)原本《玉篇·分部》:"肹,義秩反。《孟子》:'使民肹肹然。'劉熙注:'肹肹,猶疊疊,動作不安也。'……《説文》爲胅字,在《十部》。"(304)《玉篇校釋》"肹"字下注:"引《孟子》爲《滕文公》篇文,今本訛作盻。趙注:'盻盻,勤苦不休息之兒。'是趙本原作肹。孫奭《音義》云'恨視也',則誤爲從目之盻矣。丁公著《音義》作胅,不誤。"(1887)胡氏所言是也。《名義·分部》:"肹,義秩反。響;動[作]不安也。"(87下)可見原本《玉篇》引《孟子》作"肹肹",今本誤作"盻盻"耳。又宋蘇軾《既醉備五福論》:"民將盻盻焉,疾視而不能平治,又安能獨樂乎?"金元好問《麥嘆》:"盻盻三百斛,寬我饑寒憂。"從文意來看,宋蘇軾《既醉備五福論》及元好問《麥嘆》之"盻盻",疑亦當作"肹肹",此疑亦爲沿襲誤本《孟子》而誤。

6. 狦

《漢書·宣帝紀》:"(甘露)三年,匈奴呼韓邪單于稽侯狦來朝,贊謁稱藩臣而不名。"

按:應劭曰:"狦音若訕。"李奇曰:"狦音山。"師古曰:"狦音删,又音先安反。"(271)《玉篇·歹部》:"殏,《漢書》云:'稽侯殏。'應劭音訕,李奇又音山。"(58上左)《玉篇校釋》"殏"字下注:"《漢書·匈奴傳上》:'虛閭權渠單于子稽侯殏,既不得立。'《集注》:'殏音先安反,又所姦反。'字作'殏'。《切韻》:'殏,單于名。'《集韻》:'殏,闕。單于名。'闕者,闕其義也。字並從歹,則《漢書》今本訛從犬也。"(2299)胡氏所言當是。《名義·歹部》:"殏,鴈、訕二音。匈奴[單于]名。"(113上)可見原本《玉篇》所見《漢書》亦作"殏",故今本《漢書》之"狦"當即"殏"之形誤。

7. 沃

《爾雅·釋詁下》:"沃,墜也。"郭璞注:"皆水落貌。"一說即"汰(汰)"字。陸德明釋文:"顧徒蓋反。字宜作汰。"後常用作除去義。宋沈括《夢溪筆談·權智》:"漉水中淤泥實蘆葦中,候乾,則以水車沃去兩牆之間舊水。"明文秉《烈皇小識》卷二:"時新令嚴沃冗兵,被沃者陰謀爲亂,清兵臨遵化城下,薊撫王元雅尚沃兵四百人,兵即開門迎師。"

按:《玉篇·水部》:"汰,徒蓋切。洗也。又救達切。過也。"(90 上右)原本《玉篇·水部》:"汰,達蓋反。《楚辭》:'齊吳榜以激汰。'王逸曰:'汰,水波也。'《淮南》:'深則汰五藏。'許叔重曰:'汰,達也。'《爾雅》:'汰,墜也。'郭璞曰:'水落兒也。'《說文》:'浙瀾也。'《廣雅》:'汰,洗也。'又音救達反。《左氏傳》:'又射汰輈。'杜預曰:'汰,過也。'又曰:'由輈汰輈。'杜預曰:'由,過也。汰,矢激也。'"(443)《玉篇校釋》"汰"字下注:"引《爾雅》爲《釋詁》文,今訛作'沃'。《釋文》:'沃,姑犬反,施胡犬反。'又引顧氏《爾雅》音徒蓋反。云:'字宜作汰。'"(3713)胡氏所言是也。《爾雅·釋詁下》:"沃,墜也。"郝懿行義疏:"'沃'當爲'汰'字之訛。沃(汰)者,浙米之墜也,故《說文》云:'汰,浙瀾也;浙,汰米也。'《廣韻》云:'汰,濤汰。'然則濤之汰之,沙礫處下,故《爾雅》以爲墜落之義。《釋文》既作顧音'汰'徒蓋反,則其字宜作'汰',而又爲誤本之'沃'字作音,非矣。今據《說文》及顧本訂正之。"(753)郝氏之說是其證也。故今本《爾雅》之"沃"當即"汰"字之訛。《大字典》引《爾雅》直謂"沃"即"汰"字之訛,即可。《大字典》"沃"字下所引例證之中的"沃"字,亦當爲"汰"字之訛。

8. 汜

《山海經·東山經》:"又南三百里,曰枸狀之山,其上多金、玉,其下多青碧、石。有獸焉,其狀如犬,六足,其名曰從從,其鳴自詨。有鳥焉,其狀如雞而鼠毛,其名曰蚩鼠,見則其邑大旱。汜水出焉,而北流注于湖水。"(122)

按:《廣韻》上聲紙韻諸氏切:"汜,水名,出扚扶山。"(162)余迺永《校注》"況"字下注:"注:'水名,出拘扶山。'《王二》、《全王》、南宋祖本、明本同。《切三》並云'拘字舉隅反'。巾箱本、棟亭本、元本'拘'字並作'枸'、案《山海經·東山經》云:'枸狀之山……況水出焉,而北流注于湖水。'《切三》'拘'音'舉隅反',《廣韻》虞韻舉朱切正有'拘'字,《集韻》掌氏切'況'字引《山海經》亦訓'拘扶之山','枸'字當誤。'拘扶'與'枸狀'字形相似,故郝懿行校《山海經》引《廣韻》此注已云:'未審誰是。'"(711)今案:鉅宋本《廣韻》"扚扶山"當爲"拘扶山"之誤,《大字典》所引《廣韻》應據改;而今本《山海經》之"枸狀"當爲"拘扶"之誤。《玉篇·水部》:"況,諸是、居爾二切。水名。"(90下左)《玉篇校釋》"況"字下注:"'水名'者,《山海經·東山經》:'枸狀之山,況水出焉。'畢校云:'況水出拘扶山,疑此當爲拘扶。'案:《切韻》:'況,水名。出拘扶山。'拘字音舉○(隅)反,可證作'枸'者誤,《集韻》引《山經》正作'拘扶山'。"(3757)畢氏、胡氏所言並是。《新修玉篇》卷十九《水部》引《玉篇》:"況,諸是切。水名,出拘扶山。"(165下右)此亦其證也。《大字典》《字海》引《山海經》皆沿襲誤本《山海經》之謬,應據改。

9. 硊

《山海經·中山經》:"又東三十里,曰章山,其陽多金,其陰多美石。臯水出焉,東流注于灃水,其中多脆石。"(210)

按:郝懿行曰:"《説文》云'脃,小臭易斷也。'此石臭薄易碎,故以名焉。"郝懿行之説非是。原本《玉篇·石部》:"硊,牛委反。《山海經》:'臯水中多硊石。'郭璞曰:'未聞。'"(528)《玉篇校釋》"硊"字下注:"引《山海經》爲《中山經》,又今本字訛作'脃'。"(4328)胡氏所言當是。今本作"脃"者,當即"硊"字之訛。

10. 魋

《爾雅·釋獸》"魋,白虎。"郭璞注:"漢宣帝時,南郡獲白虎,獻其皮骨爪牙。"(154)

按:《玉篇·虎部》:"魋,胡甘切。白虎也。"相隔一字曰:"魌,亡狄切。白虎也。"(112下右)《玉篇校釋》"魋"字下注:"'魋,白虎'者,《爾雅·釋

獸》文，釋文引《字林》下甘反，又亡狄反，前者爲从甘之‘虪’音，後者爲从日
之‘虪’音。《説文》：‘虪，白虎也。讀若鼏。’徐鍇引曹憲《爾雅音》音覓，是
其所據《爾雅》亦从日作‘虪’。李善師事曹憲，其注《文選·蕪城賦》引爾
雅作‘虪’，音户甘反。《晉書》音義引《説文》亦从甘。《切韻》：‘虪，白虎。’
《唐韻》引《説文》同二徐本，《廣韻》《玉篇》並‘虪’‘虪’二字兼收，是《爾雅》
有从甘、从日二本。篆書甘作𠃌，與日形近。以黑虎名‘䗥’从儵推之，則白
虎名自當从日，日、白偏旁相通。‘虪’即由‘虪’訛分，本一字一物也。”
（4667～4668）胡氏所言當是。邵晉涵《爾雅正義》曰：“‘虪’當作‘虪’。《説
文》云：‘虪，白虎也。’”（4378）郝懿行《爾雅義疏》亦云：“嘗疑《説文》有‘虪’
無‘虪’，《玉篇》《廣韻》‘虪’‘虪’互見，蓋篆文甘作𠃌，與日形近而誤衍也。
證以《釋文》‘虪，《字林》下甘反，又亡狄反’，‘亡狄’即‘虪’字之音也，可知
‘虪’衍爲‘虪’，宜據以訂正。”（4378）尹桐陽《爾雅義證》亦作“虪”，並注曰：
“虪，從虎日。日光本無數色所合成，人目所見者惟白，因以名白虎云。”
（4378）嚴元照《爾雅匡名》亦曰：“釋文云：‘虪，《字林》下甘反，又亡狄反。’
案：‘虪’當作‘虪’。《説文》：‘虪，白虎也。從虎，昔省聲。讀若鼏。’後來訛
從甘，故音亦從之而改。陸氏兼采兩音，不能別其字之異也。”（4379）以上
諸説皆其證也。《名義·虍部》：“虪，胡甘反。白虎也。”（239下）下文相隔
一字曰：“䖘，亡狄反。白虎。”（239下）此“䖘”即“虪”字之俗。可見自顧
野王所見《爾雅》已訛作“虪”。故《大字典》《字海》引《爾雅》可據以上之説
加以校正。

11. 蹙

《廣雅·釋詁三》：“蹙，縮也。”（249下）

　　按：原本《玉篇·糸部》：“縬，子六反。《廣雅》：‘縬，縮也。’”（653）《玉
篇校釋》注曰：“引《廣雅》爲《釋詁三》文，今本作‘蹙’，誤。”（5424）胡氏所言
是也。原本《玉篇》作“縬”，可見顧野王所見《廣雅》即作“縬”也，今本作
“蹙”，非是。《大字典》引《廣雅》應據原本《玉篇》所引《廣雅》校改。

12. 鮷

《廣雅》：“鯸鮐、魳、鮷、魟、鰽，魠也。”（957～958）

按：王念孫疏證於“魳”字下增一“也”字，遂將此條分作兩條：即“鯸鮐，魳也”與“鮷、魟、鰽，魠也”。於“鯸鮐，魳也”下注曰：“‘鮐’一作‘鮐’。‘鯢’即‘鮭’之俗體，‘鶘夷’即‘鯸鮐’之轉聲，今人謂之河豚者是也。河豚善怒，故謂之鮭，又謂之魳。鮭之言恚，魳之言訶。《釋詁》云：‘恚、訶，怒也。’魳，曹憲音河，各本脫去‘魳’字，音内‘河’字遂誤入正文，句末又脫‘也’字，與下文‘鮷、魟、鰽，魠也’混爲一條。案：諸書無以‘鯸鮐’爲‘魠’者，魠爲黄頰魚，非鯸鮐也。《玉篇》：‘魳，户多切。魚名。’正與河字同音。又云：‘鯸鮐，魳也，食其肝殺人。’是‘鯸鮐’名‘魳’不名‘魠’，‘魳’字從魚不從水也。《集韻》‘鮐’字引《博雅》‘鯸鮐，魠也’，‘鮷’字引《博雅》‘河鮷，魠也’，‘魳’字引《廣雅》‘魳，魠也’，則宋時《廣雅》本已脫‘也’字，惟‘魳’字尚有不誤者耳，今據《玉篇》訂正。”（957）王引之謂《廣雅》此條因脫“魳”字，致使注音用字“河”字誤入正文，句末又脫“也”字，遂致與下文“鮷、魟、鰽，魠也”誤混爲一條，並謂“鯸鮐”名“魳”不名“魠”，因據《玉篇》“鯸，鯸鮐，魳也”之訓而於“魳”字下增一“也”字，遂將《廣雅》“鯸鮐、魳、鮷、魟、鰽，魠也”一條分作“鯸鮐，魳也”與“鮷、魟、鰽，魠也”兩條，此説非是。

《玉篇·魚部》：“鯸，胡溝切。鯸鮐，魳也，食其肝殺人。”（116上左）胡吉宣《玉篇校釋》“鯸”字下注：“‘鯸鮐’云云者，《廣雅》：‘鯸鮐、魳、鮷、魟、鰽，魠也。’疏證據本‘魠’作‘魠’，因緣《玉篇》‘鯸鮐，魳也’文而於‘魳’下增一‘也’字分爲兩條。云‘諸書無以鯸鮐爲魠者’，今案《廣雅》本云：‘魠也。’‘魠’即河豚字。《切韻》：‘魳，鮷也。’《篇》《韻》並以《廣雅》同條異名爲訓也。‘鯸鮐’，《切韻》作‘鯸鮐’。左思《吴都賦》：‘王鮪鯸鮐。’劉注引《異物志》曰：‘鯸鮐魚狀如科鬥，大者尺餘，腹下白，背上青黑有黄文，性有毒，雖小獭及大魚不敢噉之，蒸煮噉之肥美，豫章人珍之。’《北山經》：‘敦薨之水，其中多赤鮭。’郭璞注云：‘今名鯸鮐爲鮭魚。’《論衡·言毒篇》：‘毒螫渥者，在魚則爲鮭與鲅鯢，故人食鮭肝而死。’《本草拾遺》云：‘鯢魚肝及子有大毒，一名鶘夷魚，以物觸之即嗔，腹如氣球浮起，亦名嗔魚。’王引之曰：‘鯢即鮭之俗體，鶘夷即鯸鮐之轉聲，今人謂之河豚者是也。河豚善怒，故謂之鮭，又謂之魟。鮭之言恚，魟之言訶。《釋詁》：恚、訶，怒也。'《倭名類聚鈔》引崔禹錫《食經》云：'鯸鮐犯之則怒，怒則腹脹浮出水上也。'案：鯸鮐體圓如科門，故亦名鯢。鯢之言規圓也，未必爲鮭之俗體。亦謂之魽，魽猶詆也，魟謂抵抗，鯸言搪揆，皆表此魚善怒之特徵，故《廣雅》通釋爲河豚。魨、魽形近訛也。鯸鮐、鶘夷猶言喉臣、胡頤，狀其臃腫之形也。"（4879～4880）胡吉宣謂於"魟"字下增"也"字，並謂《廣雅》本云"魨也"，"魨""魽"形近而訛，其説是也。《名義·魚部》："魟，賀多反。魽也。"又下文注曰："魽，充屍反。鮐魟。"（250下）《名義·魚部》又曰："鯸，胡溝反。[鯸]鮐，魽也，怒，腹脹。"（251上）《名義》"魟"訓"魽"、"魽"訓"魟"、"鯸"訓"[鯸]鮐，魽也"，此即以《廣雅》同條異名爲訓也。《名義》是以顧野王原本《玉篇》爲基礎編纂而成的，可見顧野王原本《玉篇》"鯸鮐""魟""魽"等字亦引《廣雅》同條異名爲訓，其所見《廣雅》"鯸鮐""魟""魽""魟""鯸"諸字亦爲同條也。《文選·左思〈吳都賦〉》："王鮪鯸鮐，鮂龜鱓錯。"李善注引劉逵曰："鯸鮐，魚，狀如科門，大者尺餘，腹下白，背下青黑，有黃文，性有毒。"明陶宗儀《南村輟耕録》："按：《類編·魚部》引《博雅》云：'鯸鮐，魨也，背青腹白，觸物即怒，其肝殺人。正今人名爲河豚者也。'然則豚當爲魨。""鯸鮐"也作"鯸鮐"，即指"魨也"，義爲"河魨（豚）"，故今本《廣雅》"魽"字即"魨"之形誤。綜上所述，《廣雅》此條應校作："鯸鮐、魟、魽、魟、鯸，魨也"，非如王引之所言於"魟"字下增一"也"字而分作"鯸鮐，魟也"與"魽、魟、鯸，魨也"兩條。敦煌本《王韻》平聲歌韻韓柯反："魟，魽。"（372）故宮本《王韻》、故宮本《裴韻》同。此亦以《廣雅》同條異名爲訓，可見唐王仁昫所見《廣雅》此條亦當作"鯸鮐、魟、魽、魟、鯸，魨也"。《集韻》"鮐"字引《博雅》"鯸鮐，魨也"，"魽"字引《博雅》"河[魟]魽，魨也"，"魟"字引《廣雅》"魟，魨也"，"鯸"引《博雅》"魟鯸，魨也"，則説明宋時所見《廣雅》本"鯸鮐""魟""魽""魟""鯸"諸字亦爲同條，而非如王氏所言宋時《廣雅》已脱"也"字，僅是"魨"字《集韻》皆沿謬訛作"魽"耳。錢大昭《廣雅疏義》亦曰："《玉篇》：'鯸，鯸鮐，魟也，食其肝殺人。''魟''魽'並云'魚名'。孟詵《食療本草》云：'鯸鮐魚行水之次，觸物即怒，氣脹浮于水上。'陳藏器《本草拾遺》篇云：'鯢魚一名鶘夷魚，以物觸之即嗔，腹如氣球。'日華子《諸家本草》云：'河独有毒。'又云：'鶘夷魚又云鮧魚。'《六書故》云：'鯸鮐，人謂之鯢，又謂之烏狼，又謂之探魚。'案：'鶘夷'即'鯸鮐'，侯、胡聲相近，夷、台、臣音相同，鮭、鯢音亦相符，烏狼與魟鯸聲相近,探、鰫聲亦相轉,'魠'當作'魨','魨'與'豘'同。《玉篇》音豚,今人猶言河豚也。曹憲不能是正而輒音爲'讬',誤矣。"(957～958)此説亦其證也。

盧文弨《廣雅釋天以下注》於《廣雅》此條下注曰:"《玉篇》:'鯸鮔,魺也,食其肝殺人。'然並不載'魺'字,'魺'疑即'河鮍'之訛……此'河鮍'下疑脱一'也'字,下别是一條。'魧''鰫',《玉篇》《廣韻》皆泛云'魚名'。《説文》:'魠,大口魚也。'《玉篇》:'魠,名黄頰。'《文選·上林賦》注:'郭璞曰:魠鱤一名曰黄頰。'《初學記》:'黄頰骨正黄,魚之大而有力者。'《詩·小雅》:'魚麗於罶,鱨鯊,陸璣。'疏云:'鱨一名揚,今黄頰魚,是身形厚而長大,頰骨正黄。'案:近人則以爲魠也,魠見下文。《集韻》'魺''魧''鮍''鰫'皆以爲魠,則'河鮍'之下似本無'也'字,竊以私意妄測之,'魠'或是'魨'字之誤。漢魏人'屯'字往往作'乇',如漢《孔龢碑》中有'屯留'字,'屯'作'乇',即其證也,但不當音託。段氏若膺曰:'魠是大口魚,亢聲、唐聲皆大義。'然則'河鮍'之下必當補一'也'字,不煩改'魠'爲'魨'也。"(957)盧文弨據《集韻》"魺""魧""鮍""鰫"皆訓爲"魠",則以爲"河[魺]鮍"下似本無"也"字,"魠"即"魨"字之訛,此説是也。然其却又據段氏所言"魠是大口魚,亢聲、唐聲皆大義",轉而又謂"'河鮍'之下必當補一'也'字,不煩改'魠'爲'魨'也",此説非是。"魺"字當爲誤脱,遂致注音用字之"河"誤入正文,並非"魺"即"河鮍"之訛。《集韻》"魺"引《博雅》"魺鮍,魠也","鮍"引《博雅》"河鮍,魠也","鮍"字下所引《博雅》作"河",即爲誤本《廣雅》脱文所誤。盧文弨謂《廣雅》不載"魺"字,"魺"爲"河鮍"之訛,並謂"河鮍"下疑脱一'也'字,下别是一條,此説非是。王樹楠《廣雅補疏》注曰:"伯申改'河'爲'魺','魺'下增'也'字,以'鮍'字下屬。案:當以'鯸鮔,河鮍也'爲一條,'河鮍'與'鯸鮔''鶘夷'皆聲近字,'鮍'之爲'鮐',猶'怟'之爲'怡'也。宋時《廣雅》當有一本作'河',一本作'魺'者,故《集韻》兩引之。《輟耕録》《類篇》並引《廣雅》云'鯸鮔,魨也','魨'字當是以意改下文'魠'字。"(958)此説與上文盧文弨之誤同。《輟耕録》《類篇》並引《廣雅》云"鯸鮔,魨也",此亦爲今本《廣雅》"鯸鮔、魺、鮍、魧、鰫,魠也"條之"魠"即"魨"字俗訛之證也。

王士濂《廣雅疏證拾遺》於"鯸鮔"下增補"魨也"二字,並注曰:"疏證未訓,士濂案:《類篇》引《廣雅》云:'鯸鮔,魨也。背青腹白,觸物即怒,其肝殺人。'陶宗儀《輟耕録》謂'河豚'之'豚'當作'鲀',引《類篇》轉引《廣雅》同。今本作:'鯥鮔、鮰、鮷、魭、鱅,魠也',字書《集韻》所引極多踦駁,據《類篇》則'鯥鮔'下宜補'鲀也'二字。'魠',《説文》'哆口魚也',與'鮰'義正合。《類篇》'鮰'注引'鮰,鮷魠也','鱅'注引'魭鱅,魠也',則'鮰、鮷、魭、鱅,魠也'別爲一條。"(958)王士濂於"鯥鮔"下增補"鲀也"二字,將《廣雅》"鯥鮔、鮰、鮷、魭、鱅,魠也"一條分作"鯥鮔,鲀也"與"鮰、鮷、魭、鱅,魠也"兩條,亦非。其實,正如上文所言,《廣雅》此條不煩增字,將"魠"改爲"鲀"即是。

以上根據《名義》《切韻》所引《廣雅》同條異名爲訓的書證材料,考證了今本《廣雅·釋魚》"鯥**鮔**、鮰、**鮷**、魭、**鱅**,魠也"之條不可誤作拆分,其中"魠"字即"鲀"字之訛。現代大型辭書如《大字典》《字海》《故訓匯纂》等皆據《廣雅疏證》之誤而分作"鯥**鮔**,鮰也"與"**鮷**、魭、**鱅**,魠也"兩條,且"魠"字皆沿謬而未加校正,俱失考證。

(三)有助於校理古代文獻之倒文

倒文即指文字位置前後顛倒錯亂的現象。傳世文獻在流傳過程中也產生了許多倒文,從而影響了讀者對這些古籍的正確釋讀。在研究《玉篇》疑難字的過程中,也可對這種失誤作出相應的糾正,以免影響讀者對其正確解讀。

1.謳

《孟子·告子》:"昔者王豹處於淇,而河西善謳;緜駒處於高唐,而齊右善歌。"(262)

按:原本《玉篇·言部》:"謳,於侯反。《左氏傳》:'謳者乃山(止)。'野王案:《説文》:'謳,齊歌也。'《孟子》:'綿駒處於高唐,而齊右善謳。'是也。《埤倉》:'或爲嘔字,在《口部》。'《字書》:'或爲慪字,在《心部》。'"(252)《玉篇校釋》"謳"字下注:"引《孟子》爲《告子》下篇文。今本云:'昔者王豹處於淇,而河西善謳;緜駒處於高唐,而齊右善歌。''歌''謳'二字互易。'謳'爲齊歌,而高唐爲齊西邑也,故曰'齊右善謳',可援此以訂正千餘年來《孟子》之誤。"(1773)胡氏所言當是。故可據原本《玉篇》引文訂正今本《孟子》上下錯文之失。

2.麌

《爾雅·釋獸》："麢，牡麌，牝麛。"(153)

按：《玉篇·鹿部》："麌，牛矩切。牝鹿也。"(111下左)《玉篇校釋》"麌"字下注："'牝鹿也'者，《切韻》同，'鹿'並當爲'麢'。牝鹿爲麀，見上第六文。《詩·吉日》：'麀鹿麌麌。'鄭箋：'麢牡曰麌。麌復麌，言多也。'孔疏謂箋當云：'麢牝曰麌，今本作牡，字形之誤。'《釋獸》：'麢，牡麌，牝麛。'郭注引《詩》曰：'麀鹿麌麌。'云：'鄭康成解即謂此也，但重言耳。'是《爾雅》本作：'麢，牡麛，牝麌。'郭、孔所見鄭箋並爲'麢牝曰麌'。《羣經音辨》七引鄭義亦作'麀，鹿牝也；麌，麢牝也'，分明不誤，並與《詩》合，説見臧氏《經義雜記》。今《篇》《韻》云'麌，牝鹿'者，後人依誤本《爾雅》改，非二書原文也。《廣韻》又收平模云：'牝麢也。'案：《吉日》詩'麌麌'爲重言形況，故傳云'衆多也'，與《韓奕》之'麀鹿噳噳'同。本書《口部》'噳'下引《詩》曰'麀鹿噳噳'，云'亦作麌'，是也。"(4643～4644)胡氏所言是也。《爾雅·釋獸》："麢，牡麌，牝麛。"(153)黃奭《爾雅古義》云："《詩·小雅·吉日》鄭箋云：'麢牡曰麌。'孔疏云：'是麢牝曰麌也。'"(4343)郝懿行《爾雅義疏》云："麌者，《詩》云'麀鹿麌麌'，鄭箋用《爾雅》，孔疏云：'是麢牝曰麌也。若然，鄭箋當云麢牝曰麌。今本作牡，字形之誤。'因知《爾雅》古本作'麢，牡麛，牝麌'，正與《詩》言'麀鹿'相合。今本麛、麌互倒，於義舛矣，當據鄭箋訂正。唯《玉篇》云：'麌，牝鹿也。'(麛又云：'牡麢。'誤。)《廣韻》十一模云：'麌，牝麢也。'(五質又同郭本)《羣經音辨》七引鄭箋亦作'麀，鹿牝也；麌，麢牝也'，分明不誤，並與《詩》合。此説本之臧氏《經義雜記》廿七，今取以正郭本《爾雅》之誤也。"(4344)王闓運《爾雅集解》亦曰："'牡麌'當作'牝麌'，此文'牡'皆先'牝'，文誤倒耳，牡栗牝吴。"(4344)劉光蕡《爾雅注疏校勘札記》(4346～4347)亦同。以上諸説皆其證也。《名義·鹿部》："麌，魚禹反。牝[麢]。"(238上)《新撰字鏡·鹿部》："麌，魚禹反。[牝]麢。"(474)《名義》《新撰字鏡》"麌"字義訓皆殘缺，當皆爲"牝麢"之脱誤，此亦其證也。故今本《爾雅》之"麢，牡麌，牝麛"當爲"麢，牡麛，牝麌"之誤倒，《大字典》《字海》引《爾雅》皆應據以上之説加以校正。

(四)有助於訂正古代文獻注疏之誤

隨著語言的發展演變,古籍中有許多在當時看來通俗易通的義訓,也許在後人看來就晦澀難懂,於是後人往往因不明其訓而誤作說辭,給讀者對其正確釋讀造成了困難。此外,古籍在流傳的過程中,難免產生許多訛誤,後人却承訛襲謬而誤作說解,也影響了讀者對其正確解讀。在通過原本《玉篇》殘卷、廣益本《玉篇》、《名義》等與相關文獻的比勘,我們也可對古代文獻注疏中的一些可疑之處提出商榷,以免因承訛襲謬而貽誤讀者。

1. 瞫

《説文·目部》:"瞫,視而止也。从目,覃聲。"(66上)

按:《玉篇·目部》:"瞫,止善切。《説文》云:'視而止也。'䁽,同上。"(21下右)《廣韻》上獮韻旨善切:"瞫,《説文》曰:'視而不止也。'䁽,同上。"(197)段玉裁據《廣韻》校"視而止也"爲"視而不止也",段校非是。《玉篇校釋》"瞫"字下注:"《廣韻》引《説文》作'視而不止也',段、王並據補'不'字,嚴《校議》、沈《古本考》皆同其説。今案:以字從'覃'推之,《廣韻》所引'不'字乃衍文。《切韻》止云:'視止。'是《篇》《韻》所據《説文》皆無'不'字也。'覃'爲厚重義,故從之之字如邅、嬗、驙、瞫等字皆與'止'義相合,因厚重故而頓止也。"(798)胡氏所言是也。《新撰字鏡·目部》:"瞫,止善反。視而止也。"(102)敦煌本《王韻》上聲獮韻[旨善反]:"䁽,視止。"(393)故宮本《王韻》上聲獮韻旨善反:"䁽,視止。"(480)《集韻》上聲獮韻止善切:"瞫䁽,《説文》:'視而止也。'或從善。"(384)以上諸書皆其證也。故"瞫"當以訓"視而止也"爲是。又《名義·目部》:"瞫,土心(當爲"志"字誤分)善反。視不止。"(34上)吕浩《〈篆隸萬象名義〉校釋》(58A)謂"土心善反"爲"志善反"之誤分,是也;然謂《廣韻》引《説文》作"視而不止"是也,非是。據上文可知,《名義》訓"視不止",當爲"視而止"之誤。《大字典》"瞫"字下據《廣韻》、段注之誤而訓"視而不止",亦非。

2. 儝

《説文·人部》:"儝,帀也。从人,對聲。"(168上)

按：段玉裁注："汲古閣及《集韻》《類篇》皆作帀，宋刻、葉抄及《廣韻》作'市'。今按市爲長。其字从對則無口匝意。蓋即今兑換字也。"（384 上）段氏之説疑可商榷。《玉篇・人部》："倜，丁退切。帀也。"（14 上左）《名義・人部》："倜，丁退反。帀也；遍也。"（19 上）《新撰字鏡・人部》："倜，丁退反。帀也。"（79）《廣韻》去聲隊韻都隊切："倜，倜（當爲字頭誤重）市。"（290）宋本《廣韻》亦同。余迺永《校注》："宋祖本、巾箱本、景宋本、鉅宋本並作'市'，合《説文》。"（388）《廣雅・釋詁二》："帀，徧也。"（132）"徧""遍"異體，"帀""遍"義同，故"倜"當即"普遍；周遍"之義，而非"市買兑換"義。段玉裁謂"市"當即"市"字之訛，而"倜"蓋即今兑換字也，其説非也。周祖謨《問學集》（下册）《論〈篆隸萬象名義〉》"倜"字下注云："段氏以爲當作'市也'，誤。"其説是也。《玉篇校釋》"倜"字下注："'帀也'者，《説文》：'倜，帀也。'段、王、朱、錢諸家皆據一宋本及葉鈔本改作'市也'，又引《廣韻》云'倜市'以證之，謂倜即今市買兑換字，財與物輕重相等而易之也。《詩・皇兮》：'松柏斯兑。'毛傳：'兑，易直也。'即倜義也。桂馥云：'俗謂圍周口倜，故倜爲帀。'今案：《切韻》'倜，市也'，當本《説文》，然隸書市、帀形近，字从對亦於市、帀二義可通，訓'市'者，猶售字从雔省取相對義，貨直相當也。訓'帀'者，周匝之交接處必相對，《廣雅・釋詁二》：'周、帀、接，徧也。'"（488）胡氏前後兼采兩説，其説亦非。又故宫本《裴韻》去聲誨韻都隊反："倜，中。"（592）"中"當即"帀"字之訛，胡吉宣録作"市"，亦非。《大字典》《字海》據段注之誤，謂"倜"同"兑"，俱失考證。

3. 訝

《吕氏春秋・孝行覽・必己》："若夫道德則不然：無訝無訾，一龍一蛇，與時俱化，而無肯專爲；一上一下，以禾爲量，而浮游乎萬物之祖，物物而不物于物，則胡可得而累？此神農、黄帝之所法。"（835～836）

按：畢沅曰："《莊子・山木篇》作：'無譽無疵。'"陳奇猷案："《説文》：'訝，相迎也。《周禮》曰：諸侯有卿訝。從言，牙聲。'段玉裁注云：'迎必有言，故從言。'迎訝既有言，其言必是稱譽，故訝有譽義。今謂以言稱譽人爲'迎合'，蓋亦此義。然則此作'訝'、《莊子》作'譽'一也。'訾''疵'同；訾，毁也（詳《知士》'注七'）。元本、李本、張本有舊校云：'訝，一作誣。'誣字無義,蓋即'訝'字之形訛。此呰與下文蛇字合韻。"(840)陳氏之説疑可商榷。
原本《玉篇・言部》:"詆,都禮反。《説文》:'詆,訶也。'野王案:《吕氏春
秋》:'無詆無呰。'《漢書》:'除誹謗詆欺法。'是也。《倉頡篇》:'欺也。'《廣
雅》:'詆,毁也。'《聲類》:'呰也。或爲呧字,在《口部》。'"(278~279)《玉篇
校釋》"詆"字下注:"引《吕氏春秋》爲《孝行覽・必己》篇文,今本作'無訝無
呰','呰''呰'同,'訝'爲'詆'之形誤,因俗書'詆'作'詆'所改也。"(1821)
胡氏所言是也。故據原本《玉篇》引文可校今本《吕氏春秋》之誤,《大字典》
《字海》"訝"字引《吕氏春秋》應據原本《玉篇》所引加以訂正。

4. 歍

《老子》第五十五章"終日號而不嗄"朱謙之校釋:"嗄,傅(奕)作
'歍'……'嗄'是故書,其演變爲'嗄',爲'歍',因又轉爲'噫',爲'啞',蓋皆
方言之變耳。"

　　按:《玉篇・欠部》:"歍,於牛切。逆氣也。"(45下左)原本《玉篇・欠
部》:"歍,於牛反。《老子》:'終日号而不歍。'野王案:歍,氣逆也。今並爲
嗄字,在《口部》。"(344)《玉篇校釋》"歍"字下注:"《口部》'嗄'下引此《老
子》文作'嗄',顧見本同。謂於字當爲此'歍'也,非其所見《老子》別本異文
也。今本《老子》又由'嗄'訛作'嗄',唐時已然。《釋文》云:'嗄,當爲噫。'
噫、嗄聲誤,嗄、嗄形誤。"(1944~1955)胡氏所言是也。《帛書老子校注》
曰:"帛書甲本'終日號而不发',乙本'不'下一字殘,只存左半邊一'口'字
形符。原字難辨,帛書整理小組云:'发當爲憂之省,猶爵省爲冏,此讀爲
嗄,嚴遵本作嗄。《玉篇・口部》:嗄,《老子》曰:終日號而不嗄。嗄,氣逆
也。帛書憂字常寫作夏,通行本《老子》此字多作嗄。《莊子・庚桑楚》引亦
作嗄,司馬彪注:楚人謂啼極無聲曰嗄。'此字王弼本寫作'嗄',傅奕本寫作
'歍',河上本作'啞',林志堅本作'嗌'。由于世傳本經文用字不同,舊注亦
各持一説,是非難以裁定。此字帛書甲本作'发',爲'憂'字之省;乙本雖僅
殘存一'口'字形符,但帛書整理組參照甲本復原爲'嗄',則爲澄清此一是
非懸案,提供了很好的依據。畢沅曾謂:'彭耜曰:古本無嗌字。嗌不嗄,
《莊子》之文,後人涸於《老子》,所不取。案此及谷神子、李約皆有嗌字,即
耜所云相沿之誤也。嗄本又作啞,陸德明曰:當作噫。《玉篇》引作終日號

而不嚘，嚘從口從憂，《説文解字》有嚘字，云：語未定貌。揚雄《太玄經》：柔兒于號，三月不嚘。《玉篇》嚘是歑之異字。嚘與嗄形近，或誤嚘爲嗄，又轉嗄爲啞耳。'漢帛書《老子》甲、乙本，爲畢氏之説得一確證。《玉篇·口部》：'嚘，氣逆也。''不嚘'即不氣逆，正與下文'和之至也'相一致。'和'指氣言，如第四十二章'沖氣以爲和'。由于赤子元氣淳和，故而終日號哭，而氣不逆滯。准此，經文當從帛書作'終日號而不嚘，和之至也。'"(95)高明所説是其證也。朱謙之《老子》校釋却謂"嗄"爲故書，"嚘"爲"嗄"字之訛，進而演變爲"歑"，爲"噫"，爲"啞"，其言非是。《大字典》據其誤説謂"歑"同"嗄"，亦失考證。《大字典》《字海》應直謂"歑"同"嚘"。

5. 惣

《方言》卷十："挀、抌，推也。南楚凡相推搏曰挀，或曰惣。"(66)

按：周祖謨《方言校箋》謂："推，錢繹改作椎，誤。"周氏所言非是，"推"即"椎"字之訛。《玉篇·手部》："挀，扶畢切。椎擊也。惣，苦忽切。椎擊也。"(31上右)《玉篇校釋》"挀""惣"二字下注："挀、惣同爲'椎也；擊也'者，原並作'椎擊也'，今各補一'也'字。本引《方言》及《廣雅》文，刪者併合之耳。《方言》十：'挀，椎也，南楚凡相椎搏曰挀，或曰惣。'《廣雅》三：'惣、挀，擊也。'《切韻》同，《晉書音義》(上)引《字林》：'秘，椎也。'《方言》十二：'秘，刺也。'《廣雅》一作：'挀，刺也。'秘與挀同。"(1247)胡氏所言是也。《名義·手部》："挀，蒲畢反。惟(椎)也；擊也；刺也。"(55上)下文曰："惣，苦骨反。椎也；擊也。"(55上)可見原本《玉篇》引《方言》亦當作"椎也"，故今本《方言》注文中的兩個"推"字皆爲"椎"字之誤。"挀"字，第一版《大字典》及《字海》皆沿今本《方言》之謬誤訓爲"推"，非；第二版《大字典》校"推"爲"椎"，是也。"惣"字，《大字典》亦沿今本《方言》之謬誤作"推"，失考證。"抌"字，《大字典》《字海》亦沿今本《方言》之謬而訓爲"推"，亦失考證。

6. 餽

《大戴禮記·保傅》："天子宴私，安如易，樂而湛，飲酒而醉，食肉而飽，飽而强，饑而惏，暑而喝，寒而嗽，寢而莫宥，坐而莫侍，行而莫先莫後，天子

自爲開門户,取玩好,自執器皿,亟顧環面,御器之不舉不藏,凡此其屬少保之任也。"(58)

　　按:王聘珍《大戴禮記解詁》注:"《玉藻》曰:'日中而餕。'鄭彼注云:'餕,食朝之餘也。'食肉而餕者,於朝食時并餕餘而食之也。"(58)其言非是。原本《玉篇·食部》:"䭚,於縣反。《説文》:'䭚,猒也。'《大戴禮》:'飲酒而醉,食肉而䭚。'是也。"(355)《玉篇校釋》"䭚"字下注:"引《大戴禮》爲《保傅篇》文,今本作'食肉而餕',餕爲熟食、爲祭之餘,與上句'飲酒而醉'顯不相稱……《切韻》:'䭚,猒飽也。'《齊民要術》:'食飽不䭚。'䭚之言捐棄也。"(1963~1964)胡氏所言是也。《説文·食部》:"䭚,猒也。从食,酓聲。"(108上)"䭚"本義表示"飽;厭膩"。《大戴禮記》"食肉而餕"之"餕"與上下文俱不諧,據原本《玉篇》改作"䭚"則文通字順,故此"餕"當即"䭚"字之訛。

7. 芷

　　《漢書·司馬相如傳》:"其東則有蕙圃,衡蘭芷若,穹窮昌蒲,江蘺蘪蕪,諸柘巴且。其南則有平原廣澤,登降陁靡,案衍壇曼,緣以大江,限以巫山。"師古曰:"蘭即今澤蘭也。今流俗本'芷若'下有'射干'字,妄增之也。"(2535)

　　《文选·司馬相如〈子虚賦〉》:"其東則有蕙圃,衡蘭芷若,穹窮昌蒲,江蘺蘪蕪,諸柘巴且。其南則有平原廣澤,登降陁靡,案衍壇曼,緣以大江,限以巫山。"李善注:"薛綜《西京賦》注曰:'蘭,香草也。''芷若'下或有'射干',非也。"(120上)

　　按:《玉篇·艸部》:"芷,支視切。白芷,藥名。一名䖂。"(64上右)《玉篇校釋》"芷"字下引《香藥鈔》《香字鈔》:"芷,支視反。《本草》:'白芷,一名白䖂。'《子虚賦》:'芷若射干。'"並注曰:"《史記·司馬相如傳》:'其東則有蕙圃衡蘭,芷若射干。'《集解》引《漢書音義》曰:'芷,白芷也。'《漢書》《文選》並無'射干'二字,顏師古、李善皆謂有者非也。今案:應有射干,顧所引六朝善本不誤,惟上句衡蘭,蘭當作闌,涉蕙而增艸。衡者杜衡也,衡闌與蕙圃對稱。下文芷若射干等八艸四句,文自相偶。東有蕙圃衡闌,與下文南有平原廣澤正相爲儷,故亦以登降陀靡四句十六字敷説平原廣澤之境

界,文例明焄,無可置疑。顔、李並自疏忽未察,反斥流俗妄增射干二字,謬
之甚矣。衡闌句惜顧未引,度必不作衡蘭也。"(2540～2541)胡氏所言是
也。《名義·艸部》:"芏,支市(市)反。苣子也。[芏]若射干。"(126)可見
原本《玉篇》引司馬相如《上林賦》應有"射干"二字,流俗誤脱耳。

8. 鋭

《書·顧命》:"一人冕,執鋭,立於側階。"孔傳:"鋭,矛屬也。"

按:《玉篇·金部》:"銳,徒會切。矛也。又弋税切。"(83 下右)《玉篇
校釋》"銳"字隸定作"鋭",並注曰:"'徒會切。矛也'者,爲宋人據誤本《尚
書》所竄改。《周書·顧命》:'一人冕執鋭。'孔傳:'鋭,矛屬。'《説文》引
《書》作'銛',云:'侍臣所執兵也。讀若允。'以列字次第推之,本書之'鋭'
適當《説文》之'銛',隸書'鋭'作'銳',與'銛'形尤近,寫者又不識'銛'字,
致誤合爲一字而奪'銛'字。原本必依《説文》作'銛',亦當有引《尚書》文,
今删'徒會切。矛也'之音義,據慧琳引顧氏補'銛也'二字,補'銛'於部末。
《廣韻》去聲十四泰:'銳,矛也。杜外切。又弋税切。'與今《玉篇》同誤。"
(3327)胡吉宣謂此"銳"即"銛"字之訛,是也;然謂此誤源於宋人據誤本《尚
書》所竄改,不確。《名義·金部》:"鋭,惟芮反。精也;利也。"(173 下)下
文又曰:"䤜,徒會反。予(矛)也。"(174 下)《名義》之"䤜"與《玉篇》之
"銳"音義並同,且位置相同,當即同字之變。《名義》源於原本《玉篇》,《名
義》前面已收録"鋭"字,此處又收録"䤜"字,可見原本《玉篇》亦已收録二
字。據原本《玉篇》的編纂體例,同字有又音又訓的,皆在同一字頭下出現,
而不會因爲又音又訓而在同一部首内同一字頭前後重複出現。據此,《名
義》之"䤜"、《玉篇》之"銳"與"鋭"並非一字。《名義》之"䤜"、《玉篇》之
"銳"與《説文》之"銛"義同,且位置相同,當皆爲"銛"字之訛。"銛"字俗作
"䤜""銳",因左旁與"兑"字俗寫形近(或同),因改其讀爲"徒會反"。
"兑",《廣韻》音"杜外切"。"杜外""徒會"切音相同。故宫本《王韻》去聲泰
韻杜會反:"銳,矛。"(494)《廣韻》去聲泰韻杜外切:"銳,矛也。又弋税切。"
(281)《切韻》《廣韻》之"銳"亦即"銛"字之訛,音"杜會反"、"杜外切"者,亦
皆因誤認右旁從兑所致也。可見,此誤由來已久,自唐時已然。又《集韻》
去聲泰韻徒外切:"銳,矛屬。或作鋭。"(519)《集韻》溝通"銳"與"銛"的字

際關係，是也；然音“徒外切”，此亦因承襲《廣韻》而謬也。《説文·金部》：“鈗，侍臣所執兵也。从金，允聲。《周書》曰：‘一人冕，執鈗。’讀若允。”（297下）段玉裁注：“按：《顧命》作‘執鋭’，孔傳云：‘矛屬也。’陸氏《音義》云：‘鋭，以稅反。’不言《説文》作鈗，讀若允，與其《説文》作𢦏、作戣、作𦗓、作凭、作𧦝，詳引許書之例不合，此可疑一也。顧氏《玉篇》無鈗字、有鋭字，云：‘徒會切。矛也。’在鈒、鋋之下，鉈、鏦、錟之上，正與《説文》列字次弟同，惟易‘鈗’爲‘鋭’耳。此可疑二也。《漢書·長楊賦》：‘兖鋋瘢耆。’張佖引《説文》同今本以釋兖，謂兖當作鈗，是《説文》今本至南唐張佖乃見之，與小徐本同，此可疑三也。《廣韻》十七準無鈗字，惟十四泰：‘鋭，杜外切。矛也。’是可知陸法言《切韻》、孫愐《唐韻》皆無鈗矣。此可疑四也。《集韻》十四太：‘鋭，徒外切。矛屬。’毛氏《禮部韻略》、黄氏《韻會》皆同……此可疑五也。竊謂《顧命》本作鋭，《説文》亦本有鋭、無鈗。鋭篆厠於鋋下鉈上，訓曰：‘矛屬。从金，兑聲。《周書》曰：一人冕執鋭。一曰芒也。’次出㓹篆，訓云：‘籒文鋭也。’今校《説文》當如是改移，而徑删鈗篆。”（710下）段説非是。段玉裁謂顧氏《玉篇》無“鈗”字，其説不確。原本《玉篇》本有“鈗”字，因俗寫而誤作“鈗”耳，今本《玉篇》又俗作“鋭”，因與“鋭”字俗寫形同而誤脱。又故宫本《裴韻》上聲軫韻余准反：“鈗，侍臣所執兵。”（578）可見《切韻》亦已收録“鈗”字，段氏謂“陸法言《切韻》、孫愐《唐韻》皆無鈗”，亦不確。故《説文》本有“鈗”字，今本《尚書》作“鋭”者，即爲“鈗”字之訛。顧頡剛、劉起釪《尚書校釋譯論》云：“段氏所作校勘辨析，精到周詳，可確信《説文》所引《顧命》原文本作‘鋭’，今從之。”（1798）顧頡剛、劉起釪據段氏誤説而謂《顧命》本作“鋭”，承訛襲謬，其説疑亦非是。《大字典》“鈗”字下第一義項既引前人之説謂今本《尚書》“一人冕，執鋭”之“鋭”當作“鈗”，却又以《集韻》之説作爲第二義項，音 duì，同“鋭”，非是，此條義項應删。《大字典》《字海》“鋭”字下亦沿襲《玉篇》之謬，又以誤本《尚書》作爲書證，俱失考證，此條義項亦當删。

9. 洐

《説文·水部》：“洐，溝水行也。从水，行聲。”（232下）

按：徐鍇繫傳作“溝行水也”。王筠繫傳校録：“案：《周禮（地官·草人）》：‘以溝蕩水。’蕩者，行也。許似本之爲說。大徐本作‘溝水行也’，《玉篇》《廣韻》皆作‘溝水也’，又似因字從行而衍行字。”《玉篇·水部》：“洐，胡庚切。溝水也。”（88 下右）《玉篇校釋》於“洐”字下校補注文爲“溝行水也”，並注曰：“‘溝行水也’者，原無‘行’字，今補。《說文》：‘洐，溝行水也。’《切韻》同，並本許義，‘洐’即《周禮》所謂‘蕩’。《地官·草人》：‘以溝蕩水。’杜子春讀蕩爲和蕩，謂以溝行水也。”（3610～3611）胡氏所言是也。《名義·水部》：“洐，胡康反。溝行水也。”（190 下）“康”即“庚”字之訛，呂浩《〈篆隸萬象名義〉校釋》（308B）失校。可見原本《玉篇》“洐”字引《說文》亦訓“溝行水也”，今本《玉篇》誤脫“行”字耳。又《廣韻》平聲庚韻戶庚切亦云：“洐，溝水也。”（122）《廣韻》訓“溝水也”，此當爲今本《玉篇》所誤。王筠却因《玉篇》《廣韻》皆作“溝水也”，而疑“行”字衍，非是。

10. 汩

《說文·水部》：“汩，水吏也。从水，丑聲。”（235 上）

按：錢大昕《潛研堂集·答問八》：“‘水吏’不見於經典，當是‘水文’之訛。《廣韻》：‘蹈汩，水文聚。’於《易》，物相雜爲文，凡丑之字‘粗’‘飪’皆爲雜飯，則‘汩’爲水文審矣。木華《海賦》：‘葩華踧汩。’李善注：‘踧汩，蹙（蹵）聚也。’踧汩，即蹈汩。”《集韻·屋韻》：“汩，淑汩，水皃。”一說水流疾。段玉裁注：“‘汩，水吏也’謂水駛也。駛，疾。其字在《說文》作䬊，不解者，訛爲吏耳。一本作利，義同。”原本《玉篇·水部》：“汩，仁九反。《說文》：‘水吏也。一曰隰（溼）也。’《倉頡篇》：‘主水者也。’”（440）《玉篇·水部》：“汩，仁久切。水吏也。又女六、女九切。泥也。”（90 上左）《玉篇校釋》“汩”字下注：“《說文》段注云：‘水吏謂水駛。駛，疾也。《說文》作䬊，不解者訛爲吏耳。’嚴可均曰：‘《類篇》引作水和，本又作水利，利即和之爛文，此作吏誤。’桂馥曰：‘水吏當爲水文，《玉篇》：汩，泥也。泥當爲泯。泯，水文也。《廣韻》：蹈汩，水文聚。’案：‘汩’爲水吏，不見於它書，故諸家多疑其誤，今據本書引《倉頡篇》云‘主水者也’，可證許說‘水吏’之非誤。《切韻》亦云‘水吏’，當本《說文》。‘一曰溼也’者，二徐本作‘溫也’，‘溫’即‘溼’俗作‘濕’之形訛。”（3704～3705）胡吉宣謂《說文》“水吏也”不誤，是也。原本《玉篇》引《說文》亦作“水吏也”，且《倉頡篇》訓“主水者也”，與“水吏也”義合,可證諸家謂"水吏也"爲誤皆爲妄斷,不足據。桂馥《義證》"沑"字下注："《玉篇》：'沑,女六切。泥也。''泥'當爲'冘'。冘,居六切。水文也。'沑''冘'音義同。"(987下)桂氏之説疑可商榷。"泥"當爲"淫"之形誤。《新撰字鏡·水部》："沑,仁九反。水吏也；湿(濕)也；水也。"(343)此亦其證也。原本《玉篇》引《説文》"一曰"義亦爲"淫也",故今本《玉篇》"泥也"之訓,亦當爲"淫也"之俗訛。

11. 𪕋

《説文·鼠部》："𪕋,鼠,似雞,鼠尾。从鼠,此聲。"(207上)

按：清桂馥《説文段注鈔案·鼠部》："'𪕋鼠',《東山經》作'蜼鼠',云：'狀如雞而鼠毛,見則其邑大旱。'吾鄉張氏《耳夢錄》言親見此獸,大如麻雀而鼠毛。與本經合,不言鼠尾也。《玉篇》依經亦作鼠毛,不作鼠尾,然則許書作尾,恐係轉寫之訛。"《玉篇·鼠部》："𪕋,子移切。似雞而鼠毛。見則大旱。"(117上左)《玉篇校釋》"𪕋"字下注："'似雞而鼠毛'云云者,原引《山經》文。《東山經》：'枸狀之山有鳥焉,其狀如雞而鼠毛,其名曰蜼鼠,見則其邑大旱。''蜼'與'𪕋'同。'毛'當爲'尾'。《説文》：'𪕋,鼠似雞鼠尾。'亦本《山經》也。《切韻》：'蜼,蜼鼠,鳥狀如雞而鼠尾。又作𪕋。出《山海經》。'"(4924)胡氏所言是也。《山海經·東山經》："又南三百里,曰枸狀之山,其上多金、玉,其下多青碧、石。有獸焉,其狀如犬,六足,其名曰從從,其鳴自詨。有鳥焉,其狀如雞而鼠毛,其名曰蜼鼠,見則其邑大旱。"郝懿行義疏："毛,《説文》作尾。"珂案："今圖正作鼠尾。"(122)此説是其證也。又《名義·鼠部》："𪕋,子奇反。如雞鼠尾。"(252下)可見顧野王所見《山海經》亦作"鼠尾",今本作"鼠毛"者,當爲宋人轉寫之訛也。桂馥據誤本《山海經》及今本《玉篇》之誤而謂作"鼠毛"是,許書作"鼠尾"非,其説謬也。《大字典》沿《玉篇》而誤,又以桂馥之説爲證,失考證。《字海》亦沿《玉篇》而誤,亦失考證。

12. 䘿

《爾雅·釋器》："䘿謂之裾。"郭璞注："衣後襟也。"(67)

按:《名義·衣部》:"袯,居業反。裾也;褚也。"(284下)《玉篇·衣部》:"袯,居業切。裾也;又衣領。"(128下左)《爾雅·釋器》:"袯謂之裾。"郭璞注:"衣後裾也。"(1978)郝懿行義疏:"袯者,《玉篇》云:'裾也。''裾,衣褏也。''褏,衣前襟也。'《説文》:'褏,裹也。'衣之前襟可懷抱物,故謂之裾。裾言物可居也。裾名袯者,《方言》袯謂之褚,郭注即衣領也。戴氏震疏證云:'袯、袷古通用。'《禮·玉藻》注:'袷,曲領也。'《深衣》注:'交領也。'今按:《玉篇》:'袯,又衣領。'然則袯爲本字,袷爲通借。領屬於袼,袼、裾同物,廣異名耳。裾、袼、袷、袯俱聲相轉也。《方言》又云:'袿謂之裾。'袿、裾聲亦相轉。郭注與此注並云:'衣後裾也。'《釋名》:'裾,倨也,倨倨然直,亦言在後常見踞也。'此蓋郭注所本,其説非矣。當據《玉篇》訂正之。"(1986～1987)郝氏所言是也。王闓運集解:"後無襟,郭又以領爲襟,領不能袯,並非也。《禮記》:'扱地坐。'謂以裾藉地而坐,記扱上衽,謂不曳裾而扱之帶。裾從尸古,踞坐則前襟垂如胡。"(1988)尹桐陽義證曰:"今所謂大襟是也。袯,字本作扱,收也。對襟中有小孔,上所謂衸,大襟則收斂而無孔矣。裾,衣褏也,謂其在前亦取蹲踞則必扱義也。《儀禮·士昏禮》:'婦拜地扱。'謂裾至地,非扱及也。"(1988)王柏年補釋:"郭注衣後裾,蓋誤。《玉篇》:'裾,衣褏也。褏,衣前襟也。'柏年案今大襟是也。"(1994)以上諸説亦皆其證也。故"袯""裾"皆指"衣前襟",而非指"衣後襟"。《大字典》"袯"字此義沿襲郭注而誤,疑亦非是。

(五)可以提供一些有价值的文獻異文

異文是指古籍在流傳過程中產生的不同文字的現象。異文現象比較複雜,有的是異體關係,有的是通假關係,有的是俗訛關係,等等。通過原本《玉篇》殘卷、廣益本《玉篇》的引書材料或注文,也可爲相關文獻提供一些有價值的異文材料。

1. 㑊

《後漢書·杜篤傳》:"虜儌㑊,驅騾驢。"李賢注:"《方言》:'㑊,養馬人也。'"

按:《玉篇·人部》:"㑊,之仁、之仞二切。《説文》云:'僮子也。'《方言》云:'燕齊之間謂養馬者曰㑊。'"(14下左)《玉篇校釋》"㑊"字下注:"案:

《後漢·文苑傳》注引《方言》亦作㤽,疑《方言》養馬者爲㤽,官婢女廝爲娠。《説文》本之,本書《女部》'娠'下今止舉'妊娠'義。《巾部》:'帳,馬篼也。'《方言》五:'飤馬橐,燕齊之間謂之帳。'正猶'燕齊之間謂養馬者曰㤽也'。"(516)胡氏所言當是。《名義·人部》:"㤽,之仁、之𠛱二反。養馬器;又恩厚也。"(21 上)《名義》訓"㤽"爲"恩厚也",於文獻無徵,不知何據,俟考;而其訓"㤽"爲"養馬器"當爲"養馬者"之誤。可見,原本《玉篇》引《方言》訓"養馬者"字亦當作"㤽"。今本《方言》卷三:"燕齊之間養馬者謂之娠。"(18)周祖謨注:"娠,《後漢書·杜篤傳》李賢注引《方言》云:'㤽養馬人也',又云:'《字書》㤽音眞。'《玉篇·人部》㤽下引《方言》字亦作㤽。"(18)故《方言》訓"養馬者",字本當作"㤽",今作"娠",當爲後人所改。

2. 㜪

《玉篇·女部》:"㜪,方木切。昌意妻。"(17 下右)

按:《名義·女部》:"㜪,方木反。"(27 下)可見原本《玉篇》已收此字。《玉篇校釋》"㜪"字下注:"'昌意妻'者,《切韻》同。《大戴記·帝繫篇》:'昌意娶於蜀山氏,蜀山氏之子謂之昌濮氏,產顓頊,字作濮。'《史記·五帝本紀》:'昌意降居若水,娶蜀山氏女,曰昌僕,生高陽,字作僕。'"(632~633)"濮""僕"並即"㜪"之異文。

3. 妺

《玉篇·女部》:"妺,莫葛切。妺喜,桀妻也。"(17 下右)

按:《名義·女部》:"妺,莫葛反。"(27 下)可見原本《玉篇》已收此字。《玉篇校釋》"妺"字下注:"'妺喜,桀妻也'者,《切韻》同。《史記·外戚世家》作'末喜',《荀子》同。《漢書·古今人表》作'末嬉',《晉語》作'妺喜',與姊妹字相混。"(633)胡氏所言是也。《史記·外戚世家》:"夏之興也以塗山,而桀之放也以末喜。"(1967)王念孫《讀書雜誌·戰國策第二·楚》:"《晉語》'妺喜',《楚辭·天問》作'妺嬉',《呂氏春秋·慎大篇》《漢書·古今人表》並作'末嬉'。"(53 下)故"妺喜"同"末嬉""妺嬉",本作"末喜","末"與"妺"即本字與分化字的關係。

4. 跱

《爾雅·釋宮》:"室中謂之跱。"(64)

按:《玉篇·足部》:"跱,除几切。《爾雅》曰:'室中謂之跱。'跱,上(止)也。"(34 上右)邵晉涵《爾雅正義》:"室中謂之峙,《玉篇》引作'室中謂之跱'。跱,上(止)也。案《曲禮》云:'室中不翔。'是室中之容也。"(1892)郝懿行義疏:"峙者,《玉篇》作跱,引《爾雅》曰:'室中謂之跱',跱,止也。《說文》'跱'云'踞也',《玉篇》云'止不前也',是'峙''跱'同,與'時'聲近,其字可通,蓋室中迫陜,行宜安舒,故《曲禮》云:'室中不翔。'即跱踞不前之意。"(1895)嚴元照《爾雅匡名》:"《正義》云:'峙,《玉篇》引作跱。跱,上(止)也。'元照案:《說文·足部》無跱字,當作峙。《說文》(止部):'峙,踞也。從止,寺聲。'此記行步自遲而速之節,室中之行,跱踞安徐可也,故謂之跱。"(1894)以上諸家所說皆是也。"峙""跱"即為異文,《爾雅》本作"跱","跱""峙"為異體字,"峙"即"跱(跱)"之通假字。

5. 脹

《左傳·成公十年》:"(晉侯)將食,張,如廁,陷而卒。"(1906 下)

按:《玉篇·肉部》:"脹,豬亮切。《左氏傳》:'將食,脹,如廁。'脹,痛也。《字書》亦作痕。"(36 上左)可見《玉篇》所見《左傳》作"脹",與今本之"張"當為異文。

6. 憻

《方言》卷十:"諱謾、憻他,皆欺謾之语也。楚郢以南東陽之郊通語也。"(65)

按:《玉篇·心部》:"憻,力低切。楚云慢言輕易也。他,呼奚切。憻他,欺慢之語。"(39 下右)《玉篇校釋》曰:"'憻'下注為原引《埤倉》文。'憻'為'謧'之或體。《方言》《說文》皆作'謧','謧他'疊韻,'他'下注為《方言》卷十文,字為後人依今本《方言》改。"(1670～1671)胡氏所言是也。原本《玉篇·言部》：“譑，力支、力池二反。《方言》：‘譑恀，欺謾之語也。楚郢以南東陽之交（郊）通語也。’郭璞曰：‘亦中國相輕易蚩弄之言也。’《説文》：‘譑㐌（詍），多言也。’《埤倉》爲憸字，在《心部》。”（264）故今本《方言》之“憸恀”本當作“譑恀”。

7. 厌

原本《玉篇·厂部》：“厌，於［愷］反。《廣雅》：‘厌，藏也。’”（508）

按：《玉篇·厂部》：“厌，於愷切。藏也。”（104 下左）《玉篇校釋》“厌”字下注：“引《廣雅》爲《釋詁四》文，今本作‘宸’。又一：‘厌，翳也。’《切韻》：‘厌，藏也。’《廣韻》作‘宸’。《集韻》：‘宸，或作厌。’字並从衣得聲義。衣者隱也，所以隱蔽形體也。”（4280）胡氏所言是也。“厌”與“宸”即爲異體字，而“厌”與“宸”又爲異文。《廣雅·釋詁四》：“宸，藏也。”（301 上）可見原本《玉篇》所見《廣雅》與今本《廣雅》不同。

8. 鱐

《周禮·天官·庖人》：“夏行腒鱐膳膏臊，秋行犢麛膳膏腥。”（661）

按：《玉篇校釋》“鱐”字下注：“‘魚腊’，字通作‘鱐’。《肉部》：‘鱐，所流切。《周禮·庖人》：夏行腒鱐。鱐，乾魚也。’今《周禮》作‘鱐’。鄭衆曰：‘鱐，乾魚。’《禮記·内則》：‘夏宜腒鱐。’釋文：‘鱐，本作鱐。’《説文》云：‘乾魚尾鱐鱐也。’”（4874）胡氏所言是也。《説文·肉部》：“鱐，乾魚尾鱐鱐也。从肉，肅聲。《周禮》有腒鱐。”（89 下）《玉篇·肉部》：“鱐，所流切。《周禮·庖人》：夏行腒鱐。鱐，乾魚也。”（36 上右）可見許慎及顧野王所見《周禮》本作“鱐”，今本作“鱐”。“鱐”與“鱐”音義並同，“鱐”即“鱐”字之俗。《大字典》《字海》“鱐”“鱐”二字下皆引《周禮·天官·庖人》作爲例證，却未溝通“鱐”“鱐”二字的異體關係，俱失當。

《玉篇》疑難字考釋與研究

The Interpretation and Research of
Difficult Characters in Yu Pian

下 册

熊加全 著

中華書局
ZHONGHUA BOOK COMPANY

下　篇

《玉篇》疑難字考釋

《玉篇》疑難字考釋

王鳳陽説："漢字量無論在象形文字階段還是記號文字階段,無論就絕對量説還是就通用量説都是增長的。數以千計、數以萬計的符號群是漢字繁難的總根源。"①漢字數量的不斷增長,一方面是由於社會的不斷發展,需要創造更多的文字來準確地表達語言;另一方面是由於社會用字的不斷普及,産生了大量的俗字、訛體。漢字經過隸變,至南北朝時期,社會用字極其混亂,俗字、訛字大量産生。唐代之後,字書漸開俗字入典之風;逮至遼金,此風大盛。由於編者水平所限,加之編纂失誤與傳抄失誤致使大量俗字、訛體與正字失去聯繫,字書收録之字與文獻脱節。大型字書是以收字多爲其顯著特徵的歷史性語文工具書,這就造成了歷代許多大型字書的一個共有缺陷,即盲目求全求大却缺乏必要的系統整理工作。收字求全求大,必然會貯存大量的疑難字,如果不對這些疑難字進行系統的整理與考釋,勢必會影響它們的編纂質量與利用價值。顧氏《玉篇》成書不久,唐時孫强修訂《玉篇》,即對其進行增字减注。至宋,陳彭年等又奉敕修訂廣益孫强本《玉篇》。相對於原本《玉篇》,廣益本《玉篇》增收了大量形、音、義可疑及來源不明的疑難字,由此也開了字書史上盲目求全求大之風。然而,令人遺憾的是,後世大型字書如《大字典》《字海》等,在轉録《玉篇》所收録的大量疑難字時,却缺乏必要的系統考校工作,致使《玉篇》這些形、音、義方面的錯誤信息被長期承襲下來,因而也嚴重降低了其編纂質量與利用價值。

《大字典》《字海》出版后,引起了學術界對其所收疑難字的廣泛關注,因此,出現了一大批對兩書所收疑難字進行考釋與研究的論文或專著。在疑難字考釋方面,誠如前文所説,周志鋒的《大字典論稿》、張涌泉的《漢語俗字叢考》、楊寶忠的《疑難字考釋與研究》《疑難字續考》及《疑難字三考》、鄭賢章的《〈龍龕手鏡〉研究》《〈新集藏經音義隨函録〉研究》及《漢文佛典疑

---

①見王鳳陽《漢字學》第 572 頁,吉林文史出版社出版,1989 年。

難俗字彙釋與研究》、鄧福禄、韓小荆的《字典考正》、韓小荆的《〈可洪音義〉研究》、柳建鈺的《〈類篇〉新收字考辨與研究》、張磊的《〈新撰字鏡〉研究》、張青松《〈正字通〉異體字研究》等分別考釋了大批疑難字,爲以後大型字書的編纂與修訂提供了許多可資借鑒的資料,也爲以後漢字的整理與研究工作做出了突出的貢獻。在他們考釋的過程中,對《玉篇》所收的一些疑難字也進行了相應的考釋。但就目前《玉篇》疑難字的研究成果來説,胡吉宣的《玉篇校釋》是代表同類研究成果中最高水平的研究專著。

　　通過對《玉篇》疑難字及前人相關研究成果進行全面的測查與研究,發現前人憑藉堅實的小學功底與深厚的文獻知識,對《玉篇》所收疑難字做出了大量可信的考釋成果,而且有些考釋結論是可以通過後來發現的新材料對其進行補證的。同時,由於各種原因影響,前人關於《玉篇》疑難字的考釋成果,有些考釋結論疑點頗多,尚難令人信服,有必要利用新材料重新對其加以考釋。此外,《玉篇》還貯存有相當大的一批疑難字前人未作考釋。然而,這些前人未作考釋的疑難字却被後世大型字書如《大字典》《字海》未加考辨地加以轉録,由此也影響了讀者對其正確解讀與使用,因此,也有必要加強對這批疑難字進行考釋與研究。

　　以下即以漢字構形理論爲指導,以形、音、義爲線索,結合漢字俗寫規律,綜合運用以形考字、以音考字、以義考字、以序考字、以用考字等考釋方法,並儘可能地多方面收集相關材料和利用不斷發現的新材料,運用直接材料或間接材料對學界已有關於《玉篇》疑難字的一些考釋成果作出補正,並對《玉篇》中前人未作考釋的疑難字進行系統的考釋,以期爲後世大型字書的修訂與完善提供可資借鑒的資料。

1. 礽

《玉篇·示部》:"礽,而凌切。福也;又就也。亦作仍。"(4 上左)

按:《龍龕》卷一《礻部》:"礽,音仍。福也。"(110)《玉篇校釋》"礽"字下注:"'福也'者,《廣韻》《集韻》並同,字亦疑出《字書》,福有重厚義,礽者因仍之厚福也。'又就也。亦作仍。'者,慧琳七十·二:'仍,因也。古文礽、訒、扔三形同。'《老子》釋文引《字林》:'扔,就也;厚也。'《切韻》:'訒,就也。'又:'扔,就也。'本書《人部》:'仍,就也。'《言部》:'訒,就也。'《手部》:'扔,因也。'因亦就也。"(53)胡氏謂"'福也'者,《廣韻》《集韻》並同,字亦疑出《字書》,福有重厚義,礽者因仍之厚福也",此説疑可商榷。《名義·示部》:"礽,如承反。仍字也。就也;因也;數也;重也;厚也。"(2 下)可見原本《玉篇》"礽"字亦未訓"福也",《龍龕》《玉篇》却訓"福也",疑不可據。又《廣雅·釋詁四》:"仍,重也。""礽"訓"重也",即"重複"之義,故《龍龕》《玉篇》訓"礽"爲"福也","福"疑即"複"之聲誤。《廣韻》《集韻》訓"福也",此當爲《玉篇》所誤。玄應《音義》卷一七《俱舍論》第六卷:"仍託,古文礽、訒、扔三形,同。如陵反。《爾雅》:'仍,乃也。'又:'仍,因也。'郭璞曰:'謂因緣也。'"(57,頁 19c13)又玄應《音義》卷二四《阿毗達摩俱舍論》第五卷:"仍未,又作訒、礽二形,同。而陵反。《廣雅》:'仍,重也。'《爾雅》:'仍,因也;乃也。'"(57,頁 113a7)此亦其證也。故"礽"與"仍""訒"音義並同,當爲異體字。

2. 祧

《玉篇·示部》:"祧,莫伯切。神也。"(4 上左)

按:此字《名義》不收,《玉篇》收於《示部》之末,當爲宋人據俗書所增。《字彙·示部》:"祧,莫白切,音陌。神也。"(327)《正字通·示部》:"祧,祣字之訛。舊注:音陌。神也。誤。"(763 上)《正字通》所言疑是。《玉篇·示部》:"祣,力舉切。祭名。《論語》作旅。"(4 上左)"祣"即"旅"之異體字,"祧"亦當即"旅"之異體字。"祧"字左旁所從之"礻",當如"祣"字左旁所從之"礻"即"方"字俗寫;而"祧"字右旁所從之"辰",當即"旅"字右旁俗寫之誤。《玉篇》"祧"字音義當皆爲後人妄補,疑不可據。

3. 襹

《玉篇·示部》：“襹，所宜切。祭名。”（4 上左）

按：此字《名義》不收，《玉篇》收於《示部》之末，當爲宋人據俗書所增。“襹”當即“襹”字之訛。《玉篇·衣部》：“襹，所宜（宜）切。襹襹，毛羽之皃。”（128 下左）《龍龕》卷一《示部》：“裭襹，所宜（宜）反。攡（襹）～，毛羽大也。二。”（110）鉅宋本《廣韻》平聲支韻所宜切：“襹，裭襹，毛羽衣皃。裭，上同。”（21）宋本《廣韻》平聲支韻所宜切：“襹，襹襹，毛羽衣皃。裭，上同。”（12 上）“裭”“裭”與“襹”當即異體關係。“襹”與“襹”、“裭”與“裭”音同形近，“襹”當即“襹”字之俗訛，而“裭”當即“裭”字之俗訛。故《玉篇》之“襹”亦當即“襹”字之訛。《玉篇》訓“祭名”，當爲見其從“示”而妄改。

4. 玠

《玉篇·玉部》：“玠，音界。珪長尺二寸也。”（5 上右）

按：《玉篇校釋》“玠”字下注：“‘音界’者，‘界’當爲‘介’。《書·顧命》‘大保承介圭。’《詩·崧高》：‘錫爾介圭。’並以‘介’爲之。《爾雅·釋文》：‘玠，音介。’‘珪長尺二寸也’者，‘珪’上當有‘大’字。《爾雅·釋器》：‘珪大尺二寸謂之玠。’《說文》：‘玠，大圭也。’《唐韻》云：‘大珪長尺二寸。’……經典多曰介圭，介圭即大圭。”（91）胡氏所言是也。《正字通·玉部》：“玠，居拜切，音戒。《說文》：‘大圭也。’《爾雅》：‘珪大尺二寸謂之玠。’郭注引《詩》作‘玠珪’，《詩》本作‘介’。《大雅》：‘錫爾介圭。’”（671 上）《正字通》所言印證了胡氏之說。故“玠”本當作“介”。

5. 鎏

《玉篇·玉部》：“鎏，力牛切。《說文》云：‘垂玉也，冕飾。’又美金也。亦作鏐。”（5 上右）

按：宋本《玉篇》、元刊本《玉篇》同。《玉篇校釋》“鎏”字下注：“‘又美玉也。亦作鏐’者，‘玉’字當爲‘金’。《切韻》：‘鎏，美金。’”（102）《玉篇》“鎏”字本訓“美金”，胡吉宣謂訓“美玉”，不知所據何本，疑非是。《玉篇·金部》又曰:“鎏,力由切。美金。”(84下右)故“鎏”與“鏐”“鎏”音義並同,即爲異體字。

6. 玵

《玉篇·玉部》:“玵,五甘切。美玉也。”(6上右)

按:《字彙·玉部》:“玵,魚咸切,音巖。美玉。”(286上)《正字通·玉部》:“玵,俗玕字。”(671下)《正字通》所言疑可商榷。《説文·玉部》:“琅,琅玕,似珠者。从玉,良聲。”(7下)下字曰:“玕,琅玕也。从玉,干聲。《禹貢》:‘雝州球琳琅玕。’”(7下)“玕”,《廣韻》音“古寒切”。“玵”與“玕”音義俱别,二字不可混同,《正字通》之説非是。《大字典》《字海》“玵”字下皆據《正字通》之説而增加一個義項謂同“玕”,疑並非是。此外,佛經有“玵”字文獻用例,當爲兩個來源:一、當爲“甘”之增旁俗字。《卍新纂續藏》本宋善卿編正《祖庭事苑》:“《博物志》云:‘天姥謂黄帝曰:太陽之草名黄菁,餌之可以長生。八月采根,九蒸九暴作,果甚玵美,而黄黑色,今山谷皆有。’菁,音精。”(X6,頁0404c15)從文意來看,此“玵”當即“甘”字之俗。二、當爲“紺”之换旁俗字。《可洪音義》卷八《觀佛三昧海經》第一卷:“玵,音紺。俗。”(59,頁846b6)韓小荆《〈可洪音義〉研究》注曰:“該字出自卷八《佛説觀佛三昧海經》第一卷音義,巾經文左‘紺’,原文如下:‘自有衆生樂觀如來毛被毛上向靡,如紺琉璃。’據此,‘玵’是‘紺’受下文‘琉璃’二字影響而產生的换旁俗字。”(451)韓氏所言是也。故此“玵”當即“紺”字之俗。

7. 玸

《玉篇·玉部》:“玸,縛無切。玉名。”(6上左)

按:此字《説文》《名義》皆未收,《龍龕》《玉篇》收之,當即唐人所增。《龍龕》卷四《玉部》:“玸,俗。博毛反。”(435)《廣韻》平聲虞韻防無切:“玸,玉文。”(42)《玉篇校釋》“玸”字下注:“《集韻》《類篇》義同,《廣韻》云‘玉文’,疑即孚以旁達之琈字。”(154～155)胡氏所言當是。《名義·玉部》:“琈,趺留反。”(5下)《新撰字鏡·玉部》:“琈,薄謀反,平。玉名也。”(319)箋注本《切韻》(斯2071)平聲尤韻薄謀反:“琈,玉名。”(126)敦煌本《王韻》(378)、故宫本《王韻》(466)、故宫本《裴韻》(561)同。《玉篇·玉部》:“琈,扶留切。琈筍,玉采色。《禮記》云:‘孚以旁達。’鄭玄曰:‘讀如浮筠也。’”

(5 下右)正如《〈可洪音義〉研究》(445)"枹"又作"桴","砲"與"浮"音義並同,"砲"當即"浮"之换旁俗字。

8. 珘

《玉篇·玉部》:"珘,之由切。玉也。"(6 上左)

按:《正字通·玉部》:"珘,訛字。音周,訓玉,非。"(673 上)《正字通》直斥"珘"爲訛字,疑非是。"珘"疑與"硃"同。《玉篇·石部》:"硃,之由切。石。"(106 上左)"珘"與"硃"音同,又從石、從玉義通,"珘""硃"當即義通義符换用而形成的異體字,疑皆指一種似玉的美石。

9. 圢

《玉篇·土部》:"圢,他頂、他顯二切。平也;鹿迹也。亦作町。壟,古文。"(8 上右)

按:《名義·土部》:"壟,古杢(圢)字。"(9 上)《新撰字鏡·土部》:"壟,他顯反。鹿迹也;坦也。圢字古文。"(294)"圢"與"町""壟"音義並同,即異體字。

10. 塛

《玉篇·土部》:"塛,壯交、仕交二切。地名,塛陽,在聊城。"(8 下右)

按:《玉篇校釋》"塛"字下注:"《切韻》:'塛陽田在遼東。'《廣韻》《集韻》並云:'地名,在聊城。'案:山東聊城縣東北有古巢陵,相傳爲巢公隱居躬耕之地,疑塛陽地在巢陵之陽,後因地名而加土旁,猶南郡之巢鄉增邑旁爲鄛也。"(247)胡氏所言是也。《正字通·土部》:"塛,舊注:音巢。塛陽,地名,在聊城。本作巢。"(202 上)此説印證了胡氏的考釋成果。故"塛"當即"巢"通過增加義符"土"旁而形成的後起分化字。

11. 埵

《玉篇·土部》:"埵,都果切。垂兒。"(8 下右)

按:《龍龕》卷二《土部》:"埵埵,多果反。下垂貌也。二。"(249)慧琳

《音義》卷八六:"埵,都果反。《字書》:'耳垂下兒。'或作朵,並通。從土,垂聲。"(59,頁105b4)故"埵"與"埵"音義並同,即異體字。

12. 堝

《玉篇·土部》:"堝,古和切。坩堝,所以烹煉金銀。"(8下左)

按:《玉篇校釋》"堝"字下注:"案:此爲後起專名,單字則'堝'與'鍋'同。慧琳百·五:'堝,土釜。'是也。案本作'䥯'。《説文》:'䥯,秦名土釜曰䥯。讀若過。'故後以銅鐵作之爲鍋,以土釜而爲堝。"(264)胡氏所言是也。希麟《音義》卷九:"鍋,古和反。《字書》云:鐵器也。《説文》作鬲,云:釜有足有喙以土爲之也。又作堝。《切韻》云:甘堝也。今作鍋。或云:温器也。"(59,頁414b5)此亦其證也。故"堝"與"䥯""鬲""鍋"音義並同,即爲異體字。

13. 坿

《玉篇·土部》:"坿,火烏切。垺坿也。"(8下左)

按:《玉篇校释》"坿"字下注:"《集韻》上平模韻:'坿,垺也。'本書:'垺,郭也。正作郛。'疑'坿'同'墟',垺坿謂城郭之墟隙也。"(268)胡吉宣謂"坿"同"墟",疑是。《正字通·土部》:"坿,舊注音呼,引《玉篇》'垺坿'。按:《玉篇》'垺'訓'郭',此云'垺坿',未詳。《易·解象》:'艸木甲拆。'鄭玄注:'拆,呼也。'陸德明曰:'呼與罅同,或作墟。'《集韻》:'罅,亦作呼。火訝切。'坿即墟之訛省,諸家借呼,亦泥。"(190上)《正字通》引文不可靠。《周易·解卦》:"天地解而雷雨作,雷雨作而百果草木皆甲坼。"王弼注:"天地否結,則雷雨不作。交通感散,雷雨乃作也。雷雨之作,則險厄者亨,否結者散,故百果草木皆甲坼也。"陸德明《經典釋文》卷二:"坼,勑宅反。《説文》云:裂也。《廣雅》云:分也。馬、陸作宅,云根也。《周易鄭康成注》:'百果草木皆甲宅。木實曰果。皆,讀如人倦之解。解謂坼呼呼,火亞反。皮曰甲,根曰宅。宅,居也。"然《正字通》謂"坿"即"墟"之訛省,當是。"墟"作"坿",正如"譁"作"諤",見《〈可洪音義〉研究》(480)"譁"字條。《集韻》訓"坿"爲"垺",當爲"垺坿"之誤省。明方以智《物理小識》卷之二《地類》:"王振之時,紹興府山移平地,地動,白毛遍生。此乃地中之氣,因坿衝破,故陰濕生芒如毛。"(45)《四庫》本"衡"亦作"衝",《大字典》引當誤。根據文意,此"坿"亦當爲"墹"字之訛,此爲以上諸説之又一佐證。又《淮南子·要略》:"若轉丸掌中,足以自樂也。淑真者,窮逐終始之化,贏坿有無之精,離別萬物之變,合同死生之形,審仁義之間,通同異之理,觀至德之統,知變化之紀,説符玄妙之中,通迴造化之母也。"贏,繞匝也。坿,麾煩也。莊逵吉:"'坿',一本作'埒'。"于省吾云:"按注説非是。莊謂'坿'一作'埒'是也。'贏'乃'形'之音訛。'贏''盈'古字通。《左宣四年傳》'伯贏',《呂氏春秋·知分》注作'伯盈'。《漢書·地理志》城陽國、莒縣下:'故國,盈姓,三十世爲楚所滅。''盈'即'贏'。《易·屯》象傳'雷雨之動滿盈',集解'盈'作'形'。'形'之通'盈',猶'贏'之通'形'也。然則'贏埒'即'形埒'。下文'而以明事埒事者也',注:'埒,兆朕也。'又下文'形埒之朕',《繆稱》'道之有篇章形埒者',注:'形埒,兆朕也。'《列子·天瑞》'易無形埒','畷''埒'字通。'形埒有無之精',言兆胅(朕)有無之精也。兆朕在有無之際,故有無之精以兆朕爲言也。"(1441)莊氏、于氏所言是也。《淮南子》之"坿"當即"埒"字之訛。故"坿"字當有兩個來源:一當爲"墹"字之俗,一當爲"埒"字之俗。

14. 堾

《玉篇·土部》:"堾,羈篆切。曲也。《字書》亦作觠、犕。"(8下左)

按:《名義·土部》:"堾,羈篆反。曲角也。"(10上)"堾"與"觠""犕"當爲異體字。《説文·角部》:"觠,曲角也。"(88上)《廣雅·釋詁一》:"觠,曲也。"(83上)"觠",《廣韻》音"巨員切",又音"居倦切"。又《廣雅·釋詁一》:"犕,曲也。"(83上)下文《釋詁四》:"觠,詘也。"(292下)"犕",《廣韻》音"去願切",又音"居轉切"。"堾"與"觠""犕"音義並同,即爲異體字。《新撰字鏡·土部》:"堾,羈篆反。觠、犕三同。"(294)此亦其證也。

15. 𡒄

《玉篇·土部》:"𡒄,苦谷切。土塈也。"(8下左)

按:《廣韻》入聲屋韻空谷切:"𣪊,土壆。"(367)《説文·缶部》:"𣪊,未燒瓦器也。从缶,𣪊聲。讀若筩莩。"(109 上)"𣪊"亦指没有燒過的磚瓦、陶器等的坯。"𣪊"《廣韻》音"苦候切",又"空谷切"。故"𣪊"與"𣪊"音義並同,"𣪊"當即"𣪊"通過改換義符而形成的異體字。

16. 坩

《玉篇·土部》:"坩,口甘切。土器也。"(8 下左)

按:"坩"本當作"甘"。希麟《續一切經音義》卷九:"鍋,古和反。《字書》云:鐵器也。《説文》作鬲，云:釜有足有喙以土爲之也。又作塥。《切韻》云:甘塥也。今作鍋。或云:温器也。"(59,頁 414b5)又《大正藏》本《究竟大悲經》卷第二:"佛告遍敬菩薩摩訶薩曰:'萬相俱融名爲甘塥,泯歸大寂名爲爐冶。真際隨感以爲攜扇,鼓擊銷融去燼金現。若人能得如法奉修,蕩除堅鑛,慧命法身光輝顯曜,虚通無礙周圓自在。"(T84,頁 1371a14)此即其證也。故"坩"本作"甘","坩"當即"甘"因涉"塥"字類化影響而增旁作"坩"。

17. 甽

《玉篇·田部》:"甽,音例。陷也。"(9 下左)

按:《字彙·田部》:"甽,力制切,音例。陷也。又良薛切,音列。義同。"(298 下)《正字通·田部》:"甽,俗字。舊注:音例。陷也。又音列。義同。並非。"(699 下)《正字通》謂"甽"爲俗字,所言是也。今案:"甽"疑即"裂"字之俗。文獻中常見"地裂"一詞,例證衆多,此不贅。"地裂"即指土地開裂、陷落。"裂",《廣韻》音"良薛切"。故"甽"與"裂"音義並同,"甽"疑即"裂"通過改換義符而形成的異體字。

18. 畮

《玉篇·田部》:"畮,防無切。"(9 下左)

按:此字《説文》《名義》未收,《廣韻》《集韻》亦不録,《玉篇》收於《田部》

之末,且有音無義,當爲宋人據俗書所增。《新修玉篇》卷二《田部》引《玉篇》:"畞,防無切。"(19下左)亦有音無義。《篇海》卷四《田部》引《玉篇》:"畞,防無切。耕田也。"(638下)《篇海》訓"畞"爲"耕田也",於前代字書、文獻皆無徵,當爲望形生義。《正字通·田部》:"畞,舊注:音扶,耕田也。《同文舉要》收'畞'字。按:耕不必別作畞。"(697下)《正字通》所言是也。"畞"疑即"畚"字之訛。《廣雅·釋器》:"畚,畚也。"(561)《玉篇·甶部》:"畚,附娛切。小畚也。"(80上右)"畞"與"畚"音同形近,正如"峽"訛作"峽"、"螇"訛作"螇"等,"畞"當即"畚"字之訛。《大字典》沿襲《篇海》之謬而未加溝通,失考證。《字海》謂"畞"同"畞",儘管"畞"爲"畚"之異體,但從字形演變來説,"畞"當即直接由"畚"字訛變而來,《字海》直謂"畞"同"畞",亦失當。

19. 畟

《玉篇·田部》:"畟,恥力切。田器也。"(9下左)

按:此字《説文》《名義》未收,《玉篇》收於《田部》之末,當即宋人所增。《字彙·田部》:"畟,恥力切,音尺。田器。"(297上)《龍龕》卷一《田部》:"畟,昌玉切。"(154)《廣韻》入聲職韻恥力切:"畟,田器。又地名。"(424)"畟"字,《龍龕》音"昌玉切","玉"疑爲"力"字之誤。"畟"與"畟"音義並同,當爲一字之變。《叢考》"畟"字下注:"《玉篇·田部》:'畟,恥力切。田器也。'考《廣韻》入聲職韻恥力切:'畟,田器。又地名。''畟''畟'音義皆同,當是一字之變,字或當據《廣韻》作'畟'爲長。"(737)《叢考》謂"畟""畟"當是一字之變,是也;然謂"字或當據《廣韻》作'畟'爲長",疑可商榷。《正字通·田部》:"畟,舊注:音尺,田器。按:從干非尺音,田器不必別作畟。"(697上)《正字通》所言是也。《玉篇校釋》"畟"字下注:"案:此字爲'畢'之訛字,擬删。"(300)胡氏所言疑是。《説文·畢部》:"畢,田罔也。"(78上)"畢"本義指古代田獵時用的一種長柄罔,引申義指用網捕取禽獸、星名、古代寫字用的竹簡等義,亦可用作地名。《漢書·劉向傳》:"文、武、周公葬於畢。"顏師古注:"畢陌在長安西北四十里也。""畢"訓"田罔"即指一種捕鳥的器物,"畟""畟"訓"田器"疑亦指田獵之器,故"畟""畟"訓"田器"與"畢"訓"田罔"當訓異義同。"畟""畟"爲入聲職韻字,"畢"爲入聲質韻字,"畟"

“畢”與“畢”音亦可通。又“畢”字先周時期周原甲骨有作“畢”者、西周早期金文有作“畢”者（見季旭昇《新證》上303）。季旭昇《新證》“畢”字下注曰：“周原甲骨从田（表田獵），畢象有柄的田網（應該就是‘畢’的象形初文）。‘畢’是‘華’的加形分化字。”（318）“畢”字上述出土古文有作“畢”“畢”者，故疑傳世文獻“畢”字亦當有上述“畢”字古文形體相近者，據之楷訂即可作“畢”，故“畢”當即“畢”之異體字，而“畢”當即“畢”字之俗。

20. 顚

《玉篇·黄部》：“顚，云粉切。《説文》曰：‘面急顚顚也。’顚，同上。又黄皃。”（10上右）

按：《玉篇校釋》“顚”字下注：“二徐《説文》：‘顖，面色顖顖皃。’無顚顚字。《切韻》：‘顚，顚顚面急。’《廣韻》‘顖’下引《説文》作‘面色顚顚皃’，重文作顚。本書《頁部》‘顖’下引《説文》云：‘面色顖顖也。’以偏旁準之，顚從頁當列爲顖之重文。《黄部》或收顚字，云粉切爲從員聲也。”（306）胡氏所言是也。余迺永《校注》“顖”字下注：“此字《王一》《王二》《全王》諸書‘顖’字筆誤作‘顚’，本書承之以爲或體。”（753）余氏謂“顖”作“顚”爲筆誤使然，其説不確。“顖”作“顚”，疑即通過變形聲字爲會意字的結構變易方式而形成的異體字，而“顖”作“顚”則是通過改換義符而形成的異體字。

21. 郊

《玉篇·邑部》：“郊，於干切。當陽里。”（11下右）

按：《名義·邑部》：“郊，於幹反。”（15上）箋注本《切韻》（斯2071）平聲寒韻烏寒反：“郊，地名，在當陽。”（116）敦煌本《王韻》、《廣韻》並同。“郊”本當作“安”。宋羅泌《路史》卷三十：“安，一作‘郊’，當陽里也。或云：即六安國，非。”此是其證也。故“郊”本當作“安”。

22. 邿

《玉篇·邑部》：“邿，蒲故切。亭名。”（11下左）

　　按:《廣韻》去聲暮韻薄故切:"鄪,亭名。"(268)《集韻》去聲暮韻蒲故切:"鄪,亭名。"(498)"鄪"疑即因"步亭"連用而用來表示亭名,故而在"步"字的基礎上增加義符"邑"旁所形成的後起俗字。文獻中常見有"步""亭"二字連用表示亭名的記載:《方輿勝覽》卷四十七:"飛步亭。"注:"在東山。"《淳熙三山志》卷三十六:"靈峰院安香里同年置不溢泉、平步亭、海月庵。"《江南通志》卷三十二:"三亭俱在清河縣,韓亭在淮陰故縣南,枚亭在淮陰故縣北,步亭在淮陰故縣西橋南,以韓信枚皋步隰得名。宋晁端彥詩云:'韓枚步隰建三亭,故顯當時將相名。'"等等。故"鄪"當即"步"之增旁俗字。

23. 鄚

　　《玉篇·邑部》:"鄚,於京切。地名。"(11 下左)
　　按:《集韻》平聲庚韻於驚切:"鄚,地名。"(233)"鄚"疑本作"英"。《左傳·僖公十七年》:"齊人、徐人伐英氏。"(2255)《史記》卷三十六《陳杞世家》第六:"皋陶之後,或封英、六,楚穆王滅之,無譜。"(1585)又《通志·氏族略二》:"英氏,偃姓,皋陶之後,以國爲氏。漢有英布,爲九江王,望出晉陵。""鄚"當即"英"因用作國名而增加義符所形成的後起分化字。

24. 邒

　　《玉篇·邑部》:"邒,扶巖切。地名。"(12 上右)
　　按:《玉篇校釋》"邒"字下注:"案:本止作凡。《春秋·隱七年》:天王使凡伯來聘。杜注:凡,國也。汲郡共縣東南有凡城(《釋文》作汜),地當在今河南輝縣西南,凡國本姬姓,周公子所封。《廣韻》:凡,又姓,周公子凡伯之後。"(379)胡氏之説是也。《左傳·襄公十二年》:"爲刑、凡、蔣、茅、胙、祭臨於周公之廟。"杜預注:"六國皆周公之支子,別封爲國,共祖周公。"《莊子·田子方》:"楚王與凡君坐,少焉,楚王左右曰:'凡亡者三。'"成玄英疏:"凡是國名,周公之後,國在汲郡界,今有凡城是也。"《正字通·邑部》:"邒,俗字。《春秋》凡伯,非作邒。"(1165 上)《正字通》之説印證了胡氏的考釋成果。故"邒"當即"凡"因用作地名而增加義符所形成的後起分化字。

25. 鎰

《玉篇·邑部》:"鎰,於亦切。地名。"(12上右)

按:《名義·邑部》:"鎰,於尺反。"(15上)《玉篇校釋》"鎰"字下注:"《切韻》:'鎰,地名。'疑即益州益都字加邑旁者。"(382)胡氏所言當是。《漢書·地理志》:"至武帝,攘卻胡、越,開地斥境,南置交阯,北置朔方之州,兼徐、梁、幽、并夏、周之制,改雍曰涼,改梁曰益,凡十三(郡)〔部〕,置刺史。"(1543)故"鎰"當即"益"因用作地名而增加義符所形成的後起分化字。

26. 鄡

《玉篇·邑部》:"鄡,昨焦切。地名。"(12上右)

按:《玉篇校釋》"鄡"字下注曰:"《廣韻》下平四宵昨焦切:'縣名。'《集韻》《類篇》並云:'地名。'《左氏·僖廿三年傳》:'楚伐陳,遂取焦、夷。'杜注:'焦,今譙縣也。'本書《言部》(325)'譙'下引《漢書》:'沛郡有譙縣。'疑'鄡'即'譙'。"(382)胡氏所言疑是。《史記·陳涉世家》:"攻銍、酇、苦、柘、譙皆下之。"徐廣曰:"苦、柘屬陳,餘皆在沛也。"朱駿聲《定聲》亦曰:"焦,假借爲譙。""譙",《廣韻》亦音"昨焦切"。"地名""縣名"訓異義同,故"鄡"與"譙"音義並同,"鄡"當即"譙"之異體字,二字本借"焦"。

27. 邮

《玉篇·邑部》:"邮,余周切。鄉名。"(12上右)

按:《新修玉篇》卷二《邑部》引《玉篇》:"邮,以周切。地名。"(18上右)《篇海》同。"邮"即"邮"之異體字。《説文·邑部》:"邮,左馮翊高陵。從邑,由聲。"(128下)段玉裁據《玉篇》《廣韻》改爲"左馮翊高陵亭"。敦煌本《王韻》平聲尤韻以周反:"邮,亭名,在高陵。"(377)故宮本《王韻》、《廣韻》同。箋注本《切韻》(斯2071)入聲錫韻徒歷反:"邮,鄉名,在高陵。"(145)敦煌本《王韻》、蔣本《唐韻》、《廣韻》亦同。"邮"字,諸韻書皆有兩音兩義:音"以周切",訓"亭名,在高陵";音"徒歷切",訓"鄉名,在高陵"。其實,"亭名”“鄉名”當即訓異義同,因其皆在高陵,當指同一區域的同一地名。後人不識,僅因其有二音,誤認其爲兩音兩義。《集韻》平聲尤韻夷周切:“邮,亭名,在馮翊高陵縣。或作郖。”(258)《集韻》入聲錫韻他歷切:“邮,《説文》:‘左馮翊高陵。’”(751)《集韻》即因誤認“邮”有兩音兩義,僅於“夷周切”之音下與“郖”認同,而於“他歷切”之音下却未與“郖”認同,失當。“郖”與“邮”音義並同,“郖”即“邮”通過改換聲符而形成的異體字。《大字典》(4022A)“郖”字下分爲兩個義項:第一義項引《玉篇》訓“鄉名”;第二義項據《集韻》之説謂同“邮”,訓“亭名”。《大字典》失考證,應直謂“郖”同“邮”方妥。《字海》(177A)“郖”字未與“邮”字認同,亦失考證。

28. 郳

《玉篇·邑部》:“郳,知盈切。地名。又直盈切。”(12 上右)

按:箋注本《切韻》(斯 2071)平聲清韻陟盈[反]:“郳,地名。又直[貞反]。”(124)敦煌本《王韻》平聲清韻陟盈反:“郳,地名。又直貞反。”(464)故宫本《裴韻》、《廣韻》同。“郳”當即“貞”之增旁俗字。宋羅泌《路史·國名紀七》:“貞,郳也。貞氏宜出此。”此“貞”即指地名。“貞”,《廣韻》音“陟盈切”。“郳”“貞”音義並同,“郳”本當作“貞”,“郳”當即“貞”因涉義增加義符“邑”旁而形成的後起分化字。

29. 郲

《玉篇·邑部》:“郲,七海切。地名。”(12 上右)

按:《集韻》上聲海韻此宰切:“郲,地名。”(351)“郲”本當作“采”。《禮記·禮運》:“大夫有采以處其子孫。”孔穎達疏:“大夫以采地之禄養其子孫,故云以處其子孫。”“采地”指古代卿大夫的封邑,“郲”當即“采”通過增加義符而形成的後起分化字。

30. 鄛

《玉篇·邑部》:“鄛,九小切。國名。”(12 上右)

按:《廣韻》上聲小韻居夭切:"鄡,國名。"(202)《康熙字典·邑部》:"鄡,《廣韻》居夭切,《集韻》舉夭切,並音矯。國名。《字彙補》:'黃帝後姬姓之國。'《路史·國名記》:'鄡,同橋。'又《玉篇》九小切,音義同。"(1343上)漢蔡邕《故太尉橋公廟碑》:"橋氏之先出自黃帝,帝葬於橋山,子孫之不在十二姓者,咸以爲姓。"故"橋氏"因"橋地"爲姓,"鄡"當即"橋"因用作地名而改換偏旁所形成的異體字。《玉篇校釋》"鄡"字下亦曰:"《路史·國名記》:'鄡,同橋。'"(383)胡氏所言是也。

31. 郠

《玉篇·邑部》:"郠,皮變切。邑名。"(12 上右)

按:《集韻》去聲綫韻皮變切:"郠,邑名。"(576)"郠"訓"邑名",當本作"弁"。《左傳·襄公二十九年》:"季武子取卞。"陸德明《經典釋文》:"取弁,又作卞。"故"卞"又有作"弁"者,"卞"指古魯邑,在今山東省泗水縣東,洙水北岸。故"郠"當即因"弁"被用作"卞"來表示魯邑而增加義符"邑"旁所形成的後起分化字。

32. 鄒

《玉篇·邑部》:"鄒,息俊切。地名。"(12 上右)

按:此字《說文》《名義》皆未收,《廣韻》亦不録,當即宋人據俗書所增。"鄒"疑即"陖"之異體字。《廣韻》去聲稕韻私閏切:"陖,亭名,在馮翊。"(298)"鄒"與"陖"音同義近,又"阜"旁、"邑"旁俗寫形同,僅左右之别,且二者義通,俗書或可換用,故"鄒"疑即"陖"通過改換義符而形成的異體字。

33. 傷

《玉篇·人部》:"傷,式神切。妊身也。"(12 下右)

按:《說文·人部》:"傷,神也。从人,身聲。"(167 下)《玉篇校釋》"傷"字下注:"'妊身也'者,《廣雅·釋詁四》:'孕、重、妊、娠、身、嬌,傷也。'疑此爲引《埤倉》文。《說文》此字列近部末,云:'神也。'似非許書原文……案:

古止作身，故呂靜、曹憲並直音身。"(399)胡氏之說是也。《正字通·人部》："伸，舊注：音申。神名；又妊身；又姓。按：《説文·人部》：'伸，神也。從人，身聲。'《六書統》：'神存乎身也。'皆曲說不足信，身本從人，偏旁加人贅。《詩》：'大任有身。'朱傳：'身，懷孕也。'不借用伸。舊注'神名'，尤非。《姓苑》載漢身相，無伸姓。"(41 上)段玉裁於"伸"字下注："按神當作身，聲之誤也。《廣雅》曰：'孕重妊娠身嫡伸也。'《玉篇》曰：'伸，妊身也。'《大雅》曰：'大任有身。'傳曰：'身，重也。'箋云：'重謂懷孕也。'身者古字，伸者今字。"(383 下)以上二說皆印證了胡氏的考釋成果。故"身""伸"當即古今字，"伸"訓"神也"，非。又《廣韻》平聲真韻失人切："伸，又姓，出《姓苑》。"(60)《萬姓統譜》卷十九曰："身，見《姓苑》。漢有身相。"故"伸"訓"姓"，亦當本作"身"。又《説文·女部》："娠，女妊身動也。從女，辰聲。《春秋傳》曰：'后緡方娠。'"(259 上)"娠"，《廣韻》音"失人切"。"娠""伸"音義並同，二字即爲異體字。

34. 僗

《玉篇·人部》："僗，力告切。伴僗也。"(13 上右)

按：《玉篇校釋》"僗"字下注："《切韻》：'僗，慰僗。'《廣韻》以爲'勞'之俗字。《集韻·豪韻》以爲'侼'之或體。本書：'侼，大也。'此'伴'當爲'大'義。"(420)胡氏所言是也。《廣韻》去聲號韻郎到切："勞，勞慰。又郎刀切。僗，俗。"(327)《集韻》平聲豪韻郎刀切："侼僗，膠侼，驫大皃。或從勞。"(195)故"僗"訓"慰僗"，此"僗"當即"勞"字之俗；而"僗"訓"伴僗也"，此"僗"當即"侼"之異體字。此外，"僗"亦爲"僥"字俗訛。慧琳《音義》卷二十《大方廣佛華嚴經》第五卷："孤煢，古文惸、僗二形同。渠營反。無父曰孤，無子曰獨，無兄弟曰煢。煢，單也，煢煢無所依也。字從卂，從熒省聲。卂音雖閏反。"(57，頁 802b2)《方言》卷六："儇，特也。楚曰儇。"郭璞注："儇，古煢字。""僗"與"儇(煢)"音義並同，故此"僗"當即"儇(煢)"字俗訛。

35. 侳

《玉篇·人部》："侳，子過切。《説文》云：'安也。'"(13 上左)

　　按:《説文·人部》:"侳,安也。从人,坐聲。"(164下)《玉篇校釋》"侳"字下注:"案:坐本象二人席地對坐狀,小篆訛變爲𡖟,形誼未箸,因又加人爲侳,坐則安閒舒適,故引申爲安義。《爾雅·釋詁》:'妥、安,坐也。''妥、安,止也。'《廣雅·釋詁三》:'坐、侒,止也。'郭璞曰:'妥者,坐也。'《楚茨》毛傳:'妥,安坐也。'《古樂府》:'丈人且安坐。'並是也。"(440~441)胡氏之説是也。《正字通·人部》:"侳,祖過切,音佐。《説文》:'安也。從人,坐聲。'孫氏則臥切,篆作𢓶,《同文舉要》坐俗作侳。一説:從坐當即諧坐聲,舊注音佐,又子戈切,並非。《説文》分侳、坐爲二,亦非。"(41下)《正字通》引《同文舉要》之説印證了胡氏之説。故"侳"當本作"坐","侳"當即"坐"通過增加義符而形成的後起分化字。

36. 侁

　　《玉篇·人部》:"侁,乙小切。《字書》云:'尪也。'"(14上右)

　　按:《廣韻》上聲小韻於兆切:"侁,侁僑不伸;又尪弱兒。"(201)《玉篇校釋》"侁"字下注:"'侁'即'夭'之纍增字,疊韻爲侁僑。《上林賦》:'夭蟜枝格。'《思玄賦》:'偃蹇夭矯。'《廣雅·釋訓》:'偃蹇,夭撟也。'"(481~482)胡氏之説是也。《正字通·人部》:"侁,舊注:音杳。侁僑不申。按:侁與夭同,本作夭。"(30下)《正字通》所言印證了其説。《説文·夭部》:"夭,屈也。從大,象形。"(214上)《詩經·檜風·隰有萇楚》:"隰有萇楚,猗儺其枝。夭之沃沃,樂子之無知。"毛傳:"夭,少也。"《淮南子·脩務》:"今鼓舞者,繞身若環……龍夭矯,燕枝拘,援豐條,舞扶疏。""夭""侁"音義並同,二者當即本字與分化字的關係。

37. 儗

　　《玉篇·人部》:"儗,古載切。假主也。"(14下左)

　　按:《玉篇校釋》"儗"字下注:"《廣韻》去聲十九代古代切云:'主也。'《集韻》同。此云'假主'未詳,疑爲'儗,主也'之訛。"(511)胡氏所言當是。《名義·人部》:"儗,古戴反。主也。"(20下)《新撰字鏡·人部》:"儗,去(古)戴反。主也;王領之也。"(80)《龍龕》卷一《人部》:"儗,古代反。主也。"(37)故宫本《王韻》去聲代韻古礙反:"慨,主。"(498)"慨""慨"同字異寫。"慨(慨)"諸字書、韻書皆訓"主",《玉篇》訓"假主也",非也。此誤當即因字頭"慨(慨)"複舉而又俗寫訛作"假",因而誤訓爲"假主也"。《大字典》《字海》"慨"字下沿襲《玉篇》之謬而收録"假主"這一義項,當删。

38. 俇

《玉篇·人部》:"俇,他井切。侹也。"(14 下左)

按:《玉篇校釋》"俇"字下注:"《廣韻》無,《集韻》收上聲静韻訓'役',又收迥韻爲'徎'之或體。《類篇》同。按:此訓'侹'似與'侹''挺'同。下(302)'侹,堅也。'挺與堅義洽。又疑此'俇,侹'爲'徎,徑'之訛。《彳部》:'徎,徑也。'"(514)胡吉宣前後兼采兩説,當以後説爲是。《名義·人部》:"俇,他井反。侹也;徎。"(20 下)《名義》"俇"字本當訓"徎也",然筆誤寫作"侹也",因"侹""徎"二字形近,俗寫或可訛混,如韓小荆《〈可洪音義〉研究》"莖"俗作"𦮷"、"淫"俗作"泾"、"經"俗作"経"等,故空海又於"侹也"之下添加一個正字"徎"字。《新撰字鏡·人部》:"俇,他井反。徎也。"(80)《龍龕》卷一《人部》:"俇,丈井反。今作徎。雨後徎也。"(31)"徎""徑"字同。以上二書皆其證也。故《玉篇》"俇"訓"侹也",亦當爲"徎也"之誤。《名義·彳部》:"徎,丈井反。徑也。"(97 下)《玉篇·彳部》:"徎,力整、丈井二切。徑也。"(47 下右)"徎",《廣韻》又音"他井切"。"俇""徎"音義並同,二字即爲異體字。《集韻》上聲迥韻他井切:"徎,徑也。或作俇。"(428)《集韻》此言是也。又《集韻》上聲静韻丑郢切:"俇,役也。"(424)"俇"訓"役也",此訓於前代字書皆無徵,疑亦爲"徎也"之誤。

39. 㒓

《玉篇·人部》:"㒓,羊煮切。謹也。"(15 上右)

按:"㒓"當即"懇"之異體。《玉篇·心部》:"懇,以諸切。謹敬兒。"(41 上右)"㒓"與"懇"音近義同,"㒓"當即"懇"通過改换義符而形成的異體字。

40. 偆

《玉篇·人部》："偆，息維切。偏也。"（15 上左）

按：此字《説文》《名義》皆未收，《廣韻》《集韻》亦不録，《玉篇》收之，當即陳彭年等據俗書所增。《字彙·人部》："偆，蘇回切，音綏。偏也。"（42 上）《正字通·人部》："偆，俗字。舊注音綏，訓偏，誤。"（56 下）《正字通》謂"偆"爲俗字，是也。"偆"當即"傁"字之俗。《説文·人部》："傁，仳傁，醜面。从人，隹聲。"（165 上）《名義·人部》："傁，許維反。醜面也；不正也。"（19 上）"偏"字，《説文》訓"頗也"，《廣韻》訓"不正也"。故"偆"與"傁"音義並同，"偆"當即"傁"通過改换成與字音相同的聲符而形成的異體字，因爲"夆"字《廣韻》又音"息遺切"。

41. 儽

《玉篇·人部》："儽，奴回切。偎也。"（15 上左）

按：《新修玉篇》卷三《人部》引《玉篇》："儽，奴回切。偎也。《韻》曰：'儽，抆拭也。'"（27 下左）《篇海》卷十五《人部》引《玉篇》："儽，奴回切。偎也。"（833 上）《新修玉篇》《篇海》皆作"儽"，《玉篇》却作"儽"，當以《新修玉篇》《篇海》爲是。《玉篇校釋》校"儽"爲"儽"，並注曰："'偎也'者，謂仰塗也。《爾雅·釋言》：'偎，仰也。'《切韻》：'儽，古之善塗者。'《集韻》：'獿，或作儽，通作儽。'《漢書·楊雄轉》：'獿人亡則匠石輟斤而不敢妄斲。'服虔曰：'獿，古之善塗塈者。'師古曰：'塈即今之仰塗泥者也。獿，抆飾也，故謂塗者曰獿人。'本書《巾部》：'儽，塗也。'《説文》：'墀地以巾捪之也。'"（535）胡氏所言是也。"儽"字右旁不成字，當即"夒"字俗寫之誤。朝鮮本《龍龕》卷一《人部》："儽，奴回切。偎也。儽，同。"（23）"儽""儽"右旁下部皆爲"夊"，其右旁亦皆爲"夒"字之俗。此亦其證也。故《玉篇》之"儽"當即"儽"字之俗。

42. 儊

《玉篇·人部》：“儊，千刃切。至也。又初吝切。裏也。或作窥。”（15上右）

按：《玉篇校釋》“儊”字下注：“‘至也’者，下應接‘或作窥’句。《説文》：‘窥，至也。’《切韻》：‘儊，同窥。’慧琳四四·七：‘儊，《字書》或作窥字。儊，至也，近也。’《説文》：‘親，至也。’《廣雅·釋詁三》：‘親，近也。’本書《見部》：‘親，至也。’《宀部》：‘窥，至也。’又‘裏也’者，下當云：‘或作襯。’而移‘或作窥’句於上義‘至也’下。《切韻》：‘儊，藉裏。’又云：‘裏也。’慧琳八三·十九：‘《考聲》云：藉也；儊身衣也。’本書《衣部》：‘襯，近身衣也。’又‘裏，衣内也。’”（524）胡氏所言是也。《名義·人部》：“儊，且吝反。至也。或窥。”（22上）此亦其證也。故“儊”訓“裏也”，與“襯”互爲異體；而“儊”訓“至也；近也”，與“窥”亦爲異體。

43. 儃

《玉篇·人部》：“儃，去戰切。儃開也。”（15下右）

按：此字《廣韻》《集韻》皆無，《玉篇》收於部末，當即宋人據俗書所增。《玉篇》訓“儃”爲“儃開也”，注文“儃”字當爲字頭誤重，當删。《大字典》引《玉篇》注文删去“儃”字，是也。《玉篇校釋》“儃”字下注：“疑即‘遣’字。”（547）胡氏謂“儃”疑即“遣”字，所言當是。《説文·辵部》：“遣，縱也。从辵，𠳋聲。”（40下）桂馥《説文解字義證》：“縱，舍也。”《後漢書·光武帝紀上》：“輒平遣囚徒，除王莽苛政，復漢官名。”“開”亦可訓“釋放；免除”。《書·多方》：“開釋無辜，亦克用勤。”又“不克開于民之麗”。孫星衍疏：“不能開釋于民之麗于罪網者。”故“儃”與“遣”音近義同，“儃”當即“遣”通過增加義符而形成的異體字。

44. 儥

《玉篇·人部》：“儥，胡光切。作力兒。與趪同。”（15下左）

按:《名義·人部》:"僙,古黃反。武也。"(20 上)敦煌本《王韻》平聲唐韻古皇反:"僙,武。亦作趪。"(376)故宮本《王韻》同。故"僙"與"趪"音義並同,即爲異體字。

45. 偖

《玉篇·人部》:"偖,張略切。姓也。"(15 下左)

按:《集韻》上聲藥韻陟略切:"偖,施也;安也;亦姓。"(721)"偖"疑即"著"字之俗。《文選·班固〈西都賦〉》:"又有承明金馬,著作之庭。""著""作"同義。《易·雜卦》:"蒙雜而著。"韓康伯注:"著,定也。"《楚辭·九辯》:"惟著意而得之。"洪興祖補注:"著,定也。"《爾雅·釋詁下》:"安,定也。"《史記·曹相國世家》:"還定濟北郡,攻著、漯陰、平原、鬲、盧。"司馬貞索引:"著縣屬濟南。""著"指春秋時齊邑,漢爲縣,北齊廢。故城在今山東省濟陽縣西。"著"本表示地名,疑後來因地名而又用來表示姓氏。故"偖"與"著"音近義同,"偖"當即"著"字之俗。慧琳《音義》卷三《音大般若經》第三百一十二卷:"著,張略反。正從草從者,或從人作偖,或從手作揢。今經兩點下作著,因草書謬也。"(57,頁 443a04)此即其證也。故"偖"即"著"通過增加義符而形成的異體字。

46. 俤

《玉篇·人部》:"俤,丁計切。俊也。或與俤同。"(15 下左)

按:《玉篇校釋》"俤"字下注:"又疑'俊'爲'俤''俤'之遞訛。'俤俤'即'俤俤'也。"(555~556)胡氏所言當是。《廣韻》去聲霽韻都計切:"俤,俊也。"(268)余迺永《校注》:"《龍校》:'《集韻》俤爲俤字或體,本書俤下云:俤俤。此云俊者,俊、俤同字,俤又與俤形近,遂誤俤爲俊耳。俤音胡佳(桂)切,俤俤疊韻連語,義爲困劣,俊非其義也。《全王》俤下注文誤俤爲俤,是此文誤訛之證。'"(837)龍氏所言甚是。《名義·人部》:"俤,下桂反。俤俤也。亦俊字也。"(22 上)呂浩《〈篆隸萬象名義〉校釋》謂:"'亦俊字也'疑有誤,蓋混同俤、俤二字。"(38A)呂氏所言亦是。可見,此誤由來已久。此誤即由"俤""俤"形近,"俊""俤"又同字,"俤"誤作"俤"後,進而又更換爲異體字"俊"而來。故《大字典》《字海》"儁"字下應删去第一義項"俊",直謂"儁"同"俤"。

47. 㑺

《玉篇·人部》:"㑺,五甘切。不慧也。"(15 下左)

按:《廣韻》平聲覃韻五含切:"譀,不惠也。"(149)《集韻》平聲覃韻吾含切:"譀,不慧也。或作㑺。"(284)故"㑺"與"譀"音義並同,當即義符換用而形成的異體字。

48. 躸

《玉篇·身部》:"躸,居宜切。躸(當爲字頭誤重)身單皃。"(16 下右)

按:《玉篇校釋》"躸"字下注:"《廣韻·支韻》義同,居宜切。《集韻》引《字林》云:'隻也。'謂一身。是'躸'爲'奇'之後出俗字。《可部》:'奇,《字書》一曰:不耦也。'顧氏案:隻單之奇爲'畸'字。《田部》:'畸,數畸。亦作奇。'《佳部》:'隻,奇也。'疑此'躸'或是'倚'之俗作。《書·盤庚》:'恐人倚乃身。'人字因變從身。本書《足部》引《書》作'踦','踦'亦隻也。《漢書·宣帝紀》蘇林注:'畸音踦隻之踦。'"(578)胡吉宣謂"躸"爲"奇"之後出俗字,是也;然謂"躸"疑是"倚"之俗作,並以《書·盤庚》"恐人倚乃身"爲例,認爲"倚"因下文"身"字而變"人"旁爲"身"旁作"躸",非是。《書·盤庚》:"今予命汝,一無起穢以自臭,恐人倚乃身,迂乃心。"顧頡剛、劉起釪注:"《玉篇·足部》'踦'字云:'居綺、丘奇二切。恐人踦乃身,迂乃心。踦,曲。迂,避也。'是六朝時僞孔本作'踦'。《説文》:'踦,庋足也。'段玉裁謂'踦'有曲義,在此比'倚'字正確。陳喬樅則謂'倚'是'踦'的假借。'踦乃身'就是弄曲了你的身體。意即把你帶壞了。"(910~911)據段氏、陳氏之説,此處之"倚"本"踦"之假借字,義爲"曲",而非"身單"之義。故胡吉宣據《書·盤庚》此文而謂"躸"疑是"倚"之俗作,非是。胡吉宣謂"躸"爲"奇"之後出俗字,是也。《正字通·身部》:"躸,舊注:音基。身單也。古借用奇。《字林》:'躸,隻也。'誤。"(1129 上)《集韻》平聲支韻居宜切:"奇,不耦也。或作倚。"(36)《類篇·身部》:"躸,居宜切。一身也。又丘奇切。《字林》:'隻也。'"(291 上)蔣禮鴻《類篇考索》"骑"字下注:"一七三頁,奇,又居宜切,不偶也。不偶即隻,謂居宜切之奇與骑同字可也。"(171)以上諸說皆其證也。故"骑"本當作"奇","骑"當即"奇"因涉"身單"之義而增加義符"身"旁所形成的後起分化字,與"倚"爲異體字。

49. 晏

《玉篇·女部》:"晏,烏澗切。"(17 上右)

按:元刊本《玉篇·女部》:"晏,烏澗切。女言也。"《玉篇校釋》"晏"字下注:"義闕,元刊本云'女言也',非。"(601)胡氏謂元刊之訓非,是也。《説文·女部》:"晏,安也。从女、日。《詩》曰:'以晏父母。'"(262 下)《名義·女部》:"晏,烏見反。安也。"(26 上)故"晏"字原本《玉篇》亦應訓"安也"。《篇海類編》訓"晏"爲"女言",亦爲沿襲元刊本《玉篇》之誤。《大字典》"晏"字下據《篇海類編》增收此條義項,非也。

50. 婕

《玉篇·女部》:"婕,縈利切。不悦也。"(17 上左)

按:《説文·女部》:"婕,不説也。从女,恚聲。"(264 上)《名義·女部》:"婕,於蕐反。恚也。"(27 上)《玉篇校釋》"婕"字下注:"'婕'即'恚'之纍增字。"(620)胡氏所言是也。《正字通·女部》:"婕,俗字。《説文》從女、恚聲,不悦也,於避切。按:本作恚,加女非。"(247 下)王筠《説文解字句讀》"婕"字下注:"婕者,恚之纍增字也。"(501 上)以上二説皆印證了胡氏的考釋成果。《説文·心部》:"恚,恨也。从心,圭聲。"(221 下)"恚",《廣韻》音"於避切"。"婕""恚"音義並同,"婕""恚"即本字與分化字的關係。

51. 媽

《玉篇·女部》:"媽,莫補切。母也。"(17 下右)

按:《玉篇校釋》"媽"字下注:"'母也'者,《切韻》同,《集韻》《類篇》並引《博雅》'媽,母也',今《廣雅》逸'媽'字,《疏證》據補於《釋親》篇。慧琳五

五・十一：'姥，又作媽同，《字書》：媽，母也。今以女老者爲姥也。'"(643)
慧琳《音義》卷八一亦曰："姥，摹補反。《江表傳》云：'姥，婦人老稱也。'《字
書》亦從馬作媽，音同。"(59，頁 4b05)《新撰字鏡・女部》："姥嫫媽，三字
同。亡古反。老女也；母也。"(176)"嫫"與"姥""媽"音義俱別，《新撰字鏡》
謂"嫫"同"姥""媽"，非也；然謂"姥""媽"同，是也。故"媽""姥"音義並同，
當即同字異體。

52. 姘

《玉篇・女部》："姘，匹耕切。急也。"(17 下左)

按：《玉篇校釋》"姘"字下注："'急也'者，通作'怦'。《廣雅・釋詁一》：
'怦，急也。'《類篇》引作'姘'。《切韻》：'姘，急也。'又：'怦，心急。'"(639)
胡氏所言是也。《名義・女部》："姘，匹耕反。急也；忠直兒。"(28 上)《新
撰字鏡・女部》："姘，匹耕反。急也。怦字。忠直貌。"(182)《集韻》平聲耕
韻披耕切："怦，《博雅》曰：'急也。'或作姘。"(237)《廣雅・釋詁一》："怦，急
也。"《楚辭・九辯》："私自憐兮何急，心怦怦兮諒直。"洪興祖補注："怦，一
曰忠謹貌。"故"姘"與"怦"音義並同，當即義符換用而形成的異體字。

53. 娀

《玉篇・女部》："娀，充之切。侮也。"(17 下左)

按：《名義・女部》："娀，充之反。侮也。"(28 上)《玉篇校釋》"娀"字下
注："'侮也'者，《切韻》：'娀，輕侮。通作蚩。'《廣雅・釋詁三》：'蚩，輕也。'
《文選・西京賦》注引《倉頡篇》：'蚩，侮也。'"(640)胡氏所言是也。《集韻》
平聲之韻充之切："娀，侮也；癡也。或作媸。通作蚩。"(51)《正字通・女
部》："娀，媸、蚩並同。"(230 下)以上二書亦其證也。故"娀"與"蚩""媸"並
爲異體，《大字典》《字海》此處只謂"娀"同"媸"，然"媸"與"蚩"皆未加溝通，
致使"娀""媸"與"蚩"間的異體關係不明。

54.妧

《玉篇·女部》:"妧,五館切。好也。"(17下左)

按:《玉篇校釋》"妧"字下注:"'好也'者,《切韻》同。《集韻》引《字林》云'好皃','皃'字誤。好讀去聲,愛好之也。《玉部》:'玩,戲也;弄也。或作貦。'《貝部》:'貦,好也。'《心部》:'忨,貪也;愛也。'《習部》:'翫,習也。''玩''貦''忨''翫''妧'五字同。《廣雅·釋詁一》:'妧,好也。'曹憲音玩,慧琳各卷引並作玩。"(642)胡氏所言是也。慧琳《音義》卷二二《新譯大方廣佛華嚴經音義》卷中《十行品》:"珍玩,玩,五段反。《廣雅》曰:'珍,重也'賈注《國語》:'珍,美也'《書》曰:'玩人喪德,玩物喪志'孔安注曰:'以人爲戲弄則喪德,玩物則喪志也,今此謂所愛重戲弄之具也。'字又作翫、妧兩體,或戲弄人爲妧,狎習爲翫,貪愛爲玩。"(57,頁835b3)《名義·女部》:"妧,五館反。好翫(也);好也。或玩字。弄也。"(28下)《新撰字鏡·女部》:"妧,五館反。玩字。"(182)以上諸書皆其證也。故"妧""玩"即爲異體字。《大字典》沿襲《廣韻》《字彙》之誤而訓"妧"爲"女子美好貌",疑非是。又《龍龕》卷二《女部》:"妧,五貫反。好皃也;又妧人也。"(283)《龍龕》訓"好皃也",亦當爲"好也"之誤;而《龍龕》訓"妧人也",當爲"玩人喪德"之刪誤。《大字典》又據《龍龕》之誤而收錄"妧人"這一義項,疑亦非是。

55.婪

《玉篇·女部》:"婪,火含切。貪婪也。又許今切。"(17下左)

按:《名義·女部》:"婪,火含反。貪愛也;[貪]妄也。"(28下)《玉篇校釋》"婪"字下注:"'貪婪也'者,《切韻·覃韻》云:'貪愛。'《談韻》云:'貪妄。'案即'歆'之累增字。《欠部》'歆'下引《毛詩傳》:'貪羨也。'賈注《國語》:'貪也。'"(643)胡氏所言是也。《玉篇·欠部》:"歆,羲今切。貪也。"(45下左)此亦其證也。又《廣韻》平聲侵韻許金切:"婪,愛也。"(146)此"婪"亦當即"歆"之異體字。《讀書雜誌·漢書第十四·遊俠傳》:"然終不能伐其能,歆其德。"王念孫按:"歆,《史記》作歆。歆,喜也。"故"婪"訓"愛也",與"歆"音義並同,亦爲異體字。

56. 烮

《玉篇·女部》:"烮,良薛切。美也。"(17下左)

按:《玉篇校釋》"烮"字下注:"'美也'者,《廣雅·釋詁一》:'烮,美也。'通作烈。《詩·賓筵》:'烝衍烈祖。'鄭箋:'烈,美也。'"(643)胡氏所言是也。《名義·女部》:"烮,力媒反。或烈字。業也;餘也;威也;美也。"(28下)《新撰字鏡·女部》:"烮,力媒反。業也;餘也;藏(威)也;美也。烈字。"(182)以上二書皆其證也。故"烮"與"烈"音義並同,即爲異體字。

57. 嫐

《玉篇·女部》:"嫐,力受切。姣嫐也。"(17下左)

按:《玉篇校釋》"嫐"字下注:"'姣嫐也'者,元刊本作'姣也','姣'當爲'妖'。《集韻》引《埤倉》:'嫐,妖也。'本書原本當引此。《切韻》:'嫐,美好。'《廣韻》云:'妖美。'本書:'妖,媚也。''嫐'通作'懰'。《詩·月出》:'佼人懰兮。'釋文云:'好兒。《埤倉》作嫐。音柳。'"(637)胡氏所言是也。《詩經·陳風·月出》:"月出皓兮,佼人懰兮。"程俊英、蔣見元注:"嫐,妖媚。按:懰是嫐的假借字。《埤倉》:'嫐,妖也。'《廣韻》:'嫐,美好。'馬瑞辰通釋:'妖亦好也。'"(379)《名義·女部》:"嫐,力受反。妖也;美也。"(28上)此是其證也。可見顧野王原本《玉篇》"嫐"亦訓"妖也",其所見《詩經》本作"嫐",今本作"懰"者,當爲"嫐"之假借字。

58. 媸

《玉篇·女部》:"媸,尺之切。婬也。"(18上右)

按:《玉篇校釋》"媸"字下注:"'婬也'者,《切韻》:'媸,奸婬,一云妍媸。'《集韻》:'娃,或作媸,通作蚩。'《文選·文賦》:'妍蚩好惡可得而言。'李注:'妍蚩亦好惡也。'本書:'娃,侮也。'《虫部》:'蚩,癡也;亂也。'婬、亂義近。"(651～652)胡氏所言是也。《正字通·女部》:"媸,丑知切,音鴟。醜也;淫也;癡也。本作娃,通作蚩。"(247下)《正字通》謂"本作娃,通作蛬",當即本末倒置。"媼""蛬"音義並同,從字形演變規律來説,"媼"本當作"蛬","媼"當即"蛬"字之俗。

59. 娗

《玉篇·女部》:"娗,蒲縣切。娗娟,美女皃。"(18 上右)

按:《玉篇校釋》"娗"字下注:"案:本止爲'便'。'便娟'疊韻,涉'娟'而增女旁。《楚辭·大招》:'豐肉微骨,體便娟只。'王注:'便娟,好皃。'"(653~654)胡氏所言是也。慧琳《音義》卷五六:"娗娟,於玄反。《楚辭》:'便娟之語。'王逸曰:'便娟,好皃也。'"(58,頁 561b09)又慧琳《音義》卷九八:"便娟,上毗綿反,下一緣反。王逸注:'《楚辭》云便娟,好皃也。'"(59,頁 306b10)《楚辭·遠遊》:"雌蜺便娟以增撓兮,鸞鳥軒翥而翔飛。"洪興祖補注:"便娟,輕麗貌。"《文選·謝惠連〈雪賦〉》:"初便娟於墀廡,末縈盈於幃席。"李善注:"便娟、縈盈,雪迴委之貌。《楚辭》曰:'娗娟修竹。'王逸曰:'娗娟,好貌。'"(195)故"娗娟""娗娟"與"便娟"音義並同,"娗"當即"便"之類化換旁俗字,而"娗"當即"便"之類化增旁俗字。

60. 婫

《玉篇》:"婫,牛昆切。女婫也。"(18 上右)

按:《新修玉篇》卷三《女部》引《玉篇》:"婫,牛昆切。女婫也。《韻》又户昆切,又許歸切。並女字。"(30 下左)《篇海》卷五《女部》引《玉篇》:"婫,牛昆切。女婫也。"(655 下)《玉篇校釋》"婫"字下注:"'女婫也'非,《龍龕手鑑》引作'女字也'。《切韻》:'倱,女字。'《集韻》:'婫,女字。'"(657)胡氏所言是也。《龍龕》卷二《女部》:"婫,《玉篇》牛昆反。女字也。"(280)箋注本《切韻》(斯 2071)平聲魂韻牛昆反:"倱,女字。又户昆反。"(115)故宮本《王韻》、《廣韻》同。"婫""倱"音義並同,從人、從女義通,"婫"當即"倱"通過改換義符而形成的異體字。

61. 嫸

《玉篇·女部》:"嫸嬸,二同。七感切。好皃。"(18 上左)

按:《玉篇校釋》"嫸"字下注:"'好皃'者,與上'嫸嫛'之'嫸'爲同形之異文,與《人部》'傪,好皃'之'傪'爲同字之異構。傪音七感切,《説文》云'好皃'。傪又音倉含切,義缺,缺者即'嫸嫛'字之義。嫸音倉含切,嫛嫸也。又七感切,義缺,缺者即此'嫸,好皃'之義。《廣韻》《集韻》雖分收平、上二韻,而皆訓爲'貪',以不知有同形之異字故也。"(660)胡氏所言甚是。《説文·人部》:"傪,好皃。从人,參聲。"(160 下)"傪",《廣韻》音"七感切"。故"嫸""嬸"訓"好皃",與"傪"音義並同,即爲異體字。

62. 孍

《玉篇·女部》:"孍,魚檢切。好女皃。"(18 上左)

按:《玉篇校釋》"孍"字下注:"《集韻》上聲儼韻:'孍,好皃。'又下平嚴韻云:'女字。'《説文》:'儼,一曰好皃。'本書《人部》'儼'下引《詩》傳云:'矜莊皃。'(659)《玉篇》訓"孍"爲"好女皃",疑非是,當爲見其從"女"而妄補。《集韻》上聲儼韻魚檢切:'孍,好皃。'(455)《集韻》訓"孍"爲"好皃",是也。《正字通·女部》:'孍,俗儼字。'(255 下)此説印證了胡氏之説。《説文·人部》:'儼,一曰好皃。'(163 上)"儼"字,《廣韻》音"魚埯切"。"孍""儼"音義並同,"孍"當即"儼"通過改換義符而形成的異體字。《大字典》《字海》俱收"孍"字,皆未溝通其與"儼"的異體關係,《字海》又沿承《玉篇》之誤訓"好女貌",俱失當。

63. 娍

《玉篇·女部》:"娍,食政切。長好皃。"(18 上左)

按:《玉篇校釋》"娍"字下注:"《龍龕手鑑》引本書'娍''孇'二同,長皃。《集韻》去聲勁韻:'娍,長好皃,一曰美也。'娍之言晟明也,蓋女子明媚之好也。晟通作盛,故娍亦作孇,孇者盛也。《書·大傳》:'周公盛養成王。'鄭

注：'盛猶長也。'《切韻》：'盛，長也。亦作娍。'"（664）胡氏所言是也。《名義·女部》："娍，時政反。或盛。"（28下）《新撰字鏡·女部》："娍，時政反。盛字。"（182）以上二書皆其證也。故"娍""孇"即爲異體字，二字本當作"盛"。

64. 姝

《玉篇·女部》："姝，弋質切。淫姝也。亦音帙。與姪同。"（18下右）

按：《玉篇校釋》"姝"字下注："'淫姝也'者，通作佚、劮、泆、逸。《方言》六：'佚，婬也。'《廣雅·釋詁一》：'劮，婬也。'《切韻》：'泆，淫泆。'又：'佚，樂淫。'《書·多士》：'誕淫厥泆。'《史記·周公世家》作'佚'。《禮記·坊記》：'淫泆而亂於族。'釋文作'佚'。《書·酒誥》：'淫泆于匪彝。'釋文：本又作逸。《楚語》：'耳不樂逸聲。'韋注：'逸，淫也。'曹憲：'劮，音逸。'慧琳七八·十三：'賈注《國語》：佚亦淫也。'又十·六：'姝，古文佚，今作劮，同。《倉頡篇》姝亦淫也。'"（670）胡氏此言是也。《廣韻》入聲質韻夷質切："泆，淫泆。"（382）《集韻》入聲質韻弋質切："劮，《博雅》：'劮，媟也。'或作姝。"（668）"媟"義指"淫逸"。《方言》卷六："佚、媟，婬也。"戴震疏證："佚、媟不連讀，亦皆淫逸之義。"《新撰字鏡·力部》："劮，餘質反。佚字。"（196）故"姝"訓"淫姝也"，此即指"淫亂""放蕩"之義，與"劮""佚""泆""逸"諸字音義並同，即爲異體字。又"姝"訓"豫"，此即指安樂、閒適之義，與"劮""佚""逸"當爲異體字。《廣雅·釋言》："劮，豫也。"王念孫疏證："劮，通作逸。《晉語》云：'豫逸也。'"（399下）《字彙補·力部》："劮，案劮即逸字。《尚書·無逸》，《石經》作《無劮》。"（18上）《玉篇·人部》："佚，余一切。《書》曰：'無教佚欲有邦。'佚，豫也。"（14上左）《周禮·夏官·瘦人》："以阜馬佚特。"鄭玄注："杜子春云：'佚當爲逸。'……玄謂逸者，用之不使甚勞，安其血氣也。"《荀子·王霸》："心欲綦佚。"楊倞注："佚，安樂也。""劮""佚""逸"亦皆音"夷質切"，"姝"與"劮""佚""逸"音義並同，即爲異體字。

65. 媎

《玉篇·女部》："媎，息節切。小兒。"（18下右）

按："婿"當即"屑"字之俗。《儀禮·既夕禮》："醴醴屑。"《文選·木華〈海賦〉》："或屑没於黿鼉之穴。"李善注："屑,碎也。"《文選·王延壽〈魯靈光殿賦〉》："屑黶翳以懿濞。"呂延濟注："屑,微也。""屑",《廣韻》音"先結切"。故"婿""屑"音義並同,"婿"當即"屑"通過增加義符而形成的異體俗字。

66. 嬫

《玉篇·女部》："嬫,以灼切。《桂苑》云:'嬫,媄皃也。'又音爍。"(19上右)

按:《玉篇校釋》"嬫"字下注:"《切韻》:'嬫,美好皃。'《爾雅·釋詁》:'鑠,美也。'……又音爍,亦明盛意。"(692)胡氏所言是也。《名義·女部》:"嬫,餘灼、式灼二反。媄也。"(24下)《龍龕》卷二《女部》:"嬫,爍、藥二音。美好皃也。"(283)《詩·周頌·酌》:"於鑠王師,遵養時晦。"毛傳:"鑠,美。"朱熹注:"鑠,盛。""鑠",《廣韻》音"書藥切",《集韻》又音"弋灼切"。"嬫"與"鑠"音義並同,"嬫"當即"鑠"通過改換義符而形成的異體字。《字彙補·女部》:"孃,與鑠同。《漢郭亮碑》:'於孃我君。'"(44上)《隸釋·司隸從事郭究碑》:"於孃我君,皇精蘊良。"洪适注:"碑以孃爲鑠。"從漢字構形理據上來看,"孃"即"嬫"之繁化俗字。"孃"同"鑠",則"嬫"亦當同"鑠"。此亦其證也。

67. 妶

《玉篇·女部》："妶,之侍切。有莘之女,鯀娶之,謂之女妶。"(18下左)

按:《玉篇校釋》"妶"字下注:"《大戴記·帝繫篇》:'鯀娶於有莘氏,有莘氏之女謂之女志。'字不从女。"(688)胡氏所言是也。《正字通·女部》:"妶,舊注:音志,有莘之女,鯀娶之,謂之女妶。本作志。"(240下)《正字通》所言印證了胡氏之説。故"妶"當即"志"通過增加義符而形成的異體俗字。

68. 頟

《玉篇·頁部》："頟，五舌切。面醜也。"(20 上右)

按：《名義·頁部》："頟，五各反。醜也；面前。"(31 上)故《玉篇》音"五舌切"，當即"五各切"之誤，"舌"即"各"之俗訛，故此字當音 è。《玉篇·頁部》："顝顎，二同。音愕。面高皃。"(20 上左)"面高""面醜"義近，故"顝""顎"與"頟"疑即通過改換聲符而形成的異體字。

69. 頝

《玉篇·頁部》："頝，胡絹切。顗後也。"(20 上右)

按：《名義·頁部》："頝，胡絹反。膞後也。"(31 上)呂浩《〈篆隸萬象名義〉校釋》謂"膞"爲"䐡"之誤，是也。敦煌本《王韻》去聲霰韻黃練反："頝，腇(䐡)後。"(413)故宮本《王韻》同。《字彙·頁部》："頝，熒絹切，音眩。顗後也。又胡絹切，音玄。義同。"(537 下)《正字通·頁部》："頝，顗字之訛。"(1283 下)《説文·頁部》："顗，頰後也。从頁，艮聲。"(182 上)"顗"，古恨切。"頝""顗"義近，但形音俱別，二者不可混同，《正字通》之説非是。《大字典》以《正字通》之説作爲"一説"，亦非。

70. 頪

《玉篇·頁部》："頪，又兩切。醜也；滿也。"(20 上右)

按：《名義·頁部》："頪，又丈反。醜也。"(31 上)《龍龕》卷四《頁部》："頪，疎兩反。醜皃。又初丈反。"(485)《玉篇校釋》"頪"字下注："'醜也'者，《廣雅·釋詁二》：'頪，醜也。'又三：'倰，惡也。'《切韻》並同。本書《人部》：'倰，惡也。'惡與醜義近，滿義不詳，疑出《埤倉》，或《字書》。"(734)"頪"字"醜也"之訓，皆見於《廣雅》《名義》《龍龕》諸書，然"滿也"之訓於以上諸書皆無徵，疑爲宋人妄補，不足據。《廣雅·釋詁二》："頪，醜也。"王念孫疏證："卷三云：'倰，惡也。'倰與頪同。"(171)又《釋詁三》："倰，惡也。"王念孫疏證："倰者，卷二云：'頪，醜也。'倰與頪聲義亦同。"(277 下～278 下)

王氏之説是也。故"頰"與"俠"音義並同，又從人、從頁義通，二字即爲異體字。

71. 頭

《玉篇·頁部》："頤頭，上烏鉤切；下奴兜切。面折。"(20 上左)

按:《玉篇校釋》已並改正文、注文"頭"爲"頸"，並改"奴兜切"爲"都侯切"，於"頤頸"二字下注曰:"'頸'原作'頭'，奴兜切，今依《集韻》正字及音，又補'頤頸'二字。"(747)胡氏所言是也。《新修玉篇》卷四《頁部》六畫引《玉篇》:"頭，奴兜切。面折。"(35 上右)又於十二畫引《玉篇》:"頤，頤頸，面折也。"(36 上右)又同畫下文引《餘文》:"頸，當侯切。頤頸，面折也。"(36 上右)故"頤頭"當同"頤頸"，"頭"當即"頸"字之訛。《大字典》《字海》"頭"字沿襲《玉篇》之謬，應據以訂正。

72. 頏

《玉篇·頁部》："頏，薄變切。冠名。"(20 上左)

按:《玉篇校釋》"頏"字下注:"'冠名'者，《切韻》同，本止爲'弁'，弁者，篆兒之隸變。"(751)胡氏所言是也。《正字通·頁部》:"頏，俗弁字。"(1283 下左)《正字通》所言印證了胡氏的考釋成果。故"頏"即"弁"通過增加義符而形成的異體字。

73. 頂

《玉篇·頁部》："頂，他頂切。"(20 上左)

按:此字亦有音無義。《玉篇校釋》"頂"字下注:"義闕，元刊云'頭疾'，非是。'頂'與上'頲'爲一字，頭容直也。'頲'從挺直得義，'壬'即挺之古文。《集韻》:'頲，或省作頂。'"(751)胡氏所言是也。《新撰字鏡·頁部》:"頂，他鼎反，上。頭狹也;冝(直)也;正直也。"(89)《新修玉篇》卷四《頁部》引《玉篇》:"頂，他頂切。直也。"(34 下左)以上二書皆其證也。《爾雅·釋詁下》:"頲，直也。"(16)《説文·頁部》:"頲，狹頭頲也。從頁，廷聲。"(182

下)"頲",《廣韻》音"他鼎切"。"頂""頲"音義並同,"頂"當即"頲"之異體俗字。元刊本《玉篇·頁部》:"頂,他頂切。頭疾。"元刊本《玉篇》訓"頭疾",於其他字韻書皆無徵,此訓非是。《大字典》"頂"字下據元刊本《玉篇》之謬而收錄"頭疾"這一義訓,亦非。

74. 𡮂

《玉篇·自部》:"𡮂,眉然切。不見也。"(21 上左)

按:《名義·自部》:"𡮂,妄然反。"(33 上)《字彙·自部》:"𡮂,莫堅切,音眠。不見;視遠貌。"(387 下)《玉篇校釋》"𡮂"字下注:"'不見也'者,《説文》篆作'𡪁',云:'宀宀,不見也。'《廣韻·仙韻》:'𡮂,武延切。視遠之兒。'本書《宀部》:'寡,冥寡,不見。'《説文》作:'寡寡,不見也。'部首:'丏,不見也。'疑'𡮂'即'邊'之初文。金文格伯毀作'𡆥'(邊字偏旁),从田、从方,丙聲,邊字作𢕶𢕺,並从方。方,古旁字。邊陲遠遠,引申爲宀宀不見義。"(780)胡吉宣謂"𡮂",《説文》作"𡪁",是也;然謂"𡮂"疑即"邊"之初文,此説非是。《説文·自部》:"𡪁,宮不見也。闕。"(68 下)徐鍇繫傳:"𡪁,穴(宀)宀,不見也。闕。臣鍇曰:'下象宮重覆也。宀音縣,慎無聞於師,故闕之。邊字從此,米田反。"(66 下)王筠句讀:"字與'寡'同,'宀宀'即'𡪁𡪁'也。"(119 下)"𡪁",《廣韻》音"武延切"。"𡮂"與"𡪁"音義並同,且《名義》《玉篇》之"𡮂"與《説文》之"𡪁"位置相同,《説文》只收錄"𡪁"字而未見收錄"𡮂"字,《名義》《玉篇》只收錄"𡮂"字而未見收錄"𡪁"字,"𡪁"即《説文》篆文"𡪁"之楷定字,正如"寡""寡"並即《説文》篆文"𡨧"之楷定字、"瞗""瞗"並即《説文》篆文"瞗"之楷定字、"𪁊""𪆶"並即《説文》篆文"𪂁"之楷定字、"邇""邊"並即《説文》篆文"𨒋"之楷定字、"簹""簹"並即《説文》篆文"𥱐"之楷定字、"邇""趨"並即《説文》篆文"𧗸"之楷定字等,"𡪁"字,《説文》篆文作"𡪁","𡮂"亦即《説文》篆文"𡪁"之楷定字。《説文·辵部》:"邇,行垂崖也。从辵,𡪁聲。"(36 下)王筠句讀:"《釋詁》:'邊,垂也。'《土部》:'垂,遠邊也。'《厂部》:'厓,山邊也。'然則邊者,垂厓耳。言行者,爲其從辵也。"(65 下)"𡪁""邇"義別,"𡪁"僅爲"邇"之聲符,而非其初文,故胡吉宣謂"𡮂"疑即"邊"之初文,於文獻無徵,疑非是。《龍龕》卷三《自部》:"𡮂,音綿。視遠

貌也;又不見兒也。"(364)《廣韻》平聲仙韻名延切:"霥,視遠之兒。"(87)
"霥(霥)",《龍龕》《廣韻》訓爲"視遠之兒","視遠之兒"當即指視線很遠的
地方,而非指看得很遠的樣子或遠望之義,與"不見兒也"儘管訓釋不同,但
所指相同,當即訓異義同。《字彙補・自部》:"霥,與霥同。遠貌。"(176
下)《字彙補》"與霥同"之"霥"即"霥"字誤刻。《字彙補・自部》下文又曰:
"霥,籀文籩字。"(177 上)《説文・竹部》:"籩,竹豆也。从竹,邊聲。,籀
文籩。"(92 上)"籩"字籀文作,而非作"霥",《字彙補》謂"霥"爲"籩"字
籀文,非是。謝彥華《説文聞載》:"霥即籩之古文,象籩形。籩行而霥廢。
最初象形之文,遂成不知,蓋闕……霥象器形,皀象霥實棗粟豐滿形,非从
自字。"謝彥華僅從形體上來推斷"霥"爲"籩"之古文,然於前代字書、文獻
皆無徵,其説亦不可信。《正字通・自部》:"霥,舊注:霥,音眠,不見也;又
視遠貌。按:《説文》'宀'字重文作'霥','邊'字从此,从自、从穴内加重冂,
即冂,是不見之意。篆作,俗作,誤作口,改用方,並非。舊注云'不
見',與《説文》'宀'訓同,字从霥則訛也。又'霥'或作'瞁',有視遠之義,故
从目,霥本訓不見,舊注增視遠,二義相反,亦非。"(891 下)《説文・宀部》:
"宀,交覆深屋也。象形,凡宀之屬皆从宀。"(147)《正字通》謂"霥"當爲
"霥"字之俗,此説是也;然謂"霥"爲"宀"之重文,於今本《説文》及其他字書
皆無徵,此説非是。《説文・宀部》:"寑,霥霥不見也。一曰:霥霥,不見省
人。从宀,霥聲。"(148 上)段玉裁注:"寑(寑)與霥(霥)音義皆同。"(340
上)"霥"與"寑"即爲異部重文,而非爲"宀"之重文。《大字典》(3251A)
"霥"字據謝氏之説而謂"霥"同"籩",疑非是。《字海》(1267B)"霥"字謂同
"霥",正俗顛倒,亦非。《大字典》(3251A)、《字海》(1267B)"霥"字皆分爲
兩個義項:第(一)義項又分爲兩個義項,第❶義項據《玉篇》訓"不見",第❷
義項據《廣韻》《大字典》訓爲"看遠處的樣子"、《字海》訓爲"遠望";第(二)
義項據《字彙補》之誤而謂同"籩",俱失考證。《大字典》《字海》"霥"字直謂
同"霥",即妥。

75.睯

　　《玉篇・目部》:"睯,來各、來灼二切。盻也。"(21 下左)
　　按:《玉篇校釋》"睯"字下注:"'盻也'者,'盻'當爲'盻',形之訛也。

《方言》二：'睧，眄也。吳、揚、江、淮之間或曰睧。'"（802）胡氏所言是也。《名義·目部》："睧，來各反。視也。"（34 下）《名義》"睧"亦未訓"盼也"。《新撰字鏡·目部》："睧，來各、來均（灼）二反。眄（眄）也；視也。"（98）此亦其證也。故《玉篇》之"盼也"即"眄也"之形誤。《大字典》《字海》"睧"字下據《玉篇》之謬而收録"盼"這一義項，當删。

76. 矙

《玉篇·目部》："矙，耕懺、耕讒二切。視也。"（21 下左）

按：《説文·目部》："矙，視也。從目，監聲。"（72 下）《玉篇校釋》"矙"字下注："《爾雅·釋詁》：'監，視也。'《釋文》：'監，字又作矙。'《切韻》平聲云：'視也。'去聲云：'瞻也。'本書《臥部》：'監，視也。'案：字本爲監。監非從臥，金文作🔲，象皿中取水，人曲躬俛之狀……篆從🔲即人俯視形，非睡臥字，人俯視則目形若豎，故從人從豎目形。斯篆誤從臥字，乃復從目爲矙。"（808）胡氏所言是也。《正字通·目部》："矙，舊注：古陷切，音鑑。瞻也；視也。與《説文》矙義同，改孫恤古銜切平聲爲去聲，誤。又古經史皆作監，《説文》加目作矙，贅。"（742 下）《正字通》所言印證了胡氏的考釋成果。《方言》卷十二："監，察也。"《説文·臥部》："監，臨下也。""矙"，《廣韻》"古銜切"。"矙""監"音義並同，"矙"當即"監"通過增加義符而形成的異體字。

77. 眎

《玉篇·目部》："眎，時至切。語也。亦作示。又承矢切。亦古文視。"（22 上左）

按：《玉篇校釋》"眎"字下注："'語也，亦作示'者，《楚辭·懷沙》：'窮不得所示。'王注：'示，語也。'本書部首：'示，語也，以事告人曰示也。'《切韻》：'眎，呈也。'"（836）《名義·目部》："眎，時至反。示字。語也；視〔也〕。"（36 下）《新撰字鏡》同。故"眎"訓"語也"，亦同"示"；而《廣韻》訓"眎"爲"呈也"，亦同"示"。《廣韻》平聲清韻直貞切："呈，示也。"《大字典》"眎"字下第❸、❹兩條義項亦應溝通其與"示"字之間的異體關係。

78. 眲

《玉篇·目部》:"眲,丑亮切。失志皃。"(22 上左)

按:《名義·目部》:"眲,丑亮反。悵也。"(36 上)《新撰字鏡·目部》:"眲,丑高(亮)反。失志皃。悵字。"(99)《説文·心部》:"悵,望恨也。从心,長聲。"(222 上)《廣韻》去聲漾韻丑亮切:"悵,失志。"(336)《集韻》去聲漾韻丑亮切:"悵,《説文》:'望恨也。'或从目。"(598)"望恨""失志"義同,故"眲"與"悵"音義並同,"眲"當即"悵"通過改換義符而形成的異體字。《大字典》"眲"字同一義項誤分爲二,《字海》未作溝通,皆未當。

79. 瞐

《玉篇·目部》:"瞐,古學切。明也。"(22 下右)

按:《名義·目部》:"瞐,古學反。寤也;明也。"(38 上)《玉篇校釋》"瞐"字下注:"'明也'者,《廣韻》入聲覺韻同。又:'覺,明也。''瞐''覺'字同。《左氏·文四年傳》:'以覺報宴。'杜注:'覺,明也。''覺''瞐'同从學省,學而後能見也。《集韻》:'瞐,目明也。'望文爲説耳。"(841)胡氏所言甚是。《新撰字鏡·目部》:"瞐,二同。古學反。覺字古文。寤也;明也。"(99)此是其證也。故"瞐"當即"覺"通過改換義符而形成的異體字。

80. 瞁

《玉篇·目部》:"瞁,瞁歷切。視也。"(22 下右)

按:《玉篇校釋》"瞁"字下注:"'視也'者,《切韻》同,'視'作古文'眡',《廣韻》昔韻兩收皆誤作'眼也'。'瞁'蓋與下'瞁'同。驚視也,字本止爲'臭'。'犬部':'臭,犬視也。'臭之言倏也。犬性驚敏,倏起有所覻也。後因言人而復增目旁爲'瞁',與'臭''臲'同例,再變易聲符則爲'瞁'。"(845)胡氏所言當是。《名義·目部》:"瞁(瞁),火伇(役)反。視也。"(36 下)《新撰字鏡·目部》:"瞁,火伇(役)反。眡字(也)。"(99)"瞁""瞁""瞁"並即"瞁"字之俗。《龍龕》卷四《目部》:"瞁,呼覓反。眼(眡)也。又音伇(役)。"

（424）《字彙·目部》：“瞽，同瞑。”（314）《正字通·目部》：“瞽，舊注：同瞑。《六書本義》：臭，俗作瞑、瞽，非。”（736 上）故“瞽”當即“瞑”通過改換聲符而形成的異體字，本作臭。

81. 睟

《玉篇·目部》：“睟，思季切。視也；又潤澤皃。《孟子》曰：‘其色睟然。’”（22 下右）

按：《法言·君子》：“牛玄鎡白騂而角。”李軌注：“色純曰睟。”唐李德裕《唐武宗皇帝真容贊》：“至於天光睟清，日華明潤，非可圖也。”此“睟”當即“粹”之異體字。《廣雅·釋言》：“粹，純也。”《文選·左思〈魏都賦〉》：“非醇粹之方壯，謀蹢駁於王義。”李善注：“班固云：‘不變曰醇，不雜曰粹。’”“粹”，《廣韻》音“雖遂切”。“睟”與“粹”音義並同，“睟”當即“粹”之異體字。《名義·目部》：“睟，思季反。純也。粹作。”（38）此即其證也。《大字典》（2675A）“睟”字下第三義項、《字海》（1055C）“睟”字下第二義項皆應溝通其與“粹”字的異體關係。

82. 眑

《玉篇·目部》：“眑，於皎切。幽静也。”（22 下右）

按：《名義·目部》：“眑，於皎反。静也。”（38 上）《玉篇校釋》“眑”字下注：“‘幽静也’者，《廣韻》：‘眑，幽静之皃。’《切韻》：‘黝，幽静。’又眑膠，面不平。眑膠，本書作‘宎膠’。”（844）《集韻》上聲篠韻伊鳥切：“眑，幽静也。一曰視皃。”（392）《集韻》平聲肴韻於交切：“眑，眑膠，面不平。”（186）《説文·目部》：“宎，深目也。从穴中目。”（65 下）“宎”，本義指“眼睛深陷皃”，引申爲“遠望”。《文選·謝朓〈敬亭山〉》：“緣源殊未極，歸徑宎如迷。”李善注引《聲類》：“宎，遠望也。”又引申爲“幽静”。唐李白《山中問答》：“桃花流水宎然去，別有天地非人間。”又唐李景亮《李章武傳》：“但空室宎然，寒燈半滅而已。”“宎”，《廣韻》音“烏皎切”，又音“於交切”。又《玉篇·目部》上文：“膠，口交切。宎膠，面不平也。”（22 上左）“眑”與“宎”音義並同，即爲異體字。《字彙·目部》：“眑，伊鳥切，音杳。視也。又幽静也。漢《安世房中歌》：'清思眑眑。'又於交切，音凹。與䫌同。面不平也。"(312 下)《正字通・目部》："眑，同宵。又幽静。漢《安世房中歌》：'清思眑眑。'舊注：又音凹。與䫌同。面不平也。合眑、䫌爲一，非。宵，或作眑，俗作暚。舊本：眑音杳，視也。分眑、宵爲二，亦非。"(732 上)《正字通》所言是也。《玉篇・頁部》："䫌，於交切。頭凹也。"(20 上左)"面不平"與"頭凹"義别，故"眑"與"䫌"音同義别，二字不應混同。《説文・目部》："暚，目深皃。从目、宵。"(67 上)王筠句讀："當云'宵亦聲'。"朱駿聲通訓定聲："實即'宵'之後出字。"《説文・穴部》："窈，深遠也。从穴，幼聲。"(150 上)宋蘇軾《與客遊道場何山得鳥字》："高堂儼象設，禪室各深窈。""窈"即指深遠幽静之義。"窈"，《廣韻》音"於皎切"。故"眑"與"宵""暚""窈"諸字音義並同，當即異體字。

83. 賻

《玉篇・目部》："賻，市專切。目動。"(22 下右)

按：《字彙・目部》："賻，食川切，音船。目動也。"(316 上)《正字通・目部》："賻，俗字。舊注：音船。目動。"(740 上)《正字通》謂"賻"爲俗字，所言是也。《玉篇校釋》"賻"字下注："《集韻・僊韻》同，'賻'即目睛轉動字。"(848)胡氏所言當是。《廣韻》上聲獮韻陟兗切："轉，動也。"(199)《大正藏》本元魏瞿曇般若流支譯《正法念處經》卷第三十八《觀天品》之十七："若不畏者，彼則於後臨欲死時，口面破壞，眼目轉動，諸根乾燥，一切諸親，兄弟妻子眷屬皆捨。爾時則爲退愛别離火之所燒，極大苦死。""賻"當本作"轉"，"賻"當即因"轉"字用於眼目轉動義而改換義符所形成的後起分化字。

84. 盰

《玉篇・目部》："盰，許乙切。視也。"(22 下左)

按：此字《説文》《名義》皆未收，《廣韻》《集韻》亦不録，當即陳彭年等據俗書所增。"盰"當即"盻"字俗訛。《説文・十部》："盻䚢，布也。从十，从目。"(45 上)"盻"，《廣韻》音"義乙切"，又音"許迄切"。"盰"與"盻"音同，又"目"旁、"月"旁形近,俗書常可訛混,故"肝"當即"胙"字俗訛。《玉篇》訓"肝"爲"視也",當爲宋人不識其爲"胙"字俗訛而妄改也。

85. 䀢

《玉篇·目部》:"䀢,他田切,又他佃切。"(22 下左)

按:《新修玉篇》卷四《目部》引《玉篇》:"䀢,他前切。視也。又他佃切。迎視。同作瞡。"(37 上右)《篇海》卷七《目部》引《玉篇》:"䀢,他田、他佃二切。"(690 上)《字彙·目部》:"䀢,他前切,音天。視也。又去聲他甸切。仰視也。"(311 下)《正字通·目部》:"䀢,俗字。舊注:音天。視也。又去聲他甸切。仰視也。並誤。"(730 上)《玉篇校釋》"䀢"字下注:"義闕,元刊本云'仰視',依字从天爲説耳。"(857)《正字通》、胡氏所言皆是。《集韻》平聲先韻他年切:"䀢,視也。"(160)又去聲霰韻他甸切:"䀢,視也。或作瞡、瞋。"(567)《説文·目部》:"瞡,迎視也。从目,是聲。讀若珥瑱之瑱。"(67 上)"瞡",《廣韻》音"他甸切"。故"䀢"訓"視也",當即"迎視也"之脱誤;而訓"仰視也",當即"迎視也"之訛誤。"䀢"與"瞡""瞋"音義並同,即爲異體字。"䀢""瞋"與"瞡"的演變關係是:"䀢"即"瞡"通過改換成與字音更爲接近的聲符而形成的異體字;而"瞋"當即因"瞡"《説文》讀若"珥瑱"之"瑱",故而改換聲符"是"旁爲"真"旁所形成的異體字。

86. 昕

《玉篇·目部》:"昕,許斤切。喜也。"(22 下左)

按:《正字通·目部》:"昕,詳斤切,音欣。《集韻》:'視不明貌。'注'喜也',義同'忻',與'昕'相背,因昕、忻聲近而誤。"(730 上)《正字通》之説非是。"昕"字,《玉篇》本訓"喜也",《集訓》却訓爲"視不明皃",不知緣何,俟考。《正字通》却據後出韻書《集韻》而謂"昕"訓"喜也",因"昕""欣"聲近而誤,其説非是。《玉篇校釋》"昕"字下注:"《集韻》平聲文韻云'不明皃','不'字疑衍,'昕'猶'昕'也。昕者日出旦明也,故昕當爲目明。明與喜義相因涉,明之爲喜猶幽之爲憂也。字與听、忻、欣、訢並同。人有喜悦之情,則心境開朗,其現於顏面者……故字或从心、或从口、或从言、或从目、或从欠,其義一也。"(849)胡吉宣謂"昕"字《集韻》訓"不明皃","不"字疑衍,然無確證,僅備一説。其又謂"昕"與"听""忻""欣""訢"諸字並同,此説疑可商榷。"听",《廣韻》音"宜引切","听"與"昕""忻""欣""訢"儘管義同,但讀音不同,故不可混同。"昕"訓"喜也",與"忻""欣""訢"諸字音義並同,即爲異體字。《龍龕》卷四《目部》:"昕,俗。音欣。"(419)《龍龕》直音用字"欣"字當兼於用來説明字際關係,此亦其證也。從字形演變過程來看,"昕"當即因"欣"訓"笑喜也",此於顔面、眼睛皆有所呈現,故而改換義符"欠"旁爲"目"旁所形成的異體字。

87. 瞜

《玉篇·目部》:"瞜,於皎切。遠視也。"(22下左)

按:"瞜"當連"眇"字爲説,"瞜眇"爲連綿詞,《玉篇》拆駢爲單,非是。《集韻》上聲篠韻伊鳥切:"瞜,瞜眇,遠視。"(392)《集韻》所言是也。《文選·木華〈海賦〉》:"朱燉綠煙,瞜眇蟬蜎。"李周翰注:"瞜眇蟬蜎,遠視皃。"李善注:"瞜眇蟬蜎,煙豔飛騰之皃。"此亦其證也。《大字典》第一義項據《玉篇》之誤而訓"遠視",應删。《字海》僅據《集訓》之謬而訓"遠視",亦誤。

88. 瞁

《玉篇·目部》:"瞁,許役切。驚視也。"(23上右)

按:《玉篇校釋》"瞁"字下注:"字本止爲'臭'。臭,犬視也。'瞁'爲後起分别文。"(863)胡氏所言是也。《正字通·目部》:"瞁,俗臭字。"(739上右)此説印證了胡氏的考釋成果。故"瞁"當即"臭"通過增加義符"目"旁而形成的後起分化字。

89. 瞙

《玉篇·目部》:"瞙,忙落切。《字統》云:'目不明。'"(23上右)

按:故宮本《裴韻》入聲鐸韻暮各反:"瞙,目暗。"(607)《廣韻》入聲鐸韻暮各切:"瞙,《字統》云:'目不明。'"(409)今案:"瞙"當即"膜"字之俗。佛經有此字用例，提供如下：《大正藏》本馬鳴菩薩造、後秦三藏鳩摩羅什譯《大莊嚴論經》卷第八：“我昔曾聞，漢地王子眼中生膜遍覆其目，遂至闇冥無所覩見，種種療治不能瘳除。”從文意來看，此“瞙”當即“膜”字之俗。又《大正藏》本元魏吉迦夜共曇曜譯《雜寶藏經》卷第六：“以此净眼呪，使差摩釋眼得清净，眼瞙得除。”“瞙”，宋、元、明本皆作“膜”。從文意來看，亦當以作“膜”爲是。又《大正藏》本唐般若譯《大方廣佛華嚴經》卷第二：“諸大聲聞亦復如是，雖復住在逝多林中，不見如來廣大神變。何以故？不樂種智，無明瞖瞙蔽其眼故；不曾種植一切智地勝善根故。”“瞖”，明本作“翳”。從文意來看，此“瞙”亦當爲“膜”字之俗。《大正藏》本元魏菩提流支譯《入楞伽經》卷第一：“此入大乘行，能破衆生種種瞖瞙、種種識波，不墮外道諸見行中。”“瞙”，宮、宋、元、明本皆作“膜”。又《大正藏》本唐菩提流支譯《不空羂索神變真言經》卷第二十五：“不爲一切鬼神嬈，眼中瞖瞙冷熱淚。”“瞙”，元、明、乙本皆作“膜”。以上二書是其證也。慧琳《音義》卷六一《根本説一切有部毗奈耶律》第三十一卷：“眼瞙，下音莫。《韻詮》云：‘瞙，眼病也。’《文字典説》云：‘如皮間瞙也。’從目。”(58，頁 677b7)此“瞙”亦當即“膜”字之俗。又慧琳《音義》卷七二《阿毗達磨顯宗論》第一卷：“瞖瞙，上一計反。《韻略》云：‘瞖，目障也。’《文字典説》云：‘瞖，目病也’從目，殹聲，音同上。下忙搏反。《説文》：‘膜，肉間瞙也。’”(58，頁 898a5)此“瞙”亦當即“膜”字之俗。此亦爲其證也。故“瞙”當即“膜”字之俗。“瞙”字訓“目不明”、“目暗”，當爲後人不識其爲“膜”字之俗而妄補。

90. 腌

《玉篇·目部》：“腌，烏感切。目也。”(23 上右)

按：《玉篇校釋》“腌”字下注：“‘目也’當作‘閉目也’。《廣韻》：‘腌，閉目。’《集韻》云：‘目閉也。’腌之言掩也。”(860)胡氏所言是也。《龍龕》卷四《目部》：“𥇖，俗；腌，正。於葉反。閜目也。二。”(424)“閜”“閉”字同。此亦其證也。《大字典》“腌”字據《玉篇》之謬而收録“眼睛”這一義項，非是。

91. 覙

《玉篇·見部》:"覙,力代切。内視也。"(23 上左)

按:《説文·見部》:"覙,内視也。从見,來聲。"(178 上)《玉篇校釋》"覙"字下注:"《繫傳》曰:'覙猶睞也。'《切韻》:'睞,亦作覙。内視也。'慧琳廿七·廿九:'《倉頡篇》:内視曰睞。'"(874)胡氏所言是也。《名義·見部》:"覙,力伐(代)反。内視也。睞字也。"(38 下)《新撰字鏡·見部》:"覙,力冉反。内視也。睞同。力代反。[目]瞳子不正也。睞非也。"(282)此亦其證也。故"覙""睞"即爲異體字。

92. 覢

《玉篇·見部》:"覢,且狄切。覢覰,面柔也。"(23 下右)

按:《名義·見部》:"覢,且狄反。[覢覰,]面柔也。"(39 下)《唐韻》入聲錫韻倉歷反:"覢,覢覰,面柔。《詩》本或作戚施。"(710)《廣韻》入聲錫韻倉歷切:"覢,視覢(覢覰),面柔。《詩》本或作戚施。"(423)《新修玉篇》卷十四《未部》引《廣集韻》:"覢,七宿切。覢覰,面柔。又千的切。覢覰,面柔。《詩》本或作戚施。"(132 下左)《爾雅·釋訓》:"戚施,面柔也。"郭璞注:"戚施之疾不能仰,面柔之人常俯似之,亦以名云。"《詩·邶風·新臺》:"燕婉之求,得此戚施。"毛傳:"戚施,不能仰者。"鄭箋:"戚施面柔,下人以色,故不能仰也。"故"覢覰"同"覢覰",二者本當作"戚施"。

93. 覰

《玉篇·見部》:"覰,息咨切。視也。"(23 下右)

按:《名義·見部》:"覰,胥鼇反。見也。伺字。"(39 上)《新撰字鏡·見部》:"覰,昌鼇反,去。視也;覰也。伺字。察見也。"(284)故"覰""伺"音義並同,即爲異體字。

94. 覡

《玉篇·見部》:"覡,呼格切。見。"(23下左)

按:此字《説文》《名義》皆未收,《廣韻》亦不録,《玉篇》收於《見部》之末,當即陳彭年等據俗書所增。《集韻》入聲陌韻郝格切:"覡,見也。"(734)"覡"疑即"覤"字俗訛。故宮本《王韻》入聲錫韻倉歷反:"覤,[覤]覎。"(519)然《唐韻》入聲錫韻倉歷反作:"覤,覤覎,面柔。《詩》本或作戚施。"(710)《廣韻》入聲錫韻倉歷切亦曰:"覤,覤覤(覤覎),面柔。《詩》本或作戚施。"(423)故"覡"當即"覤"字俗訛。"覡"字,《玉篇》音"呼格切",當爲望形生音;又訓"見",當爲望形生訓。《集韻》承襲《玉篇》音義之誤,疑亦非是。

95. 覬

《玉篇·見部》:"覬,口計切。見也。"(23下右)

按:《玉篇校釋》"覬"字下注:"疑與'頮'同。《頁部》:'頮,伺人也。'伺,察也。亦作'覤'。覤,見也。"(891)胡氏之説是也。《正字通·見部》:"覬,奇計切,音忌。伺人也。一曰恐也。與頮通。舊注訓見,誤。"(1043上)《正字通》所言印證了胡氏的考釋成果。《説文·頁部》:"頮,司人也;一曰恐也。从頁,契聲。讀若褉。"(183下)"見也"與"司人也"義同,故"覬"與"頮"音義並同,"覬"當即"頮"因涉義改換義符而形成的異體字。《大字典》《字海》直謂"覬"同"頮",即可。

96. 覴

《玉篇·見部》:"覴,力刃切。親也。"(23下右)

按:《玉篇校釋》"覴"字下注:"'親也'者,'覴'通作'鄰'。《左氏·昭十二年傳》:'倍其鄰者。'杜注:'鄰猶親也。'《廣韻》:'鄰,親也;近也。'《廣雅》:'親,近也。'又疑'親'爲'視'訛,'覴'與'瞵'同。《目部》'瞵'下引《倉頡篇》云:'視不了也。'《切韻》:'瞵,視也。'"(891)胡氏前説疑非,後説疑是。"覴"疑即"瞵"之異體字。《詳校篇海》卷一《見部》:"覴,力刃切,音吝。

視也。《玉篇》：'親也。'"(29 下)《字彙・見部》："覩,良刃切,音吝。視也;親也。"(445 上)《正字通・見部》："覩,力刃切,音吝。視也;親也。"(1043 下)從形義關係來看,"覩"字從"見",當以訓"視也"爲是,《玉篇》"親也"之訓當即"視也"之誤。胡吉宣據《玉篇》義訓之誤而謂"覩"同"鄰",且"見"旁、"邑"旁形義俱别,"鄰"無緣變作"覩",此説疑非是。《廣韻》平聲真韻力珍切："瞵,視兒。"(60)又去聲震韻良刃切："瞵,視不明兒。"(295)"覩""瞵"音義並同,又從見、從目義通,俗書常可換用,故"覩"當即"瞵"通過改換義符而形成的異體字。

97. 覤

《玉篇・見部》："覤,許逆切。出《莊子》。"(23 下左)

按:《玉篇校釋》"覤"字下注："《集韻》麥韻:'愬,驚懼謂之愬。或作虩覤。'……《心部》愬下引《周易》'愬愬終結',《説文》引《易》'履虎尾虩虩',今《履卦》作'愬愬','震來虩虩',荀作愬。"(892)《説文・虎部》："虩,《易》'履虎尾虩虩',恐懼。"(103 下)《易・震》："震來虩虩,笑言啞啞。"王弼注："虩虩,恐懼之貌也。""虩",《廣韻》"許郤切"。"覤"與"虩"音義並同,"覤"即"虩"之異體字。《集韻》入聲麥韻色責切："愬,驚懼謂之愬。或作虩(虩)覤。"(738)"虩""覤"與"愬"義同音異,當即異文關係,而非異體關係;而"虩""覤"並列,即爲異體關係,此是其證也。

98. 聑

《玉篇・耳部》："聑,書入切。耳動摇之兒。"(23 下左)

按:《玉篇校釋》"聑"字注文增"牛"字,並注曰:"'牛耳動摇之兒'者,'牛'字今補。《切韻》:'聑,牛耳兒。'《唐韻》作'牛耳鳴',鳴當爲動。《廣韻》云:'牛耳動也。'《集韻》云:'牛動耳兒。'案:字本止作'濕'。《詩・無羊》:'其耳濕濕。'毛傳:'濕濕,牛齝動耳兒。'"(899)胡氏所言是也。《名義・耳部》："聑,舒入反。牛耳動。"(39 下)《正字通・耳部》："聑,舊注:音濕。牛耳動貌。按:《詩・小雅》:'爾牛來思,其耳濕濕。'注:'潤澤也。'改作聑,訓耳動,非。"(868 上)以上二書並其證也。故"聑"當即"濕"因涉上文"耳"字及義訓類化影響換旁而形成的俗字。

99. 聏

《玉篇·耳部》:"聏,如志切。以牲告神欲神聽。"(24 上左)

按:《名義·耳部》:"聏,如至反。告神欲其聽也。"(40 下)《玉篇校釋》"聏"字下注:"字本作'衈'。《禮記·雜記》:'其衈皆於屋下。'鄭注:'衈謂將刲割牲(以)釁,先滅耳旁毛薦之。耳聽聲者,告神欲其聽之。'本書《血部》:'衈,耳血也。'……聏因祭神而變从申,申古神字。"(911)胡氏所言是也。《新撰字鏡·耳部》:"聏,如志反。衈,上字。"(119)此是其證也。故"聏"當即"衈"之異體字。

100. 聎

《玉篇·耳部》:"聎,牛戒切。不聽也。"(24 上左)

按:《名義·耳部》:"聎,牛介反。不聽也。"(40 下)《廣韻》去聲怪韻五介切:"聎,不聽也。"(286)《玉篇校釋》"聎"字下注:"'不聽也'者,《切韻》同,蓋並本《埤倉》。聎與聵同,《廣雅》聵訓爲聾,故《埤倉》申之云'不聽',猶以不聽申《廣雅》之聾也。《説文》聎、聲並爲聵之或體重文。"(913)胡氏所言是也。《説文·耳部》:"聵,聾也。从耳,貴聲。聎,聵或从叔。"(250 上)五代徐鍇《説文解字繫傳·耳部》:"聵,聎或从豙作。"(235 下)段玉裁注亦於"聵"字下增"聎"字或體"聎"曰:"聎,或从豙作。"(592 下)"聎"與"聎"音義並同,"聎"當即"聎"字之俗。《可洪音義》卷三:"聎,五恠反。正作聎、聵二形。生而自聾曰~也。"(59,頁 644b12)《〈可洪音義〉研究》"聵"字條(544)謂"聎"即"聵"字之俗,是也。《可洪音義》謂"聎""聵"同,此是其證也。故"聎"與"聵""聎"音義並同,即爲異體字。

101. 聰

《玉篇·耳部》:"聰,先口切。《字林》云:'聰摠名也。'聰,同上。"(24 上左)

　　按:《名義·耳部》:"聤,先口反。聰撚名也。"(40 下)《玉篇校釋》"聤"
字下注:"'聤'蓋由'脴'變易偏旁。《詩·靈臺》:'矇瞍奏公。'《晉語》:'瞍
賦矇誦。'《周官·瞽矇·典樂》以瞽瞍盲於視而聰於聽,古樂官多以瞽瞍充
職,引申爲聰稱,爲善聽,因變字从耳作聤。"(915)胡氏所言是也。《正字
通·耳部》:"聤,瞍字之訛。舊注:音叟。聰總名。誤。聰不必別立聤名。"
(866 下)《正字通》所言印證了胡氏的考釋成果。《中華大藏經》本宋張商
英述《護法論》:"若以上古未嘗有而不可行,則蚩尤瞽叟生於上古,周公仲
尼生於後世,豈可捨衰周之聖賢而取上古之凶頑哉?"(79,頁 588c2)"瞽
叟",《大正藏》本作"瞽瞍",則"瞽聤""瞽瞍""瞽叟"並同,此爲"聤"即"瞍"
之又一佐證。故"聤(聤)"即"瞍(脴)"因涉引申之義而改換義符所形成的
異體字。

102. 聧

　　《玉篇·耳部》:"聧,苦圭切。耳不相聽也。"(24 上左)

　　按:《玉篇校釋》"聧"字下注:"此'聧'當[與]上'聩'字爲一字。'聩'下
云:'聲之甚者曰聩。'原節引《方言》文,《廣韻》於'聧'字下引《方言》:'聲之
甚者,秦晉之間謂之聧。'"(918~919)胡氏所言是也。《正字通·耳部》:
"聧,同聩省。《説文》本作聩,舊注義與聩同,聧音奎,聩改音瓦入聲,誤分
爲二。"(866 下)《正字通》之説印證了胡氏的考釋成果。今本《方言》卷六
云:"聲之甚者,秦晉之間謂之聩。"(39)《廣雅·釋詁三》:"聩,聾也。"(223
下)故"聧"與"聩"形近義同,"聧"當即"聩"字之俗。

103. 聧

　　《玉篇·耳部》:"聧,丘言切。耳也。"(24 上左)

　　按:此字《説文》《名義》皆未收,《廣韻》《集韻》亦不録,《玉篇》收於《耳
部》之末,當即陳彭年等據俗書所增。《字彙·耳部》:"聧,丘廉切,音謙。
耳也。"(376 上)《正字通·耳部》:"聧,聧字之訛。舊注:音謙。耳也。耳
無聧名。"(866 下)《正字通》所言當是。《説文·耳部》:"聧,軍戰斷耳也。
《春秋傳》曰:'以爲俘聧。'从耳,或聲。"(251 上)"聧"字,本義指古代戰争

中割取所殺敵人的左耳,論數計功,引申義爲耳。《説文·又部》:"取,《司馬法》曰:'載獻聝。'聝者,耳也。"(59 上)《名義·耳部》:"聝,古獲反。軍戰斷耳也。"(40 下)《孔子家語·致思》:"攘地千里,搴旗執聝。"王肅注:"聝,截耳也,以效獲也。"故"聝"與"聝"義同,又韓小荆《〈可洪音義〉研究》(491)"或"俗作"戈","聝"字右旁所從當爲"或"字俗譌,"聝"當即"聝"字之譌。"聝"字俗作"聝",後人見其右旁從"戈",遂改其讀爲"丘言切",此當即望形生音,因爲"戈"字《廣韻》音"口覃切",與"丘言切"音近。

104. 嘢

《玉篇·口部》:"嘢,火牙切。口嘢嘢也。"(26 下右)

按:"嘢"即"呀"字之俗。《説文新附·口部》:"呀,張口皃。從口,牙聲。"(35 上)"呀",《廣韻》音"許加切"。"嘢"與"呀"音義並同,"嘢"當即"呀"字之俗。

105. 呠

《玉篇·口部》:"呠,匹本切。噴也。"(27 上右)

按:此字《名義》未收,《玉篇》收於《口部》之末,當即宋人據俗書所增。《玉篇校釋》"呠"字下注:"《集韻》上聲混韻同。似即噴、歕之簡化字。"(1047)胡氏所言是也。《正字通·口部》:"呠,俗噴字。"(141 下左)《正字通》之説印證了胡氏的考釋成果。《説文·口部》:"噴,一曰鼓鼻。""噴",《廣韻》音"普魂切"。"歕"當即"噴"之異部重文。"呠"與"噴""歕"音近義同,"呠"當即"噴""歕"之俗。

106. 哹

《玉篇·口部》:"哹,徂本切。大口也。"(27 上右)

按:《正字通·口部》:"哹,俗字。舊注:徂本切,存上聲。大口。誤。"(148 上)《正字通》謂"哹"爲俗字,是也。《玉篇校釋》"哹"字下注:"《集韻》混韻同,云:'或作暉。'"(1050)《説文·口部》:"暉,大口也。從口,軍聲。"

（30 下）述古堂影宋鈔本《集韻》上聲混韻粗本切："哻，大口也。或作嘩。"
（366）"哻"，宋刻本、揚州使院重刻本俱作"哻"，作"哻"是也。故"哻"即
"嘩"字之俗。

107. 噂

《玉篇·口部》："噂，于歸切。失聲。"（27 上右）

　　按：《大字典》《字海》皆無例證，佛經有"噂"字用例，可據補。《大正藏》
本東晉法顯譯《摩訶僧祇律》卷第十九云："佛住舍衛城，廣說如上。爾時六
群比丘從禪房中起在屏處闇地立，悚耳皺面反眼吐舌，作噂噂聲恐怖十六
群比丘。十六群比丘聞已，即心恐怖舉聲啼喚。佛知而故問：'是何等小兒
啼聲？'諸比丘以是因緣具白世尊。"下文又曰："色者，在闇地悚耳皺面反眼
吐舌，乃至曲一指噂噂作恐怖相，彼若畏若不畏。波夜提，是名色。聲者，
作象聲馬聲驢聲，如是等種種聲，或長聲卒止卒聲長引，乃至觳耳作恐怖
相，彼若畏若不畏。波夜提，是名聲。"又《卍新纂續藏》本唐道宣撰《四分律
鈔簡正記》卷第十二云："云五緣名吉羅者，六塵事一一等說者，謂將色等六
塵，示人令見，即云我見惡虫獸等。文雖廣列六塵，而怖相不顯。今鈔引祇
文釋。彼云色怖者，謂闇地悚耳，皺面反眼吐舌，乃至曰一指噂噂作怖相
等。""噂"當即"痏"字之俗。慧琳《音義》卷五八《音僧祇律》第十三卷："痏
痏，諸書作侑，籀文作煒，案《通俗文》：'於鬼反。痛聲曰痏，驚聲曰嚘。音
於簡反。'律文作噂、喂二形，非也。籀，音除救反。"（58，頁 605b1）此即其
證也。《玉篇》訓"噂"爲"失聲"，《集韻》又訓"噂"爲"呼聲""小兒啼聲"，疑
皆爲"痛聲"之變。

108. 哽

《玉篇·口部》："哽，許更切。利害聲。"（27 上左）

　　按：《正字通·口部》："哽，同諪。一曰哽字之訛。"（154 下）《正字通》
謂"哽"同"諪"，是也。《玉篇校釋》"哽"字下注曰："《集韻》爲'諪'之或體。
《切韻》去聲映韻：'諪，瞋語。'本書《言部》（255）：'諪，瞋語也。'原本引《廣
雅》：'諪，言也。'"（1058）《名義·口部》："諪，下更反。言也。"（85 上）"哽"

當即"諎"義通義符换用而形成的異體字。《正字通》謂"唪"一曰"啐"字之
訛,此説非是。《玉篇·口部》:"唪,魚葛切。言相訶岠(拒)也。"(25 下右)
《康熙字典·口部》:"唪,《唐韻》五葛切,音糵。《説文》本作啛。語相訶岠
(拒)也。从口岠辛,辛,惡聲也。"(191)"啛",《説文》作"㖓"。"唪"即"㖓"
之偏旁易位俗字,而"啐"又即"唪"字之俗。故"唪"與"啐"音義俱别,二者
不可混同,《正字通》此説非是。

109. 噫

《玉篇·口部》:"噫,匹問切。怒也。"(27 上左)

按:《玉篇校釋》"噫"字下注:"《廣韻》去聲問韻:'忿,匹問切。怒也。'
《集韻》同。並無'噫'字。《五音集韻》:'噫,怒聲也。'《説文》'意'爲籀文
'懑',滿也(本書今本誤分爲二字),是'噫'爲怒氣憤懣也。"(1056)胡氏所
言當是。"忿",《廣韻》音"匹問切",《集韻》又音"芳問切"。故"噫"與"忿"
音義並同,"噫"當即"忿"之異體字。"噫"疑即"忿"之俗體會意字,從口、意
(即口、滿)會"忿"之憤怒之義。

110. 吡

《玉篇·口部》:"吡,毗必切。鳴吡吡。"(27 上左)

按:《新修玉篇》卷五《口部》引《玉篇》:"吡,毗必切。鳴吡吡。同作
咇。"(44 下右)今本《玉篇》疑脱"同作咇"三字。故"吡""咇"當即異體字。

111. 嗐

《玉篇·口部》:"嗐,胡戛切。大開口。又胡蓋切。"(27 下右)

按:"嗐"當即"齘"字之俗。《説文·齒部》:"齘,齒相切也。从齒,介
聲。"(44 下)慧琳《音義》卷五九:"齘,下介反。《説文》:'齒相切也。'《三
倉》:'鳴齒也。'律文作嗐,未詳字所出也。"(58,頁 643a11)《新撰字鏡·口
部》:"嗐,齘字,非作。見《齒部》。"(117)又《新撰字鏡·齒部》:"齘,下介
反。齒相切也;鳴齒也。亦作嗐,非。"(123)《玉篇》"嗐"訓爲"大開口",與

"齒相切"義通，當由"齒相切"之義所變而來。故"嘻"即"齘"字之俗。

112. 鐅

《玉篇・齒部》："鐅，竹加切。齤鐅，大齒也。"（28 上右）

按：《玉篇校釋》已於"鐅"字下校"齒"爲"齼"，並注曰："'齤鐅，大齼也'者，'齼'原訛'齒'，今正。《廣雅・釋詁三》：'齤、鐅，齼也。'慧琳七九卷引作'大齼也'，蓋逕録本書原引《埤倉》文，誤爲《廣雅》也。"（1089）胡氏所言是也。《名義・齒部》："鐅，［鐅］齤，竹加反。大齼也。"（47 下）此是其證也。《大字典》《字海》"鐅"字下皆沿襲《玉篇》之謬而收録"大齒"這一義項，俱應删。

113. 鬚

《玉篇・髟部》："鬚，平紹切。鬚（當爲字頭誤重）髮白皃。又匹紹切。亂髮。亦作顠。"（28 下左）

按：《玉篇校釋》"鬚"字下注："《切韻》：'顠，髮白皃。亦作鬚。'《廣韻》《集韻》並以'鬚'爲'顠'之重文。"（1132）《集韻》上聲小韻匹紹切："顠，髮亂皃。或从髟。"（395）又下文婢小切云："顠，髮白皃。或作鬚。"（396）又《集韻》入聲屑韻鋪結切："鬚，髮皃。"（707）"鬚"音"鋪結切"，形音不諧，且《切韻》《廣韻》俱置小韻而屑韻未見收録，當即小韻之字又誤置於此，"髮皃"亦當爲"髮白皃"或"髮亂皃"之省。《大字典》"鬚"字下第三義項訓"頭髮貌"，當因沿襲《集韻》之謬而妄增，應删。故"鬚""顠"音義並同，即爲異體字。

114. 扜

《玉篇・手部》："扜，於娛、口孤二切。持也。《説文》曰：'指麾也。'"（30 下左）

按：《玉篇・弓部》又曰："弙，於孤、口孤二切。持也；指麾也；引也。"（80 下左）《玉篇校釋》"弙"字下注："'持也；指麾也'者，通作'扜'。《手部》：'扜，持也。《説文》曰：指麾也。'又'引也'者，《吕覽・壅塞》：'因扜弓而射之。'高注:'扜,引也。'《大荒南經》:'有人方扜弓射黄蛇。'郭注:'扜,挽也。'本書:'挽,引也。'"(3204)胡氏所言是也。《新撰字鏡·弓部》:"弙,於孤反。弓[滿]也。又扜字。扜持也;張[也]。"(597)此是其證也。故"扜""弙"音義並同,即爲異體字。

115. 擩

《玉篇·手部》:"捼,儒佳、奴和二切。《説文》云:'摧也。一曰兩手相切摩也。'"(30上左)下字曰:"擩,如專切。摧物也。"(30上左)

按:《玉篇校釋》"捼"字下注:"二徐《説文》作'推也'。《文選·長笛賦》注、慧琳各卷及《廣韻》引並爲'摧也',段、王並據正。"(1207)又下文"擩"字下注:"'摧物也'者,《切韻》:'擩,摧也。亦作捼。'《廣韻》云:'摧物也。'《集韻》:'捼,或作挼、擩。'"(1207)胡氏所言是也。《名義·手部》:"捼,而和反。摧也。兩手相、(當衍)切也。擩,捼字。"(53上)可見原本《玉篇》所見《説文》亦訓"捼"爲"摧也",且原本《玉篇》應以"擩"爲"捼"字之重文。二徐本《説文》訓"推也",當爲"摧也"之訛。故宮本《王韻》平聲仙韻而緣反:"擩,摧。亦作攓(捼)、捼。又而爲、乃口(和)反。"(368)故宮本《王韻》同。《廣韻》平聲仙韻而緣切:"擩,摧物。"(87)《集韻》平聲仙韻奴禾切:"捼,《説文》:'推也。一曰兩手相切摩也。'或作挼、擩。"(202)《集韻》"捼"字引《説文》作"推也",亦當爲二徐本《説文》所誤。故《大字典》第一義項訓"摧物",可併入第四義項中去,並校《集韻》之"推也"爲"摧也","而緣切"之音以"又音"的形式出現在"奴禾切"之後。也可如《字海》分爲兩個義項,並謂同"捼"。

116. 摏

《玉篇·手部》:"摏,舒庸切。《左氏傳》云:'以戈摏其喉。'摏,衝也。"(31上右)

按:《玉篇校釋》"摏"字下注:"引《左氏》爲《文十二年傳》文,'摏,衝也'者,杜預文。彼文云'富父終甥摏其喉以戈',此蓋顧概括引之,非必所見本異也。《史記·魯周公世家》作'舂其喉',《集解》引服虔曰:'舂猶衝也。'

《釋名》：'舂，撞也。'《切韻》云：'撶，撞也。'本書'舂，擣也。'舂、撶亦古今字。"（1249）胡氏所言是也。《正字通·手部》："撶，苦中切，音舂。擣也。《左傳》：'富父終甥撶其喉以戈。'本借舂，俗加手。舊注分爲二，非。"（420上）《正字通》所言印證了胡氏的考釋成果。故"撶"當即"舂"通過增加義符而形成的異體字。

117. 揀

《玉篇·手部》："揀，力竊切。運也。"（31上右）

按：《玉篇校釋》"揀"字下注："'運也'者，《廣韻》：'揀，擔運物也。'慧琳引《考聲》：'揀，運也。'（六四·八）又（五二·六）：'《淮南子》：揀載粟米而至。許叔重曰：揀，擔之也（六四卷作：擔負也）。《說文》闕此字。《玉篇》或作輦，亦通。'是本書原有引《淮南·人間》篇及許注文。今本作'服輦載粟而至'，俗本作'負輦粟而至'，《太平御覽》引作'揀載粟而至'，本書於引《淮南》下尚有'今或爲輦字，在《車部》'云云。"（1250）胡氏所言是也。《名義·手部》："揀，力竊反。擔也。"（55下）《左傳·莊公十二年》："南宮萬奔陳，以乘車輦其母，一日而至。"《後漢書·張衡傳》："或輦賂而違車兮，運行產而爲封。"李賢注："輦，運也。""輦"，《廣韻》音"力展切"。"揀""輦"音義並同，"揀""輦"即爲異體字。《正字通·手部》："揀，《正韻》揀通作輦，音義同。"（420下）此說亦印證了胡氏之說。故"揀"當即"輦"之異體字。

118. 摖

《玉篇·手部》："摖，下結切。束縛也。"（31上左）

按：《名義·手部》："摖，下結反。圍係也；束也。"（56上）《玉篇校釋》"摖"字下注："'束縛也'者，當作'束也；縛也。'……'摖'本止爲'絜'。《莊子·人間世》：'絜之百圍。'《釋文》：'絜，約束也。'"（1265）胡氏所言是也。《漢書·陳勝項籍傳贊》："試使山東之國與陳涉度長絜大。"顏師古注："絜，謂圍束之也。"玄應《音義》卷十六："絜，束也；繫也。《字林》：'麻一耑也。'"（57，頁57b18）"絜"，《廣韻》音"古屑切"，又音"胡結切"。故"摖""絜"音義並同，"摖"當即"絜"通過增加義符而形成的異體字。

119. 挒

《玉篇·手部》：“挒，七没切。摩也。”（31 上左）

按：《廣雅·釋詁三》：“挒，磨也。”曹憲音：“七結反。”《玉篇校釋》“挒”字下注：“‘摩也’者，《廣雅·釋詁三》：‘挒，磨也。’本書引皆作‘摩’，‘摩’與‘磨’通。《集韻》引《字林》‘挒，摩也’，《切韻》同，古止作‘切’。《詩·淇奥》：‘如切如磋，如琢如磨。’《吕覽·先識》：‘男女切倚。’高注：‘切，磨也。’《淮南·原道》：‘切循把握。’高注：‘切，摩也。’”（1270）胡氏所言是也。《文選·傅毅〈舞賦〉》：“摘齊行列，經營切儗。”李善注：“切，相磨切也。”“切”，《廣韻》音“千結切”。“挒”與“切”音義並同，“挒”本當作“切”。

120. 擉

《玉篇·手部》：“擉，初朔切。指也。《莊子》曰：‘冬則擉鱉於江。’刺鱉也。”（31 下右）

按：《玉篇校釋》“擉”字下改“指”爲“挏”，並注曰：“‘挏也’者，‘挏’原訛‘指’，今正……上‘籍’下引《周禮》‘鱉人掌以時籍魚鱉龜蜃’，鄭衆曰：‘籍謂以杈刺泥中搏取之。’《國語》‘矠魚鱉’，《説文》引作‘籍’，本書《矛部》：‘矠，矛屬。’《廣韻》云：‘以叉矛取物也。’《集韻》：‘擉，或作籍、挏。’《唐韻》擉音踔。《廣韻》：‘㲄，刺也。’音踔。本書云：‘㲄 㲎，痛也。’亦謂刺痛也。擉、籍、矠、挏、㲄 並同。”（1279～1280）胡氏所言是也。《集韻》入聲覺韻測角切：“擉，刺取鱉蜃也。或作籍、揬（挟）、挏。”（660）下文仕角切曰：“挏，刺也。或作矠、掖、籍。”（660）故“擉”與“籍”“挏”“矠”“掖”“㲄”諸字當並即異體字。

121. 摞

《玉篇·手部》：“摞，力戈切。理也。”（31 下右）

按：《名義·手部》：“摞，力戈反。理也。”（57 下）《玉篇校釋》“摞”字下注：“‘理也’者，《切韻》同，《廣雅·釋詁二》作‘搽，理也。’‘搽’與‘摞’同。

疏證云：‘撛之言纍也。《說文》：纍，綴得理也。《禮記·樂記》：累累乎端如貫珠。’”(1280)胡氏所言是也。《正字通·手部》：“撛，同擸。《博雅》：‘理也。’舊注誤分爲二。”(425下)《正字通》之說印證了胡氏的考釋成果。錢大昭《廣雅疏義》：“擸者，力戈切。《玉篇》：‘擸，理也。’本此。舊本作撛，今訂正。”(150上)故正如“累”同“纍”，“擸”“撛”亦當爲異體字。

122. 捴

《玉篇·手部》：“捴，吕結切。捺也。”(31下右)

按：《玉篇校釋》“捴”字下注：“‘捺’義未詳，疑字之誤。《廣韻》引《埤倉》：‘捴，搣也。’《集韻》：‘捴，捩也。’本書：‘搣，猛暴也。’‘捩，拗捩也。’搣捩猶桀戾。捴猶烈也，聲義相洽。”(1283)胡氏所言是也。《名義·手部》：“捴，吕結反。搣也；分也；擘也。”(57下)《新撰字鏡·手部》：“捴，口（吕）結反。裂字。分也；辟（當爲“擘”之訛）也。”(568)故《玉篇》之“捺”當爲“搣”之形誤，“捴”訓“搣”“捩”，即“烈”字。此外，“捴”又訓“分也”“擘也”，即爲“裂”之異體字，《大字典》《字海》以上義項未收，可據補。

123. 摋

《玉篇·手部》：“摋，寺劣切。拈也。”(31下右)

按：《玉篇校釋》“摋”字下注：“‘拈也’者，《切韻》同。一作‘揃’，《唐韻》作‘菝’，拈也，專絕反。《廣韻》：‘菝，枯也。’《集韻》：‘摋，或作揃、揃。’又：‘揃，拈也。’又：‘菝，撮出皮也。’‘摋’又收屑韻，云：‘斷絕也。’本書：‘摋，斷絕也。’‘摋’即‘摋’之訛分，本止爲叟。《叟部》：‘叟，撮也。’拈、撮義同。《攴部》：‘揃，枯也。’枯、拈形近，折、斷義同。”(1276)又《玉篇·手部》：“摋，子結切。斷絕也。”(32下右)《玉篇校釋》“摋”字下注：“此即‘摋’之訛分字。《集韻》分收屑、薛二韻，《屑》云：‘斷絕也。’《薛》云：‘拈也。’字並作‘摋’。《切韻》又作‘揃’，《唐韻》作‘菝’，本書《攴部》作‘揃’，字變從折聲，故爲斷絕義。此則變從冂聲。”(1322)胡氏所言當是。《名義·手部》：“摋，囚（囚）劣反。枯也。”(57上)“摋”與《玉篇》之“摋”音義相同，且位置相同，當爲一字，“枯”當即“拈”之形誤。《名義》未收“摋”字。《新修玉篇》

卷六《手部》九畫引《玉篇》："撥，子結切。斷絕也。《韻》又寺絕切。拈也。"
（56 下左）《篇海》卷十二《手部》九畫引《玉篇》"摁"字之下"揹"字之上云：
"撥，寺劣切。與菝同。"（759 上）《篇海》卷十二《手部》十畫又引《玉篇》：
"撥，子結切。斷絕也。"（760 上）《新修玉篇》卷六《手部》十畫內無與《篇
海》相對應的字。《新修玉篇》卷六《手部》九畫引《玉篇》"摁"字之下"揹"字
之上云："撥，子結切。斷絕也。"（56 下左）由此可以看出，《篇海》"子結切"
之"撥"和《新修玉篇》"子結切"之"撥"位置是重合的，二者當爲同字異寫。
《新修玉篇》卷六《手部》九畫內引《玉篇》又云："撥，子結切。斷絕也。又寺
絕切。拈也。"（56 下左）這也就表示《新修玉篇》有意無意之間把"撥""撥"
二字等同起來。由此可見，邢準是把"撥""撥"兩字認同爲一字的。《集韻》
"撥"字，分收屑、薛二韻，《集韻》入聲屑韻子結切："撥，斷絕也。"（700）下文
入聲薛韻似絕切："撥，拈也。或作菝、菭。"（708）字並作"撥"。故"撥"當即
"撥"字之俗，而"撥"與"菝""撥""菝""菭"諸字音義並同，並爲異體字。《大
字典》《字海》皆應於"撥"字下增收"子結切"、"斷絕也"這一音義，並於"撥"
字下謂"撥"當即"撥"字之俗。又《説文・夋部》："曼，撮也。從受，從己。"
（84 下）"曼"，《廣韻》音"龍輟切"。"撥"與"曼"音義並近，"撥"當本作
"曼"。

124. 撨

《玉篇・手部》："撨，子了切。剽截也。"（31 下左）

按：《玉篇校釋》"撨"字下注："'剽截也'者，此與《艸部》'蒩，似菁菜'字
爲同形異文。通作'剿'。《刀部》：'剿，絕也。'重文作勦。原本引《尚書》孔
傳：'剿，截也。'亦通作樔。《漢書・外戚傳》：'命樔絕而不長。'集注：'樔，
截也。'又與'撨'亦通。（224）：'撨，擊也。'《廣雅三》：'撨，擊也。'又一：
'撨，取也。'《廣韻》作'蒩取也'。'蒩'與'撨'同，謂截取也。"（1285）胡吉宣
謂"'剽截也'者，此與《艸部》'蒩，似菁菜'字爲同形異文"，此説非是。《名
義・手部》："撨，子紹反。截也；擔也。"（57 下）故《玉篇》此處作"撨"，當即
"撨"字誤刻，而非與《艸部》之"蒩"爲同形異文。《大字典》轉録《玉篇》校作
"撨"，是也。胡吉宣謂"撨"同"剿""剿"，是也。《新撰字鏡・手部》："撨，
𩂟（剿）字。截也；擔字（也）。"（568）"𩂟"當即"剿"字之俗。此是其證也。

又"攃"字,《名義》《新撰字鏡》皆收録"擿也"之義,《大字典》未收這一義項,可據補。

125. 擴

《玉篇·手部》:"擴,古莫切。引張之意。搹,同上。"(31 下左)

按:《名義·手部》:"擴,古鑊反。張弩也。"(58 上)《玉篇校釋》"擴"字下注:"'引張之意'者,字本作彉。《弓部》:'彉,張也。'重文作彍。《説文》:'張弓弩也。讀若郭。'"(1285～1286)胡氏所言是也。《新撰字鏡·手部》:"擴搹,同。古鑊反。彍字。張弩也。"(568)此即其證也。故"擴""搹"本當作"彉(彍)"。

126. 挼

《玉篇·手部》:"挼,奴和、奴回二切。擊也。"(31 下左)

按:《玉篇校釋》"挼"字下注:"案:'挼'與'捼'同。"(1292)胡氏所言是也。《新撰字鏡·手部》:"挼捼,同作。素回反。擊也。"(558)此是其證也。故"挼"訓"擊也",與"捼"音義並同,即爲異體字。

127. 撥

《玉篇·手部》:"撥,子公切。數也。"(31 下左)

按:《玉篇校釋》"撥"字下注:"'數也'者,'撥'與'徿'同。數具'疾數'與'束數'二義。《彳部》:'徿,數也。'引《詩》'越以徿邁',今《詩》假'鬷'。毛訓數,謂疾數也,義本爲'娷'。鄭訓總,謂計數也。《説文》:'總,聚束也。'本書《糸部》'總'下云:'束數之總爲稯字,在《禾部》。'又'緵'下云:'《字書》亦稯字也。'《禾部》:'稯,禾束也。'緵者絲數八十緵,稯者禾數四十秉也。本部'揔':'合也。'揔,俗總字。'撥'即'緵''稯'。"(1291～1292)胡氏所言是也。《正字通·手部》:"撥,緵字之訛。"(417 上)儘管"撥"與"稯""緵""徿"諸字音義並同,但從字形演變來説,"撥"疑即"稯"字俗訛,因"扌"旁、"禾"旁俗寫形近,常可訛混,故"稯"訛作"撥"。

128. 搶

《玉篇·手部》:"搶,初庚切。攙搶,妖星也。"(32 上右)

按:《玉篇校釋》"搶"字下注:"'攙搶,妖星也'者,《切韻》同。《爾雅·釋天》:'彗星爲欃槍。'孫炎注:'欃槍,妖星也。'字從木。本書《木部》'欃'下引之……'攙搶'與'欃槍'同。字從木、從手者,別體用動靜耳。"(1298)胡氏所言是也。《正字通·手部》:"搶,又庚韻,音撑。攙搶,彗星。即欃槍。相如《大人賦》'攬攙搶以爲旌',杜甫詩'戮力掃攙搶',從槍爲正。"(419 下~420 上)此説印證了胡氏的考釋成果。故"攙搶"當即"欃槍"之俗。

129. 攔

《玉篇·手部》:"攔,力丹切。遮攔也。"(32 上右)

按:《玉篇校釋》"攔"字下注:"'遮攔也'者,本止作'闌'。《説文》:'闌,門遮也。'《廣雅·釋詁二》:'闌,遮也。'又《釋言》:'闌,閑也。'《釋宮》:'闌,牢也。'"(1300)胡氏所言是也。《正字通·手部》:"攔,離閑切,音蘭。遮遏。通作闌。"(431 下)《正字通》所言印證了胡氏的考釋成果。《馬王堆漢墓帛書·戰國縱橫家書·朱己謂魏王章》:"晉國去梁(梁)千里,有河山以闌之。"此"闌"即"遮攔"之義。故"攔"當即"闌"通過增加義符而形成的後起分化字。

130. 拷

《玉篇·手部》:"拷,苦老切。打也。"(32 上右)

按:《玉篇校釋》"拷"字下注:"《集韻》上聲卅二晧:'拷,掠也。'《類篇》同。《詩·山有樞》:'弗鼓弗考。'毛傳:'考,擊也。'《廣雅·釋詁三》:'攷,擊也。'曹音考。《説文》:'攷,敏也。''敏,擊也。'慧琳:'《考聲》:拷,捶也;打也;擊也。音考。又珂老反。又引《考聲》云:榜掠,拷擊也。'……《詩》假壽考字爲之,後隨增益偏旁爲拷。"(1305)又《廣雅·釋詁二》:"考,問也。"

《文選·張衡〈東京賦〉》:"卜征考詳,終然允淑。"李善注引薛綜曰:"考,問
也。"《後漢書·竇武傳》:"時國政多失,内官專寵,李膺、杜密等爲黨事考
逮。"故"拷"與"考""攷"音義並同,三者之間的關係當是:"拷"本作"考",同
"攷"。

131. 拰

《玉篇·手部》:"拰,日之切。挐也。"(32 上右)

按:此字《名義》未收,《玉篇》收於《手部》之末,當即陳彭年等據俗書所
增。"拰"疑即"謕"之異體字。《廣雅·釋詁三》:"謕,挐也。"(201 下)原本
《玉篇·言部》:"謕,《廣雅》:'謕,挐也。'《字書》:'亦挐字也。'"(292)"挐"
"挐"字同,義爲"持也"。《説文·手部》:"挐,持也。从女,如聲。"(258 上)
桂馥義證:"挐,通作拏。拘捕有罪曰拏,今俗作拿。""拰"與"謕"義同,"拰"
當即"謕"因涉義而改换義符所形成的異體字。"謕",《集韻》音"女加切";
"拰",《玉篇》音"日之切",當爲陳彭年等不識其爲"謕"字異體,又見其從
"而"所妄改,因爲"而"字《廣韻》音"如之切"。

132. 搧

《玉篇·手部》:"搧,式戰切。動也。又失然切。"(32 上左)

按:《玉篇校釋》"搧"字下注:"《集韻》收去聲綫、下平仙,並云'批也',
《類篇》同。戴侗《六書故》云:'挺,俗作搧。掌擊也。挺重於批。'今俗謂批
頰曰搧。此訓動者,即扇動也,爲扇之引申義,亦作煽、偏。"(1315～1316)
胡氏所言是也。故《大字典》"搧"字下第一義項、《字海》"搧"字下第三義項
同"挺"。"搧"訓"施展"本亦作"扇"。唐宋璟《請停東宫上禮表》:"而垂拱
神龍,更扇其道。"唐封演《封氏聞見記·聲韻》:"時王融、劉繪、范雲之徒,
皆稱才子,慕而扇之。"《續資治通鑒·宋真宗咸平二年》:"聞朝廷中有結交
朋黨,互扇虛譽。"以上例中之"扇"皆訓"宣揚;傳播"。"宣揚;傳播"與"施
展"義亦相通,故"搧"訓"施展",本亦作"扇"。

133. 揊

《玉篇·手部》:“揊,古鍩切。改也。”(32 上左)

按:此字《名義》未收,《玉篇》收於手部之末,當即宋人據俗書所增。《玉篇校釋》“揊”字下注:“‘改也’者,‘揊’亦‘革’之後出或體,惟非原本所録。《集韻》《類篇》並云:‘揊,改也。’”(1319)胡氏所言是也。《正字通·手部》:“揊,舊注與革義近,加手作揊,非。又音夾,義同,亦非。”(416 下)《正字通》所言印證了胡氏之説。《玉篇·革部》:“革,居核切。改也。”(123 上左)玄應《音義》卷十四《四分律》第三十八卷:“革,更也。”(56,頁 1031b23)“揊”與“革”音義並同,“揊”即“革”通過增加義符而形成的後起分化字。

134. 蹎

《玉篇·足部》:“蹎,丁千切。蹎跋也。”(33 下右)

按:《玉篇校釋》“蹎”字下注:“‘蹎跋也’者,《説文》:‘蹎,跋也。’又:‘跋,蹎跋也。’慧琳八七·六:‘孔注《尚書》:蹎覆,反倒也。《説文》:蹎,跋也。《聲類》:蹎,頓仆也。《廣雅》:仆也。亦作顛、趚。’即本書原文。《詩·賓筵》:‘無使顛仆。’《釋文》:‘顛,本作傎。’《荀子·正論》:‘蹎跌碎折。’楊注:‘蹎與顛同。’本書《人部》:‘傎,殞也;仆也;倒也。’重文作‘傎’。《走部》:‘趚,《説文》云:走頓也。’並異部重文,蹎跋、顛覆、傎仆、顛沛亦一語之轉。”(1385～1386)胡氏所言是也。《新撰字鏡·足部》:“蹎,又作傎、趚二形。丁賢反。傎倒也。”(132)此亦其證也。故“蹎”與“趚”“顛”“傎”“傎”諸字並爲異體字。

135. 蹀

《玉篇·足部》:“蹀,徒頰切。走聲也。”(34 上右)

按:《名義·足部》:“蹀,徒頰反。走聲也。”(62 上)《玉篇校釋》“蹀”字下注:“‘走聲也’者,《切韻》云:‘小走聲’,蓋與上‘蹀’爲‘徐細步’同。蹀之言疊也,小步重疊往來有聲也。”(1410)胡氏所言是也。《正字通·足部》:

"躒,俗蹀字。"(1128 上)此説印證了胡氏的考釋成果。慧琳《音義》卷二四《方廣大莊嚴經序品》第八卷:"躞蹀,上暹葉反,下恬叶反。《考聲》:'躞蹀,小步兒也。'許叔重注《淮南》云:'蹀,蹋也。'顧野王:'徐細步也。'"(57,頁901a5)故"躒"與"蹀"音同義通,當爲異體字。

136.躝

《玉篇·足部》:"躝,六安切。踰也。"(34 上左)

按:《名義·足部》:"躝,火(六)安反。踰也。"(63 上)《玉篇校釋》"躝"字下注:"慧琳四八·廿:'闌,又作躝,同。《通俗文》:縱失曰闌。'《漢書·成帝紀》:'闌入尚方掖門。'應劭曰:'無符籍妄入宮曰闌。'妄入即踰越縱失也。"(1422)胡氏所言是也。《正字通·足部》:"躝,舊注:音闌。踰也。按:史傳通作闌。《正韻》十刪分闌、躝爲二,泥。"(1127 下)《正字通》所言印證了胡氏之説。故"躝"當即"闌"通過增加義符而形成的後起分化字。

137.踶

《玉篇·足部》:"踶,普計切。偶也。"(34 上左)

按:《名義·足部》:"踶,普計反。踦也。"(63 上)《玉篇校釋》"踶"字下注:"'偶也'者,《切韻》:'媲,配也。亦作踶。'本書《女部》'媲'下引《爾雅》曰:'妃也。'郭注:'相偶媲也。'媲之言比也,比於夫爲媲,比於父爲妣,其義一也。《廣雅·釋言》:'踶,踦也。'疏證云:'未詳。'竊疑'踦'爲'倚'之假借,非取一足踦之本意。《方言》:'踦,倚也。'本書'踦'下引《書》'踦乃身',今本作'倚'。倚,依倚,亦比偶意也。"(1423~1424)胡氏所言當是。《新撰字鏡·足部》:"踶,普計反。亦作媲字。踦也。"(135)《廣韻》去聲霽韻匹詣切:"媲,配也。踶,上同。見《管子》。"(272)故"踶"當即"媲"之異體,而"踶"字《廣雅》訓"踦",當如胡吉宣所説爲"倚"之通假。

138.𨂁

《玉篇·足部》:"𨂁,式延切。行。"(34 下右)

　　按:《玉篇校釋》"踵"字下注:"《集韻》仙韻同。'踵'即'延'之增益偏旁。《説文》:'延,長行也。'"(1431)胡氏之説是也。《正字通·足部》:"踵,俗延字。"(1120 上)《正字通》所言印證了胡氏的考釋成果。故"踵"當即"延"之增旁俗字。

139. 踜

　　《玉篇·足部》:"踜,魯登切。蹶也。"(34 下右)

　　按:《玉篇校釋》"踜"字下注:"'蹶也'者,《集韻》同,此'蹶'爲跳躍、踰越義。古文爲'夌'。夌,越也。字從夊即足,今作陵、越。"(1432)胡氏所言是也。《正字通·足部》:"踜,俗夌字。《正韻》十八庚:夌,越也。亦作陵、凌。"(1121 下)《正字通》所言印證了其説。《説文·足部》:"蹶,一曰跳也。"(47 上)故此"蹶"當即《説文》"一曰"之義,而非"僵仆,跌倒"之義。故"踜"本作"夌",同"陵""凌""越"。

140. 距

　　《玉篇·足部》:"距,曲王切。距躟,行遽也。"(34 下右)

　　按:《集韻》平聲陽韻曲王切:"距,距躟,行遽。"(218)《直音篇》卷二《足部》:"距,音匡。足距也。"(66 上)《直音篇》訓"距"爲"足距也",於前代字書、韻書皆無徵,此訓非是。《大字典》"距"字下據《直音篇》收録"足距"這一義項,疑亦非是。今案:"距躟"當同"劻勷"。箋注本《切韻》(斯 2071)平聲陽韻汝陽反:"勷,劻勷,迫兒。"(122)同一小韻去王反又曰:"劻,劻勷,迫兒。"(123)敦煌本《王韻》、故宮本《王韻》、故宮本《裴韻》、《廣韻》皆同。唐韓愈《劉統軍碑》:"新師不牢,劻勷將逋。"元佚名《參知政事賈公神道碑》:"大道劻勷,動乃爲曹。"故"距躟"與"劻勷"音同義通,"距躟"當同"劻勷"。

141. 蹺

　　《玉篇·足部》:"蹺,去堯切。舉足。"(34 下右)

　　按:《玉篇校釋》"蹺"字下注:"《廣韻·宵韻》:'蹺,揭足。去遙切。'本書：'蹻，舉足行高也。'《走部》：'趫，舉足也。''趬，《説文》：行輕皃。一曰：
舉足也。'《羽部》：'翹，舉也。'諸字並同。凡字從堯、從喬聲者，多爲高舉
義。"(1431)胡氏所言當是。《新修玉篇》卷七《足部》引《玉篇》："蹺，去幺
切。《説文》曰：'行輕皃。一曰趬，舉足也。'或從走。《韻》又去遥切。揭
足。"(65上右)此是其證也。故"蹺"與"趬""趫""蹻"諸字即爲異體字。

142. 跟

《玉篇·足部》："跟，相俞切。足行也。"(34下右)

按：《玉篇校釋》"跟"字下注："此音相俞切則爲从須省聲，足行疑當爲
足容。"(1429)胡氏所言非也。《名義·足部》："跬，羌菙反。近（也），踦
也。"又下字："跟，丁千反。跬也。"(61下)吕浩《〈篆隸萬象名義〉校釋》
(101B)謂"丁千反"當作"千丁反"，非也。"跟"即"跬"之異體字，《廣韻》音
"丘弭切"，"千丁反"不能切"跟"字，"丁千反"亦非"跟"之反切，此音當即上
文"蹎"之反切誤抄於此。《名義·足部》："蹎，丁千反。跋也；頓仆也。"(61
上)此外，吕浩《〈篆隸萬象名義〉校釋》校"跟"爲"蹎"，"跟""跬"皆無"蹎也"
之訓，此説亦非。"跟"與"頋"形義俱近，"跟"當即"頋"字之俗。《新撰字
鏡·足部》："頋，去弭反。趌字，又跬字。步弗敢忘也。"(137)此即其證也。
《方言》卷十二："跬，半步爲趌。"錢繹箋疏："《説文》：'跬，半步也。'讀若跬
同，趌、跬古今字。"故"趌""跬"即義符換用而形成的異體字。"步弗敢忘
也"即因誤截所引《禮記·祭義》之文而致的訓釋失誤。《禮記·祭義》："故
君子頃步而弗敢忘孝也，今予忘孝之道，予是以有憂色也。"鄭玄注："頃當
爲跬，聲之誤也。"孔穎達疏："頃讀爲跬，缺婢反，又丘弭反。一舉足爲跬，
再舉足爲步。"(1599)《玉篇·足部》："跬，羌棰切。舉一足。"(33下左～34
上右)故"跟"即"跬"之異體，"跟"又當即"頋"字俗省，亦即"跬"字。"跟"，
《玉篇》音"相足切"，即因不識其爲"頋"字之俗而誤以爲其從"須"省聲而
誤也。

又《新修玉篇》卷七《足部》引《川篇》："跟，音須。"(65上左)《篇海》卷
八《足部》引《川篇》："跟，音洒（須）。走也。"(714下右)《直音篇·足部》：
"跟，音須。足行也。跟，同上。"(64下)"跟"即"跟"字俗寫。"跟"與"跟"
音義並同，亦即"頋"字之訛，同"跬"。"頋"訛變爲"跟"後，後人不識其爲

"頣"字之變而改其讀爲"音須",此即望形生音也。

143. 詰

《玉篇・足部》:"詰,許吉切。行也。"(34 下左)

按:《玉篇校釋》"詰"字下注:"'詰'與'趌'同。《切韻》:'趌,走皃。'《廣韻》:'佶,行也。'《集韻》:'佶,行皃。'皆無'詰'字。本書《走部》:'趌,趌遏,怒走也。'"(1440)胡氏所言是也。《正字通・足部》:"詰,同趌。"(1119 下)《正字通》所言印證了胡氏之説。《説文・走部》:"趌,趌遏,怒走也。从走,吉聲。"(36 下)"趌",《廣韻》音"居質切",又音"去吉切"。"詰""佶"與"趌"音義并近,"詰""佶"當並即"趌"通過義近義符換用而形成的異體字。

144. 跙

《玉篇・足部》:"跙,女六切。行。"(34 下左)

按:此字《説文》《名義》皆未收,《玉篇》收於《足部》之末,當即宋人據俗書所增。《玉篇校釋》"跙"字下注:"《集韻》同,'跙'即'蹂'。蹂,踐也。踐,行也。《爾雅》釋文引《字林》:'蹂,或作狃。'狃變易偏旁爲跙,字本作肉。"(1442)胡氏所言是也。正如"粗"同"糅","跙"當爲"蹂"之異體字,本作"肉"。

145. 蹃

《玉篇・足部》:"蹃,徒沃切。行不正。"(34 下左)

按:《玉篇校釋》"蹃"字下注:"'行不正'者,'正'當爲'止',涉上文'跙'下注而誤。《集韻・沃韻》:'蹃,行不止。或作嘍。'本書《止部》:'嘍,不止皃。'蹃之言篤也,篤篤然緩行不止也。"(1440)胡氏所言是也。《新修玉篇》卷七《足部》引《玉篇》:"蹃,徒沃切。行不止也。"(64 下右)此是其證也。《大字典》《字海》"蹃"字下並以"行不正"爲正,以"行不止"爲"一説",俱失考證。

146. 膂

《玉篇·骨部》：“膂，乙吕切。肩骨也。”(35 上右)

按：《名義·骨部》：“膂，於(當衍)乙吕反。肩骨也。”(64 上)《玉篇校釋》“膂”字下注：“‘肩骨也’者，《切韻》同。案：即上‘骺’之或體。”(1458)胡氏所言當是。《玉篇·骨部》：“髑，胡葛切。髑骺，肩骨。”下字曰：“骺，羽俱切。髑骺，缺盆骨。”(35 上右)據原本《玉篇》說解體例，“肩骨”“缺盆骨”當列於“髑”字下，而於“骺”字下僅注“髑骺”。“膂”與“骺”音近義同，二者當爲聲符換用而形成的異體字，“髎”又即“膂”通過偏旁易位而形成的異體字，亦同“骺”。

147. 膺

《玉篇·骨部》：“膺，於仍切。凶也；親也；受也。亦作膺。”(35 上右)

按：“膺”訓“凶也”，於文獻無徵，其訓可疑。《名義·骨部》：“膺，於仍反。親也；當也；受［也］。”(64 下)《新修玉篇》卷七《骨部》引《玉篇》：“膺，於仍切。胥也；親也；受也。亦作膺。”(66 下左)《說文·肉部》：“膺，智也。”“胥”“智”同，故“凶”當即“胥”之殘訛。《玉篇校釋》(1464)“膺”字下注文改“凶”爲“匈”亦可。《新撰字鏡·骨部》：“膺，於仍反。膺字。匈也；親也；當也；受也。”(170)“胥”“匈”“智”並同。此是其證也。

148. 髄

《玉篇·骨部》：“髄，府貢切。灼。”(35 上左)

按：元刊本《玉篇·骨部》：“髄，府貢切。匈也。”《玉篇》、元刊本《玉篇》之訓並誤。《玉篇校釋》“髄”字下注：“‘灼’下有奪文，元刊作‘匈也’，更誤。《集韻》去聲三用：‘髄，灼龜坼。’本書《手部》：‘捧，灼龜觀兆也。’因灼龜甲變字從骨作髄，今謂坼裂有隙爲縫。字本作瑿。詳《玉部》瑿字。此處‘灼’下應依《集韻》補‘龜坼’二字。”(1466)胡吉宣謂“髄”即“捧”字之變，是也。然謂“灼”下應補“龜坼”二字，非是。《正字通·骨部》：“髄，舊注：音奉。灼龜也。按:《史‧龜策傳》:'撠策定數。'注:徐廣曰撠音逢。《索隱》曰撠謂兩手執蓍扐之。今從骨作髊,誤。撠策言執蓍非灼龜。本傳下文曰'灼龜觀兆',今謂執蓍爲灼龜,尤誤。或曰髊即胷前骨會合處,猶衣之有縫,義通。"(1324下)《正字通》前說甚是,可從;"或曰"之說於文獻無徵,當爲望形生訓。余廼永《校注》"撠"字下注:"撠,扶用切。注:'灼龜視兆也。《説文》父容切,奉也。'鉅宋本同。南宋祖本、巾箱本、黎本、元本、明本作'撠'。周校:'張改作撠,與《説文》《玉篇》合。'考《説文》:'撠,奉也。从手,夆聲。'大徐音敷容切。本書鍾韻符容切正引是訓,且有'又符容切'與此互注,無'灼龜視兆'義。《集韻》房用切云:'撠,奉也。一曰分而數也。'又另出'髊'字云:'灼龜圻。'《全王》字誤作撠,解:'灼龜觀兆。'《龍校》:'《史記‧龜策列傳》云:撠策定數,灼龜觀兆,變化無窮。撠與撠同,爲撲蓍而分之之稱,此云灼龜觀兆,誤。《集韻》云分而數之,是也。惟《集韻》又別出髊字云灼龜圻,則居然因誤釋而生字矣。'龍說可從。《玉篇》'撠'字音義同《廣韻》,注文'視'字如《全王》作'觀'。《玉篇》骨部又有'髊'字,云:'府貢切,灼。'或即《集韻》所據。"(811~812)龍氏、余氏所言並是。《史記‧龜策列傳》:"撠策定數,灼龜觀兆,變化無窮。"司馬貞曰:"撠謂兩手執蓍分而扐之,故云撠策。""撠""撠"字同,本訓"兩手托物",後世又妄截引文而誤訓爲"灼龜觀(視)兆",因此誤訓而又衍生出一個"髊"字。《大字典》《字海》"髊"字下第一義項爲《玉篇》《集韻》所誤,第二義項爲元刊本《玉篇》、《正字通》"或曰"之說所誤,皆未溝通其與"撠(撠)"的字際關係,俱失考證。《大字典》"撠"字下第二義項引《玉篇》而未加考正,亦非。

149. 腝

《玉篇‧肉部》:"腝,奴到切。臂節也。"(35下左)

按:《玉篇校釋》"腝"字下注:"'臂節也'者,《切韻》同,字亦作'臑'。"(1490)胡氏所言是也。桂馥《義證》"臑"字下注:"《玉篇》作'腝',云:'臂節也。'《廣韻》同。馥案:隷書需、耎相通。"(347上)王筠《句讀》"臑"字下注:"《繫傳》:'蓋骨形象羊矢因名之也。'《玉篇》'臑'作'腝',云:'臂節也。'節正羊矢之謂也。"(144下)以上二說皆印證了胡氏的考釋成果。《名義‧肉部》:"臑,奴到反。節也。"(65下)"臑"與"臑"音同義近,且位置相當,"臑"

即"臑"字之俗。此"臑"與"腷"之或體之"臑"即爲同形字。《名義》僅收"臑（臑）"字，而"腴"字未收；《玉篇》却僅收"腴"字，而"臑"字未收。《玉篇》之"腴"與《名義》之"臑"音義並同，且位置相當，故"腴"亦即"臑"字之俗。

150. 髊

《玉篇·肉部》："髊，疾移、七移二切。人子腸。"（36下右）

按：《玉篇校釋》"髊"字下注："'人子腸'者，《切韻》同，又云'小腸'，疑即今生理學名盲腸。字亦與'胔''殨'同。《切韻》：殨，亦作胔、髊，亦作殍。本書《歺部》：'殨，病也；獸死也。又與髊同。''殍，今作胔。'《骨部》：'胔，死人骨也。作胔同。'又：'骼，腐骨也。《聲類》云：亦胔字。'"（1535）胡氏所言是也。慧琳《音義》卷九八："掩髊，疪賜反。《月令》：'掩骼埋胔。'胔者，骨之尚有餘肉也。鄭注《周禮》謂死人骨也。髊，從骨作胔，又作胔。"（59，頁305a12）此亦其證也。故"髊"與"胔""胔""殨""殍""骼"諸字即爲異體字。

151. 䏑

《玉篇·肉部》："䏑，之力切。油敗也。《儀禮》曰：'薦脯五䏑。'䏑長尺有寸，䏑猶脡也。"（36下右）

按：《玉篇校釋》"䏑"字下注："'油敗也'者，《切韻》同，疑出《埤倉》。《廣雅·釋器》：'䏑，臭也。'《周禮》《釋文》引《字林》：'脂，膏敗也。''脂'與'䏑'同，《說文》作'殖'，脂膏久殖也，脂膏久殖即油敗也。"（1538）胡氏所言是也。《說文·歺部》："殖，脂膏久殖也。从歺，直聲。"（85下）王筠《句讀》曰："一引無殖字，蓋謂脂膏日久而殖敗也。字或作脂。"《廣雅》"䏑"訓"臭也"，與"油敗也"訓異義同，故《大字典》"䏑"字下第二義項"油肉腐敗"、第三義項"臭"、《字海》"䏑"字皆同"殖""脂"。"䏑"訓"脯脡"，亦同"脂"。《玉篇校釋》改"䏑長尺有寸"之"有"爲"二"，是也。《廣韻》入聲職韻之翼切："脂，脯長尺有二寸曰脂。《儀禮》作䏑。"（424）此是其證也。故《大字典》第一義項"脯脡，乾肉條"，當同"脂"。

152. 腶

《玉篇·肉部》:"腶,丁貫切。腶,籢脯也。"(36 下右)

按:《玉篇校釋》"腶"字下注:"《儀禮·有司徹》'腶脩'注:'腶脩,擣肉之脯。'《釋文》:'腶,本作段。'……是腶本謂椎脯使薄,併與薑桂合和也,古止爲段,以言段脯脩而作腶。"(1540～1541)胡氏所言是也。戴侗《六書故·肉部》:"腶,段脩必捶之於石鼓,因以得名,後人加肉。"(302)此亦其證也。故"腶"當即"段"通過增加義符而形成的後起分化字。

153. 胖

《玉篇·肉部》:"胖,普江、普降二切。胖脹也。"(36 下右)

按:《玉篇校釋》"胖"字下注:"'胖脹也'者,'胖'與下'脝'同,字亦作'脝'。慧琳六六·十四引《埤倉》:'脝,脹也。'又一·十引作:'脝脹,腹滿也。'或作胖痕。《古今正字》作胖。'《切韻》:'胖,脹兒。'又:'脝,脝脹。'《集韻》'胖'同'脝'。本書:'脝,脝肛,脹大兒。'"(1544)胡氏所言是也。《名義·肉部》:"胖,普江反。脹也。瘴(瘴)字。"(68 下)故宮本《裴韻》去聲絳韻匹降反:"胖,～脹兒。"(583)《新撰字鏡·肉部》:"胖,匹絳反,去。脹臭兒。"(31)《廣韻》去聲絳韻匹絳切:"胖,脹臭兒。"(238)"脹臭兒"與"脹也"一個側重於氣味,一個側重於狀態,二者訓異義同,僅釋義側重點相異耳。《廣韻》平聲江韻匹江切:"脝,脝脹。又音龐。瘴,上同。"(13)故"胖"與"脝""脝""瘴(瘴)"音義並同,並爲異體字。《廣韻》去聲映韻蒲孟切:"膨,脹也。"(342)《廣韻》平聲庚韻薄庚切:"膨,膨脝,脹兒。"(120)"胖""膨"義同音別,《字海》"胖"音 péng,同"膨",非是。

154. 胶

《玉篇·肉部》:"胶,下交切。骹也。"(36 下左)

按:《名義·肉部》:"胶,下交反。骹也。"(69 下)《玉篇校釋》"胶"字下注:"《集韻》:'胶,脛骨也。'本書:'骹,脛也。'又:'跤,脛也。''骹''跤'並與

'胶'同。"(1555)胡氏謂"骹""跤"同"胶",是也。箋注本《切韻》(斯 2071)平聲肴韻口交反:"跤,脛骨近足細處。又作骹。"(120)敦煌本《王韻》(370)亦同。故宫本《王韻》平聲肴韻口交反:"骹,脛骨近足細處。亦胶。"(457)"脛骨近足細處"與"骹也"義同,故"胶"與"骹""跤"即爲異體字。

155.腗

《玉篇·肉部》:"腗,俎立切。和也。"(37 上右)

按:《玉篇校釋》"腗"字下注:"原本當云:'《字書》或溦字也。溦,和也。在《水部》。'《水部》:'溦,《説文》:和也。《埤倉》:汗出也。《字書》或爲腗字,在《肉部》。'"(1561)胡氏所言是也。《新撰字鏡·肉部》:"腗,俎立反。肥出也。溦字。和也。"(37)此即其證也。故"腗"訓"和也",即"溦"之異體字。

156.腪

《玉篇·肉部》:"腪,徒苓切。脯也。"(37 上左)

按:《玉篇校釋》"腪"字下注:"疑與'脡'同。"(1572)胡氏所言是也。《正字通·肉部》:"腪,俗脡字。舊注脯也,義近脡,改音亭作腪,非。"(882上)《正字通》所言印證了胡氏之説。故"腪"當即"脡"字之俗。

157.胈

《玉篇·肉部》:"胈,而煮切。魚敗。"(37 上左)

按:《玉篇校釋》:"'胈'與上'胈'同。"(1573)胡氏所言是也。箋注本《切韻》(斯 2071)上聲語韻如與反:"胈,魚不鮮。"(131)敦煌本《王韻》、故宫本《王韻》、故宫本《裴韻》、五代本《切韻》、《廣韻》皆同。"魚不鮮"即"魚敗",二者義同。箋注本《切韻》(斯 2071)上聲賄韻奴罪反:"鮾,魚敗。或作胈。"(132)敦煌本《王韻》、故宫本《王韻》、故宫本《裴韻》、《廣韻》亦並同。"胈""胈"義同,"胈"當即"胈"字之俗省。《正字通·肉部》:"胈,俗餒字。舊注音汝,非。"(871 上)《正字通》所言印證了胡氏之説。"胈"俗寫作

“肞”，改其讀爲“如與反”，此即望形生音也。“脮”“鮾”音義並同，“脮”即“鮾”改換義符而形成的異體字。又《爾雅·釋器》：“肉謂之敗，魚謂之餒。”郝懿行義疏：“餒者《説文》云：‘魚敗曰餒。’”“餒”，亦上聲賄韻泥母，奴罪切。故“鮾”與“餒”音義並同，“鮾”又即“餒”通過改換義符而形成的異體字。

158.䐶

《玉篇·肉部》：“䐶，羊改切。肥也。又音與。膟，同上。”（37 上左）

按：“膟”音“與”，形聲不諧，當即“䐶”字俗寫之訛。“䐶”疑即“腴”字之俗。《説文·肉部》：“腴，腹下肥也。从肉，臾聲。”（88 上）《玉篇·肉部》：“腴，與俱切。腹下肥。”（35 下右）“䐶”與“腴”音義並近，“䐶”當即“腴”通過改換聲符而形成的異體字。

159.劼

《玉篇·力部》：“劼，方結切。大也。”（37 下左）

按：《玉篇校釋》“劼”字下注：“‘大也’者，《廣雅·一》：‘劼，大也。’《切韻》同，《廣韻》云：‘大力之皃。’本書《大部》：‘奟，大也。亦劼字。’”（1592）《名義·力部》亦曰：“劼，方結反。大也。奟字。”（71 上）《新撰字鏡·大部》：“奟，方結反。劼字。大也。”（589）“奟”，吕浩《〈篆隸萬象名義〉校釋》（115B）校作“奃”，並謂“奃字”當歸上一字頭“劮”字下，其言非是。故“劼”“奟”音義並同，二者即爲異體字。

160.勨

《玉篇·力部》：“勨，與章切。勸也。”（38 上右）

按：《玉篇·力部》：“勨，余兩切。勸。”（38 上右）《玉篇校釋》“勨”字下注：“《集韻·養韻》同。本書：‘勨，勉也。’‘勨，勸也。’‘勨’‘勨’‘勨’三字同。”（1600）胡氏所言是也。《正字通·力部》：“勨，俗字。史漢獎勸從臾，或借將養，俗加力。舊注：音養。勸也。義與養近，分爲二。”（104 下）《正字通》謂"勨"爲俗字,是;然又謂"史漢奬勸從臾,或借將養,俗加力。舊注:音養。勸也。義與養近,分爲二",非。《大字典》斷章取義,妄截"奬勸"二字作爲義訓,亦非。"勨""羫"二字《説文》《名義》皆未收,《玉篇》收於《力部》之末,當即宋人據俗書所增。《説文·力部》:"勨,繇緩也。从力,象聲。"(292下)"勨"本義爲"徭役寬緩",引申爲"勸勉"。故宫本《王韻》上聲養韻餘兩反:"勨,勉。"(484)故宫本《裴韻》、《廣韻》同。《玉篇·力部》:"勨,餘掌切。繇緩也;又勉也。"(37下左)《龍龕》卷四《力部》:"勨,羊兩、徐兩二反。勉也。"(517)故"勨"與"勨"音義並同,"羫"與"勨"音近義同,"勨""羫"當並即"勨"通過改換聲符而形成的異體字。

161. 艴

《玉篇·力部》:"艴,符沸切。勇壯也。"(38上右)

按:《玉篇校釋》"艴"字下注:"《廣韻》去聲未韻:'艴,扶沸切。勇壯之皃。'《集韻》引《博雅》:'艴,挾也。'或省作'艴'。一曰壯也。《廣雅》四:'艴,挾也。'疏證云:'未詳。'案同卷云:'拂、挾,輔也。''拂'與'艴'通。'拂'亦通'佛'。《詩·敬之》:'佛時仔肩。'毛傳:'佛,大也。'鄭箋:'佛,輔也。''佛'與'弼'同,'艴'亦與'艴'同。《説文》:'弼,輔也。'古文作'㢸'。又:'奔,大也。'讀若弼。《漢書·東方朔傳》:'上以拂圭之邪。'集注:'拂與弼同。'本書'佛'又音弼。《大部》:'奰,大也。'《心部》:'悲,輔也。'《舟部》:'艴,大船也。'《弜部》:'弼,左輔右弼也。'古文作'弻',从弜。弜,彊也。《大部》:'奰,壯也。'《切韻》:'奰,亦作艴。'《人部》'俠'下引《漢書》'季布爲任俠有名',謂任使其氣力。俠之言挾也,以權力挾輔人也。《詩·大明》:'使不挾四方。'《韓外傳》作俠,俠、挾字通,弗、甫聲通,並有壯大義,故挾輔謂之弼,亦謂之艴。壯大謂之奰,亦謂之奰。弼讀若奔,亦讀若佛,大謂之甫,亦謂之奰。"(1598～1599)胡氏所言當是。《説文·大部》:"奰,壯大也。一曰迫也。《詩》曰:'不醉而怒謂之奰。'"(215)慧琳《音義》卷四四《弘道廣顯三昧經》第四卷:"贔,古文奰、悲、奰三形,今作艴,同。皮冀反。《説文》:'贔,壯大也。'謂作力怒也。《詩》云:'不醉而怒曰奰也'"(58,頁284a1)《名義·力部》:"艴,蒲器反。壯大也;迫也。奰字。"(71下)"贔""奰"與"奰"音義並同,"贔""奰"並即"奰"字之俗;而"艴"與"奰""奰""贔""奰"

“夻”諸字音義並同,即爲異體字。

162. 勷

《玉篇・力部》:“勷,如羊切。走皃。”(38 上右)

按:《玉篇》訓“勷”爲“走皃”,不確。箋注本《切韻》(斯 2071)平聲陽韻汝陽反:“勷,劻勷,迫皃。”(122)同一小韻去王反又曰:“劻,劻勷,迫皃。”(123)敦煌本《王韻》、故宮本《王韻》、故宮本《裴韻》、《廣韻》皆同。故“勷”當連“劻”字爲訓,“劻勷”爲一個疊韻連綿詞,合則成訓,分則無義,《玉篇》誤脱被訓詞“劻勷”,徑訓“勷”爲“走皃”,非是。《大字典》《字海》此義皆因承襲《玉篇》而誤,俱失考證。

163. 勘

《玉篇・力部》:“勘,何瞎切。用力也。”(38 上右)

按:《字彙・力部》:“劼,何葛切,音曷。勤力也。又許鎋切,音瞎。義同。”(58 上)下文“勘”字又曰:“勘,胡瞎切,音轄。用力也。”(58 下)《正字通・力部》:“勘,劼、勘並訛字。一説‘割’訛作‘勘’。”(103 上)《正字通》直斥“勘”“劼”並訛字,並謂“一説‘割’訛作‘勘’”,其説非是。《玉篇校釋》“劼”字下注:“《廣韻》入聲十五鎋許鎋切:‘力作劼劼。’《集韻》云:‘劼劼,用力聲。’本書(75):‘勘,用力也。’害、曷聲符相通,勘、劼當爲一字。”(1600)胡氏所言當是。“劼”與“勘”音義並同,正如《玉篇・目部》(22 上左)“瞎”同“瞎”,“劼”“勘”二字當爲異體字。

164. 悰

《玉篇・心部》:“悰,昨宗切。樂也。一曰慮也。”(38 上左)

按:《玉篇校釋》“悰”字下注:“慧琳八八・一引《爾雅》:‘悰,慮也。’《説文》:‘樂也。’即本書原文。今《釋言》作‘憕’,《釋文》云:‘《字書》作悰。’”(1614)《名義・心部》:“憕,似冬反。慮也;謀也。悰、(當衍)字也。”(73 上)此亦其證也。故“悰”訓“慮也”“謀也”,與“憕”音義並同,此“悰”當即

“懵”之異體字。

165. 恗

　　《玉篇·心部》：“恗，虎姑切。憂也。”(38下左)
　　按：《名義·心部》：“恗，虎姑反。憂也。”(78下)《玉篇校釋》“恗”字下注：“‘憂也’者，《集韻》：‘恗，或作忏。’”(1630)《説文·心部》：“忏，憂也。从心，于聲。讀若吁。”(223上)《龍龕》卷一《心部》：“恗，或作；忏，今。荒于反。憂兒也。”(56)《新修玉篇》卷八《心部》引《玉篇》：“忏，況于切。憂也。或從夸，通作恗。”(74下右)以上二書亦皆其證也。故“恗”訓“憂也”，當同“忏”。

166. 憳

　　《玉篇·心部》：“憳，之日切。止也；塞也；滿也。”(38下左)
　　按：《玉篇校釋》“憳”字下注：“‘止也’者，《廣雅·三》：‘憳，止也。’《疏證》云：‘憳與窒通。’《易·損》：‘君子以懲忿窒欲。’《釋文》：‘窒，鄭劉作憳。憳，止也。’《切韻》：‘憳，止也。’《唐韻》引《埤倉》：‘憳，止也。’本書：‘窒，塞也。’塞亦止也。”(1631)《名義·心部》：“憳，之日反。止也。窒字。滿也；塞也。”(78下)《新撰字鏡·心部》：“憳，陟利反。止也。窒字。滿也；塞也。”(550)慧琳《音義》卷四六《音大智度論》第一百卷：“窒，古文憳同。丁結、豬栗二反。”(58，頁339b1)以上諸書皆其證也。故“憳”“窒”音義並同，即爲異體字。

167. 忏

　　《玉篇·心部》：“忏，況于切。痛也；憂也。”(39下右)
　　按：《玉篇校釋》“忏”字下注：“‘痛也’者，《禮部韻略》引同。疑‘痛’爲‘病’之形訛。《詩·都人士》：‘云何吁兮。’鄭箋：‘吁，病也。’許讀忏若吁，吁、忏通也。”(1664)胡氏所言是也。《名義·心部》：“忏，欣于反。病也；憂也。”(76上)此是其證也。故《大字典》引《玉篇》當據正。

168. 憏

《玉篇·心部》:"憏,陟利切。怒也;恨也。"(39 下左)

按:《字彙·心部》:"憏,同懥。"(167 下)《字彙》所言是也。《玉篇校釋》"憏"字下注:"'憏'與'懥'同,本作'慸'。《禮記·大學》:'身有所忿憏,則不得其正。'鄭注:'憏,怒皃也。或作懥,或作慸。'《書·多方》:'惟有夏之民叨懫日欽。'孔傳:'懫,忿懫。'《説文》引《書》作'鷙'。《至部》:'鷙,忿戾也。'"(1680)《玉篇校釋》又於"懫"字下注:"'憏''鷙'並與'懫'同。"(1631)胡氏所言當是。《説文·至部》:"鷙,忿戾也。从至,至而復遜。遜,循也。《周書》曰:'有夏之民叨鷙。'鷙,讀若摯。"(247 上)《名義·心部》:"㨗,丁四反。怒也。鷙字。重也;恨也。"(79 下)《新撰字鏡·心部》:"憍,丁四反。怒也。鷙(字)。重也;恨(也)。"(545)"㨗""憍""憏"並即"憏"字之俗。《説文·鳥部》:"鷙,擊殺鳥也。从鳥,執聲。"(82 上)"鷙"本義指"凶猛的鳥",引申爲"凶猛;凶狠"。《商君書·畫策》:"虎豹熊羆,鷙而無敵。"《漢書·匈奴傳下》:"外國天性忿鷙。"顏師古注:"鷙,恨也。""鷙",《廣韻》音"脂利切"。故"憏""懫""鷙""鷙"音義並同,當並爲異體字。

169. 愰

《玉篇·心部》:"愰,胡溝切。恐也。"(39 上左)

按:《玉篇校釋》"愰"字下改"恐"爲"怒",並注曰:"'怒也'者,'怒'原訛'恐',今依《集韻》正。與'詬'同。《集韻·侯韻》:'愰,愰愓,怒皃。''愰愓'即《言部》之'詬詍'。'詍'下引《説文》:'詍詬,恥辱也。''詬'下引杜注《左傳》:'罵也。'《聲類》爲听字。听,厚怒聲。《切韻》:'詬,怒聲。'"(1651)胡氏謂《玉篇》訓"愰"爲"恐也"之"恐"當作"怒",非是。《新撰字鏡·心部》:"愰,胡鉤反。射布也;懼也;恐也;驚也。"(549)《新撰字鏡》訓"愰"爲"射布也",當因"愰""幬"俗寫形近相亂,故而誤植"幬"字之訓於此所致的訓釋失誤。《玉篇·巾部》:"幬,胡鉤切。射幬也。古作侯。"(127 上左)"愰"字,《新撰字鏡》亦訓爲"懼也;恐也;驚也",可見《玉篇》訓"愰"爲"恐也"非誤,至於《集韻》訓"怒也",則當爲另一義項,《大字典》應據《玉篇》增補此條義

訓。胡吉宣謂《集韻》之"悢悢"即《言部》之"詻謏",所言是也。《集韻》平聲
侯韻胡溝切:"悢,悢悢,怒皃。"(267)"悢悢""悢悢"同。《楚辭·王逸〈九
思·遭厄〉》:"起奮迅兮奔走,違羣小兮謏詻。"洪興祖補注:"謏詻,小人
怒。"故"悢悢""謏詻"當同,"悢""悢"與"詻"當爲異體字。

170. 愲

《玉篇·心部》:"**愲**,公厄切。智也。"(39 下左)

按:《廣雅·釋詁三》:"愲,慧也。"(204 下)"**愲**""愲"音義並同,"**愲**"
即"愲"字俗寫。《玉篇校釋》"**愲**"字下注:"'智也'者,《廣雅三》:'**愲**,智
也。'《切韻》:'**愲**,智也。亦作誦。'本書《言部》:'誦,《廣雅》:慧也。《埤
倉》:黠也。《字書》亦**愲**字。**愲**,智也。在《心部》。'是此'**愲**'下原亦爲引
《廣雅》《埤倉》二書文,云:'《字書》又作誦,在《言部》。'"(1673)胡氏所言是
也。《新撰字鏡·心部》:"**愲**,公輒反。知也。誦字。"(546)此是其證也。
故"**愲**(愲)"當同"誦"。

171. 忤

《玉篇·心部》:"忤,五故切。逆也。"(40 上右)

按:《玉篇校釋》"忤"字下注:"慧琳:'郭注《方言》:謂相觸忤也。《聲
類》:忤,逆也,不遇也。又作迕、啎。'即迻録本書稱引文。又云:'《説文》:
逆也。'則爲原云:'《説文》爲啎字。啎,逆也。在《午部》。'"(1692)胡氏所
言是也。《新撰字鏡·心部》:"忤迕啎,三形同。五故反,去。"(544)此亦其
證也。故"忤""迕""啎"音義並同,並爲異體字。

172. 恈

《玉篇·心部》:"恈,莫侯切。貪愛也。"(40 上左)

按:《玉篇校釋》"恈"字下注:"《廣雅》:'恈,愛也。'通作牟。《方言》一、
《廣雅》一並云:'牟,愛也。'本書《牛部》:'牟,愛也。'疑此'貪愛'義出《埤
倉》,或作'貪也;愛也',引《廣雅》《埤倉》二書。"(1685~1686)胡氏所言是

也。《龍龕》卷一《心部》：“愗，或作；忷，正。音牟。愛也。二。”(53)《正字通·心部》：“忷，通作牟。”(364 上)故“忷”與“牟”“愗”音義並同，並爲異體字。

173. 恄

《玉篇·心部》：“恄，許吉切。怖也。”(40 上左)

按：“恄”與“憪”“愵”當爲異體字。敦煌本《王韻》入聲錫韻許狄反：“憪，惶恐。”(430)故宫本《王韻》、《廣韻》同。《廣韻》入聲錫韻許激切：“愵，心不安也。”(424)“心不安”“惶恐”義同。《玉篇·心部》：“愵，許激切。心不安。憪，同上。”(40 下右)“怖也”與“心不安”“惶恐”訓異義同，故“恄”與“憪”“愵”音義並同，即爲異體字。

174. 愫

《玉篇·心部》：“愫，余亮切。恨也。”(40 上左)

按：《玉篇校釋》“愫”字下注：“案：即‘怏’字。怏，憝也。《倉頡篇》：‘怏，憝恨也。’”(1696)胡氏所言是也。《正字通·心部》：“愫，餘亮切，音羕。悵恨也。與怏通。”(379 上)《正字通》所言印證了胡氏的考釋成果。玄應《音義》卷二：“《説文》：‘怏，心不服也。’《倉頡篇》：‘怏，憝也。’”“怏”，《廣韻》音“於亮切”。“愫”與“怏”音義並同，“愫”當即“怏”通過改換成與字音更爲接近的聲符而形成的異體字。

175. 愄

《玉篇·心部》：“愄，巨記切。敬也。”(40 上左)

按：《玉篇校釋》“愄”字下注：“案：即‘忌’之俗作。下：‘忌，敬也。’”(1696)胡氏所言是也。《正字通·心部》：“愄，俗忌字。”(965B)《正字通》謂“愄”即“忌”之俗，此説即印證了胡氏之説。《左傳·昭公元年》：“非羈，何忌？”杜預注：“忌，敬也。”“愄”與“忌”音義並同，“愄”當即“忌”通過增加義符而形成的異體字。

176. 悇

《玉篇·心部》:"悇,營隻切。用心也。"(40 上左)

按:《玉篇校釋》"悇"字下注:"《廣韻》《集韻》並無,見《字彙》,字蓋由勞心役神而變'役'爲'悇'。"(1698)胡氏所言當是。《正字通·心部》:"悇,舊注:音役。用心也。古借役,義通。"(358 下)此説印證了胡氏之説。故"悇"本當作"役"。

177. 懪

《玉篇·心部》:"懪,池卓切。心不安。"(40 上左)

按:《廣韻》入聲覺韻直角切:"懪,不安。"(379)《集韻》入聲覺韻直角切:"懪,心不安也。"(662)《詳校篇海》卷四《心部》:"懪,直角切,音濁。心不安;又不樂。"(237 下)"懪"字,《玉篇》《廣韻》《集韻》諸書皆訓"心不安",《詳校篇海》又增訓"不樂"一義,於前代字書無徵,非是。《篇海類編·身體類·心部》:"懪,直角切,音濁。心不安;又不樂。"(677 上)《篇海類編》亦增訓"不樂"一義,此爲沿襲《詳校篇海》之誤也。《正字通·心部》:"懪,俗字。"(384 上)《正字通》謂"懪"爲俗字,是也。"懪"疑即"忷"之異體字。《廣雅·釋詁一》:"忷,驚也。"曹憲:"忷,音灼。"(66 上)"心不安"與"驚也"義同,故"懪"與"忷"音義並同,"懪"當即"忷"通過改換聲符而形成的異體字,正如"躅""趵"在"足迹"之義上互爲異體字。

178. 怑

《玉篇·心部》:"怑,户甲切。怑樂也。"(40 下右)

按:《玉篇校釋》"怑"字下注:"《論語》:'雖狎必變。'孔注:'狎者素相親狎也。'《方言》十三:'媟,狎也。'郭注:'媟狎相親狎也。'《曲禮》:'賢者狎而敬之。'鄭注:'狎,習也;近也。'本書《犬部》:'狎,習也。《説文》:犬可習也。'狎怑與狘怯、狂㹬、狷悁同例。字本因犬而造,轉而言人則變易偏旁从心矣。"(1700)胡氏所言是也。《可洪音義》卷十五:"怑,胡甲反。正作狎也。怦，喜也。”(59,頁1113b1)此是其證也。故“怦”當即“狎”字之俗。

179. 愬

《玉篇·心部》：“愬，蘇故切。讚也。又斯革切。驚皃。與訴同。”(40下左)

按：原本《玉篇·心部》：“愬，所革反。《周易》：‘愬愬終吉。’王弼曰：‘處多懼之地，故曰愬愬也。’《公羊傳》：‘愬而再拜。’何休曰：‘愬，驚恐也。《説文》亦訴字也。’野王案：‘訴：告也；讚也。又音蘇故反。在《言部》。’”(242)《名義·心部》：“愬，所革反。讚也；驚皃。”(79上)《廣韻》入聲麥韻山責切：“愬，驚懼皃。又音素。”(417)《玉篇校釋》“愬”字下注：“引《周易》爲《履卦》文，《説文》引作‘虩’。本書《虍部》：‘虩，恐懼也。’《切韻》：‘愬，懼皃。’……案：‘愬告’爲字之本義，訓‘恐懼’者爲‘虩’之假借。‘虩’字典籍罕用，通假‘愬’字爲之也。”(1717)胡氏所言當是。查今本《易·震》作：“震來虩虩，笑言啞啞。”王弼注：“虩虩，恐懼之貌也。”此即其證也。《集韻》入聲麥韻色責切：“愬，驚懼謂之愬。或作虩、覤。”(738)據《集韻》體例，其所溝通的同條諸字之間字際關係非常複雜，並非都是異體關係，還包括通假關係、同音關係、同義關係等。《集韻》此條所溝通的“愬”“虩”“覤”三字，“覤”與“虩”當是異體關係，而“愬”與“虩”“覤”當是通假關係。此亦爲“愬”當即“虩”之假借字之證。故“愬”訓“驚懼皃”，當因在文獻典籍中“愬”字被用來假借作“虩”後而產生的假借義，其字本作“虩”。

180. 忥

《玉篇·心部》：“忥，魚肺切。困患也；又懲也。”(40下右)

按：《説文·心部》：“忥，懲也。从心，乂聲。”(223上)徐鍇繫傳：“今經傳皆借乂及艾字。”徐鍇所言是也。《集韻》去世叏韻於蓋切：“乂，創乂；懲也。或作忥，通作艾。”(521)此即其證。《名義·心部》：“忥，魚廢反。懲也。”(77上)《玉篇》訓“忥”爲“困患也”，於前代字書無徵，此訓非是。故宮本《王韻》去聲廢韻魚肺反：“忥，因患成(爲)戒。”(498)故宮本《裴韻》去聲廢韻魚廢反：“忥，因患爲戒。”(592)《廣韻》去聲廢韻魚肺切：“忥，困(因)患爲戒。"(294)故據《切韻》《廣韻》可知,《玉篇》訓"惢"爲"困患也",當爲"因患爲戒"之脫誤。"因患爲戒"與"懲""惢"訓異義同。《可洪音義》卷二七《續高僧傳》第十五卷:"懲艾,上直陵反。戒也;止也。下宜作惢。魚吠反。因患爲戒也。又五盖反。"(60,頁478c4)此是其證也。《大字典》"惢"字下承襲《玉篇》之誤而收錄"困苦憂患"這一義項,疑亦非是。

181. 懇

《玉篇·心部》:"懇,余吕切。《説文》:曰'趣步懇懇也。'㤥,古文。"(41上右)

按:《玉篇校釋》"懇"字下注:"《説文》'趣步懇懇也'爲安行義。《切韻》:'趣,安行也。'云:'亦作㤥。'"(1726)"㤥"並同"懇""趣",故"懇""趣"亦同。《説文·走部》:"趣,安行也。从走,與聲。"(36下)《新撰字鏡·心部》:"悇悇趣,三形同。羊諸反,平。安行也。"(554)"悇""悇"並即"懊"字。"懊"即"懇"之異體,故"趣"亦同"懇"。《名義·走部》:"趣,預諸反。與心(當爲懇字誤分)字也。"(100上)此是其證也。故"懇""趣"即爲異部重文。

182. 烈

《玉篇·心部》:"烈,力結切。憂皃。"(41上左)

按:《名義·心部》:"烈,力結反。怨也。"(79上)《玉篇校釋》"烈"字下注:"'憂皃'者,《廣雅·釋訓》:'烈烈,憂也。'《廣韻》:'烈,憂心。'字本止爲烈。《詩·采薇》:'憂心烈烈。'鄭箋:'烈烈,憂皃。'本書原本或引作烈烈。烈烈重言形況,狀憂心之熾盛也。因《詩》言憂心而變作烈。"(1719)胡氏所言是也。《新撰字鏡·心部》:"烈,力結反。烈字。"(128)此是其證也。故"烈"當即"烈"字之俗。

183. 憨

《玉篇·心部》:"憨,古的切。疾也。"(41上左)

按:《集韻》入聲錫韻吉歷切:"憿,疾也。或書作憿。"(754)故"憿"即"憿"之異體字,當訓"疾也"。元刊本《玉篇·心部》:"憿,古的切。定也。"元刊本《玉篇》訓"憿"爲"定也",於前代字書、韻書皆無徵,此訓非是。《大字典》《字海》"憿"字下承襲元刊本《玉篇》之謬而收録"定"這一義項,疑並非是。

184. 惎

《玉篇·心部》:"惎,莫補切。"(41 上左)

按:《篇海》卷十《心部》引"對韻音訓":"惎,莫補切。"(731 下)"對韻音訓"非書名,而是表示其下的字韓道昭據韻書補充了音義,其符號一般只統屬一字。"惎"前無此符號,表明韓道昭於此字音義無所增補,《大字典》所引《篇海》不知所據何本。此字始見於《玉篇》,有音無義。《玉篇校釋》"惎"字下注:"義闕,元刊云:'思也。'……疑'惎'同'慔'。(30)'慔,愛也。《説文》:撫也。'"(1733)胡氏所言是也。《新修玉篇》卷八《心部》引《玉篇》:"惎,莫補切。愛也。"(73 下右)《爾雅·釋詁下》:"慔,愛也。"(19)《説文·心部》:"慔,慔撫也。从心,某聲。讀若侮。"(219 上)《玉篇·心部》:"慔,亡斧切。愛也。《説文》:'撫也。'"(38 下右)"惎""慔"音義並同,"惎"即"慔"通過偏旁易位而形成的異體字。

185. 憨

《玉篇·心部》:"憨,丑力切。"(41 上左)

按:此字《説文》《名義》皆未收,當即宋人據俗書所增。《正字通·心部》:"憨,俗字。"(374 下)《正字通》謂"憨"爲俗字,是。《玉篇校釋》"憨"字下注:"案:本止爲'敕',字亦作'忕'。忕,恥力切。從也。從皆本爲順,避梁諱改。《支部》:'敕,誡也。亦作勑。'《易·噬嗑》:'先王以明罰勑法。'鄭注:'勑猶理也。'案理亦順也。《廣雅》一:'勑,順也。'又二:'敕,理也。'張揖舉異文廣詁訓之例也。"(1733)胡氏所言是也。王念孫疏證:"卷二云:'敕,理也。'理亦順也。勑與敕通。"《易·噬嗑》:"先王以明罰勑法。"陸德明《釋文》曰:"勑,恥力切。此俗字也。《字林》作敕。"故"憨"當即"敕"之增旁俗字。

186. 謂

《玉篇·言部》:"謂,禹沸切。信也;道也。《説文》曰:'報也。'"(41 下左)

按:《玉篇》訓"謂"爲"信也",於文獻無徵,其訓可疑。《玉篇校釋》"謂"字下改注文"信也"爲"言也",並注曰:"'言也'者,'言'原訛'信'。日本《令集解》三十及慧琳廿二·二並引本書云:'謂猶言也。'今據以訂正。《切韻》:'謂,言也。'《荀子·大略》:'子謂子家駒。'楊注:'謂,言也。'"(1747)胡氏所言是也。《名義·言部》:"謂,禹沸反。言也;道也;勤也;使也;指也;報也;説也;告也。"(80 下)此是其證也。《大字典》引《玉篇》應據改。

187. 訧

《玉篇·言部》:"諶,恃林切。信也;誠也。訧,時林、市苹二切。信也。亦與諶同。"(42 上右)

按:《玉篇校釋》曰:"《切韻》:'諶,誠諦也。亦作訧。'《方言》一:'訧,信也。燕代東齊曰訧。'《説文》同。《詩·大明》:'天難忱斯。'《韓詩》'忱'作'訧',《説文》引《詩》作'諶'。又《蕩》:'其命匪諶。'《韓詩》作'訧',《説文·心部》作'忱'。《書·大誥》:'天棐忱辭。'《漢書·孔光傳》作'諶'……《廣韻》合諶、愖、訧、忱四字爲一字是也,心、言偏旁多相通,甚、尤聲符亦互通。"(1757~1758)胡氏所言是也。《名義·言部》:"訧,恃林反。信也。諶字。"(81 上)可見原本《玉篇》亦已溝通"訧"與"諶"的異體關係。故"訧"與"諶""忱""愖"諸字即爲異體字。

188. 詥

《玉篇·言部》:"詥,胡苔切。諧也。"(42 上右)

按:《玉篇校釋》"詥"字下注:"'諧也'者,《説文》:'詥,諧也。'《切韻》同,《廣韻》亦作合。《説文》:'諧,詥也。'本書:'諧,合也。'合詥、皆諧並古今字。"(1761)胡氏所言是也。《龍龕》卷一《言部》:"訡,音合。諧也。亦作合。"(52)張舜徽《約注》"訡"字下注:"訡即合之後起增偏旁體,故罕見行用。"(555)故"合""訡"即爲古今字。

189. 隓

原本《玉篇·言部》:"隓,虚規反、由(凶)恚反。《説文》:'相毁也。'《倉頡篇》:'諈也。'"(271)

按:《集韻》去聲寘韻凶恚切:"隓,毁謗也。"(472)此即《五音集韻》所本。《正字通·言部》:"隓,同譸省。"(1066下)《正字通》所言是也。故宫本《王韻》平聲支韻許規反:"**隓**,相毁。"(439)故宫本《裴韻》同。《廣韻》平聲支韻許規切作:"譸,相毁之言。"16)《説文·言部》:"譸,相毁也。從言,隨省聲。"(56下)《玉篇·言部》:"譸,虚規切。言相毁。"(43上右)"隓""譸"音近義同,"隓"即"譸"之俗省。《大字典》未加溝通,而《字海》同"隓"之"隓"又當即"譸"之誤録,皆失當。

190. 譫

《玉篇·言部》:"譫,之閻切。多言也。"(43下右)

按:原本《玉篇·言部》:"譫,之閻反。《埤倉》:'多言兒也。'《字書》:'讋也。'"(293)《玉篇校釋》"譫"字下注:"玄應《音義》十二引《埤倉》作'多言也',本書《八部》:'詹,詹詹,多言也。'詹已从言,譫更安言爲贅。"(1845)胡氏所言是也。《正字通·言部》:"譫,同詹。"(1080下)此説印證了胡氏的考釋成果。《説文·八部》:"詹,多言也。从言,从八,从厃。"(28上)故宫本《王韻》入聲盍韻徒盍反:"譫,多言兒。"(521)《廣韻》入聲盍韻徒盍切:"譫,多言。又作諜。"(434)《廣韻》入聲盍韻章盍切又曰:"譫,多言也。"(434)"譫"音"徒盍反",又音"章盍切",形音不諧,《廣韻》又據誤音謂"譫"同"諜",非是。"譫"訓"多言",又訓"病中胡言亂語",當即"多言"之引申。"譫""詹"音義並同,"譫"即"詹"之疊加偏旁俗字。

191.訜

《玉篇・言部》:"訜,筆云切。人不知。"(43下右)

按:《集韻》平聲文韻敷文切:"訜,訜訔,語不定。"(129)《字彙・言部》:"訜,敷文切,音分。《集韻》:訜訔,語不定。"(448下)《正字通・言部》:"訜,敷因切,音分。《集韻》:訜訔,語不定。"(1053下)"訜訔"當本作"紛紜",因"衆説紛紜"而變"紛紜"爲"訜訔","訜"當即"紛"因涉義改换義符而形成的異體字。《大正藏》本東晉瞿曇僧伽提婆譯《中阿含經》卷第六《中阿含舍梨子相應品教化病經》第八:"我與童子或言斷價,或言不斷,大共訜訟,即便俱往至舍衛國大決斷處判論此事。""訜訟",宋、元、明本皆作"紛紜",當以作"紛紜"爲是。此即其證也。

192.誀

《玉篇・言部》:"誀,如志切。誘也。"(43下右)

按:《廣雅・釋詁一》:"誀,誘也。"王念孫疏證:"誀,古通作餌。"(86)《正字通・言部》:"誀,而至切,音餌。誘也。借'餌',義通。"(1061下)以上諸説是也。"誀"當本作"餌"。《孫子・軍争》:"鋭卒勿攻,餌兵勿食。"《戰國策・秦策二》:"我羈旅而得相秦者,我以宜陽餌王。"鮑彪注:"以釣喻也。"《三國志・魏志・武帝紀》:"此所以餌敵,如何去之?"以上"餌"字皆爲"引誘;誘惑"之義。"餌",《廣韻》音"仍吏切"。故"誀"與"餌"音義並同,"誀"當本作"餌"。

193.誃

《玉篇・言部》:"誃,之豉切。何爲不知也;快也。"(43下右)

按:元刊本《玉篇・言部》:"誃,之豉切。不知也;快也。"元刊本訓"誃"爲"不知也",非是。《名義・言部》:"誃,之豉反。快也。"(86上)《新撰字鏡・言部》:"誃,之智反,去。訣(快)也;何爲也。"(166)原本《玉篇・言部》:"誃,之豉反。《孟子》:'誃而不知。'劉熙曰:'誃,何爲也,言何爲不

知。”《廣雅》：‘詃，快也。’”(295)故元刊本訓“詃”爲“不知也”，當爲誤截引
文或注文所致的訓釋失誤，應據原本《玉篇》改爲“何爲也”。

194. 誴

《玉篇·言部》：“誴，殂冬切。謀也。”(43下左)

按：五代本《切韻》(伯二〇一四)平聲冬韻祖冬反：“誴，謀＜，樂（也）。”
(744)五代本《切韻》(伯二〇一五)(745)同。“＜”在此當代替“也”字，而非
字頭“誴”字。《廣韻》平聲冬韻藏宗切：“誴，謀誴，樂也。”(9)故《廣韻》注文
“謀誴”之“誴”，當爲字頭誤重。《玉篇》訓“誴”爲“謀也”，此即其證也。《説
文·心部》：“悰，樂也。从心，宗聲。”(218上)《玉篇·心部》：“悰，昨宗切。
樂也。一曰慮也。”(38上左)故“誴”“悰”音義並同，“誴”當即“悰”通過改
換義符而形成的異體字。《集韻》平聲冬韻徂宗切：“悰，《説文》：‘樂也。’一
曰謀也。或作誴。”(15)此即其證也。

195. 訋

《玉篇·言部》：“訋，都叫切。挈也。”(43下左)

按：《玉篇校釋》“訋”字下注：“‘挈也’者，‘挈’當爲‘挈’。《廣雅》三：
‘訋，挈也。’”(1854)胡氏所言是也。《名義·言部》：“訋，都叫反。挈也。”
(86下)此是其證也。故《大字典》《字海》引《玉篇》應據改。

196. 諏

原本《玉篇·言部》：“諏，呼戰反。數也。”(294)

按：《廣韻》去聲倉甸切：“諏，諏散。”(313)余廼永《校注》“諏”字下注：
“按注文‘散’字《周校》據《坤倉》改‘數’，數者，猶言責也；又以《原本玉篇殘
卷》‘諏’音呼戰反，《集韻》音翾縣切。本書此音倉甸切，與《原本玉篇》《集
韻》均不合云。《龍校》：‘此字從象聲不得讀清母，亦不得爲開口，《原本玉
篇》音呼戰反者，合口成分由上字定之，本與《集韻》音同，本書下一紐即許
縣切，此字蓋誤入清紐下。’余案依象聲而言，龍説是也。”(870)以上諸説皆

是也。《名義·言部》：“諓，呼戰反。數也。”(86 上)此字廣益本《玉篇》漏奪，當據補。“諓”，《名義》、原本《玉篇》訓“數也”，《廣韻》訓“諓散”者，“諓”字當爲字頭複舉，“散”之義當爲望形生訓。《玉篇校釋》“諓”字下注：“《集韻》《類篇》並以‘諓’爲‘端’之或體。上(199)：‘端，數也。’”(1846)胡氏所言是也。故“諓”當即“端”之異體字。

197. 誀

《玉篇·言部》：“誀，七入切。和也。”(44 上右)

按：“誀”當即“輯”之異體字。《爾雅·釋詁上》：“輯，和也。”《詩·大雅·板》：“辭之輯矣，民之洽矣。”毛傳：“輯，和也。”《國語·魯語上》：“契爲司徒而民輯。”韋昭注：“輯，和也。”《莊子·天地》：“必服恭儉，拔出公忠之心而無阿私，民孰敢不輯？”成玄英疏：“輯，和也。”“輯”，《廣韻》音“秦入切”。故“誀”與“輯”音近義同，“誀”當即“輯”之異體字。

198. 謽

《玉篇·言部》：“謽，莫駕切。多言。”(44 上右)

按：《玉篇校釋》“謽”字下注：“《廣韻》去聲禡韻音義並同，《集韻》亦同。本書《阜部》：‘隖，《方言》：益也。郭璞曰：謂增益也。’《廣雅》一：‘隖，益也。’《切韻》云：‘增也。’多言謂之謽，猶增益謂之隖也。”(1864)胡氏所言不確。“謽”當即“罵”之異體字。《正字通·言部》：“謽，俗傌字。《賈誼傳》‘笞傌’之‘傌’即‘罵’字。《說文》闕‘傌’，《唐韻》增‘謽’，並非。舊注多言，誤。《口部》嗎，亦誤。”(1075 上)《正字通》所言當是。《說文·网部》：“罵，詈也。从网，馬聲。”(155 上)《廣韻》去聲禡韻莫駕切：“罵，惡言。”(331)“謽”與“罵”音同，“謽”當即“罵”因涉義改換義符而形成的異體字。《可洪音義》卷六《佛説菩薩行方便境界神通變化經》第二卷：“嗎，莫下、莫嫁二反。～詈也；惡言也。正作罵、謽二形。”(59，頁 743b2)此即其證也。故“謽”與“罵”“嗎”音義並同，即爲異體字。“謽”字，《玉篇》《廣韻》皆訓“多言”，疑皆爲“惡言”之誤。

199. 謋

《玉篇·言部》：“謋，虎伯切。謋然，亦作諕。”（44上左）

按：《集韻》入聲陌韻霍虢切：“謋，謋然，速也。或作諕。”（735）同韻下文乞逆切：“謋，疾意。《莊子》：‘謋然已解。’徐邈讀。”（736）《玉篇校釋》“謋”字下注：“‘謋然’者，《切韻》同，《廣韻》有重文‘諕’，‘諕’與上（401）‘諕，誣’字别。《集韻》：‘謋，疾意。’引《莊子》：‘謋然已解。徐邈讀。’文見《養生主》篇。‘謋然’爲疾解聲，與上文‘砉然’‘騞然’同爲摹聲之詞。《石部》‘砉’下引《莊子》‘砉然響然’，‘騞’下引《淮南》‘騞然莫不方音’……皆狀物解裂之聲也。”（1873）胡氏所言當是。《集韻》入聲麥韻胡麥切：“砉，砉然，皮骨相離聲。崔譔説。”（741）《莊子·養生主》：“庖丁爲文惠君解牛……砉然響然，奏刀騞然。”陸德明釋文：“砉然，司馬云：‘皮骨相離聲。’”又下文：“動刀甚微，謋然已解。”成玄英疏：“謋然，骨肉離之聲也。”故“謋”當指“骨肉疾速相離之聲”。“砉”《廣韻》音“呼臭切”，又音“虎伯切”。故“謋然”與“砉然”“騞然”並同，“謋”與“砉”“騞”當爲異體字。

200. 霝

《玉篇·冊部》：“霝，力丁切。空也。”（45上右）

按：原本《玉篇·冊部》：“霝，力丁反。《倉頡篇》：‘霝，空也。’”（323）“霝”當即“霝”之異體字。《廣雅·釋詁三》：“霝，空也。”郭璞：“霝，音零。”王念孫疏證：“霝之言瓏玲也。《説文》：‘櫺，楯閒子也。’徐鍇傳云：‘即今人闌楯下爲横櫺也。’《説文》：‘柃，車櫺間横木也。’《楚辭·九辯》：‘倚結柃兮長太息。’字亦作笒。《釋名》：‘笒，横在車前，織竹作之，孔笒笒也。’‘定九年’《左傳》載‘蔥靈’，賈逵注曰：‘蔥靈，衣車也，有蔥有靈。蔥與窻同，靈與櫺同。’《楚辭·九章》：‘乘舲船余上沅兮。’王逸注：‘舲船，船有牕牖者。’《説文》：‘籠，笒也。’是凡言霝者，皆中空之義也。”（255下）故“霝”與“霝”音義並同，“霝”當即“霝”之異體字。

201. 欿

《名義·欠部》:"欿,於垢反。蹙鼻也,嘔也,吐也。"(90 上)

按:"欿"當即"欧"字之俗。《説文·欠部》:"欧,蹙鼻也。从欠,咎聲。"(180 下)《玉篇·欠部》:"欧,平表、於姤二切。歐吐也。《説文》:其九切。蹙鼻也。"(45 下右)原本《玉篇·欠部》:"欧,其表、於垢二反。《説文》:'蹙鼻也。'《埤倉》:'歐也。'《廣雅》:'吐也。'"(336)"欿""欧"音義並同,且《名義》之"欿"與《玉篇》、原本《玉篇》、《説文》之"欧"位置相當,故"欿"當即"欧"字之俗無疑。

202. 歊

《玉篇·欠部》:"歊,呼兮切。歊息也。"(45 下左)

按:此字《説文》、原本《玉篇》、《名義》皆未收,《玉篇》收於《欠部》之末,當即宋人據俗書所增。《正字通·欠部》:"歊,俗欷字。舊注音希,義與欷同,誤分爲二。"(551 上)《正字通》所言是也。《説文·欠部》:"欷,歔也。从欠,稀省聲。"(179 下)《玉篇·欠部》:"欷,欣衣、欣既二切。悲也;泣餘聲也。"(45 下右)"欷"義指"歔息;抽泣。"故"歊"與"欷"音義並同,"歊"當即"欷"通過改換聲符而形成的異體字。

203. 餉

《玉篇·食部》:"餉,胥弋切。氣息也。"(46 上左)

按:原本《玉篇·食部》:"餉,胥翼反。《方言》:'餉,息也。周鄭宋沛之間曰餉。'《廣雅》:'䬶餉,長也。'野王案:謂滋長也。《山海經》:'鯀竊帝之息壤以堙洪水。'是也。今並爲息字,在《心部》。"(360)《玉篇校釋》"餉"字下注:"《易·剥象傳》:'君子尚消息盈虛。'《孟子·告子》曰:'夜之所息。'趙注:'息,長也。'息並與餉通……《心部》息下今止云'喘息',原本自有'滋長之息爲餉字,在《食部》'云云。"(1965)胡氏所言當是。又《廣韻》入聲職韻相即切:"餉,食也。"(424)"餉"字,《切韻》系韻書皆未收。《廣韻》訓爲

“食也”，於文獻無徵，當爲望形生訓。《集韻》入聲職韻悉即切亦云：“餽，《博雅》：‘息也。’《方言》：‘周鄭宋沛間曰餽。’”(756)此是其證也。故“餽”“息”即爲異體字。《大字典》《字海》“餽”字下據《廣韻》妄增“食”這一義訓，當刪。

204. 餷

《玉篇·食部》：“餷，於劫切。餈也。”(46 上左)

按：原本《玉篇·食部》：“餷，於劫反。《方言》：‘餌或謂之餷。’《廣倉》：‘餷，深也。’”(361)《玉篇校釋》“餷”字下已改注文“深也”爲“餈也”，並注曰：“本書引《廣倉》原作‘深也’，於義不合，形之誤也，今改爲‘餈’。今本‘餈也’，‘餈’與‘餈’同。《廣韻》：‘餷，餌也，餈也。’亦本《方言》《廣倉》文。”(1972)胡氏所言是也。《名義·食部》：“餷，於劫反。餈也。”(92)可見原本《玉篇》本當作“餈也”，今所見《玉篇殘卷》作“深也”，當爲傳刻之誤。《大字典》《字海》“餷”字下皆承襲《玉篇殘卷》之誤而收録“深”這一義項，俱失考證。

205. 餤

《玉篇·食部》：“餤，徒敢切。無味也。”(47 上右)

按：《玉篇校釋》“餤”字下注：“《集韻》上聲敢韻義同。本書《水部》：‘澹，薄味也。’‘澹’與‘餤’同。本部：‘餤，無味也。’原本引《埤倉》：‘薄味也。’似當云：‘澹餤，薄味也。’”(1995)胡氏所言當是。《名義·水部》：“澹，古淡反。薄味也。”(196 下)《玉篇·水部》：“澹，古淡切。薄味也。”(91 上左)原本《玉篇·食部》：“餤，子冉反。《埤倉》：‘餤，薄味也。’”(364)《玉篇·食部》：“餤，子敢切。無味也。”(46 上左)箋注本《切韻》(斯 2071)上聲敢韻古覽反：“澹，澹餤，食無味。”(136)敦煌本《王韻》、故宮本《王韻》、故宮本《裴韻》、《廣韻》並同。又故宮本《王韻》上聲敢韻子敢反：“餤，澹餤，食無味。”(581)《廣韻》上聲敢韻子敢切：“餤，澹餤。”(227)《集韻》上聲敢韻子敢切：“餤，澹餤，無味也。”(449)據《切韻》《廣韻》《集韻》諸韻書可知，《名義》《玉篇》訓“澹”爲“薄味也”，當校補爲“澹餤，薄味也”；原本《玉篇》訓“餤”爲

“薄味也”，當校補爲“潊饕，薄味也”；《玉篇》訓“饕”爲“無味也”，當校補爲“潊饕，無味也”；《玉篇》訓“餐”爲“無味也”，亦當校補爲“餐饕，無味也”。“薄味”“無味”義同，故“餐饕”當同“潊饕”，“饕”當即“潊”通過改換義符而形成的異體字。《龍龕》卷四《食部》：“餛，俗。音敢。正作潊。”（501）“餛”當即“饕”之異體字。《字彙補•食部》：“餛，同饕。”（252 上）此是其證也。《正字通•食部》：“饕，徒覽切，音啖。食無味。通作潊。”（1304 下）此亦其證也。故“饕”當即“潊”之異體字。

206. 徭

《玉篇•彳部》：“徭，以周切。行徭也。”（47 下左）

按：《龍龕》卷四《彳部》：“徭，音由。行也。”（496）《玉篇校釋》“徭”字下注：“本書‘行徭也’，‘徭’字複舉，當依元刊作：行也。《辵部》：‘遙，以周切。疾行也。’‘遙’與‘徭’同。”（2023）胡氏所言是也。《正字通•彳部》：“徭，同遙，俗省。”（354 下）《正字通》謂“徭”同“遙”，此説印證了胡氏的考釋成果。《説文•辵部》：“遙，行遙逕也。从辵，繇聲。”（39 下）《玉篇•辵部》：“遙，以周切。疾行也。又音遥。遙，同上。”（50 上左）“徭”與“遙（遙）”音同義近，“徭”當即“遙（遙）”通過改換義符而形成的異體字。

207. 㣧

《玉篇•彳部》：“㣧，直知切。行也。”（47 下左）

按：《玉篇校釋》“㣧”字下注：“《廣韻》《集韻》並無，疑與‘踟’同。”（2024）胡氏所疑是也。《正字通•彳部》：“㣧，踟字之訛。舊注與人部伒注同，伒㣧並非。”（350 上）《玉篇•足部》：“踟，直知切。踟躕，行不進也。”（34 上左）敦煌本《王韻》平聲支韻直知反：“踟，踟躕。”（359）故宮本《王韻》、故宮本《裴韻》、《廣韻》同。“㣧”與“踟”音同義通，“㣧”當即“踟”義通義符換用而形成的異體字。

208. 徎

《玉篇·彳部》:"徎,湯果切。行皃。"(47下左)

按:"徎"字從"妥",應當訓"安行也"。《正字通》訓"徎"爲"安行也",是。《玉篇·彳部》:"他,他可切。安行。"(47下左)"徎""他"音近義同,二者當爲異體字。

209. 儱

《玉篇·彳部》:"儱,良用切。行不正。"(48上右)

按:《玉篇校釋》"儱"字下注:"元刊本作:'儱偅,行不正。'……《人部》:'儱偅,行不正。'《足部》:'躘,躘踵,小兒行皃。'儱偅、躘踵與儱偅同,狀小兒及老人行步不正皃也。"(2027)胡氏所言是也。明方以智《通雅·釋詁》:"龍鐘,一作躘踵。余以爲龍鍾字。《埤倉》作躘踵。或作徸。然古多通用……或言老,或言淚,或訓小兒行,總皆狀其潦倒笨累耳。"此是其證也。故"儱偅"與"龍鍾""躘踵""儱偅"等並同。

210. 徶

《玉篇·彳部》:"徶,火陷切。危。"(48上右)

按:此字《説文》《名義》皆未收,《玉篇》收於部末,當即宋人據俗書所增。《玉篇校釋》"徶"字下注:"徶,二韻無,徶即傲字。《人部》:'傲,逞皃。'又:'覽傲,高危皃。'"(2027)胡氏所言是也。《正字通·彳部》:"徶,舊注:音縣。危也;又匿也。誤與《篇海》同。一曰傲字之訛。"(354上)《正字通》"一曰"之説印證了胡氏的考釋成果。故"徶""傲"音義并近,又彳旁、亻旁形近,俗書常可換用,"徶"當即"傲"字之俗。

211. 徆

《玉篇·彳部》:"徆,他合切。行皃。"(48上右)

　　按：《龍龕》卷四《彳部》："徻，徒合反。行皃也。"（499）"徻"當即"迨"字之俗。《說文·辵部》："迨，遝也。从辵，合聲。"（34 上）"迨"，《廣韻》音"侯閤切"。"徻""迨"音義並近，又彳旁、辵旁表義作用相同，俗書常可換用，故"徻"當即"迨"字之俗。"迨"，《三體石經·文公》作"**徻**"，此即其證也。《玉篇校釋》"徻"字下注："案：此與《說文》'會'之古文'徻'別，與《辵部》'迨'同，緩行皃也。"（2028）胡氏所言當是。

212. 徍

　　《玉篇·彳部》："徍，疏聿切。行皃。"（48 上右）

　　按：《玉篇校釋》"徍"字下注："《廣韻》入聲五質所律切、《集韻》亦云，惟字皆誤作'倅'。本書《辵部》：'達，先道也；引也。'《行部》：'衛，循也；導也。今或爲率。'卷廿七部首：'率，循也。'原引《爾雅》文，又引《說文》'捕鳥畢也'。以訓'循'、訓'自'爲'衛'字，'衛'亦行也。先道之'率'爲'達'字，不言或爲'徍'字，是原本不收'徍'。徍、衛、達並同率。"（2028）胡氏所言當是。《正字通·彳部》："徍，達字之訛。"（352 下）《名義·行部》："衛，所律反。循也；將也；遵也；行也；自也；用也。"（98 下）《說文·率部》："率，捕鳥畢也。"（279 下）"率"本義指捕鳥網，引申義可指行。《名義·率部》："率，山律反。循也；行也；尊（遵）也。"（277 下）《廣韻》入聲質韻所律切："率，循也；領也；將也；用也；行也。"（383）《左傳·哀公十五年》："周仁之謂信，率義之謂勇。"杜預注："率，行也。"（4730）以上諸書皆其證也。故"徍"同"衛""達"，本作"率"。

213. 趆

　　《玉篇·走部》："趆，力登切。越也。"（49 上右）

　　按：《玉篇校釋》"趆"字下注："《廣韻》《集韻》並無，'趆'即'夌'。《夂部》：'夌，越也。今作陵。''夌''趆'古今字，'陵'通假字。"（2063）胡氏所言是也。《正字通·走部》："趆，盧騰切，音稜。越也。通作陵。"（1113 上）《正字通》所言印證了胡氏的考釋成果。《說文·夂部》："夌，越也。"（112 下）段玉裁注："凡夌越字當作此。今字或作淩，或作凌，而夌廢矣。"故"趆"

當即"炱"之增旁俗字,而"淩""凌""陵"皆當爲"炱"之通假字。

214. 趲

《玉篇·走部》:"趲,七回切。逼也。"(49上右)

按:《玉篇校釋》"趲"字下注:"'逼也'者,《廣韻》同。本書《人部》:'催,迫也。'迫、逼義同,趲、催一字。"(2063)胡氏所言是也。《正字通·走部》:"趲,俗字。舊注:音催。逼也。不知逼有催義,當用催。加走非。"(1114下)《正字通》所言印證了胡氏之説。《説文·人部》:"催,相儔(擣)也。从人,崔聲。"(167上)"趲""催"音義並同,"趲"即"催"通過改換義符而形成的異體字。

215. 趤

《玉篇·走部》:"趤,直連切。移也。"(49上右)

按:《玉篇校釋》"趤"字下注:"《廣韻》《集韻》並無。上(17):'趍,移也。'《辵部》:'遭,移也。'並除連切,'趍''遭'皆與'趤'同。"(2063)胡氏所言是也。《玉篇·走部》:"趍,除連、張連二切。移也;趣也。"(48下右)《集韻》上聲獮韻丈善切:"趍,移行也。一曰循也。或作遭、躔。"(387)《直音篇》卷三《走部》:"趍,音纏。移也。又音饘。趤,同上。"(106下)此是其證也。故"趤"與"趍""遭""躔"諸字音近義同,當爲異體字。

216. 趡

《玉篇·走部》:"趡,初緇切。又七才切。走也。"(49上右)

按:此字《説文》《名義》未收,《玉篇》收於部末,當即宋人據俗書所增。"趡"疑即"趉"字之俗。《名義·走部》:"越(趉),千(才)反。疑之,起而去也。"(100上)敦煌本《王韻》平聲皆韻楚皆反:"趉,起去。"(364)故宮本《王韻》同。"起去"當即"疑之,起而去也"之省。五代本《切韻》平聲皆韻楚皆反:"趡,趉去。又作𧼒。"(748)"趡"即"趡"字之俗,"趉"當即"起"之俗寫,"𧼒"即"趉"字之俗。故"趡"即"趉"通過改換聲符而形成的異體俗字,亦應訓"疑之,起而去也"。《玉篇》"趡"字訓爲"走也",當爲不明其爲"赶"字之俗而妄補。

217. 趲

《玉篇・走部》:"趲,他旱切。行。"(49 上右)

按:此字《說文》《名義》皆未收,《玉篇》收於部末,當即宋人據俗書所增。《新修玉篇》卷十《走部》引《玉篇》:"趲,他旱切,上聲。行也。"(91 下右)《篇海》卷九《走部》引《玉篇》:"趲,他旱切。行也。"(710 上)《大字典》引《篇海》謂"趲"字引《俗字背篇》,非是。"趲"疑即"趄"字之俗。《說文・走部》:"趄,趑趄也。从走,且聲。"(37 下)《玉篇・走部》:"趄,七余切。趑趄也。"(48 下左)"趲""趄"形義俱近,《〈可洪音義〉研究》"沮"字條(524)"沮"俗作"㳑",又"坦"字條(698)"坦"俗作"𡊋",故"趄"亦可俗寫作"趲"。"趄"俗寫作"趲"後,又改其讀爲"他旱切",此即望形生音。

218. 赸

《玉篇・走部》:"赸,丑亦切。超也。"(49 上右)

按:元刊本《玉篇・走部》:"赸,丑亦切。超也;行也。"元刊本"赸"字,又增訓"行也",疑爲望形生訓。"赸"疑即"趨"字之俗。《說文・走部》:"趨,超特也。从走,契聲。"(37 上)《玉篇・走部》:"趨,丑世切。渡也;超特。𧾷,同上。"(48 下左)《廣韻》去聲祭韻丑例切:"跇,跳也;踰也。趨,上同。"(279)"赸"與"趨"音義並同,故"赸"當即"趨"字之俗。

219. 趌

《玉篇・走部》:"趌,巨詭切。"(49 上右)

按:"趌"字,有音無義。元刊本《玉篇・走部》:"趌,巨詭切。奔也。"元刊本訓"趌"爲"奔也",形義不諧,非是。《玉篇校釋》"趌"字下注:"義闕,元刊云'奔也',非是。《切韻》上聲紙韻:'趌,跂趌。或作跪。'《集韻》:'跪,或作趌。'慧琳七十・十六:'今江南謂屈膝立爲跂趌,中國人言胡跪。《禮記》:授立不趍。'"胡氏所言是也。《新修玉篇》卷十《走部》:"趍,渠委切。跟跪也。"(92 上右)此亦爲其證。《大字典》《字海》"趍"字據元刊本《玉篇》增收"奔"這一義訓,當删。

220. 趈

《玉篇·走部》:"趈,他念切。疾行也。"(49 上左)

按:《正字通·走部》:"趈,俗字。舊注:音店。足長短行疾。泥。"(1113 上)《正字通》謂"趈"爲俗字,是也。《玉篇校釋》"趈"字下注"'疾行也'者,《切韻》:'趈,疾行兒。'《集韻》云:'俯首疾行。'疑即'趈'之訛分。趈,低頭行疾。金、念同从今聲,形亦相近而訛爲趈。"(2066)胡氏所言當是。"趈""趈"義同,又梁春勝《楷書異體俗體部件例字表》"念"俗作"**念**""**念**""**念**"等,與"金"形近,故"趈"疑即"趈"字俗訛。"趈"俗寫作"趈"後,又改其讀爲"紀年切"、"他念切",望形生音也,遂致二字相隔不通。

221. 趉

《玉篇·走部》:"趉,户八切。走也。"(49 上左)

按:《玉篇校釋》"趉"字下注:"'走也'者,《切韻》:'趉,走兒。'本書(128):'趏,古滑切。走兒。''趉''趏'當合併爲一字。"(2067)胡氏所言是也。故宮本《裴韻》入聲鎋韻古滑反:"趉,走兒。"(614)"趉""趏"音義並同,二字即爲異體字。《廣韻》入聲黠韻户八切:"趉,走趉。"(396)《廣韻》訓"趉"爲"走趉",注文"趉"字當爲字頭誤重。《大字典》《字海》"趉"字承襲《廣韻》之謬而妄增"走趉"這一義訓,非是,當删。

222. 翅

《玉篇·走部》:"翅,許劣切。"(49 上左)

按:《篇海》卷九《走部》引《玉篇》:"翅,許劣切。"(710 下)《篇海》引《玉篇》亦義闕。《新修玉篇》卷十《走部》引《玉篇》:"翅,許劣切。鳥飛也。"(91 下左)元刊本《玉篇·走部》:"翅,許劣切。進也;飛也。"《字彙·走部》:

"𦩻,呼决切,音血。進也;又飛也,眾鳥叢飛也。"(470 上)《正字通·走部》:"𦩻,翅字之訛。舊注:音血。進也;又眾鳥叢飛。並非。"(1112 上)"𦩻"字,《新修玉篇》訓"鳥飛也",當是;元刊本《玉篇》訓"進也",疑非是。《玉篇·羽部》:"翅,升豉切。翼也。"(121 上左)"𦩻"與"翅"儘管形近,然音義俱別,二字不可混同,《正字通》之説非是。今案:"𦩻"當同"翉",本作"决"。《玉篇·羽部》:"翃,許劣切。小鳥飛。"(121 下右)箋注本《切韻》入聲薛韻識列反:"翃,小鳥飛。"(145)敦煌本《王韻》入聲薛韻許力反:"翃,小鳥飛。"(429)故宮本《王韻》入聲薛韻許劣反:"翃,小鳥飛。"(518)故宮本《裴韻》入聲薛韻許列反:"翃,小鳥飛。"(613)《唐韻》入聲薛韻許劣反:"翃,小鳥飛。"(708)"𦩻"與"翃"音義並同,"𦩻"當即"翃"之異體字。"翃"本作"决"。《廣韻》入聲屑韻呼决切:"决,《莊子》:'决起而搶榆枋。'小飛皃。"(399)《莊子·逍遙遊》:"我决起而飛,搶榆枋。"陸德明釋文:"李頤云:'决,疾貌。'"故"翃"本作"决","𦩻"亦當本作"决"。

223. 迣

《玉篇·辵部》:"迣,之世切。超踰也。"(49 下左)

按:《玉篇校釋》"迣"字下注:"又'超踰也'者,《漢書·禮樂志》:'迣萬里。'如淳曰:'迣,超踰也。'《史記·樂書》作跇。本書《足部》:'跇,超踰也。''跮,踰也。''踱,渡也。'《走部》:'趘,渡也,超特也。''趃,踰也。'諸字並同。"(2095)胡氏所言是也。《名義·走部》:"趘,渡也;特也。跇字。越,趃字。"(100 下)此是其證也。"迣"訓"超踰也",與"跇""趘""趃""跮""越"諸字音義並同,即爲異體字。

224. 逾

《玉篇·辵部》:"逾,胡外切。迊也。"(50 上左)

按:"逾"當即"迊"字之俗。《玉篇校釋》校"迊"爲"匝",並注曰:"'帀'原作'迊','迊'訓急行,形義不洽,今依《字典》引《本書》正。'逾'者,會也,帀也。囗、帀相會合也。《說文》'會'之古文作'㣛',金文作'逭'。"(2114)《康熙字典·辵部》:"逾,《玉篇》胡外切,音會。匝也。"(1330 上)胡吉宣據

《康熙字典》而謂"迊"原作"匝",不確。"迊"當原作"迊","迊""匝""帀"字同。《説文·亼部》:"會,合也。"(104上)"合""匝"義可相通,故"遪"與"會"音同義通,"遪"當即"會"之增旁俗字。

225. 迣

《玉篇·辵部》:"迣,尸制切。遊步也。"(50下右)

按:《玉篇校釋》"迣"字下注:"案:此僞字應删。上(91):'迣,迣也。'從世,世本作,遂訛爲'迣'。"(2118)胡氏所言是也。《正字通·辵部》:"迣,迣字之訛。舊注:音世。遊步。誤。"(1149上)《正字通》印證了胡氏之説。"世"篆文作"𠀍",隸變作"世""𠀎""㞢"諸形,故"迣"俗寫亦可作"迣"。

226. 遹

《玉篇·辵部》:"遹,以斫切。逴也。"(50下右)

按:《玉篇校釋》"遹"字下注:"《走部》:'趫,趠趫也。'又(100):'趠,行皃。''趠趫'與'逴遹'同,在《足部》爲'踔踰'。"(2117)胡氏所言當是。《説文·走部》:"趫,趠趫也。從走,龠聲。"(37上)《玉篇》訓"遹"爲"逴也",即因省略字頭而造成的拆駢爲單的訓釋失誤,應連字頭訓爲"逴遹也"。《大字典》沿謬而轉訓爲"遠",亦非。"逴遹""踔踰""趠趫"音義並同,從辵、從足、從走義通,俗書常可換用,故"逴遹""踔踰""趠趫"當即義通義符換用而形成的異體聯綿詞。

227. 迨

《玉篇·辵部》:"迨,户愛切。走也。"(50下左)

按:《字彙·辵部》:"迨,下蓋切,音亥。走也。"(487下)《正字通·辵部》:"迨,俗字。舊音亥,走也,誤。"(1149下)《正字通》謂"迨"爲俗字,是也。《玉篇校釋》"迨"字下注:"二韻無。《足部》:'跤,急行。'《走部》:'趡,走也。''走'即急行,'跤''趡'並與'迨'同。"(2115)《玉篇·足部》:"跤,户愛切。急行。"(34下右)又《玉篇·走部》:"趡,胡該切。走。"(49上右)

"趩"與"踆""迿"儘管義同,然形音皆別,故"趩"與"踆""迿"不可混同,胡吉宣謂"趩"同"踆""迿",非是。"迿"與"踆"音義並同,"迿"當即"踆"之異體字。

228. 竧

《玉篇·立部》:"竧,房六切。邪也。"(51 上右)

按:此字《説文》《名義》皆未收,《玉篇》收於部末,當即宋人據俗書所增。《正字通·立部》:"竧,俗字。"(788 上)《正字通》謂"竧"爲俗字,是也。"竧"疑即"䜏"字之俗。《説文·立部》:"䜏,見鬼魅兒。从立,从彔。讀若虙羲氏之虙。"(216 下)《玉篇·立部》:"䜏(䜏),摩筆、扶福二切。見鬼兒。"(51 上右)"竧""䜏"音同義近,"竧"當即"䜏"通過改換聲符而形成的異體字。《龍龕》卷四《立部》:"竧䜏,鹿、伏二音。見鬼兒也。二同。"(520)此是其證也。故"竧"當即"䜏"字之俗。

229. 竫

《玉篇·立部》:"靖,疾郢切。謀也。竫,疾郢切。亭安也。"(51 上右)

按:《玉篇校釋》"靖""竫"二字下注:"案:'竫''靖'一字。元刊本'竫'下不出音,云:'同上。'《公羊·定七年經》:'葬曹竫公。'《釋文》:'竫,本作靖。'《大荒東經》:'有小人國名靖人。'郭注:'靖,或作竫,亦並通作靜。'"(2131)胡氏所言是也。《名義·立部》:"竫,靖字。靜也;善也;安也。"(102 下)《新撰字鏡·立部》:"竫,善也。靖,上字同。又作靜。似井反。治也;息也;和也;思也;善也;謀也;安也。"(625)以上二書並其證也。故"竫""靖"音義並同,即爲異體字。

230. 跠

《玉篇·立部》:"跠,胡雞切。待也。亦作徯。"(51 上右)

按:《説文·彳部》:"徯,待也。从彳,奚聲。蹊,徯或从足。"(37 下)"徯",《廣韻》音"胡雞切",又音"胡禮切"。"跠"與"徯""蹊"二字音義並同,即爲異體字。

231. 竜

《玉篇·立部》:"竜,力鐘切。"(51 上右)

按:《新修玉篇》卷十《立部》引《玉篇》:"竜,力鐘切。通也;和也;寵也;鱗蟲之長也。《易》曰:'雲從龍。'古文。"(96 上左)《篇海》卷十五《立部》引《玉篇》:"竜,力鍾切。起也。"(825 下)元刊本《玉篇·立部》:"竜,力鍾切。起也。"《玉篇校釋》"竜"字下注:"義闕,元刊云'起也',非也。《集韻》以爲古文龍字,是也。惟本爲全體象形,非从立从电。"(2137)胡氏所言當是,《新修玉篇》是其證也。"竜"訓"寵也",亦同"龍",因"龍""寵"二字古可通用。《廣雅·釋言》:"龍。寵也。"王念孫疏證:"龍、寵聲相近,故古人以二字通用。"《篇海》訓"竜"爲"起也",於諸字書、韻書皆無徵,當因不識其爲"龍"字而見其從"立"爲説,因"立"有"豎起"之義。元刊本《玉篇》亦訓"起也",此當爲《篇海》所誤。《大字典》"竜"字下沿謬而收録"起"這一義項,並單列"寵"這一義項,並非。

232. 竧

《玉篇·立部》:"竧,胡改、胡代二切。"(51 上右)

按:元刊本《玉篇·立部》:"竧,胡改、胡代二切。起也。"《玉篇校釋》"竧"字下注:"義闕。元刊云'起也',非是。《廣韻》上聲十五海:'竧,堅竧,神人。胡改切。'《集韻》:'堅竧,神人。通作亥。'案:《山海經》作竪亥,亥涉竪而變从立。"(2137)胡氏所言是也。元刊本《玉篇》訓爲"起也",當爲沿襲《篇海》之誤。《篇海》卷十五《立部》引《玉篇》:"竧,胡改、胡代二切。起也。"(825 下)《新修玉篇》卷十《立部》引《玉篇》:"竧,胡改切。堅竧,神人。《玉篇》又胡代切。"(96 上左)《新修玉篇》與《篇海》不同,《新修玉篇》所言是也。《篇海》"竧"字訓"起也",於文獻無徵,當爲望形生訓。《大字典》《字海》"竧"字下皆沿謬元刊本《玉篇》之誤而收録"起"這一義項,應删。

233.寯

《玉篇·宀部》:"寯,子峻切。才寯也。"(54下右)

按:《玉篇校釋》"寯"字下注:"《廣韻》:'寯,人中最才。'本書《人部》:'俊,《說文》云:才過千人也。'重文作'儁'。"(2163)《說文·人部》:"俊,材千人也。从人,夋聲。"(159下)"俊",《廣韻》音"子峻切"。"寯"與"俊""儁"音義並同,即爲異體字。

234.曶

《玉篇·宀部》:"曶,徂曽切。"(54下右)

按:此字《說文》《名義》皆未收,《玉篇》始收之,當即宋人據俗書所增。《玉篇校釋》"曶"字下注:"義闕。元刊云:'室也。'《集韻·耕韻》云:'窹宏,屋大。'即本書《穴部》:'宏窹,大屋也。'"(2166)胡氏所言是也。《新修玉篇》卷十一《宀部》引《玉篇》:"曶,徂罾切。《韻》又士耕切。曶宏,屋大。"(99下右)《名義·穴部》:"窹,杜(在)萌反。宏[窹]也。"(114下)《玉篇·穴部》:"窹,杜(在)萌切。宏窹。"(59上右)"宏窹"又作"窹宏","曶宏"同"曶宏","曶"與"窹"音義並同,"曶"當即"窹"通過形近義通義符換用而形成的異體字。元刊本《玉篇》訓"曶"爲"室也",於文獻亦無徵,當爲見其從"宀"而妄補。《大字典》《字海》"曶"字下皆承襲元刊本《玉篇》義訓之誤,疑並非是。

235.宔

《玉篇·宀部》:"宔,禹俱切。窹宔也。"(54下左)

按:《玉篇校釋》改"宔"爲"宔",並注曰:"《廣韻》上平十虞:'宔,窹牀也。'《集韻》云:'窹也。'字並从辵,宇聲,本書原亦書作'宔',今以隸宀部改作'宔',从宀,迂聲。《穴部》:'宔,羽俱切。牖也。''宔'與'宔'同。"(2174)胡氏所言是也。《名義·宀部》:"宔,禹俱反。床爲窹宔是也。"(105上)"宔"亦當校作"宔"。"床"當即"床"字之俗,吕浩《〈篆隸萬象名

義〉校釋》(171A)校作"床",非是。玄應《音義》卷十六引《字書》云:"牀,窻
也。"(57,頁 2c7)《廣韻》平聲虞韻羽俱切:"迬,窓迬,牀也。"(38)《廣韻》注
文中的"牀"字亦當即"床"字俗訛。《大字典》"迬"字下第一義項沿襲《廣
韻》之謬而訓爲"床",非是,應據改。《玉篇·穴部》:"字,羽俱切。字牖
也。"(59 上右)"迬""字"音義並同,即爲異體字。

236. 闖

《玉篇·門部》:"闖,七羊切。門聲也。"(55 下右)

按:敦煌本《王韻》平聲陽韻七將反:"闖,門聲和。"(375)故宮本《王
韻》、《廣韻》同。《名義·門部》:"闖,七羊反。鎗字。嚴也。"(106 下)"嚴"
當即"聲"之形誤。《説文·金部》:"鎗,鐘聲也。从金,倉聲。"(297 上)《廣
雅·釋詁四》:"鎗,聲也。"(322 上)故"闖"本作"鎗",因後來用以指"門
聲",遂改換義符"金"旁爲"門"旁造了一個專門的分化字"闖"字。

237. 瘧

《玉篇·疒部》:"瘧,是箴切。腹病也。"(57 上右)

按:《玉篇校釋》"瘧"字下改注文"腹"爲"復",並注曰:"'復病也'者,
'復'原訛'腹'(《廣韻》亦誤腹),今正。《切韻》:'瘧,復故病。或作疣。'此
復病義蓋出《埤倉》,字又因復病而作瘦、瘧。《方言》三:'瘧,病也。東齊海
岱之間或曰瘦,秦曰瘧。'《廣雅·釋言》:'瘦,瘧也。'本書:'瘦,再病也。亦
作復。'瘧之言甚,疣之言沈,病復發必較甚而沈痼也。"(2251)余迺永《校
注》"瘧"字下注:"《龍校》:'《全王》《王二》並云:復故病。案《方言》卷三云:
瘧、瘦,病也。秦謂之瘧。郭注云:謂勞復也。《廣雅》云:瘦,瘧也。《疏證》
云:《傷寒論》有大病差後勞復治法。《玉篇》云:瘦,再病也。本書瘦下亦
云:病重發。是瘧本舊病復發之義。此云腹內故病,蓋不知復故病之義而
妄改。'可從。"(693)以上諸説皆是。《名義·疒部》:"瘧,是箴反。病復
也。"(110 下)此是其證也。故《玉篇》訓"瘧"爲"腹病也",當爲"復病也"之
聲誤。《大字典》《字海》"瘧"字下沿謬而收録"腹病"這一義訓,並非。

238.瘹

《玉篇·疒部》:"瘹,火聊切。腫欲潰。"(57 上右)

按:《名義·疒部》:"瘹,王(火)聊反。癰腫欲潰也。"(110 下)"瘹"當即"膫"之異體字。《玉篇·肉部》:"膫,匹遙、甫遙二切。膫膫,腫欲潰也。"下字曰:"膫,虛聊切。膫膫。"(36 下左)"瘹"與"膫"音義並同,"瘹""膫"當即義符換用而形成的異體字。《新修玉篇》卷十一《疒部》引《玉篇》:"瘹,火幺切。膫膫,腫欲潰也。同作膫。"(105 下右)此是其證也。

239.疶

《玉篇·疒部》:"疶,竹故切。乳癰也。"(57 上右)

按:《廣韻》去聲暮韻當故切:"疶,乳病。"(265)《玉篇校釋》"疶"字下注:"古止作'妒'。《釋名·釋疾病》:'乳癰曰妒。妒,褚也。氣積褚不通至腫潰也。'"(2255)胡氏所言是也。《名義·疒部》:"疶,竹故反。乳癰也。妒字。"(110 下)此是其證也。"妒"《廣韻》音"當故切","疶""妒"音義並同。又"石"作爲聲符或可換作"乇",如"拓"或作"托"(見《集韻》724),"祏"或作"祍"(見《正字通》1021 上)。"妒"訓"乳癰",即指一種因皮膚或皮下組織化膿性的炎症而引起的乳病,因"妒"用來指乳病,故由"女"旁換作"疒"旁。因此,"疶"即"妒"通過全體創造而產生的異體字。

240.瘦

《玉篇·疒部》:"瘦,扶又切。勞也;再病也。亦作復。"(57 上左)

按:《玉篇校釋》"瘦"字下注:"'勞也',《方言》三:'瘦,病也。'郭注:'謂勞復也。''再病也'者,《切韻》同,疑出《埤倉》。《唐韻》引《字林》云:'病重出。'《廣雅·釋言》:'瘦,瘧也。'本書:'瘧,復病也。'《彳部》:'復,重也。'瘦瘧之言復甚也,病後因勞而復發疾較甚也。"(2261)胡氏所言當是。《名義·疒部》:"瘦,扶又反。勞也;瘧。復字。"(111 下)此亦其證也。故"瘦"當同"瘧",二字本作"復"。

241. 瘵

《玉篇·疒部》:"瘵,仕皆切。瘦也。"(57 上左)

按:《名義·疒部》:"瘵,仕佳反。瘦也;疪也。"(111 上)《玉篇校釋》"瘵"字下注:"《廣韻》上平佳韻:'瘵,瘦也。'案:本止爲'柴'。"(2257)胡氏所言是也。《正字通·疒部》:"瘵,釵來切,音柴。瘦也。通用柴。"(713 上)《易》:"爲瘠馬。"《釋文》云:"瘠,京、荀作柴,云多筋幹。"清李富孫《易經異文釋》卷六云:"案王慶云:'健之甚者爲多骨也。'《楚辭·憫命》注云:'枯枝爲柴。'柴亦有瘠義。《廣韻》:'瘵,瘦也。'此後加偏旁字。唐元稹詩云:'羸形漸比柴。'是也。"(710)以上二説皆印證了胡氏之説。故"瘵"當即"柴"之增旁俗字。

242. 瘖

《玉篇·疒部》:"瘖,式與切。瘖熱疾也。"(57 下右)

按:《玉篇校釋》"瘖"字下注:"'瘖熱病也'者,當作:'暑熱病也。'……瘖爲中暑病,《素問·熱論》:'爲病暑。'王冰注:'陽熱大盛,寒不能制,故爲病曰暑。'字因從疒曰瘖。"(2271)胡氏所言是也。《正字通·疒部》:"舊注:音暑。瘖熱病。本作暑。"(716 上)《正字通》所言印證了胡氏的考釋成果。故"瘖"當即"暑"因涉義增加義符"疒"旁而形成的後起分化字。

243. 痊

《玉篇·疒部》:"痊,七緣切。病瘳也。"(57 下右)

按:"痊"當即"悛"之異體字。《説文·心部》:"悛,止也。从心,夋聲。"(218 下)《左傳·隱公六年》:"長惡不悛,從自及也。雖欲救之,其將能乎?"杜預注:"悛,止也。"《晏子春秋·内篇諫上》:"(晏子)把政,改月而君病悛。""悛",《廣韻》音"此緣切"。"痊"與"悛"音義並同,"痊"當即"悛"之異體字。《名義·疒部》:"痊,且全反。除也。悛字也。"(111 下)此即其證也。

244. 瘈

《玉篇·疒部》："瘈,都稜切。病也。"(57下右)

按:"瘈"當同"癡""瘑"。《龍龕》卷四《疒部》:"癡瘈,徒登切。～痛也。下又俗音疼也。"(469)朝鮮本《龍龕》卷八《疒部》:"癡,徒登切。～痛也;又病之甚也。瘑,同。瘈,俗。又音作疼。"(9)故"瘈"與"癡""瘑"音義並同,即爲異體字。

245. 痔

《玉篇·疒部》："痔,都勒切。痔病也。"(57下左)

按:此字《名義》《廣韻》皆未録,《玉篇》收於《疒部》之末,當即宋人據俗書所增。《集韻》入聲德韻的則切:"痔,病也。"(761)"得",《廣韻》音"多則切"。"痔""得"音同,"痔病"當同"得病","痔"疑即因"得""病"經常連用,故而改換義符所形成的俗字。《集韻》訓"病也",疑非。《大字典》《字海》收録"痔"字,皆訓爲"病",疑亦非是。

246. 殈

《玉篇·歹部》："殈,奴到切。恨也。"(58上左)

按:《玉篇校釋》"殈"字下注:"'殈'爲'嫝'之訛變。《女部》:'嫝,《說文》:有所恨痛也。亦作娖。''嫝'又訛變爲'殈',僞字應删。"(2296)胡氏所言是也。《正字通·歹部》:"殈,惱字之訛。舊本《女部》有嫝,音義同,改作殈,非。"(558上)此説印證了胡氏的考釋成果。"嫝"字俗作"娖","殈"與"娖"音近義同,"殈"當即"娖"字之訛。

247. 窟

《玉篇·穴部》："窟,力唐切。穴也。"(59上右)

按:《玉篇校釋》"窟"字下注:"《廣韻》無,《集韻》下平十一唐以爲'康

㝔'之或體。本書《宀部》：'康，虛也；空也。㝔，空虛也；屋康㝔也。'窫㝔疊韻
連語，在《宀部》爲'康㝔'，在《門部》爲'閌閬'，在《身部》爲'軁㾿'，字異而
義同。"(2322)胡氏所言近是。《方言》卷十三："康，空也。"戴震疏證："康
㝔，俗又作窫㝔。"《集韻》平聲唐韻盧當切："㝔㝔，《說文》：'康[㝔]也。'或從
穴。"(220)下文丘岡切又曰："康窫，《說文》：'屋窫㝔也。'或從穴。"(223)故
"㝔"字當連"窫"字爲訓，應訓"窫㝔，空也"。"窫㝔"同"康㝔"，"㝔"即"㝔"
通過改換義符而形成的異體字。《玉篇》訓"㝔"爲"穴也"，當爲不識其爲
"㝔"字之俗而妄補，此當即望形生訓。《大字典》《字海》"㝔"字下皆承襲
《玉篇》之誤而分別訓爲"穴"、"洞穴"，俱失考證。

248. 宩

《玉篇·穴部》："宩，由心切。深也。"(59上右)

按：《玉篇校釋》"宩"字下注："《集韻》侵韻以爲'窚'之或體，音淫，通作
'沈'。《莊子·外物》：'慰暋沈屯。'司馬彪曰：'沈，深也。'《上林賦》：'沈沈
隱隱。'"(2319)胡吉宣之說疑可商榷。"沈"，《廣韻》音"直深切"，又音"直
禁切"。"宩"與"沈"儘管義同，但從形音關係來看，二字不易混同。《名
義·穴部》："窔，由沁(心)反。深也。"(114下)《說文·穴部》："窚，深也。"
(149上)"窔""窚"形近義同，且《說文》有"窚"無"窔"，《名義》有"窔"無
"窚"，故"窔"當即"窚"字俗寫。"宩"與"窔"形近，且音義並同，亦當即
"窚"字之俗。《集韻》平聲侵韻夷真切："窚，深也。或作宩。"(278)此是其
證也。

249. 梒

《玉篇·木部》："梒，胡諳切。今謂之櫻桃也。亦作含。"(59下右)

按：《名義·木部》："梒，胡肬反。櫻桃也。"(115下)箋注本《切韻》(斯
2071)平聲覃韻胡男反："梒，～桃，櫻桃。"(122)故宮本《裴韻》平聲覃韻胡
男反："梒，～[桃]，櫻桃。"(564)《廣韻》平聲覃韻胡男切："梒，梒桃。《禮》
亦作含。"(148)《集韻》平聲覃韻胡南切："梒，梒桃，果名，櫻桃也。通作
含。"(283)《廣雅·釋木》："含桃，櫻桃也。"(915下)《禮記·月令》："農乃

登黍,是月也,天子乃以雛嘗黍,羞以含桃先薦寢廟。"鄭玄注:"含桃,櫻桃也。"(2966上)故"棓桃"同"含桃","棓"本當作"含"。

250.蠢

《玉篇·木部》:"欔,具員切。黃英(華)木也。又稱錘也。亦作蠢。"(60上右)

按:《玉篇校釋》"欔"字下注:"亦作'蠢','蠢'原作蠢,不成字,今正。"(2360)胡氏之說不確。《名義·木部》:"欔,局圓反。黃華(木)也,英也。蠢字。"(117下)敦煌本《王韻》平聲仙韻巨員反:"欔,反常合道。亦作蠢。"(368)故宫本《王韻》平聲仙韻巨員反:"欔,反常禾(合)道。亦作蠢。"(455)"蠢""蠢""蠢"音義並同,疑皆爲"欔"字篆文之訛變。"欔"之篆文作"欔","蠢""蠢""蠢"當即"欔"由左右結構變爲上下結構之後進一步訛變而形成的異體。《宋史·宗室世系表三》有"趙與蠢"(5929),《字海》謂《宋史·宗室世系表二》有"趙與～",當誤。"蠢"與上述"欔"之篆文諸俗體"蠢""蠢""蠢"形近,亦即"欔"字之俗。四庫本《宋史紀事本末》卷二十五正作"趙與欔","蠢"與"欔"即異體關係,當音 quán。

251.精

《玉篇·木部》:"精,才見切。木名。"(60上左)

按:此字《玉篇》又於部末重出,《玉篇·木部》:"精,七精切。木名。"(63上右)《玉篇校釋》於此字下注:"《廣韻》去聲卅二霰倉甸切:'木名。'案:此後增字重出,前(97):'精,才見切。木名。'列字非次,當刪前者而存此。應即《山經》之蒨。《中山經》:'敖岸之山,北望河林,其狀如蒨如舉。'郭注:'蒨、舉,木名也。'蓋即本書之精、欅。"(2498~2499)"精"字,胡吉宣謂當刪前者而存後者,疑非是。《名義·木部》:"精,才見反。木名也。"(17上)可見原本《玉篇》亦已收錄此字。《玉篇》前者之"精"與《名義》之"精"音義並同,且位置相當,故後者爲重出,當刪去。然胡吉宣謂"精"同"蒨",疑是。"蒨",《廣韻》音"倉甸切"。"精""蒨"音義並同,二者當爲異體字。

252.㦿

《玉篇·木部》：“㦿，去減切。户也。”（61上右）

按：《名義·户部》：“㦿，口減反。窻［也］；户字（也）。”（107上）《玉篇校釋》“㦿”字下注：“《切韻》：‘㦿，牖也。一曰小户。亦作㦿。’《廣韻》：‘㦿，牖旁柱也。’《集韻》：‘牖邊柱謂之㦿，或作㦿、㦿。’慧琳六五·十一：‘㦿，又作㦿。同口減反。《通俗文》：小户曰㦿。《字書》：㦿，窻也。’”（2402）胡氏所言是也。《新撰字鏡·户部》亦云：“㦿，又作㦿。口減反。居也；窻也；小户曰㦿。”（626）此亦其證也。故“㦿”當即“㦿”之異體字。

253.㭝

《玉篇·木部》：“㭝，補各、弼戟二切。㭝櫨，枅也。㭝，弼戟切。《説文》曰：‘壁柱也。’”（61上右）

按：《玉篇校釋》“㭝”“㭝”二字下注曰：“‘㭝櫨，枅也’者，‘㭝’‘㭝’字同。《説文》‘㭝’從薄省聲，則㭝即不省者。《漢書》作‘薄櫨’，《文選》注屢引《説文》‘㭝櫨，柱上枅也’，慧琳各卷引亦然。疑《説文》正篆本作‘㭝’，或體省作‘㭝’，一曰壁柱也。徐顥曰：‘言壁柱者，在兩壁之上也，即梁上短柱㭝櫨也。’段氏補‘㭝’字可也，以‘㭝’‘㭝’分爲二字二義則非矣。《釋宫》釋文引《字林》：‘㭝櫨也。’又：‘櫨即㭝也。’《字林》云：‘柱上㭝也。’‘㭝’爲‘枅’譌。慧琳五八·六引《説文》：‘㭝櫨，柱上枅也。’《廣雅》：‘㭝謂之枅。’即本書原文。”（2406～2407）胡氏所言當是。朱駿聲《定聲》“㭝”字下注：“㭝，壁柱也。從木，薄省聲。字亦作㭝，不省。轉注：《淮南本經》：‘標棟㭝櫨。’注：‘㭝，枅也。’”（411上）桂馥《義證》“㭝”字下注：“通作‘薄’。《漢書·王莽傳》：‘爲銅薄櫨。’顔注：‘薄櫨，柱上枅，即今所謂楷也。’或作㭝。《淮南本經》：‘標棟㭝櫨。’注：‘㭝，枅也。’”（494上）以上二説並其證也。故《説文》“㭝”當本作“㭝”，“㭝”即“㭝”之或體。

254. 柭

《玉篇·木部》：“柭，蒲葛切。矢末也。”(61下右)

按：《玉篇校釋》“柭”字下注：“‘矢末也’者，通作‘拔’。《詩·駟驖》：‘舍拔則獲。’毛傳：‘拔，矢末也。’箋云：‘括也。’《廣雅·釋器》：‘拔，箭也。’《疏證》引《詩》正義云：‘以鏃爲首，故拔爲末，此當云箭末謂之拔，不當訓拔爲箭。’竊疑本書引《詩》或作柭，或引《埤倉》作：‘矢末謂之柭。’於《廣雅》作：‘拔，箭也’者，通釋箭體也，此二書之通例。”(2435)胡氏所言當是。《禮記·少儀》：“毋拔來，毋報往。”鄭玄注：“報讀爲赴疾之赴，拔、赴皆疾也。人來往所之常有宿漸不可卒也。”陸德明注：“拔，急疾也。”(1512下)《名義·木部》：“柭，蒲葛反。疾盡也；柮(括)也。”(125上)故原本《玉篇》應並引《詩經》及《禮記》之文，字或作“柭”。“柭”“拔”音義並同，即爲異體字。

255. 槿

《玉篇·木部》：“槿，渠巾切。柄也。”(61下左)

按：《玉篇校釋》“槿”字下注：“‘柄也’者，矛柄也，《字書》作‘矡’，《説文》作‘矜’。《切韻》：‘槿，矛柄。賈誼曰：鋤耰棘矜。作矜。’《方言》九：‘矛其柄謂之矜。’郭注：‘今字作槿。’《説文》：‘矜，矛柄也。’《廣雅·釋器》：‘矜，柄也。’通釋之也。《集韻》：‘矜，或作矡，通作槿。’槿从木者，以棘爲之，取其堅韌也。本書《矛部》‘矜’爲‘矡’之重文，矛柄也。”(2432)胡氏所言是也。《名義·木部》：“槿，渠巾反。八千歲爲春；秋也；似李。爲𣘃字。”(125上)“八千歲爲春；秋也”當爲“椿”字之引文又誤植於此，吕浩《〈篆隸萬象名義〉校釋》(204B)失校。《玉篇·木部》：“椿，丑倫切。木名。《莊子》云：‘上古有大椿，以八千歲爲春，八千歲爲秋。’”(59下左)“𣘃”即“矜”字之俗，吕浩《〈篆隸萬象名義〉校釋》(204B)校作“柃”，非是。故“槿”與“矜”“矡”音義並同，即爲異體字。

256. 梂

《玉篇·木部》:"梂,徒的切。臧棹也。"(62上左)

按:《名義·木部》:"梂,徒的反。臧棹也。"(123上)《廣韻》入聲錫韻徒歷切:"梂,藏棹。《爾雅·釋木》:'梂,藏棹。'是也。"(422)"梂"當本作"狄"。《爾雅·釋木》:"狄,臧棹。""棹""棹"字同。故"梂"本作"狄"。

257. 杅

《玉篇·木部》:"杅,公旦切。檀木也。"(62下右)

按:《廣韻》去聲翰韻古案切:"杅,檀木。"(306)《玉篇》《廣韻》"杅"訓"檀木",皆誤也。《名義·木部》:"杅,公旦反。橿木也。"(123下)"橿"字,大型字書未收,吕浩《〈篆隸萬象名義〉校釋》(203A)亦失校,"橿"即"橿"字之俗。《新撰字鏡·木部》:"杅,公旦反。橿木也。"(389)此是其證也。《大字典》《字海》"杅"字下沿襲《玉篇》之謬而收録"檀木"這一義項,應據正。

258. 檬

《玉篇·木部》:"檬,亡公切。木名,似槐,葉黄。"(62下左)

按:《玉篇校釋》"檬"字下注:"'木名,似槐,葉黄'者,原引《山海經》之删節,葉爲華之形誤。《中山經》:'放皋之山有木焉,其葉如槐,華黄而不實,其名曰蒙木。'字不从木。《切韻》:'檬,似槐黄葉。'《廣韻》作'葉黄','葉'並應爲'華'。"(2486)胡氏所言是也。余迺永《校注》"檬"字下注:"《山海經·中山經》:'放皋之山有木焉,其葉如槐,華黄而不實,其名曰蒙木,服之不惑。'郝疏:'《玉篇》作檬,云:木名,似槐葉黄,葉蓋華字之訛也。'余按《王二》、《五刊頁二〇一四》誤作:'似槐,黄葉。'《全王》作:'似槐,黄色。'五刊《頁二〇一六》作:'似槐,葉黄。'同本書,並誤。"(559~560)《名義·木部》:"檬,亡公反。似槐,黄華也。"(124下)此並其證也。故"檬"本作"蒙",應訓爲"葉似槐,黄華而不實也"。《大字典》《字海》沿襲《玉篇》之謬,應據正。

259. 桝

《玉篇·木部》:"桝,又耕切。木束也。"(62 下左)

按:《玉篇校釋》"桝"字下注:"'木束也'者,《廣韻》《集韻》並同……惟《切韻》:'桝,木刺也。'則此'木束'當爲'木束'之訛。束、刺古今字,木束謂之桝,猶亂草謂之莘。"(2489)胡氏所言是也。《名義·木部》:"桝,又耕反。刺也。"(125 上)《新撰字鏡·木部》:"桝,又耕反。刺也。"(390)"刺""刺"並即"刺"字之俗。此二書亦其證也。

260. 㭠

《玉篇·木部》:"㭠,虚衣切。木名,汁可食。"(62 下左)

按:《玉篇校釋》"㭠"字下注:"《廣韻》又收五支云:'杓也。''杓'爲'杓'之訛,假爲'㰅'也。慧琳六五·十:'㰅,律文作㭠,假借也。㭠,木名也,汁可食也。'"(2486)胡氏所言是也。《新撰字鏡·木部》:"㰅,虚奇反。蠡,瓢杓也。㭠,許羈反,平。上字。"(373)此是其證也。故"㭠"訓"杓也"或"瓢杓也",本當作"㰅"。

261. 樺

《玉篇·木部》:"樺,公八切。樺鼓也。"(62 下左)

按:《玉篇校釋》於"樺"字下校注文爲"㲹也",並注曰:"'㲹也'者,原引《廣雅·釋詁三》文,《切韻》同,本書及《廣韻》《集韻》'㲹'並訛作'鼓',今訂正。"(2484)胡氏所言是也。《廣雅·釋詁三》:"樺,㲹也。"(272 上)敦煌本《王韻》入聲䘏韻古䘏反:"樺,㲹。"(428)故宮本《王韻》同。故《玉篇》"樺"訓"樺鼓也",注文之"樺"爲字頭誤重,"鼓"當即"㲹"字之訛。《廣韻》《集韻》"樺"亦訓"鼓也",此爲沿襲《玉篇》之誤。《名義·木部》:"樺,公八反。㲹也。"(124 下)可見原本《玉篇》亦引《廣雅》訓"㲹也"。《大字典》《字海》"樺"字下皆據《玉篇》《廣韻》之誤而收錄"鼓"這一義項,應刪。

262. 櫯

《玉篇·木部》：“櫯，先胡切。櫯枋，可染緋。”（63 上右）

按：此字《説文》《名義》皆未收，《玉篇》收於部末，當即宋人據俗書所增。《玉篇校釋》“櫯”字下注：“《集韻》平聲模韻：‘櫯，木名，可染。’《廣韻》：‘蘇，木也。’並非也。櫯枋二字爲木名，字本作蘇。《南方草木狀》云：‘蘇枋木出九真，南人以染絳，漬以大庾之水，則色愈深。’”（2498）胡氏所言是也。《正字通·木部》：“櫯，同蘇。蘇木，即染烏紅者。舊本分蘇、櫯爲二，誤。”（543 下）《正字通》所言印證了胡氏的考釋成果。故“櫯”當即“蘇”字之俗。

263. 栖

《玉篇·木部》：“栖，竹旨切。枝栖也。”（63 上右）

按：胡吉宣校字頭“栖”爲“檇”，又校注文“枝栖也”爲“枝也”，並注曰：“原作：‘栖，枝栖也。’形聲不諧，今依《集韻》正。《集韻》上聲旨韻：‘檇，木枝。’音黹。”（2502）胡氏所校當是。從形音關係來看，當以作“檇”爲是，“栖”當即“檇”字之俗；又《玉篇》訓“栖”爲“枝栖也”，“栖”當爲字頭誤重。

264. 樅

《玉篇·木部》：“樅，徒郎切。車樅。”（63 上右）

按：《玉篇·木部》：“樘，達朗、丑庚二切。柱也；又車樘也。”（60 下左）“樅”與“樘”音義並同，“樅”當即“樘”之異體字。

265. 橶

《玉篇·木部》：“橶，居言切。橶子，枑蒲彩也。”（63 上右）

按：《玉篇校釋》“橶”字下注：“《切韻》：‘擑，枑蒲，采名。’《廣韻》：‘擑，擑子，枑蒲，采名。’重文从木作‘橶’……‘橶’即因木子刻梟得名，以木作之故爲‘橶’，以投擲故而爲‘擑’。”（2498）胡氏所言是也。《新撰字鏡·木部》：“櫄，居言[反]。擤字。樗蒲，菜（采）名。”（394）此亦其證也。故“櫄”“擤”即因造字角度不同而形成的異體字。

266. 枮

《玉篇·木部》：“枮，思尖切。木名。”（63 上右）

按：《玉篇校釋》“枮”字下注：“‘木名’者，《切韻》同，《説文》：‘枮，木也。’諸家並疑即‘櫨’‘杉’字。《釋木》：‘柀，櫨。’郭注：‘櫨似松，生江南，可以爲船及棺材，作柱埋之不腐。’釋文：‘櫨，字或作杉。’本書（60）：‘櫨，木名。’重文作杉。（59）：‘柀，杉木也，埋之不腐。’亦原引《爾雅》及注文。”（2502）胡氏所言是也。《正字通·木部》：“枮，同櫨省。舊注音先，汎云木名，非。”（491 上）桂馥《義證》“枮”字下注：“或作櫨……木也者，或作杉。”（484 下）朱駿聲《定聲》“枮”字下注：“疑即大徐所補之‘櫨’字，今之杉木也。”（128 下）以上諸説皆印證了胡氏的考釋成果。故“枮”與“櫨”“杉”“櫨”即爲異體字。

267. 欶

《玉篇·木部》：“欶，息咨切。木柴。”（63 上左）

按：《玉篇校釋》“欶”字下注：“‘欶’即‘橌’。《切韻》：‘橌，薪也。’《集韻》：‘欶，木薪也。’”（2505）胡氏所言是也。《正字通·木部》：“欶，同橌。”（2505）《正字通》所言印證了胡氏之説。故“欶”與“橌”音義並同，“欶”即“橌”之偏旁易位俗字。

268. 櫡

《玉篇·木部》：“櫡，直舌切。棗也。”（63 下左）

按：《玉篇校釋》“櫡”字下注：“《爾雅·釋木》：‘楊徹，齊棗。’郭云：‘未詳。’《釋文》：‘徹，本或作櫡。’翟灝補郭注云：‘齊地所産之棗，其方俗謂之楊徹。’唐盧照鄰詩云：‘齊棗夜含霜。’《集韻》：‘楊櫡，棗木名。’蓋顧氏《爾雅音》本作櫡，此傳寫漏奪後補入，原本當引《釋木》文。”（2523）胡吉宣謂

"檄"爲傳寫漏奪後補入,原本當引《釋木》文,疑非是。"檄"字,《名義》亦未收録,可見原本《玉篇》此字亦未收。"檄"字,當即宋人據陸德明《經典釋文》所補入。嚴元照《爾雅匡名》謂:"楊徹齊棗,《釋文》云:'徹,本或作檄。'按:檄,俗字。"(3602 上)嚴氏所言當是。"檄"當即"徹"因涉上文"楊"字類化影響換旁而産生的換旁俗字。

269. 蒄

《玉篇·艸部》:"蒄,胡緄、胡官二切。《爾雅》曰:'莞夫蘺其上蒿。'"(64 上左)

按:《玉篇校釋》"蒄"字下改注文"莞"爲"蒄",並注曰:"引《爾雅》爲《釋草》文,今本作'莞夫蘺'。郭注:'今西方呼蒲爲莞蒲,蒿謂其頭臺首也。今江東謂之苻蘺,西方亦名蒲中莖爲蒿,用之爲席。'《釋文》:'莞,或作蒄。謝音官,郭音桓,《字林》音緩,俗音關。'蘺,本或作離。《説文》:'蒄,夫蘺也。'是許、顧所據《爾雅》本同,今諸本多作莞。《説文》分'莞''蒄'爲二字,《玉篇》承之,原本當別有説解。"(2552~2553)胡氏所言是也。《名義·艸部》"莞,胡官反。似蒲圓也;小蒲也。"下字曰:"蒄,胡緄反。莞字也。"(127 下)此是其證也。"莞",《廣韻》音"古丸切"。"蒄"與"莞"音義並同,二者即爲異體字。

270. 蕪

《玉篇·艸部》:"蕪,苦決切。蕪盆也。"(64 上左)

按:《玉篇校釋》"蕪"字下注:"'蕪盆即覆盆也'者,原引《爾雅》及注文之删節……'蕪蕪'即'缺盆'之俗增艸者。"(2551)胡氏所言是也。《爾雅·釋草》:"茥,蕪蕪。"郭璞注:"覆蕪也。實似梅而小,亦可食。"(122)《説文·艸部》:"茥,缺盆也。從艸,圭聲。"(12 上)郝懿行義疏:"'蕪蕪'當作'缺盆'。《説文》:'茥,缺盆也。'《御覽》九百九十八引孫炎云:'青州曰茥。'又引吴普云:'缺盆,一名決盆。'決、缺聲同,茥讀若桂,與缺聲轉。"《正字通·艸部》:"蕪,丘月切,音缺。蕪盆,即覆盆子。本作缺。"(944 下)以上諸説皆其證也。故"蕪蕪"本作"缺盆","蕪"當即"缺"因涉義增加義符"艸"旁所

形成的後起分化字,而"葐"當即"盆"因涉義增加義符"艸"旁所形成的後起
分化字。

271. 虋

《玉篇·艸部》:"虋,莫耕切。莔可爲帠也。"(65 上左)

按:此字《説文》《名義》《新撰字鏡》皆未收,始見於《玉篇》,當即宋人所
增。《玉篇》"虋"字下字曰:"虋,莫公切。草可爲帠也。"(65 上左)《玉篇校
釋》注曰:"《切韻》:'虋,莔也。'不收'虋',《廣韻》二字義並同本書,莔即草
名,'虋''虋'音義皆同,莔可爲帠,謂之莔帠。"(2596)胡氏所言不確,《切
韻》收入"虋"字,而"虋"字未見收錄。故宮本《王韻》平聲耕韻莫耕反:"虋,
莔可爲箪。"(464)故宮本《裴韻》平聲耕韻韻莫耕反:"虋,苔。"(553)"苔"當
即"莔"之形誤。"虋"與"虋"音義並同,"虋"當即"虋"通過改換聲符而形成
的異體字。

272. 蕛

《玉篇·艸部》:"蕛,何蘭切。蕛蔣也。"(65 上左)

按:《爾雅·釋草》:"葴,寒漿。"郭璞注:"今酸漿草,江東呼曰苦葴。音
針。"(116)故"蕛蔣"同"寒漿","蕛"當本作"寒"。陸德明釋文:"蕛,本今作
寒。"郝懿行義疏:"《玉篇》云:'葴,蕛蔣。'釋文:'蕛,本今作寒。'《御覽》引
吳普云:'酸漿,一名酢漿。'……今京師人以充茗飲,可滌煩熱,故名寒漿;
其味微酸,故名酸漿矣。"《正字通·艸部》:"蕛,舊注:音寒。蕛漿草。按:
《爾雅》本作寒,俗加艸。"(956 上)《玉篇校釋》"蕛"字下注:"'蕛蔣也'者,
上文'葴'下引《爾雅》作'寒蔣',《釋草》釋文作'蕛',云:'本今作寒。'《切
韻》:'蕛,蕛蔣草。'字從艸並俗加。"(2597)以上諸説皆是也。"蕛"本當作
"寒","蕛"當即"寒"因涉義增加義符"艸"旁所形成的後起分化字。

273. 薾

《玉篇·艸部》:"薾,汝誰切。葳薾,草木實垂兒。"(65 下右)

按:《玉篇校釋》"蕤"字下注:"'葳蕤,草木實垂皃'者,葳蕤古疊韻。《説文》:'蕤,艸木華垂皃。'又:'𦵮,艸木實𦵮𦵮也。'慧琳六四·九五引作:'蕤,草木華盛皃也。'或作𦵮。《字書》:'蕤,草也。'《考聲》:'華垂皃也。'"(2606)段玉裁《説文解字注》"𦵮"字下注:"𦵮與蕤音義皆同,𦵮之言垂也。"(274 上)朱駿聲《定聲》"蕤"字下注:"按:字實𦵮之或體。"(610 下)故"蕤""𦵮"音義皆同,二字即爲異部重文。

274. 葹

《玉篇·艸部》:"葹,舒移切。卷葹草,拔心不死。"(65 下右)

按:《爾雅·釋草》:"卷施草,拔心不死。"(127)陸德明釋文:"施,或作葹。"郝懿行義疏:"按:《玉篇》作葹。"《玉篇校釋》"葹"字下注:"'卷心草,拔心不死'者,《釋草》文。郭注:'宿莽也。《離騷》云。'郭本字作施,釋文:施,或作葹。《藝文類聚》八十一引《南越志》云:'寧鄉縣,草多卷施,拔心不死,江淮間謂之宿莽。'又引郭璞贊云:'卷施之草,拔心不死,屈平嘉之,諷詠以比,取類雖邇,興有遠旨。'"(2604)以上諸説皆是。故"葹"本作"施","葹"當即"施"因涉義增加義符"艸"旁所形成的後起分化字。

275. 蒀

《玉篇·艸部》:"蒀,於云切。蒀蒀,盛皃。"(66 上左)

按:《玉篇校釋》"蒀"字下引《藥字鈔》:"蒀,於云反。左思《蜀都賦》:'鬱蒀蒀以翠微。'《字書》爲馧字,馧亦香也,在《香部》。"(2634)《名義·艸部》:"蒀,於云反。馧(字)。亦香也,蒀蒀也。"(136 下)可見原本《玉篇》"蒀"字下必有"《字書》爲馧字,馧亦香也,在《香部》"之文,今本妄删耳。故"蒀"與"馧"音義並同,即爲異體字。

276. 菫

《玉篇·艸部》:"菫,奴結切。菜,似蒜,生水旁。"(66 上左)

按:箋注本《切韻》(斯 2071)入聲屑韻奴結反:"菫,菜,似蒜。"(144)敦煌本《王韻》、故宮本《王韻》、故宮本《裴韻》同。《唐韻》入聲屑韻奴結反：
"茛，菜，似蒜，生水邊。"（705）《廣韻》入聲屑韻奴結切："茛，菜，似蒜，生水
邊。"（401）"茛""堇"音義並同，即爲異寫字。《大字典》《字海》"茛""堇"二
字兼收，却未溝通其間的異體關係，失當。

277. 蜃

《玉篇·艸部》："蜃，時均切。牛蜃也。"（67 上右）

按：《爾雅·艸部》："蕡，牛脣。"郭璞注："《毛詩傳》曰：'水舄也，如蕡
斷，寸寸有節，拔之可復。'"（121）唐陸德明釋文："蜃，音脣。本今作脣。"故
"蜃"當本作"脣"。《正字通·艸部》："蜃，舊注：音脣，牛蜃艸。按：《爾雅》
牛脣，蕡別名。本作脣，俗作蜃。"（952 上）《玉篇校釋》"蜃"字下注："牛脣
狀蕡之形色，字後從艸。"（2669）以上二説皆是也。

278. 蘞

《玉篇·艸部》："蘞，囚纖切。菜也。"（67 下右）

按：《玉篇校釋》校"蘞"為"蘞"，並注曰："'菜也'者，'蘞'原訛'蘞'，今
正。《切韻》：'蘞，山菜。'《齊民要術》十：'蘞菜，似蓍荃菜也。一曰染草。'
徐鹽切。"（2686）胡氏所言當是。《名義·艸部》："蘞，囚纖反。潛（疑爲直
音用字）。菜可食也。"（137 下）可見此誤由來已久。《新撰字鏡·艸部》：
"蘞，徐廉反。山菜。"（413）"蘞""蘞"音同義近，"蘞"字下體不成字，又《〈可
洪音義〉研究》（761）"㦮"字俗作"㦮"，故"蘞"當即"蘞"字俗訛。

279. 葌

《玉篇·艸部》："葌，虛言切。葌于，猶草也，生水中。"（67 下右）

按：《玉篇校釋》"葌"字下注："'葌于'云云者，司馬相如《子虛賦》：'奄
閭軒于。'張揖曰：'軒于，猶草也，生水中，揚州有之。'本書引賦文作'葌
于'，《史記》作'軒芋'。《釋草》：'茜，蔓于。'郭注：'多生水中，一名軒于，江
東呼茜，音猶。'是茜即猶之省假。"（2688）胡氏所言是也。《正字通·艸

部》："莃，舊注：音軒。莃芋，艸名。按：《爾雅》：'茜，蔓于。'郭注：'艸生水
中。一名軒于，江東呼茜。茜，音猶。'今軒訛作莃，于訛作芋，並非。"（948
上）此説印證了胡氏之説。故"莃于"與"軒芋""軒于"並同，"莃"當本作
"軒"，"莃"當即"軒"通過增加義符而形成的後起分化字。

280. 蒚

《玉篇・艸部》："蒚，力豆切。蒚蘆，藥。"（67 下右）

按：《玉篇校釋》"蒚"字下注："'蒚蘆藥'者，'藥'字下應有'草'字。《切
韻》：'蒚，蒚蘆，藥草。'"（2685～2686）胡氏所言是也。《名義・艸部》："蒚，
力豆反。蒚蘆，藥草。"（137 下）此是其證。《大字典》"蒚"字下引《玉篇》應
據補。

281. 藟

《玉篇・艸部》"藟，力牛切。香草。"（67 下右）

按：《玉篇校釋》"藟"字下於"香草"之上補"藟蕼"二字，並注曰："'藟
蕼，香草'者，'藟蕼'二字今補。《離騷》：'畦留夷與揭車。'王注：'留夷，香
草也。'《文選》作'藟蕼'，《漢書・司馬相如傳》：'雜以留夷。'《史記》作'流
夷'。《切韻》：'藟蕼，藥名。'《廣雅》：'攣夷，芍藥也。'《疏證》云：'攣夷即留
夷。'"（2681～2682）胡氏所言不確。《文選・屈原〈離騷〉》："畦留夷與揭車
兮，雜杜衡與芳芷。"李善注："留夷，香草也。"（456 下～457 上）《文選》本作
"留夷"，而非作"藟蕼"。"留夷""芍藥"異名同實，《切韻》《廣韻》訓"藟蕼"
爲"藥名"，亦當源於"留夷"又名"芍藥"也。故"藟蕼"與"留夷"音義並同，
"藟蕼"當即"留夷"通過增加義符而形成的後起分化字。

282. 藒

《玉篇・艸部》："藒，餘割切。似蕨，生水中。"（67 下左）

按：《玉篇校釋》"藒"字下注："《齊民要術》十：'藒，菜似蕨，生水中。'
《廣韻》同。《集韻》：'藒，水艸似蕨，可啖，或作藒。'藒從褐者，避藒車香草

字也。"(2694)胡氏所言近是。《名義·艸部》:"藹,餘割反。似蕨,生水中;香草。"(138 上)"藹"與"藹"音義並同,又《玉篇》之"藹"與《名義》之"藹"位置相同,"藹"疑即"藹"字之俗。又《集韻》入聲曷韻何葛切:"藹薍藹,水艸,似蕨,可啖。或从毲、从褐。"(686)此是其證也。故"藹""薍""藹"當並爲"藹"字之俗。

283. 蓋

《玉篇·艸部》:"蓋,亡更切。狼尾草。"(67 下左)

按:《字彙·艸部》:"蓋,眉庚切,音盲。狼尾草。又莫更切,音孟。義同。又莫浪切,茫去聲。義同。"(403 下)《玉篇校釋》"蓋"字下注:"'狼尾草'者,《釋草》:'孟,狼尾。'郭注:'似茅,今人亦以覆屋。'字不从艸。郝懿行謂《玉篇》作蓋俗,然此單字爲名,則从艸非必爲俗。若偶名狀形色之字而亦安艸,斯爲俗矣。狼尾亦名莨,安知非从狼變?張揖注《子虛賦》云:'莨,狼尾草也,郭璞曰莨尾似茅。'即注《爾雅》'狼尾似茅也'。"(2691)胡氏所言是也。《爾雅·釋草》:"孟,狼尾。"郭璞注:"似茅,今人亦以覆屋。"(114)《正字通·艸部》:"蓋,舊注:音盲。狼尾草。又音夢,又茫去聲。義同。按:《爾雅》本作孟。"(933 下)此説印證了胡氏的考釋成果。故"蓋"本當作"孟"。

284. 藫

《玉篇·艸部》:"藫,除格切。藫蕮,藥。"(68 上右)

按:《玉篇校釋》校注文"蕮"爲"蕮",並注曰:"'藫蕮,藥'者,'蕮'原作'蕮',今從諸書改。《唐韻》:'藫蕮,藥草;車前別名。'《釋草》:'蕍,蕮。'郭注:'今藫蕮。'本書:'馬蕮,車前。''蕍,藫瀉也。'澤蕮以生於水澤得名,字不應加艸爲藫。"(2699)胡氏所言是也。《爾雅·釋草》:"蕍,蕮。"郭璞注:"今澤蕮。"邢昺疏:"蕍蕮,釋曰:'蕍,一名蕮,即藥草澤蕮也。'《本草》作澤瀉,一名水瀉,一名及瀉,一名芒芋,一名鵠瀉。陶注云:'葉狹長,叢生諸淺水中。'"郝懿行義疏:"即澤瀉也。劉向《九歎》云:'筐澤瀉以豹鞹兮。'王逸注:'澤瀉,惡草也。'《本草》云:'一名水瀉,一名及瀉,一名芒芋,一名鵠瀉。'陶注：'葉狹而長，叢生淺水中。'"《名義·艸部》："藫鴻，藥草。"（139下）"鴻"，呂浩《〈篆隸萬象名義〉校釋》（227B）校作"蕏"，是也。以上諸說皆其證也。故《玉篇》訓"藫蕏"，當爲"藫蕏"之誤。"藫蕏"，本作"澤蕏"，又作"澤瀉"。又《集韻》上聲馬韻洗野切："蕏，澤蕏，藥艸。"（409）"澤蕏"當同"澤蕏"，此"蕏"亦當即"蕏"字之俗。《大字典》《字海》皆據《爾雅》收録"蕏"字，殊不知《爾雅》本作"蕏"，"蕏"當爲"蕏"字之俗，俱失考證。

285. 葵

《玉篇·艸部》："葵，音終。葵葵。"（68上右）

按：《爾雅·艸部》："葵葵，繁露。"郭璞注："承露也，大莖小葉，華紫黄色。"（123）陸德明釋文："終，本亦作葵，同。"（901上）《正字通·艸部》："葵，之雍切，音終。葵類。本作終。"（953下）郝懿行義疏："《考工記·玉人》云：'大圭抒上終葵首。'鄭注：'齊人謂椎曰終葵。'馬融《廣成頌》云：'纍終葵是也。'此草葉圓而剡上，亦爲椎形，故名終葵。"《玉篇校釋》"葵"字下亦曰："'葵，音終'者，《爾雅》陸本作終，云'本作葵'。謂之葵葵者，《考工·玉人》：'大圭抒上終葵首。'鄭注：'齊人謂椎曰終葵。'急呼終葵即爲椎，此草葉圓而剡上，亦爲椎形，故名終葵。"（2700）故"葵葵"同"終葵"，"葵"本當作"終"。

286. 蔰

《玉篇》："蔰，音符。蔰芘。"（68上右）

按：《玉篇校釋》"蔰"字下注："'蔰芘'者，《切韻》同，《廣韻》案《爾雅》'芶，虍芘。'不從艸。案：《切韻》：'莉，虍草。'亦不從艸。本書（81）：'芶，蔰芘也。'而（114）'蔲'下引《爾雅》作：'芶，虍芘。'"（2706）《爾雅·釋草》："芶，虍芘。"郭璞注："生下田，苗似龍須而細，根如指頭，黑色可食。"（117）故"蔰芘"當同"虍芘"，"蔰"當本作"虍"，"蔰"當即"虍"因涉義增加義符"艸"旁所形成的後起分化字。《新修玉篇》卷十三《艸部》引《玉篇》："蔰，防無切。蔰芘草也。《爾雅》曰：'芶，虍芘。'不從艸。"（124下左）《正字通·艸部》："蔰，俗字。舊注：蔰芘草。按：《爾雅》：'芶，虍芘。'贅作蔰，非。"

（963 上）以上二書皆其證也。

287. 蓎

《玉篇・艸部》：“蓎，徒郎切。蓎蒙，女蘿。”（68 上左）

按：《新修玉篇》卷十三《艸部》引《玉篇》：“蓎，徒郎切。蓎蒙，女蘿。案：《爾雅》不從艸。”（122 下右）《爾雅・釋草》：“唐蒙，女蘿。”（122）故“蓎”本作“唐”，“蓎”當即“唐”因涉下文“蒙”字增加義符“艸”旁所形成的後起分化字。《正字通・艸部》：“蓎，舊注：台郎切，音唐。蓎蒙，女蘿。按：《爾雅》本作唐。”（948 上）《玉篇校釋》“蓎”字下注：“‘蓎蒙，女蘿’者，《切韻》同，並本《釋草》，彼作唐，郭注引《詩》‘爰采唐矣’。《釋文》本作蓎，云：‘今作唐。’”（2713）以上二説並是也。

288. 苤

《玉篇・艸部》：“苤，鋪悲切。花盛。”（68 下右）

按：此字《説文》《名義》皆未收，《玉篇》收於部末，當即宋人所增。《玉篇校釋》“苤”字下注：“《説文》：‘芣，華盛。’《切韻》：‘苦，花盛。’《集韻・脂韻》：‘苤，艸木花盛皃。’又虞韻：‘苦，華盛皃。或作芣。’本書：‘苦，華盛也。’‘芣’‘苤’‘苦’三字同，猶‘不’‘丕’‘否’三字同也。”（2718）胡氏所言是也。《正字通・艸部》：“苤，同芣。”（913 下）《正字通》所言印證了胡氏的考釋成果。故“苤”當即“芣”字之俗。

289. 茉

《玉篇・艸部》：“茉，胡戈切。草名。”（68 下右）

按：此字《説文》《名義》皆未收，《玉篇》《廣韻》收之，當爲宋人據俗書所增。《廣韻》平聲戈韻户戈切：“茉，草名。”（105）《大正藏》本唐大覺撰《四分律行事鈔批》卷第十三本《四藥受净法篇》第十八：“又解云：‘外道將刃及餘惡物著中也。’欂者，字合竹下作甬。《説文》云：‘大篅也。’以木若瓦爲之，短闊於桶，律文作攊（欂）字。《廣雅》云：‘欂，茉莫也。’欂非此義。私云：

'此物全木作空中央也,如泉州人蜜筩是也.'"今查《廣雅·釋木》本作:
"欓,朱萸也."故"朱莫"同"朱萸",而"朱"當即"朱"字俗訛。韓小荆《〈可洪
音義〉研究》(833)"朱"字俗作"朱",此亦其證也。又《字彙補·艸部》:"朱,
與莫同。見裴光遠《集綴》。"(182 上)"朱"與"莫"字形相去甚遠,二字不易
混同,《字彙補》據裴光遠《集綴》之説而謂"朱"同"莫",非是。據上文《四分
律行事鈔批》推論,頗疑裴光遠《集綴》本謂"朱莫"同"朱萸","朱"當同
"朱",而《字彙補》轉録時却誤作"朱"同"莫",遂致此誤。又《康熙字典·艸
部》:"朱,《急就篇》注:'耒,手耕曲木也,今之曲把朱鍬.'"(1061 下)查《四
庫》本《急就篇》作:"耒,手耕曲木也,古者倕作耒,今之曲把朱鍬,其遺象
也."注曰:"把音霸;朱下瓜反;鍬千消反."此"朱"當即"朱"字之訛。《説
文·木部》:"朱,兩刃臿也。从木、丫。象形。"(117 上)徐鍇繫傳:"臿,即
鍬鍤字也。""朱",《集韻》音"胡瓜切"。故"朱"與"朱"音義並同,此"朱"當
即"朱"字俗訛。"朱"字,《玉篇》音"胡戈切",疑爲望形生音;訓"草名",疑
爲望形生訓。《廣韻》"朱"字承襲《玉篇》音義之誤,疑亦非是。

290. 葯

《玉篇·艸部》:"葯,苦聾切。葯心草."(68 下右)

按:《玉篇校釋》"葯"字下注:"《廣韻》東韻苦紅切:'葯心草.'《集韻》
同,並當爲空心草。"(2722)胡氏所言是也。《正字通·艸部》:"葯,舊注:音
空。空心艸。按:《本草綱目》:'具母,一名空艸.'凡艸屬中空者,本作空,
俗作葯,非。"(934 上)《正字通》所言印證了胡氏的考釋成果。故"葯"當即
"空"通過增加義符而形成的後起分化字。

291. 姜

《玉篇·艸部》:"姜,居良切。山草."(68 下右)

按:此字《説文》《名義》皆未收,《玉篇》收於部末,當即宋人據俗書所
增。"姜"疑爲"姜"字之俗。慧琳《音義》卷八四《續古今佛道論衡》一卷:
"姜苟兒,居良反。人姓也。《國語》云:'炎帝以姜水成爲姜,因生以賜姓
也.'《毛詩》云:'時惟姜原'是也。《説文》从女,羊聲。論文加草作姜,非

也。"(59,頁 84b5)故"薑"即"姜"之增旁俗字。"薑"字,《玉篇》訓"山草",當爲後人不識其爲何字而妄補。

292. 蕩

《玉篇·艸部》:"蕩,與章切。草。"(68 下右)

按:《集韻》平聲陽韻余章切:"蕩,艸名。"(211)《正字通·艸部》:"蕩,俗字。"(960 上)《正字通》謂"蕩"爲俗字,是也。"蕩"疑即"楊"字之俗。《爾雅·釋草》:"楊,枹薊。"郭璞注:"似薊而肥大,今呼之馬薊。"(114)"楊",《廣韻》音"與章切"。"蕩"與"楊"音義並同,"蕩"疑即"楊"通過增加義符而形成的後起分化字。

293. 蘲

《玉篇·艸部》:"蘲,都朗切。草。"(68 下右)

按:此字《説文》《名義》《切韻》皆未收,《玉篇》收於部末,當爲宋人所增。《廣韻》上聲蕩韻多朗切:"蘲,草名。"(214)《玉篇校釋》"蘲"字下注:"《别録》陶注:'稀椒似椒蘲小,不香。'《蘇頌圖經》:'蘲子出閩中、江東。'《本草·木部》:'欓,荣萸類。''蘲'與'欓'同,猶'菽'與'椒'同,故'椒蘲'亦作'椒欓'。"(2724)胡氏所言是也。《集韻》上聲蕩韻底朗切:"欓,木名,越栜(椒)也。通作蘲。"(417)此是其證也。故"蘲"即"欓"之異體字。《玉篇》《廣韻》訓"草名",當即陳彭年等不識其即"欓"之異體字而妄補。《集韻》上聲蕩韻底朗切下文又曰:"蘲,艸名。"(417)此亦當爲《玉篇》《廣韻》所誤。

294. 稺

《玉篇·艸部》:"稺,遲至切。草。"(68 下右)

按:《玉篇校釋》"稺"字下注:"元刊作'草也,芽也',當爲'草芽也',衍一'也'字。《集韻》以爲'稚'之或體。本書《禾部》:'稚,幼禾也。'故分别之'稺'爲草芽。"(2724)胡氏所言是也。《新修玉篇》卷十三《艸部》引《玉篇》:"稺,直利切。幼稚,亦小也,晚也,亦信。《史記》云:'湯後因國爲信。'同作稚。"(124 下左)此亦其證也。故"䅌"當即"稚"之增旁俗字。

295.蔲

《玉篇·艸部》:"蔲,古桓切。草。"(68 下右)

按:《玉篇校釋》"蔲"字下注:"《集韻》同,與'莞'同音義。"(2720)胡氏之説疑可商榷。《説文·艸部》:"莞,艸也,可以爲席。从艸,完聲。"(17下)"莞",《廣韻》音"古丸切"。"蔲""莞"雖然音同,且同訓爲草,然"蔲"與"莞'當本非同一草類,故"蔲"與"莞"疑非一字。從字形演變來看,"蔲"疑本作"冠"。《正字通·艸部》:"蔲,舊注:音冠。艸名。按:《冖部》冠从冖,蔲改从冠誤。或曰:即雞冠花之冠,俗加艸,猶甘艸作苷,附子作茻,側子作萴之類。"(944 下)《正字通》"或曰"之説當是。明李時珍《本草綱目·艸部》第十五卷雞冠(宋《嘉祐》)條注曰:"【釋名】時珍曰:'以花狀命名。'【集解】時珍曰:'雞冠處處有之。三月生苗,入夏高者五、六尺;矬者,才數寸。其葉青柔,頗似白莧菜而窄,梢有赤脈。其莖赤色,或圓、或扁,有筋起。六、七月梢間開花,有紅、白、黄三色。其穗圓長而尖者,儼如青葙之穗;扁卷而平者,儼如雄雞之冠。花大有圍一二尺者,層層卷出可愛。子在穗中,黑細光滑,與莧實一樣。其穗如秕麥狀。花最耐久,霜後始蔫。'"故"蔲"當本作"冠"。

296.芛

《玉篇·艸部》:"芛,舒小切,芛草。"(68 下左)

按:《字彙·艸部》:"芛,始紹切。音少。草名。"(394 下)《正字通·艸部》:"芛,荹字之訛。"(907 下)《説文·艸部》:"荹,亂艸。从艸,步聲。"(19上)"荹",《廣韻》音"薄故切"。"芛"與"荹"儘管字形相近,然音義俱别,二字不可混同,《正字通》之説疑不確。《玉篇校釋》"芛"字下注:"《廣韻》上聲卅小書沼切:'草名。'《集韻》云:'草也。'本書(774):'苁,苁草。''芛'與'苁'同。本止爲小草,遠志苗也,故稱爲小。又疑爲'莎'之省形,訛變爲《心部》之愬。"(2727)胡吉宣前後兼采兩説,其説亦可商榷。《玉篇·艸部》:"苁,私沼切。苁草,遠志也。"(68 下右)"芛"與"苁"形音俱别,二字不可混同，故胡吉宣謂"莎"與"芇"同，疑不可據。然胡吉宣謂"莎"疑爲"莎"之省形，此說疑是。《説文·艸部》："莎，鎬侯也。从艸，沙聲。"（20 上）"莎"，《廣韻》音"蘇禾切"。"莎"與"莎"義同，正如《集韻》"抄"省作"抄"，"莎"疑即"莎"字俗省。"莎"俗作"莎"，後人不識，見其從"少"，遂改其讀爲"舒小切"，此當即望形生音。

297. 藬

《玉篇·艸部》："藬，息觜切。藬草也。"（68 下左）

　　按：《正字通·艸部》："藬，俗蓶字。舊注音髓，汎云藬草，非。"（974 下）《正字通》所言是也。《玉篇校釋》改"藬"爲"薩"，並注曰："字原訛作'藬'，今依元刊及《集韻》正。《集韻》：'薩，莎也。'"（2726）胡吉宣謂"藬"爲"薩"字之訛，疑不確。"藬"當即"薩（蓶）"通過改換聲符而形成的異體字。

298. 芣

《玉篇·艸部》："芣，莊巧切。菜名。"（68 下左）

　　按：此字《説文》《名義》皆未收，《龍龕》《玉篇》《廣韻》收之，當即唐人據俗書所增。《龍龕》卷二《草部》："芣，音爪。草名也。"（259）《廣韻》上聲巧韻側絞切："芣，草也。"（204）"芣"疑即"芥"字之訛。《説文·艸部》："芥，菜也。从艸，介聲。"《方言》卷三："蘇、芥，草也。江、淮、南楚之間曰蘇，自關而西或曰草，或曰芥。"（19）《左傳·哀公元年》："其亡也，以民爲土芥。"杜預注："芥，草也。""芣"與"芥"形近義同，又"爪""介"俗寫常可訛混，如梁春勝《楷書異體俗體部件例字表》"介"俗作"𢆟"、"𤓰"、"𤓰"等，"爪"俗作"𠆱"、"抓"俗作"𢪝"等，故"芣"亦當爲"芥"字之俗。"芥"字，《廣韻》音"古拜切"。"芥"字俗寫作"芣"，後人改其讀爲"側絞切"，當即望形生音。又《集韻》上聲巧韻側絞切："芣，菜名，生水中。"（398）《集韻》"芣"字又增補"生水中"三字，此於文獻無徵，疑爲丁度等人所妄補。故"芣"疑即"芥"字之俗。

299. 蓻

《玉篇·艸部》:"蓻,伊立切。草。"(69 上右)

按:《玉篇校釋》"蓻"字下注:"《集韻》:'蓻,艸名。一曰蓻菋,艸密皃。'又於'菠''菋'二字並云:'菠菋,草密皃。'是'菠'與'蓻'同,猶'挹'或作'揖'。"(2739)胡氏所言是也。《正字通·艸部》:"蓻,同菠。"(954 下)《正字通》所言印證了胡氏的考釋成果。故"蓻""菠"音義並同,當即異體字。

300. 蔡

《玉篇·艸部》:"蔡,渠列切。"(69 上右)

按:此字《説文》《名義》皆未收,《玉篇》收於部末,當即宋人據俗書所增。此字《玉篇》義闕。《正字通·艸部》:"蔡,訛字。"(945 上)《正字通》謂"蔡"爲訛字,疑是也。"蔡"疑即"桀"字之訛。《説文·木部》:"桀,磔(傑)也。从舛在木上也。"(114 上)"桀",《廣韻》音"渠列切"。"蔡""桀"音同,又《〈可洪音義〉研究》"桀"字條(513)"桀"俗作"桀","蔡"與"桀"形近,"蔡"亦當爲"桀"字俗寫之誤也。《集韻》入聲薛韻巨列切:"蔡,艸名。"(713)《集韻》訓"蔡"爲"艸名",當爲不識其爲"桀"字之俗,見其從艸而妄補。元刊本《玉篇·艸部》:"蔡,渠列切。蔡(當爲字頭誤重)草也。"元刊本《玉篇》訓"蔡"爲"草也",此當爲《集韻》所誤。《大字典》《字海》"蔡"字皆承襲元刊本《玉篇》義訓之誤而訓"草",疑並非是。

301. 蕳

《玉篇·艸部》:"蕳,力質切。"(69 上右)

按:此字《説文》《名義》皆未收,《玉篇》《廣韻》始收之,當爲宋人據俗書所增。《廣韻》入聲質韻力質切:"蕳,草名。"(382)《正字通·艸部》:"蕳,訛字。"(945 上)《正字通》謂"蕳"爲訛字,是也。今案:"蕳"疑即"萰"字之訛。《説文·艸部》:"萰,苕之黄華也。从艸,柬聲。一曰末也。"(22 上)《玉篇·艸部》:"萰,芳燒切。黄花也。"(67 上左)"蕳""萰"形近,正如《〈可洪音義〉研究》“幖”俗作“慄”(362)、“標”俗作“椑”“揲”(362)、“漂”俗作“漂”(623)等，“薁”亦當爲“薰”字之俗。《酉陽雜俎》前集卷之十六《廣動植之一》：“海間生屈龍，屈龍生容華，容華生薁，薁生藻，藻生浮草。”(150)《淮南子·墜形》作：“海間生屈龍，屈龍生容華，容華生薰，薰生萍藻，萍藻生浮草，凡浮生不根荄者生於萍藻。”高注：“薰，流也，無根水中草。”高誘注：“海間，浮草之先也。薰，流也，無根水中草。”王念孫云：“三‘萍’字皆後人所加。(《坤倉》引此已誤。)‘薰’一作‘藻’，‘萍’一作‘荓’。《吕氏春秋·季春篇》注曰：‘萍，水藻也。’(今本‘藻’誤作‘藻’。)《爾雅·釋草》注曰：‘水中浮荓，江東謂之藻。’則薰即是萍，不得言薰生萍藻。且萍藻爲二物，又不得言萍藻生浮草也。《酉陽雜俎》正作‘薰生藻，藻生浮草。’”(374)故上文《酉陽雜俎》之“間”當即“間”字之訛，“薁”當即“薰”字之訛。此是爲《玉篇》之“薁”即“薰”字俗訛之證也。“薰”訛作“薁”，《玉篇》改其讀爲“力質切”，此當即望形生音也；《廣韻》補其訓爲“草名”，此又當爲望形生訓也，皆不足據。

302.蘝

《玉篇·艸部》：“蘝，居欠切。蘝草。時人取根呼爲蜀射干，含治喉病。”(69上右)

按：《玉篇校釋》“蘝”字下注：“蘇頌《圖經》：‘射干葉狹長橫張，或以此而名爲劍。’然方書不載蘝名，蓋亦俗稱。生於蜀，故曰蜀射干。”(2736)胡氏所言當是。《正字通·艸部》：“蘝，居宴切，音劍。藥草，俗呼蜀射干，含口中治喉痛。本作劍。”(971上)此説印證了胡氏的考釋成果。故“蘝”本當作“劍”。

303.薯

《玉篇·艸部》：“薯，音署。薯蕷，藥。蕷，音預。薯蕷。”(69上左)

按：《玉篇校釋》“薯”字下注：“《廣雅·釋草》：‘藷藇，署預也。’《廣韻》‘薯’‘蕷’二字並云‘俗’，謂本作‘署預’，俗增艸也。《本草》：‘薯蕷，一名山芋。’《御覽》引吴普《本草》：‘署預一名諸署。’蘇頌《圖經》：‘江湖閩中出一種薯蕷,根如薑芋之類,皮紫,土人曰山薥。'"(2750)今查《大正藏》"薯蕷"
"署預"之文獻用例皆衆。又慧琳《音義》卷八一《大唐西域求法高僧傳》下
卷:"藷根,煮如反。《説文》:'藷,蔗也。'今非此物也。蔗即甘蔗,人但食苗
根,不堪喫。傳云:'藷根明非甘蔗。'案:《本草》署預,一名土藷,亦名山芋。
《異苑》曰署預,野人謂之土藷,《玉篇》亦説,故不疑也。"(59,頁 21a2)故
"薯蕷"又名"藸萸""土藷""山芋""藷署"等,本作"署預"。

304. 蕂

《玉篇·艸部》:"蕂,詩證切。苣蕂,胡麻也。"(69 上左)

按:《玉篇校釋》"蕂"字下注:"《廣雅·釋草》:'鉅勝,胡麻也。'《切韻》:
'苣蕂,黑胡麻。'《本草》作'巨勝'。《別録》云:'胡麻又名巨勝。'陶注:'純
黑者名巨勝。巨者,大也。本出大宛,故名胡麻。'本書(319):'苣,苣蕂,胡
麻也。'"(2751)胡氏所言是也。《正字通·艸部》:"蕂,時正切,音聖。苣
蕂,胡麻,一名藕。本作巨勝。"(954 下)此説印證了胡氏的考釋成果。故
"苣蕂"同"鉅勝",本作"巨勝",義指胡麻,是一年生草本植物,種子榨油可
供食用,黑色種子可入藥。

305. 篧

《玉篇·竹部》:"篧,苦郭、陟角二切。魚籠也。《爾雅》云:'篧謂之
罩。'又仕角切。籗,同上。"(70 上左)

按:《爾雅·釋器》:"篧謂之罩。"郭璞注:"捕魚籠也。"(66)"篧"同"籗"
"篧"。《説文·竹部》:"籗,罩魚者也。从竹,靃聲。"(97 上)《龍龕》卷四
《竹部》:"篧,俗;篧,正。苦郭反。捕魚器也。二。"(395)此是其證也。故
"篧"與"籗""篧"音義並同,並爲異體字。

306. 箇

《玉篇·竹部》:"箇,竹瓜切。筆也。亦作櫍、筴。"(70 下右)

按:《説文·竹部》:"筴,箸也。从竹,朶聲。"(93 上)《名義·竹部》:

"築,竹瓜反。箠也。櫥字。"(141 下)"薖"與"築(築)""櫥"二字音義並同,即爲異體字。《大字典》《字海》"薖"字皆未與"築(築)""櫥"二字加以認同,失當。

307. 薕

《玉篇·竹部》:"薕,於田切。竹名。"(70 下左)

按:《玉篇校釋》"薕"字下注:"《廣韻》下平一先烏前切:'竹名。'案本不從竹,《筍譜》有燕竹筍,云:'錢唐多生,其色紫苞,當燕至時生,故俗謂燕筍。'"(2803)胡氏所言當是。《竹譜》:"燕竹與箭竹同類,但此竹以燕來時作筍,因以爲名。嘉興在處生一種與筋竹相同,亦以燕來時作筍,而名其苞紫。《王梅溪》詩云'龍孫初迸日,燕子却來時'者是也。"《江南通志》卷八十六:"竹之屬曰筀竹,曰淡竹,曰燕竹,曰水竹,曰牙竹,曰斑竹,曰紫竹,曰木竹,曰鳳尾竹,曰慈孝竹。"《雲溪居士集》卷十三:"燕竹,越人以其燕來時出筍,因以爲名。"《兩宋名賢小集》卷七十三:"燕竹,越人以其燕來時出筍甚美,因以爲名。"以上諸書皆其證也。故"薕"本當作"燕"。

308. 箐

《玉篇·竹部》:"箐,七見切。棺車上覆也。"(70 下左)

按:《玉篇校釋》"箐"字下注:"'棺車上覆也'者,《埤倉》以此爲輤字……《埤倉》爲箐字,在《竹部》。《切韻》:'輤,載柩車蓋。亦作箐。'"(2811)胡氏所言是也。《名義·竹部》:"箐,七見反。棺車上覆也。輤字。"(143)此亦其證也。故此"箐"即"輤"之異體字,當音 qiàn。

309. 籛

《玉篇·竹部》:"籛,古禪切。竹也;又箱類。"(70 下左)

按:"籛"當同"簎""簪"。《龍龕》卷二《竹部》:"簎簪,都感反。～籠,竹器也。二同。"(391)《廣韻》上聲感韻都感切:"簎,箱屬。又作簪。"(226)《集韻》上聲感韻都感切:"籛,竹名。或作簪。"同一小韻下文又曰:"簎,篋類。或作籭、槾。”(447)故“籱”與“篒”“籗”音義並同，即爲異體字。

310. 簡

《玉篇·竹部》：“簡，力印切。損也。”(70 下左)

按：《玉篇校釋》“簡”字下校“損”爲“植”，並注曰：“‘植也’者，‘植’原訛‘損’，《廣韻》同，段玉裁正爲‘植’(《切韻》適殘缺)，是也。《廣雅·釋器》：‘簡謂之植。’《篇》《韻》並本之。”(2812)胡氏所言是也。《名義·竹部》：“簡，力振反。植。”(143 下)《新撰字鏡·竹部》：“簡，力振[反]。植也。”(452)以上二書並其證也。《大字典》《字海》“簡”字下皆沿襲《玉篇》之謬而收録“損”這一義項，應删。

311. 笒

《玉篇·竹部》：“笒，丘於切。關也，山谷遮獸也。”(71 上左)

按：《玉篇校釋》“笒”字下校注文“關”爲“開”，並注曰：“‘開也，山谷遮獸也’者，《字書》以此爲阹字或體也。‘開’原訛‘關’，今正。《阜部》‘阹’下引《上林賦》：‘江河爲阹。’郭璞曰：‘因山谷遮禽獸曰阹。’《漢書音義》：‘阹，開也。’《字書》：‘或爲笒字，在《竹部》。’”(2823)胡氏所言是也。《名義·竹部》：“笒，丘於反。阹字。開也。”(144 下)《新撰字鏡·竹部》：“笒，丘於反。阹字。開。”(453)以上二書皆其證也。故此義之“笒”當即“阹”之或體。《玉篇》訓“關也”，即爲“開也”之誤。

312. 簻

《玉篇·竹部》：“簻，口鎋切。柷敔也。亦作楬。”(71 上右)

按：《玉篇校釋》“簻”字下注：“‘柷敔也。亦作楬’者，《禮記·樂記》：‘聖人作爲鞉、鼓、椌、楬。’鄭注：‘椌楬謂柷敔也。’《切韻》：‘簻，木虎，樂器名。亦作楬。’《唐韻》：‘簻，柷敔也。’”(2817)《名義·竹部》：“簻，口鎋反。楬字也。柷敔也。”(144 上)《新撰字鏡·竹部》：“簻，口鎋反。楬字。”(453)故“簻”與“楬”“楬”音義並同，即爲異體字。

313.箷

《玉篇·竹部》:"箷,時盈切。竹名。"(71 上右)

按:《玉篇校釋》"箷"字下改注文"竹名"爲"竹杼",並注曰:"'竹杼'者,'杼'原作'名'。慧琳四七·廿六:'《埤倉》:箷,竹杼也。'即本書原引文。又引《字林》:'杼,機持緯者,今俗呼杼爲箷。'《切韻》云:'箷筐,織具。'本書《木部》:'杼,機持緯者。'"(2815)胡氏所言是也。《名義·竹部》:"箷,時盈反。竹杼也。"(143 下)可見原本《玉篇》亦訓爲"竹杼"。《大字典》《字海》"箷"字下沿襲《玉篇》之謬而妄增"竹名"這一義訓,皆應删。

314.簦

《玉篇·竹部》:"簦,徒來切。笠子。"(71 上左)

按:《玉篇校釋》"簦"字下注:"'簦'本止爲'臺'。《詩·都人士》:'臺笠緇撮。'毛傳:'臺所以禦日者,笠所以禦雨。'而《無羊》傳云:'笠所以禦暑。'《文選·謝朓詩》:'簦笠聚東菑。'李注:'簦所以禦雨也。'禦暑、禦雨通用之。"(1826~1827)胡氏所言是也。《正字通·竹部》:"簦,同臺,俗加竹。《詩》臺笠,本借臺,《爾雅》同,舊注重出。"(808 下)《正字通》所言印證了胡氏之説。故"簦"當即"臺"通過增加義符而形成的後起分化字。

315.篻

《玉篇·竹部》:"篻,莫遥切。竹門也。"(71 上左)

按:《玉篇校釋》改"篻"字下注文"竹門也"爲"竹名也",並注曰:"'竹名也'者,'名'原作'門',今正。《切韻》:'篻,竹名。'《集韻》云:'細竹。'《吳都賦》:'篻簩有叢。'劉注:'竹名也。'"(2829)胡氏所言當是。《廣韻》上聲小韻敷沼切:"篻,實中,竹名。"(202)"篻"字,《切韻》《廣韻》《集韻》諸韻書皆訓爲"竹名",《玉篇》却訓"竹門",於諸韻書皆無徵,此訓疑不可據。《大字典》"篻"字下據《玉篇》之誤而收録"竹門"這一義項,疑亦非是。

316. 籃

《玉篇·竹部》:"籃,七然切。竹。"(71 下右)

按:《玉篇校釋》"籃"字下注:"《廣韻》仙韻七然切:'箐籃,竹名。'《集韻》同,云:'省作籃。'"(2835)《集韻》"籃"字下並未見有云"省作籃"者,然胡氏謂"籃"與"籃"同,是也。《字彙·竹部》:"伽,與籃同。"(349 上)此即其證也。故"籃"當即"籃"之異體字。

317. 竿

《玉篇·竹部》:"竿,丑公切。竹。"(71 下右)

按:《玉篇校釋》"竿"字下補注文爲"竹名",並注曰:"《集韻·東韻》:'竿,竹名。'應即下(385):'筕,竹名。'"(2837)胡氏所言當是。《爾雅·釋草》:"仲無笐。"郭璞注:"亦竹類,未詳。"(124)郝懿行義疏:"今以《釋樂篇》文參之,'箚,中謂之仲'。《釋文》:'仲或爲筕'則仲當爲中竹,非大竹也。"故"竿"與"筕"義同,"竿"當即"筕"因涉義改換構件而形成的異體字。

318. 慈

《玉篇·竹部》:"**慈**,自移切。竹。"(71 下右)

按:《玉篇校釋》"慈"字下注:"《集韻》之韻作'慈',竹名,應即慈竹。竹叢生,子母相依,故名。王勃有《慈竹賦》,一名義竹。"(2839)胡氏所言是也。"慈竹",佛經中有其用例。《大正藏》本唐道宣撰《續高僧傳》卷第二十九:"初未終前,佛堂蓮花池自然枯竭,池側慈竹無故彫死,室内薔薇非時發花曄如夏月,衆以榮枯兩端不無生滅之懷德異常倫耳,感應之所期耳。"《卍新纂續藏》本元曇噩撰《新修科分六學僧傳》卷第十四:"方其將終之際,蓮池枯,慈竹凋,薔薇冬時盛華,識者以爲榮枯兩端,必有生滅之徵焉。"故"**慈**"當即"慈"通過增加義符而形成的後起分化字,"慈"又當即"**慈**"字俗省。

319. 簵

《玉篇·竹部》："簵,魚綺切。竹作也。"(71 下右)

按:《玉篇校釋》"簵"字下注:"元刊云'竹器名',《集韻·紙韻》云'竹器',疑即義竹,叢生不散,故名,亦即慈竹。"(2839)胡氏所言當是。五代王仁裕《開元天寶遺事·義竹》:"帝游後苑,有竹叢密,筍不外出。帝顧諸王曰:'父子兄弟相親,當如此竹。'因名義竹。"故"簵"當即"義"通過增加義符而形成的後起分化字。《玉篇》《集韻》分別訓爲"竹作也""竹器",疑並非是。

320. 籭

《玉篇·竹部》："籭,所解切。瑟。"(71 下左)

按:《玉篇校釋》"籭"字下注:"案即《釋樂》:'大瑟謂之灑。'《水部》:'灑,瑟也。'"(2844)胡氏所言是也。《正字通·竹部》:"籭,按:《爾雅》:'大瑟謂之灑。'郭璞曰:'長八尺一寸,廣一尺八寸,二十七絃。'本作灑。"(811上)此説印證了胡氏的考釋成果。故"籭"當即"灑"通過增加義符而形成的後起分化字。

321. 簭

《玉篇·竹部》："簭,薄計切。竹簭也。"(71 下左)

按:此字《説文》《名義》《切韻》皆未收,《玉篇》《廣韻》始收之,當爲宋人所增。《玉篇校釋》"簭"字下注:"本書云'竹簭'當作'竹網'也。字與'罤''繴'並同。《糸部》'繴'下引《爾雅》:'繴謂之罿。'郭注:'今翻車也。有兩轅,中施胃以捕鳥也。'《字書》:'或爲罤字。'《网部》:'罤,罿也。'"(2849)胡吉宣謂"簭"與"罤""繴"並同,是也;然謂"竹簭"當作"竹網",疑不確。《新修玉篇》卷十四《竹部》引《玉篇》亦云:"簭,薄計切。竹簭也。"(131 上左)"竹簭"當指一種竹製的捕鳥用具,不煩改字。"簭"與"罤""繴"即因造字角度不同而换用不同義符所産生的異體字。

322. 簳

《玉篇·竹部》：“簳，各旱切。箭簳。笴，同上。又公但切。”(71 下左)

按：《玉篇校釋》“簳”字下注：“‘箭簳’者，幹爲通稱，笴爲專名，由通轉別而从竹爲簳，‘簳’當爲‘笴’之或體。慧琳六一·五、九三·八：‘《尚書大傳》：若射儀之笴栝。鄭注云：笴，箭篁也。俗作簳。’即本書原引文。”(2845) 胡氏所言是也。《名義·竹部》：“笴，公但反。箭、(、號當衍)稾也。”(144 上)“簳”與“笴”音義並同，“簳”當即“笴”之異體字。

323. 箿

《玉篇·竹部》：“箿，慈緝切。覆。”(72 上右)

按：《玉篇校釋》“箿”字下注：“《切韻》入聲緝韻七入反，字作‘葺’。《廣韻》：‘箿，箿覆也。’《集韻》：‘葺，覆也。或作箿。’別出箿，織竹器緣，義取於緝。”(2853) 胡氏所言是也。余迺永《校注》(973) 亦謂“箿”即“葺”字之訛，此是其證也。“箿”即“葺”字之訛，因竹頭、艸頭俗寫形近不分，常可訛混，故“葺”訛作“箿”。《集韻》又訓“箿”爲“織竹器緣”，望文爲説也。

324. 㞦

《玉篇·巿部》：“㞦，巨宜切。木別生。”(72 上左)

按：《玉篇·支部》又云：“㞦，巨宜切。杈也。”(85 下右)《玉篇·支部》又云：“攲，巨支切。橫首皃。”(130 下右)《玉篇校釋》“㞦”字下注：“‘木別生’者，《切韻》同。字亦作攲，訛作㞦，本爲枝也。《廣韻》㞦重文攲，又橫首皃。《集韻》引《字林》：‘攲，橫首枝也。一曰：木別生。或作枝。’本書《支部》：‘攲，橫首皃。’《支部》：‘㞦，杈也。’《木部》：‘枝，枝柯也。’《説文》：‘枝，木別生條也。’應此即由篆枝所訛變。”(2864) 胡氏所言是也。《正字通·支部》：“㞦，舊注：音奇，木別生；又音貝，物袞舛。並非。《佩觿集》‘㞦’訓木別生，今訛爲㞦，尤非。”(436 上)《正字通》所言是其證也。故宮本《王韻》平聲支韻渠羈反：“㞦，木別生。”(439) 故宮本《裴韻》平聲支韻渠羈反：“㞦，

木別生。"(545)《廣韻》平聲支韻渠羈切:"衼,木別生也。"(17)《集韻》去聲
夳韻博蓋切:"衼,物衺舛也。"(519)宋刻《集韻》、揚州使院重刻本《集韻》亦
皆作"衼",《大字典》引《集韻》作"衼","衼"當即"衼"字轉録之誤。"衼"
"衼"音同,"杈也""木別生也"義同,又"支"旁、"攴"旁俗寫常可訛混,故
"衼"當即"衼"字俗訛。《説文·木部》:"枝,木別生條也。從木,支聲。"
(114上)"枝",《廣韻》音"章移切",《集韻》又音"渠羈切"。"木別生""物衺
舛"與"木別生條"訓異義同。"木"字,《三體石經·皋陶謨》作"𣎴",《説文》
小篆作"𣎴","衼"與"枝"音義並同,"衼"當即"枝"字之俗,"衼"字左旁所從
之"市"當即"木"字俗寫之訛。《集韻》改音"博蓋切",當爲不識其爲"枝"字
之俗,又見其從"市"而妄改。又"䘪"字,《廣韻》訓"横首皃",《集韻》訓"横
首枝也",周祖謨《廣韻校勘記》據《集韻》謂《廣韻》"首"下脱"枝"字,是也。
"横首枝"與"木別生"亦訓異義同,"䘪"與"衼"音義並同,"䘪"當即"衼"字
俗寫,亦即"枝"字。

325. 紩

《玉篇·朱部》:"紩,除栗切。帆索也。"(72下右)

按:《玉篇校釋》"紩"字下注:"本書《糸部》:'紩,緁衣也。'《廣雅》:'索
也。'是'紩'與'紩'同。"(2879)胡氏所言是也。《名義·朱部》:"紩,除慄
反。袟。颷索也。"(146上)吕浩《〈篆隸萬象名義〉校釋》注曰:"'袟'未詳,
疑當作'紩',紩同紩。"(238B)吕氏所言當是。故"紩"當即"紩"通過義近義
符換用而形成的異體字。

326. 圙

《玉篇·马部》:"圙,胡閤切。會也。"(72下左)

按:《玉篇校釋》"圙"字下注:"《廣韻》入聲廿七合侯閤切:'會也。'《集
韻》云:'通作郃。'又'敆'下引《爾雅》:'合也。'亦云:'通作郃。'本書《攴
部》:'敆,合會也。'原引《説文》文,《釋詁》云:'合也。'圙與合同,从函省,合
聲。"(2874)胡氏所言是也。《名義·马部》:"圙,胡騰反。會也。"(145下)
故宫本《王韻》入聲合韻胡閤反:"圙,會圙。"(521)《直音篇》卷七《口部》:

"卥,音合。會也。卥卥,並同上。"(312)"卥""卥"即同字異寫。故"卥"與
"合""邰""敆""卥"音義並同,並爲異體字。

327. 縋

《玉篇·宋部》:"縋,子由、似由二切。收束也;堅縛也。"(72 下左)

按:《玉篇校釋》"縋"字下注:"本書《韋部》:'韇,子由、似由二切。收束
也;堅縛也。亦作韇、摰。'《爾雅》:'聚也。'《説文》:'束也。'又:'揟,聚也。'
'韇'亦省作'韇','韇''摰''揟'並與'縋'同,字从韋、从夅同意,皆所以束
縛之者。"(2880)胡氏所言是也。《名義·宋部》亦云:"縋,子由反。收束
也;堅縛也。"(146 上)可見原本《玉篇》亦已收録"縋"字。據原本《玉篇》説
解體例,原本《玉篇》"縋"字下亦當有"《字書》:或爲韇字,在《韋部》"云云
者,《名義》及今本《玉篇》妄删耳。故"縋"與"韇""韇""揟""摰"諸字音義並
同,即爲異體字。

328. 䵂

《玉篇·卤部》:"䵂,又萬切。礒粟也;舂米未精也。"(72 下左)

按:《名義·卤部》:"䵂,又萬切。礒。音摩(即礒之直音用字)。舂未
精。"(145 下)《玉篇·臼部》:"䵂,初眼切。小舂也。"(76 上右)"䵂""䵂"
"䵂"並當同"敱"。《説文·支部》:"敱,小舂也。从支,算聲。"(69 下)敦煌
本《王韻》去聲願韻芳万切:"敱,小舂。亦作䵂。"(411)《廣韻》去聲願韻叉
方(萬)切:"敱,小舂也。亦作䵂。"(303)《集韻》去聲願韻匆萬切:"敱,《説
文》:'小舂也。'或作䵂。"(549)《集韻》上聲産韻楚限切:"䵂,《字林》:'礒粟
也。'或作䵂。"(373)故"䵂""䵂""䵂"與"敱"音義并近,"䵂""䵂""䵂"並當
即"敱"之異體字。

329. 㼋

《玉篇·瓜部》:"㼋,蒲卓切。小瓜也。瓟,同上。"(73 上右)

按:《玉篇校釋》"㼋"字下注:"《切韻》:'㼋,小瓜。又作瓟。'"(2888)

《爾雅·釋草》：“㼐𤬓，其紹瓞。”郭璞注：“俗呼㼐瓜爲瓞。”“㼐”“瓞”皆指小瓜。“㼐”字，《廣韻》亦音“蒲角切”。故“㼐”“㼏”音義並同，二者即爲異體字，《大字典》《字海》應加以溝通。又《龍龕》卷二《爪部》：“㼐㼏，蒲角反。瓜～也。二。”(331)“㼐”“㼏”從“爪”並爲從“瓜”之訛，此亦爲“㼐”“㼏”即爲異體之證。《字海》分別謂“㼐”即“㼐”的訛字，“㼏”即“㼏”的訛字，然未溝通二者的異體關係，失考證。

330. 糜

《玉篇·麻部》：“糜，靡加切。”(73上右)

按：此字《說文》《名義》皆未收，《廣韻》《集韻》亦不録，當即宋人據俗書而增。此字有音無義。《新修玉篇》卷十四《麻部》引《玉篇》：“糜，美五切。”(133上右)亦義闕。《叢考》“糜”字下注：“此字《玉篇》有音無義。《五音集韻》作‘䕅’，釋‘靡’，當有一誤。”又於下字“䕅”字下注曰：“朝鮮本《龍龕》卷五广部‘今增’字：‘糜，莫補切。’考《五音集韻》上聲姥韻莫補切：‘䕅，靡也。’則其義爲‘靡’。又考《玉篇·麻部》有‘糜’字，音‘靡五切’，而未載其義。‘靡五切’與‘莫補切’同音，‘糜’‘䕅’當爲一字之變。但《篇海類編》及《字彙》等書‘糜’釋‘麻’，不知有誤否？”(1175)今案：“糜”“䕅”皆“糜”字之訛。《正字通·麻部》：“糜，糜字之訛。舊注：音姥。麻糜。非。”(1394上)《正字通》所言是也。《玉篇校釋》“糜”字下注：“義闕，元刊云‘麻糜’，應爲糜之訛字。”(2884)此說印證了《正字通》之說。《廣雅·釋詁一》：“糜，壞也。”(47下)又《廣雅·釋詁五》：“糜，熟也。”(203下)《說文·火部》：“䃺，爛也。从火，靡聲。”(208下)《玉篇·火部》：“糜，明皮切。爛[也]；熟也。”(99下左)“糜”“䃺”即同字異寫。“糜”與“糜”形近，“糜”當即“糜”字俗寫之訛。元刊本訓“糜”爲“麻糜”，當爲不識其爲“糜”字之訛，又見其從“麻”而妄補也。又“䕅”訓“靡”，“靡”與“糜”通，“糜”亦訓“爛也”，“䕅”與“糜”形近義同，故“䕅”亦當即“糜”字之訛。

331. 𪎭

《玉篇·麥部》：“𪎭，胡關切。𪎭餅也。”(73下左)

按:《玉篇校釋》"䬰"字下注:"'餅也'者,《廣韻》引同,蓋爲孫强上元本文,與'糫'同。《切韻》:'糫,粔籹。'《集韻》:'糫,或作䬰。餌也,粔籹。吳人謂之膏糫。'"(2906)又於"糫"字下注:"'音環'者,字本作'環',以其形圓如佩環而名之也。《齊民要術》云:'粔籹名環餅,象環釧形。'《切韻》:'糫,膏糫,粔籹。'本書:'粔,粔籹,膏環也。'是原本不收糫字。"(2997)胡吉宣謂"原本不收糫字",非是。《名義·麥部》:"䴲,力堅反。糫餅也。䵆,䴲䵆也。"(148 上)是原本《玉篇》已收"糫"字,今本誤脱耳。《楚辭·招魂》:"粔籹蜜餌,有餦餭些。"王逸注:"以蜜和米麪熬煎作粔籹。"洪興祖補注:"粔籹,蜜餌也。吳謂之膏環餅,粉餅也。"《齊民要術·餅法》又云:"膏環,一名粔籹,用秫稻米屑,水、蜜溲之,强澤如湯餅麪。手搦團,可長八寸許,屈令兩頭相就,膏油煮之。"以上諸書皆其證也。故"䬰"與"糫"即爲異體字,二字本當作"環"。

332. 䵆

《玉篇·黍部》:"䵆,竹革切。黏飯也。"(73 下左)

按:《玉篇校釋》"䵆"字下注:"'黏飯也'者,疑原引《埤倉》文。《廣雅》四:'䵆,黏也。'又三:'糔,摶也。'《切韻》:'䵆,黏也。亦作糔。'本書《米部》:'糔,粘也。'又(106):'粍,黏也。'竹革切。'糔''粍'並與'䵆'同。《説文》:'𩜋,飯剛柔不調相著。讀若適。'本書《皀部》:'𩜋,飯堅柔調也。今作適。'據此則'𩜋'即'䵆'字。適者牾也,故爲飯剛柔不調。許讀𩜋若適,故後出字作'䵆'、'糔'。"(2910～2911)胡氏所言是也。《名義·黍部》:"䵆,竹革反。黏飯相著也。糔字。"(148 下)此是其證也。故"糔""粍""䵆"音義並同,並爲異體字。"䵆"與"𩜋"義同,"𩜋"許慎讀若適,故"䵆"又當即"𩜋"之後起分化字。

333. 𪏮

《玉篇·黍部》:"𪏮,步北切。黍豆也。"(73 下左)

按:元刊本《玉篇·黍部》:"𪏮,步北切。黍豆别名。"《玉篇校釋》"𪏮"字下改注文爲"治黍豆也",並注曰:"'治黍豆也'者,'治'字今補。"(2910)

胡氏所言當是。《説文·黍部》：“黼，治黍、禾、豆下潰葉。从黍，畐聲。”
（147 上）《名義·黍部》：“黼，蒲北反。治黍豆本下潰葉也。”（148 上）可見
顧野王所見《説文》亦當訓爲“治黍豆本下潰葉也”，今本《説文》作“治黍、
禾、豆下潰葉”，“黍”亦禾屬，“黍”“禾”不應於一字釋義之下同出，故疑此當
爲二徐本之誤。今本《玉篇》訓爲“黍豆也”，當爲宋人誤删。元刊本又轉訓
爲“黍豆別名”，亦非。《大字典》《字海》“黼”字下俱沿謬而收録“黍豆”這一
義項，皆應删。

334. 穬

《玉篇·禾部》：“穬，胡光切。野穀也。”（74 下右）

按：此字《説文》《名義》未收，《玉篇》收於部末，當即宋人所增。“穬”疑
即“穬”字之俗。《説文·禾部》：“穬，芒粟也。从禾，廣聲。”（144 下）《可洪
音義》卷十八：“穬，古猛反。穀芒也。正作穬。”（60，頁 86b5）《龍龕》卷一
《禾部》：“穬，俗；穬，正。古猛反。穀芒也；又稻不熟也。二。”（144）以上二
書皆其證也。又《卍新纂續藏》本宋景霄纂《四分律鈔簡正記》卷十一：“十
七種穀者。祇云：一稻；二赤稻；三小麥；四穬麥；五小豆；六胡豆；七大豆；
八豌豆；九粟；十黍；十一麻子；十二薑芍；十三閣豆；十四博羅陀；十五蕪
子；十六指耶；十七俱陀婆。是名十七種。”“穬麥”，宋元照撰《四分律行事
鈔資持記》（T40，頁 0310b）及宋惟顯編《律宗新學名句》卷下《僧祇十七種
穀》（X59，頁 695b）皆作“穬麥”。慧琳《音義》卷三三《佛説未成有經》一卷：
“穬麥，上虢猛反。《字統》云：‘穀名有百種，歸於五。稷屬謂之穗穀，豆屬
謂之角穀，麥屬謂之芒穀，麻屬謂之樹穀。’案：穬麥者，即芒穀也。《考聲》
云：‘穬，穀之有芒者也。’《説文》從禾，廣聲。正作穬也。經文從麥作䴚，是
大麥也。《考聲》亦云：‘大麥也。’諸書字並無此字也。”（58，頁 65b7）故“穬
麥”同“穬麥”，即指大麥，“穬”即“穬”字異體，此亦其證也。“穬”字《玉篇》
音“胡光切”，當爲見其從黃而妄改。“穬”訓爲“野穀也”，亦爲陳彭年等不
識而妄補，於文獻無徵，疑不可據。

335. 穖

《玉篇·禾部》:"穖,力支切。禾苗也。"(74 下右)

按:《龍龕》卷一《禾部》:"穖,音離。黍行列也。"(144)《玉篇校釋》"穖"字下注:"《切韻》:'穖,黍生。'《廣韻》作:'穖穖,黍稷行列。'《集韻》云:'苗也。一曰五穀之列爲穖穖。'案此與上'穖'同例,當云:'穖穖,黍皃也。'即《詩》'彼黍離離'字。《釋文》引《說文》作'穖'。《初學記》引《韓詩》說:'離離,長皃。'《御覽》引作:'離離,黍皃也。'離與麗古通⋯⋯可證'穖穖'即《詩》之'離離'也。上(174):'穖,長禾。''穖'與'穖''穖'並同也。"(2960)胡氏所言蓋是。《龍龕》卷一《禾部》:"穖,音離。穖穖,黍稷垂也。"(144)"穖穖""穖穖""離離"並同,皆謂黍稷下垂之皃也。《正字通·禾部》:"穖,穖、離並通。"(781 下)《正字通》所言印證了胡氏之說。故"穖""穖"字同,二者本作"離"。又《正字通·禾部》:"穖,俗字。舊注:音利。長禾。泥。"(773 上)《正字通》所言亦是。"穖"字,《玉篇》訓爲"長禾",疑爲"黍稷垂也"之變所致。"穖"與"穖""穖"音近,疑亦當爲異體字。

336. 秥

《玉篇·禾部》:"秥,女占切。禾也。"(74 下右)

按:《玉篇校釋》"秥"字下注:"《集韻·鹽韻》同,疑爲俗'黏''粘'字。"(2951)胡氏所言當是。《龍龕》卷一《禾部》:"稬秥,二俗。女廉反。正作黏。"(142)此是其證也。又《大正藏》本東晉僧伽提婆與僧伽羅叉譯《中阿含經》卷第一:"復次,如王邊城多積秥豆及大小豆,爲內安隱,制外怨敵,是謂王城三食豐饒,易不難得。"慧琳《音義》卷五二《中阿含經》第一卷:"黏豆,女轄反。豆名也。"(T52,頁 456b10)查《中華大藏經》本對應經文亦作"黏豆",故"秥豆"同"黏豆"。此亦爲"秥"即"黏"字之俗之又一佐證。《玉篇》訓"秥"爲"禾也",當爲望形生訓。《字彙》又轉訓爲"穤禾",於文獻無徵,亦不足據。

337. 秜

《玉篇・禾部》："秜,子計切。秜(當爲字頭重出,應删)穫也。"(74 下左)

按:《玉篇校釋》"秜"字下注:"《集韻・祭韻》同,云:'或作穧。'本書(46):'穧,穫也。'"(2955)胡氏所言是也。又《字彙・禾部》:"秜,子計切。刈禾把數也。又子列切,音截。義同。"(335 下)《正字通・禾部》:"秜,俗字。舊注音訓同前穧,又音截,並非。"(781 上)《正字通》所言印證了胡氏的考釋成果。《説文・禾部》:"穧,穫刈也。一曰撮也。从禾,齊聲。"(145 上)《廣韻》去聲霽韻子計切:"穧,穫也。又音劑。"下文在詣切又云:"穧,刈禾把數。"(268)故"秜"與"穧"音義並同,"秜"當即"穧"通過改換聲符而形成的異體字。

338. 穏

《玉篇・禾部》:"穏,安很切。草。"(74 下左)

按:《集韻》上聲很韻安很切:"穏,艸名。"(367)"穏"疑同"蒽"。《集韻》平聲痕韻烏痕切:"蒽,艸名。出日南。"(142)"穏""蒽"音近義同,又從禾、從艸義通,俗書常可换用,故"穏""蒽"疑爲異體字。

339. 稅

《玉篇・禾部》:"稅,餘渚切。美。"(74 下左)

按:《玉篇校釋》"稅"字下注:"《廣韻》去聲御羊洳切:'稅稅,黍稷美也。'案:即《楚茨》詩'我黍與與'字。"(2960)胡氏所言是也。《正字通・禾部》:"稅,余據切,音豫。黍稷美貌。古借與。《詩・小雅・楚茨》:'我黍與與。'朱傳音餘,義同。舊注闕平聲,誤。"(780 下)此説印證了胡氏的考釋成果。《詩・小雅・楚茨》:"我黍與與,我稷翼翼。"鄭箋:"黍與與、稷翼翼,蕃廡貌。"又《集韻》去聲御韻羊洳(洳)切:"稅,禾稼謂之稅。"(493)《集韻》謂"禾稼謂之稅",於文獻無徵,疑爲"禾稼美謂之稅"之脱誤。又《集韻》上聲語韻演女切：“稑，苗盛也。”（332）“苗盛也”與“黍稷美也”“蕃廡貌”訓異義同。故“稑”當即“與”通過增加義符而形成的後起分化字。

340. 秅

《玉篇·禾部》：“秅，直家切。張開屋。”（74 下左）

按：《玉篇校釋》“秅”字下注：“‘開張屋也’者，原作‘張開屋’，今乙正。《切韻》：‘秅，開張屋。’《説文》：‘庌，開張屋也。’本書傳寫漏奪，今補《广部》末。”（2961）胡氏所言是也。《廣韻》平聲麻韻宅加切：“秅，開張屋也。《説文》作庌。”（109）此是其證也。故此“秅”當即“庌”之異體字。

341. 耟

《玉篇·耒部》：“耟，伏路切。田器也。”（75 上右）

按：此字《説文》《名義》皆未收，《玉篇》收於部末，當即宋人所增。《玉篇校釋》“耟”字下注：“‘耟’本作‘鎛’。《考公總目》：‘粵無鎛。’鄭注：‘鎛，田器也。’《詩·臣工》：‘庤乃錢鎛。’毛傳：‘鎛，鎒也。’《釋名·釋用器》：‘鎛亦鋤田器也。’以銅爲之，故字从金，爲鋤田器，故亦从耒。”（2971）胡氏所言是也。《説文·金部》：“鎛，一曰田器。”（179 上）《玉篇·金部》：“鎛，布各切。田器也。”（83 下右）故“耟”與“鎛”義同，“耟”當即“鎛”因造字角度不同而改換義符所形成的異體字。《玉篇》改音“伏路切”，非是。

342. 秄

《玉篇·耒部》：“秄，借以切。壅苗本。”（75 上右）

按：《玉篇校釋》“秄”字下注：“‘壅苗本’者，《切韻》同，云：‘亦作秄。’《説文》：‘秄，壅禾本。’”（2971）《廣韻》上聲止韻即里切：“秄，擁苗本也。秄，上同。”（171）《集韻》上聲止韻祖似切：“秄，《説文》：‘壅禾本。’或从耒。”（323）故“秄”“秄”即異體字。

343.䴢

《玉篇·耒部》:"䴢,呼旦切。冬耕也。"(75 上右)

按:《玉篇校釋》"䴢"字下注:"'冬耕也'者,《廣韻》同,此義蓋出《字書》或《聲類》。當依上文'秡'注云:'亦作暵。'"(2969)胡氏所言是也。《名義·耒部》:"䴢,呼旦反。暵字。冬耕也。"(147 上)《新撰字鏡·耒部》:"䴢,呼旦反。暵字。耕麥地也;耕也。"(448)以上二書皆其證也。故此"䴢"當即"暵"之異體字。《大字典》《字海》"䴢"字此義皆未溝通其與"暵"字的異體關係,俱失當。

344.稫

《玉篇·耒部》:"稫,符逼切。禾;又治黍豆也。"(75 上左)

按:《玉篇校釋》"稫"字下注:"《集韻·職韻》:'䊯,治黍豆也。或作稫。'本書《黍部》:'䊯,治黍豆也。'治之故字或从耒。'禾也'者,應當爲'禾密皃',與《禾部》'稫'同。稫爲禾密,禾苗始生欲疏適,過密爲病,故須治之。治黍亦然,故因謂之稫。"(2972)胡氏所言是也。《正字通·耒部》:"稫,稫字之訛。舊注:音佛。禾也。誤。《禾部》稄稫訓禾密,此專訓禾,尤誤。"(863 上)《正字通》所言印證了胡氏的考釋成果。故"稫"訓"禾也",當即"禾密皃"之脱誤,此"稫"即"稫"之異體;而"稫"訓"治黍豆也",當即"䊯"之異體。

345.穑

《名義·耒部》:"穑,山校反。耰種也。"(147 上)

按:《直音篇》卷四《耒部》:"穑,音省。麥也。"(148 下)《詳校篇海》卷五《耒部》:"穑,所景切。音省。麥也。"(367 下)此即《篇海類編》所本。"穑"訓"麥也",形義不諧,疑即"耖"字俗訛。《玉篇·耒部》:"耖,山校切。耰種。"(75 上右)"穑""耖"音義並同,且位置相當,"穑"即"耖"字之俗。《新撰字鏡·耒部》:"穑,山校反。耰種也。"(448)此"穑"亦即"耖"字之俗。

故《直音篇》之"秴"亦當爲"秷"字之俗,"秷"俗作"秴"後,改其讀爲音省,當即望形生音也。"秴"訓"麥也",亦當爲後人所妄補,不足信。

346. 糥

《玉篇·米部》:"糥,女亮切。雜也。"(75 下左)

按:《玉篇校釋》"糥"字下注:"'雜也'者,《廣雅·釋詁一》文。《疏證》云:'糥、糅聲之轉。通作釀。《内則》:鶉羹、鷄羹、駕,釀之蓼。鄭注:釀謂切雜之也。'"(2996)王氏所言是也。《名義·米部》:"糥,女亮反。雜。今釀[字]。"(154 上)此是其證也。故"糥"義指"雜飯",當即"釀"之異體字。又《龍龕》卷二《米部》:"糥,女亮反。雜米也。"(305)《龍龕》訓爲"雜米",非是。《大字典》又據《龍龕》增收"雜米"一義,亦非。

347. 檖

《玉篇·米部》:"檖,巨希切。小食也。"(75 下左)

按:《玉篇校釋》"檖"字下注:"'檖'即'嘰'字。《説文》:'嘰,小食也。'《集韻》:'檖,小食也。或作嘰。'當云:'本作嘰。'《口部》:'嘰,小食也。'"(2999)胡氏所言是也。《正字通·米部》:"檖,舊注:音其。小食。按經傳本作嘰,改作檖,非。"(816 上)此説印證了胡氏的考釋成果。故"檖"當即"嘰"之換旁俗字。

348. 罨

《玉篇·冃部》:"罨,丘權切。小兒帽。"(76 下右)

按:《玉篇校釋》"罨"字下改注文"帽"爲"幘",並注曰:"'小兒幘'者,'幘'原作'帽',《糸部》'纏'下云:'《聲類》亦罨字。罨,小兒幘也。在《冃部》。'今據改。《切韻》:'罨,小兒幘。'《廣雅·釋器》:'纏,幘也。'《疏證》云:'纏之言縈也,所以縈髮也。'通作罨,罨之言卷也。未冠者以巾幘覆首,其形卷曲也。"(3025)胡氏所言是也。《名義·冃部》:"罨,丘權反。墳也。"(156 上)吕浩《〈篆隸萬象名義〉校釋》(253A)校"墳"爲"幘",是也。《新撰字鏡・冃部》："罨,丘員反,平。小幘。"(233)以上二書皆其證也。又《集韻》平聲僊韻驅圓切："罨,《博雅》:'幘也。'一曰小兒帽。或作縴。"(172)"罨"字,《集韻》一曰"小兒帽",此亦爲《玉篇》所誤也。"罨"字,《大字典》訓"小兒帽",一說"小幘",非是;《字海》徑訓爲"兒童戴的帽子",亦非。《大字典》《字海》應訓爲"小兒幘",並謂同"縴",即可。又"縴"字,《大字典》《字海》皆沿襲《集韻》之謬而收録"小兒帽"這一義項,皆應删。

349. 罤

《玉篇・网部》:"罤,徒犁切。兔罔。"(77 上右)

按:《玉篇校釋》"罤"字下注:"'兔罔'者,《切韻》同,'罤'爲'蹏(今作蹄)'之後出專字。左思《吳都賦》:'罠蹏連綱。'劉逵曰:'蹏,兔網。'希麟四・一:'蹄,《玉篇》作罤,云:兔網也。'"(3046)胡氏所言是也。《正字通・网部》:"罤,梯尼切,音題。兔網。通作蹏。《莊子》注:'兔弮也,繫其腳也。'"(845 下)此説印證了胡氏的考釋成果。故"罤"即"蹏(蹄)"字之俗。

350. 羃

《玉篇・网部》:"羃,普革切。罔也。"(77 上右)

按:此字《説文》《名義》皆未收,《廣韻》《集韻》亦不録,當即宋人據俗書所增。《玉篇校釋》"羃"字下注:"'羃'即合'罤''繴'二字爲之。"(3051)胡氏所言是也。《正字通・网部》:"羃,俗繴字。"(848 上)此説印證了胡氏之説。原本《玉篇・糸部》:"繴,補戟反。《爾雅》:'繴謂之罿,罿謂之罬。'郭璞曰:'今幡(翻)車也。有兩轅,中施罔(胃)以捕鳥也。'《字書》或爲罤字,在《网部》。"(634)"繴",《廣韻》音"北激切",又音"蒲革切"。"羃"與"繴""罤"音義並同,"羃"當即"繴""罤"二字交互影響而產生的異體字。

351. 鹻

《玉篇・鹵部》:"鹻,工暫切。鹹也。"(77 下右)

按:"鹻"與"䶢"當即異體字。北魏賈思勰《齊民要術・羹臛法》:"炙豉,但作新琥珀色而已,勿令過黑;黑則釅苦。"(842)《名義·鹵部》:"餡,公陷反。釅也。"(157下)《續考》(425～426)"釅"字注下謂《名義》"餡"訓"釅也","釅"當爲"鹹"字之誤,所言是也。《玉篇·鹵部》:"餡,公陷切。鹹味也。"(77上左)此是其證也。故"釅"與"餡"音義並同,即爲異體字。

352. 盆

《玉篇·皿部》:"盆,許奚切。小盆器。"(77下左)

按:此字《説文》《名義》皆未收,《玉篇》收於部末,當即宋人據俗書所增。元刊本《玉篇·皿部》作:"盆,許奚切。小盆器。"《新修玉篇》卷十五:"盆,許兮切。小盆器。"(142下左)故《玉篇》之"小盆器"當爲"小盆器"之誤。"盆"疑即"盆"字之訛。"盆"與"盆"形義俱近,又《敦煌俗字典》(110)"分"俗作"今",故"盆"當即"盆"字俗訛。"盆"俗作"盆",又改其讀爲"許奚切",望形生音也。

353. 莅

《玉篇·皿部》:"莅,神夜切。器。"(77下左)

按:此字《説文》《名義》皆未收,《廣韻》《集韻》亦不録,《玉篇》收於部末,當即宋人據俗書而增。《正字通·皿部》:"莅,俗字。宜删。"(725下)《正字通》謂"莅"爲俗字,是也。"莅"疑即本作"社"。《春秋穀梁傳·僖公十九年》:"用之者,叩其鼻以衈社也。"晉范寧注:"衈者,釁也,取鼻血以釁祭社器。"(2399)"莅"字,即因"祭社器"而造的一個專用字。

354. 弙

《玉篇·弓部》:"弙,胡旦切。《史記》,拒弙關之口。"(81上右)

按:《玉篇校釋》"弙"字下注:"《史記·楚世家》:'蜀伐楚,取兹方,於是楚爲扞關以拒之。'《集解》引李熊説:'公孫述曰:東守巴郡,拒扞關之口。'又《張儀傳》:'不至十日而拒扞關。'徐廣《音義》:'巴郡魚復有扞水扞關。'《輿地廣記》:'古扞關楚肅王所作,以踞巴蜀。'字並不從弓。本以扞衛名關

也。"(3211)胡氏所言近是。《名義·弓部》："𢎨,胡旦反。拒也。"(167 上)
"𢎨"本指"關名",而非訓"拒也","拒也"之訓當爲"拒𢎨關之口"之誤截。
《新撰字鏡·弓部》："𢎨,胡旦反。拒𢎨關之口。"(598)此是其證也。敦煌
本《王韻》去聲翰韻胡旦反："𢎨,縣名。"(411)故宫本《王韻》(500)同。"縣
名"亦非"𢎨"字之訓,《切韻》訓爲"縣名",於文獻無徵,非是。《廣韻》去聲
翰韻侯旰切："𢎨,拒也。又關名,在巫縣。"(305)《廣韻》亦訓"關名",亦其
證也;然《廣韻》又訓爲"拒也",亦爲誤截原文所致的訓釋失誤。《集韻》去
聲翰韻侯旰切："𢎨,弓拒也。一曰縣名。"(551)《集韻》之訓亦因沿襲《切
韻》《廣韻》之謬而誤也。故《大字典》《字海》直謂"𢎨"即"扞"字之俗,即可。

355. 㦺

《玉篇·弓部》："㦺,司俊切。彌也。"(80 上右)

按:《正字通·弓部》："㦺,訛字。"(342 上)《正字通》直斥"㦺"爲訛字,
非是。《名義·弓部》："㦺,思俊反。蕭(簫)也。"(167 上)可見原本《玉篇》
已收"㦺"字,"㦺"字並非訛字。《玉篇校釋》"㦺"字下注:"'彌也'者,《考
工·弓人》:'凡爲弓,方其峻而高其柎。'鄭箋:'峻謂簫也。''峻簫'即'㦺
彌','柎'亦即'𨐰'。《切韻》引'弓人爲弓,方其㦺'。"(3211)胡氏所言是
也。敦煌本《王韻》去聲震韻私閏反:"㦺,弓人爲弓,(方)其俊。"(410)故宫
本《王韻》去聲震韻私閏反:"㦺,弓人爲弓,方其俊。"(499)注文之中的"俊"
字皆爲"㦺"之形誤。"方其㦺"同"方其峻",故"㦺"當即"峻"因涉義改換義
符而形成的後起分化字。

356. 彏

《玉篇·弓部》："彏,女兩切。弓曲也。"(81 上右)

按:此字《説文》《名義》皆未收,《廣韻》亦不録,《玉篇》收於部末,當即
宋人據俗書所增。《集韻》上聲養韻汝兩切:"彏,弓曲也。"(415)《正字通·
弓部》："彏,彄字之訛。舊注弓曲,與彄訓同,訛從襄,音攘,非。"(344 上)
《正字通》所言當是。《説文·弓部》："彄,弓曲也。从弓,𦮼聲。"(269)"彏"
"彄"形近義同,"彏"即"彄"字俗訛。"彄"《廣韻》音"巨員切",而"彏"《玉

篇》音"女兩切",《集韻》音"汝兩切",皆爲望形生音也。

357. 弸

《玉篇·弓部》:"弸,必罵切。弓弸也。"(81 上右)

按:《玉篇校釋》"弸"字下注:"'弓弸也'者,《切韻》同。本書:'弣,弓把也。'古止作'把'。把者握也,弸謂弓弣中可握持處也。"(3213)胡氏所言是也。《禮記·曲禮上》:"左手承弣。"唐孔穎達疏:"弣,弓把也。"陸德明釋文:"把,音霸。手執處也。""弸""把"音義並同,"弸"即"把"通過改換義符而形成的異體字。《龍龕》卷一《弓部》:"弸,比嫁反。弓弸也。與把同。"(151)此是其證也。《正字通·弓部》:"弸,必架切,音霸。肘中手執處。《考工記》作把。"(340 下)《正字通》所言印證了胡氏的考釋成果。故"弸"即"把"字之俗。《大字典》未加溝通,《字海》只在第二義項"器物的柄"這一義項與"把"字認同,而於第一義項未作溝通,俱失當。

358. 彌

《玉篇·弜部》:"彌,弋粥切,又扶袁切。養生也。"(81 上右)

按:《玉篇校釋》"彌"字下注:"'弋粥切'引《廣韻》屋韻作'𥤢',云:'生田。'字從田,粥聲。《集韻》音祝,云:'𥤢𥤢,卑謙皃。通作粥。'又'扶袁切,養生也'者,《廣韻·元韻》:'彌,生養也。'《集韻》云:'生育也。或省作𥸰。'據此,是本書廣益本誤合'𥤢''𥸰'二字爲一而同爲生養義者。字從番,與蕃通,滋生蕃息也。從粥者爲鬻之省,與育通……'𥤢''彌'形義並近,致圖合爲一字。"(3214)胡氏所言不確。今案:"彌""𥤢"二字並爲"鬻"字之訛。《廣韻》入聲屋韻余六切:"𥤢,生田。"(371)余迺永《校注》"𥤢"字下注:"按此'鬻'之誤字,葛氏《舉正》云:'按𥤢及彌、𥸰,唐諸家《切韻》均不收。考《禮記·樂記》孕育字借鬻爲之,而鬻字《釋文》作彌,音育,生也。𥤢、彌均不成字,並即鬻字之訛。《釋文》又云:徐又扶袁反。是徐邈又誤認爲番聲,因造此音切。迨後韻書遂於屋韻收𥤢,元韻又收彌,沿訛襲謬,莫此爲甚。總之,余六切自有鬻,此訛體𥤢當删。元韻彌爲後出訛字。𥸰(《集韻》作𥸰)即彌之省體,均亦當删。檢《玉篇》弜部末有彌:弋粥切,又扶袁切,養生也。知其訛誤已久。又䴈注生田不辭,田蓋也字之訛。’”(912)葛氏謂“䴈”“㺯”並即“鬻”之誤字,當是;然謂“㺯”唐諸家《切韻》均不收,不確。故宫本《王韻》平聲元韻附袁反:“㺯,生。”(450)又《名義·弜部》:“㺯,扶袁反。生養也。”(167上)可見原本《玉篇》亦已收録此字。原本《玉篇》、《切韻》皆已收録“㺯”字,可見此字訛誤由來已久。故“㺯”“䴈”並即“鬻”字之訛。

359. 弸

《玉篇·弓部》:“弸,必耕切。弓也。”(81上右)

按:此字《説文》《名義》皆未收,《廣韻》《集韻》亦不録,《龍龕》《玉篇》收之,當即唐人據俗書而增。《龍龕》卷一《弓部》:“弸,或作;弸,正。必耕反。弓也。二。”(151)“弸”即“弸”字之俗,《龍龕》以“弸”爲“或作”,而以“弸”爲“正”,非是。“弸”又當即“弸”字之俗。《説文·弓部》:“弸,弓彊皃。从弓,朋聲。”(270上)《玉篇·弓部》:“弸,悲矜切。弓强皃。又普耕切。”(80下左)“弸”“弸”音同,正如“堋”同“堋”、“綳”同“綳”、“倗”同“倗”等,“弸”當即“弸”字之俗。《玉篇》訓“弸”爲“弓也”,當爲陳彭年等不識“弸”即“弸”字之俗而妄補也。

360. 斮

《玉篇·斤部》:“斮,博棱切。斸也。”(81上左)

按:《玉篇校释》“斮”字下注:“《集韵·登韵》同,又:‘崩,斫也。’同悲朋切。本書《刀部》:‘崩,斫也。’‘崩’與‘斮’同。”(3220～3221)胡氏所言是也。《正字通·斤部》:“斮,崩同。”(450下)《正字通》所言印證了胡氏的考釋成果。《廣韻》入聲燭韻陟玉切:“斸,斫也。”故“斮”與“崩”音義並同,即爲異體字。

361. 戫

《玉篇·戈部》:“戫,古額切。鬭也。”(81下右)

按:《玉篇校釋》“戫”字下注:“‘鬭也’者,典籍通作‘格’。《周書·武

稱》：‘窮寇不格。’孔晁注：‘格，鬭也。’《漢書·梁孝王武傳》：‘太后議格。’
服虔曰：‘格者格鬭。’《切韻》：‘戜，《史記》云戜殺。’又：‘挌，擊也。’《廣韻》：
‘戜，擊也，鬭也。亦作斱。’慧琳：‘挌，古文戜同，鬭也。’本書《斤部》：‘斱，
亦作戜。’《手部》：‘挌，擊也。’《支部》：‘敋，擊也。’殆皆字書所録之異文。”
(3235)胡氏所言是也。《正字通·戈部》：“戜，挌、格並通。《集韻》或作斱，
從斤、從戈義同。”(390下)此説印證了胡氏的考釋成果。《名義·戈部》：
“戜，古頟反。古格字。”(168下)《新撰字鏡·戈部》：“戜，古頟反。捕戜
也；鬭也。格字。正也；擊也；止也。”(602)以上二書亦皆其證也。故“戜”
與“格”“挌”“敋”“斱”“戜”諸字音義並同，並爲異體字也。

362. 戵

《玉篇·戈部》：“戵，與章切。戈也。”(81下右)

按：此字《説文》《名義》未收，《玉篇》收於部末，當即宋人據俗書所增。
《玉篇校釋》“戵”字下注：“《集韻》陽韻義同。《切韻》：‘鍚，兵名。’‘鍚’與
‘戵’同。《韻會小補》：‘戵，戉也。通作揚。’《詩·公劉》：‘干戈戚揚。’毛
傳：‘揚，鉞也。’字涉干戈而變作‘戵’，依例當爲‘戜’。”(3237)胡氏所言不
確。《禮記·郊特牲》：“朱干設鍚。”鄭玄注：“干，盾也。鍚，傅其背如龜
也。”孔穎達疏：“謂用金琢傅其盾背，盾背外高，龜背亦外高，故云如龜也。”
“鍚”指盾背上的金屬飾物，非指兵器，“戵”與“鍚”音同義別，二字不可混
同，胡吉宣謂“鍚”與“戵”同，非是。《詩·大雅·公劉》：“弓矢斯張，干戈戚
揚，爰方啟行。”毛傳：“揚，鉞也。”“戵”當即“揚”通過改換義符而形成的異
體字。《正字通·戈部》：“戵，移長切，音陽。鉞屬。通作揚。”(391)《正字
通》所言是也。《玉篇》“戵”訓“戈也”，當爲望形生訓也。胡吉宣謂“戵”依
例當爲“戜”，求之過甚也。“戉”本亦從戈，故“戵”字從戈訓“鉞”，義亦可
通，故不煩改換義符。

363. 剌

《玉篇·刀部》：“剌，又丈切。皮也。”(82上左)

按：《玉篇校釋》“剌”字下補注文爲“皮傷也”，並注曰：“‘皮傷也’者，原

作‘皮也’，今補‘傷’字。《切韻》：‘剌，皮傷。’《廣韻》《集韻》並同。慧琳九六·九：‘《字書》：剌，剮也。’本書：‘剮，剌也。’”（3276）胡氏所言是也。《名義·刀部》：“剌，丑丈反。剮。”（117 上）“剮”同“剮”，義爲皮傷也。此亦爲其證也。《正字通·刀部》：“剌，俗創字。《六書故》：創亦作瘡、剌。舊注音訓與瘡近，誤分爲二。”（97 上）《正字通》所言印證了胡氏的考釋成果。《說文·刀部》：“办，傷也。从刃，从一。創，或从刀，倉聲。”《玉篇·疒部》：“瘡，楚羊切。瘡痏也。古作創。”（57 下右）《廣韻》平聲陽韻：“創，《說文》曰：‘傷也。’《禮》曰：‘頭有創則沐。’今作瘡。初良切，又初亮切。”（114）“剌”與“創”“瘡”音近義同，即爲異體字。

364. 剒

《玉篇·刀部》：“剒，力各切。剔也。”（82 上左）

按：《玉篇校釋》“剒”字下注：“‘剔也’者，《廣雅·釋詁一》：‘剒，剔也。’《疏證》云：‘《說文》：鉻，鬎也。剒與鉻同，剔與鬎同，凡剔去毛髮爪甲亦謂之剒。《吳子·治兵篇》說畜馬之法云：刻剔毛鬣，謹落四下。《莊子·馬蹄篇》：燒之剔之，刻之雒之。落、雒並與剒同。’慧琳五二·九：‘古文剒、鉻二形同。《通俗文》：去節曰剒。’”（3276）王念孫謂“剒”與“鉻”同，是也；然引《莊子·馬蹄篇》之文謂“雒”同“剒”，非。《莊子·馬蹄篇》文中之“雒”同“烙”，義爲“印烙”。“雒”與“剒”音同義別，二字不可混同。又《可洪音義》卷一二：“落，郎各反。科樹去節也。正作剒也。”（59，頁 995a9）“剒”與“鉻”“落”音義並同，並爲異體字。

365. 劃

《玉篇·刀部》：“劃，盧兜切。穿也。”（82 上左）

按：《玉篇校釋》“劃”字下注：“‘穿也’者，《切韻》：‘劃，小穿也。’音義並與‘剅’同。”（3281）胡氏所言是也。《正字通·刀部》：“劃，同剅。舊注分音訓，非。”（97 上）《正字通》所言印證了胡氏的考釋成果。《名義·刀部》：“剅，丁侯反。小裂。”（171 上）箋注本《切韻》（斯 2071）平聲侯韻落侯反：“剅，小穿。”（126）敦煌本《王韻》、故宮本《王韻》、故宮本《裴韻》、《廣韻》同。

"劏""剈"音義並同,"劏"當即"剈"之異體字。

366. 剣

《玉篇·刀部》:"剣,於嚴切。刑也。"(82上左)

按:《玉篇校釋》"剣"字下注:"《集韻》平嚴義同,'剣'蓋宮刑,'剣'之言'掩閉也'。被刑者謂之奄人,《詩》所謂昏椓也。《周禮》'奄人',鄭注:'奄,精氣閉藏者,今謂之宦人。'《説文》:'閹,門豎也。宮中奄昏閉門者。'本書《門部》:'閹宦人也,閉門者也。'"(3282)胡氏所言是也。《正字通·刀部》:"剣,舊注:音醃,刑也。按:《吕刑》:'割勢者謂之宦人。'《周禮》作奄人,《説文》作閹,俗作剣,非。"(95下)此説印證了胡氏的考釋成果。故"剣"與"閹""奄"音義並同,並爲異體字。

367. 剅

《玉篇·刀部》:"剅,力九切。割也。"(82上左)

按:《正字通·刀部》:"剅,俗字。舊注:音柳。割也。誤。"(91下)《正字通》謂"剅"爲俗字,是也。《玉篇校釋》"劉"字下注:"'剅'與'劉'同。"(3267~3268)胡氏所言當是。《爾雅·釋詁上》:"劉,殺也。"《玉篇·刀部》:"劉,力牛切。鉞(也);殺也;陳也。"(82上右)"剅""劉"音義並近,"剅"疑即"劉"字之俗。

368. 刖

《玉篇·刀部》:"刖,得旱切。割也。"(82下右)

按:此字《説文》《名義》皆未收,《廣韻》《集韻》亦不録,當即宋人據俗書而增。《玉篇校釋》"刖"字下注:"應爲'刖'訛,聲隨形變。"(3283)胡氏所言當是。《説文·刀部》:"刖,絶也。从刀,月聲。"(92上)《玉篇·刀部》:"刖,五厥、五刮二切。斷足也。"(82上右)"刖"與"刖"義近,又"丹"旁、

"月"旁俗寫可訛混①,《〈可洪音義〉研究》(709)"肜"俗作"肜",故"刖"亦可變作"刖"。"刖"變作"刖"後,改其讀爲"得旱切",此即望形生音也。

369. 剖

《玉篇·刀部》:"剖,丁盍切。剖鉤也。"(82下右)

按:《玉篇校釋》"剖"字下注:"《集韻·合韻》:'剖,鉤也。'又《盍韻》:'剟,鉤也。''剟'與'剖'同。剟,著也。《切韻》:'一曰剟鉤。''剟鉤'亦即'剖鉤'。"(3285)胡氏所言是也。玄應《音義》卷一九引《字書》:"剟,著也。剟鉤、剟索、打剟皆作此。"此亦其證也。故"剖鉤"同"剟鉤","剖"當即"剟"之異體字。

370. 刢

《玉篇·刀部》:"刢,而利切。削也。"(82下右)

按:此字《説文》《名義》皆未收,《廣韻》《集韻》亦不録,《玉篇》收之,當即陳彭年等據俗書所增。《字彙·刀部》:"刢,而志切,音二。削也。"(52下)《正字通·刀部》:"刢,訛字。"(89上)《正字通》直斥"刢"爲訛字,疑不確。今案:"刢"疑即"刵"字之俗。《説文·刀部》:"刵,斷耳也。从刀,从耳。"(87上)苗夔聲訂:"當補'耳亦聲'。""刵",《廣韻》音"仍吏切"。"刢"與"刵"音同義近,"刢"當即"刵"通過改換聲符而形成的異體字。

371. 刊

《玉篇·刀部》:"刊,七見切。切也。"(82下右)

按:此字《説文》《名義》皆未收,《廣韻》《集韻》亦不録,《玉篇》收之,當即陳彭年等據俗書所增。《字彙·刀部》:"刊,倉甸切,音茜。切也。俗爲雕刊字,誤。"(53下)《玉篇校釋》"刊"字下注:"《韻會》於'刊'字下引毛氏

①裴錫圭曰:"由於偏旁變形,在左的'肉'旁、一部分在下的'肉'旁、'朕''服'等字的'舟'旁和'青'字的'丹'旁,都跟'月'旁混了起來。"(見《文字學概要》第 84 頁)

云：'刊从干戈字，作刊非。刊从千，與刊異。'去聲不收刊，刊爲方俗字，今江蘇俗謂削去果皮曰刊。"（3284）今案："刊"當爲"刊"字俗訛。《説文·刀部》："刊，剟也。从刀，干聲。"（86上）《廣雅·釋詁上》："刊，削也。"《玉篇·刀部》："刊，口干切。削也；定也；除也。"（82上右）"刊"與"刊"形近義同，"刊"當即"刊"字俗訛。江蘇俗謂削去果皮曰"刊"，此"刊"亦當爲"刊"字方言俗讀，非謂削去果皮獨作"刊"。《正字通·刀部》："刊，舊注：音茜。切也。俗謂雕刊字誤。按：'刊'即'刊'之訛文。俗'刊'作'刊'誤，不知'刊'訓'切'亦誤也，六書有'刊'無'刊'。"（89下）《正字通》所言是也。《龍龕》卷一《刀部》："刊，口乾反。～定[也]；除[也]；削也。"（96）"刊"即"刊"字之俗，"刊"與刊形近，此即爲"刊"當爲"刊"字俗訛之又一佐證材料。故"刊"疑即"刊"字俗訛。

372.劙劦

《玉篇·刀部》："劙，力計切。割也。"（82下右）

按：《集韻》去聲祭韻力制切："劙，割也。"（514）又《集韻》入聲錫韻狼狄切："劙劦，割也。或省。"（752）朝鮮本《龍龕》卷二《刀部》："劙，力計切。割也。剺劙，二同。"（30）今案："劙""劙""劦"並即"劙"字之俗。《名義·刀部》："劙，力石反。劙。"（171上）《玉篇·刀部》："劙，郎石切。劙開也。"（82上左）敦煌本《王韻》入聲錫韻閭激反："劙，劙。"（430）故宫本《王韻》同。"劙""劙""劦"與"劙"音近義同，並即"劙"之異體字。

373.劅

《玉篇·刃部》："劅，徒木切。"（82下左）

按：此字亦有音無義。《玉篇校釋》"劅"字下注："義闕，元刊本云'刀傷也'，誤涉剅、劦義，字原列'剅'下'劦'上，亦非也。《集韻》云'刀劍室'，是也。'劅'與'韇''韣''韣'並同。"（3291）胡氏所言是也。《篇海》卷十五《刃部》引《篇海》："劅，徒木切，刀傷也。"（835上）《新修玉篇》卷十七《刃部》引《玉篇》："劅，徒木切。刀劍室。"（151下右）《篇海》與《新修玉篇》義訓不同，《新修玉篇》所言是也。《篇海》"劅"訓爲"刀傷也"，應如胡氏所説因涉

"刐""刕"義訓而誤也。元刊本《玉篇》亦訓爲"刀傷也",亦因沿襲《篇海》而誤也。"劗"與"𦙶""鞼""皾"音義並同,並爲異體字。《大字典》《字海》"劗"字承襲元刊本《玉篇》之誤而收録"刀傷"這一義項,疑並非是。

374. 鍥

《玉篇·金部》:"鍥,古節切。鎌也。又口結切。鍥,同上。"(83 上左)

按:《廣韻》入聲屑韻古屑切:"鍥,鎌別名也。鍥,同上。"(399)《直音篇》卷五《金部》:"鍥,音結。鎌也;刈鈎也。鍥,同上。又挈、契二音。"(185)故"鍥"訓"鎌",與"鍥"音義並同,即爲異體字。又《詳校篇海》卷一《金部》:"鍥,古屑切,音結;又詰結切,音挈。鎌別名。亦作鍥、鐸。又去計切,音契。刻也。"(17 上)《篇海類編》同。"鍥"訓"刻也",亦當同"鍥"。《廣韻》入聲屑韻苦結切:"鍥,刻也。"(402)"鍥"與"鍥"音近義同,當爲異體字,二字本作"契"。《釋名·釋書契》:"契,刻也。刻識其書也。"《詩·大雅·緜》:"爰始爰謀,爰契我龜。"鄭玄箋:"契灼其龜而卜之。""契",《廣韻》音"苦計切"。故"鍥""鍥"訓"刻也",本作"契"。

375. 鍦

《玉篇·金部》:"鍦,竹劣、竹芮二切。針也。"(84 上右)

按:《玉篇校釋》"鍦"字下注:"'針也'者,《廣韻·祭韻》同,《切韻》云:'策端有鐵。'《淮南·道應篇》:'倒杖策鍦上貫頤。'許注:'策端有鐵以刺馬,謂之鍦。'……《説文》:'𫔶,羊箠耑有鐵。'又:'筣,羊車騶箠也。箸箴其端,長半分。''𫔶''筣'並與'鍦'同。"(3344)胡吉宣謂"筣"與"鍦"同,是;然謂"𫔶"與"鍦"同,非。"𫔶"字,《廣韻》音"脂利切"。"𫔶"與"鍦""筣"義同音别,本非一字,不可誤作認同。《名義·金部》:"鍦,知越反。筣字。"(175 下)此即其證也。故"鍦"與"筣"音義並同,即爲異體字。

376. 鐦

《玉篇·金部》:"鐦,古唤切。穿也。"(84 上右)

　　按:《玉篇校釋》"鑕"字下注:"'穿也'者,《切韻》:'鑕,臂環。'臂環,貫
穿於臂,故謂之鑕。下文釧亦爲臂環。鑕之言貫,釧之言川。《毋部》:'貫,
穿也。'部首'川':'貫穿也。'穿謂之貫,亦謂之川,故臂環謂之釧,亦謂之
鑕。"(3355)胡氏所言疑可商榷。《名義·金部》:"鑕,古換反。釧。"(177
上)《新撰字鏡·金部》:"鑕,古奐反。釧也。"(359)可見原本《玉篇》亦訓
"釧也",今本《玉篇》訓"穿",當爲"釧"之聲誤,而非如胡氏上文所言。因爲
"鑕"是名詞,"穿"爲動詞,故以"穿"訓"鑕"是不當的,且"鑕"訓"穿",於文
獻亦無徵,故"穿"當即"釧"之聲誤。《大字典》《字海》"鑕"字下皆據《玉篇》
之誤而收録"穿"這一義項,疑並非是。

377. 鋪

　　《玉篇·金部》:"鋪,布外切。鋒也。"(84 上右)
　　按:《玉篇校釋》"鋪"字下改注文爲"鋌也",並注曰:"'鋌也'者,'鋌'原
訛爲'鋒',今正。《廣雅·釋器》:'鋪,鋌也。'《廣韻》云:'柔鋌也。'本書重
出'鋪,柔鋌',因此處誤'鋌'爲'鋒'所致。今應於此云'柔鋌也',刪彼複出
之'鋪'。"(3349)胡氏所言是也。《名義·金部》:"鋪,補賴反。柔鋌。"(176
下)《新撰字鏡·金部》:"鋪,甫來反。柔鋌。"(359)以上二書皆其證也。
《大字典》"鋪"字下據《玉篇》之謬而收録"鋒"這一義訓,應刪。

378. 鋶

　　《玉篇·金部》:"鋶,莫庚切。銷也。"(84 上左)
　　按:《玉篇校釋》"鋶"字下注:"'銷也'者,當云:'鋶銷。'《切韻》云:'鑛
銷。'《集韻》:鑛,或省作鋶。本書𥓓,俗作宝。鋶銷即硭硝,猶鏮錫之爲磄
碟也。《石部》'硭'下引《埤倉》云:'硭硝,藥石也。'"(3366)胡氏所言是也。
《新修玉篇》卷十八《金部》引《玉篇》:"鋶,莫庚切。鋶銷。"(156 下右)此是
其證也。又《篇海》卷二《金部》引《玉篇》:"鋶,莫庚切。鋶削。"(577 下)
《篇海》"鋶"訓爲"鋶削","削"字當即"銷"之聲誤。《篇海類編》"鋶"字亦訓
爲"鋶削",此當爲《篇海》所誤。《大字典》"鋶"字下又據《篇海類編》之誤妄
增"削"這一義項,非是。故"鋶"當訓"鋶銷","鋶銷"同"硭硝",即指一種

藥石。

379. 錀

《玉篇·金部》：“錀，力屯切。金。”(84 上左)

按：《字彙·金部》：“錀，龍春切，音倫。金也。”(506 下)《正字通·金部》：“錀，訛字。舊注：音倫，金也。誤。”(1202 上)《正字通》所言當是。今案：“錀”疑即“鎗”字俗訛。佛經有其用例，提供如下：《大正藏》本宋集成等編《宏智禪師廣録》卷第四《明州天童山覺和尚上堂語録》：“上堂云：‘深明無底，靈異無根。案山行盡不見有家，識浪瀝乾不見有已。石女擘開金鎖錀。木人撥動玉輪機。方信道從佛口生，法化生得佛法分。諸人還曾恁麽，履踐得相應麽。’良久云：‘和竿一擲隨鉤上，水面茫茫散月明。’”“金鎖錀”即“金鎖鎗”，“錀”當即“鎗”字俗訛。此是其證也。韓小荆《〈可洪音義〉研究》(803)“錀”俗作“鎗”。《可洪音義》卷一九《阿毗達摩大毗婆娑論》第一百一十四卷：“錀，音藥。正作鎗也。”(60，頁 118b10)此亦其證也。故“錀”當即“鎗”字俗訛。“錀”，《玉篇》音“力屯切”，當因見其從“侖”而妄改，此當即望形生音也；《玉篇》訓“金”，當爲見其從“金”而妄補，此當即望形生訓也，故《玉篇》“錀”字音義疑皆不可據。

380. 鎐

《玉篇·金部》：“鎐，吐刀切。”(84 下右)

按：《直音篇》卷五《金部》：“鎐，音叨。函也。”(185 下)《詳校篇海》卷一《金部》：“鎐，他刀切，音滔。函也。”(16 上)《字彙·刀部》：“鎐，他刀切，音滔。函也。”(508 下)《玉篇·韋部》：“韜，他刀切。劍衣也。”(123 下左)《廣雅·釋器》：“韜，弓藏也。”“鎐”字，《直音篇》以前字書皆義闕，《直音篇》增補“函也”之訓，如果《直音篇》所補義訓可信的話，“鎐”與“韜”音義並同，“鎐”當即“韜”之異體字。《正字通·金部》：“鎐，他刀切，音滔。函也。通作韜。”(1209 上)《正字通》所言是也。又佛經中有此字用例，提供如下：《大正藏》本宋正覺頌古、元行秀評唱《萬松老人評唱天童覺和尚頌古從容庵》録六第八十四則《俱胝一指》：“莊子任公子爲大鉤巨緇，五十犗以爲餌，蹲乎會稽，投竿東海，旦旦而釣，期年不得魚。已而大魚食之，牽巨鉤鎐没而下，驚揚而奮鬐，白波若山，海水震蕩，聲侔鬼神，燀赫千里。任公子得若魚，離而腊之，自制浙河以東，蒼梧以北，莫不厭若魚者。所謂釣竿斫盡重栽竹，不計功程得便休。"從文意來看，"鎐没"當同"滔没"，此"鎐"當即"滔"字之俗。

381. 鐵

《玉篇・金部》："鐵，息讚切。弩。"（84下右）

按：《玉篇校釋》"鐵"字下注"'弩'者，下有奪文。《切韻》：'鐵，弩緩。'一作：'弩牙鐵緩。'《廣韻》《集韻》並云：'弩牙緩也。'是鐵者謂弛緩散漫也"（3375）。胡氏所言是也。《名義・金部》："鐵，先旦反。弩牙緩。"（176上）是原本《玉篇》亦訓"弩牙緩也"。《新撰字鏡・金部》："鐵，先旦反。弩緩。"（359）以上諸書皆其證也。《大字典》"鐵"字下據《玉篇》之謬而收録"弩"這一義項，應删。

382. 錗

《玉篇・金部》："錗，竹瑞切。"（84下右）

按：元刊本《玉篇・金部》："錗，器名。"元刊本《玉篇》補訓爲"器名"，於諸字書、韻書皆無徵，其説不足取。《説文・金部》："錗，側意也。从金，委聲。"（299上）段玉裁注："《司部》曰：'詞者，意内而言外也。'側意猶側詞，錗即今之歪字。唐人曰夭邪。"（715上）故《説文》訓"錗"爲"側意"，即表示歪側的意味。《名義・金部》："錗，竹恚反。側意。"（175下）可見原本《玉篇》亦引《説文》訓爲"側意"，今本《玉篇》妄删耳。《新撰字鏡・金部》："錗，竹恚反。側意也；縣也。"（360）此亦其證也。《集韻》去聲寘韻竹恚切："錘，權也。一曰側意。"（469）敦煌本《王韻》去聲寘韻［馳僞反］："錘，秤錘。又直爲反。"（402）故宫本《王韻》、故宫本《裴韻》同。《廣韻》去聲寘韻馳僞切作："錘，秤錘。或作鎚。又直危切。"（241）"錘"字，《切韻》《廣韻》皆未見有"竹恚切"、"側意"這一音義。"錗"與"錘"音義俱别，二字不可混同。《集韻》此"錘"字當爲"錗"字之訛，"錗"誤作"錘"後，進而又誤植"錘"字之訓於此,故致此誤。《五音集韻》謂"鋑"同"錘",此當爲《集韻》所誤也。《大字典》《字海》"鋑"下皆據元刊本《玉篇》之謬而收録"器名"這一義項,《大字典》又據《五音集韻》之説而謂"鋑"一説同"錘",俱非。

383. 錞

《玉篇·金部》:"錞,徒弔切。燒器也。"(84下左)

按:《玉篇校釋》"錞"字下注:"'燒器也'者,《切韻》:'銚,燒器。徒弔反。'……本書:'銚,温器也。'慧琳引《考聲》:'銚,燒器也。''銚'與'錞'同。"(3381)胡氏謂"銚"與"錞"同,是也。《詳校篇海》卷一《金部》:"錞,徒弔切,音調。同銚。燒器也。"(14下)《字彙·金部》:"錞,同銚。"(506下)《正字通·金部》:"錞,俗銚字。"(1202上)以上諸書皆其證也。故"錞"訓"燒器",當即"銚"之異體字。

384. 鑭

《玉篇·金部》:"鑭,力旦切。金光兒。"(84下左)

按:《字彙·金部》:"鑭,郎患切,音爛。金光貌。"(512上)《正字通·金部》:"鑭,俗字。舊注:音爛。金光貌。泥。凡金玉光采通作爛,別作鑭、瓓,並俗增。"(1218下)《玉篇校釋》"鑭"字下注:"鑭之言爛然也,金光燦爛也。"(3381)以上諸説皆是也。《大正藏》本宋法賢譯《實授菩薩菩提行經》:"其色如真金,晃耀而璨鑭。清净若玻瓈,又如秋滿月。""璨鑭",宋、元、明本皆作"燦爛",宮本作"璨爛"。此即其證也。故"鑭"義當指"光彩鮮明之兒",非因從"金"即訓"金光兒","鑭"與"爛"音義並同,"鑭"當即"爛"通過改換義符而形成的異體字。

385. 敊

《玉篇·支部》:"敊,知今切。擣石也。"(85下右)

按:《玉篇校釋》"敊"字下注:"'擣石也'者,字出《字書》。慧琳八十·十一、八九·二:'碪,《倉頡篇》作椹,《字書》从支作敊,礩也。《考聲》:擣衣石也。'本書《木部》：'椹，鈇椹，斫木質也。或作碪。'《石部》：'碪，擣石。'"
(3421)《名義·支部》："椹，知今反。質也。椹字。"(179 下)《新撰字鏡·
支部》："椹，知今反，平。椹字。磧也。"(614)《玉篇·石部》："碪，知林切。
擣石。砧，同上。"(105 下左)故"椹"與"椹""碪""砧"諸字音義並同，並爲
異體字。

386. 敠

《玉篇·支部》："敠，苦工切。"(85 下右)

按：《玉篇·殳部》又曰："毀，音終。"(81 下左)《正字通·支部》："敠，
同毀。"(442 上)《正字通》謂"敠"同"毀"是也，然非探本之論。"敠""毀"二
字，《説文》《名義》皆未收，《玉篇》分別收於《支部》《殳部》之末，且皆義闕，
當並爲俗字。《玉篇校釋》"敠"字下注："義闕，刊本云'控也'，非。《集韻·
東韻》：'敠，擊也。或作毀。'本書《殳部》'毀'字亦闕義。又：'殼，擊聲。'
《説文》《廣雅》皆作'殼'，《切韻》從支作'敠'，並同。"(3427)《玉篇校釋》
"毀"字下又注："元刊本云'盡殺也'，以終盡爲説，非也。《集韻》爲'敠'之
或體，擊也。本書《支部》'敠'字亦闕義，本部：'殼，擊聲。'《切韻》從支作
'敠'，'敠''毀'並與'殼'同。"(3246)胡氏所言當是。《説文·殳部》："殼，
擊空聲也。從殳，宮聲。"(66 下)《廣韻》平聲冬韻徒冬切："殼，擊空聲。"
(9)"敠""殼"音義並同，從支、從殳義通，俗書常可換用，故"敠"當即"殼"通
過改换義符而形成的異體字。"敠""毀"又當即"敠""殼"通過改换聲符而
形成的異體字。《大字典》《字海》"敠"字皆引《集韻》訓"擊也"，《集韻》訓
"敠"爲"擊也"，疑爲望形生訓，不足據。又《大字典》《字海》"毀"字下皆有
兩個義項，第一義項又分爲兩個小義項：1. 謂同"敠"；2. 引《正字通》訓
"控"。"毀"同"敠"，是也；然訓"毀"爲控，於前代字書無徵，當爲張自烈所
妄補也。第二義項引《玉篇》訓"盡殺也"，此亦爲元刊本《玉篇》所誤也。
"毀"當即"殼"改换聲符而形成的異體字。

387. 跂

《玉篇·支部》："跂，巨宜切。杈也。"(85 下右)

　　按：《新修玉篇》卷十八《支部》引《玉篇》：“攲，巨宜切。木別生也。”
（158 下右）《篇海》卷六《支部》引《玉篇》：“攲，巨宜切。权也。”（667 下）《玉
篇校釋》“攲”字下注：“‘攲’僞字當刪除，字本從支。《市部》：‘攱，巨宜切。
木別生。’《支部》：‘攲，橫首兒。’《廣韻》以‘攲’爲‘攱’之重文，《集韻》引《字
林》：‘攲，橫首枝也。一曰木別生。或作枝。’又收去聲叐韻：‘攲，物褁舛
也。博蓋切。’則爲從市諧聲，要之字皆从‘支’。支古枝字，故爲木別生條，
爲橫首枝。”（3426）胡吉宣謂“攱”本從“支”，所言當是。《字彙·支部》：
“攲，渠羈切，音奇。木別生也。又博蓋切，音貝。物褁舛也。”（188 上）《正
字通·支部》：“攲，舊注：音奇，木別生；又音貝，物褁舛。並非。《佩觿集》
‘攲’訓木別生，今訛爲攲，尤非。”（436 上）《正字通》所言是也。故宮本《王
韻》平聲支韻渠羈反：“攲，木別生。”（439）故宮本《裴韻》平聲支韻渠羈反：
“攲，木別生。”（545）《廣韻》平聲支韻渠羈切：“攲，木別生也。”（17）《集韻》
去聲叐韻博蓋切：“攲，物褁舛也。”（519）宋刻《集韻》、揚州使院重刻本《集
韻》亦皆作“攲”，《大字典》引《集韻》作“攱”，“攱”即“攲”字轉錄之誤。“攲”
“攱”音同，“权也”“木別生也”訓異義同，又“支”旁、“攴”旁俗寫常可訛混，
“攲”“攱”當爲一字之變。《說文·木部》：“枝，木別生條也。從木，支聲。”
（114 上）“枝”，《廣韻》音“章移切”，《集韻》又音“渠羈切”，“木別生條也”與
“权也”“木別生也”亦訓異義同，故“攲”“攱”與“枝”音義並同，又“木”字《三
體石經·皋陶謨》作“米”，《說文》小篆作“米”，“攲”“攱”左旁所從之“市”疑
即“木”字古文楷定之俗，“攲”“攱”當並爲“枝”字之俗。《集韻》“攲”字改音
“博蓋切”，當爲不識其爲“枝”字之俗而見其從“市”所妄改。

388. 敯

　　《玉篇·支部》：“敯，路回切。摧也。”（85 下右）

　　按：《字彙·支部》：“敯，路回切，音雷。摧也。”（191 下）《正字通·支
部》：“敯，俗勵字。”（445 上）《說文·力部》：“勵，推也。从力，畾聲。”（294
上）《集韻》去聲隊韻盧對切：“勵敯，《說文》：‘推也。’或从攴。”（530）“勵”
字，《廣韻》音“盧對切”，又音“倫追切”。《廣雅·釋詁三》：“摧，推也。”“敯”
與“勵”“敯”音義並同，“敯”“敯”當並即“勵”字之俗。

389. 敧

《玉篇·支部》：“敧，口陷切。貧也。”(85 下右)

按：《玉篇校釋》“敧”字下注亦曰：“‘敧’即‘歉’之僞字，應删。”(3425)胡氏所言是也。《正字通·支部》：“敧，歉字之訛。《篇海》音欠，貧也。誤作敧。舊注口陷切，音嵌，訓貪，改貧爲貪，並非。”(443)《正字通》所說“舊注”是指《字彙》。《字彙·支部》：“敧，口陷切，音嵌。物相值合也；又貪也。”(190)《字彙》訓“敧”爲“貪也”，“貪”即“貧”字之訛。《正字通》所言印證了胡氏之說。《名義·支部》：“敧，口陷反。覓也；不滿也；貧也；食不滿也。”(180 上)“敧”字已見於《名義》，可見此誤由來已久。《說文·欠部》：“歉，歉食不滿。从欠，兼聲。”(180)“歉”本義爲“餓；吃不飽”，引申爲“貧”。《廣雅·釋詁》：“歉，貧也。”(351)“歉”《廣韻》音“口陷切”。故“敧”與“歉”音義並同，“敧”當即“歉”字之訛。《龍龕·文部》：“敧，俗，口忝、口減二反，正作歉。”(120)《龍龕》已溝通“敧(敧)”與“歉”的關係，此即其確證也。《大字典》《字海》俱收“敧”字，皆有“貧也”這一義項，此義之“敧”即“歉”字之訛，《大字典》《字海》皆應加以溝通。

390. 敕

《玉篇·支部》：“敕，力見切。”(85 下左)

按：“敕”字，《大字典》《字海》録作“敕”，“敕”“敕”即同字異寫。《玉篇校釋》“敕”字下注：“義闕，元刊云‘較也’，不碻。《廣韻》去聲卌二霰郎甸切：‘搥打物也。’《唐韻》：‘漱，漱熟。’應‘敕’即‘漱’之省作。”(3432)胡氏所言是也。《正字通·支部》：“敕，舊注：音練。搥打物也，又較也。按：舊本《水部》有漱，《說文》漱載《支部》：‘辟漱鐵也。’篆作 𣃁，敕即漱省。訓較，非。”(443 上)《正字通》所言印證了胡氏的考釋成果。《說文·支部》：“漱，辟漱鐵也从支、从湅。”(68 上)“漱”，《廣韻》音“郎甸切”。“敕(敕)”“漱”音義並同，故“敕(敕)”當即“漱”字之俗。

391. 攺

《玉篇·支部》:"攺,吉安切。進也。"(85 下左)

按:《集韻》平聲寒韻居寒切:"扢,求也;得也。"(143)"扢"字,《大字典》《字海》轉録作"攺","攺""扢"即同字異寫。"扢(攺)"當即"迀"之異體字。《説文·辵部》:"迀,進也。从辵,干聲。讀若干。"(36 上)"迀"本義指"進",引申義爲"求取"。《篇海類編》卷十八《辵部》:"迀,古寒切,音干。進也;又乞也。"(271 上)"迀",《廣韻》音"居寒切"。"扢(攺)"與"迀"音義並同,"扢(攺)"當即"迀"之異體字。

392. 轐

《玉篇·車部》:"轐,無願切。車也。"(86 上左)

按:《説文·車部》:"轐,衣車蓋也。从車,曼聲。"(302 下)《名義·車部》:"轐,無遠反。衣車蓋。"(181 下)可見原本《玉篇》"轐"字亦以《説文》爲訓,今本《玉篇》訓"車也",當爲"衣車蓋也"字脱誤。又《集韻》去聲願韻無販切:"轐,戰車。一曰衣車蓋也。"(549)《集韻》訓"轐"爲"戰車",亦非。敦煌本《王韻》去聲願韻無販反:"轐,戰車以遮矢。"(411)故宮本《王韻》、《廣韻》並同。故《集韻》訓"轐"爲"戰車",當爲"戰車以遮矢"之脱誤。《大字典》"轐"字下分别據《玉篇》《集韻》之誤而收録"車;戰車"這一義項,《字海》"轐"字據《集韻》之誤而收録"戰車"這一義項,並非。

393. 衕

《玉篇·車部》:"衕,古縣切。車摇也。"(86 下右)

按:《説文·車部》:"衕,車摇也。从車,从行。一曰衍省聲。"(304 上)段玉裁注:"未聞。以篆之次第詳之,此篆當亦謂車上一物,而今失傳,'車摇'當是譌字。"(727 上)段氏所言當是。《玉篇校釋》"衕"字下注:"'車摇也'者,《説文》文,云:'从車,从行。一曰衍省聲。'小徐本作'衒省聲'。《切韻》:'衕,車檻。'本書《行部》重出'衕',亦云'車檻',爲宋人妄改。'車檻'

蓋即'車襜',別有專字作'轖'。《集韻》:'襜,車襜,山東謂之常(裳)幨,一曰潼(飾)容。'本書《巾部》:'帴,車幌也。或作袿。''幨,帷也。亦作襜、袿。'《衣部》:'襜,蔽膝也。又襜襜,搖動兒。'重文作袿。慧琳九八·七:'鄭注《儀禮》云:袿,車裳帷也(《士昏禮·有袿》)《聲類》作轖。是本書應有轖字,今本漏敚。'衕之言涓涓然縣垂也,車行則帷動,故字从車、从行而爲車搖。"(3483~3484)胡氏所言不確。《名義·車部》:"衕,古懸反。車襜。"(182)敦煌本《王韻》去聲霰韻古縣反:"衕,車襜。"(413)故宮本《王韻》同。可見,原本《玉篇》"衕"字亦訓"車襜",其所見《説文》"衕"字亦當訓"車襜"。今傳世本《説文》"衕"字訓"車搖也","車搖"當爲"車襜"之誤。《玉篇·行部》:"衕,古縣切。車襜。"(48上右)"衕"字,今本《玉篇》前後重出,然於《行部》訓"車襜",是也;其於《車部》訓"車搖也",此當爲誤本《説文》所誤也。《廣韻》去聲霰韻古縣切:"衕,車搖。"(313)"衕"字,《廣韻》訓"車搖",此亦爲誤本《説文》所誤也。《大字典》《字海》"衕"字皆承襲誤本《説文》義訓之誤而未作校正,俱失考證。

394. 轒

　　《玉篇·車部》:"轒,子丸切。直轅也。"(86下右)

　　按:《玉篇校釋》"轒"字下改注文"直轅也"为"曲轅也",並注曰:"'曲轅也'者,原作'直轅也',經刪之誤。《切韻》:'轒,曲轅。亦作轒、鑯。'《説文》:'鑯,車衡三束也。曲轅轒縛,直轅暈縛。'或體作'轒'。本書原本於此當爲:'《字書》或轒字也。轒,車衡三束也。曲轅轒縛,直轅暈縛。在《革部》。'云云。删節者妄截取句中'直轅'二字。"(3481)胡氏所言不確。《名義·車部》:"轒,子丸反。轒[字]。"(182上)《新撰字鏡·車部》:"轒,子丸反。轒字。[車]衡三束。[曲轅轒縛,直轅]暈[縛]。"(272)故"直轅也"、"曲轅也"之訓皆爲誤截注文所致的訓釋失誤。《大字典》《字海》"轒"字下沿誤而收錄"車轅"這一義項,應删。

395. 軗

　　《玉篇·車部》:"軗,皮祕、扶福二切。軷也。"(86下左)

按：《玉篇校釋》"軾"字下注："'軾也'者，《廣雅·釋器》：'軾謂之軾。'
《切韻》：'軾，車軾。亦作軾、紱、鞴、軾。'……本書《系部》：'紱，《説文》：車
紱也。《倉頡篇》：茵紱也。或爲軾字，或爲軾字，或爲軾字。'《韋部》：'軾，
車軾也。'《革部》：'軾，車軾也。'重文作鞴。與此並異部重文。軾之言式，
軾之言伏，名異而實同也。"（3500）胡氏所言是也。《新撰字鏡·車部》：
"軾，夫福反。軾也。軾軾皆同。"（272）此亦其證也。故"軾"與"軾""軾"
"紱""鞴"諸字音義並同，並爲異體字。

396. 輣

《玉篇·車部》："輣，步盲切。車也。"（86 下左）

按：《玉篇》"輣"訓爲"車也"，非是。《名義·車部》："輣，菩庚反。彭
字。"（183 下）《新撰字鏡·車部》："輣，甫庚反。車音也；鼓（聲）也。"（272）
敦煌本《王韻》平聲庚韻薄庚反："輣，車音。"（376）故宮本《王韻》、故宮本
《裴韻》同。故《玉篇》"車也"之訓，當爲"車音也"之誤脱也。又《廣韻》平聲
庚韻薄庚切："輧，兵車，又樓車也。輣，同輧。"（121）余迺永《校注》云："按
《龍校》：'《全王》《王一》《王二》輣下並云：車音。《集韻》輣下云：車聲。別
出輧字云：《説文》兵車也。案輣即《詩》出車彭彭、以車彭彭之後起字，故
《集韻》字又作輣，本書誤。'可從。"（668）龍氏所言是也。《正字通·車部》：
"輣，俗字。古經傳皆借彭，或作旁，俗作輧、輣。"（1138 下）又下文"輧"字
注："輧，俗字。舊注：音彭。車聲。泥。《詩》作彭，俗作輧、輣。"（1140 下）
此即印證了其説。故"輣""輧"本爲二字，"輣"字《切韻》皆收庚韻，"輧"字
《切韻》皆收耕韻，二字區別甚明，《廣韻》誤合爲一。故"輣"字本作"彭"，應
訓"車音（聲）也"。《大字典》《字海》"輣"字第一、二義項皆沿謬而誤設，
應刪。

397. 輪

《玉篇·車部》："輪，步本、布体二切。車也。"（87 上右）

按：《玉篇校釋》"輪"字下校"体"爲"本"，並注曰："'布本'之'本'原訛
'体'，依元刊正。'車也'當爲'車輪'或'車弓也'。'輪'即'夽'之或體。

《集韻・混韻》:'軬,車篷也。或作輨。'"(3521)胡氏所言近似。《新修玉篇》卷十八《車部》引《玉篇》:"輨,步本、布体(本)二切。車篷也。"(162上左)此亦其證也。故《玉篇》"車也"之訓,當爲"車輪也"或"車篷也"之誤脱。《大字典》"輨"字下承襲《玉篇》之謬而收録"車"這一義項,非是。

398. 軵

《玉篇・車部》:"軵,而勇切。"(87上右)

按:此字有音無義。《玉篇校釋》"軵"字下注:"元刊云'多也',以宂爲説,非也。《集韻》以爲'軵'之或體。"(3521)《新修玉篇》卷十八《車部》引《玉篇》:"軵,而勇切。推車也。"(161上右)《篇海》同。以上二書亦其證也。《大字典》《字海》"軵"字下據元刊本《玉篇》之誤而收録"多"這一義項,疑應删。

399. 輜

《玉篇・車部》:"輜,力九切。"(87上右)

按:《玉篇校釋》"輜"字下注:"元刊云'車駐也',以留爲説,非是。《集韻》:'蔞,喪車飾也。或作輀、輜。通作柳。'"(3521)胡氏所言是也。《新修玉篇》卷十八《車部》引《玉篇》:"輜,力九切。載柩車。"(162下右)《篇海》卷十一《車部》引《玉篇》:"輜,力九切。車駐也。"(743下)《新修玉篇》與《篇海》訓義不同,《新修玉篇》所言是也。《篇海》訓"輜"爲"車駐也",此爲望形生義也。元刊本《玉篇》亦訓爲"車駐也",此爲《篇海》所誤也。《大字典》《字海》"輜"字下皆沿謬而收録"車停止"這一義項,並非。

400. 肜

《玉篇・舟部》:"肜,余弓切。《爾雅》云:'祭也。'又丑林切,舟行也。"(87上左)

按:《廣韻》平聲東韻以戎切:"肜,祭名。又敕林切。"(4)段玉裁於"肜"字下注:"夏曰復胙,商曰肜,周曰繹,即此字,取舟行延長之意也。其音以戎切。”羅振玉《增訂殷虚書契考釋》：“《書》‘肜日’之‘肜’，不見許書，段先生謂即肜字。《公羊·宣八年傳》注，肜者肜肜不絕，是肜肜義爲不絕。”余迺永《校注》“肜”字下注：“《切二》同，《王二》字作‘’，《全王》字作‘肜’，並云：‘祭名。又敕林反。’而《王二》侵韻丑林反處有‘肜’字，訓‘行舟’，其前另有‘肜’字，訓‘祭名又餘終反’，正與本切之‘又丑林反’互注。惟《廣韻》侵韻丑林切但有‘肜’字，訓‘船行’，《切三》及《全王》同，《王一》訓‘行舟’。各本丑林反處皆不另出‘肜’字。按肜由肜字衍生。《玉篇》：‘余弓切，《爾雅》云：祭也。又丑林切，舟行也。’肜字本作彡，然非‘毛飾’之彡字，乃甲文彡、彡、彡解綿續義之祭名，即《尚書·高宗肜日》篇所云之祭祀。孫炎注：‘肜日，相尋不絕之意也。’因祭名故加肉旁爲繁文，致《王二》誤作‘’者。《説文》有肜無肜，而肜解‘船行’。段注：‘夏曰復胙，商曰肜，周曰繹，即此字，取舟行延長之意也。其音以戎切。’肜義由肜義衍生，段氏但見於《説文》有‘肜’無‘肜’，遂倒果爲因耳。”（558～559）今案：以上諸説皆可商榷。原本《玉篇·舟部》：“肜，餘終反。《爾雅》：‘肜，又祭也。’商曰肜。郭璞曰：‘《書》曰高宗肜日是也。’《白虎通》：‘昨日祭之，恐禮有不備，故復祭也。’肜猶言肜肜若從天下也。《説文》：船行也。從彡聲也。丹赤之肜音徒冬反，爲肜字，在《丹部》。”（415）《玉篇校釋》“肜”字下注：“案《説文》失收祭名之肜。隸書舟旁作月，又佚船行之肜。《切韻》雖分別字形而反語相溷。如東韻作肜，云：‘祭名。又音敕林反。’收侵韻云：‘祭名。’別出肜字，行舟。《廣韻》侵韻雖不復收肜，而東韻肜下猶存敕林之音，皆因隸書形近而誤合也。今案祭名之肜，當作肜，从肉，與祭胙朓臘等从肉同意。肉爲祭品也，彡示肜肜不絕意，與彭之从彡示鼓聲彭彭不絕例同……故此共有三文：一爲祭名，从肉彡聲，當隸《肉部》；一爲船行，从舟，彡象水文，洀當爲其或體；又一爲丹飾之肜。肜、肜、肜形近而音義迥别。”（3532～3533）胡吉宣謂“洀”當爲“肜”之或體，疑亦可商榷。《玉篇·水部》：“洀，之游切。水文也。”（91下左）“洀”與“肜”音義俱别，並非一字；然謂“肜”“肜”“肜”三字别，是也。“肜”讀chēn，訓“船行貌”，即“肜”字之訛。《尚書》之“肜”與“肜”亦非一字，段玉裁謂“肜”即“肜”字，非也。羅振玉認同其説，亦失考證。故《大字典》“肜”字下所引羅振玉之説，應删。

401. 艀

《玉篇·舟部》:"艀,父尤切。小艒也。亦作桴。"(87下右)

按:《玉篇校釋》"艀"字下注:"本書《木部》'桴'下引《論語》馬注:'編竹木大者曰筏,小者曰桴。'《水部》:'泭,編木以渡也。'《釋言》:'舫,泭也。'郭注:'小筏曰泭。'"(3538)《正字通·舟部》:"艀,與泭、桴並通。"(900上左)《文選·潘岳〈西征賦〉》:"傷桴檝之褊小,撮舟中而掬指。"李周翰注:"艀,舟也。"《説文·水部》:"泭,編木以渡也。从水,付聲。"(233上)故"艀"與"桴""泭"音義並同,並爲異體字。

402. 艅

《玉篇·舟部》:"艅,五姑切。船名。"(87下右)

按:《玉篇校釋》"艅"字下注:"《廣韻》上平十一模五乎切:'船名。'《集韻》同,應即吳舟二字之合文。"(3546)胡吉宣謂"艅"即"吳舟"二字之合文,可備一説。《左傳·定公四年》:"史皇謂子常:'楚人惡子而好司馬,若司馬毀吳舟於淮,塞城口而入,是獨克吳也。子必速戰,不然不免。'"(2136上)故"艅"有可能即"吳舟"二字之合文。今又疑"艅"或爲"吳"之增旁俗字也。《資治通鑒》卷二百十三:"今若使司農租米,悉輸東都,自都轉漕,稍實關中,苟關中有數年之儲,則不憂水旱矣。且吳人不習河漕,所在停留,日月既久,遂生隱盗。臣請於河口置倉,使吳船至彼即輸米而去,官自雇載分入河、洛。又於三門東西各置一倉,至者貯納,水險則止,水通則下,或開山路,車運而過,則無復留滯,省費鉅萬矣。"又《資治通鑒》卷二百七十:"錢傳瓘與彭彦章遇,傳瓘命每船皆載灰、豆及沙,乙巳,戰于狼山江。吳船乘風而進,傳瓘引舟避之,既過,自後隨之,吳回船與戰。傳瓘使順風揚灰,吳人不能開目,及船舷相接,傳瓘使散沙于己船而散豆于吳船,豆爲戰血所漬,吳人踐之皆僵仆。傳瓘因縱火焚吳船,吳兵大敗。"故疑"艅"或許本作"吳","艅"當即"吳"因涉"船"增加義符"舟"旁而形成的后起分化字。

403. 鱍

《玉篇·舟部》：“鱍，色列切。舟也。”(87 下右)

按：《玉篇校釋》“鱍”字下注：“‘舟也’者，當作‘舟行也’。《廣韻》：‘船行也。’《集韻》同。”(3551)胡氏所言當是。《龍龕》卷一《舟部》：“鱍，丑列反。舩行也。”(133)此亦其證也。《大字典》《字海》“鱍”字下據《玉篇》之誤而收錄“船名”這一義項，應删。

404. 艠

《玉篇·舟部》：“艠，音星。船也。”(87 下左)

按：此字《説文》《名義》皆未收，《切韻》《廣韻》亦不録，《玉篇》收之，當即陳彭年等據俗書所增。《集韻》平聲青韻桑經切：“艠，船名。”(242)《字彙·舟部》：“艠，先清切，音星。船名。”(391 上)《正字通·舟部》：“腹艠，並俗字。舟、船名異實同。舊注：腹，舟也；艠，船也，分二名無據，宜删。一説：艎訛作艠。”(900 下)《新修玉篇》卷十八《舟部》引《玉篇》：“腹，房六切。舟也。《韻》曰：服事，亦衣。服，同。”(163 下右)《篇海》卷十一《舟部》引《玉篇》：“腹，房六切。”(738 上)《玉篇·舟部》：“腹，房六切。舟。”(87 下右)《集韻》入聲屋韻房六切：“服，《説文》：‘用也。一曰車右騑，所以舟旋。从[舟]，𠬝[聲]。’一曰事也。古作𦨀，或作腹。”(640)故“腹”當即“服”之異體字。“腹”字，《玉篇》訓“舟也”，當爲不識其爲“服”之異體字，又見其從“舟”而妄補，此當即望形生訓，不足據。“腹”與“艠”義别，二字名實俱别，《正字通》謂“腹”“艠”二字名異實同，當因承訛襲謬而誤也。然《正字通》“一説”謂“艎”訛作“艠”，此説疑是也。《説文新附·舟部》：“艎，餘艎也。从舟，皇聲。”(174 上)《玉篇·舟部》：“餘，弋諸切。餘艎，船名。艎，音皇。吳舟。”(87 下右)“艠”與“艎”義同，又“星”、“皇”二字形近，俗寫或可訛混，正如韓小荆《〈可洪音義〉研究》“皇”俗作“𪉵”“惺(窒)”俗作“𥨵”、“醒”俗作“醓”等，故“艠”疑即“艎”字俗訛。“艠”字，《玉篇》音“星”，當爲陳彭年等不識其爲“艎”字俗訛，又見其從“星”所妄改也，此當即望形生音。《集韻》音“桑經切”，此當爲承襲《玉篇》之誤也。

405. 舨

《玉篇·舟部》："舨䑠,二同。音服。"(87 下左)

按：此二字今本《玉篇》訓義妄删。元刊本《玉篇·舟部》："舨,音伏。舟大也。䑠,同上。"元刊本《玉篇》訓爲"舟大也",於文獻無徵,非是。"舨""䑠"二字分别爲"䑜""服"二字俗寫。《名義·舟部》："䑠,扶福反。用也；行也；習也；任也。舨,古服。信服。"(184 下)原本《玉篇》(418)"服"字訓義亦略同。《新修玉篇》卷十八《舟部》引《玉篇》："舨,房六切。服侍；亦衣服；又行也；習也。古文服。"(163 上右)以上諸書皆其證也。《大字典》《字海》"舨"下字據元刊本《玉篇》之謬而收録"舟大"這一義項,應删。

406. 澐

《玉篇·水部》："澐,禹軍切。《説文》曰：'澐,江水大波謂之澐。'"(88 上右)

按：《説文·水部》："澐,江水大波謂之澐。从水,雲聲。"(230 上)段玉裁注："專謂江水也。玉裁昔署理四川南谿縣,致故碑,大江在縣,有揚澐灘。"(549 上)段氏之説不確。《玉篇校釋》"沄"字下注："'澐'下引《説文》曰：'江水大波謂之澐。''澐'與'沄'同,雲古文作云。"(3572)胡氏所言是也。《正字通·水部》："澐,于汾切,音云。《説文》：'江水大波謂之澐。'或曰：雲古作云,沄、澐音訓相近,當即一字,《説文》分爲二。"(612 下)《正字通》"或曰"之説當是。桂馥《義證》"澐"字下注："江水大波謂之澐者,通作沄。"(966 下)朱駿聲《定聲》"澐"字下亦云："按實與沄同字。"(790 下)張舜徽《説文解字約注》"沄"字下亦云："朱駿聲曰：'沄與澐同字。'舜徽按：'澐訓江水大波,大波之興,有似轉流,非二義也。許以轉流訓沄,謂旋轉而流,混混而下也。水轉流爲沄,猶雲轉起爲靁,艸旋轉爲蒅,皆受義於𩇦。𩇦乃雲之古文,象雲回轉形。"(2702)以上諸説皆其證也。故"澐""沄"即爲同部異文。《大字典》《字海》"澐"字皆轉訓爲"長江大波",遂致"澐""沄"二字分離,俱失當。

407. 瀷

《玉篇·水部》:"瀷,余力、昌力二切。水出河南密縣。"(89 上左)

按:《説文·水部》:"瀷,水。出河南密縣,東入潁。从水,翼聲。"(226
上)段玉裁於"瀷"字下注:"按此'瀷'字之異體,後人收入,如潰、汩之實一
字也。《淮南書》曰:'澤受瀷而無源。'許慎云:'瀷,湊漏之流也。'見《文選》
注。但造《説文》不收瀷字。"(532 上)段玉裁謂"瀷""瀷"一字,是也;然謂
"但造《説文》不收瀷字",疑可商榷。《玉篇校釋》"瀷"字下注:"徐鍇《韻
譜》:'瀷,水名。瀷同。'《六書故》:'瀷,《説文》作瀷。'蓋戴氏所見唐本《説
文》無'瀷'字,'瀷'出《開元文字音義》,後人據以竄入《説文》,本書廣益本
又依二徐誤本而增入者,擬移'瀷'爲'瀷'之重文。"(3647)胡吉宣所言當
是。張舜徽《説文解字約注》"瀷"字下亦云:"舜徽按:《六書故》云:'瀷,《説
文》作瀷。'證以《廣韻》七志瀷字下所云出《文字音義》,可知許書原本單座
瀷,不作瀷。瀷實瀷之或體,故《地理志》《水經》皆作瀷也。"(2647~2648)
又"瀷"字下云:"《淮南·本經》《覽冥》諸篇,字皆作瀷,知西漢時已行瀷字。
許書本但作瀷,自瀷以下皆入汝潁及淮之水,地望所同,故相比敍耳。"
(2660)張氏所言是其證也。故"瀷""瀷"即爲異體字,《説文》本當作"瀷"。

408. 泒

《玉篇·水部》:"泒,音孤。水出鴈門。"(89 下左)

按:《説文·水部》:"泒,水。起鴈門葰人戍夫山,東北入海。从水,瓜
聲。"(228 上)"泒",《廣韻》音"古胡切"。"泒"與"泒"音義並同,"泒"當即
"泒"字之俗。《大字典》《字海》"泒"字此義皆未與"泒"字認同,俱失當。

409. 濱

《玉篇·水部》:"濱,補辰切。涯也。"下字曰:"瀕,蒲民切。《説文》本
作顠。水厓也,人所賓附,頻蹙不前而止。亦同上。"(90 下右)

按:《玉篇校釋》注曰:"《切韻》:'濱,水際。或作瀕。'"(3754)《名義·

水部》：“濱，補民反。渥也。卑辰反。水涯也。瀕，同上。外也，屋也。”
（194 上）“渥也”當爲“涯也”之誤，而“外、屋也”當爲“水厓也”之誤。《新撰
字鏡·水部》：“瀕濱，二同。必隣反。水祭（際）。”（333）故“濱（濱）”與“瀕”
音義並同，即爲異體字。

410. 滹

《玉篇·水部》：“滹，許乎切。水進也。又音滸。”（90 下左）

按：《玉篇校釋》“滹”字下注：“‘水進’未詳，疑爲‘水涯’之誤，故直音
滸，謂同滸也。《切韻》：‘滸，水岸。’云：‘又作汻。’本書：‘汻，水涯也。’重文
作滸。《集韻》：‘汻，或作滹、滸。’”（3760）胡氏所言是也。《名義·水部》：
“淿（滹），香胡反。滸字。”（194 下）《爾雅·釋水》：“滸，水厓。”（103）此即
其證也。《大字典》“滹”字下據《玉篇》之謬而收録“水進”這一義項，應删。

411. 潷

《玉篇·水部》：“潷，許韋切。竭也。”（91 上右）

按：《名義·水部》：“潷，呼違反。竭［也］。”（195 下）《玉篇校釋》“潷”
字下注：“‘竭也’者，《廣韻》同。案：即《爾雅·釋詁》之‘揮，竭也’。”（3771）
胡氏所言是也。《爾雅·釋詁下》：“揮，竭也。”郭璞注：“揮，振去水。”（18）
《新撰字鏡·水部》：“潷，呼韋反。竭也。揮字也。”（344）《集韻》平聲微韻
吁韋切：“潷，振去水也。通作揮。”（60）此是其證也。故“潷”與“揮”音義並
同，“潷”即“揮”之異體字。

412. 遂

《玉篇·水部》：“遂，似類切。所以通水，廣二尺深二尺也。”（91 上右）

按：《名義·水部》：“遂，似季反。深廣二尸（尺）土（當衍）。”（196 上）
《玉篇校釋》“遂”字下注：“《切韻》：‘遂，田間小溝，深二尺。’《周禮·遂
人》：‘凡治野，夫間有遂。’鄭注：‘所以通水於川也，遂廣深各二尺。’《稻人》：‘以
遂均水。’鄭注：‘田首受水小溝也。’《考工·匠人》：‘廣二尺深二尺謂之

遂。'《釋文》作'隧'。本書《阜部》'隧'下云:'通水之隧爲遂字,在《水部》。'
是顧所據《周禮》本作'遂'。"(3777)胡氏所言是也。陸德明《釋文》:"隧,音
遂。本又作遂。"(308 上)《正字通·水部》:"遂,俗字。田間小溝本作遂。"
(615 上)以上二説皆印證了胡氏之説。故"遂"同"隧",二字本作"遂"。

413. 渶

《玉篇·水部》:"渶,音英。水出青丘山。"(91 上右)

按:《玉篇校釋》"渶"字下注:"'音英'者,《山海經·南山經》:'青丘之
山,英水出焉。南流注於即翼之澤。'《切韻》:'渶,水名,出青丘山。'"
(3780)《名義·水部》:"渶,掎京反。"(196 上)可見原本《玉篇》引《山海經》
當作"渶"。《玉篇》"渶"字音"英","英"兼用來説明字際關係,"渶"本作
"英","渶"即"英"因涉義增加義符而形成的後起分化字。

414. 潒

《玉篇·水部》:"潒,力盍切。水名。"(91 上右)

按:《玉篇》"潒"訓爲"水名",非。《名義·水部》:"潒,(潒)蕩渠。"(195
下)故"潒"當爲"渠名",而非爲"水名"。"潒"疑即"濫"字之俗。故宮本《王
韻》去聲宕韻郎宕反:"濫,濫蕩。"(505)蔣本《唐韻》去聲宕韻魯當反:"濫,
濫蕩,渠名。"下文他浪反又云:"蕩,濫蕩渠。"(674)《廣韻》去聲宕韻來宕
切:"濫,濫蕩,渠名,在譙。"(339)下文他浪切又云:"蕩,濫蕩渠。"(340)《大
字典》引《廣韻》作"潒",不知所據何本。今本《山海經》亦作"濫蕩渠",《字
海》引作"潒",亦即"濫"字之俗。故"潒"當即"濫"之偏旁易位俗字。

415. 潒

《玉篇·水部》:"潒,于暄切。水流皃。"(91 下右)

按:《玉篇校釋》"潒"字下注:"案與'湲'同,猶'猿''猨'一字也。
(473):'潺湲,流貌。'"(3793)胡氏所言是也。玄應《音義》卷十三:"潺湲,
士訕、士捲二反。潺湲,《字林》:'流皃也。'湲,于攫反。"(56,頁 1005b5)

"湲"與"湲"音義並同，"湲"當即"湲"通過改換聲符而形成的異體字。又《廣韻》平聲元韻雨元切："湲，《纂文》云：姓也。"(68)《正字通・水部》："湲，舊注：音袁。姓也。偏考《姓苑》有袁、爰無湲。"(602 上)《正字通》所言當是。今案：此"湲"當即"袁"字之俗。故宮本《王韻》平聲元韻韋元反："袁，人姓。"(450)《廣韻》平聲元韻雨元切："湲，姓，出陳郡汝南彭城三望，本自胡公之後。"(67)《通志・氏族略三》："袁氏，亦作轅，亦作爰。嬀姓，舜後，陳胡公之裔。"故"湲"訓"姓"，當即"袁"字之俗。

416. 濫

《玉篇・水部》："濫，力甘切。水清。又力敢切。蓝也。"(91 下右)

按：《玉篇校釋》"濫"字下注："‘水清’者，字本作‘濫’。《説文》：‘濫，一曰清也。’桂、王二氏並引郭泰《別傳》：‘奉高之器，譬諸氾濫，雖清而易挹。’錢坫謂‘清’爲‘漬’訛，引《國語》‘濫於泗淵’注‘濫，漬也’爲證。案説皆未允。濫訓爲清者，從監義引申，監本古鑑字，水清則可鑑，故又從水作濫而爲水清。若郭泰《別傳》仍爲氾濫義，訓漬則涉蓝義，並與清義無關。本書廣益本漏脱‘濫’字，今補部末。此濫以別於氾濫字而變從藍，藍爲青色，與訓清義亦關合。又爲‘蓝也’者，此爲後人所增，誤與《艸部》從艸、濫聲字相溷。《艸部》：‘蕽，瓜蓝也。’義本《説文》。《切韻》平去二韻皆云‘瓜蓝’，失之。此字自來字韻書多混淆不別。本書原本或有瓜蓝之濫爲蕽字在《艸部》云云。"(3798)胡吉宣謂"濫"訓"清"非誤，"濫"訓"水清"，即"濫"之俗，是也。《名義・水部》："濫，力暫反。氾也；清也；氾也。"(189 上)可見顧野王所見《説文》"濫"字亦有"清也"之義。胡吉宣又謂"濫"訓"蓝也"即"蕽"之訛，是也。箋注本《切韻》(斯 2071)平聲談韻盧甘反："蕽，瓜蓝。"(122)敦煌本《王韻》平聲談韻盧甘反："蕽，瓜蓝。"(374)下文去聲闞韻盧瞰反："蕽，瓜蓝。"(416)《廣韻》與敦煌本《王韻》同。故宮本《王韻》、《集韻》平聲談韻、去聲闞韻皆作"蕽"。故宮本《裴韻》平聲談韻盧甘反："蕽，瓜蓝。"(565)今案：以上諸韻書談韻、闞韻二韻中作"蕽"者，皆爲"蕽"字之俗。《玉篇》"蕽"訓"蓝也"，亦爲沿襲《切韻》之誤也。《字海》第二義項謂同"濫"，訓"腌製的瓜菜"，亦是。《釋名・釋飲食》："桃濫，水漬而藏之，其味濫濫然酢也。"但此"蕽""濫"二字並即"蕽"字之俗。又胡吉宣謂"本書原本或有瓜蓝之蘆爲藘字在《艸部》云云"者,疑非是。《名義》並未收"藘"字,且"藘"字下並未見有"萉"之義,可見原本《玉篇》亦未收"藘"字,更不會有"本書原本或有瓜萉之蘆爲藘字在《艸部》云云"者之説。

417. 泍

《玉篇・水部》:"泍,音奔。水急。又匹奔切。"(91下右)

按:《玉篇校釋》"泍"字下注:"《集韻》平聲魂韻:'泍,水急也。'《龍龕手鑑》引本書作'水汲也',直音奔,字當爲渀,水急流若奔放也,《廣韻》無。"(3800)胡氏所言當是。《後漢書・馬融傳》:"逆獵湍瀨,渀薄汾橈。"李善注:"渀音蒲艮反;橈,奴教反;並入水皃也。"《水經注・河水三》:"河流激盪,濤湧波襄,雷渀電洩,震天動地。"《字彙補・水部》:"渀,與奔音義同。"(109下)故"泍"與"渀"音義並同,即爲異體字,二字本當作"奔"。

418. 潙

《玉篇・水部》:"潙,力堆切。潙澤也。"(91下右)

按:《玉篇校釋》"潙"字下注:"《集韻》平灰:'潙,澤也。通作雷。'《禹貢》:'雷夏既澤。'孔傳:'雷夏,澤名。'《史記・五帝紀》;'舜耕歷山,漁雷澤。'《漢書》:'濟陰郡成陽,雷澤在西北。'《水經注》:'雷澤在成陽故城西北。'"(3802)胡氏所言是也。《正字通・水部》:"潙,舊注:音雷。澤名。按:古雷澤即舜所漁處,地在城陽周處。《風土記》誤以吳之大湖大雷山小雷山爲雷澤,舊本改作潙,並非。"(614上)《正字通》所言印證了胡氏之説。故"潙"本當作"雷"。

419. 灃

《玉篇・水部》:"灃,音馮。水聲。"(91下右)

按:《玉篇校釋》"灃"字下注:"《集韻》一東:'灃,水聲。'本書:'灃,水聲。''瀜,水聲也。'並同。"(3802)胡氏所言是也。《正字通・水部》:"灃,灃字之訛。舊注音訓同灃,改作灃,非。"(616上)《正字通》所言印證了其説。

《玉篇·水部》：“颿，扶弓切。水聲。”（88 上右）“颿”與“颿”音義並同，即爲異體字。

420. 汼

《玉篇·水部》：“汼，魚休切。水。”（91 下右）

按：此字《説文》《名義》皆未收，《廣韻》亦不録，《玉篇》收之，當即陳彭年等據俗書所增。《集韻》平聲尤韻魚尤切：“汼，水名。”（257）《字彙·水部》：“汼，魚休切，音牛。水名。”（242 上）《正字通·水部》：“汼，訛字。舊注：音牛。水名。泥。”（577 上）《正字通》所言當是。今案：“汼”疑即“泮”字之俗。《説文·水部》：“泮，諸矦鄉射之宮，西南爲水，南北爲牆。從水，從半，半亦聲。”（237 上）《玉篇·水部》：“泮，普旦切。散也；破也；亦泮宮。”（90 下右）“汼”與“泮”形近，“汼”疑即“泮”字俗訛。《可洪音義》卷九《牟梨曼陀羅呪經》：“汼，普半反。正作泮。”（59，頁 877c7）此即其證也。“汼”字，《玉篇》音“魚休切”，當爲望形生音；《玉篇》訓“水”，當爲望形生訓，《玉篇》“汼”字音義疑皆不可據。後世字書承襲《玉篇》“汼”字音義之誤，疑亦非是。

421. 潨

《玉篇·水部》：“潨，音蒙。水聲。”（91 下右）

按：“潨”當即“淙”字之俗。《説文·水部》：“淙，水聲也。從水，宗聲。”（230 下）《玉篇·水部》：“淙，在宗切。《説文》：‘水聲也。’”（88 上右）“潨”與“淙”音義並同，“潨”當即“淙”通過改換聲符而形成的異體字。《直音篇》卷五《水部》：“潨，音叢。水聲。淙，同上。又音幢。”（201 上）此即其證也。故“潨”當即“淙”之異體字。

422. 澆

《玉篇·水部》：“澆，古爻切。水名。”（91 下右）

按：《玉篇》訓“澆”爲“水名”，疑非是。《廣韻》平聲肴韻古肴切：“澆，澆

蔼,水皃。"(96)《集韻》平聲爻韻居肴切:"瀗,瀗蔼,水廣皃。"(185)《文選·
木華〈海賦〉》:"襄陵廣舄,瀗蔼浩汗。"李善注:"瀗蔼,廣深之貌。"故"瀗"當
訓"瀗蔼,水皃",而《玉篇》訓"水名",當爲"水皃"之誤。《大字典》"瀗"字下
據《玉篇》之誤而收録"水名"這一義項,疑應刪。

423. 沃

《玉篇·水部》:"沃,胡戈切。水。"(91下左)

按:《玉篇校釋》"沃"字下注:"《集韻·戈韻》:'沃,水名。'疑即江西永
新縣之禾水,源出禾山,亦名永新江。"(3804)胡氏所言當是。《明一統志》
卷五十六:"禾水,在泰和縣西五十里,一名旱禾江,縈流合永新江,又合安
福江,至廬陵神岡山下入贛江。"又《大清一統志》卷二百四十九:"禾水,在
泰和縣西北五十里,源出禾山,亦名旱禾江,又有瀲水,亦出禾山,皆合永新
江入廬陵縣界。"此二書是其證也。故"沃"疑即"禾"因涉義增加義符"水"
旁而形成的後起分化字。

424. 溢

《玉篇·水部》:"溢,音斜。水名。"(91下左)

按:《玉篇校釋》"溢"字下注:"《集韻·麻韻》:'溢,水名。'疑本作'斜',
故直音'斜'。《史記·河渠書》'斜水通渭'是也。"(3805)胡氏所言當是。
《史記》卷二十三《河渠書》第七:"其後人有上書欲通襃斜道及漕事,下御史
大夫張湯。湯問其事,因言:'抵蜀從故道故道多阪,回遠。今穿襃斜道,少
阪,近四百里;而襃水通沔,斜水通渭,皆可以行船漕。漕從南陽上沔入襃,
襃之絕水至斜,間百餘里,以車轉,從斜下下渭。'"《集解》:"韋昭曰:'襃中
縣也。斜,谷名,音邪。'瓚曰:'襃、斜,二水名。'《正義》:'《括地志》云:襃谷
在梁州襃城縣北五十里。斜水源出襃城縣西北九十八里衡嶺山,與襃水同
源而派流,《漢書·溝洫志》襃水通沔,斜水通渭,皆以行船是也'"(1411)故
"溢"當即"斜"因涉義增加義符而形成的後起分化字。

425. 淺

《玉篇·水部》:"淺,余九切。水也。"(91下左)

按:《玉篇校釋》"淺"字下注:"《集韻·有韻》:'淺,水名。'《廣韻》作'嫠'。又'羑'下云:'羑水在湯陰。'疑即此淺水。"(3806)胡氏所言是也。《水經注》卷九:"羑水出蕩陰西北韓大牛泉。《地理志》曰:'縣之西山,羑水所出也。'羑水又東逕韓附壁北,又東流逕羑城北故羑里也。"《明一統志》卷二十八:"羑水,源出湯陰縣西北鶴山,流至羑城北城淵東會防水入湯水。"《大清一統志》卷一百五十六:"羑水,自湯陰縣北流入安陽縣,又東流至内黄縣,西南入湯河。"《河南通志》卷七:"羑水,源出湯陰縣北八里鶴山,源至羑城北成淵東至内黄縣會防水入湯。"以上諸書皆其證也。故"淺"當即"羑"通過增加義符而形成的後起分化字。

426. 灂

《玉篇·水部》:"灂,的領切。水名。"(91下左)

按:《玉篇校釋》"灂"字下注:"'水名'者,'名'當爲'兒'。《廣韻》云:'灂潭,水兒。'《甘泉賦》:'梁弱水之灂潒。'顏師古、李善並云:'灂潒,小水之兒。'"(3808)胡氏所言當是。《新修玉篇》卷十九《水部》引《玉篇》亦云:"灂,的領切。灂潭,水兒。"(172下右)此亦其證也。《大字典》"灂"字下據《玉篇》之謬而收錄"水名"這一義項,應刪。

427. 沠

《玉篇·水部》:"沠,匹半切。水流也。"(92上右)

按:《玉篇·水部》又曰:"泮,普旦切。散也;破也;亦泮宫。沠,古文。"(90下右)《玉篇校釋》"沠"字下注:"《切韻》:'沠,水崖。'《集韻》云:'水流也。一曰崖也。'本書(115):'派,别水名。'原本顧案云:'水分流。'此'沠'即'派'之訛分。(445):'泮,散也。古文作沠。'訓'崖'者字亦作'澼',見《字彙》。"(3820)胡氏所言當是。《説文·水部》:"派,别水也。從水,從辰,辰亦聲。"(231下)敦煌本《王韻》去聲卦韻匹卦反："派,分流。"(408)故宮本《王韻》同。《唐韻》去聲卦韻匹卦反："派,水流。"(654)《唐韻》"派"字訓"水流","水流"當爲"分流"之誤。"派",《説文》篆文作"𣲖"。"沠",《玉篇》訓"水流也","水流也"亦當即"分流也"之誤。"沠"與"派"形近義同,此"沠"當即"派"之《説文》篆文"𣲖"字楷定之誤。又《龍龕》卷二《水部》:"沜,或作;沠,正。音判。水涯也。"(234～235)《正字通·水部》:"沠,普玩切,音判。水畔也。一説與《詩》'隰則有泮'之'泮'同,沠猶滑也、水厓也。"(579下)《正字通》"一説"當是。故"沠"訓"水涯"、"崖岸",與"泮""沜"音義並同,即爲異體字。

428. 漆

《玉篇·水部》:"漆,尸煮切。水。"(92上右)

按:此字《説文》《名義》皆未收,《玉篇》收於部末,當即宋人據俗書所增。《玉篇校釋》(3816)"漆"字無注。"漆"疑即"漆"字之訛。《説文·水部》:"漆,水。出右扶風杜陵岐山,東入渭。一曰入洛。从水,桼聲。"(225下)姚文田、嚴可均校議:"'杜陵'當作'杜陽'。"《漢書·地理志上》:"右扶風,縣二十一:……漆(縣),水在縣西。"王先謙補注:"《漆水注》:'《開山圖》云:岐山在杜陽北長安西,有渠謂之漆渠。班《志》云:漆水在漆縣西。《十三州志》又云:漆水出漆縣西北,至岐山東入渭。今有水出杜陽縣岐山北漆溪,謂之漆渠,西南流注岐水。'又《渭水注》云:'漆水出杜陽縣之漆溪,謂之漆渠。故徐廣曰'漆水出杜陽之岐山'者,是也。漆渠水合大巒水、小橫水,通得漆水之目。'按:杜陽今麟遊,漢漆縣在其西。參證諸説,並與酈合。"
"漆""漆"義同,又"桼"旁、"黍"旁俗寫形同,或可訛混。《龍龕》卷一《言部》(51)"諑"俗作"譺"、韓小荆《〈可洪音義〉研究》(681)"黍"俗作"桼","桼"旁、"黍"旁俗寫形同,故"漆"亦可俗寫作"漆"。《嘉興藏》本行正等編録《雪竇石其禪師語録》卷第一《任台州雷鷲禪師語録》:"問:'牛頭未見四祖時如何?'師云:'黑漆桶見後如何?'師云:'黑漆桶乃云十五日已前也恁麽,十五日已後也恁麽,正當十五日亦只恁麽,正恁麽時不妨道個山是山。'"此文中前作"黑漆桶",後作"黑漆桶",今查《大正藏》《嘉興藏》及《卍新纂續藏》作"黑漆桶"者衆,而作"黑漆桶"者僅此一處,從上下文意來看,此"黑漆桶"即

“黑漆桶”之誤，“漆”即“漆”字俗訛，此即其證也。“漆”俗作“漆”，後人改其讀爲“尸煮切”，此即望形生音也。

429. 灙

《玉篇·水部》：“灙，所患切。洗馬也。”（92 上右）

按：《玉篇校釋》“灙”字下注：“《集韻》去聲諫韻：‘灙，洗馬也。’又：‘潸，洗馬也。’是因言馬而爲灙，灙之言刷也。《廣韻》：‘刷，洗也。’”（3824）胡氏所言是也。蔣禮鴻《類篇考索》“灙”字下注：“灙當作灙。《集韻》去聲三十諫韻：‘灙，數患切。洗馬也。’潸、灙實同一字，以爲洗馬，故灙字加馬耳。”（297）《直音篇》卷五《水部》：“灙，所患切。洗馬也。刷，同上。”（205 下）以上二説並其證也。故“灙（灙）”“潸”“刷”當即異體字。

430. 濆

《玉篇·水部》：“濆，胡簡切。水。”（92 上右）

按：《玉篇校釋》“濆”字下注：“《水經注》：‘賀水東出近川西南至澮交入澮。’”（3825）又《大清一統志》卷九十九：“賀水，在翼城縣東。《水經注》：‘賀水東出近川，西南至澮交入澮。’《新志》：‘源出縣東南賀水村，至縣西南二十里入澮水。’”“濆”當即“賀”因涉義增加義符“水”旁而形成的後起分化字。

431. 溍

《玉篇·水部》：“溍，音晉。水也。”（92 上左）

按：《玉篇校釋》“溍”字下注：“本書直音‘晉’者，《水經注》：‘智伯遏晉水以灌晉陽。’”（3823）《集韻》去聲綫韻子賤切：“晉，水名。”（571）《淮南子·墜形》：“晉出龍山。”高誘注：“龍山在晉陽之西北，晉水所出，東入汾。”“溍”“晉”音義並同，“溍”當即“晉”因涉義增加義符而形成的後起分化字。“潛”與“溍”即同字異寫，亦爲“晉”字之俗。《字彙·水部》：“潛，即刃切，音晉。水也。”（253 上）“潛”，《字彙》亦訓“水也”，《大字典》謂引《字彙》訓“水貌”,非是。《正字通・水部》:“潽,子信切,音晉。水貌。”(602 上)《正字通》訓“潽”爲“水貌”,於文獻無徵,其言非是。《大字典》《字海》“潽”字第二義項皆應删。

432. 沏

《玉篇・水部》:“沏,郎德切。泉聲也。”(92 上左)

按:此字《説文》《名義》皆未收,《龍龕》《玉篇》收之,當即唐人據俗書所增。《集韻》入聲德韻歷德切:“沏,水聲也。”(762)今案:“沏”即“沏”字之俗。《龍龕》卷二《水部》:“沏沏,二或作;沏,正。音勒。凝合也。《玉篇》又泉聲也。”(237)《卍新纂續藏》本宋善卿編《祖庭事苑》卷六:“沏潭,當作沏。音勒。水石理也。《周禮》:‘石有時而沏。’沏,水聲,非義。”(X64,頁0407c19)以上二書皆其證也。故“沏”即“沏”之異體字。“沏”字,《玉篇》訓爲“泉聲也”、《集韻》訓爲“水聲也”,形義不諧,當爲後人不識其爲“沏”字之俗而妄補也。

433. 溯

《玉篇・水部》:“溯,音朔。水也。”(92 上左)

按:《玉篇校釋》“溯”字下注:“‘音朔,水也’者,疑即廣東始興縣之朔水。”(3828)胡氏所言當是。《方輿勝覽》卷三十七:“朔水,在始興縣東三十五里,水出贛州,遇月朔即漲晦即減。”《明一統志》卷八十:“朔水,在始興縣東一百里,源出江西贛州龍南縣界下流,與清化水合,月朔即漲,至晦即減,因名朔水。”“溯”疑即“朔”因涉義增加義符“水”旁而形成的後起分化字。

434. 済

《玉篇・水部》:“済,盈歷切。水名。”(92 上左)

按:《廣韻》入聲昔韻羊益切:“済,㴱済,水皃。”(418)“済”字,《玉篇》與《廣韻》義訓不同,當以《廣韻》所言爲是。《文選・木華〈海賦〉》:“㴱済瀲灩,浮天無岸。”李善注:“㴱済,流行之貌。”“流行之貌”即指水流行貌。此是其證也。故《玉篇》訓"济"爲"水名",疑爲"水兒"之誤。《大字典》"济"字下據《玉篇》而收録"水名"這一義項,疑亦非是。

435. 瀚

《玉篇·水部》:"瀚,烏活切。取水也。"(92下右)

按:《玉篇校釋》"瀚"字下注:"《集韻》入聲末韻:'瀚,取水也。'案:本作'枓'。《斗部》:'枓,烏活切。抒也。'本《廣雅·釋詁二》文。"(3837)胡氏所言當是。《廣韻》入聲末韻呼括切:"枓,歠水。"(395)"歠水"即"舀水"。"舀水""取水"訓異義同,故"瀚"與"枓"音義並同,即爲異體字。

436. 𥝱

《玉篇·谷部》:"𥝱,力葉切。𥝱餘,聚名。"(93上右)

按:《廣韻》入聲葉韻良涉切:"𥝱,谷名。"(435)"𥝱"字,《廣韻》訓"谷名",疑非是。敦煌本《王韻》入聲葉韻良涉反:"𥝱,(𥝱)餘聚,在上艾。"(433)故宫本《王韻》同。《名義·谷部》:"𥝱,力涉反。(𥝱)余(餘)聚。"(198上)《顔氏家訓·勉學》:"吾嘗從齊主幸并州,自井陘關入上艾縣,東數十里,有獵閭村。後百官受馬糧在晉陽東百餘里亢仇城側。並不識二所本是何地,博求古今,皆未能曉。及檢《字書》《韻集》,乃知獵閭是舊𥝱餘聚,亢仇舊是䝴飤亭,悉屬上艾。"(224~225)以上諸書皆其證也。故"𥝱"當合"餘"字爲訓,"𥝱餘"即"獵閭",義指村落名,而非谷名。《廣韻》訓"谷名",當爲"聚名"之誤。《集韻》入聲葉韻良涉切亦曰:"𥝱,聚名。在上蔡。一曰谷名。"(780)揚州使院重刻本、宋刻本《集韻》亦同。《集韻》"在上蔡"之"蔡"即"艾"字之誤,《大字典》校作"艾",是也;又"一曰谷名",此亦爲沿襲《廣韻》之謬。又《大字典》引《顔氏家訓》作"𥝱閭"當爲"獵閭"之誤,應據正。

437. 潷

《玉篇·氵部》:"潷,盧帝切。水。"(93上左)

按：此字《説文》《名義》皆未收，《廣韻》《集韻》亦不録，《玉篇》收於部末，當即宋人據俗書所增。《字彙・冫部》："澟，盧帝切，音利。冰也。"（51上）《正字通・冫部》："澟，俗字。冰不必别立澟名。"（84下）《正字通》所言當是。《玉篇校釋》"澟"字下注："疑即'瀝'之訛字，《水部》：'瀝，滴也。'"（3869～3870）胡古宣所疑當是。《玉篇・水部》："瀝，力悌切。滴也。"（91上左）"澟""瀝"音同，正如"況"俗作"况"、"決"俗作"决"、"洞"俗作"泂"、"減"俗作"减"、"洎"俗作"洎"等，"澟"當爲"瀝"字之俗。"澟"訓"水""冰也"者，當爲後人不識其爲"瀝"字之俗而妄補。

438. 浹

《玉篇・冫部》："浹，胡頰切，〔浹渫，〕冰凍相著也。"下文又曰："渫，徒夾切。浹渫也。"（93上左）

按：《玉篇校釋》"浹""渫"二字下注："慧琳四六・十一引《字林》云：'浹渫，謂冰凍相著也。'《切韻》：'浹渫，水相著。'一作：'浹渫，水相著。'《唐韻》：'冰凍相著。'《江賦》：'長波浹渫。'李善引《埤蒼》注：'浹渫，水滂溏也。'滂溏、浹渫並疊韻連語，皆相著意。"（3864）胡氏所言當是。《龍龕》卷一《冫部》："浹渫，上胡甲切，下（又）丈甲反。俗字，正作浹渫。水凍相著也。"（188）此是其證也。故"浹渫"當同"浹渫"。

439. 霅

《玉篇・雨部》："霅，古三切。霜也。"（93下左）

按：此字《説文》《名義》皆未收，《玉篇》收於部末，當即宋人據俗書所增。"霅"疑即"甘"字之俗。佛經有"霅"字用例，提供如下：《嘉興藏》本清明曠編《古宿尊禪師語録》卷六《送藴長老歸秦》："驀地相逢興味長，一天霅雨助群芳；榴花噴火依危岸，堃杏垂金過矮牆。賦就分燈明上下，詩成對月論存亡；幢懸鳳嶺辭歸去，臨濟宗風任主張。"又《嘉興藏》本清性明編《終南蟠龍子肅禪師語録・小參》："直得華嚴會上諸大龍王雨汗通身，歸投正覺，率諸眷屬發菩提心，萬里青天三十棒霅雨淋淋。"下文又曰："恁麼不恁麼總得山川大地王乾坤，萬億國中增瑞色，人間天上和風喜月，刹刹塵塵皇王厚德,五湖四海流通正脈,願速垂慈霅霖普澤。"《嘉興藏》本清如鵬等編《青城山鳳林寺竹浪生禪師語録》卷第二:"雖然泰運到來,必滋雨露助力,品物流行,冀欽膏澤,萬卉含章,渴仰霅霖。"今查《嘉興藏》作"甘雨""甘霖"者衆,而作"霅雨"、"霅霖"者僅見以上數例。"霅雨"與"甘雨""霅霖"與"甘霖"皆義同。今案:"霅雨""霅霖"分别爲"甘雨""甘霖"之俗,而"霅"當即"甘"之類化增旁俗字。《玉篇》訓"霅"爲"霜也",當爲不識其爲"甘"字之俗而妄補。《集韻》改音"五甘切",疑亦非是。

440. 霻

《玉篇·雨部》:"霻,孚隆切。"下字曰:"霳,力中切。豐隆,雷師。俗從雨。"(93 下左)

按:《玉篇校釋》曰:"元刊本'霻'下云'雲厚皃',俗依豐爲説。《廣韻》'霳'下亦云:'豐隆,雷師。俗加雨。'《集韻》:'霻霳,雷師。'《離騷》:'吾令豐隆乘雲兮。'王注:'豐隆,雲師,一曰雷師。'《淮南·天文》:'豐隆乃出。'高注:'豐隆,雷也。'《水經·河水篇》酈注:'豐隆,雷公也。'《廣雅·釋天》:'雷師謂之豐隆。'"(3895~3896)胡氏所言是也。《新修玉篇》卷二十《雨部》引《玉篇》:"霻,孚隆切。霻霳,雷師。"(176 下右)《正字通·雨部》:"霻,敷雍切,音豐。霻霳,雷師。通作豐。"(1266 下)以上二書皆其證也。《大字典》《字海》"霻"字下皆據元刊本《玉篇》之誤而訓爲"雲厚皃",俱失考證。

441. 霏

《玉篇·雨部》:"霏,非尾切。雲皃。"(94 上右)

按:《玉篇校釋》"霏"字下注:"'霏'與'霏'同。'霏'重文'霈',《漢書·揚雄傳》'雲霈霈而來迎'是也。"(3898)胡氏所言是也。《正字通·雨部》:"霏,霏字之訛。"(1263 下)此説印證了胡氏之説。《龍龕》卷二《雨部》:"霏,或作。芳非、芳尾二反。雲雨皃也。"(307)《楚辭·九章·涉江》:"霰雪紛其無垠兮,雲霏霏而承宇。"漢張衡《思玄賦》:"雲霏霏兮繞余輪,風眇眇兮震余旗。""霏",《廣韻》音"芳非切"。"霏""霏"音義並同,"霏"即"霏"

字之俗。

442. 霅

《玉篇·雨部》："霅,於刃切。氣也。"(94 上右)

按:《玉篇校釋》"霅"字下注:"《廣韻》去聲震韻於刃切:'氣行。'《集韻》云:'氣流行謂之霅。'疑與'靷'同。"(3899)胡氏所言當是。《正字通·雨部》:"霅,俗靷字。舊注:音印。雲氣。《舉要》:'霅靈與靷氳同。'並泥。"(1260 上)《正字通》所言印證了其說。故"霅"當即"靷"字之俗。

443. 霸

《玉篇·雨部》:"霸,匹各切。雨。"(94 上右)

按:《廣韻》入聲鐸韻匹各切:"濼,陂濼。霸,上同。"(410)葛信益《廣韻叢考》曰:"霸系霻字重文,《廣韻》因奪霻字,遂誤以'霸,上同'三字連接濼下。内府本王仁昫《刊謬補缺切韻》鐸韻叵各反霸次濼之下。《玉篇》雨部霸,又匹各切,均可證《廣韻》鐸韻匹各切下奪霻字。《集韻》鐸韻匹各切濼注:或作霸。亦省作渾。蓋亦沿《廣韻》而誤。竊意霸上應據内王及《玉篇》補正文霻字及注雨貌二字,與麥韻古核切霻雨也,爲又音字。"(21)葛氏謂"霸"非"濼"之或體,而爲"霻"之或體,於"霸"上應補正文"霻"字,是也;然謂應補注文"雨貌",不確。余迺永《校注》亦云:"按《全王》但録'濼'字云:'波濼。'《王二》'濼'字云:'波,亦霖。''霻'字注:'雨貌。'《唐韻》:'陂(濼),或作霈,匹各切(反),雨(?)。'《玉篇》云:'濼,力谷、力各二切,水在濟南;又音粕,陂濼也。'又:'霸,匹各切。雨。'《説文》:'濼,齊魯間水也。'大徐音盧谷切,義如《玉篇》;又'霻'字云:'雨濡革也',大徐音匹各切。蓋'陂濼'猶言湖泊,慧琳《一切經音義》卷五十三'陂濼'條:'上筆皮反,下疋博反。陂,池也。下山東有麤鵬濼是也幽州呼爲淀,淀音殿。'足證'濼''霻(霸)'二字迥不相侔,《廣韻》承《王二》《唐韻》('霈'爲'霸'字或體,'霈'爲'霸'訛寫,'波濼'之'波'應作'陂'),遂有此誤。《集韻》匹各切以'濼、霸、渾'三字或體,誤同。本切'霸'上應依《説文》另補其或體'霻'字。"(957)《正字通·雨部》:"霸,俗霻字。"(1264 上)《玉篇校釋》"霸"字下注:"'霸'與'霻'同。"

(3900)以上諸説皆其證也。今案:"霶"字,正如以上諸家所言,即"霻"字或體;然《玉篇》訓"霶"爲"雨也",非是,正如《玉篇》訓"霻"爲"雨也"當即"雨霝濡革也"之脱誤,此訓"雨也"亦爲"雨霝濡革也"之脱誤。故《廣韻》應於"濼,上同"之上補"霻,雨霝濡革也"六字。故《大字典》"霶"字下第二義項當删。《大字典》《字海》皆應於"霶"字下直謂同"霻",並訓爲"雨霝濡革也",方爲妥當。

444. 霚

《玉篇・雨部》:"霚,側立切,又七立切。雨下也。霚,同上。"(94 上右)

按:《玉篇校釋》"霚"字下注:"案:'霚'與'湒'同。《水部》:'湒,《説文》雨下皃也。'"(2900～2901)胡氏所言是也。《説文・水部》:"湒,雨下也。從水,咠聲。"(233 下)"湒",《廣韻》音"七入切",又音"子入切"。"霚""霚"與"湒"音義並同,"霚""霚"並即"湒"字之俗。

445. 霈

《玉篇・雨部》:"霈,私盍切。雨下也。"(94 上右)

按:《字彙・雨部》:"霈,私盍切,音撒。雨下也。"(528 下)《正字通・雨部》:"霈,俗字。舊注:音撒。雨下。泥。"(1265 上)《正字通》謂"霈"爲俗字,當是。今案:"霈"疑即"霅"字之俗。《廣雅・釋訓》:"霅霅,雨也。"王念孫疏證:"霅者,雹下貌,故雨下亦謂之霅,重言之則曰霅霅也。"《廣韻》入聲合韻蘇合切:"霅,《廣雅》曰:'雨霅霅。'"(432)"霈"與"霅"音義並同,"霈"當即"霅"通過改换聲符而形成的異體字。

446. 霖

《玉篇・雨部》:"霖,色麥切。雨。又山責切。霖,同上。"(94 上右)

按:《玉篇校釋》"霖"字下注:"《切韻》:'霖,霚也。'又:'霖,霖霖,雨下。''霖'與'溹'同。《水部》:'溹,溹溹,雨下皃。'"(3901)胡氏所言疑可商榷。《名義·雨部》：“霺，所責反。雪下。霖，同上。”（200 下）據《名義》可知，原本《玉篇》“霺”“霖”二字亦當訓爲“雪下”。今本《玉篇》“霖”“霺”訓“雨”者，當爲“雪下”傳抄之誤。故宮本《王韻》入聲麥韻所責反：“霺，霺霺，雨下。”（520）故宮本《裴韻》訓“雨下”，亦當爲“雪下”傳抄之誤。《集韻》入聲陌韻色窄切：“霖霺，雨也。或從索。”（736）《集韻》亦訓“雨也”，此即因承襲《玉篇》之謬而誤也。《名義·水部》：“溹，所格反。雨下兒。”（194 下）《玉篇·水部》：“溹，所格切。水名。又溹溹，雨下兒。又桑各切。”（90 下左）《廣韻》入聲麥韻山責切：“溹，溹溹，雨下兒。”（417）“霺”與“溹”音同義別，二字不應混同，胡吉宣承襲今本《玉篇》及故宮本《王韻》之誤而謂“霺”與“溹”同，非是。又《集韻》入聲麥韻色責切：“霈，霰也。”（738）“霈”當即“霖”之異體字。箋注本《切韻》（斯 2071）入聲麥韻所責反：“霖，霰。”（146）故宮本《裴韻》、《唐韻》、《廣韻》同。“霈”與“霖”音義並同，故“霈”當即“霖”之異體字。故宮本《王韻》入聲麥韻所責反：“霖，霰。亦作霈。”（520）此是其證也。

447. 飌

《玉篇·風部》：“飌，古諧切。疾風也。”（94 上左）

按：《玉篇校釋》“飌”字下注：“‘疾風也’者，《切韻》同，案：即《詩》‘邶風其喈’字。毛傳：‘喈，疾兒。’”（3912）胡氏所言是也。《正字通·風部》：“飌，居腮切，音皆。疾風。與喈通。《詩》：‘邶風其喈。’”（1293 下）《正字通》所言印證了胡氏的考釋成果。《名義·風部》：“飌，柯諧反。疾兒。”（201 下）可見原本《玉篇》“飌”應訓爲“疾兒”。“飌”“喈”音義並同，“飌”即“喈”因涉上文“風”字類化影響換旁而產生的俗字。

448. 飁

《玉篇·風部》：“飁，似立切。風也。”（94 上左）

按：《玉篇校釋》“飁”字下注：“《廣韻》入聲廿六緝云：‘颯飁，大風。’案：此亦具二義：一者和風，即《詩》‘習習谷風’之‘習’；二者大風，颯飁疊韻成義。”（3912）《名義·風部》：“飁，似立反。和兒。”下文又曰：“飁，似立反。

大也。"(201 下)《新撰字鏡·風部》:"飁,似立反。谷風習和曰[飁]。"(45)
以上二書皆其證也。故此"飁"即"習"之增旁俗字。

449. 飀

《玉篇·風部》:"飀,所乙切。秋風。"(94 上左)

按:《名義·風部》:"飀,所昵反。秋風。"(201 下)《玉篇校釋》"飀"字
下注:"'秋風'者,疑出《埤倉》。《廣雅·釋訓》:'飀飀,風也。'疏證云:'字
通作瑟。'"(3913)《正字通·風部》:"飀,本借瑟。"(1294 下)此説印證了胡
氏的考釋成果。故"飀"當即"瑟"因涉義增加義符而形成的後起分化字。

450. 颬

《玉篇·風部》:"颬,呼出切。風也。"(94 上左)

按:《玉篇校釋》"颬"字下注:"'風也'者,《廣雅·釋詁四》:'颬,風也。'
《切韻》:'颬,小風。'案:小風兒也……部末:'颬,小風兒。''颬'與'颬'同。"
(3909)胡吉宣謂"颬"與"颬"同,是也。《名義·風部》:"颬,又呼月反,呼出
反。"(201 上)下文又曰:"颬,呼月反。"(201 下)"颬"字,《名義》義闕。《新
撰字鏡·風部》:"颬,呼出反。小風。"(46)"颬"字,《切韻》《新撰字鏡》皆訓
"小風",可見顧野王原本《玉篇》所見《廣雅》亦應訓爲"小風也"。《説文·
風部》:"颬,小風也。从風,尤聲。"(284 下)"颬",《廣韻》音"許劣切"。故
"颬"與"颬"音義並同,即爲異體字。

451. 飌

《玉篇·風部》:"飌,竹庚切。"(94 上左)

按:此字《玉篇》義闕,然據《名義》《切韻》《廣韻》《龍龕》諸書可補《玉
篇》所闕之義。《名義·風部》:"飌,竹衡反。狂風。"(201 下)敦煌本《王
韻》平聲庚韻竹盲反:"飌,颭飌,狂風。"(377)故宮本《王韻》平聲庚韻竹盲
反:"飌,[颭飌,]狂風。"(463)故宮本《裴韻》平聲庚韻竹盲反:"飌,颭飌,狂
風。"(552)《廣韻》同。《龍龕》卷一《風部》:"飌,竹盲反。颭飌,狂風也。"

(126)故"飆"當訓"狂風"。又元刊本《玉篇·風部》:"飆,竹庚切。風起也。"元刊本補訓"飆"爲"風起也",於前代字韻書皆無徵,此訓疑非是。《大字典》"飆"字下據元刊本《玉篇》之誤而收録"風起"這一義項,疑亦非是。

452. 飀

《玉篇·風部》:"飀,息流切。風也。"(94下右)

按:此字《説文》《名義》皆未收,《玉篇》收於部末,當即宋人據俗書所增。《玉篇校釋》"飀"字下注:"《集韻》下平尤韻同。"(3916)《集韻》平聲尤韻思留切:"飀,風也。"(261)"飀"疑即"飍"字之俗。箋注本《切韻》(斯2071)平聲幽韻香幽反:"飍,風。又風幽反。"(126)故宫本《王韻》、故宫本《裴韻》俱同。"飀"與"飍"音義並同,"飀"當即"飍"通過結構變易而形成的異體字。

453. 颲

《玉篇·風部》:"颲,許勿切。"(94下右)

按:此字義闕。《玉篇校釋》"颲"字下注:"元刊云:'風起兒。'《集韻》以爲'颲'之或體。案:《説文》本作'颲',見《唐韻》引,二徐本作'颲'。本書原本當依《説文》作'颲',以'颲'爲重文,後人又據二徐本改,復經寫脱'颲'字而補于部末,遂失其義。"(3920)胡氏所言疑可商榷。《名義·風部》:"颲,呼没反。疾風。颲同上。飆(飆),古文。"(201上)《名義》字頭作"颲",且未見收録"颲"字,可見原本《玉篇》所見《説文》亦作"颲"。胡氏僅據《唐韻》所引而謂《説文》本作"颲",所言非是。"颲"與"颲""颲""飆""飆"諸字音義並同,即爲異體字,義爲疾風。《龍龕》卷一《風部》:"颲颲,許勿反。疾風也。"(128)《新修玉篇》卷二十《風部》引《玉篇》:"颲,許勿切。疾風。"(176下左)《篇海》(702下)同。以上諸書皆其證也。元刊本《玉篇》訓"颲"爲"風起兒",於以上諸書皆無徵,此訓非是。《大字典》"颲"字下據元刊本《玉篇》之謬而收録"風起貌"這一義項,非是。

454. 虁

《玉篇·鬼部》:"虁,力丁切。神名。"(94 下左)

按:《名義·鬼部》:"虁,力丁反。右(疑衍)靈也;善也;神。"(202 下)《玉篇校釋》"虁"字下注:"'神名'者,《山海經·大荒經》:'小人國有神人,人面獸身,名曰犁虁之尸。'郭音靈。本書《龍部》:'竉,龍也。'又作靈。神也[;善也]。或作虁。《切韻》:'竉,山神。'"(3929)胡氏所言是也。《新撰字鏡·鬼部》:"虁,力丁反。有神,人面獸身,名犁[虁之尸]也。善也;神也。竉,上字。"(526)《廣韻》平聲青韻郎丁切:"虁,《山海經》曰:'神名,人面獸身。'或作竉。一曰龍名。"(129)《山海經·大荒東經》:"有神,人面獸身,名曰犁虁之尸。"郝懿行注:"《玉篇》云:'竉同竉,又作靈,神也,或作虁。'《廣韻》引此經作虁,云:'或作竉(竉)。'與《玉篇》同。竉(竉)見《説文》。"以上諸書皆其證也。故"虁"與"竉"音義並同,"虁"當即"竉"之異體字。

455. 夣

《玉篇·鬼部》:"夣,武稜切。鬼也。"(94 下左)

按:《字彙·鬼部》:"夣,莫紅切,音蒙。鬼也。"(563 下)《正字通·鬼部》:"夣,俗字。"(1339 上)《正字通》謂"夣"爲俗字,是也。今案:"夣"疑本作"夢"。佛經中有"夢鬼"一詞,提供如下:《大正藏》本劉宋沮渠京聲譯《治禪病祕要法》卷下:"埠惕埠惕是惡夜叉,亦名夢鬼。夢見此時,即便失精。當起懺悔,埠惕來也。我是過去惡因緣故,遇此破戒賊害惡鬼。我今鞭心束縛諸情,不使放逸。如此鬼神,住虛空時名虛空鬼,在床褥間名腹行鬼。"故"夣"疑即"夢"字因涉義並受下文"鬼"字類化影響而增加義符"鬼"旁所形成的一個類化俗字。

456. 魖

《玉篇·鬼部》:"魖,五姑切。"(94 下左)

按：此字義闕。元刊本《玉篇·鬼部》：“魖，五姑切。神名。”元刊本訓“魖”爲“神名”，當爲見其從鬼而妄補，不足據。《玉篇校釋》“魖”字下注：“案即‘魁梧’之‘梧’。《史記·留侯世家》‘計魁梧奇偉’、《後漢·臧洪傳》‘洪體兒魁梧’並是也。字亦作倍。《集韻》：‘魁倍，壯大兒。’又作俁，《人部》：‘俁，大也。《詩》云：碩人俁俁。容兒大也。’魁魖即魁偉之語轉，字從鬼取大義。”（3932～3933）胡氏所言是也。《新修玉篇》卷二十《鬼部》引《玉篇》：“魖，五姑切。奔也。”（177下左）《新修玉篇》訓“魖”爲“奔也”，於文獻無徵，亦非。《篇海》卷二《鬼部》引《對韻音訓》：“魖，五孤切。大也。”（585下）《篇海》謂引《對韻音訓》，非是；然訓爲“大也”，當是。此即爲胡氏之説提供一佐證。《詳校篇海》卷一《鬼部》：“魖，訛胡切，音吾。鬼大；又神名。”（26下）此即《篇海類編》所本。《詳校篇海》訓“魖”爲“鬼大”，亦爲見其從鬼而妄補，非是。故“魖”當即“梧”因涉上文“魁”字類化影響換旁而形成的俗字。

457. 𩴪

《玉篇·鬼部》：“𩴪，側咸切。”（95上右）

按：此字義闕。元刊本《玉篇·鬼部》：“𩴪，側咸切。鬼名。”元刊本《玉篇》訓“𩴪”爲鬼名，於文獻無徵，當爲見其從鬼而妄補，不足據。《五音集韻》訓“𩴪”爲“鬼死”，當是。《篇海類編》訓“𩴪”爲“辟邪符尾‘山尸奉敕𩴪’者”，又爲其引申之義。“𩴪”疑即“𩴜”字之俗。《五音集韻》上聲旨韻子役切：“𩴜，人死作鬼；鬼死作𩴜，鬼見怕之。”唐段成式《酉陽雜俎·貶誤》：“俗好於門上畫虎頭，書𩴜字。謂陰刀鬼名，可息疫癘也。”《聊齋志異·章阿端》：“人死爲鬼，鬼死爲𩴜。”“𩴪”“𩴜”義同，故“𩴪”當即“𩴜”因涉義改換義符而形成的異體字。

458. 晫

《玉篇·日部》：“晫，都角切。明盛兒。”（95下右）

按：《名義·日部》：“晫，知角反。明也。”（204下）《玉篇校釋》“晫”字下注：“字通作‘倬’。《詩·桑柔》：‘倬彼昊天。’鄭箋：‘倬，明大兒。’《甫田》：'倬彼甫田。'毛傳：'倬，明皃。'《韓奕》：'有倬其道。'《韓詩》作'晫'。"
（3970）胡氏所言是也。《正字通·日部》："晫，竹角切，音捉。明盛貌。與
倬通。"（468上）《正字通》所言印證了胡氏之説。故"晫""倬"音義並同，二
者即爲異體字。

459. 㬉

《玉篇·日部》："㬉，奴侯切；又日朱切。日色。"（96上右）

按：此字《説文》《名義》皆未收，《玉篇》收於部末，當即宋人據俗書所
增。鄧福禄、韓小荆《考正》"㬉"字條（246～247）謂"㬉"字爲"煖（暖）"字之
俗，"㬉"當同"㬉"，亦爲"煖（暖）"字異體。佛經有此字用例，提供如下：《大
正藏》本《温室經義記》："和㬉名温，蔭障名室。"（T39，頁0512c）又《大正
藏》本《無量壽經記》："今以清净德通塵爲勝，以四塵之清潔性名清净故。
若依稱讚净土經者，言調和冷㬉自然隨意者，其冷㬉量不傷性故曰和。欲
名冷冷應，欲㬉㬉應，故言隨意。"（X22，頁0065c）從上下文意來看，"冷㬉"
"冷㬉"同，並同"冷暖"，"欲㬉㬉應"當同"欲暖暖應"。慧琳《音義》卷六六
《阿毗達磨發智論》卷第一："煖身，上奴管反。《廣雅》云：'煖，温也。'《爾
雅》：'煗也。'《説文》作煖，从火，爰聲。或作暅，今通作暖，《論》作㬉，音而
朱反，非也。"（58，頁783b3）故"煖""煗""暖""暅"並爲異體字。又《〈可洪
音義〉研究》（610）"煗"俗作"㬉""㬉"等，"㬉"與"煗（暖）"字俗體"㬉"
"㬉"形近，"㬉"亦當爲"煗（暖）"字之俗。《正字通·日部》："㬉，俗暅字。
（舊）注音殊。日光。誤。"（472下）《正字通》所言亦其證也。《可洪音義》
卷五："㬉，奴短反。正作暅。"（59，頁711a4）"㬉"同"㬉""暅""暖（煗）"，
《玉篇》音"奴侯切"當爲"奴短切"之誤。又音"日朱切"，正同慧琳《音義》謂
音"而朱反"非，此爲後人不識其爲"暖（煗）"字異體而見其從"需"所妄改
也，亦非。《玉篇》訓"㬉"爲"日色"，亦當爲後人不明其爲"暖（煗）"字之俗
而妄補，亦不足據。

460. 暶

《玉篇·日部》："暶，似緣切。美皃。"（95下左）

按:《名義·日部》:"曤,徐緣反。好皃。"(205 上)《集韻》平聲仙韻旬宣切:"曤,明也。"(170)"曤"字,《名義》《玉篇》訓"好皃""美皃",而《集韻》却訓爲"明也",此即望文爲説也,不足據。今案:"曤"即"嫙"字之俗。《説文·女部》:"嫙,好也。从女,旋聲。"(261 下)"嫙",《廣韻》音"似宣切"。"曤""嫙"音義並同,"曤"當即"嫙"通過改換義符而形成的異體字。《龍龕》卷四《日部》:"曤,似泉反。同嫙。好兒。"(426)此即其證也。故"曤"當即"嫙"之異體字。

461. 睡

《玉篇·日部》:"睡,直韋切。地名。"(95 下左)

按:此字《説文》《名義》皆未收,《廣韻》《集韻》亦不録,《玉篇》收於部末,當即宋人據俗書所增。《正字通·日部》:"睡,訛字。"(468 下)《正字通》謂"睡"爲訛字,所言是也。"睡"疑即"腄"字之訛。《玉篇·肉部》:"腄,竹垂切。《説文》:'瘢腄也。'又馳僞切。縣名。"(37 下左)又《玉篇·月部》:"腄,胡求切。縣名,在東萊。又直瑞切。"(96 下右)《廣韻》平聲尤韻羽求切:"腄,縣名,在東萊。"(133)《史記·秦始皇本紀》:"於是乃並渤海以東,過黄、腄。""睡"與"腄"音義並同,"睡"疑即"腄"之形誤。

462. 晭

《玉篇·日部》:"晭,滂佩切。向晴也。"(95 下左)

按:《玉篇校釋》"晭"字下校注文"向晴也"爲"向曙也",並注曰:"'向曙也'者,'曙'原作'晴',蓋原或爲'睹','睹'即'曙',形誤爲'晴',亦或爲寫者不明'睹'義而改之,今正。《切韻》:'晭,向曉色。'《唐韻》作'向曙色'。"(3983)胡氏校"向晴也"爲"向曙也"是也。《新撰字鏡·日部》亦云:"晭,芳昧、普佩二反,去。向曙色也。"(25)此亦其證也。《大字典》"晭"字下據《玉篇》之謬而收録"向晴"這一義項,應删。

463.晌

《玉篇・日部》："晌，職救切。光。"(96 上右)

按:《玉篇校釋》"晌"字下注:"上:'暭，日光也。''晌''暭'一字，'周''舟'古通，如鄭眾注《考工記總目》云:'周當作舟，故書舟作周。'《左傳》'華周'，《説苑》作'舟'，又楚申舟，《吕覽》作'申周'。"(3993)胡氏所言是也。《正字通・日部》:"晌，俗字。舊注訓與暭同，誤分爲二。"(467 下)《正字通》所言印證了胡氏的考釋成果。"晌""暭"音近義同，"晌"當即"暭"通過同音聲符換用而形成的異體字。

464.賮賮

《玉篇・日部》:"賮，必民切。古文也。"(96 上右)

按:《五音集韻》平聲真韻必鄰切:"鸞，小雀。"(35)緊接"鸞"字下字曰:"賮，古文。"(35)"賓"即"賓"之異體字，"鸞"又當即"鸞"之異體字。《五音集韻》並未把"賮"作爲"鸞"之古文，《大字典》編纂者誤解《五音集韻》而把"賮"當作"鸞"之古文，並進而臆改引文，非是。《字海》承襲《大字典》之誤，謂"賮"同"鸞"("鸞"即"鸞"之異體字)，亦非。《五音集韻》上承《篇海》，故其收字大都以《篇海》爲基礎，然《篇海》卷六《貝部》並未見"賮"字，《篇海》卷十五《日部》引《玉篇》:"賮，必民切。古文。"(842 上)《玉篇・日部》:"賮，必民切。古文也。"(96 上右)《玉篇校釋》"賮"字下注:"僞字應删。"(3990)胡吉宣謂"賮"爲僞字，所言是也。"賮""賮"音同形近，當爲一字之變也。"賮"字，《大字典》轉録作"賮"，"賮"當即"賮"之隸定字。今疑"賮""賮"並即"賓"之古文隸定之訛也。"賓"之古文，《説文》作"賓"，又作"賓""賓""賓"諸形(見徐在國《傳抄古文字編》620)，"賮""賮"與上述"賓"之諸古文形體相近，當即由"賓"之隸定古文訛變而來。

465.瞞

《玉篇・日部》:"瞞，莫本切。暗。"(96 上右)

按：此字《説文》《名義》皆未收，《玉篇》收於部末，當即宋人據俗書所增。"瞞"疑即"瞞"字之俗。箋注本《切韻》(斯 2071)平聲寒韻武安反："瞞，目不明。"(116)敦煌本《王韻》、故宮本《王韻》、《廣韻》皆同。"瞞"與"瞞"形義俱近，"瞞"當即"瞞"之形誤。《卍新纂續藏》本唐慧覺録《大方廣佛華嚴經海印道場十重行願常徧禮懺儀》卷第三十五《罪報懺悔》："若先現在世時，殺生祭神，不信真正邪見自養諸誑瞞昧故，墮餓鬼中，具受衆苦，遊歷地獄，故言不在彼墳基也。""瞞昧"即"瞞昧"之訛，佛經中常見，例不贅舉。又《卍新纂續藏》本宋祖琇撰《僧寶正續傳》卷第二《寶峰準禪師》："僧云：'和尚莫瞞人好。'"《大正藏》本《雲門匡真禪師廣録》、《明覺禪師語録》、《佛果圓悟禪師碧岩録》、《續傳燈録》等皆作"和尚莫瞞人好"，故上文之"瞞"亦"瞞"字之訛，義爲欺騙。又《卍新纂續藏》本清超永編《五燈全書》卷第三十四："師曰：'明眼人難瞞。'"《大正藏》本《楊岐方會和尚後録》、《明覺禪師語録》、《續傳燈録》等皆作"明眼人難瞞"，故上文之"瞞"亦"瞞"字之訛，義亦爲欺騙。又《嘉興藏》本清素説、性深等編《蓮峰禪師語録》卷之五："庭前柏樹子，千古落人間。易會西來意，難通趙老關。急似箭峻如，山拶著通身。都是眼依然，白日被他瞞。"從上下文意來看，此"瞞"亦爲"瞞"字之俗，義亦爲欺騙。以上諸文皆爲"瞞"即"瞞"字俗訛之證也。又《集韻》上聲混韻母本切："瞞，暗(暗)也。"(365)此"瞞"當爲《集韻》轉録《玉篇》"瞞"字而來，誤録作"瞞"，此亦"瞞"可誤作"瞞"字之證也。故"瞞"即"瞞"字之訛。

466. 曕

《玉篇・日部》："曕，以贍切。曬也。"(96 上右)

按：此字《説文》《名義》皆未收，《玉篇》收於部末，當即宋人據俗書所增。《集韻》去聲艷韻以贍切："曕，曬也。"(626)《正字通・日部》："曕，訛字。舊注：音艷。曬也。曬不必贅作曕。"(472 下)《正字通》謂"曕"爲訛字，是也。"曕"疑即"贍"字之訛。《卍新纂續藏》本明通容集《五燈嚴統》卷第十一《宋州法華院和尚》："問：'如何是初生月？'師曰：'不高不低。'曰：'還許學人曕敬也無？'師曰：'三日後看。'"《卍新纂續藏》本宋李遵勖編《天聖廣燈録》卷第十四《宋州法華院禪師》作："問：'如何是初生月？'師云：'不

高不低.'進云:'還許學人瞻敬也無?'師云:'三日後看.'"《卍新纂續藏》本
宋普濟集《五燈會元》卷第十一《宋州法華院和尚》亦作:"問:'如何是初生
月?'師曰:'不高不低.'曰:'還許學人瞻敬也無?'師曰:'三日後看.'"《卍
新纂續藏》本清超永編《五燈全書》卷第二十一《宋州法華院和尚》也作:
"問:'如何是初生月?'師曰:'不高不低.'曰:'還許學人瞻敬也無?'師曰:
'三日後看.'"故《五燈嚴統》文中之"曘"即"瞻"字之訛. 又《〈可洪音義〉研
究》(814)"瞻"俗作"晵""曕", 此亦其證也. 故"曘"即爲"瞻"字之俗.《玉
篇》"曘"音"以瞻切", 當爲後人妄改; 訓"曬也", 又爲後人不識其爲"瞻"字
之俗, 又見其從"日"而妄補也.《集韻》沿襲《玉篇》之謬而未加校正, 亦失
考證.

467. 昮

《玉篇・日部》:"昮, 才用切. 功人也."(96 上右)

按: 此字《説文》《名義》皆未收,《廣韻》《集韻》亦不録,《玉篇》收於部
末, 當即宋人據俗書所增.《正字通・日部》:"昮, 俗字. 舊注: 才用切, 從
去聲. 工人也. 工人不必別作昮."(465 上)《正字通》所言是也. "昮"疑
即"昇"字之俗.《廣韻》上聲語韻居許切:"昇, 共與也."(174)周祖謨《廣韻
校本》(下册)"昇"字下注:"昇, 敦煌《王韻》作昪, 注'共舉', 與《説文》合.
此正文昇當作昪, 注與當作舉."(252)周氏所言是也.《集韻》上聲語韻苟
許切亦作:"昇昪, 共舉也. 古從奴."(328)此亦其證也. "昮"與"昇"形近,
亦當爲"昪(昇)"字之俗. "昮"音"才用切", 當爲後人見其從功而妄改;
"昮"訓"功人也", 形義不諧, 於文獻亦無徵, 亦爲後人不識其爲"昪(昇)"字
之俗而妄補.《字彙補》改爲"工人也", 亦非. 故"昮"當即"昪(昇)"字
之俗.

468. 昇

《玉篇・日部》:"昇, 俱冬切. 扶."(96 上右)

按:《玉篇校釋》"昇"字下校注文"扶"爲"拱", 並注曰:"拱也, '拱'原訛
'扶', 今正.《集韻》:'奴, 或作昇.'"(3993)胡氏所言是也.《新修玉篇》卷

二十《日部》引《玉篇》："昪,九容切。竦手也。《説文》本居竦切。"(178下左)"竦手""拱手"義同,此亦其證也。故"扶"當即"拱"之形誤。《大字典》《字海》"昪"字下據《玉篇》之謬而收録"扶"這一義項,應删。

469.映

《玉篇·日部》:"映,古穴切。"(96上左)

按:此字《説文》《名義》皆未收,《廣韻》《集韻》亦不録,《玉篇》收於部末,亦當爲宋人據俗書所增。此字義闕。《新修玉篇》卷二十《日部》引《玉篇》:"映,古穴切。《韻》無。"(179上右)《新修玉篇》亦義闕。《篇海》卷十五《日部》引《對韻音訓》(當爲《玉篇》):"映,古穴切。日食也。"(840)《篇海》訓"映"爲"日食也",當爲見其從"夬"而妄補。元刊本《玉篇·日部》:"映,古穴切。日食色。"元刊本訓"日食色",亦非。《正字通·日部》:"映,俗字,舊注:居月切,音決。日食色。非。"(463上)《正字通》所言是也。今案:"映"即"眣"字之俗。《説文·目部》:"眣,涓目也。从目,夬聲。"(73上)"眣",《廣韻》音"古穴切"。"映"與"眣"形近音同,"映"當即"眣"之形誤。《龍龕》卷四《日部》:"映,俗。古穴反。正作眣。目患。"(430)此是其證也。故"映"即"眣"字之俗。

470.朜

《玉篇·月部》:"朜,他敦切。月光。"(96下右)

按:此字《説文》《名義》皆未收,《玉篇》收於部末,當即宋人據俗書所增。《集韻》平聲魂韻他昆切:"朜腪,月光也。或省。"(141)《正字通·月部》:"朜,暾字之訛。月光不必别作朜,省作腪,亦非。"(480上)《正字通》所言當是。《名義·日部》:"暾,勑昆反。日出形盛。"(205下)《玉篇·日部》:"暾,他昆切。日欲出。"(95下左)《廣韻》平聲魂韻他昆切:"暾,日欲出。"(71)《集韻》平聲魂韻他昆切:"暾,日始出皃。"(141)《楚辭·九歌·東君》:"暾將出兮東方,照吾檻兮扶桑。"王逸注:"謂日始出東方,其容暾暾而盛大也。""朜""暾"形近音同,正如《龍龕》卷四《肉部》:"膁膁,二俗。許宜反。正作曦。日光也。"(408)"朜"亦當爲"暾"字之俗,而"腪"又即"朜"之訛省。"曀"俗作"臌",後人不識,見其從"月"而改其訓爲"月光",此即望形生訓。

471. 腌

《玉篇·月部》:"腌,古鄧切。月去也。"(96下右)

按:《玉篇校釋》校"腌"爲"腌",並注曰:"'月去'當爲'月出'。《詩》云:'如月之恒。'俗因從月作腌。"(4010)胡氏所言是也。"腌"字,《新修玉篇》《篇海》引《玉篇》俱作"腌",作"腌"是也。"腌"即"腌"之俗,"腌"又爲"腒"之隸定字。《正字通·月部》:"腌,亙字之訛。舊注:居登切,音亙。月出也。按:本作亙,今亙訛爲腌,分亙、腌爲二,並非。《沂原》亙俗作腌,《舉要》恒或作腌,月出因從舟,故又從月,此説與《沂原》反,非是。"(480上)《正字通》所言印證了胡氏之説。《説文·心部》:"恒,常也。從心,從舟,在二之間上下,心以舟施恒也。亙,古文恒從月。《詩》曰:'如月之恒。'"(286上)商承祚《〈説文〉中之古文考》:"(甲骨文、金文)皆從月。既云古文從月,又引《詩》釋之,則原本作亙,從外爲傳訛。"故"恒"即"亙"增加義符而形成的異體字。"恒"本義指長久、固定不變,引申爲月上弦之貌,即月出也。《詩·小雅·天保》:"如月之恒,如日之升。"毛傳:"恒,弦;升,出也。"鄭玄箋:"月上弦而就盈,日始出而就明。""恒",《集韻》音"居鄧切"。"腌""恒"音義並同,"腌"即"恒"增加義符而形成的異體字。《大字典》《字海》皆收録了"腌""腌""腌"三字,俱未溝通其與"恒"字的異體關係,並失考證。

472. 鮮

《玉篇·多部》:"鮮,余章切。多也。亦作洋。"(99上右)

按:《玉篇校釋》"鮮"字下注:"'多也'者,《切韻》同,應出《埤倉》。'亦作洋'者,《釋詁》:'洋,多也。'郭注:'洋溢亦多兒。'"(4023)郝懿行義疏:"洋者,《匡謬正俗》云:'今山東俗謂衆爲洋。'按:以洋爲多,古今通語。故《詩·閟宮》傳:'洋洋,衆多也。'《碩人》傳:'洋洋,盛大也。'《衡門》傳:'洋洋,廣大也。'《大明》傳:'洋洋,廣也。'廣、盛、大,俱與多義近。《名義·多部》:"鮮,余章反。多。洋字。"(207上)可見原本《玉篇》亦已溝通"鮮"

"洋"二字。故"銇"當即"洋"因涉義改換義符而形成的異體字。

473.夠

《玉篇·多部》:"夠,音勻。茵夠。"(99 上右)

按:此字《說文》《名義》皆未收,《龍龕》《玉篇》收之,當即唐人據俗書所增。《龍龕》卷一《多部》:"夠,音勻。"(178)《玉篇校釋》"夠"字下改"茵夠"爲"周夠",並注曰:"'周夠'之'周'原訛'茵',今正。《集韻》:'夠,周也。'"(4023)胡氏所言是也。《正字通·夕部》:"夠,于汾切,音勻。周也。本作勻,加多,贅。"(215 下)《正字通》所言印證了胡氏之說。《廣韻》平聲諄韻羊倫切:"勻,徧也。"(64)又《廣雅·釋詁二》:"周,徧也。"(132 上)故"夠""勻"音義並同,"夠"當即"勻"之增旁俗字。

474.奲

《玉篇·大部》:"奲,九縛切。健兒。"(99 上左)

按:《玉篇校釋》"奲"字下注:"'健兒'者,《廣韻》同,本止作'矍'。以鷹隼之疾飛喻人之矯健也。《後漢·馬援傳》:'矍鑠哉是翁也。'李注:'勇兒。'矍鑠疊韻,後通謂老人步履輕健曰矍鑠。"(4036)胡氏所言是也。《正字通·大部》:"奲,矍字之訛。舊注音義與《目部》'矍'同,附《大部》非。"(227 上)《正字通》所言印證了其說。《名義·大部》:"奲,九縛反。健兒。"(208 下)故宮本《王韻》入聲藥韻衢籰反:"奲,健兒。"(524)"奲"即"奲"字訛省。"矍",《廣韻》音"居縛切"。"奲""矍"音義並同,"奲"當即"矍"之異體字。

475.奊

《玉篇·大部》:"奊,子隨切。"(99 下右)

按:此字《說文》《名義》皆未收,《廣韻》《集韻》亦不收,《玉篇》收於部末,且義闕,當即宋人據俗書所增。《篇海》(640 上)引《玉篇》亦義闕。《五音集韻》平聲脂韻醉綏切:"奊,大也。"(12 上)《五音集韻》訓爲"大也",當爲見其從“大”而妄補。元刊本《玉篇·大部》：“⿱規大，子隨切。大也。”元刊本《玉篇》亦訓爲“大也”，當爲沿襲《五音集韻》之謬。《正字通·大部》：“⿱規大，俗字。舊注子隨切，醉平聲，汎云大也，誤。”(226 上)《正字通》所言是也。“⿱規大”疑即“嫢”字之俗。《説文·女部》：“嫢，媞也。从女，規聲。讀若癸。秦晉謂細爲嫢。”(262 上)《廣韻》上聲旨韻求癸切：“嫢，細也。又聚惟切。”(168)“嫢”，本義指審諦、腰細而美，引申爲盈姿貌。《廣韻》平聲支韻姊規切：“嫢，盈姿皃。”(21)故“⿱規大”與“嫢”音同形近，又女旁、大旁俗寫形近，或可訛混。《名義·女部》：“⿱規大，公節反。清也。或潔(字)。”(28 上)此“⿱規大”即“㛃”字之俗。此是其證也。故“⿱規大”當爲“嫢”字之俗。《大字典》《字海》“㛃”字分别據《五音集韻》、元刊本《玉篇》訓爲“大”，疑並非是。

476. ⿰火阜

《玉篇·火部》：“⿰火阜，扶久切。熾也。”(100 上左)

按：《名義·火部》：“⿰火阜，扶不反。熾也。”(211 上)《玉篇校釋》“⿰火阜”字下注：“案：本止爲‘阜’。《阜部》引《周禮》：‘以阜民。’鄭玄曰：‘阜，盛也。’”(4077)胡氏所言是也。《正字通·火部》：“⿰火阜，俗字。舊注：音阜。熾也。按：《詩》：‘火烈具阜。’注：‘盛也。’俗作⿰火阜。”(633 下)《正字通》所言印證了胡氏之説。故“⿰火阜”當即“阜”之增旁俗字。

477. 熪

《玉篇·火部》：“燫，力兼切。燫熪，火不絶。”下字曰：“熪，以支切。燫熪。”(100 上左)

按：《名義·火部》：“燫，以廉反。火不絶。”下文曰：“熪，以支反。上文。”(211 下)《玉篇校釋》曰：“‘燫熪，火不絶’者，《切韻·支韻》：引《字書》云：‘燫⿰火多，火不絶。’‘燫熪’與‘燫⿰火多’同。(68)：‘燫，絶也。’(86)：‘⿰火多，盛也。’火不絶即盛也。”(4079)胡氏所言是也。《新撰字鏡·火部》：“熪⿰火多，力支反。燫～。”(52)《正字通·火部》：“熪，⿰火多字之訛。”(638 上)以上二書皆其證也。故“燫熪”同“燫⿰火多”，“熪”與“⿰火多”亦當爲異體字。

478. 爩

《玉篇·火部》：“爩，於勿切。煙出也。”（100下右）

按：《名義·火部》：“爩，於勿反。煙出。”（211下）《玉篇校釋》“爩”字下注：“‘煙出也’者，《切韻》云：‘煙氣。’又：‘烷，煙火出。’案：爩之言鬱也。《爾雅·釋言》：‘鬱，氣也。’郭璞《江賦》：‘時鬱律其如煙。’李善注：‘鬱律，煙上皃。’”（4082）胡氏所言當是。慧琳《音義》卷十九引《埤倉》：“鬱，煙出皃也。”《正字通·火部》：“爩，紆勿切，音菀。煙氣出貌。與鬱通。”（643下）以上二書並其證也。故“爩”本當作“鬱”。

479. 炬

《玉篇·火部》：“炬，弋支切。火燒皃。”（100下右）

按：“炬”當與“姨”同。明鄭若庸《玉玦記》：“紅爐任百姨，真金自堅。”“姨”字，《大字典》《字海》皆音 yí，訓燒煉。“炬”與“姨”音義並同，正如“夷”又作“巨”。《玉篇·尸部》：“巨，餘脂切。古文夷。”（56上右）“炬”“姨”亦爲異體字。

480. 熡

《玉篇·火部》：“熡，勒侯切。”（100下右）

按：此字《説文》《名義》皆未收，《廣韻》《集韻》亦不録，《龍龕》《玉篇》收之，當即唐人據俗書所增。《篇海》卷十三《火部》引《玉篇》：“熡，勒侯切。火炎也。”（790上）《篇海》補訓爲“火炎也”，於文獻無徵，疑非是。《正字通·火部》：“熡，俗字。舊注：音婁。火炎。非。”（638上）《正字通》所言是也。“熡”疑即“樓”字之俗。《説文·木部》：“樓，重屋也。从木，婁聲。”（120下）“樓”，《廣韻》音“落侯切”。“熡”“樓”音同，又“火”旁、“木”旁形近，俗寫或可訛混，如《龍龕》（238）“樵”俗作“熷”、張涌泉《敦煌俗字研究》（下編第367頁）“楺”俗作“揉”等，故“樓”俗書亦可寫作“熡”。《龍龕》卷二《火部》：“熡，舊藏作樓。”（240）此即其證也。故“熡”當即“樓”字俗訛。

481. 烶

《玉篇・火部》："烶，徒頂切。"(100 下右)

按：此字《説文》《名義》皆未收，《廣韻》亦不録，《玉篇》收於部末，且義闕，當爲宋人據俗書所增。《大正藏》本唐神清撰、慧寶注《北山録》卷第十《外信》第十六："夫泄突之一熛，始蔓草而烶於宮室。邪夫之一勃，始凡庸而上訕賢聖，何無善慎歟?"從文意來看，此"烶"當義指"燃燒"。《集韻》上聲迥韻待(徒)鼎切："烶，火皃。"(429)《集韻》補訓爲"火皃"，於文獻無徵，疑爲見其從火而妄補。《大字典》《字海》收録"烶"字，皆據《集韻》訓"火貌"，疑並非是。

482. 燉

《玉篇・火部》："燉。徒昆切。火盛皃。"(100 下左)

按：《名義・火部》："燉，徒昆反。盛也。"(212 下)《玉篇校釋》"燉"字下注："'火盛皃'者，《切韻》：'焞，火色。'《廣韻》：'燉，火色。'又收云：'火熾。'"(4086)胡氏所言是也。余迺永《校注》"焞"字下注："《切韻》系書無，後加。此與他昆切之'燉'爲正俗字……《切三》及《全王》他昆反作焞，訓：'火色。'《廣韻》注義同，惟'焞'字改寫成'燉'矣。"(613)此説即其證也。故"燉"與"焞"音義並同，"燉"當即"焞"之異體字。

483. 熼

《玉篇・火部》："熼，與力切。火光。"(100 下左)

按：《廣韻》入聲職韻與職切："熼，火光。"426)《集韻》入聲職韻逸織切："熼，火皃。"(758)"熼"字，《玉篇》《廣韻》皆訓"火光"，《集韻》訓"火皃"，"火皃"當即"火光"之誤。"熼"疑即"焲"之異體字。《名義・火部》："焲，余石反。火光。"(211 上)《玉篇・火部》："焲，余石切。火光也。"(100 上左)敦煌本《王韻》入聲昔韻羊益反："焲，火光。"(431)故宮本《王韻》、《廣韻》同。"熼""焲"音近義同，"熼"疑即"焲"通過改換聲符而形成的異體字。

484. 煄

《玉篇·火部》:"煄,之隴切。"(100下左)

按:此字《説文》《名義》皆未收,《廣韻》《集韻》亦不録,《玉篇》收於部末,且有音無義,亦當即宋人據俗書所增。《字海》謂見《集韻》,非是。《玉篇校釋》(4091)"煄"字無注。元刊本《玉篇·火部》:"煄,之隴切。火燒起。"《篇海》卷十三《火部》引《玉篇》:"煄,之隴切。火燒起。"(789下)《字彙·火部》:"煄,知隴切,音種。火燒起。"(267下)《正字通·火部》:"煄,俗字。舊注:音種。火燒起。非。"(635上)《正字通》所言當是。"煄"疑即"燻(熏)"字之俗。慧琳《音義》卷五一《大乘起信論》卷上:"熏習,上訓憚反。《考聲》云:'熏,熱也。'《説文》云:'火氣也。'從黑從中作熏。今俗作熏,行用以久難改,亦作煄。"(58,頁445b1)此即其證也。又宋蘇易簡《文房四譜》卷四《紙譜·三之雜説》:"蓋紙錢煙常煄其鼻息故也。"(清《文淵閣四庫全書本》),例中"煄",《十萬卷樓叢書》本作"燻"。清陸懋修《內經難字音義》:"煄,之隴切。《甲乙經》作熏。"此亦其證也。類似的是"熏"作"焄",見《大字典》(2381A)"焄"字條:"熏"的訛字。《改並四聲篇海·火部》引《餘文》:"焄,許運切。灼也。又許云切。火氣盛皃。"《正字通·火部》:"焄,俗從田,誤。"此其又一佐證材料。故"煄"即"燻"字之俗。"燻(熏)"俗作"煄",陳彭年等不識,見其從重而改其讀爲"之隴切",此當即望形生音,因從"重"者多有此音,如"種""腫""踵""緟""喠"等字;《篇海》補訓爲"火燒起",當從火、重而望文爲説,疑皆非。元刊本《玉篇》訓"煄"爲"火燒起",亦當爲《篇海》所誤。

485. 熌

《玉篇·火部》:"熌,非鳳切。"(100下右)

按:此字《説文》《名義》皆未收,《廣韻》《集韻》亦不録,《玉篇》收於部末,且有音無義,亦當爲陳彭年等據俗書所增。《篇海》卷十三《火部》引《玉篇》:"熌,非鳳切。焚也。"(789下)《篇海》訓"熌"爲"焚也",於文獻無徵,疑因從"火"爲説。元刊本《玉篇》因襲《篇海》而訓"焚也",疑亦非是。《正

字通・火部》:"熛,訛字。舊注:音俸。焚也。非。"(635 上)《正字通》謂
"舊注"誤,當是。"熛"疑即"風"字之俗。慧琳《音義》卷九八《廣弘明集》卷
第十六:"飈尒,褾遥反。郭注《尒雅》:'暴風從下上者也。'尸子曰:'暴風,
頹飈也。'《説文》:'飈熛,飄風也。從風、猋亦聲。'《尒雅》亦此猋字也。"
(59,頁 300a10)"飈熛"當同"飈風","熛"當即"風"之異體字。此即其證
也。故"熛"疑即"風"之增旁俗字。

486. 𪐴

《玉篇・黑部》:"𪐴,如欲切。垢黑也。"(101 上左)

按:《名義・黑部》:"𪐴,如屬反。垢黑。"(214 上)《玉篇校釋》"𪐴"字
下注:"案:通作'辱'。《儀禮・士昏禮》:'今吾子辱。'鄭注:'以白造緇曰
辱。'《廣雅・釋詁三》:'辱,汙也。'汙者垢濁,緇者黑色,故𪐴從黑、辱,謂汙
辱之也。此後造字,應出《埤倉》。"(4114)胡氏所言當是。今本《老子》第四
十一章作:"上德若谷,大白若𪐴。"帛書本《老子》第四十章:"甲本:此段經
文全部殘毀。乙本:上德如浴(谷),大白如辱。王本:上德若谷,大白若
辱。"高明注:"傅奕、范應元二本'辱'作'𪐴',謂'大白若𪐴'。"下文又曰:
"'大白若辱',王弼注:'知其白,守其黑,大白然後得。'范應元曰:'𪐴音辱,
黑垢也。古本如此,河上公作辱。'易順鼎曰:'按辱者,《儀禮・士昏禮》注
云:以白造緇曰辱。即此辱字之義……蓋以白造緇,除去污辱之迹,故曰辱
也。此《老子》本義,幸有《詩》傳、《禮》注可以互證。"(21~22)此帛書本《老
子》及易順鼎之説並其證。故"𪐴"當即"辱"之增旁俗字。

487. 𪑄

《玉篇・黑部》:"𪑄,子辭切。黑也。"(101 上左)

按:《名義・黑部》:"𪑄,子思反。黑。"(214 上)"𪑄"字,《大字典》引
《玉篇》作"𪑄","𪑄"即"𪑄"字之俗。《玉篇校釋》"𪑄"字下注:"'黑也'者,
《切韻》:'𪑄,染黑。'《説文》:'兹,黑也。'引《春秋傳》'何故使吾水兹',今
《左傳》作'滋'。杜注:'濁也。'本書《玄部》:'兹,黑也。或作滋、𪑄。'兹義
爲黑,故染黑謂之𪑄。"(4114)胡氏所言是也。《左傳・哀公八年》:"何故

使吾水滋?"陸德明釋文曰:"滋,音玄,本亦作兹,子絲反。《字林》云:'黑也。'"《正字通·黑部》:"𪑮,津私切,音咨。深黑色。通作兹。《說文》:'兹,黑也。從二玄。'俗加黑旁作𪑮。"(1399 下)以上諸說皆其證也。故"𪑮"本作"兹"。

488. 𧿪

《玉篇·九部》:"𧿪,丑孝切。蹇也。或作踔。"(102 上右)

按:《名義·九部》:"𧿪,丑較切。蹇。"(215 上)《玉篇校釋》"𧿪"字下注:"'蹇也。或作踔'者,《廣雅·釋詁三》:'遄、𧿪,蹇也。'曹憲同音敕角反。《切韻》入聲:'踔,跛也。亦作𧿪。'去聲:'踔,後跳。'《集韻》云:'齊楚之間,謂跛曰𧿪。'本書《足部》:'踔,跛也。蹝踔,跛者行。《走部》:'趠,行皃。'《辵部》:'遄,蹇也。'《切韻》:'遄,又作蹠。'"(4134～4135)《新撰字鏡·九部》亦云:"𧿪,丑擊(較)反。蹇也。踔字。"(588)故"𧿪"與"踔""遄""趠"諸字音義並同,並爲異體字。

489. 㲻

《玉篇·九部》:"㲻,烏感切。蹇也。"(102 上右)

按:《名義·九部》:"㲻,烏感反。蹇。"(215 上)《玉篇校釋》"㲻"字下注:"'蹇也'者,《廣雅·釋詁三》文。《切韻》同,《廣韻》云:'㲻跛。'本書《足部》:'踚,跛踚。''踚'與'㲻'同。"(4135)胡氏所言是也。"㲻"字,曹憲音"烏感""烏含""烏洽"三反。"踚"字,《廣韻》音"烏合切",又音"烏洽切"。"㲻"與"踚"音義並同,即義符換用而形成的異體字。《集韻》入聲洽韻乙洽切:"踚㲻,跛也。或從尢。"(798)此即其証也。

490. 㞷

《玉篇·九部》:"㞷,郎臥切。㞷(當爲字頭重出,應刪)不正。"(102 上右)

按:此字《說文》《名義》皆未收,《玉篇》收於部末,當即宋人所增。《玉篇校釋》"㿒"字下注："《集韻·過韻》同，應與上'臝'同。"(4135)胡氏所言當是。《説文·尢部》："臝，尣中病也。从尢，贏聲。"(214下)《名義·尢部》："臝，力臥反。膝中宿(病)。"(215上)《玉篇·尢部》："臝，力臥、力爲二切。膝疾也。"(102上右)"不正"與"尣中病""膝疾"訓異義同，故"㿒"與"臝"音義並同，"㿒"當即"臝"通過改換聲符而形成的異體字。

491.　䨄

《玉篇·青部》："䨄，呼故切。青屬。又青䨄，山名。"(102上左)

按：《玉篇校釋》"䨄"字下注："'青屬'者，《廣韻》同，'又青䨄，山名'者，經刪誤也。《南山經》：'青丘之山，其陰多青䨄。'郭注：'䨄，黝屬。'案：'䨄'即《丹部》'䑏'字。丹爲五色丹之通名，䑏亦爲美丹之通名。美丹、美青同謂之䑏，別之則曰丹䑏、青䑏，俗因變易作'䨄'。畢校《山經》作'䑏'，引顏師古注《漢書》曰：'青䑏，空青也。'"(4142)胡氏所言是也。《正字通·青部》："䨄，舊注：湖故切，音護。青屬。又青䨄，山名。按：《説文》：'䑏，善丹也。從丹，蔓聲。'《周書》《山海經》皆作'䑏'，'䑏'有去、入二音，《正韻》收入藥韻烏郭切。郭璞《山經》注：黝屬，音瓠。顏延之《赭白馬賦》：'具服金組，兼飾丹䑏叶布。'李善音汗。舊本訛作'䨄'，闕入聲，並非。又《山經》：'衡山出丹䑏。'鄭佼曰：'青丘之山，多青䑏。'舊注：山名，青䨄，尤非。"(1268上)《正字通》所言印証了胡氏的考釋成果。《名義·青部》："䨄，胡故反。黝屬。"(215下)可見自顧野王所見《山海經》已改作"䨄"矣。《山海經·南山經》："又東三百里，曰青丘之山，其陽多玉，其陰多青䨄。"郝懿行云："䨄當爲䑏；《説文》云：'善丹也。'《初學記》五卷引此經正作䑏。"袁珂案："畢沅校本已作䑏。"(7~8)以上諸説皆其證也。故"䨄"當即"䑏"字之俗。

492.　猺

《玉篇·山部》："猺，奴刀切。山名。又犬也。"(102下右)

按："猺"訓"犬也"，當即"獶"之異體字。《集韻》平聲豪韻奴刀切："獶，《説文》：'犬惡毛也。'隸作獶，或作猱，通作猺。"(195)此是其證也。故此

“猛”當即“獴（獷）”之異體字。

493. 峎

《玉篇·山部》：“峎，五很切。山名。”（103 上左）

按：《玉篇校釋》“峎”字下注：“《集韻·混韻》同，應即《地理志》佷山縣字，縣以山名。”（4196）胡氏所言是也。《漢書·地理志上》：“武陵郡，户三萬四千一百七十七，口十八萬五千七百五十八。縣十三：索、孱陵、臨沅、沅陵、鐔成、無陽、遷陵、辰陽、酉陽、義陵、佷山、零陽、充。”（1594～1595）《正字通·山部》：“峎，舊注：五懇切，恩上聲。引《玉篇》汎云‘山名’。一説：《地理志》有佷山縣，與狠字同音，無峎山。”（294 下）《正字通》之“一説”印証了胡氏之説。故“峎”當即“佷”字之俗。

494. 嵚

《玉篇·山部》：“嵚，宜今切。兩山向。”（103 上左）

按：此字《説文》、原本《玉篇》、《名義》皆未收，《玉篇》收於部末，當即宋人據俗書所增。《玉篇校釋》“嵚”字下校補注文爲“兩山相向”，並注曰：“原無‘相’字，今依《集韻》補。《集韻·侵韻》：‘嵚，兩山相向。’張衡《南都賦》：‘嶔巖屹嵲。’李注：‘嶔巖，山相對而危險之皃也。’‘嶔巖’雙聲，‘嵚’與‘嶔’‘嵌’等並同。”（4204）胡氏所言近是。《正字通·山部》：“嵚，同嶔，俗省。舊注：音吟。兩山向也。分爲二。”（297 下右）《正字通》所言印証了胡氏的考釋成果。原本《玉篇·山部》：“嶔，綺金、苦嚴二反。野王案：山阜之勢也。”（472）“兩山相向”與“山阜之勢也”義近，“嵚”與“嶔”音義並近，“嵚”當即“嶔”通過改換聲符而形成的異體字。

495. 嵯

《玉篇·山部》：“嵯，姑户切，又古胡切。”（103 上左）

按：此字《説文》《名義》皆未收，《玉篇》收於部末，且義闕，當即宋人據俗書所增。《集韻》上聲姥韻果五切：“嵯，山名。”（340）“嵯”疑本止作“鼓”。

《山海經·中山經》："又東北四百里,曰鼓鐙之山,多赤銅。有草焉,名曰榮草,其葉如柳,其本如雞卵,食之已風。"(146)又下文曰："東三百里,曰鼓鍾之山,帝臺之所以觴百神也。有草焉,方莖而黃華,員葉而成,其名曰焉酸,可以爲毒。其上多礪,旗下多砥。"(171)"巖"疑即"鼓"字因涉"鼓鐙之山"、"鼓鍾之山"而增加義符所形成的俗字。

496. 峐

《玉篇·山部》："峐,古來切。山名。"(103 上左)

按:原本《玉篇·山部》："屺,去紀反。《毛詩》:'陟彼屺兮。'傳曰:'山有草木曰屺。'《韓詩》:'有草無木曰屺。'《説文》:'山無草木曰屺也。'峐,《爾雅》:'山無草木曰峐。'《聲類》亦屺字也。"(459)《玉篇校釋》"峐"字下注:"原本以此爲'屺'之重文,《聲類》或屺字也。《釋山》:'山無草木曰峐。'《釋文》引阮孝緒《字畧》:'峐,古開反。'本書今本'屺'下扁奪'峐'字,應改移彼爲重文。"(4203)胡氏所言是也。敦煌本《王韻》上聲止韻虛里反:"屺,山無草木。亦作峐。"(387)故宮本《王韻》、故宮本《裴韻》同。此亦其證也。故"峐"與"屺"音義並同,當爲異體字,本應置於"屺"字之下作爲其重文,今本《玉篇》却誤分,於部末收錄"峐"字,改音"古來切",並改訓"山名",音義並非。《廣韻》承襲《玉篇》讀音之誤改音"古哀切",亦非。《大字典》《字海》"峐"字讀音承襲《廣韻》之誤而音 gāi,且據今本《玉篇》之謬而收錄"山名"這一義項,俱失考證。

497. 巔

《玉篇·山部》："巔,多田切。山頂也。"(103 下右)

按:《玉篇校釋》"巔"字下注:"本書《頁部》:'顛,頂也。'山頂謂之顛,字不從山。《詩·采苓》:'首陽之巔。'鄭箋:'首陽山上也。'慧琳八八·二引《爾雅》:'巔,頂也。'《廣雅》:'上也。'今二書並止作'顛'。"(4207)胡氏所言是也。《正字通·山部》:"巔,俗顛字。"(305 下)《正字通》之説印证了胡氏的考釋成果。《爾雅·釋言》:"顛,頂也。"郭璞注:"頭上。"(31)《方言》卷六:"顛,上也。"(41)故"巔"當即"顛"字之俗。

498. 嶸

《玉篇·山部》："嶸,莫紅切。山。"(103 下右)

按:《玉篇校釋》"嶸"字下注:"案:古止作'蒙',从山後出。《書·禹貢》:'蔡蒙旅平。'孔傳:'蔡、蒙二山名。'又云:'蒙羽其藝。'鄭注:'蒙、羽二山名。'《詩·閟宮》:'奄有龜蒙。'毛傳:'蒙,山也。'《漢書·地理志》:'蒙山在蜀郡青衣縣。'"(4207)胡氏所言是也。《正字通·山部》:"嶸,俗字。凡山名、地名古皆借蒙。"(303 下)《正字通》所言印証了胡氏的考釋成果。故"嶸"當即"蒙"之增旁俗字。

499. 岕

《玉篇·山部》："岕,音介。山名。"(103 下右)

按:此字《説文》《名義》未收,《玉篇》收於部末,當即宋人所增。《玉篇校釋》"岕"字下注:"本書直音'介'者,蓋山因介子推得名。《説苑·復恩篇》:'晉文公表縣上山中而封之,以爲介推因號曰介山。'"(4211)胡氏所言是也。《正字通·山部》亦云:"岕,舊注:居拜切,音戒。山名。按:晉文公以介子推逃隱縣上山中特末其山曰介山,詳見《説苑》,俗作岕。"(292 上)此説印証了胡氏的考釋成果。故"岕"當即"介"之增旁俗字。

500. 嶐

《玉篇·山部》："嶐,孚隆切。山名。"(103 下右)

按:此字《説文》《名義》皆未收,《玉篇》收於部末,當即宋人據俗書所增。《廣韻》平聲東韻敷隆切:"嶐,山名。"(5)"嶐"當本作"豐"。《山海經·中山經》:"又東南三百里,曰豐山。有獸焉,其狀如蝯,赤目、赤喙、黃身,名曰雍和,見則國有大恐。"(201)下文又曰:"又東四十里,曰豐山,其上多封石,其木多桑,多羊桃,狀如桃而方莖,可以爲皮張。"珂案:"上文已有豐山,此山蓋與連麓而別一山,非重出也。"(209)袁珂所言當是。"豐山"於《山海經》中兩出,地點不同,非指一山。"嶐"當即因"豐山"指山,故而於"豐"字上增加義符"山"旁而形成的俗字。

501. 嵳

《玉篇·山部》:"嵳,眉否切。山。"(103下右)

按:此字《説文》《名義》皆未收,《玉篇》收於部末,當即宋人據俗書所增。"嵳"當本作"美"。《山海經·中山經》:"又東北一百里,曰美山,其獸多兕牛,多閭、麈,多豕、鹿,其上多金,其下多青䨼。"(186)"嵳"當即"美"因涉下文"山"字類化影響增旁而形成的俗字。

502. 崬

《玉篇·山部》:"崬,仕力切。山名。"(103下左)

按:《玉篇校釋》"崬"字下注:"'山名'者,'名'當爲'兒'。《切韻》:'崬屴,山兒。'王延壽《靈光殿賦》:'崬屴巆𡺳。'李善補注:'峻嶮之兒。'本書不收'屴'。上(58)'㠜'下引《字指》:'㠜巆,山峰兒也。''㠜''崬'一字,猶'吳''測'一字。依例'崬'當附'㠜'下爲重文。"(4214~4215)胡氏所言是也。《新撰字鏡·山部》:"崬,士力反。崬屴,山兒。"(306)此亦其證也。故《玉篇》"崬"訓"山名",當爲"山兒"之誤。《大字典》"崬"字下據《玉篇》之謬而收録"山名"這一義項,非是。

503. 㟳

《玉篇·屵部》:"㟳,普昧切。崩聲。又皮鄙切。毀也。或作圮。"(103下左)

按:《玉篇校釋》"㟳"字下注:"原本依《説文》於'屵'下爲'㟳''㟳'二字,今本逸'㟳'字,誤合於'㟳'下。二徐《説文》:'㟳,崩也。'涉'㟳'下説解'崩聲'而誤。"(4221)胡氏所言是也。原本《玉篇·屵部》:"㟳,皮鄙反。《説文》:'㟳,毀也。或爲圮字,在《土部》;或爲醅字,(在)手部。'"下字曰:"㟳,妨昧反。《説文》:'崩聲也。'"(476)《名義·屵部》亦云:"㟳,皮鄙反。毀也。"下字曰:"㟳,妨昧反。崩聲。"(219上)故《玉篇》"㟳"字又音"皮鄙切”，訓“毀也。或作圮”者，即因誤脱“嶏”字，進而將其音義誤植於“嶏”字之上而誤也。段玉裁反據《玉篇》之謬而謂“嶏”葢“嶏”之或體，謬之甚也。《大字典》“嶏”字下引段氏之説，亦失考證。《大字典》“嶏”字下據《玉篇》之誤而增“毀也”這一義項，亦非。《字海》“嶏”字據《玉篇》之誤而直謂“嶏”同“圮”，亦非。《大字典》“嶏”字據二徐本《説文》訓“崩也”，亦應據原本《玉篇》所引《説文》校爲“毀也”。

504. 廔

《玉篇·广部》：“廔，力侯切。屋蠡也；脊也。”（104 上左）

按：《玉篇校釋》“廔”字下注：“二徐《説文》作‘屋麗廔也。一曰穜也。’本書今本注即原引《説文》義而有奪誤，‘脊’即爲‘春’訛。《切韻》：‘麗廔，綺窻。’即本書‘麗’下引《埤倉》文。蠡廔，雙聲聯綿語，故亦作麗廔、麗廔、離婁、離樓，並同，疏朗通明義也。”（4242）胡氏所言是也。原本《玉篇·广部》：“廔，力侯反。《説文》：‘屋蠡廔也。一曰春也。’”（491）《名義·广部》亦曰：“廔，力侯反。春也。”（220 上）《新撰字鏡·广部》：“廔，落侯反，平。麗（廔），綺窻也。”（580）故《玉篇》“廔”訓“屋蠡也；脊也”，當爲“屋蠡廔也；春也”之奪誤。《大字典》《字海》“廔”字下皆沿襲《玉篇》之謬而妄增以上兩個義項，故“屋蠡”之義皆應删，而“脊也”之義應校爲“春也”。又《集韻》平聲虞韻龍珠切：“廔，窻也。”（83）“窻也”當爲“麗廔，綺窻也”之省。《大字典》“廔”字據《集韻》而增收此條義訓，亦應删。又據原本《玉篇》，《説文》“一曰穜也”當爲“一曰春也”之誤，此爲二徐本之誤。段玉裁據二徐本《説文》之誤而謂“樓”同“廔”，非是。《大字典》《字海》皆引段氏之説，亦失考證。

505. 㾂

《玉篇·广部》：“㾂，古洽切。廦也。”（104 下右）

按：此字《説文》《名義》皆未收，《玉篇》收於部末，當即宋人據俗書所增。《玉篇校釋》“㾂”字下注：“《廣韻》卅一洽：‘侯夾切。廦也。’卅二狎：‘㾂，古狎切。㾂廦。’本書《厂部》：‘㾂，《説文》：廦也。’‘廦，《説文》：仄也。’

'廦'與'僻'同，'廦'與'壁'同，此'庲'即'庆'之訛字，當刪。"(4259)胡氏所言是也。《正字通·广部》："庲，同庆。《説文·厂部》本作'庆'，舊注引《玉篇》'廦也'，與《説文》'庆'訓同，誤分爲二。"(329 上)《正字通》所言印证了胡氏之説。《説文·厂部》："庆，廦也。从厂，夾聲。"(194 上)《玉篇》"庲"訓"廦也"，"廦"當爲"僻"字之訛。故"庲""庆"音義並同，又"广"旁、"厂"旁形近，俗寫常可訛混，"庲"當即"庆"字之訛。

506. 庥

《玉篇·广部》："庥，音求。偏廈。"(104 下右)

　　按：此字原本《玉篇》《名義》皆未收，《廣韻》亦不録，《玉篇》收於部末，當即宋人據俗書所增。《正字通·广部》："庥，俗字。舊注音求，汎引《玉篇》'偏廈'，泥。"(329 上)《正字通》謂"庥"爲俗字，是也。"庥"疑即"庲"字之訛。原本《玉篇·广部》："庲，千致反。《廣雅》：'舍也。'《埤倉》：'下屋也。'"(496)《玉篇·广部》："庲，千漬切。下屋也。"(104 上左)敦煌本《王韻》去聲寘韻(此致反)："庲，偏庲(當衍)屋。"(402)故宮本《裴韻》同。故"庥"與"庲"義同，又"求"、"束"俗寫形近或可訛混，《急就篇》"棘"俗作"𣗥"，《敦煌俗字典》"求"俗作"𧗿"、"𣏗"，此其證也，故"庥"當即"庲"字之訛。"庲"訛作"庥"，後人不識，見其從"求"而改其讀爲"音求"，此當即望形生音。

507. 㡣

《玉篇·广部》："㡣，离與切。晉大夫名。"(104 下右)

　　按：《玉篇校釋》"㡣"字下注："《切韻》：'㾊，晉大夫名。'本書《疒部》：'㾊，《埤倉》云：晉大夫冀叔㾊也。'"(4262)胡氏所言當是，"㡣"當即"㾊"字之訛。又《直音篇》卷六《广部》："㡧，音名。衆也。㡣，同上。"(233 下)"㡧""㡣"即異寫字，《直音篇》"㡧"字"音名"，當爲"音呂"之誤。《直音篇》"㡧"訓"衆也"，於前代諸字韻書皆無徵，其訓非是。《字彙·广部》亦云："㡣，離與切，音呂。衆也。又晉大夫名。"(142 上)《字彙》"㡣"訓"衆也"，當爲《直音篇》所誤。《正字通·广部》又云："㡣，俗旅字。舊注：音呂。衆也。與旅分爲二。"(329 上)"旅"無緣變作"启",《正字通》此説又爲《字彙》所誤。故《大字典》《字海》"启"字下第二義項皆應删。

508.庸

《玉篇·广部》:"庸,布吾切。屋上平。"(104 下右)

按:《廣韻》平聲模韻博孤切:"庸,屋上平。陠,上同。"(47)余迺永《校注》"庸"字下注:《切三》及《王一》同,《全王》作'屋平'。按《廣雅·釋詁》云:'庸(陠),褒也。'本韻他胡切庩字云:'庸庩,屋不平也。'並證注文上字應作'不'。"(598)余氏所言是也。《集韻》平聲模韻奔模切:"庸,庸庩,屋不平。"(85)此亦其證也。故"庸"字,《切韻》《廣韻》《玉篇》訓"屋上平"皆爲"屋不平"之誤。"庸"字,《大字典》據《玉篇》之誤而轉訓爲"平頂屋",《字海》據《廣韻》訓爲"屋上平",皆誤。又"陠"字,《大字典》第二義項亦據《廣韻》轉訓爲"平頂屋",《字海》第二義項亦據《廣韻》訓爲"屋上平",亦皆誤。

509.厙

《玉篇·厂部》:"厙,尸夜切。姓。又尺舍切。"(105 上右)

按:《玉篇校釋》"厙"字下注:"案:《後漢書》本作'庫',庫有舍音。《广部》'庫'下引《釋名》云:'齊魯謂庫曰舍。'是也。"(4283)胡氏所言是也。《正字通·厂部》:"厙,按:今天台括蒼有厙姓。楊慎《千家姓》跋云:'厙之音赦,本庫字,去其上點無義。'"(121 上)余迺永《校注》"厙"字下亦云:"然此實'庫'字俗寫,《後漢書·竇融傳》有金城太守厙鈞,《音義》曰:'厙姓,即倉庫吏後也。今羌中有姓厙,音舍,云承鈞之後也。'王先謙《集解》:'古讀庫有舍音,猶車音尺遮反、余音食遮反;《廣韻》禡韻有厙字,云:姓也。此流俗之字……'本書暮韻苦故切'庫'注亦以庫氏兼諸漢、虜,後人不審暮、禡二韻車聲字上古入魚部,遂取虜複姓音舍者改'厙';又昌舍切者,殆亦以'舍'字所謂古音若'遮'而來。"(886)以上諸説並其證也。綜上所述,"庫"本音"苦故切",又因同義換讀而有"舍"音。《廣雅·釋宫》:"庫,舍也。"此亦其證也。故"厙"訓"姓",與"庫"音義並同,本當作"庫"。又"厙"字,方言多用於村莊名,亦本當作"庫",因村莊因姓而名也。

510. 厴

《玉篇·厂部》:"厴,司夜切,又音寫。"(105 上右)

按:《玉篇校釋》"厴"字下注:"元刊亦缺義,'厴'之言'寫'也。《集韻·禡韻》:'厴,傾也。'"(4283)胡氏所言是也。《正字通·厂部》:"厴,寫字之訛。六書有寫無厴。"(123 上)《正字通》所言印証了胡氏之説。《説文·宀部》:"寫,置物也。从宀,舄聲。"(151 上)"寫"本義指"放置",引申爲"傾瀉"。《周禮·地官·稻人》:"以澮寫水。""厴",《集韻》訓"仄也",仄亦指傾斜義。"寫",《廣韻》音"悉姐切",又音"四夜切"。故"厴"與"寫"音義並同,"厴"當即"寫"字之俗。

511. 厍

《玉篇·厂部》:"厍,古洽切。"(105 上右)

按:此字原本《玉篇》未收,《廣韻》《集韻》亦不録,《玉篇》收於部末,且義闕,當即宋人據俗書所增。《正字通·厂部》:"厍,俗字。舊注:音甲。大也。誤。"(120 上)《正字通》所言是也。《新修玉篇》卷二二《厂部》引《玉篇》:"厍,古狎切。"(182 下右)《新修玉篇》亦闕義。《篇海》補訓爲"大也",當即以"甲"爲説,非是。《玉篇校釋》"厍"字下注:"應與《广部》'庘'同。"(4283)胡氏所言疑是。原本《玉篇·广部》:"庘,於甲反。《埤倉》:'庘廬,庵庇(二字當作'屋')欲壞也。'"(496)《玉篇·广部》:"庘,於甲切。屋欲壞也。"(104 上左)"厍"當即"庘"字之俗,正如"庫"俗作"厙","廈"俗作"厦"等。"庘"俗寫作"厍",後人不識,見其從"甲"而改其讀爲"古洽切",又見其從"甲"而補其訓爲"大也",遂致二字相隔不同。

512. 砌

《玉篇·石部》:"砌,千計切。危也;階砌也。"(105 上左)

按:原本《玉篇·石部》:"砌,且計反。《西京賦》:'設砌厓陳。'薛綜曰:'砌,限也。'《廣雅》:'砌,阤也。'"(521)《玉篇校釋》"砌"字下注:"案:砌本名厄。《户部》：‘厄，砌也。’《書·顧命》：‘夾兩階厄。’《兩都賦》下文有云：‘金厄玉階。’並是也。‘厄’字後世罕用，故廣益本誤爲‘危’，寫者不識‘厄’字也。”(4308)胡氏所言是也。《名義·石部》：“砌，且計反。限也；厄也。”(223上)此亦其證也。《大字典》“砌”字下據《玉篇》之誤而收録“危”這一義項，應據正。

513. 礓

《玉篇·石部》：“礓，居良切。礫石也。”(105下右)

按：《玉篇校釋》“礓”字下注：“‘礓’字原本應有，傳寫失之。慧琳卅七·十一：‘《埤倉》：礓，礫石也。’即迻録本書原引文。《切韻》：‘礓，礓石。’慧琳、希麟引《字書》《考聲》並同。案：當云‘彊石也’，字本止爲‘彊’，以言礫之堅彊而變易形符作‘礓’，遂成爲名詞矣。上‘礜（熬）’下引《爾雅》郭注：‘多彊礫也。’今本作‘礓’。”(4321)胡氏所言當是。《名義·石部》：“礓，居良反。礫也。”(223下)此“礓”即“礓”字之俗，可見原本《玉篇》應收“礓”字，傳寫誤脱耳。《叢考》(733)謂“礓”疑爲“礓”的訛俗字，是也。故“礓”當本作“彊”。

514. 碾

《玉篇·石部》：“碾，四貲切。宮名。或作庪。”(105下右)

按：原本《玉篇·石部》：“碾，[四]貲反。《字書》：‘亦宮名也。’野王案：碾祁之宮也。或爲庪字，在《广部》也。”(526)《名義·石部》：“碾，[四]貲反。宮名。庪字。”(224上)《玉篇校釋》“碾”字下注：“《切韻》：‘碾，館名。’本書《广部》‘庪’下引《左氏傳》：‘晉侯方築庪祁之宮。’杜預曰：‘宮名也。’《字書》爲碾字，在《石部》。《人部》：‘偮，偮祁，地名。亦作庪。’今《左傳》作‘庪’，‘偮’即由‘庪’而訛。”(4325)胡氏所言是也。“碾”與“庪”“庪”音義並同，即爲異體字，而“偮”當即“庪”字俗訛。又《集韻》平聲田黎切：“碾，碾氏，館名。一曰：磃碾，怪石。”(95)“磃碾”當同“唐庢”“磃庢”。《説文·石部》：“庢，唐庢，石也。从厂，屖省聲。”(191下)《廣韻》平聲齊韻杜奚切：“庢，磃庢，石也。”(49)《集韻》平聲齊韻田黎切：“庢碎，《説文》：‘唐庢，石也。从厂，犀省聲。’或从石。”(95)“磄礦”與“唐犀”“磄犀”“唐碎”音義並同，當爲同詞異寫。

515. 礏

《玉篇·石部》：“礏，魚兼切。山。”(105 下左)

按：“礏”字，《玉篇》訓“山”，疑爲“山皃”之誤。《集韻》訓“山名”，亦當爲《玉篇》所誤也。“礏”疑與“嶮”爲異體字。《玉篇·山部》：“嶮，五咸切。”(103 下右)元刊本《玉篇·山部》：“嶮，五咸切。山高。”“礏”“嶮”音同，又“石”旁、“山”旁義通，俗書常可換用，正如“碞”同“嵒”、“嗒”同“嵉”、“礛”同“嶃”等，“礏”“嶮”當即義通義符換用而形成的異體字，當皆指“山勢高峻之皃”。

516. 礛

《玉篇·石部》：“礛，去金切。石名。”(105 下左)

按：《玉篇》“礛”訓“石名”，疑非是。《集韻》平聲侵韻袪音切：“嶃，山高險也。《公羊傳》：‘殽之嶃巖。’或作礛。”(279)《文選·左思〈吳都賦〉》：“礛碞乎數州之間，灌注乎天下之半。”李善注引劉逵曰：“礛碞，山深險連延之狀。”故“礛”與“嶃”同，義指山勢高險。《玉篇》訓“石名”，於文獻無徵，當爲望形生訓。《大字典》“礛”字下據《玉篇》之誤而收錄“石名”這一義項，非是。

517. 碞

《玉篇·石部》：“碞，宜今切。石。”(106 上右)

按：《玉篇》“碞”訓“石”，疑亦非是。《集韻》平聲侵韻魚音切：“崟碞，《説文》：‘山之岑崟也。’或从石。”(279)又《文選·左思〈吳都賦〉》：“礛碞乎數州之間，灌注乎天下之半。”李善注引劉逵曰：“礛碞，山深險連延之狀。”故“碞”與“崟”同，義指“山勢高峻貌”。《玉篇》訓“石”，於文獻亦無徵，亦當爲望形生訓。《大字典》“碞”字下據《玉篇》之誤而收錄“石”這一義項，應刪。

518.硆

《玉篇·石部》：“硆，烏加切。石名。”(104 下左)

按：《玉篇》“硆”訓“石名”，疑亦非是。《廣韻》平聲麻韻於加切：“硆，碨硆，地形不平。”《文選·郭璞〈江賦〉》：“蚭蠩森衰以垂翹，玄蠣魂磥而碨硆。”李善注：“魂磥、碨硆，不平之貌。”故“硆”當合“碨”字而爲“碨硆”，義指地形不平貌。《玉篇》訓“石名”，於文獻無徵，亦爲望形生訓。《集韻》平聲麻韻於加切：“硆，土不平謂之硆。一曰石名。”(209)《集韻》“一曰石名”，亦爲《玉篇》所誤。《大字典》《字海》“硆”字下沿誤而收錄“石名”這一義項，皆應刪。

519.砳

《玉篇·石部》：“砳，音史。石名。”(106 上右)

按：此字《玉篇》收於《石部》之末，《廣韻》《集韻》皆未收，疑即陳彭年等據俗書所增。《字彙·石部》：“砳，師止切，音史。石名。”(323 上)《正字通·石部》：“砳，砄字之訛。舊注音史，誤。”(749 上)《正字通》所言疑是。《玉篇·石部》：“砄，音決。石也。”(106 上左)《集韻》入聲屑韻古穴切：“砄，石也。”(705)“砳”與“砄”形近義同，正如韓小荆《〈可洪音義〉研究》(529)“抉”俗作“𢪙”，“砳”疑即“砄”字俗訛。“砳”字，《玉篇》音“史”，疑爲望形生音。

520.砺

《玉篇·石部》：“砺，力麥切。石聲。”(106 上右)

按：《龍龕》卷四《石部》：“砺，力麥反。石聲也。”(445)《直音篇》卷六《石部》：“砺，音歷。石聲。”(239)“砺”字，前代字書皆音“力麥切”，《直音篇》卻改音“歷”，非是。《詳校篇海》卷四《石部》：“砺，狼狄切，音曆。石聲。”(302 下)《字彙·石部》：“砺，狼狄切，音曆。石聲。”(323 上)“砺”字，

《詳校篇海》《字彙》音"曆",此亦因承襲《直音篇》而誤。《正字通·石部》："砳,古文曆。《六書略》:'二石相擊成聲。'舊注音義同'曆',分爲二字,非。"(749 上)《正字通》承襲前代字書讀音之誤而謂"砳"同"曆",亦失考證。《玉篇校釋》"砳"字下注:"《集韻》麥韻義同,云:'或作礐。'本書:礐,《説文》:'石聲也。'"(4345)《説文·石部》:"礐,石聲。从石,學省聲。"(193 上)《廣韻》入聲麥韻力摘切:"礐,礐硞,水石聲也。"(417)《集韻》入聲麥韻力摘切:"砳,石聲。或作礐。"(739)故"砳"與"礐"音義並同,"砳"當即"礐"之異體字。

521. 硁

《玉篇·石部》:"硁,仕耕切。破聲。"(106 上右)

按:《集韻》平聲耕韻鋤耕切:"硁,破聲。"(236)《字彙·石部》:"硁,除庚切,音根。破聲。"(322 上)《正字通·石部》:"硁,除盲切,音根。與玪通,石聲。舊注破聲,誤。"(751 下)"硁"字,《正字通》以前諸字書皆訓"破聲",《正字通》却謂與"玪"同,訓"石聲",並謂"舊注"訓"破聲"非,其説無據,非是。《説文·玉部》:"玪,玉聲也。从玉,争聲。"(6 上)"玪",《廣韻》音"楚庚切"。"硁"與"玪"音同義別,二字不可混同,《正字通》謂"硁"與"玪"通,疑非是。《大字典》"硁"字下據《正字通》之説增收一個義項謂同"玪",非是。《字海》"硁"字轉録作"硁",謂同"玪",亦非。

522. 㻸

《玉篇·石部》:"㻸,亦殊切。石。碖,同上。"(106 上右)

按:《廣韻》平聲虞韻羊朱切:"碖,石次玉也。"(41)"㻸"當即"瑜"之異體字。《玉篇·玉部》:"瑜,昱朱切。美石次玉。"(6 上左)"㻸""瑜"音義並同,"㻸""瑜"當即義通義符換用而形成的異體字。

523. 礗

《玉篇·石部》:"礗,音闕。石也。"(106 上左)

按：此字《説文》、原本《玉篇》皆未收，《廣韻》《集韻》亦不録，《玉篇》收於《石部》之末，當即陳彭年等據俗書所增。《玉篇校釋》"礴"字下注："即'厥'之後起字。"（4346）《説文·厂部》："厥，發石也。从厂，欮聲。"（191下）桂馥義證："《廣韻》作'礉'，云：'發石。'漢律有礉張士。礉，發石；張，挽强。""厥（礉）"，《廣韻》音"居月切"。"礴"與"厥（礉）"音義俱别，"礴"疑非同"厥（礉）"。今案："礴"疑即"闕"字之俗。《説文·門部》："闕，門觀也。从門，欮聲。"（248下）"闕"本義指宮門外兩邊的樓台，引申義爲石闕。漢佚名《祀三公山碑文》："東就衡山，起堂立壇，雙闕夾門，薦牲納禮。"唐李白《憶秦娥》："音塵絶，西風殘照，漢家陵闕。"以上"闕"字皆爲"石闕"之義。《玉篇》"礴"字訓"石也"，疑爲"石礴也"之脱誤。"礴"與"闕"當音義並同，"礴"當即"闕"之增旁俗字。

524. 礊

《玉篇·磬部》："礊，力冬切。聲也。礊，同上。"（106上左）

按：原本《玉篇·磬部》："礊，力宗反。《字書》：'礊礊，鼓聲也。'"（531）《玉篇校釋》"礊"字下注："'礊'亦'礊'之訛變。《金部》：'鏨，力宗切。鼓聲。'《鼓部》俗增爲'鼕'之重文，《集韻》亦爲'韇'之或體。"（4350）胡氏所言是也。《説文·鼓部》："韇，鼓聲也。从鼓，隆聲。"（102上）《集韻》平聲冬韻虛（盧）冬切："韇，鼓聲。或作鏨、鼕、礊、鼟。"（15）故"礊""鏨""鼕""鼟"諸字並即"韇"字之俗。

525. 陔

《玉篇·阜部》："陔，古臺切。階也；隴也。亦作垓。"（106下左）

按：《玉篇》訓"陔"爲"階也"，非是。《説文·阜部》："陔，階次也。从阜，皆聲。"（308上）原本《玉篇·阜部》："陔，古臺反。《史記》：'泰一壇，三陔。'徐廣：'階次也。'蘇林曰：'陔，重。'《聲類》：'陔，隴也。'《毛詩序》：'《南陔》，孝子相戒以養也。'或爲垓字也。〔在〕《土部》也。"（554）以上二書皆其證也。故《玉篇》訓"陔"爲"階也"，當爲"階次也"之脱誤。《大字典》"陔"字下據《玉篇》之誤而收録"台階"這一義項，亦失考證。

526. 隑

《玉篇·阜部》："隑,音夑。國名。"(107 上左)

按:《玉篇校釋》"隑"字下注:"《集韻·東韻》同。《書·湯誓》後圳亡書序:'遂伐三朡。'孔傳:'三朡,國名,桀走保之,今定陶也。'案:'朡'本作'艭'。《史記·殷本紀》作'遂伐三夑',此直言音夑,明謂即《書》之'三朡'也。"(4409)胡氏所言當是。《正字通·阜部》:"舊注:音宗。國名。按:《書》:'遂伐三艭。'或訛作'朡',《史記》省作'夑',未有從'阝'作'隑'者,汎訓'國名',訛作'隑',並非。《正韻》一東作'艭'。"(1241 下)《正字通》所言印证了胡氏之説。五代本《切韻》平聲東韻子紅反:"隑,三苗國名。"(743)《廣韻》平聲東韻有"艭"無"隑",其平聲東韻子紅切曰:"艭,《書》傳云:'三艭,國名。'《説文》云:'船著沙不行也。'"(8)此爲胡氏之説之又一佐證也。故"隑"當即"艭(朡)"字之俗。

527. 隬

《玉篇·阜部》："隬,乃礼切。地。"(107 上左)

按:《玉篇校釋》"隬"字下注:"《集韻·薺韻》:'隬,地名。'又:'坭,地名。在衛。'案:'坭'與'隬'同。《廣韻》有'坭'無'隬',本書有'隬'無'坭'。'坭'即《詩·式微》'胡爲乎泥中'之'泥'。毛傳:'泥中,衛邑。'尼與爾聲符多相通,水、土、阜形符亦相通。《水部》'泥'下今本止舉'水名'及'露濃'二義,或原本有引《詩》爲地名文。"(4411)胡氏所言是也。《詩·邶風·泉水》:"出宿於泲,飲餞於禰。"陸德明釋文:"禰,乃禮反。地名。《韓詩》作坭,音同。"程俊英、蔣見元注:"禰,衛地名。《韓詩》作坭,《士虞禮》鄭注引《詩》作泥,皆音同通用。"(107)故"隬"與"禰"音義並同,"隬"當即"禰"通過改換義符而形成的異體字。

528. 隝

《玉篇·阜部》："隝,音周。"(107 上左)

按：《篇海》卷八《阜部》引《玉篇》："隖，周、稠二音。"（705 下）此字原本
《玉篇》、《名義》皆未收，《廣韻》《集韻》亦不録，《玉篇》收於《阜部》之末，當
即陳彭年等據俗書所增。元刊本《玉篇·阜部》："隖，音周。大阜皃。""隖"
字，宋本《玉篇》義闕，《新修玉篇》引《玉篇》補訓爲"大山也"，元刊本《玉篇》
補訓爲"大阜皃"，疑皆爲望形生訓，不足據。《正字通·阜部》："隖，俗字。
舊注：隖音周。大阜貌。非。"（1239 下）《正字通》所言當是。今案："隖"疑
即"郮"字之俗。《玉篇·邑部》："郮，之由切。故國，黄帝後所封也。"（11
下右）《廣韻》平聲尤韻職流切："郮，黄帝後所封國。"（136）《集韻》平聲尤韻
之由切："郮，國名，黄帝後所封。"（264）"隖"與"郮"音同，正如《叢考》謂
"阣"當是"邖"的偏旁易位字、"陮"當是"邟"的偏旁易位字等，"隖"疑即
"郮"之偏旁易位俗字。

529. 隵

《玉篇·阜部》："隵，士銜切。地。"（107 上左）
按：《集韻》平聲銜韻鋤銜切："隵，地名。"（297）《字彙·阜部》："隵，鋤
咸切，音讒。地名。又去聲，士陷切。陷也。"（521 下）《正字通·阜部》：
"隵，俗巉字。舊注：音讒。地名。又士陷切。陷也。並非。"（1247 下）《廣
雅·釋詁四》："巉巊，高也。"《玉篇·山部》："巉，士衫切。巉巗，高危。"
（103 上右）《廣韻》平聲銜韻鋤銜切："巉，險也。"（254）"隵"與"巉"音同義
別，《正字通》謂"隵"爲"巉"字之俗，且直斥"舊注"誤，其説無據，非是。今
案："隵"訓"地名"，疑即"鄹"之異體字。《説文·邑部》："鄹，宋地也。从
邑，毚聲。讀若讒。"（131 上）"鄹"，《廣韻》音"士咸切"。"隵"與"鄹"音義
並同，又從阜、從邑義近，俗書常可换用，故"隵"當即"鄹"之異體字。又《集
韻》去聲鑑韻仕懺切："隵，陷也。"（630）此"隵"疑即"隒"之異體字。《廣
雅·釋詁四》："隒，陷也。"《玉篇·阜部》："隒，尺焰切。陷也。"（107 上右）
《廣韻》去聲陷韻仕陷切："隒，陷也。"（361）"隵"與"隒"音義並同，故此"隵"
當即"隒"之異體字。

530. 孖

《玉篇·阜部》："孖，咨以切。地名。"（107 上左）

按：此字《說文》、原本《玉篇》、《名義》皆未收，《廣韻》亦不錄，《玉篇》收於部末，當即宋人據俗書所增。《玉篇校釋》"孖"字下注："《集韻》止韻同。"（4410）《正字通·阜部》："孖，訛字。舊注音子，汎云地名，非。"（1233 上）《正字通》所言是也。今案："孖"即"序"字之訛。《大正藏》本慧琳《音義》卷四六《音大智度論》第七十七卷："庠序，徐陽反。下古文孖，同。徐舉反。學也，謂儀容有法度也。周曰庠，夏曰序。《白虎通》曰：'庠之言詳也，以詳禮儀之所也。序，序長幼也。'"（T54，頁 0615b23）又《大正藏》本慧琳《音義》卷七十《阿毘達摩俱舍論》第二十三卷："有序，古文孖，同。徐與反。次也，有次序也。《白虎通》曰：'序者，序長幼也。'"（T54，頁 0767a23）"孖"字，《中華大藏經》本俱作"序"，作"序"是也，"序"即"序"字之俗。故"孖"即"序"字之訛。"序"訛作"孖"，後人不識，見其從"子"而改其讀爲"咨以切"，此當即望形生音；又見其從"阜"而改其訓爲"地名"，此又當即望形生訓。

531. 隢

《玉篇·阜部》："隢，音遶。地名。"（107 上左）

按：《集韻》上聲小韻爾紹切："隢，地名。"（394）《玉篇校釋》"隢"字下注："'音遶'者，本書無'遶'字，字與'繞'同，《集韻》引《字林》：'遶，圍也。'"（4412）胡吉宣謂"遶"與"繞"同，是也；然於"隢"之正字，胡氏無說。《正字通·阜部》："隢，訛字。舊注音繞，汎云地名，誤。"（1245 下）《正字通》所言當是。佛經有"隢"字用例，今提供如下：《卍新纂續藏》本唐梁肅述《重刊刪定止觀序》："梁君刪定止觀，撰統例以繫其後，猶王輔嗣注易之有略例也。今刊私擢於前，欲披閱者預識綱紀，臨文隢然，修習無滯。"從文意來看，此"隢"義指"知道""理解"，當爲"曉"字之俗。又《卍新纂續藏》本宋觀復述《遺教經論記》卷第一："如二記，以略說法要，爲信成就。阿難結集，必從佛聞，爲聞成就。此則聞乃虛配，信亦不成，何則？然皆不隢信成就故，若以如是爲信順之辭，此不約指下所說之法。今既以下所說法要，爲信成就，此乃合釋如是我聞。以如是爲指法之辭,非通約信成就也,故彼穿鑿,全不知釋文體勢也。"從文意來看,此"嶢"亦義指"知道""理解",此"嶢"亦當爲"曉"字之俗。又《卍新纂續藏》本明錢謙益鈔《大佛頂首楞嚴經疏解蒙鈔》卷第一:"嶢法師釋三昧,此云正思。"作"嶢法師"者僅於《卍新纂續藏》見此一例,而《大正藏》作"曉法師"者衆多,故此"嶢"即"曉"字之訛。又《卍新纂續藏》本明錢謙益鈔《大佛頂首楞嚴經疏解蒙鈔》卷第九:"暗者,色入已,昏暗漆黑,鏗然不嶢。"《大正藏》本《摩訶止觀》卷第八作:"闇者,昏暗漆黑鏗然不曉。"故此"嶢"亦即"曉"字之訛。又《卍新纂續藏》本明弘贊在犙釋《四分戒本如釋》卷第四:"約日未出前二刻爲嶢。""嶢"字,《卍新纂續藏》本《翻譯名義集》、《毗尼止持會集》、《四分律名義標釋》、《毗尼日用切要香乳記》俱作"曉",故此"嶢"亦即"曉"字之訛。通過以上文獻用例,疑《玉篇》之"嶢"亦爲"曉"字之俗。《玉篇》音"遶"者,疑爲後人不識其爲何字而妄改;而"嶢"訓"地名"者,疑爲後人見其從"阜"而妄補。《集韻》沿襲《玉篇》之謬而未加校正,疑亦非是。

532. 陁

《玉篇·阜部》:"陁,呼典切。"(107 上左)

按:此字《説文》、原本《玉篇》、《名義》皆未收,《廣韻》亦不録,《玉篇》收於部末,當即唐宋人據俗書所增。此字《玉篇》義闕。元刊本《玉篇·阜部》:"陁,呼典切。地名。"元刊本《玉篇》"陁"訓"地名",疑非是。《集韻》上聲銑韻胡典切:"陁,限也。"(381)《新修玉篇》卷二二《阜部》引《玉篇》:"陁,呼典切。限也。"(186 上左)《正字通·阜部》:"陁,限字之訛。舊注:音現。限也。與限義近,誤從見,又音顯,汎云地名,非。"(1238 上)《説文·𨸏部》:"限,阻也。一曰門榍。从𨸏,艮聲。"(304 下)"限",《廣韻》音"胡簡切"。"陁"與"限"音同,又"艮"字篆文作"𣆑"、"見"字篆文作"𧡛",二者形近易混,故據"限"字篆文"𨽡"誤爲隸定可俗寫作"陁"。故"陁"疑即"限"字之俗。

533. 駣

《玉篇·馬部》:"駣,徒高、丈小二切。馬四歲也。"(107 下左)

按:《玉篇校釋》"駣"字下注:"'馬四歲也'者,《切韻》同。《周禮·廋人》:'教駣攻駒。'鄭衆注:'馬三歲曰駣。'《説文》'駒'下云:'馬二歲曰駒,三歲曰駣。'而無'駣'。《御覽》引《説文》曰:'馬一歲曰駹,二歲曰駒,三歲曰駣。'是《説文》原有'駣'字,傳寫漏奪篆文,而以説解併入'駒'下也。許、鄭皆謂馬三歲,《篇》《韻》以爲馬四歲者,古文三、四皆積畫爲之,形近易譌。"(4422)胡氏所言是也。《集韻》平聲蕭韻他彫切:"駣,馬三歲曰駣。"(174)此亦其證也。《名義·馬部》:"駣,徒高反。四歲馬也。"(227 下)可見此誤由來已久。《大字典》《字海》"駣"字皆沿誤而訓爲"三四歲的馬",並非。

534. 騴

《玉篇·馬部》:"騴,於龜切。騴驪,駿馬。"(108 下右)

按:"騴驪"當即"盜驪"之訛,"騴"當因"盜"訛爲"温"而又因涉義改換義符所形成的俗訛字。《爾雅·釋畜》:"小領盜驪。"郭璞注:"《穆天子傳》曰:'天子之俊盜驪、綠耳。'又曰:'右服盜驪。'盜驪,千里馬。"(160)郝懿行義疏:"小領,細頸也。盜驪,《史記·秦本紀》作'温驪',索隱云:'温,音盜。'徐廣本亦作盜。劉氏音義云:'盜驪:盜,竊也;竊,淺青色。'鄒誕生本'盜'作'駣',音陶。按:《廣雅》作'駣驪'、《玉篇》作'桃驒',皆'盜驪'之異文。《穆天子傳》:'天子之俊,赤驥、盜驪、白義、踰輪、山子、渠黄、華騮、綠耳。'又云:'次車之乘,右服渠黄而左踰輪,右驂盜驪而作山子。'皆郭注所引也。"(4546)《廣雅·釋獸》:"駣驒。"王念孫疏證:"《史記·秦本紀》:'造父得驥温驪。'徐廣云:'温一作盜。'索隱云:'鄒誕生本駣,音陶。'則盜驪即此駣驒也。《爾雅》云:'小領盜驪。'《穆天子傳》:'天子之俊盜驪。'郭璞注云:'爲馬細頸也。驪,黑也。《玉篇》作'桃驒',《御覽》引《廣雅》亦作'桃',《集韻》云:'駣騄,獸名。似馬。'"(1017 下)以上諸説皆是也。《玉篇·馬部》:"驪,力支切。盜驪,千里馬也。"(107 下左)《新撰字鏡·馬部》:"驒,力支反,平。駿馬也;純黑也。"(250)"駿馬""千里馬"訓異義同,故"溫驪"
"駣驒(驒)""桃驒""駣驥"俱本作"盜驪","溫驪"之"溫"當即"盜"字俗訛,
"驒""驒""驥"諸字並即"驪"字之俗,而"䮅驪"之"䮅"即因"盜驪"俗訛作
"溫驪"後,又因涉義改換義符所形成的俗訛字。《玉篇校釋》"並即"驪"字
之俗,而"字下注:"《切韻》平聲魂韻於渾反義同,案:'並即"驪"字之俗,而
驪'本爲'盜驪'。'盜'形誤爲'溫',而復變易馬旁,此僞字也。《史記‧秦
本紀》:'造父得驥溫驪。'徐廣音義:'溫,一作盜。'司馬貞:溫音盜,鄒誕生
本作'駣',《廣雅‧釋獸》作'駣驒',本書又作'桃驒','駣''桃'並爲'盜'之
聲誤。"(4474)胡氏所言是其證也。故"並即"驪"字之俗,而驪"當即"盜驪"
之訛。

535. 驫

《玉篇‧馬部》:"驫,力涉切。馬也。亦作躐。"(108 下右)

按:《玉篇校釋》"驫"字下校注文爲"馬行也",並注曰:"'馬行也'者,本
作'馬也',依《字典》引補'行'字。下(238)'騽'下云:'驫騽,馬行不進。'
《集韻‧葉韻》:'驫,馬行皃。''驫'謂馬陵驫踰跛,雖行而不循道也。"
(4470)胡氏所言是也。《名義‧馬部》:"驫,吕洗反。踐也。"(230 下)"踐
也"與"馬行皃"義通,此即其證也。《大字典》《字海》"驫"字下皆據《玉篇》
之謬而增"馬也"之訓,非是。又《大字典》"驫"字下第二義訓"馬行皃"與第
三義項"踐"訓異義同,應合併爲一個義項。

536. 騲

《玉篇‧馬部》:"騲,尺尹切。馬文也。"(108 下左)

按:《玉篇校釋》"騲"字下注:"《切韻》上聲軫韻尺尹反:與踳同。《廣
韻》無'騲',《集韻》:'騲,駁也。'本書《足部》:'踳,踳駮,色雜不同。'"(4481)
胡氏所言是也。箋注本《切韻》(斯 2071)上聲軫韻尺尹反:"踳,踳駮。亦
作騲。"(133)《文選‧左思〈魏都賦〉》:"醇粹之方壯,謀踳駮於王義。"故
"騲"當即"踳"因涉"踳駮(駁)"連用類化影響而換旁所形成的俗字。《玉
篇》訓"馬文也",當爲望形生訓。又《詳校篇海》卷三《馬部》:"騲,尺允切,

音蠡。馬文；又駿馬。又平聲，音春。鈍馬也。"(153 上)"騲"字，《詳校篇海》謂"又平聲，音春。鈍馬也"，當即"騌"字之義誤植於此所致的訓釋失誤。《玉篇·馬部》："騌，音春。鈍馬。"(108 下左)《詳校篇海》因"騌""騲"形近而誤植"騌"字之義與"騲"字之上，遂致此誤。《篇海類篇》"騲"字訓"鈍馬也"，亦爲《詳校篇海》所誤。《大字典》"騲"字下據《篇海類編》之誤而收錄"鈍馬"這一義項，非是。

537.駖

《玉篇·馬部》："駖，音鼝。馬重。"(108 下左)

按：此字《説文》《名義》皆未收，《玉篇》收於部末，當即宋人據俗書所增。《玉篇校釋》"駖"字下注："《集韻》去聲炘：'靳，車中馬。'是'靳'即'靳'之後起專字。《左氏定九年傳》：'如驂之靳。'杜注：'靳，車中馬也。'本書《革部》：'靳，當膺也。'字從革爲其本義，驂乘之中馬謂之靳，旁兩馬曰騑，中馬如當膺也。"(4485)胡氏所言當是。"靳"，《廣韻》亦音"居焮切"。"駖""靳"音義並同，"駖"當即"靳"因涉義改換義符而形成的異體字。"駖"字，《玉篇》"音鼝"，訓"馬重"，音義疑皆爲後人妄加，非是。《正字通·馬部》："駖，訛字。舊注：音鼝。馬重。泥。"(1311 上)此説是也。

538.駬

《玉篇·馬部》："駬，音步。馬名。"(108 下左)

按：《玉篇校釋》"駬"字下注："案：以直音'步'推之，應即習馬。上(141)：'駗，習馬。今作步。'"(4485)胡氏所言是也。《龍龕》卷二《馬部》："駬，馬名。駗，音步。步馬，習馬也。二。"(293)據《龍龕》體例，此處之"二"當即指"駬""駗"並爲異體字。此即其證也。故"駬"當即"駗"之異體字。

539.騃

《玉篇·馬部》："騃，音逐。獸名。"(108 下左)

按：此字《説文》《名義》皆未收，《龍龕》《玉篇》收之，當即唐人據俗書所增。《龍龕》卷二《馬部》："𩢃，音逐。馬𩢃，獸名。"(294)《玉篇校釋》"𩢃"字下注："《廣韻》入聲一屋直六切云：'馬𩢃，獸名。'《集韻》：'𩢃，獸名。'本書直音'逐'者，字本作'逐'。《中山經》：'苦山有獸焉，名曰山膏，其狀如逐。'俗加馬旁。"(4486)胡氏所言當是。《山海經·中山經》："又東二十里，曰苦山，有獸焉，名曰山膏，其狀如逐，赤若丹火，善詈。"郭璞云："即豚字。"畢沅云："借遯字爲之，逐又遯省文。"郝懿行云："遯，古文作遂；是此經之逐，從遯或遂省，當讀爲豚。"(172～173)故"逐"即"遯"或"遂"字之省，《玉篇》之"𩢃"又當即"逐"通過增加義符馬旁而形成的俗字。《正字通·馬部》："𩢃，昌六切，音逐。羣馬相追逐也。舊注誤訓爲馬𩢃，獸名。"(1319上)《正字通》訓"𩢃"爲"羣馬相追逐也"，於文獻無徵，當爲望形生訓。《大字典》《字海》"𩢃"字下又據《正字通》之誤而收録"群馬相追逐"這一義項，並非。

540. 駀

《玉篇·馬部》："駀，音尤。馬名。"(108下左)

按：此字《説文》未收，《廣韻》亦不録，《玉篇》收於《馬部》之末，當即陳彭年等據俗書所增。《集韻》平聲尤韻于求切："駀，馬名。"(255)《直音篇》卷六《馬部》："駀，音尤。馬名。"(247下)《詳校篇海》卷三《馬部》："駀，于求切，音尤。馬名；又馬行也。"(151上)《字彙·馬部》："駀，于求切，音尤。馬名；又馬行。"(550上)《正字通·馬部》："駀，訛字。舊注音尤，汎云馬名，又馬行，並非。"(1311下)《正字通》謂"駀"爲訛字，所言疑是。今案："駀"疑即"駹"字俗訛。《説文·馬部》："駹，馬面顙皆白也。从馬，尨聲。"(198下)"駹"，《廣韻》音"莫江切"。"駀"與"駹"形近，正如韓小荆《〈可洪音義〉研究》"尨"俗作"尢"、"尢"、"厖"俗作"庞"、"鷀"俗作"鳩"等，"駀"疑即"駹"字俗訛。"駀"字，《玉篇》音"尤"，訓"馬名"，疑爲陳彭年等不識其爲"駹"字俗訛而妄補。《詳校篇海》又增補"馬行"這一義訓，於前代字書無徵，疑亦非是。

541.騦

《玉篇·馬部》：“騦，息兹切。馬。”（108 下左）

按：此字《説文》未收，《廣韻》亦不録，《玉篇》收於《馬部》之末，當即陳彭年等據俗書所增。元刊本《玉篇·馬部》：“騦，息兹切。馬行。”“騦”，《玉篇》與元刊本《玉篇》義訓不同，當以《玉篇》爲是。《字彙·馬部》：“騦，相咨切，音思。馬行；又馬名。”（553 上）《字彙》“騦”字承襲前代字書之誤訓“馬行”，亦誤。《正字通·馬部》：“騦，騘字之訛。舊注：音思。馬行；又馬名。並非。”（1317 上）《正字通》謂“騦”爲“騘”字之訛，所言當是。《説文·馬部》：“騘，馬青白雜毛也。从馬，恩聲。”（198 下）“騘”，《廣韻》音“倉紅切”。“騦”與“騘”義同，正如韓小荆《〈可洪音義〉研究》（843）“總”俗作“緦”，“騦”疑即“騘”字之俗。“騦”，《玉篇》音“息兹切”，當即望形生音。

542.㹬

《玉篇·牛部》：“㹬，公覓切。牛名。見《爾雅》。”（109 上左）

按：《爾雅·釋畜》：“㹬牛。”郭璞注：“㹬牛，未詳。”（164）《名義·牛部》：“㹬，公壁反。”（232 上）《玉篇校釋》“犨”字下注：“《爾雅·釋畜》有‘㹬牛’，郭注：‘未詳。’本書‘㹬’下引《爾雅》，以《説文》‘犨’讀若‘糗’推之，是‘㹬’爲‘犨’之形誤，郭注本已然。《爾雅》‘㸅牛’‘㹬牛’並舉，‘㸅’爲童牛無角，‘犨’老牛無子，故字从壽，同聲假借从臭。臭者殈也，壽者齂也，皆醜惡之名也。”（4503）又“㹬”字下注：“‘牛名’者，《切韻》同。《釋畜》牛屬有‘㹬牛’，郭注：‘未詳。’義疏亦無説。考《説文》有‘犗’字，牛羊無子也。讀若糗。應《爾雅》本作‘犗’，即《説文》之‘犗’，形誤爲‘㹬’。”（4509）胡氏所言當是。“㹬”字見於《爾雅》，然《説文》却未見收録，郭注亦云“未詳”，故其字可疑，當爲某字俗訛。《新修玉篇》卷二三《牛部》引《川篇》：“㹬，許又切。㹬似熊也。”（190 下左）《篇海》卷三《牛部》引《川篇》：“㹬，許又切。㹬獸似熊。”（616 下）“㹬”，音“許又切”，義爲“㹬似熊也”“㹬獸似熊”，於文獻無徵，疑皆爲後人妄補。汪柏年《爾雅補釋》曰：“郭注：‘未詳。’柏年案：《説文》：‘犗，牛羊無子也。讀若糗糧之糗。’據此則字當作‘犗’，以讀若糗而字遂誤作㹳也。"(4637)洪頤煊《讀書叢録》亦曰："《釋畜》：'㹳牛。'郭注：'未詳。'邵氏《正義》闕。頤煊案：'㹳'當作'犉'。《説文》：'犑，牛羊無子也。從牛，壽聲。讀若糗糧之糗。'即此牛。"(4637)以上諸説並其證也。故"㹳"當即"犉"字之譌，而"犉"當即"犒(犑)"通過改換聲符而形成的異體字。

543. 犍

《玉篇·牛部》"犍，居言切。犒也；獸似豹，人首，一目。"(109 上左)

按：《名義·牛部》："犍，居言反。如豹長尾。"(232 上)《玉篇校釋》"犍"字下注："'又獸似豹'者，'又'字今補。《北山經》：'單張之山有獸焉，其狀如豹而長尾，人首而牛耳，一目，名曰諸犍。'郭注：'音如犍牛之犍。'"(4513)胡氏所言是也。《山海經·北山經》："又北百八十里，曰單張之山，其上無草木。有獸焉，其狀如豹而長尾，人首而牛耳，一目，名曰諸犍，善吒，行則銜其尾，居則蟠其尾。"郭注云："音如犍牛之犍。"郝懿行義疏："郭既音犍，經文必不作犍，疑當爲犍字之譌。"郝氏之説是其證也。故《山海經》當本作"諸犍"，作"諸犍"者，"犍"字當因涉上文"牛"字類化影響換旁而形成的俗字。

544. 牄

《玉篇·牛部》："牄，七剛切。牛名。"(109 上左)

按：此字《説文》《名義》皆未收，《廣韻》亦不録，《龍龕》《玉篇》收之，當即唐人據俗書所增。《正字通·牛部》："牄，譌字。"(654 上)《正字通》謂"牄"爲譌字，是也。"牄"疑即"牆"字之譌。《説文·倉部》："牆，鳥獸來〔求〕食聲也。從倉，爿聲。《虞書》曰：'鳥獸牆牆。'"(109 上)"牄"與"牆"形近，從牛、從爿俗寫形近或譌混，正如《龍龕》(115)"牪(牪)"俗作"牪(牪)"，又如《〈可洪音義〉研究》"牆"字俗作"牆"、"牆"等，"牄"當即"牆"字之俗。《龍龕》卷一《牛部》："牄，俗。七羊反。正作牆。香嚴又七剛反。牛也。"(115)此即其證也。"牄"字，香嚴音"七剛反"，訓"牛也"，當爲不識其爲何字而妄補也，不足據。《玉篇》"牄"音"七剛切"，訓"牛名"，乃據香嚴音義所妄補也，非是。《集韻》音"千剛切"，訓"牛名"，當爲《玉篇》所誤。故"牻"當即"牄"字之訛。

545. 犓

《玉篇·牛部》："犓，古候切。取牛乳。"（109 下右）

按：《玉篇校釋》"犓"字下注："《切韻》：'犓，取牛羊乳。'《廣韻》云：'亦作犓。'《集韻》又分別：犓，取牛乳也；𤚩，取羊乳也；𤙯，取牛羊乳也；𤛑，取乳也。慧琳《通俗文字》云：𤙯，捋取牛羊乳。《考聲》及《古今正字》並作𤙯，或作𤚩。本書《女部》：'𤛑，取乳也。'《羊部》：'𤚩，取羊乳汁也。'"（4524）胡氏所言是也。《正字通·牛部》："𤙯，舊注：音遘。取牛乳也。按：本作'𤙯'，凡獸乳通謂之'𤙯'，改作'𤙯'，非。"（654 上）《正字通·手部》："𤙯，𤙯字之訛。《説文》有'𤙯'無'𤙯'。"（414 上）"𤙯"即"𤙯"字之俗。《正字通·羊部》："𤚩，𤙯字之訛。"（851 下）《正字通》所言印證了胡氏之説。《説文·子部》："𤙯，乳也。从子，殸聲。"（310 上）段玉裁注："此乳者，謂既生而乳哺之也。""𤙯"，《廣韻》亦音"古候切"。"犓""𤙯""𤙯"即同字異寫，"犓""𤚩"亦即同字異寫。"犓""𤙯""𤙯""𤛑"與"𤙯"音同義近，當並即"𤙯"字之俗。

546. 犐

《玉篇·牛部》："犐，音初。牛角。"（109 下右）

按：此字《説文》《名義》皆未收，《廣韻》《集韻》亦不録，《龍龕》《玉篇》收之，當即唐人據俗書所增。《正字通·牛部》："犐，訛字。"（652 下）《正字通》謂"犐"爲訛字，是也。《龍龕》卷一《牛部》："犁犁犁犂，四俗；犁，通；犂，正。郎奚反。耕墾之具也；又結也。六。"（114）《龍龕》所言是也。"犐"即"犂"字之訛。《玉篇》"犐"音"初"，當爲望形生音；訓"牛角"，當爲望形生訓，並非。

547. 犅犅

《玉篇·牛部》：“犅，九綴切。牛蹄也。”（109 上右）

按：《字海》録作“犅”，“犅”“犅”即同字異寫。《玉篇校釋》“犅”字下校注文“牛蹄也”爲“牛蹑也”，並注曰：“‘牛蹑也’者，‘蹑’原作‘蹄’，今正。《説文》：‘犅，牛蹑犅也。’”（4504）胡氏所言是也。《名義·牛部》亦曰：“犅，飢綴切。牛蹑犅也。”（231 下）此亦其證也。《廣韻》“犅”訓“牛蹄”，亦當爲《玉篇》所誤。《大字典》《字海》皆據《玉篇》之謬而收録“牛蹄”這一義項，皆應删。

548. 牯

《玉篇·牛部》：“牯，姑户切。牝牛。”（109 下右）

按：《玉篇校釋》“牯”字下注：“‘牝牛’者，《切韻》：‘牯，牡牛。’是也。”（4523）胡氏所言是也。《新修玉篇》卷二三《牛部》引《玉篇》：“牯，姑父切。牡牛。”（190 下右）此亦其證也。《大字典》“牯”字下據《玉篇》之謬而收録“母牛”這一義項，應删。

549. 羫

《玉篇·羊部》：“羫，大紅切。無角羊。”（109 下左）

按：《玉篇校釋》“羫”字下注：“《廣韻》：‘羫，無角羊。’重文作‘羺’，字本止作‘童’。《詩·抑》：‘彼童而角。’毛傳：‘羊之無角者也。’《釋名》：‘牛羊之無角者曰童。’本書《牛部》：‘犝，無角牛。亦作羫、童。’案：古者男未冠、女未笄皆稱童，因之牛羊尚未生角者亦謂之童，後分別之爲犝、羫。”（4543）胡氏所言是也。《正字通·牛部》：“犝，舊注：音同。牛無角。按：小牛無角曰童牛，小羊無角曰童羖，皆取童稚義。通作童。如必牛無角爲犝，則羊無角者當作羫，非古制字本義。”（655 上）《正字通·羊部》：“羫，俗童字。羊無角本作童。”（852 下）《正字通》之説印證了胡氏的考釋成果。故“犝”“羫”當本作“童”。

550. 羒

《玉篇·羊部》：“羒，父云切。牝羊也。”（109 下左）

按：《玉篇校釋》“羒”字下注：“《釋畜》：‘羊牡羒，牝牂。’《説文》：‘羒，牂羊也。牂，牡羊也。’則‘羒’‘牂’並爲牡羊矣。《初學記》及《御覽》引皆作：‘羒，牡羊也。牂，牝羊也。’《爾雅》釋文引《字林》：‘羒，羖羊。羖，牡羊。’慧琳引《字林》：‘牂，牝羊也。’是《説文》《字林》並本《雅》訓，二徐本及廣益《玉篇》皆非原文，‘牝’‘牡’二字形近易淆。二徐‘牂’爲‘牡’，本書‘羒’爲‘牝’，猶鄭注《内則》牂亦爲牡羊，宋本作‘牝羊’，是也。《廣雅》云：‘吳羊牡三歲曰羖，其牝三歲曰牂。’亦不異《爾雅》。”（4531）胡氏所言是也。《名義·羊部》：“羒，扶云反。牡羊。”下字曰：“牂，午（當爲子之形誤）唐反。牡（當爲牝之形誤）羊。”（232 下）可見原本《玉篇》“羒”“牂”二字亦皆本《爾雅》之訓也。今本《説文》“羒”訓“牂羊也”當爲“牡羊也”之誤，今本《玉篇》“牝羊也”之訓亦爲“牡羊也”之誤。《大字典》“羒”字引二徐本《説文》應據改，且《大字典》據《玉篇》之謬而收録“母羊”這一義項，應删。

551. 獥

《玉篇·犬部》：“獥，胡鑑切。小犬。又鄉名。”（110 上左）

按：《玉篇校釋》“獥”字下校補注文“小犬”爲“小犬吠”，並注曰：“‘小犬吠。又鄉名’者，並本《説文》，‘吠’字今補。”（4554）胡氏所言是也。《名義·犬部》：“獥，胡監反。小犬吠。”（234 上）可見原本《玉篇》“獥”字亦本《説文》訓爲“小犬吠”，今本誤脱爲“小犬”，非是。《大字典》《字海》“獥”字下皆沿襲《玉篇》之謬而收録“小犬”這一義項，並非。

552. 獖

《玉篇·犬部》：“獖，扶粉切。羊名。”（110 下右）

按：《玉篇校釋》“獖”字下注：“‘羊名’誤，當云：‘守犬名。’羊名爲羷，此經删失也。《廣雅》説犬有狃獖。《切韻》：‘獖，守犬。’《初學記》引何承天

《纂文》云：'守犬爲獷。'"(4583)胡氏所言是也。《新修玉篇》卷二三《犬部》引《玉篇》："獷，房吻切。《博雅》：'狂(狂)獷，犬屬。'"(194 上右)此亦其證也。又《大字典》所引晉張華《博物志》，《四庫》本皆作"獷羊"。《大字典》《字海》"獷"字下皆據《玉篇》之謬而收録"羊名"這一義項，並非。

553. 獫

《玉篇·犬部》："獫，音纖。獸也。"(110 下左)

按：《玉篇校釋》"獫"字下注："《集韻·鹽韻》云：'獸名。'應即《鼠部》鼮鼠，《説文》作斬鼦。"(4593)胡氏所言當是。《説文·鼠部》："鼦，斬鼦鼠。黑身，白腰若帶。手有長白毛，似握版之狀，類蝯蜼之屬。"(207 上)《廣雅·釋獸》："鼮鼦。"王念孫疏證："《説文》：'獅鼦鼠，黑身，白腰若帶。手有長白毛，似握版之狀，類蝯蜼之屬。'獅與鼮同。"(1010 上)《玉篇·犬部》："獅，士咸切。獅猢，獸名，似猨。猢，户吾切。獅猢。"(110 下左)《集韻》平聲咸韻士咸切："獅蛳，獅猢。獸名，似猿。或從虫。"(296)故"獫"與"鼮""獅""蛳"諸字並同，"獫"當即"鼮"通過改換義符而形成的異體字。

554. 狐

《玉篇·犬部》："狐，府隆切。狐狇，獸。有尾，小打即死，因風更生。狇，音母。狐狇。"(110 下左)

按：《玉篇校釋》"狐"字下注："案：本作'風母'，因風更生，故以名焉。"(4595)胡氏所言當是。《正字通·犬部》："狇，舊注：音母。狐狇，獸名。本作母，俗加犬。"(658 上)下文又曰："狐，本作風。"(662 上)《正字通》所言印證了胡氏之説。故"狐狇"本當作"風母"。

555. 狿

《玉篇·犬部》："狿，丑延切，又音延。獸名。"(110 下左)

按：《玉篇校釋》"狿"字下注："'音延'者，《切韻》同。張衡《西京賦》：'巨獸百尋，是爲曼延。'又云：'圈巨狿。'薛綜曰：'巨狿，麢也，怒走者爲狿。’揚雄《羽獵賦》：‘斬巨狿。’服虔曰：‘巨狿，獸名也。’《史記·司馬相如列傳》：‘其下則有白虎玄豹，蟃蜒貙犴，兕象野犀，窮奇。’集解引郭璞曰：‘蟃蜒，大獸，長百尋。’《漢書》與《文選·子虛賦》並無下‘兕象’二句，獌狿即蟃蜒，《史記》文衍也。《切韻》：‘獌狿，大獸，長八十尺。’八十尺即百尋，《廣韻》誤作‘八尺’，奪‘十’字也。”（4595～4596）胡吉宣謂“獌狿”同“曼延”“蟃蜒”，是也。《集韻》去聲綫韻延而切：“狿，獌狿，獸名，似貍而長。或作蜒。”（574）《正字通·犬部》：“狿，依肰切，音延。獌狿。郭璞曰：‘大獸，似貍，長百尋。’揚雄《校獵賦》：‘斬巨狿。’或作蜒，省作延。《相如賦》作‘蟃蜒’。張衡《西京賦》：‘巨獸百尋，是爲曼延。’”（660下）以上二書皆其證也。故“獌狿”與“曼延”“蟃蜒”並同。

556. 㺄

《玉篇·犬部》：“㺄，直閻切。獸走皃。”（110下右）

按：《玉篇校釋》“㺄”字下注：“‘㺄’即‘玁’之省訛，本止爲‘聯’。”（4596）胡氏所言是也。《玉篇·犬部》：“玁，力延切。玁猭，兔走。又直山切。”（110下左）箋注本《切韻》（斯2071）平聲真韻丑珍切：“玁，犬走草狀。”（114）《廣韻》平聲真韻丑人切亦云：“玁，犬走草狀。”（59）《廣韻》平聲山韻直閑切：“玁，獸走皃。又丑連切。”（80）“犬走草狀”“獸走皃”訓異義同，皆指獸逃走之皃。“㺄”與“玁”形近義同，“㺄”當即“玁”之俗省。《正字通·犬部》：“㺄，玁字之訛。”（665下）此亦印證了胡氏之説。《文選·張衡〈西京賦〉》：“麐兔聯猭，陵巒超壑。”李善注：“聯猭，走也。”又《文選·左思〈吳都賦〉》：“跐踚竹栢，玁猭杞柟。”李善注：“《埤倉》曰：‘玁猭，逃也。’”“玁猭”“聯猭”音義並同，“玁”當即“聯”因涉下文“猭”字增加義符“犬”旁而形成的異體字。《大字典》應溝通“㺄”與“玁”“聯”諸字的字際關係。

557. 狆

《玉篇·犬部》：“狆，丑珍切。狂也。”（111上右）

按：《玉篇校釋》“狆”字下注：“《集韻·真韻》同，應即《洞簫賦》‘獤猭’之‘獤’訛省，即玁猭也。”（4598）胡氏所言是也。《文選·王褒〈洞簫賦〉》：

"處幽隱而奧庰兮,密漠泊以獑猭。"李善注:"獑猭,相連延貌。"《集韻》平聲真韻癡鄰切:"獑,獑猭,連延皃。"(120)"獑""獑"即同字異寫。"狆"與"獑(獑)"音同,正如"敶(陳)"作"陣"、"伸"作"僘"等,"狆"亦當爲"獑(獑)"字之俗。"狆"字,《玉篇》訓"狂也",疑爲"狂走也"之誤。《玉篇校釋》"獜""猭"二字下注曰:"王褒《洞簫賦》:'密漠泊以獑猭。'李善注:'獑猭,相連延貌。《字書》:獜猭,獸逃走也。獑,音勑陳切。'獑蓋獜訛,聲隨形變。《切韻》真韻亦收獜,丑珍切,云:'犬走草狀。'案:本當爲'聯彖',彖者疾走也,言獸相連逃竄也。"(4587)胡氏所言亦當是。"獸逃走也""犬走草狀""相連延貌"訓異義同,皆指獸逃走之狀也。"獑猭""獜猭""聯猭"並同,本當作"聯彖"。"獜",《廣韻》音"力延切",又音"丑人切"。"獑"與"獜"音義並同,"獑"當即"獜"字之俗。

558.猻

《玉篇・犬部》:"猻,思昆切。猴猻也。"(111上右)

按:《玉篇校釋》"猻"字下注:"希麟引顧氏云:'獼猴即猴孫也。'字止作'孫',猴孫猶言猴子,俗涉猴而增犬旁。"(4598)胡氏所言是也。慧琳《音義》卷一一《大寶積經》第二卷:"獼猴,上音彌,下音侯。《説文》:'夒也。'奴刀反也。或曰母猴,《漢書》謂之沐猴,今謂之猴孫。王延壽作賦謂之王孫,今俗呼謂之胡孫。"(57,頁608b5)此亦其證也。故"獼猴"又謂"母猴""沐猴""猴猻""猴孫""胡孫"等,"猻"當即"孫"之增旁俗字。

559.獿

《玉篇・犬部》:"獿,奴巧切。犬驚皃。"(111上右)

按:《玉篇校釋》"獿"字下注:"'獿'即'獿'之隸變,依例當列'猱'重文'獿'下。"(4603)胡氏所言是也。《説文・犬部》:"獿,獿獀也。从犬、夒。"(204上)"獿",《廣韻》音"奴巧切",本義即指"犬驚吠也"。故"獿"訓"犬驚皃",與"獿"音義並同,即爲異體字。又《廣韻》平聲尤韻於求切:"獿,獿狡,犬名。"(134)《集韻》平聲尤韻於求切:"獿,犬名。"(257)又平聲矦韻奴侯切:"獿,南越謂犬爲獿狡。"(272)《説文・犬部》:"獀,南越名犬獿獀。"(203

下)“獿�”“獶狫”同,此“獿”亦即“獶”字之俗。《龍龕》卷二《犬部》:“獿,俗;獶,正。奴刀反。獸名。又奴巧反。犬驚也。二。”(318)《龍龕》之説即其證也。《大字典》“獿”字第一義項“犬驚貌”、第二義項“〔獿狫〕犬名”,亦應溝通其與“獶”字的異體關係。

560. ⿰犭素

《玉篇·犬部》:“⿰犭素,蘇故切。獸也。”(111上右)

按:此字《説文》《名義》皆未收入,《玉篇》收於《犬部》之末,當爲宋人所增。《正字通·犬部》:“⿰犭素,訛字。舊注:音素,獸也。《篇海》别作⿰犭⿱龶豕,牲白貌,亦作素。並非。”(664)《正字通》謂“⿰犭素”爲訛字,是也。《廣韻》去聲暮韻桑故切:“⿰犭⿱龶豕,牲白也。亦作素。”(266)“⿰犭素”與“⿰犭⿱龶豕”音同形近,“⿰犭素”當即“⿰犭⿱龶豕”之省,而“⿰犭⿱龶豕”又爲“素”之異體。《説文·素部》:“素,白緻繒也。从糸、𠂹,取其澤也。”(278上)原本《玉篇·素部》:“⿱𠂹糸,蘇故反。《毛詩》:‘素絲五紽。’《傳》曰:‘素,絹也。’”(664)“素”《説文》篆文作“”,故“素”“⿱𠂹糸”皆爲篆文“”因楷定方式不同而形成的異體字。故宫本《王韻》去聲暮韻蘇故反:“,生白。亦作素。”(494)“”又當即“⿱𠂹糸”之俗寫字,而“⿰犭⿱龶豕”又當即“”通過偏旁易位而形成的異體字。“”訓“生白”,義訓費解,當即“生帛”之殘誤。《禮記·雜記下》:“純以素,紃以五采。”鄭玄注:“素,生帛也。”(1569)“⿰犭⿱龶豕”訓“牲白”,又爲“生白”之訛,蓋後人見其從犬,遂改“生”爲“牲”。“⿰犭素”即“⿰犭⿱龶豕(素)”之異體字,當訓“生帛”,《玉篇》訓爲“獸名”,亦爲望形生訓。《大字典》《字海》俱收“⿰犭素”字,皆訓“獸名”,失考證。又“⿰犭⿱龶豕”字,《大字典》引《廣韻》訓“牲白色”,《字海》又訓爲“牲畜顔色呈白色”,並非。

561. ⿰豕尤

《玉篇·豕部》:“⿰豕尤,音尤。豕也。”(111上左)

按:《集韻》平聲尤韻于求切:“⿰豕尤,豕名。”(255下)《字彙·豕部》:“⿰豕尤,于求切,音尤。豕也。”(461上)《正字通·豕部》:“⿰豕尤,⿰豕龍字之訛。舊注音尤,訓豕,誤。”(1090上)《正字通》所言疑是。《廣韻》去聲候韻都豆切:

"**貚**，**貚**尾。張衡《東京賦》云：'日月會於龍**貚**。'"(353)張衡《東京賦》作：
"日月會於龍**貌**，恤民事之勞疚。""**貌**"即"**貚**"之異體字。《國語·楚語
下》："日月會于龍**貚**，土氣含收。"韋昭注："**貚**，龍尾也。謂周十二月，夏十
月，日月合辰于尾上。《月令》：'孟冬，日在尾。'""**貚**"，《廣韻》音"都豆
切"，《集韻》又音"竹角切"。"**犹**"與"**貚**"形近，正如韓小荊《〈可洪音義〉研
究》"尨"俗作"**尤**"、"**尤**"、"厖"俗作"**龙**"、"鵬"俗作"**鸠**"等，"**犹**"疑即
"**貚**"字俗訛。"**犹**"字，《玉篇》音"尤"，訓"豕也"，音義疑皆爲後人妄加，不
足爲據。《集韻》等後世字韻書承襲《玉篇》"**犹**"字音義之誤，疑亦非是。

562. 犵

《玉篇·豕部》："犵，午蓋切。老豬也。"(111 上左)

按：《名義·豕部》："犵，牛賴反。老猪。"(236 下)《玉篇校釋》"犵"字
下注："'老豬也'者，應出《埤蒼》。《切韻》：'犵，狦豕。''狦'與'猳'同。《廣
雅·釋獸》：'犵，猳也。'疏證謂：'《左傳》作艾豭。杜注：艾，老也。猳爲牡
豕名，艾乃豕情狀，不得訓犵爲猳也。'案：王氏依詁訓通例言之是也，然文
字自兩漢魏晉之際俗恒以古籍形況之字增益或變易偏旁成爲名詞，犵亦是
也。字本爲'艾'。艾色蒼黃，凡物老則色如之，故以艾爲老。古人或言五
十曰艾，或言七十曰艾，人老謂之艾，因而豕老亦謂之艾。艾豬本謂老豬，
涉豕而變作犵。"(4621)胡氏所言是也。《正字通·豕部》："犵，舊注：音艾。
牡豕。按：《左傳》本作'艾猳'。"(1091 上)《正字通》所言是其證也。故
"犵"當訓"老豬"，而非訓"牡豕"，"犵"本作"艾"。

563. 豰

《玉篇·豕部》："豰，力俱切。求子豬。"(111 上左)

按：《名義·豕部》："豰，力俱反。求子豕。"(236 下)《玉篇校釋》"豰"
字下注："'求子豬'者，字亦作'貗'，本止爲'婁'。《左氏·定十四年傳》：
'既定爾婁豬，盍歸我艾豭。'杜注：'婁豬，求子豬也。'《切韻》：'豰，豬求
子。'《廣韻》'貗'爲'豰'重文。本書《犬部》：'豰，豬求子。'"(4621)胡氏所
言是也。《正字通·豕部》："豰，與婁通。音盧。求子豬。又尤韻音樓。義

同。互見前'貗'注。"(1093 上)又上文"貗"字下注:"《左傳·定十四年》:
'衛蒯聵過宋野,野人歌曰:既定爾婁豬,盍歸我艾豭。'注:'婁豬,求子豬
也。'"(1092 下)《正字通》所言印證了胡氏的考釋成果。故"貗"同"豝",二
字本當作"婁"。

564. 豽

《玉篇·豕部》:"豽,女滑切。豕。"(111 下右)

按:此字《説文》《名義》未收,《玉篇》始收之,當即宋人所增。"豽"疑即
"貀"字之俗。《爾雅·釋獸》:"貀,無前足。"(154)《説文·豸部》:"貀,獸無
前足。从豸,出聲。漢律:能捕豺貀,購百錢。"(198)"貀"《廣韻》音"女滑
切","豽""貀"音同,又"豕"旁、"豸"旁形近義通,俗書常可换用,故"貀"變
作"豽"。《正字通·豕部》:"豽,貀字之訛。"(1090)其言是也。"貀"《爾雅》
謂指"無前足",也有指四足者。郝懿行義疏:"《説文》:'貀,獸無前足。'引
《漢律》:'能捕豺貀,購錢百。'《爾雅攷證》引《異物志》云:'貀出朝鮮,似猩
猩,蒼黑色,無前兩足,能捕鼠。'《廣韻》'貀'作'貂',云:'似狸,蒼黑,無前
足,善捕鼠。'與前説合矣。《臨海志》云:'狀如虎形,頭似狗,出東海水中。'
《本草衍義》云:'今出登萊州,其狀非狗非獸,亦非魚也,前腳似獸,尾即魚,
身有短青白毛,毛有黑點。'按:此蓋有二種,郭注及《異物志》所説皆陸産
也。其《臨海志》及《衍義》所説,皆即今海狗也。登州人嘗見之。方春海
凍,出冰上,人捕取之,尾略似魚,頭似狗,身有短毛青黑而四足,非兩足也。
《爾雅》無前足者今未見。"(4381)《太平廣記》卷二一二"金橋圖"條引《開天
傳信記》:"狗馬驢騾、牛羊橐駝、猫猴豬貀四足之屬,韋無忝主之。"(1628)
《大字典》引唐鄭綮《開天傳信記》作:"狗馬驢騾,牛羊橐駝,猫猴豬貀,四足
之屬,韋無忝主之。"此"貀"即"貀"字之俗,此即爲"豽"即"貀"字之俗又一
確證。"貀"即"貀"之换旁俗字,"貀"變作"豽"後,後人又訓爲"豕也",當即
見其從"豕"而妄補。《大字典》《字海》俱收"豽"字,皆訓"猪",疑並非是。

565. 麔

《玉篇·鹿部》:"麔,房脂切。"(111 下左)

按：此字《玉篇》義闕，《新修玉篇》引《玉篇》亦闕義。《篇海》卷十五《鹿部》引《玉篇》：“麤，房脂切。似鹿。”（824 上）《篇海》“麤”訓“似鹿”，於文獻無徵，疑非是。《詳校篇海》卷五《鹿部》：“麤，蒲縻切，音皮。獸似鹿而小。”（368 上）《詳校篇海》又訓爲“獸似鹿而小”，亦非。《篇海類編》又因沿襲《詳校篇海》而誤。《玉篇校釋》“麤”字下注：“明刊本云‘似鹿’，非。字當同‘麃’。”（4646）胡氏所言當是。《説文·鹿部》：“麃，牝鹿也。”（203 上）“麤”與“麃”形近，“匕”旁、“比”旁俗書常可相通，如《〈可洪音義〉研究》（356）“匕”俗作“**比**”、“沘”俗作“**沘**”等，“麤”亦當爲“麃”字之俗。“麃”俗作“麤”，後人改其讀爲“房脂切”，此當爲望形生音。《大字典》《字海》“麤”字承襲《篇海類編》義訓之誤，疑並非是。

566. 狪

《玉篇·豸部》：“狪，他公切。獸名。”（112 下左）

按：《玉篇校釋》“狪”字下注：“‘獸名’者，‘狪’與‘狪’同，《豕部》：‘狪，似豕，生泰山。’本《山〔海〕經》文。《切韻》止作‘狪’，《廣韻》作‘狪’。”（4683）胡氏所言是也。《名義·豸部》：“狪，恥洪反。如豚有珠。”（240 上）又《名義·豕部》：“狪，徒公反。似豕。”（236 下）可見顧野王《玉篇》所見《山海經》有作“狪”“狪”二字者。《山海經·東山經》：“又東三百里，曰泰山，其上多玉，其下多金。有獸焉，其狀如豚而有珠，名曰狪狪，其鳴自呼。”（125）今本《山海經》作“狪”，“狪”“狪”“狪”當並爲異體字。《集韻》平聲東韻他東切：“狪狪狪，獸名。《山海經》：‘泰山有獸，其狀如豚而有珠，其鳴自呼。’或从犬、从豸。”（4）此即其證也。故“狪”與“狪”“狪”並爲異體字。

567. 鶺

《玉篇·鳥部》：“鶺，子席切。鶺鴒，雝鴒。鶺，同上。”（113 下右）

按：《名義·鳥部》：“鶺，作席反。飛鳥行（也）。鶺，同上。”（242 上）《龍龕》卷二《鳥部》：“鶺，俗；鶺，或作；鶺，正。音積。鶺鴒，一名錢母，大如鷰，頸下有錢文也。三。”（289）《玉篇校釋》“鶺”字下注：“慧琳六二·十六、八一·十五：‘《毛詩》：鶺鴒在原，兄弟急難。《傳》曰：鶺鴒，雝渠也。飛且鳴,行且搖。'即本書原引《小雅·常棣》文,今《詩》作'脊令',不從鳥。郭注《釋鳥》云:'雀屬也,飛則鳴,行則搖。'陸機《詩疏》云:'大如鸚雀,長腳長尾,尖喙,背上青灰色,腹下白,頸下黑,如連錢,故杜陽人謂之連錢。'《廣韻》因云:'又名錢母,大於燕,頸下有錢文。'"(4723~4724)胡氏所言是也。《詩經·小雅·常棣》:"脊令在原,兄弟急難。"程俊英、蔣見元注:"脊令,水鳥,亦名鶺鴒、雝渠。"(450)《正字通·鳥部》:"鶺,同鴫。《詩》作'脊令'。"(1374下)以上諸説皆印證了胡氏之説。故"鶺鴒""鴟鴒""鴟鴒"並同,本當作"脊令"。

568. 鳲

《玉篇·鳥部》:"鳲,音尸。鳲鳩也。"(113下左)

按:《玉篇校釋》"鳲"字下注:"'音尸。鳲鳩也'者,郭璞、陸德明'鳲'並音'尸',闕字本作'尸'也。《詩·曹風》:'鳲鳩在桑。'毛傳:'鳲鳩,秸鞠也。'用《釋鳥》文,釋文:'鳲,本作尸。'《説文》:'秸鵴,尸鳩。'亦本《爾雅》'鳲鳩,鵠鵴'也。《西山經》:'南山鳥多尸鳩。'《方言》作'鳾鳩',《廣雅》作'尸鳩',郭注《爾雅》《方言》《山經》並謂即'布穀'。本書鵠鵴,即布穀也,凡鳩類字原本當類列,今則雜亂失次矣。'尸鳩'應本作'夷鳩'。'夷'古作'尼',省爲'尸'……尸者,人平臥之象。謂之'夷鳩'者,夷古皆訓平。'尸鳩',毛傳云:'鳲鳩之養其子,朝從上下,莫從下上,平均如一。'《左氏·昭十七年傳》:'鳲鳩氏司空也。'杜注:'鳲鳩平均,故爲司空平水土。'《正義》引樊光曰:'《春秋》云鳲鳩氏司空,心平均故爲司空。'按此正'鳩'之所以名'尸(夷)'之義也。"(4732)胡吉宣謂"鳲鳩"本作"尸鳩",是也;然又謂"尸鳩"應本作"夷鳩",然傳世文獻並未見有作"夷鳩"者,胡氏求之過甚,其説疑不確。《正字通·鳥部》:"鳲,《漢·鮑宣傳》作'尸鳩',《集韻》或作隹,義同,別作鳾、雇。"(1358下)《正字通》所言印證了胡氏之説。故"鳲鳩"本當作"尸鳩"。

569. 鴎

《玉篇·鳥部》:"鴎,才亮切。女鴎,巧婦也。又名鴎雀。"(114上左)

按：《玉篇校釋》"鴎"字下注："字本止爲'匠'也。《爾雅》邢疏引《方言》作'女匠'。陸機《詩義疏》云：'鴎鷑似黄雀而小，幽州人謂之鸋鳩，或曰巧婦，或曰女匠。關東謂之工雀，關西謂之桑飛，或曰巧女。'"（4758～4759）胡氏所言是也。《方言》卷八："桑飛，自關而東謂之工爵，或謂之過鸁，或謂之女鴎。"戴震疏證："鴎、匠字異音義同。"朱駿聲《定聲》"匠"字下亦云："《方言》：'桑飛或謂之女匠。'《廣雅》：'女鴎，工雀也。'字亦作鴎。按：即鷑鷑，亦曰巧婦。"（903下）《正字通·鳥部》："鴎，舊注：音匠。工雀。按：女匠，本作匠。"（1364下）以上諸説皆印證了胡氏之説。故"鴎"本當作"匠"。

570. 鶾

《玉篇·鳥部》："鶾，胡瓜切。雉別名。"（114上左）

按：《名義·鳥部》："鶾，胡瓜反。雉。"（245上）《玉篇校釋》"鶾"字下注："'雉別名'者，當作：'鶾蟲，雉別名。'字本作'華'。雉有文采，古人彩繪於版，謂之華蟲。《皋陶謨》：'日月星辰山龍華蟲作會。'孔傳：'蟲，雉也。'《周禮·司服》鄭注：'此古天子冕服十二章也，華蟲，五色之蟲。至周冕服九章，次三曰華蟲。'又云：'鷩冕者，鷩畫以雉，謂華蟲也。'是華蟲爲鷩雉之別偁。郭注《釋鳥》'鷩雉'云：'似山雞而小，冠背毛黄，腹下赤，項綠色鮮明。'以其華采粲彰，故謂之華蟲。俗增鳥旁爲鶾，亦名駿䴊。《説文》：'駿䴊，鷩也。'是也。《切韻》：'鶾，鳥名，似雉。'《集韻》云：'山雉名。'並非也。云似雉則非雉，山雉、鷩雉亦非一物，故郭云'似山雞而小也'。"（4767）胡氏所言是也。《正字通·鳥部》："鶾，舊注：音華。雉別名。又音話。義同。按：雉屬非一，詳載《禽經》。《爾雅》無名鶾者，《尚書》華蟲以雉有文采名，非作鶾。"（1378下）此説亦印證了胡氏的考釋成果。故"鶾"當合"蟲"字而爲訓，"鶾蟲"同"華蟲"，"鶾"本當作"華"。

571. 鴲

《玉篇·鳥部》："鴲，巨支切。雉別名。"（114上左）

按：《玉篇校釋》"鴲"字下改注文"雉"爲"雞"，並注曰："'雞別名'者，'雞'原作'雉'，雉、雞形近，亦涉上舉諸雉名而誤，今正。《方言》八：'雞，陳楚宋魏之間謂之鶞鴖。'《廣雅·釋獸》：'辟雌，雞也。'《集韻》：'鴖，或作雎。'"鶞鴖'二字爲名，猶上'鶞鶋'爲水鳥，亦二字爲名，此'雞別名'上亦應補'鶞鴖'二字。"(4755)胡氏所言是也。《新撰字鏡·鳥部》："鴖，渠支反。雞。"(462)故宮本《王韻》平聲支韻巨支反："鴖，雞。"(439)以上諸書並其證也。《大字典》《字海》"鴖"下皆據《玉篇》之謬而收錄"雌的別名"這一義項，並非。

572. 鶘

《玉篇·鳥部》："鶘，布乎切。鶘鴂也。"(114 下右)

按：《玉篇校釋》改注文爲"鶘鴂也"，並注曰："'鶘鴂也'者，《切韻》同，'鴂'原訛'鴂'，今依《切韻》正。此'鴂'非'鶩'之或體'鴂'。以《爾雅》作'鶘鈙'，'鈙'變易鳥旁爲'鴂'，與'鶩'或體'鴂'同形耳。《釋鳥》：'鴂，鋪鈙。'郭云：'未詳。'釋文：'鋪，字或作鶘。'鈙作鈙，云：'本今作鈙。'《説文》作'鳥鋪鈙'，本書：'䴎，鋪鈙鳥。'"(4777)胡氏所言當是。《名義·鳥部》："鶘，博胡反。〔鶘〕鴂。"(245 下)《新撰字鏡·鳥部》："鶘，博胡反。〔鶘〕鴂。"(465)以上二書亦皆其證也。今本《玉篇》訓"鶘鴂"，即爲"鶘鴂"之誤。又元刊本《玉篇·鳥部》："鶘，布乎切。鶘鴂，鳩也。"元刊本誤作"鶘鴂，鳩也"，亦非。《大字典》《字海》"鶘"字下皆沿襲元刊本《玉篇》之誤而收錄"鳩"這一義項，疑並非是。

573. 鴿

《玉篇·鳥部》："鴿，求炎切。鳥啄食。"(114 下右)

按：《玉篇校釋》"鴿"字下注："'鳥啄食'者，應有誤。鴿，鳥啄食。《切韻》：'鴿，白啄鳥。'《倭名鈔》引作'白喙鳥'，並爲'句喙鳥'之寫訛。《釋鳥》：'鶼，鵜老。'郭注：'鴿，鶼也。'釋文引《字林》：'鴿，句喙鳥。'《説文》：'雓，鳥也。《春秋傳》：晉公子苦雓。'《切韻》侵韻：'鴿，鶼也。亦作雓。'"(4782)胡氏所言是也。《新撰字鏡·鳥部》："鴿，渠炎反。白(句)喙鳥。"(462)《新修玉篇》卷二四《鳥部》引《玉篇》："鴿，巨炎切。曰(句)喙鳥。"(198 下左)以上二書並其證也。故今本《玉篇》"鴿"訓"鳥啄食"當爲"句喙

鳥”之誤。《字彙》訓“鳥啄食也”，亦爲沿襲《玉篇》之誤。《大字典》《字海》
“鵁”字下皆沿謬而收録“鳥啄食”這一義項，皆應删。

574. 鵁

《玉篇·鳥部》：“鵁，大冬切。鳥名。”（114 下右）

按：《廣韻》平聲東韻職戎切：“鵁，鳥名。”（3）“鵁”“鵁”當即異體字。余
廼永《校注》“鵁”字下注：“與冬韻都宗切‘鵁’字或體。按五代刊本《切韻》
東韻之鵁字注：‘又音冬。’冬音即都宗切也。”（558）余氏所言是也。《正字
通·鳥部》：“鵁，德公切，音冬。水鳥，似鳧而小。或讀若終，義同。”下字注
曰：“鵁，同鵁。舊注二字文同，以左右别而音異，誤。”（1363 下～1364 上）
《正字通》所言印證了余氏之説。故“鵁”“鵁”即通過偏旁易位而形成的異
體字。

575. 鵺

《玉篇·鳥部》：“鷅，力盍切。鷅鵺，飛起皃。”下字注曰：“鵺，他臘切。
鳥名。”（114 下右）

按：《玉篇校釋》改“鵺”下義訓爲“鷅鵺”，並注曰：“《切韻》云：‘鷅翋，暴
飛皃。’《廣韻》：‘鷅，鷅鵺，初飛起。’又：‘钄翋，飛初起皃。’應此‘鷅鵺，飛起
皃’出《埤蒼》。《廣雅·釋詁三》：‘抙翋，飛也。’（抙音力合反，與翊别）本書
《羽部》：‘翄，高飛皃。翩，飛皃。翄翄，飛皃。翻翉，飛皃。’或疊韻，或重
言，其義一也。”（4781）胡氏所言是也。《名義·鳥部》：“鷅，力圖（閭）反。
［鷅鵺，］飛初起皃。”下字注曰：“鵺，恥圖（閭）反。［鷅鵺。］翋字。”（246 上）
《新撰字鏡·鳥部》：“鷅，力閭反。钄字。”（465）下字注曰：“鵺，恥閭反。翋
字。”（466）箋注本《切韻》（斯 2071）入聲合韻他合反：“翉，翻翉，飛皃。”下
文盧合反：“翋，翋沓（翋），飛皃。”（147）故宮本《王韻》入聲合韻他閤反：
“翉，翻翉，飛皃。”下文盧合反：“翋，翋翉，飛皃。”（521）故宮本《裴韻》同。
故宮本《王韻》入聲盍韻徒盍反又云：“鵺，鷅鵺。”（521）故宮本《裴韻》入聲
踏韻盧盍反：“鷅，鷅曝（鵺），飛起。”下文吐盍反又曰：“鵺，鷅鵺，飛皃。”
（619）《廣韻》入聲合韻他合切：“翉，翻翉，飛皃。”（432）下文盧合切：“翋，翻

翮,飛。”(433)下文入聲盍韻盧盍切:“䳶,䳶鷋,鳥飛。”(433)同一小韻下文
又曰:“䎱,䎱翷,飛初起皃。”(434)《集韻》入聲盍韻達合切:“㩉䳶,《博雅》:
‘㧖㩉,飛也。’或從鳥。”(772)下文落合切又曰:“㧖,《博雅》:‘㧖㩉,飛也。’
或作翮。”(773)下文入聲盍韻力盍切:“䎱䳶,飛皃。或從鳥。”(775)以上諸
書皆其證也。故“鷋”當合“䳶”字爲訓,“䳶鷋”本爲一個疊韻連綿詞,義指
“飛皃”,《玉篇》“鷋”字下脱落被訓詞“䳶鷋”,致使拆骿爲單,又妄改其訓爲
“鳥名”,並非。《新修玉篇》《篇海》等後世字書承襲《玉篇》“鷋”字義訓之誤
而訓“鳥名”,俱失考證。《大字典》《字海》“鷋”字皆據《玉篇》之誤而增收第
一義項,分別訓“鳥名”、“一種鳥”,並非。“䳶鷋”與“䎱翷”“㧖㩉”“㧖䳶”
“翮㩉”“翮翮”諸詞音義並同,當爲同詞異寫。

576. 鷈

《玉篇·鳥部》:“鷈,匹沼切。鳥變。”(114下左)

按:《廣韻》平聲宵韻撫招切:“鷈,鳥飛。”(96)《玉篇校釋》“鷈”字下校
補注文爲“鳥變色”,並注曰:“《廣韻》‘鷈’收下平四宵,云‘鳥飛’,則與本書
《羽部》‘翲’同。《切韻》上聲小韻:‘䳠,鳥變色。’即本書‘鷈’字。《廣韻》
‘䳠’下引《倉頡篇》云:‘鳥毛變色。本作䳠。’本書‘鷈’下原止云‘鳥變’,今
增補一‘色’字。‘鷈’即《周禮·内饔》‘鳥䳠色而沙鳴’之‘䳠’。‘䳠’從麃,
《説文》麃從票省聲,從麃、從票之字多相同,《口部》嚤、嘌一字,《白部》䳠、
皫一字。”(4795)胡氏所言是也。《正字通·鳥部》:“鷈,舊注:音縹。鳥變
也。又音飄。鳥飛。按:鳥毛色變者謂之䳠,見《禮·内則》,非作‘鷈’。
‘鷈’與《羽部》‘翲’通,訓鳥飛當從翲,鷈即俗翲字也。”(1377下)《正字通》
所言印證了胡氏之説。故“鷈”訓“鳥變”,當即“鳥變色”之脱誤,此“鷈”當
即“䳠”之異體字;而“鷈”訓“鳥飛”,當即“翲”之異體字。

577. 鴝

《玉篇·鳥部》:“鴝,音苔。鳥名。”(114下左)

按:此字《説文》《名義》皆未收,《切韻》亦不録,《玉篇》《廣韻》收之,當
即宋人據俗書所增。《廣韻》平聲咍韻徒哀切:“鴝,鳥名。”(57)《集韻》平聲

哈韻堂來切：“駘，鳥名。”(113)《字彙・鳥部》：“駘，堂來切，音臺。鳥名。”(571下)《玉篇校釋》“駘”字下注：“《廣韻》平聲哈韻徒哀切：‘鳥名。’《集韻》同。本書音‘苔’，‘苔’當爲‘怠’。《莊子・山木》：‘東海有鳥焉，名曰意怠。’即此‘駘’。《韻會》云：‘鷾鴯。鴯，或作怠。東海有鳥，名曰意怠。’則鷾鴯、意怠爲一鳥。”(4791)胡吉宣謂“駘”當指“意怠”，於文獻無徵，其說疑不可據。《正字通・鳥部》：“駘，訛字。汎云鳥名，非。”(1361下)《正字通》謂“駘”爲訛字，所言當是。今案：“駘”疑即“駘”字俗訛。《說文・馬部》：“駘，馬銜脫也。從馬，台聲。”(200下)“駘”，《廣韻》音“徒哀切”。“駘”與“駘”音同，又“鳥”旁、“馬”旁形近，俗書或可訛混，如：《新修玉篇》卷二十四《鳥部》引《玉篇》：“鴑，音奴。鳥名。”(198下左)“鴑”，《說文》《玉篇》皆作“駑”，此“鴑”當即“駑”字之訛。此即其證也。故“駘”疑即“駘”字之訛。“駘”字，《玉篇》訓“鳥名”，當因不識其爲“駘”字俗訛，又見其從“鳥”而妄改，不足爲據。《廣韻》《集韻》皆承襲《玉篇》義訓之誤，疑亦非是。

578. 鶇

《玉篇・鳥部》：“鶇，音成。”(114下左)

按：此字《說文》《名義》皆未收，《廣韻》《集韻》亦不錄，《玉篇》收於《鳥部》之末，且有音無義，當即陳彭年等據俗書所增。元刊本《玉篇・鳥部》：“鶇，音成。鳥也。”《字彙・鳥部》：“鶇，是征切，音成。鳥名。”(573上)《正字通・鳥部》：“鶇，訛字。舊注：音成。鳥名。誤。”(1366下)《正字通》謂“鶇”爲訛字，所言當是。今案：“鶇”疑即“鶒”字俗訛。《說文新附・鳥部》：“鶒，鸂鶒，水鳥。從鳥，式聲。”(77上)《廣韻》入聲職韻恥力切：“鶒，鸂鶒。”(424)“鶇”與“鶒”形近，正如韓小荆《〈可洪音義〉研究》(675)“軾”俗作“軷”，“鶇”疑即“鶒”字俗訛。《名義・鳥部》：“𪅏，丑力切。似鳧，有毛。”(245上)《玉篇・鳥部》：“鷘，丑力切。溪鷘也。”(114上左)“𪅏”當即“鷘”字之俗，“鷘”又當即“鶒”之異體字。“𪅏”字右旁所從與“成”相近，此亦爲“鶇”當即“鶒”字俗訛提供一佐證材料。“鶇”字，《玉篇》音“成”，當爲望形生音。

579. ⿰夏鳥

《玉篇·鳥部》:"⿰夏鳥,乎馬切。鳥。"(114下左)

按:此字《説文》《名義》皆未收,《廣韻》《集韻》亦不録,《玉篇》收於《鳥部》之末,當即宋人據俗書所增。《字彙·鳥部》:"⿰夏鳥,亥雅切,音夏。鳥名。"(576上)《正字通·鳥部》:"⿰夏鳥,⿰复鳥字之訛。舊注:音夏。鳥名。誤。"(1374上)《正字通》所言當是。《廣韻》入聲屋韻房六切:"⿰复鳥,⿰复鳥鶔,戴勝也。"(369)《集韻》入聲屋韻房六切:"⿺复鳥,鶝⿺复鳥,鳥名,戴勝也。或作⿰复鳥。"(641)"⿰夏鳥"與"⿰复鳥"形近,又《廣韻》《集韻》收録"⿰复鳥"字而未收"⿰夏鳥"字,《玉篇》收録"⿰夏鳥"字而未收"⿰复鳥"字,"⿰夏鳥""⿰复鳥"疑爲同字異體,從字形兼及字義來看,當以作"⿰复鳥"爲是,因"复"旁與"夏"旁形近,"复"旁俗書常可寫作"夏",如韓小荆《〈可洪音義〉研究》"復"俗作"⿰彳夏"、"複"俗作"⿰衤夏"等,故"⿰夏鳥"當即"⿰复鳥"字俗訛。"⿰夏鳥"字,《玉篇》音"乎馬切",當爲望形生音。

580. ⿰志鳥

《玉篇·鳥部》:"⿰志鳥,之餌切。鳥名。"(115上右)

按:此字《説文》《名義》皆未收,《廣韻》《集韻》亦不録,《龍龕》《玉篇》收之,當即唐人據俗書所增。《龍龕》卷二《鳥部》:"⿰志鳥,音志。鳥也。"(288)《字彙·鳥部》:"⿰志鳥,支義切,音志。⿰志鳥鳥。"(573下)《正字通·鳥部》:"⿰志鳥,訛字。舊注:音志。⿰志鳥鳥。非。"(1367下)《正字通》所言當是。今案:"⿰志鳥"當即"鵋"字之訛。《爾雅·釋鳥》:"鵅,鵋鵙。"郭璞注:"今江東呼鵂鶹爲鵋鵙,亦謂之鴝鵅。"《廣韻》去聲志韻渠記切:"鵋,鵋鵙,鵂鶹鳥,今之角鴟。"(253)"⿰志鳥"與"鵋"形近,又"志""忌"俗寫形體相同,皆可作"忘",如梁春勝《楷書異體俗體部件例字表》"志"俗作"忘"、"忌"俗作"忘"、"鵋"俗作"⿰忘鳥"等,據"鵋"字俗體"⿰忘鳥"字回改或可作"⿰志鳥",故"⿰志鳥"疑即"鵋"字俗訛。"⿰志鳥"字,《龍龕》音"志"、《玉篇》音"之餌切",疑皆爲望形生音。

581. 鵟

《玉篇・鳥部》:"鵟,亡亘切。鴟鵟也。"(115 上右)

按:《玉篇校釋》"鵟"字下注:"'鴟鵟也'者,'鵟'即《爾雅》之'狂,夢鳥'。《字典》謂此與'狂,茅鴟'誤合爲一,是也。蓋以同蒙'狂'名故。"(4796)胡氏所言是也。《正字通・鳥部》:"鵟,俗字。夢鳥。舊本改作鸏、鵟,並誤。"(1382 下)《正字通》所言印證了胡氏之説。《爾雅・釋鳥》:"狂,夢鳥。"郭璞注:"狂鳥五色,有冠。見《山海經》。"(149)《山海經・大荒西經》:"有五采之鳥,有冠,名曰狂鳥。"郭璞云:"《爾雅(釋鳥)》云:'狂,夢(今本作夢——珂)鳥。'即此也。"袁珂案:"郭注《爾雅・釋鳥》,亦引此經文。狂,《玉篇》作鸏,疑即鳳凰之屬,已見《海外西經》'滅蒙鳥'注。"(448)《集韻》去聲送韻莫鳳切:"鵟,鳥名。"(463)故"鵟""鸏"當即異體字,二字本作"夢"。"鵟""鸏"二字當訓"夢鳥",即鳳凰之屬。《玉篇》"鵟"訓"鴟鵟也",即因涉《爾雅・釋鳥》"狂,茅鴟"而誤。

582. 騄

《玉篇・鳥部》:"騄,盧谷切。鳥名。"(115 上右)

按:此字《説文》《名義》皆未收,《廣韻》《集韻》亦不録,《玉篇》收於《鳥部》之末,亦當即陳彭年等據俗書所增。《字彙・鳥部》:"騄,盧谷切,音禄。鳥名。"(574 上)《正字通・鳥部》:"騄,俗字。"(1369 下)《正字通》謂"騄"爲俗字,所言當是。今案:"騄"疑即"騄"字俗訛。《廣雅・釋獸》:"騄,騄駬。"王念孫疏證:"或作'綠耳'。《竹書記年・穆王八年》:'北唐來賓獻一驪馬,是生騄耳。'《穆王天子傳》:'天子之駿綠耳。'郭璞注云:'魏時鮮卑獻千里馬,名曰黃耳,即此類也。'"《玉篇・馬部》:"騄,力足切。騄駬,駿馬。"(108 上右)"騄"與"騄"形音皆近,又"鳥"旁、"馬"旁形近,俗書或可訛混,正如上文所言,"駕"俗作"鴐"、"駈"俗作"鵾"等,"騄"疑即"騄"字俗訛。《玉篇》訓"騄"爲"鳥名",當爲望形生訓,疑不可據。

583. 鶺

《玉篇·鳥部》:"鶺,音積。鳥名。"(115 上右)

按:《龍龕》卷二《鳥部》:"鶺,音積。鳥名也。"(289)《廣韻》入聲錫韻則歷切:"鶺,鳥名也。"(422)《字彙·鳥部》:"鶺,資昔切,音積。鳥名。"(576下)《正字通·鳥部》:"鶺,俗字。"(1377 上)《正字通》謂"鶺"爲俗字,所言當是。今案:"鶺"疑即"鶺"字之俗。《名義·鳥部》:"鴲,作席反。飛鳥行(也)。鶺,同上。"(242 上)《玉篇·鳥部》:"鴲,子席切。鴲鴒,雖雞。鶺,同上。"(113 下右)《龍龕》卷二《鳥部》:"鶺,俗;鶺,或作;鴲,正。音積。鴲鴒,一名錢母,大如鳶,頸下有錢文也。三。"(289)"鶺"與"鶺""鴲(鴲)"音義並同,正如《玉篇》(116 上右)"鱪"同"鱪""鯽","鶺"與"鶺""鴲(鴲)"諸字亦當爲異體字。

584. 鱄

《玉篇·魚部》:"鱄,扶各切。魚似鯉。"(116 上左)

按:《名義·魚部》:"鱄,扶各反。似鯉,一目。"(250 下)《玉篇校釋》"鱄"字下注:"'魚似鯉'者,《廣韻》:'鱄,魚似鯉,一目。'並本《山經》。《東次四經》:'膏水其中多薄魚,其狀如鱣而一目,其音如歐,見則天下大旱。'字不从魚,《篇》《韻》並云'似鯉'者,《古今注》:'鯉之大者曰鱣。'本書:'鱣,鯉也。'是似鯉即如鱣也。"(4876～4877)胡氏所言是也。《山海經·東山經》:"又東南三百里,曰女烝之山,其上無草木。石膏水出焉,而西注於餘水,其中多薄魚,其狀如鱔魚而一目,其音如歐,見則天下大旱。"郝懿行注曰:"《玉篇》《廣韻》並作'鱄魚',又云'似鯉也'。"(137～138)《正字通·魚部》"鱄"字下亦引《山海經》此文爲證,並注曰:"鱄,本作'薄',俗作'鱄'。"(1357 上)以上諸説皆印證了胡氏之説。故"鱄"當即"薄"因涉義增加義符而形成的後起分化字。

585. 蠃

《玉篇・魚部》："蠃，力戈切。魚有翼，見則大水。"（116 下右）

按：《名義・魚部》："蠃，力戈反。有翼。"（251 上）《玉篇校釋》"蠃"字下注："'魚有翼'云云者，《切韻》：'蠃，魚身鳥翼。'並本《山經》。《廣韻》誤以爲獸名。《西次山經》：'濛水其中多蠃魚，魚身而鳥翼，音如鴛鴦，見則其邑大水。'字從虫，通，亦飛魚類也。"（4880～4881）胡氏所言是也。《山海經・西山經》："又西二百六十里，曰邽山。其上有獸焉，其狀如牛，蝟毛，名曰窮奇，音如獋狗，是食人。濛水出焉，南流注于洋水，其中多黃貝，蠃魚，魚身而鳥翼，音如鴛鴦，見則其邑大水。"郭璞注："蠃，音螺。"郝懿行注曰："蠃，《玉篇》《廣韻》並作'蠃'，《玉篇》云：'魚有翼，見則大水。'"《正字通・魚部》亦云："蠃，蠃字之訛……及考《爾雅》：'邽山，濛水南流注于洋水，其中多蠃魚，魚身鳥翼，音如鴛鴦，見則其邑大水。'據《爾雅》，《玉篇》所云'魚有翼'不誤，舊注'魚身鳥翼'即蠃魚，以爲獸名則非也。本作蠃，《爾雅》注'音螺'，蠃即螺，改作蠃，非。"（1356 上）《正字通》所謂《爾雅》皆爲《山海經》之誤，其謂"《爾雅》注'音螺'，蠃即螺，改作蠃，非"，其言非是；然其謂"蠃"本作"蠃"，並謂以"蠃"爲獸名則非也，所言是也。以上諸説皆印證了胡氏之説。故"蠃"本當作"蠃"，即指"蠃魚"。《大字典》《字海》皆沿襲《廣韻》之謬而訓"蠃"爲"傳説中一種魚身鳥翼的動物"，並非。

586. 鮾

《玉篇・魚部》："鮾，奴罪切。魚敗也。"（116 下右）

按：《名義・魚部》："鮾，奴磊反。"（251 下）"鮾"即"鮾"之異體字。《集韻》上聲賄韻弩罪切："鮾，魚敗也。或作鮾、胺，通作餒。"（349）此即其證也。《玉篇校釋》"鮾"字下注："'魚敗也'者，《倭名類聚抄》十九引作'魚肉爛也'。《食部》'餒'下引《論語》：'魚餒而肉敗。'孔安國曰：'魚敗曰餒也。'《字書》或爲鮾字，在《魚部》。是原本當爲'鮾'，以'鮾'爲重文。《廣雅・釋詁三》：'鮾，敗也。'又《釋器》：'鮾，臭也。'字並從委。《肉部》：'胺，魚胺。'以後世分別文律之，字從肉者當爲肉敗。"（4886）《爾雅・釋器》："肉謂之

敗,魚謂之鮾"郝懿行義疏:"鮾者《説文》云:'魚敗曰鮾。'"《説文·食部》:
"餒,飢也。从食,委聲。一曰魚敗曰餒。"(103 下)箋注本《切韻》(斯 2071)
上聲賄韻奴罪反:"鮾,魚敗。或作胺。"(132)敦煌本《王韻》、故宮本《王
韻》、故宮本《裴韻》、《廣韻》亦並同。故"鮾"與"餒""鮾""鰺""胺"諸字音義
並同,即爲異體字;從形義關係來看,"鮾""餒"二字當以作"鰺""餒"爲正。
《正字通·魚部》:"鮾,同餒。"(1346 上)此亦其證也。胡吉宣溝通"鮾"與
"餒""鰺""胺"諸字的字際關係,是也;然又曰"《肉部》:'胺,魚胺。'以後世
分別文律之,字从肉者當爲肉敗",此説於文獻無徵,疑非是。

587. 鱹

《玉篇·魚部》:"鱹,音讎。魚名。"(116 下右)

按:此字《説文》《名義》皆未收,《廣韻》《集韻》亦不録,《玉篇》收之,當
即陳彭年等據俗書所增。《玉篇校釋》"鱹"字下注:"字从讎省非例,當作
'鱪','魚名'不詳。"(4892)胡氏所言疑可商榷。"鱹"音"讎",疑即"讎"字
俗訛。《説文·言部》:"讎,猶譍也。从言,雔聲。"(46 上)《玉篇·言部》:
"讎,視周切。匹也;對也。《詩》曰:'無言不讎。'讎,用也。"(42 上左)"譍"
與"讎"音同形近,正如《龍龕》(239)"燋"俗作"魶","魶"當即"燋"之偏旁
易位俗字,"魶"字左旁所從之"魚"當即"燋"字右旁所從之"焦"俗訛,故
"讎"俗書亦可寫作"鱹"。"鱹"字,《玉篇》訓"魚名",疑爲望形生訓。

588. 鮦

《玉篇·魚部》:"鮦,直勇切。魚。"(116 下左)

按:《玉篇校釋》"鮦"字下注:"'鮦'與'鮦'同,《爾雅》疏云:'鮦即今之
鮦魚也。'"(4899)胡氏所言當是。《正字通·魚部》:"鮦,鱑、鮦音義同,舊
注改音衆,誤。"(1350 下)《正字通》所言印證了胡氏之説。《説文·魚部》:
"鮦,魚名。一曰鱯也。"(243 上)《玉篇·魚部》:"鮦,直壟切。鱧魚也。"
(115 下左)《廣韻》平聲東韻徒紅切:"鮦,《爾雅》云:'鰹,大鮦。'又直冢、直
柳二切。"(3)《集韻》平聲東韻徒東切:"鮦鱑,魚名。《爾雅》:'鰹,大鮦。'或
从童。"(5)《文選·張衡〈西京賦〉》:"其中則有黿鼉巨鼈,鱣鯉鱮鮦。"李善

注引薛綜曰:"《爾雅》曰:'鱧,鮦也。'"故"鱺"與"鮦"音義並同,"鱺"當即"鮦"字之俗。

589. 鰔

《玉篇·魚部》:"鰔,初陷切。魚也。"(116 下左)

按:《玉篇校釋》"鰔"字下注:"《文選·上林賦》:'鮔鱣鰔離。'李注引司馬彪曰:'鰔離,魚名也。'張揖曰:'其形狀未聞。'《史記·司馬相如傳》作'蛃離'。郭璞、李奇亦皆云:'未聞。'本書《虫部》:'蛃,蛃蠻也。'"(4900)《說文·虫部》:"蛃,蛃離也。从虫,鰔省聲。"(282 上)段玉裁注:"'蛃',《史記》《文選》同,《漢書》作'鰔'。《上林賦》説水族曰:'鮫龍赤螭,鮔鱣鰔離。'司馬彪曰:'蛃離,魚名也。'張揖曰:'其形狀未聞。'按:許以此次於蟬、蟹二篆間,必介蟲之類。周人或以'鰔離'爲名,取於物爲假也。"(672 上)今本《文選·司馬相如〈上林賦〉》作:"於是乎蛟龍赤螭,鮔鱣鰔離。"(124 上)"鮔鱣""鰔離"連用,"鮔鱣"指魚類,"鰔離"亦當以指魚類爲是也。"鰔"應連"離"而爲名,"鰔離""蛃離""鰔離"並同,"鰔""蛃"二字當本作"鰔"。

590. 魶

《玉篇·魚部》:"魶,莫六切。魚名。"(116 下左)

按:此字《說文》《名義》皆未收,《廣韻》《集韻》亦不録,且未見《爾雅》《山海經》《廣雅》有名魚爲"魶"者,此字《玉篇》收於部末,當即宋人據俗書所增。"魶"疑即"魶"字之俗。《廣雅·釋魚》:"魶,鯢也。"(963 上)《名義·魚部》:"魶,奴圖反。鯢。"(248 上)《玉篇·魚部》:"魶,奴臘切。鯨也。"(115 下左)《〈可洪音義〉研究》(601)"内"字俗作"𠕎"、又《〈可洪音義〉研究》(655)"肉"字俗作"𠕎""𠕎"等,"内"旁、"肉"旁俗寫形極近或可訛混,故"魶"俗可寫作"魶"。"魶"音"莫六切"、訓"魚名"者,當爲後人不識其爲"魶"字之俗而妄補。

591. 鮈

《玉篇·魚部》:"鮈,居六切。魚。"(116下左)

按:此字《説文》《名義》皆未收,《廣韻》亦不録,且未見《爾雅》《山海經》有名魚爲"鮈"者,此字《玉篇》收於部末,當即宋人據俗書所增。"鮈"疑即"鮈"字之俗。《説文·魚部》:"鮈,魚名,出樂浪潘國。从魚,匊聲。一曰鮈魚,出江東,有兩乳。"(244上)"鮈",《廣韻》音"居六切"。"鮈"與"鮈"音義並同,"鮈"當即"鮈"通過改換聲符而形成的異體字。

592. 鰶

《玉篇·魚部》:"鰶,親悉切。魚。"(116下左)

按:《玉篇校釋》"鰶"字下注:"鰶者,陸德明引《字林》'鰊'作'鰶',音七。《集韻·質韻》'鰶'作'魰',从七,故假桼爲七。六朝別字來、桼俱作来,故'鰊'訛分爲'鰶'。'鰶'實僞字,應删。"(4903~4904)胡氏所言是也。《爾雅·釋魚》:"鮤,鰊。"(141)盧照鄰《爾雅匡名》注曰:"二字不見於《説文》。釋文云:'鰊,《字林》作鰶,音七。'按:鰶、鰊形似而訛,利、來雙聲字也。"(3986)又《〈可洪音義〉研究》(546)"來"俗作"来"、《〈可洪音義〉研究》(629)"漆"俗作"洓"。故"鰶"即"鰊"字之俗,"魰"又因"鰊"字俗作"鰶"而音"七",遂改換聲符而形成的俗字。

593. 鱤

《玉篇·魚部》:"鱤,仕咸切,又音陷。"(116下左)

按:《直音篇》卷六《魚部》:"鱤,讒、陷二音。魚名。"(269)《詳校篇海》卷一《魚部》:"鱤,鋤咸切,音讒。又户韽切,音陷。魚名。"(66上)《字彙·魚部》:"鱤,鋤咸切,音讒。魚名。又户韽切,音陷。義同。"(570上)《正字通·魚部》:"鱤,俗字。"(1357上)《正字通》所言當是。今案:"鱤"音"仕咸切",疑即"鑱"字俗訛。《玉篇·角部》:"觽,仕咸切。角皃。"(122下左)《正字通·角部》:"觽,豺寒切,音讒。角上出貌。"(1050上)"鱤"與"觽"音同形近，正如上文所言，“角”旁、“魚”旁形近，俗書或可訛混，如：“斛”俗作“斛”（見《叢考》1164）、“觝”俗作“觝”（見《叢考》1163）、“觥”俗作“觥”（見《叢考》1168）、“觻”俗作“鱳”（見《續考》466～467）、“觻得”俗作“鱳得”（見《續考》473）、“觲”俗作“觲”（見《集韻》364）、“觶”俗作“鱓”（見漢《曹全碑》）、“鱓”俗作“觶”（見《龍龕》511）、“歡”俗作“觀”（見《集韻》138）等，“鱴”音“仕咸切”，疑即“觿”字俗訛。又“鱴”音“陷”，當即“鮨”字之俗。《玉篇校釋》“鱴”字下注：“‘又音陷’者，應與‘鮨’同。（45）：‘鮨，魚也。又音陷。見《山海經》。’鮨以能銜陷得名，鱴之言鑱也，亦撞刺之義也。”（4896）胡氏所言當是。《説文・魚部》：“鮨，魚名。从魚，臽聲。”（244 上）“鮨”，《廣韻》音“户韽切”。“鱴”音“陷”，與“鮨”音義並同，此“鱴”當即“鮨”字之俗。故《直音篇》“鱴”字於“讒”“陷”二音之下汎云“魚名”，不確。《詳校篇海》《字彙》等後世字書承襲《直音篇》之誤，疑亦非是。

594. 鮑

《玉篇・魚部》：“鮑，於業切。鹽漬魚也。”（117 上右）

按：《玉篇校釋》“鮑”字下注：“‘鹽漬魚也’者，通作‘腌’。《切韻》：‘腌，鹽漬魚。’《唐韻》：‘腌，亦作鮑。’《集韻》：‘腌，或作肥。’又：‘鰪，一曰漬魚也。或作鮑。’”（4907）胡氏所言是也。故宫本《王韻》入聲業韻於業反：“鮑，臭。”（526）故宫本《裴韻》入聲業韻於劫反：“鮑，《釋名》：‘腐魚。’”（621）《切韻》入聲業韻於劫反：“腌，鹽漬魚。亦作鮑。”（729）《廣韻》同。《新撰字鏡・魚部》：“鮑，於業反。埋藏使腐臭也；漬變。”（496）“臭”“腐魚”“埋藏使腐臭也”“漬變”與“鹽漬魚”訓異義同，因“鹽漬魚”需埋藏腌製而有腐臭味故也。故“鮑”當即“腌”之異體字。又《集韻》入聲業韻乙業切：“鰪鮑，魚名。一曰河豚。一曰漬魚也。或从邑。”（785）“鰪”當即“鮑”通過改換聲符而形成的異體字，亦即“腌”字之俗。又“鮑（鰪）”訓“魚名”“河豚”，於前代字書、韻書及其他文獻皆無徵，疑爲丁度等人所妄補，不足爲據。

595. 蚔

《玉篇・虫部》：“蚔，巨支切。土蝱也。亦作蝨。”（117 下右）

　　按：《玉篇校釋》"蚳"字下改注文"土䖴也"爲"畫也"，並注曰："'畫也'者，《説文》文，原作'土䖴也'，'䖴'或作'虿'，'土虿'二字即'畫'之分離而誤，今訂正。《切韻》云：'毒蟲。'慧琳：'《説文》：蚳，畫蕫也。《廣雅》：蚳，蠏也。'又引《説文》：'蛙也。''蛙'當爲'蜂'。又引《考聲》云：'有毛蟲也。'諸書無訓'畫'爲'䖴'者，䖴爲蚊類，非毒螫蟲也。"（4939～4940）胡氏所言是也。《名義·虫部》："蚳，渠支反。䖴字。"（253下）故宮本《王韻》平聲支韻巨支反："蚳，畫。亦作蚳、䖴。"（439）以上二書亦其證也。故《玉篇》"蚳"訓"土䖴也"，即爲"畫也"之訛變。《廣韻》平聲支韻巨支切亦云："蚳，䖴也。"（17）《廣韻》"蚳"訓"䖴也"，亦爲《玉篇》所誤。《大字典》《字海》"蚳"字下皆沿謬而收録"䖴蟲"這一義項，俱應删。

596. 蜎

　　《玉篇·虫部》："蜎，居袁切。蜎蠣，蛸蟠。"（118下右）
　　按：《玉篇校釋》"蜎"字下校注文"蜎蠣，蛸蟠"爲"蜎蠣，蟜蟠"，並注曰："'蜎蠣，蟜蟠'者，原訛作'蜎蠣，蛸蟠'，形近寫誤，亦由上'蠣'字失義所致。蜎蠣並列，原本必有引《方言》文。《方言》十一：'蟜蟠謂之蟥，自關而東謂之蛸蟥，或謂之蜎蠣。'《廣雅·釋蟲》：'蜎蠣、蟥，蟜蟠也。'即本《方言》。'蟥'與'蟜'同。"（4991～4992）胡氏所言是也。《名義·虫部》："蜎，居媛反。[蜎]蠣。"（256下）可見原本《玉篇》亦引《方言》之文爲訓也。《新撰字鏡·虫部》："蜎，居援反。蟜蟠謂之蜎屬（蠣）。"（481）此亦其證也。《大字典》《字海》"蜎"字下皆沿襲《玉篇》之謬而收録"蜎蠣"這一義項，並非。

597. 蛙

　　《玉篇·虫部》："蛙，胡媧切。蛤蟇也。又烏瓜切。"（118下左）
　　按：《玉篇校釋》"蛙"字下注："蛙，本作黽。《切韻》：'蛙，蝦蟇屬。正作黽。'本書《黽部》：'黽，蝦蟇也。今作蛙。'"（5004）胡氏所言是也。《名義·虫部》："蛙，胡媧反。黽字。蜆（蝦？）蟆。"（257下）《新撰字鏡·虫部》："蛙黽，同作。烏禍（媧）反。黽，同。"（483）以上二書亦其證也。又《古今韻會舉要·佳韻》："蛙，烏蝸切。《説文》：'蝦蟇屬。'本作黽，今作蛙。長脚喜鳴。陸佃曰:'其聲哇淫。'又淫也。"(88下)"蛙"訓"淫也",《古今韻會舉要》收於《佳韻》,《大字典》引作《麻韻》,非是。此"蛙"當即"哇"之假借。《説文·口部》:"哇,諂聲也。"(33上)"哇"本訓"諂聲",引申爲"靡漫的樂聲"。《廣雅·釋詁二》:"哇,裹也。"(180下)《廣韻》平聲麻韻烏瓜切:"哇,淫聲也。"(109)《古今韻會舉要》"蛙"訓"淫也",當爲"淫聲也"之省,此"蛙"當即"哇"之聲借。

598. 蠀

《玉篇·虫部》:"蠀,子亦切。貝狹小。"(118下左)

按:《爾雅·釋魚》:"小者鰿。"郭璞注:"今細貝,亦有紫色者,出日南。"(143)下文又曰:"蠀,小而橢。"郭璞注:"即上小貝,橢謂狹而長,此皆説貝之形容。"故"蠀"與"鰿"訓異義同,即爲異體字。《玉篇校釋》"蠀"字下注:"'貝狹小'者,《釋魚》:'貝,小者鰿。'郭注:'今細貝,亦有紫色者,出日南。'又云:'蠀,小而橢。'郭注:'即上小貝,橢謂狹而長。'釋文:'蠀,本或作鰿。'《切韻》:'蠀,貝小者。'"(5002)胡氏所言是也。《廣韻》入聲昔韻咨昔切:"鰿,《爾雅》曰:'貝小者鰿。'郭璞云:'今細貝,亦有紫色者,出日南。'蠀,上同。"(418)此亦其證也。故"蠀"與"鰿"音義並同,即爲異體字。

599. 蠉

《玉篇·虫部》:"蠉,户涓切。蟲名。"(119上左)

按:《玉篇校釋》"蠉"字下注:"《廣韻》《集韻》並不録,應即'寯縣''虎懸'字。《夏小正》:'四月鳴札。'傳曰:'札者,寯縣也。鳴而後知之,故先鳴而後札。'郭璞注《爾雅》引作'鳴蛁虎懸。'凡後起俗字,恒增益或變易原字偏旁以爲物名。"(5030)胡氏所言是也。《正字通·虫部》:"蠉,呼圓切,音玄。蟬屬。鳴蛁,一名虎懸。《夏小正》:'四月鳴札。'戴氏曰:'鳴而後知之,故先鳴後札。'札即蛁,蠉本作縣。"(1012下)《正字通》所言印證了胡氏的考釋成果。故"蠉"當即"縣"之增旁俗字。

600. 蚮

《玉篇·虫部》:"蚮,方禹切。蟲名。"(119 上左)

按:《玉篇校釋》"蚮"字下注:"'蚮'即'斧蜋'。(73):'螳,螳蜋,有斧蟲。'俗增益偏旁爲'蚮'。"(5031)胡氏所言是也。《正字通·虫部》:"蚮,舊注:音斧。蟲名。按:螳蜋,斧臂,名斧蟲,後人加虫作'蚮',非。"(996 下)《正字通》所言印證了其說。故"蚮"本作"斧"。

601. 螧

《玉篇·虫部》:"螧,以謝切。蟲名。"(119 上左)

按:《玉篇校釋》"螧"字下注:"'螧'蓋因'蜮'名射工二邊从虫。"(5032)胡氏所言當是。《正字通·虫部》:"螧,俗字。因'蜮'名'射工'加虫作'螧',讀若射。舊注音夜,汎云蟲名,非。"(1001 下)《正字通》所言印證了其說。故"螧"本當作"射"。

602. 蛇

《玉篇·虫部》:"蛇,毗必切。黑蜂。"(119 上左)

按:《玉篇校釋》"蛇"字下注:"《廣韻》入聲五質音義並同,《集韻》云:'螽屬。'《方言》十一:'螽大而蜜者謂之壺螽。'郭注:'今黑螽,穿竹木做孔亦有蜜者,或呼笛師。'《楚辭·招魂》:'玄螽若壺。'是黑蜂言其色,壺蜂謂其腹若壺也。"(5036)胡氏所言是也。《正字通·虫部》:"蛇,舊注:音必。黑蜂。又音鼻。大蜂。並非。蜜,俗作蛍,亦作蛇。蜂無蛇名。"(987 上)《正字通》謂"蛇"即"蜜"字之俗,此即印證了胡氏之説。《可洪音義》卷二二:"蛍,音蜜。正作蜜也。"(60,頁 253a3)此亦其證也。故"蛇""蛍"並即"蜜"字俗省。

603. 蟦

《玉篇・虫部》:“蟦,丘貴切。蟲名。”(119上左)

按:此字《玉篇》收於《虫部》之末,《廣韻》《集韻》皆不録,當即陳彭年等據俗書所增。《字彙・虫部》:“蟦,丘貴切,音喟。蟲名。”(430下)《正字通・虫部》:“蟦,譌字。舊注音喟,汎云蟲名,誤。”(1006下)《正字通》所言當是。今案:“蟦”疑即“蟦”字俗譌。《爾雅・釋魚》:“蟦,小而楕。”郭璞注:“即上小貝,楕謂狹而長,此皆説貝之形容。”《玉篇・虫部》:“蟦,子亦切。貝狹小。”(118下左)“蟦”即指狹而長的小貝。《集韻》入聲錫韻則歷切:“蟦,蟲名。”(749)《集韻》訓“蟦”爲“蟲名”,當因《説文》訓“貝”爲“海介蟲也”而生。故“蟦”與“蟦”形近義同,正如韓小荆《〈可洪音義〉研究》(810)“簣”俗作“簣”,“蟦”疑即“蟦”字俗譌。“蟦”字,《玉篇》音“丘貴切”,疑爲望形生音也。

604. 蚽

《玉篇・虫部》:“蚽,薄碑切。蟲名。”(119下右)

按:此字《説文》未收,《廣韻》《集韻》亦不録,《玉篇》收之,當即陳彭年等據俗書所增。《字彙・虫部》:“蚽,符羈切,音皮。蟲名。”(423上)《正字通・虫部》:“蚽,同蚸。舊注:音皮。蟲名。誤。”(986下)《正字通》所言當是。《説文・虫部》:“萩,虴蚸也。从艸,收聲。”(11下)“虴蚸”即指“錦葵”,一種供觀賞的草本植物。又《玉篇・虫部》:“蚸,普流切。似蟹,二足。”(119下右)《集韻》平聲尤韻房尤切:“蚸,水蟲名。”(266)“蚽”與“蚸”形近義同,又“丕”“不”形近,俗書或可訛混,如“杯”作“柸”、“肧”作“胚”等,“蚽”疑即“蚸”字之俗。《玉篇》改音“薄碑切”,疑非是。又《嘉興藏》本清净挺著《漆園指通》卷之一《齊物論》:“是與不是,然與不然,相待也,猶化與聲相待也。春至而倉庚鳴,雷始收而蟄蟲蚽户,化與聲待也。然亦有不相待者,十有二月而螽矣,李梅實矣,鸜鴿來矣。和以天倪,因以曼衍,所以忘年也。窮無窮,極無極,故無竟也。不用而寓諸庸,故寓無竟也。”《嘉興藏》本清净範説、智璋等録《蔗庵範范禪師語録》卷四《住越州雲門顯聖寺語録》

云："是月也，鴻雁來，玄鳥歸，群鳥養，羞雷始收聲，蟄蟲坯户，水始涸。"又《卍新纂續藏》本明大惠録《成唯識論自攷》卷六："造集長時資具者，謂蟄蟲坯户。羣鳥養羞，獸搆穴，鵲架巢等，諸如是類執我常故。""蚾户"同"坯户""坏户"，從文意來看，當以作"坯户""坏户"爲是，此"坯""坏"皆爲"壞"之俗字，義指"破壞"；而"蚾"當即"坏（坏）"字俗訛。

605. 蚔

《玉篇·虫部》："蚔，職以切。蟲。"（119 下右）

按：此字《玉篇》收於《虫部》之末，《廣韻》《集韻》亦不録，當即陳彭年等據俗書所增。《字彙·虫部》："蚔，職以切，音旨。蟲名。"（423 下）《正字通·虫部》："蚔，舊注：音旨。蟲名。按：《方言》'蔞蛄'有'蛄蚔'之名，'蚔'當是'詣'之訛，音旨，非。一説：《方言》本作'蛄蚔'。"（990 下）《方言》卷十一："蛄詣謂之杜蛒。蔞螲謂之蔞蛄，或謂之蟓蛉。南楚謂之杜狗，或謂之蛣蟟。"周祖謨校箋："'蛄詣'，盧氏從曹本作'蛄諸'。案《集韻·模韻》'蛄'下引作'蛄諸'。"（69）故"蛄詣"當爲"蛄諸"之訛。"蚔"當因"蛄諸"誤作"蛄詣"，"詣"又受上文"蛄"字類化影響而改換義符所形成的俗字，而非如《正字通》之"一説"所言《方言》'蛄諸'本作'蛄蚔'"。"蚔"字，《玉篇》音"職以切"，當即望形生音。

606. 蛱

《玉篇·虫部》："蛱，音該。蟲名。"（119 下右）

按：此字《玉篇》收於《虫部》之末，《廣韻》《集韻》亦不録，當即陳彭年等據俗書所增。《字彙·虫部》："蛱，柯開切，音該。蟲名。"（423 下）《正字通·虫部》："蛱，訛字。舊注音該，汎云蟲名，泥。"（989 上）《正字通》謂"蛱"爲訛字，疑是。今案："蛱"疑即"蚿"字之訛。《方言》卷十一："馬蚿，北燕謂之蛆蟝，其大者謂之馬蚰。"（71）《廣韻》平聲先韻胡田切："蚿，馬蚿蟲，一名百足。"（82）"蛱"與"蚿"形近義同，又"亥""玄"形近，俗書或可訛混，如：韓小荆《〈可洪音義〉研究》（468）"骸"俗作"骹"，《可洪音義》卷二九《賢聖集音義》第十三卷："骹，户皆反。正作骸。"（60，頁 542c12）故"蛱"疑即

"蚿"字俗訛。"蛟"字,《玉篇》音"該",疑爲望形生音。

607. 蛩

《玉篇·虫部》:"蛩,苦紅切。蟬脱,蛩皮也。"(119下右)

按:《玉篇校釋》"蛩"字下注:"《廣韻·東韻》音義並同,'蛩皮'當作'空皮',所以釋'蛩'之名義也。《集韻》云:'蟲蛻曰蛩。'於義較合,凡蟬、蛇等蟲皆蛻皮也。(171)'蛩'下又'蟬蛻也','蛩'與'蛩'同。"(5042)胡吉宣謂"蛩皮"當作"空皮",所言當是;然謂"蛩"與"蛩"同,疑非。"蛩",《廣韻》音"渠容切"。"蛩"與"蛩"義同音別,二字不可混同。《正字通·虫部》:"蛩,舊注:音空。蟬脱蛩也。按義本作空,俗加虫。"(994下)《正字通》所言是也。《山海經·中山經》:"又東北一百四十里,曰崍山,江水出焉,東流注大江。其陽多黃金,其陰多麋、麈,其木多檀、柘,其草多薤、韭,多藥、空奪。"郭璞注:"空奪,即蛇皮脱也。"郝懿行注曰:"郭知空奪即蛇皮脱者,《玉篇》《廣韻》並云:'蛩,蟬脱,蛩皮。'蓋'空'字後人加虫作'蛩'也。《説文》云:'蛻,蛇蟬所解皮。'《廣韻》云:'蛻,又他臥切。'與'奪'聲近,'奪'古字作'敓',疑'空奪'本作'空蛻',訛'蛻'爲'敓',又改'敓'爲'奪'耳。"此即其證也。故"蛩"當即"空"之增旁俗字。

608. 蝛

《玉篇·虫部》:"蝛,音逯。水蝛也。"(119下右)

按:《玉篇校釋》"蝛"字下注:"'蝛'與'蝺'同。"(5045)又於"蝺"字下注曰:"《切韻》:'蝺,水精石。''石'爲'虫'訛。《廣韻》作'涸水精'。《集韻》(蝺)或體作'蝛'。"(5006～5007)胡吉宣謂"蝛"同"蝺",是也;然謂《集韻》"蝺"或體作"蝛",非是。《集韻》平聲支韻邕危切:"蜲,木(水)精也,形如蛇紆曲,長八尺,以名呼之,可使取魚。通作蝺。"(39)《集韻》僅見"蝺"之或體作"蜲",未見收録"蝛"字。《名義·虫部》:"蝺,於免(危)反。侗(涸)水精。一頭兩耳(身),如虵,八尺。"(257下)《玉篇·虫部》:"蝺,於爲切。形如蛇。又音詭。"(118下左)"蝛"與"蝺""蜲"並音同義近,正如"碨"同"磈","蝛"與"蝺""蜲"疑並爲異體字。

609. 蟐

《玉篇·虫部》："蟐,音張。蟲名。"(119 下右)

按:此字《玉篇》始收之,《廣韻》《集韻》亦不録,當即宋人據俗書所增。《玉篇校釋》"蟐"字下注:"下後增字(433):'蟐,蟲名。'當同此。"(4998)胡氏所言當是。《正字通·虫部》:"蟐,蟏字之訛。"(1004 下)《正字通》所言印證了胡氏之説。《方言》卷十一:"蚰蜒,或謂之螾𧍢,或謂之入耳,或謂之蟏蠪。"(71)"蟏",《廣韻》音"直良切"。"蟐"與"蟏"音義並近,"蟐"當即"蟏"通過改換聲符而形成的異體字。

610. 蜾

《玉篇·虫部》："蜾,音哥。蟲名。"(119 下右)

按:《字彙·虫部》:"蜾,居何切,音哥。蟲名。"(428 下)《正字通·虫部》:"蜾,俗蚵字。舊注:音哥。蟲名也。誤。"(1002 上)《正字通》所言當是。《廣雅·釋魚》:"蚵蠪,蚙蝪也。"《廣韻》平聲歌韻胡歌切:"蚵,蜉蠪。"(103)"蜾"與"蚵"義同,正如"吥"俗作"歌""戤"、"鳴"俗作"鷪"、"訶"俗作"喝"(見韓小荆《〈可洪音義〉研究》第 474 頁),"蜾"疑即"蚵"字之俗。"蜾"字,《玉篇》音"哥",疑爲望形生音。

611. 蛦

《玉篇·虫部》："蛦,音同。虫也。"(119 下左)

按:《字匯·虫部》:"蛦,徒紅切,音同。蟲也。"(423 下)《正字通·虫部》:"蛦,蚵字之訛。舊注:音同。蟲名。誤。"(990 上)《廣韻》去聲志韻七吏切:"䖴,毛蟲,有毒。蚵,上同。"(251)"蛦"與"蚵"儘管形近,然音義俱别,二字不可混同,故《正字通》之説非是。"蛦"當即"螗"之異體字。《龍龕》卷二《蟲部》:"蛦,俗,蚴,或作;螗,今。徒紅反。鳥蟲名。三。"(222)"蚴"當即"蚴"字之俗。《山海經·西山經》:"(松果之山)有鳥焉,其名曰螗渠,其狀如山雞,黑身赤足,可以已朦。"故"蛦"當即"螗"之異體字,應訓

“蛦渠”,是一種鳥名。《玉篇》汎訓“蟲名”,不確。

612. 蟀

《玉篇·虫部》:“蟀,索没切。”(119 下左)

按:此字宋本《玉篇》義闕。元刊本《玉篇·虫部》:“蟀,索没切。蟲名。”《正字通·虫部》:“蟀,蟀字之訛。”(997 上)《正字通》所言疑是也。《爾雅·釋蟲》:“蟋蟀,蛬。”郭璞注:“今促織也。亦名蜻蛚。”(136)《廣韻》入聲質韻所律切:“蟀,蟋蟀。”(383)《詩·唐風·蟋蟀》:“蟋蟀在堂,歲聿其莫。”“蟀”與“蟀”形近,“率”旁、“卒”旁形近,俗寫或可訛混。《可洪音義》卷一四《陰持入經》上卷:“率,正作卒、卆。”(59,頁 1090b5)此即其證也。故“蟀”疑即“蟀”字之俗。“蟀”字俗作“蟀”,後人改其讀爲“索没切”,此當即望形生音。

613. 𪓿

《玉篇·龜部》:“𪓿,之戎、徒冬二切。𪓿龜。”(120 上右)

按:《名義·龜部》:“𪓿,之融反。龜。”(260 上)《玉篇校釋》“𪓿”字下注:“‘𪓿龜’者,《切韻》同,云見《字書》,《廣》引作‘龜名’也。《説文》:‘𪓾,龜名。从夊聲。夊,古文終。’”(5071)《名義》《玉篇》皆有“𪓿”而無“𪓾”,“𪓿”與“𪓾”音義並同,且“𪓿”與《説文》之“𪓾”位置相同,當即同字異體,故“𪓿”當即“𪓾”通過改換聲符而形成的異體字。

614. 賟

《玉篇·貝部》:“賟,他典切。富也。”(120 下左)

按:《玉篇校釋》“賟”字下注:“本書《肉部》:‘腆,厚也。’‘富’‘厚’義近,‘賟’‘腆’字同。《説文》:‘富,一曰厚也。’”(5109)胡氏所言是也。《正字通·貝部》:“賟,同腆。經史皆從腆,俗從貝。”(1104 上)此説印證了胡氏之説。故“賟”當即“腆”通過改換義符而形成的異體字。

615. 詢

《玉篇·貝部》："詢,古候切。稟給。"(120 下左)

按:《字彙·貝部》:"詢,居候切,音姤。廩(稟)給也。"(465 上)《新修玉篇》卷二十五《貝部》引《川篇》又曰:"詢,音遘。治也。"(211 下右)《篇海》卷六《貝部》引《川篇》:"詢,音遘。治也。"(664 下)《叢考》"詢"字下注:"此字當是'詢'的俗字。"(988)《叢考》所言當是。《新撰字鏡·貝部》:"詢詢,二形同。古候反。贖也。"(574)此亦其證也。故"詢"當即"詢"字之俗,《新修玉篇》《篇海》分別訓"詢""詢"爲"治也",於前代字書皆無徵,此訓非是。《正字通·貝部》:"詢,俗字。舊注:音姤。廩(稟)給也;《篇海》:詢,治也。並非。"《正字通》所言當是。《玉篇校釋》"詢"字下注:"《切韻》去聲候韻古候反,義亦同。又云:'貨贖。'則與'購'同。《切韻》:'購,贖也。'"(5109)胡氏所言當是,然非探本之論。其實,"詢"訓"稟給也",亦爲"購"之異體字。《説文·貝部》:"購,以財有所求也。從貝,冓聲。"(127 上)"購"本義指"懸賞征求,重金收買",引申義可指"賞賜;獎賞"。如:《睡虎地秦墓竹簡·法律答問》:"甲告乙賊傷人,問乙賊殺人,非傷殹,甲當購,購幾何?當購二兩。"《後漢書·南蠻傳》:"乃訪募天下,有能得犬戎之將吳將軍頭者,購黃金千鎰。"以上兩例之"購"皆爲"賞賜;獎賞"之義。"購"引申義亦可指"贖取"。《廣韻》去聲候韻古候切:"購,購贖。"(354)"稟給"即"賜予""賞賜"之義,故"詢"與"購"音義並同,"詢"當即"購"之異體字。

616. 贔

《玉篇·貝部》:"贔,平祕切。贔屓,作力也。"下字曰:"屓,虛器切。贔屓。"(120 下左)

按:《玉篇校釋》"贔"字下注:"案:此僞字。字本爲'奰眉',訛變從貝,'屓'亦涉'贔'而作'屓'。張衡《西京賦》:'巨靈贔屭。'薛綜曰:'作力之皃也。'《詩》正義引《賦》文作'奰屓',一誤一不誤。左思《吳都賦》:'巨鼇贔屓。'劉逵曰:'用力壯皃。'《切韻》:'贔屓,怒也。'又云:'贔屓,肥壯。'慧琳四四·八:'贔,古文奰、惥、奰三形,今作勦。同皮冀反。《説文》:奰,壯大

也。謂作力怒也。《詩》傳云：不醉而怒曰鼎也。'又五二・十九：'贔，今作
呬同。《西京賦》云：巨鼇贔屓。薛綜曰：作力怒也。'本書《大部》：'奰，不醉
而怒也；壯也。'《尸部》：'屓，臥息也。'今本又收'屓'，後人妄增也。'奰'省
之爲'奰'。奰眉疊韻，謂盛怒或作力時，鼓息粗壯也。《吳都賦》形容巨鼇
之作力，《西京賦》之'巨靈'即指'巨鼇'，故亦爲壯義。後乃演變以爲鼇屬
之獸名，謂其性好負重，形似大龜，因以其背馱巨碑以厭邪祟，皆傅會影響
所致也。"（5109～5110）胡氏所言甚是。《集韻》去聲至韻虛器切："眉，奰
眉，壯大兒。亦作屓。"（478）此亦其證也。《集韻》去聲至韻平祕切又云：
"贔，贔屓，鼇也。一曰雌鼇爲贔。"（482）《集韻》"贔屓"訓"鼇也"，又謂"一
曰雌鼇爲贔"，於文獻無徵，當因《西京賦》之"贔屓（贔屓）"與"巨鼇"相連成
文而又誤作說辭也。楊慎《龍生九子》又訓爲"蟕龜的別名"，亦不足爲據。
故"贔屓""贔屓""奰眉"並同，"贔屓""贔屓"並爲"奰眉"之俗。"贔"當即
"奰"字之俗，而"屓""屓"又當並爲"眉"字之俗。

617. 賁

　　《玉篇・貝部》："賁，皮祕切。壯賁也。"（120 下左）

　　按：《玉篇校釋》"賁"字下注："'壯賁'者，與下文'贔'同，本作'勛'。
《力部》：'勛，勇壯也。'"（5109）胡氏所言是也。慧琳《音義》卷五二《雜阿含
經》第八卷："贔屓，古文奰、患二形，今作勛。同皮冀反。《西京賦》云：'巨
鼇贔屓。'薛綜注曰：'作力怒也。'《說文》云：'壯大也。'"（58，頁 473a6）此
即其證也。故"賁"與"贔""奰""勛"音義並同，並爲異體字。

618. 睞

　　《玉篇・貝部》："睞，力振切。貪也；難也。或作遴。"（120 下左）

　　按：《新撰字鏡・貝部》："睞，力振反。遴字。難也；貪也。"（578）《說
文・辵部》："遴，行難也。"（41 上）《廣雅・釋詁二》："遴，貪也。"王念孫疏
證："遴者，《方言》：'荆、汝、江、湘之郊，凡貪而不施或謂之恡。恡，恨也。'
《說文》：'吝，恨惜也。'遴、吝、恡並通。"（114）故"遴"本義指"行難也"，其訓
"貪也"，當因與"吝"音同而假借作"吝"所致的假借義。"睞"訓"難也"，亦

因與"遴"音同而假借作"遴"所致的假借義。"賥"訓"貪也",當即"吝"之增旁俗字。《玉篇·口部》:"吝,力進切。《論語》云:'改過弗吝。'吝,惜也。"(25下左)《書·仲虺之誥》:"用人惟己,改過不吝。"孔傳:"有過則改,無所吝惜。"《後漢書·黃憲傳》:"時月之間,不見黃生,則鄙吝之萌復存於心。"李賢注:"吝,貪也。"故"賥"訓"貪也",與"吝"音義並同,"賥"當即"吝"因涉義增加義符而形成的異體字。

619. 賊

《玉篇·貝部》:"賊,子才切。"(120下左)

按:此字《名義》未收,《廣韻》《集韻》亦不錄,《玉篇》收於部末,且義闕,當即宋人據俗書所增。《新修玉篇》卷二五《貝部》引《玉篇》亦曰:"賊,子才切。"(211下左)亦闕義。《篇海》卷六《貝部》引《玉篇》:"賊,子才切。貨也。"(665上)《字彙·貝部》:"賊,子才切,音哉。貨也;財也。"(467上)《正字通·貝部》:"賊,俗字。舊注:音哉。貨;財。誤。"(1105下)《正字通》所言當是。"賊"疑即"眽"字之俗。《名義·目部》:"眽,千才反。目不正也。賊,同上。"(35下)《玉篇·目部》:"眽,千才、子來二切。睽也。"(22上左)"賊"與"眽"音同,又"貝"旁、"目"旁俗寫形近常可訛混,《龍龕·貝部》(353)"賕"俗作"賊"、(352)"睇"作"睇",又《龍龕·目部》(422)"賑"俗作"賑"、"賙"俗作"睭"等,故"賊"疑爲"眽"字之俗。"眽"俗作"賊",後人不識,補其訓爲"貨也""財也",疑爲望形生訓。

620. 賝

《玉篇·貝部》:"賝,丑林切。寶色。亦作琛。"(120下左)

按:《玉篇校釋》"賝"字下改注文"寶色"爲"寶也",並注曰:"'寶也。亦作琛'者,慧琳廿一·三引同。'賝'爲'琛'之異部重文也。'也'字原訛'色',今正。"(5103)胡氏所言是也。《名義·貝部》:"賝,恥林反。琛,寶。"(262上)《新撰字鏡·貝部》:"賝,勑林反。寶也;財也;以贊與人也;贄也。"(575)以上二書皆其證也。《大字典》"賝"字下據《玉篇》之謬而收錄"寶色"這一義項,應刪。

621. 貯

《玉篇·貝部》："貯，知吕切。盛也；積也；福也；藏也。"（120 下左）

按：《玉篇校釋》"貯"字下校注文"福也"爲"穭也"，並注曰："'盛也'者，慧琳引同。爲顧氏申釋文，經删倒置於前也。'積''穭''藏'三義者，'穭'原形誤爲'福'，今依慧琳引正。慧琳：'《左氏傳》：取我衣冠而貯之。杜預曰：貯，穭也。顧野王云：盛也。《說文》：積也。《字書》曰：藏也。'即本書原文。"（5108）胡氏所言是也。《名義·貝部》："貯，知旅反。𥾌也；積也。"（261 上）此"𥾌"即"穭"字之俗，吕浩《〈篆隸萬象名義〉校釋》（416A）校作"擕"，非是。此即其證。《大字典》"貯"字此義引《玉篇》沿誤，應據正。

622. 臑

《玉篇·貝部》："臑，巨律切。"（121 上右）

按：此字《名義》未收，《廣韻》《集韻》亦不録，《玉篇》收於《貝部》之末，且義闕，當即陳彭年等據俗書所增。《詳校篇海》卷二《貝部》："臑，巨律切，舊音局。貝也。"（135 上）"臑"字，《詳校篇海》補訓爲"貝也"，於前代字書皆無徵，當爲望形生訓，不足據。《篇海類編》《字彙》等後世字書承襲其謬訓"貝也"，亦非。《正字通·貝部》："臑，舊注：音局。貝也。《貝經》無'臑'字。"（1106 下）《正字通》所言是也。今案："臑"疑即"臒"字俗訛。《廣韻》入聲術韻居聿切："臒，月在乙也。"（385）《集韻》入聲術韻訣律切："臒，月在乙曰臒。一曰月見西方。通作橘。"（673）《爾雅·釋天》："月陽：月在甲曰畢，在乙曰橘，在丙曰修，在丁曰圉，在戊曰厲，在己曰則，在庚曰窒，在辛曰塞，在壬曰終，在癸曰極。""臒"當即"橘"字之俗。"臑"與"臒"音同，又"月"旁、"貝"旁俗寫形近，或可訛混，正如《龍龕》"賦"俗作"賦"、"脉"俗作"脉"等，"臑"疑即"臒（橘）"字俗訛。

623. 賍

《玉篇·貝部》："賍，音注。財賍。"（121 上右）

按:此字《説文》《名義》皆未收,《廣韻》《集韻》亦不録,《玉篇》收於部末,當即宋人據俗書所增。《正字通·貝部》:"貯,俗字。舊注:音注。財貯。泥。"(1101下)《正字通》謂"貯"爲俗字,是也。"貯"疑即"貯"字之俗。《説文·貝部》:"貯,積也。从貝,宁聲。"(130下)《名義·貝部》:"貯,知旅反。稸也;積也。"(261上)"貯"字,《廣韻》音"丁吕切",《集韻》音"展吕切"。"貯"訓"財貯",當指"貯財",而非指"人多財"。"貯"與"貯"音義並同,"貯"當即"貯"通過改換聲符而形成的異體字。

624. 翇

《玉篇·羽部》:"翇,分勿切。舞者所執也。"(121上左)

按:《説文·羽部》:"翇,樂舞執全羽以祀社稷也。从羽,犮聲。讀若紱。"(70上)"翇"當即"帗"之異體字。《周禮·地官·鼓人》:"凡祭祀百物之神,鼓兵舞帗舞者。"鄭玄注:"帗,列五采繒爲之,有秉,皆舞者所執。""帗",《廣韻》音"分勿切"。"翇"與"帗"音義並同,"翇"當即"帗"之異體字。《名義·羽部》:"翇,甫物反。列五采。"(263上)可見原本《玉篇》"翇"字亦以《周禮》爲訓,並謂"翇"同"帗",今本《玉篇》删去原本《玉篇》的例證及字際關係的説明材料,遂致二字相隔。《唐韻》入聲物韻分勿反:"翇,無(舞)者所執。出《周禮》。"(696)《廣韻》入聲物韻分勿切:"翇,《説文》曰:'樂舞執全羽以祀社稷也。'《周禮》作帗。"(386)此是其證也。故"翇"當即"帗"之異體字。

625. 翮

《玉篇·羽部》:"翮,許元切。飛也。"(121上左)

按:《玉篇校釋》"翮"字下注:"本書(37):'拘,飛兒。'據《説文》'珣,讀若宣'推之,'翮''拘'一字也。又(111):'翾,許緣切。小飛兒。'(81):'翙,音宣。飛兒。''翾''翙'亦並與'翮'同。"(5133)胡氏謂"翾""翙"並與"翮"同,是也。《説文·羽部》:"翾,小飛也。从羽,瞏聲。"(75上)"翮""翙"與"翾"音義並同,"翮""翙"並即"翾"之異體字。《正字通·羽部》:"翮,俗翾字。"(856上)《正字通》所言印證了胡氏之説。然胡吉宣又據《説文》"珣,讀若宣"而謂"翩"與"䍿"亦爲一字,其言非是。《名義·羽部》:"䍿,呼巆反。飛皃。"(263下)《玉篇·羽部》:"䍿,呼榮切。飛皃。"(121上左)"翩"與"䍿"義同音別,二字本非一字。《集韻》平聲耕韻呼宏切:"翃,飛也。或作翃、翃、䍿。"(235)《集韻》所言是也,"䍿"與"翃""翃""翃"諸字音義並同,即爲異體字。

626. 翃

《玉篇·羽部》:"翃,許月切。翃翃,飛走皃。"(121上左)

按:"翃"當即"㹀"之異體字。《説文新附·犬部》:"㹀,獸走皃。从犬,戉聲。"(205上)《禮記·禮運》:"鳳以爲畜,故鳥不獝;麟以爲畜,故獸不㹀。"鄭玄注:"獝、㹀,飛走之貌也。"(3085下)《文選·郭璞〈江賦〉》:"濯翯疏風,鼓翅翻翃。"李善注:"翯,許聿反。翃,許月反。《禮記》曰:'鳳以爲畜,故鳥不獝;麟以爲畜,故獸不㹀。'鄭玄注:'獝、㹀,飛走之貌也。'翃與獝同。"(187上)"㹀",《廣韻》音"許月切"。"翃"當即"翃"通過偏旁易位而形成的異體字,"翃(翃)"與"㹀"音義並同,"翃(翃)"當即"㹀"之異體字。《名義·羽部》:"翃,呼月反。㹀字。"(263下)"㹀"當即"㹀"字之俗,吕浩《〈篆隸萬象名義〉校釋》(419B)校作"㹀",是也。此亦其證也。《玉篇校釋》"翃"字下注:"郭璞《江賦》:'鼓翅翻翃。'李善注引《禮記》曰:'鳳以爲畜,故鳥不獝;麟以爲畜,故獸不㹀。'鄭玄曰:'獝、㹀,飛走之貌也。'翻翃與獝㹀同。"(5133)胡氏所言是也。故"翃(翃)"當即"㹀"之異體字。

627. 翻

《玉篇·羽部》:"翻,思六切。飛皃;又飛聲。"(121下右)

按:《玉篇校釋》"翻"字下注:"'飛皃'者,《切韻》云:'鳥飛。'《廣雅·釋詁三》:'翻,飛也。'又《釋訓》:'翻翻,飛也。''又飛聲'者,《詩·鴻鴈》:'肅肅其羽。'毛傳:'肅肅,羽聲也。'釋文云:'本或作翻翻。'又《鴇羽》:'肅肅鴇羽。'傳云:'鴇羽聲也。'羽聲即飛聲。"(5143~5144)胡氏所言是也。《廣雅·釋詁三》:"翻,飛也。"王念孫疏證:"肅與翻通。"《集韻》入聲屋韻所六切:"翻肅,鳥飛。或省。"(644)《正字通·羽部》:"翻,蘇谷切,音速。鳥飛。

《詩》作'肅',義同。"(857 下)以上諸説亦皆印證了胡氏的考釋成果。故"翻"本當作"肅"。

628. 翃

《玉篇·羽部》:"翃,胡郎切。飛高下皃。或作頏。"(121 下右)

按:《玉篇校釋》"翃"字下注:"'飛高下皃'者,'高'似當爲'而'。飛而下,謂自高而下飛也。上(38):'頡(翓),飛上也。'謂自下而上飛也。二字分釋應然。原本當並列,則于'翓'字下云'翓翃,飛高下皃',或作'飛上下皃','頡(翓)'下止云'翓翃'可矣。《切韻》'翓'下云:'翓翃,飛上下。'而'翃'下亦云:'飛高下。''高'亦當爲'而',韻書二字分列,故分釋如此。《頁部》'頏'下引《詩》傳云:'飛而下曰頏。'飛而下曰頏,字書於此雙聲字例必並列也。'翓翃'狀鳥飛乍高乍下皃,字因言飛而从羽。"(5142)胡吉宣謂"高"當爲"而",當是;然謂原本"翓""翃"當並列,則于"翓"字下云"翓翃,飛高下皃",或作"飛上下皃","頡(翓)"下止云"翓翃",疑不確。《名義·羽部》:"翓,胡結反。頡字。飛上。"(263 下)下文又曰:"翃,胡堂反。飛下。"(264 上)可見原本《玉篇》"翓""翃"二字亦分列,"翓"訓"飛上",即"頡"之異體字,而"翃"訓"飛下",即"頏"之異體字。

629. 㹡

《玉篇·羽部》:"𢒈,魚典切。飛皃。"(121 下右)

按:《玉篇校釋》"㹡"字下注:"'㹡'即'羿'。(14):'羿,羽也。'重文作'羿',俗不辨幵、开而分化爲'㹡',僞字應删。"(5146)胡氏所言疑是。《説文·羽部》:"羿,羽之羿風。从羽,幵聲。"(75 上)段玉裁注:"羽之羿風,謂搏扶搖而上之狀。""㹡"與"羿"形近義同,"㹡"當即"羿"字之俗。"㹡"字,《玉篇》音"魚典切",當爲後人認爲其从"开"而改,此亦爲"㹡"當即"羿"字之俗之證。

630.狹

《玉篇·羽部》："狹,許劣切。小鳥飛。"(121下右)

按:《玉篇校釋》"狹"字下注:"'小鳥飛'者,《切韻》同,通作'決'。《莊子·逍遙遊》'鳩決起而飛'是也。鳩,小鳥也。李頤注:'決,疾皃。呼穴反。'又《齊物論》:'麋鹿見之決驟。'崔譔曰:'疾走不顧爲決。'"(5149)胡氏所言是也。《正字通·羽部》:"狹,呼決切,音血。小鳥飛貌。與決通。《莊子》:'決起而飛。'義同。"(853下)此說印證了胡氏之說。又《廣韻》入聲屑韻呼決切:"決,《莊子》:'決起而搶榆枋。'小飛皃。"(399)"狹"與"決"音義並同,"狹"當即"決"之換旁俗字。

631.翜

《玉篇·羽部》："翜,音澀。飛皃。"(121下右)

按:此字《說文》《名義》未收,《廣韻》《集韻》亦不錄,《玉篇》收於《羽部》之末,當即陳彭年等據俗書所增。《正字通·羽部》:"翜,訛字。"(853上)《正字通》直斥"翜"爲訛字,不確。今案:"翜"當即"翣"字之俗。《說文·羽部》:"翣,捷也,飛之疾也。從羽,夾聲。讀若澀,一曰俠也。"(70上)"翣",《廣韻》音"所甲切",又音"色立切"。故"翜"與"翣"音義皆合,"翜"疑即"翣"通過改換聲符而形成的異體字。

632.翙

《玉篇·羽部》："翙,音亥。飛皃。"(121下右)

按:此字《說文》《名義》未收,《廣韻》《集韻》亦不錄,《玉篇》收於《羽部》之末,當即陳彭年等據俗書所增。"翙"疑即"駭"字之俗。《說文·馬部》:"駭,驚也。從馬,亥聲。"(200上)"駭"本義指"馬受驚",引申義可指"飛散""分散"。如:三國魏曹植《洛神賦》:"於是精移神駭,忽焉思散。"《文選·陸機〈皇太子宴玄圃宣猷堂有令賦詩〉》:"協風傍駭,天晷仰澄,淳曜六合,皇慶攸興。"李周翰注:"駭,散也。言和風傍散。"唐柳宗元《袁家渴記》:

"每風自四山而下,震動大木,掩苒衆草,紛紅駭緑,蓊勃香氣。""駭",《廣韻》音"侯楷切"。"翄"與"駭"音義並同,"翄"當即"駭"字之俗。

633. 辬

《玉篇·羽部》:"辬,所巾切。羽多皃。"(121下右)

按:《玉篇校釋》"辬"字下注:"'羽多皃'者,《廣韻》上平臻韻所臻切:'羽多。'並當云:'辬辬,羽多皃。'此亦由詩篇形況詞變易形聲者。《周南·螽斯》:'螽斯羽詵詵兮。'毛傳:'詵詵,衆多也。'字因言羽而變作'辬'。"(5137~5138)胡氏所言是也。《廣雅·釋詁三》:"辡,多也。"清王玉樹《説文拈字·辛部》:"辡,衆多也。从多,辛聲。《詩·周南·螽斯》:"螽斯羽詵詵兮。"唐陸德明釋文:"詵詵,衆多也。《説文》作辡。"故"辬"與"辡""詵"音義並同,"辬"當本作"辡""詵"。《名義·羽部》:"辬,所陳反。辡[字]。多也。"(263下)可見原本《玉篇》亦已溝通"辬"與"辡"二字的字際關係。此是其證也。

634. 翾

《玉篇·羽部》:"翾,音宣切("切"字衍)。飛皃。"(121下右)

按:《字彙·羽部》:"翾,呼淵切,音喧。飛貌。"(371上)《正字通·羽部》:"翾,俗字。舊注:音喧。飛貌。非。"(855下)《正字通》謂"翾"爲俗字,是也。《玉篇校釋》"翾"字下注:"上(43)翾,飛也,从宣聲,下(90)瑗,缺義,宣、爰聲符相通,'翾''瑗'並與'翾'同。"(5145)胡氏之説疑可商榷。《名義·羽部》:"翾,呼緣反。小飛皃。"(263上)下文又曰:"翾,呼元反。飛皃。"(263下)《玉篇·羽部》:"翾,許元切。飛也。"(121上左)下文又曰:"翾,許緣切。小飛皃。"(121下右)"翾"與"翾""翾"音義並同,即爲異體字。《玉篇·羽部》:"瑗,火卯切,火亂切。"(121下右)此字《玉篇》義闕。《新修玉篇》卷二十六《羽部》引《玉篇》:"瑗,火卯切。羽亂也。"(213上右)據《新修玉篇》引《玉篇》,《玉篇》"瑗"字後一反切"火亂切"當爲"羽亂也"之誤。故"瑗"與"翾""翾"音義俱別,胡氏僅據"宣""爰"聲符相通,即謂"翾""瑗"並與"翾"同,此説疑不足據。

635. 㸊

《玉篇·羽部》：“㸊，火卵切，火亂切。”（121 下右）

按：《新修玉篇》卷二十六《羽部》引《玉篇》：“㸊，火卵切。羽亂也。”（213 上右）《篇海》卷十四《羽部》引《玉篇》：“㸊，火卵、火亂二切。”（819 下）據《新修玉篇》，《玉篇》“㸊”字後一反切“火亂切”當爲“羽亂也”之誤。《篇海》“㸊”字承襲《玉篇》之誤，非是。《詳校篇海》卷五《羽部》：“㸊，火卵切，音歡上聲；又火亂切，音喚。飛貌。”（362 下）《詳校篇海》“㸊”字承襲前代字書之誤，又補訓爲“飛貌”，並非。《篇海類編》《字彙》等字書承襲其誤訓“㸊”爲“飛貌”，亦非。《大字典》《字海》“㸊”字下皆據《字彙》之誤而訓“飛的樣子”，並非。

636. 翻

《玉篇·羽部》：“翻，音聿。飛兒。”（121 下右）

按：《字彙·羽部》：“翻，以律切，音聿。飛貌。”（372 上）《正字通·羽部》：“翻，以律切，音聿。飛貌。《詩·秦風》作鴥。”（857 下）《詩·秦風·晨風》：“鴥彼晨風，鬱彼北林。”毛傳：“鴥，疾飛兒。”“鴥”，《類篇》音“允律切”。儘管“翻”與“鴥”音義並同，然“鴥”無緣變作“翻”，《正字通》之説恐不足據。《玉篇校釋》“翻”字下注：“‘飛兒’者，郭璞《江賦》：‘皷翅翻翩。’李善引《禮記》鄭注：‘獝、狨，飛走之貌也。’‘翻’與‘獝’同，亦通作‘矞’。《吳都賦》：‘驫駥矞矞。’言馬疾馳如飛也。”（5148）胡氏所言是也。《禮記·禮運》：“鳳以爲畜，故鳥不獝（矞）。”清阮元校勘記：“錢大昕云：‘獝爲鳥飛，不應從犬旁。《釋文》獝本作矞。俗本從犬者誤也。”此説是其證也。故“翻”同“獝”，本當作“矞”。

637. 㰥

《玉篇·羽部》：“㰥，呼爛切。飛兒。”（121 下右）

按：此字《説文》《名義》皆未收，《廣韻》《集韻》亦不錄，《玉篇》收於部末,當即宋人據俗書所增。《正字通・羽部》:"𦐧,俗字。"(856 下)《正字通》謂"𦐧"爲俗字,是也。"𦐧"疑即"翰"字之俗。《説文・羽部》:"翰,天雞,赤羽也。从羽,倝聲。"(75 上)"翰"本義指"赤羽山雞",引申爲"高飛"。《玉篇・羽部》:"翰,胡旦、胡干二切。飛也。"(121 上左)《易・中孚》:"翰音登于天,貞凶。"王弼注:"翰,高飛也。"又《太玄・應》:"龍翰于天,貞栗其鱗。"故"𦐧"與"翰"音義並同,"𦐧"當即"翰"之異體字。

638. 非

《玉篇・非部》:"非,方違切。不是也;下也;隱也;責也。"(121 下左)

按:《玉篇校釋》"非"字下注:"'下也'者,'下'當爲'不',形之誤也。《禮記・檀弓》:'非刀匕是共。'疏引皇氏:'非,不也。'《漢書・蕭望之傳》服虔注:'非,不也。'又'隱也;責也'者,爲原引《穀梁傳》注之删誤。《隱五年傳》,非'隱也'。范寧曰:'非,責也。'顧引《穀梁》用劉兆注,范同劉義也。本書宋本删節原文多鹵莽戕裂,後人不察,往往受其欺蒙,如《字典》引《玉篇》'非,下也;隱也',沿誤襲謬,不可不辨。"(5153~5154)胡氏所言是也。《名義・非部》:"非,甫微反。不也;責也;違也。"(264 上)此亦其證也。《大字典》沿襲《玉篇》之謬而妄增"下""隱"這兩個義項,又引《玉篇》"非,下也"之義以"世道日非"作爲例證,此"非"亦不應訓爲"下",應指"不好"、"壞"之義。

639. 臻

《玉篇・至部》:"臻,側巾切。至也;及也;聚也;衆也。"(121 下左)

按:《玉篇校釋》"臻"字下改注文"及也"爲"乃也",並注曰:"'乃也'者,亦《釋詁》文,原訛作'及',今正。"(5159)胡氏所言是也。《名義・至部》:"臻,側陳反。至也;乃也。"(264 下)此即其證也。《大字典》"臻"字沿襲《玉篇》之謬而收録"及"這一義項,非是。又《大字典》《字海》"臻"字下"達到"這一義項應歸併到第一義項中去,"達到"與"至"義同,此義所引例證亦應歸並到第一義項中去。

640. 毼

《玉篇・毛部》："毼,胡割切。罽也。"(122 上右)

按:《玉篇校釋》"毼"字下注:"'罽也'者,《廣雅・釋器》文,疏證云:'《豳風・七月》篇:無衣無褐。鄭箋:褐,毛布也。褐與毼同。'"(5172)《可洪音義》卷二六:"褐,正作毼。"(60,頁 432c2)朱駿聲《定聲》"褐"字下注:"字亦作毼。"(673 下)《正字通・毛部》:"毼,呼葛切,音曷。《博雅》:'氄毼,罽也。'又毛布。從衣作褐。"(568 上)以上諸説皆印證了胡氏的考釋成果。故"毼""褐"音義並同,當即義通義符換用而形成的異體字。

641. 毿

《玉篇・毛部》:"毿,音披。毛也。"(121 上右)

按:《玉篇校釋》"毿"字下注:"'音披'者,謂羽毛紛披也。字與'翍'同。本止爲'披'。《羽部》:'翍,張也。'云:'亦作披。'"(5175)胡氏所言是也。《廣韻》平聲支韻敷羈切:"披,又作翍。開也;分也;散也。"(16)《正字通・毛部》:"毿,俗翍字。"(566 下)以上二書並其證也。故"毿"當即"翍"通過義通義符換用而形成的異體字,二字本作"披"。

642. 觗

《玉篇・角部》:"觗,除倚切。角中。"(122 上左)

按:《玉篇校釋》"觗"字下注:"'角中'者,'中'當爲'傾'。《説文》:'觗,角傾也。'《切韻》云:'角不正也。'一本作'角端不正'。"(5185)胡氏所言是也。《名義・角部》:"觗,除蟻反。角傾。"《新修玉篇》卷二六《角部》引《玉篇》:"觗,除倚切。角傾也。"(215 下右)以上二書亦其證也。《大字典》"觗"字下承襲《玉篇》之謬而收録"角中"這一義項,應删。

643. 觸

《玉篇・角部》："觸，昌燭切。牴也；據也。"(122 上左)

按：《玉篇校釋》"觸"字下校注文"據也"爲"挮也"，並注曰："'牴也；挮也'者，'挮'原作'據'，'據'艸書與'挮'形近而誤，今正。慧琳十二・九、四四・十九：'《説文》：觸，牴也。《廣雅》：挮也。《字書》：抵誤也。或作牭，古文作羍。'即本書原文。"(5187)胡氏所言是也。《名義・角部》："觸，先(充)燭反。抵也；突(挮)也。羍，同上，古文；牭，同上。"(265 下)可見原本《玉篇》亦訓"突(挮)也"。《大字典》"觸"字下據《玉篇》之謬而收録"據"這一義項，非是。

644. 觺

《玉篇・角部》："觺，丑利切。角也。"下字曰："叞，楚加切。觺也。"(122 下右)

按：《玉篇校釋》校"角也"爲"叞也"，是也。《名義・角部》："觺，丑列反。叞。"下字曰："叞，楚加反。同上(指與上字義同)。"(266 上)此即其證也。《廣雅・釋器》："觺謂之叞。"王念孫疏證："《玉篇》'釵，婦人歧笄也'。《釋名》云：'叉，枝也。'因形名之也。宋玉《諷賦》：'翡翠之釵。'釵、叉並與叞通。"(598 下)《玉篇校釋》注曰："竊謂《廣雅》之'觺叞'非婦人首飾之笄釵，釵無觺名。《隋書・禮樂(儀)志》云：'天子革帶玉鈎觺，皇太子革帶金鈎觺。'是'觺''叞'同爲帶鈎之名。謂之鈎觺者，鈎爲帶鈎通稱。觺者專名，帶鈎必相對摺揲，故謂之觺。字從角取鈎曲義，觺亦謂之叞，叞之言叉也，帶鈎必交錯叉合也。此雖《隋書》，必有所承，隋去張、顧爲時不遠，觺叞亦自爲魏晉以來没用之字。《廣雅》以與櫛、簪二條並列，致王誤認爲首飾也。"(5197～5198)胡氏所言當是。《金史・輿服志中》："革帶，鍍金銀鈎觺。"清惲敬《説鈎》："漢罄帶玉鈎觺。觺者，鈎牝也。"以上二書亦謂"觺"爲革帶的鈎眼，却未見文獻有訓"觺""叞"爲"首飾"者，故王氏謂"觺"指婦人首飾，"釵""叉"並與"叞"同，非是。又《字彙・角部》："觺，救列切，音徹。《博雅》：'觺謂之叞。'總角之別名。"(447 上)《字彙》"觺"訓"總角之別名"，於文獻無徵,亦非是。故"觟"字,《大字典》第一義項"角"、第二義項"舊時婦女的首飾"、第四義項"總角的別名";《字海》第一義項"釵"、第二義項"角",皆應删。又"叙"字,《大字典》《字海》亦皆據王念孫疏證之誤而謂同"釵",亦並非。

645. 觻

《玉篇·角部》:"觻,力兮切。角。"(122下左)

按:此字《説文》《名義》皆未收,《玉篇》收於《角部》之末,當即陳彭年等據俗書所增。又《集韻》上聲紙韻所綺切:"觻,分也。"(309)《字彙·角部》:"觻,疎士切,音史。分也。又鄰溪切,音黎。角也。"(447下)《正字通·角部》:"觻,俗字。舊注:音史。分也。又列齊切,音黎。角也。並泥。"(1050上)《正字通》謂"觻"爲俗字,是也。今案:"觻"音"力兮切",當爲"鱺"字俗訛。《説文·魚部》:"鱺,魚名。从魚,麗聲。"(243下)"鱺",《廣韻》音"憐題切"。"觻"與"鱺"音同,又"魚""角"二字形近,俗書或可訛混,如"剕"俗作"刪"(見《叢考》1024"刪"字注)、"鮡"俗作"觥"(見《集韻》364)、"歉"俗作"觽"(見《集韻》138)等,"觻"疑即"鱺"字俗訛。《玉篇》訓"觻"爲"角",當爲不識其爲"鱺"字俗訛而望形生訓。又"觻"音"所綺切",訓"分也",當爲"䕓"字之俗。《廣韻》上聲紙韻所綺切:"䕓,分也。見《漢書·溝洫志》。"(164)"觻"與"䕓"音義並同,此"觻"當即"䕓"之異體字。

646. 觖

《玉篇·角部》:"觖,紀劣切。角觸。"(122下左)

按:此字《説文》《名義》皆未收,《龍龕》《玉篇》收之,當即唐人據俗書所增。《龍龕》卷四《角部》:"觖,紀劣反。角觸。"(513)"觖"疑即"觿"字之俗。《説文·角部》:"觿,角有所觸發也。从角,厥聲。"(93下)"觖"與"觿"音義並同,又"叕""厥"聲旁相通,俗書或可换用,故"觖"當即"觿"通過改换聲符而形成的異體字。《玉篇》"觖"訓"角觸",即"角有所觸發也"之省。《廣韻》入聲薛韻紀劣切:"觖,角觸。"(405)《集韻》入聲薛韻紀劣切:"觖,抵觸也。"(714)《集韻》"觖"又轉訓爲"抵觸也",不確。

647. 舵

《玉篇·角部》:"舵,音陀。"(122下左)

按:此字義闕。元刊本《玉篇·角部》:"舵,音陀。角也。"《玉篇校釋》"舵"字下注:"元刊云:'角也。'非。《牛部》'牠'下云:'或作舵。'上(54):'觢,牛無角。'云:'亦作牠。'"(5204)胡氏所言是也。《新修玉篇》卷二六《角部》引《玉篇》:"舵,音陀。牛無角也。"(215上左)此亦其證也。《大字典》《字海》"舵"字下皆據元刊本《玉篇》之誤而收録"角"這一義項,並非。

648. 皷

《玉篇·皮部》:"皷,口咸切。"(122下左)

按:此字《名義》未收,《廣韻》《集韻》亦不録,始見於《玉篇》皮部之末,當即宋人據俗書所增。《篇海》卷七《皮部》引《玉篇》:"皷,口咸切。不平皃。"(671上)"皷"字,《篇海》訓"不平皃",於文獻無徵,疑爲韓道昭所妄補,不足據。《字彙》訓"不平貌",亦爲沿襲《篇海》之誤。今案:"皷"疑即"攺"字之訛。《廣韻》平聲咸韻苦咸切:"鵮,鳥鵮物。攺,同上。"(154)"皷"與"攺"音同,又"皮"旁、"攴"旁形近,俗寫常可訛混,正如韓小荆《〈可洪音義〉研究》(620)"疲"俗作"疲"、《玉篇校釋》(3933)、《疑難字》(620)皆謂"魊"爲"魃"字之訛等,故"皷"疑爲"攺"字俗訛。

649. 皷

《玉篇·皮部》:"皷,乎旦切。射皷。或作捍。"(122下左)

按:《玉篇校釋》"皷"字下注:"'射皷'者,《切韻》同,《廣韻》云'以皮皷臂',當云'捍臂'。《禮記·内則》:'右佩玦、捍、管、遰。'鄭注:'捍謂拾也,言可以捍弦也。'釋文:'捍謂射捍。'《漢書·酷吏尹賞傳》:'被鎧扞持刀兵者。'集注:'扞,臂衣也。'"(5214)胡氏所言是也。《廣雅·釋器》:"拾、捍、韝、褺也。"王念孫疏證:"拾、捍、韝皆謂褺也,著於左臂所以扞弦也。"(660下)《韓非子·说林下》:"羿執鞅(抉)持扞。"王念孫《讀書雜誌》引王引之

曰:"扞,謂韝也……箸於左臂,所以扞弦也。""敤""捍""扞",《廣韻》皆音
"侯旰切"。故"敤"與"捍""扞"音義並同,並爲異體字。

650. 皴

《玉篇·皮部》:"皴,七絕切。皮斷也。"(123上右)

按:此字《玉篇》收於《皮部》之末,《廣韻》《集韻》皆不録,當即陳彭年等
據俗書所增。"皴"當即"敠"字俗訛。《廣韻》入聲薛韻七絕切:"敠,斷敠
('敠'字當爲衍文)絶。"(405)《集韻》入聲薛韻促絕切:"敠,斷也。"(708)
"皴"與"敠"音同,又"支"旁俗書常可寫作"皮",如:"攽"俗作"蚾"(見《集
韻》第 32 頁)"攽"俗作"蚾"(見《叢考》第 833 頁)、"散"俗作"蔽"(見《叢考》
第 838 頁)、"敲"俗作"敲"(見《叢考》第 1147 頁)、"疲"俗作"疲"等,故
"皴"疑即"敠"字俗訛。《玉篇》訓"皴"爲"皮斷也",當爲望形生訓。

651. 鞜

《玉篇·革部》:"鞜,他帀切。鞮也。"(123上左)

按:《名義·革部》:"鞜,他帀反。鞮。"(268下)《玉篇校釋》"鞜"字下
注:"'鞮也'者,《切韻》:'鞜,革履。'《説文》:'鞮,革履也。'揚雄《長楊賦》:
'革鞜不穿。'服虔曰:'鞜,烏也。'見李善引。顔師古云:'革履。'案:'鞜'即
《説文》之'靸'。(10):'靸,履也。'許讀'靸'若'沓',字因變作'鞜'。"
(5242)胡氏所言當是也。朱駿聲《定聲》"靸"字下注:"字亦作'鞜'。《廣
雅·釋器》:'靸,履也。'《急就篇》:'靸鞜卬角褐韤巾。'顔注:'靸謂韋履頭
深而兑平底者也,今俗謂之跣子。'《長楊賦》:'革鞜不穿。'注:'烏也。'"
(114下)此説印證了胡氏之説。故"鞜"當即"靸"通過改換聲符而形成的
異體字。

652. 鞨

《玉篇·革部》:"鞨,以勢切。以馬贈亡人。"(123上左)

按:《玉篇校釋》"鞨"字下校補注文爲"以馬牽贈亡人",並注曰:"'以馬

鞶贈亡人'者,'鞶'字今補。原本引《埤倉》義,見寫本《唐韻》引,《切韻》義同而删去所出。《廣雅・釋器》:'靾,鞶也。'疏證云:'未詳。'以未見《切(韻)》《唐韻》,而《玉篇》注文又漏奪'鞶'字故也。《集韻》:'靾,或作鞡;靾,或作鞡。'凡从世字亦从曳者,皆爲唐人避李世民諱所改。本書:'靾,以鞶贈亡人也。《車部》'輗'字闕義,皆後人所增入。"(5242)胡氏所言是也。《名義・革部》:"靾,以世反。多也。"(268)《新撰字鏡・革部》:"靾,似(以)世反。以馬安革(安革即鞶之誤離)贈亡人。"(264)此即其證也。又《名義》"靾"訓"多也",於文獻無徵,疑爲"鞶也"之誤。故《大字典》以《玉篇》之誤訓作爲"一説",非是。

653. 鞼

《玉篇・革部》:"鞼,居委切。角不齊。"(123下右)

按:《玉篇校釋》"鞼"字下注:"'鞼'爲'觤'之異部重文。《爾雅》《説文》並作'觤'。上《角部》:'觤,角不齊也。或作鞼。'是'鞼'下亦應云:'《説文》爲觤字,在《角部》。'依今本删節亦當有'或作觤'句。《切韻》:'觤,角不齊。亦作鞼。'"(5251)胡氏所言是也。《名義・革部》:"鞼,居毀反。觤字。角不齊。"(269上)《新撰字鏡・革部》:"鞼,居毀反。觤(字)。不齊也。"(264)以上二書並其證也。故"鞼"當即"觤"之異體字。

654. 鞙

《玉篇・革部》:"鞙,所銜切。旌旗旒也。亦作縿。"(123下右)

按:《玉篇校釋》"鞙"字下注:"本書《糸部》'縿'下引《爾雅》:'繡帛縿。'郭璞曰:'衆旒所著也。'《説文》:'旌旗之游也。'或爲鞙字,在《革部》。"(5252)胡氏所言是也。《名義・革部》:"鞙,所嚴反。縿字。"(269)可見原本《玉篇》亦已於《革部》"鞙"字之下溝通其與"縿"字的異體關係。故"鞙"當即"縿"之異體字。

655. 䩝

《玉篇·革部》：“䩝，匹革切。靜也。”（123 下左）

按：《玉篇校釋》“䩝”字下注：“《廣韻》《集韻》並無，‘䩝’即‘怕’。《三教指歸》注引本書：‘怕，平靜兒也。’慧琳引顧氏云：‘憺怕，恬靜也。’不審字何由變從革。”（5262）胡吉宣謂“䩝”即“怕”，所言是也。《廣韻》入聲陌韻普伯切：“怕，憺怕，靜也。”（414）《廣雅·釋詁四》：“怕，靜也。”（330 下）“䩝”與“怕”音近義同，“䩝”即“怕”字之俗。“怕”作“䩝”，疑因“忄”旁、“巾”旁俗寫形近不分，故“怕”俗寫作“帕”；又“巾”旁、“革”旁義同，俗書常可換用，故俗書又變作“䩝”。

656. 鞸

《玉篇·革部》：“鞸，方奉切。軍器也。”（123 下左）

按：《玉篇校釋》“鞸”字下注：“‘軍器’當云‘軍器飾也’。《詩·瞻彼洛矣》：‘鞸琫有珌。’釋文：‘琫，本又作鞸。佩刀鞘上飾。’《切韻》：‘琫，佩刀飾。亦從革。’”（5260）胡氏所言是也。《新撰字鏡·革部》：“鞸，方壞（?）反。鞞鞸也。”（263）“鞞鞸”同“鞞琫”，指佩刀鞘上飾。《正字通·革部》：“鞸，俗琫字。《詩》大小雅本作‘琫’。舊注：方孔切，音捧。軍器。非。”（1273 上）以上二書並其證也。《大字典》《字海》“鞸”字下據《玉篇》之謬而收錄“軍器”這一義項，並非。

657. 鞙

《玉篇·革部》：“鞙，除利切。履底。”（123 下左）

按：《玉篇校釋》“鞙”字下注：“‘履底’者，《切韻》同，一作‘緻’，‘履’上並應有‘刺’字。《集韻》《類篇》並引《字林》：‘緻，刺履底也。或作鞙。’《廣雅·釋器》：‘緻謂之䩞。’應此‘鞙’爲‘刺履底’出《埤倉》。本書《糸部》：‘緻，䩞緻也。’又：‘䩞，履底䩞。’䩞之言編，緻之言摯。《說文》：‘摯，刺也。’故刺履底謂之鞙。”（5263）胡氏所言當是。《廣韻》去聲至韻直利切：“鞙，履

鞁底也。籔，上同。”(247)“履鞁底也”不辭，當爲“鞁履底也”之誤倒，此亦
説明“鞁”“籔”訓“履底”皆有脱文，“鞁”訓“履底”當爲“刺（鞁）履底”之誤
脱，而“籔”訓“履底”當爲“刺（籔）履底”之誤脱。“鞁”“籔”音義並同，即爲
義通義符換用而形成的異體字。《大字典》《字海》“鞁”字下第一義項皆承
襲《玉篇》之謬而訓爲“鞋底”，並非。

658. 韜

《玉篇·韋部》：“韜，他刀切。義也；寬也；劍衣也。”(123 下左)
按：《玉篇校釋》“韜”字下校注文“義也”爲“藏也”，並注曰：“‘藏也；寬
也；劍衣也’者，‘藏’原誤‘義’，今正。《切韻》：‘韜，藏也。’《廣韻》列此二義
同《玉篇》。慧琳十六·十七、八十·十二並引《左氏傳》：‘以樂韜憂。’杜預
曰：‘韜，藏也。’《廣雅》：‘寬也。’《説文》：‘劍衣也。’即本書原文。”(5269)胡
氏所言是也。《名義·韋部》：“韜，吐勞反。藏也；寬也；劍衣。”(269 下)此
即其證也。《大字典》“韜”字沿襲《玉篇》之謬而收録“義”這一義項，非是。

659. 緼

《玉篇·糸部》：“緼，他丁切。緩也。綎，同上。”(124 下右)
按：原本《玉篇·糸部》：“緼，他丁反。《説文》：‘緼，緩也。’綎，《説文》
亦緼字也。《埤倉》：‘佩終（綬）也。’”(589)《玉篇校釋》“緼”字下注：“此引
《埤倉》原作‘佩終也’，‘終’爲‘綬’之形誤，‘綎’與‘綖’同。(137)：‘綖，《説
文》：絲綬也。’”(5305)胡氏所言是也。《集韻》平聲清韻怡成切：“緼，絲綬
也。或作綎。”(240)“緼（綎）”，《廣韻》亦音“他丁切”，《集韻》改作“怡成
切”，非是。“綖”，《廣韻》音“他丁切”。“緼（綎）”與“綖”音義並同，即爲異
體字。

660. 繏

原本《玉篇·糸部》：“繏，山羊反。《埤倉》：‘繏，淺黃色也。’”(653)
按：《玉篇校釋》“繏”字下注：“廣益本奪‘繏’字。《切韻》：‘繏，淺黃。’

又:‘緗,淺黄絹。’本書(323)‘緗’下引《廣雅》:‘絹謂之緗。’《釋名》:‘緗,桑初生之色也。’桑初生色即淺黄也。《周禮·内司服》:‘鞠衣。’鄭衆注:‘鞠衣,黄衣也。’鄭玄曰:‘鞠衣,黄桑服也,象桑葉始生。’鞠即今之黄菊,是古人以菊與桑始生之色黄,因即謂黄色之衣爲鞠衣、爲桑服,謂淺黄之色爲縗,淺黄之絹爲緗。‘緗’‘縗’實一字異文也。緗以桑名,桑、喪同聲。”(5426)胡氏所言當是。《正字通·糸部》:“縗,舊注:蘇郎切,音喪。色淺黄。按:《説文》:‘緗,淺黄色。’劉熙曰:‘如嫈桑色。’本注義同緗,改作縗,非。六書無縗。”(838下)此説印證了胡氏之説。《説文新附·糸部》:“緗,帛淺黄色也。”(278上)“緗”本義指“淺黄色的帛”,引申爲“淺黄色”。《釋名·釋采帛》:“緗,桑也,如桑葉初生之色也。”(148)《急就篇》:“鬱金半見緗白䋹。”顔師古注:“緗,淺黄也。”“緗”,《廣韻》音“息良切”。“縗”與“緗”音近義同,“縗”當即“緗”通過改换聲符而形成的異體字。

661.紛

《玉篇·糸部》:“紛,孚云切。亂也;緩也;馬尾韜也”(125上左)

按:《玉篇校釋》“紛”字下校注文“緩也”爲“綬也”,其説是也。原本《玉篇·糸部》:“紛,孚云反。《尚書》:‘敷重筍席,玄紛純。’孔安國曰:‘玄紛,黑綬也。’……《聲類》:‘緺也。’”(629～630)此即其證也。《大字典》“紛”字下第⓫義項承襲《玉篇》之謬而訓“緩”,非是。

662.絅

《玉篇·糸部》:“絅,口迥切。布名。”(125下左)

按:原本《玉篇·糸部》:“絅,口迥反。《倉頡篇》:‘布名也。’《詩》云:‘衣錦絅衣。’野王案:《毛詩》爲褧字,在《衣部》。”(657)《名義·糸部》亦作:“絅,口迥反。布也。”(276下)《玉篇校釋》皆校“絅”爲“絅”,並注曰:“引《詩》爲郭璞解詁偁引三家詩。《毛詩·衛風·碩人》《鄭風·丰》篇並作‘褧’,本書《衣部》引之,《𣏟部》引作‘衣錦檾衣’。《禮記·中庸》引作‘衣錦尚絅’。鄭注:‘禪爲絅。’《切韻》;‘絅,布名。’‘絅’並當爲‘絅’。‘絅’字今僅見於《玉篇》,前人遂以‘絅’爲‘絅’之訛,真是非顛倒矣。‘絅’从囧,囧古

‘明’字，故‘綱’爲外裳無裏，凡从冋之‘炯’‘詗’等字爲明、爲知義者，皆應爲冏。《倉頡篇》訓布名乃‘穎’‘綦’之通稱，故郭引《詩》以明其本義。”（5437～5438）胡吉宣謂《禮記》《切韻》之“綱”爲“綱”字之訛，是也；然校“綱”爲“綱”，不確。原本《玉篇》《名義》皆作“綱”，今本《玉篇》作“綱”者，“冏”“冋”即爲異體字，故“綱”當爲“綱”字之俗。又“綱”與“綱（綱）”音義並同，“綱”即“綱（綱）”字之訛，而“綱（綱）”與“裏”即爲異體字。

663. 縧

《玉篇·糸部》：“縧，巨於切。綵名也；履緣也。”（125 下左）

按：原本《玉篇·糸部》：“縧，鉅於反。《字書》：‘縧，履緣也。’”（652）《字彙·糸部》：“縧，求魚切，音渠。綵名；又履緣。”（362 上）《正字通·糸部》：“縧，俗絢字。舊注：音渠。履緣。義同絢，分二字，非。別增綵名，亦非。”（837 下）《正字通》謂“縧”爲“絢”字之俗，是也；然謂“別增綵名，亦非”，不確。其實，“綵名”“履緣”訓異義同，皆指“鞋頭上用彩色絲線做成的裝飾”。《廣雅·釋器》：“無縧，綵也。”（574 上）下文：“履，其緣謂之無縧。”王念孫疏證：“上文云：‘無緣，綵也。’然則履緣謂之無縧，亦謂以采絲爲緣也。《周官·履人》：‘爲赤繶黄繶。’鄭衆注云：‘以赤黄之絲爲下緣。’”（593 下）故“綵也”“履緣”“無縧”皆義同。《大字典》《字海》“縧”字下第一義項皆據《玉篇》“綵名”之訓而轉訓爲“彩色的絲織品”，皆誤。故“縧”當即“絢”之異體字。《説文·糸部》：“絢，纕繩絢也。从糸，句聲。”（276 上）“絢”，本義指“用布麻絲纕搓成繩索”，引申爲“鞋頭上用彩色絲線做成的裝飾”。原本《玉篇·糸部》：“絢，求俱反。《周禮·履人》：‘掌赤繶青絢。’鄭玄曰：‘絢，救也，著於烏履之頭以爲行戒也。’鄭玄注《儀禮》曰：‘絢之言拘也，狀如刀衣鼻，在履頭也。’《爾雅》：‘絢謂之救。’郭璞曰：‘救絲以爲絢也。’或曰：‘亦冐名也。’《説文》：‘纕繩絢也。’《字書》爲屚字，在《履部》。”（627）《玉篇·糸部》：“絢，俱遇切。絲絢也。又音衢。履頭飾也。”（126 上左）“縧”與“絢”音義並同，故“縧”當即“絢”通過改换聲符而形成的異體字。

664. 緆

《玉篇·糸部》：“緆，扶袁切。亂絲也。”（126 上右）

按：此字《説文》、原本《玉篇》皆未收，《廣韻》《集韻》亦不録，《玉篇》收於部末，當即唐宋人據俗書所增。《玉篇校釋》“緆”字下注：“‘緆’即‘綐’字。”（5448）胡吉宣所言當是。《説文·糸部》：“綐，馬髦飾也。从糸，每聲。《春秋傳》曰：‘可以稱旌綐乎。’”（276 上）原本《玉篇·糸部》：“繁（綐），扶元反。《説文》：‘馬髦飾也。’《春秋傳》‘可以稱旆綐’是也。”（629）《玉篇·糸部》：“綐，扶元切。馬髦飾。”（125 上左）“緆”與“綐”音同，“緆”當即“綐”通過偏旁易位而形成的異體字。《玉篇》訓“緆”爲“亂絲也”，於文獻無徵，當爲後人不識其爲“綐”字之俗而妄補。《康熙字典》謂“《玉篇》綐、緆二字音同訓異，當兩存之”，亦爲今本《玉篇》所誤。

665. 緸

《玉篇·糸部》：“緸，力支切。文也。”（126 上右）

按：《玉篇校釋》“緸”字下注：“‘文理’俗作‘紋緸’。”（5449）胡氏所言是也。“緸”當連字頭爲訓，以訓“紋緸”爲是。“紋緸”當同“文理”“紋理”，“緸”當即因“理”字受上文“紋”字類化影響而改換義符所形成的俗字。

666. 繗

《玉篇·糸部》：“繗，力仁切。紹也。”（126 上右）

按：原本《玉篇·糸部》：“繗，力仁反。《埤倉》：‘絡繹也。’”（653）《玉篇校釋》“繗”字下注：“《廣韻》亦云：‘紹也。’又云：‘理絲也。’繗之言鄰也。《釋名》：‘鄰，連也，相連接也。’接連即絡繹不絶義，紹、繼亦同。又應‘紹’爲‘絡’之形誤。”（5426）“紹也”即“絡繹也”之訛脱。《名義·糸部》：“繗，力仁反。絡繹［也］。”（276 上）此亦其證也。《廣韻》作“紹也”，亦爲《玉篇》所誤。《大字典》《字海》“繗”字下皆據《玉篇》之誤而收録“繼承”這一義項，應據正。

667. 繾

《玉篇·糸部》：“繾，音藥。絲也。”(126 上左)

按：此字《説文》、原本《玉篇》皆未收，《廣韻》《集韻》亦不録，《玉篇》收於部末，當即宋人據俗書所增。《玉篇校釋》“繾”字下注：“‘絲也’應當爲‘絲色’，與(14)‘繹’同，猶‘爍’‘燿’之同爲光也。”(5455)胡氏所言當是。《説文·糸部》：“繹，絲色也。从糸，樂聲。”(271 下)原本《玉篇·糸部》：“繹，餘灼反。《説文》：‘繹，絲色也。’”(580)《玉篇·糸部》：“繹，余灼切。絲色也。”(124 上左)《玉篇》“繾”訓“絲也”，當爲“絲色也”之脱誤。“繾”與“繹”音義並同，“繾”即“繹”通過改換聲符而形成的異體字。《大字典》《字海》“繾”字義訓皆據《玉篇》而訓“絲”，並非。

668. 繿

《玉篇·糸部》：“**繿**，音庚。綬也。”(126 上左)

按：“繿”“**繿**”即同字異寫。《玉篇校釋》“**繿**”字下注：“(116)‘綟’下引《漢書》如滇注：‘綬以緑爲質也。’今《漢書》作‘盭’，盭从血，又訛从皿。《皿部》：‘盭，緑色綬也。’此‘**繿**’又牽合‘綟’‘盭’二字爲之，皆僞字應刪。”(5452)胡吉宣謂“**繿**”即“綟”“盭”二字交互影響產生的僞字，是也；然謂今《漢書》作“盭”，从血，非是。《漢書·百官公卿表》：“諸侯王，高帝初置，金璽盭綬，掌治其國。”如滇曰：“盭，音庚。盭，緑也，以緑爲質。”晉灼曰：“盭，草名也，出琅邪平昌縣，似艾，可染緑，因以爲綬名也。”(741)又《正字通·糸部》：“繿，舊注：音庚。綬也。按：緑色之綬，本作‘綟’。《漢·百官志》借用‘盭’，未有作‘繿’者，八畫‘綟’不誤，訛作‘繿’，非。”(839 下)此説即印證了胡氏之説。故“繿(**繿**)”當即“綟”“盭”二字交互影響而產生的俗訛字。

669. 繲

《玉篇·糸部》：“繲，音紿。絲也。”(126 上左)

按：《玉篇校釋》“繲”字下注：“‘音紿。絲也’者，‘絲’當爲‘系’。(141)

‘紟’下引《説文》：‘衣系也。’《釋名》：‘紟，禁也，禁使不得解散也。’是‘繜’即‘紟’，故直音‘紟’。”（5453）胡氏所言是也。“紟”作“繜”，正如“衿”作“襟”，皆爲聲符换用而形成的異體字。《大字典》《字海》此義皆沿《玉篇》而誤，應據改，且應溝通其與“紟”字的異體關係。

670. 繬

《玉篇·糸部》：“繬，音髻。絲結。”（126 上左）

按：此字《説文》《玉篇》皆未收，《廣韻》《集韻》亦不録，《玉篇》收於《糸部》之末，當即陳彭年等據俗書所增。《玉篇校釋》“繬”字下注：“當作‘緆’。合‘髻’‘結’二字成之，‘彡’誤爲‘夕’，亦僞字擬删。”（5452）胡吉宣謂“繬”當校作“緆”，是也；然謂“緆”合“髻”“結”二字成之，此説疑可商榷。今案：“緆（繬）”疑即“髻”字之俗。“緆（繬）”字，《新修玉篇》引《玉篇》與今本《玉篇》義訓不同，疑當以《新修玉篇》所引《玉篇》爲是。今本《玉篇》訓“緆（繬）”爲“絲結”，疑爲後人妄改，而非陳彭年本《玉篇》原貌。《篇海》“緆（繬）”字訓“絲結也”，此當爲承襲《玉篇》傳抄本之誤。《説文新附·髟部》：“髻，總髮也。从髟，吉聲。古通用結。”（184 上）“縮髮”“總髮”義同，故“緆（繬）”與“髻”音義並同，“緆（繬）”當即“髻”通過改換義符而形成的異體字。

671. 絴

《玉篇·糸部》：“絴，音咋。索也。”（126 上左）

按：《玉篇校釋》“絴”字下注：“《切韻》：‘絴，緟也。’《説文》：‘緟，索也。’本書（282）：‘緤，《字書》：亦筰字。筰，竹繩也。’《竹部》：‘笮，竹索也。’《集韻》：‘緤，絢，艸緼。或从乍作絴。’‘絴’‘緤’‘笮’‘筰’一字。”（5454）胡氏所言是也。慧琳《音義》卷九十《高僧傳》第十卷：“筰，音咋。《倉頡篇》云：‘筰，竹索也。’案：筰者，蜀川西山有深絶澗不可越，施竹索也，於兩岸人乘其上機關自繫，往來如橋梁，名曰筰。從竹，作聲。傳文從糸作絴，非也。”（59，頁 173b5）此亦其證也。故“絴”與“緤”“笮”“筰”諸字音義並同，當爲異體字。

672. 綿

《玉篇·糸部》：“綿，下革切。生絲。”（126 上左）

按：此字《説文》、原本《玉篇》皆未收，《廣韻》《集韻》亦不録，《玉篇》始收之，當即宋人據俗書所增。《玉篇》“綿”訓“生絲”，“生絲”當爲“生絲縷”之脱誤也。《説文·糸部》：“繁，生絲縷也。”（276 下）原本《玉篇·糸部》：“繁，之若反。《孟子》：‘以爲鳲（鴻）鵠將至，思援弓繳而躲之。’野王案：‘繳即矰矢射也。’《説文》：‘生絲縷也。’《廣雅》：‘綿謂之繳。’又曰：‘繳，纏也。’”（633～634）《玉篇·糸部》：“繁，之若切。矰矢躲也；生絲縷也；纏也。繳，同上。”（125 上左）“繁（繳）”，《廣韻》又有“下革切”一音。故“綿”與“繁（繳）”音義並同，“綿”當即“繁（繳）”通過改換聲符而形成的異體字。

673. 纖

《玉篇·糸部》：“纖，亡結切。細纖也。”（126 上左）

按：《玉篇校釋》“纖”字下注：“‘纖’之言蔑也。《方言》二：‘小，江淮陳楚之内謂之蔑。’郭注：‘蔑，小兒也。’”（5456）胡氏所言是也。《易·剥》：“六二，剥牀以辨，蔑貞凶。”孔穎達疏：“蔑謂微蔑，物之見削則微蔑也。”“蔑”，《廣韻》音“莫結切”。“纖”與“蔑”音義並同，“纖”即“蔑”之增旁俗字。此外，“纖”又爲“韤”字之俗。慧琳《音義》卷九四《音續高僧傳》第十七卷：“韤，晚發反。《説文》：‘韤，足衣也。從韋，蔑聲。’傳文從糸作纖，非也。”（59，頁 223b5）故“纖”又即“韤”之換旁俗字。

674. 𦆲

《玉篇·肅部》：“𦆲，方千切。肅緘也。”（126 下右）

按：《玉篇校釋》“𦆲”字下注：“字當依《集韻》正从‘𢼸’作‘𦆲’。紩也，‘𦆲’即‘緘’。音‘方千切’者，謂密縫之也，字俗訛造。”（5471）胡吉宣校“𦆲”爲“𦆲”，並謂“𦆲”即“緘”，是也；然謂“音‘方千切’者，謂密縫之也”，誠爲曲説。“𦆲”即“𦆲（𦆲）”字之訛，“𦆲”“𦆲”即同字異寫。《説文·糸部》：

“繏，交枲也。一曰緁衣也。从衣，便聲。”(277下)原本《玉篇·糸部》：
“繏，裨旆反。《説文》：‘交枲也；一曰縫衣也。’”(641)《玉篇·糸部》：“繏，婢
連切。交枲；縫衣也。”(125下左)“鷩(鷩)”與“繏”音義並同，“鷩(鷩)”即
“繏”字之俗。

675. 剡

《玉篇·巾部》：“帎，力制切。帛餘也。剡，同上。”(127上左)

按：《名義·巾部》：“帎，力制(反)。餘也；輸也。剡，上字。”(279下)
《玉篇校釋》“剡”字下注：“‘帛餘也，亦作剡’者，《切韻》同，應出《埤倉》。
《廣雅·釋詁三》：‘剡，餘也。’通釋之，《埤倉》別釋爲帛餘，即本《説文》之
‘裂，繒餘也。’‘帎’與‘裂’同。《衣部》：‘裂，殘也；繒餘也。或作裞。’”
(5508)胡氏所言是也。《正字通·巾部》：“剡，舊注：力制切，音例。帛餘。
按：《説文·衣部》‘裂’訓‘繒餘’，良薛切，‘剡’與‘裂’義通，有去入二聲，誤
分爲二。”(313下)蔣禮鴻《類篇考索》亦曰：“二九二頁，裂，力制切，帛餘
也。二九三頁，裂裂，力薛切，《説文》：‘繒餘也。’帎裂裂裂同字。”(146)以
上二説皆印證了胡氏之説。故“帎(剡)”與“裂(裂)”即爲異體字。

676. 幰

《玉篇·巾部》：“幰，呼麥切。裂帛聲。”(127上左)

按：《名義·巾部》：“幰，呼虢反。裂帛聲。”(279下)《廣韻》入聲麥韻
呼麥切：“幰，裂帛聲。”(416)“幰”當即“繣”之異體字。《文選·潘岳〈西征
賦〉》：“砰揚桴以振座，繣瓦解而冰泮。”李善注引鄭玄曰：“繣，破聲也。”
“繣”，《廣韻》音“胡卦切”，又音“呼麥切”。“幰”與“繣”音同義通，又從巾、
從糸義通，俗書或可換用，故“幰”當即“繣”通過改換義符而形成的異體字。

677. 幠

《玉篇·巾部》：“幠，古候切。甲衣。或作幠。”(127上左)

按：《玉篇校釋》“幠”字下校注文“甲衣”爲“單衣”，並注曰：“‘單衣’之

'單'原訛'甲',今正。《切韻》:'幬,單衣。亦作幬。'本書《衣部》:'幬,襌衣。''襌'即單衣之本字,後通作'單'。慧琳八七‧四引《釋名》:'幬,單衣之無胡者也。'《字書》云:'上衣也。'《古今正字》作'幬',或从衣作'襦'。今本《釋名》'幬'作'襦','單'作'襌'。"(5511)胡氏所言是也。《名義‧巾部》:"幬,古侯反。單[衣]。"(279下)此即其證也。《大字典》"幬"字下據《玉篇》之誤而收錄"甲衣"這一義項,非是。

678. 幟

《玉篇‧巾部》:"幟,尺志切。巾也。又始志切。幟,同上。"(127上左)

按:《玉篇校釋》"幟"字下注:"'巾也'者,文經刪誤。慧琳:《史記》:'人持一赤幟。'《廣雅》:'幟,幡也。'《墨子》:'長丈五尺,廣半幅曰幟也。'《字書》:'幟謂幖上幡也。'《聲類》:'或作幟。'即本書原文。"(5513)胡氏所言是也。《名義‧巾部》:"幟,昌志反。幡也。"(279下)《新撰字鏡‧巾部》:"幟,尺止反。幡也。"(237)以上二書皆其證也。故《玉篇》"幟"訓"巾也",當爲"幡也"之誤。《大字典》"幟"字下據《玉篇》之謬而收錄"巾"這一義項,應刪。

679. 帓

《玉篇‧巾部》:"帓,亡撥、莫瞎二切。帓巾也。"(127下右)

按:《玉篇校釋》"帓"字下注:"'帓巾'者,字通作'鞨'。《列子‧湯問》:'鞨巾而裘。'殷敬順釋文:'鞨音末。'後因加巾爲帓。帓巾即鞨巾。本以韋爲之也,亦即帞頭。上(63):'帞,絡頭也。'《切韻》:'帓,帓帶。亦作幧。'"(5523)胡氏所言是也。《洪武正韻》入聲鎋韻莫鎋切:"鞨,《方言》:'鞨巾,俗人帕頭是也。'"《列子‧湯問》:"北國之人,鞨巾而裘。"殷敬順釋文云:"鞨音末,《方言》:'俗人帞頭是也。'帞頭,幧頭也。帞又作鞨,又作帓。"(165)故"帓"訓"頭巾",與"鞨""帞"音義並同,並爲異體字。又箋注本《切韻》(斯2071)入聲鎋韻慕鎋反:"帓,帓帶。"(145)故宮本《王韻》同。故宮本《裴韻》入聲鎋韻莫鎋反:"帓,帓帶。亦幧(幧)。"(614)故"帓"訓"帶子",

與“幭”當爲異體字。

680. 幀

《玉篇·巾部》：“幀，五伯切，又音客。亦作繃。”（127下右）

按：《玉篇校釋》“幀”字下注：“《糸部》：‘繃，《埤倉》：繃繒，緻紙也。’部末重出：‘繃，織緯也。’當删。幀者，俗因繃采絲於帛而从巾。”（5524）胡氏所言是也。五代本《切韻》入聲麥韻亦云：“繃，紙。亦作幀。”（767）此亦其證也。故“幀”當即“繃”義近義符换用而形成的異體字。

681. 幀

《玉篇·巾部》：“幀，古紅切。”（127下右）

按：此字《名義》未收，《廣韻》《集韻》亦不録，《玉篇》收於部末，且有音無義，當即宋人據俗書所增。《新修玉篇》《篇海》引《玉篇》亦同，亦闕義。《五音集韻》平聲東韻古紅切：“幀，衣巾也。”（1下）《五音集韻》“幀”字補訓爲“衣巾也”，於文獻無徵，疑爲望形生訓。《正字通·巾部》：“幀，俗字。舊注：音工。衣巾。誤。”（318上）《正字通》所言疑是。“幀”疑即“憒”字之俗。《廣雅·釋言》：“忒、慎，憒也。”“憒”，曹憲音“工”。（364下）《名義·心部》：“憒，古忿反。懱也。”（79上）《玉篇·心部》：“憒，古紅切。心動也。又古弄切。”（40上右）“幀”與“憒”音同形近，正如“恓”俗作“幗”、“憛”俗作“幨”、“懵”俗作“幠”等，“幀”亦當爲“憒”字之俗。“憒”俗作“幀”，後人不識，故義闕。荆璞編撰《五音集韻》補其訓爲“衣巾也”，疑爲望形生訓。

682. 帗

《玉篇·巾部》：“帗，音怖。巾也。”（127下右）

按：此字《説文》《名義》皆未收，《廣韻》《集韻》亦不録，《玉篇》收於部末，當即宋人據俗書所增。《正字通·巾部》：“帗，俗字。舊注：博故切，音布。巾也。誤。”（312上）《正字通》所言疑是。“帗”疑即“怖”字之俗。《説文·心部》：“怖，惶也。从心，甫聲。怖，或从布聲。”（223上）《玉篇·心

部》："怖,普布切。惶也。怖,同上。"(39 上右)"帗"與"怖"音同形近,正如
"愧"俗作"恝"、"懼"俗作"愳"、"懵"俗作"幪"等,"帗"當即"怖"字之俗。
"怖"俗作"帗",後人不識,改其訓爲"巾也",此當即望形生訓。

683. 㳀

《玉篇·巾部》："㳀,戶犬切。"(127 下右)

按:此字《説文》《名義》皆未收,《廣韻》《集韻》亦不録,《玉篇》收於部
末,且闕義,當即宋人據俗書所增。《篇海》卷二《巾部》引《玉篇》同,亦闕
義。《新修玉篇》卷二八《巾部》引《玉篇》："㳀,戶犬切。巾也。"(223 下左)
《新修玉篇》補訓爲"巾也",疑爲望形生訓。"㳀"疑即"袨"字之俗。《説文
新附·衣部》："袨,盛服也。"(173 上)《文選·左思〈蜀都賦〉》："都人士女,
袨服靚裝。"李善注引劉逵曰:"袨服,謂盛服也。""袨",《廣韻》音"黄練切"。
"㳀"與"袨"音同,又從巾、從衣義符相通,"㳀"疑即"袨"通過義通義符換用
而形成的異體字。

684. 帗

《玉篇·巾部》："帗,側巧切。"(127 下右)

按:《玉篇》此字義闕。《廣韻》上聲巧韻側絞切："帗,帗頭。"(204)《集
韻》"帗"字亦不録。"帗"疑即"帹"字之俗。《廣雅·釋器》："帹,幘也。"
(577 下)《玉篇·巾部》："帹,音介。幘也。"(127 下右)"帹"義指頭巾,"帗"
訓"帗頭","帗頭"疑爲"帹頭"之誤,義爲"頭巾"。"帗"與"帹"形近,"介"
旁、"爪"旁俗寫形近常可訛混,《〈可洪音義〉研究》(515)"介"俗作"**分**"、
(816)"爪"俗作"**分**""**介**"等,又如《續考》(66)"衼"字下謂"衹"爲"衸"之
俗訛,故"帗"亦當爲"帹"字之俗。"帹"俗作"帗",後人改其讀爲"側巧切",
此當即望形生音。

685. 袆

《玉篇·衣部》："袆,方于切。襲袴也。或作帗。"(127 下左)

按:《玉篇校釋》校"袴"爲"袄",並注曰:"'襲袄也'者,《説文》文,'袄'原訛'袴',今正。徐鍇傳曰:'衣袄即裣也。'《六書故》引唐本有'一曰前裣'句。《切韻》:'袄,袍襦之類前襟。亦作帗。'一本'帗'下云:'袍襦之前衿。''衿''裣''襟'並同。"(5536)胡氏所言是也。《名義·衣部》:"袄,方俱反。襲袄也。"(280下)可見原本《玉篇》"袄"字亦引《説文》訓"襲袄也",今本《玉篇》作"襲袴也"者,即爲"襲袄也"之誤。《大字典》所引《二刻拍案驚奇》之"袄"亦指衣服的前襟。《大字典》"袄"字下據《玉篇》之誤而收錄"褲子"這一義項,非是。

686. 襓

《玉篇·衣部》:"襓,如招切。劍衣也。"(128下右)

按:《名義·衣部》:"襓,如照反。劍衣。"(283上)《玉篇校釋》"襓"字下注:"'劍衣也'者,《切韻》同。《禮記·少儀》:'加夫襓與劍焉。'鄭注:'夫襓,劍衣也。'《廣雅·釋器》:'袄襓,木劍衣也。'疏證據《禮記》正義引熊安生説改'袄'爲'夫',竊謂《少儀》之'夫'即'袄'之省僪。袄,襲也。是袄爲重襲之義。木劍衣者,於劍衣之外重加木護之,故謂之袄襓,與單言襓者別。康成以'夫'爲語助,非也。熊正以《廣雅》之'木劍衣'釋《禮》之'夫襓',未必所據《廣雅》作'夫襓'。'襓'本爲'韜'之異文。《韋部》:'韜,劍衣也。'《初學記》引《説文》'韜'音'遶',可證古晋、堯音近相通,故'韜'變易形聲爲'襓','襓'以劍衣故而從衣,此文字演變之通例也。"(5583～5584)胡吉宣謂"襓"即"韜"之異文,所言當是。《説文·韋部》:"韜,劍衣也。從韋,舀聲。"(113上)段玉裁注:"按許書無'襓'字,'襓'與'韜'音近,'襓'即'韜'也。"(235上)此説即其證也。故"襓"當本作"韜"。

687. 衬

《玉篇·衣部》:"衬,居純切。戎服也;裳削副也;純也。"(128下右)

按:"副"即"幅"字之訛。《玉篇校釋》"衬"字下注:"'裳削幅也'四字爲下文'襆'下注,傳寫誤入,今删。"(5587～5588)胡氏所言是也。《名義·衣部》:"衬,居純反。戎服也;純[也]。"下字曰:"襆,補木反。裳削幅也。"

(283下)此即其證也。《大字典》"袊"字下據《玉篇》之謬而收録"裳削副"這一義項,應删。

688. 襵

《玉篇·衣部》:"襵,之涉切。詘也;幕也。"(128下左)

按:《玉篇校釋》"襵"字下校注文"幕也"爲"聱衣也",並注曰:"慧琳五九·十一:'《廣雅》:襵、襞,詘也。《埤倉》:聱衣也。'即本書原引二書文。今本第二義作'幕也','聱''幕'形近,寫者不識'聱'字,憶改爲'幕'。幕衣又不成辭,復删衣字,今據正。"(5597)胡氏所言是也。《名義·衣部》:"襵,之涉反。詘也;襞聱[衣]。"(284上)"聱"即"聱"字之訛,吕浩《〈篆隸萬象名義〉校釋》(452A)校作"聱",是也。此即其證也。《大字典》"襵"字下據《玉篇》之謬而收録"幕"這一義項,應删。

689. 裼

《玉篇·衣部》:"裼,尺羊切。披衣不帶。"(128下左)

按:《名義·衣部》:"裼,齒楊反。[裼]被,不帶也。"(284上)《玉篇校釋》"裼"字下注:"《廣雅·釋訓》:'裼被,不帶也。''被'與'披'通,'裼'亦作'猖'。《離騷》:'何桀紂之猖披兮。'王注:'猖披,衣不帶之皃。'本書原本引之作'裼',裼之言猖狂也,披衣不帶,失禮容也。"(5600)胡氏所言是也。《廣雅·釋訓》:"裼被,不帶也。"王念孫疏證:"'被'與'披'通,今人猶謂荷衣不帶曰被衣。《莊子·知北遊》篇云:'齧缺問道乎被衣。'合言之則曰裼被。《楚辭·離騷》:'何桀紂之猖披兮。'王逸注云:'猖披,衣不帶之貌。'猖,一作昌,釋文作倡;披,一作被,並字異而義同。"(489下)蔣禮鴻《類篇考索》"裼"字下注曰:"裼被亦作猖披。"(177)以上二説並其證也。故"裼被"本當作"猖披"。

690. 襝

《玉篇·衣部》:"襝,丁敢切。衱緣也。"(128下左)

　　按:《玉篇校釋》"衻"字下注:"'衱緣也'者,《廣韻》引《埤蒼》云:'被緣也。'本書《糸部》'紞'下引鄭注《士喪禮》云:'紞,被之識也。'又注《喪大記》云:'但以組爲之,綴之領側,若今被識,生時單被有識,死去也。'是則'被緣''領緣'同。'衱緣'即'領緣','紞'與'衻'通。《集韻》:'紞,緣也。'"(5604)胡氏所言不確。《名義·衣部》:"衻,丁坎反。被衱緣。"(284下)可見原本《玉篇》"衻"字當引《埤蒼》訓爲"被衱緣也"。今本《玉篇》"衻"字訓"衱緣也",當爲"被衱緣也"之脱誤;《廣韻》"衻"字訓"被緣也",亦當爲"被衱緣也"之脱誤。"衻"當即"紞"之異體字。《禮記·喪服大記》:"紟五幅,無紞。"鄭玄注:"紞以組類爲之,綴之領側,若今之被識矣。"清錢大昕《十駕齋養新録·紞》:"《士喪禮》:'緇衾,赬裏,無紞'注:'紞,被識也。'疏:'被無首尾,生時有紞爲記,識前後。'予謂被之有紞,若今時當頭矣,吳中方言以被識爲當頭。紞、當聲相近。""紞"即指縫在被頭邊緣用以識別上下的絲帶。"衻"訓"被衱緣"亦當指縫在被頭邊緣用以識別上下的絲帶,而非僅指被頭邊緣。"紞",《廣韻》音"都感切"。故"衻"與"紞"音義並同,"衻"當即"紞"通過改換義符而形成的異體字。

691. 袏

　　《玉篇·衣部》:"袏,子賀切。衣包囊。"(128下左)

　　按:《玉篇校釋》"袏"字下注:"'衣包囊'者,原引《方言》及注文之删併。卷四云:'襌衣有袌者,趙魏之間謂之袏衣。'郭注:'前施袌囊也。'《切韻》:'袏,襌衣。'亦本《方言》而經删節。"(5600)胡氏所言是也。《名義·衣部》:"袏,子賀反。襌衣有䙅(袌)。"(284上)可見原本《玉篇》當引《方言》及郭注文爲訓,此是其證也。今本《玉篇》訓"衣包囊",當因誤爲删併《方言》引文及郭注所致的訓釋失誤。《大字典》《字海》"袏"字下據《玉篇》義訓之誤而收録"衣袋"這一義項,皆應删。

692. 衿

　　《玉篇·衣部》:"衿,亦作紟。巨禁、巨今二切。亦作紟。襌衣也;綴也;結帶也。"(128下左)

按:《玉篇校釋》"衿"字下校注文"禪衣也"爲"禪被也",並注曰:"'亦作紟。禪被也'者,'被'原作'衣',今正。《糸部》(141):'紟'下引鄭注《士喪禮》云:'單被也。'《喪大記》疏引皇氏云:'紟,禪被也。'《切韻·侵韻》亦云:'單被也。又作紟。'"(5602)胡氏所言是也。《名義·衣部》:"衿,渠金反。單被也;結也。"(284 下)"單被""禪被"同,此亦其證也。《大字典》"衿"字下第三義項沿襲《玉篇》之誤而訓"禪衣",應據正。

693. 襐

《玉篇·衣部》:"襐,莫紅切。衣。"(129 上右)

按:《玉篇校釋》"襐"字下注:"'襐'當與'幪'同。《巾部》:'衣巾也;覆也;蓋衣也。'"(5609)胡氏所言是也。《正字通·衣部》:"襐,俗幪字。音蒙,衣也。誤。"(1036 上)此說印證了胡氏之說。《說文·巾部》:"幪,蓋衣也。从衣,冡聲。"(159 下)《集韻》平聲東韻謨蓬切:"幪,《說文》:'蓋衣也。'或作幪。"(7)故"襐"與"幪""幪"即爲異體字,應訓"蓋衣也"。

694. 襍

《玉篇·衣部》:"襍,芳未切。服。"(129 上右)

按:《玉篇校釋》"襍"字下注:"應爲'被'之或體。(106):'被,蔽膝也。'《集韻》亦作'祔'。《廣韻》去聲:'祔,蔽膝。'方未切。'祔'與'襍'同。"(5610)胡氏所言是也。《說文·衣部》:"被,蠻夷衣。从衣,友聲。一曰蔽䣛。"(173 上)《集韻》去聲未韻方未切:"被,蠻夷衣。一曰蔽䣛。或作祔、祔、襶。"(486)故"襍"與"被""祔""祔""襶"諸字音義並同,並爲異體字。

695. 襰

《玉篇·衣部》:"襰,落蓋切。"(129 上右)

按:此字《玉篇》義闕。《玉篇校釋》"襰"字下注:"應即'禷'之訛字。《示部》:'禷,墮壞也。'"(5611)胡氏所言是也。《廣韻》去聲泰韻落蓋切:"襰,墮壞。"(283)《切韻》、宋本《廣韻》亦俱作"襰",《大字典》引《廣韻》作

"襰",未知所據何本。又《大字典》"襰""襰"二字下皆引唐元結《招太靈》作
爲例證,然一作"襰",一作"襰",亦未知所據爲何本之異,然此當皆爲"襰"
即"襰"字之俗之證,"襰"俗作"襰",正如《玉篇校釋》(5610)、《叢考》(830)
謂"襴"即"襴"之訛字。

696. 襄

《玉篇·衣部》:"襄,金倒切。"(129 上右)

按:此字《説文》《名義》皆未收,《廣韻》《集韻》亦不録,《玉篇》收於《衣
部》之末,當即陳彭年等據俗書所增。"襄"疑即"縞"之異體字。《説文·糸
部》:"縞,鮮色也。從糸,高聲。"(274 上)《玉篇·糸部》:"縞,古到、古倒二
切。練也;白色也。"(124 下左)"襄"與"縞"音同,又從衣、從糸義通,俗書
常可換用,正如"襮"同"縹""暴"、"襆"同"襥"、"襬"同"緥"、"襦"同"繻"、
"裯"同"綢"、"紆"同"衧"、"紖"同"祗"、"袟"同"袟"、"綳"同"補"、"縷"同
"褸"等,"襄"疑即"縞"之異體字。

697. 㝯㝃

《玉篇·勹部》:"㝯㝃,二同。居先切,又音瓊。孤独也;敬拜也。"(129
下右)

按:《玉篇校釋》"㝯""㝃"二字下注:"二字並俗訛變,'居先'音謬。
'㝃'或爲'嫛''悍'之省,'㝯'又形誤諧爲弓聲。《女部》:'嫛,孤獨也。'重
文作'嫛'。《心部》:'悍,獨也;單也。或作煢。'《孑部》:'煢,單也;無兄弟
也;無所依也;憂思也。'此二僞字當删。"(5638)胡氏所言當是。《正字通·
子部》:"㝃,嫛、悍、嫛並通。舊注又敬拜,非。"(261 上)下文《弓部》又曰:
"㝯,㝃字之訛。舊注同㝃,非。"(341 下)《正字通》所言印證了胡氏的考釋
成果。故"㝃"當即"嫛""悍"俗省,而"㝯"又當即"㝃"字俗訛。"㝃""㝯"二
字,《玉篇》音"居先切",又訓"敬拜也",疑並非是。

698. 攲

《玉篇·支部》："攲，九爾、居宜二切。持去也。今作不正之敧。丘奇切。"下字曰："敧，丘知切。敧隉不正。"(130 下右)

按：《玉篇校釋》"敧"字下注："此'敧'字爲後增重文，音切當删。慧琳五二·三、五八·九：'攲或作敧、敧、崎同。'又六九·十五、十七·十：'顧野王云：攲以爲不正也。亦作敧。'又九十·八：'《韓詩》云：攲，傾也。《玉篇》云：不正也。《説文》：攲，側也。《通俗文》：以箸取物曰攲。《考聲》云：不正也。'案：'敧'即因'攲器'而變易偏旁。"(5662)胡氏所言不確。《名義·支部》："敧，丘知反。不正也；隉也。攲字。"(286 下)可見原本《玉篇》已收"敧"字，即"攲"之異體字。《新撰字鏡·支部》："敧攲敧，三同。亦作𠁣(攲)。紀紙反，上；丘知返，去。不正也。"(192)此亦其證也。故"攲"與"敧""敧"即爲異體字。

699. 枝

《玉篇·支部》："枝，巨支切。橫首皃。"(130 下右)

按：《名義·支部》："枝，渠支反。枝橫首。"(286 下)《廣韻》平聲支韻渠羈切："攱，木別生也。枝，同上。又橫首皃。"(17)周祖謨校勘記曰："'首'下脱'枝'字。"其言是也。《集韻》平聲支韻渠羈切："枝，《字林》：'橫首枝也。'一曰木別生。或作枝。"(38)此即其證也。《正字通·支部》："枝，俗不字，亦作桸。《佩觿集》：'木別生也。'从不、蘖爲正。舊本：枝，音其。橫首貌。非。"(434 下)《爾雅·釋詁下》："桸，餘也。"《説文·木部》："櫱，伐木餘也。从木，獻聲。《商書》曰：'若顛木之有由櫱。'不，古文櫱，从木無頭。"(120)《集韻》入聲薛韻魚列切："蘖，[伐]木餘也。又姓。或作櫱。""枝"與"不""蘖""桸"諸字音義俱別，不可混同，故《正字通》之説非是。《玉篇校釋》"枝"字下注："'橫首皃'者，'枝'爲《市部》'攱'之異部重文。《廣韻》'攱'或作'枝'，橫首皃。《集韻》引《字林》：枝，橫首枝也。一曰木別生，或作枝。本書《市部》：'攱，木別生。'《支部》：'攲，枝也。''攲'即'枝'之偽字，字本止爲'枝'。《説文》：'枝，木別生條也。'枝條必橫出，故以爲橫首皃。"(5662)胡氏所言是也。《説文·木部》:"枝,木別生條也。從木,支聲。"(114上)"枝",《廣韻》音"章移切",《集韻》又音"渠羈切"。"横首(枝)皃""木別生"與"木別生條"訓異義同,故"秇""莜"與"枝"音義皆同,"秇""莜"並即"枝"字之俗。

700. 聿

《玉篇·聿部》:"聿,女涉切。手之捷抒也。"(130下右)

按:《玉篇校釋》"聿"字下注:"'手之捷抒也'者,原引《説文》文,惟'抒'字應誤。《説文》:'聿,手之捷巧也。从又持巾。'似本書之'抒'爲'巧'之形訛。"(5668)胡氏所言當是。《名義·聿部》:"聿,女涉反。手之捷巧[也]。"(287上)此即其證也。故《玉篇》"聿"訓"手之捷抒也",即"手之捷巧也"之誤。《大字典》"聿"字引《玉篇》沿誤,應據改。

701. 狖

《玉篇·生部》:"狖,如壘切。狖狖,草不實。今作蘽。"(131上右)

按:《玉篇校釋》"狖"字下校注文"不"爲"木",並注曰:"'狖狖,草木實'者,'木'原訛'不',今正。《説文》:'狖,艸木實狖狖也。'"(5686)胡氏所言是也。《名義·生部》:"狖,如陲反。草木實狖[狖]也。"(287下)可見原本《玉篇》"狖"字亦引《説文》訓爲"草木實狖狖也",今本《玉篇》作"草不實"者,即爲"草木實"之訛。《類篇·生部》:"狖,儒佳切。《説文》:'艸木實狖狖也。'又乳棰切。草秀不實。"(220上)《類篇》"狖"又訓"草秀不實",亦爲《玉篇》所誤。《大字典》"狖"字下承襲《玉篇》《類篇》之謬而收録"草秀不實"這一義項,應删。

702. 也

《玉篇·乁部》:"也,余爾切,又余者切。亂也;斯也;所以窮上成文也。"(132上右)

按:《玉篇校釋》"也"字下校注文"亂也"爲"辭也",並注曰:"'辭也'者,字原訛‘亂’，依元刊正。《廣雅·釋詁四》：‘也，詞也。’《顏氏家訓·書證篇》：‘也，是語已及助句之辭。’顧氏謂所以窮上成文，即語已辭也。《漢書·哀帝紀》：‘非赦令也，皆蠲除之。’集注：‘也，語終辭也。’《切韻》：‘也，詞絕。’”(5733)胡氏所言是也。《名義·乁部》：“也，餘紙、餘者反。詞也；期(斯)也。”(290 上)《新修玉篇》卷二九《乁部》引《玉篇》：“也，余爾、余者二切。辭也；斯也；所以窮上成文也。”(233 下左)以上二書並其證也。《大字典》“也”字據《玉篇》之謬而收録“亂”這一義項，應刪。

703. 韵

《玉篇·句部》：“韵，古迷切。則也。”(132 上左)

按：《玉篇校釋》“韵”字下校注文“則也”爲“剅也”，並注曰：“‘剅也’者，‘剅’原訛‘則’，今正。應出《埤倉》。《廣雅·釋言》：‘剅，韵也。’《廣韻》：‘韵，韵酟，裂也。’《集韻》一作：‘酟韵，裂也。’是‘韵’當音鈎，‘韵酟’疊韻，故可倒順言之。《切韻》：‘剅，刯也。’‘剅刯’與‘酟韵’同。《刀部》：‘剅，小裂也。’《豆部》：‘酟，小裂也。’爲宋人所增。本部：‘酟，裂也。亦作剅。’‘韵’音圭，當與‘刲’同。刲，屠也，刺也。”(5736)胡吉宣謂“則也”即“剅也”之誤，是也。《名義·句部》：“韵，古攜反。領(?)韵，剅。”(290 上)可見原本《玉篇》亦引《廣雅》爲訓也，故今本《玉篇》之“則也”即“剅也”之誤。胡吉宣又謂：“《廣韻》：‘韵，韵酟，裂也。’《集韻》一作：‘酟韵，裂也。’是‘韵’當音鈎，‘韵酟’疊韻，故可倒順言之。《切韻》：‘剅，刯也。’‘剅刯’與‘酟韵’同。”此説非是。“韵”字從句，圭聲，故《名義》《玉篇》《廣韻》皆音 guī，而非從圭、句聲，故胡氏此説非是。胡吉宣又謂“韵”與“刲”同，當是。《廣雅·釋言》：“剅，韵也。”王念孫疏證：“卷二：‘剅，裂也。’《玉篇》：‘剅，丁矦切。小裂也。’《廣韻》云：‘剅劃，小穿也。’韵亦刲也，《玉篇》《廣韻》並音圭，云小裂也。”(420)此説是其證也。“刲”，《廣韻》音“苦圭切”。韵”與“刲”音義并近，“韵”當即“刲”通過改換義符而形成的異體字。

704. 矊

《玉篇·單部》：“矊，丑理、丑忍二切。矊然，笑兒。”(132 下左)

按:《玉篇校釋》"哂"字下注:"'哂然,笑兒'者,字亦作'哂'。《莊子·達生》:'桓公哂然而笑曰。'釋文敕引反,徐敕一反,又敕私反。司馬彪云:'笑兒。'李云:'大笑兒。'左思《吳都賦》:'東吳王孫哂然而哈。'劉逵曰:'哂,大笑兒。'引《莊子》字作'哂'。《切韻》軫韻作'哂',大笑;脂韻作'哂',笑兒。《廣韻》平、上二韻並作'哂',《集韻》真、軫二韻亦俱爲'哂'。辰、展形近,於義則從展爲合,笑則展眉解顏也。"(5755)胡吉宣謂"哂""哂"同,是也;然謂"哂"爲正,疑不確。《名義·單部》:"哂,耻理反。(哂)然,笑兒。"(291上)可見原本《玉篇》亦作"哂"。又《文選·左思〈吳都賦〉》:"東吳王孫哂然而哈。"李善曰:"哂,敕忍切。"(82上)"哂",從《玉篇》及李善音切來看,當從"辰"爲正,即"哂"爲"哂"之俗也。《正字通·口部》:"哂,哂字之訛。《集韻》作哂,《韻會》《古音叢目》入聲哂音窒,引《莊子》哂然,因徐邈讀而誤。舊本哂見辰部,哂復載口部,亦非。宜存彼去此。"(175上左)《正字通》之說是也。故"哂"當即"哂"字之俗,然"哂"又當即"欣"字之俗。《說文·欠部》:"欣,指而笑也。从欠,辰聲。"(177下)"欣",《廣韻》音"時忍切"。"哂"與"欣"音義皆近,"哂"當即"欣"之異體字。段玉裁注:"《呂覽》:'舜爲天子,鼛鼛啟啟,莫不載悦。'高注曰:'啟啟,動而喜也。'又作:'陳陳殷殷。'無二切。皆訛字耳。啟蓋即欣字,轉寫從攵。《吳都賦》:'東吳王孫,哂然而哈。'劉注云:'哂,大笑兒。'引莊周:'齊桓公哂然而笑。'哂即欣字之異者,俗訛作哂。"(413上)此即其證也。故"哂"當即"欣"字之俗。

705.悉

《玉篇·采部》:"悉,思栗切。盡也;詳也;審也;和也。"(133上左)

按:《玉篇校釋》"悉"字下校注文"和也"爲"知也",並注曰:"又'知也'者,'知'原訛'和',今正。《後漢·周紆傳》:'悉誰載藥入城者。'李賢注:'悉猶知也。'曹丕詩:'主人苦不悉。'是也。"(5773~5774)胡氏所言是也。《新修玉篇》卷三十《采部》引《玉篇》:"悉,思栗切。盡也;詳也;審也;知也。"(236上右)此亦其證也。故《玉篇》"和也"之訓即"知也"之誤。《大字典》"悉"字下據《玉篇》之誤而收錄"和"這一義項,非是。

706. 射

《玉篇·寸部》：“射，市柘切。矢也。又作躲。以近窮遠也。又以柘、羊益二切。”（133 下右）

按：《玉篇校釋》“射”字下於“矢也”之前補“發”字，並注曰：“‘發矢也’者，原作‘矢也’，今補‘發’字。慧琳三·十、四·三：《字書》云：‘發矢前躲。’《周禮》六藝，三曰五射。《説文》从矢作躲，云弓弩發於身而中於遠曰躲。李斯小篆从寸作射。寸，法度也，寸亦手也，此云‘以近窮遠’句爲《説文》‘弓’字下説解。”（5787）胡氏所言是也。《名義·寸部》：“射，時柘反。躲字。”（292 下）可見原本《玉篇》“射”字亦同“躲”，亦應訓“發矢也”。故今本《玉篇》訓“矢也”當即“發矢也”之脱誤；而訓“以近窮遠也”，當如胡氏所言即“弓”字之下説解誤植於此所致的訓釋失誤。《大字典》“射”字下據《玉篇》之誤而收録“矢”這一義項，非是。

707. 尋

《玉篇·寸部》：“尋，須全切。修也。”（133 下右）

按：《玉篇校釋》“尋”字下校注文“修也”爲“循也”，並注曰：“‘循也’者，‘循’原訛‘修’，今依《廣雅》正。《釋詁四》：‘尋，循也。’原亦誤與下條‘表也’相合，疏證於‘循’字下補‘也’字，謂據《玉篇》‘尋，循也’正，案：此爲王氏校正《玉篇》爲‘循也’，非所見本異也。《集韻》一曰手循，以據誤本《廣雅》訓‘表’覺未允而出此義。惜未名所出，‘尋’當與‘捋’同。《手部》：‘捋，引也。揎，捋也。’‘揎’與‘捋’同。尋亦即揎臂揎袖字。尋實由爰訛變，音與緣近，故亦訓循。”（5789）胡吉宣謂《玉篇》《集韻》“尋”字之訓並誤，是也；然謂“尋”同“捋”，“尋”即“爰”之訛變，非是。《廣雅·釋詁四》：“尋，循也。”王念孫疏證：“此釋遵循之義也。”（298 下）《名義·寸部》：“尋，戈（弋）今（全）反。循也。”（292 上）可見原本《玉篇》“尋”字亦引《廣雅》訓“循也”，今本《玉篇》作“修也”者，當即“循也”之形誤。《集韻》平聲仙韻荀緣切：“尋，《博雅》：‘表也。’一曰手循。”（169）“尋”字，《集韻》引《博雅》訓“表也”，即因《廣雅》“循”字下脱“也”字，遂誤合二條爲一條而致此誤也。《集韻》又訓

"手循",於前代諸書無徵,亦非。《廣韻》平聲仙韻須緣切:"揎,手發衣也。捊,上同。"(87)《廣雅・釋詁二》:"捊,貪也。"(114 上)"尋"與"捊"音同義別,二字不可混同。又"尋"與"爰"字形區別甚明,且未見有"爰"訛作"尋"者,胡吉宣謂"尋"即"爰"之訛變,非是。

708. 辢

《玉篇・辛部》:"辢,力達切。辛辢也;痛也。"(134 上右)

按:《玉篇校釋》"辢"字下注:"'辛辢也'者,《切韻》同。《廣雅・釋言》:'辢,辛也。'本書部首:'辛,辛辢也。'《疒部》:'瘌,辛也。'又'痛也'者,應出《埤倉》。《方言》《説文》《廣雅》字並作'瘌'。本書:'瘌,亦痛瘌也。'慧琳:'辢,《字苑》作瘌,同盧葛反。《通俗文》:辛甚曰辢,江南言辢,中國言辛也。《古今正字》:辢,辛也。《桂苑珠叢》同。《考聲》云:辛甚也。'"(5805)胡氏所言是也。《名義・辛部》:"辢,力(達)反。瘌字。"(292 上)可見原本《玉篇》已溝通"辢"與"瘌"的異體關係。故"辢(辣)"即"瘌"之異體字。

709. 穀

《玉篇・子部》:"穀,奴豆切,又公豆切。乳也;愨也。"(134 上左)

按:《玉篇校釋》"穀"字下校注文"愨也"爲"穀愨也",並注曰:"'穀愨也'者,原訛作'愨也'。《説文》:'一曰穀瞀也。'徐鍇曰:'穀瞀,愚闇也。'本書《心部》:'恂,恂愨,愚皃。愨,恂愨也。'"(5814)胡氏所言是也。《名義・子部》:"穀,公豆反。穀。"(293 下)呂浩《〈篆隸萬象名義〉校釋》(467A)謂當作"穀愨",是也。此即其證也。《大字典》"穀"字下據《玉篇》之謬而收録"謹慎"這一義項,非是。

710. 孲

《玉篇・子部》:"孲,音矩。孤也。"(134 下右)

按:《玉篇校釋》"孲"字下注:"案:'孲'與'踽'同。《足部》:'踽,獨行皃。'孤、獨義近,字蓋涉孤而變易从子,子或當爲子,子者孤獨也。"(5822)

胡氏所言當是。《正字通·子部》："孲，舊注音矩，引《玉篇》'孤也'。按：
《詩·唐風》：'獨行踽踽。'傳曰：'人無兄弟，則踽踽無所親。'訓孤即獨行
意，改作孲，非。踽，或作偊。"（261下）此説亦印證了其説。故"孲"應從
"孑"而非從"子"，應歸入《孑部》，與"踽""偊"並爲異體字。

711. 㝯

《玉篇·㝯部》："㝯，莊卷、旨兖二切。謹也；孤兒也。"（134下右）

按：《玉篇校釋》"㝯"字下改注文"孤兒也"爲"孤兒也"，並注曰："'孤兒
也'者，'兒'應爲'兒'。《切韻》：㝯，孤露可憐。字通作屛。"（5826）胡氏所
言是也。《新修玉篇》卷三十《㝯部》引《玉篇》："㝯，莊卷、旨兖二切。謹也；
孤兒也。"（238上左）此即其證也。《大字典》《字海》"㝯"字下皆據《玉篇》
之誤而收錄"孤兒"這一義項，並非。

712. 醧

《玉篇·酉部》："醧，於娛切。能飲者飲，不能飲者止。"（135下右）

按：《玉篇校釋》"醧"字下注："'能飲者飲，不能飲者止'者，《切韻》同，
'能'下兩'飲'字俱可'省'。《文選·魏都賦》注引《韓詩·常棣》篇：'飲酒
之醧。'章句云：'能者飲不能者已爲之醧。'毛詩作'飫'。本書：'醧，私也；
酒美也。'下（115）：'酓，飲也。''醧''酓'並與'醧'同，'飫'則假借。"（5870）
胡氏所言是也。《名義·酉部》："醧，於娛反。止也。"（296下）"止也"即
"能飲者飲，不能飲者止"之誤截，可見原本《玉篇》引《韓詩》作"醧"。又《廣
韻》平聲虞韻羽俱切："醧，宴也。"（38）此"醧"亦即"醧"字之俗。《説文·酉
部》："醧，私宴歙也。"（312下）"醧"，《廣韻》音"依倨切"。"醧"與"醧"音義
並同，"醧"當即"醧"之異體字。《正字通·酉部》："醧，俗醧字。舊注：音
淤。能飲者飲，不能飲者止。又音于，引《廣韻》'宴也'，義與醧同，音切與
醧異，並非。六書有醧無醧，宜删。"（1183上）此説亦印證了胡氏之説。故
《大字典》《字海》皆應溝通"醧"與"醧"的正俗關係。又《玉篇·酉部》下文：
"酓，音于。飲也。"（135下右）"酓"與"醧"音義並同，"酓"當即"醧"之俗
省，亦同"醧"。

713. 醅

《玉篇·酉部》："醅，於今、於南二切。"(135 下右)

　　按：《玉篇校釋》"醅"字下注："《切韻》：'醅，聲。'《廣韻》云：'醉聲。'案：'醅'即'䤵'之俗省。下(137)'䤵'亦闕義，並後增字，原列《音部》。引《周禮》：'凡聲、微聲䤵。'鄭玄曰：'聲小不成也。'"(5874)胡氏所言是也。《廣韻》平聲侵韻於金切："醅，醉聲。又於南切。"(146)余迺永《校注》："按覃韻烏含切字作'䤵'，注：'聲小，又於林切。'《全王》《王二》覃韻字作'䤵'，並訓：'聲小。'《全王》且如本書有'又於林反'。侵韻處《王二》云：'聲，又於南反。'《全王》'又於南反'同而無訓，二書字作'醅'，可見《廣韻》確有所本。按'醅'乃'䤵'之俗寫，字從音、咅聲。《説文》：'䤵，下徹聲。'大徐音恩甘切。《周禮·春官·典同》：'微聲䤵，回聲衍，侈聲筰。'鄭玄注：'䤵聲小不成也。''下徹聲'者謂鐘聲微而不揚越也……《王二》侵韻但解'聲'，《全王》無訓，《廣韻》因誤以爲即從酉、音聲，遂臆改'醉聲'也。《集韻》於金及烏含二切承之，乃分別'醅''䤵'爲二字。"(694～695)此説即其證也。《集韻》平聲覃韻烏含切："醅，醉謂之醅。"(284)《集韻》"醅"又訓爲"醉"，即"醉聲"之省，亦非。"醅"即"䤵"字之俗，應訓爲"下徹聲"。

714. 䶌

《玉篇·酉部》："䶌，音征。醋煮魚也。䶌，同上。"(135 下右)

　　按：《玉篇校釋》"䶌"字下注："'音征'者，字亦作'胜'。《齊民要術》有作五侯胜法，五侯者，漢成帝外戚王氏五侯，競尚奢侈，食客有合五家之珍膳而作羹名曰五侯胜，字從刑作'䶌''䶌'者，蓋以鈃羹爲喻雜肴也，不專指煮魚或肉也。《切韻》云：'煮魚煎食曰鯖。'《廣韻》有重文'䶌''胜'二形。本書《食部》：'鯖，煮魚煎肉也。'《肉部》：'腈，醋煮魚也。'是此處重文應刪。"(5875)胡氏所言是也。《集韻》平聲清韻諸盈切："胜，煮魚煎肉曰胜。或作鯖、腈、熿、䶌。"(239)《正字通·酉部》："䶌，同胜。《韻會》：'煮煎魚肉也。'《正韻》：'鯖，亦作胜。'《集韻》：'胜，或作鯖、腈、熿、䶌。'舊本分䶌、胜爲二，專訓酢煮魚，並非。䶌、䶌二文可廢，別從皮作䶌，亦非。"(1184 下)

以上二書亦並其證也。故"醫""醤"與"鯖""胜""鯖""爑""膈"諸字音義並同，並爲異體字，皆應訓爲"煮魚煎肉也"，而《玉篇》訓爲"醋煮魚"者，當爲陳彭年等見其從"酉"而妄改，因從"酉"之字多與"酒""醋"相關。

715. 醜

《玉篇・酉部》："醜，皮美切。酒色。"（135下左）

按：《玉篇校釋》"醜"字下注："'醜'列此亦爲宋人所竄改，原本在《手部》。卷廿二《户部》'屺'下引《説文》云：'毀也。'或爲醜字，在《手部》。或爲圮字，在《土部》。《説文》：'圮，毀也。'或體作'醜'，從手從非，配省聲。《切韻》：'醜，覆也。或作屺。'二徐本《説文》'屺'下誤作'崩也'。本書今本《户部》奪'屺'字，而以從配之'屺'兼'屺'義，云：'皮鄙切。毀也。或作圮。'《説文》'醜'從手從非，以表分崩拆毀意。本書今本移《手部》'醜'於此，而以《説文》訓酒色之'配'字義嫁于'醜'。以'醜'爲酒色者，蓋從緋得義。《糸部》：'緋，《字書》：絳練也。'故當爲飲酒面赤色，此或後起之義。"（5878）《名義・手部》："醜，皮義反。毀也；覆也。"（57下）可見"醜"字原本《玉篇》當置於《手部》，亦訓"毀也；覆也"，並未見有訓"酒色"者。《玉篇》"醜"訓"酒色"，當即宋人誤以其從"酉"而誤植"配"字之訓於此。胡吉宣謂"本書今本移《手部》'醜'於此，而以《説文》訓酒色之'配'字義嫁于'醜'"，是也；然又謂"以'醜'爲酒色者，蓋從緋得義。《糸部》：'緋，《字書》：絳練也。'故當爲飲酒面赤色，此或後起之義"，"醜"訓"酒色"，於文獻無徵，胡氏此説亦因承謬而誤作説辭，非是。《大字典》《字海》"醜"字下皆據《玉篇》之謬而收録"酒色"這一義項，並非。

結　語

　　漢字從產生至今,數量一直在遞增,其中一個重要原因即是俗字、訛體的不斷產生。唐代之後,字書漸開俗字入典之風,《玉篇》即是在這樣的時代背景下增修而成的,因而此書收錄了大量的疑難字。歷代大型字書的一個共有缺陷即是重編纂而輕考據,重貯存而輕整理,致使前代字書所收錄的大量疑難字被後世字書積存下來。《玉篇》所收錄的疑難字,大都被後世大型字書如《大字典》《字海》等未加考辨地加以轉錄,這就降低了其編纂質量與利用價值。因而,對《玉篇》疑難字的考辨與研究自有其重要的學術價值和應用價值。

　　本書以《玉篇》所收疑難字爲研究對象,在充分借鑒前人相關研究成果的基礎上,從文字學、漢字構形學、文獻學、辭典學的角度,以形、音、義、用爲線索,結合漢字俗寫變易規律及具體用例,對《玉篇》疑難字及相關考釋成果進行了全面測查、系統梳理與考辨,對已有研究成果的成就和不足給予了客觀評析,探討了《玉篇》疑難字的成因及類型,並通過實例闡釋了《玉篇》疑難字研究在文獻校理和字辭書編纂等方面的價值。最後,對前人的考釋做了一定的補正并新考了部分疑難字。

　　1.通過對前人《玉篇》疑難字考釋成果的測查、比勘和考辨,本書認爲,已有成果有的考釋結論確當,在字辭書編纂與修訂中應予采用;有的考釋結論存在分歧,有高下之別,需要審慎地加以擇定;有的考釋結論疑點頗多,尚難令人信服,有必要利用新材料重新考證。

　　2.通過對《玉篇》疑難字的形成與字形、字音、字義關係的探討,本書認爲,《玉篇》疑難字主要有因字形致誤、因字音致誤、因字義致誤以及來源於字際關係不明(字際關係未作認同或誤作認同)等四種主要類型,並用實例逐類進行了分析。

　　3.本書認爲,《玉篇》疑難字的研究,無論是對於《玉篇》及相關字書韻書的文本校理,對於大型字辭書的編纂與修訂,還是對於古代文獻典籍的釋讀和整理,都有其不可忽視的學術價值和應用價值。從這個意義上說,本書研究不僅可以豐富《玉篇》研究的成果，在漢字學、辭典學、文獻學方面也有一定的積極意義。

　4.本書在充分借鑒前人研究成果的基礎上，根據漢字俗寫變易規律，以形、音、義、用爲綫索，利用新材料和新方法，對《玉篇》所收的 715 個疑難字或進行了相應的補正，或進行了新的考釋。

　最後需要説明的是，由於時間關係，再加上筆者水準有限、字形資料搜集不夠充分，疑難字考釋存在缺環、字書形音義有誤、缺乏文獻例證等主客觀方面的原因，本書可能會存在不少問題，有些疑難字恐不能作出確切考釋，對一些有價值的課題也未過多涉獵，有待今後繼續進行深入研究。

參考文獻

[1]漢·許慎《説文解字》（簡稱《説文》），北京：中華書局，1963。

[2]南唐·徐鍇《説文解字繫傳》，北京：中華書局，1986。

[3]清·段玉裁《説文解字注》，上海：上海古籍出版社，1988。

[4]清·桂馥《説文解字義證》，北京：中華書局，1987。

[5]清·朱駿聲《説文通訓定聲》，北京：中華書局，1984。

[6]清·王筠《説文解字句讀》，北京：中華書局，1988。

[7]清·王筠《説文釋例》，北京：中華書局，1987。

[8]清·沈濤《説文古本考》，《續修四庫全書》223 册影印清光緒十三年潘氏滂喜齋刻本。

[9]清·鈕樹玉《説文解字校録》，《續修四庫全書》212 册，影印清光緒十一年江蘇書局刻本。

[10]清·錢坫《説文解字斠詮》，《續修四庫全書》第 211 册，影印清嘉慶十二年錢氏吉金樂石齋刻本。

[11]丁福保《説文解字詁林》，北京：中華書局，1988。

[12]張舜徽《説文解字約注》（簡稱《約注》），武漢：華中師範大學出版社，2009。

[13]湯可敬《説文解字今釋》，長沙：岳麓書社，1997。

[14]季旭昇《説文新證》，臺北：藝文印書館，2004。

[15]周祖謨《爾雅校箋》，昆明：雲南人民出版社，2004。

[16]朱祖延等《爾雅詁林》，武漢：湖北教育出版社，1996。

[17]朱祖延等《爾雅詁林敍録》，武漢：湖北教育出版社，1996。

[18]唐·陸德明《經典釋文》，上海：上海古籍出版社，1985。

[19]黄焯《經典釋文彙校》，北京：中華書局，2006。

[20]清·郝懿行《爾雅義疏》，《爾雅詁林》影印咸豐六年刊本。

[21]清·郝懿行《山海經箋疏》，北京：中國書店，1991。

[22]日·釋空海《篆隸萬象名義》（簡稱《名義》），北京：中華書局縮印日本

崇文叢書本,1995。

[23]梁·顧野王《大廣益會玉篇》(簡稱《玉篇》),北京:中華書局,1987。

[24]梁·顧野王《玉篇》(殘卷),《續修四庫全書》228 册,影印日本昭和八年京都東方文化學院編東方文化叢書本。

[25]梁·顧野王《大廣益會玉篇》(簡稱元刊本《玉篇》),《四部叢刊本》影印建德周氏藏元刊本。

[26]胡吉宣《玉篇校釋》,上海:上海古籍出版社,1989。

[27]唐·釋玄應《一切經音義》(簡稱玄應《音義》)(《中華大藏經》本第五十六、五十七册),北京:中華書局,1993。

[28]唐·釋慧琳《一切經音義》(簡稱慧琳《音義》)(《中華大藏經》本第五十七、五十八、五十九册),北京:中華書局,1993。

[29]宋·希麟《續一切經音義》(簡稱希麟《音義》)(《中華大藏經》本第五十九册),北京:中華書局,1993。

[30]五代·可洪《新集藏經音義隨函録》(簡稱《可洪音義》)(《中華大藏經》本第五十九、六十册),北京:中華書局,1993。

[31]日·釋昌住《新撰字鏡》(《佛藏輯要》第三十三册),成都:巴蜀書社,1993。

[32]周祖謨《唐五代韻書集存》,北京:中華書局,1983。

[33]宋·陳彭年《鉅宋廣韻》,上海:上海古籍出版社,1983。

[34]宋·陳彭年《宋本廣韻》(參照本),上海:江蘇教育出版社,2005。

[35]周祖謨《廣韻校本》,北京:中華書局,2004。

[36]葛信益《廣韻叢考》,北京:北京師範大學出版社,1993。

[37]余迺永《新校互注宋本廣韻》(定稿本),上海:上海人民出版社,2008。

[38]宋·丁度《集韻》,上海:上海古籍出版社影印述古堂影宋鈔本,1985。

[39]宋·丁度《集韻》(參照本),北京:中國書店揚州使院重刻本,1983。

[40]宋·丁度《宋刻集韻》(參照本),北京:中華書局,1989。

[41]宋·司馬光《類篇》,北京:中華書局,1984。

[42]宋·戴侗《六書故》,上海:上海社會科學出版社,2006。

[43]遼·釋行均《龍龕手鏡》(簡稱《龍龕》),北京:中華書局影印高麗本,1985。

[44]《龍龕手鑒》(簡稱朝鮮本《龍龕》),日本影印朝鮮咸化 8 年增訂本。

［45］金・邢准《新修絫音引證群籍玉篇》（簡稱《新修玉篇》），《續修四庫全書》229 册，影印金刻本。

［46］金・韓道昭《改併五音類聚四聲篇海》（簡稱《篇海》），《四庫存目叢書》影印明成化 7 年摹刻本。

［47］元・黃公紹、熊忠《古今韻會舉要》，北京：中華書局，2000。

［48］明・佚名《新校經史海篇直音》（簡稱《海篇》），《續修四庫全書》影印明嘉靖 23 年金邑勉勤堂刻本。

［49］明・李登《詳校篇海》，《續修四庫全書》影印明萬曆 36 年趙新盤刻本。

［50］舊題明・宋濂《篇海類編》，《四庫存目叢書》影印北京圖書館藏明刻本。

［51］明・章黼《直音篇》，《續修四庫全書》影印明萬曆 34 年明德書院刻本。

［52］明・梅膺祚《字彙》，《續修四庫全書》影印明萬歷 43 年刻本。

［53］清・吴任臣《字彙補》，《續修四庫全書》影印清康熙 5 年彙賢齋刻本。

［54］明・吴元滿《六書正義》，《四庫全書》194 册影印明萬曆 33 年刻本。

［55］明・吴元滿《六書泝原直音》，《四庫全書》194 册影印明萬曆 14 年刻本。

［56］明・張自烈、清・廖文英《正字通》，北京：中國工人出版社影印清康熙 9 年序弘文書院本，1996。

［57］明・張自烈編、清・廖文英補《正字通》（參照本），北京：國際文化出版公司，1996。

［58］明・陳士元《古俗字略》，《續修四庫全書》237 册影印明萬曆刻歸雲別集本。

［59］明・凌迪知《萬姓統譜》，成都：巴蜀書社，1995。

［60］清・張玉書等《康熙字典》，北京：中華書局，1958。

［61］清・顧藹吉《隸辨》，北京：中華書局，1986。

［62］郭忠恕、夏竦《汗簡・古文四聲韻》（全一册），北京：中華書局，1983。

［63］《草書大字典》，北京：中國書店據上海掃葉山房石印本影印，1983。

［64］清・王念孫《廣雅疏證》，南京：江蘇古籍出版社，2000。

［65］清・方成珪《集韻考正》，《續修四庫》第二五三册，影印清光緒五年孫氏詒善祠塾刻本。

［66］清・王先謙《釋名疏證補》，上海：上海古籍出版社，2008。

［67］徐復等《廣雅詁林》，南京：江蘇古籍出版社，1992。

［68］周祖謨《方言校箋》，北京：中華書局，1993。

［69］寧忌浮《校訂五音集韻》，北京：中華書局，1992。

［70］周祖謨《問學集》，北京：中華書局，1966。

［71］袁珂《山海經校注》，成都：巴蜀書社，1993。

［72］梁·蕭統編、唐·李善注《文選》，北京：中華書局，1977。

［73］宋·李昉等《太平御覽》，北京：中華書局，1960。

［74］宋·李昉等《太平廣記》，北京：中華書局，1961。

［75］楊筠如（著）、黃懷信（標校）《尚書覈詁》，西安：陝西人民出版社，2005。

［76］宗福邦等《故訓匯纂》，北京：商務印書館，2003。

［77］清·阮元校刻《十三經注疏》，北京：中華書局，1980。

［78］漢·司馬遷《史記》，北京：中華書局，1959。

［79］漢·班固《漢書》，北京：中華書局，1962。

［80］宋·范曄撰、唐·李賢等注《後漢書》，北京：中華書局，1965。

［81］元·脫脫等撰《宋史》，北京：中華書局，1985。

［82］李圃等《古文字詁林》，上海：上海教育出版社，1999。

［83］高明、涂白奎《古文字類編》（增訂本），上海：上海古籍出版社，2008。

［84］胡樸安《中國文字學史》，上海：上海書店，1984。

［85］唐蘭《中國文字學》，上海：上海古籍出版社，1979。

［86］唐蘭《古文字學導論》，濟南：齊魯書社，1981。

［87］黃錫全《汗簡注釋》，武漢：武漢大學出版社，1987。

［88］王鳳陽《漢字學》，長春：吉林文史出版社，1989。

［89］蔣善國《漢字學》，上海：上海教育出版社，1987。

［90］高明《帛書老子校注》，北京：中華書局，1996。

［91］裘錫圭《文字學概要》，北京：商務印書館，1990。

［92］王寧《漢字學概要》，北京：北京師範大學出版社，2001。

［93］王寧《漢字構形學講座》，上海：上海教育出版社，2002。

［94］王寧《訓詁學原理》，北京：中國國際廣播出版社，1996。

［95］蔣冀騁《近代漢語詞彙研究》，長沙：湖南教育出版社，1991。

［96］趙克勤《古代漢語詞彙學》，北京：商務印書館，1994。

［97］蔣紹愚《古代漢語詞彙綱要》，北京：商務印書館，2005。

[98]陳垣《校勘學釋例》,北京:中華書局,1959。

[99]周志鋒《大字典論稿》,杭州:浙江教育出版社,1998。

[100]黄征《敦煌俗字典》,上海:上海教育出版社,2005。

[101]張涌泉《舊學新知》,杭州:浙江大學出版社,1999。

[102]張涌泉《漢語俗字研究》,湖南:岳麓書社,1995。

[103]張涌泉《敦煌俗字研究》,上海:上海教育出版社,1996。

[104]張涌泉《漢語俗字叢考》(簡稱《叢考》),北京:中華書局,2000。

[105]楊寶忠《疑難字考釋與研究》(簡稱《疑難字》),北京:中華書局,2005。

[106]楊寶忠《疑難字續考》(簡稱《續考》),北京:中華書局,2011。

[107]楊寶忠《疑難字三考》,北京:中華書局,2018。

[108]鄭賢章《龍龕手鏡研究》,長沙:湖南師範大學出版社,2004。

[109]鄭賢章《新集藏經音義隨函録研究》,長沙:湖南師範大學出版
社,2007。

[110]鄭賢章《漢文佛典疑難俗字彙釋與研究》,成都:巴蜀書社,2016。

[111]鄧福禄、韓小荆《字典考正》(簡稱《考正》),武漢:湖北人民出版
社,2007。

[112]韓小荆《可洪音義研究》,成都:巴蜀書社,2009。

[113]秦公《碑別字新編》,北京:文物出版社,1985。

[114]秦公、劉大新《廣碑別字》,北京:國際文化出版公司,1995。

[115]劉釗《古文字構形學》,福州:福建人民出版社,2011。

[116]趙平安《隸變研究》,保定:河北大學出版社,2009。

[117]徐在國《傳抄古文字編》,北京:綫裝書局,2006。

[118]何琳儀《戰國古文字典》,北京:中華書局,1998。

[119]漢語大字典編輯委員會《第二版〈漢語大字典〉》(簡稱《大字典》),四
川辭書出版社、崇文書局,2010。

[120]冷玉龍等《中華字海》(簡稱《字海》),北京:中華書局、中國友誼出版
公司,1994。

[121]羅竹風等《漢語大詞典》,上海:漢語大詞典出版社,1990—1993。

[122]蔣禮鴻《類篇考索》,山東:山東教育出版社,1996。

[123]張守中《包山楚簡文字編》,北京:文物出版社,1996。

[124]朱葆華《原本玉篇文字研究》,濟南:齊魯書社,2004。

［125］吕浩《〈篆隸萬象名義〉研究》，上海：上海古籍出版社，2006。

［126］吕浩《〈篆隸萬象名義〉校釋》，上海：學林出版社，2007。

［127］孔仲温《玉篇俗字研究》，台灣：台灣學生書局，2000。

［128］徐前師《唐寫本玉篇校段注説文》（簡稱《唐校》），上海：上海古籍出版社，2008。

［129］柳建鈺《〈類篇〉新收字考辨與研究》，瀋陽：遼寧大學出版社，2011。

［130］劉葉秋《中國字典史略》，北京：中華書局，1992。

［131］錢劍夫《中國古代字典詞典概論》，北京：商務印書館，1986。

［132］漢·戴德《大戴禮記》，《四部叢刊本》據無錫孫氏小綠天藏明袁氏嘉趣堂刊本影印。

［133］晉·郭璞《穆天子傳》，《四庫全書》據明刊本影印，1934。

［134］唐·段成式《酉陽雜俎》，北京：中華書局，1981。

［135］清·阮葵生《茶餘客話》，北京：中華書局，1959。

［136］清·王念孫《讀書雜誌》，南京：江蘇古籍出版社，2000。

［137］張書岩、王鐵琨、李青梅、安寧《簡化字溯源》，北京：語文出版社，1997。

［138］許維遹（撰）、梁運華（整理）《吕氏春秋集釋》，北京：中華書局，2009。

［139］方以智《物理小識》，上海：商務印書館據萬有文庫本印，1937。

［140］趙爾巽等（撰）《清史稿》，北京：中華書局，1977。

［141］楊伯峻《孟子譯注》，北京：中華書局，2010。

［142］吕不韋（著）、陳奇猷（校釋）《吕氏春秋新校釋》，上海：上海古籍出版社，2002。

［143］王聘珍《大戴禮記解詁》，北京：中華書局，1983。

［144］清·李富孫《易經異文釋》，《續修四庫全書》第 27 册，影印清光緒十四年清經解續編本。

［145］國家文物局古文獻研究室《馬王堆漢墓帛書》，北京：文物出版社，1980。

［146］楊伯峻《春秋左傳注》，北京：中華書局，1990。

［147］焦循《孟子正義》，北京：中華書局，1987。

［148］楊伯峻《春秋左傳注》，北京：中華書局，1990。

［149］許維遹《吕氏春秋集釋》，北京：中華書局，2009。

[150]楊伯峻《論語譯注》,北京:中華書局,1980。

[151]程俊英、蔣見元《詩經注析》,北京:中華書局,1991。

[152]郭慶藩《莊子集釋》,北京:中華書局,2004。

[153]何寧《淮南子集釋》,北京:中華書局,1998。

[154]黄暉《論衡校釋》,北京:中華書局,1990。

[155]王先謙《荀子集解》,北京:中華書局,1988。

[156]洪興祖《楚辭補注》,北京:中華書局,1983。

[157]楊伯峻《列子集釋》,北京:中華書局,1979。

[158]王利器《顔氏家訓集解》,北京:中華書局,2000。

[159]顧頡剛、劉起釪《尚書校釋譯論》,北京:中華書局,2005。

[160]張磊《〈新撰字鏡〉研究》,北京:中國社會科學出版社,2012。

[161]張青松《〈正字通〉異體字研究》,北京:語文出版社,2016。

[162]趙青《原本〈玉篇〉與宋本〈玉篇〉釋義比較研究》,南京:南京師範大學
　　碩士論文,2006。

[163]胡吉宣《唐寫原本〈玉篇〉之研究》,《文獻》,1982年第一期。

[164]徐在國《〈原本玉篇殘卷〉中的籀文初探》,《山東師大學報(社會科學
　　版)》,1999年第一期。

[165]周録《〈原本玉篇文字研究〉若干問題商兑》,《重慶教育學院學報》,
　　2006年第二期。

[166]楊秀恩《〈玉篇殘卷〉等五種材料引〈説文〉研究》,石家莊:河北師範大
　　學碩士論文,2002。

[167]馮方《〈原本玉篇殘卷〉徵引〈説文·言部〉訓釋輯校(一)》,《古籍整理
　　研究學刊》,2002年第六期。

[168]宋兆祥《〈玉篇殘卷〉所引〈説文解字〉字義多釋考釋及探析》,湘潭:湘
　　潭大學碩士論文,2005。

[169]蘭天峨、賀知章《〈原本玉篇殘卷〉系部引〈説文〉考異》,《寧夏大學學
　　報(人文社會科學版)》,2008年第六期。

[170]周祖謨《論〈萬象名義〉》,《問學集》,北京:中華書局,1966。

[171]潘玉坤《〈篆隸萬象名義〉篆文雜識》,《中文自學指導》,2002年第
　　四期。

[172]潘玉坤《〈篆隸萬象名義〉篆文例釋》,《語言研究》,2003年第四期。

［173］潘玉坤《〈篆隸萬象名義〉篆文二題》,《中國文字研究》,第六輯,2005。

［174］商豔濤《〈篆隸萬象名義〉釋義上存在的問題研究(部分)》,保定:河北大學碩士論文,2003。

［175］商豔濤《〈篆隸萬象名義〉釋義上存在的幾個問題》,《株洲師範高等專科學校學報》,2002 年第六期。

［176］商豔濤、楊寶忠《〈篆隸萬象名義〉詞義訓釋中的幾種失誤》,《古籍整理研究學刊》,2004 年第三期。

［177］商豔濤《〈篆隸萬象名義〉雙音詞釋義體例初探》,《語言研究》,2005 年第一期。

［178］鄧福祿《〈篆隸萬象名義校釋〉匡補若干例》,《長江學術》,2009 年第四期。

［179］鄧福祿《〈篆隸萬象名義校釋〉匡補 40 例》,《漢語史研究集刊》,第十三輯,2012。

［180］鄧福祿《〈篆隸萬象名義校釋〉匡補 53 例》,中國文字研究,第十五輯,2013。

［181］鄧福祿《從〈玉篇〉看新版〈漢語大字典〉疑難義項的成因》,《長江學術》,2013 年第四期。

［182］冀小軍《讀〈篆隸萬象名義校釋〉札記》,《語言論集》,第六輯,2009。

［183］郭萍《〈篆隸萬象名義〉呂校訛誤舉例》,《漢語史研究集刊》,第十六輯,2014。

［184］郭萍《〈篆隸萬象名義·水部〉呂校補正(上)》,《漢語史研究集刊》,第十七輯,2014。

［185］郭萍《〈篆隸萬象名義·水部〉呂校補正(下)》,《漢語史研究集刊》,第十八輯,2015。

［186］劉亮《〈四聲篇海〉引〈玉篇〉研究(部分)》,河北大學碩士論文,2004。

［187］何瑞《宋本〈玉篇〉歷史漢字傳承與定形》,上海:華東師範大學博士論文,2006。

［188］孫緒武《宋本〈玉篇〉校勘八題》,《暨南學報》,2009 年第六期。

［189］梁春勝《楷書部件演變研究》,上海:復旦大學博士論文,2009。

［190］梁春勝《楷書異體俗體部件例字表》,未刊。

［191］楊清臣《〈爾雅〉名物詞用字的歷時考察與研究》,保定:河北大學碩士

論文,2011。

[192]蕭旭《〈玉篇〉"洌,清洌"疏證》,《傳統中國研究集刊》,第九、十合輯,2012。

[193]蕭旭《〈玉篇〉"黯"字音義考》,《中國文字研究》,第十八輯,2013。

[194]韓小荊《試論〈可洪音義〉所引〈玉篇〉文獻學語言學價值》,《中國典籍與文化》,2015年第四期。

[195]鄭賢章《〈玉篇〉疑難字例釋》,《語文研究》,2016年第四期。

[196]林源《宋本〈玉篇〉"轄䡱"考》,《賀州學院學報》,2015年第六期。

[197]范文傑《〈篆隸萬象名義〉疑難詞義校證》,《新鄉學院學報》,2014年第一期。

[198]范文傑《〈篆隸萬象名義〉疑難詞義札記》,《寧夏大學學報(人文社會科學版)》,2014年第六期。

[199]陸康勇《宋本〈玉篇〉釋義失誤舉隅》,《勵耘語言學刊》,總第二十四輯,2016。

[200]陸康勇《〈說文解字〉、宋本〈玉篇〉釋義互讀札記》,《古漢語研究》,2016年第二期。

[201]袁金平《〈篆隸萬象名義〉"昆,昌字"字條補證》,《辭書研究》,2016年第一期。

[202]朱會會《〈篆隸萬象名義〉與〈玉篇〉殘卷釋義對比研究》,保定:河北大學碩士論文,2016。

[203]常方圓《宋本〈玉篇〉釋義研究》,長沙:湖南師範大學碩士論文,2015。

[204]馬小川《〈篆隸萬象名義〉校釋》補正,武漢:武漢大學碩士論文,2017。

[205]鄭張尚芳《〈字鏡〉附抄原本〈玉篇〉佚字校錄》,《歷史語言研究》,2016年第十期。

[206]熊加全《〈正字通〉溝通字際關係材料的測查與研究》,保定:河北大學文學院,2010。

[207]熊加全《〈正字通〉俗訛字考》,《河北大學學報(哲學社會科學版)》,2011年第四期。

[208]熊加全《〈漢語大字典〉、〈中華字海〉疑難俗字考9則》,《中國文字研究》,第十五輯,2011。

[209]楊寶忠、熊加全《〈漢語大字典〉異體字認同失誤辨正》,《語文研究》,

2013 年第二期。

[210] 熊加全《利用〈正字通〉考辨大型字書疑難俗字舉例》,《中國文字學報》,第五輯,2014。

[211] 熊加全《宋本〈玉篇〉疑難字考辨》,《漢語史學報》,第十四輯,2014。

[212] 熊加全《〈玉篇〉釋義失誤辨正》,《古漢語研究》,2016 年第四期。

[213] 熊加全《〈玉篇〉疑難字考》,《語言科學》,2016 年第六期。

[214] 熊加全《〈玉篇〉疑難字札考》,《近代漢字研究》,第一輯,2018。

[215] 熊加全《〈玉篇〉釋義失誤校讀札記》,《漢語史研究集刊》,第二十五輯,2018。

後　記

　　本書是在我的博士論文基礎上完成的,這次出版作了一些改動,增删了一些章節,並調整了部分内容的次序。

　　由於編纂失誤與傳抄失誤,歷代傳世字書貯存了大量的疑難字,嚴重影響了它們的編纂質量和利用價值,並造成了很多負面影響。這些疑難字是近代漢字研究的重要内容,通過對這些疑難字進行系統的考釋與研究,可以爲近代漢字研究提供一些重要的材料,也有助於構建完整的漢語文字學體系。《玉篇》作爲中國辭書史上的一部重要字書,具有承上啟下的重要作用,在中國辭書史上具有重要的影響。由於歷代傳世字書存在一個共有的缺陷,即重編纂而輕考據,重貯存而輕整理,致使前代字書所收疑難字大都被後世字書積存下來。因此,《玉篇》收録的疑難字,也大都被後世大型字書未加考辨地加以轉録,也因而降低了它們的編纂質量與利用價值。通過對《玉篇》所收疑難字進行系統的考釋與研究,可以爲《玉篇》文本的校理及近代漢字的研究提供很多有用的材料。

　　本書主要是對《玉篇》所收疑難字進行全面系統的考釋,這些疑難字大都缺乏具體的文獻例證,考釋起來具有很大的難度。對此,本書全面地搜集相關的文獻資料,爲不能作出準確考釋的疑難字提供充分的證據,並對未予考釋的疑難字進行全面的考釋工作。通過這項工作,不但可以爲《玉篇》文本的校勘與整理提供可資借鑒的資料,也可以爲《大字典》和《字海》以後的修訂和完善提供參考。

　　在此我要感謝我的導師楊寶忠先生。楊老師是我的碩士和博士生導師,楊老師學識淵博,治學謹嚴,在這六年裏,楊老師不僅教我以知識,更教我以爲人、爲學的道理。畢業至今,楊老師仍時時給我以關懷與幫助。這些學生都銘記在心,也成爲砥礪我不斷前行的動力。本書從選題、寫作直至出版,都凝聚着先生的心血。先生的恩情,我是無以回報的。在今後漫長的學術生涯中,我只有更加刻苦努力地學習,不斷提高自己的學術水平,以更好的學術成果回報先生的栽培之恩。

　　這裏還要感謝當年參加我論文答辯的王寧先生、王立軍先生、華學誠先生、陳雙新先生、張安生先生，以及論文匿名評審過程中的諸位評審老師，諸位先生在充分肯定論文的同時，也爲論文的進一步完善提出了不少寶貴的意見和建議。論文答辯后，在充分吸納這些意見和建議的基礎上，我對論文進行了必要的修改。

　　在河北大學求學期間，我有幸聆聽了張安生、陳雙新、郭伏良、張莉、于建松、張振謙等老師的教誨，諸位先生亦師亦友，在此僅向他們表達我誠摯的感謝。

　　在河北大學讀書期間，梁春勝兄和楊清臣兄，無論是在學習上，還是在生活上，都給予我諸多的關心與幫助，在此僅向他們表達我由衷的感謝。

　　在河北大學讀博期間，我也有幸結識了夏祥華、薛建明、敦鵬、賈龍、孫尚斌、趙豔平、吳菲、郭貞彦等諸位同窗好友，大家在一起交流學習體驗與生活感觸，收穫也頗多。同時，也有幸結識了貢貴訓、齊霄鵬、張志勇、李朝杰、王志勇、劉鴻雁、劉亞麗、辛睿龍等諸師兄妹，大家相處得也很愉快。

　　2018 年 9 月，本書初稿獲准國家社科基金後期資助項目立項，評審專家在肯定申報成果的同時，提出了寶貴的修改建議。書稿在送交出版社之前，根據專家意見，對書稿作了全面的修改。

　　書稿中存在大量的疑難字形，給排版、編輯帶來很多麻煩。中華書局陳喬編輯爲本書的出版付出了很多辛勞，在此亦向她表示誠摯的感謝。

　　也感謝湖南科技學院的諸位領導和同仁，無論是在工作上，還是在生活上，都給予我諸多的關懷與幫助，在此亦向他們表達我由衷的感謝。

　　最後，還要感謝全國哲學社會科學工作辦公室和湖南省特設應用學科——中國語言文學學科建設經費爲本書的出版提供了資助。

　　然而，由作者水平有限、字形資料搜集不夠充分、字書形音義有誤、缺乏文獻例證等主客觀方面的原因，有些疑難字恐不能作出確切考釋，而且《玉篇》中仍貯存大量的疑難字未予考釋。因此，書中訛誤疏漏之處在所難免，懇請專家、學者不吝賜教。

熊加全
2019 年 11 月